国家哲学社会科学重大招标项目
"现代伦理学诸理论形态研究"（10&ZD072）成果

国家哲学社会科学重点项目
"黑格尔道德现象学研究"（19FZXA002）成果

首批"国家万人计划"中宣部
"文化名家暨四个一批人才"项目成果

江苏省首批高端智库"道德发展智库"成果

江苏省"公民道德与社会风尚""2011"协同创新中心成果

现代伦理学理论形态

樊 浩 等著

中国社会科学出版社

图书在版编目（CIP）数据

现代伦理学理论形态/樊浩等著.—北京：中国社会科学出版社，2021.10
ISBN 978-7-5203-9336-2

Ⅰ.①现⋯　Ⅱ.①樊⋯　Ⅲ.①伦理学　Ⅳ.①B82

中国版本图书馆 CIP 数据核字（2021）第 234670 号

出 版 人	赵剑英
责任编辑	张　林
责任校对	王佳玉
责任印制	戴　宽

出　　版	中国社会科学出版社
社　　址	北京鼓楼西大街甲 158 号
邮　　编	100720
网　　址	http://www.csspw.cn
发 行 部	010-84083685
门 市 部	010-84029450
经　　销	新华书店及其他书店
印刷装订	北京君升印刷有限公司
版　　次	2021 年 10 月第 1 版
印　　次	2021 年 10 月第 1 次印刷
开　　本	710×1000　1/16
印　　张	51.5
字　　数	848 千字
定　　价	288.00 元

凡购买中国社会科学出版社图书，如有质量问题请与本社营销中心联系调换
电话：010-84083683
版权所有　侵权必究

作者简介

樊浩，本名樊和平。1959年9月8日生，江苏省泰兴市人。教育部长江学者特聘教授（2007），东南大学人文社科资深教授，人文社会科学学部主任，道德发展研究院院长；北京大学世界伦理学中心副主任（主任为杜维明教授），资深研究员。英国牛津大学高级访问学者，伦敦国王学院访问教授。1992年被破格晋升为教授，成为当时全国最年轻的哲学伦理学教授。国家"万人计划"首批人文社会科学领军人才；教育部社会科学委员会哲学学部委员；中宣部"四个一批"人才暨全国文化名家；教育部高校哲学教学指导委员会副主任；国家教材局专家委员会委员；江苏省社科名家。出版个人独立专著14部，合著多部。在《中国社会科学》等独立发表论文280多篇，成果获全国、教育部、江苏省优秀哲学社会科学一等奖6项，二等奖8项。作为首席专家主持国家哲学社会科学重大项目两项，国家和省部级重点和一般项目二十多项。江苏省"道德发展智库"、江苏省"公民道德与社会风尚"协同创新中心首席专家兼总召集人。

首席专家：樊 浩

子课题负责人：庞俊来　赵素锦　谈际尊　范志军

课题组成员（按姓氏笔画为序）
　　　　　　　丁雪枫　王　强　牛庆燕　许　敏
　　　　　　　任春强　沈宝钢　陈爱华　周　琛
　　　　　　　邵永生　赵一强　高广旭　郭卫华
　　　　　　　蒋艳艳　黎　松

特邀专家：田海平　王　珏

总　　序

　　东南大学的伦理学科起步于20世纪80年代前期，由著名哲学家、伦理学家萧焜焘教授、王育殊教授创立，90年代初开始组建一支由青年博士构成的年轻的学科梯队；至90年代中期，这个团队基本实现了博士化。在学界前辈和各界朋友的关爱与支持下，东南大学的伦理学科得到了较大的发展。自20世纪末以来，我本人和我们团队的同人一直在思考和探索一个问题：我们这个团队应当和可能为中国伦理学事业的发展做出怎样的贡献？换言之，东南大学的伦理学科应当形成和建立什么样的特色？我们很明白，没有特色的学术，其贡献总是有限的。2005年，我们的伦理学科被批准为"985工程"国家哲学社会科学创新基地，这个历史性的跃进推动了我们对这个问题的思考。经过认真讨论并向学界前辈和同人求教，我们将自己的学科特色和学术贡献点定位于三个方面：道德哲学，科技伦理，重大应用。

　　以道德哲学为第一建设方向的定位基于这样的认识：伦理学在一级学科上属于哲学，其研究及其成果必须具有充分的哲学基础和足够的哲学含量；当今中国伦理学和道德哲学的诸多理论和现实课题必须在道德哲学的层面探讨和解决。道德哲学研究立志并致力于道德哲学的一些重大乃至尖端性的理论课题的探讨。在这个被称为"后哲学"的时代，伦理学研究中这种对哲学的执着、眷念和回归，着实是一种"明知不可为而为之"之举，但我们坚信，它是我们这个时代稀缺的学术资源和学术努力。科技伦理的定位是依据我们这个团队的历史传统、东南大学的学科生态，以及对伦理道德发展的新前沿而做出的判断和谋划。东南大学最早的研究生培养方向就是"科学伦理学"，当年我本人就在这个方向下学习和研究；而东南大学以科学技术为主体、文管艺医综合发展的学科生态，也使我们这些90年代初成长起来的"新生代"再次认识到，选择科技伦理为学科生长点是明智之举。如果说道德哲学与科技伦理的定位与我们的学科传统有关，那么，重大应用的定位就是基于对伦理学的现实本性以及为中国伦理道德建设做出贡献的愿望和抱负而做出的选择。定位"重大应用"而不是一般的"应用伦理学"，昭明我们在这方面有所为也有所不为，只是试图在伦理学应用的某些重大方面和重大领域进行我们的努力。

基于以上定位，在"985工程"建设中，我们决定进行系列研究并在长期积累的基础上严肃而审慎地推出以"东大伦理"为标识的学术成果。"东大伦理"取名于两种考虑：这些系列成果的作者主要是东南大学伦理学团队的成员，有的系列也包括东南大学培养的伦理学博士生的优秀博士学位论文；更深刻的原因是，我们希望并努力使这些成果具有某种特色，以为中国伦理学事业的发展做出自己的贡献。"东大伦理"由五个系列构成：道德哲学研究系列；科技伦理研究系列；重大应用研究系列；与以上三个结构相关的译著系列；还有以丛刊形式出现并在20世纪90年代已经创刊的《伦理研究》专辑系列，该丛刊同样围绕三大定位组稿和出版。

"道德哲学系列"的基本结构是"两史一论"。即道德哲学基本理论；中国道德哲学；外国道德哲学。道德哲学理论的研究基础，不仅在概念上将"伦理"与"道德"相区分，而且从一定意义上将伦理学、道德哲学、道德形而上学相区分。这些区分某种意义上回归到德国古典哲学的传统，但它更深刻地与中国道德哲学传统相契合。在这个被宣布"哲学终结"的时代，深入而细致、精致而宏大的哲学研究反倒是必须而稀缺的，虽然那个"致广大、尽精微、综罗百代"的"朱熹气象"在中国几乎已经一去不返，但这并不代表我们今天的学术已经不再需要深刻、精致和宏大气魄。中国道德哲学史、外国道德哲学史研究的理念基础，是将道德哲学史当作"哲学的历史"，而不只是道德哲学"原始的历史""反省的历史"，它致力探索和发现中外道德哲学传统中那些具有"永远的现实性"精神内涵，并在哲学的层面进行中外道德传统的对话与互释。专门史与通史，将是道德哲学史研究的两个基本纬度，马克思主义的历史辩证法是其灵魂与方法。

"科技伦理系列"的学术风格与"道德哲学系列"相接并一致，它同样包括两个研究结构。第一个研究结构是科技道德哲学研究，它不是一般的科技伦理学，而是从哲学的层面、用哲学的方法进行科技伦理的理论建构和学术研究，故名之"科技道德哲学"而不是"科技伦理学"；第二个研究结构是当代科技前沿的伦理问题研究，如基因伦理研究、网络伦理研究、生命伦理研究等。第一个结构的学术任务是理论建构，第二个结构的学术任务是问题探讨，由此形成理论研究与现实研究之间的互补与互动。

"重大应用系列"以目前我作为首席专家的国家哲学社会科学重大招标课题和江苏省哲学社会科学重大委托课题为起步，以调查研究和对策研究为重点。目前我们正组织四个方面的大调查，即当今中国社会的伦理关系大调查、道德生活大调查、伦理—道德素质大调查、伦理—道德发展状况及其趋向大调查。我们的目标和任务，是努力了解和把握当今中国伦理道德的真实状况，在此基础上进行理论推进和理论创新，为中国伦理道德建设提出具有战略意义和创新意义的对策思路。这就是我们对"重大应用"的诠释和理解，今后我们将沿着这个方向走下去，并贡献出团队和个人的研究成果。

"译著系列"、《伦理研究》丛刊，将围绕以上三个结构展开。我们试图进行的努力是：这两个系列将以学术交流，包括团队成员对国外著名大学、著名学术机构、著名学者的访问，以及高层次的国际国内学术会议为基础，以"我们正在做的事情"为主题和主线，由此凝聚自己的资源和努力。

马克思曾经说过，历史只能提出自己能够完成的任务，因为任务的提出表明完成任务的条件已经具备或正在具备。也许，我们提出的是一个自己难以完成或不能完成的任务，因为我们完成任务的条件尤其是我本人和我们这支团队的学术资质方面的条件还远没有具备。我们期图通过漫漫求索乃至几代人的努力，建立起以道德哲学、科技伦理、重大应用为三元色的"东大伦理"的学术标识。这个计划所展示的，与其说是某些学术成果，不如说是我们这个团队的成员为中国伦理学事业贡献自己努力的抱负和愿望。我们无法预测结果，因为哲人罗素早就告诫，没有发生的事情是无法预料的；我们甚至没有足够的信心展望未来；我们唯一可以昭告和承诺的是：

我们正在努力！

我们将永远努力！

樊 浩
谨识于东南大学"舌在谷"
2006 年 9 月 8 日

内容提要

本书致力于探索和建构关于伦理道德发展、现代伦理学理论的"形态观"与"形态学"的理念、理论和方法，以此超越"流派观"和"学派观"及其所生成的"现代性碎片"，对伦理道德和伦理学的现代中国"形态"及其前沿问题进行前瞻性研究。现代西方伦理学虽然学派林立，但在精神哲学意义上，不外三种理论形态：伦理形态，道德形态，伦理—道德形态。现代伦理学、伦理道德的现代发展及其所创造的人的精神世界之所以陷入"现代性碎片"，其哲学根源之一，就是伦理与道德的分离，伦理道德和伦理学理论难以对人的精神世界进行整体性建构，必须以"形态观"和"形态学"的理念和方法建构伦理与道德辩证互动的"精神哲学形态"。

全书由三卷八编二十六章构成，外加一个绪论和结语。

绪论"精神史、问题流中的当代伦理觉悟"，通过中西方文明史的宏大叙事，提出一个重要理论假设：伦理觉悟，是20世纪人类文明的"最后觉悟"。

上卷"伦理道德的'形态'理念与伦理学研究的'形态观'"，共二编六章，试图研究两个问题："形态论"的理念与方法；伦理道德的"精神"气质及其哲学形态，提出关于伦理道德及其哲学理论三大形态的假设：伦—理形态，道—德形态，伦理—道德形态。

中卷"现代西方伦理学诸理论形态"，四编十一章，以"形态论"的理念与方法对现代西方伦理学进行新的诠释。借助现代西方伦理学理论形态的历史哲学考察，对现代西方伦理学的话语背景、现代形变及其"形态"问题进行历史哲学分析，由此将现代西方伦理学流派或学派重新诠释为伦理实体主义、道德理性主义、还原主义三大哲学理论形态，即伦—

理形态、道—德形态、伦理—道德形态。

下卷"现代中国伦理学的'形态'问题与'形态'发展",两编九章,探讨现代中国伦理道德发展遭遇的"形态"挑战,由此研究现代中国伦理道德的精神哲学发展:高新技术的挑战所遭遇的伦理方式与伦理基础的改变;社会与文化变迁遭遇的终极关怀的挑战;伦理道德发展所遭遇的伪善难题。由此研究现代中国伦理道德的精神哲学发展:"生态文明"缔造的生态世界观和生态价值观;"家—国"伦理传统下的社会伦理形态;老龄化时代的伦理形态;情理主义伦理精神的现代形态,马克思主义伦理学的现代中国形态。

结语"现代中国伦理道德的文化自觉与文化自信",通过对终极忧患的基因解码,回答当今中国伦理道德和伦理学理论发展的三大哲学问题:何种文化自觉?伦理型文化的自觉;何种文化自信?"有伦理,不宗教"的文化自信;何种"文化"自立?以现代文明的"中国精神哲学形态"走向文化自立。

目　录

绪论　精神史、问题流中的当代伦理觉悟 ………………………（1）
1. 伦理,如何"与'我们'同在"？ …………………………………（1）
2. "伦理世界"的"悲怆情愫":悲剧与喜剧 ………………………（5）
3. "教化世界"的"伟大可恨":上帝之"死"与孔子之"倒" ………（13）
4. 道德世界的"伦理觉悟":罗素之"悟"与陈独秀之"叹"…………（23）

上卷　伦理道德的"形态"理念与 伦理学研究的"形态观"

第一编　"形态论"的理念与方法

一　伦理道德的"形态"理念与"形态学"理论 …………………（41）
　引言:伦理道德发展的"代驾游"与"自驾游" ………………（41）
1. 归寂的"丛林" ……………………………………………………（43）
2. "适应"中的"脱'形'"与"失'态'" ………………………………（49）
3. 伦理型文化的"中国经验"与"中国气派" ……………………（54）
4. "伦理道德形态"和"伦理学理论形态"的理念 ………………（60）

二　"形态观"与伦理学理论形态 ………………………………（68）
1. 精神世界的伦理学还原 …………………………………………（68）
2. 伦理学的历史哲学形态 …………………………………………（71）

3. "学派观"与"形态观" ……………………………………………… (74)
　　4. 伦理学的"形态"条件 …………………………………………… (77)

第二编　伦理道德的"精神"气质及其哲学形态

三　精神哲学形态（一）："伦—理"形态 …………………………… (82)
　　1. 形态要素："伦""理""伦—理" ………………………………… (83)
　　2. 两种"伦—理"路向或可能形态："从实体出发"
　　　 "集合并列" ……………………………………………………… (88)
　　3. 形态精髓：居"伦"由"理" ……………………………………… (97)

四　精神哲学形态（二）："道—德"形态 …………………………… (103)
　　1. 形态要素："道""德""道—德" ………………………………… (104)
　　2. 两种"道—德"路向或可能形态：道德同一性,自然同一性 …… (109)
　　3. 形态精髓：明"道"成"德" ……………………………………… (118)

五　精神哲学形态（三）："伦理—道德形态" ……………………… (124)
　　1. 形态要素："伦理""道德""伦理—道德" ……………………… (124)
　　2. 两种伦理—道德路向或可能形态：伦理优先,道德优先 ……… (136)
　　3. 形态精髓：伦理—道德一体 …………………………………… (147)

六　"精神",如何与"文明"在一起？ ………………………………… (153)
　　1. "精神",因何"文明"？ …………………………………………… (154)
　　2. "文明"如何"精神"？ …………………………………………… (160)
　　3. "伦理之石" ……………………………………………………… (165)

中卷　现代西方伦理学诸理论形态

第三编　现代西方伦理学理论形态的历史哲学考察

七　现代西方伦理学理论形态的历史遗产与话语背景 ………… (175)
　　1. 康德的"道德形而上学奠基" …………………………………… (176)

2. 以"伦理"超越"道德" …………………………………… (181)
  3. 走向虚无主义的道德 …………………………………… (185)
  4. 马克思主义伦理学的形态建构 ………………………… (189)
  5. 伦理道德:在信仰与生活之间 ………………………… (193)
  6. 现代西方伦理学的理论辩证 …………………………… (197)

八 西方伦理学的现代形变 …………………………………… (209)
  1. 伦理转型:"黑格尔之咒" ……………………………… (209)
  2. 道德转型:由"道德同一性"到"自然同一性"的转换 …… (212)
  3. "康德—黑格尔遗案":伦理—道德纠结 ………………… (215)
  4. 伦理—道德纠结下的现代西方伦理形态 ……………… (218)

九 现代西方伦理学的"形态"问题 …………………………… (222)
  1. 现代西方伦理学的问题域 ……………………………… (222)
  2. "学派"—"流派"的困境 ………………………………… (225)
  3. "丛林镜像" ……………………………………………… (228)
  4. 学派,流派,还是"形态"？ ……………………………… (230)

第四编 伦理实体主义,或"伦—理"形态

十 "伦—理"形态(一):"从实体出发"——社群主义 ……… (235)
  1. 社群主义的兴起及其"伦—理"形态 …………………… (235)
  2. 社群主义的"伦—理"形态气质 ………………………… (240)
  3. 社群主义:"从实体出发"的"伦—理"形态 …………… (252)

十一 "伦—理"形态(二):"集合并列"(1)——正义论
    伦理学 …………………………………………………… (257)
  1. 正义论伦理学的"伦—理"形态变迁 …………………… (257)
  2. 正义论伦理学的"伦—理"形态意义 …………………… (267)
  3. 正义论伦理学:"集合并列"的"伦—理"形态的
    "精神"实质 ……………………………………………… (278)

十二 "伦—理"形态(二):"集合并列"(2)——契约论
　　　伦理学形态 ································· (284)
　　1."伦"—"理"关切与"形态"生成 ················ (285)
　　2."契约意志"与"普遍意志"的对峙 ················ (299)
　　3.自我超越:走向"精神" ······················ (306)

第五编　道德理性主义,或"道—德"形态

十三 "道—德"形态(一):"道德"世界观——德性论或
　　　德性主义 ································· (318)
　　1.作为道德形态的德性论 ······················ (318)
　　2.德性论的"形态"史 ·························· (324)
　　3.德性论"道—德"形态的核心要素 ················ (333)
　　4.德性论的"形态"发展 ························ (344)

十四 "道—德"形态(二):"自然—道德"世界观——道德
　　　心理主义—精神分析 ·························· (353)
　　1.道德心理主义—精神分析:道德世界观的中间形态 ······ (353)
　　2.道德世界观中间形态的实体对象:癔症与梦 ·········· (357)
　　3.道德世界观中间形态之结构:欲望伦理 ············ (360)
　　4."自然—道德"世界观视域下精神分析的理论位系 ······ (364)

十五 "道—德"形态(三):"自然"世界观——存在主义 ······ (368)
　　1.存在主义道德形态 ·························· (368)
　　2.存在主义道德的本真形态 ···················· (371)
　　3.存在主义道德形态的自由根基 ·················· (376)
　　4.存在主义道德世界观 ························ (386)

第六编　还原主义,或"伦理—道德"形态

十六 新西方马克思主义"伦理—道德"形态 ·············· (395)
　　1."道—德"形态的实然样态:我当下是一个什么样的人? ··· (396)

2. "伦—理"形态的本然逻辑:我们原本如何在一起? ……(407)
3. "伦理—道德"形态的应然逻辑:我应当如何成为
   "我们"中的一个人? ……(414)

十七　生态主义伦理学理论形态 ……(424)
1. "形态论"视野下的生态主义伦理学 ……(425)
2. 生态主义"伦理"—"道德"形态的逻辑进路 ……(441)
3. 生态主义伦理形态的时代回应 ……(458)

下卷　现代中国伦理学的"形态"问题与"形态"发展

第七编　现代中国伦理道德发展的"形态"问题

十八　网络时代的伦理方式 ……(467)
1. "信息方式—伦理方式"的诠释框架 ……(467)
2. 互联网与传统伦理方式的解构 ……(471)
3. 互联网语境中的伦理可能 ……(475)
4. 网络共同体的伦理有限性 ……(483)
5. 网络世界的伦理形态 ……(491)

十九　基因技术的"自然"伦理意义 ……(500)
1. 伦理、道德和道德哲学的"自然"始点 ……(500)
2. 基因技术的"自然"伦理前景 ……(505)
3. 基因伦理学的使命与道德哲学的课题 ……(508)

二十　孝道的文化之重 ……(511)
1. 文化重托:对于"不朽"的期许与承诺 ……(512)
2. 文化重负:独生子女邂逅老龄化背景下的伦理"超载" ……(518)
3. 文化重任:如果没有孝道,文化将会怎样? ……(523)

二十一　现代社会的伪善及其形态 ………………………………… （527）
 1. 道德主观性的伪善：伪君子抑或真小人 ……………………… （529）
 2. 道德客观性的伪善：规范秩序的"颠倒" ……………………… （540）
 3. 伪善的历史主义形态：伦理精神的"虚无" …………………… （553）

第八编　现代中国伦理道德形态的精神哲学发展

二十二　"生态文明"的道德哲学形态 …………………………… （567）
 1. "生态"如何成为"文明"？ ……………………………………… （567）
 2. 从"自然生态"到"价值生态" ………………………………… （568）
 3. 从"生态伦理"到"伦理生态" ………………………………… （572）
 4. 从"伦理精神"到"民族精神" ………………………………… （576）

二十三　"社会"伦理形态 …………………………………………… （580）
 1. "社会何以可能"与"中国问题"的伦理意识 ………………… （580）
 2. "国—家"伦理向"社会"伦理的形态转换 …………………… （583）
 3. "市民社会"的伦理乌托邦 …………………………………… （595）
 4. 现代中国"社会"伦理形态的歧出 …………………………… （606）
 5. 期待孔子："社会"伦理的创造 ………………………………… （621）
 6. 伦理总体性与国民精神新生态 ……………………………… （633）

二十四　老龄化时代的伦理形态 ………………………………… （650）
 1. 老龄伦理的传统形态：基于"敬畏" …………………………… （650）
 2. 老龄伦理形态的近现代转向：基于"理性" …………………… （661）
 3. 老龄化时代的伦理形态：基于"共生" ………………………… （673）

二十五　情理主义的伦理精神传统及其现代形态 …………… （684）
 1. 永恒追问：人何以为人？ ……………………………………… （684）
 2. 现代文明之忧："情—理"精神链的断裂 ……………………… （689）
 3. 两种传统：情理二分与情理合一 ……………………………… （699）
 4. 中国情理主义传统的伦理精神 ……………………………… （712）

5. 情理主义的现代中国形态 ………………………………（723）
　　6. 向"伦理实体"的回归 ……………………………………（736）

二十六　马克思主义伦理学的现代中国形态 ………………（741）
　　1. 社会正义的反思：作为资本逻辑批判的马克思主义伦理学……（742）
　　2. 伦理政治的重建：作为现代政治批判的马克思主义伦理学……（750）
　　3. 精神家园的守护：作为伦理总体性的马克思主义伦理学………（763）

结语　现代中国伦理道德的文化自觉与文化自信 …………（775）
　　1. 终极忧患的基因解码 ……………………………………（776）
　　2. 何种文化自觉？"伦理型文化"的自觉 …………………（780）
　　3. 何种"文化"自信："有伦理，不宗教" …………………（784）
　　4. "文化"如何自立：现代文明的"中国精神哲学形态" …………（788）

后　　记 ……………………………………………………（794）

修改再记 ……………………………………………………（800）

绪论 精神史、问题流中的当代伦理觉悟

1. 伦理,如何"与'我们'同在"?

西方宗教型文化有一个宣示其信念和效力的著名命题:"上帝与我们同在。"同理,中国伦理型文化的现实效力也必须有一个真理与信念前提:"伦理与我们同在。"

问题在于,伦理,到底如何"与我们同在"?

"同在"是伦理的"在世"方式或意义形态,而"如何"的关键是到底与何种"我们"同在?——是当下生活世界中的"我们",还是穿越时空、延绵不绝的"人类"生命之流的"我们"?是与名词的"我们"同在,还是与动词的"我们"同在?作为名词,"我们"是"我"的集合,伦理与每一个存在者"同在";作为动词,伦理是使"我"成为"我们"的存在。

基于语言哲学,"伦理"的概念包括"伦""理""伦—理"三个结构。"伦"是存在,即人的公共本质,是"伦理"的自在形态或客观形态,呈现为各种伦理性实体;"理"是"伦"之"理",即"伦"的真理,是"伦理"的自为形态或主观形态,呈现为各种伦理意识与伦理理论;"伦—理"即由"伦"而"理"的同一体,是"伦理"的自在自为形态或现实形态,表现为各民族的伦理精神和伦理生活。三者的辩证发展构成"伦理史"的文明样态。由此,伦理史与人类社会发展史、人的生命发展史、婴儿心智发展史便具有内在深刻的文化同一性。"伦理"的核心问题,是个别性的"人"与实体性的"伦"的同一性关系及其表达方

式。"伦理"的根本文化使命，是将"人"从个别性的"单一物"提升为实体性的"伦"的普遍物，进而达到永恒与无限，从而使共同生活成为可能。在这个意义上，"伦理"便与"精神"逻辑和历史地统一，因为"精神"的本质，是"单一物与普遍物的统一"。① 伦理史就是一部精神史，至少是精神史的核心。

一般来说，"伦理与我们同在"有两种理解方式：与我们的"生活"在一起；与我们的"生命"在一起。前者是"生活"的理解或断代史的理解方式；后者是"生命"的理解或通史的理解方式。第一种理解方式的要义是：生活世界是人的存在方式，伦理是生活世界的"伦"之"理"或生活智慧，因而从一个民族到另一个民族，从一个时代到另一个时代，会变得完全不同甚至截然相反。② 但是，这种以生活世界为轴心的断代史的理解方式难以回答一个诘问：既然在时间和空间上都可能"完全不同"，到底如何确证或申言它们是"伦理"？既然在时间和空间上"完全不同"的主体是"伦理"，那就已经逻辑地承认存在着一种超越于时空之上的"伦理"（虽然在抽象意义上承认）。于是便有第二种可能的理解：伦理不仅现实地决定和服务于人的生活世界，而且历史地是属人的世界的必然构造和存在真理，因而有其文化生命的本体。由此，便产生不仅基于当下人的类生活，而且基于生生不息的人的类生命的"通史"的理解方式。在这种理解中，那些在不同时代、不同民族中完全不同甚至截然相反的东西，只是伦理显示自己存在的"现象"形态或历史形态，是"伦"之"理"的"理一分殊"和"道"之"德"的生生不息。

伦理的"在世"方式是"与'我们'同在"。断代史与通史的理解，分别以"生活"（当下生活世界）与"生命"（类生命及其延绵）为轴心或指向，前者与"我们"的生活世界"同在"，后者与"我们"的生命历程"同在"；前者是生活智慧，后者是生命智慧。二者之间的关系，某

---

① 黑格尔认为："在考察伦理时永远只有两种观点可能：或者从实体出发，或者原子式地进行探讨，即以单个的人为基础而逐渐提高。后一种观点是没有精神的，因为它只能做到集合并列，但是精神不是单一的东西，而是单一物与普遍物的统一。"黑格尔：《法哲学原理》，范扬、张企泰译，商务印书馆1996年版，第173页。

② 参见恩格斯《反杜林论》，《马克思恩格斯选集》（第3卷），中共马恩列斯著作编译局、人民出版社1972年版，第132—133页。

种程度上类似于数学上的微分与积分。更为精微却不容易忽视的殊异在于："通史"的"在世"方式，关键是由"命"所决定的"我们"的"生"。在这里，伦理不仅表达和表现人的类生命及其历程，而且自身也是一个生生不息的文化生命之流，只是在人的类生命及其精神发展的不同历史阶段和历史境遇中显现不同的"现象"形态。伦理的生生不息是"命"，它在不同历史阶段与不同民族中的表现，则是其"生"的历史形态。生生不息，不仅是人类而且是伦理的"天命"。在这里，当下的生活世界及其伦理，只是生生不息的生命之流的一个截面或微分，在场的不仅有当下社会生活中的伦理现实，还有无数截面积分而成的整个生命史的广阔而幽远的伦理背景。与之对应，"断代史"的"在世"方式，将伦理只当作由生活世界需要所决定和表达的偶然发生，我"活"故我"生"，但只是也应当只是"我们"当下的"生"。在这里，历史上所经历和创生的伦理，并不是"我们"的生命历程，最多只是帮助"我们"解决当下生活世界难题的传统资源。

　　断代史与通史、生活世界与生命之流、微分与积分，不只是两种理解或两种认知，而是两种态度与两种理念。它们之于道德哲学研究的方法论意义，如果用历史学领域的著名命题方式表达，断代史的命题式就是："任何历史都是当代史"，就是说，任何历史都对当代史有解释力，也应当服务于当代史；通史的命题式是："任何当代史都是历史"，当代史是古代史的自然生命进程，是文化生命之流的当代形态，可以而且应当从全部历史中发现文明基因。显而易见，两种问题式都有内在的方法论风险：前者是现代性碎片，表现为工具理性与功利主义；后者是黑格尔式的绝对精神，以及由此可能演绎的历史终结论。

　　如果说断代史与通史是"伦理与我们同在"的两种把握方式，那么，另一个具有方法论意义的问题便是：伦理如何申言"与我们同在"或自己的"在世"？根据上文对伦理概念的评议结构分析，伦理"在世"的自发形态是生活世界及其历史，伦理风化史与道德生活史就是伦理"与我们同在"的历史形态，它通过历史叙事，将伦理广泛持久地植入"我们"的集体记忆，并历史地"与我们同在"。"同在"或"在世"的自觉的形态是经受历史发展的大浪淘沙般的文化洗礼蒸馏而成的那些伦理道德经典，它们是表现或表达"同在"的理性化形式，由此伦理在理性中"与我们同在",并进入"我们"的理性化进程。然而,在历史化与理性化两种"同在"形式之外,还有另一种更为强烈也更具有显示度的申言方式,这就是历史上那些对人类文明的整个进程产生深远影响的重大伦理事件,以及这些伦理事件所隐喻的伦理信息。这些伦理事件往往标示文明进程的拐点,而它们蕴含的那些深刻邃密的伦理信息,往往氤氲着真正的文明真理,彰显伦理"与我们同在"的最重要的文明密码,并表达民族精神与民族伦理生活的文化气质。只是,它们可能至今还有待发现,但必须发现。

综合以上关于方法论的两个辩证,便获得关于澄明"伦理与我们同在",进而解释现代伦理生活和伦理学理论的理念和策略。在研究理念层面,不仅在现代人的生活世界,而且在人类文明的生命之流和伦理的生命之流中,把握现代伦理形态和现代伦理学理论形态;在研究策略层面,在对标示人类文明的历史拐点的重大伦理事件的解码中,复原人类伦理发展的精神史和问题流,在伦理道德的精神史和问题流中把握现代伦理的历史形态和理论形态。

对人类文明的伦理演化进行精神史和问题流的历史叙事,是一件诱人而又浩大的学术工程。进行这一尝试的简捷路径,是对历史进程中那些最具标识意义的重大文明事件进行伦理解读,这些重大文明事件是以文化英雄为明星所演绎的伦理剧,它们英雄史诗般地或悲剧或喜剧地强力宣示伦理与"我们"的同在,因而从中可以发现人类文明最重要的伦理密码。这里所谓"标识意义",不仅是文明史上最著名、对人类文明影响最为广泛深刻的人与事,而且必须同时具备另一条件,即在伦理史、精神史的进程中具有转折或拐点意义的事件,它们的出现,标志着人类精神尤其是伦理精神从一个进程转向另一进程,具有承上启下、继往开来的意义,蕴含着极为丰富深刻的伦理信息与精神密码。当然,这些重大文明事件并不只是伦理事件,甚至还没有被当作伦理事件。伦理精神叙事的关键,是将这些文明事件当作伦理事件叙说。叙说的前提是:其一,它们本身是伦理事件,携带丰富的伦理信息;其二,对这些事件进行伦理解读,寻觅其伦理的精神密码。

根据黑格尔的精神现象学理论,人类精神的发展经历了"伦理世界—教化世界—道德世界"三个环节及其辩证运动。借用这一分析框架,中西方伦理的精神史是由一系列虽然剧本不同却主题相通的重大伦理事件所构成的精神叙事。西方伦理历史叙事的精神脉络是：苏格拉底之死—上帝之怒—上帝之死与尼采之疯—罗素之"悟"；中国伦理历史叙事的精神脉络是：孔子周游—老子出关—孔子之"倒"与"五四"呐喊—陈独秀之"叹"。两大历史叙事的共同点是：它们都站在"伦理世界—教化世界—道德世界"的终结点和转换点上，呈现三个世界辩证运动的精神轨迹，并且与古代—现代—当代的社会发展史相一致，更重要的是，都在当代达致"伦理觉悟"。不同的是，在西方，这些伦理事件及其演进具有浓郁的悲剧性质，而中国则打上明显的喜剧色彩。然而，无论悲剧还是喜剧，演绎的都是人类伦理精神史的正剧。

2. "伦理世界"的"悲怆情愫"：悲剧与喜剧

A. "伦理世界"与人类精神

无论在人类社会发展史还是人的生命发展史上，精神史中诞生的第一个世界，都是个体性的"人"与实体性的"伦"直接同一、自然过渡的文明与文化样态，黑格尔在《精神现象学》中，将这个直接的和自然的世界称为"伦理世界"。伦理世界是以实体为个体真理的世界。在社会发展史上，伦理世界存续于原始社会；在个体生命发展史上，伦理世界是人的婴儿状态；作为类与个体的文明基因的延续与呈现，伦理世界在现代文明和现代人生命中的守望与复制，便是家庭与民族两大伦理实体。

原始社会的文明气质和精神世界，一言以蔽之就是"公"，准确地说是直接而自然的"公"，所谓"原始公社"。在这个文明时期和精神阶段，与其说个体意识还没有诞生，不如说实体意识就是个体意识。这个世界是原初的伦理世界，它是与人类文明、人类生命的根源联结最为直接和自然的精神世界。对任何民族来说，原始社会的最初记忆已无法唤醒，只能借助考古学对它进行某些充满好奇的猜测性复原。原始文明是人类迄今为止度过的最为漫长的历程，人类的精神基因在这里经历了几万万年的酝酿与进化，由单细胞进化为灵长类。因此，由原始社会向文明社会的过渡，便成为迄今为止最为重要的社会转型。人类对自己文明史的原初记忆，开启于原始社会后期、文明社会早期的伦理经验。人类对这个伦理世界的记忆的文化形态，一是神话传说，二是民族甚至民族国家形成时期的创世纪原始历史。由于民族国家形成之初的历史，兼具伦理世界和教化世界的双重性质，表征伦理世界向教化世界转换的特殊文化信息，因而具有原典和文化基因的历史意义。对个体来说，伦理世界是个体与母体、个体与世界混沌未分的婴儿世界，决定这个生活世界和精神世界的"伦理"气质的，是十月怀胎、一朝分娩的生命诞生过程。十月怀胎有孕育史，决定了它与母体即"胎"的不可分离的联系，也决定了"诞生"之后的"怀"的情结——对"怀抱""关怀"的向往和追求。呱呱坠地，婴儿以一根脐带表达对母体生死攸关的自然依恋，表征与母体不可分离的自然伦理样态和伦理密码。这个伦理世界在人的生命历程中如此漫长，以至于到"成年"才作最初的告别；这个伦理世界如此顽强，以至于在人的精神生命的发育中要以"叛逆期"的极端方式挣断与母体连接的脐带；这个伦理世界的纽带如此柔韧，乃至人类直至生命的终结，都不会放弃对"关怀"的渴求。不过，与作为人之"类"的社会进化过程中的伦理世界的历程相似，"三年免于父母之怀"之后的教化，"叛逆"式的诀别，是个体生命进程的伦理世界中的最初和最美好的记忆。

在人类精神的发展史上，如果以重大文明事件为标识，那么，在穿越时空的具有家园意义的原初伦理世界，尤其是伦理世界向教化世界转型的舞台上演绎的，是喜剧和悲剧两种截然不同的文化体裁。古希腊文明以"苏格拉底之死—上帝之怒"，上演了一出生动而震撼寰宇的伦理世界的悲剧；中国春秋文明，以"孔子周游—老子出关"，上演了一出诗意而深刻的伦理世界的喜剧。

B. 伦理世界的悲剧演绎："苏格拉底之死"与"上帝之怒"

西方文化在源头上由希腊文化与希伯来文化两大传统构成，"苏格拉底之死"与"上帝之怒"，不仅共同标示着伦理世界的精神密码，而且演绎着相同的文明主题。

"苏格拉底之死"作为古希腊最重要的文明事件，受到人类良知的无数拷问。然而，有待重新追问的是，它到底是何种文明事件？我的假设是："苏格拉底之死"本质上是一个伦理事件，是发生于古希腊伦理世界并且标志着伦理世界向教化世界过渡的伦理事件。

众所周知，苏格拉底因"蛊惑青年"和"慢神"两大罪名在雅典审判中以微弱多数被判处死刑。问题在于：(1) 苏格拉底到底因何"罪大恶极"，以至于被民主的雅典城邦判死？(2) 苏格拉底到底为何慷慨赴死？(3) 苏格拉底之死与近现代西方社会"回到古希腊"的文化情愫，到底存在何种遗传性的精神关联？仔细考察便发现，三大问题都指向一个聚集点：古希腊伦理世界。

一般认为，这是苏格拉底的对手为其罗列的"莫须有"的两大罪名。① 然而，这两宗罪为何足以让苏格拉底判死？根本原因在于，它们旨在颠覆古希腊的那个伦理世界。② 苏格拉底所处的雅典城邦社会，在精神发展史是个体与实体直接同一、以实体为真理的伦理社会，这是一个无个体、无自我的社会。"古代希腊文化从根本上说是无心理性和非内省的。""古代希腊的世界观不是取向于历史，而是取向于宇宙，同人道主义毫无共同之处，古希腊语中甚至没有表示个人、意志或良心这些现象的词。"③ 这种伦理状态及其文化记忆，因其与人的生命发展史的一致性，成为古希腊文明的最大魅力，也成为西方文化不断"回到古希腊"的挥之不去的文化情结。到底苏格拉底如何蛊惑青年，法庭并未提供细节，正如苏格拉底在申辩中所说，"若有人问：'如何引诱青年，做了什么，教了什么？'他们又说不出"。④ 他对青年的"蛊惑"，是在追求真知中启发独立思考，这对个体自我意识的发展当然是哲学推动，然而其直接后果是，将青年从个体与城邦实体直接同一的伦理状态中唤醒，对古希腊的伦理世界来说，这无疑是一种解构性和颠覆性的行为。慢神之罪具有同样性质。古希腊是

---

① 参见［古希腊］柏拉图《游叙弗伦，苏格拉底申辩，克力同》，严群译，商务印书馆1983年版，第81页，译后话："他们所告的罪状有二：(一) 慢神，(二) 蛊惑青年。……他们极恨苏格拉底，却找不出什么特殊罪状，只好笼统地举出两条，真是'欲加之罪，何患无词'。"

② 黑格尔认为，伦理世界—教化世界—道德世界，在西方分别对应于古希腊城邦社会—罗马至法国大革命—法国大革命以后的社会，尤指日耳曼社会。这种思辨性的理解虽有"绝对精神"痕迹，但将是逻辑与历史的辩证统一，具有合理内核和解释力。参见［德］黑格尔《精神现象学》(下卷)，贺麟、王玖兴译，商务印书馆1979年版，第4页。

③ ［苏联］伊·谢·科恩：《自我论——个人与个人自我意识》，佟景韩等译，生活·读书·新知三联书店1986年版，第114、94页。

④ ［古希腊］柏拉图：《游叙弗伦，苏格拉底申辩，克力同》，严群译，商务印书馆1983年版，第58页。

人与城邦、人与神不分的社会，镌刻于德尔菲神庙上"认识你自己"的所谓"自知之明"之"明"，绝不是认识自己的独立性，而是在警诫人们"自明"在神面前的渺小，从而听从神的摆布。法庭所指控的苏格拉底"不信国教，崇拜新神"①之罪，其精神本质即是将人从神的实体中分离出来。解构人与城邦实体的直接同一性，解构人与神的实体的直接同一性，"蛊惑青年"与"慢神"都是颠覆古希腊伦理世界，"罪行"之大，以致必须判死。

千古之谜是，苏格拉底到底为何不逃跑而慷慨赴死？在柏拉图的记载中，我们可以发现苏格拉底的纠结。一方面，他在法庭上极力开脱自己的蛊惑青年和慢神之罪，应该说，这并不是苏格拉底为自己辩护的策略，事实上他对自己所处的那个雅典城邦，始终保持了高度的认同和忠诚，对神也心存崇敬之情；另一方面，完全有可能逃跑而又慷慨赴死，由此成为伦理学的"一种道德基型"，②这并不只是一般所认为的出于对法律的忠诚，毋宁依然是对雅典城邦社会那个伦理世界的眷念和忠诚。两个方面，都是深刻的伦理纠结，确切地说，是伦理世界的纠结。

从审判到赴死，苏格拉底因伦理而死，为伦理而死。因对伦理世界的威胁而被判死；因对伦理世界的信念而慷慨赴死。结论是，苏格拉底必须死！苏格拉底之死本质上是一次伦理事件，是发生于由个体与实体直接同一的伦理世界向以个体为真理的教化世界过渡，或由伦理状态向法权状态过渡的进程中的伦理事件。在精神史上，苏格拉底是伦理世界的终结者，是教化世界的启蒙者，是伦理世界盗火的普罗米修斯。苏格拉底被审判又赴死，折射的是伦理世界的启蒙者的那种"悲怆情愫"。苏格拉底的纠结，日后演绎为不断重温的"回到古希腊"西方文明的纠结。

希伯来传统的"上帝之怒"，以另一个剧本演绎着同样的伦理故事。基督教的宗教叙事一再告诉人们：作为终极实体的上帝不仅全知全能，而且仁慈。然而同样的千古之谜是，人类的祖先亚当和夏娃只是在伊甸园犯

---

① ［古希腊］柏拉图：《游叙弗伦，苏格拉底申辩，克力同》，严群译，商务印书馆1983年版，第62页。

② ［古希腊］柏拉图：《游叙弗伦，苏格拉底申辩，克力同》，严群译，商务印书馆1983年版，第88页。

一个小小的错误——偷吃智慧果。到底是什么原因,使仁慈的上帝发雷霆之怒,将他们逐出伊甸园,而且造就出迄今为止人类文明史上最大的株连案:不仅处罚犯错者,而且将它定为人类的"原罪",不依不饶地要亚当夏娃的子孙们世世代代赎罪,乃至不知何日得到最后的拯救?问题的指向是:(1)智慧果到底启蒙了何种智慧?(2)偷吃智慧果到底何以成为"原罪"?(3)走出伊甸园以后的世界是什么?三大问题归结为一:上帝因何怒?它们同样指向一个聚焦点:宗教创世纪中的伦理世界。

可以对"上帝之怒"之前伊甸园世界做一次精神哲学还原。原先伊甸园的主人只有一个,这就是上帝。上帝用地上的尘土创造了亚当,又用亚当的肋骨创造夏娃,由此诞生伊甸园这个极乐世界。这个世界虽然有三个存在者,却是"一体"的。这是以宗教方式演绎的个体与实体直接同一的原初而美好的伦理世界,就像古希腊是世俗性的伦理世界一样。不仅亚当对夏娃而言,"这是我骨中的骨,肉中的肉",[①] 而且他们都有一个共同的终极实体,这就是上帝。然而,一旦偷吃智慧果,这个美好的原初状态就瓦解了。偷吃智慧果之后,亚当夏娃到底"明"了什么?今人不得而知,《圣经》告诉的是,他们用树叶做了人类文明史的第一块遮羞布。这个极具文明象征意义的行为,内蕴着极为丰富深刻的文化信息。它表明,原初的伦理世界中有了其否定性,这就是"分"。智慧果给予的启蒙是:亚当与夏娃是不同的,因而"应当"以遮羞布予以"分"。从此,实体性的伦理世界诞生了"分"的智慧,至少"分"为两种不同的自然性别,伦理世界的原初同一性被颠覆了,诞生"他者",并且彼此互为"他者"。它宣示,美好极乐的原初伦理世界终结了,伦理世界向教化世界异化,伦理状态向法权状态过渡。正因为如此,偷吃智慧果并不是人类祖先所犯的一宗罪,而是颠覆人类本性和精神家园的"原罪",必须以人类全部的努力来拯救;而且,亚当夏娃作为人类祖先的地位,决定了它不是"一个人"的罪,而是人类"一切人"的罪。颠覆伦理世界的"原罪",使其成为人类文明史上最大的一宗文化株连案。从此,人类开启了走向自我救赎的漫长而艰苦的文化长征。

因此,发生于遥远时代的偷吃智慧果的那个美丽错误,绝不是一个道

---

① 《旧约全书·创世记》,2:7、22、23。

德错误,而是一次最为重大的伦理事件,它标志着也直接导致了宗教王国中伦理世界的终结,教化世界或教化历程的开启。不过,与希腊传统中具有象征意义的苏格拉底之死不同,仁慈的上帝给人类以机会和希望,有可能通过赎罪而重新获得回归与拯救;而亚当夏娃的子孙们则像苏格拉底那样,慷慨领罪,心甘情愿而且欢欣鼓舞地以自己的赎罪行为迎接上帝的召唤。仔细观察便会发现,希伯来传统的"回归上帝",与"回到古希腊"的近现代西方情结,存在精神上的相通性,其本质都是"回归",即对人类原初出发点和原初伦理世界的眷念与回归。这种"回归"情结很能诠释伦理世界对人类的精神家园意义。在这个意义上可以说,"上帝之怒"是伦理之怒,借用上文的表达即是因伦理而怒,为伦理而怒。

C. 伦理世界的喜剧演绎:"孔子周游"与"老子出关"

春秋社会的文明镜像与古希腊有某种相似之处,人们常以"礼崩乐坏""天下大乱"概之。问题在于,这种镜像的文明本质是什么?关键是,作为解构和颠覆对象的"礼"和"天下"是什么?根据李泽厚先生的观点,礼是原始社会的习惯法或不成文法,氏族秩序及其意识形态,既有野蛮的遗存,又有文明的端绪,[①] 因而是一个对中国原始文明及其与日后中国文明的关系最具表达力的概念。而春秋"礼崩"之"礼",是夏商周三代之礼,尤其是周礼。其精神真谛,就是由礼所建构和表征的那个伦理世界。在孔子看来,"礼"代表中国文明的必然规律。"子曰:殷因于夏礼,所损益可知也;周因于殷礼,其损益可知也。其或继周者,虽百世可知也。"[②] "天"不变,"礼"亦不变。然而,春秋时代,"天"变了,"天下大乱"了,于是"礼"必然"崩"了。"天下"是什么?当然不是任何一个诸侯国,而是以周天子为象征的那个伦理世界,既是一个现实世界,更是一个文化和精神世界。所以,春秋时代精神状况的本质,是原初伦理世界的颠覆与解构,以及对这种解构的重构。在某种意义上,它与古希腊世界,与希伯来"伊甸园"世界中的故事有相似之处,它们都面临同样的文明任务,即修复被颠覆的伦理世界,然而所上演的历史剧的体裁

[①] 参见李泽厚《孔子再评价》,《中国社会科学》1980年第2期。
[②] 《论语·为政篇》。

却完全不同：不是悲剧，而是喜剧。

如果说希腊文明与希伯来文明是西方文明的两大传统源头，那么，在中国文明内部，也有两个不同的文化精神脉络，这就是儒家与道家。中国文明发生的重要特点是，在诞生了儒家的同时就诞生了道家，然后呈现出"春秋百家"，然而日后作为中国文化的基本构造，成为中国人精神基因的，只有儒家与道家，而且中国人的精神基因，往往既不是儒家阳极，也不是道家阴极，而是二者浑然一体的"太极"，"无极而太极"。儒家和道家的共同情愫和价值共识是：对"三代"所表征的原初的伦理世界高度认同，并以此为社会的理想类型，表现出深深的文化眷念。孔子便说："郁郁乎文哉，吾从周。"① 在这个意义上，儒家与道家是从原初伦理世界的母体中诞生的一对孪生儿，就像希腊文明与希伯来文明是西方文明的孪生儿一样。然而，儒家与道家的缔造者，即孔子和老子面对伦理世界颠覆所展现的文化态度和精神气质，与苏格拉底和上帝却迥然不同。

很多研究已经揭示了孔子和苏格拉底的相通之处。他们对已经被解构的原初伦理世界都表现出无限眷念回归的文化情结。孔子以"礼"的取向和"复礼"的努力表达其对伦理世界的情愫。他不仅将"礼"作为以"三代"为历史形态的伦理世界的象征，而且以"复礼"为最根本的文化任务和伦理使命。悠悠万事，唯此为大，克己复礼。"克己复礼"的真谛，就是超越自我，回复到原初的伦理世界。我曾论证，虽然"仁"是孔子思想的创造，礼与仁是其学说的两个支点，但孔子学说的核心是"礼"，它所建构的是以"复礼"为最高取向的伦理优先的精神哲学体系。② "克己复礼为仁"是孔子学说的最重要的命题和毕生的努力。一个"复"字，既申言"礼"的存在形态——是被解构和颠覆的最高价值或核心价值，又宣示孔子本人的回归情感和文化努力；而"克己"则表明"己"即自我或个体与"礼"的颠覆和"复礼"之间的深刻关联——"礼"的伦理世界已经被"己"所解构和颠覆，伦理状态已经异化为法权状态，因而要"复礼"即回归礼的家园，必须透过对"己"的扬弃与超越，即所谓"克"；由此便达到"仁"的教化，即扬弃法权状态对伦理状

---

① 《论语·八佾篇》。
② 樊浩：《〈论语〉伦理道德思想的精神哲学形态》，《中国社会科学》2013 年第 3 期。

态的异化，进入教化状态和教化世界。可见，"克己复礼为仁"，是孔子关于"礼"的伦理世界的文化宣言。"礼"是实体性的伦理状态，"己"是个体本位的法权状态，"仁"是教化状态，"克"则是由法权状态回到伦理状态的教化努力或精神上的康庄大道，而一个"复"字，凝聚了孔子对伦理世界的情愫及其回归努力。孔子创造了"仁"的精神世界，但这个世界服务和服从于向"礼"的精神世界回归的根本目标。不同的是，孔子在生活世界中的"复礼"努力遭遇挫折时，将重点转向精神世界和文化传承，进而成为中国历史上第一个教师；而苏格拉底则在面临"蛊惑青年"的指控时，极力辩白自己不是教师，重要理由之一是他没有收费，而法庭的最终判决又使他的"教师"身份得到确认，因而也成为西方历史上第一个教师。二人作为中西文明史第一个教师的身份，似乎隐喻着由伦理世界向教化世界之"教"的肇始。如果将孔子与苏格拉底当作中西文明由伦理世界向教化世界转型的文化明星或伦理明星，那么他们所演绎的伦理剧却完全不同，孔子是喜剧，苏格拉底是悲剧。苏格拉底于文明史上的在场方式是一个"死"字，因伦理而死，为伦理而死；而孔子于文明史上的在场方式则是一个诗意而艰难的"游"字——周游列国，虽到处碰壁，却"乐"此不疲。最后，苏格拉底因其"死"而彪炳千古，孔子因其"游"而成万世师表。"死"与"游"，同为殉道济道，同为对伦理世界的回归，然而悲喜之间，各有千秋。

如果孔子与苏格拉底的殊异只是特例，那么"上帝之怒"与"老子出关"便更能说明问题了。从一定意义上讲上帝与老子都是救赎伦理世界的启蒙者，但上帝以"原罪"的方式给人类对伦理世界的解构以警示，并以"召唤"和"拯救"使人类回归伊甸园的伦理世界。而老子面对伦理世界的解构和法权世界的虚无，则以"出"的方式表达自己的态度和智慧。"老子出关"是一个极富文化意义的伦理事件。面对尘俗，老子选择了"出"的退隐。守关（即函谷关）的将军担忧老子退隐将导致文化不在或斯文不存，于是将其扣留，邀其留下"真经"，于是诞生《道德经》这部千古不朽之作。《道德经》所表达的，是以"德"的教化复归"道"的大智慧。而"道"的具体指谓，就历史形态而言，是"三代"的伦理世界；就其生命形态而言，是婴儿赤子状态。面对伦理世界的解构和教化世界的诞生，老子对世人的哲学启迪是："大道废，有仁义，智慧出,有大伪,六亲不和,有孝慈,国家混乱,有忠臣。"① "故失道而后德,失德而后仁,失仁而后义,失义而后礼。"② 仁义道德教化,根本上源于"大道"之伦理世界的颠覆,道—德—仁—义—礼,复原的是伦理世界解构、教化世界诞生的文化图景和精神世界景象。老子给人类开的救世药方是:"绝圣弃智","以至于无为,无为而无不为"③。老子的婴儿赤子情结,根本上是回归生命本体、文明本体的情结。同为对教化世界的启蒙和对伦理世界坠落的救赎,"老子出关"与"上帝之怒"相反,演绎的是一出生动的文明喜剧。

综上所述,如果将春秋与古希腊当作伦理世界向教化世界转型的文明历程,那么,中西方民族演绎了相似而风格迥异的精神史。同为教化拯救,古希腊上演的是以"死"与"怒"为主题的英雄史诗的悲剧体裁,中国上演的是以"周游"和"出关"为主题的喜剧体裁。导致两种体裁殊异的深刻原因在于,两大精神史剧的着力点不同:中国是修复伦理世界的努力,希腊是对颠覆伦理世界的惩罚。"死"与"怒","周游"与"出关",表达的都是救赎与拯救的主题,传递的都是"回归"即守望与回归伦理世界的情愫。诚然,孔子、老子与"两希"传统中的苏格拉底、上帝并不是一一对应关系,老子在伦理精神史上的地位更像柏拉图,老子的"道"与柏拉图的"理念"也更为相通;同样的是,柏拉图的"理念"中有上帝的影子,老子的"道",则通过他的承继者,最后也走向宗教,老子本人也成为道教之宗。

3. "教化世界"的"伟大可恨":上帝之"死"与孔子之"倒"

A. 伦理世界的精神命运:悲怆情愫

伦理世界是人类文明的第一个精神世界。苏格拉底之死—上帝之怒—孔子周游—老子出关,在精神史上演绎的是人类文明初年伦理世界的

---

① 老子:《道德经》第十八章。
② 老子:《道德经》第三十八章。
③ 老子:《道德经》第四十章。

"悲怆情愫"。"悲怆情愫"是黑格尔用来揭示伦理世界的精神纠结及其内在否定性的现象学用语。伦理世界是以家庭和民族为伦理性的实体和普遍本质，是以男人和女人为天然自我和个体能动性，实体与自我相互渗透、直接同一的"无瑕疵、无分裂而完美的纯一的世界"，在这里，"各普遍的伦理本质都是作为普遍意识的实体，而实体则是作为个别意识的实体；诸伦理本质以民族和家庭为其普遍现实，但以男人和女人为其天然的自我和能动的个体性"①。家庭与民族，以男人和女人为相互过渡的中项，形成"安静的平衡"。然而，在伦理世界中，民族与家庭两大伦理实体分别代表两大伦理规律，即人的规律与神的规律，它们是精神世界的两大伦理势力，导致伦理行为中家庭成员和民族公民两种自我意识之间的对立，由此，伦理行为，即从个体的普遍本质出发的行为，便成为罪过的环节——它可能只属于一个实体而不属于另一个实体，只属于一种势力而反对另一种势力，于是，在伦理世界中，实体性便是个体性的"悲怆情愫"。

"悲怆情愫"是表达伦理世界中两大伦理实体或人的两种伦理本质之间冲突关系的概念，是伦理实体的"悲怆情愫"。由于个体是实体生命的赋予者，普遍本质存在于个体能动性之中，因而"实体这一悲怆情愫同时就是行为者的性格"②，因而也是伦理世界中个体的悲怆情愫，准确地说，是作为伦理世界中个体自为精神的伦理行为中的悲怆情愫。在个体的伦理行为中，家庭成员与民族公民两种普遍伦理本质和伦理自我意识相互冲突，成为渗透个体的整个存在、决定个体必然命运的痛苦情感——悲怆情愫。"在诸个体那里，普遍［共体］表现为一种悲怆情愫。"③ 悲怆情愫是伦理世界被解构进程中于伦理精神的深层发出的痛苦而极具审美价值的呻吟，是母体于分娩前的阵痛及其呻吟。悲怆情愫之后，是伦理世界从以实体为世界主宰的"伦理状态"，向以抽象个人为世界主宰的"法权状态"过渡，最后由伦理世界向教化世界转变。

---

① ［德］黑格尔：《精神现象学》（下卷），贺麟、王玖兴译，商务印书馆1979年版，第19、17页。

② ［德］黑格尔：《精神现象学》（下卷），贺麟、王玖兴译，商务印书馆1979年版，第27页。

③ ［德］黑格尔：《精神现象学》（下卷），贺麟、王玖兴译，商务印书馆1979年版，第30页。

悲怆情愫，在伦理世界中既是伦理实体，也是个体命运的痛苦情感和伦理必然性，是伦理世界的精神气质和必然命运。既是伦理实体的悲怆，也是伦理个体的悲怆，更是伦理世界的悲怆。而作为一种极具审美气质的痛苦情感，"情愫"所表达的，是个体精神世界被分裂的过程中对伦理实体同一性的那种"孔雀东南飞，五里一徘徊"式的眷念和对不可改变的命运必然性的认同。因而，既是伦理世界的情感，也是伦理世界的精神。苏格拉底被审判和赴死，既是古希腊城邦的悲怆情愫，也是苏格拉底本人的悲怆情愫，在这个意义上，苏格拉底必须死。悲怆情愫，是苏格拉底之死在人类文明史上的壮举，也是苏格拉底赴死给世人留下的全部的美之所在，这种悲怆之美是一种悲剧式的崇高之美。上帝之"怒"，既是上帝作为终极实体"被"分裂，即因"智慧果"启蒙而分裂为男人和女人两种不同伦理存在的悲怆情愫；而逐出伊甸园，也是亚当夏娃"被"启蒙而导致的实体自我分裂的"悲怆情愫"。"被分裂"和自我分裂，是伊甸园这个宗教的伦理世界中上帝的终极实体和亚当夏娃的伦理个体的必然命运和悲怆情愫。

　　仔细考察便会发现，伦理世界的悲剧与喜剧，似乎发生于伦理世界的两个不同的精神阶段。苏格拉底之死与上帝之怒，发生于伦理世界被颠覆的进程中，是伦理世界的精神被解构时的绝唱；孔子周游与老子出关，发生于伦理世界已经遭遇解构，由伦理状态迸发到法权状态，在人类精神的发展中站在伦理世界与教化世界的分水岭上，向伦理世界投回的忧郁而美丽的智慧一瞥。面对伦理世界的颠覆，孔子与老子都有所"为"，区别在于，孔子"知其不可为而为"，老子"无为而无不为"。孔子的行为反映是"游"，而且是"周"游，一个不遗余力的"周"字，充分体现"不可为而为"的努力；老子的行为反映是"出"，所出之"关"为何？伦理世界之"关"也。"周游"与"出关"，共同的精神家园都是"三代"的伦理世界，都是伦理世界的悲怆情愫的行为表达，既是对"三代"的伦理世界被颠覆的悲怆，也是在法权状态精神进程中顽强地眷念和拯救伦理世界的悲怆，只是以不同的大智慧演绎自己的悲怆情愫：孔子以入世方式演绎，老子以隐世的方式演绎，上演的都是一出以拯救伦理世界为主题的悲怆情愫的伦理喜剧。

B. "伟大的可恨"

告别简单纯一的伦理世界，人类精神行进到第二个世界——教化世界。伦理世界中，人类精神历史叙事的主题是"悲怆情愫"；教化世界中，人类精神历史叙事的主题是"伟大的可恨"。

伦理世界与教化世界并不是两个决然断裂的精神世界，在两个世界之间，有一个精神过渡，即法权状态。伦理行为破坏了伦理世界中伦理精神的"优美和谐与稳定平衡"，家庭与民族两种伦理实体和伦理精神的对立，导致伦理世界的分裂。于是，从伦理实体中产生出个人人格，抽象的个人成为世界的主宰，个人成为精神世界的有效却是偶然性的存在，从而进入所谓"法权状态"。法权状态承认个人的有效性，但也意识到它是个人的实体性的丧失，意识到个体的无本质性，"把一个个体称为个人，实际上是一种轻蔑的表示"[①]。"个人"和"个体"的区别在于，"个体"是有"体"即有实体、有公共本质即有家园的，而个人则是抽象孤立的存在，彼此相互对峙和对立，"自我的普遍现实就是自我的本质的丧失"[②]。摆脱这种无本质的状态，必须将精神往前推进，进入所谓"教化世界"。

教化世界是从伦理世界异化而来的世界。"教化"之所"教"所"化"有两个相反的指向。一方面相对于原初的自然伦理状态，其核心是从实体中意识到自我的个体性，在这个意义上，"智慧果"就是伦理世界的教化；另一方面相对于法权状态，其核心是在个体性中意识到自我的普遍性，追求个体性与普遍性的现实同一。"教化是自然存在的异化"，"个体在这里赖以取得客观校准和现实性的手段，就是教化"[③]。走出直接和自然同一的伦理世界，个体性的"人"与实体性的"伦"的结合获得现实而世俗的精神形态，即教化形态。在教化世界，精神的根本任务，是如何将个体变得符合实体，即将个体"单一物"提升为"伦"的"普遍

---

① [德]黑格尔：《精神现象学》（下卷），贺麟、王玖兴译，商务印书馆1979年版，第35—36页。
② [德]黑格尔：《精神现象学》（下卷），贺麟、王玖兴译，商务印书馆1979年版，第38页。
③ [德]黑格尔：《精神现象学》（下卷），贺麟、王玖兴译，商务印书馆1979年版，第42页。

物"。伦理世界是自我圆满的世界,而教化世界是自我分裂的世界。在教化世界中,精神分裂为现实世界和信仰世界。在现实世界中个体与实体不同一,但在信仰世界中又执着地追求这种同一。与之对应,精神具有两种意识形态——高贵意识与卑贱意识,意识到自我或个体与实体的同一性的为高贵意识,意识不到自我与实体的同一性并且坚持个体性的意识为卑贱意识。由此,精神便具有两种本质——善与恶。善与恶的本质,是精神对于"普遍物"的两种态度,善即个体单一性与客观普遍性的现实(即在思维和行动中)的统一,恶即是它们的不统一。①

在教化世界中,个体单一物与实体普遍物的统一外化或异化为两种现实,即国家权力与财富。国家权力与财富是教化世界中精神的两种现实形态,其内核是个体与实体,或个体性的"人"与实体性的"伦"的统一。国家权力既是个体的赋予,也是普遍性的作品,在这里个体的普遍权力和普遍性透过自己的"代表"实现和完成。而财富"也同样是普遍的精神的本质,它既因一切人的行动和劳动而不断地形成,又因一切人的享受或消费而重新消失"。"一个人自己享受时,他也在促使一切人都得到享受,一个人劳动时,他既是为他自己劳动也是为一切人劳动,而且一切人也为他而劳动。"在这里,"自私自利只不过是一种想像的东西"②。因此,国家权力和财富,既是现实世界,也是精神世界,是精神呈现和实现自己的世界,是精神按照自己的规律建构的世界,因而是"有精神"的世界。国家权力和财富的伦理合法性就在于它是精神的作品,在于具有个体与实体、单一性与普遍性统一的精神意义和精神价值,一旦丧失这种伦理合法性,它就因"没精神"而死了。"精神"死了,生活世界不仅被祛魅,而且也已经死了。

因此,在精神发展中,教化世界既是伦理世界的现实化或世俗化,也是对伦理世界的否定。在现实化与否定的双重意义上,它是精神世界的异化。在哲学上,"异化"不仅是变异,而且意味着从母体派生的东西转而

---

① 关于"高贵意识"与"卑贱意识",参见[德]黑格尔《精神现象学》(下卷),贺麟、王玖兴译,商务印书馆1979年版,第47—52页。

② [德]黑格尔:《精神现象学》(下卷),贺麟、王玖兴译,商务印书馆1979年版,第46—47页。

反对母体本身。这种状况，被尼采诗意地表述为"伟大的可恨"。"有一件事，我称它为伟大的可恨（ranccr of greatness），就是任何伟大的东西，不论一本著作或一件事，一旦当它被完成以后，立刻就会对那产生它的人采取敌对态度。就是因为它的产生者这个事实而使它变得柔弱。因此，它就不再继续他的事业。他不能正面地面对它。"① 在人类精神的生命史中，教化世界从伦理世界中诞生出来，但教化世界一旦诞生，便对伦理世界采取藐视甚至敌对的态度，这种态度并不是出于精神的自信，更不是精神的真理，而是精神的狂妄和分裂。它因忘恩负义而"可恨"，然而是"伟大"的，因为它是精神发展的必然结果，是精神史的重大进步。英国政治家丘吉尔曾将第二次世界大战胜利后作为杰出领袖的自己在选举中的失败，称为"伟大民族的忘恩负义"，因为它是一个民族成熟的表现。换言之，精神的这种异化，这种忘恩负义的"伟大的可恨"，正是精神走向成熟的表现。但是，它终究是"可恨"的，正因为如此，最后必定宿命式地走向回归。

C. 上帝之死与尼采之疯

希腊化时期以后，希腊传统与希伯来传统逐渐合流，共同造就西方文明。根本原因在于，"两希传统"之间内在深刻的精神相通性。马克思发现，在柏拉图的"理念"中存在基督教上帝的影子，"众理之理"一旦人格化，就是上帝。于是，古罗马之后至近代以前，西方文明经历了基督教绝对统治的"千年黑暗"。然而，即使在绝对的上帝王国中，植根于希腊传统的哲学精神也与宗教精神相互渗透，典型表现就是用哲学方法论证诸如"一个针尖上能站几个天使"之类的神学命题。正因为如此，近代西方文明一旦突破神学的外壳，便迎来科学与人文的曙光，生成灿烂夺目的文艺复兴运动。然而，两希传统浑然一体的历程的重要后果之一是，上帝兼具宗教与伦理终极实体的双重意义。一方面，理性主义、经验主义、实用主义、个人主义，各种近代道德哲学思潮是对上帝存在的颠覆；另一方面，宗教信仰与哲学理性并行不悖。文艺复兴以后西方精神世界的体制格局是"君主立宪"，"君主"与"立宪"两立共生。上帝是精神世界的君

---

① ［德］尼采：《瞧！这个人》，刘崎译，中国和平出版社1986年版，译者前言，第82页。

主,但世俗生活中的精神规律是理性的"立宪"。"君主"是最高存在者,但其地位更像一个终极性象征,"立宪"的理性才是主宰精神世界的"首相"。精神世界中"君主立宪"的文化秘密在德国古典哲学尤其是康德与黑格尔哲学中得到充分体现。康德一方面强调基于实践理性的道德"绝对命令";另一方面,精神世界的圆满和至善的实现,又必须借助"上帝存在"与"灵魂不朽"两大预设。黑格尔在"主观精神—客观精神—绝对精神"的思辨构架中,宗教与哲学是绝对精神,也是整个精神过程的最后和最高的两个环节,不过,终究哲学高于宗教,精神最终通过宗教在哲学中回到它的概念自身。"君主立宪"的精神构造为日后西方精神史的演化或再异化埋下伏笔,它导致一种可能也导致一种现实,在道德哲学体系、世俗伦理生活和人的精神世界中,上帝的至上地位只是预设和象征,上帝成为兼具宗教与伦理双重象征意义的文化符号,只不过,对于西方人的精神世界和生活世界来说,这种意义象征和文化符号不可或缺,却面临被分解和颠覆的巨大文化风险。

西方现当代史上最具精神史意义的伦理事件,就是尼采向世界宣布"上帝死了"!"上帝死了"所携带的丰富的伦理信息和深刻的精神密码,在于对两个问题的破解:(1)"上帝死了"到底"死"了什么?(2)为什么宣布"上帝死了"之后,尼采便疯了?二者之中,"上帝死了"或"尼采疯了",或"上帝之死"与"尼采之疯"二者之间的关联,是这一事件之成为重大伦理事件更为深刻的文明密码。

第一个问题是,"上帝死了"到底"死"了什么?尼采哲学中的上帝,显然不只是作为基督教终极实体的上帝,更指向以上帝为符号的更为广泛的文化象征意义,因而必须从他的全部哲学中寻找解释。可以顺着《瞧!这个人》这本学术与思想自传寻找答案。尼采的哲学抱负,是摧毁自苏格拉底以来的欧洲文化的精神,即"重估一切价值"。在38岁完成的《快乐的科学》中,尼采第一次宣布"上帝死了",此后多次重复这一口号。40岁完成《查拉图斯特拉如是说》这"一部给一切人看也是无人能看的书",他在这本书中提出"伟大的可恨"的命题,隐喻真理与精神发展的某种悲怆式的命运。43岁完成《论道德的谱系》这个被尼采自认为所有作品中"最精彩的东西",它是"一个论战",何种论战?道德论战!它是一部解构西方道德乃至解构一切道德的宣言书,确切地说,是宣战书。在这部书中，他提出基督教起源于怨恨心理，是反抗高贵价值的"反抗运动"，而良心乃"是一种残忍的本能，当这种残忍的本能不能向外发泄时，便回过来对自己发泄"①。44岁时完成《偶像的黄昏》，这里所说的"偶像"，"就是向来被称为真理的一切东西"。他宣布"旧的真理正在接近尾声了"。完成这部书后不久，他"带着一种无与伦比的伟大光荣之感去从事'对一切价值重新估价'的艰巨工作"②，并于年底完成《瞧！这个人》这本学术传记。

尼采非常清楚自己在做什么，以及自己在文明史尤其是精神史上的可能的地位。他意识到自己的宿命："我是所有人类中最可怕的人；但是，这一点并没有否定一个事实，那就是我将是最有益的人。"③ 在创作《偶像的黄昏时》，他就意识到"我是一个灾害"，因为正在颠覆和终结一切真理。"为什么我是灾祸？"因为"我不是一个普通的人，我是炸药"。"我知道自己的命运。总有一天，我的名字将会和那些对可怕事物的回忆连在一起——将会和那些前所未有的危机，那最深刻的良心冲突以及对那些一直被人们需要和视为神圣而崇敬的事物的咒骂连在一起。"④ 可见，"上帝死了"，不仅意味着作为宗教象征的终极道德死了，因为"基督教的道德，是所有思想家的巫婆"，而且意味着一切偶像即一切真理死了，一切价值被颠覆了，世界被颠覆了。

"我是灾祸"——"我是炸药"，"我是所有人类中最可怕的人"——"我是第一个发现真理的人"——"我将是最有益的人"，这些自悟自省式的表述，实际上折射了尼采在精神上的动摇不定和自我纠结。纠结的结果是，在宣布上帝死了之后，自己也疯了。他在44岁生日的第二天开始写作自己的学术传记《瞧，这个人》，总结自己的学术历程。吊诡的是，"该书写完后不久他就疯了；此后一直到死都未能完全恢复正常"⑤。当尼采颠覆了一切价值之后，自己的世界，尤其是精神世界也随之崩溃了。这

---

① ［德］尼采：《瞧！这个人》，刘崎译，中国和平出版社1986年版，译者前言，第94页。
② ［德］尼采：《瞧！这个人》，刘崎译，中国和平出版社1986年版，译者前言，第97页。
③ ［德］尼采：《瞧！这个人》，刘崎译，中国和平出版社1986年版，译者前言，第109页。
④ ［德］尼采：《瞧！这个人》，中国和平出版社1986年版，译者前言，第106页。
⑤ ［德］尼采：《瞧！这个人》，中国和平出版社1986年版，译者前言，第3页。

个"炸药",在炸毁了人类的精神世界的同时,也炸毁了自己。在这个意义上,尼采"重估一切价值",是精神世界的一次自杀式爆炸。所以,尼采之疯,不仅是缘于家族病史的自然生命事件,根本上是一次精神事件,准确地说,是精神史上的伦理事件。

"上帝死了",尼采颠覆了人类的精神家园,人类被逐出精神的伊甸园,不同的是,尼采杀死了上帝,而他又不可能像上帝那样仁慈和全知全能,不能为人类精神提供一条拯救之路。于是,世界疯了,人类疯了,尼采自己也疯了。

"上帝死了",尼采只能疯!

D. "孔家店"之"倒"

中国文化的精神基因是由儒家与道家构成的辩证的生命复合体,但是,伦理世界家园中孔子"周游"与老子"出关"的在场与退场的精神显现自身的两种方式,似乎预示着二者日后在民族精神发育中的不同地位:同是精神世界的伦理明星,但儒家是主流,在体制内;道家的演绎虽生动而深刻,终不是剧场的聚焦点。《论语》贡献了"伦"之"理",《道德经》贡献了"德""道"的智慧。在日后"五伦四德"—"三纲五常"—"天理人欲"的伦理—道德二位一体的精神发展中,虽然老子"道—德经"的元智慧始终存在,但孔子,尤其是孔子开创的"礼"的伦理,始终是根本和主导,孔子成为中国伦理乃至中国文化的象征符号,不过,也正因为如此,对"礼"的批判,也就成为传统伦理精神启蒙和转型的突破口。在由传统向近代转型的精神历程中,戴震的出场是一个标志性的伦理事件。他是中国传统伦理、传统社会内部的启蒙思想家,他的批判,标志着传统伦理的终结,其最具有标识性的口号和命题,便是"以理杀人"。"酷吏以法杀人,后儒以理杀人。"[①] "理"或"天理"是宋明理学的核心话语,其内核是以"三纲五常"为主的伦理道德。不过,虽然戴震在传统社会内部完成了对传统的批判,但是由于批判的主要矛头对准传统道德,因而在精神史上只是传统伦理内部的异端。而当谭嗣同等人将批判的矛头对准"三纲"的伦理,而不是"五常"的道德时,当"以

[①] 戴震:《戴震全集·与某书》第一册,清华大学出版社1991年版,第212页。

理杀人"到鲁迅那里被推进为"以礼杀人"时，便不仅标志着反封建的开始，而且标志着近现代启蒙精神的到来。

如果将从春秋到宋明理学的漫长历史时期当作中国人精神发展中的教化世界或教化形态，这个世界精神演进的基本理念和表述话语便是由孔子的"礼"的伦理不断制度化而成的"礼教"。于是，精神史现代转换的最具标识性的伦理事件，便是"五四运动"中提出的一个著名口号："打倒孔家店！"在这个激烈口号中，"打"的到底是什么？"倒"的又是谁？显然，"打"的是孔子或首先被打的是孔子，而"倒"的则是以孔子为代表的传统精神，即所谓"孔家店"。"孔家店"意味着"五四"所解构和颠覆的已经不只是孔子本人，而是孔子作为缔造者和"董事长"的"孔家店"中所生产和提供的精神产品；就像"上帝死了""死"的不只是上帝，而是以上帝为符号的"偶像"或一切价值一样。

于是，便引发另一个问题，孔子被"打"，"孔家店""倒"了之后的世界怎样？直接而深刻的后果是，教化世界"倒"了，教化世界的精神"倒"了。在以前的研究中，我曾将"五四文化精神"与"后五四文化情结"做了区分，认为"五四文化精神"的启蒙意义和革命意义不容怀疑，但是，"打倒孔家店"开启的反传统主义所生成的"后五四文化情结"却导致了现代精神的复杂后果，在日后的精神发展尤其是知识分子的精神发展中，最重要的表征是：怨古尤主；知德分离；逃避现实责任。[1]"打倒孔家店"，"倒"了什么？伦理"倒"了，确切地说，教化世界的伦理"倒"了，教化世界的精神"倒"了，最后，整个教化世界"倒"了，于是，人类精神便由教化形态向另一种形态，即"道德"形态或道德世界进发。

上帝"死"了，孔子"倒"了，教化世界摇摇欲坠了；上帝死了，尼采疯了；孔子"倒"了，教化世界崩了，教化世界向另一个世界进发，另一个精神世界呼之欲出了。

近现代精神史上这两大伦理事件的文明相似性，似乎向人们宣示着同一个真理，同一种精神进程和精神轨迹。不同的是，前一个伦理剧的明星是尼采，后一个伦理剧的明星是五四时期的青年知识分子。相同的是，他

---

[1] 樊浩：《反传统主义大学文化的人文品质反思》，《教育研究》2000年第1期。

们都血气方刚,在耗尽全部心能上演了这出精神的人间绝剧之后,给人类、人类精神留下雅典娜式的残缺之美,也留下无尽的哲思。

4. 道德世界的"伦理觉悟":罗素之"悟"与陈独秀之"叹"

A. 从"伟大的可恨"到"伦理觉悟"

在人类精神之流中,伦理世界是实体世界,教化世界是个体世界。在精神发展中,教化世界承担着双重任务,一是"教",二是"化"。理解两个精神世界的关系以及教化世界的本性,必须追问:教化世界到底"教"了什么,"化"了什么?

从伦理世界进展到教化世界,教化之"教"有两个相反相成的精神方向:一是"教"人们从实体状态中走出,或将人们从实体状态中唤醒,苏格拉底、伊甸园的智慧果,都是这种"教",相对于伦理世界而言,这种"教"是"教唆",亦即是伦理启蒙;二是"教"人们在个体为本位的法权状态和生活世界中,重新建构普遍性,从而回归伦理本性,这便是"教养"或"教育",孔子及其儒家完成的就是这一使命。

教化世界的精神秘密,被老子"大道废,有仁义,智慧出,有大伪,六亲不和,有孝慈,国家昏乱,有忠臣"一语道破。伦理世界个体与实体直接同一的自然状态的"大道""废"了,才需要有仁义的道德要求,或者说,伦理状态终结了,才需要通过道德教化重建生活世界的精神。问题在于,"大道废"之后,为何必然和必须"有仁义"?"仁义"的精神哲学意义到底是什么?孔子以"爱人"道出"仁"的真谛,"爱"的本质是什么?根据黑格尔的诠释,爱的本质是不独立,不孤立。"所谓爱,一般说来,就是意识到我和别一个人的统一,使我不专为自己而孤立起来。"[①] 何为"义"?"义"者,宜也。在中国哲学中,"仁"是"爱人"的"天命之性"或"绝对命令""法的命令",而"义"的真谛是"分"即按照伦理秩序的要求爱人,从而使爱人具有现实性与合理性。于是,道德的根本要求,便是"居仁由义","仁"透过"与别一个人统一"回归

---

① [德]黑格尔:《法哲学原理》,范扬、张企泰译,商务印书馆1996年版,第175页。

伦理的家园,"义"是透过"分"之"宜"实现这一回归的康庄大道。"仁"回归伦理状态和伦理精神,但它已经不是原初伦理世界的那种精神,而已经渗透了"义"的要求异化了,因而是教化世界的伦理精神。正因为如此,在中国传统中,仁义才与道德相互诠释,"仁与义为定名,道与德为虚位"①。"大道废"与"有仁义"之间的关系,昭示了"大道"的伦理状态与"仁义"的教化状态两种精神世界的关系,"仁义"既是回归"大道"的"教",也是拯救"大道废"的"化"。老子这段话中其他三个对立关系的真义也是如此,同样揭示伦理世界与教化世界之间的关系的秘密。教化世界导致"大道废",因而"可恨";但又通过"有仁义"拯救"大道",因而"伟大";总而言之,教化世界、教化世界的精神是"伟大的可恨"。

问题在于,走出伦理世界之后,人类精神为何需要"教",需要"化"?伦理世界是实体的世界,人类精神处于原初的直接性之中。伦理世界的内在否定产生法权状态,法权状态的主人是"个人"。如前所述,法权状态中的"个人"还没有上升为"个体",因为它没有"体",即没有人的公共本质,只是抽象的人。因而法权状态虽是生活世界的事实,却没有现实性。教化世界的精神任务,一方面要将法权状态的"个人"现实化为"个体",另一方面要通过道德将"个体"提升为"主体",而当"个体"提升为"主体"时,教化世界便向道德世界过渡。

在人类精神发展中,教化世界为何又如何向道德世界过渡?如前所述,在教化世界中,个体与实体统一的伦理精神采取了两种现实形态,即公共权力与财富;具有两种意识形态或精神形态:高贵意识与卑贱意识;最后呈现为两种精神本质:善与恶。教化世界遭遇两个伦理难题:(1)公共权力与财富是否具有个体与实体统一的精神本质或伦理合法性?(2)个体行为是否体现伦理的精神本性?一旦权力失去公共性、财富失去普遍性,公共权力与财富便失去其精神本质和伦理合法性,成为无精神、无伦理的存在,教化世界的精神就失去客观基础;一旦个体行为在权力和财富中不能体现和捍卫伦理普遍性,教化世界的精神也就自为地丧失。公共权力的伦理精神精髓是"服务",所谓"服务的英雄主义";财

---

① 《韩愈·原道》。

富的伦理精神精髓是"公正",所谓"分配公正"。教化世界中个体与实体关系的核心是义与利的关系问题,"义利之辨,乃儒者第一义"①。然而,在教化世界中,不仅权力与财富都会现实地异化,而且公共权力与财富之间可能私通,从而在精神上和现实中滋生腐败,最后导致精神世界分裂为"冷酷的普遍性"与不可拯救的"单一的点"。由此,精神必须由教化世界继续行进,达到道德世界。

道德世界的精神图像,或道德世界的精神现象学如何?道德世界有三个基本内涵:其一,道德世界的基本问题,是义务与现实、道德与自然的关系问题;由此形成所谓"道德世界观"。道德世界观一方面将精神世界分为道德与自然或道德世界与自然世界两个世界,另一方面又坚持,只有义务或道德具有现实性,而自然全无本质性,否则便不是道德世界观,而是自然世界观。其二,道德世界的坚定信念,是道德与自然之间的和谐。它预设了两大和谐,即道德与客观自然即社会现实之间的和谐,道德与主观自然之间的和谐,实现道德与自然之间"被预设的和谐"的中项,就是现实的道德行为。其三,道德世界观坚信,道德是一个"永远有待完成的任务",必须而且只能自强不息,厚德载物。② 道德世界的根本任务,是将人从法权状态下的个别性存在,回归于伦理性的普遍存在,从而将"个体"提升为"主体"。道德主体即内化了的或内在的伦理实体,主体即实体。至此,便达伦理世界的回归。

B. "伦理觉悟":罗素之"悟"与陈独秀之"叹"

教化世界的精神气质是"伟大的可恨",道德世界的精神气象是"伦理觉悟"。

伦理觉悟,既是发生于教化世界的精神觉悟,也是发生于道德世界的精神觉悟。

20 世纪,中西方思想家在不同境遇下作出同一个文化发现,发出同

---

① 朱熹:《朱子全书》(卷二十四),上海古籍出版社、安徽教育出版社 2010 年版,第 1019 页。

② 以上参见[德]黑格尔《精神现象学》(下卷),贺麟、王玖兴译,商务印书馆 1979 年版,第 125—129 页。

一个文化预警。

20世纪初,陈独秀痛切反思:"伦理的觉悟,为吾人之最后觉悟之最后觉悟。"①

20世纪50年代,英国哲学家罗素向全世界警示:"在人类历史上,我们第一次到达这样一个时刻:人类种族的绵亘已经开始取决于人类能够学到的为伦理思考所支配的程度。"②

如果进行话语背景还原,两大文化发现、两种文化觉悟显然具有截然不同的历史语境和精神指向。"最后觉悟之最后觉悟"指向中华民族及其精神的传统性,意在达到精神上的伦理解放。"罗素发现"将伦理觉悟提高到比"陈独秀发现"更高的文明地位:它已经不是一个民族的觉悟,而是关乎"人类种族的绵亘"的"人类觉悟",觉悟的要义是"学会""为伦理思考所支配"。两种觉悟具有完全不同的历史内涵:前者是伦理解放的觉悟,后者是伦理学习或"学会伦理地思考"的觉悟;前者指向中国文化的传统性,后者指向西方文化的现代性;在人类精神之流中,前者是指向教化世界的觉悟,后者是发生于道德世界的觉悟。然而,两大发现、两大觉悟之间却存在惊人的跨文明、跨时代相通:无论"陈独秀发现"还是"罗素发现",无论指向传统痼疾的伦理解放,还是指向现代性病灶的"学会伦理地思考",都言之凿凿地将终极觉悟、终极发现聚焦于一个文化质点——伦理。

在人类精神发展的生命之流中,如果说陈独秀的"最后觉悟之最后觉悟"的"伦理解放",是指向教化世界的"第一次觉悟",或"现代伦理觉悟";那么,"学会伦理地思考"的"罗素发现",是发生于道德世界的伦理觉悟,是"第二次觉悟"或"当代伦理觉悟"。无疑,"第二次觉悟"与"第一次觉悟"有着完全不同的历史背景和精神指向,其核心任务已经不是伦理解放,而是经过市场经济、全球化以及欧风美雨冲击或重创之后,重新"学会伦理地思考",但是,其精神本质却完全一致,这就

---

① 陈独秀:《吾人之最后觉悟》,任建树、张统模、吴信忠编《陈独秀文集》第1卷,上海人民出版社1993年版,第179页。

② [英]罗素:《伦理学和政治学中的人类社会》,肖巍译,中国社会科学出版社1992年版,第159页。

是"伦理觉悟"。

中国春秋战国时代，在某些方面类似于西方的希腊化时期和古罗马，是人类精神发展的"法权状态"，个体从实体中走出，"一切都被允许"，天下大乱，诸侯混战。作为这一时期人类精神自觉表现的各种思潮，无论是孔子的儒家，还是老子的道家，都带有明显的从伦理世界中脱胎出来的痕迹，不仅表现出对"三代"伦理世界的眷念，而且问题意识也指向伦理世界的分裂。在伦理精神方面，孔孟的"五伦四德"还具有明显的质朴性和人民性。汉以后，"五伦四德"演进为"三纲五常"，"礼"异化为"教"，所谓"礼教"，被定为一尊，所谓"罢黜百家，独尊儒术"，伦理精神成为教化精神。随后经过汉唐漫长的文化选择和历史发展，最后至宋明达到儒、道、佛三位一体的"理学"。相应地，精神气质也发生深刻变化，被表述为"天理人欲"。宋明理学的核心问题是如何造就圣人，用理学开山人物周敦颐的话就是所谓"立人极"。由此，教化世界已经开始向道德世界转化。宋明理学的标识性口号和核心价值是"存天理，灭人欲"。"天理"是伦理普遍物，而"人欲"在理学家那里，并不泛指人的欲望，而是"私欲"与"过欲"，所以，宋明理学的天理人欲之辨，最后归结为公私义利之辨。天理是公是义，人欲是私是利。"凡一事便有两端，是底即天理之公，非底即人欲之私。"① "己者，人欲之私也；礼者，天理之公也。一人之中，二者不容并立。"② "存天理，灭人欲"的精神真谛便是"存公去私""存义去利"，即将人从一己之私的"单一物"提升为"天理之公"的"普遍物"或所谓圣人。圣人即是内化礼的伦理实体性所达到的内在的主体性，在这个意义上，宋明理学的精神世界，已经是道德世界。分歧只在于：程朱理学主张通过义理智慧达到"圣人"境界，其经典表述便是朱熹的所谓"理一分殊"，伦理之"理"是"理一"，不同个体对"伦"之"理"、"道"之"德"的分享，便是所谓"分殊"。"理一"与"分殊"的关系，就是"单一物"与"普遍物"的关系，通过"分殊"与"理一"的同一，就达到圣人境界。陆王心学则主张通过对"理"的内心体悟达到，因而特别重视"精神"与"良知"。陆九渊

---

① 朱熹：《朱子语类》卷一三。
② 朱熹：《论语或问》卷一二。

提出"收拾精神,自作主宰"的"良心";王阳明主张"知行合一"的"精气神"一体的"良知"。无论如何,"存天理,灭人欲"是一个以伦理普遍物为绝对价值、以此为出发点追求个体与实体统一、建构内在主体性的圣人境界的道德世界的标识性话语和标志性口号。在由传统社会向近代社会转型的过程中,这一核心价值并未被根本动摇,更未被颠覆。正因为如此,陈独秀在中国社会走向现代文明的开端深切地告诫世人"伦理之觉悟,为吾人最后觉悟之最后觉悟"。这是教化世界走向道德世界的精神觉悟与精神启蒙。

西方文明由教化世界走向道德世界的精神史与中国不同。文艺复兴、法国大革命,标志着教化世界的终结和道德世界的到来。法国大革命的绝对自由以及随之而来的绝对恐怖,预示着教化精神的自我分裂。"分裂成简单的,不可屈挠的,冷酷的普遍性,和现实自我意识所具有的那种分立的、绝对的、僵硬的严格性和顽固的单点性。"① 精神必须推进自己,通过自由主体性的觉醒,走向道德世界。自由主体的觉醒,是教化世界与道德世界的转换点与连接点,就像法权状态是伦理世界与教化世界的关节点一样。在这个精神进程中,以康德、黑格尔为代表的德国古典哲学具有重要意义。西方伦理道德的历史哲学图像和演进轨迹是:古希腊时期的"伦理"形态—希腊化与古罗马时期的"道德"形态—近代"道德哲学"形态—现当代伦理与道德的矛盾形态。② 康德哲学的"哥白尼式革命"将道德形态推进为道德哲学形态,追求道德的绝对命令和绝对的意志自由,导致伦理的冷落与失落。"康德多半喜欢用道德一词。其实在他的哲学中,各项实践原则完全限于道德这一概念,致使伦理的观点完全不能成立,并且甚至把它公然取消,加以凌辱。"③ 黑格尔的道德辩证法,建立了人的精神的伦理道德的辩证体系,特别强调伦理的意义。在人的精神的意识和意志形态中,对意识发展来说,它是直接的精神和自我确定的精神,或真实的精神;对意志发展来说,它是自由意志的现实性。但是,黑

---

① [德]黑格尔:《精神现象学》(下卷),贺麟、王玖兴译,商务印书馆1979年版,第119页。
② 关于道德哲学形态的演变,参见樊浩《伦理道德的历史哲学形态》,《学习与探索》2011年第1期。
③ [德]黑格尔:《法哲学原理》,范扬、张企泰译,商务印书馆1996年版,第41页。

格尔以后,西方哲学将黑格尔当作死狗,而康德哲学如日中天,由此导致现代西方精神中伦理认同与道德自由不可调和的矛盾,其严重病征便是人类精神构造中因伦理的缺场而导致的伦理认同的缺失,追求离开具体伦理情境和无伦理实体的绝对道德自由,从而导致人的精神世界中的"家园"失落。罗素发现,随着社会组织的加强,这种"无伦理"的精神残缺给人类造成的灾难越来越大,它滋生一种"破坏性激情"。"随着社会愈发地组织起来,对于大多数人说来,那种无忧无虑的幸福光景变得愈来愈少了。我认为,在近二十五年期间,人类的不幸甚至超过了以往历史上人类苦难的总和。"由于伦理缺场,破坏性激情导致"有组织的激情的冲突",如有组织的集团之间的竞争,这就是战争和掠夺的来源。"我们必须思考为什么人们迄今为止运用他们的知识创造出这样一个世界:只有少数人才能享受,而大多数人却过着比野生动物悲惨得多的生活。我们只有在懂得了为什么会出现这种情况之后,才有可能找到使伦理学理论行之有效的途径。"① 正是在这个意义上,罗素直言,"人类种族的绵亘"取决于"人类能够学到的为伦理地思考所支配的程度"。"罗素发现"标志着西方精神发展的伦理回归,这是由道德世界向伦理世界的回归,也是后现代又一次提出的"回到古希腊"的回归。

C. 精神史中的问题流

至此,精神在经历了"伦理世界—教化世界—道德世界"的辩证发展之后,似乎又回归于它的原点,回归于伦理的原点。这是一次"实体—个体—主体"的精神巡游和精神洗礼,是"伦理世界—教化世界—道德世界"的文明之流中的一次酣畅淋漓的精神检阅和生命遨游。静水深流,在精神史的深层跃动的,是澎湃激越的人类智慧万古江河的问题流。精神史中问题流的简要反思,将赋予当代伦理精神与伦理形态的理解以历史感与生命意识。

古神话是人类精神的第一个意识形态,它发端于原始社会的后期、文明社会的早期,是人类走到文明社会的门前,使劲叩动文明社会的大门所

---

① [英]罗素:《伦理学和政治学中的人类社会》,肖巍译,中国社会科学出版社1992年版,第158—160页。

发出的奇妙声响。神话不是文学创作,而是先民对这个世界的真切认识。正因为如此,神话不仅具有不可反思、不可超越的神圣性,而且对人类精神的发育具有基因式的意义,成为人类精神的胚胎。古神话之后,经过漫长的前意识过程,中西方民族都进入被雅斯贝尔斯所称的"轴心时代",如西方的希腊城邦时期、中国的春秋战国时期,这是一个思想与精神原创与奠基的时代,这个时期产生的文化英雄如孔子、老子、孟子、庄子、苏格拉底、柏拉图、亚里士多德,对人类精神的发展产生了长远而深刻的影响。轴心时代是人类精神由伦理世界向教化世界过渡的时代,它与神话的前意识时代一道,共同构成人类精神的家园。轴心时代以后,人类精神走进教化世界,这是传统时期,在历史的时间序列上相当于冯友兰所说的中古与近古。近现代以后,包括由近古向近现代转换的时期,人类精神进入道德世界。在精神史的历史演绎中,古神话的精神意向具有基因意义,而轴心时代提出的问题及其解决方式,则具有家园意义,教化世界与道德世界的问题流,总体上则呈现异化与回归的特征和倾向。中西民族在文明发生与发展过程中的特殊境遇,走向文明的特殊方式,决定了它们在体现人类精神共同本质的同时,具有完全不同的问题意识,表现为精神发展的不同问题流,这便是人类精神的"理一分殊"。

　　古希腊神话是世界文明史上最浪漫的神话,它有一个神的世界,即奥林匹斯山。这个神的世界是一个"力"的世界,宙斯、雅典娜、俄狄浦斯诸神,完全没有人格,与其说他们是神,不如说他们是由"力"所造就的,诸如征服力、魅力等。"力"的世界是西方文明和西方人的精神胚胎。"古代希腊的众神尽管是神人同形的,但还不是心理学意义上的人格。他们既没有自己的内心生活,也没有心理的同一性。他们主要是人格化的力量,这种力量是古代希腊人可以任意分合的。例如,宙斯的名字经常冠以说明某一功能的符号,他不能离开这些功能而存在:雷神宙斯、雨神宙斯、冥王宙斯和宙斯王等等。"[1] 走出"力"的世界,在向轴心时代进发的精神历程中,希腊文明第一个哲学发现是:"水是最好的。"泰勒斯这个命题之所以是哲学,而且是第一种哲学形态,就在于它开始于万象

---

[1] [苏联]伊·谢·科恩:《自我论——个人与个人自我意识》,佟景韩等译,生活·读书·新知三联书店1986年版,第95—96页。

之中追问世界的本体。这个自然哲学命题体现了希腊世界人与自然直接同一、浑然不分的哲学问题意识。走出自然界，面临的是人与神的关系，确切地说，是人与超自然力量的关系，与自己命运的关系，于是，阿波罗神庙上"认识你自己"的告诫，向世人宣示着人与神的同一性，确切地说，是神对人的同一性。苏格拉底的伟大，苏格拉底在文明史上不可超越的地位，就在于他开始了精神史和文明史的一个具有革命意义和启蒙意义的转向，将人的问题意识，从而也将精神史的轨迹，从自然、从神转向人，但也决定了他的这一具有精神革命意义的转向的文化气质——核心是"人"，但问题指向或问题背景是自然与神，这就是他极力为自己的"自然哲学家"身份和"慢神"之罪辩护的原因。苏格拉底站在由自然力、由神向人过渡的转换点上，并且开启和缔造了这个具有革命意义的文明精神的转型。苏格拉底在申辩中提出了"追求好的生活远过于生活"的著名命题，认为"生活得好、生活得美、生活得正当是同一回事"[①]。这些命题被后人演绎为"人应当如何生活"的追问。苏格拉底的弟子和继承者柏拉图以"理"或"众理之理"实现了自然世界、人的世界和神的世界的同一，埋下哲学与宗教、理性与信仰同一的精神基因。柏拉图的弟子亚里士多德将人的精神区分为"伦理的德性"与"理智的德性"，并且认为理智的德性高于伦理的德性，开启了教化世界的精神之门。亚里士多德对理智德性的高扬，对伦理德性的保留态度，似乎宣告精神历程中伦理世界的结束，以理智为核心的教化世界的到来。从此，伦理的实体意识与理智的道德意识便成为西方人的精神的二元构造与二元纠结，至康德的"绝对命令"，宣告了"理智的德性"或"实践理性"的道德精神的胜利，教化世界走到它的顶峰。黑格尔虽然致力于精神世界中伦理与道德的统一，但近现代西方文明对黑格尔的故意冷落，导致西方精神一发而不可收地沿着既有的轨迹继续滑翔。英国哲学家培根"知识就是力量"的命题，不仅是"知识就是美德"的苏格拉底命题的异化，而且在宣告理智德性的最后胜利的同时也宣告了它的最后终结，表征西方精神中文明病灶的生成，培根本人的劣行，人格化地演绎着这一病灶所造就的精神病态及

---

① [古希腊]柏拉图：《游叙弗伦，苏格拉底申辩，克力同》，严群译，商务印书馆1983年版，第104页。

其癌变。于是，继续前行，"上帝死了"就不仅是尼采的发现，而且是西方人精神演绎的水到渠成的自然和必然了。行至当代，伦理与道德、伦理认同与道德自由的矛盾，便成为西方精神世界撕裂的两个分裂带，导致西方文化的精神分裂。

"力"的精神胚胎—"水是最好的"—"认识你自己"的自然哲学与神学的精神过渡—"追求好的生活远过于生活"—"众理之理"—"伦理的德性"与"理智的德性"的轴心时代的问题意识—"绝对命令"与"绝对精神"的教化精神—"知识就是力量"的精神异化与精神癌变—"上帝死了"的精神决裂—伦理与道德的分离—伦理认同与道德自由不可调和的矛盾的精神的分裂，这就是西方精神的问题流及其演绎轨迹，也是西方精神的觉悟史。

与希腊神话时代不同，中国神话世界的精神气象是崇德不崇力。当希腊人还处于"力"的世界时，中国先民已经在思考善恶因果关系了。如果说希腊神话创造的是一个"力"的世界，中国神话、中国人的精神胚胎则是一个"伦"的世界。中国古神话并不缺乏希腊式的浪漫和想象力，而是使它们必须服从于伦理的规律。嫦娥奔月是中国神话中最具浪漫色彩的篇章，然而它演绎的是一个道德的故事，是一个不折不扣的伦理悲剧。嫦娥由于难忍寂寞和一己之私念，独吞了西王母赐予丈夫后羿和她自己共享的长生之药，扶摇直上，直奔广寒宫，最后竟由一个美妙的仙子变成一只癞蛤蟆，终生在广寒宫过着寂寞的日子。至今民间关于月亮之上那个图像到底是嫦娥还是癞蛤蟆的二重解读，似乎依然源源不断地向世人传递着这个来自远古神话的伦理信息。盘古开天、女娲补天的创世纪神话，与基督教的创世纪同以男人和女人为伦理世界的"原素"，然而，在关于人与终极实体的关系、人与人的关系方面，却全然没有基督教那种"原罪"式的紧张，而是呈现和演绎一种天人合一的"元世界"的文明气象和人类祖先的元智慧。这个创世纪神话透析的文明密码是：天的崇高、完美和神圣，完全是由于人的献身，天人合一的真谛，是天合于人，天之德即人之德。《尚书》"人为万物之灵"的命题，表达着由精神胚胎中脱胎走向轴心时代进程中的中华民族的精神觉悟。与古希腊智者学派"人是万物的尺度"相比，两个命题表达了中西方民族对于人与世界关系的完全不同的理念："载物"还是"宰物"？"人是万物的尺度"，万物在我看来是什么样它就是什么样,传递的是"主宰"世界的宙斯般的文化基因和精神意向;"人是万物之灵",传递的则是人与万物一体,但又内在"类于禽兽"的终极忧患的"载物"意识,即以"万物之灵"的德性"托载"万物的文明基因和精神意向。与古希腊一样,中国人的最初伦理世界也受"命"的必然性支配,然而自西周维新,中华民族就产生一种觉悟:"天命靡常,惟德是辅。""德"是获得、持有天命的必要条件。创世纪历史的叙事表明,任何民族的创世纪都体现"自强不息"的文明精神的主旋律,区别在于,中华民族在"自强不息"的同时,还提出"厚德载物"的伦理诉求。"天行健,君子以自强不息。"[①] "地势坤,君子以厚德载物。"[②] 自强不息,厚德载物,既是天地之德,也是中华民族精神的诏诰,在中华民族精神的深层,它执着于一种信息:如果没有"厚德载物"的互动,"自强不息"可以将人类引向万劫不复的深渊。进入轴心时代,老子以一句话揭示"德"的真谛:"德者,得也。"孔子以一句话揭示人的存在本质:"仁者,人也",同时以一个命题昭示伦理与道德的关系:"克己复礼为仁。"轴心时代《论语》与《道德经》交媾而生的伦理—道德共生的精神基因,经过孟子的"五伦四德",异化为汉唐"三纲五常"的名教,到宋明理学,在教化世界的精神大熔炉中最终熔炼为"天理人欲"的"道德世界观"。不幸的是,在特殊的历史境遇下,这种道德世界观的文化宿命是:"以理杀人","以礼杀人"!至此,"最后觉悟之最后觉悟"便呼之欲出。然而,经过五四新文化运动、漫长的政治革命和社会革命、"文化大革命",以及随之而来的"改革开放"的反复涤荡,今天的中国人似乎已经在不断追问一个西方社会学家提出的难题——"谁偷走了伦理?"

"伦"的世界的精神胚胎——"人为万物之灵""天命靡常,惟德是辅""自强不息,厚德载物"的精神觉悟——"德者得也""仁者人也""克己复礼为仁"的轴心时代的大智慧——"五伦四德"——"三纲五常"——"天理人欲"的教化世界的精神异化——"以礼杀人"的教化悲剧——"最后觉悟之最后觉悟",这便是中国伦理精神的觉悟史与问题流。

---

① 《周易·乾第一》。
② 《周易·坤第二》。

中西方伦理精神的觉悟史，汇集为人类精神的问题流。在人类社会发展史与个体生命发展史统一的意义上，人类精神史演进的问题流的轨迹便是：

我们在哪里？我们是什么？（我在哪里？我是谁？）——"人"应当如何生活？——"我们"如何在一起？——"我们"能否在一起？——"人类还会有前途吗？"

"我在哪里？""我是谁？"是人类在自然状态中的问题意识。准确地说，是人类从自然状态中分离出来的问题意识，是人类创世纪和古神话中的精神问题。人类的诞生是一个从无到有，在自然中漫长进化的过程。创世纪实际上是"人"这个"类"从自然中诞生或分离的过程及其史诗。在这个精神阶段，人类既没有"我"的个体意识，也没有"我们"的集体意识，只是在与自然的朦胧一体胚胎中诞生出原始的和抽象的"类"意识，人类意识到自己与自然的不同，向世界宣布"我来了"。这个阶段的精神自我意识，无论在个体还是类的意义上都不能用"我"表示，也不能用反思性的"我们"表示，但正因为如此，在抽象的意义上也既可以用"我"，也可以用"我们"表示。创世纪是人从自然中挺拔出来，是人与自己的母体或自然存在状态告别甚至决裂的过程。这是一个痛苦而诗意的过程，在个体生命的诞生中，它是十月怀胎、一朝分娩时呱呱坠地时的第一声啼哭；在人类生命的诞生中，它是创世纪；在人类精神的诞生中，它是人类的古神话。古希腊"力"的世界与中国古代"伦"的世界，"人是万物的尺度"与"人是万物之灵"，都表征着人类告别自己的自然存在时原初的问题解读和精神觉悟。

告别自然世界，人类进入伦理世界或伦理状态，开启了人类文明的轴心时代。在这个时代，人类精神的问题式是："人应当如何生活？"无论苏格拉底是否提出这一问题，"人应当如何生活"总是人类进入伦理世界或伦理状态的第一问题和第一次觉悟。这一问题的核心是：人应当如何过一种"属人"的生活？它表征着在人类精神的进步中，已经意识到人这个"类"与自己所走出的那个自然世界的其他存在的"应然"的区别，当然也会基因式的保持对作为自己母胎的自然存在的天然认同。在这个意义上，中西方民族一方面都承认与自然存在的同一性，中国人的天人合一意识，古希腊人寻找"本体"的努力，以及柏拉图的"众理之理"等，都是同一性意识的体现,但更重要的是,在精神发展的这一历史阶段,人类开始追问和反思自己的存在方式和生活真谛。"人应当如何生活"?应当伦理地存在、道德地生活!这就是轴心时代中西民族的共同觉悟。亚里士多德"伦理的德性"与"理智的德性"的命题,孔子"论语"、老子"道德经"提出和回答的都是针对这个问题。而孟子"人之有道也,饱食、暖衣、逸居而无教,则近于禽兽。圣人有忧之,使契为司徒,教以人伦……"①的言说,则经典性地倾诉着伦理世界中人类精神的原初觉悟和终极忧患。

伦理世界解构了,人类开始了教化的精神历程,"大道废,有仁义,智慧出,有大伪"。在这个世界中,人类精神的问题意识的核心指向是:"我们如何在一起?"自然世界中,我们与整个世界在一起;在伦理世界中,我们实体性地相互在一起;伦理世界的"大道""废"了,实体性的"我们"碎片化为个体性的"我",世界分崩离析了,但"我们"又必须在一起,"我们"与整个世界的关系,我们在整个世界中的地位决定了"我们"只能在一起。"人力不若牛,走不若马,而牛马为之用,何也?曰:人能群,彼不能群也。""群"即"我"成为"我们"是"牛马为之用"的必由之路。问题在于,如何才能"群"?就是说,"我们"如何才能在一起?"人何以能群?曰:分。分何以能行?曰:义。"② 于是,群—分—义,伦理道德的教化便开始了,伦理世界进入教化世界。其中,"群"与"分",是"我们"的教化世界的特征。伦理世界的文明气质是"群",而教化世界的文明气质是通过"分"而达到"群",这便是"礼"的意义,所谓"惟齐非齐"。如何"以分使群"?就必须"义"。"义"是一种"分"与"群"的道德精神;由"分"而"群"则是教化世界的伦理气象。康德的"绝对命令",黑格尔的"绝对精神",孟子的"五伦四德",董仲舒的"三纲五常",宋明理学的"天理人欲",都是教化世界的问题解读与精神觉悟。

德国古典哲学与宋明理学兼具教化世界与道德世界的双重气质,处于两个世界的转换点上。然而,"绝对命令""绝对精神"之"绝对","存

---

① 《孟子·滕文公篇上》。
② 《荀子·王制篇》。

天理，灭人欲"之"绝对"，不仅标志着教化世界的精神危机，也预示着道德世界的精神病灶。于是，道德世界的问题式，现代世界的问题式，便由"我们如何在一起"的追问，演绎为"我们能否在一起"的怀疑。这是道德世界与现代精神中对人类伦理能力的怀疑与质疑。人们日益意识到，"我们"的文明、"我们"的精神正处于巨大的风险之中。正如雅斯贝尔斯所发现的，"世界正在经历一场极大的变化，以往几千年中任何巨大变化都无法与之相比。我们时代的精神状态包含着巨大的危险，也包含着巨大的可能性。如果我们不能胜任我们所面临的任务，那么，这种精神状况就预示着人类的失败"[①]。"我们""我们的精神"必须胜任这一任务，然而，还远没有胜任这一任务。于是，危险正日益逼近。歌德曾预言："人类将变得更加聪明，更加机灵，但并不是变得更好、更幸福和更强壮有力。我预见会有这样一天，上帝不再喜欢他的造物，他将不得不再一次毁掉这个世界，让一切从头开始。"[②]

至此，当代世界的问题流，便转向那个著名的"梁济之问"——"这个世界会好吗？"

问题流，正在流，并将继续流……

[①] ［德］卡尔·雅斯贝尔斯：《时代精神的状况》，王德峰译，上海译文出版社1997年版，第19页。

[②] 转引自卡尔·雅斯贝尔斯：《时代精神的状况》，王德峰译，上海译文出版社1997年版，第9页。

上 卷

伦理道德的"形态"理念与伦理学研究的"形态观"

现代性给现代文明、现代学术，当然也给现代伦理学带来令人神往而又令人目眩的繁荣。繁荣的突出表征是雨后春笋般破土而又秋风扫落叶般飘逝的"学派"。林立的学派，已经成为现代伦理学理论繁荣的陈情表，它给世界呈现了一个学术的森林，也缔造了一个理论的丛林，倘徉纵深、流连忘返之后，猛然发现已经忘了或准确地说已经没了回家的路。现代伦理学的总体图像是"学派丛林"或"流派丛林"，每一种思想、每一种理论、每一位有抱负的学者，似乎都试图在这个已经被历史和现实滋养得郁郁葱葱并且多姿多彩的森林中，以特立的态势显示自己的存在，也宣示对这个世界的不可取代的独特价值。然而，一览众山之后，又明白无误地提醒世人，似乎缺少了什么，失去了什么。"学派丛林"好似无干的树枝、无掌的手指、无生命的肢体，缺少和失去的是生命的总体性，它潜在并且已经现实地感叹一种深深的文化忧患：会不会"繁荣至死"？

必须进行关于伦理道德理念和伦理学研究方法的哲学革命，其要义是：将"学派观"或"流派观"推进为"形态观"。伦理道德的"形态"理念与伦理学研究的"形态学"方法是开启这个哲学革命的第一课题。反思20世纪以来的西方伦理学理论，经历了"丛林—寂静—归寂"的宿命历程，中国伦理学理论也在长期的对西方的"开放—学习模式"和对市场经济的"适应"模式中，遭遇"脱'形'"和"失'态'"的难题。为此，必须进行中西方伦理学理论尤其是伦理学经典的文化对话，对话的目的和境界，不仅是伽达默尔所说的"解释"和"理解"，而且是诸传统、诸理论、诸流派之间的"和解"，由"和解"走向诸传统之"解"的伦理共和，其正果便是"伦理形态"和"伦理学理论形态"的理念和方法。

精神世界的现象学还原发现，无论人类精神世界，还是伦理道德理论的历史发展，都不仅逻辑而且历史地是一个有机的生命形态。中国伦理型文化在长期的历史发展中所形成的儒、道、佛三位一体的精神生态，西方由古希腊伦理至古罗马道德的形变，再到黑格尔所完成的伦理道德一体的精神哲学体系，都是伦理道德生命本性的形态展现。现代西方伦理学由于伦理与道德分离而产生的道德自由与伦理认同的深刻矛盾，不仅导致伦理学理论的现代性碎片，而且肢解了人的完整的精神生命。走出现代性困境，必须将学派观、流派观，推进为形态观。形态观是生命观、生态观。

由学派观推进为形态观，本质上是一种精神哲学的自觉，只有在精神哲学视野及其理论体系中，才能真正理解并建构伦理道德的生命形态和现代伦理学理论形态。

在理论上，伦理道德不仅具有而且必须具有"精神"气质和"精神"本性；在终极理想和现实世界中，伦理道德与现实幸福应当一致，必须建构德福同一性的精神哲学形态。"伦理道德形态"和"现代伦理学理论形态"，本质上是一种精神哲学形态，它们不仅一般地具有精神哲学基础，而且只有在精神哲学体系中、只有运用精神哲学的理念和方法，才能确立伦理道德的"形态"理念和伦理学研究的"形态观"，也才能洞察并建构现代伦理学理论形态。在精神哲学意义上，伦理道德与伦理学理论逻辑和历史地具有三大理论形态：伦理形态或伦—理形态；道德形态或道—德形态；伦理—道德形态。它们不仅有独特的形态要素，而且各有其不同的精神哲学路向，居"伦"由"理"，明"道"成"德"，伦理—道德一体，分别是三大形态的精神哲学精髓。伦理道德必须是"精神"，伦理学理论必须守望"精神"，伦理道德作为"精神文明"的真谛，是因"精神"而"文明"。"精神"，因何"文明"？"文明"，如何"精神"？密码只有一个：在"精神"与"文明"之间，有一块由此达彼的"伦理之石"。

第一编 "形态论"的理念与方法

一 伦理道德的"形态"理念与"形态学"理论

引言：伦理道德发展的"代驾游"与"自驾游"

长期以来，中国伦理道德的学术研究和现实发展为三种模式的合力所驱动：现代化、全球化理念下对西方的"开放—学习"模式；市场经济、高技术背景下的"适应—问题"模式；对于中国传统的"反省—紧张"模式。三种模式好似三个驱动轮，彼此既独立运转，又相互耦合，形成伦理道德在理论上推进和实践上发展的"马自达"。然而仔细反思发现，不仅三种模式都有内在重大缺陷，而且它们所形成的合力导致更为隐蔽而深刻的后果。"开放"的绝对价值观和现代化驱动下对西方的过度"学习"，遭遇"全球化"的客观趋势和西方战略，不仅影响中国人的文化自信，甚至一定意义上因文化殖民影响，中国社会的文化安全。由于伦理道德的深刻民族性，过于谦逊的"开放—学习"模式，很容易罹患一种"文化流感"：西方人生病，中国人跟着吃药，结果不仅西方世界倾销了自己的文化库存，中国人也由于滥服和误服"西方药"而渐丧失本有的免疫力，伦理道德所缔造的精神世界的生命整体性的肢解或碎片化，就是最严峻的后果之一。对于市场经济和高技术的"适应—问题"模式，使伦理道德在经济、科技发展面前，不仅消解了精神世界的独立性，而且也逐渐在社会发展中失去对精神家园的坚守品质和对生活世界的价值引导能力。"相适应"理念下的"问题意识"，使伦理道德在现代文明体系中扮演治病式的精神医生角色，甚至以"充当上帝"的角色宣布价值规范,也使伦理道德发展成为"适应"市场经济与高技术的"紧箍咒"。结果,不仅使伦理道德在"相适应"中逐渐失去独立性和话语权,物质生活与精神生活为企业家和高技术所定制和绑架,总是在对"问题"的不断救急诊疗中疲于应对。客观地说,当下对于伦理道德传统的反省态度相对于持续一个多世纪的批判乃至激烈批判态度,已经是一种进步,这是改革开放后期的重大启蒙和重大觉悟,然而反省不仅意味着自觉,更表征一种态度,一种文化警惕和紧张心态,不仅表征现代与传统之间的紧张,而且表征现代内部的紧张,包括传统可能再次被误读和误用的紧张。这种"反省—紧张"的模式,很容易遮蔽伦理道德在中国文化包括传统文化和现代文化体系中的核心地位,模糊中国伦理道德对中国文明和人类文明的重大贡献。

以上三种模式,就市场经济和高技术的"适应—问题"模式来说,这使伦理道德成为客观必然性的"绑架游"或"自发游";对于西方的"开放—学习"模式来讲,这使伦理道德在全球化和现代化的外在裹挟与内在驱动下成为欧风美雨的"代驾游"。"绑架游""代驾游",缺场和缺位的是深厚传统的根源动力驱动下的"自己游"或"自驾游"。西方、现实、传统的三大模式的驱动轮相互耦合而形成的伦理道德的"马自达",导致两个重大难题。其一,精神失家园。伦理道德不再是人们安身立命的精神家园,只是矫正个体行为、建构社会秩序的治病与救急工具。其二,文明失重。一种可能已经现实存在:伦理道德正逐渐失去作为文化体系核心和精神世界顶层设计的地位,然而由于中国文化不仅在传统上,而且现代依然是伦理型文化,伦理道德的功能错位和意义缺位,必然导致文明体系的失重,生成"文化供给侧危机"。之所以将大驱动轮所形成的行进态势称为伦理道德的"马自达",其隐喻了这样一种状况:三种模式所形成的合力或所谓"马力",以市场经济与高技术的客观必然性的"绑架游"、对西方文化"开放—学习"的"代驾游"为后座的两轮,而以源远流长的中国传统为根源动力的前轮却缺乏足够的驱动力,于是,这辆本应具有三角形稳定性的三轮机动车便因失去力量的平衡而踉踉跄跄,并可能因为失去前轮的主导与引导而成为三种驱动力的难以驾驭的"马自达",或外在必然性力量即所谓"马力"的"自达"①。

"'马'自达"必须转换为"'人'自达"或"'我'自达"。实现这种转换有待破解一个关键性难题：伦理道德的文明使命和文化形态到底是什么？"文明使命"的要义是：伦理道德到底是一种治病式的救赎，还是一种终极性的建构？"文化形态"的要义是：伦理道德到底是（甚至只是）一种诊断善恶的规范体系，还是一种通向终极关怀的有机生命构造？它们聚焦于两个概念或理念："伦理道德形态"与"伦理学理论形态"。

1. 归寂的"丛林"

A. "开放—学习"模式

"开放—学习"模式，不仅是伦理学领域而且是改革开放之后几乎中国社会的一切领域对待西方文明的基本态度和基本策略，但它在以伦理道德为文化重心的精神世界受到的挑战比生活世界或物质世界要严峻得多，也更需要反思。两个问题亟待澄清："开放"能否成为一种绝对价值观？如何"学习"？诚然，市场经济和互联网已经使现代世界成为一个高度开放的系统，不开放无疑自绝于文明。然而，其一，精神世界遵循生命规律，新生命不只孕生于开放，更需要相对稳定甚至部分封闭的环境，封闭与开放的辩证法是：在生命诞生之际，如果不及时而充分地开放，孕生它的稳定环境将成为新生命的桎梏。"十月怀胎，一朝分娩"，新生儿需要十个月的内部孕育，过早开放只能诞生早产儿甚至夭折生命。民族文化的养育、人的精神世界的建构，需要长期的积淀，过早和过度的开放，缺乏积累的不断变化，难以发育茁壮健全的生命。其二，现代中国的开放进程与"全球化"的特殊境遇相伴。全球化既是市场经济和高技术所产生的"浪潮"，也是西方世界作为国家战略的"思潮"，浪潮的必然性与思潮的主体动力，使开放进程中民族精神世界的建构遭遇前所未有的难题。

---

① 注："马自达"中的"马"即俗语中的所谓"马力"，是物理学中的一个概念即动力。传统中国以马与马拉车为代步工具，马的匹数表征车的动力及其速度，所谓"驷马难追"。为此，现代物理学在翻译西方机器所产生的动力时以"马力"表达，常说"×匹马力"，将机器动力还原为中国人所能读懂的相当于多少匹所产生的动能。"马自达"在音译之外，实际上是相对于人力车的最为简单的机动车。

"开放"之后是"学习",然而近几十年来,我们似乎忽略了精神文化领域"学习"的特殊性,在"现代化"的急迫驱动下似乎忘记了"道器之辨"的古老智慧,甚至将它作为近代保守主义的唠叨。一个显然的事实是:与科学技术和生活世界的学习不同,任何西方理论尤其是那些产生重大影响的理论,都有孕生它的西方文明的生命基因和文化生态,简单而直接的"学习",要么东施效颦,要么邯郸学步,其情形好似羡慕西方人的黄头发,并将它作为西方现代化的人格标识,于是在染发的时尚中不仅不能丝毫改变自己的转发基因,反而存在染发剂化学感染的风险。改革开放40年,已经走到这样的关头,必须对以往的"开放—学习"模式进行认真而深刻的反思。伦理学便是首先应当反思的领域,因为中国文化是一种伦理型文化。反思将发现,我们的"开放—学习"模式确实已经感染了某些西方"现代病"。

B. "'丛林'—寂静—归寂"的西方轨迹

如果以一句话描述20世纪中叶以来的西方伦理学的发展镜像,也许"归寂的'丛林'"是一幅最能写意的泼墨画。20世纪中叶以来的西方伦理学发展,呈现"'丛林'—寂静—归寂"的精神轨迹与文化图像。西方伦理学诞生于西方文明的土壤。与中国文明相比,西方文明史有两个重要特点:一是多元,二是断裂。仅在文明根源上,西方文明就有所谓"两希传统"即希腊传统与希伯来传统之殊,其文明演进的最大特点是不断"告别"中的不断"断裂"。从古希腊到古罗马,从古罗马到中世纪,再到近代文艺复兴,都经历了漫长而痛苦的断裂过程。这种文明史轨迹逻辑历史地产生一种图景:当多元而又不断断裂的文化遭遇萧瑟的秋天,便从各自的大树上落下枝叶,所谓"恰逢秋风晚,夜夜黄叶飞"。不同的是,这些断枝落叶在一定时机"春风吹又生",于是如同蚯蚓、沙蚕等环境动物那样,被剁成若干断后,每一节都能爬;也如同柳树上下垂的枝条可以落地生根。于是,很容易生成一种影像:学派繁荣,丛林茂盛。20世纪初至60年代,西方伦理学开始摆脱传统,在走出古典时开始形成一些现代性特征,这一时期已经产生纷繁复杂的流派,但仍可发现其大致脉络,万俊人教授将这一时期的伦理学发展分为三大主要线索:元伦理学,如直觉主义、情感主义、语言分析哲学等;人文主义,如存在主义、自然主义、精神分析伦理学等；宗教伦理学，如新托马斯主义、人格主义、新正统派等。① 60 年代以后，西方伦理学乃至整个西方哲学、西方学术进入一个特殊发展阶段，不仅"各种流派层出不穷，令人目不暇接"，而且互不关联，竞相生长，进入一个被西方学界称为的"丛林时代"，已经很难以何种"整理袋"对它们进行理论上的归类。然而，两个特点必须引起关注和反思：第一，"丛林"破土拔节的繁荣和喧闹之后，是持续几十年的漫长"寂静"；第二，"寂静"之后，是宗教伦理尤其基督教伦理的兴起，是向宗教伦理的"归寂"。"'丛林'—寂静—归寂"，形成现代西方伦理学的特殊轨迹，其要义不在"丛林"之后的"寂静"，而在"寂静"之后的"归寂"。它们所生成的镜像，已经不是与"丛林"同时代的美国文学家蕾切尔·卡逊揭示生态危机所呈现的"寂静的春天"中那个万籁俱寂的"寂静"，而是向宗教的终极实体回归的"归寂"，不是"寂静的'丛林'"，而是"归寂的'丛林'"。

　　为什么"丛林"过后是"寂静"，"寂静"过后是"归寂"？根本原因在于，"丛林"中的任何流派，都只是伦理道德这一常青生命之树的断枝残叶，虽有落地生根的本能，但终归难以对伦理道德的精神世界和人的精神生活提供彻底的解释与指引，最多只能依赖某种特殊的学术立场或概念建构一些"深刻而片面"的独眼巨人式的理论，或是对某些具体而紧迫的现实问题如科技伦理问题等做出就事论事的解释，终究难以建构宏大高远的理论，从而对人的伦理道德进行精神世界的建构。这一结果在 20 世纪初由传统向现代转变的历史中已经埋下种子，林林总总的伦理学流派，或是基于直觉、情感、语言把握伦理，或是从个人的存在、自由、实用、人的自然本性建立道德，它们解构了人的精神世界的有机性与完整性，使之成为各种思想偏好和价值取向的碎片。20 世纪中叶以后的伦理学丛林在此基础上繁荣和发展起来。在尼采宣布"上帝死了"和哲学上宣告"形而上学终结"之后，终极实体和本体世界在意义世界和本体世界都被颠覆，人的精神世界和伦理学本身都失去了家园，剩下的只是竞相追逐阳光的枝叶蔓生的丛林，却早已失却鲜活的生机，于是繁荣的喧闹之后只能寂静。然而，人的精神生活必定期待某种总体性谋划，精神世界也

---

① 万俊人：《现代西方伦理学》，北京大学出版社 1990 年版，第 26—31 页。

必定指向某种实体性设计，于是，西方伦理学在丛林的寂静之后便转向宗教，理由很简单，宗教，具体地说基督教可以提供一个终极性的实体。这便是现代西方宗教伦理学复兴的思想背景，它在相当程度上是"丛林"的碎片化所导致的失根和失却家园的精神替代。不难发现，无论在 20 世纪初由传统向现代的转型，还是在 60 年代后的伦理学"丛林"，宗教伦理学都得到复兴，因为它所提供的终极实体相当程度上填补了理论上的虚无和精神世界中的空虚。"丛林"是对伦理道德的总体性与精神实体性肢解发育的结果，"丛林"中的每株树木，其实都是从人的精神世界的完整生命之树上肢解的某一根枝条，它们落地生根之后借着原有的养分独立地生长，然而终不能长久，最后还是要回归伦理道德的精神世界的完整生命。"丛林"时代所提供的伦理学资源，就像葡萄糖水，虽能提供救急热量，但终将一哄而散，难以持久，精神世界必定要向自己的生命本身寻找动力。20 世纪后期以罗尔斯和麦金太尔为代表的正义论和德性论之争，相当程度上可以看作向伦理道德的精神整体性回归的学术表达。表面上，它们是"正义"与"德性"的两种取向之争，然而在哲学层面是伦理与道德的两种精神形态之争。正义论强调社会的伦理合理性，追求社会至善；德性论强调个体的道德合理性，追求个体至善，它们在相当意义上可以看作对于伦理学或道德哲学的基本问题，即个体与实体关系、个体至善与社会至善关系的不同学术表达及其所形成的伦理学两大基本流派，因而可以当作向伦理道德的生命实体性的回归，其中释放出走出"丛林"的某些学术信号。然而，由于它们或执着于"正义"的伦理，或执着于"德性"的道德，终究难以超越现代西方伦理自身的缺陷，达到伦理与道德的精神世界的统一，因而正义论与德性论之争可以看作由"丛林"时代向伦理道德的精神世界回归的过渡状态，是与宗教伦理学相比肩的世俗伦理形态。无论如何，它申言了一条路，即与宗教伦理的归寂之路不同的世俗伦理之路。

C. "中国问题"

相似的历史情境在中国伦理道德史上也曾出现，但过程和结果迥然不同。中国传统伦理道德的发展走过了既与西方有别，也与现代中国不同的道路，概言之就是："开放"中有"自我"，"丛林"外有"世界"。中国传统文化不像人们所激烈批判的那样封闭，其本性是开放，春秋战国时期的百花齐放、百家争鸣，表明中国文化一开始便内在拥有高度开放的基因，当然可以将它当作同质文化内部的交流激荡。春秋的百家争鸣，也可以看作古代中国的"丛林"时代，然而百家争鸣的"丛林"繁荣之后，中国文化开始了漫长的选择过程，这一过程完成的核心任务，不仅是百家之中到底哪一家可以成为中国文化的主流和正宗，而且是在开放中不断进行中国伦理精神的建构和完善。中国伦理道德乃至整个中国文化的发展轨迹有两个重要特点：一是历史上多次出现百家争鸣的"丛林气象"，但"丛林"之后，往往总有人进行批判性总结；二是在开放中不断进行自我建构，而不只是自我批判，最终建立起高度发育和发达的伦理精神形态。春秋战国是第一个"丛林时代"，战国后期，荀子不仅对儒家，而且对儒、法、道等进行批判性总结，由此才可以理解，他不仅形成了自己的独特的学派即所谓荀学，而且其学说本身，兼收并蓄，自成一家，培养的学生韩非和李斯在理论和实践上也迥然不同。魏晋是第二个"丛林时代"，但"将无同"的"魏晋风度"不仅综合儒道，以道论儒，而且暗接佛学。宋明是第三个"丛林时代"，程朱理学、陆王心学高度繁荣的结果，不是寂静，更不是归寂，而是生成"理学"硕果，建构起儒、道、佛三位一体的中国人自给自足的伦理精神世界。中国传统文化和传统伦理道德史上"开放—学习"的最重大事件，是佛教的引进与吸收，它既是"开放"的表征，也是"学习"的结果，唐玄奘西天取经，就是具有喜剧色彩的开放—学习典范。佛教在中国的传播始于两汉，兴于隋唐，佛教这一外来文化在中国的影响之深，中国文化对外来文化的开放度之高，以至于它一度几乎坐上中国意识形态的宝座。然而佛教在中国既没有遭遇强烈而持久的打压，也没有因其兴盛而成为中国文化的主流和正宗，而是在兼容中成为儒、道、佛三位一体的中国文化三维结构重要的因子，在开放融合中走向中国化道路，诞生中国化的佛教如禅宗。究其原因，不只是因为中国本土文化高度成熟，而是因为中国文化、中国伦理道德在开放和学习中不断完善自己的精神世界和精神形态。以本土精神形态兼容外来因子，在兼容中不断完善自己的精神世界，使得中国传统文化和传统伦理道德在"开放—学习"中避免西方文化"归寂的丛林"宿命。

面对"开放—学习"中西方伦理学对中国伦理道德可能产生甚至已

经产生的误读与误导，一个严峻课题摆在面前：到底如何"接受"西方理论？相对于古希腊伦理学和近代古典伦理学，现代西方伦理学对中国伦理道德发展的影响最大也最直接，为此，"接受"西方伦理学理论需要完成的基础性努力——走出"丛林"，收拾"碎片"。"丛林"遮蔽精神世界的完整性；"碎片"肢解伦理道德的精神生命。在全球化与文明对话中，对西方伦理学理论的接受遭遇三大难题：理论上，"引进"与"移植"的难题；现实中，"移植"与"殖民"的难题；历史上，"包容"与"兼容"的难题。人文社会科学尤其是伦理道德本质上是"人"的科学，具有强烈的民族性，其"学习"规律与自然科学完全不同。自然科学没有国界，所谓"中国数学""中国物理"，其实是数学、物理学在中国的发展。而中国伦理、中国道德，一定是中国人的伦理、中国人的道德，是从中国人的生命和生活中积淀和成长起来的伦理道德。因而对西方伦理道德的"学习"，必定是"移植"，而不是照搬。文明是一个生态，伦理道德是文明生态的生命体现，任何伦理道德理论的移植，必定遵循生态的或生命的规律。简单的引进，便可能产生晏子所说的在淮南是"橘子"，到了淮北是"枳子"的变异问题。由于伦理道德建构人的精神世界，在中国文化中，它是精神世界的核心与重心，所以伦理道德的"移植"如果不经过"中国化"的过程，那便无异于是"换头术"的精神洗脑与文化殖民。诚然，不经历"中国化"，西方伦理道德在中国的移植也根本不可能取得真正的成功。在历史与现实的经验中，"移植"遭遇"包容"与"兼容"的文化战略与文明态度的难题。"兼容"在开放时代基于平等的文明对话，"包容"往往是自我中心甚至居高临下的"笑纳"。"包容"无疑会不失主体性，但"包容"心态下对外来文化的接受并不是真正的接纳，相当程度上只是显示包容者的大度，历史上"华夷之辨"理念下中国文化对待外来文化的态度就是典型的"包容"心态。所谓"大腹能容，容天下难容之事"，这种"包容"的背后，是"笑颜常开，笑天下可笑之人"，既缺乏本真，也缺乏平等。开放时代的"学习"，应当吸收"包容"自我坚持的合理内核，培育"兼容"的平等品质。

　　问题与挑战在于，经过漫长的"开放—学习"，在全球化背景下，我们的伦理学不仅学会了西方话语，不仅引介了西方理论，而且部分地学会了用西方人的方式进行理论思维和价值判断，于是这种简单的引介和引进很可能篡改我们的伦理文化基因，或者远离我们的生命本身，由此，文明对话便可能成为一种单向度和缺乏基础的价值殖民，从而使中国伦理道德和道德哲学研究陷入困境，也使中华民族精神处于深刻而现实文化风险之中。当下中国社会悄然升温的宗教热，在学术上就是对西方文化的简单接受而导致的精神世界失家园的文化替代，是"丛林"时代的碎片化流感在中国人的精神生活中的蔓延。摆脱风险，必须在收拾"丛林时代"的现代性碎片中回归伦理道德的完整生命形态和精神形态，从而走出西方学术和西方社会"丛林"之后"归寂"的厄运和宿命。

2. "适应"中的"脱'形'"与"失'态'"

A. "适应—问题"模式

"适应—问题"模式是现代伦理学的理论建构，也是伦理道德与现实关系或在实践上发展的模式。这一模式的要义是：伦理道德必须与经济、社会，还有科技发展"相适应"，"与社会主义市场经济相适应"就是具有典范意义的命题；伦理道德的理论研究必须具有强烈的"问题意识"，回应和解决重大现实问题。初看起来，这一模式以与时俱进、学以致用为诉求，具有合理性。然而仔细反思发现，它内在含有两个重大难题。其一，伦理道德与现实的关系是否只是"适应"，作为价值体系和人文精神的核心构造，在时势变化中是否应当具有某些坚定不移的坚持与坚守？伦理道德与经济社会尤其是市场经济"如何相适应"？其二，伦理道德在回应和解决重大现实问题的同时，到底如何进行人的精神世界的完整建构，进行人类文明尤其是中国道德文明的传承与创新？回应现实和精神建构两大任务中，到底哪一个是更基本的任务？所谓"应用伦理"的转向就是典型表现。两大难题现实地存在两种文化风险：或者在"适应"中由"祛魅"而流于世俗；或者在"问题意识"驱动下，伦理道德由价值理性沦为工具理性。

B. 如何"相适应"

伦理道德与经济社会发展的关系是一个应当突破但至今并未真正突破的基本道德哲学问题。"社会意识—社会存在"的定位，"决定性—反作用"的关系式，是处理和解读二者关系的基本哲学范式。然而，当用这一范式处理伦理道德与现实关系时，一系列重大问题有待破解。第一，我们所面临的时代，是"以经济建设为中心"的时代，"经济中心"是否意味着包括伦理道德的精神世界和精神生活在内的一切都必须服务于经济，并以经济发展为绝对标准？如是，是否会使伦理道德沦为经济的附庸？第二，现代经济体制是"市场经济"，市场经济是公认的到目前为止人类所探索的经济效率最高却内在巨大文化风险的体制，正因为如此，中国试图以"社会主义"的政治制度和意识形态辩证内在市场经济中的不合理性。发展"社会主义市场经济"，这一命题的本意，不只是为市场经济贴上"社会主义"的标签，更是追求它的价值合理性的努力。然而，如果伦理道德只是与市场经济包括"社会主义市场经济""相适应"，那么道德哲学就只是市场经济的价值解读，从而失去对它的辩证力量，于是便内在存有一种文化风险：在经济市场化的同时，价值体系和人的精神世界也会走向市场化。如是，伦理道德便在理论和实践上祛魅，现代伦理学理论中的一些概念，如"道德资本""道德银行"等本质上都是市场逻辑在伦理道德领域的殖民，是伦理道德向市场逻辑的屈膝献媚。第三，更重要的问题是伦理道德与市场经济"如何相适应"？是与市场经济体制机制的整体性适应，还是与市场经济的具体法则原则相适应？现代中国社会中存在的个人主义、诚信缺失等都与这一问题在理论上的模糊深度相关。在文明体系中，经济、科技与伦理道德的人文领域具有迥然不同的文化使命。经济、科技的使命和境界是"点石成金"，创造物质财富；伦理道德、人文精神的使命和最高任务是"点石成精"，创造精神财富，建构人的精神世界。"点石成金"与"点石成精"的辩证互动，构成文明的合理性。市场经济高扬了"点石成金"的能力，创造了巨大的物质财富，然而不可否认，"点石成精"的能力却日趋式微，创造出所谓"单向度的人"。在与市场经济的"适应"中，人们似乎放弃了伦理道德的价值坚守。当今之世，"变化"不仅成为主题，而且几乎成为宗教，适应与追逐变化，成为生活的时尚和自然本能，世界除了变化之外，似乎一无所有，人文、伦理道德中对"不变"的精神追求似乎成为不合时宜的奢侈品，而"世风日下，人心不古"的伦理型文化的终极忧患与终极批评的背后，实际上是对"日下"的不断变化的批评和对"古"即不变的诉求。西方经济学有所谓市场、道德、政府的"三只手"理论,其要义是以"道德"与"政府"的"看得见的手"驾驭市场这只"看不见的手",过度的"适应"无疑将会弱化甚至放弃伦理道德对市场经济辩证互动的文化使命,不仅导致"祛魅",而且导致在文化上的渎职。伦理道德与市场经济,大而言之,与经济社会发展到底如何"相适应"?应当是:"生态相适应。"① "生态相适应"的要义,是通过市场经济与伦理道德辩证互动的价值生态的建构,赋予市场经济以价值合理性,也赋予伦理道德以与时俱进的发展活力。在生态相适应中,必须警惕和防止市场经济的原则向人的精神世界的殖民,伦理道德必须以自己的价值坚守建构市场经济的文明合理性,否则,"相适应"只是随波逐流的经济放任和文化放弃,个人主义、诚信危机将不可避免地滋生蔓延。

C. 何种"问题意识"

"问题意识"与"面向应用"是另一个有待辩证的问题。诚然,伦理道德、伦理学和道德哲学具有与其他人文科学不同的特点,具有更大的实践性,康德就将它归为"实践理性",然而在文化传承与解决现实问题、问题意识与宏大高远的理论建构,还有面向应用和人的精神世界的完整建构、民族精神尤其是民族伦理精神发展之间,如何保持恰当的平衡,确实已经不只是关乎伦理学和伦理道德发展,而且是关乎民族精神发展的重大难题。伦理学研究必须走出象牙塔,然而从古到今,中国伦理学理论的发展似乎从来没有、至少很少处于象牙塔之中,不仅孔子的《论语》,即便老子"不可道"的《道德经》,也是"推天道以明人事"。对伦理学和伦理道德发展来说,问题意识尤其重大现实问题意识当然重要,然而难题和误区在于:过于具体和琐碎的问题意识,是否会使学术研究陷入西方式的碎片化,或者是碎片化的西方病的中国表现?就事论事、缺乏深刻高远理论支撑的"问题研究"能否真正解释和解决重大现实问题?"应用研究"如何摆脱工具理性,并切实防止伦理学家对社会管理部门为显示自己"存在感"而越俎代庖?显然,伦理学研究必须关注现实、服务现实,对

---

① 关于"生态相适应"的理念,参见樊浩《道德体系与市场经济的"生态相适应"》,《江海学刊》2004 年第 1 期。

重大现实问题具有解释力和解决力，因为这个充满变化的时代面临太多的不确定，也遭遇太多的难题，需要理论工作者与社会管理者通力合作，共同探讨。然而，缺乏理论功底的"应用"，就事论事的"问题意识"，乃至对社会应用的过度追求，不仅对伦理学研究，而且对民族精神和民族文化发展，将内在地具有巨大风险。孔孟乃至道家理论的精髓，是所谓"内圣外王"之道。内圣外王不只是孔孟的追求境界和目标，它最初就是道家提出的命题。然而，中国历史上后来由于"外王"压过"内圣"而导致的伦理道德和民族精神发展的危机的教训，非常值得重视。孔孟儒家提倡内圣与外王的统一，至两汉经学，这种二者统一的古典儒家精神开始发生变异，偏向于强调外王的事功，儒学逐渐成为追求功名利禄的工具。如果事功之路畅通，人的精神世界不会出现危机，但一旦遭遇像三国时代那样持续的动荡，事功之路被堵塞，便会发生精神世界和民族文化的重大危机。魏晋玄学时人的人格分裂，本质上是内圣与外王分裂、内圣之求与外王之路分裂的结果。至此，外来的佛学乘虚而入，在盛唐之际几乎登上中国意识形态的宝座。佛教的入主是文化开放的重大事件，但入主成功，本质上是因为它填补了那个时代人的精神世界的巨大空虚。自两汉至隋唐，儒学家们片面强调学以致用的事功，逐渐冷落了人的精神世界，而精神世界不可能长期空虚。佛学本来对世俗事功不感兴趣，于是乘机占领人的精神世界。由此便出现一种怪现象：盛唐是中国封建社会的顶峰，然而坐在意识形态宝座上的却是外来的佛教。繁盛时期的中国人已经无力驾驭自己的精神世界，而必须依赖一个和尚去印度取佛经。唐僧西天取经，是文化开放的喜剧；然而佛教入主中国人的精神世界，却是一个文化悲剧。在这个意义上，《西游记》不是喜剧，而是悲剧。将《西游记》当作喜剧阅读，严重遮蔽了它的深刻历史意义和文化警世意义。所以，余敦康先生曾追问：为什么宋明理学家一方面坚持儒家的正统，另一方面心甘情愿地接受佛学的洗礼，到底儒学缺什么，佛学又提供了什么？根本原因就是长期的事功追求掏空了人的精神世界，遭遇空前的民族精神危机，这就是宋明理学在吸纳道家、佛家之后发展出一套完整的心性之学的重要原因。历史的经验值得注意。当今在国家投入巨资鼓励应用研究的同时，伦理学研究必须有清醒的意识，切实担当起文化传承、建构人的精神世界的高远使命，接受盛唐"经济繁荣—精神空虚"的历史教训，避免走进新的学术误区与历史误区。

D. 脱"形"与失"态"

"适应—问题"模式形成伦理道德发展的"问题循环"：被动"适应"下产生诸伦理道德"问题"，"问题意识"驱动下产生诸多就事论事的解释与解决方案。于是，不仅"问题"层出不穷并且难以解决，而且"问题意识"也只能疲于应对甚至敷于应付。这一模式的内在难题导致伦理学研究与伦理道德发展的两个严重后果：脱"形"；失"态"。一方面，伦理道德在经济、社会、科技的强势面前失去独立性和话语权，失去价值坚守和文化坚持，在不断变化的现实面前不断改变自己甚至解构颠覆自己，由此脱"形"，难以成为精神文明的中流砥柱。另一方面，面对"问题"的工具主义应对，伦理道德和伦理学研究在寻找自己存在感的过程中，或者充当"精神医师"，或者成为经济科技的强势话语的食客和智囊，难以完成养育人文精神，进行人的精神世界的完整建构的文明天命。人们常说，当今之世，人文科学出现社会科学化的趋向。以社会科学的"致用"取向和实证方法推进人文科学发展当然是一种学科交叉的进步，然而，如果以此取代人文科学尤其是伦理道德的意义创造和价值建构，丧失人的精神世界与世俗世界之间应有的距离，那便可能是祛魅和媚俗，失落的不只是伦理道德和人文精神，而是人的整个精神世界和精神文明。

伦理学和伦理道德发展面临的最大课题是什么？一是如何建构人的完整的精神生命和精神世界；二是如何在精神世界与生活世界的辩证互动中建构文明的生态合理性。为此，必须回答和解决两大基本问题。第一，伦理学如何与人的生命、人的生活相契合，成为人的生命和生活的"伦"之"理"、"道"之"德"？第二，伦理道德是人的精神世界的何种形态？如何成为人的精神世界的生命形态？合二为一，伦理学和伦理道德到底如何在理论和实践上整体性地契合人的生命过程和社会生活，建构合理的个体生命秩序和社会生活秩序？伦理道德本身是一个有机的精神世界，黑格尔将它当作精神的客观形态或社会形态；在伦理型的中国文化中，它具有比黑格尔精神哲学所指出的更为重要的意义，是人的精神世界的重心和核心。民族是伦理的实体，伦理是民族的精神，伦理道德内蕴着巨大而深刻的民族精神意义。伦理是"伦"之"理"，道德是"道"之"德"或

"道"之"得",伦理与道德是人的精神发展的两个环节,它们透过与生活世界或黑格尔所说的教化世界的辩证互动,建构人的精神世界与精神生命。伦理的精髓是实体认同或所谓伦理认同,是人的精神家园;道德的精髓是主体建构,是向人的家园的精神回归。"伦—理—道—德—得"是人的精神世界的辩证结构和辩证体系,也是人的精神生命发展的辩证环节。伦理道德是人的精神生命的世界,自身是一个有机生态并且与其他因子如经济、社会等构成辩证的文明生态,因而必须有相对完整的体系或理论形态。然而,在"形而上学终结"的口号下,借着"问题研究"和经济社会变化的"相适应",现代伦理学和伦理道德发展日益碎片化,失去伦理总体性和道德本体性,难以成为人的精神世界的生命形态。伦理学理论遭遇心学家陆九渊批评朱熹道德哲学的那种"支离",碎片化的支离或无体系甚至反体系的取向导致"精神"缺场和"使命感"缺失。伦理学理论和伦理道德生活的"没精神"和"无生命",很大程度上根源于它的"无形态"或"无体系"。然而,伦理学、伦理道德要成为人的生命与人的生活的价值真理,必须也必定有其体系和形态,还有现代伦理学在理论上的重大推进和实践上的重大突破,期待建立伦理道德的"精神形态"和伦理学的"理论形态"。

3. 伦理型文化的"中国经验"与"中国气派"

A. "反省—紧张"模式

中国文化是一种伦理型文化,"伦理型文化"的要义,不只是指证中国文明的文化类型,也不只是表明伦理道德是中国对人类文明的最大贡献,而是说中国文明以伦理道德为核心,在世界文明体系中建构了另一个精神宇宙,为人的安身立命提供了另一种文化境界。这是一种入世的此岸精神宇宙,它与宗教型文化出世的彼岸精神宇宙相比肩,在人类精神世界风情中二分天下独有其一,挺拔2000多年,形成伦理型文化独特的"中国气派"。调查已经发现,当今中国文化虽然在一个多世纪的沧桑中饱经涤荡,然而伦理型文化的本性没变。伦理型文化为何以及如何支撑一个历史上人口最多的泱泱大国的精神宇宙并使之巍然屹立?它所提供的"中国经验"和表现的"中国气派"不仅对当今的中国,而且对当今的世界,都具有极为重要的资源意义。

一个多世纪以来，中国与世界的最大不同之处，就是对待自己传统的独特态度，以比较温和的话语表述，这种态度就是所谓"反省—紧张"模式。自鸦片战争以来，传统文化便成为反省或反思的对象，至五四运动提出"打倒孔家店"的口号，这种反省达到几乎全盘否定的空前激烈的程度。五四运动标志着中国现代史的开端，历史的帷幕拉开之际提出"打倒孔家店"的口号，似乎对整个中国现代史具有某种基因和宿命意义，它与尼采"上帝死了"（1883年）的骇世宣断发生于大致相同的时代，都在世纪之交的转折点上。相似而发人深省的是，尼采宣布"上帝死了"，自己也就疯了；而"打倒孔家店"的口号一经吼出，中国人的精神世界似乎便被掀翻了屋顶，从此欧风美雨来了，中国人在精神世界中只能栉风沐雨。不同的是，"孔家店"似乎总是"打"而"不倒"，就像上帝在西方人的精神世界中从来"不死"一样。五四运动在文化上"打倒孔家店"，"文化大革命"试图从文化、政治和社会生活各个领域对"孔家店"进行全面清算，改革开放之初提倡所谓"蔚蓝色"的"蓝色文明"，然而以伦理道德为核心构造的"孔家店"似乎犹如一个不倒翁，遭遇重拳打击之后只是无可奈何地摇晃几下又重新复位，或者说只是健身房和心理治疗室中发泄情绪的打击袋，锻炼和调整的只是打击者的力量和心境，被打击者却总是无动于衷。于是，真正有待反省的倒是反省者自己：长达一个多世纪对于传统的反省态度本身是否走偏了路？对于传统的紧张心态是否或多或少地患上精神病学上的妄想症或强迫症？

B. "反省"的"再反省"

对待传统的反省态度，本质上是一种将自己置身传统之外，也置于民族的文化生命之外的一种思想方式。即便将"反省"上升为哲学的"反思"，反省者相对于传统，虽是主体，其实只是也必须是一个"他者"，或者将传统作为"他者"，只有这样，反省者才能获得"公正的旁观者"的身份。然而纠结在于，反省之所以重要，反省之所以急迫，就是因为传统与反省者息息相关，于是反省便具有强烈的问题预设和结论预制，最后的努力是将反省者自己从传统中逸出，确切地说是揪出，这种揪出且不说像鲁迅所说的"拔着自己的头发想离开地球"一样不可能，一旦成为现实，便会立刻遭遇一个窘境：反省者自己成了文化上的孤独者或弃儿，只能呻吟"我不知道从哪里来""我不知道到哪里去"，那些有哲学素养的人也只能以笛卡儿"我思，故我在"自慰。到头来，反省本身成为显示自己在文化上存在的一种极端手段，一如孩童以顽皮讨打的方式试图获得父母的关注亲近一般。也许这种观点失之保守，然而无论如何，我们陷于对待传统的对象化反思的态度太久太深了。我们总是喜欢置身于传统之外，发表"旁观者清"的议论，其实，我们就是传统的孩子，不管是否承认，血脉关系丝毫不能改变，除非文化的婚外情所生，传统的基因总是或多或少地在自己身上存在。新思潮本质上是一种新态度。传统不能总是对象化而永远成为反省的对象，就像父母不能对象化永远成为反省的对象一样，虽然传统像父母一样，可能有是非善恶，然而对待的态度必须有根本性的改变。

　　反省必定导致紧张。秘密在于，我们为什么紧张？紧张什么？紧张指向现代人与传统之间的关系，这种紧张关系的实质，是将传统作为现代一切问题的渊薮，成为现代人逃避责任的避难所。"五四"文化精神无疑是正确的，但它所衍生的"后五四文化情结"却导致一系列复杂后果，"后五四文化情结"的重要表现之一，就是怨古尤祖，逃避现实责任。[①] 反传统思潮中深藏着一种怨古情结，它往往将一切不合理、不如意都归之于传统，既没有勇气批判和改造现实，更没有德性承担对现实的责任。其实，即便传统强大到深入骨髓，现实永远是现代人的现实，是现代人的作品，在场的现代人包括传统批判者自己是现实的第一责任人，因而必须拿出足够的勇气和能力承担现实责任。长期的反传统导致现代与传统、现代人与传统文化之间的紧张关系和紧张态势，这种紧张不仅表现为将传统作为情绪对象，而且表现为对传统的远离将导致并且已经导致严重后果。于是传统在当今中国，似乎成为一个很敏感的话题，要么激进，要么保守，无所适从，只能"六合之外，存而不论"。然而如果真的存在某种时光隧道，或者爱因斯坦的引力波理论有朝一日用于日常生活，传统创造者被唤醒或复活，可以想象，与现代人的一场论战硝烟将不可避免。更重要的是，以

---

① 关于"后五四文化情绪"参见樊浩《反传统主义大学文化的人文品质反思》，《教育研究》2000年第1期。

传统为渊薮的长期反传统态度，产生了一种极为严重的伦理道德后果甚至文明后果：现代人的责任意识、责任能力严重削弱。批传统、反传统已经成为现代人逃避自己现实责任的避难所，它给人们提供一种假象：一切不合理不合意都是根源于传统，当下的现代人没有责任，尤其没有文化责任。人们每每指证当下的年轻人缺乏责任感，其实，从激烈的反传统思潮之初，现代人的责任感便已经开始解构和式微，早就失去了"天下兴亡，匹夫有责"的那种文化气派和文化气概。其实，反传统所丧失的不仅是文化责任感，而且是文化创造力。反传统潜意识是对传统的高度依赖，因为人们批判和肯定的永远是对自己有意义的存在，反传统的本质是"啃传统"，就像当下年轻人的"啃老"一样，一边啃老，另一边表现出对被"啃"对象的不屑和叛逆，他们往往是真正的传统的"奶瓶娃"，因为他们并没有足够的自信和能力创造出新传统，或使自己成为传统。

　　反省必须"再反省"，紧张必须消除，必由之路是建立一种对待传统的新理念和新态度，其要义是：生命地理解，生态地把握。具体地说，在多样传统中发现"同"；在历史传统中发现"新"；在现代传统中发现"未来"。我们正处于一个多元文化时代，多元文化生发于多元传统，必须进行由"轴心文明"到"对话文明"的关于文明态度的革命性转变，否则将陷于"文明的冲突"的冲突思维。文化的本质是"人化"，诸多文化和文明传统之间的殊异，相当程度是庄子所说的"因其大者而大之"的结果，如果达到"因其小者而小之"的境界，便可以实现基于人的生命和生活的对于诸文化传统和某种特定文化的贯通的理解。比如，关于人类文明的两大形态即宗教型文化与伦理型文化的理解。中国文化之所以没有走上宗教化的道路，不是因为中国人缺少智慧，更不是因为中国人缺乏信仰，而是因为中国人不需要它。如果某种文化因子如宗教信仰是人的生命和生活的必需，而在另一种文化尤其是成熟文化中却没有发现这一因子，那只能说，在这种异质文化中有一种文化替代，能够使它自给自足，安身立命。于是，人们发现，在西方和东方的其他国家，生长出高度发达的宗教文化如世界三大宗教；而在中国，则生长出高度发达的伦理道德即伦理型文化。伦理道德不是一般意义上作为宗教的文化替代或梁漱溟先生所说的"以伦理代宗教"，而是说伦理道德为中国人提供了终极价值和终极关怀，完成了中国人精神世界的顶层设计，与西方宗教具有相通的文化功能。传统的生命力在创新,对待传统的态度也应当是创新。孔子云"温故而知新",温故或重温传统的目的是创新。继承传统并不是消费传统,如果传统成为消费的对象,那无疑会滋生一批文化寄生或纨绔子弟,传统也会在消费中坐吃山空。对有创新能力的人或民族来说,传统是创新的源泉,也是创新的始点和思想触发器,在这个意义上,任何对传统的埋怨都是无能尤其是无创新能力的托词。传统的生命理解和生态把握可以使人们在传统中发现历史规律,孔子在他的时代就发现,"殷因于夏礼,所损益,可知也;周因于殷礼,所损益,可知也。其或继周者,虽百世可知也"[①]。文化生命的发展有其规律性,变的只是现象,不变的是本质,所谓"天不变,道亦不变"。这便是"变"与"不变"的辩证法。"变"是活力,"不变"是永恒。总之,"生命地理解",可以消除关于传统的对象化态度;"生态地把握"可以扬弃对于传统生命的肢解,消除现代与传统之间的紧张关系。

C. "中国经验"与"中国气派"

中国文化何以成为伦理型文化?伦理型的中国文化如何以伦理道德建构人的精神世界,为中国人提供安身立命的基地?最基本也是最重要的原因,是中国文化具有高度成熟的伦理—道德形态。第一,中国文化自历史诞生起便奠定了伦理与道德双生的经典形态,并在对话互动中不断走向成熟;第二,自古典时代,作为中国文化主流和正宗的儒家伦理道德在演进中不断完备;第三,在漫长的历史发展中,伦理道德在开放中不断融合,形成高度完备的安身立命的自给自足的道德哲学体系和伦理精神体系。

中国伦理道德发展史的显著特点,是儒家与道家、《论语》与《道德经》几乎同时诞生,虽然春秋时代百花齐放,诸子争鸣,然而从日后历史发展看,孔子和老子、《论语》与《道德经》是中国文化的一对孪生儿。《论语》是"伦语",其重心是伦理;《道德经》的结构分"德经"与"道经",主题是"道德",它们从两个维度分别奠定了伦理与道德的古典形态,而二者的同时诞生及其经典地位又奠定了伦理与道德共生互动的文化基因。在中国文明的轴心时代,没有像古希腊的亚里士多德在

[①] 《论语·为政篇》。

《尼各马可伦理学》开卷中所指证的"伦理的德性"——"理智的德性"那种文化纠结，而是一开始便在儒家与道家的争鸣中展开伦理与道德的对话，形成中国道德哲学和伦理道德精神的单细胞中的阴阳结构，并在日后中国文化的长期发展中始终形影不离，共同缔造伦理型文化的精神生命。

　　《论语》和孔子的学说虽以"礼"的伦理为最高指向，然而其道德哲学体系和伦理精神形态却是伦理道德一体、伦理优先，其经典命题便是"克己复礼为仁"。在这个命题中，"礼"是伦理实体，是伦理；"仁"是道德主体，是道德；礼与仁、伦理与道德统一的路径是"克己"或个体的自我超越即所谓"胜己"。这个命题表面上是以"礼"释"仁"，以伦理说道德，实际上是将"礼"的伦理作为"仁"的道德的根本标准。由此，孔子便奠定了一个伦理道德一体、伦理优先的道德哲学体系和伦理精神体系，也奠定了伦理型中国文化的精神基因。这个体系有三大要素："礼"或伦理，"仁"或道德，达到二者统一的"克己"或修身、修养，日后儒家理论虽不断与时俱进，但基本结构要素都是此三者。古典时代儒家的发展不断完善了这种精神形态。孟子从"仁"的方向发展，建构以"五伦"为体系的伦理精神形态，以"四德"为体系的道德精神形态，以"万物皆备于我"为信念的达到伦理与道德之间"乐观的紧张"的修养体系。荀子从"礼"的方向发展，在儒、道、法兼收并蓄的基础上建构天理、人情、国法统一的伦理精神体系，将"礼"由精神形态向制度形态方向推进，为两汉由"礼"向"礼教"、由"伦常"向"纲常"、由"精神的儒家"向"制度化的儒家"的推进做了理论上的准备。至秦汉之际，《礼记》诞生，其中《大学》和《中庸》分别为儒家学说提炼出"三纲八目"的伦理道德体系，和"极高明而道中庸"的"与天地参"的伦理道德的哲学境界。至此，日后作为中国官方道德哲学体系的《四书》事实上已经完成。在这个意义上，儒家之所以能够成为中国传统文化的主流和正宗，基本原因就是因为它在理论上率先成熟，也高度成熟。

　　然而，中国文化自诞生始就是一个开放系统，在开放中伦理道德不断建构和发展自己的理论形态和精神形态。春秋时代百家争鸣，儒道双生和儒家学说薪火相传中的不断完善，已经奠定了日后发展的基色与基调，先秦之后的汉唐，实际上是中国文化，尤其是中国伦理道德在多元对话中不断选择的过程。汉武帝"罢黜百家，独尊儒术"，其历史情境不仅是"百家"的多元现实，尤指道家的强大地位。汉高祖刘邦崇尚黄老之术，无为而治，在这个意义上，首先被选择的是道家，"独尊儒术"是第二次文化选择。然而三国魏晋的长期动乱，证明无论儒家还是道家都不足以为人们提供安身立命的基地，于是尝试第三种选择，儒道合一，形成所谓"玄学"或魏晋玄学。玄学在思想理论上有巨大成就，然而在精神形态上却是变态或异态。隋唐之时，佛学大行，实际上是第四次选择。然而佛教在"弃人伦"中可能让人的精神也使中国文化内在有了走向"寂灭"的危险，于是通过韩愈提出"道统说"，重新向儒家道统复归。不过，经过道家、佛家的冲击，儒家已经不是经典时代的孔孟儒家，也不是罢黜百家时代的官方儒家，而是融儒、道、佛于一体的"新儒家"即宋明理学。"新儒家"之所以开创了中国文化的新高峰，它所建构的伦理道德之所以可以统治中国人的精神世界长达千年之久，自身原因就是它在开放中建立了一个儒、道、佛三位一体、以儒家为核心的自给自足的伦理精神体系与道德哲学体系，得意时是儒家，失意时是道家，绝望时是佛家，于是中国人无论在何种境遇下都不会失去安身立命的基地。佛家的参与及其对中国伦理精神体系和道德哲学体系的贡献，很容易让人想起康德哲学和黑格尔哲学，因为他们最后也是通过宗教的预设形成体系的圆圈，可以说这是精神世界的跨文化相通及其理论表达。

要之，中国文化之所以是伦理型文化，伦理型中国文化之所以能为中国人提供安身立命的根本，基本原因就是它形成并建构了完备并且高度成熟的伦理精神形态、道德精神形态和伦理道德形态。它们不仅在精神世界内部自给自足，构成有机生命形态和精神生态，而且这种自给自足的伦理道德形态与自给自足的自然经济形态相契合，形成伦理精神的价值生态。其理论形态、精神形态及其价值生态，就是伦理型文化和伦理道德的"中国经验"和"中国气派"。

4."伦理道德形态"和"伦理学理论形态"的理念

A."形态"理念

综上所述，现代西方伦理学"'丛林'—寂静—归寂"的轨迹，不仅显示了现代性碎片的危机，而且预示对于终极的伦理实体性和精神整体性的诉求，要求我们反思对于西方文化的"开放—学习"模式，以免感染西方文化流感，或者走进"西方人生病，中国人跟着吃药"的误区。现代中国伦理道德发展和伦理学理论的"适应—问题"模式，使伦理道德和伦理学理论在市场经济和科技发展面前丧失精神世界的独立性，在碎片化的"问题"取向中肢解精神世界的整体性，而缺乏足够理论支撑的"应用研究"，使伦理学丧失宏大高远的理论建构能力，失职于文化传承使命，片面的"应用"取向所导致的祛魅不仅导致精神世界的文化供给不足，而且导致精神世界和生活世界的生态失衡。伦理型中国文化提供了以伦理道德建构人的精神世界，并与生活世界辩证互动，建构合理价值生态的"中国经验"和"中国气派"，这就是伦理精神与道德精神辩证互动、伦理道德一体的伦理精神生态。然而，长期的"反省—紧张"模式，遮蔽了中国伦理型文化的现代意义和世界意义。"开放—学习"模式、"适应—问题"模式、"反省—紧张"模式，三大模式综合作用，导致了一个文化后果：伦理失"形"，道德失"态"，伦理道德失去生命整体性和价值独立性，失去建构人的精神世界和与生活世界辩证互动的能力。现代伦理道德发展和伦理学理论的推进，必须走出与西方关系的"开放—学习"模式，与现实关系的"适应—问题"模式，与传统关系的"反省—紧张"模式，建立一种新的理念和理论："伦理道德形态""伦理学理论形态"。

B. 三大理论资源

"伦理道德形态"和"伦理学理论形态"的建构，具有三大理论资源：马克思主义理论，黑格尔精神哲学，中国道德哲学传统。马克思主义以"社会存在"与"社会意识"为生活世界和精神世界的两大宇宙，将伦理道德归于"社会意识"，它为"社会存在"所决定并随着生活世界的变化而变化，但具有相对独立性并且与生活世界辩证互动，共同建构文明的合理性。马克思的历史唯物主义有待进一步探讨的课题是：（1）伦理道德是社会意识的何种"形态"？如何具有社会意识的"形态"？就是说，伦理道德如何成为一个精神世界，如何缔造一个精神的世界？（2）既然被社会存在"决定"，又如何建构精神世界的生命整体性和精神世界的主体性，从而具有与生活世界辩证互动的本性和力量？既然随着社会存在的变化而变化，又如何保持伦理道德的精神超越性不致"祛魅"而流于社会生活的附属和附庸，具有建构和坚守精神家园的本性和能力？（3）社会的合理性，人类文明的合理性，既不是社会存在的合理性，也不是社会意识的合理性，而是社会存在与社会意识辩证互动所建构的合理性，伦理道德如何与社会存在或生活世界形成合理的价值生态，从而建构文明的生态合理性？在文明合理性的建构中，伦理道德如何恪尽自己的文化本务和价值坚守？

这些问题构成马克思主义伦理学发展的课题与难题，也成为以马克思主义为主导的意识形态的中国伦理道德发展的课题与难题，破解这些难题，推进马克思主义的发展，可以到黑格尔精神哲学中寻找资源。黑格尔精神哲学之所以成为马克思主义伦理学现代发展的重要理论资源，主要根据有二：第一，历史上，黑格尔哲学尤其是辩证法就是马克思主义创立的重要来源和重要组成部分，马克思本人也承认并充分指出这一点，从黑格尔哲学中寻找资源发展和推进马克思主义伦理学，具有某种"返本开新"的意义，不是重新"发现"马克思，而是重新"展开"或"理解"马克思；第二，逻辑上，马克思主义哲学的出发点是"物质"和"社会存在"，黑格尔哲学的出发点是"精神"或"绝对精神"，二者显然具有某种互补性。马克思和黑格尔的共同话语是辩证法，前者从后者继承改造而来，出发点或立足点上的"物质"还是"精神"是二者的根本分歧所在。然而，分歧并不在于"物质"还是"精神"，而是由此而建构的全部理论体系或哲学体系，出发点不同，也许只是因为所要完成的任务和达到的目标不同，甚至是个人理论偏好的不同，整个理论体系才是判断的最重要依据。也许可以提出一个假设：今天，推进马克思主义伦理学的现代发展，不可逾越的学术工程，就是进行马克思历史唯物主义与黑格尔精神哲学的对话。谁能真正进行这种对话，谁就最有条件完成时代赋予的学术任务。马克思主义的立足点是"物质"和"物质世界"，所以有学者提出一个问题：马克思首先是一个理论家还是一个革命家？其实这是一个假问题，因为马克思无疑是迄今为止最伟大的理论家，而且没有一个理论家能像马克思那样将自己的学说诉诸实践，创造一个如此深远影响人类文明进程的社会现实。然而这一发问也隐含一个判断：马克思理论的着力点是现实世界。与之相反，黑格尔哲学的着力点和主要贡献是"精神"，"精神哲学"

是他留给这个世界的最宝贵财富。既然伦理道德是社会意识,是精神,黑格尔精神哲学就是伦理道德的理论建构和实践发展的最重要的学术资源。黑格尔关于伦理道德的最重要精神哲学遗产是:其一,"精神"的理念与"精神哲学体系"。黑格尔是确立"精神"的哲学地位的第一人,也是建立精神哲学体系的第一人。他将"精神"与"理性"相区分,认为精神是意识、理性发展的高级阶段。当"理性已意识到它的自身即是它的世界、它的世界即是它的自身时,理性就成了精神"[1]。就是说,当理性具有实现自身的能力时,就成为精神。于是,精神对理性的最大推进就是知行合一。精神的对立面和出发点是"自然",包括客观自然与主观自然,因而精神的本性是"解放",即将人从自然必然性和主观任性下解放出来。精神的本性是"单一物与普遍的统一",[2] 是超越个别性而达到普遍性,正因为如此,精神具有伦理与宗教的双重意义。其二,将伦理与道德当作精神,确切地说,当作"客观精神",即精神客观化自身,精神或绝对精神在现实世界中实现自己,由"精神的种种形态"成为"世界的种种形态"的环节与过程。其三,建立了"伦理世界—教化世界—道德世界"辩证发展的精神现象学体系,和"抽象法—伦理—道德"辩证运动的法哲学体系。其不仅将伦理与道德、伦理世界与道德世界当作精神发展的有机环节,当作精神"外化"即实现自己的两种不同生命形态,而且通过伦理精神与道德精神的辩证运动,通过伦理世界、道德世界与教化世界即生活世界的辩证互动,既建立了伦理与道德的生命形态,又建立了由伦理与道德辩证运动而形成的人的精神世界的生命形态,更重要的是,建立了精神世界与生活世界辩证互动的生命形态。在黑格尔精神哲学中,不仅伦理有形态,道德有形态,而且伦理道德有形态,这种形态就是在与生活世界的辩证互动中所建构的人的精神世界。人们都承认黑格尔是一位体系大师,全部哲学是一个体系,精神哲学也是一个体系,其实,他的"体系",就是"形态",就是"生命",就是精神形态或人的精神生命的形态。黑格尔的精神哲学体系,在相当意义上就是伦理道德体系,或伦理

---

[1] [德]黑格尔:《精神现象学》(下卷),贺麟、王玖兴译,商务印书馆1979年版,第1页。

[2] [德]黑格尔:《法哲学原理》,范扬、张企泰译,商务印书馆1961年版,第173页。

道德的精神哲学体系。正因为如此，恩格斯才说，黑格尔的《法哲学原理》就是他的伦理学；马克思才说，黑格尔哲学的理论到什么程度，也就现实到什么程度。恩格斯没有指出的是，黑格尔的《精神现象学》也是他的伦理学，整个"客观精神"部分的主题与内容，就是伦理道德的精神哲学发展。

中国伦理传统是最直接乃至最重要，但也是最易被忽略的理论资源，马克思主义伦理学的"中国化"，相当程度上就是与中国伦理道德传统的契合；伦理道德发展规律及其中国理论，也相当程度上潜在于伦理道德传统之中。伦理道德的"中国智慧"和"中国气派"的充分认识和建立，必须从三方面突破：第一，建立"中国文化不仅传统上而且现代依然是伦理型文化"的理论自觉，和"伦理道德是中国文化对人类文明的最大贡献"的理论自信，根本改变对待传统，尤其是对待伦理道德传统的态度，以对话、创新和面向未来的态度与理念研究、对待传统。第二，生命地、生态地理解和把握中国伦理道德传统，将伦理道德发展的过程，当作中华民族的伦理精神历史建构的过程，在民族精神的历史建构、伦理精神的历史发展的生命过程和历史生态中倾听传统伦理道德的生命气息，理解传统伦理道德的生命价值，完整地把握伦理道德所建构的中华民族的精神生命和精神世界。第三，将"伦理""道德""伦理道德"当作中国话语、中国理念和中国贡献，在与西方伦理学和中国社会的现实发展的对话互动中理解传统伦理道德的现代价值，建构伦理道德发展和现代伦理学的中国理念、中国理论和中国气派。

C. "形态"理念与"形态学"理论

"伦理道德形态""伦理学理论形态"，核心是以"形态"看待伦理道德。前者是实践，要义是建立伦理道德的精神形态；后者是理论，要义是以"形态观"看待现代伦理学的发展，建构伦理学的现代理论形态。基本内容包括三方面："伦理道德形态"；"伦理道德的精神哲学形态"；"现代伦理学理论形态"。

"伦理道德形态"的要义是将伦理道德回归于精神，建立"伦理精神形态""道德精神形态"和"伦理道德的精神形态"，其关键词一是"精神"，二是"形态"。以"精神"看待伦理道德；以"形态"看待"精神"。回归精神的内核是使伦理道德回归精神的家园和精神的本性，使之具有"超越自然""单一物与普遍物统一""知行合一"三大基本"精神"品质，以此既区别于世俗生活，也区别于人的自然存在，更区别于"只认识不行动"的理性。坚持"精神"的价值理想和文化本务，也坚守"精神"的家园。以"形态"看待"精神"的要义，是将伦理道德当作人的生命，当作一个完整的精神世界，即所谓"伦理精神""道德精神"，"伦理世界""道德世界"。伦理道德作为精神，有自己的生命，也有自己的世界。由此，伦理道德便是活的精神，既是个体的精神，也是民族的精神，它虽然不是精神生命和精神世界的全部，却是它们的核心和重心，是对人的精神世界的顶层设计和终极关怀。使伦理道德回归"精神"，赋予"精神"以"形态"，才能赋予伦理道德的主体及其生活以精神生命，并建构一个精神的世界。

"伦理道德的精神哲学形态"的精髓在于从哲学的维度"精神"地也是"形态"地把握伦理道德的辩证发展。一方面是伦理道德的内在精神形态所缔造的精神世界，另一方面是伦理道德的精神世界与生活世界的辩证互动所形成的人类世界。"精神哲学形态"是"哲学地"把握的伦理道德的"精神形态"，是由伦理、道德所构成伦理道德的精神体系，是伦理精神、道德精神所构成的伦理道德的精神哲学体系。"伦理"是个体性的"人"与实体性的"伦"的关系之"理"，"伦"是精神家园和终极实体、终极关怀，基于"伦"的"理"便是所谓"良知"，如果一定要以"理性"表述"伦理"之"理"，那么只能说它是"良知理性"，而不是西方式的"认知理性"，由此便可以化解亚里士多德"伦理的德性"与"理智的德性"的纠结，也将精神哲学与一般哲学相区分。"道德"是个体透过"德"的建构与最高本体的"道"的合一，从而超越有限达到无限的精神之路，所谓"天人合一"。伦理是家园，是入世文化背景下中国人的此岸精神家园，而道德则是一条回归家园、实现永恒之路。伦理与道德，既是精神发展的两个环节，也是彼此通达一体的完整生命，相互过渡的精神之路就是伦理之"理"向道德之"道"的转化。"理"向"道"的转化，就是黑格尔所说的"认知形态的伦理"向"冲动形态的伦理"的转化，也是中国道德哲学所说的由"知"向"行"的转化，这便是王阳明所说的"知行合一"的良知或所谓"精神"生成的过程。而其实现之路，就是伦理世界透过生活世界的中介，向道德世界的过渡。黑格尔的《精神现象学》建立了"伦理世界—教化世界—生活世界"辩证发展的精神哲学体系，如果进行现代诠释，这个体系，这一精神哲学运动的内核是：在生活世界中坚守伦理理想和伦理家园，从而建构一个既超越于原初的伦理世界，也超越于世俗的生活世界或教化世界的道德世界。伦理精神与道德精神的辩证发展所建构的伦理道德精神，就是"伦理道德的精神哲学形态"。"精神哲学形态"是对伦理道德的"精神形态"的哲学把握。

"现代伦理学理论形态"是"伦理道德形态"和"伦理道德的精神哲学形态"的理论体系或理论形态。其要义是："伦理道德"必须"有精神""是形态"；现代伦理学必须有其基于精神哲学的"理论形态"。于是，现代伦理学在体系上必须有两个基本特点：一是伦理与道德的区别与统一；二是对于"精神"与"形态"的诉求。以往的伦理学对伦理与道德不加区分，伦理学以道德为对象和内容，实际上是"道德学"而非"伦理学"。然而，无论在中国传统还是西方传统，现代中国话语和西方话语中，伦理与道德作为两个独立的概念和表达，已经表明二者的区别，不区别只是因为现代学术缺乏必要的思辨能力和学术精致的基本诉求。当下的伦理学开始辩证伦理与道德，但似乎又难以将它们形成一个有机的生命。"不区分""难统一"的根本原因是"没精神"，不能找到伦理与道德的统一体，这个统一体就是"精神"，伦理与道德是精神发展的两个环节和两种形态。调查发现，"无伦理""没精神"是现代伦理学，也是现代伦理道德发展的两大基本问题和基本难题。① 现代伦理学必须以伦理与道德在人的精神世界和精神发展中的一体互动为概念前提，建立"伦—理—道—德—得"一体贯通的精神哲学体系和道德哲学体系，形成基于"中国经验"的伦理学理论的"中国话语"和"中国气派"。同时，依据这样的精神哲学体系和道德哲学体系，可以对现代西方伦理学，包括气象万千的西方伦理学"丛林"进行"形态"的解读和解释，因为，现代西方伦理学虽学派林立，然而从精神哲学的意义上分析，不外伦理形态、道德形态、伦理道德形态三大基本理论形态，这便是对现代西方伦理学发展的"形态学"把握。

---

① 樊浩：《道德发展的"中国问题"与中国理论形态》，《天津社会科学》2011年第5期。

总之，关于伦理道德的"形态"理念和"形态学"理论，可以为超越现代伦理道德发展和现代伦理学理论的一系列重大问题和重大难题提供一种精神哲学方案。借此，面对西方伦理学流派的"丛林"，在鼓励建立中国伦理学学派的背景下，便不仅可以有繁荣的"中国学派"，更有恢宏磅礴的"中国气派"；在直面日新月异的现实问题的过程中，不仅有与时俱进的"问题意识"，更有宏大高远的理论体系；不仅有学以致用的"应用研究"，更有文化传承和文化创新的学术担当；在碎片化的现代性沼泽中，可以收拾碎片，收复碎片，建构伦理道德的完整精神生命和精神世界。一句话，可以传续伦理型文化的历史辉煌，一如既往地为人类文明贡献独特的"中国智慧"。

二 "形态观"与伦理学理论形态

1. 精神世界的伦理学还原

很久以来，学界已经习惯并沿袭着一种理念和方法，这就是对诸伦理学理论进行"学派""流派""思潮"的分类和把握，虽然尼采《论道德的谱系》曾导致某种启蒙，但正如他对道德的激烈批判在欧美哲学系的课堂上只被当作对定式思维的另类冲击一样，"谱系说"也未收到严肃的对待。[①] 无疑，基于"学派"的伦理学诠释具有很强的表达力，中国话语中的"道家""法家"，和西方情境中的"情感主义""直觉主义""唯意志论"等概括，也着实直指诸学说的内核和标识。然而，时至今日，"学派"（包括"流派""思潮"）的理念和方法已经显现出它的重要缺陷，这就是失之"支离"，使人们无法对一个民族、一个时代、一个社会、一种文明，甚至一个真实的人的精神世界进行完整而真切的把握。"流派"理念所呈现的历史哲学画卷，是基于特定境遇、特殊理解以及特别师承的"深刻片面"，其中当然不乏痛切和精彩，然而无论如何我们无法从中把握任何一个完整而有机的精神世界，也无法追踪一个民族和一个现实的人的伦理生命的历史轨迹。在这个纷繁但缺乏生命的画卷中，每个流派似乎更像一种"天才的偶然"，虽在各自的世界中呼风唤雨，天马行空，但终是自说自话；某些同样具有天才领悟力的道德哲学家虽然试图将诸流派加以整合，但智力拼图式的整合始终不能复原出"清明上河图"那样原味

---

① "美国的哲学系最常教授的大陆哲学家是马克思、尼采和黑格尔。尼采对道德的攻击常常在入门性课程中被用来促进学生的思考。"［美］威廉·韩思：《伦理学：美国治学法》，孟悦译，社会科学文献出版社1994年版，第4页。

的世界和真实的生活。原因很简单，不仅"流派"本身，而且"入流"的研究，本质上是一种大卸八块式的现代性理念和方法，茁壮的"流派"不幸成为文明体系和精神世界中黑格尔所言的"离开人体的手"。由此，一种"出流"，准确地说，"入流"而"出流"即"出入流派"研究的理念和方法的探讨，便呼之欲出了。

　　譬如，关于中国传统伦理的研究，我们已经习惯于从"诸子百家"的文化现象出发，对儒家、道家等进行学派式的分别研究，在此基础上基于"社会存在"进行道德哲学解释。然而，这种已经成为"学统"的研究往往忽视一个事实：儒家与道家是不同地域、不同境遇、不同文化背景的学者所创造和形成的学派，它们既是"地方性知识"，也是基于特殊的个人体悟对世界的伦理回应和伦理建构，无论儒家、道家，还是二者的结合，都难以组合甚至难以表达当时中国人的伦理世界和道德文明的完整画面。如果从中国由原始社会走向文明社会的家国一体、由家及国的基本路径考察，构成春秋这个中国社会大转型时期伦理世界和道德文明基本结构的应该是儒、道、墨、法四维。其中，儒家贡献了由"家"及"国"的理论；法家提供了由"国"而"家"的设计，这种设计似乎与古希腊的路径有异曲同工之处；墨家游走于"家""国"之间的"社会"；三家表达和体现的是"家"—"国"关系的三种可能的构造原理，而道家则基于个人，基于个人在天地、家国之间的存在，提供大变动时期个人安身立命的大智慧。① 由此，儒、道、墨、法，就构成春秋时期由个人、家、国、天、地构成的伦理世界的精神生命的基本构造与基本元素，其中，天地是一种形上预设，个人与家国的关系，才是伦理世界的基本元素。其中，墨家由于在家—国之间更偏重于家，因而在哲学发展中逐渐与儒家合流，而法家"法"思想的极端发展，一方面本身已经是走出伦理的论域而与政治合流，另一方面由国而家的主张与家国一体的文明路径正相反对，由此便注定了它在中国文明传统中文化合法性地位的缺失，也导致了一个事实：虽然中国曾经诞生了世界文明史上第一个法学流派，但极端的法治在文明的开端（从商鞅到秦始皇）就已经演绎了悲剧，原因很简单，

---

① 关于这一观点及其展开，参见樊浩《中国伦理精神的历史建构》之先秦部分，江苏人民出版社1992年版。

虽然它很有效率，甚至创造了历史奇迹（如秦始皇统一中国），但并不适合中国文明的国情。而儒家由于抓住了"由家及国"的中国文明的基本国情，并且为它提供了一套完整的理论，加之它在长期发展中薪火相传，不断完善，最终在众多"流派"中成为主流和正宗。但是，必须澄明的是：第一，中国文明历史源头中伦理世界与伦理生命的元构造，是儒、道、墨、法的结合体，而不是其中任何一个流派；第二，儒家伦理之所以超"子"入"经"，从灭顶之灾（"焚书坑儒"）中走出，根本原因是它与中国文明路径的一致，以及对解决中国文明"家国一体，由家及国"基本课题的理论贡献。这是基于伦理世界的社会生活秩序的生命有机性的伦理学解释。

由此，在对中国传统伦理进行精神哲学和历史哲学把握时，就必须追问一个精神哲学问题：中国伦理为何在诞生儒家的同时诞生道家，为何儒家与道家在中国文明的诞生和历史流变中总是一对双生儿或连体儿？为何无论儒家、道家，还是它们的复合（如魏晋玄学），都不能真正解决中国人安身立命的问题，只有与汉以后流入中国的佛教融合，形成所谓"理学"时，才完成中国传统伦理精神的历史建构？如果对人的精神世界中个体生命秩序的生命有机性进行道德哲学解释，儒家提供的是"明知不可为而为之"的入世智慧；道家贡献的是"知其不可奈何而安之若命"的隐世智慧；佛家则是"四大皆空"的出世智慧。儒、道、佛一体的三维结构使中国人的伦理精神具有了三角形的稳定性，进退互补，刚柔相济，使中国人在得意、失意、绝望的任何境遇下，都不致丧失安身立命的基地。而儒家在三维结构中的主导地位，又使中国文明不仅形成一种伦理型文化，而且始终保持"自强不息，厚德载物"的以道德为价值合理性的进取精神。"居庙堂之高，则忧其民；处江湖之远，则忧其君。""退则独善其身，达则兼济天下。"任何伦理学理论，任何关于伦理学发展的理论解释，只有与社会文明、社会生活以及个体精神发展具有生命同一性时，才具有客观真理性与价值合理性。伦理史及其解释，必须与人类社会发展史、民族精神发展史、个体精神生命发育史相一致，才具有解释力，任何对它的肢解，都是一种片面的误读。

如果将伦理和伦理学当作个体与社会的精神世界及其创造，那么，经过现代性的冲击，现代伦理学期待一个对人的精神世界进行伦理学还原或复原的学术工程，其起点和基本方面，就是进行伦理学解释的理念和方法的革命。革命的切入口是质疑和告别"流派"式的现代性解读和现代性把握，探索一种基于伦理世界和伦理精神的生命有机性和历史辩证法的概念与理论。或许，"形态"是可供选择的尝试。

2. 伦理学的历史哲学形态

伦理学作为以善的价值建构个体与其生活其中的世界的同一性关系的理论，着力探讨和解决精神世界中"人应当如何生活？""我们如何在一起？"等个体生活秩序和社会生活秩序的重大问题。"道德概念不仅体现于社会生活方式中，而且部分构成社会生活方式。"① 作为文明体系中精神世界的核心构造，伦理学在不同民族，在民族精神发展的不同阶段，呈现为不同的理论形态。

西方伦理学从古代到近代的发展，大致经过了从伦理到道德，再到道德哲学的三次形变。古希腊伦理学像中国的先秦一样，呈现为精彩纷呈的状况。这是文明从原初的"无知之幕"的单细胞成长为灵长类的第一次蘖变，在孕生中展开为多样性的可能形态和可能选择，从而奠定其轴心时代的地位。关于希腊伦理学，人们也许更流连于纷繁的学派，忘情于苏格拉底—柏拉图—亚里士多德作为古希腊伦理主流的薪火相传。然而总体上，作为人类文明社会及其伦理精神的第一个生命形态，古希腊伦理学呈现的是"伦理世界"的图画。确切地说，古希腊伦理学的理论形态是"伦理"或伦理形态。伦理形态的真义是，以个体与社会，这个社会在古希腊即城邦的直接同一性为精神气质，处于黑格尔所说的"自然的或直接的精神"这一发展阶段②。在古希腊，"伦理"原为灵长类生物长期生存的居留地，居留地之所以被称为伦理，是因为它为人的生存提供了可靠的空间。在精神哲学的意义上，人的存在一开始就遭遇一个悖论：既是自

---

① [美] 阿拉斯戴尔·麦金太尔：《伦理学简史》，龚群译，商务印书馆 2003 年版，第 23 页。

② 参见 [德] 黑格尔《精神现象学》（下卷）之"伦理世界"部分，贺麟、王玖兴译，商务印书馆 1979 年版。

由意志的存在，又必须也只能在交往行为中实现。于是，在交往和群体生活中，就产生对于人基于自由意志的行为可靠性的期待。那些与群体期待相一致的行为被称德性和善，因而得到鼓励。因此，无论德还是善，都意味着个体与共同体的某种一致性或同一性，或者说是被承认了的普遍性。"一个人的德性就在于他完满地履行了作为一个人的职责。"① 无论苏格拉底的"美德"、柏拉图的"理型"，还是亚里士多德的"伦理的德性""理智的德性"，古希腊伦理学体现的都是"伦理"的或伦理世界的理论气质。在实践上，"苏格拉底之死"的善与美就在于对这种伦理气质的诠释。

但是，就像伦理指向并依赖于原生的经验一样，古希腊伦理学也依赖于那个原生经验的世界，一旦这个世界变化，伦理学就转换为一个新的形态。在希腊文明向罗马文明转换的过程中，在拉丁化的文明进程中，西方伦理学也经历了由伦理向道德的理论形态的形变。形变的核心，是由"伦常"向"法则"，由风俗习惯向道德规范，由习惯的善向应然的善的哲学抽象。由伦理向道德的转换，在哲学形态上也是由对共同体的伦理认同到对个体行为的道德立法、由伦理世界向道德世界、由客观意志的法向主观意志的法的重心位移。伦理世界建构的是个体与共体的社会生活秩序的和谐，道德世界建构的是义务与现实、道德与自然之间的个体生活秩序的和谐，两种和谐的共同本质，是人的单一性或个别性，与普遍性或实体性之间的同一。②

然而，一方面，古希腊伦理学"爱智"的元色，注定了西方伦理学还要继续由"道德"向更为抽象的形态推进；另一方面，"道德"的主观的善所内在的相对性局限，也以内在否定性的力量推进伦理学的理论演进。于是，一种新的伦理学形态出现了，这就是康德开辟和代表的道德哲学形态，这是西方伦理学的近代形态。"道德哲学"试图建立某种超越于一切伦理经验和个体意志之上的"绝对命令"和"普遍立法"，使社会善

---

① [美]阿拉斯戴尔·麦金太尔：《伦理学简史》，龚群译，商务印书馆2003年版，第40页。
② 关于道德世界的和谐，参见[德]黑格尔《精神现象学》（下卷）之"道德世界之预设的和谐"部分，贺麟、王玖兴译，商务印书馆1979年版。

和个体善上升为哲学的抽象，为此，康德甚至不惜将具体性和情境性的"伦理"的概念从道德哲学中驱逐出去，哲学地思辨出道德这个"真空中飞翔的鸽子"。至黑格尔，才将伦理与道德、客观意志的法与主观意志的法，在精神哲学中辩证地统一，形成伦理世界—教化世界—道德世界的精神哲学体系。由此，西方伦理学便完成了。完成了，也就终结了。于是，"上帝死了""形而上学终结"之后的新的伦理学形态便出现了，这就是以道德的高度分化为特质的现代伦理学形态，这一历史形态的理论与实践镜像是："一切都被允许！"

中国伦理学的历史发展同样展现为形态学的生命气象。不同的是，在它的轴心时代，即先秦时期，中国伦理最早出现的也是"爱智"的理论形态，老子的《道德经》便是柏拉图式的智者伦理，但是，由于特殊的文明路径，"尚贤"的儒家伦理学终成主流。可以说，中国伦理学不是不爱智，先秦百家争鸣的多样性伦理展开之后，汉初的第一次选择便是崇尚黄老之术，"尚贤"之成为主流，委实是它更切合中国文明的特殊路径。如果以儒家伦理为主线，那么，先秦是中国伦理学发展的孕生与多样性展开时期，其理论重心是"伦理"。不仅作为孔子伦理学核心概念的"礼"是一个伦理实体的概念，即便老子的"道—德"，本质上也是指向天人关系的"一般伦理学"，从而与孔子直接指向人际关系的"特殊伦理学"相分殊。[①] 孔孟伦理形态的核心是"五伦四德"，其中，"五伦"的社会伦理，是"四德"的个体道德的合理性根据。汉唐是中国传统伦理的抽象选择时期，从汉初的崇尚黄老之术，到汉武帝的"独尊儒术"，再到魏晋儒道合流的玄学形态；从隋唐的佛学大行，儒、道、佛分立，再到韩愈、李翱的"道统说""复性论"，儒、道、佛三种伦理形态在冲突、对话中逐渐融合。汉唐伦理形态的核心是"三纲五常"，其着力点已经由伦理转向道德，这一转向的本质是，以"三纲"的伦理为绝对价值，以"五常"的道德为着力点，以此维护"三纲"的伦理。到宋明，便形成中国传统伦理的成熟形态，这就是儒、道、佛合一的理学形态，"理学"伦理本质上是一种道德哲学形态，其核心体系是"天理人欲"。它将伦理普遍化为

[①] 关于"一般伦理学"与"特殊伦理学"的区分，参见邬昆如《伦理学》第二部分之第三章"人的自觉作为伦理的开始"，台湾五南图书出版公司1994年版。

哲学化的天理，因而是康德式的"绝对命令"，将道德的对象落实为"人欲"或"私欲"，将伦理学的基本问题表述为义与利、公与私的问题。"义利之说，乃儒者第一义。"① 这样就建立起具有哲学形上基础和宗教神圣性儒、道、佛三位一体的道德哲学形态和伦理精神形态。由此，中国传统伦理学便完成了。同样，完成了，便终结了。

综上，伦理—道德—道德哲学，是中西方传统伦理学共同经历的三种历史哲学形态，它们的辩证发展与人类社会和民族精神的生命进程相契合，只是由于历史境遇和文化背景的不同，呈现为不同的表达形式，但其精神本质深切相通，"理一"而"分殊"。

3. "学派观"与"形态观"

如果将传统伦理学与现代伦理学进行比较，就会发现，传统伦理，尤其是中国传统伦理，无论怎样具有"学派"的特征，但基本上是自足的。"自足"在两个方面得到体现：一是自身体系的自足，用现代话语表述，即理论"自洽"；二是对人的人生指引或安身立命指导的自足。譬如，儒家伦理，自孔子的古典儒学到宋新儒学，虽然体系元素和话语系统发生很大变化，但其体系要素和精神元素却一以贯之。孔子奠定了儒家伦理学的元结构："礼"的伦理实体的理念，"仁"的道德自我的理念，在伦理与道德、伦理实体与道德自我的矛盾与冲突中，以"修养"或所谓"克己"作为建构伦理世界与道德世界和谐的体系安排和精神构造。儒家伦理的基本意向，是伦理优先，虽然在《论语》中，"礼"是孔子"述而不作"的继承，"仁"是新的理论创造，但无论如何"仁"是服从和服务于"礼"的。"礼"是"仁"的评价标准和合理性根据，"克己复礼为仁。一日克己复礼，天下归仁焉"②。同时，孔子自述的"十有五而有志于学，三十而立，四十而不惑，五十而知天命，六十而耳顺，七十而从心所欲不逾矩"的人生境界，每个阶段也都是以"礼"为内涵的，"学"什么？学

---

① 朱熹：《朱子全书》（卷二十四），上海古籍出版社、安徽教育出版社 2010 年版，第 1019 页。

② 《论语·颜渊篇》。

于礼。"立"什么？立于礼。修养的过程，就是人从"小体"的自然存在，成为"大体"或"大人"的伦理存在的道德上自强不息的过程，由此实现伦理与道德、个体与社会之间乐观的紧张。儒家的大智慧在于，在伦理与道德之间，保持某种恰当的平衡，以建立伦理世界与道德世界、伦理认同与道德自由之间合理的辩证关系，这种合理的理念便是所谓"中庸"。所以，孔子将中庸作为德性的最高境界。"中庸之为德也，其至矣乎，民鲜久矣！"① 礼、仁、修养（或克己）、中庸，就是孔子奠定的伦理体系与伦理精神的四个结构性元素，以后的儒家伦理，虽然经过几期重大发展，但万变不离其宗，其体系构造未有根本性变化，只是根据不同历史时期的特殊伦理境遇与道德难题，问题域和话语表达与时俱进，形成"五伦四德"—"三纲五常"—"天理人欲"的传统儒家伦理学的三期发展。

如何解释这一现象？可能"一脉相承""超稳定""僵化"等任何概括都不够准确。一种可能的尝试是，在中国伦理乃至世界伦理体系中，儒家伦理已经不是一个学派或流派，而是一种伦理学理论形态和伦理精神形态。"学派"与"形态"的重要区别之一在于，前者可能在某一方面具有明显甚至强烈的标识，或凸显伦理学与伦理精神中的某一元素、某一概念，但在理论和精神方面却难以自洽和自足，虽具有思想和学术资源的价值，或作为某一与它相对待的理论的反动与互动，但终难以为社会生活秩序和个体生命秩序的建构提供完整的伦理设计与道德指导。"学派"成为"形态"或具有"形态"是一种成熟，也是一种成功。"学派"可能体现和凸显伦理学的某一方面，但它并不是伦理本身，而"形态"则是伦理的呈现。好像水有液态、固态、气态，三态从存在方式到性质都有很大不同，但它们都是水的不同呈现形态，是水的"形态"，每一滴水，每一方冰，每一吸气，都体现水的本性，所谓"月映万川"。"学派"往往是一种深刻的片面，而"形态"则是伦理本身或伦理自身的呈现与表达。

道家、佛家伦理同样如此。它们之所以成为中国伦理学和中国人伦理精神的基本结构，是因为它们已经超越了"学派"而成为"形态"，是伦理及其精神的一种"形"，一种"态"，因而，对人的精神生命和精神生

---

① 《论语·雍也篇》。

活,具有解释力和表达力,成为一个群体、一个阶层,用马克思的话语来说,一个阶级的伦理及其精神,也成为人生某个特定阶段的伦理与精神。同样,儒、道、佛三位一体的结构,之所以成为中国传统伦理的完整形态和中国人伦理精神的传统形态,不仅是因为它在理论上的高度完备,而且它为人生的每种境遇、每个阶段,都可以提供精神指引,无论这个人是否懂得伦理学。中国人往往在得意时是儒家,失意时是道家,绝望时是佛家;年轻时是儒家,中年知进退,是道家,到老年则不知不觉是佛家。儒、道、佛三位一体的伦理体系与伦理精神,无论在理论体系还是实践指引方面,都高度自给自足,恰似人生的锦囊袋和百宝箱。中国传统经济是自给自足的自然经济,中国传统伦理是自给自足的伦理,正因为如此,在世界文明体系中,中国传统伦理成为一种特殊的也是最为成熟的理论形态和精神形态。在世界文明之林,它是一种形态,而不是一种学派或流派,因为它是伦理的完整而成熟的显现。由此与西方伦理、伊斯兰伦理交相辉映,交织成人类伦理文明的灿烂图景。

在这个意义上,在中国传统伦理中,具有形态也可称为形态的,也只有儒家、道家、佛家三种伦理体系和伦理精神,更重要的是,由这三种形态构成的完整而有机的伦理体系和伦理精神的"中国形态"或"中国传统形态"。也可以说,儒家伦理、道家伦理、佛家伦理,只是"中国伦理"的三种特殊呈现形态,就像液体、固体、气体是水的三种特殊形态一样。当然,孔子、老子所创立的伦理学,一开始还只是一种学派或流派,却具备了成为形态的可能,后来经过孔孟老庄式的延传,学派成长和成熟为形态。而墨家、法家等,因未成为"形态",虽然不乏思想和时代贡献,终是昙花一现,未成为中国伦理学的基本元素和中国人伦理精神的有机构造。

由"学派"上升为"形态"是一种成熟,而由"学派意识"或"学派观"转换为"形态观"或"形态意识",则是伦理学研究的一种理论自觉。在关于中西方伦理学的研究中,我们之所以难以形成真正的跨文明对话,重要原因之一,就是缺乏"形态意识"。伦理学的形态,或伦理形态,在一种文明、一个民族、一个阶层、一个人生阶段,是伦理的理论同一性和精神同一性;而在文明与文明之间、民族与民族之间,它则是在相互对话中相互包容,达到"敬意的理解"的必要学术前提。在学术研究中,"形态"需要贯通的把握,不仅需要"致广大、尽精微"的理论气概和学术严谨,更需要对伦理精神生命延绵的倾听与追踪,因而期待一种学力境界。而"学派意识"或"学派方法"的研究,往往通过知性分析和知识表达的方式即可达到。"学派意识"所能达到的,只是一种知识性的"了解",难以达到体系性和精神性的"理解"。比如,我们可以指出林林总总的西方伦理流派,却难以把握和解释它们如何以及构成了何种西方伦理,何种西方伦理的精神生命,因而可能将一种西方伦理理论,误当西方伦理本身,无疑,这不仅是一种曲解,而且很可能沦为一种学术暴力。"形态观"是生态论和生命论,而"学派观"则是知识论和工具论。事实上,基于形态观,我们可以在中国伦理与西方伦理之间建立起某种跨文明,乃至跨时空的对话和理解,发现二者之间惊人的相似之处。如希腊伦理与中国先秦伦理,不仅都出现百家争鸣的伦理气象,而且都体现从实体中走出的人类文明初年的那种伦理世界的图景,伦理和伦理世界是这一时期伦理学理论和伦理精神共同的关键词。而德国古典道德哲学尤其是黑格尔伦理学,则与宋明理学表现出某些惊人的相似。它们都是伦理学与伦理精神发展的道德哲学阶段,宋明理学在道德哲学上达到的成就,绝不比德国古典哲学逊色,而它所关注的基本问题,在黑格尔体系中都得到表达和研究,只是话语系统不同。比如,良心在黑格尔那里作为道德世界的最高阶段,是道德主体和道德意识简单的确定性,而在陆九渊那里则是"先立乎其大者"的"简易工夫";黑格尔所指出的良心的"优美灵魂"与"伦理意境"的内在否定性,在王阳明那里则透过"知行合一"的"良知"而被扬弃;伦理与宗教合一而成的"天理"理念,则是黑格尔"恶及其宽恕"的中国表达。透过"形态"的理解,中西方伦理就这样相契相通了。

4. 伦理学的"形态"条件

一种伦理学理论无论是学派还是形态,必须具有三个基本条件:伦理学的学科气质;伦理学家的学术个性;特殊的时代与社会背景或适应性。三者之中,伦理学的学科气质应当是基本条件,否则便不是"伦理学"。正如作为它的研究对象的伦理与道德一样,伦理学在不同的时代和不同的文明体系中，表达与呈现方式极其多样，《论语》和《尼各马可伦理学》十分典型地分别代表"中国气质"与"西方气质"。但是，无论它们如何多样，作为"伦理学"的学派或形态，必有其"多"中之"一"。"善"是伦理学最具标识性和表现力的概念，虽然在它的开端就有伦理的善与道德的善——用现代伦理学的话语表述，有社会公正与个体德性的分殊，但善始终是伦理学，也是伦理道德的主题和根本价值，是伦理学和伦理道德在文明体系中作为独立因子存在的根据。伦理学对人及其行为进行"善"的引导目标，在于使人在精神上超越个别性的自然存在，成为普遍性的伦理存在，用中国伦理的话语表达，即成为所谓"大人"。于是，个体与实体、个人与社会的关系，便是伦理学的基本问题。"实体"即人的实体性或人的公共本质，个体的实体性即个体如何体现并皈依于自己的公共本质或所谓共体，既是伦理的前提，也是伦理学的重要哲学基础，因而任何伦理学都必须讨论人性问题，因为它是人的实体或共体。正是在这个意义上，黑格尔曾说，"把一个个体称为个人，实际上是一种轻蔑的表示"①。因为个人只是一种无"体"的单子式存在，而"个体"则有"体"并且以对"体"的信念为前提。"成为一个人，并尊敬他人为人"②的"法的命令"，本质上就是肯定自己的实体性，并且同时尊重他人的实体性。社会的可能性、共同生活的可能性，必须以对这种"体"的承认、尊敬和信念为前提，否则便产生孟子所说的"人之有道也。饱食、暖衣、逸居而无教，则近于禽兽"③的文明忧患。也正因为如此，黑格尔断言："人间最高贵的事，就是成为人。"④ 个体与实体的关系，在现实生活中现实化为个人与社会或个人与置身其中的共同体的关系，尤其是二者之间的利益关系。但是，个体与实体、个人与社会的关系，还不足以完全体现伦理学的学科性质，作为特殊的意识形式和文明因子，伦理学的基本问题必须也必定有第二个方面，即个体至善与社会至善的关系问题，前者是"明德"，后者是"亲民"或"新民"，二者的统一，才能达到"止于至善"

---

① ［德］黑格尔：《精神现象学》（下卷），贺麟、王玖兴译，商务印书馆1979年版，第35—36页。
② ［德］黑格尔：《法哲学原理》，范扬、张企泰译，商务印书馆1961年版，第46页。
③ 《孟子·滕文公篇上》。
④ ［德］黑格尔：《法哲学原理》，范扬、张企泰译，商务印书馆1961年版，第46页。

的最高伦理境界。因此，个体与实体、个人与社会的关系，个体至善与社会至善的关系问题，是伦理学的基本问题。

然而，与哲学的形而上学不同，伦理学对基本问题的解决，不只是一种"理论的态度"，而且是一种"实践的态度"，因而无论伦理学，还是伦理与道德，都不能简单归结为理性，乃至不能简单称为"实践理性"，如果一定要以理性诠释，那么只能说是"理论理性"与"实践理性"的统一，这种统一便是所谓"精神"。"精神"的理念和概念是中国道德哲学与德国古典哲学的另一契合会通，黑格尔便是在精神的框架下讨论伦理道德问题，将它们当作"客观精神"，即精神客观化自身的形态。"精神"作为伦理学的基本概念，也作为伦理道德的文化气质，与理性相比，具有三个特点：与"自然"相对，对自然存在的超越；个体性与实体性、单一性与普遍性的统一；思维与意志的统一，或知与行的统一。正因为如此，伦理与家庭、民族、社会诸伦理性的实体精神地同一，民族是伦理的实体，伦理是民族的精神，伦理是民族的活的精神，家庭精神、社会精神同样如此。伦理学、伦理与道德建构的是人的精神世界的同一性，因而不仅具有生命本质，而且任何成熟的伦理理论，不同历史时期的伦理学，都是人的精神生命设计、表达、呈现的特殊形态，因而任何民族的伦理学的历史发展，本质上都是这个民族的精神现象学。所以，伦理与精神，不仅概念地而且现实地同一，互为条件，所谓"伦理精神"。由于"精神"知行合一的构造及其生命本性，所以，伦理学便哲学地也逻辑地包含一些可能的路向和形态，最基本的可能形态有三：现象学，基于思维、意识或所谓"知"的伦理学形态；法哲学，基于意志或所谓"行"的伦理学形态；历史哲学，对于一个民族伦理发展的精神现象学。也许正因为如此，恩格斯才认定，《法哲学原理》就是黑格尔的伦理学。其实，《精神现象学》同样是黑格尔的伦理学，只是它的对象是"自由意识"，而不是法哲学的"自由意志"。

以上讨论得出的结论是：伦理学要具有"形态"，或从"学派"成熟为"形态"，至少必须具备两个学术条件：其一，对伦理学基本问题的自觉及其相对系统的回答和解决；其二，"精神"的而不是"理性"的气质。否则，便只是"学派"或"流派"，而不能称为"形态"。

以此观照现代伦理学，也许会有某些新的发现。观照的课题是：现代伦理学是否具有"形态"？如果有，是什么形态？面对纷繁的流派和学派，如何建构现代伦理学的理论形态？现代伦理学虽然纷繁复杂，但三大特征共同而且凸显：道德分化；精神脱落；皈依世俗。道德分化是哈贝马斯所说的合法化危机的产物，也是它的表征，其表现是道德日趋多样，缺乏同一性；精神脱落的表现是理性僭越精神，以从个体出发的"原子式思考"代替"从实体出发"的精神信念，知行脱节，伦理学成为知识体系；皈依世俗则是市场经济和个人主义文化共同催生的结果，其取向不是以"精神"超越"自然"，而是以"自然"为伦理道德和伦理学的合法性与合理性基础。现代伦理学，尤其是现代西方伦理学的诸流派或诸学派，或者是它们的直接体现，或者是对它们的反动。

道德分化的现象表现，是学派或流派林立，它既是一种繁荣，也是一种危机。现代西方伦理学发端于唯意志论、进化论、新黑格尔主义诸流派，表现为以情感主义、直觉主义为代表的元伦理学，以存在主义、精神分析、实用主义为代表的人本主义伦理学，以及宗教伦理学、境遇伦理学诸学派。它们往往立足或侧重于某一方面，缺乏充分的对话，甚至没有完整的体系，因而只有"多"，缺乏"多"中之"一"，于是产生麦金太尔"谁之正义？何种合理性"式的诘问。奠基于人文主义哲学的伦理心理学、精神分析伦理学等当然有其合理性，但对人的自然本性的过度迁就和依赖，使伦理学退化为自然伦理学，缺乏文化境界和精神高度。根据笔者对英国大英图书馆和英国国王学院图书馆的检索，20世纪80年代以来，西方伦理学发生了一个重大转向，这就是由理论研究向应用研究和问题研究的转向，道德心理、经济伦理、法伦理等成为伦理学研究的主流，而宏大高远的理论研究已经风光不再，应用研究背后潜隐的是回归世俗趋向，这一趋向如此强烈，乃至可以断言，西方伦理学研究的一个学术断裂带已经形成。虽然现代西方伦理学具有学派式的繁荣，然而却缺少相对成熟的形态，甚至可以说，可以适应和代表现代西方文明的伦理形态还未出现。既缺乏苏格拉底、柏拉图、亚里士多德式的原创大师，也缺乏康德、黑格尔式的近代经典。就伦理学而言，这是一个"一切都被允许"的时代，也是一个缺乏主流和"形态"的时代。中国伦理学的境遇类似。不同的是，它没有西方式的学派繁荣，而市场经济的强势挺进，使伦理学，也使伦理与道德祛魅，祛魅的结果之一，是导致伦理关系、道德生活和伦理学理论中的诸多伪善。市场经济依赖下的伦理学与伦理道德的祛魅如此深刻而严峻，乃至伪善已经不幸成为一种"形态"。

由"学派"到"形态"的伦理学研究的理念与方法的转换，至少应当担当两个学术使命。一是在林立的"多"中寻找某些可以建构同一性的生成性元素，即所谓"一"，"形态"是学派的"多"中之"一"；二是面对全球化的冲击，在回溯历史资源的基础上，努力探索现代伦理学以及伦理道德的"中国形态"。也许，完成这两个任务之后，一种成熟的现代中国伦理学将会诞生。

第二编　伦理道德的"精神"气质及其哲学形态

三　精神哲学形态(一):"伦—理"形态

20世纪德国哲学家胡塞尔等人所开启的现象学派哲学思潮，倡导一种"面向事物本身""本质直观"的思维方法，对人类精神世界进行现象学还原，打开了理论研究和问题辩驳的新视界。事实上，透过现象追寻本质的思维方法早在黑格尔那里已有运用，他将人类世界视为意识的自我发展和自我显现的精神过程。虽然黑格尔对"现象"的理解不同于胡塞尔，但从广义上说，"精神现象学"方法却在现代社会得到了持续的回应和发展，哲学伦理学界不断掀起一股现象学还原的尝试和变革，这使得人们对以往既有的思想流派和知识体系有了更新的审视和反思。德国现代哲学家黑尔德借助于回溯本原历史经验的方式，对伦理道德概念进行了发生学意义上的现象学复原，从而使古代伦理与现代道德之间的对峙渊源更加清晰。[1] 美国哲学家麦金太尔针对近代道德状况所做的对德性伦理的复原，开辟出一条解决现代道德困境和危机的新路。[2] 可以说，这些不同维度的现象学还原方法，给予我们重新思量人类文明社会和精神世界的启示，同时也对伦理道德自身的生命过程和历史发展，进行了一场整体精神风貌的本真探寻。

当我们对人类精神世界进行现象学还原，以一种"形态观"而非"学派观"的新理念，从精神发展的整体历史视野出发，重新审视伦理道

---

[1] ［德］黑尔德:《对伦理的现象学复原》,《哲学研究》2005年第1期。
[2] ［美］阿拉斯戴尔·麦金太尔:《追寻美德》,宋继杰译,译林出版社2003年版。

德自身的理论表现形态和现实生命形态时，首先展现的就是黑格尔所说的"真实的精神"形态，即"伦理"形态，它为我们呈现的是一幅以"伦"为本、由"伦"而"理"的"伦—理"形态画卷。

1. 形态要素："伦""理""伦—理"

伦理形态的核心要素，如果用中国伦理的话语表述，简要之即是三个概念之间的逻辑演绎："伦""理"，由"伦"而"理"的价值同一状态。如果换用西方哲学伦理学的话语方式，则是一个伦理（ethics）与美德（virtues）所构成的逻各斯（logos）式的实体性世界。①

在中国哲学对人类原初的文明世界和历史景象的概念描绘中，"伦"是极具中华民族文化特色和话语表达思想体系的重要范畴之一，由它衍生的两大价值理念"天伦"与"人伦"，与黑格尔描绘的"伦理世界"中的两大"伦理规律"颇为对应，都可以视为人类对宇宙自然和人类社会生活存在状态所应该秉持的信念追求。

中国先哲对"伦"之存在的确定性信念，最早可追溯到远古时期的神话传说。"盘古开天辟地""女娲补天造人"等探究世界万物本源的系列神话，为人们呈现出与天地同在，乃至幻化天地万物的先祖形象，十分鲜明地传递出一个信号，即人不是孤立的个体，而是与实体性的"天"合而为一的，因此，"天"就成为中国哲学思想传统中一个带有特殊意味的文化符号，是一个具有终极性和神圣性的实体性存在的象征，"天人合一""天人一体"也成为后世中国文明不同于西方文明的重要思维模式。但是，正如孔子所感叹的"天何言哉"，"天"作为一个终极性的存在实体，它对人类现实社会生活的影响，并非通过它自身直接呈现，而是通过"天伦"和"人伦"两种具体的伦理关系设计来调节呈现人类现实的社会生活秩序。

---

① 如果要聚焦提取西方哲学伦理学发展史中展现"伦理"精神的核心概念，古希腊哲学中的"逻各斯"主义是毋庸置疑的精神源头，内含本体、认识与价值三重意义。在伦理价值问题探讨上，从苏格拉底到亚里士多德一脉相传的德性论思想，及其后续不断的发展演化，构成了西方"伦理"精神发展的实质性内核。

在中国古代人的思想观念中,"伦"代表着"辈""类""序"①,不是指一种单个人或个体之间的关系次序,而是指个体与他所归属的自然实体或社会实体之间的关系次序。如一个人的辈分称呼的确定,通常不是由他的年龄来确定,而是由他在整个家族血亲中的地位排序来决定,由此,因为年幼者辈分长而年长者辈分小所出现的称呼错位现象,在中华文明中随处可见。因此,"伦"的真谛,在于它所蕴含的个体与实体之间的那种普遍性本质,体现的是人们对普遍性实体存在的一种确信和认同,而"天"在这个实体性认同链条中处于最后一环,它的具体表现是中国文化思想中所高扬的"天下"观念,范仲淹的"先天下之忧而忧,后天下之乐而乐"是最好的明证。

家庭、民族和国家则构成"伦"之实体性意识存在的两大现实环节和精神力量,前者代表着"天伦",形容一种天然或自然的个体与自然实体(家庭)之间的关系状况;而后者代表"人伦",描绘一种个体与社会实体(民族国家)之间的关系状况。其中,"天伦"是根基,"人伦"本于"天伦"而立,这是在漫长的社会历史演进中中国人们逐渐探索和建构出来的社会结构模式。与此同时,黑格尔在描述西方古代世界的历史图景时,也展示出一种相似的社会结构模式。他以"伦理世界"来指称人们最先进入的历史世界状态,在伦理世界中,存在着两大现实势力,即民族和家庭,"白日的规律和黑夜的规律"或"人的规律和神的规律"("人伦"和"天伦")是这两大势力之间现实的运行法则。② 黑格尔认为,民族作为伦理世界中的现实伦理实体,它所表现出来的精神就是一种"人的规律",是对自身有所意识的现实,这与"神的规律"所呈现的简单的和直接的意识本质现实相对立而存在。"人的规律"的普遍现实形式,是"众所周知的规律和现成存在的伦常习俗";而它的个别性的现实表现形式,则是政府。③ 对此,古希腊思想家亚里士多德提出的由"习惯"(e-

---

① 许慎《说文解字·人部》曰:"伦,辈也。"杨琼《〈荀子·富国篇〉注》:"伦,类也。"赵岐《〈孟子·离娄篇下〉注》曰:"伦,序。"
② [德]黑格尔:《精神现象学》(下卷),贺麟、王玖兴译,商务印书馆1979年版,第6页。
③ [德]黑格尔:《精神现象学》(下卷),贺麟、王玖兴译,商务印书馆1979年版,第6页。

thos）而"伦理"（ethike）的美德习俗伦理学可以确证。

由"天伦"与"人伦"所构成的家国一体的实体性存在状况，是内化或者说潜在于每一个中国人的血脉亲缘与内心世界的，所谓"天下兴亡，匹夫有责"，从某种意义上来说，它是一种"人之为人"的自觉意识，不是外化于人的教导结果，是孟子所说的"不忍人之心"，也是王阳明所讲的"良知良能"，都是指人内心自然生发的一种共通情感和自觉认知，它是人之为人的根据，在现实的生活世界中也是一种对"伦"的实体状态认同的"理"之自觉。

孟子所言的"不忍人之心"，其内涵非常丰富，包含以恻隐之心为始点，人皆有之的羞恶之心、辞让之心和是非之心，这"四心"恰如人自身之四体，为人先天所有，并生发培育"仁、义、礼、智"四德的始源。孟子的这一观念可以说奠定了中国古代哲学家们对人性认知的探索标准，王阳明的"心即理""致良知""知行合一"学说更是在此基础上，将它从一种先天的本然意识形态直接转化为一种具有实践精神的行动状态。这是中国古代先知为中国人的实践行动预设的一种特殊的自觉认知能力，也是判断和建构普遍性的"伦"之同一性存在的关键的潜在能力。我们可以清晰地看到，"理"之自觉本身，就包含了诸如西方哲学所言的"理智德性"式的"明智"，如"是非之心"，这就解释了不同个体之间的差异性和特殊性，如何能够形成对"伦"之普遍性的一致认同观念，中国哲学所高扬的"人同此心，心同此理"所讲述的就是这个道理。同时，更明确的是，这个"理"，不仅仅停留在认知、区分、判断的自我意识状态，而且同时具有一种激发实际行动的意志状态，即"羞恶之心"，主体自我的良知意识在这里预设了一个他者社会性的存在样态和行动结果检验机制。在这个完整的链条机制系统中，孟子认为只要好好地养护"四心"，并能把这种潜在的人性状态充分地发挥实现出来，就能做到"养其大者为大人，养其小者为小人"①。这是在对普遍性实体之"伦"的"理"的认知中，个体所获得的一种确定性的伦理意识，"伦理的意识知道它自己应该做什么；并且它是决定了的，要么属于神的规律，要么属于

---

① 《孟子·告子篇上》。

人的规律"①。

　　中国哲学对"伦""理"关系的设定理解，放在西方古希腊哲学的视野中，集中体现在"逻各斯"概念的内涵演绎和相通理解上。逻各斯（λóyos）在古希腊是一个常用的多义词，"有计算、尺度、对应关系、比例、说明、解释、论证、公式、思想、理性、陈述、演说、言词、神谕、格言、命令、对象、主题、神的智慧、神的言词等数十种含义。在这些含义中，有些含义应是它的原义，比如言词、神谕、格言，有些含义是后来派生出来的，比如用来表示客观事物发展规律的尺度、比例，用来表示主观思维的思想、对象、理性，等等。赫拉克利特残篇中出现的'逻各斯'的含义也各不相同，我们很难找到一个适当的中文词统一翻译它"②。"逻各斯"的内涵意义虽然众多，但根据后世学者不断的考察分析，其基本的核心意义是明确的，即"普遍尺度""规律""共同的""理性"等，因此，在通常的学界认定中，"逻各斯"实际上是一个集本体、认识、方法于一身的哲学范畴。③这就表明，古希腊的"逻各斯"传统，代表着对宇宙世界规律性和普遍本质的认知，具有一种实体性意义的归属存在认同，与中国哲学中的"伦"思想相通。到了苏格拉底这里，倡导"认识你自己"，一种"理"之主体自觉得以彰显。亚里士多德的实践智慧和明智德性，又赋予了希腊人在城邦实体性的国家存在中确证自我的潜在能力，这种能力直接承继苏格拉底的自我认识，倡导思考辨识何谓有意义的生活。由此我们才可以明白古希腊人为何如此看重德性能力的培养，将德性视为人类灵魂中固有的一种理性能力，因为它是人们做出道德行为、过上幸福生活的潜在能力，是合乎正确逻各斯的实践品质。可以说，在这一点上，中西方哲学异曲同工，共同意识到"伦"与"理"作为伦理世界、伦理形态构成的两大必备的核心要素，对于确定人自身的存在价值所具有的重要意义。

　　"伦"的存在，为人们搭建了一个实体性认同信念，民族国家和城邦

---

① ［德］黑格尔：《精神现象学》（下卷），贺麟、王玖兴译，商务印书馆1979年版，第21页。
② 转引自王晓朝《希腊哲学简史——从荷马到奥古斯丁》，生活·读书·新知三联书店2007年版，第61页。
③ 叶秀山：《前苏格拉底哲学研究》，社会科学文献出版社2007年版，第77页。

社会构成了实体认同的现实表达；这种认同信念的产生机制来源于人自身的"理"之自觉意识，来自人先天具有的理性反思。这种反思，不仅仅是指个体自我的理性反思能力，对自我道德意识的一种认知，更重要的是指在民族国家的实体性存在中的自我反思，是体现在作为其实体成员的、对民族国家这一"整个的个体"所产生的个体性反思，这也就是黑格尔所说的民族国家的自为性表现。而"伦"与"理"之间的这种辩证表达和逻辑演绎，正是由"伦"而"理"的伦理形态生命过程的最后一环。

由"伦"而"理"所建构的伦理世界，用黑格尔的话语表述就是，内含家庭和民族国家两大伦理势力，通过男人和女人这两大伦理元素，形成了两大伦理关系上的同一性规律：即一个是基于家庭这个简单自然的伦理实体存在而来的"神的规律"，是中国哲学中的"天伦"。在这里，家庭是直接的自我意识的体现，家庭成员之间的伦理本质，不是现实成员之间的自然血亲关联，而是与整个家庭伦理实体之间的关系。就这一点而言，所有以往死去的家庭成员也包括其中，中国古代推崇的祖先祭祀之"礼"，颇能表达此意。这种祭祀之"礼"，所代表的正是基于整个家族自然血亲关系而来的生命认同，是一种跨时空的自然伦理关系意义上的同一性表达。另一个是基于民族国家这个现实的公共本质而来的"人的规律"，即"人伦"。相比家庭而言，民族国家已是自为的自我意识的伦理本质，是对自身有所意识的现实。它的普遍性的表现形式是伦常习俗，个别性的表现形式是作为单一的自我而存在的政府。也就是说，家族祖先的祭祀之"礼"通过政府的中介行为及制度安排，转化为了一种在整个民族国家倡导普及的伦常习俗，成为社会生活秩序和民族国家生活秩序的重要构成，形成了一种社会伦理关系意义上的认同，在一种自然生命同一性的基础上建立起社会国家秩序的同一性。黑格尔认为，"两种规律的任何一种，单独地都不是自在自为的，都不自足；人的规律，当其进行活动时，是从神的规律出发的，有效于地上的是从有效于地下的出发的，有意识的是从无意识的出发的，间接的是从直接的出发的，而且它最后还同样要返回于其原出发地。与此相反，地下的势力却在地上得到了它的现实；它通过意识而成为特定存在，成为有效活动"[①]。黑格尔对两大规律之间

---

① [德]黑格尔：《精神现象学》（下卷），贺麟、王玖兴译，商务印书馆1979年版，第17页。

关系的阐述，用中国哲学的简洁话语表达就是"人伦"本于"天伦"而立，这是人们对于"人伦"与"天伦"这两大规律之间运行关系的"理"的认知。"人伦"与"天伦"不是独立自足的，而是相互渗透和相互过渡的。"天伦"构成"人伦"的根基，"人伦"从"天伦"中来，"天伦"的现实性在"人伦"中得到实现。

伦理世界中的这两大伦理同一性规律的运行，代表着两种普遍本质的活动样式和自我意识的表达样式。这两大规律虽然表现出了彼此的不同和差异，但是，伦理的本性则从根本上限定了二者之间的同一性，保证了伦理世界作为一个整体存在的客观事实。"伦理本性上是普遍的东西，这种出之于自然的关联本质上也同样是一种精神，而且它只有作为精神本质才是伦理的。"[①] 伦理即精神，伦理的精神性本质的体现，即是伦理实体，家庭是直接自然的伦理精神，民族国家是对自身有所意识的现实的伦理精神。"活的伦理世界就是在其真理性中的精神。"[②] 这个真理性的状态，就是一个民族国家的伦理生活。中西方古代文明所呈现的"家国一体"和"公民城邦"式的伦理生活，展现出了伦理世界的精神真谛。由此，在伦理世界中，伦理实体—伦理规律—伦理精神的三重结构或环节，为人们描绘出了一个"伦"—"理"，由"伦"而"理"的伦理王国，在其自身的内在运动过程中，两大伦理势力和伦理意识彼此和谐地过渡和转化，形成一个安宁美好的伦理世界，完美地展现伦理普遍本质的意蕴和追求。

2. 两种"伦—理"路向或可能形态："从实体出发""集合并列"

伦理世界虽是中西方民族在文明之初所共同遭遇的一种世界形态，但在人类文明发展史上，不同民族和地域的人们，在面对伦理世界中的"伦"—"理"问题时，其具体的实现方式和建构路向却是丰富多样的，四大文明古国的存在即是明证。然而，这种多样性的文明样态，带给人们的并非仅是诸文明之间的差异与冲突，更重要的是，差异背后"变"中

[①] ［德］黑格尔：《精神现象学》（下卷），贺麟、王玖兴译，商务印书馆1979年版，第8页。
[②] ［德］黑格尔：《精神现象学》（下卷），贺麟、王玖兴译，商务印书馆1979年版，第4页。

第二编　伦理道德的"精神"气质及其哲学形态　/　89

之"不变"的"理一分殊"思维理念的深层呈现。因为伦理世界的存在形态决定了不同民族的人们都必须学会同一种思考方式即学会伦理地思考，只有这样，才能解决伦理世界所出现的"伦"—"理"问题，才称得上是"伦理"。而当人们进入一种伦理式的思考状态时，其伦理方式在黑格尔看来，就有了多样性中的统一，"在考察伦理时，永远只有两种观点可能：或者从实体出发，或者原子式地进行探讨，即以单个的人为基础而逐渐提高。后一种观点是没有精神的，因为它只能做到集合并列，但精神不是单一东西，而是单一物和普遍物的统一"①。这里，黑格尔十分清楚地指出了考察伦理的两种方式：从实体出发与原子式探讨、集合并列，二者的关键区别是有无精神。黑格尔论断的真理性根据，存在于人类文明的历史演进和各民族生活方式的现实演绎之中。通过展示人类社会生活发展史，便可发现黑格尔所提供的两条伦理发展路向的现实可能性："从实体出发"抑或"集合并列"。

A. 可能一："从实体出发"

伦理形态的关键之处首先在于，"伦"之存在的先决性前提，这是判断伦理形态与其他道德形态的一个重要依据，这一前提本身就预设了伦理世界可能的形态路向之一，即是从实体性的"伦"之认同出发。但黑格尔对伦理的考察结果和决断，又提出了一个至关重要的问题，那就是从实体出发的伦理，是一种有精神的伦理，而其他的出发路向则是无精神的表现。这就表明，"从实体出发"的形态路向，其鲜明的特点是有精神。

"精神"概念的内涵阐释非常复杂，而且中西方哲学史上通常在一种"只可意会，不可言传"的意义上来表述，这就更加加剧了理解和表述上的难度。王阳明在《传习录》中讲道："夫良知，一也，以其妙用而言谓之神，以其流行而言谓之气，以其凝聚而言谓之精，安可以形象方所求哉？"②王阳明对"精""气""神"的阐释，是用来解释他的核心概念"良知"，并且是从反对以具体形象化思维来圈定良知的理解的错误路线时提出的，这至少表明一点，即所谓"精""气""神"的理解本身是在

---

① ［德］黑格尔：《法哲学原理》，范扬、张企泰译，商务印书馆1961年版，第173页。
② 王阳明：《传习录注疏》，邓艾民注，上海古籍出版社2015年版，第129页。

一种"道"的意义上来界定的,反对任何"名""状""象"的物化规定。但是,"精""气"概念本身又具有物质性的形态之意,适用于中国人的修身养性观念;"神"的含义显然高出物本身,旨在强调对物之形态的转化效用之意。当这一个个独立的概念合而为一的时候,其内涵意义便异常丰富,呈现出"良知"的精神面貌和气象来。"良知"思想是王阳明整个心学体系的核心,是一个融汇心之本体、道德意识和实践能力的综合哲学范畴。王阳明的"良知"是孟子"不忍人之心"的继承和提升,它具有几个显著的特点:第一,"良知"代表着一种普遍性,是一种贯穿于一切事物之中的普遍原则,良知即"天理"。王阳明对"良知"的定位非常明确,就是道德本体自身,是一种人皆有之的道德本心,这种道德本心发扬到世界万物之中,即代表着一种宇宙万物的本原天理,是世界运行的自然法则。第二,"良知者,心之本体",王阳明对"良知"的认定不像苏格拉底那样仅仅停留在一种善念、对美德的知识性认同上,而是如孟子一样,强调它是一种具有实践能力的道德本体,人们通过先天即有的"良知"机能,能够自觉认知和判断道德善恶,并且主动去恶为善,因此,它是人们内心世界的道德本源和精神本体。第三,"致良知",知行合一。"良知"的最终定位在于道德观念和道德实践的合一,不仅仅是存在一个普遍性的"良知"实体,更重要的是要达到知行合一的"良知"状态,这才是"致良知"的真正目的,其间不存在任何朱熹式的"格物"间隔或中介环节,而实体认同和道德实践能力直接同一。由此可知,"精神"的显著特点,也必然有一个"致良知"的合一状态,体现出"心即理"的一体化样态。

西方哲学对"精神"的理解也同中国哲学类似,其逻辑演进十分复杂,但是当我们浏览过整个西方哲学史之后,又会发现其与中国哲学竟然保持了高度的一致,不得不感叹中西方先贤面对人类文明发展进程中所遭遇的历史变化和重大问题,竟然贡献出几乎完全一致的智慧论断,真可谓"哲学是时代精神的精华"。很难明确找到"精神"概念的词源始点,但对它的理解往往是和古希腊哲学家阿那克萨哥拉的"努斯"(logos)概念纠缠在一起。具体来说,"精神"概念与"灵魂""心灵"等概念相结合,而"灵魂""心灵"又有两种理解:一是"灵魂""心灵"是永恒存在、不朽与全知的,"理性"(通常是认识论意义上的认知能力)被视为

"灵魂""心灵"所固有的一种能力，或者是"灵魂"的一个组成部分，赫拉克利特和阿那克萨哥拉、柏拉图和亚里士多德都有这样的思想。二是"灵魂""心灵"常常与事物运动、生命思想相关，常被视为万物本原运动变化的动力之源。"逻各斯"的理性内涵理解和"精神"，常常是混同的，有时二者为一体，有时又是一体的两面（认识方面与动力方面）。古希腊哲学家对"精神"的模糊认知，探索出普遍性的心灵能力和作为万物本原的动力之因的两大方向，这一思路基本上贯穿了整个西方哲学的发展过程，到了黑格尔那里，对"精神"的内涵规定才更加自觉，也更为明确细致。

"精神"是黑格尔哲学思想体系的核心标识，在《精神哲学》和《精神现象学》等多部代表作中，他详细阐述了人类"精神"的运行规律和变化轨迹，"伦理"呈现的是"真实的精神"。伦理世界之所以能作为一种真实的精神呈现，关键在于其本性指向了普遍的存在，而这种普遍的存在正是实体的真谛。实体（ousia，英译 substance）观念，是古希腊先哲在探究世界本原或始基问题上形成的一个重要观念，它经历了从早期自然哲学家的自然实体如水、火等，到阿那克萨戈拉的精神实体"努斯"和柏拉图的"理念"等巨大变化。在亚里士多德的阐释中，出现了一种摇摆和矛盾，即在实体意义的两种理解（不表述其他主体的"这一个"和"形式"）中，他不确定真正的实体到底是哪一个。[①] 这种摇摆在实践哲学如《尼各马可伦理学》和《政治学》等著作中逐渐得到确定，即对城邦共同体这一普遍实体的认同和赞赏。黑格尔消除了亚里士多德的摇摆，将实体的两种理解融合一体，并且指出融合的重要基础是精神，通过精神，单一物和普遍物的统一实体才能形成。黑格尔将精神规定为"显示"，"精神的规定性因而是显示"[②]。在《精神现象学》中，黑格尔将整个人类文明发展历史视为人类意识的自我显现，通过家庭、民族、国家等现实

---

① 亚里士多德认为，实体有两层含义：一是"这一个"，二是"形式"；他自己对究竟哪一种属于真正的实体内涵也是前后不一致的，这也造成了后人们不断的争议和分歧，古希腊研究专家们策尔、耶格尔和亚里士多德研究专家罗斯等，都指出了他思想中的这一矛盾所在，对此国内古希腊研究权威如陈康、汪子嵩、陈村富、姚介厚等人在《希腊哲学史》（第3卷）的亚里士多德部分有着详细的阐释。（具体参见《古希腊哲学史》第3卷）

② ［德］黑格尔：《精神哲学》，杨祖陶译，人民出版社2006年版，第21页。

的实体性存在来显示精神自身的发展和演变轨迹。可以说,精神所显示的恰是通过单一物的呈现来凸显其背后的普遍物本身,使普遍物显示为一种单一性(整个意义上的)的存在现实。而且,更重要的是,精神概念的特质,不仅仅在于它是一种普遍性的存在,更在于它本身具有的内在现实性能力,正是这种现实性能力的存在,使得单一物和普遍物的统一变为现实,所以,精神乃是既自在又自为的存在本质。因此,"伦理实体的真谛和核心,就是一种具有普遍性的现实精神"①。而这种现实精神的具体形态表现,就是家庭和民族或者家庭、市民社会和国家,它们本质上乃是一致的。②

从实体出发的真谛,就是从"单一物与普遍物相统一"的精神本性出发,就要扬弃单一性、偶然性的存在状态,实现二者的合一。亚里士多德曾说"人是政治动物",这里的"政治"并非今天意识形态上的理解,而是一种实践哲学意义上的。他从事物的根源出发来考察,得出一个经验世界中的显见结论,即"必定存在着这样的结合体,他们一旦相互分离便不可能存在",③ 家庭就是为了满足日常生活需要自然形成的共同体,随后是村落、城邦。人必定属于其中,"在本性上而非偶然地脱离城邦的人,他要么是一位超人,要么是一个鄙夫;就像荷马所指责的那种人:无族、无法、无家之人"④。亚里士多德的这一论断,对人的本性分析是十分透彻的,他将一种"单一性"的个体存在视为棋盘上的孤子,列入卑贱之中。实际上,这种观念并非亚里士多德一人所持有,而是自荷马以来的希腊主流思想观念的流传。荷马的指责,已经道出了希腊神话时代所认

---

① 樊浩:《伦理实体的诸形态及其内在的伦理—道德悖论》,《中国人民大学学报》2006年第6期。

② 黑格尔在《法哲学原理》中,指出家庭和民族是最基本的两种伦理性实体;在《精神现象学》中,他又指出,家庭、市民社会和国家乃是伦理性实体运动中的诸环节。这两种提法看似矛盾,实则是一致的,一致的基础就在于,"伦理"与"实体"的本质概念规定,都是"单一物与普遍物的统一"。(具体阐释参见樊浩《伦理实体的诸形态及其内在的伦理—道德悖论》,《中国人民大学学报》2006年第6期)

③ [古希腊] 亚里士多德:《政治学》,颜一、秦典华译,《亚里士多德全集》(第九卷),中国人民大学出版社1994年版,第4页。

④ [古希腊] 亚里士多德:《政治学》,颜一、秦典华译,《亚里士多德全集》(第九卷),中国人民大学出版社1994年版,第6页。

为的"非人"观念。这一切表明，对于希腊人来说，最重要的事情，不是高扬个体自我的勇敢意志，而是将英雄的称号和公民的身份在一种共同体的实体性生活状态中获得承认。家庭和城邦的职责，正是使个体公民获得一种伦理普遍性，成为精神性的存在者，实现"人之所是"的本真状态。所以，黑格尔指出，伦理行为绝不是什么个体性的、偶然性的关系表现，它"关涉的只能是整个的个体，或者说，只能是其本身是普遍物的那种个体"①。不管是面对天然直接的伦理实体即家庭，还是现实自觉的伦理实体即民族国家，个体自我行为的全部努力，是使个人化的行为在普遍性的实体存在中获得认可和肯定。在家庭（中国哲学话语中的"天伦"）中，血缘亲情所带来的，不是家庭成员个体之间的情感关系，而是"个别的家庭成员对其作为实体的家庭整体之间的关系"②，是以整个家庭或家族为目的、以"孝悌"为品质要求的伦理关系。在民族国家（"人伦"）中，政府作为全部伦理实体的整个个体自我的代表而出现，每一个个体在政府当中不仅没有独立性，而且只有在整体的政府存在中才能体现出其生命性。相比家庭的肯定性精神存在，政府则是一种否定性的伦理力量代表，它通过战争等活动来保卫伦理普遍性的存在，使单个的个体存在感到一种非独立状态，与伦理实体的普遍性相统一。

由此可以看出，从实体出发的伦理方式，之所以是有精神的，关键就因为它呈现出了家庭成员或民族国家成员与家庭、民族国家伦理实体之间的普遍性关系状态，并把这种普遍性的实体存在状态从个体化中现实地呈现出来，达到个体"单一物"与实体"普遍物"的统一，实现了真正的伦理本质，因此是一种"精神"的存在。

B. 可能二："集合并列"

与从实体出发的精神性伦理路向相对应而存在的是从个体出发的伦理方式，是无精神的"原子式探讨"，而它之所以没有精神气质，关键就在

---

① ［德］黑格尔：《精神现象学》（下卷），贺麟、王玖兴译，商务印书馆1979年版，第4页。

② ［德］黑格尔：《精神现象学》（下卷），贺麟、王玖兴译，商务印书馆1979年版，第9页。

于在伦理世界中，个体只是一种集合并列式的单子性存在，与普遍物的实体性之间没有实现真正的融合一体，而是以一种貌似同一的简单排列式组合到一起。个体与实体之间的凝聚力不是一种发自本心的精神契合，而是借某种他物如利益、实用、功利、权力、契约等黏合在一起，一旦发生某种重大事件或遭遇某种巨大变化，个体与实体之间的貌合神离瞬间就会崩塌。这种"集合并列"的伦理实现方式，其实是人类社会在漫长的历史演进中所进行的另一种尝试，在中西方古代社会，这种尝试和选择始终未能占据主流地位，甚至遭到了抛弃，但到了现代社会，却摇身变为时代的标识。

春秋战国时期的百家争鸣景象，表达出了中国古代人对社会伦理秩序架构的多重设想。杨朱之学和墨家学派便是其中独特的两家学说，"杨朱墨翟之言盈天下，天下之言不归杨则归墨"。《吕氏春秋·审分览·不二》记载："阳生贵己。"孟子也曾言："杨子取为我，拔一毛而利天下，不为也。"① 这些记载勾画出杨朱之学的思想核心，乃是"为我""利己"。而墨家思想主旨概括起来，即"兼爱"②，其意是宣扬一种任何人之间所应有的无差别的平等之爱。此两派学说，可谓典型的从个体出发探讨民族国家、社会伦理生活秩序建构方式的代表，杨朱之学把个人利益视为全部行为的出发点，以保己、利己、贵己为思想行为的第一原则；墨家学说看似不"为我"，而是"为他""为人"，带有平等进步之意，但是，一种彻底的人与人之间的无差别状况是反现实的，庄子一语道破了墨家最后的消亡原因："反天下之心，天下不堪。墨子虽能独任，奈天下何？"③ 实际上，此两派思想的最终消亡，不仅仅在于其非现实、反现实的事实，更重要的是，它们动摇了家国伦理纲常秩序的一体化根基。正如孟子所痛斥："杨氏为我，是无君也；墨氏兼爱，是无父也；无父无君，是禽兽也。"④ 当一个社会、时代的伦理纲常生活秩序被破坏时，人们的行为找不到内心世界的安宁之根，只能处于一种孤独飘零、随遇而安的苟且状态，那种家

---

① 《孟子·尽心篇上》。
② 梁启超在《先秦政治思想史》中说："墨子唯一的主义是兼爱。"吕思勉在《先秦学术概论》中也认为："墨子主旨，全书一贯，兼爱为其根本。"
③ 《庄子·天下篇》。
④ 《孟子·滕文公篇下》。

园感和归属感却无从找寻。应该说，墨家对此也有清醒的认知，于是试图提出"交相利"原则来立足，法家也配之以"法"的至上权威来统摄人心，然而却是背道而驰，在国家动荡、社会混乱、人们无所适从的错误之路上渐行渐远，这一切注定了历史做出的最后选择，必然是舍弃。

现代中国社会伦理道德状况最大的变化，就是这种曾经遭到历史否定的"集合并列"方式正日益成为当前社会的主导，其集中表现便是伦理个人主义的盛行。应该说，近代以来所发生的社会历史革命，使得一个新型的中国社会性质和结构模式得以建立，这一巨变促成现代中国社会伦理道德状况的深层变革，直接导致一种新旧伦理道德观念和实现方式的现代转换，即从"实体性出发"的伦理观转向一种高扬个体自我意志的"原子式探讨"。在这场伦理观念的转变中，西方价值观念的影响和渗入不可忽视。实际上，西方社会在从古代向现代的迈进中，也经历了一场伦理实现方式的嬗变，在古希腊和中世纪占主导的是一种实体性的伦理生活方式，但随着城邦国家的消亡和上帝宗教意识的蜕变，一种新的道德观念开始滋长。"如果说伦理利己主义始于霍布斯或曼德维尔，并在17和18世纪达到了顶峰，那么，我们可以说伦理个人主义是因为克尔凯郭尔和尼采才以它那富有说服力和影响力的形式出现的，在19和20世纪获得了最充分的表述。根据这种学说，道德、道德价值和道德原则的源泉、道德评价标准的创造者是个人：个人成了道德（也包含了其他）价值的最高仲裁者，在最基本的意义上，个人成了最终的道德权威。"①

在当代中国伦理道德状况的全国性大调查中，关于伦理关系和道德生活的事实判断和问题诊断，人们将矛头大多指向了个人主义。在由东南大学道德发展研究院组织的三次全国伦理道德状况大调查（2007年、2013年和2017年）中，关于"对当前我国伦理关系和道德风尚造成最大负面影响的因素是什么？"的问题调查，第一次调查和第三次调查结果高度一致，"市场经济导致的个人主义"选项，分别以55.4%、43.7%的选择率居于首位。② 在"造成目前人际关系紧张的主要原因"的调查中，65.7%

---

① ［英］卢克斯：《个人主义》，阎克文译，江苏人民出版社2001年版，第94页。
② 樊浩等：《中国伦理道德报告》，中国社会科学出版社2010年版，第393、400页。

的人选择"过于个人主义",高居所有选项前列。① 55.2%的受访者"同意"或"完全同意"一种判断,即导致我国60年代与今天伦理道德变化的主要原因是"现代人过于个人主义,只考虑自己,不顾及他人"②。所有这些信息,都十分清晰地传递一个信号:个人主义已成为我国大多数人思想行为的出发点和主要原则。这或许能够解释为何"跌倒老人扶不扶"这一看似简单的道德事件却能持续引发全国人民的神经痛感,也能刺破现代社会所热议的关于道德滑坡、道德冷漠、道德怨恨等问题真相。"各人自扫门前雪,莫管他人瓦上霜。"当个人主义在社会伦理生活中畅通无阻时,一场令现代人无限苦恼并深深感到无法解决的道德危机也就悄然而来,"我"和"你"如何相处?"我们如何在一起?"这是摆在现代人乃至未来人们面前的一道时代难题,无数的哲学伦理学家已经试图提出解决方案:社会契约、理性商谈、基于爱和法律的相互承认、情感共通等,然而,后形而上学时代在缺失共同的伦理认同的背景下建构同一性基础谈何容易,最终只能陷入美国当代哲学家麦金太尔所论断的"无限纷争之中"。

当代社会"原子式探讨"方式带来的最大问题,是打破了"从实体出发"所内蕴的"单一物"与"普遍物"的统一和谐状态,使个体性存在成为一种无精神的"集合并列",于是,功利、正义、契约、规则等成了哲学伦理学的话语中心。如何才能实现并保障个人利益最大化,如何才能以最大多数人的最大幸福为原则,如何商定契约正义论、确立交往行为原则,一系列重大问题摆在从霍布斯以来的现代哲学家面前,如何解决这些问题,达成普遍共识,仍深深地困扰着我们。现代伦理学关注的焦点始终是"我"的自由、"我"的权利、"我"的意志和"我"的幸福等问题,与民族国家的那种实体感认同转变为以利益分配、理性商谈、契约认同、规则制定等外在形式的约定,公民社会的聚散离合成为常态,"变化"成为时代语言。这种以自由为标榜的个体意志呈现,与从实体出发的有精神的伦理认同形态相比,逐渐走向一种无精神的集散式伦理状态,在利己主义、实用主义、功利主义、正义论、契约论、交往伦理等实践原

---

① 樊浩等:《中国伦理道德报告》,中国社会科学出版社2010年版,第385页。
② 樊浩等:《中国伦理道德报告》,中国社会科学出版社2010年版,第381页。

则不断变换的冲击下，一种伦理价值的媚俗化和伦理精神的虚无化日益蔓延。用黑格尔的话说，由现代自我所组成的原子团体或者是交互意义上的主体集合，实际上都面临着一种虚无主义的侵蚀，都是无伦理精神式的孤立存在者，人们找不到自我精神的意义归属点和价值存放地。

3. 形态精髓：居"伦"由"理"

要把握和理解伦理形态的精髓和意义，实际上必须回到形态学方法本身的理解模式，回到精神哲学的视野中来。以形态学的新理念和新方法来诠释现代伦理学的诸理论形态，一个核心的要义就是从个体生命史、民族国家及社会发展史、人类思想文明的发育史三位一体的总体性思维中来统纳伦理学理论流派的缤纷多彩，去探寻其中隐藏的一以贯之的伦理生命和伦理精神。伦理形态作为一种"真实的精神"，在人类原初的精神文明世界中意义重大，从"伦""理"出发，由"伦"而"理"所建构的伦理世界的伦理形态精髓与意义，首先，其所内蕴和彰显的一种伦理实体主义的家园精神，它构造出了人类生命发展所需的精神诉求、文化情结和智慧密码。在人类文明的原初状态中，这种伦理实体主义的家园精神，为个体自我的生命意义探寻奠定了行为出发点和精神归属地，也为人类社会生活秩序的和谐安排提供一种现实的价值聚合力和精神凝聚力，这是"伦"之真谛。其次，个体自我对这种伦理实体主义的家园精神的认同和信念，完全源自其内在的自我本心之力，是自我理性意识和主体实践行为能力的自觉和萌芽，个体性自我意识通过对民族国家的现实性实体认知及其"天伦"与"人伦"的价值实体观念认同，在一种整体性的普遍自我意识中确证自身，以此来定位自我价值的存在意义，这是"理"之自觉。再次，"伦"的实体性认同是一种伦理信念，这种伦理信念必须经由"理"之自觉，化为个体自我意识的实践行动指南，实现一种个体性与实体性、"单一物"与"普遍物"、主观与客观、自在与自为的完全合一时，一种"精神"的伦理形态气象才真正实现，由"伦"而"理"，"伦""理"合一的真实伦理世界也渐渐呈现。最后，伦理形态的"精神"气象在现实的生活世界中并非完美地得以永久和谐，而是潜在存有个体自我意识的理性觉醒，或许集合并列式的"原子式探讨"就是理性自我觉醒后对伦实体主义的最初反抗，因为伦理实体主义本身可能内蕴了某种专制与暴力，由此一个不可避免的伦理风险也终将发生，导致伦理形态的自我裂变和消亡。

孔子在谈论何谓"仁"时，明确指出"孝悌也者，其为仁之本"，因为在他看来，一个仁人君子，"其为人也孝弟，而好犯上者，鲜矣；不好犯上，而好作乱者，未之有也。君子务本，本立而道生"①。可见，孝悌乃是成为仁人君子的起点和根源，没有了它，就谈不上"仁"，而有了它，则其他做人治国之道也随之而来。在这里，孔子把个体在家庭伦理实体中的品质要求与国家治理之道联系起来，并且把前者作为后者为政治国的基础和前提，这实际上表明，在孔子心中，孝悌并非一个个体性的品德，而是代表着家庭和国家这两个伦理实体所内含的伦理秩序，是伦理价值普遍性精神的体现。对此，古希腊主流的四种德性观，也具有相似的内涵。希腊人所尊崇的美德，虽由个体自我来承载，但它们绝不是自我个别性、特殊性和偶然性的行为展现，而是由城邦伦理实体的普遍本质和社会风尚所决定。德国哲学家包尔生曾指出，"在古代各民族中，所有的德性和美德都与国家相联系，这一点完全不同于现代相应的各种德性。四种基本德性：明智、勇敢、正义和节制，本质上都是公民德性"②。

孔子从孝悌出发，将其界定为"仁之本"，并由此"本立"进到"道生"的思维路径和现实做法，展现出了他对家庭、民族国家这两大伦理实体意识之间关系同一性的理解和把握，也确立了以家为本、由家及国、家国一体的伦理价值理念。在具体阐释"仁之方"时，这一价值理念得到了更为清晰的表达，"夫仁者，己欲立而立人，己欲达而达人。能近取譬，可谓仁之方也已"③。"能近取譬"的抽象话语化作形象的生活语言，即是"老吾老，以及人之老；幼吾幼，以及人之幼"。这一表述，十分明确地为人们指出了在现实的伦理生活中伦理行为的实现方式。以吾之"老和幼"为原点，将家庭伦理的运行规律外化为一种民族国家伦理的精

---

① 《论语·学而篇》。
② ［德］弗里德里希·包尔生：《伦理学体系》，何怀宏、廖申白译，中国社会科学出版社1988年版，第90页。
③ 《论语·雍也篇》。

神意识和规律法则,实现"人之老幼"的一体化、普遍化的伦理存在。这种"爱人之仁",通过民族国家这个具有现实的一般伦理意识的伦理力量,最终呈现出来的普遍化状态便是伦常习俗和社会制度之"礼"的确立,"人而不仁,如礼何?"① 孔子非常看重"礼",在《论语》中,他从君臣礼仪、祭祀、礼乐、乡民之礼等多角度反复谈论"礼",而他之所以如此,根本原因在于透过"礼"所传达的是社会伦理价值精神的高扬和引领,以及一种社会伦理秩序的必然性和现实合理性,"礼之用,和为贵"②。"和"是对社会伦理生活的合理性状况的最佳描绘,也是对家庭、民族国家乃至天下等伦理实体之间关系状态的完美阐释,当两大伦理规律的运行达到了"和"的状态,也就实现了伦理世界的最高境界,"致中和,天地位,万物育"。

孔子所开创的儒家伦理实体主义精神,对中国古代伦理社会生活的秩序建构和价值引领,起着不可估量的作用。一个显见的历史事实是,由家及国、家国一体的思维理念构成几千年中华文明延续和发展的范式模型,借用柏拉图的话语来表述,就是"国家是放大的家庭,家庭是缩小的国家"。古希腊的城邦伦理所内蕴的伦理精神,也是一种伦理实体主义的观念。亚里士多德将政治学视为最大、最权威的科学,认为政治学的首要任务,就是要弄清"什么是人的幸福,或者,人的幸福在于何种生活方式。其次,要研究何种政制或政府形式能最好地帮助人维护这种生活方式"③。亚里士多德认为,人本质上是一种政治性的动物,注定要过一种社会性的生活,因此,对于希腊人而言,只有在城邦共同体的社会生活中才可能获得幸福,而幸福就是灵魂的一种合于完满德性的实现活动。在亚里士多德看来,政治学研究的目的包含了其他学科的目的,因而必定是属人的善,而"尽管这种善于个人和于城邦是同样的,城邦的善却是所要获得和保持的更重要、更完满的善。因为,为一个人获得这种善诚然可喜,为一个

---

① 《论语·八佾篇》。
② 《论语·学而篇》。
③ [古希腊] 亚里士多德:《尼各马可伦理学》,廖申白译注,商务印书馆2003年版,第24页。

城邦获得这种善则更高尚，更神圣"①。亚里士多德的这一幸福理念，昭示了古希腊人最佳的生存方式，是伦理—政治一体化的实体性方式，也是个体自我与城邦共同体相合一的存在模式。

然而，正如黑格尔所言，伦理世界和谐安宁的持续最佳状态的保持，是一种理想的无分裂的完美状态。因为在这个理想的伦理世界中，个体性的存在不是属于民族国家，就是归于家庭，始终没有呈现个体性意识的伦理行为，而没有伦理行为的发生，就意味着个体自我只是一种非现实的存在。因此，自我要获得现实性，伦理世界的理想状态就要被伦理行为这个"本身就具有罪行的环节"所打破，"伦理行为的实现，只是把伦理精神的优美和谐与稳定平衡恰恰因其优美和稳定而具有的矛盾和破坏萌芽暴露了出来"②。伦理世界的矛盾是潜在的，是伦理实体与个体性、普遍自我意识与个别自我意识之间的矛盾，伦理的自我意识本质上是一种实体性的意识，它受到神的规律与人的规律的支配。个体自我意识在这种伦理意识的指导下，十分清楚地知道他的行为是被决定了的，是必须按照伦理实体的普遍意识要求去做的，这是一种伦理义务。但是，伦理的这种规定性，却始终无法掩饰个体性自我从伦理行动中所获得的现实权利需求。于是，存在于伦理行为中的对立，随着个体行为的逐渐完成，其矛盾和冲突也日渐明显，一是伦理实体义务之间的冲突，如家庭与民族国家之间，中国古代流传的"忠"与"孝"不能两全即是明证；二是伦理实体意识与个体自我意识之间的矛盾，中国古代的"以礼杀人"和古希腊的"苏格拉底之死"是这一矛盾达到顶峰的体现。

法国哲学家阿尔法特·施韦泽曾指出："古代希腊人首先是'公民'，而不是'人'。对他来说，积极地投身于共同体是不言而喻的。苏格拉底就以此为前提。在色诺芬《回忆录》的谈话中，苏格拉底坚持：为了成为一个积极的国家公民，个人应该卓越地活动。"③"苏格拉底之死"之所

---

① ［古希腊］亚里士多德：《尼各马可伦理学》，廖申白译注，商务印书馆2003年版，第6页。
② ［德］黑格尔：《精神现象学》（下卷），贺麟、王玖兴译，商务印书馆1979年版，第32页。
③ ［德］阿尔贝特·施韦泽：《文化哲学》，陈泽环译，上海人民出版社2008年版，第142页。

以成为西方伦理学史上具有重大意义的伦理事件,关键原因就在于这一行为本身,展现出希腊社会潜在的"好公民"与"好人"之间、城邦共同体的伦理认同与个体自我的道德自由之间的冲突与对立。因此,黑格尔曾说,在苏格拉底悲剧性的事件中,实际上是"两个合法的、伦理的力量互相冲突","一种力量是神圣的法律,是朴素的习俗,——与意志相一致的美德、宗教,——要求人们在其规律中自由地、高尚地、合乎伦理地生活;……另一个原则同样是意识的神圣法律,知识的法律;这是那令人识别善恶的知识之树上的果实,是来自自身的知识,也就是理性"①。简言之,朴素的伦理习俗与自我的理性意识之间发生了矛盾和冲突,在这种对立冲突中,苏格拉底成了悲剧性人物,然而这种悲剧在黑格尔看来,并非苏格拉底一个人的悲剧,而是整个雅典的悲剧,是伦理实体意识与个体自我意识之间的必然悲剧。

黑格尔认为,伦理世界中的这两大矛盾和冲突,最终导致的结果是伦理本质的消亡。无论是个体偶然意识与实体普遍意识之间的冲突(形式上的),还是神的规律与人的规律之间的冲突(内容上的),其所张扬的伦理实体主义精神,都潜藏着一种伦理专制和伦理暴力,蕴含着一股巨大的伦理风险,即个体要么完全隐匿在各种伦理实体的呵护庇佑之下不见自我,要么脱离伦理实体而成为一个没有任何规定性的人;"失去共同体,意味着失去安全感;得到共同体,如果真的发生的话,意味着将很快失去自由。确定性和自由是两个同样珍贵和渴望的价值,它们可以或好或坏地得到平衡,但不可能永远和谐一致,没有矛盾和冲突"②。不管是哪一种情况,对于个体自我来说,伦理实体性所带来的都是一种"悲伦情愫","实体这一悲伦情愫同时就是行为者的性格;伦理的个体性跟他的性格这个普遍性直接地自在地即是一个东西,它只存在于性格这个普遍性中,它在这个伦理势力因相反的势力的缘故而遭到毁灭时不能不随之同归于尽"③。"同归于尽"的结果,表明了伦理世界的矛盾不可调和的必然结

---

① [德] 黑格尔:《哲学史讲演录》(第2卷),贺麟、王太庆译,商务印书馆1960年版,第44—45页。
② [英] 齐格蒙特·鲍曼:《共同体》,欧阳景根译,江苏人民出版社2007年版,第6页。
③ [德] 黑格尔:《精神现象学》(下卷),贺麟、王玖兴译,商务印书馆1979年版,第27页。

局，伦理本质在普遍性与个体性的相互冲突和分裂中趋于消亡，一种伦理的精神形态消逝了，精神的生命以及个体在其中所获得的伦理普遍性也彻底丧失了，随之而来的是另一种形态萌发。

四 精神哲学形态(二):"道—德"形态

"道—德"形态并不是作为对"伦—理"形态的直接承继而延续下来的另一种存在形态,而是在与"伦—理"形态的不断纠葛、冲突和脱离中逐渐清晰起来的一种精神形态,可以说,"道—德"形态的出现,更契合于描述人类主体精神世界的自我成长和发展,它是人类社会不断探索和追寻主体自我存在意义的结果,既是一种尝试,也是一种选择,在这个过程中,人们获得了人类文明最可宝贵的自由意志和精神财富,也感受到了时代巨变给民族国家、社会文化、思想生活等各个方面所带来的快乐和伤痛。相比"伦—理"形态而言,"道—德"形态于人本身的意义最为重大,黑格尔所言的"成为一个人",是这一形态的全部内核,但也留下了"如何尊重他人为人"的时代难题。

应该说,"道—德"形态呈现出了一种不同于"伦—理"形态的新气象,这使得人类自身的精神面貌焕然一新,黑格尔在描绘道德世界的景象时,明确指出这是一种"对其自身具有确定性的精神",而其中已然经过对"自身异化了的精神"状态的扬弃,也就是扬弃了教化世界而走向道德世界。黑格尔的话语内涵十分丰富,短短的几句话蕴含了人类文明历史发展的现实巨变,其"伦理世界—教化世界—道德世界"的思想演绎和理论推论,道出了中西方人类社会在思想意识观念中的逻辑演进次序,也表明了道德世界在人类精神文明发展史中的定位和特殊性。然而,逻辑上的演绎并不一定完全同步于现实,现实往往表现出比逻辑演绎更加复杂的问题。因此,对"道—德"形态的理解和把握,也只有在统合人类现实的社会生活和逻辑演绎的精神哲学视域中才能辨识,从而确定"道—德"形态独特的精神气质。

1. 形态要素："道""德""道—德"

"道—德"形态的基本话语和核心要素，是"道""德"，由"道"而"德"的道德世界，这是一种中国哲学的话语表述，如何与西方哲学对话交流是一个难题。一个显见的事实是，中西方文明话语表达方式和概念思想体系之间的巨大差异性，使两者之间的文化交流和思想对话变成了一个历史性难题。但是，这一难题之"难"，更多地体现在中西文明话语概念形式上的差异增加了两者对话的现实难度，而非指两种文明本身不能对话。对此，中西方思想文化交流史的事实能给予证明。现代德国哲学家海德格尔也坦承，他从中国道家思想中获得了灵感和启发。因此，抛开一种语言符号和概念表达的外在形式差异，单从道德世界所呈现出来的核心要素的主旨内涵而言，"道"—"德"的精神镜像能够成为中西方哲人对话的基础。

"道"的观念，是先秦时期诸子百家共同尊崇的一个观念，并非道家所独有，是道家的主体概念。中国哲学对"道"的诠释，很大程度上类似于西方哲学探索世界本原时所追寻的"理念世界"，都是在对万物始源性的追问中所产生的，这就赋予了"道"本身一个非常重要的特质，即作为万物本体的"一"而存在。在讨论世界万物的生成与演化时，老子十分明确地将"道"确立为宇宙万物之始，"道生一，一生二，二生三，三生万物"[1]。在老子看来，"道"无形无象，不可名状，任何语言对它的描绘都是一种限制和否定，并会丧失其本真状态。老子常常以"万物之始""万物之宗""天下母""万物之奥"等来形容"道"作为万物始基的地位和源泉，但是并没有任何更多的规定性。"道"的这种根源性状态，是一种"有物混成，先天地生，寂兮寥兮，独立不改，周行而不殆"[2]的普遍运动变化状态，它显示了"道"自身的客观存在样态。"道"不仅是一种始源性的存在，同时，"道"还意味着一种世界运行规

---

[1]《道德经》第四十二章。
[2]《道德经》第二十五章。

律和法则,"人法地,地法天,天法道,道法自然"①。这一演化轨迹展现出人类社会与宇宙自然之间的运行状态是怎样的依存关系,人类思想行为的出发点和效仿榜样都在于"道",而这种"道"又以"自然"为最高表现形态。这里的"自然",不是指人类生存其中的自然界,而是指一种自然而生的本性状态。王弼对此"自然"的释义,比较中肯。"法自然者,在方而法方,在圆而法圆,于自然无所达也。自然者,无称之言,穷极之辞也。"② 老子常常以"水"来释义"道"的"自然"之意,如"水善利万物而不争,处众人之所恶,故几于道"③。可见,人类所期望达到的最高境界就是"自然","道"与"自然"在这一意义上完全相通。老子对"道"的这些理解,显然是从一种本体论的角度来理解,宇宙万物就这样在由"道"所主宰和化育的天地世界中生长繁衍,把"道"视为宇宙万物存在的本原和变化运行的普遍规律,同时,也是其保持自身天然本性的内在根据。

"道"的这种形上本真状态,类似于自苏格拉底以来的西方先哲所追寻的"理念","理念"的设定源自对存在本身的追问,对现实生活中现象界的区分。与"道"的内涵所不同的是,"理念"可能有很多个,每一事物的背后都有一个理念,只有最高的、最后的终极"理念"即"至善"才与"道"的本义相近。按照中国哲学的理解,世界分为"道"的世界与"器"的世界;西方哲学对"理念世界"的等级划分,并不能完全对等"道"的世界,但是对"至善"的定位却十分清晰,与中国的"道"一样,都在追寻最高的、本源性的、具有普遍意义的存在。这一思想应该说,不仅仅存在于中西方古代哲学思想中,到了现代社会,人类依然无法摆脱对本源性存在的追问和困惑。为什么"伦—理"形态所展现出的伦理实体主义精神在给予人们一种伦理安全感和归属感之后,人们仍不满足,还要去找寻一种"道"的世界呢?"道—德"形态又能给予人们什么呢?"伦—理"形态中的自我存在模式,是一种实体性的存在样态,无论它是一种终极性的大全意义上的实体如上帝、神,还是一种价值观意义上

---

① 《道德经》第二十五章。
② 王弼:《老子道德经注校释》,楼宇烈校释,中华书局2008年版,第64页。
③ 《道德经》第八章。

的实体，如"天伦""人伦"，抑或一种现实意义上的实体如城邦、民族国家等，总之这种实体性的存在绑定住了人的所有其他可能性，舍此无他。这是一种从实体出发来看待人自身的思维模式，人的自我理性意识只能从实体性存在中去自觉和启蒙，但是，变换视角，转化思维，从人自身来思考的话，又会怎样呢？人在世界中的定位又会是什么呢？这或许是"道—德"形态所能给予我们的答案。

对"道""理念世界"的探寻，恰是人自身从自我出发、抬头看世界时所萌生的一种信念，它已经超越了家国、城邦的现实存在界限，并力求在宇宙、自然、世界、万物之中去思索自我存在的意义和价值。于是，在中国哲学的语境中，人们看到了作为宇宙万物本然之源的"道"，它是整个世界自然运行的法则和规律，这个思想在儒家哲学那里一样得到了认同，如"天道"概念的提出。如果换成西方话语，则是自苏格拉底以来的哲学家所追寻的宇宙本体，即巴曼尼德所提出的存在本身，只有它才是整个世界最真实、最本然的存在者。黑格尔在对道德世界的分析中，明确指出自我的精神意识在这里发现伦理世界的实体性存在已经变成了一种普遍意志，它的真理性就存在于对普遍本质的对象把握之中。人们在道德世界中的任务，就是要寻求自我道德意识与客观自然之间的和谐，这是世界运行的终极目的，也是一种最高的理想状态，他认为只有在纯粹的、不含任何感性义务冲动的道德一般意识的理念中才可能实现，因为这时人的道德意识与自然意识之间达到了一种自在自为的合一状态，如老子所说"人法地，地法天，天法道，道法自然"①。"人"与"地""天""道""自然"不仅仅是一种彼此依存、相互感应的良序契合，更是一种不分彼此、"天即理""心即理"的同一状态。

但是，人们所希冀的本然之"道"的形上世界，与世俗人们所生活的"器"之现象世界，毕竟是两个不同的世界，这是无数中西方先贤奋力弥合的根本原因所在。在柏拉图所设定的理念世界中，善的理念与其他理念相比是最高的，而至善又是终极的、最后的理想，每一事物在努力趋向自身理念的同时，也在渴望着更高一级理念的提升，于是，至善就成了万物追求的终极目的和创造世界的根本动力。亚里士多德比柏拉图高明的

---

① 《道德经》第二十五章。

地方在于，他把"目的因"注入万事万物行为活动的根据考察之中，以"四因说"来确立目的论思维的根基，把柏拉图的静态理念学说转化成一种动态的目的提升论，他的整个美德（virtues）理论就奠基于此。美德学说已成为亚里士多德思想的核心标识，美德与实践活动密不可分，而活动就必然带有目的倾向性，而且是向着至善一方的单向运动。人的实践活动做得很出色，或者完成得很好，这就是灵魂（理智部分的功能）对人的应然要求，就会得到美德的赞誉，就能实现幸福的人生状态，这是亚里士多德在《尼各马可伦理学》中反复强调的。因此，可以说，美德的提出是人在对"道"的本然状态的追寻过程中完成的，是人们通过努力修行也可以达致与"道"合一的"教"之态。由此，我们也能明白，为何在古希腊时期，"美德是否可教"成为一个争执不休的问题。

在中国来说，无论儒家还是道家，美德问题都是一个事关自我修身养性以达"仁"致"道"的重大问题，它彰显出中国先哲在道德意识和道德观念上的自主和自觉。儒家提出了名传天下的修身养性之"道"，即"诚意、正心、格物、致知、修身、齐家、治国、平天下"，所有的美德在这"八条目"的具体贯彻落实中都得以显现，个体自我不仅仅是修养品性，更重要的是，通往实现"泛爱众""施仁政""亲亲而仁民，仁民而爱物"的天下国家之"道"。如果说，儒家之"德"带有治国理政的功利倾向的话，那么道家之"德"就非常近似于黑格尔所说的纯粹"道德一般意识"。"德"对于道家的意义尤其特殊，"众所周知《道德经》由《道经》和《德经》两部分构成，而且《德经》部分在《道德经》中所占的比重相当重，约三千字；此外，在长沙马王堆三号汉墓出土的帛书《道德经》甲、乙本中，《德经》的位置都置于《道经》之前；并且韩非子的《解老》篇亦首涉《德经》；由此可见，《德经》实则是我们应予以重视的"①。可以说，"德"构成了道家另一个核心的概念，同时也表达出道家对道德世界中人自身的道德心性如何与宇宙万物自处的独特理念。

道家对"德"的描绘始终与"道"无法分割，老子说："道生之，德

---

① 赵素锦：《〈道德经〉"德"之伦理意蕴》，《华中科技大学学报》（社会科学版）2011年第5期。

畜之，物行之，势成之。是以万物尊道而贵德。"① 这一由"道"而"德"的运思路线，给后世很大启发，"'道'和'德'的关系是体用合一的关系，即'道'是'德'之本体，'德'乃'道'之应用、显现"②。所以，"德"的内涵，不仅仅是一个道德修养范畴，而且是一个带有形上本体意义的哲学范畴，"德"的存在依据在于"道"，"孔德之容，惟道是从"③，这恰如西方古希腊美德的概念植根于理念目的论的广阔背景之中，这一定位使"德"带有一种普遍性存在的道德感，显现出宇宙万物内在的自然本性，所以老子赋予"德"一种无上的尊崇地位，"上德不德，是以有德""上德无为而无以为"④。

　　由"道"而"德"的逻辑演绎，存在两种结果可能性：一种是老子所尊崇的"尊道而贵德"；另一种是老子所痛斥的"失道而后德"，即当"道之德"的普遍本性丧失了，只剩下各种各样的"人之德""物之德"和"器之德"的"下德"世界时，儒家德性论的修养也就有了努力解决的方向。应该说，在这一层面上，"德"在人类道德世界中的真正自主性和道德自我意识的主体性，才得以充分显现出来，黑格尔把"道—德"形态所透露的精神状态视为"对自身具有确定性的精神"，也是在这个意义上来谈的。儒家讲"天道"，但同时也讲"人道"，其内在关系恰如"天伦"与"人伦"，在现实的古代社会图景中，人们从未撼动过"天道"的神圣性和权威性，却不断地以"以德配天""替天行道"为理由来修正人类自我行为的合法性。究其原因，就在于道德世界中既存在一个纯粹的道德一般意识，也存在着一个现实的道德自我意识，对于人自身的双重存在身份（道德存在者和自然存在者）而言，现实的自我意识有着更强烈的感性幸福要求。而这种幸福要求在"伦—理"形态中要么处于完全被抑制、淹没在"无我"的家国一体中，要么直接以家国一体、城邦社会的幸福为自我幸福的衡量标准中，无论哪一种，都是不可显现的隐形化存在。随着伦理实体化国家的式微，个体自我意识的觉醒和独立，这种

---

① 《道德经》第五十一章。
② 赵素锦：《〈道德经〉"德"之伦理意蕴》，《华中科技大学学报》（社会科学版）2011年第5期。
③ 《道德经》第二十一章。
④ 《道德经》第三十八章。

现实的道德自我意识越来越敏感，其不仅渴望实现与宇宙自然的终极和谐，也更加眷恋与感性意志之间的和谐同一，这是自我意识本身的终极目的，也是对自我来说更可触摸的现实幸福。

这样一来，在"道""德"，由"道"而"德"的形态世界中，就呈现出一种"和谐"与"分裂"的冲突矛盾，如本体世界与现象世界、道德状态与自然状态、"道"与"器"、"道"与"德"等，道德世界演变成两个主体、两种意识、两大冲突、两种路向，现代道德哲学家陷入了麦金太尔所预言的无休止的争论之中。在"伦—理"形态中所凝聚的伦理实体主义的家园精神，到了"道—德"形态这里，基本已经消失殆尽。人们所努力追寻的"道"的本体，给予了现代人一个更宏大的世界视野和精神架构，但是个体自我主体性之"德"的"人类中心主义"思想，也在消解着"道"的本然意义，尊"道"贵"德"成为一种最高理想和终极渴望，人们不得不在"失道而后德"的道路上全力以赴。现代道德哲学的重心，一直在尝试重新建构起一种普遍性认同，各种伦理道德哲学学说、流派层出不穷，理性主义思想、情感主义理论、分析哲学方法、实证哲学研究、道德心理分析等，名称虽异，实则相通，都在为解决现代道德哲学困境与危机而努力，道德世界的同一性期盼成了世界性难题。

2. 两种"道—德"路向或可能形态：道德同一性，自然同一性

"道—德"形态的可能路向，实际上就蕴含在道德世界中的两大意识与两大冲突之间，这是现代道德哲学在重新建构道德世界的同一性时所面对乃至必然争执的两个方向："道"的世界与"器"的世界、道德状态与自然状态，这两大关系构成了道德世界的基石。从这种基本关系出发，也就引出了两种路向分歧的核心问题，要么走向道德，要么走向自然，在"道"与"德"的同一性建构中发生了偏差，于是，形成了两大发展方向：道德的同一性与自然的同一性。应该十分清晰的是，这是道德世界中主体自我意识的精神分化，用老子"德"的话语模式来言说，即是"德"的一体两面、"理一分殊"，即"道之德"与"人之德"，而绝非"道"与"德"本身的两大对立。因此，两种路向的根本区分，在于其核心问

题之间的分化，即道德与自然或者说德性与幸福之间的冲突与矛盾，共同点是这种分化是在建构二者之间的同一性时所产生的，即要么从道德角度出发来思虑二者之间的同一，要么从自然角度来探讨回归同一性的可能；因此，其区别在于从何者出发来建构道德世界的同一性基础问题。

A. 道德同一性

高扬道德旗帜，力主从纯粹道德的路向来建构人类精神世界的同一性，从某种意义上说，这是一项难以完成的任务，甚至可以说是不可能完成的任务，它只是人类努力朝向的一个理想。但是，无数的中西方先贤以及普普通通的每一个人却又以自己的实际行动来宣告，向着道德进发，"成为一个人，并尊敬他人为人"①，这是人之为人的应然状态，也是黑格尔所说的法的命令。孟子言"人之异于禽兽者几希"，康德说"德性是一种道德力量"，这实际上已经清晰地确定了人能够成为万物之灵长的根源所在。这里，存在着两大超越，一是超越万物而成为"人"，二是超越人自身的感性欲念而实现理性自我。这就是恩格斯所说的两大提升，即物的提升和人的提升，也是黑格尔所讲的道德自我与客观自然和主观自然之间的两大斗争。可以说，这是道德世界的基本问题，也是"道—德"形态所要完成的核心任务。

中国儒家文化传统在面对这两大超越时，是以严格苛刻的道德标准来要求自我的，从孔子开始就倡导一种仁义道德的生活，而贬低一种追利逐欲的生活，确立了"义""利"之间应该何为的基本原则，"君子喻以义，小人喻以利"②。这是孔子非常明确的道德态度，也使得"义"与"利"这两种不同的价值诉求和人生指向变得对立，君子作为个体自我修养的理想人格代表，显然以"义"为修养原则，值得赞颂；反之，"利"则是"小人"之谓的代表。孔子的这一态度，奠定了后世人对"义利"关系认知的基本格局。当梁惠王询问孟子不远千里而来如何"利"吾国时，孟子对曰："王！何必曰利？亦有仁义而已矣。"③ 孟子直接否定了梁惠王对

---

① ［德］黑格尔：《法哲学原理》，范扬、张企泰译，商务印书馆1961年版，第46页。
② 《论语·里仁篇》。
③ 《孟子·梁惠王篇上》。

"利"的治国需求,明确指出以"利"为原则来管理国、家、身的时候,就是国家危亡的时候,"仁义"才是天下国家的治理之道,才是百姓民众修身养性的根本之道。这一观念到了宋明时期,直接发展成为朱熹所说的"义利之说,乃儒者第一义"①。可以说,义利关系问题,构成儒家传统哲学思考的全部根基和主线,也构成了中国哲学对道德世界基本问题的具体阐释。儒家在思考这一基本问题的矛盾和冲突时,从来都是毫不犹豫地选择"义",而贬低"利",甚至发展到最极端的观念阐述,即被后世中国人痛斥的"存天理,灭人欲"。为什么朱熹会说出让后人如此深恶痛绝的话语?为什么儒家哲学要采用这样一种极端的表达来宣告对"义"的颂扬?其中的原因耐人深思。王阳明也主张"存天理,去人欲",其精神意指与朱熹是一脉相通的,只是不如朱熹言辞激烈。事实上,在《礼记·乐记》中已经提出:"人化物也者,灭天理而穷人欲者也。于是有悖逆诈伪之心,有淫泆作乱之事。"可以看出,"天理"与"人欲"作为人自身的主体行为意识已经是分化的两极了,而且其态度鲜明可见,只不过这里是从否定、反向视角来阐释违背仁义道德之人的状况。二程在此基础上从正面对两者关系予以肯定"人心私欲,故危殆。道心天理,故精微。灭私欲则天理明矣"②。这可以视为"存天理,灭人欲"的前提之言。朱熹虽被后世人痛斥,但他的本义却是被误解了,因为断章取义式的片段理解是无法把握朱熹此言的精神真谛,"孔子所谓'克己复礼',《中庸》所谓'致中和','尊德性','道问学',《大学》所谓'明明德',《书》曰'人心惟危,道心惟微,惟精惟一,允执厥中',圣贤千言万语,只是教人明天理,灭人欲"③。可以看出,在朱熹的"存天理,灭人欲"背后,是儒家道统的传承与延续,这再一次验证了儒家哲学传统在中国人安身立命的精神世界中所倾注的一以贯之的仁义道德精神。或许,用道德生活规范或道德行为原则之类的现代道德哲学话语来表达儒家哲学传统的这一理念,都是一种狭义的,甚至误区式的理解。儒家哲学传统给予中国人的,

---

① 朱熹:《朱子全书》(卷二十四),上海古籍出版社、安徽教育出版社2010年版,第1019页。
② 程颢、程颐:《河南程氏遗书卷二上·二程集》,中华书局2004年版,第312页。
③ 黎靖德:《朱子语类一》(卷一二),中华书局1986年版,第207页。

是一种对人性本真的道德信念,是一种对家国天下一体的伦理情怀,是一种渗透身心的"朝闻道,夕死可矣"的精神信仰。在儒学思想家的传承共识中,只有这种精神信仰,才可能摒除人性恶念和私欲,抛弃人自身千差万别的特殊性、国与国之间的利益纷争,回归到一种道德同一状态,这是人之为人、基于"异于禽兽的几希"而来的真正认同根源。

从儒家道统的思想传承和中国古代社会的历史演变中,我们可以看出,"伦—理"形态所蕴含的伦理实体主义精神和"道—德"形态所宣扬的仁义道德精神,实际是共时孪生的,很难具体地划界区分它们之间的边限。"道—德"形态的仁义道德精神是基于人自身的主体意识而言的,但这种主体意识又是以"伦—理"形态中家国一体的实体性存在为前提的,因此,道德自我的精神启蒙就孕育在家国天下之中,就寄托在"天伦"与"人伦"、"天道"与"人道"的辩证统一体中。所以在这种情况下,中国人的精神状态始终是乐观的、积极的,即使一贫如洗、身陷囹圄,也能有颜回那样的自得其乐式的精神体验。可以说,传统儒家为我们描绘的是一幅以"义"为本、"义利"合一的道德世界,这一理念引导了无数中国人在面对道德世界的矛盾和冲突时找到内心的安宁。

但是,中国哲学所传递的仁义道德精神,尤其是其中蕴含的自我道德意识的萌发,相比西方哲学史而言,既不凸显张扬,更没有独立壮大。现代中国社会所弥漫的个体主义精神和自由主义倾向,很大程度上来源于近代中国国门的被打开和西方社会道德精神的侵入。西方的道德精神是以康德理性哲学和道德律令的确立为旗帜的,在此之前,可以说,理性自我道德意识的觉醒是在古希腊城邦实体性自我存在中来考量的,"苏格拉底之死"这一伦理性事件的发生,对道德自我主体意识的萌发来说是一场悲剧[1]。亚里士多德这一古希腊伦理思想的集大成者,在他的《尼各马可伦理学》中赋予了如"意愿、选择"这样的理性能力以特殊的地位,却丝毫动摇不了美德在整个善的目的论思维模型中的活动根基。所以,在古希腊人的伦理世界中,谈到幸福,就有了很多内在的和外在的根据限定。这种内在的根据在于人性灵魂认知、在于公民城邦的实体性身份认同,它是幸福的源泉,也是评判的最终标准;而外在的根据则是财富、权力、朋

---

[1] 樊浩:《"我们",如何在一起?》,《东南大学学报》(哲学社会科学版)2017年第1期。

友、健康等，它们并不必需，只是为幸福增色。然而，时光荏苒，古希腊幸福概念的丰富内涵，到了现代社会却狭义化了，原本外在的幸福（eudaimonia）根据几乎构成了现代人对幸福（happiness）理解的核心内容。康德曾极力贬低幸福的地位以抬高德性道德，试图扭转近代人的道德幸福观，结果却造成二者之间的对立。

对康德在近现代道德哲学中的重要地位和特殊贡献，无须多述，他所高扬的善良意志、理性自由，也并非他独创，但没有人会以此把他和其他主张自由意志的哲学家并列而言，其中的原因显然在于，康德为个体自我的道德意志开创了一个独立的世界，并以善良意志的绝对命令为普遍原则，为每一个理性存在者的实践行动发布放之四海而皆准的普遍原则，道德的权威与纯洁就诞生在善良意志之中，没有一丝一毫的冲动、欲望来干扰。为此，我们也许能读懂为什么康德对许多重要的概念界定不同于以往传统，比如他对美德的界定就独树一帜，打破了古希腊以来的美德—目的论思维传统，将美德确定为一种道德力量，是遵循道德法则的义务强制。义务概念是康德为德性论建立的根基，因为义务概念直接与道德法则相关，是由纯粹理性先天提供的，而与任何意志的质料、目的、情感等无关，这样才能确保出于道德法则的义务行动动机的绝对权威，成为普遍意义上的道德律令。以义务为根基的美德，由此带有一种道德强制性，成为一种意志斗争力量，这种斗争对象体现在理性存在者身上所具有的某种有限性和自然性，"恶习，作为违背法则的意向的产物，是人现在必须与之战斗的怪物；所以，这种道德力量，作为勇气，也构成了人最大的、惟一的、真实的战斗荣誉……只有拥有了它，人才是自由的、健康的、富有的，是一个国王"[1]。康德在谈论美德问题时，总是从确保道德纯粹性的至高地位来思虑，很少顾念幸福问题，甚至是牺牲幸福来成全道德。因为在康德眼里，能够控制自己，做自己的主人，这是作为一个理性存在者的自由之基，而对幸福、快乐之类的自然偏好的追求，只会败坏道德的名声。但是，康德最被后人所误解的也恰恰是他这种试图完全从道德立场出发来解决道德世界的同一性做法，人们常视康德为道德理想主义者，将他

---

[1] ［德］康德：《道德形而上学》，张荣、李秋零译，中国人民大学出版社2007年版，第418页。

的道德哲学理念视为一种纯粹理想化的形式主义。

然而事实上,康德最后还是妥协了,为了照顾有限理性存在者的现实幸福需求,"需要幸福,也配当幸福,却仍然享受不到幸福,这可能与一个理性而同时全能的存在者的完满愿欲是完全不相符的"①,所以,必须承认美德与幸福一起,构成了一个人对最高道德价值至善的拥有。现实生活世界中道德与幸福之间的异质性冲突与矛盾,表明了实现二者同一的不可能,也表明了必须另辟蹊径。于是,康德最后把求助的目光投向了"上帝存在"与"灵魂不朽",以此来给予理性存在者一种道德信心,即道德与幸福终将实现,朝向至善的道德完善链条无论何时何地都不会断裂。

B. 自然同一性

当代法国哲学家埃德加·莫兰认为,人类个体的存在有三种源泉:个体、社会、种属,这三种源泉紧密相连不可分离,它们处于个人的核心。"于是,就仿佛任何个体、主体(individual-subject)都配有一个双向软件,一个指挥他'为己',另一个指挥他'为我们'或'为他人'。一个支配着利己主义,另一个支配着利他主义。"② 在他看来,我们每一个人都离不开这种三维源泉,都活在为我和为他的双向逻辑之中。因此,自我中心主义、个体利己主义对于主体而言,就是十分自然之事。但是,在古代社会,由于个体要么不具备道德自主性,要么只是有一种相对自主的个体道德意识,因此,利他主义的为他逻辑或共同体伦理在个体、社会、种属三重关系的复杂发展中处于更高层次。然而,"近代社会造成了伦理在个体、社会、种属三位一体关系中的拆解和断裂"③,个体道德自主性高度扩展,"同时,个人自主性的发展引起了伦理的自主化和私己化"④。莫兰对近代以来的道德现状和问题根源的把握是十分精准的,他看到了伦理在现代社会的大断裂。其实,这一观点早在美国哲学家麦金太尔那里就

---

① [德] 康德:《实践理性批判》,韩水法译,商务印书馆1999年版,第121页。
② [法] 埃德加·莫兰:《伦理》,于硕译,学林出版社2017年版,第33页。
③ [法] 埃德加·莫兰:《伦理》,于硕译,学林出版社2017年版,第39页。
④ 莫兰对伦理与道德的概念理解虽各有区分,但是他更倾向于认为二者无法分离,甚至相互缠绕,因此,在此书中他不加区分地混用。[法] 埃德加·莫兰:《伦理》,于硕译,学林出版社2017年版,第42页。

已显露，只不过视角不同。在麦金太尔看来，现代道德哲学之所以陷入无休止的争执和辩驳之中，其最终根源在于现代人抛弃了古希腊以来的亚里士多德目的论思维传统，致使一种完整统一的人性三重架构模式发生断裂。

在亚里士多德主义的目的论传统中，对人性的认知是一个完整的三重架构模式，即偶然所是的人（也是未受教化之人）、理性伦理学的道德训诫和实现其本质目的而可能所是的人，这三个要素之间乃是不可分割的整体，任何一个要素的地位和功能"都必须相关乎另外两个要素才能理解"；在这种架构模式中，人们不仅看到了人自身的潜能与行动、人的感性存在与人的本质目的存在之间的对立，而且更清楚如何把潜能变为行动，实现我们的真实本性并达到最终的目的；而之所以能够如此，关键在于理性伦理学的道德训诫和教导，"理性既告诉我们什么是我们的真正的目的，又教导我们如何去达到它"。中世纪的神学背景虽然使这一架构模式注入了有神论信仰，但并未改变理性训诫的实质，"伦理学的训诫现在不仅须被理解为目的论的指令，而且须被理解为一种神定法的表达"[1]。由此可见，在整个古希腊乃至中世纪时期，伦理道德的理性权威都建筑在这种完整的三重架构模式的目的论体系的根基之上，从而在人性与道德训诫之间保持了一种完整的一致性并由此确保了道德规则和道德训诫的权威。然而，麦金太尔指出，启蒙以来人们对理性概念的内涵在理解和认识上的转变，却导致了这种三重架构模式的目的论人性观链条的断裂；在启蒙思想家们的不断改造下，一种全新的理性概念在科学和哲学领域日益盛行，理性不再像传统哲学体系中所认为的那样是一个集本体、认识和价值于一体的综合性哲学范畴[2]，而是有了某种严格的限制和界限，"理性是计算性的，它能够确定有关事实和数学关系的真理，但仅此而已。所以在实践领域，它只能涉及手段。对于目的，它必须保持缄默"[3]。启蒙理性内涵的这一转变所导致的后果是消除了目的论体系中任何关于"实现其

---

[1] [美] 阿拉斯戴尔·麦金太尔：《追寻美德》，宋继杰译，译林出版社 2003 年版，第 67 页。
[2] 赵素锦：《启蒙理性批判的伦理意蕴》，《深圳大学学报》（人文社会科学版）2008 年第 6 期。
[3] [美] 阿拉斯戴尔·麦金太尔：《追寻美德》，宋继杰译，译林出版社 2003 年版，第 69 页。

目的而可能所是的人"的概念,"所留下的是一个由两种残存的、其关系已变得极不清楚的要素所组成的道德构架。一方面是某种特定的道德内容:一系列丧失了其目的论语境的命令;另一方面,是某种有关未经教化的人性本身的观点"[①]。在麦金太尔看来,亚里士多德主义人性观传统中原本完整的三重架构模式衍化成了两重道德架构即偶然所是的人与理性伦理学的道德训诫,于是,现代道德哲学就演变成一种二重奏,在自然本性与道德训诫之间寻求建构自身的同一性路径。

可以说,从人的自然本性出发来建构人类彼此之间,乃至宇宙万物之间的道德同一性,从古至今都是人类首要且自然的选择。只不过,在以伦理实体主义精神为核心坐标的古代社会,这种选项从来都不是主流,如中国道家哲学所崇尚的"自然无为"式的修身养性之道,古希腊伊壁鸠鲁学派从快乐(感官与心灵)出发对幸福的理解。但是,从近代社会以来,一种新的转向悄然发生。启蒙运动留给现代人的更多是一种反思精神,但从其发生的时代与社会来说,却是一场真实的人性复苏运动。莫兰所说的任何个体天生具有的"为我"逻辑和利己主义倾向,在启蒙运动以来的近现代社会成为时代精神标识。如果从人性本然的构成来看,生物学意义上的人性需求、有限理性存在者的自然欲望、道德自我意识的冲动欲求等,所有这一切都是合乎人性本然需求的正当性理由,道德行为的动机由此而发是最具合理性的。所以,当外在的、超越性的,甚至带有强制性普遍意义的道德权威被冲破以后,自然本性的感性欲望和利益需求就一发不可收拾了。在现代道德哲学的发展史上,最蔚为壮观的就是诸多现代道德哲学流派的纷繁多样,情感主义学说、功利主义主张、实用主义思想、利己主义观念、道德心理学派、规范主义伦理、存在主义理念等,每一种主张或学说都旨在论述自身的道德合理性,都是从人类自身的感性经验、情感体验、自我保存、最大幸福等视角出发,在自我与社会、自爱与爱人、私德与公德、自由与正义之间搭建共通桥梁,试图为世俗道德生活世界提供一种道德判断和行为标准,建构一种道德普遍性权威。麦金太尔通过考察现代诸道德哲学流派之间的论辩,发现其中蕴含着一个共同特征,"它

---

① [美]阿拉斯戴尔·麦金太尔:《追寻美德》,宋继杰译,译林出版社2003年版,第69—70页。

们无一不是旨在作出一种非个人的合理论辩,从而通常都以一种适合于非个人的模式出现"①。也就是说,现代道德哲学诸多流派之间,虽然各自的出发点略有不同,但是它们所建构的道德模型包含了一种非个人的普遍意义的道德要求,这种隐含道德普遍性的标准设计事实上源自康德以来的以"应该"为绝对命令的义务论道德哲学模式,却走向了另一个方向。而且更确切地说,现代道德哲学的诸多流派之间,看上去好像出发点不同,有的从感性经验出发,有的从情感体验出发,有的从自我保存的利己本性出发,有的从寻求最大幸福出发,有的更多主张回归存在本真状态,但是,如果以现代道德哲学对人性结构的两重架构模式来归纳的话,就能寻觅出诸多流派之间的形态同一性,即都是从一种"偶然所是"的人之自然本性出发来论证道德普遍性。

必须承认,现代道德哲学基于人性本身的自由和解放,将自爱、利己、快乐、幸福、权利、实用之类的个体化体验和主体性意识放在第一位,给予了现代社会和现代人无比重大的存在意义和现实感受,恰如黑格尔所言,这在人类意识的精神发展史上是一个极其特殊的历史阶段,这是人性自身的光芒,也是真正"对其自身有确定性"的精神姿态。难以想象,在人类自我的精神成长中如果缺失这一发展阶段,将会是一种怎样的景象?因此,尽管从理论批判的层面上人们可以质疑或反思现代道德哲学所开辟的自然主义道德形态路向,但绝不能轻率地完全否定或弃之不理,这不仅仅是因为它给当代伦理道德理念注入了新的活力和生机,使当代道德哲学思想的发展呈现出一派新气象,更重要的是,它们的出现是人类生活世界难以抹除的精神记忆,是对现代自我观进行反思的根本基质。因此,无论从哪个角度讲,自然主义路向的"道—德"形态发展都给予了当代人重要的思想启迪,彰显出人类主体一种可能的精神样态,同时也回应了黑格尔对道德世界基本问题的规定,"道德意识决不能放弃幸福,决不能把幸福这个环节从它的绝对目的中排除掉……道德与幸福之间的和谐,是被设想为必然存在着的,或者说,这种和谐是被设定的"②。

---

① [美]阿拉斯戴尔·麦金太尔:《追寻美德》,宋继杰译,译林出版社2003年版,第10页。
② [德]黑格尔:《精神现象学》(下卷),贺麟、王玖兴译,商务印书馆1979年版,第127页。

3. 形态精髓：明"道"成"德"

要考察辨明一事物的精髓、真谛，除了围绕该事物自身的精神特质来进行之外，还有一个重要的做法就是寻找"参照物"，而且该事物自身的精神特质也往往在"参照物"的映衬下才能更清晰地呈现。由此，要把握"道—德"形态的精髓，就必须把"伦—理"形态也纳入视野之中，甚至把"伦—理"形态和"道—德"形态一起纳入伦理道德的精神哲学形态发展史中来思虑，这样才能更准确地理解"道—德"形态在人类精神发展史上的独特意义和贡献。然而，伦理道德精神哲学形态的发展并非时间意义上的线性发展模式，作为一种人类社会意识的理论抽象和精神演绎，它必然要受到现实社会中民族国家发展状况的制约和限制，这就使得伦理道德精神哲学形态的逻辑演绎变得更为复杂。复杂性理解（comprehension complexe）被当代法国哲学家莫兰视为解决当代伦理学难题的一个重要的思维方法，这一方面源自伦理理论本身的不确定性和矛盾性，另一方面来自道德行为实践和现实生活的不确定性和未知性。[①] 这一思维方法同样适合于理解伦理道德精神哲学形态之间的复杂关系。

"伦—理"形态与"道—德"形态的彼此演绎，与人类社会民族国家的现实发展和文明自觉密不可分，在不同的历史时期或民族国家中，会呈现出不同的精神文化气质。但是，这种不同和差异，其实是一种文化表现或文明类型上的差异，如中国文化是一种伦理型文化，而西方文化是一种宗教型文化。[②] 如果从形态学的整体视野来看的话，就可能表现出某种相似性或一致性，如中西方古代社会更多是一种伦理实体主义的精神气象，只是中国以家国一体来承载"天伦"与"人伦"的实体性认同，而西方则是以公民—城邦、理性神或上帝存在来实现伦理认同。但是，再细究这一伦理实体主义精神气象的背后，也会发现它并非铁板一块，而是隐含着异质的声音，即一种对人自身主体性道德自我意识发展的渴望，如孔子所

---

① ［法］埃德加·莫兰：《伦理》，于硕译，学林出版社2017年版，第62—95页。
② 樊浩：《伦理道德，何种精神哲学形态？何种"中国气派"？》，《哲学分析》2016年第3期。

言的"我欲仁，斯仁至矣"①，苏格拉底传递的"认识你自己"。但是，也仅仅是一种道德渴望而已，属于"道—德"形态的春天并未到来。

相比西方古代社会而言，中国古代哲学更大程度地释放了这种道德渴望并且彰显出"道—德"形态的精髓要义，即明"道"成"德"。儒家和道家尽管对"道"的本义有多重理解，但其中一个共性之处就是将"道"视为一种最高的理想状态，它可能是现实社会生活中的最高道德原则，如儒家的"仁德之道""人道"，道家的"德之道"（包括人之德与物之德）；也可能是宇宙万物本然一体的最高状态，如儒家的"天道"、道家的"道"。这种最高的理想状态，并不是"水中之月"式的虚幻存在，而是昭明了人类自我现实努力的前进方向，即实现与最高理想状态的"道"的同一，才是人类社会生活世界的真谛。于是，要么"道"下落人间，与"人"合一；要么"人"提升自我，与"道"合一。事实上，从儒家和道家不断努力的现实实践中所生发的，从来都不是单向运动，而是"道"与"人"之间的双向互动，既有尊"道"贵"德"，更有明"道"成"德"，而后者更加清楚地表达出人自身的道德意愿和主体性自觉。

明"道"所要解决的道德哲学问题，是如何审视个体生命秩序与宇宙世界秩序的关系问题，换句话说，就是人类仰望星空时所发出的自我本原认知和存在意义的追问。康德曾说："有两样东西，我们愈经常愈持久地加以思索，它们就愈使心灵充满日新又新、有加无已的景仰和敬畏：在我之上的星空和居我心中的道德法则。"② 问题是，头顶的星空客观存在、浩瀚无边，其神秘的自然律从何处把握？心中的道德法则又该如何确定，以何为据呢？这是摆在每一个人面前的共同难题。这一难题与家国一体的伦理主义实体精神认同所给予人们的归属感和家园感显然不同，它是面向宇宙自然、世间万物的生命本源追问，是"道"对于个体心灵的永恒魅力所在。儒家和道家在回答这一难题时，几乎做出了同样的选择，即都将"道"置于最高的本然存在状态，给予至高无上的敬畏和尊崇。在儒家道统的演化中，尤其是宋明理学、心学之时，虽然丰富和发展了很多哲学范畴和命题，如"气""性""情""命""理""心"等，但对"道"却始

---

① 《论语·述而篇》。
② ［德］康德：《实践理性批判》，韩水法译，商务印书馆1999年版，第177页。

终保持了一种超越性的设定，这恰如西方哲学对"物自体"（借用康德的概念）的永恒追寻。明"道"思想的确立，实际上已经回答了中国人在面对宇宙世界秩序的运行状态时，是如何安排好个体自我的生命存在和心灵秩序的，儒家的"性本善"和道家的"自然"，可以说，都是"道"在人性上的显现。在这里，个体自我的特殊性和差异性已然被忽略，而是转向一种对人性本身的普遍性设定，"道"既是生命的原初样态，也是人性的初始状态。所以，明"道"就是对个体自我普遍性存在状态的一种确认。古希腊从泰勒斯以"水"为世界的本原开始，历经了漫长的自然哲学式本源诉求，直到巴曼尼德提出了"存在"（being），很难说这一追问有了最终的答案。事实上，苏格拉底的"人学"转向，又开启了人类追问的新方向，直到今天也难以确认一个最终的标准答案，或许真如亚里士多德所说这是人类共有的形而上学本性。其实，最终的答案是什么并不重要，重要的是人类在不断的追寻过程中，所获得的对自我本性的真理性认知，在这一动态的无休止的探寻之路上，人类不断地修正自己在宇宙世界中的位置，一点点地实现个体自我生命价值的永恒。

　　成"德"的具体使命，就是实现与"道"的合一。但是，如何实现这种合一，其方法、路径却是千姿百态。儒家讲："天命之谓性，率性之谓道，修道之谓教。"① 短短十五个字，却十分具体清晰地描绘了人类道德世界的行为法则依据和道德修养之路，而"诚"正是贯通"天道"与"人道"、实现道德自我与天地万物合一的重要途径，"惟天下至诚，为能尽其性；能尽其性，则能尽人之性；能尽人之性，则能尽物之性；能尽物之性，则可以赞天地之化育；可以赞天地之化育，则可以与天地参矣"②。"至诚"为人类自我提供了一条由内而外的道德修养之路，不仅有了形上世界的"至诚"依据，而且能够实现自我的现实社会生活和精神意义世界的丰足。可以说，《中庸》之"诚"恰恰为人类自我的存在，确立起一个由本体世界—意义世界—生活世界三重架构所形成的完整链条，这种三者一体的结构模式，不仅为人类自我提供了保障其道德行为合法性的形上依据，而且彰显出实现幸福生活所具有的现实意义，从而使人们的精神世

---

① 《中庸》第一章。
② 《中庸》第二十二章。

界获得一种完满和自足。由此可以看出,"诚"贯通了主体自我所依存的本体世界、意义世界和生活世界,沿着"诚"——"诚之"——"至诚"的运行逻辑生生不息。① 所以,在儒家修身养性的"八条目"中,"诚意"是作为主体自我内在品性修养的起点来排列的,没有"诚意",后续的"正心、修身、齐家、治国、平天下"根本就无从谈起。道家对成"德"的态度,展现出与儒家截然不同的道德智慧。道家对于世界、人性的本然认知,更确切地说是"自然",人在世界之中所要做的只是"顺其自然""自然无为"。有了这一总的道德行为原则,在面对"道"与"器"、人与己、物与己、身与心之间的关系问题时,道家总能给出与儒家不一样的答案。老子主张"无为""不仁""无私""不争""寡欲""柔弱"等,庄子强调"保身""全生""无用""主静""逍遥""无己"等,"竹林七贤"的"贵无"思想、"应物而无累"的人生哲学、"自由而放达"的生活理念、"足性以逍遥"的终极追求等,这种崇尚自然无为、注重人的身心自由、倡导率性而为的精神追求,使得中国人在实现与"道"的普遍性和超越性同一的漫长路上,多了几分逍遥和自在,有了更多的自由选择的机会和权利。

明"道"成"德"所展露出来的道德哲学运思在西方哲学中的历史演进,主要是通过近现代道德哲学的迅速发展来凸显其中的"道—德"形态精神。虽然明"道"成"德"是中国哲学话语的表达,却丝毫不妨碍以此来描绘西方近现代道德哲学的精神演绎,因为西方近现代道德哲学的核心旨趣就在于从个体自我出发来重新看待和思虑宇宙生命秩序,由此确立一种道德普遍性的合法性和合理性。以休谟、康德、边沁等人为主要代表的近代西方道德哲学,一个从情感体验出发,一个从理性自由意志出发、一个从幸福最大化出发,最大的贡献是不约而同地确立了人在世界中的主体性地位,人类中心主义思想获得前所未有的一致性肯定。"西方伦理精神是理性的主体,其人格的确定方式是人格高于人伦,即使在人伦关系中也保持自己的核心与独立的地位,他就是'自身',不待他人说明与

---

① 赵素锦:《〈中庸〉之"诚"的表现形态及其内在逻辑》,《华中科技大学学报》(社会科学版) 2013 年第 4 期。

论证，因而其人格的确立方式是'是一个人'。"①"成为一个人"，这是时代精神所发出的最响亮的声音，"我"的道德意识终于突破了"伦—理"形态实体主义精神的压抑和阻挠，亮出了自己的身份，而且是世界万物中最耀眼的"主角"。"保存自我的努力乃是德性的首先的唯一的基础"②"你的行动，应该把行为准则通过你的意志变为普遍的自然规律"③"功利主义的行为标准并不是行为者本人的最大幸福，而是全体相关人员的最大幸福"④，这些时代最强音，如今仍然影响甚至主宰着当代社会人们的行为原则和道德判断。

在近代道德哲学那里，"道"的普遍性渴求依然十分明显，虽然此时古希腊以来的目的论思维传统已经失效，但以各种面目出现的"道"之最高设定，或隐或现，各种道德律令的普遍性要求也十分强烈。然而，尼采对"上帝死了"的判定，甚至于萨特对"人死了"的断言，直接引发现代道德哲学的多元、无序，直至后现代道德的出现，西方道德哲学的发展进入了一种难以言明的后"道—德"形态。现代中国的伦理道德状况常常被视为陷入一种困境之中，这其中既有中国传统伦理的失语，也有西方道德理念的侵入，更有中国改革开放多年的迅猛发展，新旧、中外多元思想和资源的混合致使当代中国社会手足无措，不知归属。但是反观西方现代社会，似乎缺少了现代中国社会所遭受的种种际遇，但为何也在短时间内经历了近代道德哲学、现代道德哲学、后现代道德哲学、当代道德哲学的多元转向和巨大变迁，以至于出现麦金太尔所说的现代道德危机和困境呢？显然，需要反思的不只是中国。

可以看出，从一种形态学的整体视野出发来考量西方道德哲学从古至今的发展演变，能清晰完整地探究伦理道德的精神哲学形态图像。从近代道德哲学所传承下来的对人自身主体性地位的确认，至今仍毫无动摇，如鲍德里亚的"消费即存在"观念，这实际上就明确了一种不同于"伦—理"形态实体主义精神的新型形态气质，即"道—德"形态。康德认为，

---

① 樊和平：《中国伦理的精神》，五南图书出版社1984年版，第79页。
② [荷] 斯宾诺莎：《伦理学》，贺麟译，商务印书馆1983年版，第186页。
③ [德] 康德：《道德形而上学原理》，苗力田译，上海人民出版社1986年版，第73页。
④ [英] 约翰·穆勒：《功利主义》，徐大建译，上海人民出版社2008年版，第12页。

一个人越是较少地以物理方式被强制，反过来，他就能越多地以道德方式被强制，他所获得的自由度也就越高，他自身的主体性、能动性也就越得以体现。这是道德世界对人自身自由意志的认可和肯定，也是人自身理性能力的充分显现。然而，道德主体越自由，理性能力越强大，它所带来的反思就越紧迫。因为一种伦理实体主义精神缺失的背后，所隐含的普遍自由只能是黑格尔所说的"绝对恐怖"，道德主体自我的自由合理性限度问题必须得以重视，在道德与自然、自我与他人、"我"与"我们"、身与心、灵与肉之间，必须时刻保持着某种高度的警觉，唯此，才可能真正实现道德世界所提出的终极目的。这并不是一项容易实现的任务，或者说是一个"永远有待于完成的任务"①，在要努力完成这项道德任务的意义上去赞扬"道—德"形态所散发的主体性精神和自由意志，更为合适；恰如孔子对于"仁"的态度，"君子去仁，恶乎其名？君子无终食之间违仁，造次必如是，颠沛必如是"②。或许，这才是道德世界给予人类这一独特存在者的启示和真谛。

---

① [德]黑格尔：《精神现象学》（下卷），贺麟、王玖兴译，商务印书馆1979年版，第129页。

② 《论语·里仁篇》。

五　精神哲学形态（三）："伦理—道德形态"

人类文化发展的历程是先有民族，后有个人，人类精神发展的顺序是从神或英雄到民众，尼采如是说。民族是伦理性文化的阵地，个人是道德性文化的支点；神或英雄是伦理实体精神的焦点，民众是道德主体精神的载体。现代是个体主义的文化时代，民众是其主宰，大众精神是其意识形态。依据黑格尔精神现象学，人类精神历史先后经历了伦理、教化和道德三种形态和三个时代，人类精神主体前后变形为实体—民族、个体—人格和主体—自我三种形式，人类精神自由分别历经了一个人自由、少数人自由和所有人自由三种形变。如果古代是伦理精神主宰的时代，那么现代就是道德精神主宰的时代，普遍自由是现时代的精神内核。老子说，"大道废，有仁义"，孔子说，"礼失而求诸野"，人类文化生命的成长无不在精神上经受一番转折的阵痛。然而人类精神要修复它所遭受的从伦理到道德的转折之痛，还必须再经历一次转折，即从道德回转到伦理，实现道德—伦理的统一，实体与主体、民族和个体的和解与升华。对尼采来说，人类精神必须超越道德主义到达善恶的彼岸，对黑格尔来说，人类精神必须扬弃主体道德抵达实体伦理。但是现代文化仍然在个体主义之道上疾驰，虽然现代文化中也饱有一股内在精神冲力欲突破道德的壁垒，融入伦理的天地，构成道德—伦理合璧的理想精神形态。

1. 形态要素："伦理""道德""伦理—道德"

无论东方社会还是西方社会都是从漫长的前道德的伦理性社会起步

的。伦常习俗传统是伦理性社会的主导力量，为人们提供主导性的价值，人们亦从习俗传统中习得日常生活所需要的德性，过着"日用而不知"的质朴的直觉性生活。人人无"我"，泯然于实体中并通过实体而生活；实体完全压倒了主体，部族几乎窒息了个体，以致个体自身隐没无名，只有立身家国位列阶序才得其名。东方伦理型社会绵绵悠长，迟迟难以突围，虽然间或有人高喊冲破"网罗"，却难获集体响应，以至于在很长的时间里个体都泯然于众人。西方伦理型社会辉煌而短暂，而即便在以悲剧方式演绎的城邦时代，个体便已赫然在目，竞争精神的统治使得人人奋勇争先，好胜争强，高呼"我是第一"，彰其名于天下。

伦理型社会蕴含自我分娩出道德主体的潜能，无论东方还是西方皆然。在西方，苏格拉底横空出世，从习得无知的伦理实体中诞生了反省自知的道德主体，后者要求从实体回到自身，不是通过实体而是通过主体而生活，不是凭借直觉而是依靠知识而行动，不是根据习得而展示德行，而是出乎知识而发展德行，主观为善而非客观致善，关心灵魂完善多于关心城邦之至善。虽然它出自客观伦理，但是主观道德一旦从中分娩出来即与客观伦理直接对立起来，动摇乃至颠覆伦理实体。柏拉图追随苏格拉底肯定主体道德原则，但是也批评苏格拉底否定实体伦理原则，为整个西方精神运动定了方向：回到纯粹质朴无知的伦理实体已然不可能，应当把道德和伦理同一起来，把主观道德置入实体伦理，创制在主体中就是在实体中，通过个体就是通过实体而行动的道德—伦理理想国。在东方，老庄应时而生，以其玄之又玄和逍遥自得的道德冲出了厚实的宗法伦理的边际，废除仁义礼法，跳出六合之外复返非仁非义、失礼无法的自然。孔孟因时而生，发明了求诸己的心性仁义道德，回归内在良心，提出"己所不欲，勿施于人"的主观道德法则，同时如柏拉图那样克制道德使之归于伦理，统一道德和伦理，克己为仁以复礼，重塑伦理型社会。孔孟为其后两千余年中国精神运动定下格调：建立仁本位的主观道德与宗法伦理同一的社会、主观道德与客观伦理同一的太平世界。

A. 伦理

古代世界是伦理的世界，家庭和城邦，或家庭与国家分别是遵循神律的私人伦理实体和人律的公共伦理实体。中古世界是教化的世界，家庭、教会和国家三元并立，或家庭与国家一体，而教会高居于家庭和国家之上，承载对个人的最高最普遍的信仰教化，或国家主导家庭，通过制定三纲五常承担对所有人的伦理教化。近代以来人类世界的最大变化是教会或国家的式微，市民社会的兴起及其成为现代世界的中心，小家庭、大社会、小国家构成现代世界的基本结构形态。社会是个人自发交往、结合和竞争的机械性的联合体，通过连续的合理化，它又逐渐演化成一个普遍性实体，在这个实体中，所有人都完成了由独立不依的单一原子到相互依存的普遍原子的转变。然而正如黑格尔所言，现代社会作为实体却不是有机的伦理实体，而是机械性的半伦理实体，只是伦理的现象界，而非伦理的实在界，它总是趋向于从伦理的现象达到伦理的本质，成为伦理性实体，却又总是差以毫厘，永远不及。在业已合理化的现代社会，个人是目的，社会是手段，个人是实质普遍性的，社会是形式普遍性的。个人通过普遍的合理化完成了自身的普遍化，他又借助自身的普遍社会化完成了自身的实体化。但是由于个人是目的，因此他通过普遍化完成的社会实体化不过是一种形式的实体化，因为这种实体化以个体为目的，而不是以社会为目的。换言之，个人的普遍化不是个人找到自身所属的实体，实现自己的实体本质，而是消解实体，使社会原子化和抽象化，沦为伦理的现象界。个人要达到自身实体的同一性，却总是实现自身形式的同一性。社会的普遍合理化一方面以个体为目的对伦理实体进行无限地分解、分化，另一方面又通过形式化把无限区分、分割开的东西统一起来，建立它们抽象的普遍联系。因此社会合理化在把个人普遍化的同时也对他们进行去实体化，把他们加以现象化，个人永远也无法到达他所属的实体，他们永远挣扎在伦理的现象界，伦理实体就是他们过不去的彼岸。黑格尔认为，只有建立有机国家即伦理实体才能解决市民社会的伦理困境。但是现代社会的演进却并非如黑格尔设想的那样扬弃社会建立有机国家以解决个人的伦理实体化问题，相反，半伦理的社会仍是现代伦理世界的构成原则，它不仅逾越自身向家庭渗透，使家庭社会化，把家庭由伦理实在界改造成伦理现象界，家庭成为最小的契约社会，而且还超出自身渗透进国家，使国家社会化成为法权性的契约社会，或功利性的福利社会，有机国家或伦理实在界沦为伦理现象界。

至此，家庭、社会和国家三位一体现代世界形态不再是一种伦理实体形态，而是一种伦理现象形态。在伦理现象界，个人被抛出了伦理实体，而他又欲求进入自身的伦理实体，从而陷入进退两难的伦理困境中。

面对现代个体伦理生活的困境，当代社群主义伦理学提出重回亚里士多德伦理实体或共同体主义传统，复兴德性伦理。亚里士多德主义伦理传统与现代个体主义道德是相对立的，对它而言，实体或共同体优先于个体，个体在实体或共同体中被塑造，承担能够胜任和适合的角色，而这要求他必须具有或习得德性，德性就是实体要求于他，他分享共同善所必须承担的功能性品质。亚里士多德主义实体主义德性伦理传统不失为克服现代个体主义道德的一剂药方。问题是，实体主义主张恢复古典伦理德性，这在现代条件下是否可能？恢复实体主义伦理德性至少需要两个基本条件，而且这两个条件缺一不可。首先，古典伦理德性与目的论世界观是联系在一起的：每个人都有自身实现的目的，他也有义务去实现自身目的，因为目的就是善，而人的目的不是别的就是德性。其次，古典伦理德性对应着伦理实体，而且是最佳的伦理实体：人是社会性的，人就生活在实体中，在实体之外生活的不是兽就是神；人作为世界一员具有的目的德性与作为共同体成员具备的公民德性是一致的。目的、德性与伦理共同体是三位一体的，缺少任何一个都将摧毁其余，成为"碎片"。若要恢复古典伦理德性，就必须同时恢复其他两项，即目的论世界观和伦理共同体才有可能。麦金太尔提出了社会目的论，重建了整体论的生活实践观和价值叙事，它们共同构成了恢复伦理德性的预设性条件。只是他提出的社会目的论仅停留在观念上，他重构的整体论实践观和价值叙事虽然力图打破孤立个人的局限，将其置入实体或共同体中，但也只不过是一种浪漫化的想像。

要在现代个体主义道德世界恢复实体主义伦理德性，个人要实现自身的伦理本质，复返伦理实体，可能需要回到源始的生活世界，或许本源性的生活世界能够同时满足上述条件。而若要回到源始的生活世界，我们就必须对现代伦理现象界进行一种现象学的还原，回归原初生命个体，重建活泼的伦理实在界。

B. 道德

如果说古希腊文化是诗与哲学的文化，中世纪文化是宗教的文化，那么标识现代文化的是科学，我们时代的文化就是科学的文化。科学文化是理智主义、非信仰主义的文化，它以事实和价值、规律和目的的二分为前提，以追求不以人的意志为转移的客观真理为价值取向，只承认可量化的事实真理为知识，不承认不可计算的价值真理为知识，只认可判断真假的知识，却拒斥判断善恶的知识，善恶的判断被归结为情感或意志的表达，以至于科学时代的人们除了知道什么是真假之外，却无能知道什么是善恶，除了知道善恶不过是主观情感或意志表达之外，却无从获知关于生活目的的智慧。

在科学掌握文化霸权的时代，伦理蜕变为道德，而道德蜕变为被逐出知识殿堂的情感好恶，或善良意志，偏安于一隅。科学不惜一切代价追求客观真理，洞悉万有规律，甚至不惜把实证的方法推到极致，从万有到人心，大搞神经实验、心理实验、道德实验以获得思维、心理、情感、道德的客观规律。它又化规律为规则、程序、操作步骤，形成利用和改造万有的技术，利用和操纵神经、心理、情感和道德的工艺，支配万有和控制人类。科学以客观规律为盾，把伦理道德挡在知识之外，以技术的强势力量为矛，戳穿了一堵又一堵伦理道德之墙，伦理的地盘不断失守，道德的边界持续收窄。科学技术之矛和盾合力建造了一个高效优化的铁笼般的世界，在这个世界，人们知道怎么做，却不知道为什么做，知道什么合理有效，却不知道它是否善且美，因此它是一个机械的世界，一个悬置了意义、遗忘了目的的力的世界。科学文化以客观性为义，却忘记了客观性的主观性之源，更是忘记了技术化世界之前科学、前技术的生活世界之源。尼采批判科学尤其是历史学对生命的宰制，批评科学文化对科学与生活的关系的颠倒，指出不是生活为科学服务，而是科学应当为生活效力，生命和生活世界乃是科学文化之源。胡塞尔、海德格尔同样指责科学文化对生活目的和生存意义真理的遮蔽和消解，呼求朝生活世界和生存世界的转向和复归。

古代世界是伦理实体的世界，个体没有独立的存在地位，只有在伦理实体中并通过伦理实体而生活。基督教世界是信仰的世界，上帝是最高伦理和道德实体，每个人作为应许得救的人格也被赋予绝对的本体地位，虽然只有在信仰和彼岸世界中他才被赋予这种地位，在现实的此岸世界，即在家庭和国家中他却并没有被赋予这种地位。在启蒙之后的现代世界，个体的本体和主体地位相对于社会、国家的优先性得以确立,以至于黑格尔说,个体主体的确立是现代精神发展的最大成就,弥补了古代伦理世界只见实体不见个体主体的缺失。对现代精神而言,一切事情都必须通过主体得到理解,社会和国家只有从个体主体出发才能获得解释。个体主体是理性的,他的自由意志是善良的,也是道德自律的,他能够通过理性自己为自身立法,按照普遍的法则行动,并通过自我普遍立法构成一个超越的应然的目的王国。然而,现代精神固然能够建立一个统一的道德世界,却不能建立一个与之同一的伦理世界,相反,它只能任由价值多元分化,陷入多元价值的诸神之争,使伦理世界分崩离析。现代个体道德固然确证了主体自由,但也牺牲了实体自由,个体一旦从实体中解放出来赢得自由,他也就同时解构了实体,主体道德也就瓦解了共同善,导致价值和规范、善和正当、质料和形式的分离,亦即实体和主体、共同体和个体的分裂,伦理和道德的二分。然而缺少了实体的主体是主观的,脱离共同体的个体是贫乏的,单纯通过理性立法确证的自由是空疏的,由道德自律赢得的尊严是没有厚度的。道德自由是形式的自由,而缺少了实质的伦理自由的庇护,形式自由是不充分的,道德主体有失去真实自由的危险。要实现真实的自由,就必须克服无实体的主体,超越无伦理的道德,只有确立实体的主体、共同体的个体,构建伦理的道德、道德的伦理,自由才是真实的,即既是实质的也是形式的。实体和主体的同一,伦理和道德的合一如何可能?只有超越道德主义,也超越单纯的伦理主义,对伦理道德进行现象学还原,回到活泼的生活世界,创造性的意义世界才是可能的。

C. 伦理—道德

按照胡塞尔的看法,现代科学文化陷入了一场巨大的危机之中,因为它执着于客观真理领域,出离了其所从出的生活世界,并且反过来为生活世界裁剪了一件知识和技术外衣,强行把生活世界塞进去,对之任意宰制。这背离了本来的关系和秩序。科学文化无论任何时候都是生活世界的一部分,它发源于前科学的生活世界,为生活世界服务,应当流入生活世界,而不应当出离生活世界。"生活世界是所有人的世界",科学家本身也是生活世界中的人和"其他人们当中的人",科学文化是为生活世界而存在的东西,应当以生活世界为目的。由此胡塞尔主张对科学进行悬置,把它放进括号中，以从客观科学返回生活世界，深入生活世界，并从生活世界看伦理、道德，乃至科学的发生和构造。

生活世界是前科学的原初生命世界，也是没有被分割的有机整体世界，它是每个人赖以生活在其中的物质的和精神的家园，在某种意义上，它就是所有人"相濡以沫"、休戚与共、共同生活的伦理共同体。每个人都在生活世界中生活，生活世界就是每个人得以生存的土壤、水和空气，脱离它，生命就将枯萎。由此任何人在生活世界中的生活都是处境性的，而不是机械性的，人们从一开始就被置入生活世界中。同时，"由现实东西构成的世界总是与人一起被预先给予"人们，每个人都通过其感知、想象、情感、意志、评价和行为与物打交道、与人相交往，"与'这个'世界相关联"，与任何人一起"具有同一个周围世界"①。

一方面，在其周围世界中生活的人是伦理性的人，其生活是伦理性的生活。周围世界是客观的，作为周围世界中的客体，每个人都发现其他人也存在于周围世界中，但并不与他们打交道，也不进入他们的内心深处，只是从外部观看他们和理解他们。另一方面，所有人又都生活在一起，普遍交往、相互交流，共同生活在周围世界中，但在其中，任何人都具有关于自己、同伴和周围现实的一种意识，他在自己面前看着它们、认识它们，在较高或较低的思想中与它们相关联，也在情感和意志的方式中与它们相连。个人作为理论的人而观察思考着，也作为行动的人而活动着，他利用周围世界之物，"按照他的目的改造它们，并按照美学的、伦理的、功利的观点评价它们；或者他也在行为中与同伴之间具有交流关系，与他们说话，给他们写信，在报纸上读到他们，在共同的活动中与他们结合，对他们许诺，如此等等"②。人们在一起的交往交流的生活不单是被动的物质性的生活，更是创造性的精神性的生活，人们共同的生活即是创造精神文化的生活，"在这里，生活这个词并没有生理学上的意义，它所意味的是有目的的，完成着精神产物的生活：从最广泛意义上说，是在历史发

---

① ［德］胡塞尔：《欧洲科学的危机与超越论的现象学》，王炳文译，商务印书馆2001年版，第346页。
② ［德］胡塞尔：《现象学的构成研究》，李幼蒸译，中国人民大学出版社2013年版，第152页。

展的统一中创造文化的生活"①。人们通过共同的生活创造出不同层次的精神文化，如科学和宗教等，文化精神构成了人们的周围世界的核心。人们共同的文化精神生活不是静止的而是动态的，它通过人们交往方式的更新进入不断创新塑造的运动之中，并通过交流和理解而相应地引起一种新的生活形式。

我和他们，即"我们"在伦理共同体的地平线中以某种方式联结在一起生活，在各种各样简单的或分成不同等级形态的共同体中一起生活。个人不是作为单一原子，也不是作为普遍原子，而是作为具有不同身份、扮演多种角色的各种社群的成员，或层阶高低有别的团体的成员而立体丰富地生活。在我与他人彼此相互共存于周围世界中时，我与他人已经共同置身于不同层级的"共同体"中，如家庭、部族、阶层、协会、乡镇、国家等。这些共同体是伦理性的实体；人们就生活在这种伦理性的共同体中。在伦理共同体中，人们相互经验和理解他人的生活和行为，与他人明确保持生动的一致，每个人都作为共同生活的伙伴，与他人交谈，分担他人的忧虑，与他人共同努力，与他人结友或为仇，与他们相爱或相恨②。生活世界中的家庭、社会、民族和国家是伦理性实体，具有伦理的实在性。家庭和国家的社会化现象并不存在，只存在家庭的家庭化，即家庭呈现为私人性的伦理实体；民族的民族化，即民族显示为集体性的伦理实体；国家的国家化，即国家表现为公共性的伦理实体。而原初的社会作为自发生成的生活共同体，虽然不是完全实在的伦理实体，但是它作为伦理的现象界，却连接着家庭、民族和国家，并通过个体的普遍化，最终在国家中实现自身的伦理实体化。

生活世界也是伦常的价值世界。康德把行为的质料和形式分开，抽掉质料，保留形式，肢解了内容和形式统一的人类精神性的伦常生活。康德的道德立场决定了他必然否定伦理生活，而他一旦贬斥伦常生活，就必然也斥责质料性的目的和后果，视为无道德价值的。但是如果我们像舍勒那

---

① ［德］胡塞尔：《欧洲科学的危机与超越论的现象学》，王炳文译，商务印书馆2001年版，第368页。

② ［德］胡塞尔：《欧洲科学的危机与超越论的现象学》，王炳文译，商务印书馆2001年版，第360页。

样采用现象学还原的方法，悬搁康德的理性道德，回到本源的生活世界，即每天都在发生的伦常世界，那么我们就会发现，生活世界是一个价值的世界，并且是一个先天质料性的价值世界，一个合目的的善业世界，或者一个实现"好生活"的世界。好生活是作为质料性的价值涌现和被给予的，而伦常世界的价值都是质料性价值，这些价值以事物或实事为载体显现出来。善业是价值事物，但不是价值本身，价值本身是"观念客体"，是善业的基础。在善业中，价值是客观的，同时也是现实的，"随每一个新的善业的形成，现实世界都在进行真正的价值增长"；生活世界原初就是"一个善业"，它"完全为价值所贯穿，而且一个价值的统一已经指引着所有其他处在善业中的质性之总和性"①。在伦理王国，价值不是多元平等的，而是高低有序的，因此伦理王国是一个价值等级有序的世界。价值高低秩序可分为价值载体的价值级序与价值质料的价值级序，根据前者，人格价值高于实事价值，形式价值高于关系价值等；根据后者，诸价值样式形成一种先天等级关系，首先是适意与不适意的价值样式序列，其次是生命感受的价值样式序列，再次是精神价值样式的级序，最后是神圣价值样式的秩序，而这四种价值样式之间也处在"一个先天的级序之中"②。

然而正如对于科学文化需要进行一次现象学的悬置与还原才能回到原初和本真的生活世界，对于生活世界也需要一次现象学的悬置与还原才能回归原初和真实的伦理世界一样，对于客观的伦理生活世界还需要来一次现象学的悬置与还原以便回到本源性的和构造性的主观道德世界，一种人格性的精神世界。生活世界不是一重性的和浅层次的，而是二重性的和深层次的，它不仅是客观的伦理世界，也是主观的道德世界。正如客观对象是主观意向性构造相关项一样，客观的伦理世界也来自道德主体的意向性构造。

每个人都有自己的对象世界，而对象世界不是作为自在的实在世界直

---

① ［德］舍勒：《伦理学中的形式主义与质料的价值伦理学》，倪梁康译，商务印书馆2011年版，第22—24页。

② ［德］舍勒：《伦理学中的形式主义与质料的价值伦理学》，倪梁康译，商务印书馆2011年版，第134页。

接显现给他的，而是作为自明的现象世界在先验意向性中被给予他的。同样，任何人都处在生活世界中，都有属于他的本己周围世界，以及他与他人共同创造的精神文化世界。周围世界是主体性的，也是交互主体性的；对于任何主体来说，他的自身意识与对他人的意识是不可分的，周围的人作为可能被认识的人，作为可能遭遇到的人构成了他置身其中的人类开放的地平线。交互主体性的周围世界是在交互主体意向性中并通过交互主体意向性被构造出来的："每一个人当他与具有其世界意识的他人进行交往时，同时就意识到这个具有这一他人特性的他人；他的意向性以令人惊异的方式延伸到他人的意向性中，反过来他人的意向性也延伸到他的意向性中；与此同时，自己的存在有效性和他人的存在有效性，以一致和不一致的样式结合在一起；通过相互修正，最终始终是，而且必然是关于具有同一些事物的这个同一的共同的世界之一致的意识起作用，对于这同一些事物，一个人是这样理解，另一个人则作另一种理解。"[1] 周围世界也是在交互主体道德意向性构造的交融与渗透中呈现的，这种相互交融与渗透的道德意向性就是主体间性的先天同情或移情。每个主体都有其"移情作用的地平线"，它总是与其他主体的移情地平线交接融合形成共同的意向性，构造出交互主体共同体及其文化世界：在每个主体生动地流动着的意向性中，预先已经以同情方式意向地包含着其他主体的意向性，而通过意向性的悬搁和还原，在自然的伦理的人世生活中彼此外在的东西转变成了"纯粹的意向的彼此内在的东西"，自然伦理的世界与此同时也转变成了"大家共有的现象的'世界'，'所有现实的和可能的主观之世界'，这些主观当中的任何一个都不能回避意向的关联，按照这种意向的关联，他预先就包含在每一个其他主观的地平线之中"[2]。每个主体知道自己存在于这个主观性的共同体之中，他的道德意向被交互化和共同体化，并具有作为它的相关项的文化世界。

生活世界作为伦理价值世界应当对之进行一种道德主观意向性还原，

---

[1] ［德］胡塞尔：《欧洲科学的危机与超越论的现象学》，王炳文译，商务印书馆2001年版，第304页。

[2] ［德］胡塞尔：《欧洲科学的危机与超越论的现象学》，王炳文译，商务印书馆2001年版，第305—306、309—310页。

揭示伦理价值秩序的道德意向性构成。舍勒认为，先天客观的伦理价值遵循的不是"智的逻辑"，而是"心的逻辑"，不是由知性"生产"的，而是在先天道德情感中被意向性地构成的，在"精神的感受"中被给予的，即"一切价值先天（也包括伦常先天）的真正所在地是那种在感受活动、偏好，最终是在爱和恨之中建构起来的价值认识或价值直观"，"价值和它们的秩序不是在'内感知'或观察中，而是在与世界的感受着的、活的交往中，在偏好和偏恶中，在爱与恨本身中，即在那些意向作用和行为的进行线索中闪现出来！"① 理智对于心的意向对象，即伦理价值及其永恒的秩序是盲目的。心的意向生活的原初层次是感受活动，更高层次是偏好与偏恶，最高层次是爱恨，伦理价值秩序终究来看是爱的秩序，通过爱恨这种"自发的"行为，被生命感受所达及的价值王国"经历着一种扩大或缩小"，通过它，各个新的和更高的完全未知的价值能够不断被"昭示并闪现出来"。

伦理的生活是通过道德人格的同一性被构成的，伦理实体作为大写的个体是由作为小写个体的道德人格建构起来的。在其意向性生活和交互意向生活中的主体是具有道德绝对同一性的人格；道德人格作为理性行为主体，是在原初生成中被构成，它不只是由冲动、情感所决定的人格，更是一种较高的自主行动的自我，由理性动机所引导的自律的自我。然而人格作为自由自律的自我是在"个人的人格与共同体之间不可分割的相互关联中实现的"，个人的人格的理性只能作为共同体的人格的理性而达到越来越完满的实现，反之，"共同体的人格的理性也必然只能作为个人的人格的理性而达到越来越完满的实现"②。人格作为意向生活的个体主体与周围世界是彼此不可分离地相互关联的，人格就是其周围世界的中心，"同时众多彼此交流中的人格有一共同的周围世界"；周围世界作为人格意向生活的相关项，是被人格意向构成的，即"被知觉、被记忆、在思想中被把握，以及被这样那样的猜想和推测"，直至为人格所意识，也为

---

① ［德］舍勒：《伦理学中的形式主义与质料的价值伦理学》，倪梁康译，商务印书馆2011年版，第82页。

② ［德］胡塞尔：《欧洲科学的危机与超越论的现象学》，王炳文译，商务印书馆2001年版，第321页。

人格自我而存在。人格与周围世界的关系不是自然因果关系，而是合目的的"动机化"关系；人格在其动机化的行为中与周围世界发生关系，或多或少将它评价为好的或坏的，符合或不符合目的的，从而赋予周围世界以价值。每个人格与其他人格"本质上是相互构成的"，人格自我在其自身意向性中，在对他人的经验中，在相互理解、相互协同中构成了交互性的人格共同体或社会性共同体。个体人格彼此作为"同伴"而相互交往，不是作为对象，而是作为交互主体，彼此之间"'共同'生存、交流，在爱与互爱、恨与互恨、信与互信等行为中，实际地或潜在地相互发生关系"，并构成着作为其相关项的周围世界，"构成着高阶人格统一体"，进而在"较高或较低层阶上的社会性主体全体的形式内"构成着文化精神世界①。

道德人格独立承载和构成着伦理价值世界，伦理性周围世界即是道德人格意向生活的"实事相关项"，由此每个个体人格就构成一个"个体的世界"，而个体的世界只有作为人格的世界才是一个"具体的世界"，人格即在这个世界中体验自己。舍勒认为，没有凝聚性的大众社会，通过共同生活相互理解，但存在"可代替的凝聚"的生命共同体都不能被人格化，社会作为由个别人组成的没有原初"相互一同体验"的人为单位，虽然个体人格在其中已经显现出来了，但是仍不能被人格化为共同体②。只有人格的共同体综合了生命共同体和社会个体人格，形成文化共同体，如民族国家和基督教会等，构成为凝聚爱的王国，人格化的伦理实体世界。

就伦理价值和道德规范而言，康德用形式规范消解了质料价值，用道德义务论取消了伦理价值论或目的论，具有伦理价值的行为可能是不合道德规范的行为。舍勒基于"心的逻辑"恢复了康德基于"智的逻辑"所颠覆的价值伦理学，重建了价值秩序世界和形式规范世界，伦理世界和道德世界的关系，而这种重建不是在对价值加以实质化之后，废除一切形式

---

① ［德］胡塞尔：《现象学的构成研究》，李幼蒸译，中国人民大学出版社2013年版，第160—165页。

② ［德］舍勒：《伦理学中的形式主义与质料的价值伦理学》，倪梁康译，商务印书馆2011年版，第644、646页。

规范，用伦理完全取代道德，而是废除形式价值与道德规范等同的公式，区分开质性价值与形式规范，建立它们之间互补和相互构成的关系。伦理价值和道德规范之间的正确关系不是被法则规范的就是有价值的，道德上应然的就是有实质价值的，而是相反，一切形式规范和应然都以实质价值为前提，"凡是在谈及一个应然的地方，必定首先已经发生了一个对一个价值的把握"，"一个行动'应当'存在，其前提是，这个'应当'存在的行动的价值在意向中被把握到"，"任何应然都奠基在一个价值之中"①。一个行动是有价值的，不是因为它应当存在，而是一个行动应当存在，是因为它是有价值的，伦理质性的价值是道德规范行为发生的基础。并非对世界的原初行为是道德应当的行为，即义务规范的行为，相反所有对世界的原发行为始终是"一种情感的和认之为有价的行为"。因此一种行为首先必然是有价值的，好的，然后才能被规范化，成为应然的；出乎义务的必然行为建基于对它的对象性偏好价值的"素朴明察"之中，不是规范而是价值才构成行为的出发点。就价值和规范关系来说，规范是由价值规定的，价值决定了规范的形成和变更，而价值是有高低级序的，因此同样的规范法则不可能对所有人都是有效的②。

现象学伦理学奠定了生活世界现象学还原和构成的方法论，指明了现象学伦理学的还原是悬置科学文化，向伦理生活世界回归，在直面客观的伦理生活世界本身之后，进而对客观生活世界进行道德主观性意向还原，呈现伦理生活世界的道德主观意向性构成，建立客观伦理与主观道德、共同体与人格、价值与规范互补构成的伦理道德形态。

2. 两种伦理—道德路向或可能形态：伦理优先，道德优先

在柏拉图、孔孟之后，人类精神踏上了通过道德回归伦理，或通过伦

---

① ［德］舍勒：《伦理学中的形式主义与质料的价值伦理学》，倪梁康译，商务印书馆2011年版，第222页。
② ［德］舍勒：《伦理学中的形式主义与质料的价值伦理学》，倪梁康译，商务印书馆2011年版，第262页。

理寻找道德,经由个体回复伦理共同体,或经由伦理实体建立个体的道路,却始终无法找到实现目的的路径,反而或朝主观道德、个体主体主义的内在世界越陷越深,或朝客观伦理、实体主体主义的外在纲常世界越走越远,以致陷于道德和伦理、主体与实体、个体与共同体的对立紧张之中而不能自拔,直至现时代。从古希腊罗马到基督教时代,从先秦到后秦时代,人类精神发展一路走低,从伦理性实体直落为道德性个体主体,或从道德逍遥主体直化为伦理纲常实体,从外化一路内化,或从自然一路名教,从外在公意公理直下内在私意唯灵,或从外在礼教直落仁心,从关心灵魂完善到灵魂安宁再到灵魂得救,或从求仁复礼直到天理人欲,伦理实体瓦解,主观道德和道德化宗教取而代之,或道德主体不立,三纲五常无所不及。人类精神长期以来生活在没有实体性的内在世界之中,缺失伦理共同体的个体私意世界之中,或缺少主体性的伦常世界之中,没有主体性道德的外在纲常世界之中。人类精神在自身中并通过自身生活,却始终在实体之外并绕过共同体,或在主体之外且绕过个体而生活。人类精神的内在渴望表现为回到希腊,走出先秦,回到本源性的生活世界,重建作为其精神故乡的伦理实体,并实现与主观道德的和解,或重建作为其精神异乡的道德主体世界,并实现与客观伦理的和解。

现象学伦理学通过向实质性的伦理价值世界的回归,克服了道德主义形式规范的空疏化及其对伦理生活世界的超离,又通过现象学的主观意向性还原,揭示了客观伦理的道德主观构成,规范的价值构成,共同体的人格构成,呈现了伦理之道德构成的深层结构,避免了伦理生活世界道德主体性的缺失。伦理具有现实性,道德具有理想性,两者结合则相得益彰,分离则伦理过于实在、道德流于空疏。现象学伦理学深入人类精神生活的内部廓清了其伦理和道德相互构成的内在精神机理。除此之外,伦理和道德一体化的方式还有一种综合的形式,即伦理优先于道德,伦理综合道德,伦理之道德化,或道德优先于伦理,道德综合伦理,道德之伦理化。这表现为道德—伦理综合运用的两种形式,一种是伦理优先的规定性或构成性的运用,即把道德原则运用于伦理生活实际,得出伦理性的判断或决断,这种运用的典型理论形态是情境主义伦理学或境遇主义伦理学;另一种是道德优先的调节性或反思性的运用,即从具体的伦理生活问题入手,寻求适用于解决具体伦理生活难题的一般道德原则,当代应用伦理学是这种运用的典型理论形态。

A. 可能一：伦理优先

一般来说，规范道德是律法主义的，因此是普遍的，它要求任何特殊的行为准则必须普遍化成为行为法则，任何不能被普遍化成为法则的准则永远不会成为道德法则，它仅仅对自己或某些人而言是义务规则，并不对任何人而言都是有效的义务法则。道德是普遍律法主义的，道德的人就是无任何疆界的世界公民，道德的义务就是纯粹作为人应尽的义务。也就是说，道德是无条件的，绝对的，道德法则作为命令是绝对命令，它要求所有人都遵守而没有任何民族、国家的限制，它放之四海而皆准，不允许有任何例外，它任何时候都有效，而不允许有片刻失灵。道德也是严格的、超越的、理想主义的，它把人从具体的生活世界中超拔出来，到达一个纯粹的目的王国，做一个自身善或本身就是目的的好人，而道德上的好就是任何人在任何时间、任何地点、任何条件下都必须恪守普遍法则、出乎律法而行动。这种道德律法主义有三种形式，第一种是自然法道德，它立足人性推出普遍的法则，让人人都按自然生活；第二种是基督教律法道德，它把上帝的命令当作是道德的绝对命令，要人过服从上帝意志的圣灵生活；第三种是康德主义的普遍道德，它把不矛盾的和不违背意愿的普遍法则立为人人遵守的绝对命令、自律的义务规范。然而道德行为的普遍性、绝对性和理想性使得道德有可能严重"脱离"实际的伦理生活，因为实际的伦理生活是变动的、相对的、具体的和现实的。道德判断要求就具体的行动做出一般的决断，就特殊的情况进行普遍的规定。道德的决断是对特殊准则和普遍法则、具体决定和绝对命令加以综合，它要对特殊准则进行普遍化，对具体决定进行绝对化，把普遍的法则运用到具体的行为上，对特殊的行为进行一般的规定。然而道德的判断或规定不是使普遍法则符合实际的生活，而是使具体的生活符合形式化的律法，不是使形式律法适合生活，而是使生活适合普遍法则。这样，道德的生活就是被普遍律法裁剪过的生活、蒸发过的生活，生活是普遍化了，但是生活中很多特殊性的东西也被漏掉了。并且面对实际伦理生活中的诸多特别难题，如极端情况下的自杀问题、说谎问题、堕胎问题等，道德的对待往往比较简单，一概诉诸普遍法则了事，显得不切实际，乃至导致伪善。

在伦理生活与道德律法之间，道德主义强调伦理生活是不重要的，重要的是遵循律法，只有出乎律法的生活才是好的和正义的生活。律法决定了生活是什么样的，而不是生活决定了律法是什么样的。道德律法主义固守的是自柏拉图主义以来理想主义的生活逻辑，不是按照人实际是什么样的决定人应该有什么样的生活，而是人应该是什么样的决定了人实际怎么样生活。它所带来的一个重要问题就是，律法可能不合乎实际生活，乃至歪曲实际生活。伦理情境主义或境遇主义试图颠倒道德律法主义的"智的逻辑"，在伦理生活和道德律法之间，选择伦理生活优先，强调从生活实际出发，从生活情境出发，就人实际生活的处境决定人应该如何生活；任何律法都要应用于具体处境，但不是律法决定人实际所处的处境，而是人实际所处的处境决定律法，不是"使现实去适应规则"，而是"使规则适应现实"①。换言之，"理一分殊"，道德法则需要伦理化，律法要适合实际处境。

一种伦理的情境主义要求道德回归伦理，律法回归生活，理想回归实际，把伦理生活实际摆在首位，道德律法摆在从属地位。伦理生活是具体的、关系性的和实体性的，也是经验的、有条件的、变动着的。伦理生活的决定是具体的，是就特定的情境做出具体的决定，是就具体的情况具体对待。伦理行为的正当性取决于具体处境，也就是说必须在一定的时间、一定的地点、一定的条件下做出什么是善，什么是正当的决定，或在恰当的时间、恰当的地点和恰当的时机做出恰当的好的决定。因此伦理生活的要求是运用道德律法于具体的生活境遇，得出适合具体境遇的有条件的决定，而不是就具体的处境运用道德立法得出无条件的决定，超出一定时间、地点和条件的恒常的和绝对的决定。道德律法是绝对命令，它不会顾及具体的处境、现实的条件，要求在任何情境、所有条件下都必须遵循，如不可说谎的绝对命令就适用于一切情境，无论在何时何地何种条件下都必须服从。但是这样一来道德判断也就完全超离了具体的生活情境，无视现实的伦理生活处境。而每个人都被抛入其现实的处境中，他的生活、他的周围世界都已经先在地给予了他，它们就是他生活的源泉和根基，他永

---

① ［美］约瑟夫·弗莱彻：《境遇伦理学》，程立显译，中国社会科学出版社1989年版，第102、115页。

远无法脱离它,一旦脱离开它,他也就枯萎了。正如亲亲关系作为我们的基本处境,我们是无论怎样都不能无视的,而对于"亲亲相隐"的问题,我们就必须在亲亲关系的伦理处境中来思考,而不能离开这种处境直接用道德法则来衡量。伦理生活的问题必须深入伦理生活的处境加以伦理的解决,而不能脱离实际生活的处境予以道德的解决。一种处境伦理实际上就是一种新决疑法,注重事实和具体的实例,关心规则的实际运用,依据具体处境改变规则和原则,而不是根据规则和原则改变处境。

一种情境主义的伦理学强调处境的优先性和情境的特殊性以反对道德律法主义之强调律法的优先性和法则的普遍性。但是这不意味着一种情境化的伦理要走向另一个极端,完全无视乃至抛弃律法,彻底反律法。道德上的反律法主义如存在主义从根本上抛弃了普遍的律法,否认存在这种适于所有处境的普遍规则,凸显人的存在完全是处境性的,人是彻底被抛在世的,因此要人根据自由随时随地做出特定的选择和决断。一种情境主义的伦理之批评道德律法主义,不是从道德上否定律法主义,就此而言,它是讲道德的,承认道德的普遍律法原则,而是从伦理上反对道德律法主义之把法则绝对化,完全道德主义地对待伦理生活,把具体的伦理生活抽象化,不是就实际伦理处境得出伦理的决断,而是超出具体伦理情境得出道德的决断,消解了实在的伦理生活。因此情境主义伦理讲伦理,但是也讲道德,不过是以伦理的方式讲道德,即把道德原则运用于伦理生活,以一种道德的方式做出伦理的决断,从而把道德伦理化,把道德律法具体化使之成为伦理生活决断的规则。把普遍法则与特殊处境综合有两种可能,一是把特殊处境普遍化、具体处境形式化,这是道德的判断,是就伦理生活做出道德的决断,其结果是这种决断最后出离了伦理生活的具体处境,进入一个普遍化的道德理想国;二是把普遍法则处境化,抽象律法具体化,所谓"理一分殊",这是伦理的决定,以道德方式就伦理生活处境做出伦理的决断,这种决断意味着更深入地走进伦理生活的具体处境,通过道德原则的特殊化,解决具体的日常伦理生活中的一般问题及极端情况下的特殊难题。道德伦理化,律法特殊化,而不是伦理道德化,处境普遍化,这就把情境主义伦理与律法主义道德分离开来,也把它与反道德律法主义区别开来。反律法主义根本否定道德律法,它要么在伦理上走向绝对的情境主义、相对主义、机缘主义,因为它不承认任何普遍性的东西,只承认特殊的、个别的东西，要么在道德上走向绝对的主观主义、虚无主义、特殊主义，流失于琐碎的泥潭中，因为它只承认人的绝对自由、绝对选择和绝对责任，却不承认人还要接受任何普遍规则。情境主义伦理要求从伦理处境出发，强调伦理生活的特殊性，伦理的问题要伦理的解决，这使它避免了道德主义从律法出发，对一切特殊处境加以普遍化的形式主义陷阱，同时还承认伦理生活中的道德因素，伦理决断中道德原则的作用，相对处境中绝对的东西，有条件处境中无条件的道德的东西，这使它避免了反律法主义抛弃一切普遍的规则，对一切特殊处境加以无原则特殊化的相对主义、虚无主义的危险。

一种情境主义伦理学在伦理上是相对主义的，在道德上是绝对主义的，在伦理决断上是绝对的相对主义的，即要求对绝对的道德与相对的伦理进行综合，把绝对的道德原则加以伦理的相对化应用。情境主义伦理在道德上坚持绝对的原则，这种原则未必是律法，即"智的逻辑"，如绝对命令，而可能是"心的逻辑"，如爱的原则，而其他的原则或律法都是从属于它的二级原则。如基督教境遇伦理学就把爱看作绝对的道德原则，爱被看作"唯一的永恒善"，唯一的规范，正义原则，总之，只有出乎爱的才是好的，只有合乎爱的律法才是正当的，只有发自爱的才是公正的。无论在任何时间、地点和条件下，都必须有爱，无论在何种处境，处于何种境遇都必须以爱的方式做出决断，因此爱是无条件的。

一种情境主义伦理要求把"智的"或"心的"绝对原则与相对的具体处境综合起来，把绝对的原则运用于任何特殊的处境，但是"智的"或"心的"绝对原则与具体处境的综合不是使任何处境都适合它，把"智的"或"心的"绝对原则普遍化，而是使它落入所有特定的处境，把绝对的原则相对化，把普遍的原则特殊化，把最高的原则"下放"，使道德的绝对原则走进具体的伦理生活，就具体的伦理处境做出合乎"智的"或"心的"绝对原则的特殊决断，使它适合伦理生活的特殊处境。绝对原则的处境化、具体化就是在任何处境中来表达它、表现它，一切伦理的生活成为道德的绝对原则的表达和表现。因此情境主义伦理是一种表现主义的伦理，它是对道德的伦理表现，是用具体的伦理的生活来传达和表现绝对的道德的原则。如对境遇伦理学来说，"只有爱，倘能很好地实行，在每个境遇中就总是善的和正当的。爱是唯一的普遍原则，但它不是我们有（或是）的什么东西，而是我们实行的东西。我们的任务是要行动，以促成最大可能的善（即慈爱）。我们应该'乐观'，寻求最适度的慈爱"①。爱没有条件，爱是绝对的，一切都视情况而定怎么来表现爱，为了表达爱，甚至在特定的境遇下可以"勇敢的犯罪"，可以自杀。

道德原则是绝对的，处境是相对的，单纯的道德是规范性的，具体的伦理生活是情境化的，而一种情境主义的伦理是表现主义的，它要求对道德原则不做规范性的应用，而做表现性的使用，在具体处境中对它加以特殊的表达。绝对道德原则与相对伦理生活相辅相成，在特定处境中绝对道德原则通过相对的伦理生活得以表达。

B. 可能二：道德优先

伦理与道德的综合，一方面表现为伦理—道德一体，伦理优先，即道德原则伦理化，应用道德普遍原则来解决伦理生活中出现的特殊问题，使用一般的道德律法应对个别的伦理境遇，形成具体的伦理决定。这种伦理与道德的综合就是一切情境主义伦理学所做的工作，情境主义伦理学即是一种道德原则的伦理应用，就是把道德原则应用于伦理生活中。就此而言，情境主义伦理学是一种道德应用伦理学。但是情境主义伦理学只是一种特殊的应用伦理学，因为它不过是对道德原则的一种特殊的伦理应用，一种伦理和道德特殊的综合。这种应用的特殊性在于，它是一种"明智"的应用，而不是一种"工程"的应用，它要求把普遍道德原则如爱的原则加以特殊化表现，使之能灵活地适应具体的伦理处境，而不是得出可操作的规程或程序，而且它最终呈现为一种道德的伦理表现主义，一种普遍道德的具体的伦理表现，一种实际可行的表达道德的伦理行为，而不是形成一种抽象道德实践原则，告诉人们应当怎么做。

伦理与道德的综合，另一方面表现为伦理—道德一体，道德优先，即伦理生活道德化，或对伦理问题加以道德的解释，从具体的伦理生活出发，就实际的伦理难题反思性地寻找一般的道德原则，最后形成符合一般道德原则的道德结论，走出伦理困境。伦理道德的这种综合运用构成了应

---

① ［美］约瑟夫·弗莱彻：《境遇伦理学》，程立显译，中国社会科学出版社1989年版，第47页。

用伦理学的主要部分。应用伦理学的兴起就是源于科学技术的发展及其向社会伦理生活领域的运用与扩张，导致伦理的价值、道德的规范与科学技术的"实事"发生碰撞，产生了在变化了的实事条件下伦理生活如何调整，道德规范如何应对的问题，对科学技术对伦理道德挑战的回应就是应用伦理学。这种回应一方面是对普遍的道德规范加以规定性地运用，另一方面是对普遍的道德原则进行一种调节性的或反思性的运用，而无论是规定性的应用，还是反思性的应用，都有两种形式。道德原则规定性地应用于伦理生活的两种形式，一是就具体的伦理处境，对道德原则进行特殊化的运用，即以道德的方式做出一种伦理的决断，这即是情境主义伦理学综合伦理与道德的范式；二是从伦理生活出发，就具体的伦理问题，对道德原则进行一种普遍化的运用，即以伦理的方式做出一种道德的判断，得出一种具体的道德推论。这是在当代西方应用伦理学中占有相当分量的一种研究范式，与当代西方学术直面现实中的具体问题，做问题式研究的潮流是同调的。如果情境主义伦理学是一种大中见小、大题小做的伦理表现主义模式，那么这是一种小中见大、或小题大做的学术研究模式，它放弃了体系性的思考与对宏大道德规范体系的建构，执着于对一个个具体伦理问题的道德的解决，就一个又一个特殊的伦理难题推出一般的道德结论。

当代社会面临着一系列的伦理难题，如因贫富差距带来的收入和财富分配的正义问题、对远处的人们即非本国人民的救助问题、女权主义运动带来的性别平等正义问题、世界贫困及其救助问题、移民及移民权利问题、惩罚与责任、废黜死刑问题等。而一种对道德原则做规定性和普遍化伦理应用的应用伦理学所采用的一般道德原则主要有功利主义的道德原则、亚里士多德主义的道德原则、契约主义的道德原则、康德主义的道德原则等。功利主义的道德原则是"做那些使净效用最大化，或者使它们所影响到的每个人的满意度最大化的行为"，亚里士多德主义的道德原则是"做那些将会促进一个人作为人类的恰当发展的行为"，罗尔斯式契约主义的道德原则为"做那些人们在一个想象的无知之幕背后将会一致认为应该做的行为"[①]，而康德主义的道德原则是普遍形式化的道德法则，

---

① [美]詹姆斯·P. 斯特巴：《实践中的道德》，程炼等译，北京大学出版社2006年版，第3—4页。

如人是目的的法则等。对于财富的分配正义问题，功利主义诉诸福利最大化的原则，亚里士多德主义诉诸促进人类发展的合目的性原则，契约主义求诸有利于弱者的公平正义原则，康德主义会求诸保证人自由和配得幸福的原则。然而尽管可以应用不同的和多样的道德原则来解决具体的伦理问题，如果每个人都只是单独地诉诸某一种道德原则，不同的人使用不同的道德原则，这固然能够保证多角度、多方面、多层次地审查和检验同一个伦理问题，但是这也难免导致人们就同一个伦理问题要么自说自话，要么彼此矛盾，不仅无从真正解决问题，反而使问题变得更加复杂难辨。应用伦理学运用一元化的道德原则固然使得对任何具体伦理问题的探讨遵循同一原则，但是这也限制了对具体伦理问题解决的其他可能性。应用伦理学对道德原则运用的多元化固然使得对一个伦理问题的论证有多种合理性，但是也因此失去了对具体伦理问题加以同一解决的可能性。

　　对道德原则规定性的伦理应用面临难以克服的困境，而对道德原则调节性或反思性的伦理应用则试图克服道德原则多元化应用的困境，避免引发伦理价值和道德规范的冲突。道德原则的反思性伦理应用也有两种形式，一是反思性的道德体系建构模式，二是通过调节性的道德商谈寻求道德共识的模式。反思性的道德建构模式是从具体的伦理问题入手，在普遍的道德原则的引导下，反思性地构建适合解决某类伦理问题的道德标准或体系。它不是从一般到个别，大中见小，而是从个别到一般，小中见大，通过反思寻求适合特殊伦理生活的普遍道德原理。因此它不是简单地把某种或几种道德原则应用于特定的伦理境况，寻求对特殊伦理问题的解决，而是在普遍的或公认的道德原则的导引下对特殊的伦理生活进行一种道德的建构，寻找与特殊伦理生活相适应的道德标准体系，建构与伦理生活一致的新道德原则。当代应用伦理学诸形态，如生命伦理学、生态伦理学和责任伦理学等就不是对既有的道德原则或规范体系的简单应用，而是面对实际的伦理问题，应用道德原则对新道德体系的反思性地建构。由医学伦理学扩展而成的生命伦理学不是从外部把道德原则引进来，也不是一个个地具体解决因医疗技术或生命技术的发展所带来的生命伦理问题，而是从医疗实践内部阐发生命道德原则。如它就结合医疗实践和生命伦理的实际，反思性地提出了生命道德的四个原则，即自主原则、不伤害原则、行善原则和公正原则，这四个道德原则构成了生命伦理学反思性地解决具体生命伦理问题的总原则。莱奥波尔德作为生态伦理学的"大地伦理学"提出了"尊重存在"的原理以及两个原则，即把道德正当行为的概念扩大到包含对自然界本身的关心和把道德权利概念扩大到自然界的实体和过程。史怀泽"敬畏生命的伦理学"提出了"敬畏生命"的普遍原则，认为道德的对象应当包括一切有生命的生物，不管它们是否有苦乐感受能力，应当不分高低，都给予它们以最大的尊重，善就是维护生命、完善生命和发展生命，"当我要损害生命时，我先要清楚，我是否真的非这样做不可"即是一般的道德行为准则。约纳斯面对科学技术的扩张带给人类生存的巨大威胁，构建了恢复和保证人类生存安全的责任伦理学，提出了对自然，对未来时代人的"非交互性的"和"非对等性的"责任原则：一种就像父母爱子女一样的不求回报但求尽职尽责的责任原则，"这样地行动，以便使你的行为后果与地球上真实的人类生命的持续相一致"[①]，这是基于这种不对称责任道德原理发出的绝对命令。

然而正如对道德原则规定性的伦理应用会导致道德规范的多元论一样，对道德原则的反思性伦理应用也必然导致道德原则的多元论，因为从具体的伦理问题出发，人们不可能反思性地建构统一的道德原则，而只能是多元的道德原则。导致道德原则反思性构建多元化的深层原因是当代公民社会伦理生活价值的多元化现实。科学技术的发展和社会持续地合理化一方面带来文化和社会形式的同一性，另一方面也使得伦理价值同一性丧失，当代社会进入价值多元化的时代。基于多元的价值，对道德规范原则的反思性构建不可能不是多元的，就具体的伦理问题形成同一的道德规范是不大现实的。如果伦理是多元的，道德也是多元的，那么社会难免四分五裂，人的精神不可避免被切成碎片。有没有可能价值是多元的，而道德规范尽可能是统一的？有一种模式的应用伦理学，即"程序—共识论"的应用伦理学就尝试实现这种可能性。程序—共识论的应用伦理学是对道德规范原则的调节性地伦理应用，它在承认伦理价值多元的前提下，构建平等自由商谈的程序，就具体的伦理问题，展开多元道德规范原则的交互对话，以期最后达成道德共识或道德的重叠共识。程序—共识论的应用伦理学不惧怕伦理价值的多元化，相反它认为这恰是商谈的条件，价值的一

---

① 甘绍平：《应用伦理学的论证问题》，《中国社会科学》2006 年第 1 期。

元化恰使商谈是不必要的。在确立了价值多元化的前提之后，接下来就是寻求共识，而它所要寻求的共识不是实质意义上的伦理价值共识，而是基于程序的道德规范上的最大公约数——道德共识，"在现代多元化的社会里，理性论证基础上的共识首先并不体现在实质性的规范上，而是体现在'中立的'程序——交往对话上，共识'只能是关涉到规范与价值之多元性的处置程序。共识只能是在程序问题上才是可能的、有意义的'。这样一种'中立的'程序上的共识的优势就在于，一方面它尊重并认可每位个体或族群拥有自己的道德信念、按照自己有关'好的生活'的观念理解和安排自己生命征程的自由，也就是说它允许不同的生活方式以及有关好的生活的各种不同的方案可以并列共存，互不侵扰；另一方面，它又能够使各种不同的理念在一个共同的客观的道德视点上得到审视，从而为道德观念的冲突的解决开辟一条出路。因而，程序共识在多元化社会中构成了当代伦理学的基础"[①]。

程序—共识论的应用伦理学区分伦理与道德、价值与规范、"好的生活"与"公正的规则"，它通过商谈的程序就道德规范、公正的规则寻求达成共识，而无法就伦理价值、好的生活寻求达成共识。然而如果参与商谈的人们完全带着各自关于伦理价值、好生活的视域展开对话，则这种对话因为出发点或立场上的巨大分歧必然陷入要么各说各话、要么冲突对抗最终无从达成共识的境地。因此要使道德商谈真正得以进行，不仅要通过伦理委员会这个平台以寻求达成道德规范共识，还必须寻找伦理价值歧异的商谈各方能够达成共识的共同基点或视点，这个视点被认为就是为现代社会各方人士都共同接受的人权原则："人权原则是各种富于生命力的伦理学说中得到普遍认可与接受的、稳定的、拥有无条件约束力的道德原则，它既可以从先验的道德公理的角度作为道德真理得到确证（如德性论、责任伦理及形式化的道德法则的证明方式），也可以在行为主体间的商谈程序中作为道德共识得到建构（如契约主义的论证方式）。从伦理学发展史来看，人权原则已成为人类社会毋庸置疑与不容推翻的道德法则，对人权原则的坚持已构成我们时代不可逆转的价值取向。我们固然难以做到认真对待每一种具体的道德理论，但我们绝对必须做到认真对待各种伦

---

① 甘绍平：《论应用伦理学》，《哲学研究》2001年第12期。

理学中共同的道德视点，因为它构成了我们进行道德论证的唯一基点，因为以人为本的原则是我们对复杂的伦理难题做出道德判断时必须坚持的根基性的价值诉求与最高的道德法则。"① 确立了共同的道德视点，人们就可以就具体的伦理问题展开道德的商谈，在遵循"尊重多数原则"的条件下达成道德规范的共识就是可能的。

3. 形态精髓：伦理—道德一体

生活世界本身既是伦理性的，也是道德性的，换言之，人们在生活世界中的生活既是伦理的，也是道德的，人们既是伦理性的人，也是道德性的人。而就生活世界中伦理和道德的关系来看，它们并不是并列的，也不是外在的、分离的，乃至对立的，而是统一的，也是内在的和互补互济的。伦理和道德构成了人精神生活的两个方面，即客观和主观、外化与内化，为人和为己，尽人伦和尽天职等两个方面；它们是互为对方存在的，与对方为一体的，只有它们互为一体，人的精神生活才可能是完整的，内外兼修的，既在一起而又分享自由的，既知善也止于善的。按照黑格尔的原则来说，伦理—道德一体的生活就是实体的生活，也是主体的生活，而实体的生活就是主体的生活，主体的生活即是实体的生活，实体和主体没有分割和分隔，而是互为表里、相互印证、彼此见证。伦理实体的生活获得了道德主体的确信，主体道德的生活赢得了伦理实体的确证，伦理实体生活需要道德主体的合理论证，道德主体生活需要伦理实体的本体证明；没有伦理之实，则道德失之于虚化，没有道德之良心，则伦理失之于物化，有伦理之日用，则有道德之大体，有道德之知，则有伦理之行。如果只见伦理实体，则人类精神尚未转身，道德主体泯然隐遁无形，如果只见道德主体，则人类精神就未再次转身，伦理实体为异乡，人类颠沛流离仍在返乡之途中。伦理实体是家园，道德主体是家园主人，没有主人的家园终将荒芜，没有家园的主人不过是过客。人在异乡为异客，人在家乡迎宾客。背井离乡成游子，家园复建老大回。

不过，从历史上看，人类精神生活从来就没有实现过伦理与道德的合

---

① 甘绍平：《应用伦理学的论证问题》，《中国社会科学》2006 年第 1 期。

一，相反，从道德产生之日起，伦理与道德就一直处在分裂、对立和紧张之中，而实现它们之间的互济统一就成为人类精神发展的一个主要目标。人类精神生活首先是真实的伦理的生活，但这种生活因为家庭和城邦、家与国的矛盾而陷入危机。苏格拉底试图提出精神生活的道德形态以克服这种危机，孔子提出仁礼合一的新伦理形态以挽救这场危机，不幸的是，客观伦理与主观道德发生碰撞，最终以苏格拉底的悲剧命运、孔子如丧家犬的失落收场，而这预示了人类精神之伦理形态和道德形态的根本冲突与难以共济两全。洞悉此种奥秘的柏拉图、孟子通过构建一个最好的正义城邦、仁义国家把伦理和道德统一起来，但是这并未成为希腊化时代和后秦时代东西方人类精神生活的主轴，取而代之的是伦理实体瓦解，道德主体未立，人类失去了精神的家园，或困于伦理的家园，法律个体、礼教秩序应时而生，人类流落为精神的异乡宾客，或死守故乡的东道主。基督教时代和后汉时代，信仰称义、以圣灵拯救得永生的宗教道德成为主流，以仁为义、为仁复礼的礼教纲常成为主轴，以财富和权力为核心的高贵与卑贱的世俗伦理趋于异化，而信仰道德优先和高蹈于俗世伦理之上，成为裁断俗世伦理的准绳，或礼教纲常把自然逍遥道德压在身下，成为回避超越道德的法门。近代社会的兴起，家庭和国家根据社会来重建和理解，其伦理实体性质进一步遭到削弱，家庭契约化，国家法权化，构成现代社会伦理形态的不是伦理性的家庭和国家，而是作为伦理现象界的市民社会，因此适合现代精神形态的不是伦理，而是道德，或者至少是优先于伦理的道德。进而我们看到卢梭在现代批判被金钱所左右的社会，尝试建立伦理性的实体，即公民一体的人民主权国家，却在大革命风暴中结出了苦果。康德祛除了卢梭赋予国家的伦理实体本质，只赋予国家法权的功能，同时为现时代确立了自由自律的普遍道德的精神支柱。黑格尔看到，康德自律道德建立了主体的自由，人作为目的被建立起来，但是他也看到了纯粹理性道德的空疏，遂补充以精神的伦理形态，以使道德自由在伦理实体中获得实在性。但是黑格尔并没有把道德和伦理统一起来，道德和伦理仍然是外在的，乃至相互排斥。如果道德是非客观的，那么伦理是非主观的，道德是主体性的，缺少实体性的，那么伦理则是实体性的，缺少主体性的；实体伦理的确扬弃了主观道德，而道德主体在扬弃了它的伦理实体中不过是实体的偶性，丧失了主体性。最终任何主体都将在绝对精神中失去自身，成为其偶性或工具。因此在黑格尔那里，人在伦理实体中得到的和失去的一样多，在伦理中人赢得了失去千年的实体性，返回了家园，但是人也失去了主体身份，即使回归家园，却不是家园主人，现代奥德修斯历经千辛万苦回到家乡却发现，家园易主，他不过是被人遗忘、谁也不认识的外来客。在黑格尔的伦理实体中，实体是自由的，个体因实体而是自由的，实体是什么，我们知道，我们每个人是谁，我们却不知道。道德是主体性的，伦理是实体性的，如果实体即主体，那么道德的也是伦理的，伦理应当见证道德，而不是压制道德，实体泯灭主体。但是我们却在黑格尔那里看到，道德主体被扬弃在伦理实体中，个体主体被泯灭在实体性的伦理精神中。如此黑格尔不过是换了装的斯宾诺莎主义者，乃至是西方形态的东方实体主义者。

在黑格尔之后，人类社会形态的本质没有发生根本性的转变，其社会性、法权性进一步加强，伦理性逐步减弱，道德被提到了前所未有的程度。伦理学理论形态在道德和伦理两端之间摆动，要么偏重道德形态，这是主流，要么回返伦理形态，这是末流。伦理和道德相互分裂，也相互排斥。但是自从现象学发生了由主体意识领域向生活世界的转向以来，伦理学理论形态也在悄悄发生转型，出现了综合伦理和道德、构建伦理—道德一体化的趋向，形成了将道德主观性和伦理客观性结合起来，道德伦理化、伦理道德化的伦理道德合体的新形态。人类精神在经历了伦理和道德千年撕裂、离家做主人、在家为异客的异化之后，终于在理论上到达了目的地，道德和伦理缝合，回家或居家并且是主人。阐释伦理道德一体、回家或居家做主人的伦理学形态主要包括现象学伦理学、情境主义伦理学和应用伦理学等。

伦理与道德结合可以有不同的形式，它们可以是内在的融合，形成一种新的精神形态，这种形态既是伦理的也是道德的，但也不仅仅是伦理的和道德的，而是形成了比这两者更多的东西，即超出伦理和道德的东西：伦理和道德只不过是它的两个基本因子，它们可以构成它，但是它不能还原为它们，不等于两者的相加，相反，它是两者的统一和总和。就目前来看，无论现象学伦理学，还是情境主义伦理学、应用伦理学等都没有形成这种伦理道德合体的理论形态。也许经过修正的黑格尔精神哲学可以称得上是这种理论形态。

伦理与道德的结合还可以是相互需要、相互补充，乃至是协同共济的。伦理与道德乃一体之两面，这一体即人类精神生活世界，伦理与道德不过是人类精神生活世界的客观和主观、外在和内在、共同体和人格、实体与主体之正反面，或是人类精神生活世界之价值与规范、善与正当、德性与正义的两重面相。人类精神生活已然自我发育、自主成熟，精神生命业已分出自我构成的两重要素，即在本体论上的实体与主体，认识论上的客观与主观，构成论上的外在与内在、共同与本己，价值论上的价值与规范、善与正当、德性与正义等两方面要素。人类精神生活不同层次的两重性不可化简为一面，否则就将损毁人类精神生活的多样性、差异性和丰富性。人类精神生活之伦理与道德的两面相是互补的，相互构成的，缺少了一面，另一面就会瓦解，人类精神生活也将缺少本有的深度、生动和活力。人类精神生活之伦理与道德的两重性不是并列组合的，也不是重叠交叉的，而是相反相成、富有张力的，乃至对立统一的，由此人类精神生活是饱满的、动态平衡的和自我调节的。现象学伦理学即确立了伦理与道德互补构成的理论形态，对它来说，客观伦理即是由主观道德构成的，具体呈现为伦理是文化价值论意义上的，伦理世界是先天实质的价值世界，但是它作为价值世界不是多元的世界，也非一元的世界，而是复数的和有级序的世界，这个先天质性的价值级序世界不是自发形成的，而是通过先天的情感，如感受、好恶和爱恨等"心的逻辑"意向地构成的，没有本有的情感意向性，一切伦理价值都不会被给予，呈现在人面前的只不过是一个纯粹事实性的世界。伦理价值秩序也决定了道德规范，而基于伦理价值的道德规范才不是空洞的，而是有内容的。道德规范反过来也构成和呈现伦理价值，道德规范的普遍化可以确证所有人的伦理义务，避免伦理生活的地方主义。伦理价值世界不是自然主义的世界，而是道德人格主义的世界，伦理世界作为客观周围世界是由道德主观意向构成的，是人格自我意向性的相关项，人类不同层次的共同体也是由人格构成的，最高层次的共同体就是纯粹人格的共同体，而作为人格的主体是道德自由的。

伦理与道德的结合也可以是综合的和一体化的，表现为伦理—道德一体，伦理优先；道德可伦理化，普遍规范可情景化，普遍法则可特殊化，即普遍规则与特殊处境、一般法则与具体情境可加以综合，就特殊处境应用普遍规则进行判断，就具体情境应用一般法则做出决断，使普遍法则符合特殊处境,一般法则符合具体情境。情境主义伦理学就属于这种道德伦理化的理论形态,与其他伦理学理论相比,它的最大特色是强调伦理生活的具体处境和特定情境,指出任何道德判断必须从具体和特殊的境遇出发,而不是从普遍的律法出发,具体情况具体分析,找到适合具体情况的规范或法则,不能无视具体情况直接应用或套用一般规则。与情境主义伦理学的逻辑相反,应用伦理学是一种伦理—道德一体、道德优先的理论形态,它强调面对伦理生活世界的实际问题,应用道德的普遍原则来解决这些实际的伦理问题,不过它的宗旨不是就具体的伦理问题应用一般道德原则做出判断,而是对之进行解释,加以合理化,寻求解决问题的一般原则。因此对它来说,不是使普遍符合特殊,而是使特殊符合普遍,不是一般原则适应具体伦理情况,而是使具体伦理情况适应和表现一般道德原则。

道德和伦理都是建立在自由之上的精神形式,道德是主体自由的精神形式,是内在于良知的,是回到自身进入自身、在主体自身并通过主体自身而尽心尽性尽责,止于良知无愧、心性完善;伦理是实体自由的精神形式,伦理落于共同体自由之上,见之于客观实体,在实体中并通过实体而尽职尽分,止于至善。道德指示的是在主体中并通过主体而尽义务,回到自身通过自身尽心尽性尽责尽善的精神形态,伦理指示的是在实体中并通过实体而尽职尽分,走出自身进入实体担当公意的精神形态。道德关心主体自身更甚于实体,关心良心更过于公意,而伦理关心实体更高于主体,关注公意更多于良知。道德标识的是内在良知自觉自主,以自身为目的的生活形式,而伦理显示的是外在公理公意之担当、以实体为目的的生活形态。道德人—好人生活在自身中以自身为目的,伦理人—好公民生活在共同体中以共同体为目的,道德指一切有我、为我由我,实体必须和应当符合主体,而不是主体符合实体,伦理指一切为他,有他由他,主体必须和应当符合实体,而不是实体符合主体。对于道德人—好人而言,主体始终先于实体,意志自由先于正义,正义先于善,对于伦理人—好公民来说,实体始终先于主体,公共自由先于个人自由,公共善先于个体善。道德是内在的、以自身为目的的、止于良知完善,伦理是外在的,以实体为目的的、止于公理至善。道德人—好人关心自身良心良能之无蔽更高于共同体之公理,伦理人—好公民则关注共同体的完善更多于自身良心的安宁。道德超然于实体之外、安于主体自身之内、立于天地之间,一切为我有我由我、自己自觉自主,伦理外化自身而内在于共同体之中安于人伦之内,一切有他为他由他、忘我去我共在为公。道德生活志在格物致知、正心诚意、修身养性,伦理生活意在齐家治国平天下,道德人——好人关心的是心性、知天与天命,实体适合个体,而不是个体适合实体,一切求诸己;伦理人——好公民关心的是家事、国事和天下事,个体适应实体,而不是实体适应个体,一切求诸全。

伦理和道德区分的意义在于为我们指出了主观和客观、主体性和实体性两种差异的精神形态,也显示了道德—伦理、主体—实体、个体—共同体对立与组合、冲突与和解关系的四种精神形式:伦理否定道德,实体压倒主体,共同体吞噬个体;道德否定伦理,主体出离实体,个体打碎共同体,如中国道家;道德扬弃伦理,或伦理符合道德,共同体适合个体,实体符合主体,个体先于共同体;伦理扬弃道德,道德与伦理一致,道德同一于伦理,道德符合伦理,主体符合实体,共同体优先于个体,如中国儒家。

伦理和道德的区分和同一具有历史性的实践意义,伦理—道德关系即是构成人类精神历史发展的内在逻辑,伦理和道德、实体和主体的对立统一形态就对应着人类精神发展史的坚实轴心。如果我们把道德与伦理看作两种差异互补的精神生活形态,并将之应用于人类精神史,那么我们就会发现,人类精神是在从伦理到道德分娩的阵痛中开端的,然后伦理和道德、个体与共同体、主体与实体的分与合,冲突与和解就成为人类精神史隐秘的主题,而实现伦理和道德的和解,通过个体恢复个体与共同体的同一,在主体中实现主体与实体的协同互济就是人类精神成长发展最终的目的。

六 "精神",如何与"文明"在一起?

改革开放的集体记忆显示,"精神文明"的话语形态四十多年曾经历两次重大推进:从意识形态话语向大众话语的推进;从问题意识向价值追求的推进。改革开放初期,"精神文明"话语的出场背景表现为主流意识形态的"问题意识",随后逐渐发展为与"物质文明"相对应的"两个文明"的发展理念,至今已经成为五大文明之一的"中国梦"的价值共识。两次推进标志着中国社会对于"精神"及其"文明"的两个重大集体觉悟,至此,学术研究出现新的机遇,也面临新的前沿问题:是否需要、如何进行第三次话语推进,将"精神文明"由意识形态话语、大众话语推进为哲学话语?提出这一问题的原因很简单,只有提升为哲学话语,"精神文明"才可能从问题意识、意识形态主张达到全民族的文化自觉,"文明"的核心价值观也才具有自觉的哲学基础,积淀为"时代精神的精华"。马克思说过,历史只能提出自己能够完成的任务,因为任务的提出标志着完成任务的条件已经成熟或正在成熟。现在,完成这一任务的条件正在成熟,问题在于能否攻克这一学术前沿。

如何由意识形态话语和大众话语向哲学话语推进?核心任务是关于"精神文明"理念的哲学辩证,探讨和解决那些概念地内在的基本而重大的哲学问题。显然,哲学辩证的问题重心,既不是"精神",也不是"文明",而是融"精神"与"文明"于一体并超越于二者之上的"精神文明"。在语义哲学上,"精神文明"的理论确证和实践合理性必须同时具备三个条件:是"文明";有"精神";"在一起"。由此概念地内在包含以下哲学课题:"精神"的"文明"本质;"文明"的"精神"的诉求;"精神"与"文明"相互过渡的中介。于是,逻辑与历史地必须回答三大问题:"精神"因何"文明"?"文明"如何"精神"?"精神",以何与"文明"同在?三大问题,归根到底指向一个哲学追问:"精神",到底如何与"文明"在一起?

1."精神",因何"文明"?

"精神"是什么?黑格尔在《精神哲学》的开篇就申言:"关于精神的知识是最具体的,因而是最高和最难的。"① 为何"最高"和"最难"?因为"最具体"!"精神"兼具本体论、历史观、价值论多重意义,与"物质""现实""文明"等对应,形成关于整个世界的基本概念,正因为如此,"精神在一切天上的和地上的事物中认识它自身"②。哲学思辨发现,这个"最高和最难"的知识至少有三个"最具体"的内涵:"精神"与"人"相同一;"精神"是内在化外部世界的能动而创造性力量;"精神"不是抽象的概念,而是概念与实存统一的理念,具有"最具体、最发展的形态",这些形态展现为辩证发展的体系。

"精神文明"的话语推进首先从"精神"开始,它从两个方面展开:一是"精神"的概念转换;二是"精神"与"文明"关系的理念推进。在一般意义上,"精神"被诠释为"意识"或"观念",是关于人的主观世界的总体性话语,"精神文明"通常被理解为精神世界和精神生活的文明。这种诠释虽有一定合理性,却遭遇一个深刻的理论与现实难题:意识是自发的,观念是主观的,"文明"是相对的,于是"精神文明"便内在包含巨大的文化风险:由主观而相对、由相对而虚无。作为显示人的超越性的哲学话语,尤其作为最具标志性的中国话语,"精神"从来不是也不能流于直接的"意识"或"观念",而是具有深刻的哲学意义和民族内涵。如果一定要以"观念"诠释,"精神"应当是黑格尔所说的"观念性",观念性即内在性,即将外在的东西内在化。"精神的一切活动无非是外在东西回复到内在性的各种不同方式,而这种内在性就是精神本身,并且只有通过这种回复,通过这种外在东西的观念化或同化,精神才成为

---

① [德] 黑格尔:《精神哲学》,杨祖陶译,人民出版社2006年版,第1页。
② [德] 黑格尔:《精神哲学》,杨祖陶译,人民出版社2006年版,第2页。

而且是精神。"①"观念"与"观念性"的区别在于:"观念"可能是"反映"甚至是"感受性",而"观念性"则是人"内在化"世界,建构世界对于人的同一性的创造性力量。"精神"的本质特征,是具有观念化或同化外物,使其具有"精神"的本质并在此过程中将自身展现为各种"最具体、最发展的形态"的品质和力量。一方面,"精神"观念化一切外在的东西,使其成为"人"的内在性;另一方面,"精神"具有客观性的力量将自己实现出来,成为世界或"文明"的种种形态。因此,必须"在其活生生的发展中来认识精神的概念"。"精神"有哪些"最具体和最发展"的形态?黑格尔将"精神"当作"主观精神—客观精神—绝对精神"的辩证发展的体系,在"精神的活生生的发展"中,意识或观念只是初级阶段,是由"意识—自我意识—理性"诸形态构成的"主观精神"的直接性环节;精神客观化自身,便成为"客观精神",展现为"法—道德—伦理"诸"最具体、最发展"的形态;最后,在"艺术—宗教—哲学"的"绝对精神"回到自身,达到自我完成。黑格尔精神哲学的启迪是:在"精神"自我发展的体系中,意识或观念可能是精神,准确地说是"精神"的直接性环境,但精神不是至少不只是意识或观念,"精神"是"文明"内在的和创造性的力量。

由此,"精神文明"必须完成的第一个哲学追问是:"精神"为何必须"文明"而又可能"文明"?"精神",究竟因为何种文化资质和哲学条件而成为并创造"文明"?或者说,"精神"在概念中到底具备了哪些"文明"素质或满足了哪些"文明"需求?一句话,"精神",到底因何"文明"?

毛泽东曾说:"人总是要有一点精神的。"他曾以白求恩为典范,揭示"精神"对于"人"的意义:"一个人能力有大小,但只要有这点精神,就是一个高尚的人,一个纯粹的人,一个有道德的人,一个脱离了低级趣味的人,一个有益于人民的人。"②毛泽东留给我们的哲学问题是:人为什么必须"有一点精神"?人怎样才是"有精神"?"有精神"为何可以成为"高尚""纯粹""道德""脱离低级趣味""有利于人民"

---

① [德]黑格尔:《精神哲学》,杨祖陶译,人民出版社2006年版,第14页。
② 毛泽东:《纪念白求恩》,《毛泽东选集》,人民出版社1966年版,第621页。

的人？

在精神哲学意义上，"精神"具有三大文化本性，它们是"精神"的"文明"魅力，也是"精神"的"文明"的条件。

第一，出于"自然"而又超越"自然"。探讨什么是"精神"，必须首先回答什么不是精神。"精神"从哪里开始？从扬弃"自然"开始。"精神"的对应物和对立面是"自然"，这里的"自然"既是外部自然或客观自然，包括自然界和现实世界，也是内部自然即人的感性意志的主观自然。正如黑格尔所说，"精神""对自然有其最亲近的关系"，是从自然之树上绽放的最绚丽的花朵，虽始于自然，然而一旦从自然中长出，便与自然相对立，赋予自然以"精神"的高贵与尊严。自然的法则是必然，"精神"的法则是自由，"凡属于自然本身的东西都在精神那里了结了，精神虽然在自己本身中具有自然的全部内容，但种种自然的规定是以一种完全不同于它们在外部自然里的方式存在于精神身上的"①。所以，黑格尔特别强调，"精神"既不能在理性心理学即所谓灵魂学意义上把握，也不能在经验心理学的意义上把握。在内部自然的意义上，"精神"的基本特性，是对于人的自然本能的超越，用中国哲学话语表达，"精神"与"自然"的区别，是孟子所说的"大体"与"小体"，戴震所说的"必然"与"自然"的区别。"人之有道也，饱食、暖衣、逸居而无教，则近于禽兽。"② 流于"自然"的"近于禽兽"的是人及其文明的终极忧患，"道"则是超越"自然"的"精神"追求。"精神以自然为它的前提，而精神则是自然的真理，因而是自然的绝对第一性的东西。在这个真理中自然消逝了。"③ 相对于意识和观念的直接性，"精神"是一种教养。"精神"的本性是自由，自由的真谛是解放，解放首先意味着摆脱人的自然冲动的束缚，摆脱意识的本能和观念的任性，获得真正的自由。"精神"遵循自由律，虽出于自然却从来不是意识的"自然律"的奴隶，"人作为精神是一种自由的本质，他具有不受自然冲动所规定的地位"④。意志是

---

① [德]黑格尔：《精神哲学》，杨祖陶译，人民出版社2006年版，第19页。
② 《孟子·滕文公篇上》。
③ [德]黑格尔：《精神哲学》，杨祖陶译，人民出版社2006年版，第10页。
④ [德]黑格尔：《法哲学原理》，范扬、张企泰译，商务印书馆1961年版，第29页。

精神在法哲学意义上的出发点,"意志这个要素所含有的是:我能摆脱一切东西,放弃一切目的,从一切东西中抽象出来"①。在《精神现象学》中,黑格尔呈现了"伦理世界—教化世界—道德世界"的"精神"客观化自身的辩证运动过程,"道德"是客观精神发展的最高阶段,其诞生的标志,便是出现以道德与自然对立为内容的"道德世界观"。"从这个规定开始,一个道德世界观就形成了,这个道德世界观是由道德的自在自为存在与自然的自在自为存在的关系构成的。"② 道德世界观的内核有二:道德与自然的对峙与对立;在这个对峙中只有道德具有本质性而自然全无本质性,即它是"道德的"或为道德所主宰的世界观,而不是"自然世界观"。但是,"精神"的真谛是道德与自然之间两大和谐的公设。"第一个公设是道德与客观自然的和谐,这是世界的终极目的;另一个公设是道德与感性意志的和谐,这是自我意识本身的终极目的。"③ "感性意志"即主观自然,道德与客观自然、主观自然的和谐关系,是"精神"客观化自身的精髓,这种关系的终极目的,是"道德规律应该成为自然规律"④,由此达到二者之间"被设定的和谐"。"精神"因出于自然,所以必须"文明";因超越"自然",所以可能"文明"并成为"文明"。"精神"的第一本性,便是对"自然"的超越,既是对客观自然,即诞生它的那个自然界,以及它所面对的那个现实世界的超越;也是对主观自然,即对人自身的感性意志尤其是主观任性的超越,是在超越中从必然律或自然律下的解放及其所达到的真正的自由,亦即自由律的实现。

第二,超越自我,有限与无限、个别与普遍的统一。雅斯贝尔斯曾经说过,在轴心时代,每一种文明都诞生一些崇高的观念,这是崇高的概念在古希腊是"逻各斯",在中国是"道""精神",这是"精神"诞生的标志,它表明人类相信可能通过努力将自己在精神上提高到与宇宙同一的

---

① [德] 黑格尔:《法哲学原理》,范扬、张企泰译,商务印书馆1961年版,第15页。
② [德] 黑格尔:《精神现象学》(下卷),贺麟、王玖兴译,商务印书馆1979年版,第126页。
③ [德] 黑格尔:《精神现象学》(下卷),贺麟、王玖兴译,商务印书馆1979年版,第130页。
④ [德] 黑格尔:《精神现象学》(下卷),贺麟、王玖兴译,商务印书馆1979年版,第138页。

高度。人是有限存在者即个体，人的终极抱负是超越有限而达到无限，这个超越性的进程就是"精神"，实现这种超越的基本具体形态，在中国是伦理，在西方是宗教。所以，在哲学上，"精神"被当作"包含着人的全部心灵和道德的存在"，并且与宗教相通。① 人首先是个体性的"自然"存在，是"单一物"，"精神"的本质是将人从个体性存在提升为普遍性存在，达到"单一物"与"普遍物"的统一，正因为如此，"精神"才既与心灵，也与道德和宗教相通，是伦理与宗教实现的必要条件。"人作为直接概念，并从而作为本质上单一的东西，具有自然的实存。"② "精神"的哲学真理和文明魅力将人从个体性提升为普遍性的那个超越性的进程。"精神"从自在走向自为有两个哲学条件：一是对成为"普遍物"即普遍存在者的信念和信心；二是"从实体出发"即从"普遍物"的实体出发。无论伦理型文化还是宗教型文化，都预设一个普遍物的终极存在，在伦理型文化中，它是"人"的终极存在；在宗教型文化中，它是上帝或佛祖的终极存在，上帝或佛祖的终极实体或终极存在，归根到底就是"人"的终极存在的人格化，正如马克思所说，不是宗教创造了人，而是人创造了宗教。人的终极目的，是达到自我或个体的"单一物"与"人"或"上帝"的"普遍物"的统一，由此从有限走向无限，由个别性走向普遍性。这种统一，在不同文化中表现为不同的信念和文化形式，在中国是成为所谓"大人"或"成人"；在西方，便是获得上帝的拯救。在哲学的意义上，人不只是主体，因为任何动物都可能是自在的主体，人是唯一意识到自己的主体性的主体。人的主体性的精神哲学表现，便是经过教化，将从原初的实体意识中分离出来的个体提升为"人"的普遍性存在，"人间最高贵的事就是成为人"③。这里的人，既是不抽象的个人或"单一物"，也不是抽象的实体或"普遍物"，而是"单一物与普遍物"即个体与实体的统一。在精神哲学的意义上，"把人称作个人"只是"一种轻蔑的表示"，因为它否认了人的存在的普遍性，把人当作无家园无实体总而言之是"无体"的偶然性存在。"人"是诸个别性存在的公共本质

---

① ［德］黑格尔：《历史哲学》，王造时译，上海书店出版社2001年版，第1页。
② ［德］黑格尔：《法哲学原理》，范扬、张企泰译，商务印书馆1961年版，第51页。
③ ［德］黑格尔：《法哲学原理》，范扬、张企泰译，商务印书馆1961年版，第46页。

即所谓"普遍物",是人的实体和家园,只有通过"精神"才能达到。人的自我肯定是所谓"人格",抽象的"主体"只是人格的可能性,人格的真谛是在有限性中追求无限性,达到有限和无限的统一。"人既是高贵的东西同时又是完全低微的东西。他包含着无限的东西和完全有限的东西的统一、一定界限和完全无界限的统一。人的高贵处在于保持这种矛盾,而这种矛盾是任何自然东西在自身中所没有的也不是它所能忍受的。"① 人格的真谛,是一方面被"格"即被规定,是有限存在者,另一方面又在有限性中追求"人"的无限性。因为被"格",所以是"单一物",也是具体的存在;因为追求"成为人",所以是"普遍物",或可能成为普遍存在者。人格的本质和精髓,是在"格"即被规定中成为或追求成为"人"的普遍存在。所以,"成为一个人,并尊敬他人为人"是"精神"的"绝对命令"。"成为一个人",是对"人"的终极性的追求;"尊敬他人为人",是对"人"的相互承认,由此便造就一个"人"的世界。重要的是,在追求"单一物与普遍物统一"的进程中,"精神"总是基于对"普遍物"的信念及其坚守。信念,具体地说,对"人"的"普遍物"的偏重和"成为一个人"的信心,是"精神"的第二天性。

第三,超越理性,思维与意志、知与行的统一。"精神"的最大魅力不仅是希求超越,守望信念,而且是实现超越和信念的内在力量,这种内在力量的哲学根源,就在于它是思维与意志、知与行的统一。"精神一般来说是思维,人之异于动物就因为他有思维。"② 思维的特殊形态便是意志。在黑格尔看来,思维和意志的统一不是说精神有两种官能,而只是说它有两种表现形态和存在方式,思维和意志只是对待同一对象的两种不同态度,即理论的态度与实践的态度,意志不过是一种特殊的思维方式,是一种冲动形态的思维,即把自己转化为现实的那种思维。不过,思维与意志具有不同的"精神"意义。"精神"的要义是普遍,思维指向普遍,意志实现普遍。"每一个观念都是一种普遍化,而普遍化是属于思维的。使某种东西普遍化,就是对它进行思维。"而"意志只有作为能思维的理智

---

① [德] 黑格尔:《法哲学原理》,范扬、张企泰译,商务印书馆1961年版,第46页。
② [德] 黑格尔:《法哲学原理》,范扬、张企泰译,商务印书馆1961年版,第12页。

才是真实的、自由的意志"①。思维和意志的统一使人具有一种特殊的"精神"：不但希求普遍，而且通过意志行为使自己现实地成为普遍存在。思维与意志的统一，用中国哲学的话语表述，就是知行合一，它是精神的第三天性。由此，"精神"便与"理性"相区分，是理性发展的更高阶段。当"理性已经意识到它的自身即是它的世界、它的世界即它的自身时，理性就成了精神"②。"理性"只是思维，但如果只思维而不行动，便流于"优美灵魂"，最终"将化作一缕青烟，消逝得无影无踪"；而"精神"具有将思维实现出来的品质和力量，不仅信奉文明，而且创造文明。

综上所述，超越"自然"、超越自我、超越理性，是"精神"的三大哲学天性。超越是"精神"的自在，对成为"人"的普遍存在者的理想与信念是"精神"的自为，知行合一是"精神"的自在自为。"人总是要有一点精神的"，对自然的超越，使人成为"一个脱离了低级趣味的人"；对"成为一个人"的理想信念及其坚守，使人成为"一个高尚的人"和"一个纯粹的人"；知行合一，使人现实地成为"一个有道德的人""一个有利于人民的人"。有超越，有理想信念，知行合一，才是"有精神"，三者之中，理想信念是核心。因为出于自然而又超越自然，"精神"需要"文明"而又可能"文明"；因为对成为普遍存在者的理想信念，"精神"进入"文明"，也成为"文明"；因为思维与意志、知与行的统一，"精神"造就"文明"，创造"文明"。

2. "文明"如何"精神"？

"精神文明"在问题意识中展开为两个结构："精神"如何"文明"；"文明"如何"精神"。相应地，也遭遇一个悖论，即"不'文明'的'精神'与'没'精神'的'文明'"。在现代性背景下，"没'精神'的'文明'"是更深刻的难题。这一悖论概念存在于"精神文明"的话语构造中。在语义诠释中，"精神文明"一般被当作主谓结构，即"精神

---

① ［德］黑格尔：《法哲学原理》，范扬、张企泰译，商务印书馆1961年版，第12、31页。
② ［德］黑格尔：《精神现象学》（下卷），贺麟、王玖兴译，商务印书馆1979年版，第1页。

的"（精神世界或精神生活）的"文明"，常常冷落了另一个更为深刻的语词构造——动宾结构，即"使'文明'有'精神'"，或"精神"创造"文明"。主谓结构的核心问题，是"精神"因何"文明"，要义是对信念的守望与追求；动宾结构的核心问题，是"文明"如何"精神"，精髓是人文理想主义。前者的话语重心是"精神"本身，指向"精神"成为"文明"的哲学条件；后者的话语重心是"文明"，指向"精神"之于文明的意义，或"文明"的"精神"诉求。二者之中，"使'文明'有'精神'"更具终极意义。

"文明"如何"精神"？显而易见，不只是像韦伯所说的那样，赋予"文明"以"精神气质"，更应当赋予文明以精神素质和精神本质。需要突破的是，"精神"与"文明"，到底为何种哲学关系？根据对历史唯物主义的一般演绎，"文明"与"精神"有两种关系，即所谓"决定性"与"能动性"，挑战在于：是否还有"第三维"？

"文明"与"精神"的关系，很容易让人们想起黑格尔在《法哲学原理》中所提出的"凡是合理的都是现实的，凡是现实的都是合理的"的"两个凡是"的命题，以及恩格斯对它的那个著名批判，然而往往忘记马克思在《黑格尔法哲学批判导言》中的那个更为深刻的告诫："光是思想竭力体现为现实是不够的，现实本身应当力求趋向思想。"[①] "文明"如何"精神"？按照马克思的理论，至少有三条路径：（1）"文明"决定"精神"，文明发展到一定历史阶段便产生与它相适应的"精神"。（2）"思想竭力体现为现实"，换言之，"精神"竭力体现为"文明"，然而马克思在这里明确说，这是"不够的"。必须追问却没有追问的是：为什么"不够"？秘密在于"体现为"。如果进行哲学分析，"体现为现实"往往必须"体现现实"或符合现实，但"体现现实"有两种可能，可能是思想符合现实的现实主义，是理论联系实际；但在精神生活中也可能是思想向现实的"献媚"，是精神的"祛魅"，是精神对世俗的趋附。思想与现实的矛盾，相当意义上是合理性与现实性的矛盾，于是，便遭遇一个难题，当思想所追求的理想或合理性与现实存在巨大矛盾，"精神"与世俗文明之间遭遇深刻紧张时，应当如何选择？是执着于"明知不可为之而为之"的

---

① 《马克思恩格斯选集》（第1卷），人民出版社1972年版，第10页。

儒家式的理想主义，还是"知其不可奈何而安之若命"的道家式的明哲保身？如果是前者，便不能"体现现实"；如果是后者，便是思想向现实的妥协甚至趋附。于是，在"思想竭力体现为现实"中便内在包含巨大的风险，或是因缺乏现实性而难以"体现为"现实，或是在与现实的紧张关系中趋附现实，所以马克思才说，光是思想"竭力"体现为现实是"不够的"。于是，便有（3）"现实力求趋向于思想"。

"现实力求趋向于思想"有两个关键词：一是"趋向"，这是现实与思想的一种新关系，也是现实对思想的一种新态度；二是"力求"，表征"趋向"的限度和难度。"现实力求趋向思想"的意蕴是什么？显然，现实趋向于思想可能指思想体现为现实的条件正在具备或已经具备，这就是马克思在这段文字的前面所说，"理论在一个国家的实现程度，取决于理论满足这个国家的需要的程度"[①]。但仅仅是客观条件的满足很难解释现实趋向思想的"力求"。"力求"是诉求，也是追求，其中包含着"凡是合理的都是现实的"那种张力。一方面隐喻现实应当接受思想的批判和引领；另一方面隐喻现实可能落后于思想。正如罗克摩尔所说，黑格尔"两个凡是"的命题明确地认为，"在他自己所处的时代，社会所达到的阶段远远落后于应该与可能的水平"[②]。马克思也正是在这个意义上做出这一论断的。"现实应当力求趋向思想"，是"决定性"与"能动性"之外的"第三维"，其要义既不是现实决定思想，也不是思想反作用于现实，而是现实"能动地"接受思想的批判与引领，是现实对于思想的需求和追求。

诚然，马克思这个论断的话语背景和问题域是"理论要求是否能够直接成为实践要求"，如果移植和运用于"精神"与"文明"的关系，这个"第三维"就是："'文明'应当力求趋向于'精神'。"应该说，这是"精神文明"更深刻的哲学本质。"现实竭力体现为思想"，"精神"竭力在"文明"中实现自己，赋予"文明"以"精神"；但是，只有在哲学上觉悟到这样的程度，"现实应当力求趋向于思想"，"精神"成为"文

[①]《马克思恩格斯选集》（第1卷），人民出版社1972年版，第10页。
[②][美]汤姆·罗克摩尔：《黑格尔：之前和之后》，杨小刚译，北京大学出版社2005年版，第195页。

明"内在的需求和追求,"文明"才真正有"精神",才不仅具有"精神气质",而且具有"精神素质"和"精神本质"。在现代性飓风下,人们太多强调"思想体现现实",即"文明"决定"精神"的现实主义,太多冷落"思想体现为精神"的"精神"之于"文明"的能动性,完全忘却甚至没有足够的信心和勇气提出"现实应当力求趋向思想"的诉求,即"'文明'力求走向'精神'"的那种理想主义和批判意识。"精神文明"不只是"精神"竭力体现为"文明",更是"文明"力求趋向"精神"诉求。理想主义,是"精神文明"的精髓,也许正因为如此,"精神文明"才需要也才可能与"物质文明"等其他四个文明形态鼎足而立。

"文明"如何"精神"?以上三条路径,本质上是关于"精神"的三个不同理念和对待"文明"的三种不同态度。(1)现实决定思想,"精神""体现"文明,这是现实主义的态度,其最大风险是在适应或顺应中流于平庸的现实主义,所谓"生于习惯,死于习惯"。(2)"思想竭力体现为现实","精神"体现为或"显现"为"文明"。"体现"与"体现为"的区别在于,前者是被动的适应或顺应,后者是能动的创造,其最大风险是遭遇巨大矛盾时的"明知不可为之而安之若命"的道家式逃避。(3)"现实应当力求趋向思想","文明"趋向"精神",它毋宁说是思想对现实、"精神"对"文明"的一种批判性诉求,所体现的"精神"对"文明"的态度是"明知不可为之而为之"的儒家式的自强不息的进取。"思想竭力体现为现实"是理想主义,但"现实应当力求趋向思想"是更深刻的理想主义。何种理想主义?人文理想主义!前者的精髓是"合理的"成为"现实的";后者的精髓是"现实的"成为"合理的"。顾名思义,"文明"即由"文"而"明"。"文明"的目标在"明",达道在"文"。"文"即人文,即文化,即"人"的文化规律。"文化"是什么?文化创造的是一个意义的世界,意义世界是理想主义的精神王国。按照丹尼尔·贝尔的观点,"文化本身是为人类生命过程提供解释系统,帮助他们对付生存困境的一种努力"[①]。文化以意义世界超越生存困境,由此建立现实与理想之间"乐观的紧张",体现人文理想主义和人文大智慧。

---

① [美]丹尼尔·贝尔:《资本主义文化矛盾》,赵一凡等译,生活·读书·新知三联书店1992年版,第24页。

"精神文明""明"什么？"明精神"，"明""精神"对"文明"的终极意义，"明""'文明'力求趋向'精神'"的人文理想主义。不过，审慎对待，"思想竭力体现为现实"与"现实力求趋向于思想"所诠释的"文明"如何"精神"的两条路径，还是两种不同的理想主义。前者是文化理想主义，后者是文明理想主义，二者都是"精神"的人文理想主义，但以"现实力求趋向思想"为哲学内核的文明理想主义，是现代文明体系最稀缺的理想主义。如果只是"思想竭力体现为现实"，那么很可能是"精神"对于"文明"的单相思；"现实力求趋向思想"，是"文明"对待"精神"的一种新态度，也是文明的一种新态度，借此可以告别平庸的现实主义。无论如何，理想主义，是"文明"的"精神"气质，也是"文明"的"精神"本质。我们总是不断地提出理论联系实际，思想"体现"现实，战战兢兢地要求思想"体现为"现实。现在，是拿出"精神"的勇气，要求"现实也应当力求趋向于思想""实际联系理论"的时候了。这是一种新觉悟，一种新态度，也是一种新理念和新勇气。

"不仅思想要竭力体现为现实，而且现实也应当力求趋向思想"，于是，"精神文明"便期待也应当进行某种从语词结构、语义逻辑、话语形态到价值取向的哲学革命。在语词结构方面，"精神文明"不再只是"精神世界与精神生活的文明"的"'精神'的'文明'"的主谓结构，而是"精神体现为文明"与"文明趋向精神"的"使'文明'有'精神'"的动宾结构。在语义逻辑方面，"'精神'的'文明'"将"文明"当作"精神"的价值预设与价值本体，于是便存在两大难题，其一，"文明"只是"精神"膜拜和分享的对象，"精神"之于"文明"缺乏一种能动的和创造性的力量；其二，"文明"是相对的，像"精神"一样，有"种种具体形态"，不仅一个时代到另一个时代、一个民族到另一个民族"完全不同甚至截然相反"，而且同一时代、同一民族中的不同主体也可能存在迥然不同的理解。由此，无论"'文明'决定'精神'"，还是"'精神'体现为'文明'"，都可能是一个被动的缺乏内在推动力量的过程。在话语形态方面，"'精神'的'文明'"可能是甚至在基本内涵上永远是指向"问题意识"的意识形态话语和大众话语，因为这一话语背后的潜意识和先验判断是"'精神'还没有达到'文明'"，因而需要"文明"。虽然在根本意义上精神世界与精神生活的文明是一个永无止境的无限进程，虽然它也指向"精神体现为文明"的实践创造，但其基调是基于问题意识的意识形态话语以及由此积淀为集体意识的大众话语。"使'文明'有'精神'"的动宾结构将意识形态话语和大众话语推进为哲学话语，它在哲学的意义上将精神"体现"文明的决定性、精神"体现为"文明的能动性，推进为文明"趋向"精神的积极创造和现实批判力量。在价值取向方面，"'精神'的'文明'"是"精神"诉求、追求"文明"单向进程，"使'文明'有'精神'"是"精神"与"文明"的相互承认及其辩证互动。诚然，这一话语转换已经内在于"精神文明"的概念中，这一哲学推进已经潜在，但是，需要由自发走向自觉，尤其是实践中，这一推进还刚刚开始甚至没有开始。可以肯定的是，如果不能进行和完成这一推进，在以市场、资本、全球化等为现实内核的"文明"面前，"精神"将永远难以摆脱祛魅的命运，理想主义在世俗洪流中永远难以成为"精神"的旗帜。

3. "伦理之石"

"精神"的天性是"文明"，"文明"的精髓是"精神"，"精神文明"是"精神"与"文明"的同一体。"文明"因何"精神"？因"精"而"神"；"精神"如何"文明"？由"文"而"明"。问题在于，"精神"与"文明"到底如何在一起？二者相互过渡的桥梁和基础是什么？

文明史已经演绎和诠释"精神"与"文明"同一的历史哲学图式。古典经济学家马歇尔在《经济学原理》的开篇就宣布："世界的历史是由宗教和经济的力量所形成的。""世界历史的两大构成力量，就是宗教和经济的力量。"[①] 宗教与经济，是历史文明的两大基本力量，也是"精神"与"文明"同一的历史内核，显而易见，这是根据西方经验所做的历史哲学解释。宋明理学家从中国经验做出另一种解读："天下之事，惟义利而已。"[②] 义与利，表现在世俗形态上就是伦理与经济，是中国文明的两大内核，是"精神"与"文明"同一的历史图式的阴阳两极。宗教与经

---

① ［英］马歇尔：《经济学原理》上卷，朱志泰译，商务印书馆1964年版，第23页。
② 《二程遗书》，《语录》卷十一。

济、义与利，是中西方两种文化类型即宗教型文化与伦理型文化对人类文明的终极力量的发现和揭示，两大文化类型的共同元素是经济，区别在于作为中西方精神文明核心构造的伦理与宗教对于两种文化类型的不同"精神"意义，它们是"精神"与"文明"同一的两大历史哲学图式分道扬镳的最大秘密所在。

揭示这一秘密的意义在于，如果无视两大文化类型的深刻殊异，用一种文化类型解释另一种文化类型，就会出现文明中心主义的解释暴力，导致严重的历史后果，被中国学术界广泛接受并产生巨大影响的韦伯的"理想类型"便是现代文明史上最典型的案例。"理想类型"发现的秘密是：近现代西方文明最重要的动力，是新教伦理所造就的资本主义的那种特殊的"精神气质"，如"天职"与新教的劳动价值观，"蒙恩"与新教的财富观，"节俭"与新教的消费观等，新教伦理透过"资本主义精神"的中介，形成近现代西方文明的合理性，其他文明形态，如以佛教为核心的印度文明，以儒教为核心的中国文明，以伊斯兰教为核心的伊斯兰文明，包括天主教文明等，因为不具备这种"精神气质"，不仅没有生长出发达的资本主义，也缺乏现代文明的合理性。显然，"理想类型"相当程度上是韦伯对近现代西方文明所做的"伦理美工"，对"精神"本质的揭示远没有马克思深刻。马克思曾这样揭示马丁·路德宗教改革的实质："他把人从外在宗教解放出来，但又把宗教变成了人的内在世界。他把肉体从锁链中解放出来，但又给人的心灵套上锁链。"[①] 新教成功地使"现实力求趋向思想"，透过"精神气质"造就了近现代西方资本主义文明。然而，深刻而严重的文明后果是，基于西方文明中心论的"理想类型"经过宗教伦理的论证，不仅因"精神气质"取得文化合法性，而且取得伦理合法性，于是便由文化帝国主义走向伦理帝国主义，由此在理论上建构起西方文明在现代文明体系中的霸权地位，最终走向文明帝国主义，为所谓"全球化"准备和提供了最重要的历史哲学基础。在这个意义上，"理想类型"所完成的是对近现代西方文化的"精神"辩护，接受了"理想类型"，不知不觉中也就是承认了西方文明中心论，它是最潜隐也是最深刻的文明帝国主义，对此，善良而缺乏必要文化洞察力的人们却缺乏应

[①] 《马克思恩格斯选集》（第1卷），人民出版社1972年版，第9页。

有的警觉和警惕。不过，应当承认，韦伯开启了对人类文明的另一种解读方式，即"精神气质论"，揭示了宗教并由此也揭示了伦理在文明体系中的精神意义，这是"理想类型"对现代文明的特殊学术贡献。

如果说西方文化中"精神"与"文明"相互过渡的中介是宗教，那么，在伦理型的中国文化中，二者之间的中介便是伦理。德国古典哲学家黑格尔将整个世界分为两类，即自然世界与伦理世界。在自然世界，规律客观存在于其中，而在伦理世界，理性已经成为它内在的东西，真理似乎存在于它之外，易受偶然性摆布，因而需要寻找"哲人之石"，凭借"哲人之石"，一方面"哲人"可以登高远眺，洞察彼岸；另一方面，它是偶然性洪流的中流砥柱，"哲人"可以借此澄明伦理世界的真理。借用"哲人之石"的话语，对伦理型的中国文化来说，把握"精神"与"文明"之间相互过渡的中介，关键是寻找"伦理之石"。

"伦理之石"的哲学根据首先是"精神"与"伦理"同一性关系。黑格尔曾说，"伦理本性上是普遍的东西，这种出之于自然的关联（引者注：指家庭）本质上也同样是一种精神，而且它只有作为精神本质才是伦理的"[①]。伦理是人伦之理，其话语重心在"伦"。"伦"是什么？作为特殊的中国话语，它是人的实体性或公共本质。伦理指向人伦关系，人伦关系的本质，是个体性的人与实体性的伦的同一性关系。在伦理世界中，人从个体性存在现实化为实体性存在，人与自己的公共本质的同一，有三种现实形态，即三大伦理实体：家庭、社会和国家。"伦理"之中，"伦"是人的存在的实体，"理"是人的存在的真理或天理。伦理既不是抽象的个体性，也不是抽象的普遍性，而是个体性与普遍性的统一，而达到这个统一的必要条件就是"精神"。为此，伦理必须有一个哲学条件：以对实体性的"伦"即人的公共本质的信念为前提。黑格尔曾说，有两种伦理观，一是"从实体出发"，二是"原子式地思考"，后者的根本缺陷在于"没有精神"，因为它只能达到原子形式的"集合并列"，而"精神"是"单一物与普遍物的统一"。于是，"伦理"与"精神"之间不仅在哲学上深度契合，而且相互诠释，互为前提。

---

① ［德］黑格尔：《精神现象学》（下卷），贺麟、王玖兴译，商务印书馆1979年版，第8页。

"伦理"与"精神"的同一性关系在中国哲学传统和哲学话语中得到直接表达。王阳明曾以"精神"诠释作为其道德体系核心的"良知"。"以其妙用而言,谓之神;以其流行而言,谓之气;以其凝聚而言,谓之精。"① 良知是何种凝聚?是伦理"普遍物"之凝聚,于是谓之"精";是何种妙用?是超越自然、超越自我之妙用,是通向"普遍物"的走向无限的妙用,于是谓之"神";良知何以"流行"?以知行合一"流行",于是谓之"气"。良知即精、气、神,即伦理。"精"是"伦","神"是"理","气"便是思维和意志统一之"精神",亦即知行合一之伦理。在王阳明体系中,良知是伦理的自在自为形态和哲学表达,在良知与精神之间存在相互诠释的同一性关系,推展开来,在"伦理"与"精神"之间也内在包含相互诠释、互为条件的同一性关系。

中国文化是一种伦理型文化,伦理是传统文化的核心,这已经是学术界的共识。"伦理之石"可能来自的质疑和挑战是:经过近现代转型,中国文化已经发生根本性变化,伦理的基础地位已经是昨日记忆。然而,全国性大调查的信息支持了"伦理之石"的假设。调查发现,现代中国社会虽然饱经欧风美雨的激荡,但伦理型的文化没有变,不仅宗教远没有成为也不可能成为中国人精神生活的主流,而且伦理道德路径依然是处理人际关系和安身立命的首选,只是在伦理与道德的现代转型中,呈现"伦理上守望传统,道德上走向现代"的"同情异行"的文化轨迹。②

以上逻辑、历史、现实的简单考察发现:伦理,既逻辑和历史地与"精神"相通,又历史和现实地与"文明"相通,因而逻辑、历史、现实地使"精神"与"文明"相通;伦理,是"精神"的基石,是"文明"的基石,因而也是"精神"与"文明"同一的基石。在"精神"与"文明"之间,存在一块"伦理之石",借此,"精神"与"文明"相互过渡,合而为一。甚至可以说,不是在"精神"与"文明"之间存在"伦理之石",而是"精神"与"文明"都奠基于"伦理之石","精神"与"文明"都林立于"伦理之石","精神文明"就是"伦理之石"上耸立的恢宏文明大厦。"伦理之石"与"哲人之石"的殊异在于:"哲人之

---

① 王阳明:《传习录注疏》,邓艾民注,上海古籍出版社2015年版,第129页。
② 参见樊浩《伦理道德现代转型的文化轨迹》,《哲学研究》2015年第1期。

石"是哲人在偶然性中把握伦理世界规律的爱因斯坦的巨人之肩,"伦理之石"不仅是参悟"精神文明"的菩提树,而且是"精神文明"的文化家园和人文基地。

发现"伦理之石",可以引出关于"精神文明"的三个重要结论。

第一,伦理不仅在一般意义上是精神文明的核心,而且是精神文明的基础和基石,"精神"与"文明"以何在一起?以"伦理之石"在一起;于何处在一起?于"伦理之石"在一起。

第二,伦理之石是中国精神文明区别于西方宗教型文化背景下的精神文明的最重要的民族气质,是"中国式精神文明"的最重要的人文标识和人文基础,中国精神文明人文气质是什么?是以伦理为基石的精神文明。

第三,由此,在中国精神文明建设中,必须确立伦理优先的理念与战略,因为,伦理对于中国精神文明乃至对于整个中国文明,具有宗教之于西方文明同样重要的意义。

中　卷

现代西方伦理学诸理论形态

伦理与道德，既是人的精神世界的两个构造，也是精神世界的两种生命形态。在西方文明史上，之所以在古希腊的"ethics"之后又诞生古罗马的"morality"，在中国文明史上，"伦理"与"道德"之所以同时诞生，不是因为轴心时代概念表达的苍白，也不是因为"ethics"或"伦理"诞生之后那种亚当般的孤独，委实是因为唯有"morality"或"道德"的夏娃与之"肉中之肉，骨中之骨"般地共生，才能缔造生生不息的人类精神世界的伊甸园。伦理与道德的共生互动，贯穿人类精神发展史和个体精神发育史，谱写了精神史的生动与无限。

西方文明史具有特殊的伦理经验和道德智慧。自康德以"实践理性批判"将道德推向理性的顶峰，黑格尔便开始以其庞大的精神哲学体系收拾伦理与道德分离的精神史碎片。"康德—黑格尔纠结"拉开了西方现代伦理学丛林的序幕。现代西方伦理学虽然学派林立，流派纵横，然而在精神哲学意义上考察，不外乎三种形态：伦理形态、道德形态、伦理—道德形态。

伦理形态即"伦—理"形态，是由"伦"而"理"或"居'伦'由'理'"的形态，其精神哲学路向是"黑格尔之咒"所指证的"永远只有两种可能"："从实体出发"或"集合并列"。与之对应的是现代西方伦理学的三大学派或流派：社群主义伦理学是"从实体出发"的形态，正义论伦理学是"集合并列"的形态，而契约论伦理学表面上兼具两种形态属性，其实质是"集合并列"，因为契约的本质不是普遍意志，而是特殊意志，是扬弃个别意志的任性而形成的特殊意志。当然，宗教伦理学在相当意义上也可以被当作"从实体出发"的伦理形态。

道德形态即"道—德"形态，是由"道"而"德"或"尊'道'贵'德'"的形态，其精神哲学路向是"道德世界观"中所内在的两种可能："道德"的世界观或"自然"的世界观。与之对应的是现代西方伦理学的三大流派或学派：德性论或德性主义伦理学是基于"道德"世界观的形态，道德心理主义是基于"自然"世界观的形态，而存在主义伦理学则是"道德"世界观的异化形态，是"自然"世界观的哲学表达。

伦理道德形态即"伦理—道德"形态，是伦理与道德辩证互动的形态，其要义是在伦理与道德的辩证运动中建构人的精神世界和生活世界的合理性，新马克思主义伦理学、生态主义伦理学、境遇伦理学三大流派是

"伦理道德形态"的现代表现。

伦理形态的哲学精髓是伦理实体主义，道德形态的哲学精髓是道德理性主义，伦理道德形态的哲学精髓是还原主义。"伦理形态"的理念不仅提供了一个关于现代西方伦理学的新的分析框架，也提供了一个收拾现代性碎片，使伦理道德回归人的精神世界的生命整体性，使伦理学理论回归精神哲学的总体性的可能。"形态"不是整理袋，更不是压抑无限可能的思想和理论的紧箍咒，而是昭示对生命、对精神、对精神世界完整性的一种守望，一种自觉，一种回归。

无疑，现代性的碎片还在"碎"，并且必将继续"碎"，但执着于"形态"的生命观，守望精神世界的整体性和精神哲学的总体性，便可以"收拾金瓯一片"。"天不变，道亦不变"，生命在，精神在，精神世界在，无论学派还是流派，都将万变不离其宗，永远放飞于人的生命和生活的灿烂苍穹……

第三编　现代西方伦理学理论形态的历史哲学考察

七　现代西方伦理学理论形态的历史遗产与话语背景

关于现代西方伦理学的源起，有两种代表性的观点。一是万俊人在《现代西方伦理思想史》中，以一种较为宽泛的原则将"现代西方伦理学"确定为19世纪中下叶以后、"发生在马克思主义出现以后"并"以反西方古典伦理学传统为基本理论倾向"的"西方国家所产生的重大伦理学思潮或流派"[1]。这一分期主要理由是将19世纪中下叶的直觉主义、非理性主义伦理学等西方现代经验主义伦理学囊括其中，以求全貌性地审视西方现代伦理学。一是麦金太尔在《伦理学简史》中以1903年G. E. 摩尔（G. E. Moor）发表《伦理学原理》作为"现代道德哲学"的开端[2]，其根据就在于摩尔提出了现代道德哲学的问题："我们应当采取哪些行为？哪种事物应当为它们本身而存在？"至于为什么这样的问题就是"现代的"问题，麦金太尔并没有明示。这一分期法一直以来都是英语国家作为现代伦理学的惯常用法，或许是因为1903年恰恰是20世纪的开端，或许是因为《伦理学原理》代表了西方现代经验主义伦理学的转变。[3] 究其实质，思想史家之所以普遍倾向于将摩尔《伦理学原理》视为现代西

---

[1]　万俊人：《现代西方伦理学史》（上卷），北京大学出版社1990年版，第3页。
[2]　[美]阿拉斯戴尔·麦金太尔：《伦理学简史》，龚群译，商务印书馆2003年版，第323页。
[3]　万俊人：《现代西方伦理学史》（上卷），北京大学出版社1990年版，第1—3页。

方伦理学的发端,进而把"元伦理学"勘定为现代西方伦理学的逻辑起点,其中根本的原因还在于伦理学的理论形态发生了范式上的重大转换,而不仅只是一个依据编年史之时间性标准划定的结果。简言之,摩尔所倡导的元伦理学乃是伦理学史上的"哥白尼革命",承担着开创西方伦理学新纪元的职责,理应以之作为时代标识。然而,现代西方伦理学毕竟是因应时代发展和现实所需而对西方古典伦理学的接续与延伸,虽然摩尔创设的元伦理学理论形态发生了革命性的变化,但这一理论形态的最终生成却有赖于古典伦理学所提供的丰厚历史遗产。也就是说,我们只有恰切地重新评估西方古典伦理学的历史遗产,并将之设置为现代伦理学的"话语背景",才能够清晰地把握现代西方伦理学之理论形态生成的渊源及其后续发展格局。为此,这里不妨将现代西方伦理学产生的前奏稍加拉长,有针对性地勾画出康德、黑格尔、尼采、马克思等极为有代表性的几种伦理学理论样态,以便从中捕捉到古典伦理学理论形态向现代转换的关键性信息。

1. 康德的"道德形而上学奠基"

关于康德及其伦理学或道德形而上学的述说与评论已经足够多了,再对之进行简单重复无甚意义。既然如此,倘若我们在此对康德及其追随者的伦理学理论做出形态学范型的探究,诉诸复调式而非进行独白式的言说,那么康德主义伦理学将会呈现出何种面目来?或者说,经由一种形态学的建构,康德主义伦理学会出现何种理论形态?这种理论形态又是如何影响到现代西方伦理学的生成方式与演化路径?应该说,作为形式主义伦理学之典范,康德主义伦理学内蕴着形态学的基本理念与形式结构,对道德形而上学根基的发掘尤其是对道德形式原则的构筑,极为精确地刻画了一种典范式的道德形态伦理学:是道德而非伦理成为其关注的中心。当然,正是这种精致的道德形态伦理学引发了来自现象学与马克思主义的伦理批判,也激发了元伦理学对伦理学基本概念进行语言分析的理论冲动。

康德毕生关注"头上的星空"与"内心的道德法则",由此创设了"自然"与"自由"两大议题并展开著名的"三大批判"之研究。深究起来,在自然与自由两大议题之间,康德似乎对人的自由尤其是道德自由问题给予更多更持久的热情,对道德形而上学的思考贯穿其学术生涯始终，在《纯粹理性批判》中就典型地表露了这一心迹："根本目的并不因此就是最高目的，它们中间（就理性完善的系统统一性而言）只能有一个惟一的最高目的。因此，它们要么是终极目的，要么是作为手段必然属于终极目的的从属目的。前者不是别的，就是人的全部规定，而探讨这种规定的哲学就叫做道德。由于道德哲学与其他一切哲学相比所拥有的这种优越性，在古人那里，人们在任何时候都把哲学家同时并且尤其理解为道德学家……"① 康德兴许甘愿被称为道德学家，而不仅满足作为形而上学家或自然哲学家，因为人固然受制于自然必然性，但人之尊严与高贵恰恰在于能够透析与把握这种必然性，而这就是为何康德即便"在晴朗的夜晚遥望繁星密布的天穹"思考天体理论时都放言"只有高贵的灵魂才能感到一种享受"②。在一定意义上，在康德那里，人的问题特别是个体的自由问题被化约为道德自由问题，他的整个道德形而上学体系都是围绕这一中心议题展开的。

在致力于创制道德形而上学体系之前，康德特意撰写了一本篇幅极短的小册子《道德形而上学奠基》来简要地表达其旨趣，希望为道德命令（准确说是道德生活）提供理论基础。康德在该书"前言"中对其写作意图和全书结构做出了一番解释，表明他将要建立的道德形而上学尽管有着"吓人的题目"，却具有"很高程度的通俗性以及对普通知性的适合性"③。简言之，就是要确立起道德生活的最高原则，而这一原则正是普通人不通过艰深的思辨也能够察觉得到并自觉加以运用的。对此，康德对全书体例的安排框架沿着"从普通的道德理性知识过渡到哲学的道德理性知识""从通俗的道德哲学过渡到道德形而上学""从道德形而上学走向纯粹实践理性批判"三重逻辑展开，这种逻辑架构着意从普通大众日常道德生活出发来切入道德问题，并从多样化和复杂性道德事实抽象出纯粹性和本真性的道德法则，而不是像传统基督教伦理学那样从上帝意象中凭空演绎出道德法则。康德在此"奠基"的道德形而上学可谓是用心良

---

① ［德］康德：《纯粹理性批判》，李秋零译，中国人民大学出版社2004年版，第614页。
② 李秋零主编：《康德著作全集》（第一卷），中国人民大学出版社2004年版，第342页。
③ ［德］康德：《道德形而上学奠基》，杨云飞译，邓晓芒校，人民出版社2013年版，第8页。

苦，既要指证其时代流行的幸福论伦理学之谬误，又要从基督教伦理学的空疏与玄虚中脱身出来，从而将道德生活建立在一种经由纯粹实践理性批判过的优良生活。因此，本真性的道德生活就只能是为道德而道德、为义务而义务的自由生活，任何道德动机只要沾染了感性因素或经验内涵就绝不是真正的道德行为。以道德释自由或以自由说道德，可谓是康德首创的道德形而上学的真谛。简而言之，我们甚至不必事先知道什么是道德的，但只要知道如何能成为自由的，那就是道德的了。只有一个出自自由的人的行动才能被命名为道德的。正因为如此重视自由与道德的关系，康德被称为是"第一个把道德完全建立在自由意志的自律法则之上的哲学家"①。

首先，康德的伦理学旨在确立起人之自由存在的形而上根基，所谓"道德形而上学的奠基"就是要通过人的自我立法确证道德法则的崇高地位，从而从个体之道德自由中确立世界存在的根基。自康德开始，一种典型的观念论或唯心主义再度盛行开来，观念形式逐渐取得高于质料的优越性地位，与此同时，基于观念形式所建构的自我逐渐获得了优于作为质料之集合的世界的权能，世界越来越被转移到对自我的道德审定之中，质料亦被设定为自我于其自己之中置定的质料，以至于种种世界都被理解为自我借以开展的一些领地，而在这一过程中自我却得以始终保持作为其自身而遗世独立。② 从苏格拉底近乎偏执地呼吁要倾听自我"内心的灵异"以来，康德应该说是最为执着于接续该观念论传统并致力于推动其现代转化的哲学家了。简而言之，康德整个形而上学体系就是要证明观念或思想如何回转而返回自身，并探明如何在自我中发现世界之基础。就此而言，康德"三大批判"皆可谓围绕这一中心主题展开，"实践理性批判"则更是集中探讨如何从道德自我展开一个最为真实的世界。康德将其致思的方法自诩为"最高道德研究之方法"，③ 并用之查找其他伦理学理论的弊病所在。以这一独特的道德学方法看来，所有其他的伦理学说包括康德重点批判的功利主义或幸福论，都只是依据"他律"原理建构起来的，这些学

---

① 邓晓芒：《康德道德哲学的立论方式》，《社会科学论坛》2019 年第 1 期。
② ［德］里夏德·克朗纳：《论康德与黑格尔》，关子尹译，同济大学出版社 2004 年版，第 18—19 页。
③ ［德］康德：《实践理性批判》，韩水法译，商务印书馆 1999 年版，第 69 页。

说将至善的概念"置于幸福之中,置于完满性之中,置于道德情感或者上帝的意志之中",[①] 而自我意志尤其是自我的善良意志完全隐秘不彰。为此,康德执意要进行一个根本的反转:善或恶的概念不是先于道德法则,而是后于道德法则并且通过道德法则被决定的。这样,由于道德法则是从个体自我的善良意志自由生发出来的,自我便必定参与塑造善恶之概念中去,进而得以在自我当中确证整个世界的基础。

其次,康德借助"上帝存在"与"灵魂不朽"之公设,只是试图借助道德神学的外衣来装点和兑现人在现世"配享幸福"的承诺,从而给个体作为道德之存在者去自觉服从"绝对命令"以充分的伦理学理据。康德伦理学中蕴含着一种交互纠缠的基调:一方面高扬人的尊严与价值,另一方面却又不得不重弹"上帝存在"与"灵魂不朽"的老调。换言之,康德深信一切宗教生活必须出自道德心灵之自然流露,就此而言世界实在无非就是人之道德生活的写照而已,但是他又不忘时时提醒人们,上帝比道德法则处于更高的位阶。何以会出现这种纠缠?用二元论对之进行简单的处理倒是十分容易,但似乎对我们这里的讨论无甚助益。细思起来,康德要在道德法则之上设置一个更高的上帝存在,只是要为了满足理论建构之逻辑自洽而已,实非叠床架屋之烦琐,最终无损于人之独立性与自主性的彰显。我们知道,康德伦理学是一种道德建构主义(Moral Constructivism)[②],目的是要建构一种个体得以自由行动的道德能力,而这种普遍化的道德行为不能交由自然来决定,否则道德便由自律堕入他律之中。但是,个体具备行道德之事的能力不能一劳永逸地确保原本属于自然领域的后果,即无法在现世确保个人的事功与幸福,因之会出现所谓的"德福不一致"的现象。因是之故,康德以及黑格尔都宣称道德乃是"一种永远有待完成的任务"[③]。有鉴于此,康德为着一个理论上的圆满,不得不

---

① [德]康德:《实践理性批判》,韩水法译,商务印书馆1999年版,第69页。
② [美]约翰·罗尔斯:《道德哲学史讲义》,张国清译,上海三联书店2003年版,第322页。
③ 康德认为,道德之所以是神圣的,盖在于没有任何一个理性存在者能够在此世达成道德上的完满性;它只能在"趋于无穷的前进中才能见及"。参见康德《实践理性批判》,商务印书馆1999年版,第134页。黑格尔赞同康德对道德本质的勘定:"道德的完成是不能实际达到的,而毋宁是只可予以设想的一种绝对任务,即是说,一种永远有待于完成的任务。"参见[德]黑格尔《精神现象学》(下卷),商务印书馆1997年版,第129页。

重新把打入冷宫的上帝请出来，使之承担起把自然与自由（道德）这两大原本有着各自建构原则的领域综合起来，进而将之确立为二者统一的基础。显然，这里的上帝并不是那种作为"客观实在性"的上帝，而只是一个主观观念的设置，它本身不会削弱人的独立性与自主性。因此，人对"绝对命令"的服从就不可被曲解为对上帝的遵循。一句话，个人意识在康德式的道德形式中达到了登峰造极的地步：道德发展的立法者从来就是人自身，而非上帝；就算是上帝也要依于道德法则，而不是道德法则依于上帝。因此，康德的伦理学始终只在个体性的道德处发力，超越于个体之外的更大的伦理关系则不在其关注之列。

最后，在伦理与道德之间，康德之所以偏重后者的原因乃是由其伦理学的自由主义与形式主义双重属性决定的。康德曾经将自由概念视为其整个批判理论的"拱顶石"，其他所有概念都必须依附于斯并借于斯获得"客观实在性"①，由此将其伦理学纳入自由主义传统进行评估应是十分恰切的。如前所述，康德属意在强大而充分的自我立法能力中证成世界之合法性根基，这就从根本上决定了其伦理学必须采取个人主义方法论，即人之尊严、责任与义务不是来自民族与国家或任何其他的人类共同体，而是源自个体之心性、良知，康德的用语即是"善良意志"以及以此确立起来的"道德法则"。但是，道德法则是实现个体自由的保证，它如何能够保证所有人的自由？换言之，如若每一个单个的人都只认定自己的道德法则，这种学说又如何同康德批判的快乐主义幸福论之"自爱"原则相区别？对此，康德承认，求得幸福原本是每一个理性存在者的热望，自爱原则却不能冒充为道德法则，因为这一原则来自主观经验而非客观普遍性，哪怕是异口同声的经验诉求依然还是一种偶然性而已。故而康德明确说道："如果一个理性存在者应当将他的准则思想为普遍的实践法则，那么，他只能把这些准则思想为这样一种法则，它们不是按照质料而是依照形式包含着意志的决定根据。"② 因此，真正具有自由意志的个体不能永远屈从自爱原则，他必须从自我的禀好中走出来：只有从形式上将自己的行为准则统制于更高的道德法则之中，作为理性存在者的自我方才获得了

---

① ［德］康德：《实践理性批判》，韩水法译，商务印书馆1999年版，序言，第2页。
② ［德］康德：《实践理性批判》，韩水法译，商务印书馆1999年版，第26页。

"普遍立法的资格",并真正参与塑造世界当中去。显然,在康德伦理学中,伦理共同体不是先于道德自我而存在的,相反,前者乃是后者的逻辑延伸,是道德而非伦理成为其关注的中心议题。

纵观康德的学术生涯,他对道德学或道德哲学的偏爱是一以贯之的,这作为一个理论标的在其早期著述就已经确立起来,这就是要寻找"道德的确定性"[1]。据研究者考察,康德在《1765—1766 年冬季学期课程安排的通告》中列举了将要开设形而上学、逻辑学、伦理学和自然地理学等课程,但即便是其中的自然地理学,康德要研究的还是"自然的、道德的和政治的地理学",目的是探讨"人身上属于道德的东西在整个地球上的差异"[2]。后来,康德还反复表露出他对道德学的研究热情:"道德的世俗智慧具有这种特殊的命运,即它比形而上学还要早就得到了科学的外观和缜密的声誉……再也没有比一个道德哲学家的头衔更平常的了,再也没有比配享这样一个名称更罕见的了。"[3] 可见,正是为着"配享"道德哲学家的头衔,康德构建出一种典型的道德形态伦理学,以至于他在研究哲学的第一天开始就没有背离过这一出发点。

2. 以"伦理"超越"道德"

针对康德基于道德形态建立起来的精致的道德形而上学体系,黑格尔试图另辟蹊径以"伦理体系"对抗之,明确赋予"伦理"以特别的意涵并以之超越"道德"。可以说,在西方思想史上无人像黑格尔这般刻意区分伦理(Sittlichkeit)与道德(Moralität)这对原本紧密相关甚至经常互用的概念,他甚至不惜将二者视为泾渭分明的精神的两个不同的发展阶段,因而必定又是界限分明的两种精神形态。对此,Rock More 略带着为康德辩解的口吻来描述黑格尔何以要对前者进行批判:"对康德主义道德的批判……反映了在康德用语'道德'(Moralität)和随后的费希特的术

---

[1] 李秋零主编:《康德著作全集》(第二卷),中国人民大学出版社 2004 年版,第 299 页。
[2] 李秋零主编:《康德著作全集》(第二卷),中国人民大学出版社 2004 年版,第 315 页。
[3] 李秋零主编:《康德著作全集》(第二卷),中国人民大学出版社 2004 年版,第 313—314 页。

语'伦理'（Sittlichkeit）之间的区分。正如理性关涉到作为它的进一步发展的精神一样，道德也关涉到作为抽象视点的社会实现的伦理。不能简单地说康德就是错的，尽管他的讨论是不完备的。"①

明眼人足以看出，在建构主义的意义上，黑格尔的"伦理体系"在形式上就是康德"道德形而上学"的替代品。黑格尔对康德主义道德形态的批判集中体现在《精神现象学》中，但其核心问题意识在之前完成的《伦理体系》一书中即告成形，因为后者"包括了晚期'精神哲学'全部的三个方面，对主观精神和客观精神的论述同时在这里分别出现了，线索也指向绝对精神的领域"②。在"伦理体系"的运思过程中，黑格尔发现康德道德形而上学打着维护人的尊严和高扬人的理性精神的旗号走向了道德的反面，因为"康德式的自我强制的道德"乃是一种分裂的道德，在其"实践理性批判"主题中实际上蕴含着一系列公开的预设：理性与感性的对立、概念与实在的对峙、权利与偏好的冲突等，而这些所谓的对立原本是内在于同一实践理性之主体身上的。按照康德的说法，道德是个别性和偶然性对一般性和普遍性的服从，但这在黑格尔看来却是"把一种顽固的虚骄附会在人的分裂上面"③，因为其本质上还是通过一种"调和"来扬弃道德中的对立。对此，黑格尔提出了一个"爱的道德原则"来复归人的同一性，他自信地说道："如果爱不是道德的唯一原则的话，那么每一种道德就同时是一种不道德。"④"爱"作为道德原则何以能够超越康德的"道德法则"？在黑格尔的观念中，爱的道德原则本身就是"一个活生生的精神的特殊样态"，其不再是康德意义上的纯粹的普遍之物，而毋宁说是一个个别之物，通过这个个别之物，"道德的一切片面性、道德与道德之间的一切排斥、一切限制都被扬弃了"，因而其本身就是"活生生的关系"⑤。但是，即便如此，黑格尔还是意识到"爱"作为"活生生

---

① Rock More, *An Introduction to Hegel's Phenomenology of Spirit*, University of California Press, 1997, p. 114.
② 张颐：《张颐论黑格尔》，侯成亚、张桂权、张文达编译，四川大学出版社2000年版，第25页。
③ [德] 黑格尔：《黑格尔早期神学著作》，贺麟译，商务印书馆1988年版，第308页。
④ [德] 黑格尔：《黑格尔早期神学著作》，贺麟译，商务印书馆1988年版，第341页。
⑤ [德] 黑格尔：《黑格尔早期神学著作》，贺麟译，商务印书馆1988年版，第343页。

的关系"仅仅只是弥合分裂与调和冲突的因素,即"爱"还不是伦理本身而仅仅只是道德的补充或完善形态,依然只是伦理的构成性要素,要真正超越康德的道德观念,仍需要进入绝对的伦理生活,进入"伦理总体性"状态。

在"爱的道德原则"的基础上,黑格尔认识到不能停留在对康德道德观的消极批判上,而应该建立起一个更为积极的"伦理精神",即必须以"爱"的同一性为基础把内在的主观性道德观念进一步升华为外在的客观的伦理精神,这样伦理便回到坚实的大地上,同时足以保证实现人的全面的自由。依照这一致思路径来反观康德的道德形而上学,不难发现其方法论乃是对霍布斯与卢梭等人自然法理论之方法的套用而已,后者从莱布尼茨单子论出发并将个人设定为原子式的理性存在者,这样的孤立存在者当然就无法追寻到真实的普遍性,最多只能是从主观臆造的虚空中寻得一个自律性的普遍性观念而已。在康德驻足的地方,黑格尔发现霍布斯与卢梭等人从个人上升至国家层面的历史哲学思维不无可取之处,如若能够将人类生活的整体纳入伦理学的思考当中来,把伦理与家庭、城邦、市民社会乃至国家与民族的命运联系起来思考,从而凸显"伦理总体性",便成为黑格尔整个伦理学思想的主导性原则。这一关键性的发现使黑格尔更加坚定了以伦理置换道德的决心。于是,在"伦理体系"的建构当中,我们可以看到黑格尔不仅将人的需求、劳动、性爱、教育、分工、财产、所有权等种种具体而实在的自然关系纳入伦理总体性这一逻辑架构中进行思考,而且还可以发现家庭制度、婚姻关系进而到市民社会、民族、国家制度、政府权力等都被包裹进来,以至于所有的人类活动领域都借助伦理概念并且被结合进伦理概念中一并进行整体性思考了。这样,从社会历史情境出发,伦理便获得了超越道德的权能,道德的个体性、偶然性、主观性在伦理的普遍性、真实性和客观性面前相形见绌,康德主义道德形态必须予以终结了。

进一步看来,在伦理学与其历史哲学及其精神现象学的结合处,我们可以发现黑格尔以伦理超越道德的真实意图。实际上,黑格尔对道德理论形态的批判不仅仅只是针对康德一人,而是要将苏格拉底所开启的整个道德传统予以颠覆。由于苏格拉底过于看重内在的道德良知而轻薄外在的伦理习俗和形式律则,那种原本建立在坚实大地并深入城邦机体之中的伦理生活,便逐渐转向个人内心的道德独白和私人性的沉思生活,诸如"认识你自己""未经反省的人生不值得一过"等道德信条被演绎为人的理想伦理生活,以至于人的精神生活萎缩为封闭的自我循环,人的精神世界仅剩下对人性善与恶的斗争,全然不顾及人类宏大的社会历史发展之现实。不幸的是,康德的道德形而上学不仅未能发觉这一道德传统的弊病,而且推波助澜将之发展至极致,使得道德成为个人意识的最后形式,成为矗立在人的精神世界中的最高峰。然而,如果我们有意地将康德建立在主观主义基础上的道德自由或个人美德置于压倒一切的位置上,那么其最终结果就是罗曼·罗兰夫人所说的结果:"自由啊自由,多少人假汝之名行杀戮之事!"其实,法国大革命的绝对自由及其造成的白色恐怖并不遥远,我们宁愿相信黑格尔对此是有所警觉的。

  以上可以看出,黑格尔之所以坚持将伦理与道德作出严格意义上的区分并明确宣布以伦理超越道德,在相当意义上乃是基于对康德主义道德形态学建构的不满,而这种不满首先又是建立在康德有意无意地混淆二者之间的界限。概言之,由于康德过于突出通过基于个体内心的道德意识以及由此生发出来的理性法则来规划人的伦理行动,甚至不惜盗用伦理的名义发布所谓的"绝对命令",这就意味着能够单靠主观主义道德观念或形式主义道德法则即可获得道德真理,并合乎理性地达成伦理行动或进入伦理状态。这在黑格尔看来显然是不可原谅的一厢情愿式的论调,其中关键的地方就在于康德缺乏基本的历史感。其实,在黑格尔看来,伦理与道德原本就是混沌一体的,二者并不是分属两种不同的精神形态,亦非两个迥然有别的精神发展阶段,相反,二者之合体恰恰就是黑格尔孜孜以求的理想精神景观。但是,人类精神的理想形态是丰满圆润的,而其现实形态发展形态却又是千差万别的。这就不难理解在《精神现象学》中黑格尔要将古希腊城邦视作"伦理精神"的理想样本,而把之后西方历史的演化看作对这一理想精神形态的偏向运动了。兴许正是由于缺乏对西方历史与人类历史的宏观把握,黑格尔认为康德一味地强调主观道德观念而忽视了真实的伦理精神,导致了原生态的伦理生活(伦理总体性)处于灰暗不明的状态,因而不得不宣称要以伦理超越道德。当然,正如后来众多带有反黑格尔主义特征的思考所显示的那样,黑格尔所打造的伦理总体性亦非铁板一块,更非终极真理,那些接过现象学旗帜的人与存在主义者甚至虚无主义者一道,反复纠缠着伦理学的基础性问题,从而为形态学的伦理学思考打开了一扇扇明亮的窗户。

3. 走向虚无主义的道德

在某种意义上，黑格尔的伦理总体性观念是要通过道德向伦理的复归来调和个体与世界的关系，即实现"一个人必须在他自己苦短的生命历程中体会到整个人类的漫长的旅途"的目的，为此"承担起了显示过往与当下之内在统一性这一艰难的工作"①。但是，要完成这一超凡工作，黑格尔的伦理学同康德的道德形而上学比较起来就无形中具有更多的神学色彩，因为个体必须通过心灵的痛苦挣扎方能放弃自我从而完成自我救赎，最终实现人之作为"类"的普遍性，这就使得个体的精神成长不是历史性的，而只能是借助哲学思辨达致宗教性的无我境地。正是在这一关键之处，尼采通过提出"上帝之死"与"重估一切价值"，即借助所谓的"尼采问题"来抓住了黑格尔伦理学对基督教理论的有意无意的借用而大加挞伐，从而掀起了一股反黑格尔主义的浪潮，以期建构一种虚无主义的道德形态理论。

尼采首先以全盘反传统的姿态来表达他对于西方理性主义伦理学的批判，尤其展开了对康德和黑格尔为代表的理性主义伦理学理路的清算。康德与黑格尔二者之间的个体差异很大，但在尼采看来他们都是借用理性逻各斯言说的形上学高手，都致力于把宇宙中一切事物装进一个理性的笼子里，其他所有诸如情感、意欲、情意、忧郁、绝望等非理性因素皆被排斥在外。尼采观察到，人们实际生活中受制于非理性因素的情况更多而且更难以捉摸辨别，我们不能因为这些因素无法加以理性化便置之不理。他发现，如果将理性落实到人的意志或情意这一层面，即尽量接近非理性层域时，建立在理性主义的观念论方能不落入空虚。同时，尼采也特别针对黑格尔那种建立在理性主义基础上的整体主义伦理观的弊端作出批判，为此尤为着力探求个体性与特异性道德形态，转而重视自我生命的真实感受，完全弃绝了传统道德形而上学追逐确定性与普遍性的致思方向。尼采对此

---

① ［德］里夏德·克朗纳：《论康德与黑格尔》，关子尹译，同济大学出版社2004年版，第201—202页。

认为:"世界不是一个有机体,而是一团混沌:'精神性'的发育乃是使机体组织得以相对延续的一个手段……有关存在的总体特征,一切'愿望'都毫无意义。"① 既然世界不是有机的整体,而是个体性的原子式的存在,那么,黑格尔所经营的伦理整体主义大厦就显得毫无意义,个体的幸福根本就无法从这种虚假的统一性或普遍性中获得。尼采进而批评道:"一种统一性,某种'一元论'形式,而且由于这样一种信念,人就处于对某个无限地优越于他的整体的深刻联系感和依赖感中,那就是神性的样式……'普遍的幸福要求个体的投身'……但是看哪,根本就没有这样一种普遍!"② 由于人的真实生命形态是变动不居的,世界也是发展变化的,想要把这种多样性、特异性和变化性统一装进一个封闭的单一体系中,无异于故步自封。因此,真实的道德价值源自个体自我生命的原生态,而非外在于个体生命的伦理总体性或伦理整体主义观念。

在把脉伦理总体性的弊病之后,尼采进一步查找并清理形成这一观念的思想渊源就在于柏拉图主义—基督教理论—康德道德学这一脉络所形成的道德谱系。柏拉图在西方思想史上的地位无可匹敌,以至于怀特海将其后的哲学史看成对柏拉图思想的一个长长的注解。但正因为柏拉图主义开创的形而上学传统基本上决定其后哲学的主要特征、思维路径与价值取向,尼采认为这种理论形态应该对现代人陷入虚无主义情境负责。在尼采看来,柏拉图的世界观是一种二元论,他将世界划分为现象界与理念界,认为前者只是一个幻灭无常的表象世界,无法求得永恒的价值,而后者则是一个真实的永恒不变的世界,具有自足恒常的永恒价值。这是一个是非颠倒的世界观,它把虚构的实际看成真实的世界,却把真实的世界反而视为虚假,陷入了怀特海所谓的"具体性错置之谬误"。③ 但是,这种二元论世界观却持续地发挥其影响力,尤其是对后来的基督教理论带来根本性

---

① [德]尼采:《权力意志》(下卷),孙周兴译,商务印书馆2007年版,第709页。
② [德]尼采:《权力意志》(下卷),孙周兴译,商务印书馆2007年版,第721页。
③ 怀特海说:"哲学进行普遍性概括,其目的是不成问题的,然而对这种概括的成功所做的估计通常被夸大了。这类夸大其词有两种形式。一种形式是我在其他地方所说过的,即所谓'把抽象误置为具体的谬误(Fallacy of misplaced concreteness)'。这种谬误表现在,当仅仅以实际存在物作为某些思想范畴的实例来考察实存存在物时,它忽略了其中所涉及的抽象程度。在各种现实性中有这样一些方面,一旦我们把思想严格地限制于这些范畴时,它们就几乎被忽略了。"参见阿尔弗雷德·诺思·怀特海《过程与实在》,杨富斌译,中国城市出版社2003年版,第12页。

的影响，以至于尼采将柏拉图称为"先基督存在的基督徒"，还说"基督教是民众的柏拉图主义"①。柏拉图对两个世界的划分与基督教将世界界别为"尘世"与"天国"是一致的，二者都十分憎恨肉体与自然冲动，妄想在彼岸建立一个具有永恒价值的完美世界。为此，尼采系统地梳理了基督教的历史，从中发现一个核心的问题，即基督教道德是一种"奴隶道德"，因为基督教的上帝是怯弱者与病弱者的上帝，同时也是颓废者的上帝，而不是强者的上帝。在这种道德形态中，凡是坚强、勇敢又有生命力的东西都会被消逝一空，剩下的就是一具毫无温情的虚空的躯体而已。同时，尼采还看到，基督教道德仅仅盯住人的动物性而缺乏对人的尊严的敬重，在这种道德观的逼视下世界就难免不成为一个大病院。按照尼采的保留性看法，康德虽然针对基督教道德的软弱做出了一些补救，比如尤为凸显人的尊严，敬重人的独立性与特异性等，但康德本人包括后来的黑格尔在本质上都只是"哲学工作者"而非"哲学家"，因为哲学工作者只是继承传统价值并以新的形式包装这些传统核心价值，但哲学家却是眼光向前，他们创造新价值并以一种强烈的责任感关怀人类的命运。为此，尼采曾经在《反基督》一文中对康德学说在德国获得的巨大成功愤愤不平，他将这种情形概括为"康德成功只是神学家们的成功"，而德国学者们欢欣鼓舞于康德的出现乃是因为他们"有四分之三是教士和教师们的儿子"，并宣称"只有神学家们的本能才维护它"，由此将康德称为作茧自缚的"大蜘蛛"，而其哲学则被斥为"德国的颓废哲学"②。康德的作茧自缚乃是一种盗用基督教道德理论的自欺欺人，因为基督教宣称要救赎整个人类并使之免于道德上的堕落，而康德居然也以上帝的口吻颁发"绝对命令"，无疑是在暗度陈仓了。所以，在康德那里被视为低俗的生命快乐，在尼采这里却成为应该肯定的东西，他为此将康德斥为"一个愚痴的人"，因为他提倡"非个人的义务"，同时还作为一个"带有基督教之独断内容的虚无主义者却视快乐为一种缺陷"③。

在检讨了柏拉图主义—基督教理论—康德道德学这一路所形成的道德

---

① ［德］尼采：《善恶之彼岸》，宋祖良、刘桂环译，漓江出版社2003年版，第138页。
② 陈鼓应：《悲剧哲学家尼采》，生活·读书·新知三联书店1987年版，第382—384页。
③ 陈鼓应：《悲剧哲学家尼采》，生活·读书·新知三联书店1987年版，第383页。

谱系过程中，尼采发现在"上帝死了"之后，也就是在理性主义道德神话幻灭之后，现代人便处于彻底的价值虚空之中，现代社会亦因此陷入彻底的虚无主义泥淖。尼采说："当人们明白了无论是用'目的'概念，还是用'统一性'概念，或者用'真理'概念，都不能解释此在（Dasein）的总体特征，这时候，人们就获得了无价值状态的感觉……质言之：我们借以把某种价值嵌入世界之中的那些范畴，诸如'目的''统一性''存在'等，又被我们抽离掉了——现在，世界看起来是无价值的。"[1] 那么，现代人是否还有希望确立新的价值呢？尼采给出了肯定的回答，认为首先可以从确立起个体性的道德价值着手重建工作。在进行该项工作之前，尼采区分了两种形态的虚无主义："消极的虚无主义"和"积极的虚无主义。"[2] 前者主张在"上帝死了"之后一切都被允许，以至于许多现代基督徒把对上帝的信仰变成一种道德上的交易，一周内有六天背着良心过日子，到了第七天便成群结队去教堂装模作样进行忏悔。后者正是尼采本人所力举的虚无主义形态，这种理论形态企图通过对传统价值的颠覆，使人身处绝境之后而奋力自救，从而克服虚无主义状态，见之于"以毒攻毒"之效。简言之，"积极的虚无主义"是"提高了的精神强力的标志"，而"消极的虚无主义"则是"精神强力的衰退和下降"[3]。在尼采完成对柏拉图、基督教以及现代理性主义的批判之后，即完成"重估一切价值"之后，即投入创造新价值之中，为此他特别赋予"超人"（bermensch）以"主人道德"的内涵。显然，"超人"是尼采为克服消极虚无主义而设立的道德目标，作为一种主人道德形态，超人具有自己为自己确立道德价值的权能，同时具备按照这种价值去行动并自己掌握自己命运的人。但是，超人不是上帝，虽然超人具有价值导向的能力，但他不是一个绝对者，而只是一个个具体的个体，是一个个鲜活的生命存在，他敢于自己为自己确立道德目标并为之奋斗，他并不居高临下颁布普遍性价值，而仅仅只是追求安排并掌握自己的命运。因此，超人是一位反基督者，也是一位反消极虚无主义者，他致力于打败上帝和战胜虚无，让意志重获自由，让

---

[1] ［德］尼采：《权力意志》（下卷），孙周兴译，商务印书馆2007年版，第722页。
[2] ［德］尼采：《权力意志》，张念东等译，商务印书馆1993年版，第280—281页。
[3] ［德］海德格尔：《尼采》，孙周兴译，商务印书馆2008年版，第730页。

世界重新拥有自己的目标，让人重新获得新的希望。所以，尼采由此确立起来的"积极的虚无主义"乃是虚无主义道德的最后形态，他颠覆了之前所有的虚无主义形态，同时又建构起一种终极的虚无主义道德形态："权力意志乃是无边际的意愿之一种意愿，这种无边无际的意愿乃是最高程度的意愿。"① 就此而言，虚无主义便在尼采那里终结了。

4. 马克思主义伦理学的形态建构

事实上，虚无主义道德问题并没有在尼采那里终结，后来海德格尔重拾这一议题，试图将尼采的价值论视角转换为存在论，以解决现代人"无家可归"的生存状态。不过，海德格尔的结论颇为无奈，他悲观地说："哲学将不能引起世界现状的任何直接变化。不仅哲学不能，而且所有一切只要是人的思索和图谋都不能做到。只还有一个上帝能救渡我们。"② 这样，人类命运再次陷入神秘主义的深渊，哲学问题包括伦理道德话题的设置再度向神学回返，终点又回到起点。不过，也有另外一种完全不同于海德格尔式悲观基调的伦理学说应时而起，这就是马克思主义的伦理学说，它将科学与价值双向维度辩证地结合起来，以一种独特的实践论基调宣称哲学不仅可以"认识世界"而且还能够"改造世界"。换言之，尼采基于"主人道德"之价值设定而建构的主体形而上学不无意义，它关于"人将首次成为自己命运的主人"③ 的呼号引起马克思的共鸣。但是，问题不仅仅只诉诸价值论，而必须进入实践论的论域，即个人不仅要实现自由而全面的发展，自己成为自己的主人，而且还必须通过一个不断向前的共产主义运动，克服现代人生存的异化状态，最终实现全人类的自由解放。显然，马克思主义伦理学说既有康德与尼采等人对现实的人的道德肯定，亦有黑格尔式对伦理总体性的追求，从而在理想层面上实现向伦

---

① ［德］里夏德·克朗纳：《论康德与黑格尔》，关子尹译，同济大学出版社2004年版，第58页。
② ［德］海德格尔：《只还有一个上帝能救渡我们》，参见孙周兴译《海德格尔选集》，上海三联书店1996年版，第1306页。
③ ［德］施特劳斯：《现代性的三次浪潮》，丁耘译，载《西方现代性的曲折与展开》，吉林人民出版社2002年版，第99—100页。

理道德形态的复归。

马克思主义的创始人马克思、恩格斯从来不曾撰写过专门的伦理学著作，甚至亦没有系统的伦理道德方面的形而上思考，因而所谓的"马克思主义伦理学"就只能是将散落马克思主义经典文本各个角落的涉及这一问题的言论收集起来，采取符合马克思主义主旨以及基本精神的方法将之创制出来。当然，这种创制并非单纯的穿凿附会，亦非强加于人，而是从文字底层感受作者的人文主义关怀，透析出内蕴的人道主义价值，并由此捕捉作者对人类道德生活与伦理共同体的理想追求。根据上述的考虑，我们大致可以从以下三个方面把握马克思主义伦理学对伦理道德形态的基本构想。

第一，马克思主义伦理学的伦理道德形态首先建立在批判的价值论基础上，通过对社会丑恶现实的回应与批判来展示其基础性观点。应该说，价值论批判是马克思主义的题中应有之义，是镶嵌在历史唯物主义内在逻辑中的价值维度。换言之，马克思主义与生俱来就具有一种激越的道德批判精神并固守着一种特有的人道原则，这一方面来自作为其思想渊源的空想社会主义对资本主义反人道的抨击，另一方面亦有来自德国古典哲学先贤们传承下来的人本主义批判基因，当然更有马克思本人基于现实观察而产生的道德义愤感。正因为这样，后来宾克莱（L. J. Binkley）在《理想的冲突——西方社会中变化着的价值观念》中不惜将马克思视为"伟大的道德家"，他说："浏览一下马克思著作也可以使人们认识到，他也反对他那个时代的工业社会做法，这个社会曾经把一项重视物的价值远胜于重视人的价值的道德准则加强在工人头上。马克思发现他那时的社会是这样的败坏，以至必须摧毁，以使人可以第一次变成充分有人性的和充分自由的。我们必须记住，他对资本主义的谴责主要是根据他对在这种制度下受痛苦的工人的同情。因此，马克思对小资产阶级道德的谴责便是对一种不人道的具体的道德准则的谴责；在他看来，一种通过教育和法律把一项不道德的'道德准则'强加给人民的经济制度，就应该在经济上和道德上深受其压迫的人民手中灭亡。就这一方面而言，马克思确实是近代一位伟大的道德家。"[①] 确实，作为"道德家"的马克思对于价值批判运用自

---

① ［美］L. J. 宾克莱：《理想的冲突——西方社会中变化着的价值观念》，马元德译，商务印书馆1983年版，第100页。

如，并由此深刻地表达了马克思主义的基本精神。这种价值批判在经典文本中可谓首尾一贯：在标识马克思主义诞生的《共产党宣言》中马克思、恩格斯谴责资本主义"撕去一切宗法的、宗教的含情脉脉的面纱，赤裸裸地显示了物质利益的作用"，批判资产阶级"无情地斩断了把人们束缚于天然尊长的形形色色的封建羁绊，它使人和人之间除了赤裸裸的利害关系，除了冷酷无情的'现金交易'，就再也没有任何别的联系了"①；在标志着历史唯物主义创立的《德意志意识形态》中使用了大量的篇幅批判康德的"善良意志论"、施蒂纳的禁欲主义和其他种种时尚但又空虚的伦理学理论，无情地揭露批判了资产阶级道德的虚伪性和欺骗性；而在马克思主义成熟时期的《资本论》中更是对资本主义发出了强烈的道德控诉："资本来到世间，从头到脚，每个毛孔都滴着血和肮脏的东西。"② 可见，在马克思对资本主义现实社会及其道德意识形态的尖锐批评中，伦理与道德乃是系于一体的，二者皆是作为一种实质性的价值用以观照现实的一种方式，借助这一方式，马克思揭示了现代人存在的真实情景，并由此提出改变这一处境的实践哲学路径。

第二，马克思主义伦理学对伦理道德的构想着眼于回返到一种伦理与道德混沌不分的古典形态，因而超越了所有现代伦理学的理论范式。这就决定了人们不可以从现代道德哲学或伦理学定义中去界定并说明马克思主义伦理学形态的独特性。当代美国学者麦卡锡（George McCarthy）在针对"分析的马克思主义"围绕马克思是否有伦理学或道德哲学的争论时，毫不客气地指责这些争论都是"泛泛之论"，因为它们都"没能深入去考察马克思思想发展所立足的哲学背景与传统"，而仅仅只是"把道德哲学还原为个体的道德决策问题"③，更没有看到马克思讨论道德问题所采取了完全不同于现代道德哲学的古典伦理学视角。因此，由于马克思"从未以一种传统的哲学方式来清晰地表述这一理论"，同时"其伦理学与其政治经济学和社会理论捆绑得过于紧密，以至于在很大程度上导致了当代哲

---

① 《马克思恩格斯选集》（第1卷），人民出版社1995年版，第274页。
② 《马克思恩格斯全集》（第23卷），人民出版社1972年版，第829页。
③ [美]麦卡锡：《马克思与古人：古典伦理学、社会正义和19世纪政治经济学》，王文扬译，华东师范大学出版社2011年版，第2—3页。

学家不习惯把它们放在一起来考虑"①。有鉴于此，麦卡锡对马克思理论学说做出以下指认："马克思的经济理论是一种伦理理论……它是亚里士多德伦理学和政治学模式下的更为宽泛的社会伦理理论的一部分。科学与伦理学的综合以一种不同的理论形式重述了伊壁鸠鲁为了'自我意识的幸福'而对科学与伦理学进行的综合。基于辩证法的历史批判最终扎根于社会伦理学当中。"②这样，麦卡锡就恢复了马克思作为一个真正道德哲学家的固有形象。显然，马克思作为道德哲学家的形象乃是"古典形象"，其致力于构想的伦理学乃是古典社会伦理学的现代版本。因此，我们就根本不能把马克思理论学说归之于功利主义、义务论、美德论等众多现代伦理学流派中的任何一种，亦无法以任何单一的现代伦理学形态来予以周详而精到的解释。这样，我们也就能够理解，在马克思那里道德批判与政治经济学批判、对"天国的批判"与对"尘世的批判"、实证科学与历史科学等表面看来难以调和的矛盾，实则皆可以借由马克思主义伦理学的独特形态得到说明。换言之，作为对古典伦理道德形态的复归，马克思主义伦理学从来没有准备把这种学说还原为个体的道德决疑论，亦无意于将其打磨成精致而又封闭的道德哲学体系，而只是通过价值与真理、科学与伦理学的有机融合来把握人类历史发展规律，进而把握人类自身的命运。

第三，马克思主义伦理学作为一种向着古典形态伦理学的复归运动，同时兼具理论与实践的双重品格。作为一种伦理道德的理论形态，马克思主义伦理学着眼于人作为社会性存在的合法性根基，既不像康德与黑格尔那样把人抽象为单一的理性或精神性存在，因而勉力要将人通过展示道德的卓越性上升为神性的存在，亦不像爱尔维修与费尔巴哈甚至尼采那样将人降低为感性的存在，因而主张伦理学就是在激发人的生命本能或冲动意志。简言之，马克思主义伦理学关注的核心问题是，人的本质如何合乎人道地在历史展开当中体现出来。马克思主义伦理学同时还是一种伦理道德的实践形态。马克思、恩格斯意识到，任何伦理学都本能停留在理论的说

---

① ［美］麦卡锡：《马克思与古人：古典伦理学、社会正义和19世纪政治经济学》，王文扬译，华东师范大学出版社2011年版，第7—8页。
② ［美］麦卡锡：《马克思与古人：古典伦理学、社会正义和19世纪政治经济学》，王文扬译，华东师范大学出版社2011年版，第336页。

辞上，科学的伦理学必须能够实际地作用于现实："意识的一切形式和产物不是可以用精神的批判来消灭的，也不是可以通过把它们消融在'自我意识'中或化为'幽灵'、'怪影'、'怪想'等等来消灭的，而只有实际地推翻这一切唯心主义谬误所由产生的现实的社会关系，才能把它们消灭；历史的动力以及宗教、哲学和任何其他理论的动力是革命，而不是批判。"① 在另一个场合，马克思在批判费尔巴哈人本主义学说时说："我们完全承认，费尔巴哈在力图理解这一事实的时候，达到了理论家一般可能达到的地步，但它还是一位理论家和哲学家。"② 真正的理论家和哲学家乃是革命家和实践家，所以仅仅论证伦理道德的理论合理性还是不够的，问题的关键在于是否能够诉诸行动从而现实地改变不合理的世界。正因为如此，马克思将伦理道德据以现实地展开的共产主义不仅看成人的自由全面发展的基本保证，同时也明确为一种"现实的运动"："共产主义对我们来说不是应当确立的状况，不是现实应当与之相适应的理想。我们成为共产主义的是那种消灭现存状况的现实的运动。"③ 因此，仅仅把共产主义当作道德理想是不够的，它作为人类未来的"栖息地"还必须将伦理道德观念化为改变不合理现存状况的永恒动力，从而真正将现代人从异化状态中一劳永逸地拯救出来。

5. 伦理道德：在信仰与生活之间

客观而言，马克思主义伦理学还只是一种关于伦理道德的未完成形态，其作为对伦理道德形态的初步构想具有诸多基础性和方向性的意义，但严格说来仍然是一项有待完成的伦理学事业。正因为如此，在马克思主义伦理学为伦理道德形态所打开的空间中，高远的伦理理想与现实的道德生活之间依然还处在交融会通的进程中，各方都在为更加完备的形态学创制做出努力。在此，我们借用马克斯·韦伯创立的"新教伦理"理想类型来透析宗教伦理与现代生活方式之间的亲和性关系，从中把握现代社会

---

① 《马克思恩格斯全集》（第3卷），人民出版社1960年版，第43页。
② 《马克思恩格斯全集》（第3卷），人民出版社1960年版，第47页。
③ 《马克思恩格斯全集》（第3卷），人民出版社1960年版，第40页。

处于信仰与生活妥协下的伦理关系与道德生活。

首先，撇开韦伯新教伦理的社会学背景不论，在严格意义上这一伦理学的理想类型显见地在信仰与生活之间架起了一条实践合法性通道。这是韦伯作为一位新康德主义者将康德之"上帝存在""灵魂不朽"的道德哲学公设转向历史哲学考察的一次成功尝试。在《实践理性批判》的序言中，康德说："上帝和不朽的理念不是道德法则的条件，而只是被这条法则所决定的意志的必要条件，这就是说，是我们纯粹理性的单纯的实践应用的条件……是道德上受决定的意志运用于其先天所与的客体（至善）的条件。"① 这段话透露出两个前后关联的重要信息："上帝存在"与"灵魂不朽"的理念只是一个人为的理论前提设定，而最终目的是实现至善这一目的论的要求，因而纯粹就是一种基于自然科学意义上的"公设"，并不具有实践的意向和品质。因此，康德不相信人们可以通过道德在现世生活追求到真正的幸福，而只有在"上帝存在"与"灵魂不朽"的前提下方才可以实现"德福一致"，以至于康德颇为无奈地说："只有在宗教参与之后，我们确实才有希望有一天以我们为配当幸福所作的努力的程度分享幸福。"② 然而，韦伯经过对新教伦理的历史哲学分析，指出人们不仅能够"分享幸福"，而且着实可以实现真实的现世幸福。对此，韦伯指出，在新教虔信派那里就明确鼓励人们"在现世从情感上体验永恒的福祉"，而不是"鼓励他们通过合乎理性的劳动确保来世的福祉"③。应该说，"通过合乎理性的劳动确保来世的福祉"原本是新教伦理的本义，因为但凡是纯正的宗教徒都属意来世的福报而非现世报，但是，人是理性与情感的复合体，虔诚的理性活动本身就需要投入激情，因而"从情感上体验永恒的福祉"便成为新教徒道德生活的现实需求与真实写照。这样，韦伯通过新教伦理的历史逻辑梳理，便在现代人的伦理信念与道德生活之间架起了一道桥梁，这正是日后"资本主义精神"的题中之义。

其次，韦伯新教伦理命题的逻辑展开遵循伦理理性化路径，试图揭示

---

① ［德］康德：《实践理性批判》，韩水法译，商务印书馆1999年版，第2页。
② ［德］康德：《实践理性批判》，韩水法译，商务印书馆1999年版，第142页。
③ ［德］马克斯·韦伯：《新教伦理与资本主义精神》，于晓等译，上海三联书店1987年版，第105页。

出伦理道德形态从"魅—祛魅—返魅"的精神轨迹与价值转换的心路历程，欲借此表达一种向黑格尔式伦理道德形态回归的价值取向。韦伯从"新教伦理"来洞悉"资本主义精神"的内涵，不仅只是结合了康德主义伦理学的有关因素，显然还有着黑格尔伦理整体性观念的影响，不同的是，在黑格尔那里被当作绝对精神之逻辑终点的宗教，被韦伯颠倒过来而被看作伦理理性化的逻辑起点，即借助于对宗教发展情状的悉心查找，来考察新教伦理对社会精神气质的影响，从而确立资本主义精神的价值定位。换言之，面对其时价值指向极度模糊的理论界，韦伯必须扩展宗教的概念及其文化意义，集中注意力论述生活行为的指导原则和支配行为模式的价值体系，追溯这些指导原则和价值体系的宗教基础与其社会意义，从而达到澄清含糊不清的道德或精神概念。[①] 也就是说，西方宗教乃是沿着理性化道路向前发展的，逐渐祛除了巫术之类非理性主义的魅力因素，巫术卡理斯玛就被系统化为宗教伦理，同时宗教之神秘主义转向禁欲主义，禁欲主义又从出世转向入世，最终实现宗教伦理对尘世生活、社会实践乃至社会结构的改造。但是，对于这种理性化或祛魅的结果，韦伯却是深感不安的，他曾经颇怀伤感地将资本主义精神所导向的现代性称为"铁的牢笼"，而且还以一种期待的口吻说道："没人知道将来会是谁在这铁笼里生活；没人知道在这惊人的大发展的终点会不会又有全新的先知出现；没人知道会不会有一个老观念和旧理想的伟大再生……"[②] 显然，这里对"全新的先知出现"与"老观念和旧理想的伟大再生"的期待，乃是一种基于返魅要求的价值诉求，具体而言就是对伦理理性化催生的建立在严格主义基础上的现代性伦理的再拨转，即不得不重新直面这一问题：面对强大的客观性，人的主观性如何得以伸展出来？[③] 显然，韦伯并不满意伦理理性化造成的祛魅之境况，而向真实的伦理精神的回归就成为其伦理世界

---

① [美]哈特穆特·莱曼、[美]京特·罗特编《韦伯的新教伦理：由来、根据和背景》，阎克文译，辽宁教育出版社2001年版，第60—61页。

② [德]马克斯·韦伯：《新教伦理与资本主义精神》，于晓等译，上海三联书店1987年版，第143页。

③ 齐美尔曾发出警告："客观精神"正铆足了劲试图压倒"主观精神"。参见哈特穆特·莱曼、京特·罗特编《韦伯的新教伦理：由来、根据和背景》，阎克文译，辽宁教育出版社2001年版，第160页。

观的终极向往。

最后，由于韦伯始终坚持在"价值关联"中秉持"价值中立"的社会学研究方法，新教伦理作为一种伦理学的理想类型就难以在"信念伦理"与"责任伦理"之间求得平衡，并因此在伦理道德的超越性与世俗性之间摇摆不定。在韦伯的视界中，每一门学科都必须建立起自己的概念系统和主导法则，以确立起类型概念即理想类型，以尽可能接近"意义妥当性"（Optimum von Sinnadäquanz）[1]。韦伯注意到，在科学研究当中似乎无法完全摆脱掉主观因素的影响以达到纯粹的客观性："只有一小部分现存的具体现实被我们受价值制约的兴趣改变颜色，并且也只有它才是对我们有意义的。它之所以有意义是因为揭示了对我们来说很重要的一些联系，而它们之所以重要又是因为与我们的价值有关联。"[2] 所以韦伯主张文化研究根本不可能做出绝对客观性的科学分析。但是，人文社会科学虽然不像自然科学那样遵循"铁的规律"，但这并不妨碍我们将之视为学科并遵照学科的内在机理和自足性来探寻到精神结构和社会结构之间的因果关联。这就是韦伯在其著名的方法论文本《社会科学和经济科学"价值中立"的意义》提出的"价值中立"（Wertfreiheit）观点。从这两种对勘的观念出发，韦伯进一步提出了"信念伦理"与"责任伦理"这一对概念，前者表现出一种道德上的严格主义取向，遵循基督教道德主义者的准则，承认一种可以在不同的情况下认可不同之行为准则的"神圣的信念"[3]；后者意在重新唤起现代人面对生存困境的勇气，以"知其不可为而为之"的责任感肩负起自己的"天职"，从而在一种不断地陷入绝望与虚无的状态中发掘出"意义妥当性"。不难看出，韦伯提出这两种伦理观念的初衷是为了调和信仰与生活之间的矛盾，但同时韦伯也不得不承认："两者都依赖于伦理原则。但是，这些原则彼此处于永恒的矛盾

---

[1] ［德］马克斯·韦伯：《韦伯作品集：社会学的基本概念》（第七卷），顾忠华译，广西师范大学出版社 2005 年版，第 26 页。

[2] ［德］马克斯·韦伯：《社会科学方法论》，朱红文译，中国人民大学出版社 1992 年版，第 72 页。

[3] ［德］马克斯·韦伯：《韦伯作品集：宗教社会学》（第八卷），康乐、简惠美译，广西师范大学出版社 2005 年版，第 254 页。

之中，而纯粹以自身为根据的伦理学方法是无法解决这个矛盾的。"① 这意味着，现代人要找寻到出路，不是要在"信念伦理"与"责任伦理"之间做出非此即彼的选择，而是要有一个终极的决定，这一终极之决定乃是他通往存在之意义的终极方式：只要他认识到"可能之事皆不可得，除非你执着地寻觅这个世界上的不可能之事"，并"能够承受自己全部希望的破灭"②。

至此，在韦伯那里，伦理学从根本上就被取消了在信仰与生活之间做出选择的答辩权，像加尔文曾经主张"在世俗活动中证明一个人的信仰"③，或者反过来，皆成为不可能。当然，在伦理学之外，韦伯实际上还是预示了一个非伦理学的思考方向，那就重构"诸神争吵"时代的价值生态，在人类文明的开端发掘伦理道德的合理化形态，哪怕为此重新陷入"上帝和魔鬼之间的永无调和之可能的殊死斗争"④ 亦在所不惜。这也许是韦伯关于伦理学的思考留给现代西方伦理学的最为宝贵的理论遗产了。

6. 现代西方伦理学的理论辩证

在西方伦理学史上，自苏格拉底到柏拉图与亚里士多德，延展至康德与黑格尔一路以降所推演开来的理性主义伦理学无疑代表了古典伦理学的最高成就和最后形态，而叔本华、尼采、克尔凯郭尔等人的非理性主义伦理学之思，则是对包括宗教伦理学在内的一切形态的理性主义伦理学的翻转，它们共同构成了现代西方伦理学赖以生成的历史文化背景，亦为现代西方伦理学的理论变革、逻辑展开与价值辩证做出了铺垫。在这一过程中，现代西方伦理学的先驱者逐渐凝聚起一个关键性的共识，那就是：传

---

① ［德］马克斯·韦伯：《社会科学方法论》，韩水法、莫茜译，中央编译出版社1999年版，第150—151页。
② ［德］马克斯·韦伯：《学术与政治：韦伯的两篇演说》，冯克利译，生活·读书·新知三联书店1998年版，第117页。
③ ［德］马克斯·韦伯：《新教伦理与资本主义精神》，于晓等译，上海三联书店1987年版，第93页。
④ ［德］马克斯·韦伯：《社会科学方法论》，韩水法、莫茜译，中央编译出版社1999年版，第152页。

统伦理学总是雄心勃勃，妄图通过对道德知识的绝对化、普遍化和理想化来达致对人的行为、人际关系、社会秩序甚至人类历史的总体性把握，因而难免会过度扩大理性的作用而最终堕入总体主义、绝对主义乃至神秘主义的泥潭，伦理学也因此僭越了自己的界限而走向了反面。有鉴于此，现代西方伦理学先行者在拨转这一导向的过程中，倾向于在广义上将过往的伦理学说称为"规范伦理学"（Normative-ethics），而属意开启出一种完全不同的"元伦理学"（Meta-ethics），试图对伦理学史进行全面的清算，并在明确自己的理论主张与基本理念的同时重新厘定伦理学的边界，重构伦理学的知识合法性地位。这之后，在元伦理学自身的发展及其带动下，西方现代伦理学呈现一派完全不同于古典伦理学的景象，众多学说竞相登台，各表一枝，在相当程度上营造出群雄逐鹿的繁荣态势。

A. 摩尔的"哥白尼式革命"

我们认为，就摩尔提出"元伦理学"这一奠基性概念并引发西方伦理学的现代转折而言，将其造成的影响称为伦理学领域的"哥白尼式革命"似乎并无不妥。元伦理学的"革命性"不仅仅只是概念的翻新，更多地体现在对伦理学基本问题的重新界定而引发的问题意识的突破和研究范式的变革。

摩尔首先对"伦理学的研究对象"作出语义逻辑上的辨析，并以之作为《伦理学原理》第一章的醒目标题。在该书的开篇处，摩尔直指一个基础性的问题：伦理学之为科学的独特性何在？或谓伦理学之为伦理学的知识合法性何在？对此，他将明确无误地界定伦理学的研究对象当作解决这一问题的基本方向："某些日常判断的真理性无疑是伦理学所关心的……伦理学的任务无疑就是讨论这类问题和这类陈述；当我们提出怎么办才是正当的问题时，我们要证明什么是正确的答案。"[1] 在摩尔看来，"真理性"是判断伦理科学合法性的基础，而伦理学研究对象能否得到符合"真理性"的语义表述就是一个不可忽视的首要课题。回首规范伦理学在这一问题的倾向与看法，摩尔发现伦理学家只关心"在人类行为上什么是善的或恶的"的问题，而缺乏"对于'什么是善的'而作的一般

---

[1] ［英］G. E. 摩尔：《伦理学原理》，长河译，上海人民出版社2003年版，第7页。

研究",从而犯了"自然主义的谬误"。① 所谓的"自然主义的谬误"是指在本质上混淆了善之性质与善之事物二者的关系,主要是指以进化论、功利主义与快乐主义为代表的伦理学流派,分别以"自然进化""功利"或"幸福"和"快乐"来定义善的做法,认为它们的通病就是将"实然"与"应然"、事实与价值等同起来,进而将"善性"等同于某种自然物或某些具有"善性"的东西,从而混淆了伦理领域与非伦理领域的界限。一言以蔽之,规范伦理学误用非伦理学概念来界定伦理学的研究对象,由此犯下了方向性的错误,因为从根本上来说善、义务等道德概念无法通过理性来论断,亦不可能借助经验来论证,而只能靠先天的道德直觉来予以直接的把握。就此而言,摩尔认为"善"其实是不可定义的,但可以借助人的直觉能力察觉到,并分辨出哪些事物具有"善"这种性质。因此,摩尔认为"善"是除了"恶"以外的"伦理学特有的唯一单纯的思想对象"②,元伦理学作为一门科学的主要任务是对道德概念、判断和语词进行逻辑形式分析,研究伦理学的基本概念及其语义内涵,而不是像规范伦理学那样直接去面对道德生活本身,更非煞费苦心去为人们提供具体的道德准则或道德行为规范。

这样,经过对迄今为止西方伦理学的一番检视,摩尔将现代伦理学完全导向一种纯粹的知识学构架中,宣称"伦理学的直接目的是知识,而不是实践",③ 行动包括道德行动不再是伦理学欲求的终极目的。因是之故,以规范性实践为要务的传统伦理学便被单方面地宣告终结了,以语义分析为圭臬的现代伦理学由此开启了长达半个世纪之久的思想之旅。

B. 元伦理学的推进

摩尔宣示的元伦理学革命引来一批追随者,其后直觉主义经由后继者的完善更加成熟,同时情感主义与规定主义相继而起,合力将元伦理学推向一个新的高度。

在摩尔提出可以直觉到"善"的根底以来,直觉便成为道德认知的

---

① [英] G. E. 摩尔:《伦理学原理》,长河译,上海人民出版社2003年版,第9、1页。
② [英] G. E. 摩尔:《伦理学原理》,长河译,商务印书馆1983年版,第11页。
③ [英] G. E. 摩尔:《伦理学原理》,长河译,商务印书馆1983年版,第11页。

唯一方式，直觉主义由是博得了元伦理学发展的先机。在摩尔大致完成对于"善"的周全考察之后，其他一些等价的道德价值陆续进入元伦理学家的语言分析视野当中，其中典型的就是"义务论直觉主义"对以"义务"为中心的系列概念的语言分析。英国伦理学家普里查德（Harold Arthur Prichard）率先阐发了义务论直觉主义的基本义理，认为"义务""责任"与"正当"等是较之"善"更为有意义的伦理学基本范畴，伦理学的主要任务就是澄清这些基本范畴的一般性道德意义及其本质属性，并为此着力于对康德义务论伦理学进行语义学层面上的批判改造。同摩尔一样，普里查德认为"义务""责任"等基本概念是不可定义亦无须推理的，更不能妄加化约与比附。由于传统的伦理学家未能意识到这些概念具有直接的自明性特征，转而用其他方式去人为规定之，如功利主义将责任诉诸行为结果的善性，康德义务论则用善良意志即善的动机来解释责任与义务等，反而将原本就清晰无误的概念复杂化了，这种将非伦理的自然事实来规定责任的做法显然犯了摩尔所说的"自然主义的谬误"。作为直觉主义的完善者，义务论直觉主义反对摩尔把"善"或"善性"作为伦理学的唯一研究对象，认为摩尔颠倒"善"与"义务"的关系，因为义务行为只与起因有关，而善的行为却与动机有关：但凡与动机相关的行为必然预示着某种后果，而起因只会属于行为本身。① 可见摩尔的直觉主义是不彻底的，它同时具有滑向功利主义与康德动机论伦理学的双重危险。普里查德之后，义务论直觉主义在其学生罗斯（William David Ross）那里得到进一步的发展，他试图重新联结在普里查德那里被割裂的"善"与"正当"的关系，创立了一种较为温和的义务论理论，有力地捍卫了直觉主义伦理学的基本理论。

　　罗斯的立场是折中主义的，目的是调和与修正直觉主义内部的矛盾与冲突。当然，矛盾一旦得到缓和，便预示着走向完结。情感主义伦理学是元伦理学继直觉主义之后的第二个发展环节，其基本宗旨在于：把伦理学作为一种非事实描述的情感、态度或信念的表达，认为它不具备与科学那样的普遍确定性和逻辑必然性，反自然主义、非认识主义、反规范性是其

---

① 万俊人：《现代西方伦理学史》（上卷），北京大学出版社1990年版，第317页。

基本特征。① 反自然主义与反规范性本身就是元伦理学区别于传统伦理学的基本标识，对此似乎无须多言，但非认识主义却是元伦理学内部的一种转折或变异，值得赘述一番。与直觉主义将伦理学明确为一种科学知识不同，情感主义否认伦理学具有科学知识的基本品格，主导伦理学品格乃是情感与态度等非理性因素，因此个体情感的复杂性就理所当然成为伦理学的主要研究任务。罗素直言关于价值的问题完全在知识的范围之外："当我们断言这个或那个具有'价值'时，我们是在表达我们自己的情感，而不是在表达一个即使我们的情感各不相同但却仍然是可靠的事实。"② 于是，价值便不再是对客观事实的表达，相应地研究道德价值的伦理学自然也就不是一种严格意义上的科学了。作为罗素学生的维特根斯坦走得更远，他认为人们只能表达语言与思维界限之内的东西："凡是可以说的东西都可以说得清楚；对于不能谈论的东西必须保持沉默。"③ 因此，对于善与恶等伦理学基本概念，由于超越了语言所能表达的界限，既不能说又不能思考，因而就只能通过情感体验或诉诸信仰的观照了。维特根斯坦的伦理学旨趣得到了斯蒂文森（Charles Leslie Stevenson）的呼应，他作为情感主义伦理学的集大成者系统地阐述语义、语句、判断、价值意义、自由、价值等基本伦理学问题。斯蒂文森认为，我们在伦理学上的分歧主要源自信念与态度上的不同，而非取决于是否真正把握到了科学真理。他说："在任何'劝导性定义'中，被定义的术语都是人们所熟悉的，它的意义既是描述的，又具有强烈的感情色彩。定义的目的是改变术语的描述意义，其方法通常是在人们习惯的模糊性范围内，尽量给予这一术语以比较精确的含义。并且，通过情感意义和描述意义的相互影响，定义可能有意无意被用于调整人们的态度。"④ 这样，斯蒂文森肯定价值语词具有指向自然性质的描述意义，在一定意义上修正了直觉主义"不可定义"之论，同时也进一步完善了情感主义理论学说，在一定程度上纠正了伦理学完全置现实道德生活于不顾的倾向，强化了伦理学作为实践哲学的基本

---

① 万俊人：《现代西方伦理学史》（上卷），北京大学出版社1990年版，第342页。
② [英]罗素：《宗教与科学》，徐奕春、林国庆译，商务印书馆1982年版，第123页。
③ [英]维特根斯坦：《逻辑哲学论》，贺绍甲译，商务印书馆1996年版，第23页。
④ [美]查尔斯·L. 斯蒂文森：《伦理学与语言》，姚新中等译，中国社会科学出版社1991年版，第238页。

属性。

规定主义（Prescriptivism）是元伦理学发展的第三种形态，为其主要阐释者黑尔（Richard Merlyn Hare）所推崇。经由直觉主义与情感主义两个阶段发展之后，黑尔赞同元伦理学对道德语言的分析主义路径，但认为之前的研究仍未能很好地解决道德问题，道德语言依然混乱不堪，伦理学研究仍然缺乏清晰的问题意识。为此，他撰写了《道德语言》一书并明确指出："道德语言是一种规定语言。"[①] 在他看来，道德语言是一种特殊的语言，有着一种特殊的"规定性"（Prescriptivity），即道德本身是通过特殊的语言功能来指导人们行为的，往往带有要求或命令的语气，因此经常使用祈使句或命令句来表述明确的价值判断。就此，黑尔批判了情感主义关于道德语言的错误看法，转而认为道德判断并非首先诉诸类似于情感或信念的命令，亦非直接的劝导与说服，而是以一种规定性语言来调节人的行为。这样，规定主义的元伦理学就再次向现实的道德生活靠近了一步。同时，黑尔还认为道德判断不是对纯粹事实的陈述与描述，也不仅满足规定性的要求或命令，它还具有使自身普遍化的特点，因为只有将道德判断上升为普遍化的道德原则，才能实际地发挥出规约人们现实行动的道德能力。这样，经由规定主义的阐发，元伦理学试图摆脱"只看病，不开药方"的指责，逐渐偏离了原先的分析主义路线，缓慢而又坚定地向现实的道德世界回归，由此也反映了现代西方伦理学向传统规范伦理学回返的新动向。

C. "后元伦理学时代"伦理学流派的逻辑轨迹

如上文所述，元伦理学发展到规定主义阶段，事实上又从终点回到了起点，向传统规范伦理学的回返已然不可逆转，各种伦理学流派风起云涌，从而进入了一个我们姑且称之的"后元伦理学时代"。"后元伦理学时代"是一个各种伦理学流派竞相登台亮相的时代，它们在不同程度上接续了元伦理学的问题意识，但都似乎对其形式主义的语言分析主义路数不以为然，转而面向道德生活本身，以此来捕捉现代社会的生存境况，观

[①] ［英］理查德·麦尔文·黑尔：《道德语言》，万俊人译，商务印书馆2004年版，第9页。

照现代人的生活方式，反映现代性的本质特点。我们在此无法逐一述说，仅摘其要者予以简要的逻辑梳理，以为后续的形态学研究提供一个宽广的话语背景。

第一，现象学的"质料伦理学"。康德主义是现象学伦理学思考的逻辑起点，也是其批判的靶子。后者认为康德理性主义伦理学的系统方法论从根本上是错误的，原因就在于抛弃了现象学竭力倡导的"内在直观"的描述方法论。按照胡塞尔的看法，由于康德的实践理性法则不需要依靠任何直观描述，道德上的"绝对命令"完全脱开原始事实领域，因而沦为了没有经验质料和事实内容的纯粹形式主义的逻辑推演而已。据此，胡塞尔认为，虽然道德哲学"在伦理—宗教方面可以使一种受纯粹理性规范支配的生活成为可能"[①]，但是不能采取康德主义规范伦理学的方法论，而必须转向一种"质料伦理学"，正如倪梁康所言："或许我们可以这样来定义现象学意义上的伦理学：现象学的伦理学意味着通过反思和本质直观的方法来把握道德意识的结构与发生，它包含本性伦理学（道德意识的结构学）和习性伦理学（道德意识的发生学）。"[②] 马克斯·舍勒在坚持胡塞尔伦理学思考方向的前提下撰写了系统批评康德的《伦理学中的形式主义与质料的价值伦理学》一书，指认后者的主要问题就在于完全撇开了人的情感经验从而陷入了形式主义伦理学的泥淖："任何一门伦理学，只要它们以这样的问题为出发点：什么是最高的善？或者，一切意愿追求的最终目的是什么？那么在我看来，它就已经被康德一劳永逸地反驳掉了。"[③] 因此，由于康德主义伦理学无法克服现代性价值危机，就必须创立一种"质料伦理学"来予以继续未竟的事业。也正因为如此，有必要从现代人的感受和体验结构出发，把价值意识引入伦理学思考当中，将被现代人颠覆的价值创新建构起来，以复归人心秩序，塑造新的道德人格。

第二，存在主义的"人道主义"伦理学。根据人之自身来理解人，

[①] ［德］胡塞尔：《文章与讲演（1911—1921年）》，倪梁康译，人民出版社2009年版，第3页。

[②] 倪梁康：《胡塞尔的"改造文"与"改造伦理学"》，《世界哲学》2015年第2期。

[③] ［德］舍勒：《伦理学中的形式主义与质料的价值伦理学》，倪梁康译，生活·读书·新知三联书店2004年版，第4页。

是存在主义伦理学的基本标识，这一思路贯穿于从海德格尔到萨特的人道主义思考当中。受胡塞尔现象学的影响，海德格尔借助"现象学本体论"研究方法来揭示被遮蔽的存在的意义，试图在进入生存论状态的同时把人从生活世界门外请进来。海德格尔认为，人趋向于过一种"非本真性"的日常生活，这是一种随大流的模仿性和闲谈式的生存状态，因而也是一种人的"沉沦"状态。而存在的意义必须通过"本真性"的生活显现出来，这是一种"向死之存在"或"向死而生"的"存在的勇气"，即"共居于烦中，这个存在者才能以命运的方式生存，即才能在其根据中是历史性的"，① 这意味着正是凭借本真的时间性和历史性，存在的意义才得以显露出来。在海德格尔关于"存在与时间"讨论之后，萨特进而着手"存在与虚无"关系的研究，并把人定义为"自为的存在"："如果上帝不存在，那么至少总有一个东西先于其本质就已经存在了；先要有这个东西的存在，然后才能用什么概念来说明它。这个东西就是人，或者按海德格尔的说法，人的实在。意思就是说，首先有人，人碰上自己，在世界中涌现出来，然后才给自己下定义。"② 为此，萨特提出"存在先于本质"这一命题，认为人除了自己所认为的之外什么都不是，因而作为一种有意识的存在，人就是"自为的存在"：物的存在是其之所是，但人的存在却并不是其所是："人确实是一个拥有主观生命的规划，而不是一种苔藓或者一种真菌，或者一株花椰菜……人只有在企图成为什么时才取得存在。"③ 所以，作为一种人道主义的存在主义伦理学试图告诉人们的，乃是这样一个道德真理：人是自己所不是的东西或人不是他所是的东西，由于我们并不处于反思性的状态，因此也就不能忠实我自己的自由。

第三，实用主义的"经验伦理学"。道德哲学或伦理学从来就是实用主义的中心话题，④ 从古典实用主义者杜威到新实用主义者罗蒂无不如

---

① ［德］海德格尔：《存在与时间》，陈嘉映、王庆节译，生活·读书·新知三联书店2006年版，第385页。

② ［法］萨特：《存在主义是一种人道主义》，周煦良、汤永宽译，上海译文出版社1988年版，第8页。

③ ［法］萨特：《存在主义是一种人道主义》，周煦良、汤永宽译，上海译文出版社1988年版，第8页。

④ 陈亚军：《非形而上的伦理学何以可能？——论罗蒂新实用主义道德哲学》，《华东师范大学学报》2008年第4期。

是。实用主义的伦理学思考偏向于从人类经验和社会事实中构建个人与世界的关系，其致力于以"务实、整体和包含性的方式"发展一种"关系性的和动名词性的独特的人的观念"，这种观念不同于个人主义的观念，进而主张要对任何的人类经验进行理论化，必须以经验为依据并且在日常生活中找到它的最终保证。① 为了凸显这种关系性，实用主义理论家首先对"道德的个人主义"提出了批评，指责其"有意识地把不同的生活中心划分开来"，这样"个性化的精神活动的社会品质如果被否定，寻找足以联结个人和他同辈的联系就成为一个问题"②。实用主义者认为，我们每一个人都是在一个共同的世界中行动的，个人的道德意识不完全属于私人，而是与他人的观念、欲望和目的密切相关。对此，杜威着重批判了四种道德哲学研究范式：第一种是倚仗"启示、直觉或我们祖先的智慧"的权威理论，它在宣誓"永恒真理"的同时极大地扼杀了"个人的不同意见"；第二种是源自法国的理性主义道德哲学，这种理论虽然"使人能打破偏见、迷信和暴力"，却无助于"人类建立新的关系和联合"；第三种是兴盛于英国的功利主义道德哲学，它"促进了更加宽广和更为民主的社会关系"，但由于"只顾到他自己的快乐和痛苦"却无力"指导和重新适应共同的事业"；第四种是德国的唯心主义道德哲学，这种理论旨在"通过按照在作为客观理性的国家的组织中所发现的普遍规律，发展个人信念而获得个人自由"，有助于"使国家组织更加建设性地关心公共事务"，而问题在于"在一切终极的道德问题上，它倾向于恢复权威的原则"，这样就退回到权威理论了。③ 杜威发现，以往的道德哲学都是目的论的，都致力于探究"如果有一个至善、一个至高目的，那是什么"这么一个根本性的问题，但是对于这一问题的思考却是导致伦理学激烈争论的源头，而要走出此困境就要采取一种"经验性的观点"，从那种唯一的目的中走出来，即"把道德生活的负担从遵守规则或追求固定目的转移

---

① [美]安乐哲：《儒家的角色伦理学与杜威的实用主义——对个人主义意识形态的挑战》，李慧子译，《东岳论丛》2013年第11期。
② [美]约翰·杜威：《道德教育原理》，王承绪等译，浙江教育出版社2003年版，第181页。
③ [美]约翰·杜威：《道德教育原理》，王承绪等译，浙江教育出版社2003年版，第182—185页。

到对需要特殊治疗的患者加以检查,以及形成各种治疗他们的计划和方法上去"①。这种经验伦理学在新实用主义者罗蒂那里得到了贯彻,他坚持认为道德原则只能从生活经验中得到说明,道德进步也只能通过在同情的基础上将"他者"纳入"我们"之中得以实现。罗蒂从休谟经验主义同情论中吸取养分,认为我们每个人都生活在特定的家庭、氏族和团体之中,对其中的成员具有一种自然的情感,而对其他人的同情无非是我们原先生活中所信奉的东西的放大而已:"符合道德的行为也就是你以自然而然地对待你的父母、子女或你的氏族成员的方式来行动。"② 显然,不应该从康德主义的先验论出发来解释道德生活的本质,而是应该反过来从活生生的人的经验来捕捉道德的本质。

D. 从"伦理学丛林"走向形态学辩证

从元伦理学开启现代西方伦理学帷幕到进入"后元伦理学时代",现代西方伦理学呈现出一个异常活跃的创建"学派"的发展时期:诸多"学说"并立对峙,各种"主义"竞相出台,种种"流派"花样翻新,大有推动西方思想界从注重形而上之思的"本体思维"转向立足人类实践经验的"伦理思维"之趋势。③ 不过,现代西方伦理学之学派林立固然昭示着一种"伦理思维"的转向,但这一转向本质上是研究范式的转折,却难以掩盖伦理学内部"诸神之争"之窘迫境况。换言之,就其致力于追求良善生活的使命而言,伦理学从来就不能停留在各种价值论言说层面来博取其知识合法性地位,而是必须给予现实生活以伦理道德上的有力指导。这就要求伦理学必须能够诠释什么是真正的良善生活以及如何达致良善生活,并通过以"善"为中心构建起命运共同体与其生活于其中的世界的统一性关系,解决人们精神世界中如何生活以及如何生活在一起等个体心性秩序与社会生活秩序等基础性问题。以此观之,基于"学派"观念所建构的现代西方伦理学理论,从整体上服膺于谋划现代性事业之宏大

---

① [美]约翰·杜威等:《实用主义》,田永胜等主编,世界知识出版社2007年版,第255页。

② [美]罗蒂:《后形而上学希望》,黄勇编,张国清译,上海译文出版社2004年版,第302页。

③ 参考田海平《道德哲学的伦理思维进路》,《哲学研究》2005年第11期。

主题，无论是从学科气质还是理论品质上看都是一种知识论或工具论，其诚然在知识合法性求证方面获得不俗的成就，但从中伸展出来的只是黑格尔所说的"离开人体的手"，而非人的整体生命气象，因此亦无法借助诸多伦理学流派来把握西方民族、西方社会乃至西方文明的整全样态。

我们并不否认任何一种伦理学学派都拥有卓越的学术成就，现代西方伦理学史上的任何一个成熟学派都有其独特的问题意识因而有着不可取代的学术地位，但同时又会因为过于执着于自身而走向反面。仅以一个粗线条的描述就可以窥见这一景象。康德伦理学对道德自由的高扬无疑是一种真正的道德启蒙，就连极其厌恶理性主义道德说教的尼采也不得不承认其理论上的非凡贡献，但这种理论贡献依然经受不住后者"道德谱系"的审理，因为康德的"绝对命令"只不过是盗用了上帝的名义在发号施令，其无从逃脱近代庸俗化哲学的藩篱。但是，尼采在将一切道德价值都虚无化之后就只能借助一种超凡魅力的"权力意志"来展示人的在世性或现实性，生命力的勃发因此就超越时空和历史文化情境而达致一种绝对主义的虚无境地，这显然就从反虚无主义走向了新的虚无主义。因是之故，种种冠之以后现代名目的伦理学理论忙着一一敲碎业已建成的伦理学大厦，在"上帝之死"之后不惜喊出"人也死了"的口号。这样，"价值重估"就没有达到"价值重建"的目的，所谓的"后现代伦理学"以价值解构为己任并将现存价值消解一空，从而与现代性伦理学一道形成"伦理学丛林"现象。

"伦理学丛林"现象乃是西方伦理学解读现代性文化的结果，严格说来即是对人的自我理解采取了一种完全不同于古典性伦理学的视角，在表达了独到见解的同时出现了偏差与混乱。一言蔽之，现代西方伦理学遵循个人主义的思维路径，在处理个人与世界的关系中坚持从前者的现实需求出发，提倡人应该忠实于自己的内心而不是盲从于外部世界的压力，以此来确立人生之安身立命的根本。这种原子式的价值取向在尼采的煽动性言论中体现得尤为明显："成为你自己！你现在所做的一切，所想的一切，所追求的一切，都不是你自己"，并教导人们"应当成为你所是"[1]。但是，人如何成其为所是？人的独特性从何而来？人又如何处理其自身所处

---

[1] 转引自刘擎《没有幻觉的个人自主性》，《书城》2011 年第 10 期。

的历史文化及其社会情境？显然，从个人主义出发所达成的对人的自我理解必然是千差万别的，它们必须借助一种"社会想象"来将个人从世界整体中剥离出来，以此来展示人的主体性价值与特异性功能。不仅如此，这种个人主义还往往采取复数的表达形式，即将个人集合为一个集体，将人类作为一个整体从宇宙秩序中"脱嵌"出来，成为同自然相对峙的"人类主体"，这就是所谓的"人类中心主义"，其本质上乃是个人主义的"变种"："……表述在卢梭的社会契约论中，并被马克思和列宁以其自己的方式加以发展，明确地将个人依附于社会。但同时，这种变种已经以其无神论、以其甚至超过资本主义社会侵略性的生态侵略性，将人类中心性推到新的高度。"① 可见，打造"伦理学丛林"之核心价值本质上就是一种"主体性价值"而非"实体性价值"，而随着"主体性黄昏"的来临，"伦理学丛林"必然陷入一种价值无序的状态。

显然，从"伦理学丛林"中走出来需要一种新的伦理学智慧，这是一种我们所期待的"伦理形态"之理念与方法。在此，我们希望"伦理形态"之研究范式能够在清理西方伦理学历史遗产的过程中，推动伦理学研究突破在"丛林法则"规制与"学派"林立中寻求知识合法性的理论竞争，而走向对人的生命形态与人类文明的合理形态之本真探求。

---

① ［加拿大］查尔斯·泰勒：《本真性的伦理》，程炼译，上海三联书店 2012 年版，第 83 页。

八　西方伦理学的现代形变

从形态学视角来界定伦理学理论的历史发展，将摆脱时间与人物的纠缠，侧重于学科范式的转型与思想理念的逻辑模型架构的改弦易辙，从而凸显现代伦理学价值意义与精神面貌。我们认为，现代西方伦理学从古代走向现代主要有三个逻辑内涵：一是伦理转型，从实体走向原子式思考。这样的转型既是"后黑格尔"的现代，更是"马克思主义后"的现代，同时还是"G. E. 摩尔"的方法论现代；二是道德转型，从"道德同一性"走向"自然同一性"。这是现代人道德世界观的转型，也是现代伦理学从传统形而上学走向科学经验主义的现代转型；三是善的纠结，或伦理—道德纠结下的现代西方伦理形态，只有从伦理道德的先验矛盾与善的纠结中，我们才能够彻底审视西方现代伦理学的诸形态，从而理解其背后的逻辑模型。

1. 伦理转型："黑格尔之咒"

麦金太尔说，把黑格尔看成伦理学史的终结者，一般不会引起人们的异议。其中的原因不仅仅是因为"黑格尔把自己的看成是哲学史的终结"，更重要的乃是"到黑格尔所处的时代，所有的基本观点都已确立……黑格尔之后，这些基本论点以新的装束和新的变化形式再现，但它们的再现不过是证明了根本性的革新是不可能的"[①]。何以如此？黑格尔

---

① ［美］阿拉斯戴尔·麦金太尔：《伦理学简史》，龚群译，商务印书馆2003年版，第264页。

不是流派，不是学派，更不是一个简单的主义，而是"终结"。何以终结？为什么会终结？黑格尔的哲学不同于苏格拉底的"自知自己无知"而是"自知自己全知"[1]，是孟子的"万物皆备于我"，不仅有亚里士多德、康德的"百科全书"内涵，还有"绝对精神"的贯通与会通。简言之，黑格尔开创了"伦理学形态"，完成了"伦理学理论形态"，终结了"伦理学实体形态"。

西方伦理学传统的开端有三个先后相承的环节：一是苏格拉底之死的"道德悲剧"，二是《柏拉图对话集》的美德追问，三是亚里士多德创立伦理学。苏格拉底之死之所以被称为道德悲剧，乃是因为不同于古希腊人的神话中人对于命运的屈服，而是苏格拉底将"理性的自主思考与自主决定"引入作为自身行为"道德决策的因素"[2]。道德第一次成为主宰人自身命运的核心要素，却产生了一个永恒的伦理命题：一个优秀的人与一个优秀的城邦，孰重孰轻？苏格拉底一个如此优秀的人为什么会被雅典这个公认的古希腊优秀的城邦处以极刑？由此而产生了一个永恒的伦理道德原罪性问题：一个优秀的人什么情况下可以越界违背共同体的利益？一个优秀的共同体什么情况下可以越界取消个体的生命？苏格拉底的回答是："我去死，你们去活。这两条路哪一条比较好，谁也不清楚，只有神灵知道。"[3] 苏格拉底选择了死亡，因为他坚信自己死后会与有"美德"的不朽灵魂在一起。由此，"美德"问题成为《柏拉图对话集》中一个重要的主题，未经反思的人生是没有意义的人生，经过反思而自主的苏格拉底选择死亡的动力恰恰在于相信"灵魂不朽"，而灵魂不朽的诱惑在于死后可以与古希腊那些最具"美德"的圣贤们在一起。那么，自然而然，"美德的人生最值得一过"就成为人坚定不移的道德信念。但是问题来了，美德是只属于苏格拉底这样的思想家，还是可以属于我们所有人，为什么我们不能像苏格拉底一样进行道德自决呢？"美德是否可教"问题就成为《柏拉图对话集》中一个重要的主题，在《美诺篇》中，柏拉图通过苏格

---

[1] 庞俊来：《黑格尔〈精神现象学〉之道德哲学研究》，中国社会科学出版社2013年版，第245页。

[2] 包利民：《生命与逻各斯——希腊伦理思想史论》，东方出版社1996年版，第157页。

[3] ［古希腊］柏拉图：《柏拉图对话集》，王太庆译，商务印书馆2004年版，第55页。

拉底与美诺的对话给了我们一个开放性的结论：如果美德是知识，它就是可教的；如果美德不是知识，那么它就是不可教的。美德的问题已经不能由道德本身来回答，亚里士多德的伦理学出场了，要走向美德知识论，必须剔除感性的藩篱，走向理性的思考。亚里士多德剔除了目的论伦理学，将德性分为伦理德性与理智德性，伦理德性归结为习俗，其中有些无法复制的条件性内涵，而理智德性是超越伦理德性的普遍性美德，可以传承、教育与习得。追问美德的个体自决问题被理性的形而上学所笼罩，个体自决性被遮蔽。"美德是否可教"的问题换成今天的话说，如果道德是普遍性的知识，那么它就是我们每个人可以习得的；如果道德是个体特殊性的经验，那么它就因人而异难以共通。从此，西方的伦理学就走上了两条完全不同的道路，一是需求形而上学的知识论传统，二是需要上帝观照的启示论传统。叔本华曾经敏锐地觉察了这一点："在人类中常有一种不可否认的伦理倾向，来源于（虽然不自觉地）形而上学，并且对人生不按这些路向给出解释，任何宗教便不能赢得立足之地；因为各种宗教全都是靠它们的伦理方面紧紧抓住人的思想的。每种宗教均把它的整个教义当作每个人容易感觉到的道德动机之基础……并且它把教义和道德动机基础两者连接得如此紧密，以致它们似乎是分不开的。"[①] 叔本华是在"最初的伦理学现象的形而上学解释"的视角下来解释伦理学的理论起源的，站在近代自身之内的叔本华没有意识到这其实已经是近代道德哲学本身理论实践的两重来源：即古希腊的形而上学与中世纪的基督教传统。形而上学与宗教是近代以前已经形成的两大探讨伦理学的理论与实践传统，站在近代道德哲学的探讨（在叔本华那里是"道德的基础"）必然要以业已形成的这两大历史性资源作为奠基。[②]

近代以来，一直被压抑的个体意识、自我意识与主体性开始觉醒，科学渐渐兴起，人们普遍地感受到了宗教的压抑。用形而上学取代宗教已经成为知识论的核心，不需要上帝的恩宠，我们自身可以解释自身的问题，

---

① ［德］叔本华：《伦理学的两个基本问题》，任立、孟庆时译，商务印书馆1996年版，第291—292页。
② 庞俊来：《黑格尔〈精神现象学〉之道德哲学研究》，中国社会科学出版社2013年版，第67页。

我们自身可以解释自身所处世界的合理性。现代文明的"教养"得以诞生:"引导一个个使之从它未受教养的状态变为有知识,这个任务,我们应该在它的一般意义下来理解这个任务,并且应该就个体的发展形成来考察普遍的个体,有自我意识的精神。"[1] 从特殊的个体上升为普遍的个体,就是从"未受教养的状态"变得"有知识",就是从"自然的美德"走向"知识的美德"。个体与实体的统一就是主体性确立、自我意识的诞生,"实体即主体""主体即实体"。黑格尔通过自我意识、主体将个体与实体统一起来,实现了伦理学的形上终结,这正是麦金太尔发出的黑格尔作为伦理学史的终结者的要义。终结了伦理学史的黑格尔做出断言:"在考察伦理时永远只有两种观点可能:或者从实体性出发,或者从原子式进行探讨,即以单个的人为基础而逐渐提高。"黑格尔同时认为,"后一种观点是没有精神的",只能做到"集合并列",因而具有"现实性的偶性"[2]。由此,可以看出,黑格尔的伦理终结是"精神"的终结,是"实体"的终结,是"传统"形而上学的终结。

黑格尔终结的地方正是现代道德哲学兴起的地方,现代道德哲学不再拘泥于形而上学的宏大叙事,也不再追问实体性的根源,更无力于"精神"的亢奋。"原子式的""个体"成为现代的主题,实体终结了,个体兴起了;伦理终结了,道德兴起了;伦理学终结了,道德哲学兴起了。

2. 道德转型:由"道德同一性"到"自然同一性"的转换

自从亚里士多德创立第一个目的论伦理学以来,德福一致问题就成为一个永恒的伦理道德难题。随后的伊壁鸠鲁派与斯多葛派一个执着于快乐,一个执着于德性,分歧难以弥合,使得整个古希腊人的精神世界渐渐瓦解,伦理学的知识理性被基督教的超验世界所代替。直到康德才认识到"我们不能不遗憾的是,这些人(指伊壁鸠鲁派与斯多葛派——笔者注)

---

[1] [德]黑格尔:《精神现象学》(上卷),贺麟、王玖兴译,商务印书馆1979年版,第19页。

[2] [德]黑格尔:《法哲学原理》,范扬、张企泰译,商务印书馆1961年版,第173页。

的敏锐目光不幸被用于两个极端的概念，既幸福概念和德行概念之间挖空心思地想出同一性来"①。康德认为，快乐主义将道德原则建立在感性方面，而德行主义的斯多葛派将道德建立于逻辑之中。而德行准则和自身幸福的准则在实践原则中是完全不同性质的，"在同一主体中极力相互限制、相互拆台"②。虽然从分析论视角来看，二者是不可同一的，但是，实践理性又有一种综合的冲动，并将这种结合归结为"先天的"，是伦理学的必然设定，这就有了德福一致的至善追求。整个古典伦理学的研究对象就是"德福一致"的至善客体。

通过分析论的伦理学，康德发现德福一致的内在同一性，不可能在伦理学内部获得，于是便产生了实践理性的二律背反："要么对幸福的欲求是德行准则的动因，要么德行准则必须是对幸福起作用的动因。"③ 在这个二律背反中，对幸福的追求中会产生出德行意向的某种根据，是绝对错误的。但德行意向必然产生出幸福，则是相对错误的，或者说是有条件错误的。由此，康德提出了确保"德福一致"的实践理性的三大预设：一是灵魂不朽的悬设；二是自由的悬设；三是上帝存有的悬设。④ 灵魂不朽的悬设，我们在苏格拉底的哲人身上已经见到过。伟大的苏格拉底，如此有德性的人，却被城邦的法律处以极刑，生命被取消，无论如何都验证不了他自己提出的"美德的人生值得一过"的人生主题。但是苏格拉底自己提出了问题，自己回答了问题，相信自己死后，灵魂不朽，可以和全希腊美德的人在一起，得到永福。灵魂不朽保证了苏格拉底的"德福一致"。苏格拉底之后，我们面临的问题是，我们每个普通有德性的人，如何避免命运的捉弄，而成为永福的人。从哲人到普通人，实践理性的灵魂不朽可不是每个普通人的理性所能达到的。到了中世纪，基督教传统与古希腊文明契合，迎来了西方宗教伦理时代。通过上帝存在，每个人都在超验的上帝祝福下与最后的庇护中获得了永福。到了康德时代，理性觉醒，意志自由成为时代主题，康德为了实现近代道德哲学的转型，为世俗生活

---

① ［德］康德：《实践理性批判》，邓晓芒译，人民出版社2003年版，第153页。
② ［德］康德：《实践理性批判》，邓晓芒译，人民出版社2003年版，第153页。
③ ［德］康德：《实践理性批判》，邓晓芒译，人民出版社2003年版，第156页。
④ ［德］康德：《实践理性批判》，邓晓芒译，人民出版社2003年版，第181页。

找到坚定的道德形而上学，提出了第三种悬设：自由的悬设。从此，我的德行是否幸福的问题不再寄希望于目的论的灵魂不朽与超验的上帝存在，而是我自身自由的选择，幸福还是不幸福都是我自身的选择。幸福问题从此退出了实践理性的场域，目的论退场，义务论出场。

康德的实践理性是其纯粹理性的应用，虽然它解决了德福一致的悬设，但是实践理性的自由悬设无法逃脱纯粹理性的"自由与必然"的二律背反。为了超越康德的"实践理性"，黑格尔的"精神"出场了，其重要的任务就是实现"自由与必然"的和解。这个和解在道德世界观里就是"道德"与"自然"之间的"预定的和谐"。在《精神现象学》中，黑格尔为我们呈现了"道德与自然之间预定的和谐""义务与现实之间预定的和谐""道德规律与自然规律预定的和谐"三个环节。[①] 这里，我们看到康德的义务论中，道德律的绝对命令要求我按照能够并且愿意成为一条普遍的法则的那样一条准则去行动。由此而来的问题是：我是如何能够知道我的准则是一条普遍的法则？我愿意它成为，它是否一定就能够成为呢？这就要求我们能够把握普遍性的实体本性，要去把握大全的现实性本身，化解义务与现实之间的对立。不同于德福一致将灵魂不朽和上帝存在作为最后的通道，义务论的前提在于我有能力能够认识普遍的自然规律，我可以做到"万物皆备于我"，义务与现实的对立解决有待于"道德与自然之间的和谐"与"道德规律和自然规律之间的和谐"。这个和谐在黑格尔那里，更为细腻地表述为"道德与客观自然的和谐，这是世界的终极目的""道德和感性意志的和谐，这是自我意识本身的终极目的"[②]。黑格尔通过精神现象学向我们呈现了从自我意识到绝对精神的意识形态历程，通过"绝对精神"完成了"道德与客观世界和谐"的实体性论证，为道德哲学找到了"形而上学"的根基。

正如康德通过分析与综合发现了德福一致的二律背反的问题，黑格尔利用辩证法发现了义务与现实的对立。道德世界观的发现，抛开道德规律

---

① 具体内容参见［德］黑格尔《精神现象学》（下卷），贺麟、王玖兴译，商务印书馆1979年版，第125—130页；具体解读可参见樊浩《道德形而上学体系的精神哲学基础》，中国社会科学出版社2006年版，第666—678页。

② ［德］黑格尔：《精神现象学》（下卷），贺麟、王玖兴译，商务印书馆1979年版，第130页。

与自然规律的预定和谐，我们发现在道德规律与自然规律之间三种可能性：一是以道德规律统摄自然规律的道德同一性；二是以自然规律统摄道德规律的自然同一性；三是道德规律与自然规律之间的二元论。这三种方式都在伦理学与道德哲学史上有不同程度的存在，黑格尔之前，我们理解道德的方式是"道德同一性"，在黑格尔之后直至今天，我们理解道德的方式是"自然同一性"。道德同一性与自然同一性的差别，我们可以用一个现代的概念来区分："精神病"还是"神经病"。今天，我们常用这两个词语来表达对大脑不正常者的称呼，但是这个病到底是社会病还是生理疾病呢？从道德哲学的角度来看，自我认同与社会秩序的决裂，是道德同一性的分裂，所以我们叫它"精神病"；从自然科学来看，是某些生理要素的变异，是自然同一性的分裂，所以叫它"神经病"。黑格尔之前，我们往往从"道德同一性"的精神实体去"克己复礼为仁"，注重建构社会同一性；黑格尔之后，实体性伦理让位于原子式伦理，现代伦理学往往从"自然同一性"的个体出发去思考"我应当如何按其所是去行动"。道德世界观中的同一性基点发生位移，道德的阿基米德支点发生形态学转换：从道德同一性走向自然同一性。

3. "康德—黑格尔遗案"：伦理—道德纠结

正如古典伦理学中的柏拉图与亚里士多德的双峰对峙，近代道德哲学的高峰就是康德与黑格尔的伦理道德分歧。一般说来，我们将康德道德哲学视为主体性哲学。西方近代主体中心论始于笛卡儿，当康德把"伦理学分析中心固定于实践主体领域时，也就凸显了伦理学学科的构成中心和伦理思考的主次轻重关系"，"实践理性""实践主体"构成了康德道德哲学的核心。于是，康德伦理学在伦理思想史上就起到了承前启后的革命性作用，"既成为古典伦理学之集大成者，又奠定了现代伦理学的理论基础"[①]。反观黑格尔的精神哲学则比较侧重于客体世界与宇宙精神，伦理学在黑格尔那里只在其庞大哲学体系中处于从属地位，伦理学是从属其哲学体系内部而进行处理的，"当主体实践被纳入宇宙演化规律和世界精神

---

① 李幼蒸：《形上逻辑与本体虚无》，商务印书馆2000年版，第22页。

中考虑时,伦理学的中心问题等已被排除"①。在康德那里,我们要为现代主体性确立地位,"人为自然立法",确立"善良意志"以及追问"配享幸福"的德性。某种意义可以说,康德表现为一种道德优先的道德形态。黑格尔则从历史理性的视角,展现了人类主体性生成的过程,从《精神现象学》的"伦理"先在于"道德"到《法哲学原理》的"道德"先在于"伦理",呈现出伦理道德从自在的现代性主体走向自为的现代性主体的辩证发展过程,某种意义上说表现为伦理优先的伦理形态。所以,现代伦理学与道德哲学一直回荡着"康德—黑格尔遗案":伦理道德到底是"实践理性"还是"精神"?伦理与道德到底是统一的概念还是平行的对峙?伦理认同的一元与道德自由的多元矛盾如何化解?

在康德看来,实践理性的终结研究的客体是"至善","至善"乃是"德行是一切只要在我们看来可能是值得期望的东西的,因而也是我们一切谋求幸福的努力的至上条件"②,也就是"德福一致"。通过"德福一致",康德将古典伦理学与近代道德哲学联系了起来,解决"德福一致"的古典方式就是"灵魂不朽"的古希腊方式与"上帝存有"的中世纪方式。康德认为,这样的方式都是超验的、非理性的,近代的"人"已经觉醒,我们无须"上帝"与"灵魂",通过自己的"理性"完全可以将"德福一致"得以解决。康德提出第三种解决"德福一致"的悬设:"自由的悬设。"我们每个个体都是意志自由的,幸福的依据在主体,主体的选择是自由的选择,幸福的界定是主体的界定。个体如何成为主体?通过理性,理性能够保持我们的道德自由。道德自由如何呈现,通过通俗的道德哲学到道德形而上学再到实践理性,康德发现了道德的一般准则,确立了"绝对命令"的黄金道德律,产生了"人为自己立法"的道德崇高感,从而确立了人之为人的"绝对义务"与"绝对应当"。在黑格尔看来,康德的主体是抽象思维的主体,康德的道德哲学只是一种理性的"应当","人应该是有道德的,这仍然停留在应该上面。其结果是,这个目的只有在无穷的进展中可以达到。因此这仍然停留在谈说道德上面。但是什么是道德的内容,或者什么是自我实现的精

---

① 李幼蒸:《形上逻辑与本体虚无》,商务印书馆2000年版,第37页。
② [德]康德:《实践理性批判》,邓晓芒译,人民出版社2003年版,第151页。

神的体系，却没有被考虑到"①。黑格尔认为，自由不仅是自在的，而且是自为的。伦理道德只不过是自我实现的精神体系中的意识形态的环节而已，它们本质上是一种"精神"。这种"精神"是以"自然"为对立面的，考察伦理道德，不能仅从主体考察，而是要从整体关系来考察主体作用。"德福一致"的保证必须得到"道德和自然的和谐"的保证。这个预设主要有两个内涵：一是道德与其相对的自然之和谐，这个是世界之最终目的；二是道德和感觉意志之和谐，这是自我意识本身之最终目的。主体的实践理性与实体的精神和谐构成了现代道德哲学的双重路向。

德国学者克劳斯·黑尔德在2004年10月中山大学举办的"第十届中国现象学年会"上发表的一篇演讲《对伦理的现象学复原》一文中指出，"古典希腊的'伦理'和近代的'道德'之间存在着一个根本性的历史差异和实事差异"，并使用现象学还原的方式阐释了"伦理"与"道德"的差异。② 西方自20世纪中叶以来，有一种将伦理与道德区分开来的倾向，道德一般被限定于"功利主义"和"道义论"这样的现代伦理理论，而"伦理学"则用来指亚里士多德主义式的研究方式，强调主体的德性结构，关心主体的幸福。③ 其实，这些都是康德、黑格尔给我们留下的学术问题，黑格尔在《法哲学原理》中，就明确指出，"道德和伦理在习惯上几乎是当做同义词来用，在本书中具有本质不同的意义。普通看法有时似乎也把他们区别开来"。同时，黑格尔对康德提出了尖锐批判，"康德多半喜欢使用道德一词。其实在他的哲学中，各项实践原则完全限于道德这一概念，致使伦理的观念完全不能成立，并且甚至把它公然取消，加以凌辱"④。由此可以看出，黑格尔已经明确意识到自己与康德的差异，明确区分了"伦理"与"道德"，再结合上述现象，我们不难看出现代道德哲学完全是在回应康德、黑格尔伦理道德分歧的遗案。只不过，这种学术史

---

① ［德］黑格尔：《哲学史讲演录》（第四卷），贺麟、王太庆译，商务印书馆1978年版，第291—292页。
② 参见《中国现象学与哲学评论·第七辑：现象学与伦理》，上海译文出版社2005年版，第1—17页。
③ ［英］尼古拉斯·布宁、余纪元编著：《西方哲学英汉对照辞典》，人民出版社2001年版，第331页。
④ ［德］黑格尔：《法哲学原理》，范扬、张企泰译，商务印书馆1961年版，第42页。

的关注似乎完全被西方学界遗忘了，感觉好像是"现代"自己的发现一样。我们应该从这里看到古典、近代与现代在逻辑内在性上的关联与时代精神的"同感"。

伦理是一种"精神"，道德是一种"实践理性"。在社会性的抽象法的视域中，"我们所具有的自由就是我们所说的人，也叫主体，他是自由的，的确对自己来说是自由的，并在事物中给自己以定在。但是定在的这种单纯直接性还不相当自由，而否定这一规定的就是道德的领域。现在我不仅仅在直接事物中是自由的，而且在被扬弃了的直接性中也是自由的，这就是说，我在我本身中、在主观的中是自由的……不过在这里构成的普遍目的的善不宜仅仅停留在我的内心，而应使之实现……道德同更早的环节即形式法都是抽象东西，只有伦理才是它们的真理"①。也就是说，道德自由和伦理认同是伦理、道德之间根本的价值分歧，道德自由是对法律自由内在的否定，是一种真正的自由，因为法律意义上的自由只是一种"契约"，还"不相当自由"，道德是对法的否定，是一种主观认同的自由。道德自由追求的是内心的自由而不是外在的自由。现代社会，我们都生活在法治之下，道德的力量在于对法制、社会秩序的形式的遵守还是道德的认同，成为现代道德哲学考虑的核心问题。伦理不仅仅是道德自由主观的认同，还有实体性的外在转化，要将"普遍的目的"变成"现实"，"我"变成"我们"，道德主体要进一步转化为伦理实体，道德自由要发展为伦理认同。现代社会的伦理道德矛盾就呈现为道德自由与伦理认同的矛盾，因为虽然它们是辩证法上的不同环节，但是每个环节都有将自身变成真理的冲动力，这种变成真理的冲动力过程就构成了现代道德哲学发展的历史图景与"形态"更替。

4. 伦理—道德纠结下的现代西方伦理形态

伦理道德是向善的，伦理学与道德哲学是研究善的。然而，善或好却是面向人的，人有两种：一是个体的人，二是群体的人。由此，个体至善还是社会至善就成为人们生活中永恒的"纠结"。伦理学与道德哲学关于

---

① ［德］黑格尔：《法哲学原理》，范扬、张企泰译，商务印书馆1961年版，第42—43页。

善的纠结最为悲剧性的表达可能就是陀思妥耶夫斯基提出的问题:"个别的人能否因其优秀和卓越而越界,集体能否因其崇高的社会理想而越界。"① 个体至善者坚持道德的自由优先一切,不自由毋宁死;社会至善者坚持伦理认同优于一切,没有家哪有我。在伦理—道德纠结下的现代西方伦理学依据"形态"划分可以归结为三个方面:一是"伦—理"形态,基于伦理认同的善,整体性的善;二是"道—德"形态,基于道德自由的善,基于道德理性的善;三是"伦理—道德"形态,基于对伦理—道德本原状态的揭示,还原的善,原初的善。

首先,伦理的善表现为"伦—理"形态,"伦—理"形态是基于伦理实体认同的善,或基于伦理整体性要求善,或出于伦理良知的自然主义的善。伦理形态的本体论在于自然主义,一种形态只有是其所是,才能形其所形,构成其必然的样态。伦理形态在现代伦理学的表现首先在于自然主义,说其自然主义,我们要做适当的区分,一种是大写的自然,是作为自然本质而存在的自然,既具有本体论意义,又有客观自然的对象。还有一种就是人的自然,出于本能的自然。我们往往将后者视为直觉主义、心理学的自然主义等。但是我们在提到伦理形态的自然主义时,一般指的是前者,从而也将道德形态意义上的非自然主义确立为与伦理形态相对的自然主义的对立面上的非自然主义。这样的自然主义肇始于孔德,它相信每一个事物都是自然世界的一部分,都可以用自然科学的方法加以解释,强调一元论。这样的自然主义在奎因那里进化为自然主义认识论,进而在20世纪伦理自然主义的"是"与"应该"的争论中起到了重要作用。伦理形态在价值论上的表现是正义论,伦理认同的善不同于道德认同善对自由、平等的强调,其更强调正义,罗尔斯的《正义论》所引领的应该就是这样的思潮。伦理形态在历史形态上的典型表现就是宗教伦理学,上帝的超验世界在转化为世俗的日常伦常之后,从超验走向经验,对于西方伦理认同具有仪式化意义,因而宗教伦理学一直都在现代伦理学中占有重要的地位。伦理形态在实践论或者说现实层面上表现为政治伦理学、生态主义和女性主义,女性主义是对长期以来的男权主义主体性的反抗,强调性

---

① 何怀宏:《道德·上帝与人:陀思妥耶夫斯基的问题》,新华出版社1999年版,第42—43页。

别的他者意义，强调承认的价值；在政治伦理学上以社群主义为标识，以承认为价值内涵，以共同体为指归；在整体性上，伦理认同随着经济社会的发展也正从人与人关系的认同，走向对人与自然关系认同的更高层次，生态主义成为一个重要的、新型的表现。

其次，道德的善形成"道—德"形态，"道—德"形态基于道德理性（理智）或道德自由的善，或基于个体对善的德性追求和德性努力的善。道德形态的根本是承认道德自由的善，从本体论的意义上来说，是一种"非自然主义"，但是在道德形态那里却被认为是"自然主义的伦理学"，其根本要义在于："伦理陈述是经验的或实证的，必须根据人类的自然倾向来解释，无须神秘的直觉或神灵的帮助。"① 注意，这里所谓的自然主义，是从"人类的""自然倾向"来解释的，从客观自然来看，这依然是主观的，所以是一种"道德自由"，是人自身的经验或实证。我们因此将之视为"非自然主义"。道德形态的价值论表现在于德性论，道德自由的实现与确证根本在于"美德"，人类区别于动物的自由价值在于"德性"，德性论是对人的维护，当古典共同体让位于现代主体时，伦理也要让位于道德，德性论成为现代道德哲学重要流派便是自然。道德形态在实践论或现实的表现就是实用主义、新功利主义和存在主义。鼓吹道德自由，一定程度上导致了在现实上走向实用主义，"求实主义哲学观""个人主义价值观""行动主义实践观"② 等都是对道德善的追求与认可。正如詹姆士所言，"我们切莫把这个世界视为一架机器，以为它的最后目的便是使任何外在的善成为真的；相反，我们必须把它视为一种深化着善恶在其内在本性所是者的神学意志的发明"③。一句话道破了伦理的善与道德的善的差异，也道出了实用主义的实质。新功利主义则侧重于道德自由的善的内在冲突的一种解决机制，一方面强调自由的绝对地位，另一方面强调冲突中的理性抉择。存在主义则从个体道德自由的视角来说明道德生命的自由样态，为个体生存提供伦理道德的内在力量。

---

① ［英］尼古拉斯·布宁、余纪元编著：《西方哲学英汉对照辞典》，人民出版社 2001 年版，第 661 页。
② 万俊人：《现代西方伦理学史》（下卷），北京大学出版社 1990 年版，第 250—268 页。
③ 转引自万俊人《现代西方伦理学史》（上卷），北京大学出版社 1990 年版，第 269 页。

最后,"伦理—道德"的原生状态形成"伦理—道德"形态,伦理—道德形态建基于"还原的善":基于伦理—道德还原的善,或对善的原生状态或原初状态还原的善。从伦理道德诞生之日起,道德与利益关系(义与利)、"是"与"应该"的关系(名与实)、个体至善与社会至善(群与己)就内在包含在伦理道德的关系之中,不同的人有不同的选择,不同的社会有不同的认同,不同的理论有不同的侧重,不同的历史形成不同的流派。分久必合,合久必分。革命的年代渴望统一,统一的年代产生多元,而每一次的出发与回归都是"无"的呈现与"道"的提升。"无"就是原初状态的复归,至于伦理学与道德哲学就是"伦理—道德"形态的呈现。它在现代伦理学中的流派或思潮在本体论上,主要是元伦理学为标识的语言分析基础上的伦理学出现,一系列伦理学概念、伦理学命题、伦理学经验经过语言分析与语言还原,使我们认识到伦理学的"元"问题。在哲学方法论上表现,就是现象学伦理学的兴起,通过现象学的还原,主体与他者、此在与存在、死亡与过程、目的与手段等伦理学问题渐渐清晰起来。从社会形态来说,精神分析与境遇伦理成为实践样态,精神分析还原了黑格尔道德世界观的中间状态:"道德—自然",既不是道德同一性,也不是自然同一性,而是自然同一性与道德同一性的对峙;境遇伦理学则在伦理—道德的还原、对峙与矛盾中走向伦理相对主义,以境遇为事实条件,承认"伦理—道德"同在的理论样态,寻求实践意义上的智慧突破。此外,应用伦理学的兴起也可以看作对"伦理—道德"形态的回应,承认客观存在的矛盾,以伦理道德并重、历史共同认同的伦理道德规则、现有群体对话产生的共通范式作为伦理学应用的基本前提,着力于解决迫切的、现实的伦理道德问题。

九 现代西方伦理学的"形态"问题

20世纪上半叶，中西方两位思想家曾先后给中西方社会发展给出一个伦理的回答，一个是陈独秀提出的"伦理的觉悟，为吾人之最后觉悟之最后觉悟"①，另一个是罗素提出的"人类种族的绵亘开始取决于人类能够学到的为伦理所支配的程度"②。二者同归"伦理"却"殊途"：中国需要的是"人"的"伦理觉悟"，西方提供的经验是"人类""学到""伦理"的程度。前者侧重的是主体性的人，后者侧重的是客观的伦理知识。正如水之在气为"汽"、水之在固为"冰"一样，同一个伦理，不同的经验。在全球化、信息化与多元化的今天，我们只有找到不同文化共同的"形态"，才能够找到理解不同"经验"的共同范式。

1. 现代西方伦理学的问题域

关于现代西方伦理学，不同的人有不同的看法。在中国伦理学界，以西方古典伦理思想史为主题的著作甚多③，而以西方现代伦理思想史为主题的著作则较少。根据万俊人的《现代西方伦理学史》一书对现代西方伦理思想史的理解，比较有代表性的有以下几种：一是西方学者自身的划分，比较有代表性的是G. E. 摩尔在《伦理学原理》（1903）中提出的

---

① 陈独秀：《吾人之最后觉悟》，见《陈独秀文集》（第1卷），上海人民出版社1993年版，第179页。
② ［英］罗素：《伦理学和政治学中的人类社会》，中国社会科学出版社1992年版，第159页。
③ 比较有代表性的是包利民《生命与逻各斯——希腊伦理思想史论》（1996）、宋希仁《西方伦理思想史》（2004）、田海平《西方伦理的精神》（1998）等。

"自然主义伦理学"（以自然进化为道德判断的标准）、"快乐主义伦理学"（以感觉的快乐、幸福作为道德判断的标准）、"形而上学伦理学"（以普遍原则、善良意志或抽象观念作为伦理学的基础）等；二是苏联学界依据马克思主义理论的划分，主要包括"唯物主义的经验主义伦理线路"（包括自然主义学派、宇宙论学派、社会学学派等）、"唯心主义伦理线路"（包括主观唯心主义伦理学派、客观唯心主义伦理学派）；三是国内章海山划分的理性主义伦理学和感性主义伦理学两大基本路线；四是在三者基础之上，万俊人提出的西方古典伦理学大致可以分为理性主义、经验主义和宗教伦理学，其中前两者为基本对应的倾向，而宗教伦理学则是贯穿于西方伦理思想史的特殊形态。西方现代伦理学是对传统古典伦理学不同程度的承续，在其现代伦理学全面发展时期表现为三大主要线索：首先是"以现代西方元伦理学的发展脉络，它的基本理论特征是以现代经验主义（逻辑经验主义）为哲学基础，以唯科学主义为方法论原则和理论目标，在否定传统规范伦理学的前提下，建立具有严密逻辑性的分析伦理学"，主要包括直觉主义、情感主义、语言分析伦理学等主要流派；其次是"人本主义伦理思潮"，主要包括意志论伦理学、生命伦理学和现象学伦理学；最后是"西方宗教伦理学"，主要包括新托马斯主义伦理学、人格主义伦理学和新正统教派伦理学等。[①]

对于这几种对现代西方伦理学理论传统的划分，万俊人认为，苏联的观点没有摆脱传统哲学中的"两个对子"的圈子，对西方伦理的划分有照搬西方哲学的嫌疑；西方学者的划分"带有片面性，尤其是带有过于零散、缺乏普遍统一性和逻辑一贯性弊端"[②]。因而，以章海山的划分为基础，万俊人给我们梳理了现代西方伦理思想史三大主要线索，一目了然，给我们提供了清晰的脉络。但我们也从中看到，在这三条主要线索中，第一条显然是"具有普遍统一性和逻辑一贯性"的，侧重于重要的伦理学理论，试图将元伦理学、逻辑经验主义伦理学、分析伦理学等统摄在一起，彰显西方现代伦理学的内在逻辑。可是第二条线索将其归结为

---

① 关于西方伦理思想认识的划分，可详细参照万俊人《现代西方伦理学史》（上卷），北京大学出版社 1990 年版，第 5—31 页。

② 万俊人：《现代西方伦理学史》（上卷），北京大学出版社 1990 年版，第 7—8 页。

"人本主义伦理思潮",这个线索与上一线索之间似乎没有什么内在关联,前者重点指的是流派,后者又提出思潮。前者的区分似乎重视伦理学理论研究方法、原则与逻辑的差异,而后者的区分似乎注重的是价值内涵(人本主义)。第三条线索强调的是现代西方的宗教伦理学,似乎又是其对西方传统伦理中宗教伦理学这一特殊形态的回应,应该说这是一个特殊的宗教文化经验在伦理学上的体现。这样的划分可以明晰现代西方伦理学的主要思潮、流派与发展阶段,但似乎还是难以从"普遍统一性和逻辑一贯性"上回答西方现代伦理学的划分。

那么,我们到底应该如何看待西方现代伦理学的划分?我们怎样才能够避免万俊人所提出的"片面性",而实现"普遍统一性和逻辑一贯性"的划分?我们认为,伦理学与道德哲学的划分不能离开伦理道德问题,任何伦理学和道德哲学的理论与思想的建立,都是在回答伦理道德问题基础上产生的,伦理学与道德哲学界在关于伦理思想史的划分总是以人物、年代、国别或者是某个社会思潮为依据,似乎忘却了以伦理道德问题本身对于伦理学与道德哲学史的划分。只有从伦理道德问题本身出发,我们才能够彻底理解和认识伦理思想史发展的内在一致性以及思想连贯性,甚至只有在这个意义上,我们才能为今天道德多元主义寻找一个伦理道德对话的交流平台,从而真正获得"伦理支配"的知识,实现"伦理之最后觉悟"。那么现代西方伦理学的问题域是什么呢?或者说,相较于古典伦理学、当代伦理学,现代西方伦理学的前沿是什么?我们认为,主要有以下三个方面:一是学科问题,就是伦理道德问题本身如何认识,即伦理学如何成为一门学科?虽然亚里士多德建立了伦理学这门学科,但是亚里士多德并没有将这门学科变成"科学"。正如一个未经反思的人生是没有意义的人生一样,一个未经反思的学科是不可能成为科学的。亚里士多德通过"一切技艺(实践)活动都是以某种善为目的"的循循善诱开始,为我们建立了目的论的伦理学:为了某个目的,我们的实践行为就"应该"如此。直到近代,休谟发现了"是"与"应该"的断裂,伦理学能否成为一门科学成了近代以来的理论悬设,虽然康德用道德形而上学试图建立起伦理道德的科学,但是在纯粹理性应用之下的实践理性,总是让人们觉得伦理学不够"纯粹"。所以,现代西方伦理学一个重要的问题就是回答伦理学或者道德哲学何以成为一门学科?在回答这个问题的过程中,产生了元伦理学、分析伦理学、逻辑实证主义伦理学、直觉主义伦理学、自然主义伦理学等伦理学理论。从方法论、价值论、诠释学进而直接从语言本身来分析伦理学作为一门学科的必然性和可能性，回应伦理学的"科学"性质问题。二是时代精神问题，也即伦理道德问题如何回应现实、如何实践的问题。伦理道德问题不能离开它的时代而存在，或者说伦理道德问题在不同时代有不同的反应，在不同的物质土壤中会生发出不同的花朵。义和利、是与应该、个体至善与社会至善在市场经济、科技环境、民主法治的时代会有不同的表现，各种社会思潮层出不穷，自由主义、社群主义、正义论、精神分析、人本主义等伦理学思潮都是其集中表现。三是价值纷争问题，即伦理道德价值多元与一元的关系问题，也即真理、价值、信念的关系问题。如果说应用问题是社会思潮争论，那么价值问题就是文化争论问题，伦理道德是一种意识形态，但它不是唯一的意识形态，而是在意识形态体系之下的意识形态。如何看待伦理道德在意识形态中的地位，构成了伦理学与道德哲学的学科地位与价值位系的问题。在这样的问题视域中，我们看到的是宗教伦理学、西方马克思主义伦理学、政治伦理学等相关流派的诞生。

2. "学派"—"流派"的困境

由此而来的难题是：西方伦理学理论是学派、流派还是形态？所谓学派，一般是以某个人物或某个地方为主导而形成的一个对某一问题形成的具有体系性的、前后相辅相成的师承学术关系的学术群体、学术思想整体或学术共同体，比如青年黑格尔派、康德派、思孟学派、泰州学派等；所谓流派，是以同一思想在同一时期由不同的思想家主张而形成的具有相互支撑、共同特征的某种思想价值体系，也可指同一种学术思想在不同历史时期的流变与传承，比如社群主义、柏拉图主义等。学派与流派有一定程度的交叉与融合，一般注重的是学缘上的师承和思想上的继承。形态论不同于学派与流派，学派与流派是"多"，形态是"一"。成为一种伦理学形态需要一方面是对伦理道德问题系统而细致的自觉回答，另一方面要表现出个体与实体统一的"精神"气质，既要有理论态度，又要有实践态度。如前所述，西方伦理道德发展有一个"伦理"—"道德"的过程，有一个从古典伦理学到现代道德哲学发展的过程，有一个从康德实践理性上升为黑格尔精神的过程。不管是学派、流派，还是形态，伦理学理论都应该具备三个基本的特征：伦理学学科气质、伦理学家的个性、时代精神的反映。三者之中，伦理学学科气质是根本，是形态论的核心；伦理学家的个性是载体，是学派的根基；时代精神的反映是现实，体现的是思潮与流派。西方伦理学一个流派或者一个学派构不成形态，但是几个学派或几个流派完全可以形成一个伦理学形态。传统西方伦理学流派或学派的划分，并不影响我们从形态论视域对西方现代伦理学诸理论进行形态论的重构，其目的是全面展现西方现代伦理思想的精神气质，为当代伦理价值纷争把脉。

"学派"的基本特征主要在于两个：一是以地方或人物为代表；二是对某一问题的集中性关注。因而学派的优势在于具有一贯性，因为师承、共同体以及历史先后的继承性，学派往往可以形成一个统一性的体系，而且前后相互关联、相互印证、相互补充。伦理学派的困境在于往往仅仅是理论上的自足，"一是自身体系的自足，用现代的话语表述，即理论'自洽'；二是对人的人生指引或安身立命指导的自足"。这样的自足性，往往对于一个时代或者一个具体情境中人的生活具有伦理指导的意义，但是放置在整个哲学史、伦理学史以及伦理问题域中，往往缺乏开放性，具有单一性。学派"可能在某一方面明显甚至强烈的标识，或突显伦理学与伦理精神的某一元素、某一概念"，但一旦放置到整个理论体系、学科系统、历史整体性当中，其就仅有"思想与学术资源的价值"，难以拥有理论的自洽、精神的自足以及历史的融通性，进而难以为"社会生活秩序和个体生命秩序的建构"提供"完整的伦理设计和道德指导"[①]。所以，本质上说，"学派"在内涵上是一种"学"，具有主体所处时代与历史的局限性，其根本在于从个人与时代的有限性出发；在形式上是一种"派"，又往往容易形成一种主观的、刻意的、歪曲的事实，进行空洞的思辨，往往表现为主观性的学思倾向，而缺乏客观性的中立态度。

"流派"主要表现为两个方面，一是同一思想在同一时期由不同的思想家主张而形成的具有相互支撑、共同特征的某种思想价值体系，二是指

---

① 樊浩：《江苏社科名家文库·樊浩卷》，江苏人民出版社2017年版，第182—183页。

同一种学术思想在不同历史时期的流变与传承。从前者出发,"流派"的优势在于能够审视与挖掘同一时代在某一思想、某一概念、某一理念甚至某一主义方面的深刻性与全面性,能够将同一时期的不同思想家的大致同一的主题进行比较、互动进而能够呈现出某一思想所能达到的时代深度,进而凸显思想进度,同时也可以发现思想的不足。但也由此可能而来的问题在于,往往关注了主题,既可能忽视思想家产生某一方面思想所产生的特有的理论语境,发生抽离思想家本身理论体系进行意会式比附,又有可能忽视思想家所处的历史境遇、个人生活等特殊的思想源头而进行纯概念与思维的思辨,使其失去历史真实性。从后者出发,流派往往也比较重视体系与传承,能够将历史发展中的思想脉络逻辑生成出来。但是这样的比较与梳理除了具有上述理论局限之外,某种意义上说,这种梳理与发现往往是"傍晚起飞的猫头鹰",缺乏理论的前瞻性与超前性,将理论研究置于一种"流""变"之中,最后只能成为一种"派"、一种"别"的"派别"。

"学派"从一种"学"出发,"流派"从一种"流"出发,二者共同的本质在于或者从个体的生活、思想出发,或者从时代的潮流出发,从方法论上说是一种"原子式"的方法,从理念话语来说是一种理性的言说。因而,综观西方伦理思想史、西方伦理学说史,往往表现为支离破碎,难以形成一贯的体系。西方伦理思想史与西方伦理学术史的著作往往表现为人物的"罗列"与主题的"集中",学习审阅之余,有一种"隔靴搔痒"式的"意会"之感,但往往顾左右而言他,难以形成一种体系性的汇通。偶尔也有一两部贯通式的著作,但又往往挂一漏万,为了主题的需要大刀阔斧地舍弃思想资源。"形态"论的努力在于以"形"统"学"与"流",以"态"为"派",将二者结合起来,一方面以"形"对西方伦理思想史、学说史做体系性、理念式通观与会通,另一方面以"态"为表现对西方伦理思想史、学说史的各种"派别"做精神实体理念建构下的阐述,以期走出"学派"与"流派"的西方理性,走向真正表达生命生活内涵的伦理精神建构。

3. "丛林镜像"

当我们在逻辑一贯性上以问题域或者前沿性问题的视域试图重释和划分西方现代诸伦理形态之后，我们还需要对西方伦理学理论进行生命样态与精神面貌的审视。现代伦理学虽然纷繁复杂，但我们通过伦理学理论"丛林"可以透视出西方现代伦理学的"镜像"：道德分化；精神脱落；皈依世俗。

首先，道德分化是哈贝马斯所说的合法化危机的产物，也是它的表征，其表现是道德日趋多样，缺乏同一性。道德分化的表现是学派或流派林立，它既是一种繁荣，也是一种危机。现代西方伦理学发端于唯意志论、进化论、新黑格尔主义诸流派，表现为以情感主义、直觉主义为代表的元伦理学，以存在主义、精神分析、实用主义为代表的人本主义伦理学，以及宗教伦理学、境遇伦理学诸学派。它们往往立足或侧重某一方面，缺乏充分的对话，甚至没有完整的体系，因而只有"多"，缺乏"多"中之"一"，于是产生麦金太尔"谁之正义？何种合理性？"式的诘问。其次，精神脱落的表现是理性僭越精神，以从个体出发的"原子式思考"代替"从实体出发"的精神信念，知行脱节，伦理学成为知识体系。奠基于人文主义哲学的伦理心理学、精神分析伦理学等当然有其合理性，但对人的自然本性的过度迁就和依赖，使伦理学退化为自然伦理学，缺乏文化境界和精神高度。人本主义的伦理学思潮以存在主义、非理性主义为表象与特征，表现为个体精神的堕落与放纵，失去"精神"家园，"人"死了一度成为伦理道德的恐慌。最后，皈依世俗则是市场经济和个人主义文化共同催生的结果，其取向是不以"精神"超越"自然"，而是以"自然"为伦理道德和伦理学的合法性与合理性基础。现代伦理学，尤其是现代西方伦理学的诸流派或诸学派，或者是它们的直接体现，或者是对它们的反动。根据课题组樊浩、周琛老师对英国大英图书馆和英国国王学院图书馆的检索，20 世纪 80 年代以来，西方伦理学发生了一个重大转向，这就是由理论研究向应用研究和问题研究的转向，宏大深远的理论研究已经风光不再，道德心理、经济伦理、法伦理等成为伦理学研究的主流。应用研究背后潜隐的是回归世俗趋向，这一趋向如此强烈，乃至可以断言，西方伦理学研究的一个学术断裂带已经形成。

如何走出"丛林"？如何消除"镜像"还原"真实"？需要我们对现代西方诸理论进行"形态论"的自觉，而要完成这一主题，首先要完成伦理道德意义上对人的生命、生活的精神形态论的还原。人从一诞生起，就是一个悖论性的存在：生的偶然与死的必然。这既是人的最大痛苦，也是人的最大智慧所在。说是最大痛苦，因为其无法逃离，这是"命"；说是智慧，因为无法逃离，所以必须"活"。"生命"与"生活"构成了人一生中必须面对的主题，这个主题西方人要面对，中国人也要面对，世界上所有的人都要面对。今天的人要面对，过去的人也要面对，明天未来的人也要面对。所以，它是人的元问题。那么，如何"生命"、如何"生活"就成为人生的纠结。人类文明的童年的轴心时代，环绕不同轴心的旋转的相互陌生的民族，却产生了一个共同的信念或意识形态，相信人类在精神上将自己提升到与宇宙同一的高度，进而与世界永恒。人类文化产生了两个生命的"守护神"：宗教与伦理。在西方主宰生命的是上帝，在中国主宰命运的是伦理。由于不同的文化诠释体系以及相互对应的概念转换，加之近代以来的西方强势文化的推演，我们在一定程度上过分强调了宗教与伦理的差异。其实，在中国人的文化理念中，伦理就是西方的宗教与上帝，在西方人的文化理念中，宗教就是中国的伦理与道德。"生"是人生终极追求，"死"是人的归宿，宗教与伦理是"命"的最高智慧，作为生命的守护神与守护者，是生命的终身伴侣。因而，生命伦理或生命宗教是人最为原初的意义。生命与伦理是一而二，二而一。生命的痛苦要求伦理的意义，伦理的智慧化解生命的痛苦。生命伦理不是"生命"与"伦理"的嫁接，它内蕴一个哲学认知和文化信念：生命是生理与伦理的二重存在，伦理是生命的意义构造和文化形态，人只有在伦理、宗教中，才能安"生"，才能立"命"。生命如何"活"？"生活"用哲学性的话语来说就是生命的在场或在世；用世俗性的话语来说，就是"活着"。如果说生命伦理关系的是生与死、有限与无限、真理与价值的终极性问题的话，那么，生活伦理关注的是生命个体在时空过程中的展现，是我们与自身、自然、他者的遭遇，是意义世界的展现。这个展现的过程，构成了不同的文化的经验，形成了不同的文明路径。生命诞生和持存于现实的伦理实体和伦理关系之中，伦理或伦之理是"生"及其进程的最重要的文化支撑。同时，在生命的现实形态即"生活"之中，不仅存在"生"与"活"的进程，而且内在"生"与"活"的紧张。"活着的已经死了，死了的却活着"这样的生命悖论，是"生"的意义结构。可解释的是事实，不可解释的是生活。事实是真理、经验、逻辑，生活是应该、意义、价值。纷繁复杂的伦理学理论就是生命伦理的基本样态，伦理学理论"丛林"折射的是生命伦理的"镜像"。

还原生命与生活的伦理道德之精神原生态，我们就渐渐达到了我们需要理解的"形态论"视域。如果我们以一种"形态论"来理解伦理道德问题、理解历史上不同的伦理学与道德哲学理论，我们就找到了一种"共通"的生命样态。正如水之寒则冰、水之热则汽一样，今天道德多元主义只是伦理道德的不同生命样态而已，我们就会找到打通中西方伦理道德思想的"精神"原点，从而找到打通中西文明对话的平台。

4. 学派，流派，还是"形态"？

李幼蒸在谈到现代西方伦理学界的表现时说，一方面，"20世纪西方一流哲学思想家中以伦理学名世者屈指可数"，另一方面，著名的思想家却没有一个不关心伦理道德问题的，而"一流思想家比一些一流伦理学家往往表现出更为专深的伦理思想"。究其原因，乃是因为：在哲学内部，科学主义和本体论各从相反的方向削弱了伦理学的作用；在哲学外部，自然科学、社会科学和人文科学空前发展，日益庞大的知识系统直接影响了伦理学理论的构成和应用方式。[①] 不同于中国伦理型文化中伦理道德的共生，伦理道德一直都不是西方人生命样态与生活世界的最后归依。在古典时代，伦理学的最后依托是形而上学；在中世纪，伦理学与道德哲学的终极关怀是基督教；到了现代社会，伦理学与道德哲学又被科学知识体系渐渐瓦解。在一种西方中心主义的全球化浪潮中，人们一直认为这是一种正常现象。但随着全球化的深入，现代性的问题渐渐凸显，其他文明的文化价值意义越来越得到关注。李幼蒸提出建构一种符号学意义上的伦理认识论，不仅要"摆脱传统哲学伦理学的框架以捕获各种游离的伦理

---

① 李幼蒸：《形上逻辑与本体虚无》，商务印书馆2000年版，第1—2页。

学有生力量"，而且"必须克服当前西方人文科学框架的束缚"。"一开始，我们不免必须按部就班地从现行学科分化入手以获得各种西学专业知识"，但是一旦我们全面深入掌握了西学，就必须"越过其表面的学术制度和运作章法"，"以认识其学术全局的结构和动态，并辨析其优劣，估量其力量"。这样的伦理学认识论就是这个时代的伦理学任务："在新的知识条件下，打破传统伦理学学科的僵化系统，重新收集和排列各种具有伦理学学理重要性的思想表现，予以分析和整理，以期更精确、更充分地认识时代伦理学问题。"① 因而，我们研究现代西方诸伦理学形态这一主题就是在"新的知识条件下"对西方现代伦理学诸理论的重新审视，在"形态论"的视野下对西方现代伦理学思想进行重新收集和排列，以充分认识我们这个时代的伦理学问题，追问当代文明的伦理道德难题，逼近伦理支配的文明路向。

伦理道德何以能够成为一个普适性的话题，从而成为文明对话的基石？这是我们理解今天道德多元主义所面临的第一个问题。1993年8月24日至9月4日，来自全球的6500多名宗教领袖、宗教神学学者以及一些有个人宗教背景或没有宗教背景的学界和新闻界人士，在美国芝加哥召开"第二届宗教议会"，大会最后发表了《走向全球伦理宣言》。万俊人先生曾经提出一个让伦理学界反思的问题，"为什么首先提出这一问题的是宗教界而非伦理学界？"他认为对这一问题的追问表明了一个事实："如果当代伦理学理论不是丧失了一种基本理论自觉和思想活力的话，那么它——无论以何种知识系统或理论形式出现——至少可以被看作是处于一种不足以料理和应对我们这个时代和世界之道德问题的思想衰弱状态"②。万俊人的问题我们或许可以反过来追问：一个宗教会议最后何以发表一个关于全球伦理的宣言而不是关于全球宗教的宣言？这样的一个追问可以帮助我们树立一个基本的信心：只有伦理学可以担当重构全球化时代"人类家庭"的新的全球秩序。因为宗教是以民族为实体的意识形态，政治是以地域为实体的意识形态，只有伦理是以追问社会至善与个体至善、个别物与普遍物相统一（黑格尔语）的人类所共享的精神话语和意

---

① 李幼蒸：《形上逻辑与本体虚无》，商务印书馆2000年版，第3页。
② 万俊人：《寻求普世伦理》，商务印书馆2001年版，第14—15页。

识形态。这样的一个信心使得我们足以通过自身理论自觉与建构意识来改变伦理学在全球伦理问题上"思想衰弱状态"[①]。伦理道德不同于民族、政治具有政治意识形态的本性，而具有生活意识形态的本性。在人类文明无法达成政治意识形态共识的当下，不同的生活方式可以相互借鉴，相互影响，因而伦理道德问题就成为我们理解相互之间不可或缺的对话机制。

余纪元曾经指出，中西方伦理道德在源头上的差异在于：孔子从"道"出发，亚里士多德从"幸福"出发。虽然两者源头不同，但"接下来的步伐则惊人地相似：即把焦点放在德性上"[②]。这个问题，我们似乎可以反过来思考，美德问题、德性问题是人类普适的话题，是人之为人的本质性表现。道德问题是一个人一生中重要的命题，是每个生活在宇宙中的生命个体都需要面临的人之为人的主题，但是人类进入"德性"的"伦理经验"不同，西方人从"幸福"出发，中国人从"道"出发。不同的伦理道德经验决定了不同的文明方式，正如梁漱溟先生所说，西方人走上了"意欲向前"的文明，中国人走上了"意欲执中"的文明。何以如此？伦理道德经验中可见一斑。我们重点来看西方伦理道德经验，以"幸福"为主导的伦理学追求的是"德福一致"的"至善"。西方道德在追问"什么样的人生值得一过"的问题中产生了"幸福的人生值得一过"的人生主题。西方伦理在追问"什么样的生活是幸福"的伦理学智慧中，提供了"德福一致"的生活，并认为是值得一过。这个"德福一致"从古典的斯多葛派与伊壁鸠鲁派的争论，到中世纪的上帝统摄下的"天堂与地狱"之分，再到近代康德"配享幸福"，甚至到罗尔斯为其正义论所设想的"公序良俗"的前提性社会中都一直存在。康德作为古典与现代的中转站，直接将"德行是一切只要在我们看来可能值得期望的东西的，因而也是我们一切谋求幸福的努力的至上条件，因而是至上的善"，虽然幸福与至善在康德看来是一个分析与综合命题中二律背反的，但在实践理性上"德福一致"却是必然结合着的"客体"。"至善在实践上如何可能？

[①] 庞俊来：《黑格尔〈精神现象学〉之道德哲学研究》，中国社会科学出版社 2013 年版，第 2 页。

[②] 余纪元：《德性之镜：孔子与亚里士多德的伦理学》，中国人民大学出版社 2009 年版，第 46—47 页。

不论迄今作了怎样多的联合尝试，还仍然是一个未解决的课题。"① 这样的一个永恒伦理学问题，经由康德的自由假设，道德自我意识出场，义务论通过"配享幸福"取代了目的论。伦理经验让位于道德自我，西方伦理道德从古典伦理形态发展为现代道德形态。道德形态的核心问题是"道德世界观"的出现，主要包含"道德的自在自为存在与自然的自在自为的存在"二者之间的关系，由此就产生了"道德同一性"（用道德统一自然）和"自然同一性"（用自然同一道德）的分歧。二者水火不容，第三种"和解"模式出场，期待"道德与客观自然的和谐"（自在形式下的和谐，世界的终极和谐）、"道德和感性意志的和谐"（自为形式下的和谐、自我意识的和谐）。② 因而，在现代道德哲学中，伦理道德问题就呈现为：是个体的道德生命感知优先还是社会伦理秩序优先？是遵守内心的道德感受还是遵循外在的自然规律？是存在优先于语言还是观念优先于存在？道德语言与道德行为同一吗？有效的个体能否超越社会的他者获得道德的全能？如何应对自然的历史局限性对个体生命道德冲动的遏制从而制约德性之生命创造力？等等。

将西方伦理学理论从学派、流派上升为形态，也就是将其划给为三种形态：一是"伦—理"形态或伦理实体主义形态；二是"道—德"形态或者道德理性主义形态；三是"伦理—道德"形态或还原主义的生活形态。首先，"伦—理"形态侧重的伦理世界，强调的是"精神"本性，在现实世界里侧重关注伦理共同体的价值聚合力和精神凝聚力。"伦—理"形态在理论出发点上主要有两种可能性路向：一是从实体出发，二是从集合并列的共同体出发。第一，从实体出发，实体又分为两种：一是大全、万能的实体，一个特殊的个体实体。从大全实体出发，就构成了宗教伦理学流派或思潮；从个体实体出发，就构成情感主义伦理学思潮。第二，从集合并列的可能性出发，主要又有正义论伦理学，以正义价值的实体性为内涵；契约论伦理学以理性构架共同体的力量。其次，"道—德"形态或道德理性主义形态，以道德世界为核心，以道德世界观中道德同一性与自

---

① ［德］康德：《实践理性批判》，邓晓芒译，人民出版社2003年版，第153—155页。
② ［德］黑格尔：《精神现象学》（下卷），贺麟、王玖兴译，商务印书馆1979年版，第130页。

然同一性为分野，主要涵摄德性论、道义论、道德心理主义、精神分析、存在主义、实用主义与新功利主义等。在德性论与道义论中体现的是一种道德同一性的"道德"世界观，期望以道德统摄、指引人的自然欲望，实现人的道德价值。存在主义、实用主义、功利主义承认人的自然欲望，从人的道德经验出发，强调"自然"世界观，承认人的自然事实，表现出科学的倾向。道德心理主义与精神分析其实是道德世界观中"道德—自然"的中间状态，从道德的角度看心理是"道德"世界观，从心理的角度看道德是"自然"世界观，道德心理学一直都具有科学与哲学的双重身份，道德哲学关心它，医学科学也关心它。精神分析也是一种"道德—自然"的中间状态，从"精神"的视角看是道德心理问题，从"神经"的视角看是自然生理问题。总之，它们都是道德世界观的不同呈现，共同构成"道—德"形态。再次，是"伦理—道德"形态或还原主义形态。这一形态是要回到"精神"的本源，回到"伦理—道德"纠结的原初状态，回到"个体"与"实体"相同一的临界点，从而回归生活世界的本质，找到伦理道德整合的中道方法。在这一形态中，主要有现象学伦理学，试图用现象学还原的方式回到伦理道德现象的原点，本质重现伦理道德的价值本源，回归生活世界重构人类精神世界；新马克思主义伦理学试图从一种人类社会的科学的终极追问中消解伦理道德难题；境遇伦理学，强调当下境遇的客观状态，注重每一次伦理道德矛盾的特殊性；生态主义伦理学从人与自然、人与人关系的维度提升伦理道德的生态意义。最后，我们应当看到，从一种伦理学学派、流派或者说思潮上升为一种伦理学形态，每一种伦理学形态大致都包含了价值论、本体论、方法论与实践论四个维度，一个或几个学派要成为形态必须系统地回答伦理道德的问题，而不是只回答其中的一个或某几个方面。只有系统地回答伦理道德的问题，才能够将伦理道德从理性上升为精神。

第四编　伦理实体主义，或"伦—理"形态

十　"伦—理"形态（一）："从实体出发"——社群主义

　　"伦—理"形态论域下的西方伦理思想主要涉及的是规范伦理学，社群主义作为其代表性的学派表现，所讨论的伦理学基本问题主要是个体至善与社会至善的关系（或者说群己关系），本质上是在实践世界范畴里展开的。"社群"本身的标识已经表明，社群主义是从社会至善的"群"出发来统摄个人与社会的关系，社群主义是一种"从实体出发"的精神形态。从形态论重构社群主义，必须回答几个基本性的问题：社群主义何以成为"形态"？它又是一个怎样的"伦—理"形态？

1. 社群主义的兴起及其"伦—理"形态

　　20世纪八九十年代，欧美学界发起了一场对当代权利取向的自由主义的挑战，这场批判说是指向自由主义，不如说是对于罗尔斯以其《正义论》为阵地所建立的试图将自由主义全面普遍化范式的集中性围剿。这个围剿后来被冠以"社群主义"，产生了诸多代表性人物和代表性著作，如阿拉斯戴尔·麦金太尔《追寻美德》（1981）、迈克尔·J.桑德尔《自由主义与正义的局限》（1982）、迈克尔·沃尔泽《正义诸领域》（1983）、查尔斯·泰勒《自我的根源》（1989）等。

　　社群主义的兴起背景，一般来说，主要有以下几个基本性的结论：一是社会现实的理论呼应。20世纪八九十年代，随着现实战争（第二次世

界大战）的结束，"冷战"开启，在这场意识形态的无烟战争中，社会制度的优劣越来越成为争论的焦点。争议的结果其实是相互学习，西方国家开始大量学习社会主义制度的优越方面，福利国家得以成为西方社会民众支持的价值理念与政府机制。"已有的政治哲学和价值观念都难以适应这一变化中的社会状态……迫切需要一种有解释力的政治哲学和价值理念"[1]，社群主义呼应时代的需求应运而生。二是西方政治哲学的复兴。社群主义又称共同体主义，社群（community）这个概念，"是社会科学领域中最模糊、最难以准确描绘的概念之一……它似乎意味着一切，又似乎意味着什么也没有"[2]。现代意义上的社群主义来源于 communitarian，英国"宪章运动"的领导人约翰·古德温·巴姆比（John Goodwyn Barmby）创建了"普遍共同体者协会"（Universal Communitarian Association），第一次使用了现代意义上的社群概念。"尽管在西方历史上不乏对共同体理想的追求与尝试，但自巴姆比之后的很长一段时间里，很少有人使用共同体者 communitarian 一词。一直到 20 世纪 80 年代，communitarian 一词才伴随着一群政治哲学家，特别是阿拉斯戴尔·麦金太尔（Alasdair MacIntyre）、查尔斯·泰勒（Charles Taylor）、迈克尔·桑德尔（Michael Sandel）和迈克尔·沃尔泽（Michael Walzer）他们探讨共同善（common good）的重要性，以批判新自由主义，特别是个人主义和权利至上观念等的可观的著述而重获新生。"[3] 三是在学术争论中，社群主义直接发端于对罗尔斯《正义论》的价值观念、逻辑架构、思想根源的全貌性批判。1971 年罗尔斯出版了《正义论》，使得柏林所认为的"那个时期（20 世纪 60 年代）"政治哲学"几近衰亡"[4] 的局面得以根本转变。罗尔斯提出了一种平等主义的自由主义，"既是一个坐标……也是一个靶子"，"几乎所有的当代政治哲学研究者都以罗尔斯为坐标，无论他赞成罗尔斯，还是

---

[1] 龚群：《当代自由主义与社群主义：背景与问题域》，《华中师范大学学报》（人文社会科学版）2012 年第 6 期。
[2] 马晓颖：《"共同体主义"词源考》，载《成都大学学报》（社会科学版）2012 年第 5 期；Tony Blackshaw, *Key Concepts in Community Studies*, London: Sage Publications Ltd., 2010: 2.
[3] 马晓颖：《"共同体主义"词源考》，载《成都大学学报》（社会科学版）2012 年第 5 期。
[4] Isaiah Berlin, "*Does Political Theory still Exist?*" in Henry Hard and Roger Hausheer, eds., *The Proper Study of Mankind: an Anthology of Essays*, Farrar, Straus and Giroux, 2000, p. 59.

反对罗尔斯，无论他是自由主义者，还是反自由主义者，无论他是批评罗尔斯的正义观念，还是通过批评罗尔斯而展开自己的理论。每个人都从《正义论》得到了激发，罗尔斯也因此成为众矢之的"①。社群主义者正是众多批判中最具特色、形成流派，当然也是最猛烈、最有成果的批判者。

这样的一般性描述，还是一种学术综述性质的，不是形态论的视野。在形态论视野下，尤其是在一种伦理学与道德哲学的视野中来审视社群主义的兴起的思想背景，我们必须回答这样的问题：伦理形态视野下的社群主义所回答的基本问题是什么？社群主义是一种什么样的形态论？首先，成为伦理学形态的一个首要条件，必须具有伦理学的学科气质。我们发现，社群主义的阐释一般是在政治哲学的范畴中展开，而伦理学与道德哲学的研究往往只是只言片语。目前学界，我们可以说有一种"社群主义的政治哲学"，很难说已经达成一种"社群主义的道德哲学"的共识。究其根本，在于没有回答"社群主义所涉及或回答的伦理学基本问题是什么"，如果这个问题没有回答，我们就无法建立社群主义所具有的"伦理学的学科气质"。应该说在20世纪70年代以前，整个西方哲学是分析哲学的天下，语言的意义占据了整个哲学的天空，此时的伦理学与道德哲学也一直在"元伦理学"的视野下进行伦理道德语言的哲学分析。元伦理学所应对的基本伦理学主题是"事实与应该"（名与实）的关系问题，分析道德命令的可能、界定道德规范的意义。这样的道德哲学所面向的是语言世界、概念世界、纯粹的精神世界，缺乏对现实世界的观照。正如查尔斯·泰勒所言，"眼下的道德哲学，尤其是（但不仅仅是）在英语世界，已经给道德性以某种过于狭窄的关注，以致我们要标画的关键的联系无法以其术语来理解"②。罗尔斯的《正义论》终结了这一乏味而缺少活力的分析哲学一统天下的局面，开始关注正义问题，将哲学从语言分析引向了现实生活，开启了实践哲学的视野。罗尔斯之后，围绕正义等现实问题，出现了自由主义与社群主义的争论，这场争论的道德哲学根基在于：将思想家们从关心"事实与应该"的元伦理学语言的概念世界中警醒，从追

---

① 姚大志：《当代政治哲学崛起于罗尔斯》，《社会科学报》2013年3月7日第005版。
② ［加拿大］查尔斯·泰勒：《自我的根源——现代认同的形成》，韩震等译，凤凰出版传媒集团2001年版，第3页。

问我是谁、我应该如何行动走向追问我们怎样平等、公正地在一起。"任何伦理学和道德哲学的建构与实践都必须回答三大基本伦理学问题，即事实与应该、道德与利益、社会至善与个体至善的关系问题。"① 如果说古典伦理学回答的伦理学主题是道德与生活的关系问题，现代道德哲学回答的是事实与应该的关系问题，那么当代实践哲学回答的就是社会至善还是个体至善的问题。在实践哲学中，理念的确证与实践的应用往往相互印证，因而某种意义上说道德哲学就是政治哲学，政治哲学就是实践哲学，三者往往无法剥离。社群主义与自由主义的争论正是实践哲学主题转变的标志与表现，在社群主义与自由主义关于共同体与个体的关系的争议中，我们看到的恰恰就是对于社会至善还是个体至善这一伦理道德基本问题的回答与思考。

在古典伦理学中，"我"确立了德性作为人之为人的精神内涵；在现代道德哲学中，我们确证了"我们"之间的道德规范的应该；在当代实践哲学中，我们需要回答的是"我与我们"之间如何平等、正义地生活在一起。在回答了社群主义所关注的基本问题之后，我们还需要回答社群主义是一种什么样的形态论？如果我们深入地研读社群主义者的论著，我们往往会发现，他们虽然同属于社群主义，可是他们之间却存在着很大的分歧，虽然他们反对自由主义，但是我们发现"自由主义者与社群主义者必须坚持的主张并不冲突，或许会完全一致的可能性"②。为什么会这样呢？正如康德所言，实践理性的对象和总体是至善。涉及实践问题，涉及伦理道德问题，其最后的归依必然指向至善。所谓至善，就是最高的善，无条件的善，是自身满足的善。这样的善，无法定义，只可逻辑归谬，只属于人类自身。目前为止，在伦理学和道德哲学领域中，我们发现的两大至善是：幸福与自由。前者是古希腊的发现，后者是现代道德哲学的发现。社群主义与自由主义的争议，它们一个共通的地方在于二者都不否认自由，它们争议的焦点在于：自由是什么（是空洞的形式还是历史

---

① 庞俊来：《黑格尔〈精神现象学〉之道德哲学研究》，中国社会科学出版社 2013 年版，第 23—24 页。

② ［英］史蒂芬·缪哈尔、［英］亚当·斯威夫特：《自由主义者与社群主义者》，孙晓春译，吉林人民出版社 2011 年版，第 3 页。

的构成)、自由是如何可能的（是权利优先还是善优先）、自由是怎样达成的（是依赖于个体的经验还是依赖于对共同体的普遍认知）、自由是什么样的善（是个体的绝对权利还是共同体的平等公正）等。由此，我们发现，社群主义与自由主义理论不过是在追问自由如何实现的可能，从形态论的视角来看，二者只不过是实现自由的不同"形态"而已。从伦理的视角来看，自由主义是从原子式的方式出发来考察自由实现的路径，社群主义是以实体的方式考察自由得以形成的历史资源以及客观现实。因而，发轫于欧美的西方社群主义伦理学从价值形态来说，是一种"自由"形态下的伦理学；从伦理学与道德哲学学科来说，是一种"伦—理"形态的伦理学。

最后，我们只有从"形态论"的视域才能理解社群主义争议中出现的一个不太寻常的学术现象：不像其他学派的自然传承与自我标榜，社群主义者们几乎都不太承认自己是一个社群主义者。迈克尔·J. 桑德尔在《自由主义与正义的局限》一书的第二版前言中说，"我想表明对'共同体主义'这一标签的某种不安，这一标签已被贴到我所提出的观点上"①。在泰勒的《自我的根源》中，社群根本就不是一个核心关键词。那么，这些人为什么会被贴上同一个标签呢？因为他们对于共同体的共同关注与价值认同，这样的学术现象说明，学术流派的形成背后具有一定的必然性，这种必然性恰恰说明"形态"的客观存在。提到社群主义，一般我们基本提到的代表人物就是上面说到的四位，除了他们比较早地提出了社群主义的思想之外，我们发现，很多流派的代表人物一般性的都是三五个，为什么呢？这样的困惑同样也只有形态论可以回答。因为一般情况下，一个思想的成熟基本包含本体论、认识论、价值论、方法论等基本环节，而一旦这些基本环节得到充分的阐释，也即意味着这一学派的确立，更是宣告着一种形态的完善。同样社群主义之所以只出现了这样的几个代表性人物，因为这四个思想家基本上构成了社群主义得以完善的基本逻辑路向，共同构成了社群主义的形态论建构。具体说来，桑德尔的《自由主义与正义的局限》从一种形而上学的逻辑分析架构中提出了自由主义

---

① ［美］迈克尔·J. 桑德尔：《自由主义与正义的局限》，万俊人等译，凤凰出版传媒集团2011年版，第1页。

论证的核心问题：权利与善的优先性问题；麦金太尔的《追寻美德》从道德哲学史的梳理中重构了共同体赖以存在的德性传统；沃尔泽的《正义诸领域》则直接以面向"社会诸善具体的和日常的分配，而不是重大的抽象的哲学问题"[①]，直接关注的是共同体得以实现的实践论根基；泰勒的《自我的根源》则着力于在社群主义的认同前提下追问人类的主体性。形上的本体建构，道德哲学史的价值传承，实践视域中现实检验以及主体性的普遍个体认同，包含了社群主义伦理思想建构的各个方面，从思想家的一己之见渐渐上升为一种学派，构成社会思想运动中的流派，最后在精神哲学层面上完成达到了形态论的终结。

2. 社群主义的"伦—理"形态气质

社群主义成为一种"伦—理"形态，或者说从"伦—理"形态视角来审视社群主义，其实就是要将我们对于社群主义的理解从一种学派或流派上升为一种形态，就是要将社群主义代表人物及其思想不再是孤立地看待，而是将其作为一种整体来进行审视。在这种审视中，我们发现，他们不再是作为社群主义或者说社群主义理论中的某一元素、某一概念的深刻探讨者，而是在一种社群主义的精神内涵中来审视作为"社群主义"伦理形态所表现出来的某一要素。这样的一种表现绝不是一种语言游戏或者说循环论证，前者视野下的社群主义将使得社群主义呈现出一种知识论意义上的理性冷漠，或者常常使我们陷入思想家之间的逻辑混乱。形态论的社群主义则侧重于回答思想家们通过社群主义为我们呈现了什么样的伦理道德精神，这样的伦理道德精神可以通过什么样的伦理设计和道德指导为我们的社会生活秩序和个体生命秩序提供可以运行的实践程序。这样的一种社群主义不再是单纯西方意义上的社群主义，而可能是一种可以对于西方学派性质的社群主义具有建设性批判意义，并对社群主义伦理精神的普遍性建构具有前瞻性意义。

首先，桑德尔通过构成性自我，完成对社群主义中"共同善"伦理精神的形而上论证。无论是桑德尔的公正公开课，还是他的专著，都表现

---

① [美]迈克尔·沃尔泽：《正义诸领域》，褚松燕译，译林出版社2002年版，第1页。

出了对于市场经济发展带来的伦理失序、道德被金钱绑架的担忧。桑德尔尖锐地提出了这些问题，并用他的"理性"找到了一个被称为"共同善"的解决方式，建构了构成性自我的社群主义理念。我们需要注意的是，虽然他"彻底避开了学院语言，深入浅出地触及要害"，但他的思想也仅仅"分析止步于理性"[1]。实质上，桑德尔作为第一个挑战罗尔斯自由主义正义论的社群主义者，其解构罗尔斯的方式是十分艰巨的，也必须面临最为尖锐的难题。桑德尔明确意识到，"罗尔斯的自由主义与我在《自由主义与正义的局限》一书中所提出的观点之间的争执关键，不是权利是否重要，而是权利是否能够用一种不以任何特殊善生活观念为前提条件的方式得到确认和证明。争论不在于是个体的要求更重要还是共同体的要求更重要；而是在于支配社会基本结构的正义原则，是否能对社会公民所信奉的相互竞争的道德确信和宗教确信保持中立。易言之，根本的问题是，权利重要是否优先于善……正义与善相关，而不是独立于善。这一观念把《自由主义与正义的局限》一书与其他人的作品联系起来，这些人被公认为是自由主义的'社群体主义批判者'"[2]。在这里，我们看到桑德尔明确地意识到他的社群主义理论是要坚持一种不同于自由主义者的伦理道德精神，这种伦理道德精神就是对于任何正义的原则背后的共同善的道德确信。

那么，在明确了自己的思想观念之后，桑德尔是如何消解罗尔斯自由主义正义论的理论依据从而建立自己的思想体系的呢？第一，桑德尔认为，以罗尔斯为代表的自由主义正义论者对于正义的首要性值得怀疑。在桑德尔看来，对于一个为自由主义允诺所激励的社会来说，正义不仅是难以完全实现，而且其正义首要性要求这一洞察存在诸多的缺陷。罗尔斯对于正义首要性原则源于道德上的"必需"和知识论的"需要"。因为我们生活中面临着各种各样的善，当这些善面临冲突时，我们就需要一种可以"权衡和考虑许多价值中最重要的一种价值"，这种价值"更是权衡和估

---

[1] 孙行之：《李泽厚：以桑德尔的方式回应桑德尔》，《第一财经日报》2014 年 5 月 28 日第 B08 版。

[2] ［美］迈克尔·J. 桑德尔：《自由主义与正义的局限》，万俊人等译，凤凰出版传媒集团 2011 年版，第 12—13 页。

量各种价值的方法",这种价值是"诸价值的价值",也就是正义价值。另外,在判断各种价值优劣时还面临着判断标准的问题,因而正义的优先性还产生于"如何区分评价标准与所要评价之事物问题",尤其是如何评价社会的基本结构,这就需要一个知识论上的"阿基米德点"①。桑德尔认为这两种理由都是武断的,前者因为偶然性,后者因为缺乏根基。"如果说正义来自现存价值的话,那么,评价的标准与评价对象就会混淆在一起,而且没有确凿的方法将二者分别开来。如果说正义是由先验的原则所给出的,那么,又没有确定的方法将这些原则联系起来。"② 第二,罗尔斯正义论的失败缘于其改造康德的道义论的先验原则的方法论失败。康德道义论伦理学一直以来因为其绝对命令的绝对无条件的先验的原则,被视为遥不可及的"彼岸世界"。罗尔斯之所以能够成为西方道德哲学从元伦理学向面向现实关怀的实践哲学转变,在于其在哲学层面上找到了实现纯粹理性转向实践的秘密武器。这就是将康德的晦涩难懂的、充斥概念演绎的先验世界转化为贴近生活、易于理解的"原初状态"。"原初状态就可以看成对康德的自律观念和绝对命令观念的一种程序性解释……这些概念不再是纯粹先验的,不再缺少与人类行为的种种明显联系,因为原初状态的程序性观念允许我们造就这些联结。"③ 桑德尔认为,罗尔斯对于康德的经验主义改造,在原初状态中假设主体之间毫无利益关涉,无法回答"每个人都有一个与众不同的生活计划或善观念,而且每个人都认为这是值得他追求的"这样的善的观念的冲突,因而对于正义绝不可能是独立于善的,而是与善相关的。当我们将"正义美德的观点应用于社会制度的范围时,这种经验基础上的首要性观念就变得不真实了"。原初状态将正义的首要性建立在一种经验的普遍化基础上,不够坚实,也不符合现实的境况。④ 在一种共同善的理念之下,并不存在一种平等正义上的伦理程

---

① [美]迈克尔·J. 桑德尔:《自由主义与正义的局限》,万俊人等译,凤凰出版传媒集团 2011 年版,第 29—30 页。
② [美]迈克尔·J. 桑德尔:《自由主义与正义的局限》,万俊人等译,凤凰出版传媒集团 2011 年版,第 30 页。
③ [美]约翰·罗尔斯:《正义论》,何怀宏等译,中国社会科学出版社 1988 年版,第 256 页。
④ [美]迈克尔·J. 桑德尔:《自由主义与正义的局限》,万俊人等译,凤凰出版传媒集团 2011 年版,第 44—45 页。

序,"在家庭的生活方式之整个语境中,并不出现我得到什么和我应是什么的这类问题",正义的增长并不意味着一种整体的道德进步,缺乏了共同善的指引,正义可能并不是一种美德,而会走向反面。第三,通过构成性自我的理念,桑德尔确立了社群主义共同善的伦理价值取向。桑德尔在消解了罗尔斯的正义论根基之后,明确指出罗尔斯所坚持的正义论是一种道义论伦理,这种伦理精神的根基在于,"把我们自己看成是独立的自我,即在我们的认同与我们的目的和依附联系永远没有关系的意义上的独立自我",这完全是一种原子式的伦理建构方式。这种原子式的伦理是无精神的,因为"我的目的和依附的任何转变都不会产生我所是的个人问题,因为任何这样的忠诚无论有多么深厚坚实,都不可能一开始就确定我的认同"。相反,我们的"忠诚和确信的道德力量部分在于这样的一个事实,即靠这些忠诚和确信而活着,与把我们自己理解为我们所是的特殊个人——理解为某一家庭、共同体、国家或民族之员;理解为某一历史的承担者……"[①] 这样的道德力量使得桑德尔坚信"一种构成型共同体观念在形而上学意义上,不会比罗尔斯所为之辩护的构成性正义观念更成问题",因为"只要我们的构成性自我理解包含着比单纯的个人更广泛的主体,无论是家庭、种族、城市、阶级、国家、民族,那么,这种自我理解就规定一种构成性意义上的共同体。这个共同体的标志不仅仅是一种仁慈精神,或是共同体主义的价值的主导地位,甚至也不只是某种'共享的终极目的',而是一套共同的商谈语汇,和隐含的实践与理解背景,在此背景内,参与者的互不理解如果说不会最终消失,也会减少"[②]。正是桑德尔用自己的"理性"奠定了社群主义基本的伦理精神与价值路向,完成了社群主义伦理学极为重要的逻辑论证。

其次,麦金太尔通过一种叙事性自我(the narrative selfhood),回溯了共同体德性传统的历史生存,为我们展现了社群主义共同体德性的历史形态。中国伦理思想在源头上具有一种精神形态特质,而西方伦理思想本

[①] [美]迈克尔·J. 桑德尔:《自由主义与正义的局限》,万俊人等译,凤凰出版传媒集团2011年版,第201—202页。

[②] [美]迈克尔·J. 桑德尔:《自由主义与正义的局限》,万俊人等译,凤凰出版传媒集团2011年版,第194—195页。

质上是理性主义的。在考察中国儒家时,我们发现在孔子那里,其伦理思想的各个要素是完备的,孟子则是在各个方面加以推进,其自身也是完备的,传承的意识很强。虽然相互之间有分歧,但是概念体系基本是一致的。但是研究西方伦理思想,我们就会发现缺乏一种系统性,而且相互之间的概念也不是十分通约。同样,对于社群主义的理解也是这样,麦金太尔与桑德尔虽然同属于社群主义,但是二者的话语体系和思想路径应该说十分不同。从形态论视角去研究,我们就是要发现,虽然二者思想路径不同,但是他们都是指向共同体的,是同属于社群主义的伦理形态的。不同于中国思想家的百科全书式、自身体系内的系统论证,他们事实上是通过不同思想家的不同整合来完成一种形态的。如果把社群主义比喻为水,中国人的方式是说,水是本原,它有气态、液态、固态三种方式。西方人的方式则是研究了气态、液态、固态三种各不相同的水,运用了完全不同的话语体系,最后我们发现它们都是属于水这个形态。如此,如果说桑德尔完成了社群主义的本体论证明,那么麦金太尔就是完成了社群主义的道德哲学史的确证。

麦金太尔的确证主要立足于以下几个方面:一是对于现代性原子式道德论证所带来的严重道德话语分歧的忧虑,对于当代道德论辩乏力的反思。麦金太尔的社群主义理论不同于桑德尔直接坚持一种价值主张,他是通过对于当代道德哲学问题的揭示与分析而一步一步建立起来的。麦金太尔深刻地把握了这个世界的道德分歧(注意:这个道德分歧是西方内部的道德分歧,还不是今天的全球意义),"当代道德话语最显著的特征乃是它如此多地被用于表达分歧;而这些分歧在其中得以表达之各种争论的最显著的特征则是其无休止性。我的意思是说这类争论不仅没完没了,而且显然不可能得出任何结论"[1]。各种道德话语之间的逻辑自洽让人觉得十分乏味,每一种道德理论在概念上都具有不可公度性,"每一个论证在逻辑上都是有效的,或者说很容易通过推演达到这一点",所有的思想结论都是源于各自的前提,而这些"对立的前提,我们没有任何合理的方式衡量其各个不同的主张",因为每个前提都使用了"截然不同的标准或

---

[1] [美]阿拉斯戴尔·麦金太尔:《追寻美德》,宋继杰译,译林出版社2003年版,第7页。

评价性概念"，从而给予我们诸多道德主张也迥然有别。① 麦金太尔看到了无数个原子式的个体，揭示了自由主义的道德理论、道德论证方式及其道德后果中处处弥漫着的自相矛盾、假设与循环论证。为了理解这种自由主义道德后果是如何产生的，麦金太尔接下来进行了其思想建构的第二步，即梳理现代性道德价值产生的历史根源，理解各种相互竞争的道德价值赖以产生的历史语境与社会结构。麦金太尔断言，"当今占统治地位的分析哲学或现象学哲学，都将无力觉察现实世界里道德思想和道德实践的无序状态……不过，这类哲学的无能并没有使我们全然束手无策。因为，理解目前这个世界中的无序状态的先决条件乃是理解其历史"。在此基础上，明确提出我们可以在黑格尔与柯林武德那样的作家所提出的哲学和历史的类型中，找到解决当代道德哲学的困境的方法。通过现代性道德发轫的启蒙运动谋划的分析，知道现代性道德之所以失败的原因。这种失败根本上在于现代与传统、个体与共同体（规则）之间的对立。启蒙筹划的结果是，"一方面，摆脱了等级制与目的论的个体道德行为者以及道德哲学家们，将这样的个体性道德行为者本身视为道德权威的主宰。另一方面，必须为传承下来的、但已部分改变了的道德规则寻找新的定位，因为他们已被剥夺了其古老的目的论特征，甚至被剥夺了它们更为久远的作为终极神法之表达的定言性质"②。这样的一种启蒙后果带来了现代道德哲学中的功利主义、直觉主义、情感主义、实用主义以及分析哲学中复活的康德主义等流派的出现，它们都有一个共同的使命就是为自律的道德行为者提供"一个世俗的合理化论证"，从而使得道德"意义的存在与保留得到保证"。可惜的是，因为这些理论本身缺乏目的论的有力支撑，必然产生"道德表达的意义与使用它们的方式之间的脱钩"③。最后，在完成了这些历史的叙事之后，麦金太尔提出了自己的解决思路：具有社群主义内涵的叙事性自我。面对众多的道德话语的分歧，个体必须回答的一系列原

---

① ［美］阿拉斯戴尔·麦金太尔：《追寻美德》，宋继杰译，译林出版社2003年版，第9页。
② ［美］阿拉斯戴尔·麦金太尔：《追寻美德》，宋继杰译，译林出版社2003年版，第79页。
③ ［美］阿拉斯戴尔·麦金太尔：《追寻美德》，宋继杰译，译林出版社2003年版，第86—87页。

始性的问题：人生的统一性何在、什么是对我来说的善、什么是对人来说的善。对于这些问题，麦金太尔的答案是，"我永远不能仅仅作为（qua）个体去追寻善或践行美德……我们都是作为特定社会认同身份的承担者与我们自己的环境打交道的。我是某个人的儿子或女儿，又是另外某人的表兄或叔叔；我是这个或那个城邦的公民，又是这个或那个行会的成员；我属于这个家族、那个部落或这个民族。因此，对我来是善的东西必然对占据这些角色的人来说也是善的。这样，我就从我的家庭、我的城邦、我的部落、我的民族的过去之中继承了多种多样的债务、遗产、正当的期望与义务。这些构成了我生活的既定部分，也是我在道德上的起点"[1]。人生的统一性就体现在某个单一生活中的叙事的统一性，对我而言的善就是我怎么能够最大限度地经历这种叙事统一性并使它趋于完满，对人而言的善就是追问"对我而言的善"这一问题的所有回答必定共同具有的东西。由此看出，麦金太尔的社群主义的观念具有很强的历史感，或者说麦金太尔从一种历史哲学的视角证实社群主义的合理性，完成了社群主义的历史主义证明。

再次，沃尔泽的多元主义和复合平等，为社群主义在实践世界的普遍化提供了方法论架构。社群主义通过桑德尔确立共同善的伦理精神，通过麦金太尔完成了其历史哲学的合理性论证，当然还需要实践世界的验证。沃尔泽在《正义诸领域》一书中明确指出，"我的目的不在于勾画出一个并不存在的乌托邦或是一个普适的哲学理念，一个平等的社会是我们力所能及的，正如我试图阐释的，它是一个此时此地的实践可能性，早已扎根在我们对社会物品共享的认识中了。我们共享的认识是：这一憧憬是与其所得以发展的社会环境相关，而不是或并不必然与所有社会环境相关。它与人们如何相互联系以及他们如何用其所造之物以形成批次关系的特殊观念相适合"[2]。沃尔泽认为，站在共同体的日常生活之外，我们或许可能获得这一研究的一般性、普遍性样式，但这样的正义和平的社会可能是我们自身设想的"哲学的人工制品"，我们对它永远不可能有什么具体的了

---

[1] ［美］阿拉斯戴尔·麦金太尔：《追寻美德》，宋继杰译，译林出版社2003年版，第279页。

[2] ［美］迈克尔·沃尔泽：《正义诸领域》，褚松燕译，译林出版社2002年版，第5页。

解，也永远无法把它变成现实。所以我们"需要站在洞穴里、站在城市里，站在地面上来做描述"，"向公民们阐释我们共享的意义世界"①。因而可以说，沃尔泽使得社群主义从桑德尔的形上辨析以及麦金太尔的历史建构中走出来，来到真正的现实世界，使得我们切实体会到在日常生活与实践行为建设平等正义的共同体的机制可能性。

具体说来，一是多元主义与复合平等的理念。社会至善的一个重要内涵就是分配问题，分配问题涉及平等正义，也包含个体至善的解决。但是自由主义者对于平等正义的追求，往往建立在抽象的哲学原则之上，试图建立一套适用于所有分配的单一标准或一套相互联系的标准。"哲学家的最初冲动是抵制历史的展示和表象世界，并寻找某种内在的一致性：一个基本物品的简短列表，由此迅速抽象出一种善；一套单一的分配标准或一套相互联系的分配标准。"② 沃尔泽认为，这样的一元理想的社会压根儿就不存在，在这样的社会中，即使人们"心存公正，一个政治共同体的成员脑海里最可能浮现的问题不是在如此普遍化了的条件下理性的个人将选择什么，毋宁说是像我们这样的个人将选择什么，谁和我们所处的境地相同，谁分享一种文化并主动继续分享这一文化"，说正义"只能从惟一的途径达成是令人怀疑的"，事实上，"正义原则本身在形式上就是多元的；社会不同善应当给予不同的理由、依据不同的程序、通过不同的机构来分配；并且，所有这些不同都来自对社会诸善本身的不同理解——历史和文化特殊主义的必然产物"③。这样的一个多元主义社会，不可能达到一种人人平等的理想状态，只能是一种比较靠谱实在的"复合平等"。因为平等是一种人与人之间的关系，但是它只能通过我们自己所制造、分享和分割的物品来调节，但是平等不能仅仅是财产的等价物，因而就需要反映社会物品多样性的各种分配标准。物品的占有不可避免地会产生垄断，但这对于复合平等来说是必要的，"尽管会存在许多小的不平等，但不平等不会通过转换过程而增加……因为分配的自主性倾向于产生各种由不同群体掌握的地方性垄断……复合平等将向更为分散、具体的社会冲突形式

---

① ［美］迈克尔·沃尔泽：《正义诸领域》，褚松燕译，译林出版社2002年版，第5—6页。
② ［美］迈克尔·沃尔泽：《正义诸领域》，褚松燕译，译林出版社2002年版，第3页。
③ ［美］迈克尔·沃尔泽：《正义诸领域》，褚松燕译，译林出版社2002年版，第4—5页。

开放，并且，对物品的可转换型的抵制将会继续，但更大程度地由普通的男人和女人在他们自己的能力和控制范围内来进行的"①，从而实现了实在的平等与正义。二是从道德共同体到政治共同体的转变。在桑德尔、麦金太尔那里，共同体很大程度上是一种道德论证，具有明显的道德哲学理论痕迹。但是到了沃尔泽，因为其面向现实的根本要求，必须从一种形而上的道德概念中走出来，接近现实的政治生活，所以沃尔泽的共同体是更具实践意义的政治共同体。多元主义与复合平等要求我们对当下所处的社会做明确的分析，因为"只要我们开始辨别不同的社会含义并划出不同的分配领域，那么，我们就开始了一项追求人人平等的伟大事业"，而"政治共同体（则）是这项事业的合适背景"②。因为，政治共同体是社会物品的边界，一方面政治共同体是接近我们理解的有共同意义的世界，另一方面，政治建立它自己的共性纽带。更为重要的一个意义还在于，共同体本身就是一个待分配的物品，是一个将群体包括在内的分配的物品，这些群体成员必须是实际上承认并在政治上被接受的。三是对实现共同体分配正义的诸要素做了系统性分析，为社群主义的建构提供了可信的方法论。沃尔泽对于社群主义的理解不是面向历史的，而是面向当下与未来的，"那个群体是如何构成的？……我在此所关注的不是不同群体的历史起源，而是他们在当下为我们的现在和将来的子孙所做的决策"③。通过成员资格、安全与福利、货币与商品、公职、艰苦的工作、自由时间、教育等亲属关系、神的恩宠、承认、政治权力等要素，沃尔泽为我们全面地分析了实现复合平等的政治共同体的可能性。这样的一些要素包含了个体与共同体关系的各个方面：从个体来说，主要涉及艰苦的工作、自由时间等；从共同体来说，主要涉及教育、政治权力、货币与商品、安全与福利等；从个体与共同体关系来说，主要包括成员资格、公职、承认、亲属关系与爱、神的恩宠等。正如史蒂芬·缪哈尔、亚当·斯威夫特在《自由主义者与社群主义者》一书中所言，沃尔泽援用共同体完成了"对于有关正义的实践推理做出一个充分的说明——有关正义的客体而不是正义的

---

① ［美］迈克尔·沃尔泽：《正义诸领域》，褚松燕译，译林出版社2002年版，第20页。
② ［美］迈克尔·沃尔泽：《正义诸领域》，褚松燕译，译林出版社2002年版，第34页。
③ ［美］迈克尔·沃尔泽：《正义诸领域》，褚松燕译，译林出版社2002年版，第38页。

主体"①。通过这样的客观正义,人们在政治共同体中实现了"相互尊重和达成共识的自尊"这样的复合平等式的深层力量和持久性的源泉。

最后,泰勒以实体性取代原子论的人类主体性理解,使得社群主义完成了共同体走向自我的现代认同。社群主义成为一种完整成熟的形态,有了共同善的价值支撑、历史主义的德性确证以及现实实践的检验之后,还需要社群中个体的认同。黑格尔指出,我即我们,我们即我,主体是实体与个体的统一。同样,社群主义要想产生精神性的内涵,必须使得自身获得主体性,也就是社群主义的至善如何获得个体的认同。这样的主体性,在西方语境中转换为泰勒的自我如何获得现代性内涵,从而使得自身具有一种"人类的主体性"。现代意义上的社群认同或者说自我认同,"它不是对古典意义上的、可以进入公众实在的'客观'秩序的探讨",而是"只有通过个人的,因而也是'主观的'共鸣,这种秩序才是可以理解的"②。也就是说,现代性社会秩序冲突的根源在于:我们不再是古典意义上的在寻找一种秩序——对于古代社会来说,这种寻找本身就是个体认同——来建构我们的社会,而是要在不同的秩序中来寻求相互理解。因而这样的自我认同的根源因为涉及不同的秩序与传统,必定涉及历史、文化、语言以及共同体的存在。这也就是我们看到泰勒《自我的根源——现代认同的形成》一书扎实而厚重的原因。

在泰勒看来,有三种完全不同的秩序传统影响着现代性自我的道德认同,并造成现代性道德冲突的现实困境。这三种原初性的道德根源乃是,"(第一个是道德)标准的原初性的、有神论的基础;第二个领域的核心是自然主义的分解式理性,它在我们的时代采取科学的形式;第三组观点在浪漫的表现主义或它的现代主义后继之一的视野中寻找其根源"③。泰勒是黑格尔的当代阐释者,它在建构自己的思想时,不知不觉地就有了黑格尔的痕迹。同样,在解决这一现代性自我认同张力时,其方法无疑就是

---

① [英] 史蒂芬·缪哈尔、[英] 亚当·斯威夫特:《自由主义者与社群主义者》,孙晓春译,吉林人民出版社2011年版,第126页。
② [加拿大] 查尔斯·泰勒:《自我的根源——现代认同的形成》,韩震等译,凤凰出版传媒集团2001年版,第803页。
③ [加拿大] 查尔斯·泰勒:《自我的根源——现代认同的形成》,韩震等译,凤凰出版传媒集团2001年版,第781页。

对黑格尔思想的延续。一从原子式的自由主义走向实体论的社群主义。在泰勒看来，自由主义是以"原子主义为基础的……个人在社会之外是自足的，因此并不需要选择时的文化环境以便行使他们的'道德能力'。在这种原子主义的理论中，自由主义的个人只关心他的个人选择……以致于忽视了这种选择在其中是开放的或者封闭的，丰富的或者是贫乏的发源地"①。泰勒认为，只有在某种社会中，通过社会的文化环境才能理解自我，才能认同某种秩序。而他的社群主义观念，显然是受黑格尔实体主义的共同体观念的影响，"共同体被看做是一个生活或主体性的场所，诸个体是那个共同体的片段。共同体是精神的体现，是比个体更充分、更实质性的体现"②。在黑格尔看来，共同体是个体的"实体"，对个体而言，共同体是"本质"，也是"终极目的"。虽然，在泰勒的描述中社群不再是黑格尔抽象意义上的概念，却有了现实生命秩序的活力。二是从道德的场域转向伦理的场域。"社群主义者们经常说，他们希望用黑格尔式的伦理（*Sittilichkeit*）代替康德式的道德（*Moralital*）。"③ 道德是一种实践理性，而伦理的本质则是精神。泰勒应该是这一主张的坚决执行者，他多次表现出对"道德"的不满，认为整个西方世界给予"道德性"以某种过于狭窄的关注，以致我们要标画的关键的联系无法以其术语来理解。因而，需要我们"尽力扩大合理的道德描述的范围，在某些情况下恢复那些因误导而显得似乎有问题的思考和描述方式"，这种方式显然就是黑格尔式的"伦理"方式，因为这种方式可以直接深入"某些道德和精神直觉背后的精神本性和困境"。"伦理"的方式是一种"广义的道德问题"，它不仅是"正义及其对其他人的生命、幸福和尊严的尊重等议题的概念和反应"，而且还"要考察对支撑着我们自己尊严东西的感受，或考察对使我们的生活富有意义和完满东西的追问"，"他们更关心的是生命的价值"，这样

---

① ［加拿大］威尔·金里卡：《自由主义、社群与文化》，应奇、葛水林译，上海世纪出版集团 2005 年版，第 72 页。
② ［加拿大］查尔斯·泰勒：《黑格尔》，张国清等译，译林出版社 2002 年版，第 579 页。
③ ［加拿大］威尔·金里卡：《自由主义、社群与文化》，应奇、葛水林译，上海世纪出版集团 2005 年版，第 53 页。

的考察才是配得上"精神的"这个模糊词语所指称的地方。① 最后是自我与共同体的相互理解。泰勒关于自我与共同体的关系，是通过其一系列的概念来得以呈现的，其中重要的两个概念就是"框架"（Frameworks）和"构成性的善"（Constitutive goods）。泰勒认为，"我的认同是由提供框架或视界的承诺和身份规定的，在这种框架和视界内我能够尝试在不同的情况下决定什么是好的活或有价值的，什么什么应当做，或者我应该赞同或反对什么"②。在这个自我认同中，"一直被称为框架的东西体现着一套关键的性质特征。在这个框架内的思考、感觉和判断，就是这样一种意义在起作用，即某些行为、或生活方式、或感觉方式无比高于那些我们更乐于实行的方式"③。其实，就是不同的社群所具有的不同的精神气质，这些精神气质通过一种泰勒称为的"架构或视界"表现出来。单一的个人的认同离不开我们所说的共同体的框架，现在面临的问题是：如果单一的个体面临不同的社群所代表的不同的框架，或者是不同的个体面临同样的框架，抑或是不同的个体面临不同的框架时，会出现什么样的认同问题呢？"这就是我们称之为'认同危机'的处境，一种严重的无方向感的形式，人们常用不知道他们是谁来表达它。"④ 这样的认同危机所带来了道德方向感的缺失，但是"道德方向感的问题并不能在单纯的普遍术语（自由主义提供的解释框架——引者注，下同）意义上得到全部解决"，而是与"我们所表现在每个人发现他或她的道德视界方面的重要性有关（对于社群的关注）"，也或者是"与我们对个体差异的后浪漫主义理解有关（关于善的不同认识）"⑤。在此认识论的基础上，泰勒提出了理解现代性认同的核心概念：构成性的善。现代社会的道德起点是理性，自由主义者坚持

---

① ［加拿大］查尔斯·泰勒：《自我的根源——现代认同的形成》，韩震等译，凤凰出版传媒集团2001年版，第4—5页。
② ［加拿大］查尔斯·泰勒：《自我的根源——现代认同的形成》，韩震等译，凤凰出版传媒集团2001年版，第37页。
③ ［加拿大］查尔斯·泰勒：《自我的根源——现代认同的形成》，韩震等译，凤凰出版传媒集团2001年版，第27页。
④ ［加拿大］查尔斯·泰勒：《自我的根源——现代认同的形成》，韩震等译，凤凰出版传媒集团2001年版，第37页。
⑤ ［加拿大］查尔斯·泰勒：《自我的根源——现代认同的形成》，韩震等译，凤凰出版传媒集团2001年版，第38页。

抽象意义上的普遍善也是因为理性逻辑的支撑。泰勒指出，我们应该进入理性的实质，"理性的支配地位应被实质性地加以理解。理性的，就是有理性秩序的眼光，而且热爱这种秩序。所以，行为或动机的差别按与宇宙现实，与事物的秩序的关联来说明"，在这样的理性指导下所理解的善，才是"更完整意义上的善：这种秩序的关键是善的理念本身……让我们称这类实在为'构成性的善'"①。这样的一种构成性的善，既解决了善的道德根源，将对善的理解获得一种历史资源的支撑，同时，又使得善本身与"我"或"我们"的行为与动机相关联，从而在一种社群主义的社会至善前提下解决了个体至善的认同问题。这使得社群主义获得了个体的道德认同，进而可能实现一种有秩序的生命理解和好的生活方式。

3. 社群主义："从实体出发"的"伦—理"形态

从形态论的视野对社群主义进行了梳理之后，我们发现，被标识为"社群主义"的思想家，他们的思想被标识为"社群主义"的旗帜，完全是一种形式同一性，无论是桑德尔还是泰勒，抑或是沃尔泽与麦金太尔都不是十分愿意人们称他们为社群主义者。社群主义者之间这种团体的涣散背后其实是思想的游离，社群主义者从来都没有形成过标识在"社群主义"旗帜下的"精神同一性"，所以这样的一种"伦—理形态"本质上是一种以"社群"为标识的"实体"形态，在思想的形式呈现上表现为"集合并列"。在思想意识上，因为他们共同拥有"共同善""社群"等概念的交集，但是各自之间对此的理解的方式与思想力度却是千差万别；在言说方式上，因为不同的理论立足点，他们呈现出不同的理论论证方式，这些理论论证方式虽然可以归结为形而上学、方法论、价值论等不同层面，但是因为这些论证方式背后的理论立足点的不同，使得这个言说的图式虽然在整体上可以勾画为一个完整的体育场，但是各个方式之间却似体育场上的跑道，泾渭分明。所以这样一个社群主义的集合并列就必然表现为"单一性与普遍性的纠结"：因为社群离不开个人，个人又必须以社

---

① ［加拿大］查尔斯·泰勒：《自我的根源——现代认同的形成》，韩震等译，凤凰出版传媒集团2001年版，第139页。

群为前提。"伦理已经在客观与主观两个方面被解构,伦理的最高精神象征已经被推倒,但人的'伦'本性又使伦理像幽灵一样不可须臾离,于是便开启'伦理'的再建构。但是,再建构的伦理,已经不是源于慎终追远的生命长成的神圣伦理,而是理性反思中的存在,或者说,已经不是基于人的本性的'自然'。"① 究其根源,20 世纪 80 年代,我们所面临的"社群",已经不是柏拉图创立理想国的时代。古典思想家们是在人性的"自然"中寻求建构共同体的秩序,在这个建构的过程中,个体的道德力量与共同体的秩序建立是同一个过程,二者是主客观的统一。但是今天,我们面临的社群已经经过了"概念"的中介,借用麦金太尔"诸美德到美德再到追寻美德"的逻辑思路,社群主义者所面临的也同样是"诸社群到社群再到追寻社群"的过程。在"诸社群"中,我们看到的是伦理精神的彰显,善生活的理念,知识生成的框架,社会秩序的建构,生活方式的意义等。但当"诸社群"从各自相互的传统中走出来,进入公共场域中争夺"社群"的话语权时,"事实与应该"这样的元伦理叙事取代了原初的生活世界话语体系,道德语言、分析哲学开始占据"社群"的核心地位,因而出现了"伦理已经在客观与主观两个方面被解构,伦理的最高精神象征已经被推倒"。经过这样的消解,当进入"追寻社群"或者说"重构社群"的现实实践话语体系的时候,我们发现因为不同共同体传统所体现出来的不同"伦理精神"之间的竞争与不同的路径锁定,精神的神圣性消失了,理性反思成为基本的科学话语。因为,"自然"的动听已经也必须让位于"必然"的逻辑,所以社群主义伦理思想虽然可以归结为"伦—理形态",但它本身所体现的这种实体性,是理性的综合性。但是我们也必须知道,当理性的实体穷尽了精神的所有要素和内涵,其流派所具有的形态气质也必然会呈现出来。

在精神气质上社群主义表现为"从实体出发",在论证方法上他们表现出来的应该是"经验综合"。社群主义者其实也意识到当代科学主义对于人性的割裂,期望以一种精神性的社群取代碎片化的道德理性。麦金太尔曾经明确指出,"任何想把每一个人的生活视为一个整体、一个统一体——其品格为诸美德提供一个充分的 telos(目的)——的当代尝试都

---

① 樊浩:《"后伦理时代"的来临》,《道德与文明》2013 年第 6 期。

会遭遇两种不同的障碍，一种是社会学的，一种是哲学的。社会学的障碍源于现代性把每一个人的生活分割成多种多样的部分，每一个部分都有其自身的行为规范与模式……哲学的障碍来自两种不同的倾向，一种主要寄居于分析哲学内……倾向于原子主义式地思考人的行为并且基于简单成分去分析复杂的行为与交互行为"①。也就是说，精神的统一性与目的性让位于经验的单一性与科学化。但是必须指出的是，虽然社群主义者大都倾向于目的论的精神内涵，比如桑德尔对于权利与善的优先性问题思考、麦金太尔对于德性的追问，但是他们在论证方式恰恰都是经验论的。桑德尔对于罗尔斯将康德的先验原则转换为原初状态的经验性的包装极为不满，麦金太尔也是对分析哲学、当代道德哲学没有关注善生活理念而只是做概念的科学理性分析进行了强烈批判。但是纵观他们自身的理论论证，最后落实到共同体之上的言说，无不是一种经验的意会。桑德尔的社群主义希望复原被某种作为先验个性化自我概念所排除的某种可能性，这种可能性就强调对于政治共同体的归属感，无论是其对先验个体的反对还是对于共同体的最后归属，其论证方式本质上都是经验主义的；麦金太尔对于个人与共同体的关系论证，坚持"任何试图对人格或者被理解为理性事业的道德做出一致说明的企图，都必须参考个人对基本社会现象的参与，如实践和传统"②，其中的历史经验主义逻辑一目了然；沃尔泽直接应对的就是通过实践推理对正义的客体（即共同体）做充分的说明；泰勒的论证似乎是个例外，其一直强调使用一个先验性的"定性框架"对人的概念、共同体内涵等进行理论分析，也认为这一框架只有通过语言共同体的成员资格得以建立、保持和养成，但是其梳理这一过程的方式恰恰是一种历史主义的概念资源，也就是通过将语言概念还原为历史生活中的传统秩序，从而使得人们获得一种清晰的"框架"，本质上说，依然是经验的。康德当年在开创自己的批判哲学时，曾经说过一个判断要么是分析的，要么是综合的。分析的判断一般是采用"目的—手段—结果"的方式，而综合

---

① ［美］阿拉斯戴尔·麦金太尔：《追寻美德》，宋继杰译，译林出版社 2003 年版，第 258 页。

② ［英］史蒂芬·缪哈尔、［英］亚当·斯威夫特：《自由主义者与社群主义者》，孙晓春译，吉林人民出版社 2011 年版，第 125 页。

的判断一般采取"现象—原因—结论"的方式,前者是先验的,后者是经验的。如果我们执着于前者,我们就会有独断的嫌疑,如果执着于后者,就会陷入怀疑论,所以,康德才走上批判哲学的道路。但是后来者们虽然都在避免康德的先验论思想后果,却很少去关注这一后果的原因与过程,在后来的思想争论中一直都是重复着康德所指出的这样的思维路径。社群主义与自由主义的争论也是这样,现在的问题可能更为复杂:社群主义的逻辑起点可能是先验的,但其理论后果却是经验的,而自由主义者的逻辑起点是经验的,但其理论后果却是一个普遍主义的先验原则。这或许就是社群主义既拥有"从实体出发""伦—理"形态的精神内涵,又表现为从经验出发的实践理性的方法论困境之表现。

在评估了社群主义的精神气质和逻辑方法之后,我们还是要回到社群主义的主体性本身,看看在社群主义"伦—理"形态中个体与共同体到底会有什么样的现实表现?首先,社群主义者与自由主义者争论的起点是对社会公正、正义以及社会个体之间的平等为主线的,这样的一个主线所奠基的基础是对现代社会自由理念的基本认同。社群主义者之所以不愿意接受社群主义的原因很大一部分在于,在他们的思想中,他们只是自由主义的批判者,根本上说他们都没有完全地反自由。麦金太尔就曾公开宣称:"我不是一位社群主义者",而且也公开表态:"一旦有机会,我总是坚决切割我自己与当代社群主义者之间的关系。"因为他认为,"虽然人们按照这种对立的框架来理解社群主义与自由主义,但是起码对于某些版本的自由主义理论与某种形式的社群主义立场,我们有理由认为它们不仅是相互对立的,而且也是相互补充的。按照这种观点,社群主义是对自由主义之某些弱点的诊断,而非对它的拒斥。正是在这种互补的意义上,麦金太尔认为社群主义对自由主义政治学做出了贡献"[①]。如果我们在伦理学与道德哲学的视野中看待这个问题就会明白这其中错综复杂的、具有伦理悲怆情愫意味的思想纠结的来源。从伦理学的视野来看,伦理学研究的对象是至善,古典伦理学的至善理念是幸福,当代实践哲学的至善理念是自由。在幸福论的主题下,是目的论的逻辑架构,追问的是什么样的人生值得一过,呈现出的是道德与生活之间的冲突,也就是道德与利益为主导

[①] 姚大志:《"小社群主义"——麦金太尔社群主义研究》,《求是学刊》2013年第1期。

的伦理学基本问题，德福悖论是其不可解决的二律背反。在自由论的主体下，是道义论的担当，追问的是自由的主体之间如何相互承认、我们如何相处的问题，呈现出的是个体与共同体之间无法避免的矛盾，也就是个体至善与社会至善的伦理学基本问题。通过道德哲学史，我们知道古典伦理学的核心价值是美德，美德是人性的基础，只有解决人性的基础才可能思考人生的幸福。现在，当代实践哲学的核心价值已经转变为平等与公正，自由构建了基础，我们需要在此基础上确认我们相互之间的地位，才能保证彼此的存在。在这个伦理学与道德哲学转换的过程中，其实都没有超越"个体与实体""特殊性与普遍性""我与我们"的基本伦理道德关系。在古典伦理学中，幸福是面向未来的"实体性""普遍性"意义的承诺，因而需要在现实实践中找到一个坚实的根基，这个根基就是人性的根基，也就是美德的追问。古典伦理学中，幸福是实体，美德是主体。在当代实践哲学中，自由是当下经验生活的逻辑起点，自由需要一个未来的承诺与确认，这就是正义。实践哲学中，自由是主体，正义是实体。这就是社群主义与自由主义所面临的价值纷争的精神本质。

正如古典伦理学永远无法走出德福一致的魔咒一样，那么当代实践哲学的精神纠结是什么呢？这就是我们常说的伦理的实体与道德的个体之间不可调和的矛盾。从个体的视角来看，我们每个人始终认为自身是善良的、是道德的，社会是不公的，秩序是暴力的。道德的个体与不伦理的实体是主体（普遍性个体）的实践理性。从共同体视野来看，社会秩序是先在的、无法摆脱的客观实在，特殊的个体需要规训，根本不存在抽象的普遍性个体。伦理的实体与不道德的个体是共同体的精神共识。这就是自由主义内部、社群主义者内部以及自由主义者与社群主义者之间相互矛盾、相互排斥的思想乱象的根源所在。如果我们沉浸在西方意义上的实践理性的思想王国中，是永远无法走出这一困局的。因而，我们期待一场世界观的革命，这场革命在伦理学中的表现就是形态论的自觉，"伦—理"形态论的社群主义正是这场革命的一种学术自觉的尝试。

十一 "伦—理"形态(二):"集合并列"(1)——正义论伦理学

在打造当代伦理学的多样化理论形态中,正义论伦理学功不可没。但是,其理论品质似乎仍然是"多",而非"一",所以"伦—理"形态视域下审视正义论伦理学还需要进一步回答的问题至少有:正义论伦理学究竟提出了什么样的基本问题?它又是如何回答和解决的?它的伦理气质到底是精神的还是理性的?

1. 正义论伦理学的"伦—理"形态变迁

"一种伦理学理论无论学派还是形态,必须具有三个基本条件:伦理学的学科气质,伦理学家的学术个性,特殊的时代与社会背景或适应性。三者之中,伦理学的学科气质应当是基本条件,否则便不是'伦理学'。"[①] 而伦理学的学科气质的基本问题就是个体与实体(个人与社会)的关系问题、个体至善与社会至善的关系问题,我认为,除此之外,还有道德与利益的关系问题。基于此,整个西方的正义论伦理学一般经历了神话"伦—理"形态的萌芽、古希腊"伦—理"形态的形成、近代"伦—理"形态的异化、现代"伦—理"形态的复归的发展阶段,受各种因素的影响,各阶段对伦理学基本问题回应也不尽相同。

第一,神话的正义论伦理学对伦理学基本问题虽有涉及,但完全是无意识的、自发的,因而也难以对这些问题进行系统的回答和解决。古希腊

---

① 樊浩:《"伦理形态"论》,《哲学动态》2011年第11期。

神话有一个基本倾向，认为在人与世界之外有一个巨大的普遍本质和力量在起作用，它虽然不被人们的感觉所把握，却决定着万物的变幻、世界的生灭、人事的祸福和民族的兴亡，总而言之，成为一切事物的主宰和原因。这个本质和力量在神话中就是神和神所规定的必然性。这种倾向反映了人对于在人之外的实体的一种认识，是对于世界的本质和规律性的一种最初步的关注，这样，在古希腊神话中，正义论伦理学的基本问题就是神与人的关系问题，没有个体至善与社会至善关系的认知，道德与利益的关系也处于朦胧状态。对正义论伦理学基本问题的回应主要反映在对神与人的关系的回答与解决上，也就是实体与个体的关系的价值选择。神是实体，人是个体，神与人的关系就是实体与个体的关系，所以人对神的关系、人与神的统一性就是人要服从神，于是正义就是人与神的统一，不正义就是人对神的背离。尽管如此，神话并非绝对否定个体的人的价值合理性，而是表现为力量无比的伦理实体所统治的世界与人类有声有色的生活的世界的统一，"普罗米修斯的请求"与"黑梅斯之礼"都反映了这个统一。"普罗米修斯的请求"的精神本质就是要使敬神的形式服从人类对物质生活的需要，肯定了人在实体世界中的合理性地位。与此同时，正义也并非个别性的人与实体性的神的统一的自在的产物，而是神的恩赐，作为礼物由宙斯的使者黑梅斯带到世界，人在正义面前完全是被动的。可见，在神话世界中，"普罗米修斯的请求"确立了人与实体的关系并为正义的产生奠定了主体条件，"黑梅斯之礼"直接催生了正义理念。

第二，古希腊的正义论伦理学自觉到了伦理学的基本问题并做了比较系统的回答和解决。在社会发展史上，正义伦理世界存续于神话世界，也就是马克思所指称的原始社会；在个体生命发展史上，神话世界的正义伦理世界属于人的婴儿状态。轴心时代则不同。古希腊伦理学以苏格拉底—柏拉图—亚里士多德伦理学为主流薪火相传，相应地，真正作为人类文明社会及其伦理精神的第一个生命形态，古希腊正义伦理学呈现出较为完整的"正义伦理世界"的图画，即以个体与实体（这个实体在古希腊即城邦）的直接同一性为精神气质，处于黑格尔所说的"自然的或直接的精神"这一发展阶段。[①] 在对伦理学基本问题的提出和回应上，苏格拉底、

---

① 具体内容可参见黑格尔《精神现象学》（下卷）之"伦理世界"部分。

柏拉图着重于个体与实体、个人与社会的关系的理解,把正义看作各种德性的合理践行。

在西方伦理精神史中,柏拉图较早也较为系统地提出了古希腊的四主德。基于实体,各阶层的人各司其职、各负其责,安伦尽分,就达到了正义。正义作为一种实践合理性,表象中反映了公民与职业的关系,职业成为伦理实体;本质上作为伦理实体的城邦已经蕴含其中。亚里士多德扬弃了柏拉图的思想,从两个角度看待城邦与个人也就是实体与个体的关系:在时间上,个人先于城邦,因为先有个人,接着产生家庭,最后才产生城邦。但是,在逻辑上,城邦先于个人和家庭,因为个人不能自给自足,只有共同集合于城邦这个伦理普遍物,才能满足各自的需要;尤其是,每个人睁眼看世界时,这个世界主要就是城邦,正是这个意义上,城邦先于个人,城邦为人的生存提供了可靠的空间,因而成为古希腊人"长期生存的居留地"。于是,在对伦理的第二个基本问题即个体至善与社会至善关系的认识与回应上,亚里士多德要求人们的行为必须考虑城邦的伦理实体,强调个人的善与国家的善相比,后者比前者更为宏大、完全,仅仅为了一个人求善的目的,虽然也是值得的,但若为了一个民族、城邦而去求此目的,则更加神圣。亚里士多德认为凡与城邦隔离的人,如果不是一只野兽,就是一位神祇。个人应该自在地融入城邦。于是,城邦就超越了柏拉图的职业和神话伦理世界的神祇而成为正义论伦理学的实体,个人在城邦中也就成为个体即公民,正义就是公民与城邦的统一。亚里士多德的正义即公正伦理思想也对伦理学的第三个基本问题即善与利益或道德与利益的关系问题予以了回应。针对两种公正,亚里士多德说:"具体的公正及其相应的行为有两类。一类是表现于荣誉、钱物或其他可析分的共同财富的分配上(这些东西一个人可能分到同等的或不同等的一份)的公正。另一类则是在私人交易中起矫正作用的公正。"[1] 麦金太尔为此总结出,亚里士多德的正义主要有两种形式,"即分配的正义和矫正性的正义。矫正性的正义具有尽可能恢复被某种或某些不正义的行动所部分毁坏了的那种正义秩序的作用。而分配的正义则在于遵守那种规定着受矫正性正义保

---

[1] [古希腊]亚里士多德:《尼各马科伦理学》,廖申白译,商务印书馆2003年版,第134页。

护的秩序之分配原则"①。在麦金太尔看来，亚里士多德不同于柏拉图，他对"理念"并无太多关注，而更加注重正义的利益基础，明确提出了"分配正义"，即一种对权力、荣誉等利益的分配的正义。在亚里士多德那里，正义是一种完全的德性，正义的反面就是不正义，反之亦然。不正义有二：一为违法，二为不均。尽管世俗的法有各种各样的缺陷，但是，由于它的相对客观性和普遍性，亚里士多德把涉及纠正违法的德性称为一般的正义；而把涉及纠正不均的德性称为特殊的正义，特殊的正义又区分为分配的正义和矫正的正义。其中一般的正义不是关注的重点，特殊的正义才更重要。特殊的正义中，分配正义强调各取所值，按照各自应得的利益进行分配，正义就是一种比例，即社会利益的合理比例。分配正义是较为基本的和一般的，矫正正义则是分配正义遭遇破坏之特殊情形下，对分配正义的回归和平衡。所以，在最抽象意义上，在亚里士多德那里，正义作为一种德性是社会利益的中庸与平衡。总之，无论在苏格拉底的"美德"、柏拉图的"正义"中，还是在亚里士多德的"公正"中，古希腊正义伦理学都体现了"伦—理"形态的或伦理世界的理论气质。在实践上，"苏格拉底之死"的善与美就在于对这种伦理气质的诠释。

第三，在"黑暗时代"的丧钟敲响后，近代的正义论伦理学试图从根本上回答和解决伦理学的基本问题。神话的或原始的正义伦理世界与古希腊的正义伦理世界都强调实体的客观性、普遍性，个人要服从于、服务于实体；在个体至善与社会至善的关系上更倾向于个体至善；在道德与利益的关系上，更强调善对利益的支配作用等，这些都具有一定的价值合理性。但是在古希腊文明向罗马文明转换的过程中，西方的正义论伦理学也经历了由伦理向道德的理论形态的形变。形变的核心是由"伦常"向"法则"、由风俗习惯向道德规范、由习惯的善向应然的善的哲学抽象。由伦理向道德的转换，在哲学形态上也是由对共同体的伦理认同到对个体行为的道德立法、由伦理世界向道德世界、由客观意志的法向主观意志的法的重心位移，这种位移推动了正义论伦理学的嬗变，具体反映在英国的霍布斯、洛克，法国的卢梭、爱尔维修，德国的康德、黑格尔等的正义论

---

① ［美］阿拉斯戴尔·麦金太尔：《谁之正义？何种合理性？》，万俊人译，当代中国出版社1996年版，第148页。

伦理学中。

在伦理基本问题上，霍布斯的契约正义论悬置个体至善与社会至善、道德与利益的关系及其解答，重点关注个体与实体的关系，而对这种关系的考察是从对人性的探索开始的。因为"个体的实体性，个体如何体现并皈依于自己的公共本质或所谓共体，既是伦理的前提，也是伦理学的重要哲学基础，因而任何伦理学都必须讨论人性问题，因为它是人的实体或共体"①。霍布斯从人性自私的设定出发，认为人类最初是自然状态，这时，由于人的能力大体相等，所以就产生了人们对目的欲求的平等权利。而在欲求相同而可欲求的东西不足时，由于人的自私自利的本性，人们必然力求自身安全，争夺利益，彼此为敌。人人为了达到自己的目的，大都力图排斥和压制别人，甚至互相谋算、陷害、残杀，"人与人之间像狼一样"。在没有一个共同权力使大家慑服的时候，人们便处在所谓的"每一个人对每个人的战争"状态。② 霍布斯的战争状态与自然状态是同一语，在这种状态下，没有契约，也就无所谓正义与不正义。然而，有了契约以后，自然状态就结束了。守约就是正义，违约就是不正义，契约确立了正义与不正义的标准。正是在这个意义上，霍布斯指出，履行契约这条自然法则本身"就包含着正义的泉源"③。在霍布斯那里，虽然通过人性的探究涉及了伦理的基本问题之一——个体与实体、个人与社会、道德与利益的关系，但是家庭、社会、国家等都不是伦理实体，也不存在它们的原理和精神生活，反之，契约促使人类由野蛮状态到社会状态，契约甚至创造了家庭、社会和国家。因此，契约是伦理实体，是道德需要维护的对象，决定了正义的精神气质。于是，就这样开启了契约正义论伦理学的先河。

在探讨人性这个根本实体的过程中，霍布斯并没有明确理性的地位，而是确信人性的自然而然，至多人性是情感的力量。荷兰的斯宾诺莎同样设定了人性的自私自利，却坚信就是这样的人性才产生了理性。完善的理性就在于寻求自己的利益，即寻求对自己真正有利的东西，寻求足以引导人们达到较大完善性的东西。在霍布斯的理论中，契约本质上也是理性的

---

① 樊浩：《"伦理形态"论》，《哲学动态》2011年第11期。
② [英] 霍布斯：《利维坦》，黎思复、黎廷弼译，商务印书馆1985年版，第94页。
③ [英] 霍布斯：《利维坦》，黎思复、黎廷弼译，商务印书馆1985年版，第108页。

成果，只不过尚未被指明而已。斯宾诺莎则强调，契约没有必要，理性本身就可以解决个人利益与他人利益、公共利益的一致性问题，理性的价值与意义被明确提出。斯宾诺莎说："凡受理性指导的人，亦即以理性作指针而寻求自己的利益的人，他们所追求的东西，也即是他们为别人而追求的东西。所以他们都公正、忠诚而高尚。"[1] 这就是说，利己与利他在理性指导下统一起来，并且指出按这种正义原理生活的人就是自由人。个人利益是斯宾诺莎理性自由人的根本，其余则是条件或者手段，都是有限的。理性就是追求幸福、保持自己的智慧，崇尚理性、发挥理性的潜能就是正义。斯宾诺莎的个体理性不仅颠覆了霍布斯的契约，更颠覆了"两希传统"的客观的伦理实体，使正义论伦理学进一步任性与主观。在"伦—理"形态视野下，斯宾诺莎的正义论伦理学虽然也涉及实体、人性、利益、善等伦理基本问题观念，但都是浅尝辄止，至多把人性中的理性推到了至高无上的地位而已，正义论伦理学仍然是原子式的存在，尽管如此，他也有一定的学术贡献，这个贡献就开创了自由主义正义论伦理学的先河。

受霍布斯、斯宾诺莎的启发，洛克的财产正义论基于封建枷锁依然残存并对个体自由权利严重束缚的英国社会背景，尤其注重个体的解放与自由，这样，在伦理基本问题上，洛克更加关注个体与实体的关系，肯定真实的个体，反对虚假的封建实体，指出："每个人对他自己的人格拥有财产权。除了他本人，没有任何人对此拥有权利。他的身体的劳动，还有他双手的劳作，我们可以认为是正当地属于他的。"[2] 在个体至善与社会至善的关系中，洛克更加注重社会至善，认为社会善是个体善的前提，社会善通过所有个体达成的契约得以实现，个体善在遵守社会契约的情况下通过个体财产的不断扩展得以实现。洛克的财产正义论对个体的过分认可，从而把自由主义正义论伦理学推到一个新的高度。

爱尔维修不满意霍布斯、斯宾诺莎等对伦理基本问题的研究，单向度地探讨了作为实体的人性即"肉体的感受性"，一定意义上开启了功利主义正义论伦理学的先河。早在古希腊正义伦理世界的后期就有快乐主义的

---

[1] ［荷］斯宾诺莎：《伦理学》，贺麟译，商务印书馆1958年版，第171页。
[2] John Locke, *Second Treatise of Government*, Watchmaker Publishing, 2011, p. 193.

萌芽。伊壁鸠鲁在"快乐是天生的最高的善"的观点中,强调"我们的一切取舍都从快乐出发;我们的最终目的乃是得到快乐,而以感触为标准来判断一切的善"①。这种摆脱普遍性的实体而专注于个人的快乐,为爱尔维修的"肉体感受性"提供了历史哲学依据。爱尔维修指出:"肉体的感受性乃是人的需要、感情、社会性、观念、判断、意志、行动的原则。"②强调肉体感受性决定道德观念,自然也决定正义观念。由于肉体感受性因人而异,所以,正义原则不是先验的、永恒不变的,而是相对的、可变的,不同国家、不同民族以及不同时代的正义原则差别很大,有的甚至完全相反;即便在同一民族、同一时代,穷人和富人、平民和贵族的正义观念也是不同的。根本上,"肉体的感受性乃是人的唯一动力"③。"利益支配着我们的一切判断。"④ 爱尔维修的正义思想中存在明显矛盾:一方面肯定正义原则的相对性、可变性;另一方面又认为作为正义基础的肉体感受性是永恒不变的。本质上,爱尔维修的正义理论无非是当时新兴资产阶级自私人性的升华,所以也是历史的产物。马克思说:"每一个企图取代旧统治阶级的新阶级,为了达到自己的目的不得不把自己的利益说成是社会全体成员的共同利益,就是说,这在观念上的表达就是:赋予自己的思想以普遍性的形式,把它们描绘成唯一合乎理性的、有普遍意义的思想。"⑤ 认为资产阶级取代地主阶级,力图把自己的利己本性任性地看作普遍本性,把自己的利益与感受任性地看作社会全体的共同利益、普遍感受。这恰恰是边沁、穆勒等人的功利正义论所发扬光大之处。

卢梭的契约正义论一定程度上扭转了爱尔维修正义思想的片面性,对伦理基本问题的回答更加趋于合理。"好的社会制度在于他同总体,即同社会的关系。好的社会制度是这样的制度:它知道如何才能够最好地使人

---

① 北京大学哲学系外国哲学史教研室编:《古希腊罗马哲学》,商务印书馆1961年版,第367页。
② 北京大学哲学系外国哲学史教研室编:《十八世纪法国哲学》,商务印书馆1963年版,第499页。
③ 北京大学哲学系外国哲学史教研室编:《十八世纪法国哲学》,商务印书馆1963年版,第496页。
④ 北京大学哲学系外国哲学史教研室编:《十八世纪法国哲学》,商务印书馆1963年版,第457页。
⑤ 《马克思恩格斯文集》(第1卷),人民出版社2009年版,第552页。

改变他的天性，如何才能够剥夺他的绝对的存在，而给他以相对的存在，并且把'我'转移到共同体中去，以便使各个人不再把自己看作一个独立的人，而只看作共同体的一部分。"① 在卢梭看来，"好"的社会制度就是正义的制度、合理的制度，正义就是个体将自我看作共同体的一部分，制度将个体转移到共同体中，个体不再是一个孤立的"自然人"。卢梭试图把个体与实体统一起来，事实上还没有完全做到，这个任务由康德、黑格尔推进了。

康德尤其是黑格尔的正义论继续推进伦理基本问题的回答。康德的德性正义论在伦理基本问题的回答上，更为关注道德与利益的关系。诚然，康德很少论及正义问题，也没有把正义作为他的道德准则之一。综观康德的道德哲学，绝对命令是最高原则，德福一致是至善，是正义。按照绝对命令行动能够得到幸福，是正义的；不能得到幸福是不正义的。所以，德性正义论在伦理基本问题上，既不太关切个体与实体的关系，也不太关切个体至善与社会至善的关系，而是关切道德与利益的关系即道德法则与幸福的关系。强调个体即便践行道德法则时不能有利益、幸福的考量，但个体在坚持道德法则时能够有所得，至少不会吃亏，则是正义的、合理的。不同于康德德性正义论对伦理基本问题的回答，黑格尔的法正义论强调个体与实体的辩证关系，个体必须认同实体、服从实体，实体对个体侵害行为的强制矫正，就是正义。"加于犯人的侵害不但是自在地正义的，因为这种侵害同时是他自在地存在的意志，是他的自由的定在，是他的法，所以是正义的；不仅如此，而且它是在犯人自身中立定的法，也就是说，在他的达到了定在的意志中、在他的行为中立定的法。其实，他的行为，作为具有理性的人的行为，所包含着的是：它是某种普遍物，同时通过这种行为犯人定下了一条法律，他在他的行为中自为地承认它，因此他应该从属于它，象从属于自己的法一样。"② 其中，在市民社会中表现为法的普遍物就是实体，它被个体所认可，即使是犯人违反了法，但未必意味着他否定了法，相反，他自觉不自觉地承认法的价值合理性。犯人受到了法的惩罚，重新回归到正常的个体，实现个体与实体的统一，这就是正义；反

---

① [法] 卢梭：《爱弥儿》（上卷），李平沤译，商务印书馆1978年版，第328页。
② [德] 黑格尔：《法哲学原理》，范扬、张企泰译，商务印书馆1961年版，第103页。

之，犯人逍遥法外，背离普遍物越来越远，个体日益脱离实体，恰恰是不正义的。在个体至善与社会至善的关系上，黑格尔并没有强调哪个更为优先，而是遵循辩证的思维方法，强调二者互为因果，这有一定的合理性。在道德与利益的关系上，黑格尔的探讨相对薄弱。

总体上看，在"伦—理"形态视域下，以霍布斯、斯宾诺莎、洛克、爱尔维修、卢梭、康德等为代表的近代正义论伦理学弱化伦理实体，否定普遍性与具体性的统一。而且，对伦理基本问题的回应大都非常片面，近代社会的正义伦理世界只有"皆为利来的芸芸众生"，没有精神生活。黑格尔较为深刻地洞悉了这一问题，将伦理与道德、客观意志的法与主观意志的法在精神哲学中辩证地统一，形成了伦理世界—教化世界—道德世界的精神哲学体系。

第四，现代正义论伦理学肇始于罗尔斯《正义论》的出版，引起的学术反响是以麦金太尔的《谁之正义？何种合理性？》、诺齐克的《无政府、国家与乌托邦》、哈贝马斯的《道德意识与交往行为》、沃尔泽的《正义诸领域》等一大批探讨正义理论的成果的问世。现代正义论伦理学的产生有深刻的理论背景和现实背景。

在理论背景上，近代以来，在西方经济、政治、文化尤其道德哲学领域，占支配地位和作用的思想是以边沁、穆勒为代表的古典功利主义，即便社会上有契约论、新黑格尔主义、宗教伦理思想、分析哲学（或语言伦理学）等，而起主导作用的思想仍然是功利主义。这主要源于功利主义的诸多优点：一是，与人们的感觉、直觉或日用理性较为符合；二是，少数服从多数原则，易于操控。就第一点而言，功利主义认为每个人都有一种感觉、经验：为了长久的利益、幸福，可以舍弃暂时的福利；为了更大的福利，可以舍弃较小的福利；为了平和的福利，可以舍弃激烈的福利等，总而言之，一个人"实然地"为了最大的福利，可以舍弃较小的福利，这就是个人的日用理性中的计算原则或亚里士多德的"合理生活计划原则"。功利主义认为，既然一个人的感觉如此，社会又是由个人组成的，社会是个体的放大，那么社会也应该如此，即社会原则应该是最大多数人的最大幸福原则，即为了社会最大多数人的最多福利，甚至可以舍弃少数人的较少福利。穆勒指出："功利主义理论唯一赞同的自我牺牲就是完全为了他人的幸福或为了获得实现幸福的手段而作出的牺牲——这里的

'他人'，既可以是人类这一整体，也可以是符合人类整体利益这一条件限制下的个人。"① 这样，古典功利主义正义论也就坚持这个原则。穆勒认为"事实上正义从未脱离于功利（这也是得到普遍承认的）"②。"正义则仍然是某些社会功利的代名词。"③ 也就是说，正义的本质是功利，正义的功利只不过比其他功利更紧迫而已，正义原则必须符合并反映功利原则。于是最大多数人的最大幸福原则既是社会道德原则，又是正义原则。总之，以幸福快乐为内容的功利是正义的基础。就第二点而言，古典功利主义在社会生活中的表现就是多数人的福利优先，多数人的福利具有价值合理性，于是，少数服从多数的社会原则也就成为功利主义的政治原则。因为既然多数人的福利与少数人的福利相比，前者更具有合理性，那么，在社会规则不能达成完全一致的情况下，多数人的权利就比少数人的权利更优先，而且运作起来也更加快捷高效。古典功利主义及其正义理论有着如此的优势，人们已经默认它的价值合理性。遗憾的是，古典功利主义正义论既是一种不合理的理论，也是一种不公平的理论，在人们对此熟视无睹时，罗尔斯揭露了功利主义及其正义论的缺陷，复兴了自古希腊以来的正义论伦理学的传统。

在社会背景上，20 世纪五六十年代，西方资本主义高歌猛进，福利主义思潮大行其道。既然每个人对社会的繁荣都做出了贡献，那么他就应该享受或得到其所应得。在功利主义的社会实践中，出现了为了少数人的最大利益而否定少数社会最不利者的根本利益的现象，这是功利主义的必然结果。为了克服功利主义的困难，促进社会的公平正义，正义论伦理学复兴起来。按照在"伦—理"形态视域下，一种伦理学理论需要具备的"伦理学的学科气质""伦理学家的学术个性""特殊的时代与社会背景或适应性"三个基本条件。现代正义论伦理学产生的背景仅仅是其成为学派或形态的三个基本条件之一，甚至还不是最基本的条件。接下来的问题

---

① ［英］约翰·斯图亚特·穆勒：《功利主义》，叶建新译，中国社会科学出版社 2009 年版，第 27 页。
② ［英］约翰·斯图亚特·穆勒：《功利主义》，叶建新译，中国社会科学出版社 2009 年版，第 69 页。
③ ［英］约翰·斯图亚特·穆勒：《功利主义》，叶建新译，中国社会科学出版社 2009 年版，第 104 页。

是，现代正义论伦理学的学科性质如何？代表性学者又有什么样的学术个性？归根结底，现代正义论伦理学对伦理基本问题是如何回应的，现代正义论伦理学是否是自足的？针对个体与实体、个人与社会的关系，《正义论》认为，"对我们来说，正义在此的首要主题是社会的基本结构，或更准确地说，是社会主要制度分配基本权利和义务，决定由社会合作产生的利益的划分方式"[①]。也就是说，社会正义首先要解决的问题是社会结构、社会制度的正义，个人是第一位的，社会结构作为实体处于次要位置，社会要满足个人的需要，于是得出了社会至善应该优先于个体至善的结论；在道德与利益的关系上，罗尔斯提出了五种社会基本善即自由、机会、收入、财富、自尊，这些利益是道德的基础。通过对伦理基本问题的回答，罗尔斯试图建立一个一劳永逸的社会正义图式，麦金太尔发出诘问：《谁之正义？何种合理性？》认为正义观念是历史的、具体的，没有永恒的正义原则，试图以德性正义论颠覆公平正义论，恢复个体至善的古希腊传统。诺齐克以《无政府、国家与乌托邦》也对罗尔斯的《正义论》进行了批判，哈贝马斯、沃尔泽等也加入了论战，整个正义论伦理学出现了回归古希腊的图景。

2. 正义论伦理学的"伦—理"形态意义

正义论伦理学成为一种"伦—理"形态，或者说从"伦—理"形态视角来审视正义论伦理学，其实就是要将我们对于正义论伦理学的理解从一种学派或流派上升为一种形态，就是要将正义论伦理学代表人物及其思想不再是孤立地看待，而是将其作为一种整体来进行审视。在这种审视中，我们发现，他们不再是作为正义论伦理学中的某一元素、某一概念的深刻探讨者，而是在一种正义论伦理学的精神内涵中来审视作为"正义论伦理学"伦理形态所表现出来的某一要素。学派的研究是一种"丛林"式的研究，"伦—理"形态的研究是一种有机体的研究，通过这种研究达到形态论的正义论伦理学，这种伦理学不仅系统地回答了伦理学的基本问题，而且展现了正义论的伦理道德精神，这对于指导我们"如何生活"、

---

① John Rawls, *A Theory of Justice*, The Belknap Press of Harvard University Press, 1971, p. 7.

重新审视正义论伦理学等都具有重要的实践价值和理论价值。

伦理学要具有"形态",或从"学派"成熟为"形态",至少必须具备两个学术条件:其一,对伦理学基本问题的自觉及其相对系统的回答和解决,即对个体与实体(个人与社会)的关系问题、个体至善与社会至善的关系问题、道德与利益的关系问题的回答和解决;其二,"精神"的而不是"理性"的气质,即实体与个体的统一而非原子式的个人存在及其利益。否则,便只是"学派"或"流派",而不能称为"形态"。正义论伦理学虽然具备了形态的若干要素与形态的一定倾向,但是,本质上仍然秉持"集合并列"的"理性"气质。这在霍布斯、卢梭的契约正义论、爱尔维修的权利正义论、康德德性正义论、黑格尔法正义论等中都有反映,当然,在逻辑上最为典型的是诺齐克的自由正义论、穆勒的功利正义论和罗尔斯的公平正义论。

第一,诺齐克通过构建个体权利至上的自由正义论,完成了正义论伦理学对"社会至善"伦理精神的形而上论证。这种论证本质上否定了实体,并在认可个人的同时,也弱化了个体。现代自由主义正义论渊源于古代自由主义正义论。著名自由主义大师贡斯当把自由分为古代人的自由与现代人的自由,其中"古代人的自由在于以集体的方式直接行使完整主权的若干部分:诸如在广场协商战争与和平问题,与外国政府缔结联盟,投票表决法律并作出判决,审查执政官的财物、法案及管理,宣召执政官出席人民的集会,对他们进行批评、谴责或豁免。然而,如果这就是古代人所谓的自由的话,他们亦承认个人对社群权威的完全服从是和这种集体性自由相容的"[①]。在贡斯当看来,现代人的自由与古代人的自由不同,古代人的自由是个体自觉处理城邦事务并遵守城邦规则的自由,个体是自由的,城邦、社会或国家是自在的合理的,个体与城邦自在地融为一体,按照黑格尔的说法,个体与实体自在地结合在一起。相反,现代人的自由不是在国家实体中的自由,而是私人生活的自由。"在现代人中,个人在其私人生活中是独立的,但即使在最自由的国家中,他也仅仅在表面上是

[①] [法]邦雅曼·贡斯当:《古代人的自由与现代人的自由》,阎克文等译,商务印书馆1999年版,第26页。

主权者。"① 也就是说，现代人的自由是个体在私人生活中的独立性、自在性，国家、社会事务作为实体性失去了个体的价值关切。依据古代人的自由与现代人的自由理念，古代自由主义正义观注重于城邦、社会等伦理实体，个体与城邦的关系虽然具有黑格尔总结的自在的统一性，处于精神的自然发展阶段，但二者是和谐的、合理的，正义就在于个体以城邦为本位，服从城邦法律，安伦尽分；现代自由主义正义论否定了国家、社会，专注于个人，原子式的个人组成了社会，私利的激情汹涌澎湃，正义就是实现个人利益而非公共利益，国家、社会完全堕落为个人利益的实现手段而非个体行为的价值依据，这在诺齐克那里表现得尤为典型。

在《无政府、国家与乌托邦》中，诺齐克指出："人们可以把权利作为对要采取的行动的边际约束（side constraints）来看待，即在任何行动中都勿违反约束。他人的权利确定了对你的行动的约束。"② 在诺齐克看来，个体的权利是至高无上的，国家、社会是次要的，边际约束就是以个人的权利指导国家甚至他人。于是诺齐克设计了最弱意义上的国家（a minimal state），"即一种仅限于防止暴力、偷窃、欺骗和强制履行契约等较有限功能的国家；而任何功能更多的国家（extensive state）都将因其侵犯到个人不能被强迫做某些事的权利而得不到证明"③。既然个人权利具有神圣不可侵犯性，那么，社会正义首先不是对个体的要求，而是对社会或政府的要求，重点在于设计一个尽可能小的政府，建构一个善的社会或善的国家，保障或保护个人的权利。在个人权利至上的前提下，社会至善就是自由主义正义伦理学的学术使命。只有充分限制了政府、避免对市场交换和分配过多干涉的"最小国家"，才能充分保障和尊重个人的财产、权利和选择自由与道德自决，从而可能是道德上最为可取和最符合正义原则的。国家成了公民个人的守夜人。在以诺齐克为代表的新自由主义者那里，单一物的个人具有先在的价值合理性，是国家、社会的价值依据，因

---

① ［法］邦雅曼·贡斯当：《古代人的自由与现代人的自由》，阎克文等译，商务印书馆1999年版，第27页。
② ［美］罗伯特·诺齐克：《无政府、国家与乌托邦》，何怀宏等译，中国社会科学出版社1991年版，第37—38页。
③ ［美］罗伯特·诺齐克：《无政府、国家与乌托邦》，何怀宏等译，中国社会科学出版社1991年版，第1页。

而是普遍物的价值依据。社会正义在于关切个人及其利益而非关切国家、社会实体,也会关切真正意义上的个体,现代自由主义正义论陷入前所未有的理论困境:既没有伦理也没有精神或者说伦理缺场、精神退隐。但是,诺齐克的自由主义正义论并非对"伦—理"形态视域下的正义论伦理学没有学术价值,相反,《无政府、国家与乌托邦》在个人至上而非个体至善的前提下,论证了社会至善的价值合理性,构建了一个最弱意义上的国家以彰显社会至善,形而上地回应了伦理学基本问题的一个侧面。

第二,穆勒通过构建社会福利至上的功利正义论,揭示了正义论伦理学"个体至善"伦理精神的必然性。经过培根、霍布斯的阐发和洛克、孟德威尔、哈奇森、休谟、斯密、边沁的运用发挥,作为一种系统的、有严格论证的独立学说,功利主义是由19世纪的穆勒正式命名并最终完成的。功利正义作为一种功利主义伦理学理论形态之所以在英国完成,有其深厚的社会背景。经济上,19世纪初叶英国产业革命基本完成,资本主义经济从自由竞争走向垄断竞争的大势已定。它的第一个结果就是"利益被提升为人的统治者",即"个人的或国家的一切交往,都被溶化在商业交往中,这就等于说,财产、物升格为世界的统治者"①。

政治上,19世纪的英国正式兴起了政治自由运动。正如德国的政治自由是软弱资产阶级的小眼小孔的利益反映一样,英国的政治自由是英国工商业资产阶级最大福利要求的反映,把"最大幸福"奉为道德原则。功利原理和政治自由的合流主要是由穆勒完成的。在《功利主义》中,穆勒指出,幸福是功利正义的内容和根本:"对于功利主义原理来说,幸福是值得渴望的,也是唯一作为目的值得渴望的东西;其他任何东西如果说值得渴望那也仅仅是作为实现幸福这一目的的手段。"② 认为幸福是人类行为的目的,而且是唯一的目的,因而必然成为功利正义的内容。该内容也可得到人们生活经验即"生活理论"的证明:"追求快乐、摆脱痛苦是人唯一渴望达到的目的。"③ 人们的生活经验和感受都说明了幸福、快

---

① 《马克思恩格斯全集》(第1卷),人民出版社2002年版,第544页。
② [英]约翰·斯图亚特·穆勒:《功利主义》,叶建新译,中国社会科学出版社2009年版,第57页。
③ [英]约翰·斯图亚特·穆勒:《功利主义》,叶建新译,中国社会科学出版社2009年版,第11页。

乐是人的唯一追求。既然如此,"接受功利原理（或最大幸福原理）为道德之根本,就需要坚持旨在促进幸福的行为即为'是'、与幸福背道而驰的行为即为'非'这一信条。幸福,意味着预期中的快乐,意味着痛苦的远离。不幸福,则代表了痛苦,代表了快乐的缺失"①。既然增进幸福是对个体行为的价值肯定,减少幸福是对个体行为的价值否定;既然社会又是由人组成的,那么,社会正义（道德）原则就应该是功利原理,该原理就成为功利正义的基本原则:"这一终极目标在功利主义理论中被视为人类行为的目的,同时,它必然也是道德的标准,故也可以将其定义为人类行为的准则。人类的存在状态就是对这一准则的遵守。该准则在最大程度上适用于全体人类;而且不仅仅适用于人类,就其本质而言,还同样适用于世间一切有知觉的生灵。"② 从路径上看,功利原理依据个人生活的感受、算计,然后扩展为社会价值原则,最后返回到个体行为中并成为个体行为的价值依据,这样,功利正义原则就完成了从个体到社会再到个体的否定之否定的复归。应该看到,趋利避害、趋乐避苦是动物的本能,无所谓善恶,伦理学理论形态的基本精神应该是主体对感觉的相对独立性,这也是人们常说的动物没有道德而只有人才有的原因。所以,主体追求幸福只是一种本能,至多是亚里士多德所称谓的"个人合理生活计划"。在这个意义上,幸福及其原理能否算作道德,就值得怀疑。

尽管如此,以穆勒为代表的现代功利主义正义论开始关切普遍物、关注实体,这种转变是一个过程。在苏格兰学派理论的基础上,边沁首先对近代功利主义做了个人主义阐述。边沁认为,感觉经验是包括道德知识在内的一切知识的最根本而又真实的基础,因此伦理道德也不能不建立在为人类经验所认可的人的趋乐避苦的本性和自我利益的追求基础上:"当我们对任何一种行为予以赞成或不赞成的时候,我们是看该行为是增多还是减少当事者的幸福。"③ 当每个人都真正得到了自己的最大利益时,社会也就达到了"最大多数人的最大幸福",因为"最大幸福原则"依赖于每个人

---

① ［英］约翰·斯图亚特·穆勒:《功利主义》,叶建新译,中国社会科学出版社2009年版,第11页。

② ［英］约翰·斯图亚特·穆勒:《功利主义》,叶建新译,中国社会科学出版社2009年版,第19页。

③ 周辅成:《西方伦理学名著选辑》（下卷）,商务印书馆1987年版,第211页。

的最大幸福之加总。实体的产生完全是人们出于功利考虑的结果：个体是目的，实体是实现个体利益的手段。尽管边沁的功利主义还是单一物的自由主义，但承认了普遍幸福的观念，也就是承认了实体的存在。穆勒扬弃了边沁的功利主义思想，认为普遍幸福是所有的人的社会善和社会幸福，至少是最大多数人的最大幸福，其中幸福就是快乐，社会幸福就是所有的人的快乐。穆勒指出："幸福是一种善。每个人的幸福对他自己而言是一种善，普遍幸福则是所有人整体上的一种善。"① 穆勒强调，个体追求自身幸福不一定是善，但个体追求最大多数人的最大幸福一定是善，于是国家、社会也就具有了实体性。当然，正义也是功利的反映，穆勒指出："正义则仍然是某些社会功利的代名词。这些社会功利作为一个特殊的层面因其极端的重要性而比其他任何层面的功利更显得不容质疑和势在必行。"② 在穆勒那里，正义是建立在功利基础上的、社会对所有成员正当利益的维护。由于没有统一的正义标准，在不同的正义标准发生冲突时，取舍的标准唯有社会功利原则。社会功利原则就是正义的基本原则，最大多数人的最大福利或社会福利是正义的基本依据，为实体谋幸福成为个体的道德原则。

从形态论视域下审视现代功利主义正义论伦理学，可以发现后者不仅自觉到了伦理学基本问题并作了相对系统的回答和解决，而且有一种"精神"的取向而非"理性"的气质。在个体与实体、个人与社会的关系中，在以穆勒为代表的现代功利主义正义论中，社会作为"普遍物"和实体被强调并支配个体。维护实体的存在与完善是个体的职责，个体应该按照实体的要求去做；在个体至善与社会至善的关系中，现代功利主义正义论把社会至善即"最大多数人的最大福利"或社会福利看作自在的合理的，个体必须对这些福利做出贡献；在道德与利益的关系上，现代功利主义正义论把幸福、功利看作正义或道德的基础，认为福利决定正义和道德；在"精神"气质上，比较强调普遍性、实体性，而且用普遍物制约单一物等，都具有一定的合理性。诚然，尽管个体以社会为本位，把社会看作伦

---

① ［英］约翰·斯图亚特·穆勒：《功利主义》，叶建新译，中国社会科学出版社 2009 年版，第 58 页。
② ［英］约翰·斯图亚特·穆勒：《功利主义》，叶建新译，中国社会科学出版社 2009 年版，第 104 页。

理实体,是现代功利主义正义论的最大贡献,但也有缺陷。现代功利主义正义论在强调社会普遍物的同时,可能否定单一物尤其社会最不利者,实际上,精神应该是普遍物与单一物的统一,黑格尔说:"伦理行为的内容必须是实体性的,换句话说,必须是整个的和普遍的;因而伦理行为所关涉的只能是整个的个体,或者说,只能是其本身是普遍物的那种个体。"[①]另外,现代功利主义正义论的福利是大多数人的福利的集合,是大多数个人利益的集合,仍然带有深刻"集合并列"的理性胎记。为了克服功利正义论的缺陷,现代契约正义论进行了积极的努力。

第三,罗尔斯通过构建公平的契约正义论,实现了正义论伦理学由具体到抽象的方法论创新。穆勒用功利正义颠覆康德的德性正义,使伦理学理论形态由神圣走向世俗,由内在走向外在,由主观走向客观,由个体走向实体等,具有一定的理论贡献,然而,其缺陷也是明显的,这就促使20世纪的罗尔斯重建新的正义论伦理学理论形态。关于正义,康德早已指出:"如果正义荡然无存,人类在地球上生存将不再有价值可言。"[②] 他把正义与否看作人类价值与尊严的根本。然而,受德国市民意识的影响,康德把伦理学理论形态的内容及其形式指向了善良意志和道德法则,使得正义成为一个提出但尚未充分展开的伦理学形态理念。穆勒虽然初步建立了功利正义论伦理学理论形态,但强调功利比公平更为根本、实体比个体更为合理,即"正义则仍然是某些社会功利的代名词"[③]。罗尔斯反对穆勒的观点,发展了康德的思想,认为正义是人类社会生活中最为根本的理念,其中,公平是正义的核心,这样,公平就成为公平正义的内容和本根。当然,就社会根源而言,公平正义伦理学形态仍然是20世纪西方资本主义时代精神的反映。

第二次世界大战以后,科学技术迅猛发展,资本主义经济高速前进,使福利国家和福利经济学得以产生并大行其道,罗尔斯的"公平的正义"正是在这种背景下产生的,是这种历史背景的伦理学理论表达。尤其是,

---

① [德] 黑格尔:《精神现象学》(下卷),贺麟、王玖兴译,商务印书馆1979年版,第9页。
② [美] 罗尔斯:《万民法》,张晓辉等译,吉林人民出版社2001年版,第137页脚注。
③ [英] 约翰·斯图亚特·穆勒:《功利主义》,叶建新译,中国社会科学出版社2009年版,第104页。

罗尔斯认为自由在西方社会已经实践得比较好，但公平还远远不能尽如人意，因此伦理学理论形态的核心应该解决公平问题，而非自由问题。罗尔斯说："每个人都拥有一种基于正义的不可侵犯性，这种不可侵犯性即使以社会整体利益之名也不能逾越。因此，正义否认为了一些人分享更大利益而剥夺另一些人的自由是正当的，不承认许多人享受的较大利益能绰绰有余地补偿强加于少数人的牺牲。"① 这段话至少蕴含以下几层含义：第一，社会应该公平地对待每一个人。每个人都有价值与尊严，都应该拥有相应数量和种类的社会基本善，都应该得到基本的尊重，这是因为每个人都是缔结社会契约的公平的一员，并组成了社会，所以社会应该公平地对待每一个人。功利正义要求社会中的个体为了实体，应该有一种牺牲忘我的精神。显然，功利正义论强调社会有差别地对待其成员的观念是错误的。第二，社会整体利益不比个人利益更具有价值合理性。罗尔斯强调，社会不能借集体之名，随意干涉、剥夺个人的利益，也就是说，即使社会也不得超越个人之上。功利正义论却强调，社会和个人都应该遵从社会最大多数人的最大幸福原则，甚至将社会幸福凌驾于个人幸福之上，鼓励个人自我仇恨，因而也是错误的。第三，人人都是目的。罗尔斯扬弃了康德的目的王国思想并指出，每个人都是目的，即使在被用作手段时，也要记住目的是永恒的，手段是短暂的，在暂时的手段中目的也是根本。为了一些人的更大自由而剥夺另一些人的合理自由，为了一些人的更大利益剥夺另一些人的合理利益，这不仅不公平，而且没有把每个人都当作目的：仅把一些人看作目的，另一些人看作手段，违背了每个人的自由全面发展的价值取向。这样，正义就是"所有的社会基本善——自由和机会、收入和财富及自尊的基础——都应被公平地分配，除非对一些或所有社会基本善的一种不公平分配有利于最不利者"②。罗尔斯认为，自由、机会、收入、财富、自尊是每个人都需要的，是社会合作的产物，是社会基本善，对这五种基本善的需要只能反映出动物的性质，然而对他们给予公平的分配，则反映了人类的尊严，于是就有了政治公平、社会公平、经济公平、

---

① John Rawls, *A Theory of Justice*, The Belknap Press of Harvard University Press, 1971, pp. 3-4.
② John Rawls, *A Theory of Justice*, The Belknap Press of Harvard University Press, 1971, p. 303.

人格公平等。综上所述，公平是正义的核心，是正义伦理学理论形态的内容与根本。

在罗尔斯的伦理学形态中，公平是公平正义的内容，正义原则就是公平正义的形式，但是，这个形式与无须确证的边际约束、功利原理不同，而是需要进一步证明的理性形式，因为它有合理性依据即原初状态尤其是无知之幕。由于每个人都有自我利益及其最大化的倾向，由于每个人大都遵守自己的规则，所以，原则的制定必须反映这些人们所固有的倾向。罗尔斯扬弃了休谟正义环境的思想，认为极端贫乏和极端富足两种情况下都不存在正义与否的问题，正义问题仅存在中等匮乏的环境中，这时人们通过合作能够实现比没有合作时更好的生活。合理分配合作利益（五种基本善）就成为正义的基本问题。然而，如果制定规则的人知道了自我的具体利益，知道了与己相关的他人的情况，那么，他（们）很可能在自我利益最大化的本能和心理的驱使下，将要制定的规则剪裁得仅有利于自己或自己的亲朋好友、自己的阶级阶层，规则的公平性也就无从谈起，换言之，在"有知之幕"中制定规则，不可能得出公平合理的正义原则，所得出的原则也就不可能为所有其他人认可，必然导致人们的不满、怨恨。要想消除这一弊端，规则的制定必须在"无知之幕"下进行：要想排除使人们陷入争论的各种偶然因素的影响，引导人们利用社会和自然环境以适于他们自己的利益，规则制定人必须不得知道各种选择对象将如何影响他们自己的特殊情况，这样，他们将不得不在一般考虑的基础上对原则进行评价、选择、制定。作为原初状态最重要的要素，无知之幕的本质就是假定原则制定者在制定正义原则时不能关切与己相关的某些特殊事实。"第一，任何人不可考量他在社会中的地位、他的阶级出身，他也不可考量他的天生资质和自然能力的程度、他的理智和力量等情形。第二，也没有人考量他的善的观念、他的合理生活计划的特殊性，甚至他的心理特征：像讨厌冒险、乐观或悲观的气质。第三，我假定各方不可考量自己社会的经济或政治状况，或者它能达到的文明和文化水平。处在原初状态中的人们也没有任何有关他们属于什么世代的信息。"[1] 既然规则制定人

---

[1] John Rawls, *A Theory of Justice*, The Belknap Press of Harvard University Press, 1971, p. 137.

不知道自己是强者、弱者或中间阶层，有利者还是不利者，那么，他为了自己利益最大化，为了尽可能地实现自己的利益，选择制定一个符合所有阶层人的原则，对规则制定者来说才是最保险的；既然规则制定者不知道自己处于当代还是后代，那么，规则制定者只有将规则制定的既有利于当代人又有利于后代人的情况下对自己才是最保险的；既然规则制定者不知道自己的偶然性、具体性，那么，规则制定者必须把规则制定的有利于所有的偶然性、具体性的情况下对自己才是最保险的；等等。一句话，当规则制定者不知道自己特殊性利益的情况下，必然把原则制定得有利于所有的人，从而具有普遍性。由于这些规则是自己制定、选择的，一旦无知之幕被揭开，规则制定者回到了现实社会，知道了个人的特殊性，那么，他也不会抱怨这些规则的不公平，因为规则是他自己选择制定的，只有那样，规则对他来说才是最安全、最有利的。罗尔斯进一步认为，这里的规则制定者可以是现实生活中的所有成年人，他们可以随时随地在想象中、思维中进入原初状态，接受无知之幕的限制，制定即将产生的社会规则，所有人得出的结论都是一致的；反之，现实生活中的所有规则也可以通过当事人在无知之幕约束之下检验其合理性程度。原初状态中受无知之幕约束达成的规则就是正义原则，它是指导社会、个人生活行为的最基本的原则，是公平正义的伦理学理论形态的形式。该形式是："第一原则：每个人对于所有人所拥有的最广泛公平的基本自由体系相容的类似自由体系都应有一种公平的权利。第二原则：社会和经济的不公平应这样安排，使它们：（1）在与正义的储存原则一致的情况下，适合于最不利者的最大利益；并且（2）在机会完全公平的条件下职务和地位向所有人开放。"[1] 这就是公平自由原则、公平机会原则、公平分配原则，其中越靠前的越具有根本性、重要性、依据性，在指导社会生活遭遇冲突时按词典式次序排列。

从形态论的视域下审视契约正义论伦理学，可以发现后者不仅自觉到了伦理学基本问题并作了相对系统的回答和解决，而且多了一点"精神"的取向而少了一点"理性"的气质（需要特别说明的是，理性气质仍然

---

[1] John Rawls, *A Theory of Justice*, The Belknap Press of Harvard University Press, 1971, p. 302.

是契约正义论伦理学的主流,否则,后者就是形态而非集合并列了)。更为重要的是,原初状态不同于洛克等的自然状态,实现了正义论伦理学由具体到抽象的方法论创新。广义上,契约论与功利主义、权利论都属于自由主义,现代契约正义论是现代自由主义正义论的一部分;但是,狭义上,现代自由主义正义论、现代功利主义正义论存在诸多缺陷,这为现代契约正义论的兴起提供了机遇。现代自由主义正义论的最大困难在于过分强调原子式的个人而非形态论中的个体,这种个人在客观上是单一物,在主观上是任性。就单一物的个人而言,在自由主义正义论那里,个人是原子式的存在,个人具有绝对的独立性与尊严,个人的生活方式必须得到充分的尊重,国家、政府、社会等"实体"则堕落为个人的"看门狗"。就任性的个人而言,个人都有意志自由,外在的约束仅仅在于个人的自由不能妨碍其他人的自由而已。正义就是社会、国家等实体充分尊重个人及其自由,个人是国家、社会、政府等实体的存在依据而非相反。辩证地看,现代自由主义正义论对个人与单一物的肯定有一定的合理性,然而它弱化了实体甚至贬斥、否定实体,个人也不能走向个体,从而有瓦解社会、消融伦理实体的倾向。现代功利主义正义论认识到自由主义正义论的困难,拨乱反正甚至矫枉过正,在强调社会普遍物、实体的同时又有否定个体、单一物的倾向。现代功利主义正义论认为,正义的基础是功利,功利原则是最大多数人的最大幸福原则,依据是每个人都在追求自身最大的幸福快乐。表象上,功利主义正义论的最终依据是个人的幸福快乐;本质上,功利主义正义论是一种社会至上的正义论。这种正义论强调,个人要遵循最大多数人的最大幸福原则,最大多数人是社会,最大幸福是社会幸福、集体福利。能给社会带来最大福利的行为就是正义的、合理的;反之,不能给社会带来最大福利的行为就不是正义的、不合理的。社会及其福利的多少成为判断个人行为正义与否及其程度的依据。社会幸福尽管来自个人的幸福快乐,但高于个人的幸福快乐,也就是说,尽管形式上普遍物的社会是由单一物的个人组成的,但逻辑上普遍物高于单一物,社会高于个人,实体高于个体。现代功利主义正义论委婉地否定了现代自由主义正义论的片面性,张扬了实体,具有合理性的一面,但又走向了另一个极端,现代契约正义论的产生成为必然。现代契约正义论始于霍布斯,形成于洛克、卢梭、康德等,发展于罗尔斯。霍布斯对"狼一样的人类最初状态"的设定，促使洛克、卢梭对现代社会中这种潜隐状态的忧虑，希望通过契约，摆脱人类野蛮的生存状态，摒弃单一物及其任性，主张社会生活，张扬人类的普遍本性或普遍物，把正义建立在社会契约及其规则上。现代的罗尔斯既看到了传统契约正义论的缺陷与优势，又不满意古典功利正义论的价值霸权，建构了抽象契约正义论。之所以抽象，是因为传统契约正义论是真实的，至少历史上真实存在过，契约是个人之间讨价还价的过程；而抽象契约正义论则是虚拟的、思维中的、想象的，也就是说，抽象契约正义论是假想的、一个人的独白。抽象契约正义论作为现代契约正义论的典型形态，最大的合理性在于实现了正义论伦理学"伦—理"形态的方法论创新。

3. 正义论伦理学："集合并列"的"伦—理"形态的"精神"实质

黑格尔认为，伦理主要依据两个对象或为两个对象中的某一个辩护：实体或个人，前者如家庭、市民社会、民族、国家等，其中国家是最高的伦理实体；后者如市民社会中的芸芸众生，是单个的经济人，他们追求的是个人的利益。黑格尔指出，实体内涵精神，原子式的个人只能集合并列，是单一物，其缺失精神。现代正义论尤其是罗尔斯的契约正义论伦理学虽然具有伦理的属性，反映了个别性的"人"与实体性的"伦"的统一，并努力使共同生活成为可能，但是，总体上，正义论的出发点是单一物，是原子式的个人，在伦理类型上仍然属于集合并列，因而缺失精神。

正义论伦理学仍然是"多"而非"一"，出路是"伦—理"形态的价值重构。正义论伦理学的核心是正义，正义作为一种合理性，不同的正义论则有不同的回答，并构建了不同的正义论思想体系。柏拉图认为，正义就是安伦尽分，社会上的各个等级的人出色地完成本职工作，就是社会正义。这一思想对于社会和谐非常必要，但也有缺陷：个体固定为特定职业，也可能被固化为某种身份，阻碍了个体的社会流动，与人的自由全面发展的价值追求相矛盾。所以安伦尽分的正义仅具有奴隶社会、封建社会的合理性。亚里士多德扬弃了柏拉图的正义观念，把正义看作一种对社会秩序的维护，当然，这种秩序并非柏拉图的等级秩序，而是一种以利益为合理性秩序即分配的正义和矫正的正义的基础。亚里士多德的正义思想与柏拉图的正义思想是非常不同的，正义论伦理学从古希腊开始已经有"丛林"现象。

经历黑暗时代后，近代的霍布斯、斯宾诺莎、爱尔维修等的正义观念也大相径庭，尤其在当代，正义论伦理学出现了"百花齐放、百家争鸣"的局面。罗尔斯的《正义论》一石激起千层浪。《正义论》作为一种社会合理性的观念，本想唤醒沉睡的人们，揭露居社会支配地位思想的古典功利主义之不足，建构抽象契约论，维护社会公平正义。在理论渊源上，同样在解释一种合理性，罗尔斯扬弃了康德的道德法则的思想。在康德那里，道德法则是"这样行动：你意志的准则始终能够同时用作普遍立法的原则"①。其基础在于包括自我在内的所有人的利益，绝对摒弃狭隘的个人利益。在此基础上，罗尔斯设定了原初状态，强化了无知之幕的要素，试图让确立社会合理性的人舍弃狭隘的个人利益，从所有的人的利益（当然也包括自我的利益）出发设计正义原则，彰显社会的合理性。在正义原则确定后，当事人揭开无知之幕，走出原初状态，了解到自我的特殊性，也不能更改正义原则，因为正义原则是他自己感到在最合理状态下选择的，如果做出更改，当事人就是非理性的人；坚持正义原则，当事人就是理性人。受无知之幕的限制，任何人都没有办法把正义原则即合理性原则剪裁得仅适合自己而不适合他人。所以，在这一点上，罗尔斯的契约正义论与康德的德性正义论具有一致性。

较早对《正义论》发出挑战是麦金太尔，后者遵循了亚里士多德以来的古希腊传统，尤其吸收了康德德性论思想，却得出了与罗尔斯相反的结论。他认为正义作为一种合理性不是一成不变的，而是历史变化的，与其说正义的合理性，还不如说传统的合理性、美德的合理性，这种合理性则更为持久，从而驳斥了罗尔斯正义论伦理学中永远的合理性。诺齐克以《无政府、国家与乌托邦》直接回应了罗尔斯正义理论的合理性，二者的共同点都是尊重个人的权利，罗尔斯强调人们应得其所应得，所以健全社会制度，使人人在这种制度下生活都会感到公平正义，从个人利益出发，设定社会模式，是《正义论》的基本思路；诺齐克也从个人利益出发，

---

① ［德］康德：《实践理性批判》，韩水法译，商务印书馆1999年版，第31页。

不过这种利益被诺齐克称为权利，得出个人权利神圣不可侵犯的结论，也成为《无政府、国家与乌托邦》的理论前提；为达到此目的，诺齐克并没有像罗尔斯那样设计一个完善的政府，而是尽力减少政府的权力，本质上，诺齐克也在设计一个政府，这个政府将是一个最少权力的政府，只能增进人们的福祉，不能伤害人们的权益。当然，相对于共同点而言，罗尔斯与诺齐克的区别更大，至少反映在两个方面：第一，诺齐克设计的是最小政府，而罗尔斯设计的是最大政府，后者将政府设计得无比完善，甚至一劳永逸，以维护社会公平。第二，诺齐克强调差别，罗尔斯强调公平。诺齐克认为，个人的自然禀赋是自我所应得的，个人的后天努力成果也是自我所应得的，他人、社会不能将个人先天具有的才能和后天努力等所得到的成果分配给其他人，否则，就是不正义的，不合理的。人与人之间的差别具有永久的合理性。相反，罗尔斯认为，人的自然禀赋不具有天生的价值合理性，也不能归个人所有，只有当他为社会服务尤其为社会最不利者带来利益的情况下，才是合理的。后天努力的成果更不具有永恒的合理性。因为是由多数人而非某个人才组成社会的，有利者在获得利益时用了更多的"社会"这个"共同资源"，他们也就应该把所获利益拿出一部分给社会尤其社会最不利者，这样才是公平合理的，否则就是不公平合理的。社会最不利者较少地利用了"社会"这一"共同资源"，获得较少，他们也应该从有利者那里拿回属于自己的一份，这样才是合理的，否则就是不合理的。

　　总之，契约正义论伦理学不同于自由主义正义论伦理学，即使二者的前提是一致的，但论证过程与所得结论都是不同的。功利主义正义论伦理学既不同于自由主义正义论伦理学，也不同于契约正义论伦理学。功利正义论以社会为本位，也就是以实体为本位，从实体出发，认为社会虽然由个体组成，但社会高于、大于个体，维护社会最大多数人的最大利益是个体的正义原则。其学术思路是个人—社会—个人，即从个人利益的合理性论证了社会利益的合理性，然后又用社会利益的合理性约束、指导个人利益的合理性，实体处于至高无上的地位。综观正义论伦理学，各家、各派观念差异很大，迫切需要"伦—理"形态观的价值重构。各派正义观念虽然各不相同，但有"正义"观念隐含其中，说明各种正义观念皆有一个共同的东西，找出这个共同的东西，超越各派正义观念的纷争，是

"伦—理"形态论的学术使命,是成熟的正义论伦理学的重要标志。

接下来需要进一步回答的问题是,正义论伦理学是否具有精神?伦理学要具有"形态",或从"学派"成熟为"形态",至少必须具备两个学术条件:其一,对伦理学基本问题的自觉及其相对系统的回答和解决;其二,"精神"的而不是"理性"的气质,否则,便只是"学派"或"流派",而不能称为"形态"①。从第二部分正义论伦理学的"伦—理"形态内涵的分析中得到的结论是,正义论伦理学对伦理学基本问题作了相对系统的回答和解决,在这个意义上可称为正义论伦理学形态。但是,在第二个条件上,正义论伦理学在总体上又具有理性的而非精神的气质。精神与理性相比具有三个特点:与"自然"相对,对自然存在的超越;个体性与实体性、单一性与普遍性的统一;思维与意志的统一,或知与行的统一。② 他认为,三个特点中最为核心的是"个体性与实体性、单一性与普遍性的统一",因为这个特点既能表达个体对自然的超越、对实体的依赖,又能表达思维与意志的统一。正义论伦理学在总体上之所以弱化了精神,主要就在于它从个体出发,甚至从个人出发,学术气质是理性的而非精神的。这在现代正义论伦理学中皆有反映。

自由主义正义论伦理学的学术前提是个人权利的神圣不可侵犯性。诺齐克指出:"与把权利纳入一种目的状态相对照,人们可以把权利作为对要采取的行动的边际约束(side constraints)来看待,即在任何行动中都勿违反约束他人的权利确定了对你的行动的约束。"③ 诺齐克的权利正义论从个人利益出发建构理论体系,然后对实体提出要求,削弱实体的力量,以防止实体对个人利益、个体权利的干涉。所以,从个人利益出发并维护这种利益是以诺齐克权利正义论为代表的现代自由主义正义论伦理学的理论实质。功利主义正义论伦理学虽然得出了实体至上的结论,具有实体性的情怀,但是,其出发点仍然是"自然"的并割裂了单一性与普遍性的联系。穆勒认为,人的本性是趋利避害的,只要是人都会争取自我的

---

① 樊浩:《"伦理形态"论》,《哲学动态》2011年第11期。
② 樊浩:《"伦理形态"论》,《哲学动态》2011年第11期。
③ [美]罗伯特·诺齐克:《无政府、国家与乌托邦》,何怀宏等译,中国社会科学出版社1991年版,第37—38页。

最大利益，在这样的日用理性前提下，推导出社会也应该如此，于是得出个体应该为实体服务，个人应该归于社会，实现了自我对"自然"的超越，对实体的回归。虽然这种伦理学的结论是实体对个体的超越与支配，但是，其出发点仍然是个体性、单一性甚至就是个人的福利，难以实现个体性与实体性的有机统一。契约正义论伦理学力图实现个体性与实体性、单一性与普遍性的统一，最终也难如其愿。《正义论》从个人利益神圣不可侵犯的前提出发："每一个人都拥有一种基于正义的不可侵犯性，该不可侵犯性即使以整个社会福利之名也不能逾越。"① 黑格尔认为，应该建构一种社会制度，这种社会制度能够最大限度地保障每个人得其所应得，最大限度地促进社会公平。在罗尔斯看来，没有对个人利益维护的前提条件，正义就是空中楼阁。不仅如此，契约正义论伦理学也试图把思维与意志统一起来，即把知与行统一起来，而在这一点上最受麦金太尔、诺齐克、桑德尔、沃尔泽等的批判，后者认为罗尔斯的正义论伦理学只是抽象的理论，仅表达对传统真实契约论、历史契约论的超越，但在实践中很难行得通。依据在于以两个正义原则为基本道德原则的契约正义论伦理学脱离了人们的世俗生活，割裂了与传统的联系，只能知，不能行，罗尔斯的权威道德、社团道德、原则道德的逻辑在实践中是不可能的。黑格尔指出，在考察伦理时永远只有两种观点可能，或者从实体性出发，或者原子式地进行探讨，即以单个的人为基础而逐渐提高。后一种观点是没有精神的，因为它只能做到集合并列，但是精神不是单一的东西，而是单一物和普遍物的统一。② 他认为伦理主要依据两个对象或为两个对象中的某一个辩护：实体或个人，前者如家庭、市民社会、民族、国家等，其中国家是最高的伦理实体；后者如市民社会中的芸芸众生，是单个的经济人，他们追求的是个人的利益。黑格尔认为，实体内涵精神，原子式的个人只能集合并列，是单一物，缺失精神。

综上所述，正义论伦理学虽然在某一个伦理学基本问题的回应上有一些形态的倾向，反映了个别性的"人"与实体性的"伦"的统一，并努力使共同生活成为可能，但是，其出发点是单一物，是原子式的个人，在

---

① John Rawls, *A Theory of Justice*, The Belknap Press of Harvard University Press, 1971, p. 3.
② ［德］黑格尔：《法哲学原理》，范扬、张企泰译，商务印书馆1961年版，第173页。

伦理类型上属于集合并列，这种崇尚理性的直接后果就是精神气质的缺失。"伦—理"形态论的正义论伦理学正是扬弃这种传统正义观的一种学术自觉的尝试。

十二 "伦—理"形态（二）："集合并列"（2）——契约论伦理学形态

西方伦理思想宝库中，一直存在着一个重要的伦理学流派，即契约论伦理学。"契约论是一种具有非历史特征的、理想性质的社会政治理论，这种理想性质的理论究竟有没有意义、有何意义，至今仍然是西方思想领域中热烈探讨的一个课题，它涉及到理想与现实、价值与事实等和伦理学有深刻关系的重要问题。"[①] 虽然契约论可能是一种理想的理论假设，但其中包含着丰富的伦理道德思想，并因此具备了很强的伦理色彩。契约论与伦理学相结合构成了契约论伦理学，其中既包含着契约概念、伦理原理等在场内容，又包含着自然法理念、伦理学价值生态等深层知识。如果我们以契约论伦理学视野去透视西方伦理思想殿堂，就会发现契约论伦理学存在三个主要样态，即萌芽样态、成长样态和发展样态。萌芽状态的契约论伦理学可以以苏格拉底、柏拉图、亚里士多德的学说为代表，其中并不存在专门论述契约论的著作或文章，只是在其综合性作品中零星地透露出契约论伦理学的某些思想；成长样态的契约论伦理学可以以霍布斯、卢梭、洛克为代表，一方面出现了以契约为基础论证社会、国家、政府产生的专门性大容量著作，另一方面是其中所蕴含的伦理理念发挥了很强的实践效力，成为资产阶级革命的重要理论武器；发展样态的契约论伦理学可以以约翰·罗尔斯为代表，约翰·罗尔斯认为契约的主要目标是选择确立一种指导社会基本结构设计的根本道德原则，即正义原则，而不是选择建立某一特殊制度或进入某一特定社会。

---

① 何怀宏：《良心与正义的探求》，黑龙江人民出版社2004年版，第267页。

这三种样态实际上都是"契约"这一概念或"精灵"在历史中的不同展现,有时沉寂、有时喧嚣、有时则"犹抱琵琶半遮面",但从其深邃的生发之处分析,并没有离开契约概念,无论当时的思想家是否明确意识到这一存在,也无论这些卓尔不凡的节点人物对契约本身的理解处于什么维度。因此,可以说,契约论伦理学同时是一种共时性存在。现代及现代性含义丰富,安东尼·D. 金认为,根据《牛津英语词典》的释义,现代意味着"具有当前或最近时代的特征,与遥远的过去区别开来";它被用来与"古代"和"中世纪"形成对立,在"现代历史"中,"现代"指谓"中世纪"之后的那个历史阶段,即 15 世纪的结束至今。[①] 我们以霍布斯、卢梭、洛克等相对比较丰富的学说为主要分析对象,同时照顾到该理论的历史发展脉络,尝试进行精神哲学形态视野的学术探索和学术求证,力图发现其中的形态意蕴并加以理论辩证,借以助推伦理精神提升、呼唤伦理觉悟。契约论伦理学是一种人类精神的片面流淌,同时也是精神本身的展现或组成部分。它是精神的片面而激越的影子,因为片面,所以要完整;因为激越,所以要沉静;更因为它只是影子,所以就应当将其复归于精神,通过精神的影子而找到通往精神的路,这样才能产生"家园感",才能从"作恶的待发点上"转化到"行进于至善的途中",将道德化归于伦理、将理性返还于精神、将个体同一于实体,进而从"理一分殊"的"多"逐步返归于"一"形态。

　　如果以伦理精神哲学的"形态"理论进行分析,可以发现,契约论伦理学属于社会中的"伦—理"形态,同时却具有"集合并列"特点,它应当向实体迈进。

1. "伦"—"理"关切与"形态"生成

　　樊浩先生指出:"'伦'是中西道德哲学传统在'考察伦理时'的方法论或把握伦理真谛方面的会通点,也是古今中西道德哲学和伦理传统的基本会通点。"[②] 伦是什么?"'伦'即人伦,在形而上的意义上是指人的

[①] 梁展选编:《全球化话语》,上海三联书店 2002 年版,第 187—188 页。
[②] 樊浩:《"伦"的传统及其"终结"与"后伦理时代"》,《哲学研究》2007 年第 6 期。

实体，既是人的公共本质，也是人的共体；在现实性意义上即是人生活于其中的伦理实体或伦理世界。"① 人伦关系不同于人际关系。人伦关系是单一物与普遍物的关系，或者说是个体与实体的关系，而不是指单个个体之间的相互交往关系，因为没有普遍物或实体的存在，那么单个个体之间的联系也就失去了共同的基础，因此就会出现偶然性、主观性和任意性，而缺乏必然性、客观性和伦理性。普遍物是抽象概念，实体是现实概念。黑格尔认为："伦理性的实体包含着同自己概念合一的自为地存在的自我意识，它是家庭和民族的现实精神。"② 家庭和民族是现实的伦理实体，但是在从家庭伦理实体向民族伦理实体的发展过程中，却经历了三个环节。"第一，直接的或自然的伦理精神——家庭。这种实体性向前推移，丧失了它的统一，进行分解，而达于相对性的观点，于是就成为第二，市民社会，这是各个成员作为独立的单个人的联合，因而也就是在形式普遍性中的联合，这种联合是通过成员的需要，通过保障人身和财产的法律制度，和通过维护他们特殊利益和公共利益的外部秩序而建立起来的。这个外部国家；第三，在实体性的普遍物中，在致力于这种普遍物的公共生活所具有的目的和现实中，即在国家制度中，返回于自身，并在其中统一起来。"③ 无论是作为直接实体的家庭和民族，还是作为从家庭向民族转化三环节的家庭、市民社会和国家，均包含着一种整体意识，是从个体的人所生活于其中的"整体"、遵循居"伦"由"理"的逻辑去探讨的，强调实体与个体之间的联系、强调个体应依照实体之理去"意识"、去"行为"以"明道""成德"④。伦理是实体性的、整体性的，它侧重对实体或整体的价值生态建构。契约伦理学从契约角度关心"城邦""社会""政府""国家"等具体的社会存在或实体及其所包含的伦理价值原理，期冀契约主体或契约当事人能够恪守这些现实实体中的具体理念和价值规则，因而具有"伦—理"形态的逻辑特征。那么，契约论伦理学是如何呈现这些元素的呢？

---

① 樊浩：《道德教育的"'精神'形态"与"中国形态"》，《教育研究》2013年第2期。
② ［德］黑格尔：《法哲学原理》，范扬、张企泰译，商务印书馆1961年版，第173页。
③ ［德］黑格尔：《法哲学原理》，范扬、张企泰译，商务印书馆1961年版，第173—174页。
④ 樊浩：《道德教育的"'精神'形态"与"中国形态"》，《教育研究》2013年第2期。

A. "伦"之关切

严格来说，每一种具体的契约论伦理学均有其所关注的"伦理实体"，这种实体是伦理规则得以存在的前提，也是伦理理念所指向的对象。由于这种作为实体的"伦"的存在，才使实体中的个体能够以此为指针而持续进行道德努力，从而实现"人—伦"合一。但作为实体的"伦"本身也是存在梯度的，家庭、国家、世界，乃至于整个自然，是一个逐步发展的"伦"的序列。"人—伦"合一究竟处于哪个序列梯度取决于现实历史条件。当作为"逻各斯"具体运行环节之体现的现实历史条件发生变化时，对"伦"的梯度的界定也会发生新的变化。但是，最终要走到与作为普遍物的终极之"伦"和谐一致的高度，也只有在这种情况下，才能实现"单一物与普遍物"①的统一，才可能依照实体的运行规则和数字比例去行为，从而得到和谐、和平、创新和发展。契约论伦理学作为一种理论思想暗含于自然法学说之中，持续两千余年的自然法学说包括道德自然法、神学自然法、国家自然法、法律自然法四个主要辐射方向，自然法理论、自然法则、自然权利、社会契约、社会正义等概念是其范畴体系的主要组成部分。其中涉及契约或以契约为主要概念进行理论分析所体现的伦理学原理部分，是契约论伦理学的主要内容。契约论伦理学所关注的实体不是自然共同体，也不是神学共同体或法律共同体，它所关注的主要是国家共同体或社会共同体，所关注的是国家实体或社会共同体的整体伦理秩序的构建。而这种对整体的关注意识，在契约论伦理学主要代表人物的学术思想中，则具有比较明确的体现。

先哲苏格拉底以身殉道，通过其行为诠释契约的伦理意蕴。克力同来监狱见苏格拉底，表明了救其出狱的坚定决心。苏格拉底以"白衣丽人示梦"为由，表达其不愿逃狱的想法，后又举出许多理由，见仍说服不了克力同，最后陈述出"我与城邦之间存在契约"的契约论伦理思想。苏格拉底说："你蔑视我们——法律，要毁坏我们——法律；你想逃，不顾和我们所订甘为守法公民的契约，做最下贱的奴才所做的事。首先答复

---

① 樊浩：《"后山河时代"的精神家园》，《东南大学学报》（哲学社会科学版）2020 年第 1 期。

这问题：我们说，你言语与行为都和我们订下了甘为守法公民的契约是否是实话？我们应当怎么回答，克力同？表示同意，或是振振有词？"① 苏格拉底所理解的契约是公民以其生活于城邦的这一行为所默认的公民自身与城邦国家的契约，或者说是个体与国家之间的契约。如果一个公民已经承载了雅典城邦所给予的利益，那么也就应当承认雅典城邦所给予的法律判决。而法律在此则变成了国家与个体之间这种默示契约的具体内容。这里面暗含着公平的理念在内，同时也是对守约意识的强调。如果每个公民都可以脱离该契约的约束，那么就会有三种伦理罪过。"不服从者，我们认为犯三重罪：一、不服从所生的父母；二、不服从教养恩人；三、不服从契约，既不遵命，又不几谏我们的过失，虽然我们广开言路，并不强制执行，——既不能谏，又不受命，两失其所当为。"② 这样的伦理罪过一旦蔓延开来，城邦或国家这一实体就会面临分崩离析的危险。苏格拉底所关注的是国家这一实体的伦理秩序，而不是个人安危。他在有可能逃走的情况下坚定地做出不逃走的历史性决定，用自己的性命维护了国家实体伦理秩序。

卢梭之所以提出社会契约思想，也是源于对"社会"这一整体或实体伦理价值秩序的关切。卢梭说："我要探讨在社会秩序之中，从人类的实际情况与法律的可能情况着眼，能不能有某种合法的而又确切的政权规则。在这一研究中，我将努力把权利所许可的和利益所要求的结合在一起，以便使正义与功利二者不致有所分歧。"③ 卢梭的出发点是"社会""社会秩序"，价值建构是"正义与功利"两者互不分歧、相互一致。卢梭对奴隶制进行了批判，以家庭作为政治社会的原始模型，提出了"约定"思想。他说："首领就是父亲的影子，人民是孩子的影子；并且，每个人都生而自由、平等，他只是为了自己的利益，才会转让自己的自由。全部的区别就在于：在家庭里，父子之爱就足以报偿父亲对孩子的关怀了；但是在国家之中，首领对于他的人民既没有这种爱，于是发号施令的

---

① ［古希腊］柏拉图：《游叙弗伦　苏格拉底的申辩　克力同》，严群译，商务印书馆2003年版，第110页。

② ［古希腊］柏拉图：《游叙弗伦　苏格拉底的申辩　克力同》，严群译，商务印书馆2003年版，第109页。

③ ［法］卢梭：《社会契约论》，何兆武译，商务印书馆1980年版，第7页。

乐趣就取而代之。"① 发号施令的乐趣就会导致出现"强力",使人感觉生存于枷锁之中,于是就需要用"约定"的方式来体现国家对他的人民的爱。卢梭追溯到了一个最初约定,并在此基础上进一步探讨了社会公约、主权者、社会状态、财产权等内容,他的契约论中所包含的伦理思想可以说主要是一种平等理念。

罗尔斯的学说主要是对社会正义问题的探讨,也具有很强的整体色彩。在《正义论》中,他并非探讨社会契约本身,而是以社会契约这一基于传统自然法的范畴为基础,探讨"社会"应该具有的正义原理。他首先肯定正义是社会制度的首要价值,然后指出,契约的目标并不是选择建立某一特殊的制度或进入某一特定的社会,而是选择确立一种指导社会基本结构设计的根本道德原则——正义原则,接着又通过"原初状态"对正义的两个原则进行了社会契约式论证。罗尔斯说:"两个原则的首次陈述如下:第一个原则:每个人对与其他人所拥有的最广泛的基本自由体系相容的类似自由体系都应有一种平等的权利。第二个原则:社会的和经济的不平等应这样安排,使它们被合理地期望适合于每一个人的利益;并且依系于地位和职务向所有人开放。"② 每个人都有权拥有与他人的自由并存的同样的自由,包括公民的各种政治权利、财产权利。对社会和经济的不平等应作如下安排,即人们能合理地指望这种不平等对每个人有利,而且地位与官职对每个人开放。正义原则是处在原始状态中的有理性和相互冷淡的各方在"无知之幕"后共同选择的,这本身就是达成一种公平的契约,从而形成了"作为公平的正义"。

B. "理"之设计

契约论伦理学以契约为基础架构起了一个理论上的"整体"或实体,同时也赋予这种"契约共同体"以价值诉求,这种价值诉求实际构成了契约共同体这一整体的伦理规律。柏拉图《理想国》讨论的主题是"正义",在讨论"正义的本质和起源"的时候说到了契约。他说,契约产生于人类对"苦头"与"甜头"的分析,人们说"作不正义事是利,遭受

---

① [法] 卢梭:《社会契约论》,何兆武译,商务印书馆1980年版,第9—10页。
② [美] 罗尔斯:《正义论》,何怀宏等译,中国社会科学出版社1988年版,第60—61页。

不正义是害",而遭受不正义所得的害超过不正义所得的利,人们在彼此交往中既尝到过不正义的甜头,又遭受过不正义的苦头。即在"不正义"的情况下,既得过益处,又受过伤害。在这种情况下,人们才开始订法律、立契约,他们把守法践约就叫合法的、正义的。这就是正义的本质和起源。那么,人类为何要能区分甜头和苦头,为何能在相互之间订立契约?这恐怕与人的趋乐避苦的本能和理智选择有关,因此就暗含着一种"理性"的价值理念。将法律和契约作为正义的本质和起源,实际上是以此为标准来区分正义与否,那么法律和契约本身就一定能充当这个角色吗?这里面其实对法律和契约也提出了一个前置性要求,即法律和契约必须首先是公平的。那么,法律和契约如何保障自身的公平性呢?那就是人们彼此之间是在平等的充分表达自己诉求的基础上自愿地确定法律和契约。如果说这些理念仅仅是暗含于柏拉图不多的论说之中,那么霍布斯的契约论伦理思想则比较明确地反映出了这些理念。

霍布斯的《利维坦》是霍布斯的"国家说",共分为四个部分。第一部分从自然出发过渡到人性,接着从"人性好争"推导出"每一个人反对每一个人"的战争状态。这种状态是霍布斯对"自然状态"的想象,他对相互争夺、自私自利的人性描述体现了对资本原始积累时期英国"羊吃人"运动中资产阶级性格特征的理解。第二部分主要描述自然状态中的人们在不幸的生活中拥有渴望和平的共同要求,拥有平等的自然权利,但是自然法无法实现,于是相互订立信约,推出一个主权者,通过服从主权者而实现和平,接着论述了主权者的绝对权力。第三部分旨在否定自成一体的教会,抨击教皇掌有超越世俗大权的政权,主张教会应服从于世俗政权。第四部分则主要批判罗马教会,呼吁教会势力撤出大学。其中涉及契约论伦理学的内容,主要集中在第二部分,而伦理理念也在其中相关表述中体现出来。人们为什么要订契约?依照霍布斯的理解,是由于人类天性好争斗带来的自然状态使人们得不到"和平",为了和平的目的、为了保障15条自然法的实现,才要订立"信约"成立国家,来寻求和平、信守和平;利用一切可能的办法来保卫我们自己。在这个过程中,对人性的分析、对和平目的的向往、对自然法即霍布斯治国原则的剖析、对信约的设计、对利维坦诸种管辖权的构造等内容无不是源于人类的理性经验分析和理智判断,而不是一种感性的直觉,这一点跟柏拉图的认识有点类似，因为尝到了苦头，所以才想到订立"信约"解决问题。而在第十三自然法、第九自然法中，则分别提到了公平、平等，因为严格来说，这些霍布斯所概括的自然法，就是其"信约"要实现的目标或者说就是信约的内容或条款，因此也反映出其价值理念追求。第十三自然法说："但有些东西既不能分割，又不能共享。那么规定公道之理的自然法便要求全部权利以抽签方式决定。要不然就轮流使用，让第一次占有权以抽签方式决定。"① 因为公平分配是一条自然法，而我们又想不出其他公平分配的方法。而第九自然法则说："每一个人都应当承认他人与自己生而平等。"② 可见，"理性、公平、平等"等价值理念在霍布斯的"国家契约论"伦理学中具有很明显的体现，而这也是霍布斯为其利维坦设想所勾勒出的价值框架。

洛克《政府论》（上篇）（1680年）主要批判了君权神授说；《政府论》（下篇）（1690年）系统提出了资产阶级革命和宪政理论，具体阐释了自然法理论、社会契约理论、分权学说、政体学说、自由思想和法治思想等内容。通过对洛克思想逻辑分析发现，契约伦理与其政治哲学理论密不可分。他首先设定自然状态很完备，接着又指出自然状态的缺陷，进而通过每个个人都同意的契约而建立共同体。在对自然状态的描述中，洛克使用的是抽象原理，具有抽象性，但在指出自然状态的缺陷时，却是使用具体原理，具有现实性和具体性，这里实际上隐藏着一个从形上向形下、从本性向习性、从推理到现实的转化过程，在这个转化中，出于论证需要，洛克多次通过对心理原因分析来实现这一理论过渡。他将主题分类、步步演进加以推理，使得契约在其中成为解释共同体产生的理由。契约通常是人们从非社会的状态过渡到有序的、和平的社会状态的手段。洛克认为在自然状态中起支配作用的是自然法，他在描述自然法时说："自然状态有一种为人人所遵守的自然法对它起着支配作用；而理性，也就是自然法，教导着有意遵从理性的全人类：人们既然都是平等和独立的，任何人就不得侵害他人的生命、健康、自由或财产。"③ 他又认为，政治社会和

---

① ［英］霍布斯：《利维坦》，黎思复、黎廷弼译，商务印书馆1985年版，第118页。
② ［英］霍布斯：《利维坦》，黎思复、黎廷弼译，商务印书馆1985年版，第117页。
③ ［英］洛克：《政府论》（下卷），叶启芳、瞿菊农译，商务印书馆1964年版，第4页。

政府"只是为了人民的和平、安全和公众福利",同时对人的品质进行概括,"诚实和守信是作为人的品质而不是作为社会成员的人们的品质"①。这样一来,洛克实际上提出了理性、平等、独立、和平、安全、公共福利、诚实、守信等契约共同体的价值要求,其中蕴含着一种由伦至理的逻辑递进。

C. "形态"生成

契约论伦理学在"个体与实体、个体与社会关系""个体至善与社会至善"等伦理学基本问题方面提出了自己的理论见解,它将以"契约"为基础的共同体作为目标,在个体与契约共同体或者说在个人与社会之间,契约共同体或社会对个体或个人提出了伦理要求,个体或个人则应当服膺于社会、应当具有"守约"精神、应当趋向契约共同体。契约论伦理学的说理方式比较简明:因为契约是个体签订的,是个体意志的反映,因此遵守契约就是遵守个体意志,所以每个个体都应当遵守契约。又因为遵守契约就是正义,同时能带来和平、安全、秩序等现实利益,于是个体对契约的遵守也就同时具备了要求个体向善的意蕴。另外,作为契约缔结成果的"契约共同体"本身也应依照之前的协议要求去运行,这实际上又对社会向善提出了要求。

在个体至善与社会至善的关系问题上,由于契约论伦理学认为个体的意志选择形成契约共同体,所以这种契约共同体就是善的。虽然其契约共同体所代表的较大范围内的特殊意志被当作了普遍意志,但是毕竟对契约共同体所表征的利维坦、社会、政府有一种善的安排和追求;虽然其对作为契约共同体内的个体所提出的道德要求主要限于守约义务,是一种基本层次的道德指示,但毕竟对人成就这种简单的、可见的道德有一种期望,并通过形成契约道德再逐渐过渡到其他领域的道德以至于根本道德,也算是存在着一种有限的终极关怀。契约论伦理学与其时代发展"相适应",与其他思想成果一起在西方历史的演变过程中曾经发挥了巨大的历史作用,因此,它不仅是一种停留于理论的学派,而是具有很强的实践性。契约论伦理学由于关注伦理学基本问题具有了伦理气质而成为学派,这种学

---

① [英]洛克:《政府论》(下卷),叶启芳、瞿菊农译,商务印书馆1964年版,第9页。

派在社会历史的更替性演进过程中曾经成为现实的思想力量因而具有实践性，同时又在一定程度上对人的内在意义世界进行伦理终极关怀，因而具有了理论与实践的统一性。契约论伦理学具有理论性、实践性、理论性与实践性统一等主要特征，因此契约论伦理学就成为了一种"形态"。

那么，在契约论伦理学中，为什么基于个体意志而形成的契约共同体被认为是善，而遵循契约共同体的个体意志又被认为能体现善呢？究其缘由，可能主要在于对人的自然生命规律的尊重。个体意志形成了契约。契约是个体意志中相互交叉重叠的部分，是个体意志的合集。个体意志是自由的，虽然其具有相对稳定性，但就意志自身所呈现的现象来说，却是自由奔放、无穷无尽、能够随着时空和具体情形而灵活变化的，所以说，个体意志的指向对象是无穷的。当个体意志指向"共同体构建"这一具体对象并通过沟通、协商等方式最终确定了契约的时候，就形成了契约基础上的共同体；而当个体意志指向其他具体客体的时候所形成的则是各种具体的契约或合同，它是一种在经济、技术、文化等方面的阶段性的、有期限的临时合作，但不是整体意义上"契约共同体"。契约是"不同方向意思表示之一致"，不同的人可以放弃各自所有的不同的权利，其所放弃的权利未必为其他契约主体得到，但形成了一种每个人都可享有的新的权利，如在共同体内安全生活的权利；合同一般来说是"对向意思表示之一致"，即一方放弃的权利会为另一方得到，比如说买卖合同中，出卖方会失去标的物的所有权，但买受方则会得到标的物的所有权，同样，出卖方会得到货款的所有权，而买受方则会失去货款的所有权。契约论伦理学所关注的是个体意志契约所形成的契约共同体，而不是个体意志相合所形成的具体合同。契约论伦理学侧重从宏观、整体、理念层面引导契约共同体，而不是要对具体合同进行道德审视或伦理指引，后者属于法伦理学或法律职业伦理的研究范围。

在契约论伦理学看来，基于个体意志而订立的契约导致了契约共同体的建立，那么，遵守契约共同体所赖以成立的契约的就是尊重所有个体的相互交叉重叠的共同意志，因这共同意志也是所有个体共同做出的，所以遵守共同意志就是遵守每个个体在建立契约共同体这一事项的个体意志。但是，这种个体意志发生在契约共同体成立之前，在契约共同体存续期间还要坚持之前的契约订立时的个体意志又如何体现出对个体意志的尊重呢？这是因为，人的意志具有一定的前瞻性，能够根据过往经验和当前处境对未来做出选择和规划。虽然具体个人的意志在前瞻性方面存在个体化差异，但个人意志前瞻性自身的存在却是客观事实。既然存在这种个人意志前瞻性，那么就可以说，无论人的意志指向何种具体对象，无论是指向未来还是过去，也无论是指向何种维度、何种范围，均是个体意志对以其自身为球心而发散出的任意事项、任意半径、任意维度、任意程度的"辐射范围"的重视。每个个体均会基于其生命的自然性、社会性、家庭性等不停地做出选择和努力，而这些选择和努力正是个体自身生命规律的具体展现。选择和努力往往并不仅仅停留于意识的思考层面，而是要通过意志表达出来并因此为世界所周知，因此关注个人意志、尊重个人意识实际上就是对个体生命自然规律的尊重，就是对每个人之所以成为每个人的内在生命意义的尊重。

然而，基于个体意志而做的选择和努力未必都是合理的、正常的、毋庸置疑的、不容辩驳的，恰恰相反，个体的人虽然有意志表达能力，但人是"有限理性"的存在者，那也就意味着人的理性还不能天然地等同于本体理性或自然理性，人的理性是一种被包裹、被规定、被遮蔽的有限存在。在这种情形下，如果过分强调基于意志选择能力的无限性而导致的"任性"，那就必然无法形成整体的合力、无法遵循实体的整体运行规律和伦理规则，无法推动现实世界历史文明的进步和发展。而如果没有现实社会的文明进步和发展，每个人均很难独自生存和发展下去，这就是人类文化不断强调人与人之间"联系性、互助性、团结性、社会性"的重要原因。康德曾说："意志自律是一切道德法则以及合乎这些法则的职责的独一无二原则"[①]，由于个体意志具有分散性的特点，所以就需要"意志自律"。体现于作为契约共同体基础的契约的订立过程来说，就是要做到，并非顺从每个个人的所有的自由任性的意志，而是要通过沟通、协商、让步，甚至放弃那些完全基于个体特殊性的意志要求，从而形成基于每个个体都需要的那些有关共同体的意志要求，同时要对这些有益于共同体的意志进行伦理的审视、甄别和拣选，从而保证契约共同体成为一个为公众福利而存在的善的共同体。如此一来，个体服从契约共同体所赖以建

---

① ［德］康德：《实践理性批判》，韩水法译，商务印书馆1999年版，第34页。

立的那个契约也就等于以契约订立之后的个体愿意将其时的特殊意志符合该契约所确定的共同意志,这虽是现在对过去的一种意志服从,但这种意志服从是对具有伦理性、公共性的共同意志的服从,而这种共同意志又是个体意志自身的流淌,虽然这里的个体意志是受到一定限制和拣选的个体意志,但它毕竟还是个体意志,因此它能体现个体生命自然规律和内在的意义世界,于是,个体特殊意志对契约共同意志的服从也就拥有了伦理性和善性。

这样一来,当个体的正当意志被作为契约意志并以此为基础形成共同体、共同体又要求个体遵守体现共同意志的契约时,个体也就是在服从正当的意志。当然,契约订立形成共同体之后,还会有许多新人诞生于这个共同体内,但这些人已经没有像当初假设的那些人所具有的共同的订约机会了,他们所能做的,就是服从前人已经制定的作为共同体基础的契约,这种情形类似于公司已经成立后,后加入的股东应当服从公司发起人所制定的公司章程一样,这种情况,一般用"加入主义"来表达。但是加入主义并不意味着盲目的尊崇主义,也不意味着固定不变地恪守古老的契约,而是具有法定的修改程序、修改权利,从而使契约共同体的后来者也拥有表达其正当意志的权利,这样就用"契约共同意志"这一个云盘将跨越时空的不同的个体意志逐渐地整合起来了,契约共同意志也就成为存在于意识之中并落实于社会实践的一种形态。但是,"契约共同意志"毕竟是基于个体的特殊意志,也是基于特殊时空的所谓公众福利的考量,还带有基于前置性的作为背景的善的观念的审查,所以如果再放大来观察,会发现这个"契约共同意志"未必能与"普遍意志"画上等号,或者说"契约共同意志"相对于"普遍意志"来说,却仍旧属于一种特殊意志而不是全面意志、根本意志或实体意志。从这个意义上说,契约论伦理学的契约共同意志还需要向普遍意志继续成长。

契约论伦理学"从个体经过整体再到个体",形成了其理论圆圈;实现个体利益与社会利益的统一、实现个体至善与社会至善的统一则分别构成其现实的和伦理的目标;而为实现这些目标,则需要采取个体服从社会的价值取向。这些特征,在契约论伦理学者的论著中得到了不同程度的反映。

霍布斯首先从个体出发分析对自然状态时的伦理状况。他首先论证了人的心理特点，由于个体的人在"身心"两方面能力十分平等，因此就产生达到目的的希望的平等，觉得身心与别人一样，于是觉得目标的实现程度也应当一样。接着说明，当两个人为争取同一东西而又不能同时得到时，彼此就会变成仇敌。竞争、猜疑、荣誉等造成人类争斗，人们互相疑惧，为了自保，就先发制人，用武力或机诈来控制一切他能控制的人，直到他看到没有其他力量足以危害他为止。在这种情况下，如果缺乏一种共同权力使大家慑服，那必然互相混战，无法实现"和平"。于是，就要通过信约建立"利维坦"、维护和平。在论"国家的营养和生殖"时，霍布斯说："国家的营养包括生活物资的数量与分配，同时也包括其调理或制备，调理好了之后则包括通过便利的渠道输送给公众使用。"[①] 在论及利维坦的自由观时，霍布斯说，"如果我们把自由看成是免除法律的自由"，那就非常荒谬了。这就是说，臣民具有服从法律的义务。主权代表者的职责是什么？它是人们赋予主权时所要达到的目的，即"为人民求得安全"；而臣民不能以取消主权为借口解除对主权者的服从，因为主权者是信约所形成的"人格的权利"所赋予的。霍布斯坚持，国家一旦确立，就要严格服从。"已经按约建立一个国家的人，由于因此而受信约的束缚必须承认某一个人的行为与裁断，按照法律来说，不得到这个人的允许便不能在自己之间订立新信约，在任何事物方面服从任何另一个人。因此，一个君主的臣民，不得到君主的允许，便不能抛弃君主政体、返回乌合之众的混乱状态，也不能将他们自己的人格从承当者身上转移到另一个人或另一个集体身上。"[②] 虽然"霍布斯也承认，他所设想的自然状态很可能从未存在过，但他认为这并不妨碍根据这种假想状态对人的行为方式的推理是有效的"[③]。霍布斯完成了一个先将人从社会中剥离出来、再以自我意志的表达和实现为诱引、通过建立契约纽带而将社会中的个体"网联"在一起的理论圆圈。这个网联共同体或者说利维坦在给人们带来现实利益的同时也伴随着伦理要求。他一方面要求人类社会应不断发展物质资源，

---

① ［英］霍布斯：《利维坦》，黎思复、黎廷弼译，商务印书馆1985年版，第191页。
② ［英］霍布斯：《利维坦》，黎思复、黎廷弼译，商务印书馆1985年版，第133页。
③ 周晓亮主编：《西方哲学史》（第四卷），凤凰出版社、江苏人民出版社2004年版，第300—301页。

另一方面则要求具体个体应当服从利维坦的安排。这体现出其重视国家"整体"的价值取向。但是，霍布斯对人心理的剖析却并不符合人性的全部实际。

洛克认为，自然状态中的人在自然法的范围内，按照他们认为合适的办法，决定他们的行动和处理他们的财产和人身，而无须得到任何人的许可或听命于任何人的意志。但是缺少一种确定的、规定了的、众所周知的法律，缺乏共同接受和承认的是非标准和裁判他们之间一切纠纷的共同尺度，缺少一个有权依照既定的法律来裁判一切争执的知名的和公正的裁判者，每个个人都是自然法的裁判者和执行者。当自我保护不是基于权利而是以强力加诸别人时，就会造成一种战争状态。于是人们甘愿各自放弃他们单独行驶的惩罚权力，交由他们中间被制定的人来专门加以行使；而且要按照社会所一致同意的或他们为此目的而授权的代表所一致同意的规定来行使。这就是洛克所理解的立法和行政权力的原始权利以及这两者之所以产生的缘由，而他认为政府和社会本身的起源也在于此。关于个体与国家之间的关系，洛克说："当每个人和其他人同意建立一个由一个政府统辖的国家的时候，他使自己对这个社会的每一成员负有服从大多数决定和取决于大多数的义务；否则他和其他人为结合成一个社会而订立的那个原始契约便毫无意义，而如果他仍然像以前在自然状态中那样地自由和除了受以前在自然状态中的限制以外不受其他拘束，这契约就不成其为契约了。"① 政治社会和政府的目的"只是为了人民的和平、安全和公众福利"，"人们联合成为国家和置身于政府之下的重大的和主要的目的，是保护他们的财产"。人们要服从法律、服从裁判；契约共同体则保护人们的和平安全与福利；个体应服从整体，整体应服务个体。在个体与整体之间，洛克更重视整体，他对国家形式、国家的立法权、执行权和对外权、国家权力统属等内容所进行的详细深刻的论述，无不体现出其对社会整体秩序的伦理关切。

卢梭的理论直接依照论原始社会、论最强者的权利、论奴隶制、论总需追溯到一个最初的约定、论社会公约等序列展开。他说在"原初独立状态"中，人们彼此之间绝不存在任何"经常性联系"足以构成和平状

---

① [英]洛克：《政府论》（下卷），叶启芳、瞿菊农译，商务印书馆1964年版，第60页。

态或战争状态,所以他们天然地绝不会彼此成为仇敌。在原始状态中,既不是和平状态,也不是战争状态。那么人们为什么还要联合在一起呢?因为当时的自然状态中存在着"不利于人类生存的种种障碍",而这些障碍靠个人的力量无法解决。如果人类不改变其生存方式,就会被消灭。所以,"联合"或结合成为必要。于是,订了"社会公约"。订立社会公约所成立的联合体能更好地用"全部共同的力量"来维护和保障每个结合者的人身和财富。在联合体中,"嗜欲"为"权利"代替、"占有权"为"所有权"代替。"由自然状态进入社会状态,人类便产生了一场最堪瞩目的变化;在他们的行为中正义代替了本能,而他们的行动也就被赋予了前此所未有的道德性。"① 很明显,卢梭也是从个体与社会的关系角度来完成其理论论证的。如果个体之间不合作,人类就会灭亡,于是需要"联合",而契约联合体能比个体更好地保护自己。卢梭使用了"集体"这一概念,同时对国家的各种制度设计进行了详尽探讨,认为社会公约所赋予的主权者统治臣民的权利不能超出公共利益的界限之外,体现出其对国家行为合理性边界的重视。

总之,契约论伦理学不但关注了伦理学的基本问题,同时也与其时代发展"相适应",发挥了巨大的历史作用,契约论伦理学还存在着一种虽然有限但确实实有的伦理意义上的终极关怀。契约论伦理学包含着"基于个体意志而形成的契约共同体为何被认为是善,而遵循契约共同体的个体意志又被认为能体现善"的基本原理。契约论伦理学的代表性学说则体现了从个体经过整体再到个体、个体服从社会、个体至善与社会至善的统一的逻辑路径和伦理目标。契约论伦理学希望以契约方式建立一个整体或联合体,其目的是探讨如何建构一个合理的社会,贯穿于其中的核心伦理问题是"我们如何在一起",而这可能是关涉人类生存和实体发展的最重要的主题。对此,契约论伦理学给出了在"契约共同体"中存在、"契约"地在一起的看法。虽然契约论伦理学可能主要是一种哲学思考,并没有真正解决我们如何在一起的现实问题,但其探究方法却有独到之处。契约论伦理学在建构"契约共同体"理论模型时同时具备对其理论自身"被接受力"的个体亦即主体视角的诠释,从而引起个体心理上的同情与

---

① [法]卢梭:《社会契约论》,何兆武译,商务印书馆1980年版,第29页。

同感，于是为其理论推行和实践结果发生埋下了种子。也许正因为如此，契约论伦理学在这些代表人物之前和之后的历史时期均有不少人对其涉猎和探讨，他们虽然涉及的程度和范围有别，但契约论伦理学毕竟在西方学术史中得到了表征，从而使其成为一种形态。

2."契约意志"与"普遍意志"的对峙

樊浩先生指出："在现实的伦理关系与道德生活中，利益、制度、契约的理性正在置换以回归实体的信念为本质的精神。当然，原子式的理性思维，如利益博弈、制度安排等也可以达到某种普遍性，但正如黑格尔所说，它只能做到'集合并列'，即是说，只能建构形式普遍性，虽然这种形式普遍性具有效率，但却缺乏精神。"① 黑格尔说："契约双方当事人以互相直接对立的人相对待，所以契约（甲）从任性出发；（乙）通过契约而达到定在的同一意志只能由双方当事人设定，从而她仅仅是共同意志，而不是自在自为的普遍的意志；（并）契约的客体是个别外在物，因为只有这种个别外在物才受单纯任性的支配而被割让。"② 契约论伦理学形态虽然对基于契约的共同体或整体进行了关注，但由于这种共同体侧重于契约主体之间的横向联合，侧重于契约的理性、原子式的理性思维、利益博弈，因此就很容易将"契约意志"等同于"普遍的意志"。精神的指向不是实体本身，而是个体之间所形成的特殊意志的集合，由此形成了片面对峙整体、分殊掩盖一理的理智主义特质。

契约论伦理学形态所着眼的社会整体秩序，并非天生就存在，而是由不同个体意志聚合和相互协商所形成的整体秩序，从其关注于整体存在同时又服务于整体存在的目的而言，它是一种"伦—理形态"，但从其论证方式和说理方式而言，它又是从个体意志出发，这就使其具备了"原子式探讨"的"集合并列"特点。如前所述，契约论伦理学是从个体意志角度进解释、诠释、论证和说服的，如果将契约联合体等于现实联合体，将契约联合体所表征的意志范围等同于现实联合体的意志范围、等同于实

---

① 樊浩等：《中国伦理道德报告》，中国社会科学出版社2010年版，第36页。
② ［德］黑格尔：《法哲学原理》，范扬、张企泰译，商务印书馆1961年版，第82页。

体的普遍意志，那么将会产生一种认识上的误区。无论从广度、深度、维度、力度等各方面来看，契约联合所形成的"合意"范围均无法超越"实体"所表征出的"普遍意志"。正是在这个意义上，契约论伦理学具有特殊意志与普遍意志相对峙的理论特色。

A. 原子主义

契约论伦理学形态比较重视个体。契约概念作为一种本体存在，现实化为契约理论、契约法律和契约行为。契约论伦理学主要是一种学术理论，不可能绕开契约的本质而存在。契约是什么？契约就是特殊意志之间所形成的"合意"，而特殊意志必然是个体，而且是同时存在的能够相互协商的个体，这个个体在很多情况下还原于个人，也就是还原于我、还原于"小我"。契约首先是作为人类一种本能行为而存在的，然后在此基础上经过总结，进阶至法律制度，再后来则从法律制度进行抽象，出现契约理论，用契约理论论证政治义务的合法性等内容，并因而出现契约论伦理学。

契约论伦理学形态突出了个体意识。"我"的使用是个体意识的开端，契约论伦理学将个体从实体或整体中剥离出来，这种剥离经过了三个逻辑环节，即家庭环节、社会环节、自然环节。在家庭环节，个体力图摆脱家庭实体的亲情关系，形成了自我理智意识；在社会环节中，个体将自己从社会中孤立出来，形成了自我角色意识；在自然环节中，个体从自然中脱离出来，使自己感觉自己是不同于其他物体的一种独特存在，形成了自我独立意识。严格来说，这三种环节实际上是一种主观意识，它并不符合客观现实。个体的人无论多么强大或弱小，总有承载它的一片空间，无论这个空间是动还是静、是大还是小、是好还是坏，个体首先具有自然性，是一种自然存在；另外，个体还具有社会性，是需要在群体里成长发展的生命类型，须臾不能脱离社会而存在，无论生产力发达到什么程度，人总还是社会的人，人还是具有社会性；至于个体从家庭中的脱离，更是一种虚构，因为无论从身体上还是从心理上，家庭总是个体最后的港湾，没有家庭的存在，个体生命的诞生都成为难题，个体是情感性生命，个体具有家庭性。

三种环节侧重主观我意识的自我推演，只是完成了一半的路程。因为，现实情形是，个人首先呱呱落地，出生于家庭；成人礼之后，逐步走向社会；然后是以社会整体力量进行生产活动，这时候是走向了自然，通过与自然的互动为人类发展提供各种必需的资源。而个体的人一旦老去，就会从自然退回社会、再从社会退回家庭，再从家庭回归虚无。如果将这个过程分为两半，一个是成长的半圆，另一个是衰老的半圆。三大环节所形成的"自我理智意识、自我角色意识、自我独立意识"所对应的仅是"成长的半圆"或者说仅是这一时段的自我意识的特点，而对应另一半即"衰老的半圆"的自我意识则是"自我实体意识、自我生态意识、自我亲情意识"的路程，处于被契约论伦理学的忽略状态。每个个体人都有其生命变化周期，这两个半圆所形成的意识类型必然同时存在，而且就整个人类、社会或家庭来说，总是同时存在着处于不同生命发展阶段的个体，因此上述六种自我意识也必然是一种共时性存在，共同地相互交融地以一个整个意识的面貌存在于人类、社会或家庭中并因此促使人类、社会或家庭等现实存在转化为实体性单元。理论与现实可以存在距离，但理论的生命性即其现实性。契约论伦理学诞生的一个前提是，它看到了个体的人，它看到了个体存在、承认人的存在，通过契约论来确定政治义务，实际上是一种人的个体意识的自我觉醒，但其所看到的是人的成长过程中的意识，历史地看可能仅仅是对应那些具体历史时期所表征出来的社会大众意识，但并没有看到生命历程中另一个半圆所对应的意识环节发展，甚至没有意识到另有与三大环节相对应的三大回归，即上文所提到的"自我实体意识、自我生态意识、自我亲情意识"三者的回归，它既忽略了意识结构的内容，更忽略了人类、社会或家庭存在的实体性特质，它将社会理解为一种临时聚合起来的舞台，仅仅是一种"契约联合体"或"契约共同体"，因此注定其舞台空间受限。它是一种理论频率，成为一种理论形态，却也因此受到了频道自身的限定。

B. 唯智主义

契约论伦理学形态蕴含着理性主义的博弈论色彩。既然是个体之间的契约，那么每个契约主体就会站在自己的立场上为自己的利益而博弈，这样就会促使契约个体追求个体利益最大化，因此就出现了"算计理性"，而如果无论做任何事情都从思考和计算自身的利害得失出发而忽略对价值观念的取舍和关注的话，那么就可以用"唯智主义"一词来表达。当个体仅仅考虑个体利益需要的时候，就很容易忽视他人的利益需要和社会公共利益的需要。一旦个体之间订立契约罔顾他人的利益或社会公共利益，就会引发严重的道德裂变和伦理危机。博弈论是一种经济学理论模型，但它有自己的适用范围，如果将这种比较与衡量方法运用到整个社会去寻找正和博弈，殊非易事。丹尼尔·贝尔说："社会不是统一的，而是分裂的。它的不同领域各有不同的模式，按照不同的节奏变化，并且由不同的，甚至相反方向的轴心原则加以调节。"[1] 依据该看法，社会生活的不同领域各有其轴心原则，不能将某一领域的运行逻辑拓展到其他领域。经济领域的方法也无法推广到整个社会的所有领域。只有这样，整个社会才能具有价值生态，而不是一种具体方法变成整个社会的运行理念。如果只谈个体，即使契约本身也难以达成，因为，"一个理性的、关心自我利益的人不能对另一个同样是理性的、关心自我利益的人提出其本人不能接受的要求"[2]。"唯智主义"主要的特点是对利益的关注，因为利益是需要的具体表达。

如果我们从利益视角作进一步剖析的话，就会发现，霍布斯所说的利益主要是"和平状态"，洛克所说的利益包括"生命、财产"等内容，而卢梭则主要担心个体的人在面临生存困难时无法个体地克服，所以需要通过契约构成社会一起去克服。所有这些利益以及后来他们所谈到的利维坦的具体内容、立法权的具体设计乃至关于国家之政治制度的种种设想，实际上均是他们自身以及他们所处时代的部分意识的自觉反映和自觉呈现，归根结底还是来源于"利益"或基于需要而诞生的个体利益，即个体人的利益是什么？在什么领域需要什么样利益？这些利益如何实现？为什么要实现这些利益？利益的来源如何？这些来源为何会催生利益需要？这些来源作为利益的利益主体何在？利益主体又是如何存在的？利益主体是否也是利益？凡此种种及可以继续进行追问的种种问题实际上反映的是一种

---

[1] [美]丹尼尔·贝尔：《资本主义文化矛盾》，赵一凡、蒲隆、任晓晋译，生活·读书·新知三联书店1989年版，第56页。

[2] [英]迈克尔·莱斯诺夫：《社会契约论》，刘训练、李丽红、张红梅译，江苏人民出版社2005年版，第371页。

理性主义"唯智"意识，它陷入了一种唯利主义模式，不存在对情感主义的关切。这种"唯智"意识导致人类开始考虑自身、开始基于自身这个主体总是考虑自己的利益问题，因为自己有需要，所以才会通过契约去获取这个个体所需要的利益。

那么，个体利益的确定真的不存在什么难题吗？一般来说，至少存在两个难题，其一是理论无法彻底，其二是实践难以自足。一般来说，"利益"表现为主体对客观对象的一种需要状态。因此，利益就至少存在三个要素，即主体、客体和内容。从主体角度，可以将利益分为个体利益、群体利益和整体利益；从内容角度可以分为物质利益、精神利益和文化利益；从客体角度可以将分为家庭利益、社会利益和自然利益。根据这种分类，以个体作为主体，那么个体的利益就会包括对家庭利益、社会利益、自然利益，同时在任何一个客体领域，又可以分为物质利益、精神利益和文化利益。契约论伦理学所针对的主要是个体的社会利益需要，但其内容却不仅仅是物质利益、精神利益或文化利益，毋宁说是所有这些利益的综合。个体对"财富"的关注就是物质利益，对"平等"的关注实际上就是精神利益，契约论伦理学者对国家、政府或社会的设计过程中，往往还包含着大量的文化要素。生活即不尽的意欲，因为欲望无尽，所以需要也无穷。欲望产生、社会存在与意识世界的映射与交流中，社会存在是个动态概念，而意识世界也是个动态概念，因此欲望本身就在不断变化。欲望产生动机，欲望加上意志的指向性，就产生了动机，因此动机也在不断变化。动机一旦指向具体的对象并开始行动，则需要就到来了，而需要的满足即利益。但利益的实现需要主观与客观保持一致，在这种实现过程中，或者两者正好保持一致，或者是主观服从于客观通过改变主观世界而实现利益，或者是客观依照主观的要求不断发展而最终满足主观的利益。如果将这种利益分析适用于个体，就会发现个体的利益是无尽的、变化的和复杂的。对于个体的利益体系有些是能够通过理智去把握的，而有些是无法通过理智去把握的。契约论伦理学形态所关注的是其感兴趣的个体的那部分实际利益，而不是个体的所有利益，它关注的是个体对于社会的基本利益而不是基本利益需要之外的其他利益或公共利益，它没有深入揭示这些利益的变化过程，也没有对契约是如何具体制定这一问题进行细致理论演绎，它只对契约形成的理由和结果进行了说明，没有对订约过程可能存在着种种可能和变数进行设想,因此被学者批评为"理论上的不彻底"。与此同时,即使这种理论已经将具体的订约过程进行了理论上的细致解说,那么在现实中真的能做到吗?在订立契约时,真的存在一个所有个体都一起订立契约的时刻吗?那么这些个体在订立契约之前是否已经存在于社会之中?后来的个体并没有参与原初契约的制定,那么他们是基于什么理由来遵守这一约定的?他们真的对尚未出现的未来利益具有足够的确认能力吗?因此,在这些方面,契约论也就缺乏"历史的现实性"。现在的主要问题是,契约论伦理学形态这种理性主义的"唯智"特点使其自身具备了个体纷争的基因,从而督促契约论伦理学形态在借鉴批评意见之后继续向前发展。

C. "集合并列"

契约论伦理学形态以契约作为其重要概念。逻辑地看,契约概念可以化为契约理论、契约制度和契约行为;现实地看,这个顺序是相反的,即通过契约行为、契约制度、契约理论再升华到契约概念。契约概念在行为领域的体现通常是合同,契约概念在制度领域的通常体现是一种重要的私法,而契约在理论领域的体现往往是成为一种架构理论的概念基石。契约的本质是"合意",即特殊意志相合而形成的共同意志。契约的形成因此需要两个条件,一是存在意志本身,如果没有意志本身的存在,那么特殊意志相合就失去了相合的基础;二是特殊意志,如果没有特殊意志,就失去了相合的必要。

契约作为合意,一般存在不同方向特殊意志之一致。一般可以逻辑地分为三类,即横向意志表示之一致,纵向意志表示之一致,交叉意志表示之一致。这三种逻辑取向在契约的不同在场方式中所体现的重点不一样,例如在法律行为中一般强调第一种,于是认为当事人处于平等地位进行协商而成的才称为契约,而契约制度层面,却也同时存在着上下关系形成的纵向的意志表示之一致,即将命令与服从的关系因为有"同意"的环节在内因此也称为计划契约,但是在契约理论中所使用的契约的意蕴似乎同时包含了三者,既包括所谓平等个体之间协商订立契约的情况,又包括了个体必须服从契约共同体的情况,在某种意义上说还存在着交叉的意志相合现象,即个体与团体也可以形成契约,因为在个体、团体是可以共存于一个群体中，契约可以包括臣民与臣民之间的、臣民与统治者之间的、统治者与集体权利的承担者如城市与行会等之间契约。虽然契约理论的探讨中同时存在着横向契约、纵向契约、交叉契约，但契约论伦理学形态所依据的则主要是横向契约。

每个契约都会形成一个契约共同体，这个契约共同体就是契约指向的目标。这个目标也分为三种，一是形成一个单个的契约，而这个契约本身就是一个共同体，二是形成一个松散的非长久的松散的联盟，这种联盟类似于合伙组织，三是形成一个紧密地长期存在的共同体，而这个共同体的规模则比较大。这些是目标，同时也是结果。这三个目标或结果同时也是三种活动，即契约共同体、联盟共同体、集团共同体是同时存在的，当然彼此之间也存在着相互递进的关系。从伦理学角度来观察这些目标、活动或结果，就会发现也主要存在三种价值取向，一是善的目标、活动或结果，二是恶的目标、活动或结果，三是非善非恶或超越善恶的目标、活动或结果。

根据这些认识，可以得出的结论是，契约论伦理学形态首先是对善的目标、活动或结果的一种期待或追求，因为相反的目标、活动或结果是无利于人类社会文明的存在、发展与进步的，而无记的目标、活动或结果对于推动整个文明的进步作用也是有限的，其主要功能在于稳定和保护。另外一个结论是，契约论伦理学形态所侧重的目标、活动或结果主要是第三个，即通过个体之间的契约直接成立一个长久而紧密的契约共同体，从而使每个个体能在这个共同体内依照共同体的要求而自愿活动，实现自己的基本需要。第三个结论是说，契约论伦理学形态所实现的这个目标由于仍旧建立在特殊意志相合基础上所形成的契约，因此所谓合意，那也就是这些个体的意志之间的相合。这些个体特殊意志相合通常存在三种方式，一是此特殊意志包含彼特殊意志，二是彼特殊意志包含此特殊意志，三是此特殊意志与彼特殊意志交叉重叠的交集部分成为合意。无论是哪种相合方式，终究是特殊意志的相合，也无论这些实在的或假设的契约主体的数量究竟有多少，所形成的"契约意志"仍旧是"特殊意志"。

在这种"契约意志"或"特殊意志"中，将注意的对象聚焦于订约主体之间以及订约主体所形成的契约联合体或契约共同体，而对承载订约主体之外的环境却没有兼顾，同时这些契约联合体实际上将其自身之外的成员排除在外，很容易形成以契约联合体代替社会共同体甚至国家共同体的局面。既然契约联合体是一种纯粹契约的产物，那么契约联合体也就处于不稳定状态之中，当新的契约联合体形成的时候，就有可能替代已有的契约联合体，但是新的契约联合体本身所坚守目标、活动或结果的价值方向如何并不容易真正确认，而一个新的契约联合体其自身也仍旧是作为特殊意志的整体存在的，它本身仅仅是"一片意志"而不是"整体意志"，它等于用契约联合体的局部概念代替作为实体的整体概念，它更多的是关心世俗利益而不是"个体善"向"社会善"的理论过渡，它以契约意志这一特殊意志与实体的普遍意志相对峙。因此，可以说，它是一种伦理学建构模式，是一种成型的理论体系，但它不能仅仅停留于契约联合体这样一个"没精神"的共同体阶段，如果仅仅停留于此，就等于对个体主义、唯智主义和功利主义进行默认和鼓舞，甚至会导致精致的利己主义、深刻的算计主义和绝情的理性主义，从而使整个社会处于相互对立的原子并列状态而不能形成有机的社会共同体，而原子状态的社会的团结性是十分有限的。整个社会所需要更多的则是利他、团结和友善等价值理念，因此，契约论伦理学形态应当"走向精神"。

3. 自我超越：走向"精神"

樊浩指出，与理性主义相比，基于精神或精神形态的道德哲学具有三个基本要素，即"从实体出发""知与行、思维与意志的合一""扬弃与超越自然主义"①。契约论伦理学虽为"伦—理形态"，却存在集合并列之不足，因此需要推动契约论伦理学形态的理性主义超越进入知行合一的精神形态。这样的契约论伦理学形态更符合伦理实践和道德建设要求，也更有助于理论形态自身的发展。

A. "从实体出发"

从"实体"出发，就是从"伦理实体"出发。何谓"伦理"？黑格尔认为，"伦理是自由的理念。它是活的善，这活的善在自我意识中具有

---

① 樊浩：《江苏社科名家文库·樊浩卷》，江苏人民出版社2017年版，第405页。

它的知识和意志，通过自我意识的行动而达到它的现实性；另一方面自我意识在伦理性的存在中具有它的绝对基础和起推动作用的目的"。"善和主观意志的这一具体同一以及两者的真理就是伦理"，"主观的善和客观的、自在自为地存在着的善的统一就是伦理"①。伦理是主观意志与客观的善的真理性统一。何谓"实体"？黑格尔说："实体，一面作为普遍的本质和目的，一面作为个别化了的现实，自己与自己对立起来了。"②"实体在它的这种现实的自我意识中认识自己，从而就是认识的客体。"③"实体就是各个偶性的全体，它启示，在各个偶性中，作为它们的绝对否定性，（这就是说，作为绝对的力量），并同时作为全部内容的丰富性。但这内容不是别的，即是这种表现本身，因为那返回到自身成为内容的规定性本身，只是形式的一个环节，这个环节在实体的力量支配下，将过渡（到另一环节）。"实体作为普遍的本质和目的，即一方面，实体是无待他物而自成原因，且成为他物存在的根据，另一方面，实体又是自主运动变化着的，它要成为"具体的实体"。在实体的具体生成过程中，特殊性、个别性包含了普遍性。④黑格尔的实体思想扬弃了斯宾诺莎的实体学说，他一方面坚持了起源于古希腊哲学的实体范畴的"实体即表示万事万物的本源是什么"的传统理念，另一方面又认为实体是具体的存在，而在其特殊性、个别性存在中又包含了普遍性的"绝对精神""绝对理念"本身。基于对伦理与实体概念的认识，可以进行推断，伦理实体是绝对理念的一种现实定在，它本身是活的伦理世界。伦理实体在现实性上表现为家庭、市民社会、国家等伦理实体。

契约论伦理学形态对整体或实体的关注，主要是社会和国家两个维度。从实体角度观察，契约论伦理学形态存在着两个认识上的不足。一个是忽视了个体得以存在的实体性的前提条件，另一个是将实体当成个体契

---

① ［德］黑格尔：《法哲学原理》，范扬、张企泰译，商务印书馆1961年版，第164、161—162页。
② ［德］黑格尔：《精神现象学》（下卷），贺麟、王玖兴译，商务印书馆1979年版，第5页。
③ ［德］黑格尔：《法哲学原理》，范扬、张企泰译，商务印书馆1961年版，第165—166页。
④ ［德］黑格尔：《哲学史讲演录》（第四卷），商务印书馆1983年版，第106页。

约所主观形成的联合体因而没有彻底实现其理论目标。也许在想象的逻辑中曾经存在一个所有个体相互独立、到处游荡的图景状态，但从人类存在于地球上起所经历的无数风雨变化和文明建设历程观察，似乎从来没有一个时期或时刻存在着只有独立个体而不同时存在实体的情况。人类的原初起点是男女两性结合所形成的家庭，而后又在群体或社会中展开活动，在进入文明社会后，又将国家作为自身存在的根据和舞台。家庭是最初的伦理实体，社会是后继的伦理实体，而国家则是高级的伦理实体，因为它们本身不仅仅是一种现实，也是一种精神或概念的定在，是一种普遍见于特殊的现实的伦理世界。"人从实体走来"，个体从伦理实体走来；没有伦理实体的预先存在，个体就无法诞生、成长和发展。契约论伦理学形态对社会和国家予以了较多关注，它还应当对家庭伦理实体予以更多关注。另一个不足的表现是，一方面将社会或国家理解为主观意志的产物，似乎社会国家成了一种脱离现实客观世界的主观虚构，就像一幅画或者一尊雕塑，而实际情况却不是这样，社会或国家不仅是一种时间定在，也是空间定在和物类定在，它们是这三种具体理念的综合反映，其中存在各种各样的建设和行为，它们是现实性的而不仅是观念性的存在、建设和发展。另一方面，就是将社会或国家理解为个体意志的聚合而不是融合，于是就忽略了整体或实体存在，个体之间就处于理性的分散、合作或对立状态，社会或国家伦理实体似乎是一个仓库，里面堆砌了各种不一样的也互不相干的工具或货物，似乎个体之间的联系仅仅是一种物质性的具有利害关系的临时联络，而彼此之间却缺乏情感性和精神性。这两方面的意蕴即"主观性和原子性"相结合所导致的伦理后果是——"社会达尔文主义"。

　　契约论伦理学形态的初衷是意图消除自然状态中的无明、混乱和争斗，而代之以理性、秩序和和平，但主观性和原子主义的认识，却又将社会引到了一种披着理性外衣的争斗状态。实际上等于从天然的自然式达尔文主义转变为了理性的社会式达尔文主义。而在社会伦理实体、国家伦理实体中的社会达尔文主义无疑会消解社会精神和国家精神，同时也会因此蔓延到家庭伦理实体并力图消解家庭精神，虽然这些实体所具有的精神并不能为这些观念所真正消解，但对这些精神却足以起到遮蔽作用，而这种遮蔽一旦发生，伦理悲剧乃至现实灾难就会接踵而至。社会就会变成市民社会，而国家也就只会成为集合体。黑格尔说："市民社会中，每个人都以自身为目的,其他一切在他看来都是虚无。自由地活跃在这一基地上的一切癖性、一切禀赋、一切有关出生和幸运的偶然性,充斥在这一基地上的汹涌澎湃的一切激情的巨浪,仅仅受到向它们放射光芒的理性的节制。"① 市民社会虽然存在着形式普遍性,但形式普遍性的内容则是利己的目的,于是工具理性主义大行其道。而对于国家,黑格尔认为,国家不是契约的产物,国家是依照那已经被意识到的目的和认识了基本原理并且根据那不只是自在的而且是被意识到的规律而行动的,国家的目的就是普遍的利益本身,而这种普遍利益又包含着特殊的利益,国家是伦理实体。由此可见,主观性和个别性的存在影响到了契约论伦理学形态的实践价值。那么,契约论伦理学形态如何向实体进行过渡?

契约论伦理学形态作为一种理论形态,如果要实现从实体或伦理实体出发,必须在其理论框架内进行以下理论拓展或升华。

一是契约论伦理学形态应该将"实体"尤其是伦理实体的理念引入到自己的理论中来。实体的本质就是"普遍物",因为抽象的和现实的存在环节的多样性,因此也存在多种多样的实体。伦理学意义上的实体不同于一般哲学意义上的抽象的实体,它应当具有现实性。从这个意义出发,家庭、国家或者再推究一步到"自然"应该都是实体,都是实体的体现,都是现实意义上的实体,而这些实体中存在着其自身的实体或普遍物,或者说它们就是普遍物与伦理环节的统一,即普遍物的伦理定在。但是,这三个伦理实体存在着一个逻辑顺序,这个顺序就是家庭、国家和自然。如果能够从家庭走来,那就是家庭伦理;如果从国家走来,那就是国家伦理;如果从自然走来,那就是自然伦理,无论从哪个实体走来,均属于"伦"与"理"。契约论伦理学形态在其理论的开始部分,可以真实地描述这种"从实体走来"的场景,然后在具体时空再提出自己的契约论伦理模型,将契约伦理界定于某种具体的适用范围之内,而在理论的最后则可以指出,契约伦理所导致的结果具有形式意义,但它仍旧需要过渡或复归到家庭、国家或自然等实体或伦理实体。这样就会成功实现契约论伦理学形态与德性伦理学形态的有效对接,以避免"谁之正义、谁之合理性"

---

① [德]黑格尔:《法哲学原理》,范扬、张企泰译,商务印书馆1961年版,第197—198页。

的诸神之战式的理论追问。

二是契约论伦理学形态要有效避免个人主义。现实的人从形式上看确实相互对立，这成为社会特别是后现代人的一种本能的习俗认知，那么，如何从这种相互独立的状态找寻相互联系的元素呢？我想这里需要从道德的角度入手，因为实体是普遍性，而这种普遍性一旦与具体个人结合，就形成了个体所拥有的普遍物，而这种普遍物又是所有个体的普遍物，其实，这种普遍物还可以理解为同时是各种伦理实体、实体乃至存在的普遍物。自然的存在使个体相互独立，而普遍物的存在则又使个体之间相互联系，这样就可以从自然的天然的形式上的对立状态过渡到相互联系的状态，个体是"普遍物"联系的，这种普遍物本身包含着家庭普遍物、国家普遍物乃至自然普遍物，因此在这些不同的层面如果使用契约论来诠释或建构伦理学，均可以在这些相应层面设立"普遍物"联系或普遍联系的本体论依据，这样一来，契约论伦理学形态就会变成如下逻辑：个体的人是经由普遍物联系的，但在现实的伦理实体中，个体却能够表现为相互独立的个体存在，个体之间可以订立契约，但这个契约必须与所在伦理实体的普遍物的意志或普遍意志相一致，这样的契约才不仅是个别性契约，也不仅是关系性契约，而更是普遍性契约，契约特殊意志因符合普遍意志，而契约特殊意志在尊重到个体一致相合的特殊意志后又与此同时启动了普遍意志的按钮，因为普遍意志才使特殊意志具有了合法性、合理性和有效性，因此个体在尊重自己意志的同时要考虑个体意志与自身的普遍物的相互一致的要求，因为这样的选择和决定才不仅是个体的，同时也是他人的，更同时又是实体的，因此选择和决定所形成的契约也才能有效避免单一物与普遍物、特殊意志与普遍意志的对峙。

三是契约论伦理学形态应当避免过多的主观性。主观性的产生既有环境方面的原因，也有主体方面的原因，两者相较，主体是起主要作用的方面。霍布斯、洛克、卢梭等所倡导的价值观念，有其理论渊源，也有其后续发展。每个时期的契约论伦理学有其不同时期的任务，但这并不是说，这些价值因子就是天然形成的，毋宁说其中包含的价值元素也同时是一种主观性的启蒙和历史的理性的选择。它们本身未必全部来源于普遍物，也可能仅仅来源于对生活的经验和体察或者甚至说是一种个体经验或体会。这就不可避免地带上了主观色彩，同时也拥有了地域色彩和时间色彩。强调其主观性并非忽略其客观性，因为如果不存在客观性，它也就难以为人们所理解，只是说这种主观性从个体主观性延伸到了契约主观性，又从契约主观性延伸到了社会或国家主观性，这样的逻辑会形成一种个别对一般的僭越，因此契约论伦理学必须在这些方面进行完善，即将契约论中所包含的价值诸因子理解为契约伦理中的价值因子而不是所有伦理行为中的价值因子，从而确立这些价值因子的合理范围。因为伦理总是从实体中涌现出来，只用在实体之中进行合作或者具体说进行契约式合作的时候，这些价值因子才是有效的，天地君亲师是一个伦理系列，个体永远不能与这些时间上的先在者平等，因为这是逐次相生的关系，但是在一个社会中的经济契约的场合，两个企业或自然人却可以拥有社会法律意义上所赋予的平等。因此，契约论伦理学形态应当拥有"伦—理"智慧，铭记"从实体出发"。但是，契约论伦理学形态并不能仅仅局限于此，还需要引入"精神"因素。

B. 知与行、思维与意志的统一

樊浩认为："在中西方道德哲学中，思维与意志，或知与行都有一个统一体，这个统一体即精神。"[①] 他在从精神哲学角度探讨伦理学体系时指出，精神是包含人类整个心灵和道德的存在，道德内在于精神之中；精神包括意识、意志以及意识，在中西方道德哲学中，思维与意志或知与行都有一个统一体，这个统一体即精神。在意志的同一等结构要素中，意识对应的应当是伦理学的逻辑结构，意志对应的应当是伦理学的法哲学结构，而"意识"与"意志"统一对应的应当是伦理学的历史哲学结构。[②] 由此推论，就契约论伦理学形态而言，不仅应当包括意识层面的逻辑结构，还应包括意志方面的法哲学结构，以及两者相结合的历史哲学结构。具体来说，契约论伦理学形态不仅应当是一种意识的"理论态度"，也不仅应该是一种意志的"实践态度"，而是应该两种相结合的"精神"态度。应当认知契约论伦理学形态、实践契约论伦理学形态，并将这两者结

---

① 樊浩：《道德教育的"'精神'形态"与"中国形态"》，《教育研究》2013 年第 2 期。
② 樊浩：《道德形而上学体系的精神哲学基础》，中国社会科学出版社 2006 年版，第 1—22 页。

合起来形成一种现实的契约论伦理学形态气质。在认知契约论伦理学形态和实践契约论伦理学形态之间，最容易出现的问题是"理性态度"，即将契约论伦理学形态适用范围内的价值理念虚悬于意识的星空或者只作口头上的装饰，但在具体行为中却不愿意遵守基于伦理实体的与契约论伦理学形态相关的要求，那样一来，就不能实现知和行的统一、就无法确保能够体现普遍意志的那些契约意志得到主体性实现，契约论伦理学形态也就难以发挥实践作用。这里需要申言的是，契约论伦理学形态对契约主体守约的道德要求的内容并不多，在对契约主体的守约精神方面主要突出的是法律作为治理工具的作用，而从伦理学体系来说，如果契约论伦理学形态要向"精神"过渡，则必须拓展其"伦—理"形态下所提出的诸多价值理念要求并要求契约主体切实实践。那么需要补充进去的具体价值理念要求应当有哪些呢？这些具体价值理念应当包括信任、诚实和节制。

尼可拉斯·卢曼（Niklas Luhmann）认为，"信任指的是对某人期望的信心，它是社会生活的基本事实"[1]。伯纳德·巴伯（Bernard Barber）选出了三种包含着信任基本含义的期望形式：最一般的就是期望人们坚守和践行自然和道德的社会秩序；其次是期望在社会的各种关系和体制中与我们有交涉的那些人能够严格胜任他的社会角色表现；最后是期望我们与之打交道的对手能够履行其信托的职责和责任，即履行他们在某种情况下将他人的利益置于自身利益之前的那种职责……在其最一般意义上，信任正表示有所期望，社会中的所有人将这种期望内在化，而自然秩序——物理和生物的秩序——与道德的社会秩序则予以坚固之，并多少在实现着这种期望。[2] 由此可见，信任是对某种预期效果能够出现的期待。信任可以是名词，也可以是动词，但其最常用的意义还是作为动词使用。这样一来，信任就包括主体、客体、内容三要素。契约论伦理学形态的信任主体应该是个体，信任客体则是契约本身，即相信契约能够成为摆脱自然状态互相伤害的方式，而信任的内容则是社会契约或国家契约中所涉及的种种

---

[1] ［德］尼可拉斯·卢曼：《信任》，瞿铁鹏、李强译，上海世纪出版集团2005年版，第3页。

[2] ［美］金黛如：《信任与生意：障碍与桥梁》，陆晓禾译，上海社会科学院出版社2003年版，第32页。

制度安排。这种价值理念以默示的方式存在于契约订立的前提中,没有基本的信任,所谓个体之间的约定或原初契约的形成是无法想象的。

诚实就是做真实的自我。它是为人最重要的品质,也是社会或国家伦理实体得以有效运行的价值前提。"诚实本身尚不足以塑造一个伟人,但它是伟大的品格中最重要的因素。诚实的人使雇主放心,并且使受雇于他的人充满信任。诚实是坚持原则、人品正直、独立自主的核心要素,是每个人的第一需要。完全讲真话对现在来说,比历史上任何一段时期都必要。"[1] 诚实在契约论伦理学形态中的位置和具体作用是,将诚实作为个体订立契约、履行契约和补救契约的必备品质。诚实是要求个体要尊重自己的内环境,同时也要尊重外环境。对自己的各种观念、习惯和行为要勇于实事求是地表达出来而不是文过饰非,对自己所见、所闻、所经历的自身之外的环境事实也有勇气将其坦陈。如果没有基本的诚实素养,所假定的社会契约或国家契约就难以逻辑地完成,更遑论再去恪守这些契约规定了,因为这些契约的内容十分庞杂,其中甚至涉及社会或国家种种方面的安排,即使有某些个体有些许不遵守,只要不超出必要限度,一般是不容易发觉的,但是久而久之,这个契约联合体就会被侵蚀。

节制意味着自我约束、自我控制。柏拉图说,灵魂里有两个不同的东西,一个是人们用以思考推理的,可以称为灵魂的理性部分;另一个是人们用以感觉爱、饿、渴等物欲之骚动的,可以称为心灵的无理性部分或欲望部分,亦即种种满足和快乐的伙伴;"一个人的较好部分统治着他的较坏部分,就可以称他是有节制的和自己是自己的主人"。[2] 包尔生认为,"节制可以被规定为在满足某种有诱惑力的享乐会危及基本善的时候所表现出来的抵制这种享乐欲望的道德力量"[3]。没有节制的基本精神,没有必要的妥协让步和自我管理,社会契约或原初协议不可能形成。在遵守社会契约方面也是如此。因为契约是指向未来的制度安排,对于契约主体来说,所要遵守的是过去与他人所形成的合意,但随着历史的发展,很多客

---

[1] [英] 塞缪尔·斯迈尔斯:《人生的职责》,李柏光、刘曙光、曹荣湘译,商务印书馆1999年版,第51页。

[2] [古希腊] 柏拉图:《理想国》,郭斌和、张竹明译,商务印书馆1986年版,第15页。

[3] [德] 弗里德里希·包尔生:《伦理学体系》,何怀宏、廖申白译,中国社会科学出版社1988年版,第413页。

观情况会发生变化，如果缺乏节制理念、缺乏自我约束坚定履约的意识，恐怕这用昨天的意志来约束今天乃至将来行为的契约就会被置于可有可无、无足轻重的地位。

由于人不仅受自然规律的制约，同时还具有一定的自主性，因此人拥有对上述价值理念进行选择的能力。这三个价值理念是作为一种默认的、契约赖以诞生和维系的价值前提存在的，在契约论伦理学形态中并没有明确反映。因此，契约论伦理学形态可以引入这三个价值理念并将其作为对实践的要求，同时在具体方面探索和设计更为细致的衡量标准，如此有助于契约主体在社会实体或国家实体中将理智活动与实践活动结合起来，实现知与行、理论与实践的统一。

C. 扬弃与超越自然主义

樊浩认为："'精神'的对立面是'自然'，'精神'本质上是对人的自然存在的超越。"[1] 黑格尔说，精神是普遍的、自身同一的、永恒不变的本质，"当理性之确信其自身即是一切实在这一确定性已经上升为真理性，亦即理性已意识到它的自身即是它的世界、它的世界即是它的自身时，理性就成了精神"[2]。契约论伦理学形态目前是停留于"理性"层面，没有直接过渡到"精神"。它对现实利益执着关注，"最强的冲动力"压制了"最好的冲动力"。契约论伦理学形态如果要脱离个体理性主义窠臼，就需要扬弃和超越自然主义。

"认识你自己"是伦理学的重要问题，但学界对于人及其特征的认识却多种多样。如果从伦理学视野分析，或许可以将人看作自然性、社会性和本质性的统一。人不仅是一种自然存在物，也是一种社会性存在，同时每个个体还具有其本质或普遍物。对于个体自然层面的关注对应生存，以物质为其主要内容，对个体社会性的关注对应发展，以贡献为其主要内容，而对个体本质性的关注对应完善，以德性为其主要内容。自然性对应本能，社会性对应理性，而本质性对应精神，本能应当受到理性的规范，

---

[1] 樊浩：《道德教育的"'精神'形态"与"中国形态"》，《教育研究》2013年第2期。
[2] ［德］黑格尔：《精神现象学》（下卷），贺麟、王玖兴译，商务印书馆1979年版，第1页。

而理性则需要精神的引导。契约论伦理学形态不是本能的产物，也没有上升到精神的高度，它是理性层面、场域、维度的理论建构，因此也应用于理性领域、解决理性领域的诸多问题，例如自然状态的争斗问题、社会契约所内蕴的秩序问题，还有国家各个部门的设立及其职权的合理行使问题，等等。所有这些以及其他更为细节的问题都是可以为人的理性能力所认识的。理性具有认知和实践两种能力，能够分析概括前契约社会或前政治社会所存在的某些问题，同时又找到了社会契约或原初协议作为理性工具力图解决人类如何在一起、如何"群"的现实问题，虽然它所找到的仅仅是契约这样一种外在的他律性工具。契约论伦理学形态既然是一种理性结构，也就调动了人自身所拥有的理性元素，这个理性元素不是古希腊哲学中的本体世界，而是基于个体所进行的理智考量，它主要关注生存、财富这样的生存论和发展论问题，因此将社会或国家实体当成了拼搏个体、争取个体利益最大化的战场。

契约论伦理学形态一旦与现实社会尤其是欧美经济模式接轨，就会引发经济理性。而经济理性的典型表现就是"经济人"假说。根据这一假说，"经济人"至少有四个特征。第一，动机具有"自利性"。多数的经济学家对此并不怀疑，即使新制度经济学对人的行为的"利他性"进行过分析，但仍旧认为"利他性"乃是"自利性"的间接表现和实现途径。第二，方向在于"经济利益"。在亚当·斯密那里，"经济人"之"自利性"体现在对"利润"的追求上，到了芝加哥学派的时候，否定了"人是自私自利的怪物"，但借助"效用最大化"的工具，认为"经济人"所追求的利益已非狭隘的金钱利益，而是根据自己的价值观念所定义的利益行动，即追求效用最大。第三，求利态度"理性"。这里的"理性"是指人能够通过成本—收益分析或趋利避害来对其所面临的一切机会和目标及实现目标的手段进行优化选择。"经济人"都有一种"精密计算"的能力，根据本人利益需求进行行为选择本性，凡事皆以个人之得失为衡量标准的价值取向。第四，目标是"效用最大化"。"经济人"在追求"效用最大化"时，经常遭遇决策困境；"经济人"并不总能克服决策困境所导致的困难，于是采用简单的加法原则来解决这一难题；"经济人"通常会依照简单的加法原则，选择数量上的最大数值作为目标，而不管其实质上是什么类型的效用、到底有无效用，结果在各个领域出现争抢局面。

这种"经济人"假说虽是一种理论假设，但它形象地反映了理性的思维方式，反映了西方现代社会的合"理性"特色，同时这种理论假说的形成也是源于对社会现实某种程度的抽象，而且它反过来又作用于社会现实，因此更能形成用经济利益或者利益衡量一切的"经济理性帝国主义"或"理性帝国主义"。但这种经济理性对于伦理学来说，仅仅是人的本能阶段现实情况的片面的、零散的、阶段性的反映，从人性的维度考察，它也仅仅属于习性中的趋利避害的自发意识而尚未达到本性的深度。契约论伦理学形态所引发的经济理性或理性意识在客观上对社会进步发展具有相对积极的作用，但与此同时也造成了"你""我""他"之间的差异与分立，极易分解我们从中走出来的伦理实体，而伦理实体在客观上是不能被分解的、在主观上也是不应被分解的，因为没有统一体就没有个体。因此，契约论伦理学形态虽然处于理性的发展阶段，但其必须过渡到精神高度。

具体来说，可以从如下方面予以完善。

一是建构人性论体系。契约论伦理学者对人性的诠释并不彻底，或者仅仅处于感性认识阶段，作为一种理论形态，缺乏对人性的剖析和基本认同容易导致逻辑不周延，同时也会大大降低其说服力。社会契约或国家契约的订立貌似是每个个体的意愿，或者是出于对和平与秩序的渴望，或者是出于对生命、自由、财产保护的需求，但必须说明的是，在原初状态或自然状态中，未必所有个体均具有缔约的意识、动力和愿望，因为每个个体其所在时空及其所从事的不同的生产性活动会导致出现共同意识之外的相同、相似或相异的个别意识。这样一来，该理论就成为某些个体所倡导的理论，而其他个体可能主要处于跟从或旁观状态，于是乎其实践性也就大打折扣。如果能够明确人性、习性及其相互关系和分类，特别指出理论所赖以建立的人性基础何在，自然会引起诸多个体的共鸣和共振，其解释力、穿透力和实践力就会大大增强。

二是将其理性因素准确定位。古今中外所有建设发展有一个非常基本的目的，就是为了人。因此，对于人的发展阶段以及与此对应的伦理实体所处发展阶段应予以抽象概括。如前所述，如果我们将自然性、社会性、本质性对应着个体的不同发展阶段，就会发现，就具体个体来说，相互之间又存在差异，而这种差异就会导致其行为主要推动方式出现差异，究竟是本能、理性还是精神？如果我们将家庭、社会、国家等伦理实体的主要任务或发展环节理解为人口、财富和安全，那么这些伦理实体也就具备了繁衍性、生产性和保护性。而我们也可以说，繁衍性或生育性主要依靠本能，生产性或劳动性则主要依靠理性，而保护性或维系性则主要通过精神。如果将个体的发展阶段与家庭、社会、国家等伦理实体的发展阶段和主要任务或职责相对应，就会知道理性仅仅是推动力之一或者说一种行为方式，理性所保护的人的自然主义需求也就会有一个合理定位，从而为其扬弃自身做好理论准备。如果契约论伦理学形态能在对人性论的基础上探索家庭学说、社会学说或国家学说，形成一个基本认同，那么它就又进了一步。

三是可以将情感因素引入契约论伦理学形态中。理性主义带来的严重后果就是将人变成了单维度的人，即理性人。理性一旦代替情感，就会使个体冷漠，互助行为无望。情感与理性，两者都是人的功能，但比较起来，情感似乎比理性距离本质或普遍物更近。理性由于是基于个体自身的、出于利害关系的取舍衡量，因此限制了其自身的进一步发展，它处于一种孤立无援的封闭状态；情感则不然，它并非完全出于个体考虑，它更是一种对他人、对实体、对本质或普遍物的一种自然而喜悦的向往并因这种向往而生成一种自然的亲和趋向，它是一种灵动的、开放的、美好的精神性的外溢力量。理性总是以人的思虑为主要表征，而情感则在本质与情形相遇时自然而然发生，思虑没有太多介入，因此情感更容易通往本质或普遍。契约论伦理学形态在社会契约或原初契约的订立与履行过程中应当同时重视情感因素，同时还应挖掘出社会或国家实体的情感光环，发挥情感主义伦理的作用。如果契约论伦理学形态能同时在上述三个方面拓展升华，就会逐渐扬弃和超越自然主义而走向"精神"。

第五编　道德理性主义，或"道—德"形态

十三　"道—德"形态（一）："道德"世界观——德性论或德性主义

在"道—德"形态的视域框架下审视德性论①（Virtue Theory）的形态模式，不仅是从德性论理论自身的逻辑演绎和历史发展来判定，更重要的是对"道—德"形态与德性论之间的辩证关系和内在机理的透视与回应。换句话说，在形态学理念的新视野下来观照德性论的理论旨趣，其意义不在于把握德性论的发展脉络，而是期望更清晰地展现德性论在人类整个伦理道德发展史和伦理精神的生命演进中到底扮演着何种角色？又担当着怎样重要的职责？尤其是在道德世界中，德性论理论形态的发展路向究竟呈现出何种精神气质？又是如何应对并解决"道—德"形态的基本问题？

1. 作为道德形态的德性论

德性论作为西方伦理学史上重要的理论范型，在人类文明演进的历史长河中，呈现出繁杂多样、生生不息的生命景象。在西方伦理学史上，先

---

①　这里对德性论的理解界定和诠释方式，是以形态学的新理念和新方法为精神指导，在广义整体的意义上，立足于人们对"人应当如何生活"这一本原问题的核心追问及其自觉回答所形成的德性基本问题域而进行的，不同于学界知识论意义上所理解的德性伦理学（Virtue Ethics），即视亚里士多德为主要代表而与康德等人的规范伦理学（Normative Ethics）相对立存在的狭义范围。

后出现了如理性知识、卓越优秀、神性品质、快乐情感、意志力量、伦理造诣等诸多内涵及理解，这种多元理解样态，构成德性伦理学发展史上一道道亮丽的风景，当代德性伦理复兴运动的蓬勃开展，又为德性论理论样态的不断丰富和发展增添了新的生机和色彩。但是，这种历时态、动态化的德性内涵图景，对于伦理形态学的新理念和新方法而言，仅仅是凸显了德性论不同历史发展阶段上的理论支点，并不能真正揭示整个德性论理论形态发展的精神本质和核心气质。然而，从形态学的视角去规定德性论，尤其是在"道—德"形态中思虑德性论，不是任意而为、随意摆放，而是从整个德性论思想演进的问题轨迹和发展规律中来辨识，依据德性论理论范型本身的核心特征和"道—德"形态的精神气质所做出的确定性判断。因此，当我们以"道—德"形态的框架来看待德性论时，事实上极大地扩展了德性论自身的思考范式，将它纳入人类伦理思想发展史、伦理道德精神的发育史和人类社会文明的生活史三位一体的思维大格局之中，从三者的一致性和同一性出发来归属和认定德性论道德形态理念，"任何伦理学理论，任何关于伦理学发展的理论解释，只有与社会文明、社会生活以及个体精神发展具有生命同一性时，才具有客观真理性与价值合理性"[①]。

从"道—德"形态来探寻整个德性论的精神气质，首要解决的问题，就是必须回答德性论与"道—德"形态之间的契合点在哪里？德性论如何是一种"道—德"形态？它呈现出"道—德"形态中的何种发展路向？

从人类精神世界的发展阶段来看，道德世界及其所生发的道德精神形态的出现，不是偶然的，按照黑格尔的理解，它们是人类意识发展到一定阶段的必然产物。这在《精神现象学》中表述得十分清晰，道德乃是人类意识发展到对自我具有确定性的精神阶段才出现的，也正是在这一阶段，一个真正的道德世界形成了。抛开这种理论逻辑的推演不讲，单从词源学上看"道德"（moral）概念的诞生，也能发现它的历史性和阶段性。据当代德性伦理学家麦金太尔的考证，"如同古希腊人一样，拉丁文中没有任何可被我们准确译为'moral（道德）'的词汇；毋宁是，直到我们的'moral（道德）'一词又被反译回拉丁文（moralis，引者注）时，它

---

① 樊浩：《"伦理形态"论》，《哲学动态》2011年第11期。

才有了这个词汇"①。这从一个侧面反证出,"道德"概念的出现和使用,并不是自古就有,而是近代社会之事。在古希腊时期,道德概念的内涵表达,与伦理(êthikos)相通,都与习惯、风俗(ethos)相关。古希腊伦理学家西塞罗曾用道德(moralis)来翻译伦理(êthikos)。廖申白在对《尼各马可伦理学》进行译注时,也指出在古希腊语中,"伦理的"与"道德的"是同一个词,都是"习俗"(ethos),意指通过社会共同体的生活习惯或习俗而在个体成员身上所形成的品质、品性。② 因此,在早期的用法中,"'moral(道德)'既不与'审慎的'或'自利的'相对照,也不与'法律的'或'宗教的'相对照。当时与这一词语意义最为接近的词可能仅是'实践的'。在其后来的用法史中,它首先最频繁地被用作'道德上的美德'的一部分,然后随着其意义变得越来越狭窄而成了一个独立的谓词"③。这就表明,在古希腊时代,道德的内涵理解与伦理概念的观念界定密不可分,但随后逐渐表现出脱离伦理束缚、渐渐独立的倾向,直到16—17世纪,道德概念成为与伦理相对应而存在的独立概念,用于表达行为主体的道德判断和价值。

事实上,伴随着道德概念独立使用的历史变迁,一个不同于古希腊伦理世界的新时代也出现在世人面前,这即是黑格尔所说的道德世界。在这个新时代,人们所面对的伦理道德问题、所渴望的思想价值观念以及所具有的时代精神气质,都大大地不同于以往。黑格尔坦言,当道德自我开始对自身具有一种自觉的确定性意识,并以此纯粹的自我意识来思虑他在的对象世界时,一个道德世界观就形成了,"这个道德世界观是由道德的自在自为存在与自然的自在自为存在的关系构成的。这种关系以两种假定为基础,一方面假定自然与道德(道德的目的和活动)彼此是全不相干和各自独立的,另一方面又假定有这样的意识,它知道只有义务具有本质性而自然则全无独立性和本质性。道德世界观包含着两个环节的发展,而这

---

① [美]阿拉斯戴尔·麦金太尔:《追寻美德》,宋继杰译,译林出版社2003年版,第49页。
② [古希腊]亚里士多德:《尼各马可伦理学》,廖申白译注,商务印书馆2003年版,第8页注①、第35页注②。
③ [美]阿拉斯戴尔·麦金太尔:《追寻美德》,宋继杰译,译林出版社2003年版,第49页。

两个环节则处于上述两种完全矛盾的假定的关系之中"①。这表明,在道德世界中,人们所面对的基本问题是道德与自然的关系问题,如何面对和处理二者之间的关系,成为人们全部的道德任务。摆在人们面前的,可能存在两种假定状态:一是二者之间彼此无关或对立的状态;二是二者之间现实的统一问题。这两种假定状态,在个体自我的道德信念追求与寻求幸福享受的关系环节中相互碰撞,彼此矛盾。

相比于道德概念的晚近性,德性概念(希腊语 aretê;英语 virtue)在古希腊却是早已有之。古希腊重要的德性伦理学家亚里士多德在《尼各马可伦理学》中揭示了"德性""习惯"(ethos)与"伦理"(ethike)之间的内在一致关系,并将德性确定为是使灵魂功能充分发挥、使人卓越出色地完成活动的品质。然而,德性概念虽在其发端根源上与"伦理"相关,或由于"伦理"与"道德"在古希腊语境中的相通性即都与习俗相关,但就整个西方德性论后续思想观念的发展与演变而言,有关德性的理解和阐释却更多地与近代以来所产生的"道德"概念缠绕在一起。道德的逻辑起点发生于对人性本身的思考之中,其意旨在使人从一个自然存在者提升为道德存在者,人类道德教育的全部使命和道德理想的最高目标都在于此。如果从广泛的意义上来看,"道德与自然的关系问题"这一道德世界观中最为重要的根本性问题,事实上在古希腊时期早已萌芽,其具体表现恰恰就是"德性"概念在人类精神世界的出场。

古希腊人正是从人自身的灵魂出发来探讨德性问题,并由此确立了德性存在的人性根据。古希腊人认识到,相比身体善与外在善而言,灵魂的善是人最为高贵的本质所在,认识了灵魂就认识了人的本性。而灵魂自身的内在结构并不是单一的,而是由无逻各斯部分、分有逻各斯部分与逻各斯部分三者共同构成,其中逻各斯部分乃是灵魂之所以高贵和神圣的原因所在,它指导和规约着前两部分。灵魂的这种三分结构在当代德性伦理学家麦金太尔看来,恰好形成了一个稳固统一的人性三重架构模式,即偶然所是的人(man as he happens to be)、伦理训诫与实现其本质性而可能所是的人(man as he could be if he realized his essential na-

---

① [德]黑格尔:《精神现象学》(下卷),贺麟、王玖兴译,商务印书馆1996年版,第126页。

ture）的人性概念①，它们代表了古希腊人在善的目的论观念的支配下，对人自身由潜能向现实状态的目的实现，而德性正处在将前者转向后者的道德训诫的关键环节之中。德性作为灵魂自身所固有的一种活动能力，其目的就在于自己为自己设定某种目的，并且积极地为实现这一目的而努力。由德性而来的伦理道德训诫，正是在于使人之本然状态向人之为人的应然状态迈进，进而使古希腊人都能成为一个好人、好公民。

然而，近代社会以来，善的目的论观念不断受到质疑，三重架构模式中的由潜能向现实的目的转化链发生了断裂，但是德性本身所承担的道德训诫功能受到了异常的重视。康德就是典型的代表者，他对德性内涵的界定突出了处于人性结构道德训诫环节的作用和价值，并从此改变了现代道德哲学德性理论的发展轨迹。在他看来，断不能将德性仅仅理解为一种灵魂品质，与习俗经验相关，这样只会败坏其道德价值，必须将德性确立为一种意志力量、道德勇气，只有这样才能维护道德自身价值的纯洁。因为人作为自然的存在者，难免要遭遇种种偏好诱惑，关照人的感性欲求，然而，人又是道德的存在者，就必然要与各种恶做斗争，这是德性的职责所在。因此，道德自我德性的修行，全部任务就在于如何培养个体自我的德性能力和意志问题。康德对德性内涵的新理解，扭转了古希腊时期主流的德性观，不再将德性视为一种灵魂本性之物，也不是一种被塑造的品质，而是一种道德力量。这种道德力量的源泉和动力在于纯粹理性所发出的绝对命令及由此而生成的道德义务，人们正是借此才坚决而无畏地与自身的感性存在需求做斗争，使自我努力成为一个道德存在者。

事实上，黑格尔也指出，"关于德的言论，容易迹近空话，因为这种言论尽是讲些抽象的和没有规定性的东西，并且这种言论中的论据和阐明都是对着作为一种任性或主观偏好的个人而提出的。在现存伦理状态中，当它的各种关系已经得到充分发展和实现的时候，真正的德只有在非常环境中以及在那些关系的冲突中，才有地位并获得实现"②。这就表明，有

---

① ［美］阿拉斯戴尔·麦金太尔：《追寻美德》，宋继杰译，译林出版社2003年版，第67页。
② ［德］黑格尔：《法哲学原理》，范扬、张企泰译，商务印书馆1961年版，第168—169页。

关德性的价值和意义,并不是由其自身所决定的,而是在一种伦理关系或道德关系的冲突中得到框定的。在道德世界中,由于道德与客观自然(现实世界幸福)、道德与主观自然(感性意志冲动)之间存在着矛盾冲突,而这两大冲突又映射出人类精神的自由本性所具有的意义:一是把人从外在的自然控制中解放出来,二是把人从内在的情欲束缚中解放出来;因此,如何处理道德世界当中的这两大对立和冲突,是个体自我德性所面临的重要难题,德性存在的真正价值也恰恰体现在这种道德抉择的两难境地和自我牺牲上。当灵与肉、心与身、理与欲、善与恶的矛盾和冲突愈加彰显、愈加激烈时,德性存在的价值和意义就越发显得高贵,人之为人的本性与尊严也就越能得以体现,恰如黑格尔所言,"尊重一个人为人",这是"法的命令"。

　　德性概念的内涵理解可以多种多样,但德性存在的价值根基却始终离不开人性本身的矛盾和困惑,可以说,德性概念的提出所要面对和解决的关键问题就是要回答人为什么要有道德?为何要成为一个道德的人?人类对这个问题追问得越深、越紧,自我的主体性道德意识就越彰显,德性问题的意义也就越重大。在古代社会,这一问题的回答和设定都有一个宏观整体的目的背景,成为道德的人与成为城邦的人是结合在一起的,德性品质的内涵也与人的活动目的、城邦共同体的存在直接绑定的,人的主体性道德意识是无法真正彰显的。但是,近代社会以来,随着自我主体意识的觉醒和萌发,这个问题变得越来越紧要,人自身的存在意义和价值追问成为现代道德哲学的核心。道德的存在方式与自然的存在方式,成为关切人自身存在最重要的两种模式与路径。很难说,这两种模式类型的探寻结果一定要分辨出何种优先的唯一答案,但争辩的过程却展露出人性深处的渴望和需求。德性论的现代演绎方向,恰恰表达了对人性渴望的肯定和确认。面对道德与自然之间的关系问题,尤其是主体自我的道德意识和主观自然意识之间的关系问题,德性论所努力提供的是从探讨道德行为的合法性出发,基于道德同一性视角所建构的二者之间的和谐状态。它具体体现在两个方面:第一,德性论探讨人性的根基,人之为人的应然状态;第二,德性论关切道德行为的动机,而不关涉行为结果或效果。从前者来说,人性分析虽然自古以来就存在,但近现代道德哲学的关注视角更加精准地确定在人性结构中的理智或理性思维之上,并把它视为现代人的主体意志标识。从理性出发谈德性，这是现代道德世界中的独特观念，由此所看到的不是人本身，而是人的道德行为，换句话说，是道德行为的根基或出发点问题。从后者来讲，关注道德行为，就更加具体到行为的动机问题，而不是行为的最终结果，所以，从动机出发来确定道德性，所凸显的是责任、义务、道德感，而不是利益、幸福与权利。这样一来，沿着德性论路向去看待道德世界中的两大冲突和矛盾时，所发现的问题就演变成两个：一是整个道德世界对人提出的道德要求，二是人本身的理性道德力量。无论哪一个问题，都成为现代人无法回避，甚至必须面对的根本性问题，德性论自身的思想演绎和逻辑发展也是在这两大问题的提出与回答中不断深化，试图为现代人的道德存在找到一个合理的、坚实的、可普遍化的基础。

2. 德性论的"形态"史

对于人类思想绵延不绝的历史发展图景，黑格尔曾有一个形象生动却又耐人寻味的比喻，即"厮杀的战场"。在他看来，全部哲学史就像是一个战场，其中充斥着哲学家们互相批判、彼此取代的斗争，而诸种斗争又意蕴着哲学总是在自我批判和自我否定中不断地获得发展，人类的思想认识和精神世界也由此不断地获得提升和丰裕。黑格尔所言的战场显然是思想的战场、精神的战场，哲学家们矛盾冲突的背后展现的是人类思想浪潮和精神意志的不断碰撞和成长，也昭示了人类自我意识和精神发展的强大生命力。当我们打开西方德性论道德形态发展的历史画卷时，一个精神的战场便立即呈现出来，有关德性理论的这种自我认识和互相批判，让人对内蕴其中的精神绵延力和生命力肃然起敬。

在古希腊最初的伦理语境中，德性（aretê/virtue）意指诸神或英雄身上的一种优秀品质。在各种神话传说或英雄故事的传颂中，德性被理解为"维持一个自由人的角色，并在其角色所要求的那些行为中显示自身的那些品质，"因此，"要判断一个人就是判断其行为。要印证有关一个人的美德与罪恶的判断就看他在一特定境遇中所表露的具体行为"[1]；这表明，

---

[1] [美]阿拉斯戴尔·麦金太尔：《追寻美德》，宋继杰译，译林出版社2003年版，第154页。

古希腊人眼中的行为者是通过其所做出的具体行为来体现的,甚至可以说一个行为者与其自身的行为内在统一,不可分离;而且,由于行为者的行为出自一种角色要求,因此,德性概念的内涵获得从根本上说,又是与行为者所担当的社会角色密不可分的,对任何德性的解释都不可能脱离行为者所身处的社会结构语境,因为"一个人若试图脱离他在英雄社会中的既定位置,那就是试图使自身在这个社会中消失……因而,英雄美德的践行既要有一种特定的人,又要有一种特定的社会结构"①。德性成为一种能够使个体去做其角色要求的事情的品质,而行为者自我也正是通过其社会角色才成为其所是的人。随着家族部落血缘式的社会结构转向新的民主政治型的城邦社会,德性由称赞诸神、英雄的优秀品质,转向赞扬那些卓越公民在城邦生活中所表现出来的公民品质,并逐步扩大到任何生命物及器具之类的物品。换言之,德性概念的内涵解释已经脱离具体的社会角色概念的限制,扩展到对某个人或某物本身所具有的功能评价和解释上了。

  古希腊人认为,认识了灵魂就认识了人的本性,而灵魂包括逻各斯部分、分有逻各斯部分和无逻各斯部分,前者因指导和规约着后两部分,所以是灵魂高贵和神圣的原因所在。同时,灵魂本身具有一种自由的活动能力或活动功能,能够自己为自己设定某种目的,并积极地为实现这种目的而努力,这种能力被亚里士多德称为"隐德来希"。在亚里士多德看来,灵魂本质上就是"隐德来希",是"人之所是"的实体本质,灵魂的逻各斯部分的实现活动,就是真正属人的本质体现。德性作为人灵魂所有的品质状态,正是使灵魂功能充分发挥、使人卓越出色地完成活动的品质,"既使得一个人好又使得他出色地完成他的活动的品质",拥有它则有助于实现对人而言的真正善,缺少它则会阻碍这一幸福目的的实现。② 而一种理性灵魂自身的优秀德性如明智或实践智慧(prudence)的功能发挥,则使一个有德性的人能够正确而恰当地找到人类行为或情感中的适度善,从而避免陷入某种过度和不及的恶之中。因此,在亚里士多德看来,德性品质总体分为两大类:伦理德性和理智德性,前者与习俗相关,关涉灵魂

---

① [美]阿拉斯戴尔·麦金太尔:《追寻美德》,宋继杰译,译林出版社2003年版,第159页。
② [古希腊]亚里士多德:《尼各马可伦理学》,廖申白译注,商务印书馆2003年版,第44—45页。

中的非理性部分，勇敢、慷慨、谦恭等品质都在这一列；后者由教导而成，相应于灵魂中的理性部分，明智、智慧都属于此。对于二者之间的关系、作用和地位，亚里士多德认为，伦理德性和理智德性分工不同，彼此协作，缺一不可。但相比较而言，理智德性更为偏重一些，因为只有当伦理德性加上了理智，它们才使人的行为更为完善，"原来类似德性的品质也就成了严格意义的德性……严格意义的德性离开了明智（实践智慧）就不可能产生"①。后来麦金太尔总结说，在亚里士多德那里，一个拥有美德的人，其实就是"那种知道在特殊情形下怎样下判断的人"②。可以说，理智德性的存在，对于人们处理和判断行为情感的适度点并由此做出具体的正确的决定而言，至关重要，这也是亚里士多德偏重理智德性的关键原因。

以灵魂的逻各斯部分来认知德性本质，在古希腊时期有着悠久历史传统。苏格拉底曾提出的"美德即知识""德性即逻各斯"等理念，无不表达出对人类理智功能和能力的倚重，意味着人自身理智本性与道德本性的合一。亚里士多德对理智德性的优先性认同，实质上继承了苏格拉底传统，而且这一传统一直延续至希腊后期斯多葛学派，"至善即是依照我们的本性选择一切事情，依照健全的理性而行动"③。但亚里士多德对德性品质的二分结构划分，又明显表现出对这一传统的反叛。他批判苏格拉底忽视了德性品质所应有的情感维度，"苏格拉底关于德性的观点优于普罗泰戈拉。但即使他也并不正确多少。他往往把德性看作知识，这是不可能的。因为一切知识都涉及理性，而理性只存在于灵魂的理性部分；所以，根据他的说法，一切德性都是在灵魂的理性部分被发现的。结果，他在把德性看作知识时，取消了灵魂的非理性部分，因而也取消了激情和性格"④。亚里士多德看到了苏格拉底的缺陷，即把灵魂的理性部分当成了全部，而取消了其应有的非理性部分。因此，在对德性品质的类型划分

---

① [古希腊]亚里士多德：《尼各马可伦理学》，廖申白译注，商务印书馆2003年版，第189页。
② Alasdair MacIntyre, *After Virtue*, Notre Dame, Indiana University of Notre Dame Press, 1984, p. 154.
③ 周辅成编：《西方伦理学名著选辑》，商务印书馆1964年版，第216页。
④ 苗力田：《古希腊哲学》，中国人民大学出版社1989年版，第220页。

时，亚里士多德很自然地为非理性部分留下了空间，提出了由之而成的伦理德性品质存在的意义和根据。亚里士多德照顾到了灵魂结构的方方面面，综合看待了理性部分和非理性部分各自所发挥的功能和作用，对于德性品质有了一个全面明确的认知。但他的二分做法以及对理智德性的偏重，却在现代道德哲学史上引发了一场激烈的争辩和论战，成为探析现代性道德危机的一面镜子。

如果要宏观把握西方德性论"道—德"形态的发展，并从中看清古代德性伦理学与当代德性伦理学之间的内在关联，以及前者是如何向现代规范伦理学发生转换和嬗变的话，那么，近代以休谟为代表的情感主义者①所提出的德性观就是一个不可或缺的透视桥梁。休谟以人性中真实存在的情感为根本出发点，建构了一个以情感为标识的德性理论体系，为人们重新认识德性论及其形态发展打开了一个新视界。从种属上讲，休谟认同亚里士多德，把德性划归于人类心灵所具有的品质；但从实质内涵上讲，他则否定了亚里士多德从人的功能和活动的角度出发对德性的理解，转而提出了一种新的视角，即从人自身的情感、感觉维度理解德性。休谟指出，理性由于自身的诸多弱点，如"没有主动力""只是发现真或伪""只是提供认识对象，激起情感的出现""侧重观念比较和事实推断"等②，对人的道德行为和伦理生活不起作用，无能为力；而情感具有更多的优势："能够产生关于美和丑、德性和恶行的情感""具有一种创造性的能力"、是"行动的动机，是欲望和意欲的第一源泉和动力"、使我们对一切因素和关系从整体上"感受一种新的关于谴责或赞许的情感""最终派生于最高存在物的意志"③ 等；因此，休谟确信，"道德的区别不是从理性得来的"，而是来源于人性中的情感。德性就成了"凡是给予旁观者以快乐的赞许情感的心理活动或品质，而恶行则相反"④，它本性上是

---

① 情感主义者一脉影响广泛，从历史发展来看，可分为近代和现代道德情感主义者，前者主要以沙夫茨伯利、赫起森、巴特勒、休谟、斯密等为代表；后者以尼采、叔本华、摩尔、斯蒂文森等人。限于德性论主题讨论，重在以近代休谟的情感主义德性论思想为研究资源。
② ［英］休谟：《人性论》（下卷），关文运译，商务印书馆1980年版，第497—508页。
③ ［英］休谟：《道德原则研究》，曾晓平译，商务印书馆2001年版，第146页。
④ ［英］休谟：《道德原则研究》，曾晓平译，商务印书馆2001年版，第141页。

"心灵的一种令每一个考虑或静观它的人感到愉快或称许的品质"①。

由于休谟把德性与快乐和痛苦相关,并将之视为德与恶的判断源泉,甚至视为其本质规定,这就使休谟的德性论思想表现出某种与众不同的新气质。在划分德性类型时,休谟表达了他所倡导的德性新理念。休谟将他提出的人为德性与自然德性具体细化为四种,即"对他人或社会有用的品质""对我们自己有用的品质""直接令他人愉快的品质"和"直接令我们自己愉快的品质",前两种体现的是效用原则,后两种是愉悦原则。如果要对德性品质这两个价值原则进行优先排序的话,愉悦原则要优先于效用原则,因为所有令人愉快的品质如心灵的伟大、性格的高贵、仁爱、礼貌、机趣、雄辩、谦逊等,无须对社会或对它们的拥有者自身产生任何效用或更大利益倾向,也无须借助间接的反省而使人感到快乐,而是通过感受性或趣味直接地使人感到快乐,给予旁观者一种满足,赢得友谊和尊重。与此同时,由于近代社会力主人性本恶,强调以社会契约、制度规则等新观念来保障个人利益和公共权益,在这种时代精神的影响下,规则意识也深深地渗透在休谟身上。麦金太尔曾指出,"休谟的美德理论在后来的思想与实践中反复重现的第二个特征,是有关诸美德与规则的关系的崭新观念……正义的美德,如休谟所界定的,无非是一种能够服从正义规则的性情"②。

在柏拉图的"四主德"和亚里士多德的伦理德性与理智德性中,很少提及规则。然而,这并不表明,亚里士多德等人不重视规则,相反,他们认为规则的职责和作用是由德性来承担并完成的。亚里士多德认为,德性是在行为或情感方面的适度品质,任何行为或情感方面的过度或不足,都不能被视为德性,更不能被赋予道德上的善恶性质;因此,行为或情感方面的适度与否,便成了正当与不正当行为的判断依据和标准,成为一种包含规则意蕴的道德要求。在古希腊后期斯多葛学派那里,规则意识得到了高扬。斯多葛派主张依据人的自然本性而生活,这种自然本性就是一种健全的理性,"合乎自然的方式的生活就是至

---

① [英]休谟:《道德原则研究》,曾晓平译,商务印书馆2001年版,第114页。
② [美]阿拉斯戴尔·麦金太尔:《追寻美德》,宋继杰译,译林出版社2003年版,第295页。

善，就是说至善是合乎个人的本性以及宇宙的自然，不应作任何为人类普遍法则习惯上所禁止的事"①。"这种普遍法则相等于弥漫于一切事物中的正确的理性，这种普遍法则与主宰万物规定万物的神并无二致。"② 休谟谈规则有别于以往，他主要是基于人类的自私本性，与个体的财产所有权、权利义务紧密相连，以效用或有用为其前提。如正义是因"由于应付人类的环境和需要所采用的人为措施或设计"而引起人们快乐和赞许的德性品质，"正义和非义的感觉不是由自然得来的，而是人为地（虽然是必然地）由教育和人类的协议发生的"。它"起源于人的自私和有限的慷慨，以及自然为满足人类需要所准备的稀少的供应"③。在这里，人们内心有一种对制度、规则的认同和遵守的感觉，构成了正义品质的德性本质，这不是一种理性判断，而是一种感觉体验；这种感觉一方面以人类共同的公共利益感为基础，另一方面以它所带来的快乐或不快为是否获得道德赞许的源泉。

休谟德性论透露出的现代新观念如情感愉悦、效用功利及规则等，有的得到了继承，如功利主义者以此为基础，进一步发扬了以功利效用为标准来评判道德的思维路径。但是，他对道德情感的过度倚重却激起了康德等人的强烈批判。康德认为，对道德或德性的根源探寻，绝不能从感性经验或情感偏好出发，而只能从人自身的纯粹理性能力出发，因为"哪怕是道德的情感（主观实践的情感而不是客观的情感）开始，也就是说，从意志的质料亦即目的开始，而不是从意志的形式亦即法则开始，为的是由此出发规定义务，那么，当然就没有德性论的形而上学初始根据……德性论在这种情况下也就在其根源上堕落了"④。康德为了避免这种根源上的堕落，他没有遵从古希腊以来的德性传统，而是另辟蹊径，为德性存在建构了一个新视界。

康德德性论的核心标识是意志力量，"德性就是人在遵循自己的义务

---

① 周辅成编：《西方伦理学名著选辑》，商务印书馆1964年版，第215页。
② 周辅成编：《西方伦理学名著选辑》，商务印书馆1964年版，第216页。
③ [英]大卫·休谟：《人性论》（下卷），关文运译，商务印书馆1980年版，第517—536页。
④ [德]康德：《道德形而上学》，张荣、李秋零译，《康德著作全集》（第6卷），中国人民大学出版社2007年版，第389页。

时准则的力量"①,"德性意味着意志的一种道德力量……德性是一个人在遵从其义务时意志的道德力量"②。康德认为,德性产生的根源不是别的,而是主体自我所具有的理性意志,即纯粹实践理性能力的善良意志。在他看来,理性主体的存在前提和本质规定是意志自由,独立地行使判断能力和实践能力,是意志自由的充分体现,也是理性自我主体性的确证标志。这种意志自由是思辨理性只可能认识到其存在的可能性而不可理解的东西,它存在的合理性根据并不能由感性经验来证实,这就决定了任何以质料为对象的欲求能力都不可能是意志的决定根据,也不可能给出道德法则,唯有"一个只有准则的单纯立法形式能够用作其法则的意志,是自由意志"③。这就意味着在康德心中,自由意志和道德法则乃是同一的,个体自我正是凭借着意志自律而成为道德法则的主体。康德指出,在道德世界中,道德自我的德性最先向人们揭示出意志自由的存在。人作为感性存在,在社会生活和道德实践中不可否认有感性冲动参与的意志,但是真正的道德价值却只能在拒绝任何感性欲望和利益追逐的纯粹善的意志中去寻找。而德性作为意志的力量,它所表露出来的自由意志在积极意义上讲正是人类自己能够为自己立法,把一切感性欲望和幸福偏好都纳入自己的理性控制之中,从而不借助于任何外力的影响,实现自我做主和自我控制的理想。同时,康德认为,德性概念的理解和界定也与义务概念不可分割。因为义务直接与法则相关,法则使应当发生的行动成为义务,同时使义务成为动机。只有出于法则,而不是合乎法则的义务理念,才是真正评判行为道德性的标准,道德的最高命令就是要按照一个同时可以被视为普遍法则的准则去行动。此外,义务概念自身还包含了一种强制,即通过法则来强制自由任性,克服偏好障碍。由于这种道德强制是义务从其自身的立法理性发出的,因此,对于人这一有限的理性存在者来说,就是一种不可抗拒的绝对命令。德性力量的源泉,就源自道德法则的义务概念,伴随着无条件的道德法则而来的义务职责,时刻向人们发出"应该"命令,

---

① [德]康德:《道德形而上学》,张荣、李秋零译,中国人民大学出版社2007年版,第407页。
② [德]康德:《道德形而上学》,张荣、李秋零译,中国人民大学出版社2007年版,第417页。
③ [德]康德:《实践理性批判》,韩水法译,商务印书馆1999年版,第29页。

要求人们不能按照自身的偏好和欲望去行动，而只能按照道德法则的要求去行动，从而做出合乎道德性的正确行为。道德自我正是凭借着自身特有的德性力量和义务本质，与一切感性欲望和自然禀赋作斗争，获得道德的称赞和颂扬。

康德对德性内涵的新规定，事实上开辟了自古以来的德性理论发展的新方向，也使得德性论"道—德"形态的精神气质达到顶峰。以康德与休谟为主要代表的两大德性发展新路向，已然构成了道德世界观中的核心主题，即如何解决道德与自然之间的关系问题。康德和休谟分别从道德角度、自然角度所探讨的二者之间同一性的实现方式，引起了现代道德哲学家们极大的争执和辩论。麦金太尔曾经指出，当德性解释与其在思想和实践的传统语境相隔离时，有关德性的理解也就开辟出了一条全新的道路，"那就是将它们理解为性情（dispositions）；性情以两种方式中的任意一种方式而与新发明的社会机制，即个人的心理学相关：要么诸美德——或它们中的某一些——可以被理解为个人的自然情感的表达，要么它们——或它们中的某一些——可以被理解是约束和限制这同一些自然情感的某些破坏性后果所必要的性情"[①]。前者正是休谟、边沁等人从快乐和不快的苦乐情感出发对德性的理解，而后者则以康德为代表、以人心中的理性意志为道德力量来界定德性，二者之间似乎形成了鲜明的对照和截然的对立，并陷入一种麦金太尔所言的无休止的争论和分歧的现代性困境之中。应该说，康德与休谟之间的争执和对立，还是比较单纯和纯粹的，要么从道德的角度，要么从自然的角度，并没有过多的糅杂和混合。然而，也正是这种直接的、非此即彼式的对立选择模式，暴露出各自显见的缺陷和不足，引发了当代德性理论更为激烈的辩驳和批判。

当代德性伦理的复兴运动，是对康德式的规范伦理学和边沁等人的功利主义、后果主义强烈批判的基础上开展的，其重心是攻击现代道德哲学以"行为的应该"为焦点的义务论和后果论的思维模式，从而主张回归一种传统的德性伦理对"好的生活"观念的肯定。应该说，这种指责和批判十分敏锐地切中了现代道德哲学的弊端，但是在如何回归或重塑德性传统的过程中再次发生了分歧，从而使一种对立式选择模式渐渐走向了新

[①] ［美］阿拉斯戴尔：《追寻美德》，宋继杰译，译林出版社2003年版，第290页。

的融会与复合。换句话说，现代道德哲学的时代贡献是任何当代人无法回避或抛弃的，康德、休谟和边沁等人所主张的理性规范、道德义务、情感需要、行为正当性、功利效果，是近代以来道德世界的旗帜，我们每一个当代人都在分获或享受着这种胜利成果的优越性和成就感，无论怎样进行反思和批判，这些胜利成果也是无法割舍的。所以，当重新讨论德性理论在现代道德哲学中的地位和意义时，其"道—德"形态的精神气质依然是最强烈的时代音。

以麦金太尔为主要代表的当代德性伦理学家把目光投向了亚里士多德的德性传统，而且这似乎是主流，但并不是唯一的声音，异质、多元成为描述当代德性伦理复兴运动全景的关键词，德性理论的发展显现出道德世界的标识性元素。玛莎·努斯鲍姆（Martha C. Nussbaum）自称对希腊化时期的三个中心学派——伊壁鸠鲁学派、怀疑论学派和斯多葛学派的伦理思想很有研究，还承认其亚里士多德主义日益受到约翰·罗尔斯和康德思想的影响。[①] 她和朱莉亚·安娜斯（Julia Annas）等人把启发自己的思想源头同样归为亚里士多德，但她们的具体做法却是从斯多葛学派中汲取营养，以此来纠正亚里士多德思想中的错误和偏见，从而发展出一种综合意义上的新德性伦理学思想。相较而言，她们更易于接受斯多葛学派对自由、幸福、德性等概念的理解，也更为赞赏一种符合自然的理性德性生活。另外，从她们的研究主题上看，所关注的也不是传统意义上占主流的思想观念，而是平日易被人们忽视的主题，如玛莎·努斯鲍姆关注的善的脆弱性问题、欲望问题等。但是，威廉姆斯（Bernard Williams）、迈克尔·斯洛特（Michael Slote，后期思想）、科拉尔·吉尔根（Collard Girgen）等人，则对亚里士多德主义德性论不感兴趣，他们认可的是近代以来的休谟、哈奇逊、斯密等人，主张的是吸收情感主义德性论的有利资源来重新诠释德性理论，在研究方法上受到近代心理学和分析哲学的影响，开始对德性问题进行一种实证研究，并借助于社会学、心理学等研究成果来支撑和论证德性伦理的有关问题，这就为个体自我的道德行为合理性提供了一种实证主义的、科学主义的情感经验分析和论证，使主体性的个人

[①] ［美］玛莎·纳斯鲍姆：《善的脆弱性》，徐向东、陆萌译，译林出版社2007年版，第6—11页。

化、主观化感受具有了一种可普遍化的倾向。最具有理论冲击力的新发展是威廉姆·弗兰肯纳（William Frankena）、沃特尔·谢勒（Walter Schaller）、克里斯廷·斯旺顿（Christine Swanton）、达斯·罗门（Das Ramon）等人所提出的思想观点，他们的许多主张是在与主流规范伦理学的相互批驳和辩护中发展来的，形成并具有规范美德理论合一的新倾向。长久以来，传统德性伦理学重心在于关注"好的"或"坏的"品行，而不关心何为正确的或错误的行为；只考虑"我应该成为怎样的人？"而不在乎"我应该做什么？"，这不仅在德性伦理学家内部达成了共识，也是遭到现代规范伦理学强力批判的重要方面，因此，他们为了纠正这种片面认识，开始对德性有关问题的客观性、规范性、独立性甚至普遍性进行辩护。可以说，他们主要回答美德何以能够成为行动的指导原则问题，并力图展示了美德伦理的客观性与规范性倾向。这种新的融合倾向，使德性在指导行为规范和行动原则方面的规范本质也得以凸显，从而更为全面地指明了德性在人类道德生活中所发挥的真正作用。

当代德性理论的新发展，对于解决"道—德"形态中所突出的基本问题，最大的贡献是提供了一种复杂性思维：在一种精神哲学的视域下审视人类伦理道德观念发展史、人类社会发展史之间的复杂性和同一性。启蒙给予现代人最大的精神财富就是学会了反思，这是道德哲学不断自我更新和发展的动力。在反思的过程中，我们不仅仅是为了认识对象，了解德性概念的内涵，更重要的是，在一种不断的相互批驳和互动情境中看清了德性品质于人而言的意义和价值。所以，一种对道德传统和共同体生活的目的论视野很有必要，这种历史的诉求为德性的存在提供了广阔的历史空间；但是，思虑人自身，关注人的情感体验和理性意志，以道德行为规范的正当性和正确性来建构同一性，也同样必不可少。规则与德性、义务与权利、善与自由、德性与幸福、动机与效果，构成道德世界的全部要求，现代人要做的事情，就是正视二者之间的合理性限度，发展出一种和谐化的存在样态。

3. 德性论"道—德"形态的核心要素

在"道—德"形态视域中把握德性论，突破了学界传统而且主流的德性伦理学的定位，尤其是自亚里士多德以来的德性伦理传统，那么，如何去理解"道—德"形态的德性论呢？或者说，德性论如何能够作为一种"道—德"形态而存在呢？在梳理西方伦理学史上德性论的发展轨迹，并努力探讨德性论"道—德"形态观时，我们已经呈现出德性论"道—德"形态的思维特质和真实面貌，即从道德与德性的契合、德性的人性根基、德性与理性意志等方面来展示，这是从德性概念本身的内在逻辑中生发出来的道德判断。"道—德"形态的确立本身，就包含着"道""德""道—德"的三原素，可以说，德性论本来就是三原素中的一个重要构成。但是，对德性论的"道—德"形态气质的呈现，一方面要从"德"的视角去考察，另一方面，更重要的是从"道"与"德"的辩证互动中去思虑。当我们扩大视野，从整个"道—德"形态的三原素中来思考的话，就能明白"道—德"形态的精髓为何是明"道"成"德"了，而德性论恰恰担负着明"道"成"德"的职责，其德性教育的全部使命和任务就是培育一个有德性、有道德的人。

为了能够更进一步地诠释德性论"道—德"形态的精神特质，在此我们将透过对整个德性论形态演变的思维观念和逻辑分析，抽象提取出德性论道德世界观中的核心要素，以便更清晰地描绘"道—德"形态视域中的德性论轮廓。应该说，德性论之所以能作为一种"道—德"形态而存在，关键的原因在于它对于"道德与自然"这一道德世界基本问题的自觉而系统地回答，并且在这种回答和解决中，凸显道德世界的核心标识，具体表现在三大方面，即道德主体意识、道德价值原则和道德现实关怀，三者构成了道德精神世界和结构体系当中的辩证统一生态。

A. 关于道德主体意识

黑格尔在《精神现象学》中，对于"道德"在人类精神意识的发展进程中所处的地位已有明确说明，即道德属于主观精神，是通过扬弃教化世界的异化而生成的"对其自身具有确定性的精神"。黑格尔的这一论断，表明了道德精神与道德主体的特殊性。以道德主体存在的重要载体人自身来说，道德的内涵意蕴既体现在古希腊德尔斐神庙上的神谕"认识你自己"，也体现在中国古代哲学中"以德配天"口号的提出和倡导。可以说，道德世界对人而言最重要的价值和意义，就在于使人真正体认到人之本性自我应有的道德性样态。

"认识你自己"被苏格拉底视为自己的哲学标识，其意在唤醒人们从关注外部世界本原问题转向人自身。他明确地将这种自我认识定位为对人类本性本质的认识，指出人的本性乃在于灵魂中的努斯（novs）或理性部分，灵魂实现了自己的理性本质就具有了德性知识，也即是成为一个有道德的人；为此，苏格拉底提出"美德即知识"。也即是说，德性就是关于善的知识，就是对自身善良本性的一种理性把握，具有这种知识的人"知道什么事对自己合适，能够分辨自己能做什么和不能做什么"①；这也就意味着，在苏格拉底那里，具有完善德性知识的人必然是个具有完善美德的人②，即人的理智本性与道德本性二者合一。苏格拉底对人类本性的思索，开启了西方世界进入主观自我反思时代的大门。把"人规定为主体"③，在黑格尔看来，这是道德存在的基础和前提。黑格尔所言的主体意义上的人，不是一般地生物学意义的，而是指拥有独立自我意识和自由意志之人。正是基于此，才可以谈得上道德的意义和价值，才可以评判道德的选择和责任。因此，"道德是完全表述自由的概念的实在方面的"，作为自由概念环节的道德，"从它的形态上看就是主观意志的法"④。亚里士多德在论述"合德性的行为与有德性的人"时强调，一个被称为"有德性的人"应具备三个条件：一是他必须知道自己所要做的行为；二是他必须是经过选择而决定做的，并且是因行为自身的缘故而选择它；三是他必须是出于一种稳定的品质而选择的。⑤ 亚里士多德指出了德性品质的一个重要特征即出于选择⑥，他认为德性品质虽不是感情，却与感情

---

① ［古希腊］色诺芬：《回忆苏格拉底》，吴永泉译，商务印书馆1984年版，第150页。
② ［古希腊］柏拉图：《美诺篇》，载《柏拉图全集》第二卷．王晓朝译，人民出版社2002年版，第534页。
③ ［德］黑格尔：《法哲学原理》，范扬、张企泰译，商务印书馆1961年版，第110页。
④ ［德］黑格尔：《法哲学原理》，范扬、张企泰译，商务印书馆1961年版，第110—111页。
⑤ ［古希腊］亚里士多德：《尼各马可伦理学》，廖申白译注，商务印书馆2003年版，第42页。
⑥ 亚里士多德曾说："选择这个名词就包含了逻各斯和思想，它的意思就是先于别的而选取某一事物。"（1112a15）即是说，"选择"不仅包含逻各斯和思想，而且还包含预先的考虑；这表明，他的"选择"概念乃是同时包含着意图与能力的追求目的（善）的实践，主要是指对手段和方法的选择，即在行为的那一刻、在可能的范围中对最能实现行为目的的手段或者方法的选择。

和实践相关尤其是伦理德性,而感情与实践中存在着过度、不及与适度,过度与不及都是恶的特点,只有适度才是德性的特点,因此,"德性是一种选择的品质,存在于相对于我们的适度之中"①。选择显然与意愿密切相关,要么出于意愿,要么违反意愿,而出于意愿的行为始因显然在一个人自身之内,即做与不做的决定权在于他自己;亚里士多德认为,德性乃是出于意愿的,德性与恶也是我们能力范围之内的,做还是不做高尚的行为都是我们能力范围之内的事,甚至一个人是善还是恶、做一个好人还是坏人也都在于我们自身,我们要为出于我们自己意愿的行为负责;由此亚里士多德强调,选择与德性的联系最为紧密,它甚至比行为更能看出一个人的品质。对此周辅成先生指出,在古希腊时期的伦理道德思想中,"他(指亚里士多德)在这里最大的贡献,是看到了伦理学上自愿或意愿(voluntary)与非自愿或非意愿(involuntary)的区分,强调了意愿或意志的重要。这就为道德建立了稳固的基础,开阔了天地。从此,伦理学者们便知道,道德固然有赖于智识和理性,但也依赖于意志或意愿;否则道德的范围就变得既偏狭而又干枯,成为有特权享受教育者手中玩弄的魔术把戏"②。

黑格尔认为,"在苏格拉底和柏拉图那里,一方面,意识是主观的,是为思维的活动所建立的——这是自由的环节,主体优游于自身范围之内,这是精神的本性——;而另一方面,意识又是自在自为的客观的东西,并非外在的客观性,而是精神的普遍性"③。换句话说,在古希腊城邦社会主流的哲学家眼里,主体自我的意识思维所关涉的内容乃是双重的,即"首先内容是'我'自身,是'我的',我有这些兴趣,并使这些兴趣成为内容;其次,内容又被规定为具有完全的普遍性"④。这种双重的意识内容,暗示出个体自我完全独立的意识思维、意识觉悟还不存在,

---

① [古希腊]亚里士多德:《尼各马可伦理学》,廖申白译注,商务印书馆2003年版,第47—48页。
② [古希腊]亚里士多德:《尼各马可伦理学》,廖申白译注,商务印书馆2003年版,第7—8页。
③ [德]黑格尔:《哲学史讲演录》(第二卷),贺麟、王太庆译,商务印书馆1960年版,第42页。
④ [德]黑格尔:《哲学史讲演录》(第二卷),贺麟、王太庆译,商务印书馆1960年版,第4页。

还不可能达到一种完全自觉的道德反思和道德觉醒。所以，古希腊时期人的意愿与选择也仅仅停留在维护城邦共同体利益的基础之上，苏格拉底这样的"理性人"也只能在与城邦利益冲突的情况下，自愿选择了死亡，这种状况到了中世纪的基督教伦理中，进一步受到了更大的压抑和遏制，所谓的意愿与选择在上帝的神意中更无从谈起，神学德性才是最值得推崇的品质。

道德主体自我意识的真正确立，是近代以来的事情。在古希腊，"美德不可教"是主流的声音，因为在城邦共同体的伦理习俗中有一种共同的德性认知，对什么是善也有一种确定的美德知识，这时不需要谈论教化问题。但是，当人们从外在的束缚中开始自我解放，寻求自我存在的意义和价值时，美德教化问题不仅可以谈，而且必须谈，"保存自我的努力乃是德性的首先的唯一的基础"①。德性问题从一种实体性的城邦伦理品质，演化为个人自身的道德要求，探讨德性教育的内容和过程，实际上也是探讨道德来源的合法性过程。因为随着主体自我地位的确立，道德新要求、道德困惑和问题也随之而来，尤其是道德最高权威、道德根基的合法性问题，德性概念内涵的不断变换就是为了解决这些问题而存在。当自我保存成为现代人的最高生活目标，德性也被理解为保存自我的努力，并且被设定为维护现代社会公共生活秩序的要求。可以说，美德对于人自身的潜在道德性的要求被明确地提出来了，而且主体自我的地位越牢固，越彰显出美德于人而言的价值。换句话说，承认美德可教，实际上等于承认人自身的主体性自觉意识。在休谟、康德等人的德性理解中，德性行为的善恶判断都是基于人自身而言的，只不过是方向不同而已，前者从情感，后者从理性，但都试图给道德主体的最高权威奠定基石。因此，德性问题对于道德主体而言，重要的不是其内涵理解发生了怎样的改变，那只是人们面对道德新要求时所提出的一种德性职能变化而已，最重要的是它所展现出的主体自我能动性和自觉意识的凸显程度，是"人成为主体"的象征和代言。道德自我的主体性意识越强大，明"道"成"德"的可能性与现实性也就越大。

---

① ［荷］斯宾诺莎：《伦理学》，贺麟译，商务印书馆1983年版，第186页。

B. 关于道德价值原则

在道德世界中，对道德主体的自由意志和道德行为进行善恶导向和评判的重要原则是善或者至善的价值观念。可以说，趋善避恶是道德自我规范和规约的重要价值原则，也是个体自我由自然存在者向道德存在者提升的最高目标和理想。在整个古希腊时期，人们对宇宙世界和人类自我的认识倾注着一股浓厚的目的论思维，即亚里士多德所言"每一事物都是向善的"，并始终朝着由不善到善、由善的低一级层次向高一级层次进发的螺旋式上升路线前进，直至达到最后的、最高的至善之境。这种有关善的梯层结构体系思想在阿那克萨哥拉提出的"奴斯"理论中可以看到，在柏拉图的理念世界中也可以看到，善成了整个世界宇宙万物存在并追求的最终目的。遵照着这种目的论思维，苏格拉底把有关善的知识称为美德，掌握了它，就成为了道德之人。苏格拉底的这一做法"使美德具备了真正知识的权威性，从而与智者们如高尔吉亚的'演讲术'那种骗人的、主观的伪知识、伪技术严格区分开来，它使'美德是什么'的问题可以理智地加以认识——不像'伪术'的只知其然而不知其所以然。于是，学习和掌握美德也就可以通过有规律的、能清晰地加以解说的程序来进行。更重要的是，它使'为什么行德'的规范伦理学问题有了理性的回答——为了达致行为者自己的'好'。"①

"为了达致行为者自己的好"这一理性回答，表露出善作为道德评判原则，其首要的内涵用黑格尔的话说，"是特殊意志的真理"，也即是个体的善、主观的善。从某种意义上说，善是相对于道德主体自我的需求而言的，因此，它具有强烈的主观性和特殊性。但是，在古希腊人那里，人们一开始对善的认识却极力避免这种主观性和特殊性，而总是试图把它作为一种普遍性、绝对性来看待的。苏格拉底所言的善的知识即是如此，他不满足于个别善或具体善，而专注于寻找一种有别于具体善之外的善本身概念，即探讨存在于各种具体善之上或者其背后的普遍本质性的善；可以说，苏格拉底把寻求一种普遍善或永恒善当作自己不可推卸的职责。对此，黑格尔曾说："他（苏格拉底）的哲学的主要内容，是把善认作绝

---

① 包利民：《生命与逻各斯——希腊伦理思想史论》，东方出版社1996年版，第179页。

对,特别在行为中去认识善。"① 因此,在后继者柏拉图或亚里士多德那里,人们对待善尤其至善的态度,不是停留于某一特殊善,而是把至善视为善的总体、宇宙世界的最高存在代表,同时也是宇宙万物追求的最高价值目标。这样一来,有关善的观念在古希腊人那里,不仅是一个具有本体意义的存在者,也是一个具有价值意义的存在者,是"作为意志概念和特殊意志的统一的理念"②。这种普遍意志和特殊意志相统一的特性,决定了"西方至善概念包含两个本质环节,即个人幸福和普遍道德,二者缺一不可"③。

古希腊的善的目的论思维,为人自身的道德完善提供了无限的发展空间。人作为生物性的自然存在者,有着诸种现实的人性需求,这既是人性实然的具体表现,也是人性完善的现实基础。然而,至善的人性理想昭示着主体自我又必须完成的道德任务,向着人之为人的应然道德存在奋进。可以说,普遍性的道德要求和自我特殊的意志要求在一种善的目的论梯层结构中得以统一结合,获得其现实性;或者说,既成为一种个人道德目的要求,也是一种世界普遍道德目的要求。"在德行的意识那里,各人私有的个体性必须接受普遍、自在的真与善的训练约束。但仅仅接受训练约束,它仍然是私人的意识;只有整个人格的牺牲、舍弃才是真正的训练约束,才足以保证自我意识已不再执着于个别性了。"④ 黑格尔在这里指出,普遍性的善对于道德主体自我所具有的道德命令或义务,当个体自我从主观意志出发来规约道德行为,它还不能称得上是真正意义上的道德善;只有完全承认善的绝对本质,并使之成为个体意志和行动的全部根据时,一个真正意义上的道德存在者才得以确立,人之为人的尊严和价值就体现在这种对自我本身的德行要求和实现之上。因此,古希腊人对德性善的理解并非完全基于德性自身的善而来,而是有一个更广阔的善的目的论思维来支撑,公民个体之善与城邦国家之善、宇宙世界之善融于一体。同样,在中国古代儒家思想观念中,德的观念从来不是独立存在,仁人君子的自我

---

① [德]黑格尔:《哲学史讲演录》(第二卷),商务印书馆1997年版,第52页。
② [德]黑格尔:《法哲学原理》,范扬、张企泰译,商务印书馆1961年版,第133、132页。
③ 邓晓芒:《西方伦理中的善》,《社会科学战线》2001年第5期。
④ [德]黑格尔:《精神现象学》(上卷),商务印书馆1979年版,第252页。

德性修养也是与家、国、天下的观念合而为一的。可以说，中西方古代社会个体自我的道德善都有一个更广阔的背景来支撑，正是基于此，个体自我的精神世界和精神生活获得了一种相对意义上的完满和自足，恰如中国哲学所主张，"为仁由己"，"德者，得也"。

然而，随着目的论思维在现代社会的陨落，有关善的内涵理解也逐渐发生了变化。休谟认为，任何性质或品格呈现出快乐观念或带给人愉悦感觉，获得了人们的赞许，就是一种德性、道德上的善。善的普遍本质被取消，只剩下一种个别性、主观性和偶然性的东西。康德试图重新恢复善的普遍本质，却使善的绝对优先位置腾让出来，"善和恶的概念必定不是先于道德法则被决定的，而只是后于道德法则并且通过道德法则被决定的"①。这表明，善恶的概念完全是基于道德法则而来，以与道德法则的是否符合或一致为判断标准，善的原则依附于正当原则，丧失了原有的独立性。在罗尔斯作为公平的正义原则中，正当概念优于善的概念，有关善的理论仅仅是某种康德意义上的变种。他提出了两种善的理论：一是善的弱理论，"某物仅当它符合于同已有的正当原则相一致的生活方式时才是善的"，在这里，善理论的作用仅仅在于稳定正当概念的优先地位，而在正义原则的论证方面几乎不起作用，"它的目的在于保障论证正义原则所必需的基本善前提"②。二是善的强理论，"这种强理论的特征是它把正义原则看作是已经得到了辩护的，然后又用这些原则去规定和善概念有关的其他道德概念"③。也就是说，强理论意义上的善，是在正义观念或原则已经确立的情况下，依据它们来解释道德价值和道德活动中的善的概念。对一个人来说的善的东西，即人生的合理性生活计划，也是由正义原则来约束的，总之一句话，"要构筑道德上的善概念，必须借助于正当和正义原则"④。换言之，正义原则才是道德价值的首要原则，正当优先于善。

道德价值原则的转换，使得人们由古代时期对主体行为者自身的内在

---

① [德]康德：《实践理性批判》，韩水法译，商务印书馆1999年版，第68页。
② [美]罗尔斯：《正义论》，何怀宏等译，中国社会科学出版社1988年版，第396页。
③ [美]罗尔斯：《正义论》，何怀宏等译，中国社会科学出版社1988年版，第398页。
④ [美]罗尔斯：《正义论》，何怀宏等译，中国社会科学出版社1988年版，第404页。

关注转向近现代社会一种对道德自我行为规范的外在约束,德性品质存在的基石也随之发生了改变,由原初的个体性转向了社会性。人们对主体自我的伦理生活追求,渐渐从古代那种卓越优秀、天人合一的整体世界图景中走出来,转向一种对道德自我的行为动机及效果的探求,外向社会型思维方式成为主流,有关德性的理论和培养不再仅仅是个体性视角,社会性德性也日益成为主流。休谟就曾十分明确地提出"对他人或社会有用的品质""直接令他人愉快的品质"[1],这些社会性德性品质的突起,改变了以往人们的传统德性思维,也使得人与人、人与社会如何相处的道德问题更加凸显。从某种意义上讲,现代人关注"人们如何在一起"的问题,已然超越了古代人所思考的"人应当如何生活",转而成为当下时代思考的最强音。

C. 关于道德现实关怀

德性与幸福的关系处理,实际上是道德世界观基本问题的现实展现。对这一问题的争议,一方面集中在如何看待二者之间的关系上,如德性与幸福之间究竟有没有同一性?如果有的话,又是何种同一性?另一方面,德性与幸福之间的同一性建构途径到底是怎样进行的?这两方面的问题,实际上都不是现代道德哲学才有的探讨,在古代伦理社会就已经展开了充分的讨论,并形成了重要的理论范型,如亚里士多德式的同一性范型、斯多葛派式的同一性范型和伊壁鸠鲁派的同一性范型。康德曾经公开地批判过后两者范型,认为他们都没有正确地认识德性与幸福的必然联结,而只是错误地在德性与幸福之间思索着同一性,"斯多葛派主张,德行是整个至善,幸福仅仅是意识到拥有德行属于主体的状态。伊壁鸠鲁派主张,幸福是整个至善,德行仅仅是谋求幸福的准则形式,亦即合理地应用谋求幸福的手段的准则形式"[2]。而对于亚里士多德的观点,康德主要反对从习俗的角度来理解德性内涵的视角对以亚里士多德为代表的传统德性观进行批驳,而不是从德性与幸福的同一性角度整体批判。

暂且不管康德的批判是否成功,但他的批判得以展开的一个重要前提

---

[1] [英]休谟:《道德原则研究》,曾晓平译,商务印书馆2001年版,第28—55、114页。
[2] [德]康德:《实践理性批判》,韩水法译,商务印书馆1999年版,第123页。

是，有关德性和幸福的概念内涵都与古代伦理学家发生了重要的分歧。同时，古代伦理学中的德性主张，之所以遭到康德等人的批判，还有一个客观社会事实的变化使它失去了现实合理性。麦金太尔本人在思索亚里士多德德性传统的当代社会价值时，提出一个问题，"如果说亚里士多德美德理论的很多细节，都以那早已消失的古代城邦的社会关系语境为先决条件，那么，如何可能把亚里士多德主义设计成一种可以在一个没有了城邦的世界中存在的道德呢？"① 可以说，古代伦理学对德性与幸福的同一性问题探讨，不管是哪一种理论范型，都是建立在公民—城邦的社会结构模式的基础上的，都是以城邦共同体的至善要求为背景来确立德性和幸福的内涵的。中世纪时期的基督徒—教会组织的社会结构模式，虽然与古希腊的城邦结构不完全一致，但是，两种社会角色和社会结构本质上如出一辙，都是以个体角色与整个共同体组织的融合一体为前提的。然而，现代社会却不同，它是从对古希腊、中世纪的批判和反思中成长出来，是在颠覆中世纪的社会结构、意识形态等基础上的重新崛起，是一种新型的市民—主权国家社会结构模式。作为一种新型的社会结构，所带来的必然是一种新颖的伦理道德观，引发新旧德性理论形态之间的变换。由此可以说，站在康德等现代道德哲学家的角度来说，必然会对传统的德性幸福观念产生质疑和批判，从而建构一种新型的德性与幸福之间的关系问题思考模式。

现代道德哲学家对德性与幸福同一性关系的思考，在不断的争议和探讨中也形成了四种代表性的理论形态，主要是以休谟为代表的情感形态、以边沁为代表的功利形态、以康德为代表的理性形态和以黑格尔为代表的精神形态。从这里可以看出，德性与幸福之间有无同一性的问题已经不成为问题，众多的道德哲学家形成了一致的观念，即二者之间不管是在观念世界还是在现实世界，都应该同一，也必须同一，它关涉着道德存在的意义和价值。但是，这种同一性应该建筑在何种基点之上呢？德性与幸福能否构成因果链条？又何为因？何为果呢？争论的焦点恰恰发生在这里。从休谟到康德，对这一问题的回答，处在一种尖锐的两极分化之中，休谟和

---

① ［美］阿拉斯戴尔·麦金太尔：《追寻美德》，宋继杰译，译林出版社2003年版，第149页。

边沁虽然对幸福的理解有偏差，但其理论主张的实质性内核保持了高度的一致，都赞同从一种感性现实的幸福需要出发来看待二者之间的同一，德性也被认定为是一种愉悦的情感体验或最大功利的实现。而康德站在了对立面，立足于人的理性意志来确定德性的主导性地位，把幸福视为至善完满性的充分条件，置于彼岸世界中由灵魂不朽和上帝存在来保证二者同一。休谟与康德的分歧与争议，实际上又引申出了现代道德哲学所关注的另一个重要问题，即道德行为的动机与结果何者优先？这涉及的是个体自我道德行为的判定标准问题，是从一个行为者的内在思想动机来评判，还是从实际的行为效果出发来看待，引起了人们极大的辩论，义务论、正义论、功利主义、结果主义等思想派别的划分就是根据他们的回答不同来归位。德福同一性的问题，已经细化影响到了道德行为、道德判断的依据和标准设定，将德性论道德哲学的发展引向多元，形成了个体性视域与社会性视域的两大探究方向。

黑格尔作为后继者，虽然看似离这场争论距离较远，但实际上他和康德的主张较为接近，都是一种德性主义的倾向。应该看到，黑格尔对康德并非完全认同，而是有着较多的批评，如他否定康德对待幸福的态度，把道德与幸福的同一视为道德世界预定的和谐，对感性幸福的肯定态度使他与康德的视野有了较大不同。康德重在实践理性的抽象思辨，即使是现实的生活世界，也难逃这种抽象思辨所带来的形式主义弊端。黑格尔则从人类意识的自我演化和自我发展出发来揭示精神自身的运动轨迹，重在以一种精神哲学的辩证法视野来看待德性与幸福的关系，这使得黑格尔的精神概念有了超越康德理性概念的优越性，在精神哲学的自我发展中实现了理论与实践、思维与意志、知与行的同一，使德性与幸福之间实现了和解。但是，这种优越性按照黑格尔哲学辩证思维的发展特点来说，仍然是一种观念中的不彻底的表现，必将受到一种自我扬弃，走向更高层次的发展。因此，在此后的马克思主义哲学、当代道德哲学的不断修正和丰富中，我们能够看到德性与幸福问题的同一性讨论，事实上已经置于了一个更广阔的理论探讨和现实发展之中，使得其现实性问题更加突出，不至于陷入一种虚幻与空谈。

4. 德性论的"形态"发展

以精神哲学的理念和方法来把握伦理道德形态的发展历史，最大的优越性就在于能够更加全面、清晰地展现出其动态的生命发展过程，以一种生命自身的成长和发育来自我呈现。德性论"道—德"形态的确立，不仅仅是从"道—德"形态看德性论"道—德"形态演绎，更要在整个伦理道德形态发展的总体视野和生命过程中来看待，由此，其生命呈现的动态感、有机性和丰富性就更加真实，也更加鲜活。德性论"道—德"形态所呈现的，就不仅是其道德世界观的德性价值和意义，也凸显道德世界发展中的问题和缺陷，"道—德"形态的合理性限度问题在未来形态的发展进程中也必然提上日程。

A. 德性自主的现代性道德困境

不管近代道德哲学对古代德性内涵的理解发生怎样的改变，是基于人的理性意志还是道德情感，一个确定不移的事实是，他们都将德性定位于人自身道德存在的提升，从而将人的自然存在身份和道德存在身份之间的区别更加明显地表现出来，这一做法造成了道德与自然之间的分裂和冲突。这个"自然"的内涵，不仅意指人自身的主观自然，即一种基于感性欲望和心理体验的自然存在属性，而且也包括更广义上的客观自然，即从宇宙自然视角出发看待人在世界中的地位。对于前者而言，道德与自然的冲突，主要表现在人自身对幸福生活理解的态度，虽然康德并未完全否定幸福体验，但他对世俗幸福追求的苛刻规定和来世设定，依然使他成为最严厉的道德倡导者，因此，在康德的德性理论中，德性就意味着人自身的理性意志力量，并且带有一种强烈的义务责任意味，人的德性力量越强大，人之为人的道德感也就越能充分体现，道德主体所获得的德性赞誉也就越多。最关键的是，在康德看来，这一切完全基于人的自由意志，这是世界上其他存在者所不具备的东西，是人最本真的存在标识。对自由的肯定和推崇，使得近现代道德哲学发出了一种不同于古代伦理的声音，不仅个体自我对自身的价值追求发生了变化，而且人类在整个宇宙世界中的地位也随之改变。相比传统社会，个体自我具有了非常强烈的道德选择意识和权利,从"我"出发,"我"的意志自由占据了第一位,个人主义、利己主义成了最受欢迎的道德主张。同时,人类自我在客观世界面前,也改变了以往的存在态度,"上帝死了",尼采喊出了现代人的内心渴望,于是,人类成了世界的主人。

霍克海默曾指出启蒙自身的一个逻辑悖论:"就进步思想的最一般意义而言,启蒙的根本目标就是要使人们摆脱恐惧,树立自主。但是,被彻底启蒙的世界却笼罩在一片因胜利而招致的灾难之中。"[①] 也即是说,启蒙的胜利不仅没有带来人们所渴盼的理想生活,反而与其最初设定的美好初衷相悖。在霍克海默看来,这一逻辑悖论具体表现在三个方面:第一,启蒙以消除神话为己任,以知识代替想象为纲领,意欲建立一个自由平等的真理王国;但是在现实中,启蒙理性却走向了它的反面,退化为新的神话。第二,启蒙理性的宗旨是唤醒人的自主意识,确立人对自然的无限统治;然而,人征服自然的结果并没有使人成为自然的主人,也没有使自然成为属人的存在,相反,人对自然的统治导致人与自然关系的破坏,导致自然对人类的报复。第三,在启蒙理性统治的世界中,不仅存在着人与自然之间的异化,而且人与人甚至人自身也都处于一种异化的状态中,启蒙最初所允诺的自由与幸福等美好理想化为泡影。因而,霍克海默认为启蒙具有自我摧毁的特性,这注定了它不是把人们引领进真正的人性状态而是走向了野蛮,在他看来这就是启蒙所具有的辩证法。

霍克海默所揭示的启蒙辩证法,把人类成为世界主人的理想面纱完全揭下,露出了真实的面目。应该说,能够重新肯定个体自我的自由意志,这是一种历史和道德的进步,它使得人自身的价值和意义充分显现,对此近代以来的启蒙思想运动功不可没。但是,一种完全的、充分的、绝对的个体自由,对人类而言到底意味着什么?黑格尔给出的答案是:"恐怖!"法国大革命已经把这种绝对自由的恐怖在现实世界中淋漓尽致地演绎出来。如果说这种恐怖还是一种革命政治领域的表现的话,那么在伦理道德领域,它则是另一幅恐怖景象。正如启蒙辩证法所揭示的悖论,看似人人自由平等,实际上却处于一种无法判断自由平等的境地;看似人人都具有

[①] [德]马克斯·霍克海默、[德]西奥多·阿道尔诺:《启蒙辩证法》,渠敬东、曹卫东译,上海人民出版社2006年版,第1页。

理性权威，实际上却丧失最高权威的存在。美国当代哲学家麦金太尔在描绘当前社会伦理道德状况时，宣称当代伦理道德话语和道德实践都陷入一场多元混乱和严重无序的困境与危机之中，而且彼此之间不可公度、道德争论无休无止。麦金太尔的论断切中时弊，可谓慧眼，他在反思并斥责情感主义、分析哲学等对现代性道德困境的产生和助长所带来的巨大影响之后，重新提出了自己的解决方案，试图以回归亚里士多德为方向，重塑伦理道德秩序的普遍性与权威性。但是，从麦金太尔提出并尝试解决问题的那一刻开始，一种新的质疑就从未停止。麦金太尔为了应对现代道德困境，主张从实践出发，以一种更宏大的叙事性自我和文化道德传统为背景，来建构伦理道德的普遍性和规范性，从而终止无休止的道德争论和分歧。然而，在批判和指责现代道德话语和道德理念之间的不可公度事实的同时，麦金太尔自身也陷入了一种不同文化道德传统之间如何公度的质疑之中。可以说，"美德伦理学强烈的道德特殊主义理论立场，比如，对文化多样性、文化传统和道德社群的独特特殊性的执着，不得不承受道德相对主义的压力。如何避免道德相对主义的质疑，应该是当代美德伦理学面临的最严峻的挑战之一"[①]。事实上，不仅同时代的哲学家如塞缪尔·谢弗勒、斯坦利·豪尔沃茨等向麦金太尔提出了道德相对主义问题[②]，而且麦金太尔本人也已清楚地认识到这个问题。在《追寻美德》（After Virtues）第二版跋中，他专辟"美德与相对主义问题"，来回答人们对他的美德理论所提出的重要质疑。在随后的两部著作（《谁之正义？何种合理性？》与《三种对立的道德探究观》）中也专门探讨过这些问题。

可以说，麦金太尔发现并提出了时代问题，也尝试着各种途径予以解决问题，却以失败而告终，甚至如他自己所判断的，他提出的这一问题实际上恰恰成为一个新的思想契机，引起了后续者不断的道德争议和努力。当代德性伦理复兴运动的蓬勃发展，其思想源头的各种追寻，已经十分明确地表明无休止的道德争议的现实性和不可终结性。道德世界从黑格尔所

---

① 万俊人：《当代伦理学前沿检视》，《哲学动态》2014年第2期。
② 关于不同德性传统的相对主义问题，麦金太尔同时代的一些伦理学家如塞缪尔·谢弗勒等人都提出了质疑，认为麦金太尔的这一理论容易导致某种不可避免的相对主义产生。（具体参见 A. 麦金太尔《追寻美德》，宋继杰译，译林出版社2003年版，第347页。）

言的"对自身具有确定性的精神"状态,开始进入一种不确定性的状态。当然,这种不确定性状态主要是就整个社会的伦理道德状况而言,是一种道德自律的产物和结果,"以不同方式在社会交往过程中摧毁和重建自己的时候,道德自己建造了自己:人们聚集在一起或者离开,加入一个联盟或者解散它,取得一致意见或者彼此争吵,修补或者撕毁使他们联合起来的纽带、忠诚和团结。我们知道的仅限于此,余下的,即这一切的结果,却是模糊的"①。道德世界的生活朝向了另一种轨迹,其中没有权威、不确定性、彼此质疑、相对主义等成了常态景象,鲍曼用"无伦理的道德"来描绘这种景象。这里所说的"无伦理",实际上是指今天道德建立在一个个体理性意志的基础之上,而缺乏一种更深层意义上的对道德自身存在根源的根本性解释基础,或者简单地说即缺乏一个最终的存在理由。这使得道德本身也简单化了,所有的道德选择权、决定权及评判权等都掌握在道德主体手中,道德的存在也随处可见,但道德的怀疑与偏见也更易于滋生和蔓延。应该说,这一切是人类在成为世界的主人之后没有预料到的,人们渴望结束这种道德困境,使之处于可控状态,但是没有任何迹象显示,现代人为之付出的努力是成功的。

B. 德性规范的普遍原则建构

应该说,没有任何一位思想家期望看到,社会伦理道德从一种道德自主的成功主宰滑向道德相对主义的泥潭,在古代伦理世界中,或许个体自我还没有一种现代意义上的道德自主,因此,也不存在今天的道德困境。但有一点是很清楚的,那就是古代伦理带有十分明显的普遍意义追问,不仅对于个体而言,对于整个世界也是如此。对此,从苏格拉底以来的善的目的论传统很清晰地显现出来。在苏格拉底那里,"德性即知识",这种知识就是一种关于善的知识,对德性的认定和评价是在一种善的知识传统中来进行的,离开这个传统,德性就失去了意义。柏拉图把这种善的传统更加细化,构造了一个以至善为核心理念的善的理念世界,继而他具体阐发了四种最重要的德性品质,被视为古希腊流行的"四主德"。柏拉图对

---

① [英]齐格蒙·鲍曼:《生活在碎片之中——论后现代道德》,郁建兴等译,学林出版社2002年版,第11—12页。

德性的阐释，是与理想城邦的存在状态密不可分的，他提出的这四种德性即智慧、勇敢、节制和公正中，公正之德的地位是高于其他三种个人德性的，因为公正的德性是与城邦共同体紧密联系在一起的，属于国家德性的层面，它不仅"能够使节制、勇敢、智慧在城邦中产生，并在它们产生之后一直保护着它们的品质"（理想国，433C），正义德性的职责和功能，就在于保持城邦内的各种德性彼此相安无事、和谐相处。因此，公正的德性常被古希腊人视为城邦共同体的灵魂。亚里士多德在谈到公正德性时，也曾说："公正是一切德性的总汇。"

亚里士多德虽然对德性品质有了更细致的划分和论述，并且大多是一种个体德性品质，但在他的德性论思想背后同样有一个显在的目的论传统，"一切技术，一切规划以及一切实践和抉择，都以某种善为目标"[①]，而且他对德性的理解和界定也更多地是从一种存在论的意义上进行的。德性被规定为灵魂所有的品质状态，是使灵魂功能充分发挥、使人卓越出色地完成活动的品质，"既使得一个人好又使得他出色地完成他的活动的品质"，拥有它则有助于实现对人而言的真正善，缺少它则会阻碍这一幸福目的的实现。[②] 对德性的这种传统理解，都建构了一个更大更深层的目的论根源来作支撑，这使得古希腊的德性传统呈现出与现代道德哲学传统不一样的精神气质，即德性品质的合理性根据，不像现代道德哲学这样建立在一个道德主体的自律基础之上，而是有一个个体德性之善与城邦国家之善、宇宙自然之善合而一体的广阔背景。由此可以说，从广义上讲，德性品质是与善的普遍存在意义相契合的，其所表达的普遍行为规范也由善的理念而来；从狭义上讲，某些具体的德性品质直接呈现一种规范性意蕴，这尤其以公正或正义德性最为突出。对正义德性的重视，是古希腊一直以来的传统，柏拉图和亚里士多德都曾专门做过详细的论证，同时这也和其主流的城邦国家理念至上完全一致。

但是，由于善的目的论传统到了近代却发生了嬗变，虽然在今天的伦

[①] ［古希腊］亚里士多德：《尼各马可伦理学》，苗力田译，中国人民大学出版社1999年版，第3页。

[②] ［古希腊］亚里士多德：《尼各马可伦理学》，廖申白译注，商务印书馆2003年版，第44—45页。

理道德话语中还依稀可见目的论思维的身影，但已然不再是古希腊时期以功能目的的自我实现为主体根基的德性目的论，而是一种从自然人性出发对人类行为做出合理解释的功利目的论。虽然善的概念依然是伦理学的核心概念之一，但它的内涵已经从古希腊集善的本质与善的事物、普遍善与具体善为一体的综合性内涵，嬗变为一种与个体主观感受相关联的东西、一种以合理性计划为基础的东西，善的首要价值地位已经下降到以道德法则或正义原则为优先性的附属地位。于是，"不会再有任何真正共同分享的善；惟一的善将是诸个体的善"①。每一个个体行为者都试图将对自己而言的善以一种非个人的权威模式发布出去，使其成为一种对人而言的善。

然而，对自己而言的善毕竟不能等同于对人而言的善，以对自己而言的善为根基而建构的德性论，也不过是一种自我性情的表达或者理性意志的反映，道德相对主义、主观主义的倾向不可避免。于是，对普遍性规则的渴望又在人类的道德话语和道德实践中急切地呈现出来，诸如禁令、诫命、规则、命令等各种形式的伦理训诫，在现代个人主义的道德中获得一种新的中心地位，它们的价值都无一例外地体现在对个体行为者行为活动的规范作用上，"道德哲学的各种核心问题开始集中到'我们如何知道哪些规则应该服从？'的问题上来。美德观念对于道德哲学家及其所栖居的这个的道德来说，已经边缘化了"②。于是，我们看到，一种道德援引法则概念为其核心以至于将美德概念彻底置换出去的新的理论和实践模式，在人们当前的伦理道德生活中得以确立了。

美德伦理与规范伦理的地位置换，表达出现代道德哲学对普遍规范原则的渴求，或许在现代道德哲学家看来，只要这种普遍道德规范的合理性根据建构起来，麦金太尔所言的现代性道德困境就不会发生。因此，每一个现代道德哲学家都以建构普遍性的道德原则为自身使命，为解决时代课题出谋划策。即使是德性品质自身，也面对着一个如何论证其客观性和规范性的问题。然而，只要看看现当代伦理学领域活跃着多少种道德哲学主

---

① [美] 阿拉斯戴尔·麦金太尔：《追寻美德》，宋继杰译，译林出版社2003年版，第214页。
② [美] 阿拉斯戴尔·麦金太尔：《追寻美德》，宋继杰译，译林出版社2003年版，第300页。

张或流派就可以明白，在一个丧失了有关统一性伦理认同基础的时代，要建构一种普遍性道德原则是多么困难的事。今天，之所以出现麦金太尔所说的现代性道德困境，除了麦氏给出的解释理由之外，还有一个重要的原因不容忽视，那就是如何对待形而上学的哲学传统。"形而上学"这个古代伦理备受推崇的宠儿，到了现当代社会，却遭遇了各种曲折命运。康德道德哲学对待形而上学的态度，可谓重视。为了重构道德形而上学，确保道德自身的高贵和纯粹，康德不惜舍弃人的自然需要。但是，到了尼采这里，形而上学已经找不到栖息之地，"上帝死了""重估一切价值"，形而上学也难逃被审判、舍弃的命运。事实上，不只是尼采，到了后现代伦理学家这里，伦理学本身已经变成了一种碎片化的东西，任何具有总体性、终极性、普遍性，甚至真理性的存在都已被击落，形而上学的身影自然也化为泡影。然而，一个显在的事实又十分清楚地表明，每一个伦理学家对待形而上学的态度不同（重置、悬置、虚设、舍弃），他所试图建构的普遍性道德原则和道德认同路径就各不相同，如康德的理性意志原则、休谟的道德情感原则、边沁的功利效用原则、哈贝马斯的商谈伦理原则、舍勒的同情感原则等。普遍性道德原则如此之多，等于表明现代道德哲学家为之付出的努力前功尽弃，所谓的普遍性追求不过是现代人自我安慰的一种理想，是现代道德生活中的虚假景象。

C. 自我扬弃的道德精神

在黑格尔的精神哲学体系中，道德虽处在精神自身运动和发展的最后一个环节之上，即经过真实的精神（伦理阶段）过渡到自身异化了的精神（教化阶段），精神终于来到对自身具有确定性的道德阶段，但是，这并不意味着道德世界就是最后最完美的理想世界。恰恰相反，道德世界自身同样蕴含着无法解决的内在矛盾，它推动着人类精神不断地自我否定、自我扬弃，从而向着更高的阶段迈进。

黑格尔认为，道德本质上是一种具有否定性的道德意识，道德同自然和感性之间的关系只有保持一种否定的关系，才是道德的本质环节之所在，这一本质规定事实上表明了道德自身的内在矛盾和道德发展的动力源泉。在黑格尔看来，在观念世界中，存在着一个纯粹的道德意识，它意识到道德义务和感性自然之间潜在的和谐；但是，在现实的道德世界中，道德义务与感性自然之间的不和谐又是显在的,二者之间无法实现真正的统一,因为现实的道德行动打破了二者之间的预定和谐,与道德相对的感性自然影响了道德的纯粹性,康德正是为了保证道德自身的纯粹和高贵而否定了感性自然应有的地位,所以在现实生活中实际上是不存在一个完成了的或实现了的道德意识,这种矛盾构成了道德世界观的二律背反,"既存在着一种道德意识,又不存在任何道德意识"①。道德世界的这种悖论,决定了"道德的完成是不能实际达到的,而毋宁是只可予以设想的一种绝对任务,即是说,一种永远有待于完成的任务"②。永远有待于完成,并不意味着无法完成就此终结了,再也不会考虑道德的任务了,而是说,道德的理想和目标设定在远方,道德的过程将是一个永远朝向理想目标而奋进的过程,道德的意义和价值就存在于不断的自我提升和超越之上。原因很简单,是现实的道德行为环节决定了这个道德任务的过程性理解。在黑格尔看来,良心是自己本身内在自我的自由体现,也是对绝对真理和存在具有直接确信的精神自我,行为的本质是由良心对道德义务的信念构成的,它指向一种普遍性,这种由良心而发出的行动在得到他人承认的同时具有了一种现实性,从而消除了道德世界的悖论矛盾。

黑格尔对于道德世界的理论推演和逻辑分析,十分清晰地展现出道德精神形态自身的阶段性和局限性,这为人们更进一步地理清德性论"道—德"形态的未来发展有了一个很好的引导和指向。事实上,德性概念内涵理解的不断变换,已经暴露出其中的问题,人们无法去获得一个共同认可的德性概念,也无法树立一个最高的德性权威,只能在德性内涵的不断变换中去调试人们的道德新要求。个体性的善与共同善的分离,使得德性概念的存在失去了可以依靠的强大背景,德性只能归属于主体自我,展现现代人的道德自觉意识和主体性努力。因此,自我扬弃是必然的结果,也是最后的选择。从古希腊到今天,"认识你自己"一直是人类最渴望做到的事,但越是渴望,却越是困惑、模糊,也越加努力。这种不断地

---

① [德]黑格尔:《精神现象学》(下卷),贺麟、王玖兴译,商务印书馆1996年版,第146—147页。
② [德]黑格尔:《精神现象学》(下卷),贺麟、王玖兴译,商务印书馆1996年版,第129页。

自我否定、自我扬弃，构成人类前行的内在动力。因此，当康德赋予德性内涵以人自身的理性意志力量时，他给了德性概念最高的道德荣誉，使个体生命秩序找到了尊严的源泉，却没有解决人类社会生活秩序的道德规范问题，源于善良意志的绝对命令最多是一种道德权威形式，并没有实质性的规范作用。所以，现代社会才会有一批又一批的思想家、哲学家去不断尝试，试图给予一种道德普遍性的合法性来源。在现代德性理解的结构体系中，自由是不可缺失的关键因素，这既是从德性概念自身的内涵而言，也是从德性主体的承载者角度来说。这里所提出的自由，不是指人类对自由的渴望与向往，而是指现实的道德实践活动中的自由度的实现程度。就德性内涵而言，自由意指人的道德性的要求，是人的应然本性的表达；就德性主体而言，自由意味着人之为人的自在本性，是一种自然状态的人性复归。在现实的道德生活中，这种应然与本然、自由与自在往往遭遇到一种冲突，可能出现知行不合一的伪善之人，也可能出现德福不能同步的"悲伦情愫"，更可能出现"道德的人与不道德的社会"，因而使道德自由化身为一种道德渴望，成为一种遥不可及的梦想。但是，从古至今，人类从来没有因为难以企及就停止脚步，甚至放慢脚步。

实际上，无论怎样变换德性的内涵规定，对于德性问题而言，其最深沉、最本质的内在根源却始终未曾改变，即对人性本身的不断探寻和道德关注。善、应当、理性、自由、幸福，都是在源自人性本身的切实追问的基础上发散而来，是人性生命之树的枝脉。德性问题只不过是不断搅动人性认知、触动灵魂思考的激发源，在人性蓬勃的生命律动中凸显出其中的道德色彩而已。说到底，德性问题、道德问题、人性问题，实际上是一个问题。德性论"道—德"形态所努力的方向，就是竭力揭示出人性本身内在的东西，彰显出人性自我的独特魅力。帕斯卡尔有一句名言："人只不过是一根苇草，是自然界最脆弱的东西；但他是一根能思想的苇草。"这诠释出了人类生命的全部意义，人性的脆弱与坚强就深深地凝聚在这根"能思想的苇草"上。德性作为"能思想"的主体性表现，其所彰显的不是人性所需的理性知识，而是道德品性的精神力量。正是拥有这种道德精神，我们才会发现，回望人类社会发展的历史，恰如随风摆动的苇草，看似摇摇曳曳，晃动断裂，却始终跌跌撞撞，屹立不倒，总是一派"野火烧不尽，春风吹又生"的勃勃生命景象。

十四 "道—德"形态(二):"自然—道德"世界观——道德心理主义—精神分析

自从人类有文字记载以来,身心关系一直都是伦理道德的主题。生态、心态与形态等的千姿百态引领着思想家们得出不同的生"理"、心"理"与哲"理"。思想纷呈,百家争鸣,学派林立,流派承续。近代以前,生命秩序混沌不清,生理、心理与哲理也相互交织。近代以来,科学开始崛起,区分成为潮流。生理、心理等以各种学科的形式渐渐从哲理中分离出来,科学以其可量化、可经验、可预测一扫哲理的思辨、玄妙、空洞。可以说,近代以前,哲理一直统摄着生理与心理。物极必反,近代以来,心理、生理渐渐战胜哲理,成为思考身心关系的主流。从形态论视角梳理精神分析与道德心理主义根本上就是要反转近代以来的思维模式,希望能够从哲理上重新审视心理学视野中的身心关系以及由此而衍生出来的伦理道德主题。我们认为,在"道—德"形态中,从科学心理学到道德心理学的发展过程中,正是"自然—道德"世界观辩证发展的过程,而在这个过程中,精神分析处于一种"道—德"世界观的中间状态,有客观的对象与结构类型,构成了自身独特的"道—德"形态,在形态论中具有别具一格的位系。

1. 道德心理主义—精神分析:道德世界观的中间形态

身体、心灵、行为是人生命的三要素,三者之间的关系一直事关人的生命质量、生命样态，也萦绕着人类文明的发展。沿着身体的方向，产生了物理学、生物学、医学等学科；沿着心灵的方向，产生了心理学、占卜学、宗教学等；沿着行为的方向，产生了伦理学、政治学、哲学等。心灵以身体为基础，又是行为的根基。其中介性的关系，决定着心理学一直以来都依赖于生物学、医学的发展，同时又受制于伦理学、政治学、哲学等世界观的影响。所以，正如20世纪初，最早的实验心理学家艾滨浩斯（Hermann Ebbinghouse）所言，"心理学有着漫长的过去，但只有短暂的历史"[1]。纵观整个心理学发展史，我们发现，近代以前，心理学一直都没有成为一门独立的学科，因为心灵作为身与行为的中介，它是身体的最高表现，又是行为的原始起点。古代的生物学、医学最后皈依是心灵，伦理学、政治学、哲学的原始起点是心灵，最后皈依是一个由心灵而产生的"灵魂"。近代以前，"灵魂"一直是一个悬而未决的问题，你相信它存在它就存在，你不相信它存在，它就不存在。

近代以来，由于认识论的发展，身心关系成为横亘在整个近代学术中的主题。从笛卡儿的"我思故我在"到贝克莱的"存在就是被感知"再到休谟的"是与应当"关系的揭露，人们已经无法再像古典思想家们那样，在身心关系上含糊其辞，必须做出合理的学理解释。为了说明这一问题，生物学、医学与哲学同步发展，牛顿力学、解剖学等学科发展，科学机械论等在认识人的生理结构上大大拓展了古典理论，大脑取代心脏成为心灵的主宰渐渐成为人们的共识。在哲学上，区别于灵魂与思想的"意识"被思想家们认为是与"对象"相对的具有一定客观性内涵的东西。康德在前人发展的基础上，为了回答身心二元对立的近代哲学主题，走上了批判哲学的道路，区分了理性与实践，界定为了动机与行为之间的界限，试图为心灵与行为寻找到永恒不动的绝对命令，可惜当他消解了身心二元的时候，他又创造了现象界与物自体的认识论意义上的二元对立。黑格尔终结了这一问题，他在思想上旗帜鲜明地提出在心灵与行为之间存在着不可调和的道德世界观矛盾。在黑格尔看来，存在意识必然存在对象，对象与意识之间存在着矛盾，因而行为与心灵之间也必然存在道德世

---

[1] 转引自理查德·格里芬、菲利普·津巴多《心理学与生活》，王垒等译，人民邮电出版社2003年版，第7页。

观。一方面,"对象就是一种在自身中完成了自己个体性的世界,是具有自己固有规律的一个独立整体,也是这些规律的一种独立进程和自由实现,——是一种自然一般,这种自然,其规律和行动,都隶属于它本身"①。另一方面,道德行为作为"自我意识知道义务是绝对本质,它只受义务约束"②,这样"一个道德世界观形成了,这个道德世界观是由道德自在自为存在与自然的自在自为存在的关系构成的。这种关系以两种假定为基础,一方面假定自然与道德(相当于行为与心灵——笔者注)彼此是全不相干和各自独立的,另一方面又假定有这样的意识,它知道只有义务具有本质性而自然则全无独立性和本质性"③。因而,只要我们从意识的视角去看待行为与心灵的关系,则必然存在着道德世界观的矛盾。在这个道德世界观里,行为的义务(道德)是一面,心灵的自由(自然)是一面,二者各自为政,互不相容,完全矛盾。其实,这个道德世界观,某种意义上我们也可以看着是自然世界观,它是一体两面的,同时看你侧重于哪个方面。

现代心理学就是在近代自然科学对脑的认定与近代哲学对意识辩证法的认知基础上开始自己的旅程的。威廉·冯特被认为是"心理学的创立者"或"世界上第一个真正的心理学家"④。冯特让心理学成为一门科学的标志在于它对于行为、心灵的研究不再是简单的观察、生命的体悟、语言的思辨等传统方式,而是从实验的视角来检验行为。1879年,他在德国莱比锡大学创立了第一个实验心理学实验室,后来的心理学家们不管如何,实证与实验成为他们基本的要素。心理学成为一门学科,也意味着心理学成为一门科学。人们开始寻求让行为"自然"地呈现出规律,考察自由心灵的"自然"状态。如果从道德世界观(或者说自然世界观)的角度来说,冯特的心理学世界观是自然世界观,是期望从科学、量化、行

---

① [德]黑格尔:《精神现象学》(下卷),贺麟、王玖兴译,商务印书馆1979年版,第126页。
② [德]黑格尔:《精神现象学》(下卷),贺麟、王玖兴译,商务印书馆1979年版,第125页。
③ [德]黑格尔:《精神现象学》(下卷),贺麟、王玖兴译,商务印书馆1979年版,第126页。
④ [美]戴维·霍瑟萨尔:《心理学史》,郭本禹等译,人民邮电出版社2011年版,第101页。

为本身去说明心灵的形态与规律。让人十分纳闷的是冯特创立了心理学，一直致力于让心理学成为一门新的科学，可是他为介绍自己创立新学科的杂志却叫《哲学研究》。① 对此，学者们的解读主要有两种观点，一是冯特想保留哲学成分、保留其思想性，二是想区别于一个早期的《心理研究》杂志，该杂志主要研究超心理现象（如千里眼、心灵感应等），有点不太严肃。不管如何，有一点是确定无疑的，在冯特那里心理学还是一个无法完全脱离哲学的学科。后来心理学内部的机能主义与结构主义的冲突只不过是将古典理论中所表现出来的身、心结构转换到了心理学内部，因而古典理论或者哲学的思辨必然也对心理学的发展产生一定的启发意义。

心理学创立后，在研究过程中身体、心灵、行为的关系发生一定的变化，以往从哲学方面说明它们关系的逻辑思辨渐渐被从科学方面说明三者关系的范式所取代，虽然哲学还是时常被提起，但已经被边缘化了。我们从形态论视角看待心理学发展，不是看其中谁重要，谁主流，而是看其中什么问题是永恒的，出现什么样的流派，必然有其补充性的流派出现，因为这是形态的逻辑，这是永恒问题永恒在场的逻辑。道德世界观有自然的方面，必然有道德的方面。精神分析学派即是科学心理学的补充与必然出场，道德世界观在心理学中的呈现有其自然形态、道德形态和自然—道德形态。当我们完全从身体、心灵、行为的自然方面去寻找心理的逻辑与规律时，它只是其中的一个形态。弗洛伊德正是看到人的行为不能仅仅从其现有的表现来看，还必须深入心灵意识深处的隐性问题，这就必然涉及人的意识的历史经验、文化习惯、道德传统以及精神结构等。黑格尔在阐释道德世界观的时候，着重提出了从自然出发与从道德出发二者之间完全矛盾的世界观。其实，在道德世界观的背后，还有一种"自然—道德"的中间状态，在观察心理现象的过程中，既承认道德的一面，又承认自然的一面，既相信道德的绝对本质，又相信行为的真实呈现；在建立心理理论的过程中，一方面要警惕自然的偶然，又要警惕道德的绝对，既预防行为的假象，又预防道德的决断。这就是精神分析理论的世界观起点，也是其

---

① 1881 年，冯特创办《哲学研究》杂志，该杂志是第一份专门致力于心理学研究的期刊，从创办到 1902 年，冯特一直是主编。参见戴维·霍瑟萨尔《心理学史》，郭本禹等译，人民邮电出版社 2011 年版，第 109 页。

道德哲学形态表现。精神分析学派就是体现着"自然—道德"的中间状态，身—心对立的癔症、欲望—道德的纠缠、本我—超我的一体等这些知识背后一直都体现着"自然—道德"的对立与分裂，"精神分析的关键在于发现一种与这种不可避免的分裂相处的适宜于每一个的知识"①。如何界定身心、科学与道德之间的模糊状态？如何将"这种不可避免的分裂"变得可理解，并且还能"适宜于每一个人的知识"？弗洛伊德以及其所创立的精神分析学派的伟大成就与不断质疑之处正在于这种"科学—道德"世界观的中间状态的伟大意义与阐释困难。

2. 道德世界观中间形态的实体对象：癔症与梦

我们从形态论视角来理解弗洛伊德创立的精神分析学派，有一种后发性、反思性的优点，似乎我们已经掌控了一切，精神分析学派似乎已经被我们洞悉了。但是在精神分析创立的过程中，我们发现，包括弗洛伊德本人在内都是有一个内在的发现、认证、质疑和总结的过程。正如弗洛伊德所言，"精神分析是神经错乱症的一种治疗法"——正因为这样，才使我们产生了好奇同时也会带着异样的目光——"这个方法和其他医药方法不仅不同，而且经常相反"——所以，难以理解——而且，当我们用精神分析治疗神经病患者的时候，"我们要告诉他这个方法如何困难，如何需要长久的时间，如何需要他本人的努力和牺牲"——这个似乎可以理解——但是，"疗效如何，我们告诉他不敢预定，一切成功都要靠他本人的努力、了解、适应和忍耐"。——这可是让人崩溃的结论。但是弗洛伊德坚信，这"当然有其充分的理由，这种理由以后自然会了解的"②。下面就让我们来了解这个自然过程。

梦想成功，生性执着，总是关心别人不太关心的领域，这些特点可以说是弗洛伊德的学术研究的起点。小时候，弗洛伊德曾经梦想成为拿破仑

---

① ［法］纳塔莉·沙鸥：《欲望伦理：拉康思想引论》，郑天喆等译，漓江出版社2013年版，第31页。
② ［奥］弗洛伊德：《精神分析引论》，高觉敷译，商务印书馆1984年版，第3页。

那样的人物①，可惜拥有犹太身份的他却生活在一个反犹主义的时代，注定了这条路完全不可能。弗洛伊德致力于医学研究，别人用了五年就可大学毕业，可是他却用了8年（1873—1881），正是因为要搞清楚医学的基础生物学研究。他在布吕克的研究所里度过6年，看到研究助理无望，决绝离开，直到在维也纳综合医院遇到了约瑟夫·布洛伊尔才激发了他对癔症的兴趣。正是对这一特殊领域的关注，1885年弗洛伊德获得了去巴黎学习的机会，在当时著名的法国精神病学家马丁·沙可指导下工作，正是在这里他参与了沙可的一次聚会，沙可在聚会这种非正式的场合中坚定不移地指出了癔症与性之间的关系，使得弗洛伊德思考为什么沙可有如此坚定的结论，却在自己的著作和正式的讲座中绝不提及呢？② 正是这一点使得弗洛伊德萌生了将这种羞于启齿、模糊不清的、人们比较忌讳的问题变成一个科学的问题。

弗洛伊德神经类疾病的关注与研究大致经历了如下过程，首先是对可卡因药物治疗的试验。1884年，弗洛伊德用自己做实验，亲自使用可卡因，发现这种药物对自己抑郁状况有所缓解。进而，将这种药物用于朋友与病人。最终导致了他的一个朋友的死亡，使他陷入了困境。其次，是在癔症治疗中的精神分析与性诱惑理论，包括传统方式洗浴、按摩、电疗等，在发现其无效后，转向了催眠技术。正是通过催眠技术的使用，弗洛伊德打开了精神分析的大门。正是通过临床医疗实践，弗洛伊德初步发现了人的行为与性之间的隐秘关系，创立性诱惑理论。最后，梦的解析与精神分析的理论完善。因为性诱惑理论受到广泛的质疑，最为严重的就是质疑其存在的普遍性以及是否可以实践检验的科学性。正是在这样的质疑中，弗洛伊德不断拓展自己的研究领域，寻找精神分析更具普遍性和说服力的实体性对象，在这个追问过程中，弗洛伊德发现了梦，并通过梦完善了自己的理论，提出了无意识理论，发现了隐藏在意识背后的模糊性的无意识实体。

贯穿弗洛伊德整个学术人生，他一直遇到的一个困难就是他自己所说的面对各种精神病人"疗效如何"的问题，他"不敢预定"，一切要依靠

---

① ［美］戴维·霍瑟萨尔：《心理学史》，郭本禹等译，人民邮电出版社2011年版，第245页。
② ［美］戴维·霍瑟萨尔：《心理学史》，郭本禹等译，人民邮电出版社2011年版，第249页。

病人自己的"努力、适应和忍耐"。一个试图将这种模糊状态科学化、知识化的精神分析学最终还是无法普遍化。病人的后期反悔,如"精神分析曾经揭露出来的婴儿期性场景是纯粹的幻想,从来没有发生在他身上"[①];如在弗洛伊德提供的最初独立证实的18个案例中,心理学家经过研究发现,他的引用无法证实[②];临床的成功概率检验,很难说有什么确定性的病人案例来自精神分析;最后是弗洛伊德自身精神分析学派的尴尬结论,虽然"第一次世界大战"以后,弗洛伊德作为一名理疗师获得很大成功,但是弗洛伊德自己曾说,"我喜欢我的学生胜过喜欢精神病症患者十倍","他从来都不是一个热衷治疗的人",他的女儿安娜·弗洛伊德说精神分析是一种"愚蠢的生活方式"。[③] 甚至,弗洛伊德在给荣格的信中坦白说他的一个病人,"她是没有可能治愈的,但是她仍然有义务为科学做出牺牲"[④]。一个从心理学实验出发的精神分析学派最后却走向了自己的反面,背离了实验的根基、科学的源头,这是为什么呢?

　　黑格尔说过,思想的猫头鹰在傍晚才会起飞。思想只有经历了最后的历练,我们才能知道言说的意义。弗洛伊德晚年曾经认为,"自己的目标是理解人性而不是帮助个体"[⑤]。精神分析的伟大之处,不在于其治疗了多少现实的病人,而是通过这些病人,我们发现隐藏在人性中永恒存在的道德主题。而这些主题一直以来都在,但是我们看不见,弗洛伊德通过精神分析为我们找到了"癔症""梦"等这些行为实体验证了其存在性。这个过程是自然的,但是理解还需要一个过程,因为语言的概念体系还没有建立起来。弗洛伊德创立了无意识理论,提出了本我、自我与超我的人格发展理论,为我们更好理解黑格尔提出的道德世界观提供了一种新的范式。在"癔症"与"梦"中,我们发现了"自然—道德"中间状态的存在。个体始终在一种群体中生存,个体的成长始终伴随着父辈群体的规训与约束。父辈的规训与约束、群体的伦理道德习俗从正面意义上来讲就是

---

　① [美]戴维·霍瑟萨尔:《心理学史》,郭本禹等译,人民邮电出版社2011年版,第254页。
　② [美]戴维·霍瑟萨尔:《心理学史》,郭本禹等译,人民邮电出版社2011年版,第254页。
　③ [美]戴维·霍瑟萨尔:《心理学史》,郭本禹等译,人民邮电出版社2011年版,第261页。
　④ [美]托马斯·哈代·黎黑:《心理学史:心理学思想的主要流派》,蒋柯等译,上海人民出版社2013年版,第236页。
　⑤ [美]戴维·霍瑟萨尔:《心理学史》,郭本禹等译,人民邮电出版社2011年版,第261页。

自我的认同与统一过程，从负面意义上来讲就是个性的压抑、自由的束缚、意志的消磨，二者之间的张力是永恒的存在。癔症、精神病征兆、梦等都是这种中间状态的体现，自然与道德的统一是自我的最佳状态，走向自由自然的极致是本我的征兆，走向道德的极致是超我的理想。

心理学界批评精神分析，"除了未提供一种科学世界观之外，可谓包罗万象"，但是，弗洛伊德却认为"精神分析，在我看来，无法建立它自己的世界观，也无须如此——它是科学的一个部分"[1]。这里，我们可以看到弗洛伊德与心理学家们的界限，心理学家们认为，精神分析没有"科学的世界观"，但是弗洛伊德自己认为，精神分析是"科学"，不需要"世界观"，其实这正是一种对"自然—道德"中间状态的缺乏概念体系呈现时的学术争议。如果我们理解了"自然—道德"中间状态，知道道德世界观的根本差异，我们就会理解精神分析与心理学世界观理解方面的差异。

3. 道德世界观中间形态之结构：欲望伦理

现代心理学的起点是冯特等人的意识心理学，强调的是通过实验、内省等科学方式，了解正常的成年人的心理，他们试图突破传统哲学家看待心理问题的范式，而尝试用实验来建立心理学学科。弗洛伊德创立精神分析，研究的是变态心理，借助于临床而非实验的方法探索人类心理，试图从儿童成长、人的原始状态等无意识中找寻人类行为的原动力，在心理学中增加了人格、动机和精神病理学的内容[2]。正是因为对一种非正常状态的关注，弗洛伊德受到了正常心理学界的排斥，在弗洛伊德之后，理解和认同弗洛伊德成了一个难题。

对弗洛伊德自己而言，他认为精神分析是一场革命，可以与哥白尼的日心说、达尔文的进化论相媲美。对于学院派心理学家来说，一方面，不

---

[1] [美]托马斯·哈代·黎黑：《心理学史：心理学思想的主要流派》，蒋柯等译，上海人民出版社2013年版，第228页。

[2] [美]托马斯·哈代·黎黑：《心理学史：心理学思想的主要流派》，蒋柯等译，上海人民出版社2013年版，第227页。

管人们是否了解精神分析，大家都在谈论弗洛伊德，"弗洛伊德的术语和他的重要观点渗透到现代关于人类情感和行为的思维方式之中"，似乎精神分析无处不在，就是今天的中国学生几乎都可以说出本我、自我与超我这些耳熟能详的概念。精神分析似乎影响到"除经济学外的其他有关人类事务的各门学科"①。然而，另一方面，它对学院派心理学几乎没什么影响。学院派心理学"除了偶尔对弗洛伊德关于动机的文学式洞察表示承认外，大部分是否认和拒绝精神分析的，所以说，学院派与精神分析之间的和睦关系是一件可望而不可及的事"②。从学理上分析，正是我们上述所提出的精神分析与学院派心理学存在着世界观上的根本差异，这种差异带来了方法论上无法兼容。学院派心理学在科学实验基础之上的心理分析，是可量化、可还原、可控制甚至还有预测行为的成分，而精神分析所建立的方法是临床病例的医学观察，这种观察使用的是例证与分析。用康德的方法论来说，前者是经验的、综合的，后者的方法是先验的、分析的。二者之间只有在哲学的思辨中才可以相容，而在科学的架构中是很难同一的。正是存在着这样的世界观的根本差异，精神分析内部在弗洛伊德之后也渐渐走向分化。在弗洛伊德的一生中，他致力于将精神分析变成一种科学，事实上只是揭示了人的存在中一种中间状态的事实。一旦这种事实得到认可，人们就必然面临如何理解这种世界观的两种方式，是原子式的还是实体式。弗洛伊德之后，精神分析内部阿德勒的"个体心理学"与荣格的"集体无意识"正是精神分析学派内在发展的分化。不满足于弗洛伊德变态心理与非常态行为（梦）等的研究，阿德勒与荣格寄期望于让精神分析走向更为一般的思想范式，找寻常人更易理解的"中间状态"。阿德勒试图从人们更能体会，也更能接受的自卑感出发来说明人的心理发展，进而分析人的心理行为，其个体心理学的"追求优越""自卑与补偿""生活风格""社会兴趣"等理论开创了精神分析的另一样态，"整体论研究范式、社会科学取向以及对人的自身能动性的强调让人们在

---

① ［美］托马斯·哈代·黎黑：《心理学史：心理学思想的主要流派》，蒋柯等译，上海人民出版社2013年版，第228页。

② ［美］托马斯·哈代·黎黑：《心理学史：心理学思想的主要流派》，蒋柯等译，上海人民出版社2013年版，第228页。

还原论的瓦砾中重新找回了自己"①。某种意义上说，阿德勒的个体心理学让精神分析获得了个体普遍性，因为它不再是从特殊的、特别的精神病患者出发，而是从每个正常的个体出发。同样，荣格则从"群体无意识"中发现了精神分析的文化（社会）普遍性。荣格将弗洛伊德的临床分析中的"文字解释"②发展为更具普遍性的"字词联想和情结理论"，并在此基础上来提出"意识、个体意识和集体意识"③的人格结构理论，用集体无意识来理解人类行为中的恶等学说，使得精神分析学派走进了大众生活。

　　精神分析学派所代表的"自然—道德"世界观，天然具有两重维度的倾向，一是倾向于自然维度，二是倾向于哲学维度。如果说阿德勒与荣格从精神分析内部完成了其心理学形态的普遍性，那么拉康则是在他们基础之上完成了精神分析的哲学形态，使得精神分析完成了其学派的理论形态。拉康作为精神分析学派的成功建基于两个方面：一是对于弗洛伊德精神分析治疗实践的坚持；二是一直利用各种哲学理论为精神分析科学化提供理解范式。拉康最大的理论成功在于，使得"精神分析可以公然抵抗哲学了，它之所以能够如此，是因为它已经渐渐开始类似于哲学了"④，拉康之后，精神分析从20世纪50年代的"一个医学学科，一跃成为人文科学的核心学科，发挥着举足轻重的作用。它向哲学家发起挑战，并使许多哲学家误入迷途"⑤。那么，拉康是如何完成这一转型的呢？首先，以"欲望"为基点重新奠基精神分析的道德因素。1933—1939年，拉康在法国巴黎高等研究学校聆听了科耶夫关于黑格尔《精神现象学》的讲座，深受科耶夫对于黑格尔主奴辩证法思想解读的影响，正是科耶夫"人类的历史就是欲望诸多欲望的历史"的启示，使得拉康在精神分析的视角中重新发现了欲望。在拉康看来，"欲望并不是去欲望他者，而是欲望他

---

① 叶浩生主编：《心理学史》，华东师范大学出版社2009年版，第242页。
② [美]托马斯·哈代·黎黑：《心理学史：心理学思想的主要流派》，蒋柯等译，上海人民出版社2013年版，第251页。
③ 叶浩生主编：《心理学史》，华东师范大学出版社2009年版，第243—245页。
④ [法]弗朗索瓦·多斯：《从结构到解构：法国20世纪思想主潮》（上卷），季广茂译，中央编译出版社2005年版，第146页。
⑤ [法]弗朗索瓦·多斯：《从结构到解构：法国20世纪思想主潮》（上卷），季广茂译，中央编译出版社2005年版，第152页。

者的欲望"①。人的欲望总是先天地来自他者，正是"大他者的欲望"构成了个体自身的"存在的缺失"，进而使得自身的欲望无法用言语来表达，进而指出精神分析中的抵抗、变态不是对于自身欲望的抵制或拒绝，而是对他者欲望的反叛。正是通过"欲望"的转换与重新解释，使得精神分析一方面从弗洛伊德的性理论中走出来，获得了更大解释性、更具普遍性的内涵；另一方面，也使得精神分析的目的从精神病症的治愈走向了更具有教育意义的"学习顺应和改变症状：一个更为顺应、更具有建设性的症状"②。其次，以言语为中心建立精神分析的结构主义方法论范式。弗洛伊德精神分析医疗实践中，最为人诟病的就是治疗过程的冗长，治疗结果的不可预定。拉康一直致力于精神治疗的临床实践，运用现代哲学最新成果，提出"音步划分"话疗法。弗洛伊德催眠式或是对话式临床实践，主要目的在于让精神病患者去发现他的潜意识深处的过去或历史，进而找到病人的原初性病根，其方法是历时性的、个性化的、难以共度的。拉康则通过对语言中共时性构造与历时性构造的区分，在话疗中用"共时性透视"代替"历时性透视"，使得精神分析疗法不仅大大缩短了时间，而且也就有更大的共度性和普遍性可能。拉康用言语代替语言，发现言语的逻辑是分析被语言构造了的主体的精神状况的必要手段，提出"主体是语言的产物或结果""无意识是像语言那样结构起来的"等具有哲学意味的命题，使得精神分析具有通往哲学理解的通道。通过结构主义，可以说精神分析既提高了临床实践，打通通往自然的道路，又提高了普遍性意义，联结通往道德的通道。最后，"无意识"否定世界观的坚信。在拉康整个精神分析过程中，始终坚持弗洛伊德对精神分析的原初创构型结构：一是坚持精神分析的实践，二是精神分析科学化的理想。拉康是站在黑格尔意识哲学、精神现象学基础之上建设精神分析的世界观的，"在拉康看来，弗洛伊德就是黑格尔的未来"，他要证明"弗洛伊德的著作是如何囊括在当代心灵现象学之中的，他正机敏地建构一个新的心灵图

---

① ［法］弗朗索瓦·多斯：《从结构到解构：法国20世纪思想主潮》（上卷），季广茂译，中央编译出版社2005年版，第127页。

② ［法］纳塔莉·沙鸥：《欲望伦理：拉康思想引论》，郑天喆等译，漓江出版社2013年版，第19—20页。

景,即否定意识的新图景"①。精神分析以"无意识"对抗黑格尔的"意识""精神",以"否定"对抗黑格尔的"绝对精神",用"个体内在的欲望"对抗黑格尔"大他者的总体性"。如果从黑格尔道德世界观的视角来看,则是完全站在了道德世界观的中间状态(自然—道德)来解释世界的一切。

拉康对于精神分析来说,是个终结性的人物,在现实生活中,他将精神分析"变成了比公司老板都有利可图的职业",并在社会的层面上"使该职业正当化了"②;在理论建构中,他将精神分析变成了"法国式花园","在花园中,人们既可以沿着理性化的道理惬意的散步,也可能在花园的迷宫里迷失方向,或者在小树丛中找到一些从未被发现的东西"③。拉康之后,只有应用精神分析了。

4. "自然—道德"世界观视域下精神分析的理论位系

现代伦理学诸形态研究试图将现当代中西方主要的伦理学、道德哲学的各种学派、流派在形态论视域下做形而上体系的概括与总结,以发现人类文明整体发展的伦理道德路向。在心理学的流派中,对伦理学、道德哲学影响比较大的主要有精神分析与道德心理学,二者之中精神分析的影响更为重要。在我们分析了精神分析所代表的道德世界观及其所具有中间形态之后,我们需要在心理学的整个历史形态中来呈现精神分析的位系,从而更为清晰地理解"精神分析—道德心理主义"背后的伦理形态论背景。

如何描述、解释、预测和控制人的行为,是心理学研究的基本问题。在这个基本问题中,存在着两个维度:一是"描述、解释"维度,即是面向已经发生行为的事实的科学认知维度;二是"预测、控制"维度,

---

① [法]弗朗索瓦·多斯:《从结构到解构:法国20世纪思想主潮》(上卷),季广茂译,中央编译出版社2005年版,第131页。
② [法]弗朗索瓦·多斯:《从结构到解构:法国20世纪思想主潮》(上卷),季广茂译,中央编译出版社2005年版,第131页。
③ [法]纳塔莉·沙鸥:《欲望伦理:拉康思想引论》,郑天喆等译,漓江出版社2013年版,第3页。

即面向未来行为的目的方向维度。稍稍放大一下心理学产生的历史背景，我们就会明白这是自18—19世纪西方近代科学发展以来，一直困惑人们的人的认知是如何可能问题而来的，休谟、康德等哲学家们都是在不同的思辨层次上开创了一些思想成果。心理学家通过心理学学科建构某种意义上是将这种研究从"哲学"推演到"科学"、从"思辨"发展到"经验"、将"行为"落实到"观察与实验"。在这个过程中，近代哲学与伦理学的"科学"与"人文"、"是"与"应该"、"目的"与"动机"等主题始终贯穿在心理学基本问题之中。上述描述的两个维度，前者注重"事实""是""科学"，后者注重"目的""应该""人文"。而在同一维度内部，"描述"与"解释"、"预测"与"控制"之间也存在着"科学"与"人文"、"是"与"应该"的对立与紧张。

我们将"精神分析—道德心理主义"流派放置在"道—德"形态之下来描述，一方面是因为精神分析与道德心理主义注重研究的是人的行为，尤其是从个体的行为出发。这种研究不同于"伦理"形态注重实体、关系的维度，而是一种立足于个体、主体的道德研究。另一方面，从研究方法来说，精神分析与道德心理主义立足的不再是伦理精神的哲学思辨，而是试图用实践理性为道德做普遍主义知识论的证明。同样，不同于从实体、伦理、精神出发的整体主义，从个体、道德、理性出发的精神分析与道德心理学必然面临自己学科的基本价值取向。是遵从行为的科学判断还是价值判断？是相信科学的真实还是人文的应该？就必然成为心理学研究者首先需要回答的基本世界观问题。黑格尔曾经明确指出，行为中的"意识，就其自身而言，本质上是这样一种东西，即，是为它才存在着另一种自由独立的现实，这就是说，它本身是一种偶然的和自然的东西。这种自然，这在意识看来是属于意识的自然，乃是以意愿的形态、作为冲动的和情欲而出现的感性，而感性自为地有着一种为它自己所固有的特定的本质性，也就是说，有着个别目的"[①]。如果从现代心理学的话语来说，心理学是要研究人的行为中自然存在的感性的冲动，寻找行为背后意识的意愿形态，研究诸多行为背后个别目的的规律性。所以，哲学的思辨与现

---

① ［德］黑格尔：《精神现象学》（下卷），贺麟、王玖兴译，商务印书馆1979年版，第128页。

代心理学的科学观察之间存在着某种共识，正是在这个意义上，我们说精神分析与道德心理主义的世界观是一种理性的、科学的、自然的世界观。心理学立足于从一种"自然"世界观的立场，试图从人的道德发生的自然状态中建立回答人的知、情、意与人的行为之间的科学架构。

由此，我们从前面的理论建构中，即可自然得出"道—德"形态下的道德心理主义与精神分析学派，在回答"道德与自然"这一道德世界观时所持有的基本立场就必然是认识论上的"自然同一性"、方法论上的"观察合理性"以及本体论上的个体主义。同时，通过这样的逻辑分析，我们可将心理学的历史发展在哲学伦理形态论视域下做历史形态的清晰划分。也即，一是以冯特为代表的"科学"心理范式；二是以弗洛伊德、拉康为代表的"精神分析"学派的"科学—精神"二分的心理范式；三是以埃里克森、科尔伯格为代表的道德心理主义的"道德统一性"心理范式。结合黑格尔提出的道德世界观辩证法，道德世界观里有两个基本的逻辑：一是自然的逻辑，二是道德的逻辑。从自然的逻辑来看，是自然统摄道德，从道德逻辑来看，是道德统摄自然。道德世界观必然包含着这两个环节，但是"这两个环节则处于完全矛盾的假定关系之中"[①]。要解决这一矛盾就必然在人们的理论认识与实践活动中呈现出来，这个呈现过程就是辩证法的过程，也是知识诞生的过程，即从"自然的逻辑"向"道德的逻辑"发展的过程，这本身包含着"自然统摄道德"—"自然—道德中间状态"—"道德统摄自然"三个环节辩证发展过程。由此，科学心理学就是要寻求"自然统摄道德"的心理学范式，精神分析就是探讨"自然—道德"中间状态的环节，道德心理学则是"道德统摄自然"的心理学范式的必然逻辑结果。这个过程看似简单，但却曲折，形态论的呈现需要时间，因为每一个环节都固守自己的逻辑并当作绝对的真理，只有当整体呈现出来时，我们才理解了全部，并明白"上帝的归上帝，凯撒的归凯撒"。

形态是晦涩的，而学派、流派精彩纷呈。必须指出的是，在心理学形态中讨论伦理道德关系，由于心理学的科学主义追求与基本学科范式定

---

① ［德］黑格尔：《精神现象学》（下卷），贺麟、王玖兴译，商务印书馆1979年版，第126页。

位，心理学整体上说是一个"自然"世界观范式下的学科，因而其中各流派、学派必然也是一种"自然"形态论的伦理道德。虽然其立足的基点可能不同，但是根基上，他们都试图用一种科学主义的方式将自己的道德理解客观化、普遍化。因此，从现代伦理学诸形态视域来看，精神分析与整个心理学的历史形态可以表述为：现代诸伦理学形态共分为"伦—理"形态、"道—德"形态、"伦理—道德"形态三种，"道德心理学—精神分析"属于其中的"道—德"形态；在"道—德"形态中，又有"道德同一性""自然同一性"两种不同形态，前者是一种"道德—自然"哲学形态，后者是一种"自然—道德"心理学形态，"道德心理学—精神分析"属于其中的"自然同一性"的"自然—道德"心理学形态；在"自然同一性"的心理学形态中，又有自然统一道德的科学心理学、自然—道德中间状态的精神分析、道德统一自然的道德心理学三个发展阶段。由此可见，这就是道德心理主义、精神分析在心理学中也是在形态论中的位系。

十五 "道—德"形态（三）："自然"世界观——存在主义

伦理与道德的区分是历史性的。从时间上看，伦理世界是先在的，人类精神生活首先是以质朴的伦理生活的形式呈现的，伦理就是人类精神的客观形态，家庭和民族即是人类精神出现和现身之所。伦理生活是集体无意识的生活，处在伦理关系中的人们都分有在集体中的身份，承担集体赋予的角色，而这种身份和角色是对集体生活的参与和认同。人们并没有自我的观念，而只有家—族的观念，共同体的观念，视自己为家—族或共同体的一分子。但是人类精神不可能永远停留在这种自在的伦理状态，认识和成为自己是其内在的冲动和要求，它要获得自我意识和自为存在，因此它必然会脱离这种自在的不反思的伦理形态，向自为的自我意识进发，达到道德形态。道德即是人类客观精神的自我意识，是伦理生活的内在化，客观精神的主观化。

依据人类精神生活伦理形态与道德形态的划分，存在主义伦理学是属于伦理形态还是道德形态？又是属于何种类型的伦理形态或道德形态？具体又是何种结构的伦理形态或道德形态？下面我们拟从四个方面来阐发存在主义伦理学所属的人类精神形态。

1. 存在主义道德形态

人类原初的伦理生活是集体为善的，也是素朴直觉的。作为人类客观精神形态的伦理实体是母体，从中孕育和分娩了人类道德孩童。人类道德产儿的第一声啼哭是哲人苏格拉底发出的，他首次把一种反思和自省的精神带进希腊城邦，向所有的伦理公民发出了"人"应该怎样生活，"人"的生活怎样过才是值得的天问。这一惊世骇俗的道德"天问"，叫醒或惊动了沉沦在伦理实体中的公"民"们，他们意识到自己不仅是公"民"，还是天地之间与万物有别的"人"，而人作为人不仅仅活着，更应该好好活着。集体性的伦理生活本身是好的，但是这种好生活是未经反思的，公民们为善却不知何为善，所谓日用而不知。与伦理精神形态决裂的苏格拉底确立了目的论的道德精神形态：被叫醒了的道德的人是好人而不是好公民，他过的是经过反思的好生活，即不仅为善，而且知道何为善的生活；只有这种知道善并且过善的生活才是真正值得过的人的生活。如果伦理是客观的精神形态，那么道德是客观见之于主观的精神形态；如果伦理生活是实体主义的，公民生活在实体中，民以群分，那么道德生活是主体主义的，人生活在主体自身中，人以己别。

在基督教时期，希腊目的论道德形态被转换为神义论道德形态，即道德不唯在于遵循上帝命令，拒绝此世伦理生活，更是要达到信仰的自觉，因信耶稣基督称义。到了近代启蒙时期，神义论道德形态再次发生转型，形成自由论道德形态，道德即在于自主自律，不唯遵循绝对命令、出乎普遍法则行动，更重要的是达到理性的自觉，通过自己为自己的行为立法确证自身的自由。就康德而言，理性存在者的实践服从应然道德律，是善的，也就是说，出乎道德律行动的意志是绝对善良的意志，道德就是要求人按照道德律去做一个好人，至于如何去做一个好公民则交给伦理和法权来加以解决。

就精神形态而论，存在主义伦理学本质上属于现代主体主义的道德形态。做出这种判断的依据在于，在世界中的人必须从世界中超拔和绽放出来，回到和面向自身的存在，担负自己的存在责任；就在世的人不是世界性的，实体性的，为世界存在负责，而是个体性的，自我性的，为自身存在负责而言，人的在世生存是道德性的而非伦理性的。比如在海德格尔那里，虽然此在被置于世界中，在世生活，但是此在在世生活却不是其真实的存在方式，因为他并不在自身之中，而在自身之外，他必须摆脱沉沦不实的世界，回到自身本真的存在，由沉沦于世的"常人"蜕变为本真在世的"真人"。由此就产生了此在在世的道德问题，即此在的本真性存在责任问题，因为作为常人，此在并不总是在其自身中如其自身那样存在，相反，他总是逃避自己的真在存在，非其所是地存在，因此如何复返自身，在自身中成其所是、成为真人就成为此在存在的良知和责任，此在的道德即产生于这种本真存在责任和良知。此在的道德就在于，不唯筹划能在，本真地在世，而且自为地存在，担当为其自己存在的责任。对萨特来说，人作为自在是在世界中的，其生存是处境性的，但是人并不是作为自在，通过世界由处境造就成为自身存在的，而是作为自为，通过选择而自己造就成为自身存在的，或者说，只有在选择时他才是存在的，他是谁是通过选择而自己为自己创造的。既然自为是自己创造自己的存在，自为的人是什么样的是他自己选择的而不是被民族国家塑造的，那么这就意味着他必须为自己的选择和创造负责，既为他选择做什么样的人负责，也为自己创造的存在负责[①]。没有任何东西决定自为的存在，自为也没有任何东西可以为其提供依靠，他是"孤苦伶仃"地被抛入自由，他必须通过选择创造自己的存在。人是其自身存在的作者，也是其自身存在的主人，应当为其自身存在负绝对的责任。因此自为是个体主义的道德性存在方式。

从逻辑上看，伦理和道德形态区别的关键是看，它们是具体的普遍物，还是抽象的普遍物，是客观的普遍精神，还是主观的普遍精神，是客观意志的法，还是主观意志的法。以此来看，伦理是具体的，关系性的普遍物，伦理即是共同生活在一起的人们交互义务和权利关系、伦常习俗的总和，是客观意志的法的形态，它往往出现在家庭、社会性共同体，如民族或国家中，因此它是社会性的，民族性的；道德则是抽象的，形式化的普遍物，是主观精神法的形态，虽然它不是无关系性的。但是道德的关系却是抽掉了具体的家庭、民族身份后仅作为单纯的人格的关系，而非家庭成员，社会成员的关系，道德即是人作为人对自身和对他人应尽义务、应负责任的总和，因此道德具有理想性和超越性，突破了家庭、民族和国家的界限，是世界性和普适性的。如果伦理精神是特殊物符合普遍物，那么道德精神则是特殊物普遍化为普遍物。如作为道德形态的康德伦理学为了解决"我应该做什么"问题而提出了普遍道德律，要人作为人，作为理知世界的成员而不是作为感性世界或伦理世界的成员尽义务。

---

① [法]萨特：《存在主义是一种人道主义》，周煦良、汤永宽译，上海译文出版社2008年版，第5页。

根据伦理与道德形态的上述逻辑区分，可知存在主义伦理学在精神形态上属于道德形态而非伦理形态，它是关于此在自己本真生存及存在责任而非在世生存及世界责任的理论。它从此在出发回到此在，虽然此在是在世界中存在的，而且此在是与他人共同在世的，此在的日常在世是操心和操持他人的，就此而言，它是习俗伦常性的、伦理性的，但是终究它还把此在从日常操劳操持的伦理在世中分离出来，切断他与他人日常的伦理关系，直面自身本真的存在，就自身存在筹划自身存在，担负自身所是，承担本真生存的责任。这样一来，此在建立起自身与自身存在之间的道德关系，即就自身作为存在的存在者建立担负存在者存在的责任，这种存在责任意味着割断日常操劳操持在世的习俗伦常关系，回归自身，独自构建对己对人的道德关系。

伦理的生活是实体性的，即人们是在实体中并通过实体生活的，或者伦理的生活是处境性的。道德的生活则从实体中撤出，出离处境，回到主体性自身中，回到自身自为的存在，在主体中并为了主体而生活，并且通过自身的选择和创造，使处境成为"我的"处境，并为之负责。就萨特而言，人作为自为并非漂浮于或凌驾于处境或世界之上，相反，人没于世界之中，被抛入世界之中，因此自为不是绝缘的独体，而是实际性的存在、处境性的存在和伦理性的存在。出生和过去等都属于自为存在的伦理事实性，是其处境的基本要素，不是自为能够选择的。无论如何人都无法选择自己的出生，改变自己的过去，似乎人不应也无能为其出生负责，为过去负责。其实不然，出生或过去的事实的确是无法选择的，但是出生或过去的意义却是可以创造的，可以通过自为的谋划向"我"显现的。[①] 通过造就和担负自己的出生或过去，我从伦理事实性的处境中超离出来回到我自身的存在，我是"我"所是，我为"我"负责。

2. 存在主义道德的本真形态

如果伦理形态展开为道成肉身的客观形态，精神现身的生活实践形

[①] [法]萨特：《存在与虚无》，陈宣良等译，生活·读书·新知三联书店1997年版，第691—692页。

态，那么道德形态则展开为我善故我在、我在故我善的精神自知形态，精神认识自己的主体超越形态。伦理精神是实体性的，展现为具体的生活实践和日用伦常习俗。道德精神是主体性的，也是本体性或道体性的，展现为反身性的自知活动和自主行动，尽心尽性以知天、尽力自为以见体。因此道德是一种本体实践，道德形态即是真—善存在形态。真—善存在形态作为道德形态又可分为两种，即原善类型的道德形态与本真类型的道德形态：苏格拉底主义、斯多葛主义和康德主义伦理学是一种原善类型的道德形态，善高于或先于存在是其基本原理，而存在主义伦理学则是一种本真类型的道德形态，存在先于善是其基本原则。

道德精神自诞生之日始就与本体论联系在一起，存在与善、存在与真的问题就是道德哲学着力思考的根本问题。对苏格拉底而言，善高于存在，善的知识问题是最高层次的问题，而在亚里士多德那里，存在高于善，存在真理问题是最高层次的问题。康德则认为，本体只有作为本身善的善良意志才是实践可知的。对于海德格尔和萨特来说，善知识毋庸置疑应当建立在存在真理之上。因此道德形态牵涉是与真、是与善的关系，关涉究竟是真决定善，还是善高于存在，概言之，可归结为海德格尔式的问题，即存在的意义问题，而存在意义问题不限于对存在真理的追问，还包含追问存在是否善，以及是否担负对存在的责任。

道德之为道德最终建立在对"道"的领会和践行即"德"行之上。因此道德的根本在于知"道"，把握"道"，然后知"道"而"德"行，持道而为，循道而动。苏格拉底把这个"道"看作善的知识，它高于存在的真理；只有知"道"才能为道，知"善"才能为善，正如只有知道什么是勇敢，才能做个勇士，才有勇士之德行一样。道德的展开是知"道"而践履德行，而没有善的知识或存在的真理，就没有真正意义上的德行，只有关于善的知识，才会有相关的善行，有关于存在之真知，也才有本真生存的行为。有德行而不知"道"，善行非由善的知识而来，本真生存行为非基于存在真理，则这样的德行、善行、本真生存行为统统不过是伦理性的行为而非道德性的行为。当然善的知识也必须落实为善行、德行，存在真理展开为本真生存行为，否则善的知识、存在真理将落空，它们就不是实践之知，而仅仅是理论之知。

康德的"纯粹理性批判"否定了知道存在真理的可能性，但是他的

"实践理性批判"却肯定了获得善的知识即实践之"道"的可能性。笛卡儿通过自明的"我思"证明了灵魂、世界和上帝的存在,重新确证了存在真理。但是康德通过对"我思"的批判考察,证实我们对存在真理是无知的,只是他并没有就此否定存在之道之实践之知的可能性,相反,他通过实践理性证明了,道德律就是理性存在者的善的知识,它作为实践理性的事实被给予理性存在者,自由即是理性存在者的存在之道,它借助于道德律为理性存在者所知,自由和道德律就是理性存在者的实践之知,每个理性存在者都应当知"道"即按道德律而行,据"道"即自由而为。意志自由,道德律是实践理性"迫切"地提供给我们的实践之道,它们作为理论"知识"对于人类是"不必要的",对于我们的"实践"却是重要的,它们就是关于"我应当做什么"的善的知识。

实践理性是构成性的,能规定意志意愿什么,而它对意志的规定就是向意志给出普遍法则,要求其遵照客观规律行动。纯粹理性面向实践给出的客观规律既是本体存在的规律,即存在之道,也是道德律,即实践之知,规定存在应当发生的绝对命令。在康德这里,纯粹理性行动的客观规律就是本体自由实践的道德律,是客观存在的,它们"完全先天地规定了所为所不为,即规定一般有理性的存在者的自由的运用",而且在"任何方面都是必然的"[1]。可能对于神,或完全的理性存在者来说,只有存在律而没有道德律,因为他是其所是,不存在应当存在的问题,因此就不存在道德的问题。只有对于有限的人来说才产生道德的问题,或者说,只有对于总不能如其所是的存在者才有道德或不道德,应当做什么或不做什么的问题。由道德律规定的存在是正当的,服从道德律的意志是善的;本体世界中的理性存在者不仅存在,而且应当存在,不仅如其所是,而且如其所是是正当的。理性存在者是自我立法的,他自己规定自身是善的。理性存在者存在能克服感性的冲动,听从理性的命令,按照道德律自由地行动,做其应该做的,如其应当存在地那样存在。不过,虽然康德在否定道德律思辨上的真理性的同时赋予其实践上的真理性,道德律却只有在理性实践运用中才能为我们所知,如此一来,真与善、知识与道德、理论与实践就是分裂的,善的知识是以牺牲存在真理为代价的。

---

[1] [德]康德:《纯粹理性批判》,邓晓芒译,人民出版社2004年版,第613页。

存在主义伦理学先行否定了康德善的知识独享的存在论地位，建立了存在之思的源始地位和存在真理的优先性，以一种现象学还原的方式把道德问题还原到存在问题上来，把善的知识作为存在真理加以审视。存在主义不否认道德，却认为道德是存在真理意义上的道德，本真性存在就是存在之道，存在真理就是善的知识，知"道"就是领会存在真理，存在之真即是善。因此存在主义不是从道德来解释存在，存在就是道德自主，而是反过来，从存在来理解道德，道德就是本真性存在。康德道德关心的是存在的善，存在主义却对此存而不论，首要关注的是存在的真，存在的解蔽，存在的天命发生，以及此在如何临近存在真理以成其所是，得其居所持存的善问题。

海德格尔强调存在和真理是一回事，存在在真理中展开，真理本身即存在的方式；任何实践必然已经存在，任何道德必然基于存在真理之上。海德格尔认为，康德之所以陷入真和善关系的困境之中，一是因为他总是把存在看作名词，而没有把存在当作动词，存在即绽出、超越、去在，而只要进入作为动词的存在中，对存在的理解才是可能的，并且对存在的理解就构成此在存在的构成环节；二是因为康德把知置于思之上，但是对存在的思是更为源始的现象，比对存在的认识更早发生，后者不过是前者的衍生形态。因此应该从源始的存在之思出发看待存在之知，而不是相反，从存在之知出发看待存在之思。

海德格尔优先关注的不是存在的善和义务问题，而是存在的真和责任问题，因为此在生存是两重性的，既可能是本真性的，也可能是非本真性的，而由生存的两重性就导致生存的责任问题的产生，即此在如何克服非本真性生存以本真性地生存，何以在本真与非真之间做出决断，弃非真而担负本真生存：本真生存就是一种责任。列维纳斯反对海德格尔这种本真存在之道，在他看来，海德格尔的存在与道德是不相容的，要思道德就必须超越存在，"伦理的关系不再需要从属于本体论或者存在之思"[①]。他的依据是，海德格尔存在之思乃同一性思维，强调存在对于存在者的优先性，由此导致存在对存在者的压制，催生出存在暴力，摧毁了存在者之间

---

① ［法］列维纳斯：《上帝·死亡和时间》，余中先译，生活·读书·新知三联书店1997年版，第144页。

的不可还原为同一的差异关系,从而也就捣毁了自我与他者之间的道德关系,使道德成为存在的奴隶。但是德里达却为海德格尔存在道德辩护,认为海德格尔存在之思并非什么暴力形而上学,相反,存在之思恰恰设定了对存在者本质的"承认",而如果没有对于存在者的承认,"那么任何伦理学都将是不可能的"①。对海德格尔来说,道德无论如何不可能脱离存在,更遑论超越存在,独立于存在;存在是一切意义之源,道德只有发端于存在才是有根基的,那种把道德置于存在之上的做法无异于遗忘了存在,是不思存在问题之恶果。道德只能是存在的道德,必须从存在来看善,本真存在即善,"道"即存在之真,知"道"即知本真存在,还必须从存在之真论证责任,本真存在即责任。

海德格尔从存在真理的角度去理解善,而不是从善的角度去解释存在真理。所谓善即是"存在之托付"或"无蔽之托付":善具有超拔的托付者的权能,能"将存在和无蔽托付到其不可分割的统一本质之中"②。善能让存在存在,让存在无蔽,把存在托付给存在者,使之成为在存在中的东西,把无蔽托付给存在者,使之成为在其真理中可通达的存在者。善不能从高于或无关于存在的道德方面去理解,不能把善看作恶的对立面,也不能把它当作"某个存在者的好",而应该始终从存在方面把它看作"先于一切存在或为了一切存在和一切真理之故而'有'的东西"③。因此,善乃是存在之善。

萨特也从存在来看一切善和价值的实质。在他那里,自为是自在的虚无化,由此自为就把自身显示为"存在的缺陷"。作为自为所欠缺的自在自身就是善或价值,"价值的意义就是一个存在向着它超越自己存在的东西"④。善或价值是自为欠缺的存在,也是"自为应该是的存在",自为"在其存在中使自己像应该是这个存在那样存在"⑤。

---

① [法]德里达:《书写与差异》(上册),张宁译,生活·读书·新知三联书店2001年版,第238—241页。
② [德]海德格尔:《论真理的本质》,赵卫国译,华夏出版社2008年版,第102—105页。
③ [德]海德格尔:《论真理的本质》,赵卫国译,华夏出版社2008年版,第96、105页。
④ [法]萨特:《存在与虚无》,陈宣良等译,生活·读书·新知三联书店1997年版,第135—137页。
⑤ [法]萨特:《存在与虚无》,陈宣良等译,生活·读书·新知三联书店1997年版,第137页。

3. 存在主义道德形态的自由根基

此在是有罪责的；因为此在是有罪责的，所以他才可能欠债，而欠债使存在论道德形态呈现出自由—生存—责任的道德结构，其中自由是个体生存的存在根基，生存是个体存在的形式，对存在负责是个体自由生存的道德规范要求。

康德在本体论上把自由看作自发发生的原因，在实践上把它看作独立于自然因果性的自主行动的原因。海德格尔则从生存论上把自由理解为此在生存的超越：此在领会自身存在的为之故即目的，并筹划自身存在的为之故，此在在对自身存在为之故的领会和筹划之际超越自身，"而这种有缘故的超逾只发生在某种'意志'之中，这种'意志'本身向它自身的可能性筹划自身"，也就是说，自身超越就是意志的表现，意志即是自身超越，并且"在超逾中'构成'为之故本身"，也就是把自身呈递给"为之故"，"而按其本质而言在筹划之际先抛出诸如一般的为之故之类，并且绝不使之作为偶然的功效同时产生出来的那个东西，就是我们所谓的自由"①。海德格尔认为，这种向自身超越的此在意志自由比康德自发性因果性的自由更为原始，毋宁说后者是以前者为前提的，后者仅仅是对自由的否定性刻画，没有从肯定方面刻画此在的特殊存在方式，以及原因性存在的特性，即没有看到自发性是以自身的自身性为前提的，而作为此在超越的自由则包含了自身的自身性，自由即构成此在自身的超越，它在生存着的此在中"显示为因果性的一种别具一格的方式"，显示为一种存在根据，而且自由"作为超越的自由不只是根据的某种特有'方式'，而是一般根据的本源。自由乃是向根据的自由"②。至此海德格尔比康德更向前一步推进了对自由的理解，一方面，自由作为根据的根据而非一般的自发性的因果性被确立起来。另一方面，作为元根据的自由和作为自发性原因的自由都是超越的，但是前者是内在的，即自由的超越是在世之中发生的，自由乃是"向世界的超逾"，不是出离世界的超越，而且"唯自由才

---

① 《海德格尔选集》（上卷），孙周兴选编，上海三联书店1997年版，第196页。
② 《海德格尔选集》（上卷），孙周兴选编，上海三联书店1997年版，第197—198页。

能够让一个世界对此在起支配作用并且让一个世界世界化"①。而在康德那里,自由是超越而非内在的,自由独立于感性自然,在现象界之外发生,自由意味着出离此在世界。自由作为在世的本源超越,还是时间性的,它作为存在领会和筹划向自身的超越,是在将来中到时的,而康德自发性的自由作为本体原因的自由,是非时间性的,即永恒发生的。

海德格尔从存在而非虚无方面看待此在,此在即去存在,即生存;此在存在而非不存在,而且不得不存在,而它通过畏经验到无,在超越中显示自身存在的自由。因此,虽然他也强调虚无,但是相对于存在而言,它还是被忽略了,相应地,本体的自由也就没有得到充分论述。萨特弥补了这种缺失,在海德格尔突出存在的地方,他更彰显虚无的根基性,也更凸显自由的本体地位。依据萨特的观点,自在是存在而不是不存在,永远是其所是,而不是其所不是,而自为则是既存在又不存在,是存在的虚无化,虚无化的存在,永远是其所不是,不是其所是。而自为作为存在的虚无化是以自由为条件的,也就是说,自由是作为虚无的虚无化所需要的条件,虚无是由于人的自由而出现在世界上的。② 因此自由比虚无化还原始和根本,自由即是人的存在本身,存在的虚无化不过是自由存在的表现,人的自由和其自身存在的虚无化是一回事:"存在,对于自为来说,就是把他所是的自在虚无化。在这些情况下,自由和这种虚无化只能完全是一回事。"③

从近代哲学诞生以来,自由就被置于越来越高的位置上,直至康德把它看作其整个理性哲学大厦的拱心石,但是相较而言,只有萨特把自由放在了无以复加的最高地位上。如果哲学史上只有柏拉图超越了存在,把善放在了高于存在的位置上,那么能够与之比肩的大概也只有萨特了,他把自由置于比存在还高的位置。对于柏拉图来说,只有善的才存在,不善的不存在,存在的都是善的,不存在的都是不好的。而对于萨特来说,就自为而言,只有自由的才存在,不自由的不存在,存在的都是出自自由的,

---

① 《海德格尔选集》(上卷),孙周兴选编,上海三联书店1997年版,第197页。
② [法]萨特:《存在与虚无》,陈宣良等译,生活·读书·新知三联书店1997年版,第55页。
③ [法]萨特:《存在与虚无》,陈宣良等译,生活·读书·新知三联书店1997年版,第548页。

不存在的都不是来自自由的。海德格尔把自由置于存在的地位，认为此在的存在是自由的，然而他像对待善一样对待自由，让自由仍然从属于存在。萨特超越了海德格尔，让存在从属于自由，不是存在是自由的，而是自由是存在的。

自在，即充实的存在不是自由的。只有自为，即不充实的存在或虚无化的存在才是自由的，这是因为"他不断脱离他自身，还因为一个虚无把他过去所是的东西和他现在所是的以及他将要是的东西分离了。最后则是因为它现在的存在本身就是在'反映—反映物'的形式下的虚无化"，"自由，显然就是在人的内心中被存在的、强迫人的实在自我造就而不是去存在的虚无"①。对于自为来说，自由是命定的、事实性的，即自为不能不是自由的，"人不能时而自由时而受奴役：人或者完全并且永远是自由的，或者他不存在"②。换言之，人之为人是自由的，没有自由，人不是人。人作为自为可以自由选择，但是自由本身是不可以选择的，也就是说，人是不可以选择不自由的，因为人是自由的："自由不是一个存在：它是人的存在，也就是说人的存在的虚无。"③

海德格尔认为，通过畏并在畏中，存在的虚无复现在此在面前，畏即此在的虚无情绪。但是在萨特看来，自由比虚无更为本源，存在的虚无只是自由的表现，人的自由在畏中并通过畏显示给其自身，"我们只想指出存在着一种对自由的特殊意识，并且我们曾指出这种意识就是焦虑"④。

此在是自由的，一切生存活动都是发源于此在自身的，都是此在自身的活动，因此此在要为自身的生存担负责任：他既要担当自身的生存，也要为自身的生存负责；在存在领会和筹划的超越着的"向为之故的自身呈递中，发生着人之此在，以至于人在其生存之本质中承当自身，亦即能够成为一个自由的自身"，同时自由也揭示自身为"使一般责任和约束性

---

① [法]萨特：《存在与虚无》，陈宣良等译，生活·读书·新知三联书店1997年版，第550页。
② [法]萨特：《存在与虚无》，陈宣良等译，生活·读书·新知三联书店1997年版，第550页。
③ [法]萨特：《存在与虚无》，陈宣良等译，生活·读书·新知三联书店1997年版，第550页。
④ 《海德格尔选集》（上卷），孙周兴选编，上海三联书店1997年版，第65页。

成为可能的东西"①。自由是此在自身生存的根据,本真生存对此在而言是责任,此在要对生存负责。

不过与海德格尔强调生存道德责任的自由基础不同,列维纳斯完全颠倒了自由和责任的关系,强调"伦理先于自由而潜入到自我之中",先有我对他人的绝对责任,然后才有自由的发生,自由并不是第一性的,而责任才是第一性的:"自我就是先于自由的责任者,而不管通向社会上上层建筑的道路是什么样的。出于宾格的自为就是先于自由的责任者,它负有一种使之成为唯一者的不可让与的责任。这里的自由可以被想成是:做在我的地位上无人能做之事的可能性;于是,自由也就成了这一责任心的独特性。"② 列维纳斯显然主张一种绝对他律的伦理学,尝试倒转现代道德哲学从主体出发的自由逻辑。在他看来,他者是绝对的,无限的,是主格,而自我是被动的,有限的,是宾格,他者永远是我为之负责的主人,我永远是不需要他人为我负责的仆人,不是我是自由的使我对他人负责成为可能,而是我为他人的无限责任使我是自由的,也就是说,我只有为他人责任的自由,没有我自由的为他人的责任,他人是否有为我的责任和自由,则不得而知。他试图倒转自由和责任,自我和他人的关系,通过无限化他人、有限化自我的方式确立我对他人的无限责任,以此无限地解除自我对他人的暴力。殊不知,他却建立了他人对自我的无限暴力,不惜把自我降为宾格和沦为他人的"人质"。但是康德和海德格尔都强调自由对于责任的优先性,凸显人自主或主动承担对自身和对他人的责任。人因自由而对他人尽责是否就像列维纳斯想象的那样必然导致对他人的暴力,即把自身的意志强加给他人,最终解除为他人的责任呢?不能排除这种可能,但是就人因对他人负责而是自由的来说,我丧失自由的可能性更大,其危害也可能更大。如果说康德和海德格尔是现代人,那么列维纳斯则是企图反叛和逃离现代的人。

对苏格拉底来说,人本身是善的,而且他只要知道恶就不为恶,凡恶皆因无知。对基督教来说,人本来是好的,但是人的自由却使他违背了上

---

① 《海德格尔选集》(上卷),孙周兴选编,上海三联书店1997年版,第197页。
② [法]列维纳斯:《上帝·死亡和时间》,余中先译,生活·读书·新知三联书店1997年版,第215、222页。

帝的意志即命令，犯下原罪，而且人要为其原罪负责接受责罚：既然人的罪责在其自由，因此人即被剥夺了自由。在康德那里，人作为理性存在者是自由的，作为自由意志的理性存在者是善的，而且是绝对善的，只有当他在违反道德律时，他才是有罪责并承担罪责的。海德格尔基于基础存在论也必然面临解释此在的罪责问题，如果此在是自由的话。而他对罪责问题做出了一种更加源始的生存论解释，由此他否定了对罪责问题的道德谱系探源，认为从债权人和债务人的原始契约关系把罪责看作债责乃是一种着眼于操劳共处权益结算活动的流俗解释，没有抓住此在罪责的根本，因为这种解释从现成事物的现成存在方面把债看作一种缺欠、伤害，尤其是对他人的权利造成伤害，使他人有所缺失，而自己是这种伤害、缺失的原因，与之要为之负责。但是债责并非一种现成事物的现成的存在规定，即欠缺，而是生存着的此在的一种存在规定，即不之状态。

海德格尔颠覆了为他人责任的优先性，这种优先性将不可避免地导致否定自由，这与其此在生存论是不符的，他像康德那样重新确立了自我责任的优先性，亦即自由的优先性："有罪责并非作为某种欠债的结果出现，相反，欠债只有'根据于'一种源始的有罪责才成为可能。"[①] 这就是说，不是因为此在欠债，所以有债，而是因为负罪本身即有罪，这看起来是同义反复，什么也没说，但实际上并非如此：这是重新把责任归于此在自身，即此在本身是有罪责的，以此才能重建自由—生存—责任的道德。他批评康德仍然把罪责看作一种缺欠，即"欠缺那应当存在与能够存在的东西"，因此罪责"是关于现成事物的一种存在规定性"，但是"生存按其本质而言不可能在这种意义上缺欠任何东西，这并非义务生存是完满的，而是因为其存在性质始终有别于一切现成性"[②]。由此海德格尔的罪责论更接近于基督教原罪论，就其认为此在本身是有罪责的，并且这种罪责根于此在生存的自由根据之中而言。

海德格尔从生存论上把有罪责规定为"作为一种由'不'规定的存

[①] [德] 海德格尔：《存在与时间》，陈嘉映、王庆节译，生活·读书·新知三联书店1999年版，第325页。

[②] [德] 海德格尔：《存在与时间》，陈嘉映、王庆节译，生活·读书·新知三联书店1999年版，第324页。

在之根据性的存在,这就是说:是一种不之状态的根据"①。这种不之状态的根据"属于此在面对其生存上的诸可能性的自由存在",此在的自由就"在于选择一种可能性,这就是说,在于把不曾也不能选择其他可能性这回事承担起来"②。在此在领会的诸多存在可能性中,他只能抓住一种可能性而放弃另一种可能性,在生存的筹划中始终选择是这种可能性而不是那种可能性,而当此在选择不是这种可能性而是那种可能性时,当他自由选择一种能在而放弃另一种能在时,此在生存本身即是有罪责的,他既要承担选择了的一种可能性,也要为"不曾也不能选择"另一种可能性而承担可能的后果。亚当有听从上帝命令和违背上帝命令两种生存可能性,他可以选择一种可能性而放弃另一种可能性,而随着他选择这一种可能性而放弃另一种可能性,他就必须承受这种选择,为这种选择负责。亚当最终犯了罪,受到责罚,而这种罪责即蕴含在其生存自由中,即不之状态的根据中。亚当本身就可能有罪,因此他才会犯罪并担责。罪责被烙入自由的生存之中。

此在是被抛的存在,总是沉沦在世,非本真地生存,因此也是不负责地生存。此在要从非本真的沉沦在世中解放出来,从常人中收回本真的自己存在和共在,从庸常平均的日常生活状态转向最极端的能在状态,并从常人手中夺回自身担负的自己生存和共存的责任,就必须"补做选择",而且"对这一补做的选择进行选择","决心"要从"本己的自己方面来能在"③。而此在能补做选择,则必须恢复此在生存的自由,只有此在是自由的,他才能在本真存在和非本真存在,担当责任和卸除责任之间做出选择,才可能决心不得不如其所是和所能是,承担自身最极端的虚无、死亡和罪责存在并与他人共在,并为此负责。

此在在常人公众意见的统治中如何能恢复自身生存的自由?海德格尔认为,在畏从沉沦的常人世界袭击此在的情绪,使它被抛入的虚无之境和

---

① [德]海德格尔:《存在与时间》,陈嘉映、王庆节译,生活·读书·新知三联书店1999年版,第324页。
② [德]海德格尔:《存在与时间》,陈嘉映、王庆节译,生活·读书·新知三联书店1999年版,第326页。
③ [德]海德格尔:《存在与时间》,陈嘉映、王庆节译,生活·读书·新知三联书店1999年版,第308页。

死亡献身和复现在它面前之时，在良知的召唤越过日常生活世界的喧嚣抵达此在本真的罪责存在之际，畏和良知既使此在直面自身最极端的本真能在，也恢复此在被常人夺走的自由："畏在此在中公开出向最本己的能在的存在，也就是说，公开出为了选择于掌握自己本身的自由而需的自由的存在"；"此在有所领会地让自己被唤上前去，唤向上面这种可能性，其中就包含：此在对呼声成为自由的——准备着能被召唤。此在以领会呼声的方式听命于它最本己的生存可能性"①。

通过良知和畏，此在被带到它自身生存的自由之前，同时他也被带到自身最极端的本真存在之前。如果此在不仅打破常人的统治，回到自身本真的生存，而且意愿自身本真的生存，自由使他的这种意愿成为可能，那么此在就不畏可畏的死亡、虚无，并且愿有良知，下定决心缄默着、时刻准备畏的、先行到死、向着最本己的罪责存在去存在，选择自身最极端的本真生存。

通过无畏的和愿有良知的决心，此在不唯从非本真的常人状态回到本真的生存，愿意承担自身被抛的和筹划的存在，选择自身的能在这种"为何之故"，并为自身最极端的本真生存负责，而且还回归本真的共在，在自身本真生存的同时，也让他人本真地生存，"让一道存在着的他人在他们自己最本己的能在中去'存在'，而在率先解放的操持中把他们的能在一道开展出来"②。下了决心的此在可以成为他人的良知，意愿本真地与他人共在，让他人自由地本真生存并让他人为自身的本真生存负责，而让他人本真地生存即是此在对他人的责任。

列维纳斯批评海德格尔的自由—生存—责任论是一种暴力形而上学，其同一性的生存逻辑必然导致此在对他者的同化和占有，消除他者的差异，把他者还原为另一个"自我"，从而导致自我和他者的伦理关系的破灭，使自我对他人的责任成为不可能。但是就海德格尔的自由—生存—责任形态的存在道德来看，一种支配他人的暴力生存不过是一种常人沉沦的

---

① [德]海德格尔：《存在与时间》，陈嘉映、王庆节译，生活·读书·新知三联书店1999年版，第217，329页。

② [德]海德格尔：《存在与时间》，陈嘉映、王庆节译，生活·读书·新知三联书店1999年版，第340页。

生存，一种同化和占有他人的共在只是一种非本真的共在，一种把自身完全托付给他人，只要求自我对他人负无限责任的伦理不过是一种常人伦理，因为正是常人使此在丧失自身，完全受其统治，放弃自身本真生存的责任。列维纳斯的他者伦理解构了自我对他人的暴力，却建构了他人对自我的绝对权利，自我对他人的无限义务隐含着他人对自我的暴力。海德格尔的自由—生存—责任形态的存在道德真正解除了此在对他人的暴力，也化解了他人对此在的统治，建立了本真的此在与他人的共在共处：此在既决心本真的生存，也一道决心让他人本真地生存，让他人为其自身生存负责，正如自己为自身生存负责一样；此在也为共在的他人负责，但不是作为被托付的人质为他人负责，而是作为下决心与他人自由共处的自由人为他人负责，让他人如其本真所是的那样生存。

对海德格尔来说，此在的存在是生存，其存在是自由的，因此应担负起自身的本真生存。萨特却比海德格尔更进一步指出，自为不是自在，不是存在，也不是不存在，而是既存在又不存在，既有也无，是自在的否定，存在的虚无化，也是否定性的自在，虚无化的存在。自为作为存在的虚无化是自由的，换言之，"人是自由的，人就是自由"①。自为自由意味着其存在先于本质，或本质是其过去了的存在。自为并没有一个本质先于存在并规定存在，并非他是什么已经被规定，只需要是其所是就可以了；他也不是有一个自身，他只需要如其自身所是就行了。相反，自为作为自由还什么都不是，他总是超出自身，不在自身之内而在自身之外。自为自由地超越自身即是创造，他并不存在而是造就和发明自己的存在，他就像一个艺术家那样，创造自己的所是，他是"他愿意成为的那样——是他（从无到有）从不存在到存在之后愿意成为的那样。人除了自己认为的那样以外，什么都不是"②。

自为作为自由即是从无到有的创造，但这种创造不是如上帝那般创世，因为自为是事实性的，是被抛入世界的，在他之外有一个自在的世界

---

① ［法］萨特：《存在主义是一种人道主义》，周煦良、汤永宽译，上海译文出版社2008年版，第9页。
② ［法］萨特：《存在主义是一种人道主义》，周煦良、汤永宽译，上海译文出版社2008年版，第5页。

给予他，而这个世界不是他所创造的。然而自为被抛入世界却不是如海德格尔所说也被抛入存在，如果那样他就是自在；世界确是被抛入自在，但他却被抛入自由，"命定是自由"①。因此自为的自由是没得选择的，但是他可以自由地选择，有选择的自由，如果自由是命定的，那么选择也是命定的，自由即意味着选择，而选择即是创造，谋划可能性，筹划目的和意义，"你是自由的，所以你选择吧——这就是说，去发明吧"②。

　　对萨特来说，不是有爱才有爱的行动，存在然后才能行动，而是没有爱的行动就没有爱，没有选择和创造就没有存在，而自为一旦选择和创造就要为其存在负全部责任。萨特认为，懦夫并非是懦弱的而做出懦弱的行为，成为懦弱的人，而是通过选择懦弱而成为懦弱的人，通过自己懦弱的行为而成为懦夫，因此懦夫不能拿自己懦弱的气质为自己的懦弱脱责，事实上根本就没有懦弱这种气质，即使有，也是他自己选择的；既然他自己选择成为懦夫，因此他必须为自己的懦弱负责。

　　人作为自为不仅对自己和他人负责，还要对所有人负责，他对自己负责也就为所有人负责，因为他在为自己做出选择时，也在为所有人作出选择。这之所以可能，在于自为不唯是自由的，不停息地虚无化自身之所是，通过筹划超越和创造自己的存在，而且是在处境中的，他在选择和造就自己的同时照亮了世界，使世界成其所是，也使之成为他的世界。因此自为并非脱离世界孤立地成其所是，他并非首先是人然后成为自我，也非从先验地给定的人的本质出发把自己确立为自我，而是相反，"正是在他要自我选择为个别自我的努力中，自为才保持某些使他成为一个人的社会的和抽象的特点的存在；而追随人的本质的因素而来的必然联系只能在一个自由选择的基础上出现"，既然在自为自我选择存在的同时也选择和造就了人的本质，那么"每一个自为在其实存的存在中都是对人类负责的"③。虽然不存在一种可称为人性的普遍本质，却存在一种人类处境的

---

①　[法]萨特：《存在与虚无》，陈宣良等译，生活·读书·新知三联书店1997年版，第604页。

②　[法]萨特：《存在主义是一种人道主义》，周煦良、汤永宽译，上海译文出版社2008年版，第12页。

③　[法]萨特：《存在与虚无》，陈宣良等译，生活·读书·新知三联书店1997年版，第646页。

普遍性，即便人类在处境中的意图多么不同，却都具有普遍价值，都是任何人理解得了的。不过这种人类的普遍性却不是现成的，而是被制造出来的，"在选择我自己时，我制造了这种普遍性；在理解任何别的人、任何别的时代的意图时，我也在制造这种普遍性"①。我选择和创造我自己就是在选择和创造人类，但这不是我把自己等同于人类，把我的形象，或我关于人的概念强加给人类，认为我就是人类，而只是说我把我自己模铸为人类的表率，或我把我自己作为能够代表人类的形象加以模铸，因此"在模铸自己时，我模铸了人"，"我在创造一种我希望人人都如此的人的形象"，我在模铸一个"对所有的人以及我们所处的整个时代都是适用的"人的形象，我创造自己就是在创造一种人类的新类型。因此我不仅对自己负责，"也对所有的人负责"，而且我对自己负责就是对全人类负责，当我对一件事承担责任时，我不但为自己的将来做了抉择，"而且通过这一行动同时成了为全人类作出抉择的立法者"②。

　　对于萨特来说，固然人是自由的，他在选择自己时也选择了人类，但是他在为自己也为人类选择时却没有任何"普遍的道德准则"供他遵循，也就是说，他的选择是没有任何约束的，除了自由是不可选择的之外，他什么都可以选择，他的选择完全是出乎自由并且为了自由而做出的，这也就意味着他为自己也为人类做出的选择是任意的。面对诸多可能性的我依据什么做出为自己也为全人类负责的选择呢？除了唯一可以依据的自由之外，我没有其他的准则，最终怎么选择全靠我自由地创造。对于萨特提到的那个在母亲和人民、家和国、孝和忠之间左右为难的青年学生来说，没有任何人，任何道德能帮助他做出选择，也没有任何准则能向他显示何种选择为好，他的选择只能通过他自己，由他自由做出，而无论他做出何种选择，除了表明他的选择是自由的之外，我们无从知道他何以做出选择，他的这种选择是好还是坏，他都必须承担责任。

---

　　① [法]萨特：《存在主义是一种人道主义》，周煦良、汤永宽译，上海译文出版社2008年版，第18页。
　　② [法]萨特：《存在主义是一种人道主义》，周煦良、汤永宽译，上海译文出版社2008年版，第5—8页。

4. 存在主义道德世界观

人类精神的道德形态本身分出多种形式，如希腊苏格拉底伦理学是一种目的论形式的道德形态，斯多葛主义伦理学是一种自然法形式的道德形态，康德主义伦理学是一种义务论形式的道德形态，而存在主义伦理学则是一种生存论形式的道德形态，呈现为一种存在论的道德世界观。

康德的道德形而上学既呈现为一种道德本体论，也显示为一种理性道德世界观，只不过这种理性道德世界观却导致感性世界和理性世界的分离，道德与自然、应当与实际以及义务与现实的二元分裂。康德区分了现象与物自身、现象与本体。为了解决自由与必然二律背反的问题，他又区分了感性世界和知性世界，前者即现象世界，后者约等于本体世界，前者是必然世界，后者是自由世界。从理论上看，必然的现象世界是可知的，实在的自由本体世界是可思的、可能的，但从实践上看，现象世界是不实的，自由世界是实在的。就康德的意图来说，现象与本体、感性世界和知性世界应该从实践的角度来看，它们本来就是实践的区分概念。"一切通过自由而可能的东西都是实践的"①，知性的世界作为自由的世界，即是实践的世界，换言之，本体领域就是实践的领域，它虽然是非时间性的永恒领域，却并非静止的、不动不变的领域，而是自发发生着的德行领域。因此如果康德有一种本体存在论，那么它是一种道德存在论。自由的世界是合理性的世界，不过不是理论理性的世界，而是实践理性的世界。纯粹理性在认识上不是构成性的，但在实践上却是构成性的，它能给出一些法则，规定自由意志必然意愿什么和如何意愿。然而理性给出的必然规律却不同于知性赋予现象世界的必然规律，后者是规定自然什么实际发生的规律，而且是客观的自由规律，"它们告诉我们什么是应该发生的，哪怕它也许永远也不会发生，并且它们在这点上与只涉及发生的事的自然律区别开来，因此也被称之为实践的规律"②。至此康德划分两个世界的意义进一步呈现出来：感性必然的世界与理性自由的世界就是实际发生的世界与应当发生的世界。自然发生的都是事实发生的，自然律

---

① ［德］康德：《纯粹理性批判》，邓晓芒译，人民出版社2004年版，第608页。
② ［德］康德：《纯粹理性批判》，邓晓芒译，人民出版社2004年版，第610页。

规定了什么是现实发生和不发生的，在自然中不存在什么是应当发生的，什么是不应当发生的，而是一切发生都是实际地发生的，但是一切在自然中实际发生的却并不全是真实发生的，如其自在和本然发生的。自由发生的不是实际发生的，自由规律无从直接规定自然中事实发生的事情，但能规定本体存在者是什么，如何是，或发生什么，如何发生，而且如其所是，如其自在和本然发生什么，如何发生，并且必然地规定其发生什么，如何发生。然而如其自身所是发生的自由发生显现为一种可能的应当发生，因为自由发生的不可能是直接实际发生的，实际发生的都是自然必然发生的，因此自然世界是实际发生的世界，自由世界是应当发生的世界，它可能通过自然世界显示出来，也可能显示不出来。

康德的道德本体论呈现为一种二元分裂的理性道德世界观，存在主义的存在道德论则呈现为一种二元性的生存道德世界观，表现为先行领会和理解存在真理，然后从非本真生存世界分离出来，进入本真生存世界。存在主义道德在领会存在真理基础上，区分开本真生存世界与非本真生存世界、自为生存领域与处境化存在领域，进而要求此在或自为决心与非本真生存的沉沦在世决裂，对生存处境进行创造性谋划与选择，向道德化的本真生存世界跃进，担当本己的自为存在。良知、畏、向死而生、选择—创造即是此在从沉沦在世到在世本真生存转折之德行。

对海德格尔来说，人在世界中存在，但人是被抛在世，并且沉沦于世，因此人之在世是非道德性的在世，人并非如其自身所是地生存，而是不是其所是、是其所不是，日常生活的世界是使人失去自身存在的世界，是一个人不应该在其中生活、应该从中超拔、绽放出去的世界。人应该生活在一个能如其所是的真实存在世界，但是此在一般总作为常人自己生存和与他人共在，失去了自立和本真状态的自身，总是以"非自立状态与非本真状态的方式而存在"。世界也总是从自身滑落，陷入沉沦、庸常化，真而不真，"真人"蜕变为常人，而随同常人而至的是，此在作为真人本该身负的为自身生存和与人共存的在世道德责任也被拿走了，或被卸除了："常人总已经从此在那里取走了对那种种存在可能性的掌握。常人悄悄卸除了明确选择这些可能性的责任，甚至还把这种卸除的情形掩藏起来。谁'真正'在选择，始终还不确定。此在既就这样无所选择地由

'无名氏'牵着鼻子走并从而缠到非本真状态之中。"[①] 常人何以能卸除此在在世的责任,是因为它夺走了此在的自由,使它丧失自身的决断和选择于"公众意见"做出的解释,受制于常人预定的"判断和决定",依托于常人提供的担保,让位于常人替他来担负一切在世责任。

虚无、死亡和罪责是此在存在最极端的可能性,也是此在在世的本真生存状态。但是在世本真状态是可畏可责的,本真生存作为被抛的筹划是一种重负,不是那么容易承担的,此在总是从它这种最极端的本真存在脱落,"从本真的能自己存在脱落而沉沦于'世界'"。此在不仅自身生存,而且与他人共在,不仅为自身存在之故而存在,也在共在中"为他人之故"而操持存在;为他人生存的能在"作出表率",以便让他人为自己的生存操心而自由就是本真的共在,就是与他人共在的最极端的可能性[②]。但是此在总是从这种让他人自由生存的本真操持中滑落,要么为他人"代庖",要么连同自身本真的生存一道落入常人统治的庸庸碌碌,平均平整的日常生活世界中,在闲言、好奇和两可中与人共处,"跌入非本真的日常生活的无根基状态与虚无中",沉沦于世。

此在不仅是生存筹划的存在,作为这种存在它是不之状态的根据性存在,因此生存本身是有责任的,而且还是实际被抛于世的存在,因此是被动的存在,"它存在且不得不存在",存在不是它可选择的,它有筹划能在的自由,却没有存在的自由,存在托付给了它,它只能存在而不能不存在,"此在委托给了这个存在者,它只有作为它所是的存在者才能生存;作为这样一个存在者,此在生存着就是它能在的根据,虽然此在不曾自己设置这根据,但它依栖在这根据的重量上,而情绪把这重量作为负担向此在公开出来"[③]。正如生存的筹划是此在不之状态的根据一样,实际被抛于世界也是此在不之状态的根据,构成此在的责任,而且是罪责。因为此在作为被抛的存在,其存在是被托付给它的,而不是它自身把自身带入它

---

① [德]海德格尔:《存在与时间》,陈嘉映、王庆节译,生活·读书·新知三联书店1999年版,第307—308页。

② [德]海德格尔:《存在与时间》,陈嘉映、王庆节译,生活·读书·新知三联书店1999年版,第142页。

③ [德]海德格尔:《存在与时间》,陈嘉映、王庆节译,生活·读书·新知三联书店1999年版,第325页。

的"此"在的,"它听到了它自身,但却不是作为它自身把自己给与本己的";它被抛的存在即是其生存的根据,它作为生存不得不自身设置它的这根据,但是它自身却"绝不能控制这根据,而是不得不生存着接受根据性的存在",也就是说,"此在在生存上从不在它的根据之前存在,而一向只出自这根据并作为这根据存在。从而作为根据性存在就等于说从根本上从不控制最本己的存在。这一'不'属于被抛境况的生存论意义,此在这一存在者作为根据,其本身就是它本身的一种不之状态"①。此在被抛的存在和筹划的存在都是不之状态的根据,这等于说此在的存在就是不之状态的根据,而罪责即是不之状态的根据性存在,因此"此在之为此在就是有罪责的"②。此在的罪责是两重性的,此在因为没有存在的自由而是有罪责的,也因为有生存的自由而是有罪责的。此在因为实际被抛存在而不能不存在就是有罪责的,因为存在托付给予它而不得不接受这种委托的存在而是有罪责的,这意味着存在本身就是一种重负,此在要担负托付给予它的存在责任,换言之存在本身就是一种责任,不能不承担之。把被托付的存在本身看作罪责印证了海德格尔沾染上尼采所批判的怨恨之气,抱怨存在不该被抛给此在以承受,不该被托付与它来经受,同时也证明了此在的罪责是被动给予的,它只要实际被抛存在就是有罪责的。另外,此在又因为自由地选择一种能在而放弃另一种能在而是有罪责的,因为筹划这种可能性而非那种可能性是有罪责的,而此在此种罪责源于它的自由筹划和选择,因此是主动产生的。由此此在既是被动有责的,也是主动有责的,而此在作为实际被抛的筹划生存的存在,其存在罪责先于其自由罪责。

此在作为实际被抛和筹划的存在本身是有罪责的存在,罪责存在就是此在本己本真的存在。但是此在也是不如其所是和所能是的存在,即沉沦于世的存在,非本己和非本真的存在,而且这种不真的存在是此在日常在世的存在,而作为这种日常在世不真的常人存在,此在总是回避和封闭自身有罪责的在世本真存在:"常人溜过最本己的罪责存在,以便嘈嘈嚷嚷

---

① [德]海德格尔:《存在与时间》,陈嘉映、王庆节译,生活·读书·新知三联书店1999年版,第325—326页。

② [德]海德格尔:《存在与时间》,陈嘉映、王庆节译,生活·读书·新知三联书店1999年版,第327页。

议论'犯错误'。"① 但是此在越是掩盖自身的罪责存在,其罪责越是欲盖弥彰,越有一种声音召唤它回归自身,面对自身的罪责。这种声音就是要本真生存的良知德行,召唤即是良知发出的。良知对应着罪责,没有罪责就没有良知,如果此在总是无辜的,也就无需良知,有良知即意味着有罪错,正是罪错惊醒了良知,使之觉醒到自身是有罪责的。因此良知预设了罪责,罪责内化时良知即现,良知即罪责的自觉。因此良知本质上是内向化的罪责意识,是此在本真罪责存在的见证,良知—罪责本己化为此在本真生存德行。

此在良知德行的召唤是从自身并向自身发出的,它穿过此在沉沦的日常在世,唤醒其本己的罪责存在,向后把它唤回到其不能不如其所是的被抛境况,"以便把被抛境况领会为它不得不接纳到生存中来的不的根据",向前把它唤进到其所能是的存在,唤到一种可能性中去,"生存着承受它所是的被抛的存在者"。良知的召唤还只是把此在从其常人的沉沦状态唤回到其自身最本己的罪责存在,见证自己最本真的存在,此在能不能从沉沦中自救,选择和听命于其最本己的生存德行,还取决于它能否领会良知的召唤,并且在领会召唤见证本己罪责存在时愿有良知,只有领会并愿意良知,它的良知才是自由的,它才能见证并意愿承担自身本己的在世罪责存在,它才真正"选择了它自己","它才能是负责的"②。

此在的本真存在不唯是罪责存在,还是可畏的存在,即虚无—不着的存在和无家可归的存在。此在是被抛于世的存在,在它发现自己之前已经存在,存在已经托付给它去存在,而此在作为这种被抛的存在是无根的,它只是赤裸裸地存在着,此外无他,它必须依靠自身独自来承担自身的存在,因此它是无家和不在家的。此在一方面日常沉沦的在世逃避这种无家的境况,在操持操劳熟知并依寓于其中的周围世界和常人世界中安了家。另一方面,此在作为被托付的存在,存在而且不得不存在。然而这并不意味着只有存在,没有虚无,相反,一切存在者都存在,也虚无,存在者的

---

① [德]海德格尔:《存在与时间》,陈嘉映、王庆节译,生活·读书·新知三联书店1999年版,第329页。
② [德]海德格尔:《存在与时间》,陈嘉映、王庆节译,生活·读书·新知三联书店1999年版,第328—330页。

存在恰是在无中通过无而显示的:"存在者有——而无不。……这个原始的能不的'无'的本质就在于:它首先把此在带到这样的存在者之前。"①虚无属于此在的本质,此在既被托付给存在,也被抛入虚无之中,"此在意谓着:嵌入'无'的境界",在此在的存在中"无之不"在发生作用,而恰是这种无之不的作用,此在才能"超出存在者整体之外",才能和存在者,和自身打交道,"假如此在自始就不将自身嵌入'无'中,那么,此在根本就不能和存在者打交道,也就根本不能和自己本身打交道"②。然而此在被嵌入虚无的本真境界却被日常沉沦的在世所遮盖,此在也逃避虚无之境,逃到存在者那里,依寓于世界,在常人的庸常化的世界中安身居家。使此在回归本真存在,把它带入虚无之境的是畏之生存德行:在畏中,此在茫然失其所在,世界顿失意蕴,了无因缘,遁入无中,此在失其家所,入于乌何有之乡,"站到'无'的地位上来了"。此在是有限的,不能靠自己的"决心和意志"而只有靠畏之德行,才被带到虚无面前,通过畏之德行,在畏之"无"之明亮的黑夜里,存在的虚无才现身在前,存在者的真相才大白。

除了罪责、虚无之外,死亡也是此在的本真存在。海德格尔认为,死亡是一种"此在刚一存在就承担起来的去存在的方式",只要此在存在,它就始终已经是"尚未",也是"向终结的存在",死亡本身属于此在不可逾越的、无所关联的和最本己的可能性,一种不可能的可能性。这种可能性托付给了此在,只要此在存在,它就已经被抛入了这种可能性,"向来不得不承担下来"这种存在可能性。先行到死就是向着自身最本己的最极端的可能性开展着自身,这乃是此在的本真的生存德行。但是此在同样像逃避罪责、虚无一样掩蔽本己的死亡,在常人提供的"有人死了"的死亡事件的公众解释中掩藏自身向死亡的临近:人终有一死,但自己当下还没碰上③。正如虚无是在畏中现身一样,向死而生这种本真生存也是通过畏之生存德行现身,把它从被沉沦遮蔽的状态绽放出来,展开在此在面前的:"在畏中,此在就现身在它的生存之可能的不可能状态的无之

---

① 《海德格尔选集》(上卷),孙周兴选编,上海三联书店1997年版,第145页。
② 《海德格尔选集》(上卷),孙周兴选编,上海三联书店1997年版,第146页。
③ [德]海德格尔:《存在与时间》,陈嘉映、王庆节译,生活·读书·新知三联书店1999年版,第289—291页。

前。畏是为如此确定了存在者之能在而畏，而且就这样开展出最极端的可能性来"，"向死存在本质上就是畏"。①

对萨特来说，自为既是虚无化的存在，选择和创造的存在，也是处境性的存在，被动的和被抛的存在，他始终处在两者的张力之中。对于自为来说，过去是曾经的存在，是他不可挽回的，也不可触及的，不能用任何方法改变的一种处境。但是自为是自由的，他能够虚无化自己的存在，超越自己的存在，通过设定目的对其将来加以筹划，而自为通过对其将来的筹划而赋予过去以意义，或者在一种目的的启示下选择他的过去，根据其谋划的目的而命令其过去："如果你希望有这样的过去，那你就这样或那样地行动吧。"② 除了过去之外，位置和周围世界也是自为处境中的构成要素，自为也都能够对它们加以谋划，通过选择而创造自身的位置，周围世界，并为它们负责。责任就是自为的生存德行。唯一的一个例外是死亡。对于海德格尔来说，死亡是此在生存不可能的可能性，此在可以筹划自己的死亡，向死而生。萨特却否认死亡是自为固有的可能性，它不是自为存在的本体论结构，死亡只是一种纯粹的偶然性的事实，作为事实它脱离于自为，不是自为能够选择和创造的，因此死亡是他人对自为的胜利，是自为的外在化，也是自为存在的界限，自为无能也不应为其死亡负责。③

自为生存责任德行还包括对他人负责。自为在其处境中遭遇到他人。萨特否认自为与他人是共在的关系，在他看来，他人不属于自为的存在论结构，而是外在于自为的，当他们相遇的时候，他们并不能共存，却总是有冲突。对于海德格尔来说，此在与他人的共在关系是存在关系，而萨特却认为自为和他人的关系乃是自由对自由的道德关系。萨特的自为和他者也不是平等的，可统一的，而是彼此外在的，时而超越，时而又被超越，他们永远不能置身于"承认他人的自由导致他人承认我们的自由的水平上。他人原则上是不可能把握的：当我寻找他时他逃离了我，而当我逃离

---

① [德]海德格尔:《存在与时间》，陈嘉映、王庆节译，生活·读书·新知三联书店1999年版，第288—289，305页。
② [法]萨特:《存在与虚无》，陈宣良等译，生活·读书·新知三联书店1997年版，第626页。
③ [法]萨特:《存在与虚无》，陈宣良等译，生活·读书·新知三联书店1997年版，第678—679页。

他时他又占有了我"①。当自由的自为与自由的他人偶然相遇时,自为看见他人在看他,他没有在意他人的面容,而是看到他人的眼睛在注视自己,自己感到无地自容,无比羞耻,好像自己有罪,他迅即被"石化",即被对象化,从自为降为自在,作为超越者被超越：他人的注视是要自为承认他人的自由,而自为自愧不如他人,成为他人的对象,以丧失自由为代价而承认他人的自由。自为成为为他人存在的对象,担负着他人的存在,也承担着自身作为自在对象的存在；自为本不存在,却因羞耻而是存在,这个存在是他人赋予自为的,自为本是自由的,超越的,但是他的自由却被他人的自由限制,他的超越被他人超越,他现在担负他人的整个存在和自己为他人的存在,他在他人的自由中并通过他人的自由"表现"出来他的存在。但是这不意味着自为由此可以逃脱责任,虽然他不是通过自己的自由表现其存在,相反,他必须承担对他人存在和为他人存在的责任,而他人不必对自为的存在负责任②：这是因为自为本是自由的,他应当自我选择；面对他人的在场和注视,他并"不承受他人的存在,他被迫以一种选择的形式自己将这存在表露出来",也就是说,他是通过自由选择而把他人当作"主体—他人"确立起来的,"通过我对我的异化产生的体验,我自由地承认他人,通过这种承认,我担当起我的为他的存在",承认他人的自由谋划和自由假定我的为他的存在之间没有区别③,因此他之为他人的存在终究是他自我选择的,他当然应当为其选择负责。自为只有把自己对象化的条件下,才能承认他人的自由,并为自己为他人的存在负责,但是就他认为自为的对象化也是自为自己的选择而言,我对他人负责是因为我自由。并且我和他人的关系是可以倒转的,我能够是为他人的,他人是主体,我为他人负责,也能够超越他人,把他人对象化,让他人为我存在,为我负责。为他人负责即是自为的生存德行。

但是对于萨特来说,一个基本难题是,要么自为被注视,被对象化,

---

① [法]萨特：《存在与虚无》,陈宣良等译,生活·读书·新知三联书店1997年版,第512页。

② [法]萨特：《存在与虚无》,陈宣良等译,生活·读书·新知三联书店1997年版,第368、370—371、459页。

③ [法]萨特：《存在与虚无》,陈宣良等译,生活·读书·新知三联书店1997年版,第647、654页。

承认他人的自由并为他人负责，要么自为注视，把他人对象化，自己的自由被承认并要求他人为自己负责，自为和他人无法相互注视，相互承认，同时既是主体也是对象，既承认他人自由，也被承认为自由的，自为既为他人负责，他人也为自为负责，因为自为和他人的自由关系不是平等的和一致的，而是根本冲突的，双方都想致对方于死地[1]。而如果任由这个问题不解决的话，最终就不存在相互的承认，从而也就不存在相互的责任德行，也就没有真正意义上的责任德行，无论是自为对他人的责任，还是他人对自为的责任都将是空洞的，因为自为对他人的责任不过是一个被对象化了的人而非真正自由的人对他人的责任：一个被物化的人不可能承担真正的责任，如果责任建立在自由基础之上的话。反之，他人对自为的责任亦然。萨特后来在他激进悲观主义的立场上少许后退了一步，委婉承认，我只有承认他人，他人才能承认我，我只有为他存在，他人才能为我存在，"只有当他人为我地存在时，我才能把自己看成是受到他人限制的，我只能在担当我的为他的存在时使他人作为被承认的主观性而为我地存在"[2]。在《存在主义是一种人道主义》中，他更是明确承认，人是参照他人进行选择的，虽然我们为自由而追求自由，但是我们却发现，我们这样追求自由时，我们完全离不开他人的自由，如果人在任何情形下都不能不追求自由，那么他就体会到他非"同时追求别人的自由不可了"，除非我把他人的自由同样当作我的目的，我是不能把自由当作我的目的的，对于他人来说，情况依然。由此而来，我是自由的，我应为自己负责，同时我也非得把他人的自由当作我的自由追求不可，从而也就应当为他人负责，或者说，为自己负责就是为他人负责，为他人负责也是为自己负责，因为我和他人是相互承认的，我的自由是以他人的自由为条件的，我和他人是以相互承认自由为前提的，因此我和他人是交互承担为对方的责任的[3]。负责任就是自为的生存德行。

---

[1] [法]萨特：《存在与虚无》，陈宣良等译，生活·读书·新知三联书店1997年版，第458页。

[2] [法]萨特：《存在与虚无》，陈宣良等译，生活·读书·新知三联书店1997年版，第654页。

[3] [法]萨特：《存在主义是一种人道主义》，周煦良、汤永宽译，上海译文出版社2008年版，第21—22页。

第六编　还原主义，或"伦理—道德"形态

十六　新西方马克思主义"伦理—道德"形态

西方马克思主义①伦理—道德形态是在对发达资本主义社会（或曰发达工业社会）的现状及其意识形态以及诸伦理关系实然样态及其伦理问题的反思、批判中生成发展的，其中蕴含了西方马克思主义学者对发达资本主义社会现状及其意识形态以及诸伦理关系实然样态的剖析，对其本然逻辑追问和对其应然逻辑的探索与建构，蕴含了其对伦理—道德形态多层

---

① "西方马克思主义"是对区别"正统马克思主义"的某一类马克思主义思潮的总体称谓，它主要流行于西方发达资本主义国家。这些思潮都基于某种哲学或文化理论提出了对马克思哲学的独特的解读，因此在总体上并不统一。它们的共同旨趣在于激活马克思哲学的批判精神，对发达资本主义社会现实和意识形态展开新的批判。在西方马克思主义的发展过程中，不同的代表人物或多或少地修正或离开了马克思主义基本立场，但在其历史起源上，它还是作为一种独特的马克思主义思潮出现的。西方马克思主义的产生有两个方面的原因：一方面是历史条件的变化，这种变化提出了不同于马克思时代的实践任务，由此构建和开辟一种新的历史语境的可能性；另一方面，问题域的转换，必然使人们在理论上得出与马克思不完全一致的结论。西方马克思主义早期代表人物最早意识到了"十月革命"所蕴含的深刻的历史辩证法，特别是其中历史性地成功实现出来的主体能动性。所以，他们在方法意义上重申马克思的能动的历史辩证法，以此作为纠正第二国际之"经济决定论"的失误。当然，在寻找自己理论前提的过程中，他们过多地依赖了黑格尔等古典哲学家，从而实际导向一般历史哲学。在这种历史哲学中，迫于现实中强大的资产阶级力量，他们开始把无产阶级斗争的方向引向文化和意识形态方面，并彰显出一种隐蔽的哲学人本主义的立场。卢卡奇（Gerog Lukacs, 1885—1971），匈牙利著名马克思主义哲学家、美学家，被认为是西方马克思主义哲学思潮的"奠基人"，其代表作是《历史与阶级意识》。（参见张一兵、胡大平《西方马克思主义哲学的历史逻辑》，南京大学出版社2003年版，第22—44页。）

面基本问题的思考与探索：一是实然样态的"道—德形态"的基本问题——我当下是一个什么样的人？二是本然逻辑的"伦—理形态"基本问题——我们原本如何在一起？三是应然逻辑的"伦理—道德形态"的基本问题——我应当如何成为我们中一个人？进而分别从人道主义伦理（弗洛姆）、景观批判理论（德波）、消费社会批判理论（鲍德里亚）和生态马克思主义（福斯特），凸显了现代文明形态的多重伦理—道德危机，其中包括人—社会的危机、生存境遇的危机、消费观念与消费方式的变异、人与自然的生态伦理危机等的反思与批判。这不仅凸显了西方马克思主义伦理—道德形态的"现代"问题，同时也体现了其"现代"理论气质。

1. "道—德"形态的实然样态： 我当下是一个什么样的人？

下面从道—德形态的实然样态基本问题出发，阐释"我当下是一个什么样的人"？由于时代科技文化背景的差异和理论视域的殊异，西方马克思主义思想家的诠释具有不同的样态：弗洛姆（Erich Fromm，1900—1980）作为法兰克福学派的著名思想家，主要从人道主义伦理学视域，分析了人的道德行为动机与性格的关系，剖析了非生产性取向性格的四种样态；居伊·恩斯特·德波（Guy Ernest Dobord，1931—1994）作为当代法国著名思想家、实验主义艺术大师、当代西方激进文化思潮和组织——情境主义国际的创始人，则从景观批判理论形态描绘了景观生产者的生存样态；鲍德里亚（Jean Baudrillard，1929—2007）作为法国哲学家、现代社会思想大师、后现代理论家，从消费社会批判理论视域描绘了"官能性人"的生存样态。这样，他们诠释了在资本主义发展的进程中道—德形态实然样态的基本问题："我当下是一个什么样的人"嬗变的实然逻辑，由近代笛卡儿的"我思故我在"，转变为"我占有故我在"，再到弗洛姆描绘的"我是市场的需要故我在"、德波所描绘的景观社会中"我显现故我在"和鲍德里亚所描绘的消费社会的人"我消费故我在"，进而深刻揭示了人存在方式的伦理—道德悖论。①

A. 非生产性人的生存样态

弗洛姆在《为自己的人》一书中，从人道主义伦理学视域分析了"我当下是一个什么样的人"这一道—德形态实然样态的基本问题。弗洛姆阐释了人的道德行为动机与性格的关系，并借助于心理学的相关理论将人当下存在按其性格进行了分类：一类称为非生产性取向，另一类称为生产性取向。

他着重把非生产性取向性格分为以下四种：接受型、剥削型、囤积型和市场取向型。一是具有接受取向的人在表面上是乐观的、友善的，对生活和他们的才能有一定的信心；但当他们的"供应来源"受到威胁时，他们便会感到焦虑和心神不安。他们常有助人的诚意和愿望，但他们把为他人服务当作获取好感的活动。② 二是剥削型性格在思想和智慧方面的追求表现为，他们并不会去创造观念，而是会去窃取观念。他们或是以直接剽窃的形式、或是以更狡猾的方式——用不同的术语重复别人的观念，并坚持这是他们自己的新观念——来达到这一目的。令人惊讶的事实是，那些很聪明的人常常这么做，尽管如果他们相信自己的才能，他们完全能创造出他们自己的新观念。③ 因为那些具有剥削型性格的人，把其他人都作为剥削的对象，而且都要根据他的可利用性加以判断。这种人并不具有接受类型的人所具有的信念和乐观，他们的特征是怀疑、挖苦、羡慕、妒忌。由于只有从别人手里拿到东西，他们才能得到满足，因此他们总是过高地估计别人的所有物，而过低地估计他们自己的所有物。三是囤积型性格的人则对一切事物、一切思想或情感，就像对钱财一样，有条不紊，他的条理性是枯燥无味的、刻板的。他无法忍受东西的凌乱不堪，他会自觉地把这些东西重新加以整理。对他来说，外部世界是一个会冲破他那坚强阵地的威胁；有条理的意义在于控制外部世界，通过整理事物，把它们安

---

① 陈爱华：《现代人生存的二律背反样态及其超越》，《江海学刊》2015年第2期。
② [美] 埃·弗洛姆：《为自己的人》，孙依依译，生活·读书·新知三联书店1988年版，第74页。
③ [美] 埃·弗洛姆：《为自己的人》，孙依依译，生活·读书·新知三联书店1988年版，第75页。

置在一个适当的位置上，以躲避它们侵犯的危险。① 简言之，接受型的态度似乎是诱人的、坦率的；剥削型的态度是敢作敢为的、尖锐的；囤积型的态度则是生硬的，他们似乎想强调他们自己与外部世界的这一墙之隔。四是市场型（the marketing orientation）② 取向主要的性格特征。与上述三种非生产性取向性格分析有所不同，尤为突出处理人与社会的伦理关系。弗洛姆指出，为了理解这种市场取向型的本质，我们必须认识现代社会中市场的经济功能，它不仅与这种性格取向相似，而且是现代人这种性格取向发展的基础和主要条件。弗洛姆深切地感到，在其所处的时代，市场取向有了迅速的发展，随之一种新的市场——"人格市场"发展了，这是近几十年来的现象。职员、售货员、商业主、医生、律师及艺术家等，全都出现在这一市场上。事实上，他们的合法身份和经济地位是有区别的：有些人是独立的，靠提供服务而获取报酬；另一些人则是被雇用而领取薪金。但他们全都依靠那些需要他们服务或雇用他们的人的个人接受，才能取得物质上的成功。

接着弗洛姆着重指出，为了迎合上述人格市场上的需要，人不得不在人格市场上赶时髦。如果一个人感到，他自身的价值主要不是由他所具有的人之特性所构成，而是由一个条件不断变化的竞争市场所决定的话，那么，他的自尊必然靠不住，而且经常需要他人的肯定。因此，他就被无情地驱使着为成功而努力，任何挫折对他的自尊都是一种严重的威胁；结果他就会产生孤立无援感、不安全感及自卑感。"如果市场的变迁决定人的价值，那么，人的尊严感、自豪感就被摧毁了。"③ 因而，市场取向型的人所面临的是，把自己的力量当作商品让渡给别人。他不是一个力量的拥有者，而是一个把力量遮掩起来的人。因为他并不是在使用力量的过程中实现自我，而是在出售力量的过程中获得成功。力量和力量所创造的东西相分离了，这些东西与他自己相区别，并要由别人来判定和运用。于是，

---

① ［美］埃·弗洛姆：《为自己的人》，孙依依译，生活·读书·新知三联书店1988年版，第77页。
② ［美］埃·弗洛姆：《为自己的人》，孙依依译，生活·读书·新知三联书店1988年版，第78页。
③ ［美］埃·弗洛姆：《为自己的人》，孙依依译，生活·读书·新知三联书店1988年版，第81页。

人的自我同一感和自尊一样动摇了。现在，这种同一感是"我就是你所需要的"①。

不仅人的人格要迎合市场的需要，而且平等范畴的伦理内涵由此也改变了其原意，即由所有人生来平等，这意味着所有人都具有同样的基本权力——把人自身当作目的，而不是手段，变成现在的"平等则相当于可交换性"②。这是对个体的真正否定，即平等意味着消灭个体并为市场取向所取代。这样平等成了"无差别"的同义语，而无差别是现代人与自己，与他人之关系的伦理特征。

弗洛姆进一步指出，市场取向作为一种非生产性取向，尽管它在许多方面与其他非生产性取向有区别，而自成一类非生产性取向，但是它与接受、剥削、囤积取向有一点是共同的：每一种取向都是一种人之伦理关系的形式，"一种取向如果支配了一个人，便成了他的特性和特征"。

B. 景观生产者的生存样态

与弗洛姆立足于人自身，并借助于心理学的相关理论，分析人的道德行为动机与性格的关系，进而阐释"我当下是一个什么样的人"这一道—德形态实然样态的基本问题不同，德波则在《景观社会》第一章的一开始就给我们呈现了一幅景观社会生存境遇中的伦理关系样态："在现代生产条件无所不在的社会，生活本身展现为景观（spectacles）的庞大堆聚。直接存在的一切全部转化为一个表象。"③ 不仅如此，"景观同时将自己展现为社会自身，社会的一部分，抑或是统一的手段"④。由此，景观成为全部视觉和全部意识的焦点。德波景观批判理论的深刻之处，不仅仅在于他揭示了景观社会人的生存境遇中的伦理关系诸种样态，而在于他运用马克思在《资本论》中对于商品历史辩证法的伦理透视。马克思指出，"商品形式和它借以得到表现的劳动产品的价值关系，是同劳动产品

---

① ［美］埃·弗洛姆：《为自己的人》，孙依依译，生活·读书·新知三联书店1988年版，第82页。
② ［美］埃·弗洛姆：《为自己的人》，孙依依译，生活·读书·新知三联书店1988年版，第83页。
③ ［法］居伊·德波：《景观社会》，王昭风译，南京大学出版社2006年版，第3页。
④ ［法］居伊·德波：《景观社会》，王昭风译，南京大学出版社2006年版，第3页。

的物理性质以及由此产生的物的关系完全无关的。这只是人们自己的一定的社会关系，但它在人们面前采取了物与物的关系的虚幻形式"①。即这种关系"不是表现为人们在自己劳动中的直接的社会关系，而是表现为人们之间的物的关系和物之间的社会关系"②。据此，他指出，"景观不是影像的聚积，而是以影像为中介的人们之间的社会关系"③。

在解读这种"以影像为中介的人们之间的社会关系"时，德波不是从形成这些社会关系的道德认识论开始，而是从道德本体论入手，他指出，我们不能把景观理解为一种由大众传播技术制造的视觉欺骗，事实上，它是"物化了的世界观"④。它不仅是占统治地位的生产方式的结果，也是其目标。因为，在景观社会中，景观不是附加于现实世界的无关紧要的装饰或补充，它是现实社会非现实的核心。景观以其特有的形式——新闻、宣传、广告、娱乐表演，成为当代主导性的生活模式。这表明，景观是对在生产领域或由生产所决定的消费领域中做出的选择的普遍肯定。⑤无论在内容还是形式方面，景观总是现存体制条件和目标的总的正当性的理由；景观不仅在空间上是这种正当性理由的永久在场，而且在时间上，它垄断并且耗费了生产过程之外的大部分。正是在这一意义上，"现实显现于景观，景观就是现实。这种彼此的异化（alienation）乃是现存社会的支撑与本质"⑥。

德波认为，景观不仅是"物化了的世界观"，而且也是物化了的价值观，因为"它发出的唯一信息是：'呈现的东西都是好的，好的东西才呈现出来'"⑦。与前景观社会相比，在现在的景观社会中，景观反复向人们昭示，其手段同时就是其目的。因而在景观——统治经济秩序的视觉映象中，目标是不存在的，"发展就是一切。景观的目标就在于它自身"⑧。景观征服现实的人们之所以达到这样的程度，是因为经济已经完全控制他

---

① 《马克思恩格斯全集》（第23卷），人民出版社1972年版，第89页。
② 《马克思恩格斯全集》（第23卷），人民出版社1972年版，第90页。
③ [法] 居伊·德波：《景观社会》，王昭风译，南京大学出版社2006年版，第3页。
④ [法] 居伊·德波：《景观社会》，王昭风译，南京大学出版社2006年版，第3页。
⑤ [法] 居伊·德波：《景观社会》，王昭风译，南京大学出版社2006年版，第4页。
⑥ [法] 居伊·德波：《景观社会》，王昭风译，南京大学出版社2006年版，第4页。
⑦ [法] 居伊·德波：《景观社会》，王昭风译，南京大学出版社2006年版，第5页。
⑧ 《马克思恩格斯全集》（第23卷），人民出版社1972年版，第90页。

们，并且让他们感觉到，景观是对物的生产的真实反映。由此，景观社会使"我"成为一个这样的人——在经济统治社会生活的第一阶段，使"我"实现了从存在向占有的明显堕落——人类实现的不再是等同于其所是，而是其所占有。这与弗洛姆的观点不谋而合，只是弗洛姆解析的原因与德波有所不同。在弗洛姆看来，18—19世纪，自我的概念便日趋狭窄，人们认为，自我是由个人所具有的财产构成的。对这种自我概念的解释，不再是"我是我所思"，而是"我是我所有""我占有什么"①。如果说，弗洛姆在这里主要是从心理学与伦理学的结合透视"自我"概念的变迁，导致"我是我所思"，向"我是我所有""我占有什么"转变，而德波则由此又向前推进了一步，即"从占有向显现（paratre）的普遍转向"。在德波看来，"一切实际的'占有'现在都必须来自其直接名望（prestige）和表象的最终功能。同时，一切个体现实都已变成为社会现实，在这一意义上，个体现实直接依赖社会力量并受社会力量完全塑型。只有个人现实不再事实上是真实时，个体才被允许显现自身"②。至此，我们看到了，近代以来人的存在方式的嬗变的伦—理逻辑，即由笛卡儿在近代科学获得长足进步时所说的"我思故我在"，到资本主义发展的进程中转变为"我占有故我在"，再到弗洛姆描绘的"我是市场的需要故我在"，直到当代德波所描绘的景观社会成了"我显现故我在"。这一情形如同德波所描绘的那样，"在真实的世界变成纯粹影像之时，纯粹影像就变成真实的存在"③。这样，视觉就被提高到以前曾经是触觉享有的特别卓越的地位，景观不仅仅是一个影像的问题，甚至也不仅仅是影像加声音的问题，"哪里有独立的表象，景观就会在哪里重构自己的法则"④。

接着，德波从基于景观批判理论的伦理—道德形态的技术层面和伦理关系层面揭示了在景观生存境遇中人们生存的样态与伦理关系异化样态。他指出，景观作为"物化了的世界观"和物化了的价值观，其一，在技术层面，它是"将人类力量放逐到'现世之外'，并使人们内在分离达到

---

① ［美］埃·弗洛姆：《为自己的人》，孙依依译，生活·读书·新知三联书店1988年版，第134页。
② ［法］居伊·德波：《景观社会》，王昭风译，南京大学出版社2006年版，第6页。
③ ［法］居伊·德波：《景观社会》，王昭风译，南京大学出版社2006年版，第6页。
④ ［法］居伊·德波：《景观社会》，王昭风译，南京大学出版社2006年版，第6页。

顶点的技术样式"①。因为景观技术没有驱散人类将自己异化的力量投射其中的宗教迷雾；相反，它只是将这些迷雾降落到人们生活的尘世，并使生活最世俗的方面也日益变得暧昧不清和令人窒息。其二，在伦理关系层面，一方面，景观是关于其自身统治秩序的不间断的演进，是永不停止的自我赞美的独白，是其自身生活所有方面极权管理阶段的自画像。景观关系的那种拜物教和纯然客观的表象，掩盖人与人之间和阶级与阶级之间关系的真正特性：一种带有其必然规律性的第二自然对我们环境的统治。②另一方面，景观好像以单纯技术装备的形式即"大众传媒"侵蚀了社会，其实，这种装备绝不能被理解为中立的，事实它是与景观内在动力学发展相一致。如果某个时代这样的技术已经发展起来，其社会需要只能通过其中介来满足，如果这个社会的管理和人们的一切交往整体上只能以即时交往为手段，那么这种"交往"本质上是单向度的。因此，反映在景观中的社会分离与现代国家密不可分。因为这种社会分离作为社会分工的产物，不但是阶级统治的主要手段，而且是全部社会分裂的集中表达。③

德波还敏锐地洞悉，景观消解了所有共同体和所有批判意识，导致了人与人、人与社会、人与自身力量的分离。景观似乎是"自己创造自己，自己制定自己的规则。景观展示其所是：一种以生产力的增长为基础的、受制于机器的独立运动的、产生于一种日益精确地将劳动分工碎片化为姿势和动作的自在发展的分离力量"④。这样，工作的目的就只是为了不断扩展的市场。在这一发展过程中，所有共同体和所有批判意识都消解了；在这个过程中，相互分离的力量不可能再重新统一起来。关于这一分离的伦理关系样态及其原因，弗洛姆也有类似的批判性论述，即把自己的力量当作商品让渡给别人。因此，他不是其力量的拥有者，而是把自己的力量遮掩起来的人。因为他并不是在使用力量的过程中实现自我，而是在出售力量的过程中获得成功。这样，不仅力量与创造力量的人分离了，而且要由别人来判定和运用。于是，人的自我同一感和自尊一样动摇了；现在，

---

① ［法］居伊·德波：《景观社会》，王昭风译，南京大学出版社2006年版，第7页。
② ［法］居伊·德波：《景观社会》，王昭风译，南京大学出版社2006年版，第7页。
③ ［法］居伊·德波：《景观社会》，王昭风译，南京大学出版社2006年版，第8页。
④ ［法］居伊·德波：《景观社会》，王昭风译，南京大学出版社2006年版，第8页。

这种同一感是由人所能扮演的一切角色构成的:"我就是你所需要的。"①

C. "官能性人"的生存样态

如果说在阐释"我当下是一个什么样的人"这一道—德形态实然样态的基本问题时,弗洛姆从人出发,借助于心理学的相关理论,着重分析人的道德行为动机与性格的关系;德波则注重描绘景观社会生存境遇中的伦理关系样态,那么鲍德里亚则梳理了消费社会蕴含的多重伦理关系及其问题:在消费社会中人是什么?消费社会是什么?消费社会何以使人异化为"官能性的人"②?其中包括对物的世界与人、消费生产的空间与人、人与自身(心态)、日常生活与人等一系列消费社会伦理关系的批判与反思,进而深刻地揭示了消费社会人何以异化为"官能性的人"的伦理逻辑。

鲍德里亚在《消费社会》一书所揭示的消费社会的"官能性的人",既不是弗洛姆所说的"非生产性的人",也不是德波所说的景观的"生产者",而是在消费社会接受、控制财富与信息的"官能性的人"。鲍德里亚指出,"今天,在我们的周围,存在着一种由不断增长的物、服务和物质财富所构成的惊人的消费和丰盛现象。它构成了人类自然环境中的一种根本变化。恰当地说,富裕的人们不再像过去那样受到人的包围,而是受到物的包围"③。根据不断上升的统计曲线显示,从复杂的家庭组织和技术到"城市动产",从通信的整个物质机器和职业活动到广告中庆祝物的常见场面,从大众传媒和未成年人崇尚的具有隐性强制性的小玩意中获得的数百万个日常信息,到围困我们睡梦的夜间心理剧,人们的日常交往不再是同类人之间的交往,而是接受、控制财富与信息。鲍德里亚将人生存的这一情境与狼孩的生存情境相类比,他指出,正如狼孩因为跟狼生活在一起而变成了狼一样,由于我们生活在物的时代,也慢慢地将自己异化为

---

① [美]埃·弗洛姆:《为自己的人》,孙依依译,生活·读书·新知三联书店 1988 年版,第 82 页。
② [法]鲍德里亚:《消费社会》,刘成富、全志钢译,南京大学出版社 2001 年版,第 2 页。
③ [法]鲍德里亚:《消费社会》,刘成富、全志钢译,南京大学出版社 2001 年版,第 1 页。

官能性的人①，即要按照这些物的节奏和不断替代的现实而生活。他不由得感慨道，"在以往的所有文明中，能够在一代一代人之后存在下来的是物，是经久不衰的工具或建筑物，而今天，看到物的产生、完善与消亡的却是我们自己"②。那么在消费社会人何以异化为"官能性的人"？在鲍德里亚看来，这与消费社会包围和围困人的物的世界有着内在的关联。

鲍德里亚通过对包围与围困人的物的世界及其本质进行了考察并指出，这些物既非动物也非植物，而是人类活动的产物。然而，它们给人热带丛林的感觉，从中很难找到文明的影子。这种由人而产生的动植物，其异化的本质表现为，像可恶的科幻小说中的场景一样，反过来包围人、围困人，制约它们的不是自然生态规律，而是交换价值规律。③ 在这里，物丰盛的最基本的意义与形式是堆积——物以全套或整套的形式组成，几乎所有的服装、电器等都提供一系列能够相互称呼、相互对应和相互否定的不同商品。④ 今天，很少有物会在没有反映其背景的情况下单独地被提供出来。消费者与物的关系因而出现了变化：他不会再从特别用途上去看这个物，而是从它的全部意义去看全套的物⑤。洗衣机、电冰箱、洗碗机等，除了各自作为器具之外，都含有另外一层意义。橱窗、广告、生产的商号和商标在这里起着主要作用，并强加着一种一致的集体观念，好似一条链子、一个几乎无法分离的整体，它们不再是一串简单的商品，而是一串意义，因为它们相互暗示着更复杂的高档商品，并使消费者产生一系列更为复杂的动机。在某些情况下，为了更好地诱惑，它们还会模仿杂乱。不过，它们总是要想方设法打开指示性的道路，诱导商品网中的购物冲

---

① ［法］鲍德里亚：《消费社会》，刘成富、全志钢译，南京大学出版社 2001 年版，第 2 页。
② ［法］鲍德里亚：《消费社会》，刘成富、全志钢译，南京大学出版社 2001 年版，第 2 页。
③ ［法］鲍德里亚：《消费社会》，刘成富、全志钢译，南京大学出版社 2001 年版，第 2 页。
④ ［法］鲍德里亚：《消费社会》，刘成富、全志钢译，南京大学出版社 2001 年版，第 3 页。
⑤ ［法］鲍德里亚：《消费社会》，刘成富、全志钢译，南京大学出版社 2001 年版，第 4 页。

动,并根据自身的逻辑.进行诱导、提高,直至最大限度的投资,达到潜在的经济极限。服装、器械以及化妆品就是这样构成商品的系列,并引起消费者对惰性的制约,即让消费者逻辑性地从一个商品走向另一个商品,进而陷入了盘算商品的境地,而这与产生于购买与占据丰富商品本身却根本不是一回事。[①]

为了进一步深入剖析消费社会的人何以异化为"官能性的人"？鲍德里亚考察了汇聚了人与物（商品）伦理关系的消费生产空间——杂货店、现代机场。他指出,在物的时代,杂货店的意义就在于,它不是把同类的商品并置在一起,而是采取符号混放,把各种资料都视为全部消费符号的部分领域。[②] 不仅如此,在消费社会,文化中心成为商业中心的组成部分。他不无诙谐地指出,这不能简单以为文化被"糟蹋",实际上,它被文化了。与此同时,"商品（服装、杂货、餐饮等）也被文化了,因为它变成了游戏的、具有特色的物质,变成了华丽的陪衬,变成了全套消费资料中的一个成分"[③]。由此,杂货店可以变成整个一座城市：如帕尔利二号。那里建有巨大的购物中心,"艺术和娱乐与日常生活混而为一",每个住宅群从游泳池到俱乐部向四周延伸[④]。这样,当代人们的整个生活都处在"消费"控制的境地；所有的活动都以相同的组合方式被束缚,满足的脉络被提前勾画了出来[⑤]。"环境"是总体的,被整个装上了气温调节装置,安排有序,而且具有文化氛围。这种对生活、资料、商品、服务、行为和社会关系总体的空气调节,代表着完善的"消费"阶段。其演变从单纯的丰盛开始,经过商品连接网到行为与时间的总体影响,一直到未来城市的系统气氛网。杂货店或现代机场就是这类城市。这里,使人

[①] ［法］鲍德里亚:《消费社会》,刘成富、全志钢译,南京大学出版社2001年版,第4页。
[②] ［法］鲍德里亚:《消费社会》,刘成富、全志钢译,南京大学出版社2001年版,第4页。
[③] ［法］鲍德里亚:《消费社会》,刘成富、全志钢译,南京大学出版社2001年版,第5页。
[④] ［法］鲍德里亚:《消费社会》,刘成富、全志钢译,南京大学出版社2001年版,第5页。
[⑤] ［法］鲍德里亚:《消费社会》,刘成富、全志钢译,南京大学出版社2001年版,第6页。

们的日常生活成为一个有组织的消费场所，一切都变得容易捕获和超越。① 这些扩大到商业中心和未来城市规模的杂货店是现实生活的升华物。它废除的不仅是工作和钱，而且是季节。所有过去零散的工作、娱乐、自然和文化等最终被混杂、搅拌、调节并一致地展现在同一次连续的购物和消闲之中。②

鲍德里亚在研究中还发现，消费社会的人何以异化为"官能性的人"？不仅在日常生活中，人们整个的都处在"消费"控制的境地，而且还在生成为消费的神奇的思想、一种决定日常生活的奇迹心态。这种决定消费的神奇的思想、决定日常生活的奇迹心态，亦是一种原始人的心态。因为这种心态的意义建立在对思想具有无比威力的信仰之上，而这里所信仰的是符号的无比威力。因而富裕、"富有"其实只是幸福的符号积累。这些物品本身所提供的满足感使得日常生活的平庸得以延续。③ 人们对于消费益处的体验并不是作为工作或生产过程的结合来体验的，而是作为奇迹。④ 通过技术上的恩赐，它消除了消费者意识中社会现实原则本身，即通向形象消费的漫长社会生产过程。消费材料不是充当劳动产品，而是充当了骗术。而丰富的资料则被视为一种自然的恩赐，视为天上掉下来的好处。新的一代代人从此变成了继承人：他们继承的不再仅仅是财产，而且有丰盛的自然权利。⑤

鲍德里亚以其特有的批判眼光深入审视日常生活，进一步发现，消费社会的人何以异化为"官能性的人"，还与日常生活不仅是作为日常行为举止的总和，而且成为一种诠释体系密切相关。因为这种诠释体系已成为整个一个生产力在超经验的、独立的、抽象的、政治的、社会的和文化的

---

① ［法］鲍德里亚：《消费社会》，刘成富、全志钢译，南京大学出版社2001年版，第7页。
② ［法］鲍德里亚：《消费社会》，刘成富、全志钢译，南京大学出版社2001年版，第7—8页。
③ ［法］鲍德里亚：《消费社会》，刘成富、全志钢译，南京大学出版社2001年版，第9页。
④ ［法］鲍德里亚：《消费社会》，刘成富、全志钢译，南京大学出版社2001年版，第9页。
⑤ ［法］鲍德里亚：《消费社会》，刘成富、全志钢译，南京大学出版社2001年版，第10页。

范畴。它不仅影响着人们的工作、娱乐、家庭,而且还操控着诸种伦理关系的形成与运作。从整体的客观角度来看,日常性似乎是平庸的、重复的、可怜的、剩余的,但是在其"内用的"世界的完全自治与重释中,它却起着决定性的作用。个人日常性的范围与大众交流之间深刻的有机联系就在于此。[①]

由此可见,在消费社会的人何以异化为"官能性的人",这与消费社会包围与围困人的物的世界、汇聚了人与物(商品)伦理关系的消费生产空间、由无所不在的"消费"控制而生成的消费神奇的思想与奇迹的心态、日常生活成为一种诠释体系密切相关。

2. "伦一理"形态的本然逻辑: 我们原本如何在一起?

在阐释"我们原本如何在一起"这一伦一理形态的本然逻辑时,弗洛姆认为,我们必须懂得人格及其特质。他指出,"我们如果不从整体上观察人(包括他寻求生存意义的答案之需要,以及发现他应该按此生活的伦理规范之需要),就不能理解人格。弗洛伊德的'心理的人'和古典经济学的'经济的人'一样,是不切实际的建构。不理解价值的本质和道德冲突,就不可能理解人和人在情感及精神上的紊乱"[②]。在弗洛姆看来,心理学的进步并不在于把称为"自然"的领域和称为"精神"的领域相区分,并把注意力集中在后者,而是在于恢复人道主义伦理学的伟大传统,这种传统是从人的物质—精神之整体上把握人的,它相信人的目的就是造就人自己(to be himself),而且,达到这一目的的条件就是:"人一定是为自己(for himself)的人。"[③]

---

① [法]鲍德里亚:《消费社会》,刘成富、全志钢译,南京大学出版社2001年版,第13页。
② [美]埃·弗洛姆:《为自己的人》,孙依依译,生活·读书·新知三联书店1988年版,第27页。
③ [美]埃·弗洛姆:《为自己的人》,孙依依译,生活·读书·新知三联书店1988年版,第27页。

A. 人何以是"为自己的人"?

在弗洛姆看来,人道主义伦理学是以理论性的"人的科学"为基础的"生活艺术"。因为人之优点的实现(美德)程度与他具有的人之科学的知识以及对人的技能、实践方面的知识成正比。但是,人只有在所选择的某些行动以及所期待的某些目标的前提下,才能从理论中演绎出规范来。如同每一门应用科学都建立在一个公理上,而这个公理是行动选择的结果。然而,伦理学的基本公理和其他艺术的基本公理的区别,就在于人的现实选择是在有益的生活还是有害的生活之间的选择。①

而回答"伦—理形态"本然逻辑基本问题——我们原本如何在一起,弗洛姆指出,人是一个生命体。而作为所有生命体而言,其本质是维护和肯定它自身的存在。所有生物都有一种维护它之存在的本能趋势;正是从这一事实中,心理学家假定了自我保护的本能。"生物体的首要'责任'就是活着。"② 这里,"活着"是一个动态概念,而不是一个静态概念。在弗洛姆看来,存在和生物体特殊力量的展现是同一回事。所有生物体都具有一种实现其特殊潜能的本能趋势。因而,人生活的目的是根据人的本性法则展现他的力量。然而,人并不"一般地"存在着。人在于他的同胞共享人的特性之精髓的同时,他是一个与其他人不同的个体。他的性格、气质、天资、性情正是他区别于其他人的地方。他能够肯定他的人之潜能,只是因为它实现了他自己。弗洛姆强调,"活着的责任就是成为人自己的责任;就是发展人的潜能,使之成为独立的人"③。对于人道主义伦理学来说,善就是肯定生命,展现人的力量;美德就是人对自身的存在承担责任。恶就是削弱人的力量;罪恶感就是人对自己不负责任。这是人道主义伦理学的首要原则。

那么,人如何发挥自己的潜能呢? 弗洛姆认为,人是孤独的,但同

---

① [美]埃·弗洛姆:《为自己的人》,孙依依译,生活·读书·新知三联书店1988年版,第38页。
② [美]埃·弗洛姆:《为自己的人》,孙依依译,生活·读书·新知三联书店1988年版,第38页。
③ [美]埃·弗洛姆:《为自己的人》,孙依依译,生活·读书·新知三联书店1988年版,第39页。

时，他又与外人相联系。说他是孤独的，是因为他是一个唯一的实体，他与其他任何人不一样，他意识到自己是一个独立的实体。他必须依靠其自身理性的力量做出独立的判断和决定。然而，他不能忍受孤独，他不能与他的同伴毫无联系。他的幸福与其同伴，与过去和未来的人休戚相关。①就人而言，其独特性就在于，当面对矛盾时，他不会无动于衷，他会逐步树立起解决这一矛盾的目标。人类的所有进步就起源于这个事实。如果阻止人以行动对他所意识到的矛盾作出反应，那么，这些矛盾的真实存在就被否定了。调和矛盾、消除矛盾，是个人生活合理化及社会生活中意识形态（社会形态的合理化）的功能。人能够凭借以自己的行动消除历史的矛盾而对这些矛盾作出反应；但他不能消除存在的二律背反，虽然他能以不同的方式对此作出反应。弗洛姆指出："人除了通过发挥其力量，通过生产性的生活而赋予生命以意义外，生命并没有意义。只有时刻警惕，不断活动和努力，才能使我们实现这一任务，即在我们的存在法则所限定的范围内，充分发展我们的力量。"② 因此，人决不会停止困惑、停止好奇、停止提出问题。只有认识人的情境，认识内在于人的存在之二律背反，认识人展现自身力量的能力，人才能实现他的使命：成为自己、为着自己、并凭借充分实现其才能而达到幸福，这些才能是人所特有的能力——理性、爱、生产性的工作。为了成为"为自己的人"，弗洛姆设想构建"健全的社会"的伦理世界，他指出，由于"人是一个整体，他的思想、感情和生活实践不可分割地联结在一起"③。因此，"只有在工业和政治组织上、精神和哲学方向上、性格结构和文化活动方面同时发生变革时，才能达到健全和精神健康。只注意某一个方面的变化而忽视其它各个方面，对整个变化来说是有害的"④。

---

① ［美］埃·弗洛姆：《为自己的人》，孙依依译，生活·读书·新知三联书店1988年版，第58页。
② ［美］埃·弗洛姆：《为自己的人》，孙依依译，生活·读书·新知三联书店1988年版，第60页。
③ ［美］埃·弗洛姆：《健全的社会》，孙恺洋译，贵州人民出版社1994年版，第220页。
④ ［美］埃·弗洛姆：《健全的社会》，孙恺洋译，贵州人民出版社1994年版，第219页。

B. "为自己的人"何以不可能？

尽管弗洛姆从"伦—理形态"本然逻辑基本问题——我们原本如何在一起阐释了"为自己的人"并且设想构建"健全的社会"的伦理世界，但是他在考察资本主义社会的资本逻辑运作有着深刻的洞悉："人退到了接纳的、交易性的方向，不再具有建设性；人丧失了他的自我感，而依赖他人的认可，因而倾向于求同一致，却又感到不安全；人感到不满足、厌倦、焦虑，并且用他的大部分精力试图补偿或掩盖这种焦虑感。他的智力是异化的，可他的理性却堕落了，就他的技术力量而论，他正严重地危及着文明甚至整个人类的生存。"① 因而，在资本主义社会，人不可能成为"为自己的人"。

同样，当德波将目光聚焦于景观社会的生产者——工人，他看到，工人和产品的普遍分离已消除掉了任何对已完成活动的统一的观点，消除掉了生产者之间的全部直接交往。伴随着分离产品的日益聚积和生产过程的不断集中，统一与交往被这个制度的管理者所垄断。他不无讽刺意味地指出，"这一分离经济体制的成功就在于使整个世界无产阶级化"②。这样，景观源于世界统一性的丧失，现代景观的巨大扩张表现了这一丧失的全部。所有个别劳动的抽象化与整个生产的普遍抽象化，均在景观中完美地显现出来，它的具体化存在方式就是精确地抽象。在景观中，世界的某一部分把自己展示给世界，并且优越于整个世界。景观不过是这一分离的共同语言。观众只是通过一种他们单方面的关系与真正的中心相联系，这一中心使他们彼此之间相互隔离。③ 因此，景观重新统一了分离，或者说，景观使人与人、人与自身的分离成为一种共性。因而，在景观存在的方式下，人们"预期得越多，他生活得越少；他将自己认同需求的主导影像越多，他对自己的生存和欲望就理解得越少"④。显然在这里，德波借鉴了马克思《1844年经济学哲学手稿》中异化劳动理论。马克思指出："工

---

① ［美］埃·弗洛姆：《健全的社会》，孙恺祥译，贵州人民出版社1994年版，第265—266页。
② ［法］居伊·德波：《景观社会》，王昭风译，南京大学出版社2006年版，第8页。
③ ［法］居伊·德波：《景观社会》，王昭风译，南京大学出版社2006年版，第9页。
④ ［法］居伊·德波：《景观社会》，王昭风译，南京大学出版社2006年版，第10页。

人生产的财富越多,他的产品的力量和数量越大,他就越贫穷。工人创造的商品越多,他就越变成廉价的商品。物的世界的增值同人的世界的贬值成正比。"① 由于景观无处不在,景观与积极主动的主体的疏离,这样,个人的姿势不再是他自己的,而是另外一个人的。因此,工人并不生产自身,他生产出一种独立于他们自身的力量。这种生产的成功及其产品的丰裕,则作为一种剥夺的丰裕为生产者所经历。由于异化产品的日益骤增,全部的时间和空间变得越来越外在于他们。景观正是这一新世界的地图,这幅地图刚好等于景观所描绘的疆域。那些逃离我们的力量,以其全部力量向我们展示了它们自身。这与马克思所揭示的异化劳动的本质较为类似。马克思说:"劳动不仅生产商品,它还生产作为商品的劳动自身和工人,而且是按它一般生产商品的比例生产的。这一事实不过表明:劳动所生产的对象,即劳动的产品,作为一种异己的存在物,作为不依赖于生产者的力量,同劳动相对立。"② 显然,在德波那里,马克思的"劳动"被"景观"替代了。

由此,德波指出,"景观的社会功能就是异化的具体生产。经济的扩张根本上构成了这一特殊工业生产部门的扩张。为了自己的缘由通过经济发展而产生的'增长',只能是那些本源就是如此的一种真正异化的增长"③。而"从产品中分离出来的人们,以日益强大的力量制造他们世界的每个细部,同时他们也发现,他们与这个世界越来越分离。他们的生活越是他们自己的产物,他们就越是排除于这一生活之外"④。因而,在景观社会,人不可能成为"为自己的人"。

鲍德里亚则从消费社会人异化样态,指出"为自己的人"何以不可能。其一,消费者在其"感受"层面上,把对世界(现实的、社会的和历史的)最大范围的排斥竟变成了最大的安全系数:由于人们压力消化得不够,才瞄准了幸福,却碰到伦理—道德的矛盾:新的享乐主义价值体系与社会道德标准之间的矛盾。从总体上看,社会道德仍然是意志、行

---

① 《马克思恩格斯全集》(第42卷),人民出版社1979年版,第90页。
② 《马克思恩格斯全集》(第42卷),人民出版社1979年版,第90—91页。
③ [法]居伊·德波:《景观社会》,王昭风译,南京大学出版社2006年版,第10页。
④ [法]居伊·德波:《景观社会》,王昭风译,南京大学出版社2006年版,第10页。

为、效率以及奉献的道德，由此使人们产生了与新的享乐主义行为相伴随的强烈的犯罪感。[①] 而"欲望战略家"则认为，对于千百万安居乐业的人来说，是不应该将其在新的享乐主义价值体系引领下产生的消费行为视为犯罪。大众传媒在社会新闻或灾难中，戏剧性的夸张就在于要想解决这种清教徒式的伦理道德与享乐主义者道德之间的矛盾。因为只要外部世界存在着暴力和不仁道，在享乐经济中，安全就会被更进一步加以认识；在拯救的道德经济中，就会觉得人们被如此选择是不无道理的。命运的、激情的和命定性的符号，只有在有所防御的区域周围大量地涌现，才能使得日常性重新获得伟大与崇高，而实际上日常性恰恰是其反面。[②] 这种命定性就是这样处处被暗示和表示，其目的正是使平庸得到满足并得到宽恕。电波频道中、报刊上，以及个人之间的和全国性的有关交通事故的讨论中，就证明了"日常命定性"是最为美好的不幸。人们之所以怀着如此的激情去挖掘，是因为"日常命定性"具有一种集体性功能。[③] 其二，消费社会宛如被围困的、富饶而又受威胁的耶路撒冷。[④] 具体表现为，日常性提供了这样一种奇怪的混合情形：由舒适和被动性所证明出来的快慰，与有可能成为命运牺牲品的"犹豫的快乐"搅到了一起。[⑤] 这一切构成一种心理，或更恰切地说，一种特别的"感伤"。其意识形态就产生于此。人们发现，集体支出用于人的远远超过了用于受其支配的财富和物质设施。同样，在目前所谓大力发展的部门，其公共开支最为惊人。[⑥] 然而，在健康方面，再分配的影响就不太明显：在就业人口中，可能缺乏再分配，每个

[①] [法] 鲍德里亚：《消费社会》，刘成富、全志钢译，南京大学出版社 2001 年版，第 14 页。

[②] [法] 鲍德里亚：《消费社会》，刘成富、全志钢译，南京大学出版社 2001 年版，第 14 页。

[③] [法] 鲍德里亚：《消费社会》，刘成富、全志钢译，南京大学出版社 2001 年版，第 14 页。

[④] [法] 鲍德里亚：《消费社会》，刘成富、全志钢译，南京大学出版社 2001 年版，第 15 页。

[⑤] [法] 鲍德里亚：《消费社会》，刘成富、全志钢译，南京大学出版社 2001 年版，第 15 页。

[⑥] [法] 鲍德里亚：《消费社会》，刘成富、全志钢译，南京大学出版社 2001 年版，第 15 页。

社会类别似乎都要竭力收回所捐赠的费用。① 富裕的进步，也就是说对日益增加的个人与集体财产和设施的拥有，其"危害"也日益严重。一方面，它是工业发展与技术进步产生的后果；另一方面，它产生于消费结构的本身。② 不仅如此，经济活动还带来了集体环境的破坏：噪音、空气和水污染、风景的破坏以及新的公共设施（飞机场、高速公路等）的建造，给居民区带来了莫大的困扰。汽车拥堵的后果引起了巨大的技术上、心理上和人力上的赤字；内部结构所必需的设施过剩，额外的汽油开支和为事故受害者所花费的医疗费用等，所有这些仍可以作为消费来计算，即在国内生产总值和统计的名义下竟可以作为增长和财富的指数！③ 鲍德里亚不禁质问道："蓬勃发展的矿泉水产业只是暂时缓解了城市的水荒，难道它真的赞同'丰盛'的添加吗？"④ 还有在大众合理化生产中，技术和文化的作用所产生的"文化危害"是无法统计的。而价值的判断在此也使得共同的标准难以确定。人们不会像在水污染问题上采用的做法一样，来客观地暴露一个阴森可怖的居民点或一部最差电影的特点。⑤ 人们到处可以发现这一点，增长和丰盛的活力会自行循环与运转，体系在再生产过程中则越来越弱。在这个界限中，整个生产力的提高会维系着体系的生存条件；唯一的客观结果就是数字和总结的恶性增长。但就主体而言，人们会规规矩矩地回到原始阶段，回到绝对荒芜的、动物的、土著人的阶段。为了生活，人们总是竭尽全力。⑥ 通过危害以及社会和技术对危害的消除，我们发现，体系向外伸展的内部运作的基本倾向——个人的或集体的"功能障碍性的"消费比"功能性"的消费快得多，消费社会体系实际上

---

① ［法］鲍德里亚：《消费社会》，刘成富、全志钢译，南京大学出版社 2001 年版，第 16 页。

② ［法］鲍德里亚：《消费社会》，刘成富、全志钢译，南京大学出版社 2001 年版，第 20 页。

③ ［法］鲍德里亚：《消费社会》，刘成富、全志钢译，南京大学出版社 2001 年版，第 20 页。

④ ［法］鲍德里亚：《消费社会》，刘成富、全志钢译，南京大学出版社 2001 年版，第 20 页。

⑤ ［法］鲍德里亚：《消费社会》，刘成富、全志钢译，南京大学出版社 2001 年版，第 20 页。

⑥ ［法］鲍德里亚：《消费社会》，刘成富、全志钢译，南京大学出版社 2001 年版，第 22 页。

自己干扰着自己。总之，消费社会现实体制的昌盛靠的是其掩盖着的瑕疵、平衡、危害以及罪恶。其主要表现是现代社会最不寻常的集体性欺骗，是"数字"上面的"神术般的"操作。实际上，它掩盖了一种集体迷恋的巫术——计算的幻影、全国财务的荒谬。[1] 它们把一切有害的东西和积极的因素，全都加进彻底的非理性之中。[2] 对神圣的生产和增长原则任何限定性的或筛选性的伤害都会引起渎神的恐怖。因为它只是所提供的财产总量丰盛的多余符号而已。

由此，鲍德里亚借助于孟德维尔思想，一针见血地指出了消费社会的异化本质，"18 世纪，芒德维勒（即孟德维尔——本文作者注）在《蜜蜂寓意》中提出过这样一种理论（但在那个时代已被当作渎圣和放纵的了）：一个社会的平衡靠的不是德而是恶，社会的和平以及人类的进步和幸福，靠的是使他们不断触犯规定的本能的不道德行为"。因此，鲍德里亚从资本主义发展进程中，人存在的伦理方式描述了在资本主义的消费社会中，无法实现弗洛姆所设想的成为"为自己的人"，因而不可能实现弗洛姆所设想的"健全的社会"的伦理世界。

3. "伦理—道德"形态的应然逻辑：我应当如何成为"我们"中的一个人？

在阐释"我应当如何成为'我们'中的一个人"这一伦理—道德形态应然逻辑的基本问题时，弗洛姆认为，伦理思想的发展基于这样一个事实，即有关人之行为的价值判断是由行动背后的动机所组成，而不是由行动本身所组成的。他在考察了从亚里士多德伦理学到斯宾诺莎伦理学发展历程之后认为，与亚里士多德不同，斯宾诺莎发现了无意识动机和联想法则以及他持续一生的童年体验，斯宾诺莎伦理学蕴含的动力心理学超过了亚里士多德的静态心理学。弗洛姆还援引了弗洛伊德的伦理思想说明，人

---

[1] ［法］鲍德里亚：《消费社会》，刘成富、全志钢译，南京大学出版社 2001 年版，第 22 页。

[2] ［法］鲍德里亚：《消费社会》，孙依依译，生活·读书·新知三联书店 1988 年版，第 22 页。

之所以要建立相关的社会行为规范,是因为那些乱伦和凶恶的冲动是人之本性的组成部分,人不得不发展伦理规范以使社会生活具有可能性。[①] 在原始的禁忌制度及后来非原始的伦理制度中,人建立了社会行为的规范,以便保护个人和群体免遭这些冲动的危害。他在批判性地分析了如前所述的几种非生产性性格以后,从"伦理—道德形态"的视域,阐述了人道主义伦理学所倡导的生产性性格及其本质。[②] 与弗洛姆立足于人的分析不同,德波则提出,为了改变景观生产者的生存样态就必须消灭景观社会。与弗洛姆和德波不同的是约翰·贝拉米·福斯特(John Bellamy Foster,1953—),作为美国著名生态马克思主义者,他由对资本主义社会人与人、人与社会伦理关系样态的反思与批判,转化为人—社会—生态伦理关系样态的反思与批判,指出必须超越资本主义社会人与自然的生态危机,构建人与自然生态的和谐关系的伦理—道德形态应然逻辑。

A. 生产性人何以必要?

弗洛姆认为,生产性性格是人类发展的目标,同时也是人道主义伦理学的理想。他指出,物质生产的能力却是人所特有的。人不仅是理性的、社会的动物,还是生产的动物,能够运用理性和想象力去改变眼前的物质。人不仅能够生产,而且必须通过生产以维持生命。然而,物质生产只是生产性性格最通常的象征。人格的"生产性取向"[③] 是一种基本态度,是人类在一切领域中的体验之关系的模式。因为它包括人对他人、对自己、对事物的精神、情感及感觉反映。生产性是人运用其力量的能力,是实现其内在潜力的能力。如果人必须运用他的力量,那么,这就意味着他必须是自由的,他不能依靠那些控制他力量的人。由此,他必须由理性所引导,因为"他只有了解力量是什么、怎样运用力量,及为何而运用力

---

① [美]埃·弗洛姆:《为自己的人》,孙依依译,生活·读书·新知三联书店1988年版,第51页。
② [美]埃·弗洛姆:《为自己的人》,孙依依译,生活·读书·新知三联书店1988年版,第91页。
③ 弗洛姆认为,这里所使用的生产性是对《逃避自由》一书中所叙述的自发性概念的扩充(参见弗洛姆《为自己的人》,第91页注①)。

量,他才能使用他的力量"①。生产性意味着人把自己当作其力量的化身和"行动者"而加以体验;"他感到自己与他的力量融为一体,同时这种力量并没有受到阻碍而与他相异化"②。

从伦理学的视域看,弗洛姆倡导的"生产性"性格与道德行为选择的自主性、自觉性、自律性较为相近,但是他又赋予其更多的内涵,即认为"生产性"与创造性,尤其是与艺术创造相联系。在他看来,生产性是每个人都能具有的一种态度,除非他是精神上的和情感上的残疾人。③

为了进一步阐释"生产性"的内涵,他区分了容易与"生产性"相混淆的"能动性"。所谓"能动性"即耗费力量以促使现存情境发生变化的行为。在弗洛姆看来,即使在那些我们看不到对权威的明显依赖,而是有赖于以舆论、文化形态、常识或"科学"为代表的匿名的权威的能动性行为中,人所体会或从事的是他应该体会或从事的事。这种能动性并不起源于他自己的精神或情感体验,而是起源于外在之因,在这个意义上,可以说这种能动性缺乏自身的自觉。如果他不断重复自己的行动,他就会变得越来越固执、越来越墨守成规。尽管他的行为是能动的,却不是生产性的。④ 弗洛姆强调,在生产性概念里,并不牵涉必然导致实践结果的能动性,而是一种态度,一种在生活过程中对世界和自己的反应模式和取向模式。因为这里主要关涉的"是人的性格,而不是他的成功"⑤。因为生产性是人所特有的潜能的实现,是人运用他自身力量的实现。但他所指认

---

① [美]埃·弗洛姆:《为自己的人》,孙依依译,生活·读书·新知三联书店1988年版,第91页。

② [美]埃·弗洛姆:《为自己的人》,孙依依译,生活·读书·新知三联书店1988年版,第91页。

③ [美]埃·弗洛姆:《为自己的人》,孙依依译,生活·读书·新知三联书店1988年版,第92页。

④ [美]埃·弗洛姆:《为自己的人》,孙依依译,生活·读书·新知三联书店1988年版,第93—94页。

⑤ 弗洛姆认为,关于生产性的思考当时已出版的多部著作均有关涉,如韦施梅尔(Max Wertheimer)的遗著《生产性思维》(纽约,1945年版),姆斯特伯格(Munsterberg)、那托普(Natorp)、伯格森(Bergson)、詹姆士(James)论述了生产性的某些方面;狄尔泰(Dilthey)在艺术创作的分析中,胡塞尔(Husserl)在心理"行动"的分析中,施瓦茨(Schwarz)在医学人类学中,都分析了这些问题。但所有这些著作都有一个问题,即没有对性格加以分析(参见弗洛姆《为自己的人》,第94页注①)。

的"力量"并非一般意义上蕴含了两个矛盾的概念：拥有力量＝能力＋对力量的控制＝统治。换言之，力量＝丧失力量之结果的统治＝能力。他认为，"对力量的控制"是"对力量的运用"的歪曲。在他看来，"人生产性的运用其力量的能力是他的潜能；无这种能力就是他没有潜能。人运用理性的力量，就能透过事物的表面现象而理解其本质"①。

为了明确生产性即人生产性的运用其力量的伦理内涵，弗洛姆区分了体验外在的世界的两种不同方式②：一种是再生的方式（reproductive），即以胶卷的形式理解现实，对现实进行了照相式的刻板记录（显然，再生式的理解甚至也需要积极地运用头脑）；另一种是原生的方式（generative），即依靠想象及人自身精神和情感力量的自发活动，而使新的物质充满生机，并重新创造这种新物质。在他看来，第一种体验方式尽管表现为一个人能按事物的现有面貌（或按他所在的文化的要求）去认识它们，但是这些事物不能使他产生富有生机的感觉。因为他只能看到了现象的全部表面特征，而不能透过这些表面现象而深入事物的本质，也不能想象那些还没有出现的事物。他只见局部而不见整体，只见树木而不见森林。对他来说，现实只是具体化了的事物的总和。他的想象力仅仅是计算的想象力，即把其所知的一切存在着的因素结合在一起，由此而推论出它们未来的作用。第二种体验方式实际上是失去了领悟现实之能力的精神病患者。他在体验时，建立了一个内在的现实世界。在这个世界里，他似乎是完全有信心的；他生活在他自己的世界里，却是不现实的世界。因为他所见的对象都不存在于现实中，而仅仅是他的想象力即幻觉的产物。他以自己的情感来说明事件，而毫不关心、至少不完全承认这些事件在现实中的进展。

由此，弗洛姆明确指出，生产性不是上述两种能力的总和或混合，而是从这两种能力的相互作用中所产生的某些新东西。一个有生产性的人是否能生产，关键是他所生产的东西是什么？对于有生产性的人而言，他不

---

① ［美］埃·弗洛姆：《为自己的人》，孙依依译，生活·读书·新知三联书店1988年版，第94页。
② ［美］埃·弗洛姆：《为自己的人》，孙依依译，生活·读书·新知三联书店1988年版，第95—97页。

仅能创造出物质财富、艺术作品和思想体系，"最重要的是他所创造的对象是人自己"①。

弗洛姆指出，现代发达资本主义社会由于缺乏"更好的"人和"更好的"社会之顶层设计，使得人与人、人与社会产生二律背反。那么我们如何才能成为一个完整意义上的人呢？在弗洛姆看来，其一要养成人道主义良心。因为人道主义良心并不是权威之声的内在化，而是我们自己的声音，它存在于每个人的心中，它不受外界制裁和奖赏的影响；它是我们对整个人格是否完全发挥其功能的反应；它不是对这种或那种能力之作用的反应，而是对构成我们人类和个体之存在的整体能力的反应。人道主义良心具有生产性，因此它是幸福的。社会如果关心人之美德的培养，它必然关心人之生产性的培养，并因此而为人之生产性的发展创造条件。人类的使命就是去实现这些潜能。人之科学研究的责任不是寻求"和谐"的解答以掩饰这种矛盾，而是尖锐地认识这一矛盾。伦理思想家的使命是维护和增强人的良心之声，去认识对人来说何为善、何为恶，而不管它对特定进化阶段的"社会"是善还是恶。为此，他试图构建基于生产性的人道主义—普遍伦理学。

B. 改变景观生产者的生存样态

在德波看来，由于景观社会存在如前所述的诸多弊端，因此，如果要改变景观生产者的生存样态就要有效地消灭景观社会。那么有效地消灭景观社会何以可能呢？如何才能有效地消灭景观社会呢？

有效地消灭景观社会之所以可能，在德波看来，是由于景观自身蕴含了二律背反。他指出，尽管景观呈现的是作为永恒不变的东西，却是以变化为基础，并随着其基础的变化而变化。对它而言没有什么东西是稳定的。这一变化无常正是景观的自然状态，与其外在的表象正相反。② 具体表现为，景观像现代社会一样，是即刻分裂和统一的。每次统一都以剧烈的分裂为基础。但当这一矛盾显现在景观中时，通过其意义的倒转它自身

---

① ［美］埃·弗洛姆：《为自己的人》，孙依依译，生活·读书·新知三联书店1988年版，第97页。

② ［法］居伊·德波：《景观社会》，王昭风译，南京大学出版社2006年版，第27页。

也是自相矛盾的：展现分裂是统一，同时，展现统一是分裂。① 景观宣称虚假统一，却掩盖不了在资本主义生产方式真实统一之下的阶级分裂；它迫使生产者成为参与世界建设的力量，同时也是将他们从中驱逐出来的力量；它是从地方性和民族性局限中解放出来使人们相互发生关系的力量，也是把他们拆开的力量；它要求一种不断增强的合理性的力量，也是滋养等级剥削和压迫的非理性的力量；它是创造社会抽象权力的力量，也是创造其具体的不自由的力量。②

有效地消灭景观社会之所以可能，还因为景观在时间上是一种"时间的伪意识"③；在空间上，它以分离的形式生产出一种新的内在距离。德波指出，可消费的虚假循环时间就是景观时间，不论从狭义上作为影像消费的时间还是从广义上作为时间消费的影像。影像消费的时间（所有商品的媒介）"不仅是景观机制充分实现自己的特定领域，而且也是景观机制展现、聚集普遍目标的场所，是全部特殊消费的缩影"④。众所周知现代社会着迷于时间节约，无论是借助于交通工具的速度提高，还是借助于速食汤料的运用，这已经有了积极的结果。在景观中，"现代生存时间的使用价值越低，它的地位就越高，时间现实被替代为时间广告"⑤。然而景观，只是作为瘫痪了的历史和记忆，废弃了建立在历史时间基础之上的全部历史的主导性社会组织，实际上是时间的伪意识。虽然消除了地理学的距离，但这个社会又以景观分离的形式生产出一种新的内在距离。⑥

有效地消灭景观社会之所以可能，因为景观是意识形态的顶点，因而它充分曝光和证明了全部意识形态体系的本质是真实生活的否定、奴役和贫乏。德波指出，景观是"人与人之间关系分离和疏远的实质性表达"⑦。集中于景观的"欺骗的新权力"以"作为物的大量增加"的生产制度为基础，"同样人也屈从于这一异化的力量"⑧。这是一种需要与生活为敌的

---

① ［法］居伊·德波：《景观社会》，王昭风译，南京大学出版社2006年版，第20页。
② ［法］居伊·德波：《景观社会》，王昭风译，南京大学出版社2006年版，第27页。
③ ［法］居伊·德波：《景观社会》，王昭风译，南京大学出版社2006年版，第72页。
④ ［法］居伊·德波：《景观社会》，王昭风译，南京大学出版社2006年版，第70页。
⑤ ［法］居伊·德波：《景观社会》，王昭风译，南京大学出版社2006年版，第71页。
⑥ ［法］居伊·德波：《景观社会》，王昭风译，南京大学出版社2006年版，第76页。
⑦ ［法］居伊·德波：《景观社会》，王昭风译，南京大学出版社2006年版，第99页。
⑧ 参见居伊·德波《景观社会》，王昭风译，南京大学出版社2006年版，第101页。

扩张的最高的阶段。"对货币的需要因而是被政治经济学所创造的真正的需要，并且是它创造的唯一的需要"①。景观通过碾碎被世界的在场和不在场所困扰的自我，抹杀了自我和世界的界限；通过抑制由表象组织所坚持的、在谎言的真实出场笼罩之下的所有直接的经验事实，抹杀了真与假的界限。消极接受日常现实异化的个体，通过求助于虚幻的魔术般的技术，被推向了反应这一命运的一种疯狂。对一种无法回答的沟通的虚假反应的本质是对商品的消费和接受。消费者所经历的难以抵御的模仿的需要，是一种由他的基本剥夺的全部方面决定了的真实幼稚的需要。②

那么，如何才能有效地消灭景观社会呢？德波认为，"为了有效地消灭景观社会，首先需要的是把实践的力量置入行动中"③。只有与社会一切否定的实际潮流相联合，景观的批判理论才可能是真的；并且这一否定和革命阶级斗争的重新复兴，应通过发展景观批判变成自我意识。因为景观的批判是关于它自己真实条件（现存压迫的实际条件）的理论，与此同时，它还要揭开这个否定自身的神秘面纱。德波也预见到，基于景观批判理论的伦理—道德形态不能期望来自工人阶级的奇迹。它必须正式作为一项长期任务的无产阶级的实现和再形成。为了使在这里被定义基础上的理论和实践斗争之间的人为区别展现出来，这一理论的真正规划和传播不能没有严酷的实践而被设想，可以肯定的是朦胧的、艰难的批判理论道路，一定也是按照社会规模行动的实践活动。④ 与此相应，基于景观批判理论的伦理—道德形态也必须在其自己的语言中自我沟通，它必须在内容与形式上都是辨证的。它是总体的批判，也是历史的批判。"它不是'写作的零度'，而是它的颠覆。它不是一种风格的否定，而是一种否定的风格。"⑤ 其次，由于文化的真实价值只能通过否定文化来保持，但这一否定不再是文化的否定。在某种意义上它发生在文化的内部，其指向是对自身的超越。⑥ 为此，德波提出了"异轨"革命模式。所谓异轨是引用的对

---

① 《马克思恩格斯全集》（第42卷），人民出版社1979年版，第132页。
② ［法］居伊·德波：《景观社会》，王昭风译，南京大学出版社2006年版，第99页。
③ ［法］居伊·德波：《景观社会》，王昭风译，南京大学出版社2006年版，第92页。
④ ［法］居伊·德波：《景观社会》，王昭风译，南京大学出版社2006年版，第92—93页。
⑤ ［法］居伊·德波：《景观社会》，王昭风译，南京大学出版社2006年版，第93页。
⑥ ［法］居伊·德波：《景观社会》，王昭风译，南京大学出版社2006年版，第94页。

立面，是诉诸理论权威的对立面，而理论权威必然会为这一简单事实所败坏。"异轨是反对意识形态的一种弹性的语言。"① 它显示于那种意识到它没有能力宣示任何最后的确定性的沟通类型之中。它是一种不可能也不需要被任何以前的或在批判之上的引用所证实的语言，相反，它自己的内在一致和实践效能却是对已被重建的先前真理核心的确认。"异轨将它的根据仅仅立基于作为目前批判的它自己的真理之上。"② 再者，我们时代的自我解放是一种来自物质基础的倒置真理的解放。这一"在世界中确立真理的历史使命"，既不能由孤独的个体，也不能由被操纵的原子化的大众来完成，它只能并总是由将全部力量还原为实现了民主的非异化形式的、能够消灭全部阶级的一个阶级来完成，即委员会，它以实践的理论证实自己并审视自己的行动。而要做到这一点，只有当个体"与世界历史直接联系"，只有当对话武装起自己去准备自己的胜利条件时，才是可能的。③

C. 构建人与自然生态和谐关系的伦理—道德形态应然逻辑

在诠释伦理—道德形态应然逻辑过程中，如果说弗洛姆着力阐释基于生产性的人道主义—普遍伦理学何以必要，德波则主张，为了改变景观生产者的生存样态就要有效地消灭景观社会，而福斯特则认为，不仅需注重人与人、人与社会、人与自身伦理关系及其生存境遇，而且需从整体上关注人—社会—自然及其生物圈的伦理危机。为此需反思两个基本问题：其一，资本主义社会何以引发人与自然诸样态的生态伦理危机；其二，资本主义何以无法超越生态危机？因为人与自然生态伦理关系越来越深刻地影响着人与人、人与社会、人与自身的伦理关系和谐与否。

首先，福斯特从马克思主义生态伦理视域、制度伦理、观念与实践层面全面反思与批判了资本主义人与自然、人与人、人与社会（包括发达国家与第三世界）的伦理关系，阐释了资本主义社会何以引发人与自然诸样态的生态伦理危机。福斯特认为，近几十年来，生态危机的形势变得

---

① ［法］居伊·德波：《景观社会》，王昭风译，南京大学出版社2006年版，第92页。
② ［法］居伊·德波：《景观社会》，王昭风译，南京大学出版社2006年版，第92页。
③ ［法］居伊·德波：《景观社会》，王昭风译，南京大学出版社2006年版，第101页。

越来越糟，从对环境的"肆意践踏"发展到"微观毒化"。一是人—林伦理关系危机样态：长期以来森林早已在按照市场规则运行着。大多数情况下造成森林损失，以工业化育林取而代之，结果造就出大片品种单一、树龄统一、化肥助长的人工林木，森林生态系统因而面临威胁。二是生物圈的伦理关系危机样态主要表现为，将环境转化为一系列的商品：（1）将环境分解为某些特定的物品和服务；（2）通过建立供求曲线设定这些物品和服务的评估价格；（3）为实现理想的环保水平设置各种市场机制和政策，以"盈亏底线专制"主导我们与整个自然关系。三是制度和体制层面的"更高的不道德"，即资本主义社会中权力机构的"结构性不道德"，因而是一个"有组织的不负责任"的社会。[1] 四是在观念—实践层面存在一种令人触目惊心现象——将环境污染向第三世界转移，即"让他们吃下污染"[2]。五是在经济发展的战略体系层面的反生态倾向。比如美国政府主张"可持续发展"的概念首先意味着任何环境指标都可以解读为对发展的阻碍，所以必须阻止。而英国政府则认为，可持续发展实质上就等于持续的经济增长。

其次，福斯特在分析资本主义何以无法超越生态危机的原因时，从马克思主义政治经济学视域指出，资本主义的生产方式是一个自我扩张的价值体系，经济剩余价值的积累根植于掠夺性的开发和竞争法则。福斯特以《京都议定书》在解决环境问题上的失败为例，揭示了资本主义制度不会改变工业和资本积累的发展结构，而这种发展模式无论从短期还是长远的角度看都将会对环境产生灾难性的影响。他回顾了工业资本主义发展史，指出，资本主义资源利用率的提高始终伴随着经济规模的膨胀（和更加集约的工业化过程），同时也始终促使着环境在不断恶化。由此，他认为，如果放任资本主义这种制度自然发展，将导致世界不可逆转的环境危机。因而，如果人类与地球建立一种可持续性关系，必须改变现存资本主

---

[1] ［美］福斯特：《生态危机与资本主义》，耿建新、宋兴无译，上海译文出版社 2006 年版，第 39 页。

[2] ［美］福斯特：《生态危机与资本主义》，耿建新、宋兴无译，上海译文出版社 2006 年版，第 22—23 页。

义的社会关系。①

　　由此可见，福斯特坚持马克思主义的历史辩证法，以马克思对于资本主义本质的揭示为切入点，因而，与其他生态伦理学研究者相比，福斯特伦理—道德形态构建更为深刻而全面地揭示了资本主义与生态伦理危机样态及其成因。这将促使我们从多层次、多方面地认清资本主义反生态的伦理本质——资本主义不仅在生态、经济方面是不可持续的，而且在政治和道德方面也是不可持续的；在资本主义体制下，资本贪婪的本性，必然会以漠视环境需求，其所换来的利益只是使少数人暴富，这种对环境的掠夺是无法超越生态危机的。福斯特与弗洛姆、德波、鲍德里亚等学者将当前人—社会—自然的全球性生态危机主要归咎于人类固有的本性、现代性、工业主义或经济发展本身的认识不同，在他看来，只有超越盈亏底线②，改变现在资本主义的社会关系，进行根本性的社会变革，我们才有可能与环境保持一种更具持续性的关系，超越全球性的生态危机，走向生态和谐的伦理世界。

---

　　① 陈爱华：《福斯特关于超越资本主义生态危机相关方略的道德哲学审思》，《伦理学研究》2014年第4期。
　　② ［美］福斯特：《生态危机与资本主义》，耿建新、宋兴无译，上海译文出版社2006年版，第35页。

十七　生态主义伦理学理论形态

如果说，生态学从 19 世纪只适用于自然界，到 20 世纪中叶扩展到人类社会，代表着一种深刻的文明跃迁，那么，伦理学从传统只适用于调整人与人之间的关系，推扩到新的历史视野下关注人与自然的关系，则体现着时代忧患意识的觉醒和文化的进步。于是，一种关注人类和整个生态世界命运的全新的交叉学科，伴随着时代脉搏的跳动跃然于世，它是一种崭新的生态智慧学科和全球性的生态觉悟，它从诞生之日起就有着强烈的现实批判和价值关怀的意蕴，包含着对人类的责任、义务、伦理使命、生命安顿的真诚关切。它在现实性上起始于对人与自然的关系的反思，发端于对人类生存环境、对人类文明未来发展命运的关注，这种潜在于人类文明的胚胎之中经过漫长发展而回归的文明觉悟，从一开始就蕴含着极为深刻而普遍的哲学意义，是人类文明发展的辩证复归。由于人与自然的关系是人类文明的基础，因而人对自然的态度的变化，人与自然关系的重大调适以及从道德形上哲学的高度应对自然生态困境的努力，将不再仅仅局限于道德哲学家们的概念话语转换域界，它应当也必将成为整个人类伦理精神的价值自律，必然带来人类世界观、价值观和文化精神的深刻变革，也必会推动人类世界生态文明的进步。

然而，长久以来，学界普遍沿袭将生态主义的伦理思想进行"学派""流派"甚至"思潮"的剖析与梳理的研究方法，当不同的"学派""流派"与"思潮"作为生态主义伦理思想的独特标识而支离破碎地呈现时，生态主义思想的精神意蕴便被彻底地"抽离"。生态主义伦理思想作为系统完整有机的精神世界，不是各个"流派"与"思潮"的自我言说和拼凑组合，而是拥有自身特殊的生命成长轨迹，并呈现出炫丽姿态的历史画卷。因此，完整真切地把握生态主义伦理思想的精神内核，必须突破"学派""流派"与"思潮"的研究理念，规避"入流"的研究方法痼疾，进行"入流"之后的"出流"，即"出入流派"的伦理学研究方法的革命，从而对生态主义伦理世界与生态主义伦理精神进行系统的解读和把握，进而还原生态主义伦理世界的生命有机性、系统整体性和历史辩证性，由此，生态主义伦理"形态"的研究成为可能的学术尝试。

1."形态论"视野下的生态主义伦理学

在漫长的人类文明演化史上，人类道德文明的推进和道德哲学的发展成为彰显整个人类精神进步的重要标尺，在不同的历史阶段和不同的思想境遇，人类的道德文明与道德哲学展现出"伦理"—"道德"辩证互动的生命样态、精神样态与文化样态。在整个生命演化和人类道德进化的每一个历史时期，关注人类、关注自然甚至关注整个生命共同体命运的思想，贯穿于人类伦理道德精神发展史的全过程，并形成了逐渐清晰的以生态主义思想为核心的研究图景。"伦理"—"道德"的精神演化形态贯穿于生态主义思想发展的整个历史脉络，是人类道德文明史和精神演化史的"生态"主线，不仅是生态主义思想变迁中人类伦理道德的精神发展史，而且也是人类生命个体伦理启蒙和道德觉悟的精神发育史。在人类道德文明史上，"伦理"与"道德"两种话语的共生互动推动着世界文化的变迁和学术思想的演进，因此，以生态主义思想的逻辑视角透视并考察伦理道德的历史哲学形态，对于现代道德哲学的发展和人类道德生活的完善具有重要的理论价值。从形态论考察生态主义伦理思想的生长逻辑与演化轨迹，必须回答几个基本性的问题：生态主义思想发展何以成为"形态"？它是一种怎样的伦理形态或者伦理道德形态？如何建构生态主义伦理学的理论形态？

A. 从"学派""流派"到"形态"

在经济现代化与价值多元化的当今时代，理性主义盛行与"精神"缺位成为难以化解的时代困惑。当"原子式"思考的个人本位思想代替了"实体式"的精神追问时，市场逻辑、经济至上与个人主义便成为理性主义世界的价值主流,当伦理思想沦为繁琐冰冷的知识体系时,"理性"便彻底僭越了"精神","学派""流派"与"思潮"的研究成为主流的学术方向,但是,隐含着不可预见的精神"危机"。因此,我们的学术使命是探寻众多流派和思潮中的"一",将纷繁庞杂的"学派""流派"与"思潮"提升为"形态",从而建构伦理思想的精神同一性与生命同一性。

传统的"学派""流派"与"思潮"具有特殊的学术标识和理论内核,无论是西方道德哲学史上的"理性主义""情感主义""社群主义"与"直觉主义"的理论学说,还是中国传统哲学话语中的"儒家""道家""法家"与"墨家"的学派式研究,其共同凸显了伦理思想构架中的某种研究路向或某种思想倾向,并具有鲜明的阐释力。然而,"学派"方法与"学派"意识是工具性与知识性的学术"表达",学派林立、流派纷呈与思潮涌动的学术研究对于思想的碰撞和资源的累积固然具有不可或缺的重要价值,但是,不同的流派与思潮因缺乏充分的对话、交融与"敬意的理解",最终流于"多"与"繁",并未由"多"归"一"。当不同的学术元素和理论概念各自呈现时,却由于"精神"缺位而无法自洽自足,从而难以形成系统完整的精神体系,因此,"支离"的"学派""流派"与"思潮"无法完整地呈现一个时代、一段历史、一个社会、一种哲学、一个民族、一个国家甚至一个人的精神世界的系统完整的演化脉络,进而更无法追踪一种理论与一种文明的生命成长的精神轨迹,从而难以安顿个体生命秩序与建构完善的社会生活秩序,由此可知,"学派""流派"与"思潮"虽然能够在各自的理论世界精彩呈现,但是,"入流"的研究本身却是缺乏"精神"和"生命"的"碎片化"的现代理念。比如关于西方生态主义伦理思想的研究,我们能够追溯并迅速把握体系繁杂的流派与思潮,从辛格的"动物解放伦理学"、雷根的"动物权利论伦理学"到施韦泽的"敬畏生命的伦理学"与泰勒的"生物平等主义伦理学",从利奥波德的"大地伦理学"、阿伦·奈斯的"深层生态学"到霍尔姆斯·罗尔斯顿的"自然价值论伦理学",从"人类中心主义"到"非人类中心主义",西方生态主义伦理思潮具体多样的精彩呈现让我们看到不同的生态主义伦理思想的学派与流派,并进行分门别类的学派式的分别研究,但是,如果囿于西方生态主义伦理思想流派的自我论证与驳诘辩难的交锋中，甚至误将西方生态主义伦理思想的某种流派等同于西方生态主义伦理思想本身，便无法真正把握整个人类生态主义思想呈现的精神本质与生命脉搏，也无从理解生态主义伦理思想在整个人类伦理精神演化史中的学术地位。作为"学统""学派"与"流派"的研究往往是不同历史时期、不同国度、不同地域、不同文化背景和不同信仰体系的研究者所创造的"地方性"知识体系，它基于学者不同的学科知识背景和人生体悟对生态主义伦理世界进行道德建构，但是，各理论"学派"与"流派"无论怎样进行拼凑整合甚至进行精致的体系划分，都不能系统呈现人类道德文明史上生态主义伦理世界的真实生活和完整画面，最终只能是纷繁复杂但却缺乏"生命"与"精神"的知识世界，正如黑格尔所言，"离开了身体的手"只不过是"名义上的手"罢了。

"形态"论超越了"学派""流派"与"思潮"而提升为一种圆融自洽的伦理研究方法，它不是伦理研究的某种思想或主张，而是伦理思想的精神呈现与生命呈现，甚至是伦理自身的生命表达。如果说，远古文明时期主客一体的原始本体思维孕生了"天人合一"的朴素自然观，是早期先民"自然为人立法"的混沌直观的"生态印记"，创造了人类文明初年"从实体走来"的生态主义"伦理"形态，那么，近代工业文明彰显的"主客二分"的认识论与工具论思维模式则催生了"天人相分"的机械论自然观，不仅制造了人与自然的疏离与生态灾难，而且是"人为自然立法"的生态悖论，形成了工业文明时期"意志自由"和"普遍法则"主导的生态主义"伦理—道德"的对峙形态。当资源短缺、能源危机与环境污染的生态后果逐渐发展为全球性的生态灾难时，如何从整体人类的生存底线以及整个生态系统持续性存在的视角出发，以合作共赢的人类姿态化解全球性的生态难题成为最终的实践归宿。生态文明时代应当以"主—客—主"的思维模式建立"人—自然—人"的生态关联，进而建构"本体论—认识论—价值论"有机契合的系统"生态自然观"，是"人为自身立法"的价值反思，通过推进"伦理认同"—"道德自由"的辩证互动，建构未来生态主义世界"伦理"—"道德"形态的价值生态，这是人类文明的生态觉悟，也是生态主义"形态论"的理论自觉。因此，"形态"意识的学术尝试为真正意义上的跨时空、跨文明与跨民族的生态对话提供了现实可能性，也为中西方生态主义伦理思想的精神融通提供了理论可能性，人类社会在由远古时代走向现代文明的历史进程中，生态主义伦理世界和道德文明体系体现了"天"—"人"关系的不同的构造原理，无论是"自然为人立法"的远古生态主义"伦理"形态，还是"人为自然立法"的近代生态主义"伦理—道德"的对峙形态，抑或是"人为自身立法"的生态主义"伦理"—"道德"形态的价值生态，以及人类"道德的主体"的价值觉悟，共同彰显了生态主义伦理世界的精神生命的演化流转。生态主义的伦理形态呈现了生态主义伦理精神的"形"和"态"，是生态主义伦理的精神同一性，展现了不同历史时期中西方生态主义伦理思想成长的精神轨迹，在环境问题日益严峻的当前社会，为不同历史时期、不同国度、不同阶层和不同群体的人的精神生命的安顿以及为不同文明与不同民族的对话融通提供了重要的精神支撑。

因此，"形态"论视野下的生态主义伦理思想不再是最初的一种学派或流派，而是上升为一种伦理学的理论"形态"与伦理精神样态，它是将人类的精神世界进行生态主义的伦理学还原与复原的系统工程，也是告别"学派"与"流派"式的伦理学方法的革命，它不是单纯西方思想脉络的生态主义，却可能在批判、吸收与借鉴西方学派的生态主义思想的基础上，对生态主义的伦理精神及其生命的普遍建构具有前瞻性的建设意义。由此，生态主义的众多代表人物及其思想体系由过去原子式的"集合并列"发展为系统的理论整体和精神实体，并呈现出不同历史时期的生态主义的"伦理"—"道德"形态，对构建良性的社会生活秩序和安顿个体生命秩序具有不可或缺的重要价值。因此，生态主义"伦理"—"道德"形态的"精神"还原和生命呈现是重要的道德形上哲学的学术建构和学术努力，同时也是必要的学术自觉。

在人类伦理道德发展的精神谱系中，生态主义伦理思想在中西方精神发展史上呈现出绚丽的"形态"轨迹，从"学派""流派"最终成长、成熟为"形态"，必须对生态主义伦理世界进行系统的学术把握和理论自觉，同时要具备"精神"的伦理气质。历经人类文明初年生态主义的"伦理"形态、近代以来生态主义的"伦理—道德"对峙与冲突形态，在经济全球化的时代背景与"生态双赢"的学术期待下，生态主义伦理思想在生态演化史上应当继续向前拓展，即向"伦理与道德一体"并辩证互动的形态演化，进而构建"伦理"—"道德"的价值生态，这是生态主义伦理学的理论形态,是特殊的民族精神气质,也是历史发展的必然趋向。

B. 古朴和谐——生态主义"伦理"形态

"伦理世界"是原初先民"从实体走来"所面对和思考的第一个世界,"伦理"是人类道德文明开始萌发的第一种历史形态,因此,生态主义伦理思想在人类文明初年和整个人类童年时代所表现的现实精神样态是"伦理"形态。

(1) 创世"神话"的传说

"伦理"一词在亚里士多德的《尼各马可伦理学》中被概括为"灵长类生物生长的持久生存地",这种"持久生存地"是一种实体和家园,也是"伦理"最初的词源学意义。在远古时代,自然界是原初先民赖以存在的生命共同体,是伦理实体最初呈现的自然状态,也是生命个体与自然家园根深蒂固的伦理实体感和精神家园感,囿于原初先民生存环境的局限性和人类认识能力的有限性,自然力在早期人类眼中是不可认识、不可理解甚至是不能战胜的,"世界是一个自身有生命、渗透着神性、处于生长过程的有机体,世间万物都由其生长而来"[①]。自然界化育万物并创生万物,因而具有难以捉摸的神秘性、神圣性与不可言说的灵性,"万物有灵论"使人对自然无限敬畏并顶礼膜拜,原始的图腾崇拜、多神崇拜、部落祭祀、祖先谱系、自然宗教与神话传说作为远古先民最初的生态主义思想的无意识表达,以"敬畏"和"禁忌"的形态彰显出来,这种古朴有机的"自然情怀"和原初朦胧的"和谐"理念,是人类对自然原初的认知表达和朴素的人文情结。因此,古代先民的"神话"不仅是人类文明初年的"童话",也是人类对世界的原始古朴认知,这种不可反思、不能追究的"绝对精神"和"神话传说"造就了人与自然古朴和谐的"伦理形态"。

古希腊创世神话是整个希腊"伦理精神"的精神自觉和哲学表达,它创造了一个无个体的纯粹的实体性世界,认为宇宙万物起始于神秘"混沌"的终极实体,"无论如何,在混沌—大地的最初张力之后,随之

---

① 刘大椿:《自然辩证法概论》,中国人民大学出版社2004年版,第88页。

而来的，是大地—天空的一种平衡，其彻底的匀称使得世界成了组织有序的、封闭于自身的一个整体，一个宇宙"①。因此，苍茫宇宙化育万物的创世神话具有朴素直观的思维方式和原初混沌的系统、整体、有机的思维路向。古希腊哲学家泰勒斯、赫拉克利特认为，山川江海与树木花草是充满神性和灵性的生命机体，亚里士多德基于目的论和系统整体论的推论，认为自然界与宇宙万物作为合目的性的存在依靠内在的结构和功能创造了宇宙世界的生生不息、绚丽多彩，玄奥的"神意"对自然万物的驾驭和统摄具有无限性和神秘性，原初先民在自然面前卑微渺小和悲哀无奈，只能俯首称臣并听从"召唤"。"在发展的早期阶段，单个人显得比较全面，那正是因为他们自己还没有造就自己丰富的关系，并且还没有使这种关系作为独立于他自身之外的社会权力和社会关系同他自己相对立。"② 面对自然灾害，人类只能像动物一样匍匐顺从，"人们对自然界的狭隘的关系决定着他们之间的狭隘的关系，而他们之间的狭隘的关系又决定着他们对自然界的狭隘的关系"③。无论是奥林匹斯神话、宙斯神话、雅典娜神话、英雄史诗，还是赫西奥德的《神谱》、巨人安泰与大地母亲的隐喻，它们作为力量、爱与美的化身催生了伦理实体的人格化，进而印证了人与自然天然同构与古朴合一的"伦理"情结、个体命运与实体精神缠绕纠结的"悲怆"情怀以及在希腊神话世界中生命个体与伦理实体最终相同一的精神情愫。因此，神秘主义的古朴思想为混沌直观的整体主义和系统有机的自然观念奠定了认识论的基础，推动古希腊人开始从整体自然本身和终极价值信仰的视角去探求宇宙万物的本原和"始基"，这是西方生态主义哲学的古老价值传统，也是西方道德哲学的思维方式。

（2）万物"始基"的追问

古希腊道德哲学起始于对万物"始基"的追问，泰勒斯及其所开创的米利都学派致力于从终极价值实体和感性具体的自然物质本身去探寻万物的本原和始基，泰勒斯认为万物的本原是"水"，水派生宇宙万物并化

---

① ［法］让-皮埃尔·韦尔南：《神话与政治之间》，于中先译，生活·读书·新知三联书店 2005 年版，第 286 页。
② 《马克思恩格斯全集》（第 46 卷），人民出版社 1979 年版，第 109 页。
③ 《马克思恩格斯选集》（第 1 卷），人民出版社 1995 年版，第 82 页。

育万物,阿那克西曼德推论是"无定形",阿那克西美尼主张是"气",赫拉克利特认为世界起源于一团永恒的活"火",宇宙自然是由这些本原物质的循环流转构成的生命"共同体"。同样,毕达哥拉斯认为"数"作为世界的本原创生了宇宙万物的和谐,"人来自始基,人与始基、自然同构,根据人的境遇和状况,完全可以断定始基、自然的状况"①。古希腊哲学家对于宇宙本原和万物始基的哲学构思昭示了人类与宇宙万物来源于共同的"始基"之根,人类与自然万物都是具有生命和灵性的宇宙之"子",这种带有神秘主义气息的直观猜测,将自然之"魅"发挥到极致,当以某种单一的"实体"和物质解释宇宙世界的起源,人类与自然共同体和生命共同体的"一体性"和天然"同构性"便得以彰显。"古代人在整个自然界寻求的是秩序和谐,并将其视为一切人类关系的理性。"② 这种从终极意义的维度阐释世界的西方哲学传统及其有机整体的直觉认知方式,是人类文明初年原始蒙昧的认知局限,揭示了大自然演化秩序的至高无上以及人类在自然界面前所应当具有的"生态谦卑"和"终极敬畏",并初步构建起人类与宇宙万物共生和谐的实体论的本体自然观,人类应当自觉地反思自身并与宇宙自然共存共荣。因此,万物一体与天人同构的精神气质成就了人类文明初年的伦理感,是生态主义的"伦理"形态。

(3)"风俗信仰"的传承

不同的民族国家在由人类初年混沌未分的实体状态向真正的文明形态迈进的过程中,产生了伦理和精神的不同的文化气质和不同的表达方式,但是,无论是西方"意志自由"与"交往行为"的碰撞与表达,还是中国"德性养成"与"伦常规则"的契合与同一,其共同对德性可靠性与生活可靠性的生成与发展充满期待,以此获得"生长的持久生存地"和可靠的"居留地",从家庭伦理实体、民族伦理实体,到由"人—家庭—民族—国家"构筑的伦理实体世界,其共同萌发于人类生存的自然共同体与生命共同体。亚里士多德透过"风俗习惯"的原生经验表达了人类文明初年的伦理状态和古希腊伦理的西方形态,风俗作为人类在长期的共

---

① 魏义霞:《生存论》,黑龙江人民出版社2002年版,第43页。
② 赵光载:《天人合一的文化智慧:中国古代生态文化哲学》,北京文化艺术出版社2006年版,第5页。

同体生活中自然生成的普遍规约和伦理习俗，对于个别性的实践行为具有普遍的约束力，习惯是实践个体在对风俗进行内化和理解的基础上自发生成的普遍化行为，透过文明初年的"无知之幕"，人类主体的道德生活要获得普遍的可靠性，个体必须在长期的世代共同认可的风俗中获得普遍性的"教养"，使个体性、个别性、任意性、偶然性与普遍性、客观性、实体性相同一与结合，由此个体的"居留地"便获得普遍的"可靠性"，个体的意志自由便获得持久的"普遍性"。因此，古希腊在长期的共同体生活和风俗习惯中生长出"伦理"与"道德"的原素，当个体性与普遍性相结合，当个体性达到甚至获得了普遍性的实体意识，个体与实体便透过精神建立起不可分割的内在关联，"伦理"的精神气质便凸显出来，这是人类根深蒂固的精神家园与生态家园。

原初文明时期的人际伦理对特定共同体的人类成员提出道德要求与伦理规约，依靠社会舆论、风俗习惯和人们的内心信念形成的价值共识和道义准则，它明确地强调人际共同体的共同利益，通过对个体成员的行为有所褒扬和有所贬抑的道德规范和要求，推动人类共同体成员共同协作实现共同利益，因此，传统的人际伦理凝聚了利益共同体的价值共识、伦理规约和"实体意识"，体现了明确的边界意识。为实现特定群体利益而凝和的人类共同体，其形态多样，并逐步形成了自身固有的历史演化脉络，从远古时代自然形成的氏族、部落、部落联盟、城邦等人类共同体的利益形态，到随着人类实践活动的逐渐拓展和科学技术领域的不断分化，发展为基于地缘、职业和阶级形成的利益共同体，共同体成员彼此联系、相互交往、共同活动，在共同利益的边界范围和共同的时空范围内，形成了后来多样化的共同体形式。然而，时间和空间的距离的阻隔，使得当代人和遥远的后代人以及不同的空间场域的人之间不能构成现实的利益共同体，从而被称为有限时空边界的利益共同体和道德共同体。城邦、氏族、部落联盟作为有限时空边界的利益共同体是人类文明初年伦理形态的摇篮，作为国家伦理形态的母体，无论是希腊城邦还是原始氏族与部落联盟都具有浓厚的实体性和实体倾向，并表达了生命个体与城邦和部落家族的实体世界不可分离、内在同一的伦理情愫，也是早期人类文明的精神自觉和伦理启蒙。作为特殊的道德共同体，有限时空边界的利益共同体依循共同体成员共享的价值体系和共同的核心价值观念进行价值判断和道德选择，在当下的时间和相邻的空间场域内直面道德难题从而化解道德困惑。因此，有限的时空边界构筑的人类利益共同体，其演绎的是个体性与普遍性相结合的代内"伦理"形态和场域"伦理"形态。

因此，在科学理性思维尚未萌发的整个远古文明时期，原始的宗教信仰和氏族与城邦共同体占据主导地位，人类对自然力量由悲哀无奈、被动服从到敬畏崇拜，体现了个体对于自身所赖以生存的生命共同体和自然共同体的依从与依赖，也是生命个体与伦理实体内在同一的精神情愫。古希腊国家的产生和社会制度的缔造开始挣脱远古文明中根深蒂固的氏族血缘纽带，在充分尊重个体公民自由意识和理性意志的基础上划分不同的地域共同体，进而凝合为共同的伦理实体，因此，希腊伦理形态和伦理精神是个体理性、理智诉求与实体意识的内在同一。同时，自然力量不可言状的神秘性与未知性激发了不同世代的人们探索并开发自然的欲望，从古希腊时期的创世神话传说和对万物始基的追问到柏拉图关于理念世界和现象世界的二分与亚里士多德形式与质料的区别，从实体论的本体自然观、毕达哥拉斯形式论的本体自然观到中世纪神学本体论的自然观，系统有机的自然实体被肢解为多样化的功能和结构，远古文明时期"神—人—自然"相统一的生命实体世界裂变为以上帝为最高统摄的等级体系，机械还原的认识论和世界观促使人类可以无视神的"旨意"从而高举现代科技的利器向自然宣战，从伦理实体中生长出的个体理性与理智的原素开始推动生命个体与伦理实体相"剥离"，成为远古文明时期生态主义"伦理形态"向否定状态的"伦理—道德"对峙与摇摆的历史哲学形态演化的重要的精神力量。

C. 断裂与冲击——生态主义"伦理—道德"的对峙形态

如果说人与自然古朴和谐的伦理形态诞生于人类自我意识和理性思维尚未开化状态的远古文明时期，那么，人类主体意识的觉醒和理性思维力的过度膨胀则带来自然之彻底"祛魅"，并进入近代以来生态主义"伦理—道德"的对峙形态。

伴随着希腊城邦的解体和国家的产生，自由意识和理性意志开始挣脱作为生命与精神根基的血缘纽带，诞生了整个西方伦理道德精神发展史上的第二种历史哲学形态，即"道德"形态，虽然黑格尔在其精神哲学体系中通过"伦理世界—教化世界—道德世界"的现象学还原和"抽象法—道德—伦理"的逻辑演绎力图证明伦理与道德的历史形态的内在统一,并认为"自然界是自我异化的精神",然而,近代以来,西方道德文明却陷入"伦理—道德"形态深刻的分裂与对峙。文艺复兴动摇了上帝神权的绝对统治地位,并彻底瓦解了上帝终极"伦"的意义世界,个体重获"自由"和"平等",但是,当苏格拉底的"美德就是知识"向培根的"知识就是力量"迅猛推进时,"个体主义""普遍理性"与绝对的"意志自由"却遭遇现实生活中道德与幸福的两难。当精确无歧义的拉丁文取代固有的希腊文,基于原生经验诞生的风俗、习惯和伦常开始演化为规则、法条和律令,"文艺复兴以来日益发展的工场手工业,促进了机械技术的发展,并激发学者们借鉴机械技术的成功,用机械论的思想理解大自然的运行"[①]。康德通过"普遍立法"和"绝对命令"赋予伦理道德以唯理性的意义,进而将伦理驱除于道德哲学体系之外,认为"人为自然立法",绝对理性高扬人类主体的能动性和创造力,当人类举起科技利斧妄图支配自然、占有自然甚至征服自然时,所有的生命物种蜕变为僵死的机器和无机的碎片,自然之"魅"彻底隐退。近代以来,人们对于"自由意志"和"普遍法则"的痴迷达到一种狂热的境地,认为良心和善即是"自由意志"和"普遍法则",并背弃了古希腊时期主体间的可靠性以及世代延传下来的风俗习惯,至此,抽象的"意志自由"状态的"道德形态"与作为可靠的"居留地"的"伦理形态"发生了严重的分裂、对峙甚至冲突,普遍的道德法则在个体所倡导的绝对的"意志自由"面前变得不堪一击,因缺乏主体间的信任与可靠性的依托,个体"自由意志"与"伦理认同"、"德性论"与"正义论"、"权利论"与"义务论"、"欲望"与"敬畏"便发生难以弥合的矛盾。

近代数理科学和实验科学高速推进,使得机械式思维方式和主客二分的思维理念成为主宰整个自然科学发展的思维模式。牛顿的经典力学将整个宇宙自然万物纳入力学定律,在精确的机械运动和力的惯性作用下,人与自然万物被"还原"为高速运转的机器与齿轮;霍尔巴赫将自然界看作物质的集合和僵死的机器,认为自然界的演化流转不过是单一的物质运

---

① 刘大椿:《科学技术哲学导论》,中国人民大学出版社1997年版,第44页。

动和交互作用；培根剖析了物质的存在形态与结构功能，以机械式量子力学的方法诠释了"知识就是力量"；伽利略以数理逻辑的演绎方式和精确的实验数据，意图证明自然界是上帝创造的精妙的数字世界和孤立静止的量子世界；笛卡儿认为传统的数理逻辑和数字推理是上帝的智慧，进而从哲学思辨的视角认为不仅自然界是物质与心灵的二分，而且人与自然也是主客二元，并高扬人类的主体性，认为"我思故我在"。文艺复兴以来，近代自然科学的崛起和人类主体意识的觉醒对于反对当时封建神权的压迫和人性的解放曾经起到振聋发聩的推进作用，然而，主体能动性的过度张扬和对"意志自由"的过分痴迷最终导致唯"我"独尊的价值理念，并彻底颠覆了古希腊时期混沌直观的有机论自然观和泛神论的影响，"主体是高级的，意味着能动、主动、积极，而自然界的事物，也就是客体，则是低级的，处于被动、受动、消极、受控等地位"①。人类自恃理性的强大使用数理逻辑、实验程序和机械技术流程剖析操纵自然，进而变本加厉地攫取自然，自然界从神权的束缚中解放出来却沦为人类肆意践踏的物质能源仓库和随意制造废料的"垃圾场"，自然"只是一个完全按照我们的目的加以利用、改造、操作、处理、统治的对象，成为人类达到自身目的的工具、手段"②。自然生命系统的复杂性、精致性和历史性被还原为失去内在价值的机械程序，自然世界之神性、灵性、生机与活力丧失殆尽，自然界被从人类的道德关怀视野中彻底"剥离"。在人类疯狂追求"意志自由"和"经济利益"的工业实践中，极端个人主义和功利主义开始肆虐，人类跃身为被物欲所支配的物质载体，并开始"为自然立法"，主体人类内部精神生态的失衡导致自然生态链条的断裂甚至人的"类"本质的丧失，当自然界成为与人相对立的"对象化"存在和"异己物"存在时，人在自然界面前理应具有的"谦卑"与"敬畏"荡然无存，当自然之"魅"彻底隐退，便发生了生态主义"伦理—道德"激烈的对撞与冲突。

"道德"的强势推进使"意志自由"和"普遍法则"成为社会的主导价值理念并开始将"伦理"驱逐于道德哲学体系之外，然而"伦理"

---

① 肖显静：《后现代生态科技观》，科学出版社2003年版，第87页。
② 肖显静：《后现代生态科技观》，科学出版社2003年版，第87页。

的责任意识和"类"的生命意识逐渐觉醒并开始回归。全球性的生态灾难和不可逆性的生态损害开始挑战整个人类的生存底线,人类是自然之子,虽然宇宙自然并不存在"不可知"的世界,却存在无限的尚未被人类所认识的领域,宇宙无限性和广袤性告诫世人应当谨慎地对待人类赖以生存的自然生命实体世界,最大限度地保护生命物种的多样性,并尽可能地保持人与宇宙自然的生态平衡,这是人类对自然应尽的道德责任和伦理义务,是对自然"祛魅"之后的重新"返魅",也是生态主义"伦理—道德"互动融合的价值生态链条的合理对接。

D. 互动融合——生态主义"伦理"—"道德"的价值生态

历经远古文明时期生态主义"伦理"形态下的自然之"附魅"、近代工业革命以来生态主义"伦理—道德"对峙与冲突形态下的自然之"祛魅",人类道德哲学形态继续向前拓展,未来生态主义理论形态的价值方向和哲学使命应当是完成"伦理"形态与"道德"形态的同一性的建构,实现自然之"返魅"。

俯瞰整个人类精神发展史,在由原初蒙昧未分的伦理实体形态向人类文明发展方向迈进的历史进程中,不同的民族国家因其不同的生成路径,进而呈现出不同的民族精神气质和伦理精神样态。如果说,自由意志主导的西方道德哲学形态是道德强势、伦理与道德的二分与冲突形态,那么,中国历史哲学的主流形态应当是"伦理"优先,"伦理"与"道德"共生互动的历史哲学形态,这是中国伦理型文化的精神底蕴,是"伦"—"理"—"道"—"德"辩证互动的精神文化样态和哲学机理。无论是孔子生活世界中的"伦",老子精神世界中的"道",还是宋明理学的"天理",都是中国文化底色中的"伦理"精神和实体世界,面对现实生活中的个体偶然性和主观任意性,其"理一"的精神气质应当同一"分殊"多元的价值世界,将伦理的实体精神贯通于生命个体的道德追索,使伦理的实体成为道德的主体,这是对生命个体道德的"祛弊",也是伦理与道德同一的价值形态。"轴心时代"孔子的由"仁"达"礼"、老子的由"德"及"道",以及后来孟子"五伦—四德"、董仲舒"三纲—五常"的伦理道德体系和宋明理学"存天理,灭人欲"的伦理道德同一形态,其共同表达了伦理的强势与优先、由道德向伦理回归、道德服从于伦理的"伦理"—"道德"共生互动的历史哲学形态和道德哲学底蕴。然而，东西方道德文明传统都曾经遭遇伦理与道德的分离与矛盾，因此，未来道德哲学发展的主导路向应当是推进"伦理认同"—"道德自由"的辩证互动，使社会伦理认同包容个体道德多样性，使个体道德自由承载伦理实体性的精神内涵，由此，生态主义世界中的生命个体在追求个体道德至善和自身的禀赋、偏好的基础上，能够更多地兼顾自然生命系统的实体性存在意义，以"精神"而非纯粹理性的态度善待自然，这是未来生态主义世界"伦理"—"道德"的价值生态和自然之"返魅"的时代期待。

现代生态主义伦理思想纷繁复杂，当现代性遭遇理性主义、个人主义和市场经济的强势挺进，整个社会陷入哈贝马斯所言的合法化危机和生态主义"伦理—道德"的对峙与冲突形态之中，现代生态主义伦理思想诸"学派""流派"与"思潮"在道德分化、精神缺位与经济至上的社会背景下的发展流光溢彩。在某种角度看，学派林立、流派纷呈是生态主义伦理思想发展的繁荣标识，但是，当"理性"僭越了"精神"，表面的学派繁荣暴露了内在的"精神"危机，从个体出发的"原子式"思维方式取代了从实体出发的精神信仰，"道德自由"取代了"伦理认同"，无论是直觉主义和情感主义表征的元伦理思想体系，还是存在主义与实用主义标识的人本主义伦理构架，无论是生物中心主义的"道德风险"，还是生态中心主义的"悲怆情愫"，虽然构建了"繁""多"的知识体例，但是，由于缺乏充分的交流融合与精神对话，不能建构跨民族与跨文明的精神系统，最终沦为烦琐冰冷的知识体系，并使生态主义伦理思想的研究归于世俗。

千百年历史的沧桑巨变和西方近代生态主义"伦理"与"道德"两种形态的分殊与对峙，使得人类与自然生命实体的关系高度紧张，它以"自然"作为论证生态主义伦理世界合法性的基础，却不能以人类伦理"精神"超越"自然"，这种对人的"自然"本性的过度依从，使生态主义伦理精神的研究最终蜕变为对自然伦理思想的研究，因此，现代自然科学与生态科学的迅猛发展促使现代人类开始反思并关注人类与生命自然实体的关系，并对整个生命系统和未来人类的生存产生深刻的忧虑。生态主义的"伦理"—"道德"形态的价值生态应当实现人类"伦理"与"道德""伦理认同"与"道德自由"的辩证互动，它植根于20世纪以来量子物理学、系统论科学与生物科学所提供的生物价值论与方法论基础，认为不仅自然生命实体世界具有丰富性、多样性和复杂性，而且无数的生命与非生命个体之间、生命物种与整个宇宙实体世界之间存在系统整体、共生和谐与多元共赢的"生态"关联，人类生命个体的"道德选择"应当与自然生命实体和人类生命实体相贯通，"道德自由"的彰显应当体现伦理的客观性、普遍性与内在的精神底蕴，经过现代人类的理性反思之后的"人为自身立法"和对自然生命共体的"伦理认同"应当宽容并接纳当前社会的道德多样性，在生态理性意识觉醒之后重建人与自然的生态关系，这是人类对自己命运的生态把握和"类本质"意识的回归，也是中国"伦理型"文化精神的深刻表达。由此，建构生态主义世界"伦理"—"道德"形态的价值生态，应当推进人类"道德的个体"向生命的伦理"实体"和自然"共同体"皈依，进而成为"道德的主体"，它沟通了"伦—理—道—德"的辩证生态原素，是生态主义"伦理"—"道德"的价值生态的"生命"表达和"精神"呈现，也是生态时代重要的文明觉悟。

其一，"道德的主体"尊重自然生态规律，推动个体与整体、人类与自然、当代与后代的共生和谐与可持续发展，是生态主义"伦理"—"道德"的价值生态的"生命"表达。"道德"向"伦理"回归之后所达成的生态主义的"伦理"—"道德"的价值生态，其塑造的"道德的主体"应当由过去肆无忌惮地占有和征服自然转向恢复、保护并善待自然的生态行为，这是人类生态主义伦理精神的觉醒，也是面向自然的人文精神觉悟。基于理性反思和自由意志的间接经验形成的人类"道德"具有主观性和个别性，它通过个体对"道"的形上理解而内化为"德"的主观体验，因而可能处在"作恶的待发点上"，但是，"道德的主体"作为生态主义"伦理"—"道德"的价值生态的"生命"表达，建立起了"伦理"—"道德"的生态关联，普遍性的"伦"和"整个的个体"的生命实体性是"道德的主体"的行动诉求。一方面，人类从自然界中走来，其固有的"自然属性"决定了人类与其他所有生命物种一样，与自然界的关系是本能地谋取物质生活资料以维持生存的物质性关系，并受制于自然规律的制约，这是通过"伦"建构的人的生命"实体性"和在自然共同体中生活的原生经验，由此通过"伦"这一"整个的个体"建构人与人、人与自然之间的道德关系和人"伦"之理；另一方面，人类作为具有主观能动意识和理性思维能力的灵长类生物，能够认识规律和把握规律，并在改造自然的对象性实践活动中尊重规律并能动地利用规律，从而推进人与自然的共生和谐。人类是自然之子，自然是万物之源，"道德的主体"在尊重自然生命"实体性"的基础上，肯定生态系统的整体价值、系统价值和内在价值，以系统有机的"实体性"思维方式超越机械还原与集合并列的"原子式"思维模式，以生态整体主义的"生命"理念取代技术理性主义的"物化"观念。自然生命系统孕育了包括人类在内的宇宙万物，宇宙自然生生不息并化育万物，因此拥有本身固有的价值、目的、多样性、复杂性、系统性和自组织性，虽然自然生命系统中存在着永远的生存竞争甚至残酷的弱肉强食，但是自然生态规律创造着自然生命系统天然的"平衡"态。人类的创造性融会于宇宙自然的创生性，人类"道德"主体的价值关怀应当与对生命实体的"伦理"关怀相结合，在浩瀚的宇宙自然面前，人类应当保持谦卑并心存敬畏。由此，"伦"的实体性以"理"的方式呈现出来并被辩证把握，当人类生命个体向伦理实体皈依，便能够自觉地将当下的实践行为与未来世代人类与宇宙万物的生存相联系，理性地分析主体与客体、物质与精神、个体与整体、人类与自然、当代与后代的生态关联，维护整个自然生命系统的可持续性存在、完整和美丽，它摒弃了人类对自然资源的急功近利和任何短视行为，进而扬弃并超越了工业化时期机械还原的僵化自然观，是后现代主义视野中系统、有机和整体的生态主义自然观的革命。

其二，"道德的主体"恪守人的"类本质"的规定性，自觉承担维持自然生态系统平衡的道德责任和伦理使命，是生态主义"伦理"—"道德"的价值生态的"精神"呈现。生态主义"伦理"—"道德"的价值生态的哲学气质是"精神"。如果说基于理性反思和意志自由而内化的个体"德性"具有一定的主观性和个别性，那么，生态主义"伦理"—"道德"的价值生态则能够基于生态信念的实体认同，进而推进生命个体的"类"的普遍本质的回归，它克服了"伦理"诉求与"道德"追求的二元对峙，实现了"伦理"—"道德"精神链条的合理对接，为"道德"的反思提供了伦理的"精神"前提和归宿。在漫长的人类进化史中，按照"生存"—"生活"—"生命"的人类精神的成长逻辑，跨越远古文明时期"以人与人的依赖关系"为基础的"集体本位"形态以及近代以来"以物的依赖"为基础的"个体本位"形态，生态时代"道德的主体"的存在样态应当是致力于实现人的"自由和全面发展"的"类本位"形态，超越物种的存在视界将自然界看成自身的"无机身体"，使有限的人类生命获得无限的存在意义，这是人的"类本质"意义的彰显和"精神"的回归。基于文化进化的人类进化系统，是人类区别于动物本能式生存方式的重要标志，是超越于生物进化的生命价值与意义世界的彰显，也是"类本质"的重要呈现，"生产生活本来就是类生活。这是产生生命的生活。一个种的全部特性、种的类特性就在于生命活动的性质，而人的类特性恰恰就是自由自觉的活动"①。由此，人的自由自觉的生产劳动是人类生命本质的彰显，也是"类意识"觉醒的标志，人类作为具有理性能动意识的类存在物，在摆脱自然必然性控制与约束的过程中，理应超越动物本能欲求的束缚，使人真正像人一样，在尊重自然生态规律的前提下善待自然，进而拓展道德关怀的范围，推动"类意识"的深层觉醒和道德的进化，将人类自身的"类"和其他物质存在的"类"纳入道德思考的范围，既要考虑当代人的生存现状，又要兼顾后代人的生存空间的可持续性，既要合理安排人类的生存需求，又要保证其他生命物种的多样性和生物特性的丰富性，自觉承担维持自然生态系统平衡的道德责任和伦理使命，以实体性的伦理思路看待人类与宇宙自然的进化流转，进而推进人类与生命实体世界的共生和谐，并建立公平正义的国际生态新秩序，这是真正的精神"自由"和"解放"，也是绿色文明时代的生态觉悟和伦理启蒙。

因此，面对全球化浪潮的冲击，无论是西方道德哲学所表达的道德强势、"伦理"与"道德"的二分与冲突，还是中国历史哲学所彰显的伦理优先、"伦理"与"道德"的共生互动，时至今日，都在遭遇生态主义"伦理"与"道德"的内在矛盾，在回溯历史资源的基础上，透过"道德的主体"的伦理努力实现"道德自由"与"伦理认同"的辩证互动，通过建构生态主义"伦理"—"道德"的价值生态，努力探索生态主义伦

---

① 《马克思恩格斯全集》（第42卷），人民出版社1979年版，第96页。

理思想的"中国形态",进而走出困扰人类的生态主义的伦理—道德悖论,成为可能的学术期待。

2. 生态主义"伦理"—"道德"形态的逻辑进路

19世纪以来,生态主义伦理思想的发展经历了一个关注生命个体—关爱生命实体—关怀生态系统的生命演进历程,也是道德共同体的边界不断拓展、道德关怀的对象不断扩大、道德知识和视野不断普遍化的过程。如果说,到目前为止所有伦理学的致命缺陷是局限于处理人与人的关系问题,那么,从"个体"到"整体"、从"人际"到"种际"的跃迁则是生态主义伦理形态的觉醒和伦理精神的觉悟。因此,伦理道德的历史形态的变迁和生态主义伦理"精神"的演进轨迹,是从"个体主义"到"整体主义"、从"生物中心主义"到"生态整体主义"、从"生物生态""自然生态"到"文明生态"的渗透过程,同时也是生态主义"伦理"—"道德"形态从摇摆对峙到辩证同一的逐步生成过程,不仅是逻辑与历史的统一,也是自然、社会与人的现实的精神生命的合一。当宇宙自然的生态演化序列与人的精神生命的演化轨迹相同一,道德哲学与人文科学便对现实的生态主义世界和个体生命的道德生活具有了彻底的解释力。

但是,如果沉浸在西方生态主义为我们设计的理性王国中,我们无法走出不同生态学派和流派的理论冲突,因此,我们需要一场世界观的革命即"形态论"的理论自觉,生态主义的伦理精神觉悟和伦理形态觉解是应当进行的学术努力。生态主义伦理思想的理论流派从彼此诘责对立到对话交流、沟通融合,经历了一段漫长的历史进程,然而,其最终的理论旨归却是建构接纳、包容、超越甚至整合人类中心主义与非人类中心主义(包括动物权利论/解放论、大地伦理学、生物中心论、生命中心论与生态中心论)的多元对话的生态主义"伦理"—"道德"共生互动的理论形态和价值生态,这是生态主义伦理思想诸理论流派多元整合的生态发展趋向。

如果说,动物权利论/解放论、敬畏生命和生物平等主义基于传统伦理学理论倡导生命至上,重点关注生物个体的生命权益,属于生物中心主义的"伦理—道德"对峙形态和生物科学意义上的生态觉悟，那么，生态整体主义则从生态学理论出发，将伦理关怀的中心由个体生命拓展到整个自然生态系统，关注生态整体的利益和命运，呈现为生态整体主义的"伦理—道德"对峙形态并上升为人与自然关系的生态觉悟。然而，人类生态觉悟的辩证运动继续向前推进，未来社会应当建构生态主义"伦—理—道—德"的价值生态，这是生态时代人与世界关系的价值生态觉悟和文明生态觉悟，也是生态主义理论形态发展的精神归宿。

A. "生物生态"与生物中心主义的"伦理—道德"对峙形态

（1）"生物生态"

19世纪生态主义伦理思想是基于生物科学意义上的"生物生态"所呈现的"伦理—道德"对峙形态。生态主义思想成为伦理形态的首要条件是必须具备伦理学的学科气质，然而，生态思想的萌生一般是在自然科学、生物科学、生命科学或生态哲学的范畴中进行的，且缺乏伦理学与道德哲学的话语体系。1866年德国生物学家恩斯特·海克尔在其《有机体普通形态学》中指出，"生态学"是生物居住环境的科学，主要用来研究生物有机体与其周围环境的密切关系，在共生互动、协调进化过程中，生物有机体推动总体生物圈的完整、稳定和美丽，在恩斯特·海克尔这里，"生态学"第一次具有了"生命"归属的意义或"家园"的伦理韵味。从词源上分析，在希腊文中，"生态学"一词即"Oikoslogos"，其中，"logos"更多地强调科学研究的含义，但是，生态学家E. P. 奥德姆认为，"许多年来，我一直极力主张生态学已不再是生物学的一个分支领域，它源于生物学但已发展为一门独立学科。该学科结合了有机体、自然环境和人类——与生态学一词的词根'Oikos'的意义一致"[1]。所以，"生态学"原本就内蕴着必要的人文关怀，"当生态学发展到人和自然普遍的相互作用问题的研究层次时，就已经具有了哲学的性质和资格，它已经形成了人们认识世界的理论视野和思维方式，具备了世界观、道德观和价值观的性质"[2]。

---

[1] 佘正荣：《生态智慧论》，中国社会科学出版社1996年版，第40页。
[2] 佘正荣：《生态智慧论》，中国社会科学出版社1996年版，第41页。

伴随着人类经济理性和科技理性的迅猛推进，人类进入工业文明和技术文明时代，并在征服自然的"战役"中取得了前所未有的"胜利"，但是，当"胜利"的喜悦还未褪去且"伊甸园"的梦想尚未实现之时，却遭到自然界无情的"惩罚"和"报复"。人类个体理性和绝对的意志自由执着于"道"的普遍性，但由于不是"从实体出发"的普遍性，最终沦为缺乏"精神"的集合并列和"单子式"与"原子式"的思维习惯，进而遭遇严峻的生存危机。

因此，生态问题的凸显暴露了生态主义"道德"形态下的个体自由意志的困惑，同时也启发人们从人类生存根基的角度去破解个体性和个别性的"道德"难题，从普遍性的"伦"的视角与生命实体归属的意义思考人与自然的生态关系。一方面，"生态"概念超越了单纯生物生态的注解而具有了鲜明的哲学反思性与价值批判性的思想内涵，它承载着人类对生命和未来的忧虑以及痛定思痛之后的道德反省，进而能够通过自我拯救而开辟出新的生存路径；另一方面，"生态"内涵需要不断向前拓展进而实现生态主义"道德"形态的延伸，这是回归"生态"与"和谐"境界的时代企盼，也是未来人类生存可能的价值预期。

（2）生物中心主义"伦理—道德"对峙形态——生物中心主义的"道德风险"

文艺复兴以来，人类自由意志的觉醒和生命尊严的获得相对于中世纪神权对人性的严酷压制是历史的进步，但是，脱离了中世纪神权和上帝终极伦理实体的"羁绊"，当生命个体通过对"道"的主观把握和形上理解，最终内化为主观性和个体性的"德性"素养时，却由于缺乏客观性和普遍的"实体性"依托，最终处于"作恶的待发点上"，其中，"生物中心主义"在生态主义伦理思想发展史上遭遇了"伦理"—"道德"形态的分裂与对峙，以及无可避免的"道德风险"。从彼得·辛格的"动物解放的伦理学"、汤姆·雷根的"动物权利论伦理学"到阿尔贝特·施韦泽的"敬畏生命的伦理学"与保尔·泰勒的"生物平等主义伦理学"，其理论轨迹逐渐铺展开来，共同把人与人之外的所有生命个体纳入人类的道德关怀范围内，从而现实地将生态主义思想由原始蒙昧时期的"伦理形态"推进到"伦理—道德"对峙形态，这是西方伦理道德精神呈现的主要历史哲学形态。

其一，动物解放论基于"功利主义"和"平等原则"倡导拓展道德关怀范围并增加动物福利。动物解放论的主要代表人物澳大利亚著名哲学家彼得·辛格在《所有动物都是平等的》一文中以妇女和黑人要求平等权益的解放运动为切入点，认为解放运动的宗旨就是要拓展传统伦理学道德身份的范围，动物的解放是人类解放事业的延续，进而论证了所有动物拥有平等权益的正当性："我们应当把大多数人都承认的那种适用于我们这个物种所有成员的平等原则扩展到其它物种身上去。"[1]"人类的平等原则并不是对人们之间的所谓事实平等的一种描述，而是我们应如何对待他人的一种规范。"[2] 受达尔文"进化论"思想的启发，辛格认为各种动物之间感知能力、智力水平的差异并不能成为他们能否享有平等原则的依据，因为具有感知能力的动物和人一样都能够感受痛苦和快乐，因此应当平等地考虑人的利益和动物的利益，这是动物生命平等的伦理原则，由此，辛格认为人类与动物之间没有严格的界限区分，他反对物种歧视，尤其反对用动物个体做实验和杀戮动物，甚至认为人类食用动物也是不道德的行为，并基于功利主义的原则倡导增加动物的福利，杜绝一切对动物的伤害行为。辛格的动物解放论从人类自身特有的道德关怀出发，抨击了"人类中心主义"和自我利益的狭隘视界，打破了传统伦理学公认的关于道德等级划分的界限，关注自然界中的所有动物个体，具有明确的"个体意识"和"主体意识"，第一次使道德关怀的范围得到了拓展，使人们的伦理思考建立在理性的"道德反思"之上。

其二，动物权利论基于"道德义务论"提出动物的"天赋价值""固有价值"，倡导尊重动物的"权利"并确立了动物的"生命主体"地位。

动物权利论的代表美国哲学家汤姆·雷根从康德的道德义务论出发，认为某些动物和人一样都拥有"天赋价值"或"固有价值"，它们自身就是终极目的，人类以外的所有动物都是"生命的载体"，作为平等的生命主体，动物和人一样都有欲求、记忆、未来感、思想，并同样能够感受快乐和痛苦，拥有与人类同样的权利，因此，共同的生物学基础决定了人类应当尊重动物的权利，并把动物权利运动看作人权运动的一部分，在实践

---

[1] [澳] 彼得·辛格:《所有动物都是平等的》，江娅译，《哲学译丛》1994 年第 5 期。
[2] [澳] 彼得·辛格:《所有动物都是平等的》，江娅译，《哲学译丛》1994 年第 5 期。

上主张禁止动物实验、取消动物的商业性饲养和纯娱乐、消遣性的狩猎活动。围绕当时社会蓬勃兴起的人权运动和争取自由、独立与民主的社会运动,雷根倡导个体生命的道德权益与自由意志,并认为只有生命个体才享有权益,道德地位和权利只能赋予生命个体。然而,"物竞天择,适者生存"的自然平衡法则决定了在强调动物"内在价值"时也不能忽略"工具价值",同时,如果说动物拥有"天赋权利",那么,动物自身却不能主张权力,当人类意志赋予动物权力概念时,便带有强烈的"人类中心论"的思想意蕴;如果说权利和义务是对等的,那么,对于动物却很难达到。因此,雷根的动物权利论以"同情心"的形式赋予动物以"生命主体"的道德关怀资格,却带有工具主义和功利主义的思想倾向,雷根以"原子式"的思维方式解读"动物权利"但并未上升到保护生物多样性、基因多样性和生态系统多样性的"实体论"的高度,于是带来简单的集合并列,并潜隐着将人类个体生命权利凌驾于动物生命权利之上的"道德风险"。

其三,"敬畏生命"伦理观将"爱""同情"和"善"的伦理原则赋予所有生命个体,倡导尊重生命、爱护生命。法国人道主义者阿尔贝特·施韦泽基于对自然的情感体验和伦理态度,认为伦理学是无界限的,自然界中所有的生命个体没有高低贵贱之分,所有生命都是唯一的和神圣的,人以及自然界中所有的动物、植物生命都具有内在价值,人类对所有生命个体肩负着同等的道德责任和伦理使命。"善是保持生命、促进生命,使可发展的生命实现其最高价值。恶则是毁灭生命、伤害生命,压制生命的发展。"[①]"在本质上,敬畏生命所命令的是与爱的伦理原则一致的。只是敬畏生命本身就包含着爱的命令和根据,并要求同情所有生物。"[②] 因此,敬畏生命的伦理观对传统伦理观提出了革命性的挑战,施韦泽意识到局限于人与人之间的伦理学是褊狭的,应当把所有生命都纳入人类道德关怀的范围,进而打破了传统伦理学固有的道德等级高下的观念,并拓宽了自然

---

① [法] 阿尔贝特·施韦泽:《对生命的敬畏——阿尔贝特·施韦泽自述》,陈泽环译,上海世纪出版集团2007年版,第129页。
② [法] 阿尔贝特·施韦泽:《敬畏生命》,陈泽环译,上海社会科学出版社1996年版,第9页。

界"生命"的概念，人类不是孤立存在的，它与所有生命存在紧密关联，人类作为拥有道德理性思维能力的生命物种应当善待自然并对所有生命采取"敬畏"态度，依靠道德自觉力将其他生物的生命意志融入"我们"的生命意志，形成"共同"的生命体验，进而将"爱""同情"和"善"的伦理原则赋予所有生命存在。然而，当遭遇"道德律"与"自然律"的分歧与冲突时，"道德律"总是不可避免地受制于"自然律"，即人类可能会为了保存自己的生命而以牺牲其他生物的生命为代价，在道德的困境和冲突中如何固守"敬畏生命"的伦理原则成为必须思考的问题。

其四，"生物平等主义"伦理观主张所有生命都具有固有价值，它源于生命存在本身的"善"，这种传统的生命目的中心论最终确立了人与自然之间的道德关系。美国哲学家保尔·泰勒的"生物平等主义"和"尊重自然"的伦理思想倡导"生命平等"并极力否定"人类优等论"，认为人类作为地球生命共同体中的成员与其他生物都是自然进化过程的结果，每一种生物个体都是生命目的中心，人类与自然界中的所有生命物种是相互依赖彼此联系的统一体，人类并非天生比其他生物优越，因此应当尊重自然并心存"谦卑"和"敬畏"。同时，泰勒提出生物的"固有价值"概念，认为生命至"善"，所有生物的生命本性决定了拥有内在的"善"，"善是客观的，它不依赖于任何人的信仰和观点。这是一个可由生物学证据证明的论断，是我们可以知道的东西"[①]。这种善源于生物的生命本性，成为每一个生命个体所具有的"固有价值"，如果对自然持有尊重态度，那么便承认所有生物自身的"固有价值"，自然界中所有的生命形式都拥有绝对平等的天赋权利和道德价值，"应该赋予具有内在价值的物体以道德关注，所有的道德主体有责任尊重具有内在价值的物体的善"[②]。因此，人类有责任考虑其他生命形式的"基本需要"和"非基本需要"，在"生物平等主义"的伦理关怀下，人类对于自身做出的伤害行为应当进行伦理补偿和生态恢复，这是人类应当担负的道德责任。

[①] ［美］戴斯·贾丁斯：《环境伦理学：环境哲学导论》，林官明译，北京大学出版社2002年版，第158页。

[②] Environmental Philosophy: *From Animal Right to Radical Ecology*, general editor Michael E. Zimmerman; associate editors J. BairdCallicott, 2001, 1998 and 1993, by Prentice-Hall, Inc. pp. 73–86.

由此,"生物中心主义"各流派的理论思想虽然各具特色,但是不约而同地把立论的依据置于生命个体,只是关注生命个体的道德权益,而没有考虑生命的过程性、生命个体和其所处的生态共同体的关系以及生物共同体的实体性,本质上是"生物个体主义"的哲学表达和理性反思基础上的道德关切。伴随着人类经济理性和科技理性的迅猛推进,人类进入工业文明和技术文明时代,并在征服自然的"战役"中取得了前所未有的"胜利",但是,当"胜利"的喜悦还未褪去且"伊甸园"的梦想尚未实现之时,却遭到自然界无情的"惩罚"和"报复"。西方道德哲学传统中萌生的"理智的德性"的基因催生了追求意志自由和道德自由的哲学传统,但是,道德的"良心"以回避现实的方式确保内心的"圣洁",由于缺乏生命"共同体"生活的原生经验和实体性追问,便陷入自欺欺人式的抽象的"自我"中,这种"优美的灵魂"与"满载着忧愁"的灵魂使"生物中心主义"各流派不能建构作为"整个的个体"的"伦"的精神基地,最终沦为缺乏"精神"的集合并列和缺失生态行动的道德说教,当生命的"居留地"和伦理的"实体"家园缺位,便潜隐着难以预见的"道德风险",进而遭遇现实世界的生态难题。因此,在西方生态主义伦理思想史上,这种关注生命个体的伦理情怀是对西方传统伦理学相关理论和概念的移植和延伸,也是生物中心主义的"伦理—道德"对峙形态所遭遇的现实难题。

B. "自然生态"与生态中心主义的"伦理—道德"对峙形态

当"生态学"的学科研究边界逐渐突破原初的生物科学与自然科学的范畴而具有了人文社会科学的性质时,便发展成为系统探究有机体、自然环境和整体人类和谐共处的综合性的学科,它强调生态系统整体的有机性、多样性与复杂性,追求"人—自然—社会"的生态和谐,更多地具有了一种"伦理""价值"以及"善"的内涵,"自然生态"为完整意义上的"生态"概念提供了价值论和伦理方法论的基础,生态主义理论形态开始向纵深发展,并由生物中心主义的"伦理—道德"对峙形态向生态中心主义的"伦理—道德"对峙形态演进。

(1)"自然生态"

20世纪生态主义伦理思想是基于人与自然关系意义上的"自然生态"

所呈现的"伦理—道德"对峙形态，也是生态中心主义的理论路向。历经近半个世纪的沧桑岁月，人类伦理思维的触角极大地向前延伸了，生态主义理论思想由孤寂而日益受到关注，由理论舞台的边缘而逐渐走向中心，这一切无不标志着人类伦理思想的一次新的转折。它从文化的深层视野关注生态问题，探寻最适合人"类"生存与生活同时也最适合自然生态系统永续存在的伦理方式，这不仅是人类生态实践的迫切要求，也是时代发展的必然趋向。生态主义思想与伦理学的结合是20世纪30年代以来环境恶化的结果，直到1962年美国女作家蕾切尔·卡逊出版了震惊西方世界的《寂静的春天》后，生态主义伦理学界才开始以一份道义责任感和伦理使命感关注人类的生存和生态自然系统的永续存在，以一种生态主义伦理"精神"的责任意识和"实体性"的思维理念直面生态困境，促进人类主体的道德觉醒，唤醒人"类"的生存理性，标志着人类生态觉悟具有革命意义的推进和飞跃。由此，生态便从"自然"内部的科学转换为人与自然关系的理念，从此人类的生态理念和生态理性便获得第二种历史形态。

所以，人与自然关系的觉醒和"自然生态"理念的呈现是以一种问题的方式提出并逐渐引起广泛的关注，人类在今天所遇到的全新的生存困境迫使人类从自身开始反思对自然的态度和行为，唯有如此，才能够拯救自身并从征服自然的狂热中走向回归人与自然生命实体世界和谐的正途，"对生命的'亲和'以及崇生、惜生、护生、优生，正是生态观念的灵魂所在"①。然而，资源短缺、能源危机、环境污染等造成的生态失衡的困境正日益遮蔽"生"的意义真谛，人类日益追寻个体"道德"自由却日益失去"自由"，从而进一步表征着人们对"生"的意义回归的企盼以及对生命的存在样态的关注与思考。

从"生物生态"到"自然生态"的拓展是人类伦理思想史上的革命，其道德关怀对象范围的不断扩展标志着人类伦理文化观念的革新，它着眼于人类文明甚至整个宇宙世界的普遍进化，在人类漫长的演化发展史上，必将逐步经历这样一个逐步摆脱种族歧视—性别歧视—物种歧视枷锁的思想价值观念的境界提升过程。"自然生态"的概念突破了单纯注解和延续

---

① 李西建：《美学的生态学时代：问题与意义》，《新华文摘》2002年第9期。

传统伦理思想的文化模式，第一次把伦理道德的范围从人与人的关系扩展到人与自然的关系，引导人们以崭新的视角来审视人与自然的关系以及人与自然关系背后的人与人的关系，倡导人类运用自身的理性和能动性，遵循自然规律，恢复生态平衡，在维护、发展生态系统的平衡与繁荣的基础上建设人与自然和谐共生的文明理念，一定程度上标志着人类在对自身存在的价值和意义方面开拓了一个全新的思维方向和研究领域。一个多世纪以前，进步人士为解放奴隶、争取人权而斗争，一个多世纪后的今天，生态主义者为解放自然、实现生态和谐而奔走呼号。

从哲学理论层面来看，"自然生态"概念的延伸使人与自然的关系成为哲学界思考的一个重要命题。人类开始反思控制自然的行为理念，并开始由主宰自然、征服自然转向重视自然、保护自然，并努力构建起生态主义伦理学的理论框架，如汉斯·萨克塞的《生态哲学》、罗尔斯顿的《哲学走向荒野》、岩佐茂的《环境的思想》、施韦兹的《敬畏生命》、莱奥波德的《沙乡年鉴》和《大地伦理》等生态著作都是这个时期的产物。同时，社会实践层面的生态环保组织不断涌现，如火如荼的生态环保运动开始在世界各地广泛开展，并开始在国际领域不断产生积极进步的影响。继1962年蕾切尔·卡逊的《寂静的春天》发表之后，1968年"罗马俱乐部"成立，并于1972年提交了关于《增长的极限》的报告，第一次把资源环境问题作为一个重要的全球性问题呈现出来，引导人类思考任意自然关系背后的人与人的关系问题。同年，联合国斯德哥尔摩《人类环境宣言》把保护环境作为"发展"的目标之一，1987年联合国"世界与环境发展委员会"的报告《我国共同的未来》以及1992年联合国"环境与发展大会"通过的《里约环境和发展宣言》，使人与自然的关系、资源的有限性、生态保护等问题在世界范围内引起广泛关注。由此，西方社会甚至开始了一场声势浩大的绿色运动并一度渗透到政治领域，绿党作为一种独树一帜的政治力量登上了政治舞台，人与自然关系意义上的生态觉悟开始从学理层面上升到实践和现实政治层面，同时，学界掀起了一场关于"蓝色救生艇"的人类生存意识的大讨论，并由此引发了"地球村"的概念和地球"生命共同体"的思想。因此，人与自然生态伦理关系的觉悟不仅是一种理论要求，从某种意义上说，更是一种实践诉求。

"人类共同体"和整个自然"生命共同体"的思想的提出，使生态主义伦理思想的研究透过人与人的道德关系深入人与自然关系的视野，以人类伦理意识的觉醒和人的道德主体性的觉悟去关爱自然、呵护自然，通过发现自然本身的美与力量去尊重自然、敬畏自然，最终建立人与自然的一体相依、包容与共的"共同体"关系，这是生命共同体的精神本质，也是生态主义伦理"精神"的觉悟。但是，由"自然生态"概念引发的生命"共同体"思想存在现实的理论难题和道德风险，因为自恃"聪慧"的人类或者会隐匿在自然生命共同体的庇护下，完全不见人类的生命主体性；或者会脱离自然生命共同体，甚至使"个体"与"实体"相分离，成为没有任何规定性的"人"，由此，人类如何在彰显道德"自由"的同时又获得自然生命共同体所带来的"安全感"，进而避免黑格尔所言的"悲怆情愫"和生态中心主义视野下的"伦理—道德"悖论，成为当代人类必须认真思考的现实难题。

（2）生态中心主义的"伦理—道德"对峙形态：生态中心主义的"悲怆情愫"

20世纪30年代，生态中心主义思想开始在西方伦理学界呈现并引起广泛关注，它以"实体性"的思维理念取代了"原子式"的思维方式，透过生命"共同体"的理论思想使"伦理"回归，避免了人类"中心"论视野下主体性的过度张扬。黑格尔曾经以"悲怆情愫"表达个体向实体皈依的伦理情态，"在个体性那里实体是作为个体性的悲怆情愫出现的……实体这一悲怆情愫同时就是行为者的性格；伦理的个体性跟他的性格这个普遍性直接地自在地即是一个东西，它只存在于性格这个普遍性中"①。生态中心主义的"悲怆情愫"基于"共同体"的价值理念强调生态系统的整体利益和系统价值，把自然界的无机体、有机体及其环境之间的相互关系、生态过程和生态系统整体预设为道德的主体，超越了以关注生命个体权利和利益为核心的"生物中心主义"各流派思想，推翻了以关注人类利益为根本尺度的"人类中心论"，同时颠覆了生态主义理论世界中长期被人们普遍认同的价值理念，发展为可能的"生态整体主义"理论形态，因此是重要的哲学范式的转换，"就生态的范围而言，整个地

---

① ［德］黑格尔：《精神现象学》（下卷），贺麟、王玖兴译，商务印书馆1979年版，第27页。

球系统就是一个整体,必须从整体的角度考量,才能从根本上解决生态危机问题"①。但是,伦理的回归遭遇道德的强势,"居留地"的可靠性遭遇"意志自由"的抽象普遍性,无可避免地陷入"伦理—道德"的悖论与风险之中。总体看来,生态中心主义包括以下三个流派:奥尔多·利奥波德的"大地伦理学"、阿伦·奈斯的"深层生态学"和霍尔姆斯·罗尔斯顿的"自然价值论"伦理学。

其一,"大地伦理学"以实体性的思维方式确立了"共同体"的核心理念,通过拓展道德共同体的边界,使生命个体向自然生态实体"归依"。美国著名生态学家奥尔多·利奥波德将自然生态系统中所有生命个体预设为生态共同体中的成员,由此将伦理关怀的范围从"人类"延伸到整个"大地","土地伦理只是扩大了这个共同体的界限,包括土壤、水、植物和动物,或者把它们概括起来:土地"②。进而使整体论的伦理观念与生态主义理论思想相结合,并完成了对道德共同体边界的扩展。大地伦理学认为,"当一件事情有助于保护生命共同体的和谐、稳定和美丽的时候,它就是正确的;当它走向反面时,就是错误的"③。由此,整个生物共同体的完整、稳定和美丽是宇宙中最高的善,人类只是生物共同体和"大地"上的普通的一员。"土地伦理是要把人类在共同体中以征服者的面目出现的角色,变成这个共同体中的平等的一员和公民。它暗含着对每个成员的尊重,也包括对这个共同体本身的尊重。"④ 我们人类要学会"像山一样思考",这是生态实体论的思维模式,也是人类对自然的重要的情感体验和精神感悟,"土地伦理进化是一个意识的,同时也是一个情感发展的过程"⑤。人类不应当仅仅从工具价值和经济价值的角度丈量"土地",内在价值与系统价值应当成为生态整体主义视野中的价值尺度。

---

① 徐嵩龄:《环境伦理学进展:评论与阐述》,社会科学文献出版社1999年版,第221页。
② [美]奥尔多·利奥波德:《沙乡年鉴》,侯文蕙译,吉林人民出版社1997年版,第193页。
③ [美]奥尔多·利奥波德:《沙乡年鉴》,侯文蕙译. 吉林人民出版社1997年版,第213页。
④ [美]奥尔多·利奥波德:《沙乡年鉴》,侯文蕙译. 吉林人民出版社1997年版,第194页。
⑤ [美]奥尔多·利奥波德:《沙乡年鉴》,侯文蕙译. 吉林人民出版社1997年版,第214页。

其二,"深层生态学"通过确立"自我实现论"与"生物圈平等主义"的伦理原则倡导实体论思维视角下的主体性自觉。挪威著名哲学家阿伦·奈斯将深沉的哲学思考与实践生活的体验完美地结合起来并开创了进行生态哲学思考的新范式。奈斯的"自我实现论"极力克服个体自由意志的觉醒所造就的理性的"自我",认为真正意义上的自我实现应当是由"小我"提升为"大我","大我"是人类生命主体与自然融为一体的"自我",是生命"个体"向自然伦理"实体"的皈依,也是人类自我与自然生命共同体相同一之后的"整个的个体",因此,在西方生态思想史上,奈斯的"自我实现论"是深层生态学重要的理论表达,不仅是人类自我认同对象范围的不断拓展过程,同时也是人类生命潜能的呈现。"自我实现论"是"生物圈平等主义"的理论前提,生态系统的复杂性、多样性与共生和谐能够最大限度地促进"自我实现",这是所有生命形式的最大限度的展现和最大限度的"共生",自然界中所有生命物种对于整个生物圈的平衡、稳定与持续性存在具有不可或缺的重要意义,通过"自我实现",人类应当发现自然界中的"美"与"力量",进而实现对自然生态世界的伦理"认同",推进人与自然的生态和谐,这是人类内在的"善"和"良知",也是实体论思维模式下的主体性自觉。

其三,"自然价值论"以生命共同体的伦理思维论证了自然的"内在价值"和"系统价值",为人类善待自然生态系统提供了道德根据。美国环境哲学家霍尔姆斯·罗尔斯顿认为"价值"的产生不依人的意识为转移,包孕万有、化生万物的自然生命系统因其博大的创造力而成为价值诞生的源泉,"在我们发现价值之前,价值就存在于大自然之中很久了,它们的存在先于我们对它们的认识"。"大自然既是推动价值产生的力量,也是价值产生的源泉。"[①] 亿万年的生命进化历程使自然生命物种更加多样化、精致化和复杂化,从而维系着地球生态系统的动态平衡。因此,在整个地球生态共同体中,自然生态系统拥有本身固有的纯粹目的和与生俱来的内在目的,所以具有最高的"系统价值"和最大的"内在价值",不仅人类生命主体,而且所有动植物都应当拥有"内在价值"。罗尔斯顿以

---

① [美]霍尔姆斯·罗尔斯顿:《环境伦理学——大自然的价值以及人对大自然的义务》,杨通进译,许广明校,中国社会科学出版社 2000 年版,第 290 页。

"实体性"的系统论思维方式取代了"原子式"的集合并列分析方法,将价值主体无条件地扩展到自然世界的一切生命,乃至自然生命系统本身,认为"内在价值"的主体是包括人、动物、植物、有机物、生物圈等一切具有自控调节功能的个体、整体及其生态系统,否认人类是唯一的"内在价值"主体和绝对的生命主体,因此,在某种程度上来说,"自然价值论"思想的提出,不仅是生命共同体的"精神"表达,也是一种伦理觉悟。

"一个完整的伦理学必须给非生命的自然物体(比如河流和山川)和生态系统予以道德关注……生态伦理学应当体现'整体性',比如物种和生态系统以及存在于自然客体间的关系等生态'总体'应当受到伦理上的关注。"[①] 由此,生态中心主义的思维路向以整体共生性原则和系统优化原则为逻辑起点,体现了人与自然的系统整体性和协同进化的动态过程,以系统整体的观点来看,生态中心主义的伦理思想是对生物中心主义的超越和提升,也是生态主义伦理精神的整体性觉悟,生态整体主义的逻辑路向使人类真正体验到荒野自然的野性之美和生机勃发的生命力之美,在自然界亿万年的动态进化历程中,自然因孕育生命而获得自身的价值,生命因自身的存在本身而获得价值,由此,人类应当敬畏生命、敬畏自然,通过对自身人性的完善来确证人对自然的伦理信念并承担对自然的道德义务和伦理责任,这是作为"类"的意义存在的人的伦理"悲怆情愫"。

生态中心主义伦理思想将伦理关怀的范围由人与生物扩展到人与自然的关系,以人类发自内心的自觉行为和"实体性"觉悟来促进人与自然的协调发展,是人类理性精神觉解的转折点,但是,仔细思考不难发现,以人与自然关系为取向的生态觉悟,同样遭遇"实体性"思维理想与"个体性"自由的现实之间的悖论,由"自然生态"概念引发的生命"共同体"思想存在现实的理论困惑和道德风险。如果说,古典伦理学追求的至善目标是"幸福",那么,当代实践论哲学追求的至善理念是"自由","理性主义"催生的西方近代道德哲学过度痴迷"意志自由"和

---

① [美]戴斯·贾丁斯:《环境伦理学:环境哲学导论》,林官明译,北京大学出版社2002年版,第175页。

"规则契约"意识，人类在不断地追问自由的理性个体之间以及理性的生命个体与现实的生态主义世界"如何在一起"的问题，却遭遇"个体"与"共同体"、正义论与德性论、伦理认同与道德自由、道德与幸福之间的难以调和的矛盾和冲突。因为自恃"聪慧"的人类或者会隐匿在自然生命共同体的庇护下，完全不见人类的生命主体性；或者会脱离自然生命共同体，甚至使"个体"与"实体"相分离，成为没有任何规定性的"人"，这是黑格尔所言的"悲怆情愫"所遭遇的"伦理—道德"悖论，由此，人类如何在彰显道德"自由"的同时又获得自然生命共同体所带来的"安全感"，成为当代人类必须认真思考的现实难题。如果说，道德的生命个体与非伦理的自然生命实体是生命个体的实践理性，那么，伦理的自然生命实体与不道德的生命个体是生命"共同体"的精神体认，因此，在生态中心主义的伦理世界中，似乎无法走出"伦理—道德"的悖论怪圈，陷入"伦理—道德"形态的对峙与混合状态，它本质上仍是一种狭隘并且具有致命缺陷的生态"理性"，最终没有逃脱人类"中心"的藩篱，生态理念在"他者"的凯歌行进中最终深陷"为我"的泥沼，因而只能是不够彻底的生态智慧以及伦理与道德之间的"临界"状态，也不可能使生态融入文明，并成就"生态文明"。

C. "文明生态"与生态主义"伦理"—"道德"的价值生态

如果说，生物中心主义与生态中心主义难以摆脱"伦理—道德"的分裂与对峙命运，那么，未来生态主义伦理思想的理论旨归应当是建构接纳、包容、整合甚至超越人类中心主义与非人类中心主义（包括生物中心论、生命中心论与生态中心论）的多元对话的生态主义"伦理"—"道德"共生互动的理论形态和价值生态，这是生态主义伦理思想诸理论流派多元整合的生态发展趋向，也是一场世界观的革命和"形态论"的理论自觉。在人类近半个多世纪的生态觉悟进程中，人们逐渐明确，"生态"应当走出"自然"科学，并走进由人、自然、社会交织起来的系统生态整体，不仅是"自然生态""环境生态"，更是"经济生态""政治生态""文化生态"和"文明生态"，不仅是纯粹思辨和抽象的哲学概念，更是价值理念、伦理精神、生态智慧和文明智慧，这是"自然生态"向"文明生态"的转换和跃迁，同时也是"生态哲学"和"生态理性"的文化觉悟和文明觉悟，至此，生态主义伦理思想开始走向"文明"、融入"文明"并最终成为"文明"。

经济全球化和科技现代化的到来，使得人们依托世界市场和信息技术化的生存方式而使自身逐渐暴露在"风险社会"，这种"风险"跨越了阶级、种族、性别、地域、民族和国家的界限，成为蔓延世界的风险难题。当今时代的人们已经具备足够的能力通过自主的行为选择影响到遥远世代的利益，伴随经济现代化迅猛推进所带来的环境污染、资源枯竭和能源危机冲破了时空的阻隔，不仅影响到遥远的后代人的利益，也开始威胁整个人类的可持续生存和发展，史无前例的生态威胁跨越了时空、超越了阶级、阶层、种族甚至制度政权的边界，使当代人之间、当代人和遥远的后代人之间以及不同的生物族群之间建立起紧密的利益关联，各个民族、国家、整个人类的命运甚至整个生命共同体连成一体，成为现实的全球"利益共同体""命运共同体"和跨越时空边界的"道德共同体"。因此，化解人与自然的"生态"难题，应当着眼于整个人类"文明生态"的视野，"共同体"的伦理信念极大地拓展了传统伦理学的时空维度，并拓宽了传统伦理学的研究视域，理应成为整体人类普遍认同的道德价值观念，为人们在现实社会中的道德选择提供全新的价值坐标和实践准则，这是人类应当具有的道德价值共识和生态智慧，它需要整个人类利益共同体和道德共同体的通力合作共同面对全球性的风险难题。

由此，生态主义理论思想应当继续向前拓展，第一个环节是使原初意义上的"生态哲学"提升为"生态世界观"，如果说，"生态哲学"解释世界是理性思辨的论证，那么，"生态世界观"却带有明显的关注世界的实践情怀，由"生态哲学"提升为"生态世界观"，则理论的态度跃迁到实践的态度。如果说，"生态世界观"是行为意志层面的"实践一般"和形上智慧，那么，"生态价值观"才是走向实践的重要的"人性冲动"和人格构造，它是理论和实践之间必要的中介结构，是行为实践的"冲动力的合理体系"和实践智慧。经由"生态世界观"到"生态价值观"的转换，便形成了具有历史合理性的"价值生态"和"文明生态"，由此，"生态哲学"—"生态世界观"—"生态价值观"—"文明生态"理念链条的搭建，为生态主义"伦理"—"道德"辩证同一的价值生态的推进和生态主义伦理精神的觉醒准备了理论前提。

生态主义"伦理"—"道德"的价值生态是"伦—理—道—德"辩证互动的"精神"脉络。"伦"是作为"整个的个体"所表达的实体性规定,透过"伦"的精神气质所呈现的人与人的关系是人"伦"之"理",自然界的"实体性"规定和"共同体"的价值内涵通过"理"的方式得以表达,自然是人类生命的诞生之源和生命"共同体",本质上是"实体性"存在,人类与自然界处于同一个"命运共同体",理应得到人类的尊重和敬畏。古代先民在长期的共同体生活中积累下来的原生经验和被普遍认同的行为规范被保留并传承下来,成为被人们恪守的"伦理"规范,因此,"伦"—"理"是"从实体出发"对普遍性的生命"共同体"和命运"共同体"的尊奉和体认,也是在"伦"的"精神"的引领下对价值信念的实体性认同,由此,生命个体能够向作为"整个的个体"的"伦"的生命实体性皈依,进而尊重自然并善待自然。如果说,"伦理"是基于共同体生活而产生的原生经验和人"伦"之"理",具有普遍性和客观性,那么,"道德"则是在个体自由意志和理性意识觉醒的基础上所产生的主观体验和个别性的理念认知,生命个体通过对"道"的普遍性的体认从而内化为"德"的主体性把握,因而是一种"理智的德性"并具有突出的个别性和主观性,基于个体理性反思和意志自由所追求的"道"与"良心"的普遍本质,因其主观性和任"意"性最终使可能主体处在"作恶的待发点上",个体行为偏好和"利益最大化"的生命欲求最终使道德的"良知"与"良能"成为没有"精神"的"普遍物","道"的普遍性在生命个体的理性反思甚至狡计与"算计"面前成为集合并列的"原子式"存在,人类对自然生命共同体的"实体性"认同不复存在。

如果说,西方道德哲学是追求"道德自由"和"理智德性"的理性主义传统,那么,中国道德文明则是道德自由强势背景下伦理与道德共生、伦理优先的"精神"传统;如果说,西方社会遭遇了个体道德自由和伦理实体认同的矛盾和冲突,以及"伦理德性"与"理智德性"的分离,因为社会至善的伦理诉求缺乏个体至善的可靠根基,那么,中国社会则经历了伦理诉求与道德追求的分离和对峙,甚至伦理—道德精神链条的断裂,因为个体生命至善的德性追求难以带来社会至善的伦理诉求。然而,在整个中西方道德文明演化史上,在绵长的"伦理—道德"形态的分裂、对峙之后，人类精神文明的演进趋向却是在道德自由的强势话语背后对"伦理精神认同"和"伦理同一性"的价值追求，是"伦理认同"与"道德自由"辩证互动的生态链条，是生态主义"伦理"—"道德"的价值生态。

生态主义"伦理"—"道德"的价值生态是"伦—理—道—德"的辩证生态。个体道德自由应当体现人类文明的"精神"内涵和"共同体"的伦理前景，人类个体能够向自然生命"实体"皈依，成为具有"精神"的"整个的个体"和"道德的主体"；伦理的精神认同应当是在"实体性"反思的基础上宽容、并尽可能包容不同生命主体的"道德多样性"和"类"的多样性，在承认意志自由和理性反思的历史进步性的基础上，使现代人类更多地思考人与自然共生和谐的"生态"底蕴。因此，生态主义"伦理"—"道德"的价值生态是人类伦理"精神"的觉醒，它是对全球范围内日益突出的生态环境问题的忧思，也是对整个人类未来生存和发展空间的忧虑与警醒，从而成为人类伦理思想发展史上重要的里程碑。当环境难题日益成为影响社会发展进程的关键性因素的时候，生态主义理论形态的精神内涵必须获得生命"共同体"的精神认同以及现代意义上人类主体间的生态认同与自我认同，在不同的社会制度、文化传统与文明秩序的碰撞和冲突中寻求相互包容与理解，当生态主义思想的精神气质和理论特质慢慢彰显，其流派所具有的"形态"气质也便呈现出来。如果说，古典伦理学通过设定"美德"作为人性的基石来破解人生的"幸福"难题，那么，在当下的实践哲学中，应当确立平等与公正的价值理念进行道义和责任的担当，通过善待自然生命"共同体"，使生命个体向伦理实体皈依，进而实现人类"自由"和社会"至善"的理想目标，使生态主义理论思想以一种全新的姿态和"形态"呈现在世人面前。

从生态主义"伦理"—"道德"的分裂和对峙形态向生态主义"伦理"—"道德"辩证同一的价值生态方向的演进是历史发展的必然趋势，也是人类文明的必然走向。人类道德哲学发展史上的任何一种"形态"都有其特定的时代精神和历史特质，仔细梳理并审慎地考察生态主义伦理思想史上每一种"思潮"或者每一种"流派"的发展足迹，总是能够体味在当时的历史土壤中所生长出的不同的理论"形态"，因此，不能超越时代背景断然否定甚至抛弃一种理论"形态"的存在价值，其实，"生态文明"思想的提出已经昭示了人类在新的历史时期所需要建构的"文明生态"的思维理念,这是一种值得期待的未来景象。

3. 生态主义伦理形态的时代回应

生态主义伦理形态由"伦理—道德"的分裂、对峙与摇摆形态向"伦理"—"道德"辩证同一的价值生态的演进是人类生态"实体性"思维觉醒的重要标识,也是整个人类文明发展的必然趋向。现代科技的迅猛发展和市场经济的迅速蔓延将世界带入一个全球化时代,人类文明的巨大飞跃遭遇文化冲突、经济转轨、社会转型与"精神"失落的时代困惑,在"开放"—"冲突"的人类文明体系中,经济全球化与科技全球化是一种时代"浪潮",值得警惕的是,"全球化"可能隐藏着某种价值主张和政治意图而成为一种特殊的"思潮",因此,应当建构生态主义"伦理精神"的哲学体系以应对"资本全球化"与"价值多元化"的矛盾和冲突。人类生态主义"伦理精神"的觉悟是重要的生态"实体性"思维的觉解,是人类主体反思之后的道德觉醒和文化觉悟,也是整个人类文明发展的必然趋向。因此,"生态"应当走出"生物"科学和"自然"科学,在关注人与人、人与社会、人与民族、人与国家、人与世界的层面建构"价值生态"和"文明生态",真正回归"他者"并走向"文明",由此,生态主义伦理"精神"开启了人类文明的新时代,即生态文明,这是对人类文明发展模式的探寻和追索,是人类主体反思之后的道德觉醒和文化觉悟,也是生态主义伦理形态发展成熟的时代印记。

生态文明发展是一个世界性的课题,生态文明理念要推进全球伦理体系的重构离不开国际性的合作和跨文明的生态对话,在国际局势错综复杂的当今时代,对于中国的生态主义"伦理—道德"形态发展和生态文明建设来说,应当使生态主义"伦理精神"融入"民族精神",进而成为"民族精神",通过推进异质文明的生态对话、生态融通与生态合作来应对和解决民族和国家在发展过程中所遭遇的重大现实课题,并最终建构生态时代的"民族精神"。

A. 消解经济与科技的价值霸权

经济全球化和信息技术时代的到来解构了人类文明的有机性并催生了人类"精神"的碎片化，其最终的结果是导致西方发达国家经济与科技的价值霸权。西方的经济现代化和科技现代化创造了辉煌灿烂的物质文明成果，但是，经济价值霸权和科技价值霸权的肆意推进却招致史无前例的生态危机，经济增长指数和幸福发展指数背道而驰，人类追寻"富足"却陷于生存困境。"经济决定论"和"科学至上主义"最终引发科学精神与人文精神的对峙。当现代中国将"以经济建设为中心"的发展战略作为应对全球化挑战的价值选择，进而推进并演绎为发展的绝对理念时，"经济中心"和"科技至上"顺理成章地演绎为经济和科技的价值霸权。长期以来，人们过于推崇科技的积极作用，而忽视了现代科技应当具有的人文价值和伦理规约，"科技至上"导致"GDP"主义盛行和市场逻辑的主导地位，当以经济价值衡量社会进步，甚至以经济价值消解和取代人类社会的其他价值时，全球化的迅速扩张和永无止境的占有与消费成为必然，"科技至上"主义甚至认为，在经济全球化的进程中，环境污染、人口增长、资源短缺、能源危机等生态难题将伴随着现代科技的发展和经济的发展迎刃而解，科学技术发展无极限，经济增长无极限，可供人类使用的自然资源无极限，且认为完全的自由放任和个人自主的市场竞争原则能够战胜国家公权并带来经济的快速增长。然而，这样的经济逻辑使社会、生态、经济三者之间的矛盾愈演愈烈，它将人类文明的有机发展归结为生产力和竞技标准，以物质财富的累积和"GDP"的增长作为人类社会发展的标志，它忽略了社会文明体系中物质文明、精神文明与生态文明的生态有机性和系统整体性，并根本忽视了掌握和运用现代科技的人的作用，不了解生态资源的有限性，不能深刻洞察全球化进程中生态系统日益衰退这一社会现实，"经济中心"与"科技至上"的价值霸权最终导致"伦理虚无主义"与"道德虚无主义"，进而招致自然生态的危机，甚至整个社会文明的危机。由此，必须确立社会文明的生态合理性并构建生态时代的"伦理精神"与"民族精神"，以人类伦理道德的觉悟引导"经济"和"科技"的价值合理性，进而推进人类文明体系的生态发展，对于处于第三世界的中国来说，推进科学发展观和生态文明建设应当被看作消解价值霸权的努力。

B. 避免文化殖民主义的侵略与扩张

经济、科技与文化的全球化既是一种浪潮，也是一股思潮，在世界文明体系的交流和交锋中，发达的资本主义国家在经济和科技方面占据绝对的优势和主导地位，西方发达的资本主义国家凭借其强大的经济实力和广泛的政治影响力，将自身经济、政治、文化一体化的价值理念、文化观念、风俗习惯甚至经济发展模式向弱势的发展中国家输出，企图运用文化殖民主义的方式进行意识形态的渗透并重塑其他国家的价值观念，进而巩固自身的霸权地位并实现征服世界的野心，因此，文化殖民主义是伴随全球化的思潮而生成的世界霸权主义。文化殖民主义依托强大的经济与政治霸权而将某种特定的价值理念扩散至世界各地，经济全球化、政治全球化与文化全球化的实质是经济、政治和文化的一体化，世界文明体系的发展应当具有多样性和丰富性，妄图用一种文化、一种文明取代生动、多样和丰富的文明体系，不仅违背了世界文明发展的规律，也背离了人类社会的成长规律。

文化殖民主义的侵略和扩张是一种价值输出，也是价值霸权在世界文明体系和民族文化发展中的发展战略和逻辑演绎，不仅侵蚀和冲击发展中国家的民族文化传统，也逐渐消解发展中国家人民的文化与精神的归属感和身份认同感，文化殖民主义"运用政治与经济权力，宣扬并普及外来文化的种种价值与习惯，牺牲的却是本土文化"[①]。当"家园"的集体记忆和根基意识被彻底解构时，民族文化的同一性、独立性、自主性与特殊的文明胎记便丧失殆尽，民族精神彻底瓦解。当发展中国家在国际舞台上彻底丧失了民族独立性进而对西方文化主观默认甚至自觉服从时，一种强烈的民族文化身份认同的焦虑感便凸显出来。因此，面对强势文化和意识形态的渗透，发展中国家如何自觉抵御意识形态的渗透，以及如何固持和发展本国民族文化与民族精神，并以生态主义的伦理精神理念推进世界各国不同文明形态的沟通、对话、宽容和理解变得尤为重要。世界各民族不同的文明形态具有不同的文化传统、经济基础和科技现状，不同的伦理精

---

① [英]汤林森：《文化帝国主义》，冯建三译，上海人民出版社1999年版，第5页。

神形态应当进行有效的生态沟通和平等的生命对话，在相互承认各文化传统之间的差异性并彼此尊重价值多元性与文化多样性的前提下，达成道德共识和生态理解，由此推动世界文明体系的生态发展。

C. 摒弃文化相对主义风险

20世纪初，全球化浪潮的肆意推进和文化帝国主义与世界霸权主义的蔓延，强化了民族主义情绪并诱发了"文化相对主义"（cultural relativism）的价值理念。文化相对主义基于对落后国家和民族的尊重与理解，倡导在平等的基础上相互尊重生活方式的差异性和文化与价值观的多元性，认为任何国家与民族都有自身独特的成长背景与发展理念，任何时期的文化都对发掘人类潜能具有重要价值，所有文化并无高低优劣之分，不应当以"野蛮"与"文明"的形态区别加以限定，更不应当以"全球化"的价值标准去衡量不同民族的文化。因此，文化相对主义肯定了人类文明史上异质文化的多元性存在价值，进而颠覆了西方中心论的思维模式，但是，总体看来，文化相对主义是"防御性"的战略理念，如果固守自我本位主义的文化方式并盲目排斥其他文化，并以简单还原的整体主义认知方法突出"小文化"的形态差异而忽略了国际视野的文化认同，那么也便否认了人类文明的进步与多元文化的共性，进而演绎为狭隘的民族主义，因而不能有效抵制文化殖民主义和价值霸权主义，从而无法真正推动民族文化的进步和人类文明的发展。

生态时代的伦理精神和民族精神是有机的文化生命精神，它倡导以平等、开放与包容的文化心态吸收、借鉴并积极扬弃其他民族文化和文明形态的有机元素，进而凝合并融摄为本民族文化的生命因子，在与其他民族伦理精神的共生互动中建构世界伦理精神的有机生态体系。因此，在开放多元的生态时代，伦理精神与民族精神的发展是多样性的文化精神的生命发展与和平发展，它并不囿于发达国家的经济、政治的发展战略和利益驱动机制而被动地趋同任何"普遍"的文化价值理念，而是在保持民族伦理精神的"特色"的基础上回归文化精神的生态多样性与生命多样性，在人的"类"意识觉醒的基础上将"生态"理念渗透于民族伦理—经济生态、伦理—政治生态、伦理—社会生态与伦理—文化生态的建构中，在寻求人类共同价值理念的基础上，体现民族文化的普遍性、特殊性与多样性的辩证统一，进而扬弃文化相对主义与抽象的"普世"主义。因此，在全球化视域中，发展中国家应当在坚持民族文化自觉性与民族特色的基础上吸收借鉴世界各国的优秀文化资源，并以高度的历史责任感维护民族文化安全并超越和发展固有的民族文化，进而推动人类文明的生态发展。

因此，新的历史时期应当推进人类文明体系的"生态对话"与"生态发展"，通过异质文明和异质民族的生态融通与生态对话来逐步消解经济和科技的价值霸权、文化殖民主义与文化相对主义。"生态对话"与"生态发展"是传统与现代、中国与西方之间系统、完整、平等、有机的生命对话，是在对本民族文化和价值观自觉认同与对异质文明承认与尊重基础上的交流、融通与合作，是以生态的发展观取代以利益为中心的发展观，是借鉴吸收西方文化的有益成果、积极参与世界文化竞争并发展本国民族文化、弘扬民族精神的"生态自觉"，是生态伦理视野下的价值观的深层变革，同时也是一种文化生态和文明生态。生态时代的民族精神、伦理精神、文化精神和整个文明精神是完整有机的生态体系，通过人类文明体系的生态对话，发展中国家才能够在价值文化多元的世界中确立自身发展的生命坐标，最终在生态对话的基础上促成生态发展。唯有如此，生态主义"伦理精神"才能融入"民族精神"，并最终成为"民族精神"。

下　卷

现代中国伦理学的"形态"问题与"形态"发展

中国文化不仅历史上是而且现代依然是一种伦理型文化，伦理道德及其哲学理论是中国文化对人类文明的特殊贡献，在人类文明上，中国文化一如既往地以其独特的伦理精神形态屹立于世界民族之林。邂逅现代化和全球化的冲击，必须基于伦理型文化的"中国经验"，建立伦理道德发展和伦理学理论的"中国形态"和"中国气派"。

历史只能提出自己能够完成的任务。也许，伦理道德的"形态"理念和"形态学"理论还只是一个正在"小心求证"的"大胆假设"，伦理道德和现代伦理学理论的"中国形态"还在思想胚胎和学术襁褓中躁动发育，倾听她诞生的第一声美丽啼哭，还期待一种反思式的理论准备：现代中国伦理学到底遭遇何种"形态"问题？如何寻找推进中国伦理学"形态"发展的阿基米德点？

高新技术、文化与社会变迁、伦理道德的自我运动，形成现代中国伦理学"形态"问题的三维坐标。网络时代造就了文明史上继直接交流、印刷媒介交流之后的"第三信息方式"，即电子信息方式，它不仅缔造了一个新的伦理世界，而且正在演变为"伦理方式"的深刻革命。基因技术的推进正日益逼近到目前为止的一切人类文明的伦理底线，形成一种"不自然"甚至"无自然"的伦理，不仅中国伦理而且整个世界的伦理基础正遭遇前所未有的挑战，一旦基因伦理的大堤失守，我们将成为"史前文明"的守夜人。家庭是中国文化也是中国伦理的万里长城，数千年来中国伦理型文化与中国伦理道德形态之所以万变不离其宗，是因为以孝道为核心的家庭伦理为之提供了文化根源与文化策源地。然而，老龄化时代的到来，使孝道从道德品质的忧患演化为伦理能力的危机，而对孝道的去伦理化理解，使孝道日益失去终极关怀的文化魅力。在这个多元交织和快速变化的时代，现代中国伦理道德和现代中国伦理学不仅面临善与恶的选择考验，而且面临洞察和揭露"伪善"的严峻课题。

时代不仅提出了历史任务，而且已经为任务的完成准备了条件。"生态文明"是现代伦理学理论形态的形上理念和价值基础。生态觉悟是20世纪以来人类文明的最深刻觉悟，它不只是对于一种文明即人与自然关系的觉悟，而是对于整个人类文明的觉悟，生态觉悟的历史推进，已经将它从生态自然观提升为生态世界观并落实为生态价值观，由此人类将根本改变对待世界，包括对待自然、对待社会、对待他人和自己的态度。家国一体、由家及国的文明路径和文明体系是中华民族的最大创造，中国伦理形态从根本上说是"国—家"伦理形态，面对"市民社会"的呼唤呐喊，中国伦理道德和伦理学理论形态面临"社会"的伦理再创造及其在"国—家"伦理体系中再植入的又一次文化创新的历史机遇。老龄化时代的到来，宣告"老龄伦理"不仅是老龄人的伦理，而且是一个时代的伦理，是一种新的伦理形态。由此，伦理道德和伦理学理论的价值理性既不是情感主义，也不是理性主义，而是中国式的情理主义，轴心时代所开辟的中国情理主义的伦理精神形态，在经受现代性的洗礼之后，再次彰显其文化的和民族的文明魅力。中国伦理学的现代中国形态，归根到底是马克思主义伦理学的现代中国形态，传统伦理道德的现代转化和现代发展，马克思主义伦理学的中国化，中国伦理道德与西方伦理道德的对话互动，将缔造和迎来伦理道德和伦理学的"现代中国形态"。

第七编　现代中国伦理道德发展的"形态"问题

十八　网络时代的伦理方式

互联网的诞生与发展将我们抛向了一个今非昔比、日新月异的网络时代。新时代在提供生产、生活便利的同时，也引发了众多的困境、矛盾或冲突。困境、矛盾或冲突的根源在于"我们"的失落，在于"在一起"的缺失。而"我们在一起"根本上是以"伦理"的方式"在一起"。为此，反思"网络时代，如何达成伦理、建构伦理"之问，即"网络时代，我们如何在一起"之伦理追问，俨然成为网络时代的重大文明难题。为做出富有成效的理论回应，我们将尝试回答以下四个问题：其一，媒介影响伦理建构的理论基础是什么？其二，互联网对传统伦理建构产生何种影响？其三，互联网语境中伦理建构的可能性及其限度如何？其四，如何借鉴"伦理形态"的研究范式，探索网络世界伦理建构的理想类型？

1. "信息方式—伦理方式"的诠释框架

当谈及媒介与伦理的关系时，我们时常联想到把伦理作为媒介的价值规范标准的论断，从而有"媒介伦理"与"伦理的媒介"之说。事实上，媒介与伦理的关系还有另一旨趣——媒介作用于伦理。传播学的三大经典学派甚少直指媒介对伦理的作用，但均在一定程度上又潜藏着此种观点趋向，主要表现为媒介自身具备的文化影响力。经验学派的社会功能论从传播过程与内容的角度，指出大众传播媒介具有传承社会文化遗产的功能；批判学派的意识形态霸权理论从媒介体制的视域入手，揭示大众传播能不断地在受众中复制主流意识形态；环境学派大部分理论的主旨从媒介技术的层面，剖析媒介对身处于其环境中的人、社会和文化产生的根本性影响和结构性变化。媒介的各个层面都发挥着不容小觑的文化影响力作用。媒介的信息传播过程，正是一个文化形塑、渗透与扩散的过程，它影响着、建构着人们日常的知识结构、思维方式与价值观念。而伦理作为一种达致人的完满存在、追求并实现"好的生活"的价值诉求，自然而然在媒介的文化作用机制中被影响、被构建。

然而，这些论断仅仅表明了媒介能够作用于伦理的传播学问题，并未复原出媒介如何影响伦理构建的道德哲学图景。"信息方式—伦理方式"诠释框架的"出场"将首次从道德哲学高度揭开媒介如何影响伦理建构的神秘面纱。

20世纪80年代，信息方式理论进入公众视野。该理论由美国学者马克·波斯特提出。面对快速发展的电子媒介及其带来的巨大社会影响，波斯特敏锐地意识到现有媒介研究方法论的不足之处。基于观察到的种种后现代现实，他试图将后结构主义和社会语境的方法论引入媒介研究中，重新解读媒介。"信息方式"与其说是一个新的传播学概念，毋宁说是一种创新性的传播学方法论，是一种解读"媒介"的新方法。它是"一种基于语言学的交往行动理论"，能够"恰如其分地描述电子化交流方式"，能够"对社会互动新形式中的语言学层面进行解码"，也能揭示每个时代的"符号交换情形中的结构"[①]。信息方式理论点明了媒介的两层内涵。第一层内涵是媒介背后的哲学逻辑。媒介以其特有的语言构型及其结构性权力促使其在交往行动中构建着主体、世界乃至整个人类文明。这是媒介的本质所在。第二层内涵是媒介的历史建构意义，即对第一层内涵的延伸与拓展。不同媒介的不同哲学逻辑建构出人类文明发展的不同历史社会语境。"信息方式"富有极强的思辨性和历史感，它将在与"伦理方式"的碰撞中，展现出媒介如何影响伦理构建的道德哲学图景和道德哲学规律。

中国传统道德哲学与西方黑格尔道德哲学达成以下理论共识：伦理与道德辩证合一，伦理优位于道德。现代社会伦理道德发展正在遭遇的是关

---

① ［美］马克·波斯特：《信息方式：后结构主义与社会语境》，范静哗译，商务印书馆2000年版，第13—53页。

于"伦理"的难题,而非简单的"道德"困境。"'人应当如何生活'的道德追问,根本上是'我们如何在一起'的伦理追寻。"① 现代文明社会的发展,亟须让"我们"重新"在一起",以"伦理"的"方式""在一起"。以"伦理"的"方式""在一起",换言之,伦理的"出场"、伦理的达成是一条实现"我们""在一起"的文化途径。这条文化途径的全部意义直接暗含于"伦理方式"的概念之中。

目前"伦理方式"尚未显现,但事实上早已潜在于黑格尔的"黑格尔之咒"中。"在考察伦理时永远只有两种观点可能:或者从实体性出发,或者原子式地进行探讨,即以单个的人为基础而逐渐提高。后一种观点是没有精神的,因为它只能做到集合并列,但是精神不是单一的东西,而是单一物和普遍物的统一。"② 黑格尔提及的"考察伦理时"的"两种观点",便是关于"伦理"的两种观点。与"伦理的观点"不同,"关于伦理的观点"是伦理的本质形态或概念形态,它为伦理本身提供了完整的现象学图景以及更具哲学根据尤其是精神哲学根据的合理而有力的解释,具有伦理的形而上意义。③ 可是,"世界观"既要包含人们对待世界的根本看法,也要包含人们对待世界的根本态度。这就注定了"关于伦理的观点"不能仅仅停留于自身,必须进一步拓展至实践界的"对待伦理的态度"。当伦理观由"关于伦理的观点"发展至"对待伦理的态度"时,"伦理方式"便呼之欲出。

"伦理方式"是一种对待伦理的实践态度,是一种演绎伦理建构、伦理达成的行动逻辑。那么,究竟什么是道德哲学视域中的"伦理方式"?什么是"伦理方式"的道德哲学逻辑?以中国传统道德哲学与西方黑格尔道德哲学为理论基础,伦理方式复原出一套深刻的逻辑框架和内涵。首先构造出"从实体性出发"的狭义伦理方式:以个体与伦理实体为概念元素,个体展现为"体—个—个体"的历史辩证结构,伦理实体体现为"家庭—市民社会—国家"的历史辩证运动;以伦理同一性为根本目的,伦理同一性构建起个体与伦理实体之间"伦"的同一性与"理"的同一

---

① 樊浩:《"我们"的世界缺什么》,《道德与文明》2012 年第 6 期。
② [德]黑格尔:《法哲学原理》,范扬、张企泰译,商务印书馆1961年版,第 173 页。
③ 樊浩:《"伦"的传统及其"终结"与"后伦理时代"》,《哲学研究》2007 年第 6 期。

性的辩证合一；以"精神"为本质特征；以"存在"为现实形态。据此可抽象出广义的伦理方式，即是"个体"与"伦理实体"之间"伦理同一性"的建构方式，宽泛而言，其逻辑路径是要构建起个体性与普遍性之间的价值关联性，从而使个体性上升为普遍性。反观整个人类精神文明发展史，由于出发点和立场的不同，相关性路径存在众多可能，因而得以造就伦理方式的诸种道德哲学形态，它们有着相异的价值特征与存在形态。

在"信息方式—伦理方式"的诠释框架中，信息方式为伦理方式建构了社会语境和逻辑背景。信息方式通过具体的语言构型和交往行动，影响伦理方式的意义结构与时空因素，进而影响伦理方式"个体"与"伦理实体"两大概念元素的存在性状，最终在信息方式的文明生态中生成具有特殊立场、价值特征以及存在形态的伦理方式。

首先，作为信息方式的逻辑起点，语言构型承载着信息与价值，承担着意符转换为意义的任务。语言性质的变革导致的意义符号差异，将直接影响伦理及其构建中的意义结构，进而影响伦理方式整个建构过程中的价值选择。其次，信息方式在塑造不同语言构型的同时，也在人与人之间创造着不同的交往模式。交往模式的哲学本义与意义在于空间和时间因素的追求、满足与超越。伦理方式作为一种文化与意义的建构形态，显然也深受交往模式的时空偏向性影响，在不同的媒介时代形成不同的文化特色。最后，信息方式在扩展语言的外延性力量的同时更加强调了语言通过交往行动建构主体乃至世界的结构性权力。主体与世界在伦理方式的理论中具体表征为"个体"（个体性）与"伦理实体"（普遍性）两大概念元素。就"个体"即"个体性"而言，时间与空间因素在不同语言构型下的交往行动中重组，使个体与个体之间的距离，个体与群体，与世界之间的距离产生变化，在特殊的时空关系和时空位置中，个体被构型成不同的价值性状。至于"伦理实体"即"普遍性"，由于信息方式具备特殊的语言构型符号意义和交往行动时空因素，加之在交往行动中被构建的个体性状，普遍性理念及其定在的显现形态也具有了多种现实可能性。在不断变化的时空关系中，"个体"的存在性状、"伦理实体"的存在性状、两者之间的关系和地位都在不断地被特殊的信息方式"结构"着。在相互博弈的过程中，占主导地位的一方随即成为伦理方式的立场和出发点，从而创造出普遍性理念的不同"结构"模式及其存在形态。

一部"信息方式"的发展史即是一部"伦理方式"的变迁史。"信息方式—伦理方式"将为我们展开一幅关于媒介影响伦理构建的生动历史画卷。

2. 互联网与传统伦理方式的解构

"信息方式—伦理方式"的诠释框架表明，信息方式与伦理方式处于连带关系中，信息方式的变革将引发伦理方式的变迁，不同的媒介环境将造就出伦理建构的不同可能。当口头媒介、印刷媒介的主流地位逐渐被兴盛的互联网所取代时，伦理方式也必将遭到一定程度的颠覆与解构。

回溯历史，口头媒介与印刷媒介分别孕育并实践了两种传统伦理方式：实体主义伦理方式与个体主义伦理方式。人类最原初、最神圣、最根本的伦理方式是诞生于口头媒介时期的实体主义伦理方式，它以普遍性、实体性为立场，以"精神"为本质特征，以"家庭—民族"为伦理存在形态，建立了个体性与普遍性的自在同一。印刷媒介见证了个体主义伦理方式的萌生，个体主义伦理方式使人们从实体主义伦理方式中启蒙，重新确立了个体的主体地位。个体性与普遍性达到自为同一，精神异化为理性，"社会—国家"成为其存在形态。

两大传统伦理方式的差别主要根源于各自独特的意义结构及其价值特征，以及"个体性"与"普遍性"的存在性状与其相互之间的权力关系，这正是信息方式作用于伦理方式的两大关键点。对实体主义伦理方式而言，口头媒介的语言构型以情感化为特征，待"情感"区分出"情欲"之"情"和"情感"之"情"之后，"情感"之"情"经过两次价值递进即"血缘情感—伦理情感"和"情感—爱—精神"，最终升华为"精神"的意义结构和价值特征。口头媒介的语言构型又进一步通过交往行动建构着"主体"乃至"世界"，"主体"与"世界"关乎"个体性"与"普遍性"的存在性状以及两者之间的结构性权力。"主体"被建构为一种关系自我，它不仅与自身，还与他人，与集体，与自然处在原初的同一性关系之中。它是以普遍性为依附的个体，以普遍性为依附是"个体性"的存在性状。"世界"则被建构成一种以情感为纽带，具有特定位置、小型规模的结构形式。它以家庭为逻辑起点,向外拓展为氏族、部落、村庄等。它呈现出纯粹的统一性和普遍性,构成"普遍性"的存在性状。在"个体性"与"普遍性"的相互博弈中,"普遍性"优先于"个体性"存在,因而确定了伦理方式的"普遍性"(准确地说,"实体性")立场。

作为对实体主义伦理方式的反思与反叛,个体主义伦理方式提供了一个与众不同的文化路径。印刷媒介的理性化语言构型直接为伦理方式确立了"理性"的意义结构和价值特征,"理性"是"精神"的异化和现实化。在印刷媒介下,"主体"被建构成"理性的自律自我"[1],它从与自身、他人、社会以及自然的原初总体性关系中解放出来。它是从实体性中挺拔出来的个体,这对应于"个体性"的存在性状。而"世界"则以理性为关系纽带,兼具扩张性和同一性,本质上又是一个松散的社会结构形式。它现实显现为"市民社会—政治国家"体系。它只是一种形式的普遍性,这也就是印刷媒介下"普遍性"的存在性状。于是,"个体性"与"普遍性"的地位发生了错位与颠倒:"个体性"从"实体性"(个体性与普遍性的原初统一)中挺拔,从而优于"实体性""普遍性"而存在。"个体性"替代"实体性"与"普遍性"成为伦理方式的立场。伦理方式的意义结构与价值特征是基于"精神"抑或"理性",伦理方式的立场是出于"普遍性"抑或"个体性",最终决定了伦理方式具有相应的同一形式与存在形态。

经历了漫长的口头媒介时代和印刷媒介时代之后,一场以互联网为主导的传播革命正声势浩大地席卷而来。与传统媒介相比,互联网有着更强的包容性、渗透性、迭代性,更能发挥出媒介环境的营造及其对广阔社会语境的建构作用。根据信息方式理论,互联网建构着的社会语境在总体上呈现出如下图景:数字化、逻辑化、符号化和表意随意化的语言构型;超越时空因素、表现为流动的空间和永恒/瞬间的时间的交往行动;在与自身、他人、社会、自然和世界关系中"飘忽不定"的"主体";以数字化为纽带、即扩大又紧密、具有脆弱性的"世界";去稳定化的文明生态。

在互联网建构的社会语境中,传统伦理方式的有效性前提在于维持上

---

[1] [美]马克·波斯特:《信息方式:后结构主义与社会语境》,范静哗译,商务印书馆2000年版,第66页。

述原有的意义结构与价值特征，以及原有的"个体性"和"普遍性"存在性状与其相互之间的权力关系。乐观派倾向于认为，对于互联网而言，两大传统伦理方式还是能够发挥一定程度的功效。因为，互联网本身是一种典型的多媒介化形式。"通过'超文本'和'后设语言'的形构，历史上首度将人类沟通的书写、口语和视听模态整合到一个系统里。"① 数字化的编码语言似乎同时实现了对口头媒介和印刷媒介的复兴。例如，电脑会议刺激了一种同步谈话新模式；电子邮件回到了印刷的心智。互联网的即时通信功能作为对口头媒介的延伸，与实体主义伦理方式相关。它有利于维系家庭情感、巩固家庭伦理实体，这对于漂泊他乡的家庭成员来说显得尤为重要。互联网的电子书写功能作为对印刷媒介的延伸，则与个体主义伦理方式相关。它有助于激发网民的理性决议能力，使更多的大众加入到社会民主协商的过程之中，从而推动社会制度、社会规则、社会契约的完善与健全。然而，正如口头特性与印刷特性并不是互联网的主流特性一样，这些潜在的传统效果也只占据了微不足道的一小部分。新语境更多是诱发了传统伦理方式的价值结构，削减了传统伦理方式的有效性。

第一，互联网的语言构型难以提供一个精神或理性的意义结构，反而有可能导致精神的祛魅以及工具理性泛滥下的个体理性缺失。互联网的语言构型在本质上是一种抽象的数字化形态，除此之外还呈现出弱逻辑化、符号化和表意随意化的特征。数字化的语言构型不仅稀释了精神的情感源头，而且数字理性的不断崛起有着过分夸大人类理性能力之嫌，反而将人们引入无理性的境地。数字化的语言构型是依托于机器的能够还原为比特的理性化的科学语言。通过显示器和键盘，它分离了话语、书写和主体，使主体与它传递的符号以及主体与主体之间的关系渐渐疏远，精神的情感内核遭到无情的解构。当然，或许有人会反驳说，正是因为语言构型的数字化，人们才能借此在互联网中毫无拘束地表达自己内心的情感诉求。这种观点并没有深刻领悟到数字化语言构型对情感因素的真正意义。互联网确实为"情感的自由宣泄"创造了一大契机，但这种包裹着数字化外衣的情感流露，更多是情感的"伪装"抑或是情感的"暴力"。这种情感大

---

① ［美］曼纽尔·卡斯特：《网络社会的崛起》，夏铸九、王志弘译，社会科学文献出版社2001年版，第406页。

多不是具有普遍性的"情感"之"情",而是张扬个体性的"情欲"之"情",是伦理建构所要扬弃的对象,因此无法真正填补情感与精神的缺失。即便如此,这个理性化的科学语言也并没有顺势将意义结构引向理性一方。从数字化语言的技术层面看,互联网是人类理性能力高度释放下的产物。但是,对人类理性能力的过度强调,尤其对工具理性的过分推崇,可能使理性走向它自身的反面,引发合理性危机。身处互联网中,个体被互联网构建的工具理性王国所操纵、所异化,个体的理性能力得到消解。

第二,互联网的主体构建难以提供一个关系自我或理性的自律自我,反而有可能使个体沦为碎片化、多元化和分散化。这一点在互联网的主体构建中已得到充分阐发。互联网"新的语言经验"为人们的交往活动注入了新活力,实现了"双向的去中心化的交流"①,超越了以往的时空因素,呈现为流动的空间和永恒/瞬间的时间。空间的流动与时间的永恒/瞬间带来了一种持续的不稳定感,"新主体"不再居于口头媒介下的总体性关系之中,也不再居于印刷媒介下的主客体分立之列。它在与自身,与他人,与社会,与自然,与世界的关系中"飘忽不定"。未来,"人类与机器之间的共生合成体"②——"电子人"(Cyborg)的诞生,更会将主体去稳定化的议题推向风口浪尖。如何将这些碎片化、多元化和分散化的个体重新凝聚为普遍存在,或者说如何使这些碎片化、多元化和分散化的个体重新回归至普遍存在,确实是一个艰深的文化难题。

第三,互联网的世界构建难以缔结一个实质普遍或形式普遍的存在,反而只可能建构出一个虚拟的、离散的普遍形式。互联网新的语言构型、交往行动以及主体建构发展出一个与众不同的新世界。新世界是以数字化为纽带的"超国家"形式,一方面跨越了民族与国家的界限,另一方面又将全球重新联系起来,组建起一个"地球村"和众多虚拟社群。"超国家"形式既打破了以情感为纽带的实质普遍的伦理实体,例如家庭、氏族和民族,也颠覆了以理性为纽带的形式普遍的伦理实体,例如市民社会

---

① [美] 马克·波斯特:《第二媒介时代》,范静哗译,南京大学出版社 2001 年版,第 24 页。
② [美] 马克·波斯特:《信息方式:后结构主义与社会语境》,范静哗译,商务印书馆 2000 年版,第 11 页。

和现代国家。而之后组建起来的"地球村"和虚拟社群因以数字化为纽带，天生携带着虚拟实在本性。加之个体形态的去中心化、分散化与多元化，新的普遍形式只是由一个个"飘忽不定"的单子存在构成。形、神同散的普遍形式或许已经消解了普遍性的本意。

互联网就此在很大程度上解构了两大传统伦理方式的意义结构，以及"个体性"与"普遍性"存在性状与其相互之间的权力关系，最终致使传统伦理方式在互联网建构的社会语境中逐渐式微。伦理的建构遭遇重重困境。更危险的是，实体主义伦理方式又是神圣的伦理根源所在，倘若实体主义伦理方式发生式微，那么伦理建构便将陷入无"根"、无"源"的漂泊境地。而道德本质上又是一种"伦理上的造诣"。只有基于伦理，道德才能做到有"法"可依。传统伦理方式式微造成的互联网语境中的伦理困境，必将使道德成为无根之木、无源之水，随即造成道德机制的弱化乃至丧失。不仅社会层面的道德规范呈现出相对主义，乃至虚无主义，而且个体层面的道德责任意识也逐渐淡漠甚至缺失，出现知与行的脱节与背离。于是，呈现在我们面前的自然是一个道德难题比比皆是的互联网环境。网络隐私、言论自由、知识产权、数字鸿沟、黑客、病毒、网络恐怖主义……这些道德难题无不让我们满心忧虑、踌躇万分。

3. 互联网语境中的伦理可能

摆在我们面前的伦理道德前景不容乐观，但这些伦理困境和道德难题也从消极的意义上迫使我们在互联网语境中重新追求和探索一种新的伦理方式，以此弥补新语境中价值规约的缺失。

或许有人会质疑互联网语境中伦理建构的必要性，他们把互联网当作一种虚拟实在，认为这种全新的社会语境不同于我们的现实生活，无须伦理价值的制约。然而，互联网虽具有虚拟实在的特性，但它只是一种不完全意义上的虚拟实在。互联网的虚拟实在特性并没有完全割裂与现实之间的关系，相反，我们在互联网的虚拟实在情景中的体验和实践也是切身的、真实的。正因如此，曼纽尔·卡斯特才把它称作"真实虚拟文化"。"称它为虚拟是因为它是在电子的基础上建立起来的，这是一种通信的虚拟过程"；"说它是真实是因为我们基础的真实，在这个物质基础之上，我们生活，创建我们的表示系统，进行我们的工作，与其他人连接起来，检索信息，形成我们的观点，采取政治行动以及培养我们的梦想。这个虚拟就是我们的真实"①。因而，当我们置身于互联网语境中时，"现实的人"并未"离场"，"现实的人"仍然是行动者、参与者，甚至是主导者。

一旦作为"现实的人"，就始终无法逃脱对人的本质及其真理的追求。人的本质及其真理是人之为人的根本所在，丧失了人的本质及其真理，便丧失了人的存在的最后根据。哲学思辨和历史追溯皆表明，伦理是人的本质及其真理。黑格尔宣布了一项"法的命令"："成为一个人，并尊重他人为人。"② 意味着，只有扬弃"一个人"的个别性，方能"成为"普遍性的、实体性的"人"。作为一种普遍的东西，伦理正与这种实体性、普遍性、普遍生活直接相关，因而充当着人的本质和真理。同时，人类文明发展、个体生命发育、人类社会发展的历史源头也确证了实体性即伦理是人的本质和真理这一论断。③ 所以，如何建构伦理，如何达到伦理，如何通过伦理使个体性上升为普遍性，仍然也必须是新语境中"现实的人"所要探寻的根本问题。只有以伦理的方式"在一起"，人才能追寻到安身立命之本，人才能成为真正意义上完整的"人"。伦理方式始终是人们无法割舍、不能放弃的文化任务和价值目标。在人的本质及其真理的神圣力驱动下，互联网语境随即迎来了一场伦理方式的自发探索、自我修正与自然构建。

A. 作为交往方式的信息方式

互联网天然地带来了伦理构建的新契机与新可能，这种新契机与新可能植根于互联网的交往本性之中。

互联网的信息方式本质上是一种交往方式的重组。任何信息方式，其结构性权力主要根源于交往方式之中。语言构型是信息方式的逻辑起点。

---

① ［美］曼纽尔·卡斯特：《网络星河：对互联网、商业和社会的反思》，社会科学文献出版社 2007 年版，第 219 页。
② ［德］黑格尔：《法哲学原理》，范扬、张企泰译，商务印书馆 1961 年版，第 46 页。
③ 樊浩：《"后伦理时代"的来临》，《道德与文明》2013 第 6 期。樊浩教授在本篇论文中从人类文明史、个体生命化育史、社会发展史三大方面解释了"伦"对人、对人的生命和生活的深刻意义。

静态的语言构型凭借结构性权力的发挥而获得现实性。这种结构性权力离不开人与人之间的交往行动，正是人与人之间的交往行动释放了语言构型的结构性权力，继而建构着"主体""世界"，乃至整个人类文明。并且，就现实性而言，互联网最为深入、最为彻底地改变了以往的交往方式。"在前网络时代，人际关系是一种比较简单的线性、平面或面对面关系"，"网络普及以后，我们的交往形式被无限拓展了，不再被线性、平面或面对面人际关系所束缚，人际关系的亲缘性、地域性被彻底打破"[①]。互联网成就了交往方式的大变革，人类交往从此进一步摆脱了时空因素、物质身体、现实身份等多重限制，新的交往模式推动了社会、经济、政治、文化等多领域的飞速发展与进步，为人们的生活和生产带来了前所未有的便捷性。因此，交往方式的重组是互联网信息方式的核心特征。

互联网生成的是一种双向的、去中心化的交往方式，它打破了传统时空因素的有限性，显现为流动的空间性与永恒/瞬间的时间性。我们通常把这种新的交往方式简称为"网络交往"。网络交往方式现实地表征为多种网络交往模式：根据不同的交往形态，可区分为"一对一""一对多""多对多"等类型；根据不同的交往时间，可区分为同步交往与异步交往两大类型；等等。网络交往的最大成就便是让不同交往形态与不同交往时间的自由组合成为可能，从而使单向性、等级性、平面性的交往向交互性、平等性、立体性的交往转变，最终塑造出一个双向的、去中心化的交往方式。

诚然，互联网的发展速度超乎想象，互联网的迅猛发展必将加速网络交往模式的更迭出新。未来，网络交往模式将呈现何种新形式，我们难以预料。但可知晓的是，这些新型的网络交往模式都将继承乃至加深网络交往方式的主导特征——双向的、去中心化的交往方式。

B. 网络交往的公共性潜质

正是这种双向、去中心化的交往方式蕴含着一种巨大的公共性潜质，从而能够不断地聚集起散落在互联网中的原子式个体，使"在一起"成

[①] 陶侃：《我们都是网中人：网络文化与人的发展》，北京交通大学出版社2013年版，第18页。

为可能。

"公共性概念在哲学上源于个性与共性的关系,现实层面源于个体与群体(私与公)的关系,指主体与主体间、主体与客体间存在的共有性、共享性和共同性。"① "共有性、共享性和共同性" 是公共性的根本意义所在,借此与私人性相区别、相对立。更深刻的意义是,公共性不仅应当是一种关于"共有性、共享性和共同性"的属性判断,更应当是一种影响和建构公共生活的功能判断。汉娜·阿伦特形象地比喻说:"共同生活在世界上,这在本质上,意味着一个物质世界处于共同拥有它的人群之中,就像一张桌子放在那些坐在它周围的人群之中一样。"② 公共性即意味着使人类个体与他人和谐共在,使人类诸个体汇聚成一个"公"之存在。因此,在这意义上讲,公共性与实现"我们在一起"的伦理目标密切相关,至少是朝着这个伦理目标前进。

网络交往之所以蕴含着一种巨大的公共性潜质,原因有二:其一,交往本身是建构公共性的基本方式;其二,网络交往的公共性潜质根源于其强大的交往能力之中。

汉娜·阿伦特最先敏锐地揭示了言语交往与公共性之间的必然联系。她认为,言语的发动至少包含着参与双方的谈论与说服、合作与沟通,因而必然指向群体性和公共性。"复数的人,即至今在这个世界中生活、迁徙和行动的人的经历之所以有意义,这只是因为他们能相互交谈,并使彼此和他们自己有意义。"③ 言语是保证和实现公共性的基本方式。虽然阿伦特点明了言语交往与公共性之间的关系,但她并没有继续考察大众媒介与公共性之间的现实联系。

哈贝马斯作出补充,甚至把公共性或公共领域视为一种"由大众媒体编造和传播的整合文化"④。他发现,大众媒介延伸了早期言语交往方式,但其公共性功能却随着大众媒介的自身发展而呈现出前后相异的两大阶段。作为早期的大众媒介,18 世纪的报刊是"公共领域最典型的机

---

① 常晋芳:《从"私民"到"公民":网络空间主体的公共性转向》,《山东社会科学》2013 年第 7 期。
② [美] 汉娜·阿伦特:《人的条件》,竺乾威等译,上海人民出版社 1999 年版,第 39 页。
③ [美] 汉娜·阿伦特:《人的条件》,竺乾威等译,上海人民出版社 1999 年版,第 4 页。
④ [德] 哈贝马斯:《公共领域的结构转型》,曹卫东译,学林出版社 1999 年版,第 46 页。

制","从纯粹发布消息的机制变成公共舆论的载体和主导"[①]。报刊成为工具,为公众提供了一个相互交往、相互交流的公共平台或公共论坛。它和面对面属性的咖啡馆、沙龙聚会一起共同促进了公共性在文学领域和政治领域的发展与进步。而晚期资本主义时期大众媒介的革新则逐渐消解了公共性价值,尤其是广播、电视和电影等大众媒介的大肆出现造就了交往活动的单向性和公众的被动性,进而导致了私人商业利益和国家政治权力的泛滥与入侵,最终塑造出来的仅仅是公共性的假象。

与哈贝马斯的悲观主义论调不同,汤普森则在修正公共性概念的过程中,以更宽容的态度认可了大众媒介对公共性的积极意义:大众媒介并不完全是单向性的,而是以一种"不在场"的形式实现了交往互动。因而,大众媒介并不是消解,而是重构出一种不同于传统的去空间化和非对话性的新公共性。

由此可发现一个公共项:交往是建构公共性的基本方式。从狭义上说,阿伦特和哈贝马斯眼中只有那种面对面的、口头的双向交往才能构筑起真正的公共性;从广义上谈,汤普森则更广泛地将大众媒介的交往也囊括进去,也点明了其去空间化和非对话性的新特征。

双向、去中心化的网络交往一方面延续着面对面口头交往的传统,另一方面又远远超出了传统的力量。网络交往的双向性在一定程度上复原了面对面口头交往的优势,从而有助于构建阿伦特、哈贝马斯意义上的真正的公共性。阿伦特将理想的公共性回归到古希腊城邦生活中,哈贝马斯认可的资产阶级公共性也带有古希腊城邦生活的印记。而在一个共享的空间中面对面交流是古希腊城邦生活的鲜明特征。两人都认为,只有基于面对面的口头交往,才能有机会实现人与人之间的自由互动和平等交流,构筑真正的、理想的公共性。网络交往打破了传统大众媒介的单向性传播,彻底改变了传播者和接收者之间的关系。任何用户在互联网中都既是信息的接收者,也是信息的传播者,可以实现信息交流的实时互动。互联网在一定程度上延伸了人类的言语表达能力,部分再现了面对面口头交往的传播特性,因而有可能提供一个建构真正公共性的有效平台。

[①] [德] 哈贝马斯:《公共领域的结构转型》,曹卫东译,学林出版社 1999 年版,第 221 页。

与此同时，网络交往的去中心化特征又将进一步超越面对面的口头交往，进而超越传统的公共性，向汤普森意义上的新公共性发展。网络交往的去中心化，既是现实领域的去中心化，也是虚拟领域的去中心化，更是现实与虚拟之间的相互交织。这种去中心化特质将赋予传统的面对面交往全新的意义。全新意义上的"面对面的口头交往"突破了时空界限，延伸至更为广阔的人群，延伸至更为宽广的地理区域，乃至延伸至更为弹性的时间节点。在这个无限开放的时空情景中，阿伦特和哈贝马斯所论及的公共性源头即"面对面的口头交往"，开始释放出无穷无尽的潜能，因而在更广义的意义上造就出超越传统的"新公共性"。

C. 从网络社群到网络共同体

网络交往蕴含的巨大公共性潜能，在潜移默化中使散落各地的碎片化、分散化、多元化的个体汇聚到一起，集结至公共生活之中。它生成经验层面的网络社群，乃至构筑价值层面的网络共同体，使"我"聚合成"我们"，使个体性上升为普遍性，为互联网语境下的伦理方式创造条件、奠定基础。

这种强大的汇聚力量最先现实地表现为经验层面网络社群的出现。社群是现实生活中人们共同存在、共同生活的主要方式。根据不同的规模大小、亲密程度、结构形式，现实生活中的社群可分为多种种类，小到家庭，大至社会组织，乃至国家。当互联网的发展为人们提供了新的交往方式、交往环境和交往空间的时候，网络社群便由此产生。霍华德·莱恩高德把网络社群看作"一种社会集合，它产生于如下情景：数量足够的人们长时间参与公共讨论，充分投入情感，并在网络空间中构成一个由人际关系组成的网"[①]。网络社群的建构依托于互联网的超链接功能，开始于网络社会的引导或者网民个体的在线搜索。借此，个体就感兴趣的事情或与之相关的事情，和他人交换信息、分享经验、交流讨论，从而建立起某种共同性。在逐渐拓展和深入的交往互动中，成员数量不断增多，一定规模的网络社群得以建立。但莱恩高德谈到的网络社群仅仅是网络社群的一

---

① Howard Rheingold, *The Virtual Community*: *Home Steading on the Electronic Frontier*, New Jersey: Addison-Wesley, 1994: 6.

种形态，即以 BBS 为代表的虚拟社区，随着互联网技术的发展，现今网络社群正在向一种新形态——社会网络——迁移。"社会网络和群体一样也由一群人构成，但包含更多的内容：群体中人与人之间连接而成的一个特定组合。"①

社会网络与早期的虚拟社群存在着较大差异。首先，虚拟社区因特定的准入机制和共同焦点而具有明显的边界，社会网络则因相当程度上的开放性而缺乏明确的界限；其次，虚拟社区的社群结构以群体为中心，以共同的话题、行为和准则为维系要素，社会网络则以一个个个体为中心，凭借"标签""关注"等功能建立成员与成员之间的关系链条；再次，虚拟社区相对稳定，社会网络则呈现相对动态的趋势；最后，虚拟社区有助于培育群体意识和归属感，社会网络则注重于个别间的交往而较难形成。但两者之间也存在着某些共同之处，所以得以归类于网络社群。该共同之处不仅指涉它们的群体构建力量，而且更关乎两大社群的核心维系点——"意识、行为以及利益等因素"②。只是维系点的作用点和作用力已经发生一定程度的改变。在虚拟社区中，它是所有社群成员所共有的，而在社会网络中已被转移到个别成员与个别成员之间；在虚拟社区中，它的作用力是相对稳定和强烈的，而在社会网络中呈现变动性和多样性。但无论是虚拟社区还是社会网络，它们都是网络社群的现实呈现形式，是互联网语境中"在一起"的具体经验表现。

可惜，网络社群顶多是在经验、形下层面完成了一种"群体构建"，指向一种"公共性"。"群体构建"还不等于"伦理构建"。两者均指向普遍性建构，但"群体构建"是指在经验、形下层面组织起个别的个体，形成群体，"伦理构建"则是指在价值、形上层面超越个别性而构建出普遍性意义。与"群体构建"和"伦理构建"相似，"公共性"也不等于"伦理性"。虽都与普遍性、总体性相关，但"公共性"关乎经验、形下层面，"伦理性"则关乎价值、形上层面。只有当经验层面的网络社群向共同体过渡生成价值层面的网络共同体时，网络社群中的价值意义才得到

---

① ［美］尼古拉斯·克里斯塔基斯、［美］詹姆斯·富勒：《大连接：社会网络是如何形成的以及对人类现实行为的影响》，简学译，中国人民大学出版社 2013 年版，第 18 页。

② 彭兰：《从社区到社会网络》，《国际新闻界》2009 年第 5 期。

显现,"群体构建"才有可能朝"伦理构建"方向发展,"公共性"才有可能向"伦理性"方向进阶。

经验层面的网络社群并不直接等同于价值层面的网络共同体,但事实上网络共同体又自然内生于网络社群之中。正因如此,我们才将"网络交往—网络社群—网络共同体"看作一段自发探索、自我修正与自然构建的历练过程。网络社群自然地向网络共同体升华,主要根源于网络社群内在的核心维系点——"意识、行为以及利益等因素",共同的"意识、行为以及利益等因素"将凝聚成共同的价值诉求。不管是虚拟社区还是社会网络,它们都在一定程度上靠着共同的"意识、行为以及利益等因素"加以维系,也因而必然指向一种共同的内在价值。

网络社群向网络共同体的过渡,具体通过"共同价值的共同分享"来实现,包含了两大不可分割的环节:第一个环节是价值的凝聚;第二个环节是个体的认同。任何共同体的建构都离不开价值的凝聚和个体的认同。共同体建构的基础首先在于凝聚起来的价值共识,它能提供不可或缺的凝聚力和向心力。但不能仅依靠于此,"任何一种社群共同体都需要来自共同体成员发自内心的热爱和认同,否则,就会出现所谓'合法化危机'"①。只有让共同体中的成员认同、分享其共同价值,共同体才最终具有合法性和现实性。

滕尼斯曾总结了共同体的三大类别:血缘共同体、地缘共同体和精神共同体。这三种传统共同体的建构过程,分享着一个共同特点,即价值的凝聚先于且外在于个体的认同。个体在优先凝聚起来的价值中寻找并接受自己的身份、地位与阶层,通过获得共同体的认可,来满足自己的社会归属感。卡斯特认为,在网络共同体中,个体的认同已经被赋予了与传统不同的意义。网络的认同力量是"集体的认同"或"社会的认同",而不是"个人的认同"。新的认同方式下,"人们已经不再仅仅被动地注意自己在社会生活中属于哪一层面、处于何种位置,而是对社会的存在状况、资源配置和发展态势提出自己的评价与要求,这是一种主动的建构性认同"②。

---

① 袁祖社:《社群共同体之"公共善"何以具有优先性》,《厦门大学学报》(哲学社会科学版)2011年第4期。

② 刘少杰:《网络化时代的社会结构变迁》,《学术月刊》2012年10期。

在个体自主自觉能力觉醒的基础之上，个体主动看待、评价感兴趣的周遭事物，并与他人在网络交往中交流与沟通，最终形成某种价值共识，结成网络共同体。在网络共同体中，共同价值的凝聚过程即是个体分享、认同共同价值的过程。

经历过价值凝聚与个体认同，网络社群就上升为网络共同体，被赋予价值的网络共同体不仅在经验层面实现了"我们"的汇合，更在价值层面也达成了"我们"的凝聚。网络共同体造就了个体性向普遍性的价值提升，因而在一定意义上潜存着伦理的意义。即是说，"网络交往—网络社群—网络共同体"的发展路径为互联网语境下的伦理方式提供了一种可能性。

4. 网络共同体的伦理有限性

人们凭借网络交往，结成网络社群，达成网络共同体，在这一过程中，个体性与普遍性之间确实生成了一定的价值关联，能为互联网语境下伦理方式的建立创造条件。但"网络交往—网络社群—网络共同体"能否孕育出一种合理化的伦理方式，还有待进一步求证。

"网络交往—网络社群—网络共同体"对个体性与普遍性的价值联结已得到确证，但我们仍未得知，这种联结关系到底呈现何种属性，换言之，潜在的伦理方式是否具有一定的合理性。这与伦理方式的出发点、价值特征与存在形态都密切相关。无论伦理方式产生何种变革，口头媒介孕育的实体主义伦理方式始终是伦理方式最为神圣的根源、最为本质的形态，为伦理方式提供合理性和合法性源泉。而互联网语境下伦理方式的潜在存在形态即是网络共同体，所以，该问题又将进一步转换为网络共同体是否符合伦理合理性，即网络共同体是否是一种以普遍性、实体性为本质立场的精神的存在形态，是否是一种伦理实体。

A. 共同体、共体与伦理实体

共同体并不等同于伦理实体，但有时人们却倾向于将共同体与伦理实体画上等号，其实，与伦理实体相类似的并非共同体，而是共体。之所以将其定性为"相类似"，这表明共体与伦理实体既有相互同一之处，也有相互区别之地。依据黑格尔的道德哲学资源，共体与伦理实体的相互同一，首先主要在于共体即实体，实体即共体，共体或实体是存在于诸个体之上的公共本质、普遍本质，是"单一物"与"普遍物"的"同一体"和"统一体"①。其次，这种公共本质、普遍本质是超验的，"只有在精神中存在，也只能在精神中所把握"②。因此，共体和实体背后都潜存着精神的诉求，但精神的诉求在这里还只是一种将然和应然的状态，还未发生，有待完成。这一点就反映出共体与伦理实体的细微差别。如果说精神在共体这儿是将然和应然状态，那么精神在伦理实体那儿则是已然和实然状态。伦理与精神相互同一，在伦理实体中，实体已经凭借精神的力量意识到并达到了它的公共本质、普遍本质。伦理实体即是透过精神所达到的公共本质、普遍本质。所以，共体和伦理实体都是只能通过精神的方式把握的公共本质、普遍本质，只是精神潜存于共体，却显现于伦理实体。

与共体、伦理实体相比，共同体这个概念似乎显得模糊许多。我们不能简单将共同体与共体、伦理实体相等同，也不能简单将共同体与共体、伦理实体相对立。"共同体"最先发端于古希腊哲学，近代发展为一个与"社会"相对的社会学概念，之后被当代社群主义借用来批判自由主义理论。在理论演变过程之中，共同体与共体、伦理实体之间的关系也同样发生着微妙的变化。亚里士多德阐释道："由于所有的共同体旨在追求某种善，因而，所有共同体中最崇高、最有权威、并且包含了一切其他共同体的共同体，所追求的一定是至善。这种共同体就是所谓的城邦或政治共同体。"③ 任何一个共同体都是以善为目的。男人和女人组成了最小的共同体，主人和奴隶也组成了共同体，两大共同体组成"家庭"共同体，"家庭"进而扩展为"村落"；为了满足生活需求和发展需要，"村落"组建为"城邦"。城邦正是最完满的共同体，它包含一切其他共同体，它的善是至善。这种以善为目的的共同体，尤其是以至善为目的城邦共同体与共体、伦理实体有着天然的联系，或者说，它本是一种共体、一种伦理实

---

① 樊浩：《伦理道德，为何"精神"？》，《哲学分析》2016 年第 2 期。
② 樊浩：《伦理感、道德感与"实践道德精神"的培育》，《教育研究》2006 年第 6 期。
③ ［古希腊］亚里士多德：《政治学》，颜一等译，中国人民大学出版社 2003 年版，第 1 页。

体。因为，善抑或至善本质上是一种普遍性、一种公共本质或一种普遍本质。其根本任务旨在实现个体性与普遍性的辩证统一。在古希腊时期，与其说是个体性与普遍性的辩证统一，毋宁说是个体性与普遍性的自在同一。而个体性与普遍性的相互同一，又离不开精神的力量。无论如何，普遍性以及个体性与普遍性相同一内在于古希腊时期的共同体概念中，因而这时候的共同体与共体、伦理实体是一致的。

现代学术意义上的"共同体"概念则由德国社会学家滕尼斯开创。滕尼斯或多或少受到亚里士多德观点的启发，他开宗明义将共同体看作"一切亲密的、秘密的、单纯的共同生活"①，共同体因而与"机械"的、"人工"的社会区分开来。在与社会相区分的意义上，滕尼斯共同体理论的出发点是一种原始的、天然的共同体，其中，共同体关系不会因为经验上的分离而分离。滕尼斯将这种共同体归结为血缘共同体，他认为血缘共同体是最原始、最天然的共同体，在此基础上能进一步发展为和分离为地缘共同体、精神共同体。滕尼斯笔下的共同体与共体、伦理实体也有着一定的相似性。这些共同体，尤其是血缘共同体，一方面立足于原始的、天然的公共本质与普遍本质，另一方面又旨在实现个体与共同体的相互统一而具有精神意义。但滕尼斯不仅吸收了古希腊共同体理论，而且也在学理上进行了扩展，使共同体有着比古希腊时期更为广阔的外延。滕尼斯总结出共同体构建的"默认一致"原理：共同体的建构基于共同体自己的意志，即"共同的、有约束力的思想信念"②。这种思想信念"是把人作为一个整体的成员团结在一起的特殊的社会力量和同情"③。也就是说，在滕尼斯看来，个体与个体之间的同情、同感是建构和维系共同体的关键纽带和根本力量。基于"默认一致"，以习俗、信仰、语言、兴趣等为基础组成的人类群体也开始被囊括到共同体概念之中。但这些共同体显然与昔日的共体、伦理实体相去甚远，它们有些不再关乎人的公共本质、普遍本

---

① ［德］斐迪南·滕尼斯：《共同体与社会——纯粹社会学的基本概念》，林荣远译，商务印书馆1999年版，第52页。
② ［德］斐迪南·滕尼斯：《共同体与社会——纯粹社会学的基本概念》，林荣远译，商务印书馆1999年版，第71页。
③ ［德］斐迪南·滕尼斯：《共同体与社会——纯粹社会学的基本概念》，林荣远译，商务印书馆1999年版，第71—72页。

质，有些仅仅是个体之间情感博弈的"集合并列"，并未以精神的方式达成个体性与普遍性的辩证统一。

当代社群主义基本上继承了古希腊亚里士多德和近代滕尼斯等人关于共同体的思想。桑德尔认为，共同体是由共享自我理解的参与者构成；麦金太尔表示，共同体有着共同的计划或目的，并且能带来为成员共同享有的利益；泰勒回到黑格尔的共同体观念，强调共同体与"实体""本质""终极目的"之间的联系；沃尔泽反思共同体的成员资格在于"共同善的共同分享"。尽管这些思想家的共同体观念千差万别，但作为社群主义，它们都有着同样的背景：它们都是在自由主义的背景中兴盛起来的，其主要目的是批评或批判自由主义。在自由主义的原子世界中，个体从原初的统一体中觉醒过来，个体的地位与权利得到重新确证，个体成为世界的主宰。社群主义批判自由主义对个体的夸大和对共同体的藐视，主张个体的目的不可能单独实现，必须在与他人追求共同体的理想中达成，要求再次确立起原初共同体的价值主导地位。虽然怀抱着美好的愿景，然而，在批判中，社群主义又意识到原初的"共同体不可能，所以不得不退而求其次，承认一般意义上的共同体"，"社群主义所说的一般意义上的共同体如人们所处的家庭、大学、社区、教会、社团等都不过是自由个人的联合体"①。这种"弱意义上的共同体"只是"自由个人的联合体"，已经非原初的共同体，因而便不再直接是共体、伦理实体。

历经了古希腊哲学、近代社会学、当代社群主义三个时期，共同体虽起初与共体、伦理实体相关，但如今它们之间的距离越发遥远。时至今日，共同体的呈现方式更多依赖于外在的"同"，而无涉于内在的公共本质、普遍本质，更缺少精神的力量。作为当代原子世界中共同体的一员，我们所谓的网络共同体也不可避免地将陷入此种境地：它不是一种以公共性、普遍性为本质立场的精神的存在形态，即不是一种原初的、神圣的伦理实体。

B. "个体主义""无精神"的网络共同体

在大的时代背景下，网络共同体与其他弱共同体一样，因缺乏公共本

---

① 王立：《共同体之辨》，《人文杂志》2013年第9期。

质、普遍本质，缺少精神的方式，而不可能直接是共体、伦理实体，从而不具有我们所希冀的伦理合理性。就网络共同体自身而言，无论是理想情境中的网络共同体还是现实情境中的网络共同体，它们本身也呈现出"个体主义""无精神"的特质，因而将再一次佐证上述推论。

任何共同体的建构都包含价值凝聚和个体认同两大环节。与传统共同体不同，网络共同体的缔结是一个价值凝聚和个体认同相互合一的过程。在网络共同体中，个体认同摇身一变成为一种"主动的建构性认同"。共同价值并不外在于个体之外，而生成于个体自主、自觉寻求认同的过程之中，个体建立认同的过程即是共同价值凝聚的过程。因而，自主、自觉的个体在网络共同体的缔结中充当着举足轻重的角色。网络共同体如何构建很大程度上取决于个体的思维模式与行为方式。

一种是理想情境中的网络共同体，它基于主体间的交往理性而建立。鲜有学者直接论及网络共同体的理想模式，但很多学者认为互联网中自主、自觉的个体有助于推动哈贝马斯意义上的"公共领域"的复兴，对网络公共领域的建构充满希望。哈贝马斯的"公共领域"，"意指我们的社会生活的一个领域，在这个领域中，像公共意见这样的事物能够形成。公共领域原则上向所有公民开放。公共领域的一部分由对话构成，在这些对话中，作为个人的人们来到一起，形成了公众"[①]。即是说，公共领域是自由讨论、理性商谈公共事务并最终达成一致意见的公共空间。"互联网是一个自由而开放、匿名而平等的'话语民主'空间，借助网络平台表达意见的机会和可能大大增加，这样就为构建平等参与和自由讨论的理想公共领域模式提供了契机。"[②] 其实，哈贝马斯"公共领域"的背后本就蕴含着共同体的诉求：共同体是公共领域的价值根源，只有建立在以价值共识为目的的共同体之上，公共领域才能实现。推演之，对网络公共领域的畅想即是在追求一种理想情境中的网络共同体。参照哈贝马斯的交往行动理论和商谈伦理思想，这种网络共同体要以话语的共识为根本任务。

[①] [德]哈贝马斯：《公共领域》，汪晖、陈燕谷编，载《文化与公共性》，汪晖译，生活·读书·新知三联书店2005年版，第125页。

[②] 刘继荣：《网络公共领域的形成及其可能》，《重庆大学学报》（社会科学版）2012年第5期。

哈贝马斯认为，"话语的共识必须满足下列条件：每一个有语言和行为能力的主体在自觉地放弃权力和暴力使用的前提下，自由、平等地参与话语的论证，并且，在此过程中，人人都必须怀着追求真理、服从真理的动机和愿望。不但如此，通过话语共识建立起来的规则，还必须为所有人遵守，每个人都必须对这种规则的实行所带来的后果承担责任"[1]。换言之，"话语的共识"要基于主体间的交往理性而建立，以交互主体间的相互理解和相互协调为基本机制，以达到交互主体认同的价值共识为最终目标。在那些支持者看来，开放、互动、匿名、无边界的互联网无疑能够提供一个平等、自由、民主的"理想的言语情境"，借此释放出网民们交往理性的无限能力，从而有助于生成一个理想情境中的网络共同体。

作为理想网络共同体的建构基础，交往理性虽生发于对西方理性主义的批判，但仍然秉承着启蒙理性的精神，因而理想网络共同体归根结底还是遵循着理性个体主义的原则。哈贝马斯将交往理性的提出建立在对西方理性主义，尤其是工具理性的批判之上。西方理性主义大致可分为工具理性和价值理性二元论，长期以来，工具理性主导着西方文明的发展与进步。哈贝马斯认为，一方面工具理性确实能在短期内推动工业文明的快速进步，但另一方面过度膨胀的工具理性也导致了人的异化，使人性遭到压抑乃至丧失，最终工具理性走向非理性的道路。正是意识到这一点，哈贝马斯才重新力图推进价值理性与工具理性的协调发展。他"放弃了意识哲学的范式——也就是反映客体并利用客体的主体，转向语言学哲学范式——就是将主体间的理解和交往，以及理性的认知工具性方面，作为更为丰富的交往理性的一部分，放在恰当的位置上"[2]。交往理性成为他的突破口，交往理性强调，在交往关系中，不存在纯粹的客体，每个人都是主体，交互主体在自由、平等、民主的理性商谈中达成价值共识、价值认同。即便如此，交往理性本质上依旧以交互主体的理性能力为前提，倘若离开了个体的理性能力，交往理性也无从谈起。更重要的是，交往理性虽以主体间的价值共识为目标，但事实上个体的理性思考仍然是达成价值共

---

[1] 章国锋：《哈贝马斯访谈录》，《外国文学评论》2000年第1期。

[2] Habermas, J., *Toward A Rational Society*, London: Heinemann, 1971: 88；转引自张秀琴《西方马克思主义意识形态理论的当代阐释》，中国传媒大学出版社2005年版，第40页。

识的首要步骤。只是个体不再仅仅关注自身,而是把他者也纳入其理性思考的过程里,在主体与主体间的对话协商中求得相互理解和协调。因此,理想情境中的网络共同体其实还是遵循着理性个体主义的原则,这一点延续着早期印刷媒介时代伦理方式的个体主义色彩。

  现实与梦想终究是两回事。更多学者切身感受到的是网络共同体的现实情境。开放、互动、匿名、无边界的互联网确实能够释放交互主体的理性能力,为相对自由、平等、民主的理性商谈创造条件,但互联网在释放理性能力的同时,在更大程度上释放了个体的感性力量,从而向理性能力发出有力的挑战。一方面,个体的理性力量受到自身感性诉求的影响甚至压制;另一方面,原本希求的自由、平等、民主的对话平台也将遭到感性欲求的破坏。个体的理性能力并不能在网络共同体的构建中得到充分发挥,反而让位于个体心理层面的感性认知和基于感性认知的感性认同。基于交往理性的网络共同体只能是一种理想情境,现实情境中的网络共同体更多依靠了个体之间的感性认同而缔结。倘若说前者是一种理性个体主义,后者便是一种感性个体主义。"所谓感性认同是在人们的感觉、知觉和表象等感性认识过程中形成的认同,是其认同尚未达到概念化、理论化层面,而主要表现为具体的形象的感性认识。"[①] 当感觉、知觉和表象等感性认识在网民中激起共鸣时,个体之间的感性认同就此产生;当个体之间的感性认同积聚到一定规模,一个共享生活经验、利益诉求、集体记忆、价值规范、行为取向的网络共同体就逐渐清晰起来。迪尔凯姆把这种感性认同称作"集体表象","集体表象"较好地从社会学层面详尽地解释了感性认同的形成过程和意义作用。他说:"在所有能够产生这种强烈效果的事物中,首先应当属我们的反向状态所造成的表现。实际上,这种表现并不只是一种简单的现实图像,也不是事物映射给我们的死气沉沉的幻影。相反,它是搅起机体和生理现象之波澜的力量。"[②] 这里"表现"即"表象",是一种感性认识。感性表象是人们基于感觉和直觉,对认识对象产生的形象化、直接化的感性认识。因为感性表象直接与具体事物相

[①] 刘少杰:《网络化时代的社会结构变迁》,《学术月刊》2012 年第 10 期。
[②] [法] 迪尔凯姆:《社会分工论》,渠敬东译,生活·读书·新知三联书店 2000 年版,第 59、24 页。

关，因此能够较为容易地获得其他人具体而形象的理解；也正因为它直接与具体事物发生联系，所以能够对人们的行为产生明确的支配作用。感性表象的特性注定其必然引发个体之间的感性认同，进而生成一种具有强大整合能力的集体表象。在迪尔凯姆眼中，集体表象具有的强大整合能力表现为，它能实现集体成员的有效团结，进而引发狂热的集体兴奋和集体行动。"表象—集体表象—集体团结—集体兴奋—集体行动"形象地说明了现实情境中网络共同体的生成过程和深远意义。总之，现实情境中的网络共同体是基于个体之间的感性认同而缔造的，其本质上乃是一种感性个体主义。

自主、自觉的个体是建构网络共同体的核心力量，它们在理想情境和现实情境中发挥着不同的作用：前者是一种理性个体主义，而后者是一种感性个体主义。理性个体主义和感性个体主义能否造就以公共性、普遍性为本质立场的精神的存在形态？即是说，基于理性个体主义或感性个体主义的网络共同体是否是以公共性、普遍性为本质立场的精神的存在形态，是否是一种伦理实体？理性个体主义也好，感性个体主义也罢，都是"个体主义"的不同呈现形式。个体主义即是以个体为立场和出发点，强调个体的主体地位，凸显个体的主动能力。公共本质、普遍本质在个体主义这儿就自然隐退为原初记忆和文明基因，异化为一种现实世界的外在物。与此同时，理性和感性也无法有效地提供精神的方式。对理性而言，理性既是原初精神的一个方面，又是原初精神的自我异化和自我实现，因而不同于精神本身。对感性而言，情况稍许复杂。这里的感性不同于具有普遍意义的"情感"，例如"爱"。普遍意义的"情感"追求个体性与普遍性的相互统一，本质上是精神的，因而能转换为精神的力量。与之相比，感性更突出个体性的情欲之感，它首先是个体自身心理层面的知觉与感觉。这种个体性的知觉与感觉难以直接成为精神。如果说理想情境中的理性个体主义因理性是精神的自我异化和自我表现，而与精神还保持一定的关系，那么现实情境中的感性个人主义则与精神之间存在必然的断裂。但前者毕竟是理想，后者才为现实。即便前者的理想情境得以实现，它仍然无法摆脱"个体主义"的根本特性。因此，无论对于理性个体主义还是感性个体主义而言，都难以铸造出以公共性、普遍性为本质立场的精神的存在形态。网络共同体只是一种"个体主义"的、"无精神"的存在，它自诞生起便携带着伦理有限性的基因:虽内在着伦理可能性,却缺乏伦理合理性。

5. 网络世界的伦理形态

"伦理"建构个体与群体的实体性关系,这种关系因"伦"的不同在场方式或"居伦"的不同文化取向,以及"由理"而"居伦"的不同方式,逻辑地展开为多种伦理形态。概言之,不同的伦理方式最终生成不同的伦理形态。在口头媒介孕生的实体主义伦理方式下,伦理形态是一种神圣性的"伦理"形态。实体主义凭借精神的力量让个体性与普遍性自然同一,个体性向往于普遍性,普遍性是个体性的本质,是个体性的信念。精神的力量进一步推动"伦"之信念内化为"理"之认同,普遍性内化入个体性,道德主体与伦理实体以精神为媒介获得内在同一。印刷媒介推动了伦理方式由实体主义向个体主义的现代转向,从伦理实体中觉醒的个体意识开始冲破道德主体与伦理实体的神圣纽带,使伦理与道德处于"乐观的紧张"中,呈现为"伦理—道德"分离形态。一方面伦理与道德之间的关系是紧张的,因为此时它们的直接同一性已经断裂,伦理隐退至彼岸的精神世界,生活世界的伦理建构以个体的道德自由与理性能力为基础,因而可能处在"作恶的待发点上";另一方面,伦理与道德之间的关系又是乐观的,因为精神世界中的伦理实体记忆根深蒂固,它仍旧是生活世界中伦理建构孜孜以求、翘首以盼的家园与归宿。互联网打造的原子式个体具有更高的个体性程度,拥有更大的道德自由。感性力量的崛起在增加个体性色彩的同时也更能释放出个体的自然本性。感性是不受束缚的个性化体验,它赋予个体道德最高程度的自由——遵从自己的内心。因此,网络共同体中"个体主义"与"无精神"的伦理方式因其个体主义特质延续着"伦理—道德"分离形态,但又因其感性力量的释放使"伦理—道德"分离形态走向"伦理—道德"断裂形态,因而陷入巨大的伦理道德风险。

伦理道德有着自身的生命整体性与价值独立性,体现为"伦—理—道—德—得"的精神发展轨迹,展现为伦理与道德辩证互动、伦理道德一体、伦理优先的伦理精神生态。只有以此为目标,恢复伦理道德之

"形"、伦理道德之"态",才能为"如何在一起"之伦理追问和"应当如何生活"之道德探索创造出一种"预定和谐"的景观。我们应当摆脱互联网带来的伦理与道德的断裂乃至决裂,在互联网与伦理精神的生态互动中重新为网络世界的伦理方式确立起价值合理性,创生出走向伦理精神的网络世界的伦理形态。

A. 回归伦理的"精神"传统

网络共同体的伦理失利说到底是受限于"个体主义"和"无精神"的特质。因此,重新确立普遍本质、激发精神力量是重建价值合理性的核心任务。而扬弃"个体主义",确立普遍本质归根结底也在于精神的回归。因为,精神的一大规定性正是个体性与普遍性之间的辩证统一,个体性与普遍性之间的辩证统一生成实质的普遍性即普遍本质。精神的回归即表征着普遍本质的确立。

精神之所以必要,是因为精神是伦理的本性,也是伦理方式的本质特征;精神之所以还可能,是因为互联网中还潜藏着某些精神的资源、某些精神的力量,有待我们发觉与利用。

西方黑格尔道德哲学与中国道德哲学都共同表明了伦理的精神本性。[①] 黑格尔之精神诠释超越了马克思之社会意识、康德之实践理性,不仅严格区分了伦理与道德,而且在精神的运动中道明了伦理道德的价值意义、生命意义和思辨意义。而中国道德哲学则自始至终把精神作为把握伦理道德的主要方式,并在宋明理学时期达到伦理道德的精神自觉。因而,伦理的本性必须是,也只能是精神。而伦理方式也应以精神为本质特征。因为,以精神为本质特征的实体主义伦理方式始终是伦理方式的神圣性根源,它奠定了伦理方式的合理性与合法性基础。

然而,我们早先也忧虑过,互联网的语言构型难以提供一个精神的意义结构,反而有可能导致精神的祛魅。因为互联网的语言构型在本质上是一种抽象的数字化形态,数字化的语言构型容易稀释精神的情感源头。即

[①] 樊浩:《伦理道德,为何"精神"?》,《哲学分析》2016年第4期。樊浩教授在本篇文章中基于历史与逻辑辩证统一的视角,以及中西方文化平等对话的视域,详细梳理了伦理的本性为何是精神。

便有人反驳说，数字化的语言构型也让互联网在一定程度上释放了个体内心的情感表达，但此种情感往往偏向于个体性的"情欲"之"情"，而非普遍性的"情感"之"情"。现实情境中网络共同体所依靠的感性认知、感性认同多是这种个体性的"情欲"之"情"，最终因精神的极度缺乏激化了道德自由与伦理认同、精神世界与生活世界的伦理矛盾。那么，这是否意味着互联网彻底无缘于精神？注定不具有伦理的价值合理性？其实，不断发展着的互联网仍然隐藏着某些精神的资源和精神的力量，正在等待着人们敏锐认知、强化利用。

依据"信息方式—伦理方式"的诠释框架，伦理方式的精神本质来源于口头媒介的语言构型，换言之，口头媒介的语言构型为伦理方式提供了精神资源与精神力量。互联网之所以还隐藏着这些精神元素，根本原因不仅在于互联网自身携带着的口语色彩，而且更在于互联网不断深化着的口语性质。

众所周知，互联网是一个多元化的媒介形式，它融合了口头媒介、印刷媒介、广播媒介、电视媒介等多种媒介形式。因而，多元化的互联网自一开始就带有口语色彩。互联网不仅仅因多媒介化形式自带口语色彩，它的口语性质也在互联网的发展过程中被不断强化，日渐贴近于人们的日常口语生活，乃至复制了人们的日常口语交往情境。互联网的口语色彩最先体现在文字对话上，出现了很多口语化的网络语言，在网络空间中兴起并铺天盖地地流行。互联网的文字对话只是在内容上部分复原了口语媒介，片面的口语媒介还无法提供与原初口头媒介一样的情感因素用以生成精神，反而为"情欲"之"情"的释放创造了契机。随着互联网技术的日臻突破，语音、视频的数字化编码成为可能，文字对话逐渐发展为语音对话、视频对话，互联网的口语色彩日渐内化为口语性质，越来越接近于我们的日常口语，从内容的口语化进阶为内容与形式兼具的口语化。其中，面对面的视频对话除了未能让交谈双方居于同一空间中，其余与原初的口头媒介别无二致。也正是互联网的这种时空整合能力，使其在复兴口头媒介的同时，也超越了原初的口头媒介，把它推向更为广阔的时空情景中。倘若借用麦克卢汉的隐喻，媒介是人的延伸；我们不妨说，互联网是人的口语能力的延伸。

因此，以长远的眼光看，互联网并没有完全瓦解人的口语表达能力，并没有完全消解精神的情感源头。虽历经波澜，但沉浮过后，重新又让口语表达以新的面貌冉冉升起，为人们再一次酝酿了精神的资源与精神的力量。

B. 伦理存在的整合与超越

互联网不断强化着的口语性质，为精神的再现带来了希望与可能。可精神还只是伦理方式的本质特征，最终需要落实为伦理方式的现实形态即伦理存在才具有现实意义。在口头媒介下，以精神为本质特征的实体主义伦理方式最终显现为"家庭—民族"的存在形态。眼下，互联网在一定程度上复兴了口头媒介，但更实现了对原初口头媒介的突破，尤其是将口头媒介塑造成一种超越时空限制的形式。这必然导致，也必然要求以往"家庭—民族"存在形态产生新变化。究竟什么样的伦理存在才能既符合精神的传统条件，又符合互联网开放的时空特性呢？在社会网络与"家—国—天下"中国智慧的整合中，构造超越生成的社会网络下"家—地球村"形态。

首先，中国哲学博大精深，"家—国—天下"的中国智慧激发了我们的伦理想象力。它以精神为本质，又秉承着开放的态度。这为我们希求中的伦理存在奠定了一定的价值基础，同时也为其架构起了一个基本的理论框架。

"家—国—天下"的中国智慧源远流长，它生发于西周的宗法分封制和家国天下的社会结构。春秋战国时期诸侯争霸致使西周分封制礼崩乐坏，原初的家国天下社会结构也随之分崩离析，但家国天下的价值体系却在历史沿革与文化传承中得以继承和保存下来，根深蒂固地嵌入中华民族的文化基因之中。家国天下的价值体系在先秦儒家学说中得到充分阐发，为后人提供了一套认识世界、想象世界的价值框架。"古之欲明明德于天下者，先治其国；欲治其国者，先齐其家；欲齐其家者，先修其身……修身而后家齐，家齐而后国治，国治而后天下平。"[①] "天下之本在国，国之本在家，家之本在身。"[②] 身、家、国、天下，层层推进，构筑起中华民

---

① 《礼记·大学》。
② 《孟子·离娄上》。

族"在一起"的文化模式,构成了中华民族的伦理秩序。

"家—国—天下"的中国智慧具有两重伦理属性:其一,它符合伦理的本性,因"家"而精神;其二,它具备伦理的想象力,因"天下"而开放。"家—国—天下"与口头媒介下的"家庭—民族"有着极大的相似性,最大的相似点在于它们都以家庭为伦理的逻辑起点,并在此基础上向外扩散、向外延伸。将家庭作为伦理的逻辑起点注定让精神充当起伦理的本性特征,因为家庭与精神的三大规定性不谋而合。精神的三大规定性具体表现为:个体性与普遍性的辩证统一;知与行的统一;出于"自然"又超越"自然"。家庭与精神的第一大规定性相符:家庭以血缘亲情关系为纽带凝聚起各个家庭成员,是一种直接的、自然的伦理实体;个体性与普遍性在其中无须外力,自在同一。家庭与精神的第二大规定性相应:家庭伦理实体不仅要包含家庭成员和家庭整体之间的实体性关系,而且还要落实到"个别家庭成员的行动和现实"之中。家庭与精神的第三大规定性相合:家庭一方面肯定两性关系和生殖繁育的自然本能,另一方面又超越自然本能赋予爱与亲情、生活与生命的价值意义。所以,"家—国—天下"也因将"家"作为伦理起点而具有精神的本质意义。以精神为本质,"家—国—天下"符合伦理的本性要求,具备伦理合理性。

"家—国—天下"与口头媒介下的"家庭—民族"之间还存在第二个相似点:它们都遵循着"推己及人"的方式与机制,由家推及国、推及天下,或由家推及民族。但这一相似点也同时蕴藏着"家—国—天下"与"家庭—民族"之间的显著差异。此差异正是"家—国—天下"独具的第二重伦理属性——因"天下"而开放。口头媒介下的"家庭—民族"存在形态虽也具有一定的延伸性,但远未达及"家—国—天下"的开放广度。后者的开放性,根源于"天下"。

在中国历史中,"天下"经历了由自然的空间向文化的观念的升华,作为文化的观念,"天下"彰显出无限的开放性与延展性。从整个世界文明史鸟瞰,"天下"是一个别具一格的中国概念。"天下"的具体起源已难以考证。但可以公认的是,"天下"在黄帝、尧、舜、夏商之时已经孕育出朴素的原型,并且在两周时期得到进一步发展。黄帝、尧、舜、夏商之时的"天下"还多为有限的自然空间。"除了被当作自然之天或天地万物外的自然空间外，并没有深层的哲学意识。"① 两周时期对"天下"做出的最大贡献是将其逐渐发展为一种"天下"观念。"溥天之下，莫非王土；率土之滨，莫非王臣。"② "天下"观念宣扬"天下一家""无外王者""天下大同"。它不再仅仅是一种层次观念、方位观念，而是更强调海纳百川、包容万物的文化意义。需要承认的是，当时形成的"天下"观念也具有一定历史局限性和政治保守性。它只是一种以诸夏为中心向蛮夷戎狄扩展的有限疆域概念，带有鲜明的等级色彩和尊卑意识。但无论如何，"天下"观念之"穷天通地、及四维之东西南北、无弗皆覆、无弗皆载、无弗皆戴履"的文化意蕴已然生发，养成为一种想象世界的文化方式。

更为重要的是，"天下"之"天"代表了"中国文化的最高理念与最高精神指向"，这赋予"天下"神圣超远的伦理意义。《朱子语类》记载："问经当中天字，曰：要人看得分晓，也有说苍苍者，也有说主宰者，也有单训理时。"③ 朱熹认为，天有自然之天、主宰之天和义理之天。其中，自然之天归根结底是对主宰之天和义理之天的反思与修正，主宰之天与义理之天在中国文化中占据着核心地位。主宰之天拥有着最高意志，主宰着人间大权，因而它是人世间道德法则的创造者、道德执行的监督者、失德行为的惩罚者；同时它授命于天子，作为配享天德的道德典范，引领世间众人归于天德。义理之天扬弃了主宰之天的外在性，将其内化于人的心性结构中。孔子以践仁知天，孟子以尽知性知天，初步确立起天与心、性之间的关联性，并在宋明理学中最终实现心、性、天的合一。心、性、天合一的义理之天取代主宰之天成为人们伦理道德的价值来源，这是一种内化的、抽象的理念，有着更为超越的、更为强大、更为有效的伦理威慑作用。无论是主宰之天还是义理之天，它们都把天看作至真至善的最高价值，是伦理价值的根源所在。不同之处是，主宰之天是人格化了的至真至善，而义理之天则是抽象化了的至真至善。于是，中国文化中至真至善之天便成为一种具有形上意义的伦理实体，成为"天道"。至真至善本性也

---

① 刘军平：《"天下"宇宙观的衍变及其哲学意蕴》，《文史哲》2004年第6期。
② 《诗经·小雅·北山》。
③ 《朱子语类》（卷一）。

同时意味着，对天的追寻是永远有待完成的任务。这就决定了，"天下"于此不仅具有伦理意义，而且是一种神圣超远的伦理意义。

其次，"家—国—天下"中国智慧当且仅当提供了历史的经验，开拓了我们的思维，不可能直接充当起一个合理的网络伦理存在，因为它诞生于特定的历史背景，无缘于互联网本身，我们需要在汲取历史经验的基础之上，挖掘互联网中的可靠资源，实现伦理存在的整合与超越。这项资源来自作为网络社群形态之一的社会网络。

社会网络之所以可能有助于我们的伦理建构，是因为它的结构形式与"家—国—天下"中国智慧有着很高的相似性。第一，两者均呈现出波纹型的扩散样态。借用费孝通的解释，"家—国—天下"以个人及其家庭为中心，像水面上泛开的涟漪一般，一圈一圈向外扩散出去，由家及国，由国及天下。而社会网络也有着类似的扩散结构。社会网络是一种"链"式结构：以一个个个体为中心，凭借个体与个体之间的关系链条，无穷无尽地向外延展。第二，两者均表现为由亲及疏的差序格局。在"家—国—天下"的中国智慧中，波纹的远近标志着社会关系的亲疏。越靠近波纹中心证明关系越亲近；随着波纹的层层荡漾，关系愈加疏远。尼古拉斯·克里斯塔基斯认为，以某个个体为中心的社会网络遵循着"三度影响力原则"[①]，也代表着某种亲疏程度。在三度影响力以内，人与人处于强连接关系中，人与人之间的亲密度较高；在三度影响力之外，人与人处于弱连接关系中，人与人之间的亲密度逐渐减弱。社会网络和"家—国—天下"的中国智慧相似，既表现出波纹型的扩散样态，又表现出由亲及疏的差序格局。这种结构的相似性使社会网络有可能成为我们理想中的网络伦理存在。

然而，社会网络作为一种群体结构形式，仅仅提供了一种网络伦理存在建构的可能框架，并不直接是一种合乎伦理的存在形态。正如"家—国—天下"中国智慧仅仅提供了一种历史伦理经验，并不直接是一种合乎互联网的伦理存在形态。一个合乎伦理的、合乎互联网的网络伦理存在有待通过整合社会网络和"家—国—天下"中国智慧而最终超越生成。

---

① ［美］尼古拉斯·克里斯塔斯基、［美］詹姆斯·富勒：《大连接：社会网络是如何形成的以及对人类现实行为的影响》，简学译，中国人民大学出版社2013年版，第39页。

社会网络与"家—国—天下"中国智慧的整合，首先要求强化社会网络中的口语元素，从而有效保证网络伦理存在的精神主导力。前已证实，伦理的本性是精神，而精神的力量又出自口头媒介的语言构型。为了确保精神的力量，有必要维护口头媒介的重要地位。互联网是一个多元化的媒介形式，其自身携带着口语色彩，并且随着互联网技术的不断发展，其口语色彩日益内化为口语性质，呈现出口头媒介的强化乃至复原景象：从内容的口语化进阶为内容与形式兼具的口语化。可是，在互联网的多媒介化形式中，口语元素能否充当起互联网中的传播主力，能否抵挡住其他媒介形式的影响与冲击，仍然是一个未知因素。对于社会网络而言，构筑并维系社会网络的形式是多种多样的。以当下最为流行的微信为例，微信虽然实现了口头媒介的复苏，人们可通过语音聊天、视频聊天与朋友或陌生人实时交往；但微信朋友圈的维系更多依靠的是相互之间的文字分享、图片分享，以及相互之间的"点赞"与"转发"。口语元素并没有占据稳固的主力地位，这可能影响精神力量的生成与功效。为了整合社会网络与"家—国—天下"的中国智慧，生成可靠的网络伦理存在，首要任务是强化社会网络中的口语元素，以保证精神在伦理建构过程中的主导力。一方面，社会网络的设计者要有意识地增添社会网络的口语环节与口语功能，为社会网络口语元素的强化创造现实的技术条件；另一方面，社会网络的参与者也要有意识地使用相应的口语环节和口语功能，充分发挥自身的口语能力，为社会网络口语元素的强化奠定了广泛的群众基础。

更为关键的是，要将"家—国—天下"中国智慧源源不断地注入社会网络的结构中，超越生成社会网络下"家—地球村"形态。如果说，强化社会网络的口语元素是为了激发社会网络中的精神力量，以为伦理合理性建构赋予价值资源，那么，注入"家—国—天下"的中国智慧则将使社会网络的伦理合理性建构落实为现实存在。"家—国—天下"的中国智慧和社会网络整合生成的"家—地球村"形态，将弥补社会网络之伦理方面的缺失，同时也将弥补"家—国—天下"之互联网方面的缺乏。

社会网络的基本结构是一种基于"三度影响力原则"的亲疏差序格局。在亲疏差序格局方面，这与"家—国—天下"的中国智慧有着很大相似性。但与"家—国—天下"的逻辑起点即血缘之情不同，社会网络大多从最为亲近的朋友开始，逐渐向朋友的朋友扩展，朋友之间的友爱之情是其逻辑始点。将朋友之间的友爱之情作为逻辑始点，必然致使社会网络沦为简单的人与人之间的人际关系，而非人与伦之间的人伦关系。友爱之情要向血缘之情回归。社会网络的搭建要回归到以血缘之情为基础的家庭，以此为原点向外"推己及人"。具体而言，个体借助互联网平台搭建社会网络之时，应首先将家庭成员纳入其中，而后通过"推己及人"的心意感通机制，推广至朋友，以及朋友的朋友，以确保伦理的纯正源头。

由家及国，乃至天下的扩散路径确实表征着伦理存在的开放特性，可这只是一种特定时空中的开放特性。而互联网的超时空整合能力意味着它的开放性以及生成的伦理存在都应当超越现有的时空限制。以家庭为原点，社会网络扩散推及的不应当是国与天下，而是新型的"地球村"。早年，麦克卢汉针对广播电视的运用与普及就提出了一种经典的"地球村"。"全新的、电子的相互依存关系将整个世界重新构建为一个'地球村'。"① 正如莱文森所批判的，麦克卢汉笔下的经典地球村还仍然是"部分意义上的地球村"②，只是"非互动性的地球村"③。互联网的出现才"把地球村变成了货真价实的比喻"，"把地球村从比喻变成了接近于现实的白描"④。互联网推动生成的"地球村"充分打破了时空有限性，不仅真正达到了无远弗届的开放性，而且也成为人们"在一起"的终极理想状态。由"家"至"地球村"，这就是"家—国—天下"的中国智慧和社会网络整合生成的社会网络下"家—地球村"形态。

综上所述，一个合乎伦理、合乎互联网的新型伦理存在应当是社会网络下的"家—地球村"形态，它总体上呈现为：由"家"出发，通过"推己及人"的心意感通机制，确立个体与个体之间的关系链条，逐渐向外层层扩散，最终指向超越时空的"地球村"；精神应当是"家—地球村"形态的价值基础。

---

① ［加拿大］马歇尔·麦克卢汉：《谷登堡星汉璀璨：印刷文明的诞生》，杨晨光译，北京理工大学出版社 2014 年版，第 97 页。

② ［美］莱文森：《数字麦克卢汉：信息化新千纪指南》，何道宽译，北京师范大学出版社 2014 年版，第 147 页。

③ ［美］莱文森：《数字麦克卢汉：信息化新千纪指南》，何道宽译，北京师范大学出版社 2014 年版，第 161 页。

④ ［美］莱文森：《数字麦克卢汉：信息化新千纪指南》，何道宽译，北京师范大学出版社 2014 年版，第 148 页。

十九　基因技术的"自然"伦理意义

　　基因技术对现代伦理形态或现代伦理的文明形态的最大挑战，是伦理的自然基础问题，因而基因技术的"自然"伦理意义，便是基因伦理尤其是基因技术的伦理形态意义的研究中不可回避的前沿性课题。这一课题涉及两大基本问题：（1）技术、伦理与自然的关系问题，包括技术尤其是基因技术与人的自然存在的关系问题，其实质是基因技术的伦理前景；伦理、道德与人的自然存在的关系，尤其是人的自然存在的道德哲学意义问题，其实质是伦理、道德的起点。它们在哲学的层面更重要的是技术与自然、伦理与自然、技术—伦理互动与自然的关系。（2）高技术伦理具体地说是基因伦理研究的方法论问题，主要是科技伦理、伦理学、道德哲学三种研究视野之间的关系问题。两大问题中，第一个问题是科技伦理和科技道德哲学的基本问题，第二个问题是科技伦理研究的方法论，即科技伦理研究的几种可能的视角以及它们之间的对话互动的问题。对它们的进一步讨论显然具有重要的学术意义。

1. 伦理、道德和道德哲学的"自然"始点

　　道德与自然的关系是基因伦理研究的重要哲学基础。在精神哲学层面，需要审慎辨别的是：第一，伦理、道德的始点与道德哲学的始点虽有紧密关联但并不能完全等同，两者之间存在生活与理论、历史与逻辑的殊异；第二，伦理、道德和道德哲学的变化，与它们的逻辑与历史始点并不是一个问题，甚至不属于同一个问题域，对前者而言，后者更具有某种"变"中之"不变"的性质。

歧义也许可能在这里发生：在文明发展的历史长河中，自然人、自然家庭的本性和本质发生根本性的变化，是否意味着自然人、自然家庭作为道德、伦理、道德哲学始点的地位也发生了根本性变化？价值理念能否成为现代伦理、道德和道德哲学的起点和基础？

首先需要澄清的是，在关于基因技术的自然伦理基础的问题域中，"自然"概念的哲学本质是什么？对"自然"的概念规定的讨论可能会引起更为复杂的学术论争，最便捷的办法是寻找它的反概念。在中西方哲学中，无论对自然的理解存在多么深刻的文化差异，都有一个基本的共同点：自然是与人为相对的，自然的反概念就是人为，所谓"不事而自然"。无论英文中的"Nature"，还是中文中的"自然"，其基本意义都是"自然而然"，即事物原初的本然的状态，是本性和自性，而在与人文或文化相对应的意义上，指的是所谓原初状态的"存在"。由此，又引发出另一个问题：伦理的自然与道德的自然的区别是什么？做出这个区分的哲学依据，是"伦理"与"道德"在概念本性方面的殊异。由于伦理"是本性上普遍的东西"，是个体的公共本质即所谓实体性，它所关涉的不是个体与个体而是个体与实体、个体与它的公共本质之间的关系。最初的或直接的、自然的伦理实体是家庭，因而家庭就是伦理的自然，或伦理实体的最初状态或自然状态。关键在于，正如黑格尔所揭示的那样，在家庭中，伦理关系不是指个别性的家庭成员之间的关系，甚至不是家庭成员之间爱的关系，而是个别性的成员与家庭伦理实体之间的关系。这种关系的本质是：个体作为家庭成员而行动。

对道德哲学传统加以仔细梳理便可发现，中西方传统道德哲学都着力讨论人性问题，并以此为体系的逻辑出发点，这一特点在中国道德哲学传统中尤为突出。因为任何道德哲学体系或伦理学体系要在理论上彻底，就必须从两个具有终极意义的哲学问题出发探究：道德何以必要？道德何以可能？人性讨论的全部意义在于：既要为道德的必要性提供充分的根据，又要为道德的可能性留下广阔的地盘。在中国道德哲学史上，最具代表性的是孟子和荀子的人性论及其"理一分殊"。孟子主性善，"仁也者，人也"，认为人性即恻隐之心、羞恶之心、恭敬之心、是非之心的"四心"，它们是仁、义、礼、智四种德性的"四端"，由此，他以"万物皆备于我，反身而诚，乐莫大焉"的信念和原理，解决道德的可能性问题，但他同时又关注人性中内在的放失道德之心,即所谓"放心"的不道德的可能性和危险性,从而为道德的必要性提供依据。荀子以"性者,生也""不事而自然谓之性"立论,认为人性本恶,善不是性,而是"伪",性善是人内在的"化性起伪"的能力及其运作的结果。孟子、荀子人性论,表面看来正相对立,但在道德哲学层面却有着根本的一致性:(1)无论主性善还是主性恶,他们都将善或恶当作人的自然本性,或力图论证它们是人的自然本性,是人性之自然;(2)他们得出的结论是一致的:"人人皆可为尧舜","涂之人可以为禹",可谓殊途同归,理一分殊。人性与道德(或所谓善恶)的关系的道德哲学本质,就是中国传统道德哲学家戴震所说的"自然"与"必然"的关系。出于自然,适完其自然,归于必然(应然),就是人性之于道德和道德哲学的意义。

  道德以自然人为始点,虽然各种道德哲学理论对道德性还是生物性是人的自然本性存在争议,但它们都将这些本性视为"自然",并从这种"自然"出发建立道德哲学体系和伦理精神体系。诚然,人性的具体内容"从一个时代到另一时代、一个民族到另一个民族会变得完全不同甚至截然相反",但是从本质上说,对人性的"实践精神的把握"只能是一种伦理性的认同,而不是科学式的认识。所不同的是,它不是像道德那样以"自然人",而是以两种不同伦理性质表征的"男人—女人"所组成的"自然家庭"为逻辑起点。家庭作为直接的和自然的伦理实体,其根本特质在于诞生于它并置身于这个实体之中的个别性的"自然人"的不可选择性。也正因为如此,家庭以及作为家庭聚集地的乡村才成为黑格尔所说的"神圣性和义务的渊源"。人类文明的意义,在于发展自己的能动性或选择性,从必然王国中解放出来,进入自由王国。道德文明的意义,在于发展人类选择的合理性或合价值性:一方面使自己从自然状态或本能控制中解放出来,获得个体意志的自由;另一方面使自己从伦理关系和伦理实体的必然性支配中解放出来,获得实体和实体性意志的自由。前者是主观自由、道德自由,即主观意志的法;后者是客观自由、伦理自由,即客观意志的法。现代文明的成果,包括高技术文明和道德文明的成果,空前地扩张了人类的自由;而基因技术的成果则将人类选择的自由推到底线,或推到了文明的临界点——颠覆伦理实体的自然性,即对自身最初的或自然的伦理实体选择的自由。但是,选择或选择性的始点具有不可选择性,作为伦理始点的，应当也只能是人类的不可选择性。至少，到目前为止的一切伦理和道德哲学传统是建立在这个基点上的。这个不可选择性，表现为个体对于自己家庭的不可选择性。民族是"由家庭构成的"，同样，自然人对自己的另一个伦理实体即民族，也是不可选择的。家庭与民族是两个最基本的伦理实体，男人、女人作为两种伦理性质的代表，则是这两大伦理实体的"原素"。"家庭—民族—男人、女人"构成"伦理世界"，两大伦理实体分别对应伦理世界的两大伦理规律，即相对于家庭的"神的规律"和相对于民族的"人的规律"。自然人或个体扬弃自己抽象的独立性，作为"家庭成员"与"民族公民"存在和行动，是一种不可逃脱、不可选择的命运。

家庭的自然性、对于自然人的不可选择性，以及它作为伦理始点的地位和意义，类似于罗尔斯所说的"原初状态"和"无知之幕"。正是由于家庭对于自然人的不可选择性，个体才获得了一个平等和公正的起点。这种不可选择的平等，与诸家庭伦理实体、民族伦理实体在世俗世界如经济社会发展水平上的不平等，以及由于诸伦理实体之间的不平等而导致的个体之间的不平等，构成一个伦理性的悖论，也构成一个道德哲学的悖论。这一悖论构成内部伦理关系、伦理情感以及个体的伦理选择的神圣性。如果说，道德的可能性与必要性构成了自然人作为道德始点的逻辑根据，那么，选择性与不可选择性之间的张力，便构成自然家庭作为伦理始点的逻辑根据。这两种自然之间存在深刻的相通性，因为伦理与道德本质上是贯通一体的。这种相通性以及它们作为"自然"的道德哲学意义，孔子有过明确的表述。在论述"三年之丧"的伦理根据时，孔子就从"子生三年，然后免于父母之怀"阐发，家庭的自然本性决定了自然人作为"家庭成员"的基德。

可见，虽然伦理道德的价值理念历尽沧桑，虽然人们对待个体与家庭"自然"的态度在近代尤其是现代以来已经发生深刻的变化，但是，自然人、自然家庭在道德哲学中作为道德与伦理逻辑始点的地位并未发生根本性改变。文明发展的通则是：在"变"中总是存在某些相对"不变"的东西，由此传统的形成、文明的延续才有可能。黑格尔道德哲学体系正是以自然人和自然家庭为逻辑始点。黑格尔的道德哲学体系，主要集中体现于他的《法哲学原理》和《精神现象学》（下卷）。正如恩格斯所说，黑格尔的伦理学就是他的《法哲学原理》。不过需要补充的是,《精神现象学》同样也是他的道德哲学。不同的是,《法哲学原理》是以"自由的意志"为研究对象的体系,而《精神现象学》(下卷)则是以"自由的观念"或"自由的意识"为研究对象的体系,但无论哪种体系,都以家庭为伦理的起点。《法哲学原理》以家庭为"直接的和自然的伦理实体";《精神现象学》则以家庭为"伦理世界"的直接和自然的存在形态,并表现为"神的规律"。在黑格尔道德哲学中,自然被确定无疑地作为道德的始点。黑格尔不仅认可自然的道德地位,而且也是以自然为道德的始点,只是他认为在道德世界观中,道德比自然更具本质性。理由很简单,如果不这样,它便沦为"自然世界观"而不能成为"道德世界观",道德以自然为出发点和对象,是对自然的超越。至于自然在康德体系中的地位,限于篇幅,这里不作详论,只是申言,如果以"自然"为"原初状态"和"无知之幕",那么,正如罗尔斯所断言的,"在康德的伦理学中无疑包含有无知之幕的概念"[①]。

当然,黑格尔、康德的理论体系是唯心的,其体系是"头足倒置"的。但是,在马克思主义经典作家的理论中,"自然"的基础性地位也被充分肯定。马克思、恩格斯在讲到生命生产时说:"这样,生命的生产——无论是自己生命的生产(通过劳动)或他人生命的生产(通过生育)——立即表现为双重关系:一方面是自然关系,另一方面是社会关系;社会关系的含义是指许多个人的合作,至于这种合作是在什么条件下、用什么方式和为了什么目的进行的,则是无关紧要的。"[②] 伦理、道德本身是一种生活,即伦理关系和道德生活,而不只是观念或价值理念,"不是意识决定生活,而是生活决定意识"[③]。以某些重要的近代性或现代性价值理念作为伦理道德的始点是不可靠的。诚然,要生活就要生产,要生产就要结成一定的生产关系和社会关系,因而无论自然人还是自然家庭,都是历史地发生并获得现实性的。但是,生产方式是伦理道德的最终

[①] [美]罗尔斯:《正义论》,何怀宏、何包钢、廖申白译,中国社会科学出版社1988年版,第135页。

[②] 《马克思恩格斯选集》(第1卷),人民出版社1972年版,第34页。

[③] 《马克思恩格斯选集》(第1卷),人民出版社1972年版,第31页。

决定力量，与自然人、自然家庭是道德、伦理的逻辑始点并不是同一个命题，更不是同一个概念，甚至不是同一个问题域，因而不能简单地以前者对后者进行辩驳和否证。

或许，正是由于"自然"构成伦理和道德的逻辑始点，从另一个方面说也构成伦理和道德的对象。在道德哲学史上，伦理与自然、道德与自然的矛盾是一个难解之结。在中国传统道德哲学史上，以老庄为代表的道家就以"自然"为最高价值，揭露儒家伦理道德的虚伪性。到魏晋，这个矛盾酿成"名教"与"自然"之辩，伦理学家们的结论是："越名教而任自然。"这场讨论在理论上十分繁复，故以"玄学"概之，但以此为佐证，说明"自然"的道德哲学地位，却具有一定的解释力。

2. 基因技术的"自然"伦理前景

论证"自然"的道德哲学地位，第二个重要的问题便是技术与伦理的关系，具体地说是基因技术的"自然"伦理前景问题。它涉及道德哲学与科技伦理的一系列重大理论课题：（1）对基因技术来说，在道德哲学意义上"自然"的本质或者说最有决定意义的"自然"本质是什么？（2）技术与伦理互动的历史规律如何？（3）基因技术的"自然"伦理前景如何？或者说基因技术对包括伦理道德在内的人类文明最根本也是最应引起高度警惕的挑战是什么？

第一个问题既与道德哲学研究的视野与方法相关，也与前文所讨论的伦理、道德与自然的关系相关，其实质是：到底什么是道德哲学意义上的"自然"？或者说，作为伦理、道德始点的"自然"的内核是什么？"基因技术的道德哲学革命"作为"道德哲学"的视野和方法所关注的，是基因技术带来的对伦理道德和人类文明具有根本意义的挑战及其可能产生的终极性后果。这里便存在一个方法论上的悖论：一方面，学者的研究只能在某种特定的学科视野下进行，学科就是规定，规定就是否定，否定就是局限；另一方面，任何一种研究尤其是特定学科视野下的研究都必须超越自身的局限，达到更为深刻的真理性。学科视野中的这种规定和否定、局限和超越的悖论，也体现出马克思主义哲学辩证法资源的难能可贵，因为只有透过辩证法，才能真正扬弃这些局限，从而"出入学科"。这一悖论内在于"道德哲学"的概念之中：它的研究对象既是"道德"，在基本学科立场上便是伦理学的；但又是"哲学"，它的根本方法便应当也必须超越伦理学而达到哲学的普遍。所以，道德哲学意义上对"自然"的关注，与伦理学以及生物学意义上对人的自然的关注可能存在原则上的差异。

虽然人们可以从各种维度对人及其家庭的"自然"本性做出具有一定真理性的规定，但在道德哲学意义上，乃至在基因技术与伦理道德相对应的意义上，人及其家庭最具决定意义的本质，就是它的不可选择性。正如库尔特·拜尔茨所说，现代技术带来的最为严峻的伦理道德挑战，就是人的行为选择权的爆炸式增长，以及由此所产生的与人类的伦理道德控制能力的不对称。在这方面，基因技术尤为突出。"今天，所发生的这场人类繁殖的技术革命（我们正处于其开端）已经导致了我们行为选择权的急剧扩张。"① 在某种意义上，人类一切文明发展的目的，包括伦理道德与科学技术在内，都是扩张和提升以行为选择权为核心的人的能动性，这种能动性的哲学表达便是所谓"自由"，自由的本质是"解放"。科学技术的目的，是将人从客观自然或外在自然的束缚中解放出来，获得客观自由；伦理道德的目的，是将人从主观自然即受生物本能驱动的压迫下解放出来，获得主观自由。因此，"自由"是人类最基本、最重要的价值追求。但是，文明的辩证法在于：第一，自由的始点是不自由，选择权建立在不可选择性的基础上；第二，如果引导和规约人的行为选择权的价值资源尤其是伦理道德资源供给不足，人类的选择权的发展便遭遇巨大的文明风险，这也是科技伦理尤其是基因伦理讨论的针对性和它的哲学意义之所在。所以，虽然可以对自然做诸多规定，但在道德哲学意义上，"自然"的根本规定就是人的不可选择性。对道德来说，是对人的自然生命体的不可选择性，包括对"男人—女人"这个被黑格尔称为"伦理世界原素"以及人的最初生命性状的不可选择性，即所谓"自然人"；对伦理来说，是人的最初的、直接的伦理实体即家庭的不可选择性，即所谓"自然家庭"。

正是在这个意义上，基因技术对伦理学的最根本、最深远的挑战，在于从根本上颠覆传统道德和传统伦理赖以存在的自然基础。如果用拜尔茨

---

① ［德］库尔特·拜尔茨：《基因伦理学》，马怀琪译，华夏出版社2001年版，第7、13页。

的话语表述,基因技术将人的行为选择权的"爆炸性增长"推到了文明的底线或临界点,以致使人类不仅滋生这样的冲动,而且有这样的现实可能,这就是:"充当上帝。"西方科学家发现,哥白尼和达尔文使人降了级,但现代科学却逼迫人类去"充当上帝"。"从贬义的用法上讲,'充当上帝'的说法含有我们像上帝那样做出决定,但却没有上帝那样无所不知的智慧的意思。"① 人对于自己生命的原初状态及其所处的直接的伦理实体的不可选择性,是人的生命和生活的罗尔斯式的"无知之幕",它既是以选择性为本性、以自由选择为价值目标的人类文明的被预设的始点,也是现有的人类文明和制度安排的基础,是道德超越性和伦理神圣性的根源。颠覆了这个始点和基础,以这个"无知之幕"为背景的人类文明的一切设计和安排都将失去合理性与现实性。基因技术与其他高新技术的根本不同之处在于:它透过技术手段将人类的行为选择权延伸到了既有文明的底线,撩开人类文明的"无知之幕"并使之"祛魅"。克隆技术及其发展正在一步步使这种可能变为现实,它的进步已经表明,克隆人至少在技术上已经不是天方夜谭。但是,行为选择权与行为选择能力在文化尤其在哲学上并不是一回事,两者的区别在于价值合理性。这种区别的本质在于,人们不仅要像上帝那样做出决定,还要像上帝那样具有全知全能的智慧,至少有足够的把握保证我们所做出的决定及行为选择具有基本的文明合理性,否则,便蕴含着巨大而深刻的文明风险。这就是基因伦理的意义之所在,也是许多国家对基因技术尤其是克隆技术以立法形式进行限制的依据之所在。

当然,迄今为止的一切技术干预都未曾根本改变更没有彻底颠覆人的自然本质,但是,"未曾改变"的根本原因是"未能改变"。目前的相关技术,如生殖技术、医疗技术、基因—生殖技术,就人的生命来说,是一个"人工自然"的"不自然"逐渐蚕食"自然"或原初自然的轨迹,其彰显出的伦理问题,都与人的"自然"本性的社会意义相关。"自然家庭"也是如此。从斯巴达的人种选择、柏拉图的婚配制度,到尼采的"育种战略",再到现代优生学,可以说,古今中外的一切优生策略和婚姻制度,在一定意义上都可以视为对人及其家庭的自然本性进行"改良"

---

① [德]库尔特·拜尔茨:《基因伦理学》,马怀琪译,华夏出版社2001年版,第181页。

的努力，但也正因为如此，这些社会性的努力不可能突破"人的自然本质藩篱"。然而，基因技术第一次从技术上使之成为可能，它使人从"育种员"成为"工程师"（拜尔茨语）。也正因为如此，在人类改造自身的自然的历史进程中，基因技术只是在技术意义上才是一场革命，因为这一努力一直在社会意义上进行。这也从另一方面说明，人类一直怀揣"充当上帝"的欲望和冲动，一旦在技术上提供可能，这种冲动很可能成为现实。在技术必然性与伦理合理性之间，我们需要一种"乐观的紧张"。一方面，在人类文明史上，我们还未找到社会意识形态和制度规约完全改变乃至消除某种技术必然性的先例，基督教对于解剖技术、现代文明对于核技术的关系就是例证；另一方面，意识形态、制度安排和伦理道德对此又不是完全无所作为，它可以调整甚至改变技术的社会与文化意义，使之符合人类的根本价值目的。所以，对待基因技术与人的自然的关系的合理态度，应当既不是乐观主义，也不是悲观主义，而是"乐观的紧张"。

3. 基因伦理学的使命与道德哲学的课题

至目前为止，关于基因伦理研究更多的是在技术的层面考察、反思乃至展望基因技术所带来的以及可能产生的诸多伦理问题，尤其是由技术风险所导致的诸多伦理后果和伦理风险，如在治疗中由于知识供给的不充分而产生的对人的生命健康的不负责任、生殖技术中由"消极优生"向"积极优生"异化所产生的伦理后果，以及克隆人对人的尊严的严重侵犯。这些当然是务实的和建设的态度，但是对于基因技术的伦理问题的研究如果仅局限于此显然是不够的。它不仅使关于基因伦理的研究局限于技术层面，并且只能跟在基因技术的发展后边亦步亦趋，更重要的是，它无法真正履行基因伦理的文化使命，为基因技术的发展提供价值互动和价值引导，更无法透过对基因技术的文化和文明前景的鸟瞰与展望，为基因技术的发展主观能动地进行必要的理论准备。由此，基因伦理的研究应当在三个层面展开：一是对基因技术的伦理关切；二是基因伦理学的建设和建构；三是关于基因技术及其发展的道德哲学研究和道德哲学准备。

对基因技术的伦理关切无疑是基因伦理的基本使命，但是，人们除了在一些最为基本的问题上如基因—治疗技术潜在的健康风险、基因—生殖技术可能产生的生殖操纵以及由此衍化的种族歧视等可以直觉地达成共识外，事实上很难为自己的判断找到充分而确定的伦理依据。而且，上述判断还不是严格意义上的伦理判断和伦理分析。所以，在现代关于基因伦理的研究中，有相当一部分并不是伦理的，而是技术的，至少技术的比重大于伦理的比重，其给人的印象和诱导是：只要技术上成熟，这些伦理问题不仅会迎刃而解，而且根本不会产生。这样，在对基因技术的伦理关切中，我们事实上虚拟了不少伦理问题，而如果将技术问题虚拟为伦理问题，那么伦理学便提出了自己无法完成的任务，或者说它试图越俎代庖。换言之，如果我们所认为的伦理问题可以通过技术或技术的成熟来解决，那它们就不是，至少不是严格意义上的伦理问题。这便是基因伦理的局限。由此，基因伦理的关切便必须过渡到自觉的基因伦理学的理论建构。

基因伦理学的基本任务，是对基因技术及其运用中的诸多问题进行伦理认定和伦理判断。首先，必须判断哪些问题是"伦理的"，哪些是"非伦理的"或与伦理无涉的；其次，必须判断它如何、为何是"伦理的"或符合伦理的。作出这些判断的前提，是必须有可靠与合理的价值依据，由此对于事实的指证和现实的关切，便转化为理论和历史的自觉研究。但是，基因伦理学本质上是一种发展伦理学，或者说，应当用发展伦理学的视野和方法研究基因技术的伦理问题。按照西方学者的观点，发展伦理学的基本任务有二：一是为发展提供伦理批评，二是为发展提供伦理战略。这里要补充的是，基因伦理作为发展伦理学，还必须为基因技术的发展提供伦理论据和伦理引导。以发展伦理学的视野和方法对待基因技术乃至整个技术发展，可以避免使伦理和伦理学成为技术进步的紧箍咒，同时又可以保证伦理和伦理学对技术发展履行积极有力的价值批评、价值互动的文化功能。

也许，关于基因伦理问题研究的诸多分歧可能在于对待"自然"概念以及基因技术所面临的"自然"伦理问题的基因伦理、基因伦理学、基因道德哲学的不同诠释和理解维度。在亚里士多德那里，伦理学与道德哲学是同义语，也许正是发现了伦理学在理论与实践上的局限，康德又对伦理学与道德哲学重新进行区分。他将哲学区分为理论哲学和实践哲学，实践哲学主要就是道德哲学，道德哲学与伦理学不同的是，它在根本上是一种哲学。道德哲学不仅要为伦理道德提供终极性的价值依据，而且，它所关注的也是根本性和终极性问题。基因技术从根本上所挑战的是作为道德哲学对象和概念的"自然",即作为伦理和道德对象与始点的"自然",而不是技术意义上作为"生命规律"的"自然",这正是它最为深刻的文明意义和伦理后果之所在。也正是在这个意义上,应当进行"道德哲学革命的理论准备"。当然,这一立论的真义不是说基因技术已经颠覆了"自然",更不意味着承认甚至放任克隆人技术的发展,而是指出,基因技术的道德哲学实质,是对"自然"的改造,这个改造已经开始,对它采取羞羞答答的回避态度无济于事。

哲学研究的任务不是修修补补,而是直面本质。与其在颠覆性的改造面前束手无策,不如未雨绸缪,及早做好理论准备。面对和承认这个事实或许是一个痛苦的过程,但是,哲学的展望乃至假设、哲学的洞察和勇气,仍然是我们应对基因技术最为彻底和最为主动的战略选择。

二十　孝道的文化之重

人要在这个世界上绵亘挺拔而屹立为"人"这个"类",需要两种基本能力:一是点石成"金";二是点石成"精"。一字之差,虽都是出神入化之功,却显现出物质与精神两立,前者创造物质世界,后者安顿自身,建构精神宇宙。现代性尤其是市场经济赋予人类本能的最大附加值是"点石成'金'"。金钱拜物教之可能成为一种世俗宗教,不仅意味着对金钱以及追求金钱冲动的放逐,而且隐含着一种信念:相信金钱,与之相伴的是似乎物质生活的进步可以秋风扫落叶般地席卷世间一切难题,只要经济发展了,一切问题都会迎刃而解。于是,万种风情的"人"的生活便为经济与科技所绑架,人们学会了接受企业和技术进步提供和安排的一切,"变化",尤其像芯片那样目不暇接地不断换代成为世界的主题,人们在这个世界中学会的最大本领是转瞬即逝的"遗忘"与"抛弃",IPhone4、IPhone5,到 IPhone6 一年之内便可彻底地相互遗忘,今天抛弃昨天,今天又被明天抛弃,人们生活在一个没有记忆甚至不容记忆的世界,一切都被"变化"所驱逐。久而久之,缓慢而又春风化雨般地使得在漫长传统社会中形成的"点石成'精'"的能力用尽废退。

简单地说,所谓"点石成'精'",就是赋予世界的一切以精神,并将世界融化于人的精神从而成为人的精神世界的质料和滋养的取向和能力,它将世界的一切当作人的精神的作品,也当作人的精神的"现象",由此追求并努力达到永恒。孔子"天生德于予"是穷途末路之际的"点石成'精'",李白"举杯邀明月,对影成三人"是孤独世界中的"点石成'精'"。"点石成'精'",是一种信念,一种智慧,更是一种自人从动物界分离出来就开始以精卫填海的毅力养育的能力。"精"不只是与物质相对应的精神，而且是价值，是永恒，是不朽。因为这种智慧与能力，人便与世界融为一体，建构自己强大的精神宇宙，当然，在那些物质匮乏的时代，也常常如庄子的逍遥游，内蕴着某种画饼充饥式的无奈。人类在进化的同时，往往伴随退化。现代性、市场经济奇迹般催生了人类"点石成金"的天赋，与此同时，"点石成'精'"黯然退场。于是，这个世界不仅祛魅，而且缺乏人文灵性，缺乏彻底的智慧，只剩下可怜的知识和令人目眩的"黄黄的金子"。关于孝道，以及孝道在中国文明体系中的地位的理解，便是典型案例。

如果欲以一句话还原"孝"在中国文明体系中的地位及其现代命运，那就是：孝道的文化之重。一方面，它在文明体系中"举足轻重"；另一方面，它在现代社会，尤其是老龄化与独生子女邂逅的当代中国又"不堪重负"。然而，无论如何，在当今中西交汇的文明天平上，中国文化的顶层设计和终极关怀，究竟或"中"或"西"，"孝道"又确实具有"一砣压千斤"的文化之"重"。

1. 文化重托：对于"不朽"的期许与承诺

现代伦理关于"孝"的文化理解的最大误区，一言以蔽之，在于"道"与"德"的离析。理论上，只把"孝"当成一种"德"，没有也无法达到"道"；实践上，只提倡孝之德，不能洞察道的伦理智慧和伦理境界。道之不存，德将焉附？于是，现代中国社会必然遭遇孝的文化危机。

中国哲学将"道德"一体，便意味着道与德的相分相即。老子的《道德经》，上篇为德经，下篇为道经，实为"德道经"，已经隐喻"道"高于"德"，是"德"的根源，所谓"道生之，德蓄之，物形之，势成之，是以万物莫不尊道而贵德"[1]，"故失道而后德，失德而后仁，失仁而后义，失义而后礼"[2]，已经从正反两个方面诠释了道与德的不同智慧境界，"道"为"尊"，"德"为"贵"。"孝德"与"孝道"分别指向道德品质和伦理境界，彼此相互关联，形成"孝"的完整道德哲学结构，于

---

[1] 《道德经》第五十一章。
[2] 《道德经》第三十八章。

是"孝"便不只是一种"德",更是一种"道"。有待追问的是:"孝"到底是何种"道",因何成为"道"?

在人类文明史上,孝道的产生到底具有何种精神哲学意义?孝的观念、德的观念、礼的观念,是中国人的精神尤其是伦理精神发育中最早孕生的几个重要的观念之一,它们在精神发展史上的地位如此重要,以至于可以说是"元观念"。一般认为,孝的观念产生于殷周之际,它的产生需要两大条件,一是基于血缘的亲亲关系,二是家庭经济以此与之相关的家庭成员间权利义务关系的形成,它具有维护宗法制的社会作用。[①] 这种历史主义的解释指证了孝产生的客观基础,但没有也无法解释孝的观念诞生的巨大精神史意义,也难以彻底地解释,孝为何在中国,也唯有在中国,才发展成为一种最具范型意义的"道",即所谓"孝道"?

雅斯贝尔斯曾经说过,在轴心时代,人类产生了一种重大觉悟,相信人类可以在精神上将自己提高到与宇宙同一的高度,几乎同时诞生了一些金岳霖所说的"最崇高的观念",在希伯来是上帝,在印度是佛,在中国就是"道"。"道"是达到普遍和永恒,在精神上与宇宙同一和往来的最高概念,"道生一,一生二,二生三,三生万物","道可道,非常道"[②]。关于"孝道"的研究,不仅要说明孝是何种"道",更重要的是要指证,孝到底如何让人达到"道"。也许,有两种假设可以为经验与理性所承认。一、孝是人类区别于动物、使人最终从动物界分离出来的重大标志,借此人猿揖别,走向"人道"或"人"之"道";二、孝是中国文明区别于西方文明的最重要的元色之一,在中国也只有在中国,孝才成为通向"道"即达到终极的必由之路。孝作为人类区别于动物的精神史意义也许无须辩证。在动物界,不乏父母对子女的哺育的慈爱,有时这种慈爱丝毫不逊色于人类,甚至达到超越人类的感天动地的地步,然而,无论动物学还是人类学的研究都未能提供一种否证,唯有子女对父母的反哺,才是人类独有的伦理,它是人类进化过程中具有里程碑意义的精神事件。原始社会初期并无表征子女对父母义务的所谓孝,在食物资源紧缺的条件下,年迈的父母甚至成为子女的食物,我们可以谴责它的野蛮,也可以为这种基

[①] 沈善洪、王凤贤:《中国伦理学说史》(上卷),浙江人民出版社1985年版,第56页。
[②] 《道德经》第四十二章,第一章。

于稀缺的本能行为辩护,还可以有另一种解释,这是父母为子女也是为自身血脉的延传所做的最后和最高的牺牲,它以自己的血肉之躯为子女献上"最后的晚餐"。然而,难以解释的是,在自原始社会至今的漫长历史演变中,物质的稀缺从来就与人类相伴,应对稀缺的"最后晚餐"为何被同样感天动地的孝道所代替?精神史的图景向两个方向展开。一方面,父母以不同形态为子女奉上慈爱的"最后的晚餐",无论是老人的隔代抚养还是年轻人"啃老",相当意义上都是父母鞠躬尽瘁的最后奉献;另一方面,人类的精神延展在觉悟中改变了航向,由黑格尔所说的"直向的善",走向"反向的善",在继续行进中不断回归自己生命的根源,走向孝的反哺之道。可以说,慈爱是生命的自我行进,孝敬是生命的家园回归。回归的动力,是追求无限与不朽的终极觉悟和终极关怀,其要义是由"孝"达"道",将"孝"由"德"推进为"道"。

在基于人类自然生命的伦理情感中,"孝"与"慈"是"同行异情"的两种基本的实体性伦理,共同缔造和捍卫生命的无限进程。"慈"是一种本能情感,但又是一种实体性情感。因其自然属性,它坚韧而强大;因其实体性,它具有浓郁深厚的伦理意蕴。人类生命的延续需要两大再生产,即人种的再生产与物质生活资料的再生产,后者服务并服从于前者。婚姻是人类延续的最具决定意义的环节,正因为如此,它是人类最基本也是通过数千年培育所形成的最强大的一种伦理能力。婚姻与动物本能的根本区别,在于它不只是诉诸自然冲动,而是由一个男人和一个女人在"失去自我而又获得自我"的爱情中建构家庭的伦理实体性。正如黑格尔所说,家庭是精神的直接的实体性,它"以爱为其规定,而爱是精神对自身统一的感觉"。婚姻的基础不只是出于本能的"情",而是基于伦理的"爱"之"情"。"爱"的真谛是什么?一言蔽之,是不孤立,不独立。"所谓爱,一般说来,就是意识到我和另一个人的统一,使我不专为自己而孤立起来。"爱有两个环节,一是"我不欲成为独立的、孤单的人,我如是这样的人,就会觉得自己残缺不全"。二是"我在别一个人身上找到自己,即获得了他人对自己的承认,而别一个人反过来对我亦同"[①]。前者是个别性的扬弃,后者是实体性的获得,于是伦理与精神便

---

① 以上均见黑格尔《法哲学原理》,范扬、张企泰译,商务印书馆1961年版,第175页。

成为婚姻家庭的两个文明要素，伦理指向普遍性或实体性，精神是达到实体性的必由之路。"伦理是本性上普遍的东西，这种出之于自然的关联（引者注：指家庭）本质上也同样是一种精神，而且它只有作为精神时才是伦理的。"① 在婚姻中，夫妇双方的实体性的人格化存在就是子女，子女不仅是父母的共同缔造物，而且是夫妇关系实体性的体现和确证，子女使夫妇最终成为一个人，所以被称为"爱情的结晶"。父母对子女的慈爱或怜爱，本质上是一种自爱，但这种"自爱"之"自"，已经不是男人或女人中的任何一方，也不只是对自己缔造物或生物性作品的爱，而且是对夫妇共同实体的爱，由此这种自爱便具有伦理性，实体性指向使慈爱超越自然本能而具有伦理意义。子女是夫妇关系的人格化结晶，在子女的成长中，自单细胞的十月怀胎到一朝分娩，再到哺育和长大成人，这种夫妇关系的实体性越来越远离自己，而成为一种独立的生命存在，在这个意义上，慈爱总是带有某种伦理性的悲怆，只能在关于子女成长过程的回忆反刍中不断寻找慰藉和温馨。然而，子女对父母的孝敬与慈爱的自爱相比，已经也必定是一种启蒙和自觉，其要义在于：子女意识到父母是自己生命的根源，自己在父母生命的枯萎中成长，于是慎终追远，返本回报。孝敬之"敬"本质上是对生命根源也是生命家园献上的伦理敬畏和心灵鞠躬，而所谓"孝"，在词源上就是由"子"与"老"的会意而成，由此与"攵"组合而成的"教"，明白无误地标识它是教化和启蒙的开端，隐喻孝是人类生命进程的第一次也是最重要的一次重大觉悟，是对人的动物性本能根本意义上的超越。"慈爱"与"孝敬"，某种意义上都具有"体爱"的内核，是基于血缘关系的同体之爱，但孝敬具有更为浓郁乃至更为彻底的伦理和精神意义，是伦理精神发展中的第一个里程碑。

人与动物相同，有生必有死，生命短暂，唯有时间永恒。宇宙间之所以存在"时间"这种让一切"有"回归于"无"的不可逃脱的终极力量，也许根本上源于空间的有限性。时间是让一切存在不能同时在场的宇宙智慧，万物只能当其"时"，在其"时"，由此空间便可以呈现其"空"，这便是时间与空间的辩证法。然而，与其他自然存在不同，人也

---

① ［德］黑格尔：《精神现象学》（下卷），贺麟、王玖兴译，商务印书馆1979年版，第8页。

许是世间唯一意识到自己必定死亡的动物,"向死而生"是人类生命的真谛,所谓"四十而不惑,五十而知天命",相当程度上就是因意识到生命有限而产生的觉悟和智慧超越,于是如何"不死"便成为人类的终极课题,由此产生对永恒和不朽的终极价值、终极关怀的终极追求。在文明体系中,达到永恒与不朽有两种智慧形态,这就是宗教与伦理,或宗教型文化与伦理型文化。宗教通过此岸与彼岸的二分为此岸众生设计和指引了一个彼岸世界,永恒与不朽就是回归上帝、佛祖、安拉等终极实体。这样便可以理解,康德哲学为何必须借助上帝存在的预设才能最后完成道德与幸福统一的至善之境,因为灵魂不朽的时间超越只有在上帝那里才能完成,即便穿越一切、"先天地生"的黑格尔的绝对精神,最后也要在宗教中呈现。宗教所达致的生命永恒的中国诠释和文学表达,就是《西游记》中孙悟空在阎王簿上将自己的名字划去,它犹如现代电脑中的根目录清除,由此孙悟空逃出时间之域,百劫而不死。

伦理型文化呈现另一道智慧风情。它是俗世超越的智慧,在个体性的"人"与实体性的"伦"的统一中达到永恒与不朽,这便是"人伦"的哲学真谛和文化魅力所在。在中国文化中,"伦"既是世俗的普遍实体,如家庭、社会、民族、国家,又具有终极实体的意义。也许为凸显其终极性,中国文化才悬置和预设了一个以无用求大用的"天","天道远,人道迩,非所及也"①。隐喻了"天"的终极意义及其悬置地位。在入世的伦理型文化中,"不朽"通过三条路径实现:立德、立言、立功,所谓"三不朽"。"立德"即通过德性修炼达到"伦"的普遍实体,所谓"同心同德"意味着超越个别性达到"同"的普遍性,而"仁者无敌"的真谛是因为爱人而与所有人在一起,最终达到人的实体,摆脱相对而成为绝对,于是便"无敌"或"无对"。"立言"即著书立说,它以文字的形态使自己的思想与灵魂永远地在场。"立功"通过建功立业而千古流芳,"万里长城今尤在,世人不见秦始皇",这句话应当反译为"世人不见秦始皇,万里长城今尤在",看到长城,人们便自然想起秦始皇,于是秦始皇便因修筑长城之功而不朽。

然而,"三不朽"有一个致命局限:它们只是精英的专利,普通百姓

---

① 《左传·昭公十八年》。

难以企及。按照丹尼尔·贝尔的理论，文化是为人类生命过程提供解释系统，以帮助他们超越生存困境的一种努力。一种文化如果不能帮助所有人超越生存困境，就不可能成为大文化，中国文化之所以为伦理型文化，中国伦理型文化之所以能够两千多年来与宗教型文化分庭抗礼、比肩而立，最大的秘密在于它以家庭为本位，在俗世的血缘神圣性基础上建立起伦理世界的精神大厦。正如梁漱溟先生所言，中国文化以伦理为本位，伦理本位的根本是家庭本位。血缘文化、家庭本位为芸芸众生开放了一条通达不朽的世俗道路。孟子云："不孝有三，无后为大。"为何在所有不孝之中，"无后"即没有儿子是对父母和祖先最大的不孝？由父氏社会转型而来的人类文明，以男性为家族生命的正宗和血脉符号，子嗣文化提供了一种愿景：对任何人而言，即便不能立德、立言、立功，但只要子孙不绝，不仅自己，而且祖先和整个家族的血缘生命便可以延绵无疆。这种伦理智慧用现代科学的话语表达就是：在子孙的身上，流淌着祖先的血液。孔子虽然遗世两千多年，然而在其第七十六代孙孔令辉身上依然清晰地跃动着他的DNA，由此孔子即便不是孔圣人，也已经永恒不朽。相反，如果"无后"，那便不仅堵绝了父母而且堵绝了整个家族及其祖先的通向不朽之路，是家族血脉的中绝，因而是最大的不孝。这种孝道智慧当今虽然早已过时甚至被唾弃，但无论如何，它以自然神圣性诠释了孝如何从"德"提升为"道"。"孝"之为"道"，根本上在于对永恒不朽的承认和希冀，具有与宗教相通甚至相同的文化意义。在宗教型文化中，永恒不朽是"永远活在上帝手中"；在伦理型的中国文化中，永恒不朽是"永远活在人们心中"。"上帝手中"和"人们心中"标示此岸与彼岸的两种不朽的终极关怀与终极智慧，于是，孝之为"道"，不仅是子女对父母和祖先的一种行为态度，而且是对他们永恒不朽的承认和承诺，孝之"德"只是这种承认和承诺的现象形态与行为表达。对父母和祖先而言，孝是终极价值；对子女而言，孝是终极关怀。这种终极关怀，不只是有生之年赡养和"色难"的世俗侍奉，而且是对"永远活在我们心中"的终极承认和终极承诺，无论逝世时的"哭丧"，还是回归家族坟墓的安葬，都是这种承认和承诺的礼仪呈现。正如黑格尔所说，死亡是人的生命的最后完成和最高形态，家庭的任务，是使死亡从一个自然事件成为伦理事件。中国文化的哲学智慧与伦理信念是"死而不亡者寿"。死是必然，永远的追求是如何达到"不亡"。"死"是肉体在世俗世界中的消失,"亡"意味着在精神世界中的退场或被遗忘,"永远活在人们心中",是伦理世界中的永恒不朽或所谓"不亡"。孝之为德,在其世俗性;孝之为道,在其走向永恒不朽的超越性。在这个意义上,"孝道"比"孝德"具有更为彻底的终极关怀意义。

2. 文化重负:独生子女邂逅老龄化背景下的伦理"超载"

综上所述,在中国文化及其传统中,孝道承载着具有终极意义的文化重托,这就是在生生不息的生命之流中对不朽的期许与承诺。对父母而言,它是对不朽的文化期盼;对子女而言,它是对使父母生命不朽的文化承诺。由于父母子女的代际延续是生命之流的单元,因而这种文化重托便超出血缘关系,泛化为对普遍意义上人的生命包括人的类生命永恒不朽的期许与承诺,具有与宗教型文化相通的终极关怀意义。然而,进入现代社会,尤其是独生子女与老龄化相遇的现代中国社会,这种文化重托的传续却遭遇前所未有的危机,这种危机用一句话概括就是:"超载"老龄化下的孝道失落。它表现为两方面:延传压过孝道,世俗取代超越。

老龄化是现代中国最重要的国情之一,不仅未富先老,而且几亿中国人一同进入老龄进程,仅老龄人口之众已经足以让人爱莫能助。然而,最严峻的课题不是未富先老,因为以往几千年的中国比当今贫弱得多,老龄问题却没有这般严峻;也不是全民进老,因为老龄化在日本等国家同样存在。最严峻的中国问题和中国国情是独生子女遭遇老龄化。文明史上这种前所未有的美丽邂逅,使得数千年伦理型文化以家庭为基石所构筑和绵延的坚固长城可能在风雨中飘摇,其集中表现是因家庭在文化功能上的"超载"而导致人的终极关怀的自然安全系统的颠覆性解构。解构的后果,不只是此岸生活世界的危机,而且是通往彼岸的不朽之路可能被堵塞甚至中断,其最深刻的问题不是家庭和社会对老龄化的世俗超载,而是孝道的文化失落。

人们往往对独生子女背景下"2+8"的家庭前景(即一对小夫妻赡养双方两代八个老人)忧心忡忡,也对多元文化激荡下的孝道现实充满忧虑。然而，无论客观调查还是理论思辨都发现，关于子女孝敬的期待和批评远没想象中的热烈和激烈，当今中国社会似乎在父母与独生子女之间达成了某种伦理上的谅解备忘录。精神现象学还原的社会镜像是：不是对孝敬没有期待，而是难以期待；不是没有问题，而是根本就很少预期。不批评，是因为难期待，无预期。这不是一种伦理上宽容，而是一种心理上的放弃。独生子女将家庭血脉延传的压力和危机推到空前的程度，这种压力可以"如履薄冰，如临深渊"概之。在这种背景下，血脉延传的现实诉求大大压过文化存续；对子女未来的深深忧患相当程度上迫使父母放弃对子女履行伦理义务的诉求。于是出现一种普遍的吊诡现象：一方面，对子女在生活上百般呵护宠爱；另一方面，在学业上严苛至极，试图将他们武装到牙齿。当下的中国社会似乎陷入某种不对等的伦理关系之中：只是父母对子女尽慈爱，而不期待子女对父母尽孝敬。面对第一代独生子女首先迎来的老龄化，在伦理上可歌可泣的中国父母已经悄然开始了一场世俗自救：与宠物为伴忍受空巢孤独、义无反顾而又抱憾吞泪地走进养老院、永远告别以自己心血筑成的家园等，都是这场自救运动的开始。一切的一切，都源于对独生子女家庭文化超载的现实承认与无奈面对。独生子女家庭是一场充满不确定性的空前的社会试验，它使"独一代"在血缘关系中沦为伦理上的单子，因而在以家庭为自然安全系统的中国文明中他们的未来便可能面临许多难以预料的不确定。面对这种不确定，"独一代"的中国父母在无尽的奉献中决然选择了放弃，不只是放弃诉求，而是放弃期待，宁愿将自己抛进更不可确定的未来而独自承受。这是一种彻底的放弃，它似乎是一种代际伦理关系上的不公正，然而它的至不公正却是它的至公正，它的放弃正是它的获得。对这种不公正的欣然接受和倾力造就，正是对独生子女时代家庭的文化超载的伦理应急，以及对家庭血脉传承的热切期盼。面对父母对独生子女的未来生活周到得几乎令人唏嘘的安排，有人说已经不是使孩子赢在起跑线，而是一下送进终点，因为对那些优越的"二代"来说，他们的一生在物质上似乎都不需要担忧也不再需要奋斗了。这些行为毋宁应当被当作面对家庭超载而产生的对未来不确定的过度反映，以及父母在代际伦理关系中所选择的神圣放弃。

然而，无论如何，放弃出于无奈和无助。当放弃的不只是世俗生活，而是具有终极意义的不朽诉求时，便标示着文化危机的生成。进入老龄化时代，独生子女家庭所面对的不只是世俗生活上的超载，更深刻的是文化传承上的超载。在物质财富已经十分丰富的今天，老龄人的生活水平无疑已经得到很大提高，物质忧患远远少于也小于传统社会。然而，生活与生命的内核不在于数量，而在于质量。正因为如此，学者们提出老龄人的生活质量、生命质量，最后还有死亡质量的三大"质量"问题。在中国，这三大质量问题都与孝道的伦理密切相关。在过去，物质条件稀缺，然而"含饴弄孙"却是天伦之乐，一个孙、一颗糖，幸福在矣，人生足矣；在今天，宠物在手是某种富有，然而人兽呓语填补的却是一种彻底的孤独，全民养宠物宣示的是一种全社会的寂寞，当很多人都只能与宠物对话时，即便宠物的主人未老，这个社会已经老了。"质量"难题潜隐的不是物质危机，而是文化危机。独生子女使血脉丰富的家庭细胞瘦化为伦理上的单子，在核心家庭中，"独一代"很难获得伦理上的体验和滋养，不只是兄弟姐妹以及由此延伸而形成的枝繁叶茂的宗法系统的教化和支持，而且很难获得多子女家庭在物质上或多或少的稀缺或至少因家庭财富分配而产生的伦理感和道德感。没有稀缺就没有价值，所谓"物以稀为贵"，更重要的是，一个没有稀缺的环境所培养的是对挫折和苦难的苍白承受力。幸福和快乐不仅源于富足，而且源于对不幸和不快的承受力，也许，这就是当今社会为何物质生活水平提高，但幸福感和快乐感下降的重要原因，在相当程度上，不幸福不快乐不是因为不满足，很多情况下是因为日常生活中小小的不惬意所产生的困扰。

如果说财富的享受携带伦理气息，那么，财富的创造和分配则相当程度上是一个伦理问题和道德问题。黑格尔曾经说过，家庭财富的伦理意义，是使个人的自私心转化为对共同体的伦理关怀。而在财富的分配中，不仅存在公正的伦理问题，而且存在义利取向的道德问题。家庭中父母对待子女的公正与一般公正不同，它遵循的不是市民社会中的平等原则，而是宗法原则和差异原则。人们常发现，无论在中国还是西方，长子往往获得更为优先的财产继承权，理由很简单，长子在父母离世后将被赋予替代性的伦理义务，所谓"长兄如父"。而父母对那些生活上相对较为贫弱的子女的更多关注和帮助，体现的正是罗尔斯所津津乐道的差异公正原则。基于以上原因，几乎在任何文化中，家庭都成为伦理的第一个世俗策源地，我们持续十多年全国性大调查的结果表明，今天的中国社会中家庭作为伦理策源地的地位并未改变，因为家庭血缘关系依然是位居第一位的对人生具有根本意义的关系，父母和家庭依然是伦理道德的第一影响因子和养育场所。然而，家庭对子女伦理道德的最大影响是责任感与义务感的培育，以及由此产生的反哺的伦理情愫和伦理能力。在漫长的家庭生活中，子女获得一种特殊的伦理体验，眼看自己的生命在父母生命的枯萎中成长，自己成为他者，父母渐渐成为背影，朱自清的《背影》便以文学体裁呈现了这一伦理上的心路历程，于是产生反本回报的伦理意识和伦理冲动，从而走上"孝"之"道"，在孝道中，父母的生命，以及由此链接而成的祖先的生命获得永恒与不朽的超越性意义。

家庭具有如此重要的伦理功能，孝道对人的生命具有如此重要的伦理意义，以至于孝成为对生命最后和最高的献礼。然而，面对独生子女邂逅老龄化所产生的家庭"超载"的严峻课题，当今中国社会的现象学图景是延传压过孝道，家庭危机尤其是血脉延传的危机压力和忧患意识压过关于孝的伦理诉求。在传统社会，"百善孝为先"，然而调查发现，在关于当今最重要德目的选择中，孝敬虽然具有重要地位，但已经不在"新五常"之列，只有那些贫困的农村家庭的受查对象，才提出"孝"的要求。这是一次悲壮的伦理退出与文化和解。有待探讨的是，为什么在越是农村、越是贫困的家庭，越是提出孝的诉求，而那些富裕的城市家庭似乎已经将孝敬遗忘？根本原因在于，在物质条件丰富的今天，"孝"似乎已经有了世俗替代，这就是物质条件。然而，误读和误区正是从这里发生。

如果说延传压过孝敬从主观方面导致孝道的失落，世俗取代超越则从客观方面使这种失落成为现实。在现代性背景下，面对超载老龄化的巨大压力，人们很容易将生命的终极关怀仅仅或主要理解为养老问题，而现代化进程所积累的物质财富与技术手段使世俗取代超越成为可能。这是一个终极关怀世俗化的过程，也是将生命的终极诉求压制到最低程度的过程。这一世俗过程已经开始，它在解决超载老龄化的诸多现实问题，进而提升老龄生活质量的同时，也可能因对超越性的世俗替代而降低生命质量。世俗替代超越的根源和结果是孝道的失落，这种失落从三个方面发生：孝道失需，孝道失用，最后孝道失传。

面对独生子女所致的超载老龄化，人们将自救的目光从家庭转移到社会，出现诸多乐观主义的展望，并为之开始行动，最典型的有经济自足论、社会保障论、技术万能论等。经济保障论认为，刚刚步入老龄化的父母大都有足够的至少有基本的经济力量让自己安度晚年，可以在经济上不依赖子女。社会保障论认为现代社会尤其是独生子女时代，养老应当是一项社会义务，理由很简单，社会既然以独生子女的形式解构至少严重弱化了家庭，就应当也必须为老人建立第二家庭，于是养老院、护理院便在市场经济的推波助澜下悄然兴起，由此分担了子女的养老压力。科技万能论试图通过各种科技手段对失能的老人及时提供帮助，以替补无子女在身边的种种困境。诚然，以上经济、社会、科技手段，都是为已经弱化的家庭提供帮助的功能替代，然而即便它们可以替代一切，唯独不能提供基于血缘的那种具有终极意义的伦理关怀。这种世俗替代很容易导致一种假想和假象：孝道可以退场，至少可以部分退场。因为经济自足，所以孝道失需；因为社会保障，所以孝道失用；因为科技万能，所以孝道失能。失需、失用、失能，最后结果，是孝道的失传。之所以将它们名为假想和假象，是因为它们所替代的只是家庭的世俗功能，其作为伦理关怀的终极意义及其超越性无论如何丝毫没有被替代，也不可能被替代。一个典型事实是：在众多养老方式中，一般老人首选居家养老；其次社区养老；最后才是养老院养老。三者最大区别不在物质，而在伦理，在与"家"的伦理距离。中国文化中的"家"，涵盖英文中的 house、home、family，而 family 才是"家"的内核所在，居家养老的精髓是在家庭伦理实体中老去，在目睹子女的成长和代际绵延中安然而释然地与世界告别，这种告别是一种"再见"，因为它相信不仅将来会在另一个世界与家庭成员重新相聚，而且因为看到自己的生命在子女身上延传，因为看到子女以孝敬方式所表达的对生命血脉的敬畏，坚信自己的生命在子女、在生生不息的血脉绵延中永恒不朽。可以想象，如果失去家庭尤其是子女以孝敬所表达的伦理关怀，所谓居家养老无异于动物恋窝式的不智。

这种情形提醒人们，当时代为养老提供了经济、社会、科技的种种更为便捷的客观条件时，伦理不能退场，孝道不能退场。然而，如果只有"点石成金"的伎俩，缺乏"点石成精"的文化诉求和文化能力，老龄人口不仅可能最后沦为市场的赌注，而且社会本身也可能陷于巨大的文化风险之中。因为经济、社会、科技所提供的条件，在分解独生子女家庭超载老龄化的巨大压力的同时，也可能瓦解社会的伦理凝聚力，它所提供的功能替代的假象,很容易被当作对孝道的文化替代,进而消解社会的孝道意识和孝道能力。独生子女家庭已经使"独一代"成为伦理上的单子,而孝道的失落和失传将使老龄人成为伦理上的"弃子",于是这个生理上的庞大的弱势群体只能任凭市场经济和市民社会宰制,沦落至此,可能与原始时代的食老人之风已相差无几,只是"食"的主人和方式不同而已,就像动物的角斗与人类的战争区别只在于组织化程度和使用武器能力一样。面对超载的严峻现实,家庭的世俗功能可以替代,但孝道不可替代,因为它关乎终极价值和终极关怀,必须捍卫孝道!

3. 文化重任:如果没有孝道,文化将会怎样?

孝道在文明体系中承载着生命的终极关怀的文化重托,然而在现代社会,面对独生子女邂逅老龄化的严峻形势,孝道一方面在血脉传承的超载重压下黯然退场,另一方面又在文化自救中试图在经济、社会和科技中寻找替代。至此,不得不严肃追问:在中国文化中,孝道还有未来吗?在这个日新又新变化得只剩下"变化"的当今世界,孝道是否已经成为中国社会温馨的集体记忆,只被当作历史遗存或文化遗产供人们回忆?

也许人们会因对生命的悲悯而发出孝道的呼唤,然而,如果认为孝道只是对年岁的礼赞,把它当作生命走向终点的牧师般的祈祷,那将大大遮蔽它对中国文明的巨大而深刻的意义。如果只把"孝"当作被时间之手慈悲地慰留于青春时代的人们的德性要求,而不能提升至"道"的灵境,那么,它最终将被当作老年群体居功自傲的唠叨而在大度一笑中被转身遗忘。孝道在中国社会、中国文化的重大转型中正面临深刻变化,这种变化在超载老龄化的际遇中可能迎来新的拐点,存续还是毁灭,千钧一发还是一念之差在于回答一个重大问题:如果没有孝道,文化将会怎样?

人们的思考往往容易为"正在发生的事情"所缠绕,关于孝道的忧患常常发轫于"如果没有孝道,老人将会怎样?"最多,面对全民变老,发出"如果没有孝道,中国将会怎样?"这些基于时需的问题意识固然重要,但它只是将孝道当作救急救需的工具理性,一旦发现简洁的解决之道便难逃被冷落的宿命,难以进入文化大智慧和文明体系的顶层设计。孝道之于中国文化、中国文明的意义在于:如果没有孝道,文化将被改变!

任何文明、任何文化都有自己的顶层设计，处于文化与文明顶端那个最后最高的存在，便是终极，只有智慧和信仰才能达到。这种顶层设计是文化的终极价值，因而往往成为终极忧患并在文明进程中遭遇终极批评。在西方，宗教完成文化的顶层设计，所以西方人的终极忧患和终极批评便是陀思耶夫斯基在《罪与罚》中的那个著名追问："如果没有上帝，世界将会怎样？"中国文化在伦理中完成顶层设计，所以自古以来中国人的终极忧患便是："世风日下，人心不古。"人们往往将它解读为保守主义的文化诅咒，其实它正是在历史长河中以终极批评的方式所体现的对作为"世风"的伦理、"人心"的道德的终极价值的一如既往的集体关注。如果一种批评被延续数百年甚至上千年，那么这种批评已经不是批评，而只能说是关注，关注不是源于不满，而是因为它所内在的具有根本意义的价值。在家庭本位的伦理型文化中，伦理道德从哪里诞生？"百善孝为先。""先"不只是时序，而是它作为德性根源的意义。礼与仁分别是儒家伦理与道德的核心，仁的要义是爱人，仁从哪里开始？孔子一言概之：亲亲。按照礼的伦理要求，亲亲之中孝为本。也许，这便是"百善孝为先"的学理根据。孝的优先地位，不能简单解读为"父为子纲"的保守传统，而是内蕴着生命的终极关怀和伦理启蒙的文化意义。在这个意义上，孝道，不只是孝之德，而是孝之道，不仅关乎老人，关乎时需，更重要的是关乎文化存续。一旦孝道被彻底地颠覆，中国文化将因重心的位移和顶层设计的调整而改变自己的航向，也许我们可以用"文化转型"这个中性词乐观而坦然地面对，但因它所内在的终极意义，这一转型所导致的严峻课题绝不可低估。已经显露的迹象和事实是：如果伦理型文化中以孝道为内核的终极关怀缺席，人们便可能并且事实上已经到宗教中寻找最后的慰藉和归宿。当今中国悄然升温的宗教热，虽然原因很复杂，但与孝道的解构有着深刻关联，至少对老龄人来说是重要原因之一。在这个意义上，孝道存续又深刻关乎文化安全。在这个以"开放"为绝对价值观的时代，也许这种"文化安全"意识显得不合时宜或小题大做，在"文明的冲突"的西方理念和西方战略下，文化确实存在被"全球化"的高度风险，而一旦文化被"化"，民族也就被"化"。于是，捍卫孝道，就是捍卫文化，就是捍卫文化安全。人们常说"家国情怀"，实际上，中国文化和中国人还有另一种更高的情怀，这便是"天下情怀"，所谓"身、家、国、天下","天下"是家的阴极和国的阳极之上的太极，是一种文化情怀。传统中国文化将"亡国"与"亡天下"相区分，前者是易姓改号的改朝换代，后者是伦理道德沦丧而导致的文化坠落。在这个快速变化的时代，孝道承担着文化承续的重任，它的被颠覆之日，也就是中国文化彻底改变航向之时，改变的将不只是文化气质，而且是文化的根源动力与源头活水。在当今的中国，孝道在文化上可谓任重而道远，故"士不可以不弘毅"。

在漫长的历史演进中，中国文化传统曾几经冲击，尤其是自近代中西交汇之后，五四运动提出"打倒孔家店"的口号，标志着中国文化发展进入新的拐点。十年"文化大革命"，几乎使文化的传统进程自我中断；而四十多年的改革开放则在外来文化冲击和文化自新中使传统受到前所未有的欧风美雨的洗礼。一个多世纪以来的中国文化所受到的冲击之大之深，乃至有的学者惊呼，世界上没有一个民族像中国这样对自己的传统反复涤荡，力求摧廓殆尽。但一个多世纪之后，西方学者又发现，20世纪的中国虽然伤痕累累，唯一强大的就是中国的家庭传统，于是感叹，家庭传统才是中国文化真正的万里长城。当今中国，在独生子女遭遇老龄化的"超载"重压下，美国华裔学者通过田野调查发现，中国正悄然兴起一种"新家庭主义"①。调查发现，"独一代"的"80后""90后"已经与"70后"不同，一方面，他们受到父母更为聚焦的情感关注和物质关爱，对他们的未来充满设计和期望，在比较心和竞争心的压力下，他们对父母产生欠债般的孝心；另一方面，生活的重压，使他们对父母的人脉和物质条件也更加依赖，所谓"啃老"就是它的世俗表达。于是，家庭关系的重心又一次转移到纵向的代际关系，婚姻关系反而退居其次，也许这是当今不婚不育族普遍诞生的重要原因。在中国，几乎所有重要的政策和制度都与伦理传统深度相关，比如饱受争议的遗产税制度。对伦理型的中国文化来说，遗产税从来就不只是一个简单的经济问题，也不只是一个代际公正问题，而是伦理问题，是事关终极关怀的伦理问题。西方文化的制度安排，是为了保障同代人的平等，通过严苛的遗产税制度，力图将同代人还原到基本相同的起跑线上。然而，当试图效法这一制度安排时，切不可忽

---

① 阎云翔：《中国新家庭主义的兴起》，http：//culture.ifeng.com/a/20170619/51275900_0.shtml。

视，西方文化的顶层设计和西方人的终极关怀是宗教，在上帝的终极实体中实现制度安排。入世的中国文化则不同，终极关怀和对不朽的终极追求在家族血脉的延传中实现。在血脉延续传统中，遗产是一个最重要也是最基本的物质载体，所谓"有恒产便有恒心"。遗产不能一般意义上被看作父母的遗赠，更不是子女的不劳而获，它是生命的代际记忆的纽结，在这个意义上，遗产具有巨大而深刻的精神意义。西方式的遗产税制度在中国移植的最大难题不是制度安排，而是文化设计或文化生态，如果不能在终极关怀和不朽诉求方面找到文化替代，这种舶来的遗产税制度就不可以在中国生根。已经可以发现，在独生子女邂逅老龄化的超载重压下，中国社会正在造就一种新的家庭团结，并在这种新的家庭团结下重新集结。这种新的家庭团结有多重形态，年轻人在脱离家庭和集体后重新向家庭回归的"啃老"是一种形态；父母对孙辈鞠躬尽瘁式的隔代抚养是一种形态；父母一代的兄弟姐妹重新走到一起形成养老互助社是一种形态；长寿时代迈入老龄的父母对祖父母一代的代代相送也是一种形态；而朋友同事之间抱团养老则是老龄之后在社会中建立"第二家庭"的尝试。中国社会似乎正站在传统家族主义的尾巴上重新眺望和复苏一种新的家庭主义，独生子女时代居家养老的选择，准确地说，"明知不可为之而为之"的企求，正是这种新家庭主义发出的令人悲悯的集结号。这一切，都会唤醒和催生已经或受伤，或冷落的孝道记忆和孝道文化本能。也许，在当今的中国，纵然生民已老，社会已老，唯应孝道不老，因为孝道与中国文化同在，与中国文明同在。关键在于，必须自觉地复苏它、呵护它、捍卫它。因为它关乎每一个人的未来，关乎中国文化与中国文明的未来。

二十一　现代社会的伪善及其形态

　　以"伪善"为主题的伦理学研究，正如斯扎巴多斯、梭佛所说，"尽管伪善在道德话语中具有重要地位，但是却被道德哲学家们广泛忽视"①。当然这种显见的理论"近视""视而不见"的原因很大程度上是无法在方法论自觉之下形成一种统一的学理上的认识论路径，从而将伪善作为伦理道德的外在问题，无法在其内部逻辑中加以认识和解决。而且这种学理认识论上的不足又进一步导致了对生活世界中作为道德现象的伪善的"歪曲"与"误读"。因而伪善的危害不仅仅是在理论领域，更为重要的是，它摧毁了人们对于真诚的生活态度、本真的生存状态的信念，这是一个尤为重要的问题。这使得在现代伦理生活中，不是我们无力创造"典范生活"，而是你、我、我们丧失了真诚生活的道德信心和勇气（态度）。

　　伪善问题是一种客观的道德现象与问题，但是它发生与作用的领域首先是在道德主观性之中。因而传统的道德哲学视角及其研究资源也主要集中在主观性领域，尤其是道德意识、意志、行动意向、准则以及个人的任性之中。但随着道德与幸福、理想与现实的道德哲学二元论被揭示，这种严苛的主观形式主义的伦理学本身被诉诸为"伪善的"伦理学以来，客观伦理世界之中的伪善问题也被揭示出来，或者说伪善问题除了在主观领域之外进行细致地学术探讨，更为重要的是，从主观性向客观性的转型，不仅仅意味着一种现代性形态的开启，同时也是伦理道德内在发展的一种形态变革，以及更宽广的伦理世界观的开拓与展现。这对于伪善而言具有

---

① Béla Szabados and Eldon Soifer, *Hypocrisy: Ethical Investigations*, Broadview Press, 2004, p.1.

同样的价值与意义，因为服从于这一历史逻辑，从主观性向客观性的过渡过程中，良心与真实的善之间分裂、背离，道德行动的准则与客观精神之间的悖论等问题构成了伪善的新论题。

实际上，这些对于伪善的研究之所以具有方法论上的重要价值，在于以一种历史的眼光看待伦理道德发展，不是将伪善置于伦理道德之外而是问题之中。这样就以伪善问题贯穿于伦理道德自我实现的全过程，同时通过主客的辩证逻辑关系呈现道德特殊的二元存在关系。因而正是在伦理道德的这种辩证发展之中，伪善的形态随之展现出来。当然这种历史方法从黑格尔肇始到马克思成熟，中间夹杂着尼采的历史方法思维。但是这种历史方法并不是将伪善的道德问题消融于历史发展之中，而是将"历史"因素植入伦理道德、伦理道德内在性的历史发展及其辩证形态的展现之中。这样历史辩证法就在伦理道德发展的伪善问题中得以应用，并展现了其非经济决定论的独立形态。

因而对于伪善现实形态的考察，首先要说明伪善的一般性逻辑，即伦理道德辩证发展的"中断"。伦理道德的实践哲学诉求，无论是在实体性的城邦生活或家庭生活之中，还是在个体性的现代伦理生活中，都需要在道德意识、意志的思辨形态以及伦常日用的生活形态之间辩证发展。因而伦理道德是在辩证发展中获得自我实现的；但同时我们就遇到一个重要的逻辑问题，即伦理道德发展中的"中断"问题。这无疑是一个重要的道德形而上学问题，但如果我们把这个哲学逻辑问题导入现实生活和道德现象，就会发现这正是伪善发生的根源。因而无论是伪善的发生还是伪善发生的哲学根据都是深深植根于道德观念与现实实践之中，并形成了"跨界"式的存在。对于这一问题，中国哲学早就用"知行问题"进行概括与描述，但是对于伪善发生及其哲学根据而言，知行问题是一个"问题群"，是对伪善问题的整体性概括。

具体而言，道德发展辩证形态中的"中断"可以细分为三个层面或者说具体表现在伦理道德发展中三个逻辑环节之中：首先，在道德主观性环节中，伪善作为良心这个"创造道德的天才"所制造的特殊道德现象，主观的、任性的道德逻辑在现实世界中会以特定的人格形象结合在一起，这就是伪善的人格性形态；其次，在道德发展的环节中，伪善成为一个重要的"节点"，在从主观信念到更高的客观真理转型过程中，价值关系的

"颠倒"成为社会化的现实,经济劳动关系、社会价值关系等都成为其对象;最终,伦理道德精神在民族伦理生活中得以实现,然而这一历史性的精神也会自缚手脚,即自我设定为道德王国,中断伦理生活的上升发展的逻辑,潜规则就成为民族生活中最典型的伪善形态。

因而在这里伪善的形态论表现不仅仅是作为形而上学意义上的逻辑形态,而且还是作为具体民族时代伦理生活中现实的发生形态;而且一定意义上二者是具有历史逻辑的相关性,也正是在这一点上我们将二者结合起来,并以中国社会为例进行一次学术考察。

1. 道德主观性的伪善:伪君子抑或真小人

对于伪善单纯的"先验论"或"经验论"的谱系考察都可能导致不必要的指责或陷自身于失败的境地。因为一方面,将伪善追溯到人性的先验结构之中固然是一种更为深刻的揭示,同时也时刻警醒人们不要出现道德骄傲,从而不断实现自我的道德革新与完善;但另一方面,伪善又是经验世界中的道德现象、道德问题,道德理性的前经验反思最终要落实在道德行动上,道德行为的诱惑又是现实的具体的,道德意识的忏悔无法成为行动的保障。因而一个合宜的思路在于"历史的方法思维"①,抛弃谱系化的观念之争,展示在历史之中伪善观念的表征,这首先表现为一种"人格化"的形态:伪君子或真小人。

A. "优美灵魂"的道德冷漠症

在道德生活中,无论是伪君子还是真小人实际上都是"不现实"的人格存在,因为现实的道德人格在其自身的发展中展现为必然性,由于缺乏道德发展的必然性,因而一定意义上二者只是道德上的"优美灵魂"。但为什么是"优美灵魂"呢?在这里,不是说伪君子与真小人的道德意识就可以称为或看作"优美灵魂",而是说它是这种道德意识自我认识与确证的特征。

---

① [法]尼采:《论道德的谱系》,周红译,生活·读书·新知三联书店1992年版,第11页。

伪君子与真小人是如何确证自我的道德意识的呢？这一阶段的道德意识终于认识到把自我的表象、彼岸的本质以及相互颠倒的各个阶段"分别安置，乃是事情的一个颠倒混乱，如果它真实继续颠倒下去，那它就是伪善"①。这时道德意识就面临一个选择：其一要么停留在这种颠倒、蒙混的状态，听之任之，这就是"伪善"；其二道德意识良心不忍，就抱着"厌倦的心"返回到自身，从而成为"优美灵魂"。"优美灵魂"与现实世界无法达成"和解"，道德处于与自然、愿望与现实的二元紧张关系之中。因而"优美灵魂"在现实世界中注定无所作为，虽然其道德意识已然洞悉了道德主观性形态的内在张力；它甚至没有在现实世界中一试身手就消失了。但是这并不意味着"优美灵魂"对现实道德世界没有任何影响，相反，所谓"优美灵魂"的存在本身就说明伦理道德发展逻辑已然中断。

同时在道德世界中，道德自我意识的颠倒、倒置表露了道德自我"自欺"的事实。因为一旦道德自我意识到自身的"不道德"的现实一面，那么道德世界的"和谐"就是一种"欺骗"。这时道德自我应该如何做呢？似乎问题的关键并不在于如何（做），而是对待这一状况的态度？是继续维持还是拆穿，以行动加以超越；前者"在事实上就是伪善"了，即便是行动也只是自我良心上的"鄙视"，并"怀着厌恶逃回自身来了"②。黑格尔这里似乎是对道德意识发展过程中自我欺骗的必然性的论述，这是意识自欺性的历史展现。

在这里涉及两个问题：一个问题是"自我为什么能够自欺"？另一个问题是"自我为什么愿意自欺"？前者是一个哲学问题，而后者则是一个伦理学问题，但是以前一问题为基础。在萨特哲学中，"自欺"③（La mauvaise foi）是一个重要概念，但是自欺同样显示了自我的"自在"与

---

① ［德］黑格尔：《精神现象学》（下卷），贺麟、王玖兴译，商务印书馆1979年版，第141页。

② ［德］黑格尔：《精神现象学》（下卷），贺麟、王玖兴译，商务印书馆1979年版，第142—146页。

③ 法文"mauvaise foi"，英文为"bad faith"，翻译为"自欺""坏的信念"等，万俊人先生认为，"萨特这一范畴是与诚（sincerity）相对应使用的，似译为'不诚'较为妥当"。参见万俊人《萨特伦理思想研究》，北京大学出版社1988年版，第109页注36。

"自为"不稳定的统一关系。自欺首先代表了一种人生态度，因为人生都是有烦恼的，不纯粹的存在形态，而一味追求自由、无扰的生活就是一种"自欺"，这是哲学回归生活世界的一种"觉悟"；其次是返回自身的自我否定，因为他不能向外在性中超越，于是只能返回自身，但不是肯定而是"否定"。但是殊不知，正是这种自欺的"逃避"，"乃是一种非人的自在存在状态，在这种状态中的人无异于丧失了自由和尊严的无意识的存在"[1]。在此，对比萨特存在主义论调的"自欺"与黑格尔的精神意识现象学中的"自欺"，不难发现，至少在这一主题上，对道德自我的自在与自为存在的不统一性的分析上，并没有太多的变化。只不过返回自身的自我从一个"优美灵魂"的肯定转变为自我的"否定"，而这意味着自我人格的彻底丧失。

然而当"优美灵魂"一旦出现在我们的现实道德生活中，道德冷漠就成为我们伦理生活最大的隐忧。因为市场经济条件下形成的社会主体是利益、权利的主体，其道德行为也必然是以道德为手段的利益追求，道德理性、道德辩护、道德理由统统被现实利益所遮蔽。在现实生活中存在的不是道德缺失，而是各种"不道德"的道德主义盛行，比如精致的利己主义、功利的实用主义等。"优美灵魂"一旦进入现实生活就演变为道德冷漠，一个重要的因素在于，道德冷漠症的"病灶"在于情感与判断上的冷漠——无情感、不反思，导致"无行动"。因为"自我意识缺乏外化的力量，缺乏力量把自己变成为事物并承受住存在。自我意识生活在恐惧中，恐怕因实际行动和实际存在而玷污了自己的内在本心的光明磊落"[2]。

同样我们很难直接批判道德冷漠的现象，因为如果我们反思，不难发现，道德冷漠既没有作恶的动机，也没有作恶的行为；但是我们断然判定其为恶，不就是因为道德发展或者说行动逻辑的自我中断，对于自我而言自我革新机会没有了，对于世界而言改恶向善可能没有了。由此而言，道德冷漠的"伪善"在现实道德世界中的存在是显见的，但是我们又很难对每一个个体进行价值判断，或对其进行伪善的界定。当然也有特殊情

---

[1] 万俊人：《萨特伦理思想研究》，北京大学出版社1988年版，第102页。
[2] ［德］黑格尔：《精神现象学》（下卷），贺麟、王玖兴译，商务印书馆1979年版，第166—167页。

况。黑格尔指出:"只有在现实世界处于空虚的、无精神的和不安定的实存状态中的时代,才容许个人逃避现实生活而遁入内心生活。"① 典型代表就是苏格拉底,即便被处死,重要的是伦理精神在个体性中得以保存与实现。

但在道德冷漠的社会环境中,行为的理性化与自我的道德辩护使得主体的道德羞愧感减少,甚至是理所当然、理直气壮,并向外扩张成为一种功利化、实用化的道德文化。不道德的道德主义往往以"批判"或"辩护"自居,但是对现实生活的批判并不能让我们置身度外。伪君子也好,真小人也罢,他们都不敢于面对现实,前者出于受到道德义务的强制性而苦恼,后者受制于个人任性自由的左右。"优美灵魂"的自我意识"为了确保内心的纯洁,它回避与现实接触,它坚持于无能为力之中……无力给予自己以实体性,或者说,无力把自己的思维转化为存在并无力信赖思维与存在的绝对差别"②。二者都无法在道德理性的反思上把自身意识与现实的伦理生活结合起来,将其变为道德现实,从而改变不道德的现实。

这样我们就不难理解伦理道德辩证发展逻辑的起点在于道德主观性的合理性。同时在中国哲学中,对于"正心诚意"的高度重视甚至在现代社会思维中被认为是一种"心性"哲学的表现,殊不知如果不从道德主观性着手,道德世界将是不可想象的。

B. 冷漠症的道德根源与向善逻辑的"中断"

在伪君子与真小人的人格性伪善形态中,二者的现象呈现与认知虽然差异很大,但是透视其背后的道德逻辑及其哲学难题却是相同的。这就是伦理道德的实践意义上"改恶向善"的中断,从而将道德良心固执于自我的内在性之中,"中断"了道德自我的革新,也使主观性道德逻辑陷于"自败"。

(1) 道德发展的主观性起点

在康德道德哲学中实现了"哥白尼式"的革命,颠转了道德的"自

---

① [德] 黑格尔:《精神现象学》(下卷),贺麟、王玖兴译,商务印书馆1979年版,第142页。
② [德] 黑格尔:《精神现象学》(下卷),贺麟、王玖兴译,商务印书馆1979年版,第167页。

然冲动与对象性的存在形态，并将它们统统作为他律的东西而排除掉；并且它完全地自我规定，只听从理性自身颁布的形式的道德律。主体从外在的客观感性世界回到内在的主观理性世界，达到了自我规定和普遍性"①。无疑这一转变的最初动机就是要克服伪善，颠覆道德的自然感受、经验世界基础，纯化道德的本源，尊重普遍人的普遍理性。在第一部伦理学著作中体现更为明显，"Grundlegung zur Metaphysik der Sitten"（道德形而上学奠基），"Grundlegung"一词"是由动词 Grundlegen 变成的名词，基本意思是奠基。奠基在康德一生的哲学活动中都是一种清扫地盘的工作，其重点在于清除蒙在本根上的种种迷雾，探寻到本根，让其显明自身"②。而其内容中主要也是从三个层次，从通俗的道德哲学到道德形而上学再到实践理性批判，层层深入，把"日常理性中已经包含着的道德法则单纯地提取出来加以论证"③。

因而一个道德行动需要两个方面的保证，其一是出发点，这就是"善良意志"；其二是行动准则的普遍化问题，即准则的立法。康德一再强调伦理学并不是为"行动立法"，因为那是法学的任务，而是为行为的准则立法。但是"准则是主观的行动原则，主体自己使这原则成为自己的规则（也就是说，它想如何行动）"。因而"按照一个同时能够被视为一条普遍法则的准则行动"④，就成为责任的绝对命令。

然而这一普遍法则是否是客观有效的，又是建基于意志自由的基础之上，理性的检验取决于自我是否成为合格的普遍立法者，不难发现，在此主观意志发挥着决定作用。而其客观普遍性的检验同样如此，"如果人们在对我们理性通过一个准则取得一条实践法则的普遍性的资格的纯然理念

---

① 丁三东：《主观自由及其限度——论黑格尔对康德道德哲学的重构与批判》，《西南民族大学学报》2009 年第 5 期。

② 对"Grundlegung"一词的翻译有不同的版本，早先唐钺先生将其译为"探本"，而后苗力田先生将其译为"原理"，李秋零在《康德全集》的翻译中改为"奠基"，邓安庆则主张还以"探本"译之。参见邓安庆《康德伦理学体系的构成》，http://www.aisixiang.com/data/21933.html。

③ 邓晓芒：《康德道德哲学的三个层次——道德形而上学基础述评》，《云南大学学报》2004 年第 4 期。

④ 《康德著作全集》（第 6 卷），李秋零主编，中国人民大学出版社 2007 年版，第 233、232 页。

来规定任性的一种能力的惊赞中被教导说：正是这些实践法则（道德法则）最先表明任性的一种属性，思辨理性无论是出自先天的根据还是通过某种经验都猜测不到这种属性，而且即便它猜测到这种属性，也不能在理论上通过任何东西来阐明其可能性，但那些实践法则却还是无可争议地阐明了这种属性，亦即自由；那么，发现这些法则象数学公设那样虽然不可证实但却无可置疑"①。一定意义上，正是在这种道德主观性的转化中，伪善"道德形上学"的发生及其在道德形而上学逻辑发生过程中的作用才显现出来。

（2）道德主观性的"伪善难题"

在康德道德哲学的主观性体系中，伪善难题表现在"内在的"与"外在的"双重方面。当然这种区分是相对的，"内在"着重强调主观性自身道德要求以及可能性问题，"外在"强调人的感性欲求及其相互之间的道德影响。从内外两个方面的区分中，我们就不难发现，主观性道德哲学中普遍性道德法则先天建立以及感性世界中的落实都面临伪善的侵袭。具体而言，前者导致了"谄媚逢迎式"的伪善，它"靠自轻自贱和奴颜婢膝来获得有权势者的宠爱和宽恕"；后者导致一种"道貌岸然式"的伪善，因为它"在纯粹道德原则里面偷运进感性的动机，从而颠倒纯粹理性和感性需要的关系"②。

在道德行为的外在化条件上，康德不得不扩展其道德对象的领域，通过"灵魂不朽""上帝存在"的道德公设来实现和完成；这在道德准则立法上的个体心理层面以及德福统一方面，能保证现实生活中道德行动得以发生。不可否认的是，伦理共同体以及德性等方面也被黑格尔拿来作为自由意志在"伦理"阶段的发展因素与形态；但是这并没有减少后者对前者的批判，其关键在于普遍性法则的"形式化"坚持。"内在性"难题更为突出，其一，面临个体道德行动意向的自我败坏，"恶的倾向"替代了"善的倾向"，正如黑格尔所言良心处在作恶的"待发点"上；其二，普遍性、绝对性道德法则的执行难题，反过来又不得不以个体的"德性"

---

① 《康德著作全集》（第6卷），李秋零主编，中国人民大学出版社2007年版，第233页。
② 邓晓芒：《康德黑格尔论伪善》，《德国哲学》2007年卷。

作为保障,"德性就是人在遵循自己的义务时准则的力量"①。因而道德人性中伪善倾向的克服以及现实世界中道德的客观发展,最终仍要通过主观化逻辑来解决,而在道德法则的形式主义掩护之下,伪善就侵入道德有机体,从而阻碍道德的自我革新与历史发展。

如果说在道德领域引入"上帝""灵魂"这一做法,虽然挑战康德道德理性主义的底线,但是无论对于整个实践哲学还是民族的文化来说,或说是可以接受的。但是只有个体自我的道德良知成为保证真善或伪善的理论根据,而在现实生活中的道德也只是停滞在"主观性"的良心之中、个体的德性之中,无论对伪善的认识有多么的深刻,人们都无法摆脱伪善的纠缠,伪善是良心"主观性"的必然逻辑产物。

(3) 伪善的出现:"改恶向善"的中断

当然正如我们在文章开头提到的,即便伪善的产生成为道德主观性逻辑的必然产物;但是对于康德主观性的道德体系而言,伪善是其道德逻辑产物但是并不在其道德体系之中。因为实践理性的先天知识以及道德法则的对象是"理性存在者";然而在世俗世界中道德法则的真正对象是"现实的人",在《单纯理性限度内的宗教》中康德将其称为"有限的"理性存在者。正是由于这种有限性,纯粹道德理智世界中的自由意志便受到感性的"恶的倾向"的影响,又是作为有理性者利用道德律为感性的欲求服务,便成为人性中的"根本恶"(radical evil)。这种恶之所以是根本的、彻底的,不仅因为这种恶"深入到人性的根子",成为"先验的人性结构"②;而且更为重要的是,在道德生活中明知其存在还无法面对甚至是通过自欺而不愿克服。这样道德自我发展的内在逻辑与力量就被阻断了,伪善的真正危害在于造成了道德自我革新的"中断"。

道德在于"为人"的存在,在"成为人"的过程中发挥教化、规范与引导的功能;但同时在道德发展的主观性逻辑中人的感性欲求对道德产生了灾难性的影响。"良心"湮灭了一切外在性的规定,同时又创造了一切道德上的可能,但这一切又被封闭于自我的主观世界之中。因为"这

---

① 邓晓芒:《康德黑格尔论伪善》,《德国哲学》2007年卷。
② [德]康德:《康德著作全集》(第6卷),李秋零译,中国人民大学出版社2007年版,第32页。

一主观性当它达到了在自身中被反思着的普遍性时,就是它内部的绝对自我确信(Gewissheit),是特殊性的设定者、规定者和决定者,也就是他的良心"。这样,"把任性即自己的特殊性提升到普遍物之上,而把这个作为它的原则,并通过行为来实现它,即有可能为非作歹"①。人的自我意识中的德行成了彻头彻尾的"作恶",不仅是行动者是伪善,批评者、判断者也是伪善。

而这一切根源于道德的主观性逻辑,良心最大程度上展示了这个"创造道德的天才"所制造的道德奇迹,它把表现在外在的、感性的意志过渡到自我内在的任性之上,从而真正把善在道德形上学逻辑上实现出来。因而正是在此意义上,"善就是作为意志概念和特殊意志的统一的理念",并且"只有通过主观意志,善才能得到这种实在性"②。黑格尔曾赤裸裸地批评康德主观性道德所处的逻辑阶段,"固执单纯的道德观点而不使之向伦理的概念过渡,就会把这种收获贬低为空虚的形式主义"③。因而在此有必要提醒大家认真审读黑格尔的判断,而不是从中简单得出"形式主义"道德批判的罪名并加以论证或拓展。这其中关键在于"过渡"二字,如果道德主观性逻辑不能实现这种过渡,"良心"这一主观性道德的成果就是空虚的、形式的。这一判断恰好与"伪善"的存在联系起来,主观性"道德自我"的革新,不仅仅是一种德性论意义上的道德行动者的良心忏悔,而且更是道德历史或者现实逻辑的客观发展;抑或二者本身就是统一的。那么,把"伪善"引入作为道德逻辑的发展动力与必要的中介,也进一步证实了人的道德发展与道德自身逻辑演进的一致性。伪善如果作为一种道德现实世界的恶,那么在先天的道德理性知识体系中也意味着与此相对的主观性逻辑的自败。

C. 伪君子还是真小人:伪善人格化的争论

(1) 伪君子式伪善

"伪君子"相对于"乡愿之徒""法利赛人"在伪善的表现上,是主

---

① [德]黑格尔:《法哲学原理》,范杨、张企泰译,商务印书馆1961年版,第142页。
② [德]黑格尔:《法哲学原理》,范杨、张企泰译,商务印书馆1961年版,第132—133页。
③ [德]黑格尔:《法哲学原理》,范杨、张企泰译,商务印书馆1961年版,第137页。

动与自知的，并外化为一种人格形象。因此著名教育家陶行知在《伪君子篇》中认为，"人之为伪，不必居乡，凡率土之滨皆可居。人之行诈，不仅假愿，凡君子之德皆可假。然必假君子之德以行诈，始谓之伪。故总名之曰：伪君子，从广义也"①。在陶先生看来，伪君子是扩大版的"乡愿"；二者所表现出来的共同特征就是"假"与"诈"，假借君子之行以行诈。但是二者还是有细微区别的，乡愿之所"假"，而"同乎流俗，合于污世"，大多是因为他们对"狂狷"之士行为的不认同，是所谓"行何为踽踽凉凉？生斯世也，为斯世也，善斯可矣"②。不难看出，乡愿是以自以为是之"道"混淆了"尧、舜之道"，"故曰'德之贼'也"。相对而言，伪君子自以为是的并不是自身之"道"，而是假借"尧、舜之道"而得到自我的实惠。孔子就认为，"论笃是与，君子者乎？色庄者乎？"这其中意思是说，"总是推许言论笃实的人，这种笃实的人是真正的君子呢？还是神情上伪装庄重的人呢？"③ 因而"后世论者以'色庄者'指的就是伪君子。这种人格类型的本质是一心谋私利，价值理念上如同小人，但是在行为选择上则善于作假，标榜君子。平日里对人对事，不失其君子之风，以致令人确信是君子。一到关键时刻，特别是关系到自家名利，就会原形毕露，丑态立见"④。所以伪君子在道德人格上有着"更高"的独立性，同时在认同上也有着更大的分裂性：一方面是做出君子般的道德姿态，另一方面是对个体自我世俗利欲的极度关心；也正是这种内在的分裂性将伪君子与乡愿之徒彻底地分别开来。如果说乡愿与法利赛人是在"求善"之中的伪善代表，那么伪君子无疑是彻头彻尾的"恶"，个体之恶，个体道德实践之恶。更深刻的是，在个体恶的动机之下，道德行动获得了原动力，"恶"具备了道德的行动能力，而"善"却丧失了这种行动能力，这或许也就是伪善之所以存在的历史经验依据。

在西方"伪君子"表示人的伪善品质而与"真诚"相对立，是发生在16世纪早期。然而，"真诚"一词"最初用法主要不是指人，而是指

---

① 陶行知：《伪君子篇》，中国陶行知研究会网，原载《金陵光》1913年第5卷第6期、第5卷第7期。
② 《孟子·尽心下》。
③ 杨伯峻：《论语译注》，中华书局1980年版，第116页。
④ 葛荃：《作为政治人格的狂狷、乡愿与伪君子》，《东岳论坛》2008年第6期。

物,包括实体的和非实体的物",而在表示人的人品与生活时是在比喻的意义上,"一个人的生活是真诚的,是指完好的、纯粹的或健全的,或其德性是一贯的";但是不久"它就开始指没有伪饰、冒充或假装"。欧洲社会对于"伪饰、冒充或假装"的着迷,多少也显示出这种恶或被歪曲的人的邪恶本性的行动能力。这种表现更多的是在文学、戏剧作品中的人物形象,从而表现了当时一个极为流行的观点:"世人所知道的我,并不是实在的我",莎士比亚笔下许多道德高尚的人物在他们生命的某个时刻都说过这话,以至于哈姆雷特一听完鬼魂的话就决意做他所不是的人,他要装作一个疯子。但是,毕竟伪装是恶人的伎俩,因而伪善倍受道德关注,也是我们关注的对象。而"'坏人'一词最初所具有的社会意义决定了它后来的道德意义,这个语含轻蔑的词过去是指封建社会身份低贱的人,而戏剧和小说中的坏人就是企图超越他的出身的人"。因而,"坏人"就不是他所是的人,……因而,就其本质而言,他是一个"伪君子",也就是说,他在演戏。①

在这样的时代,一个人只能在假借另一个角色来表达自己的行为欲望,这类行为说明:一方面行为主体的自我主动性的"欺骗",却是自我真实的存在表现,或者说这种冒充、伪装的角色才是"真实"的自我;另一方面,这种主体的欺诈行为更多的是与社会环境相关联的,因而这种欺骗的恶行就逐渐与社会制度密切联系起来而不是个体的品性和道德责任。所以说,相对于个体而言的伪善之"恶"是可以救治的,个体内在的自我约束以及对外的自我证明,即是真诚的表征;而对于社会总体而言的伪善之恶则是无可救药的,其中隐含的是革命的逻辑和思维。在这二者的背后,一个重大的变化是:"在16世纪晚期、17世纪早期,某些类似于人性变化的东西发生了",这个后世所熟知的"新型人格就是我们所说的'个体':在历史的某个时刻,人成了个体"②。而且随着这种个体化的形式出现的是"一种个人化的认同",即"我所特有的,我在自身之内发

---

① [美]莱昂内尔·特里林:《诚与真:诺顿演讲集》,刘佳林译,江苏教育出版社2006年版,第14、17页。
② [美]莱昂内尔·特里林:《诚与真:诺顿演讲集》,刘佳林译,江苏教育出版社2006年版,第19、23页。

现的认同"①。一旦这种独特性自我的道德需要得不到满足的时候（即"承认"），就理所当然地衍生出"伪善"。

(2) 真小人式伪善

这一点同样适合对"真小人"的描述。因为他不仅要把自己说成一个"无辜者"，甚至在一定程度上扭曲了人们对"真善"的崇敬，而是视为一种可笑、愚不可及的行为。真是"高尚成为高尚者的墓志铭，卑鄙成为卑鄙者的通行证"。我们当前的状况甚至更坏，"真小人"者不仅要成为"无辜"者，甚至还要爬到道德"高地"去炫耀一番。典型的事例就是2008年"5·12"汶川大地震中一"教师"——范美忠的行为与辩白。一年之后，"范"对其行其言"不怨不悔"，其中一个重要的依据就在于，周边的人实际很坏，"范"打落在学校操场围墙之外的篮球、足球时常被村民捡走而无果；在景区吃饭时，兜售纪念品的商贩明知你不买，还要上前死磨硬泡……②因而"范"认为周围的人与自己"无异"，甚至"更坏"，他们遇到自己当时的情况都会像自己一样"先跑"，而令"范"不解的是，为什么是"我"成了大家耻笑的对象，而"我"不和大家一样吗？这其中可以"肯定"的一点是范毕竟认识到了自己生活世界中是"有恶"的；但是有恶的世界中并不是说"承认恶"的行为就是"善行"。"范"在承认"自我之恶"的同时却没有得到公众的"认同"，从而"自我"虽然承认了自我之恶但"自我"仍然没有得到"承认"，于是只能抱着一个"失败的心"，回到"自我"，成为一个即将消散的"灵魂"；黑格尔在《精神现象学》中对"此类现象"如是解释。从中我们也可以看到，道德世界中两个因素"个体性"与"普遍性"并没有"和解"，这至少说明这个"自我"与这个"实体"（社会）都还是不成熟的，其结果是"道德精神"也无法在社会现实中得以葆有。

在这个实例中，还有值得我们关注的是那些并未把自己置身事外的人，他们就是那些持有"真空论"的"说教者"或"义愤者"。这种情

---

① [加拿大] 查尔斯·泰勒：《承认的政治》，董之林、陈燕谷译，载汪晖、陈燕谷主编《文化与公共性》，生活·读书·新知三联书店2005年版，第293页。

② 许十文：《范跑跑：为什么非得崇高？百姓不见得比官员正直》，《南都周刊》2009年5月13日。

景不由得我要引用《圣经》中的一个故事：一天，"文士和法利赛人带着一个行淫时被拿的妇人来，叫她站在当中。就对耶稣说，'夫子，这妇人是正行淫之时被拿到的。摩西在律法上吩咐我们，把这样的妇人用石头打死，你说该把她怎么样呢。'他们说这话，乃试探耶稣，要得着告他的把柄。耶稣却弯着腰用指头在地上画字。他们还是不住地问他，耶稣直起腰来，对他们说，'你们中间谁是没有罪的，谁就可以先拿石头打她'"。"耶稣就直起腰来，对她说：'妇人，那些人在哪里呢？没有人定你的罪吗？'她说：'主啊，没有。'耶稣说：'我也不定你的罪，去吧！从此不要再犯罪了。'"（约8：3—7；10—11）这中间，文士和法利赛人就是道德的"说教者"，在面对悖德的事情面前"假装"义愤者，他们轻易地去"论断"他人，因而使得自身的道德行为中断，沦为"伪善"的代名词。他们"评判他人"、进行"道德说教"的行为，暴露了自我与自我，与他人的"不和"，出发点是与上帝的"分裂"状态。

2. 道德客观性的伪善：规范秩序的"颠倒"

在转向现代生活的过程中，哈贝马斯认为，"黑格尔是第一位清楚地阐释现代概念的哲学家"，是"黑格尔起初把现代当作一个历史概念加以使用，即把现代概念作为一个时代概念，在黑格尔看来，'新的时代'（neue Zeit）就是'现代'（modern Zeit）。而且，这个'现代'或'新的时代'概念所表达的历史意识，已构成了一种历史哲学的视角：一个人必须从整个历史视界出发对自己的位置作反思性认识"[1]。这并不是一种先验的哲学反思，而是对现实经验世界价值关系的哲学厘定。现代哲学范式对伦理道德的现代形态也产生了两方面的作用：其一伦理道德的理想与现实等二元分离状况在社会经验层面得到全新的认识与拓展；与之相联系，其二在伦理道德的自我发展层面，面临着内在形态的转型、过渡，从个体主观性向社会现实性的转变。

这样，无论是在个体心性层面还是社会习俗层面，实际上是要解决从

---

[1] [德]哈贝马斯：《现代性的哲学话语》，曹卫东等译，译林出版社2004年版，第5—6页。

个人到社会的过渡问题,而在社会价值体系中,也意味着社会价值关系与价值秩序的调整与重设。当然在这一变动过程当中,无论是舍勒还是马克思,工具价值对目的价值、有用价值对审美价值、实物价值对精神价值的颠覆与超越,使得价值关系出现"虚假"状态,从而产生社会化的伪善形态。

A. 市场逻辑对伦理规范的僭越

当代社会中,无论是道德银行还是道德资本,都是市场经济社会中价值关系颠倒、价值秩序混乱的伪善问题的具体表现。在这诸种异化的社会现象背后,实际上是指向伦理道德本身的人伦关系的僭越、劳动关系的异化以及道德语言的分裂(说谎)等方面。

(1)道德银行的出现

所谓的"道德银行"[①],将道德行为异化为可预期、可"变现"的储蓄行为,其最大的危害在于,将伦理道德这种"整体性"的价值关系异化为"单一性"的,同时将人伦价值序列降低或者说等同于实物价值。由此而追求的道德,由此而衍生的道德行为沦为彻头彻尾的伪善。

"伦"是"关于人的生命秩序和生活秩序总体性"的概念,是人的道德化生存的实体状态,一种精神性的类存在。伦理所彰显和揭示的是人的"伦"本性或"伦"真理,在这个意义上,"伦理"之"伦"便与"人"同一,成为"人理"。现实世界中,"人"既是个别性的存在,又是实体性存在。作为"一个人"或单个的人,是个别性存在;而当"成为"或被提升为"人",便是"伦"的实体性存在。"人"既是有限的个别性存在的"单一物",又可能并且应当成为"伦"的实体性存在的"普遍物"。这便是人的终极任务,也是伦理的精神使命与文化魅力。[②]

同时在现代社会中人伦传统又是一种价值关系——人伦关系,是人与伦理道德精神的同一性,是人的个体性与实体性的同一性。因而在道德价

---

① 道德银行最早见诸媒体报道的是湖南长沙望月湖社区的"道德银行",之后各地各行业甚至大学中纷纷设立道德银行。基本通行的操作是:每做一件好事,都可以获得相应的积分或者道德货币,存入"道德银行"账户中,当积分累积到一定数量,就能兑换相应的服务甚至是作为贷款的信誉。

② 樊浩:《后伦理时代的来临》,《道德与文明》2013年第6期。

值关系之中人伦关系的这种"同一性"关系才是最为根本、最为本质的表现。然而这种人伦的本真状态与哲学认识,在我们生活的现实世界中却是另一种表现与形态。这也正如黑格尔所言,人伦关系现实化的同时,也意味着这种关系的"异化"。因为黑格尔认为,"伦理本性上是普遍的东西"。因此"伦理行为的内容必须是实体性的,换句话说,必须是整个的和普遍的;因而伦理行为所关涉的只能是整个的个体,或者说,只能是其本身是普遍物的那种个体"[①]。

一方面,后伦理时代中,人伦传统的终结或者说人际关系对人伦传统的替代日益成为一个不争的事实;而且一定意义上说,这也标识着价值关系类型的重大转变。"人伦"走向"人际","人际关系"取代"人伦关系"。"际"取代"伦"是生活世界更是精神世界的一种根本性转向。在"人际"理念和"人际关系"中,完全没有"伦"这样的总体性和实体性理念,世界的主人是原子式的个人,就像黑格尔所说的那样,"抽象的个人"成为"世界的主宰"[②]。

另一方面,"人伦"这种整体性、精神性的存在关系在现代世界中不仅被个体性的人际形态所取代,而且这种人伦价值被降低并与物化价值相一致。道德银行就是这种物化价值的表现,一个单位、一个社区、一个行业乃至一所大学,本是一个个伦理价值的共同体,其中个体与共同体的人伦关系变异为依靠物质利益来维系,伦理的个体性与实体性关系被彻底割裂,物化价值成为伦理世界的衡量物与中介物。正如桑德尔所说,人伦道德永远是物质金钱买不到的,这是市场社会的道德局限。

(2) 道德的资本化问题

道德资本,顾名思义,道德成为一种资本,现实社会中,"反对经济活动中的巧取豪夺、欺诈诓骗,主张在市场经济活动中以合道德的方式、手段追求企业利润。这种本意当然不失合理……然而,作为一个理论命题,'道德资本'概念本身却有诸多理论讹误"。实际上,在这种人与物的价值关系颠倒中,劳动关系的异化是更现实、更值得反思与认真对待的

---

① [德] 黑格尔:《精神现象学》(下卷),贺麟、王玖兴译,商务印书馆1979年版,第8—9页。

② 樊浩:《后伦理时代的来临》,《道德与文明》2013年第6期。

问题。因为"如果人们立足于道德工具主义的工具理性立场而不是绝对价值目的性的价值理性立场,来把握与理解'道德',不仅背离了'道德'的原本本体性、超越性规定,而且会使社会已经溃塌的道德根基进一步崩溃"①。

　　黑格尔之前的古典伦理学中并没有重视劳动的伦理作用,而黑格尔转向劳动也是源于在耶拿时期对《伦理生活体系》(System der Sittlichkeit)的探索。在此,一方面,在劳动的自然属性中使得人类"需要、满足和享受"的自然需要在劳动中变成了现实;另一方面,在劳动的社会属性中劳动既是个别的也是普遍的,既满足了自己的需求,也满足了社会的需求。这样劳动这个国民经济学的范畴,在现实的伦理生活中发挥了特殊的价值功能,尽管在历史现实中是由货币、金钱、价格等因素发挥作用。在近代的市民社会中,"通过交换和契约,'每个人都会满足他人的需要,而他自己特殊多样的需要则会由其他人的劳动来满足',整个世界会变成一个普遍的个体之间相互依赖的体系。就这样……个别性的劳动最终会转变成普遍性劳动"②。于是在现实伦理世界中,劳动本来是将伦理的普遍性与特殊性"同一"起来的物质、实践方式;然而,"资本把人的关系变成了物的关系又把物的关系变成人的关系,正是在人与物之关系的颠倒中,劳动之伦理本体地位丧失了"③。

　　因而在此更为重要的是,劳动的伦理本体地位丧失的同时,劳动关系的异化成为更严重的"伦理事件"。劳动把分裂的个体统一到社会整体之中,在这当中人与人、人与物的劳动关系构成了社会价值关系与秩序的基本格局。然而资本的出现将人的价值关系的伦理道德也等同于资本的"道德资本"的出现,彻底割裂了劳动的伦理功能,并打破了劳动关系中所包含的价值秩序。劳动关系的异化,一方面使得劳动作为个体性与普遍性同一的中介作用消失了,另一方面以劳动为中心构建的社会价值秩序被颠覆了,资本成为社会关系的主宰。

　　那么在道德资本背后所显示的劳动伦理本体地位的丧失及其所造成的

---

① 高兆明:《道德资本概念质疑》,《哲学动态》2012 年第 11 期。
② 韩立新:《从人伦的悲剧到精神的诞生》,《哲学动态》2013 年第 11 期。
③ 晏辉:《劳动之伦理本体地位的消解与重建》,《学术月刊》2010 年第 3 期。

伦理道德个体性向社会普遍性过渡的中断，成为其伪善指责和罪名的证据。

B. 客观性规范的过渡与转型逻辑的"中断"

值得肯定的是，被康德排除在道德逻辑之外的伪善，在黑格尔伦理体系中被吸收而且作为道德发展的逻辑环节之一，伪善在从"抽象法"向"道德"，"道德"向"伦理"的过渡①中发挥了重要的推动作用。无疑这在人类道德发展的明智及其历史性上都大大向前迈进了一步。

（1）"主观性"作为道德自我克服的环节

在这一逻辑进程中，"从否定的方面来说，黑格尔思辨唯心主义最重要的贡献和最有特色之处是它对主观思想所进行的批判"②。如果说这一批判贯穿于整个黑格尔哲学体系的话，那么在伦理道德思想中同样适用，更为重要的是，在伪善的道德自我克服的逻辑环节中体现得更为突出和明显。

方法论上，"在黑格尔看来，主观思想的基本形态，即外在反思或形式推理，归根结底是以度内容的阉割、以抽象的形式主义为其基本特征的"。这就是"外在反思——疏离与特定的内容但却把一般原则运用到任何内容之上的反思"③。于是恩格斯也承认黑格尔关于伦理的学说，"（1）抽象的法，（2）道德，（3）伦理，……在这里，形式是唯心主义的，内容是实在论的"④。在现代性的历史线索中，黑格尔"致力于消除康德的个人自主概念当中纯粹的应然要求特征，认为它在理论层面上早就是一个社会现实的历史有效因素"⑤。在伦理生活（*Sittlichkeit*）的视域中，黑格尔不再将现代性新鲜事物或制度放进个体的、抽象的道德理性之中（去理解），而是相反把伦理道德重新放回它应当存在的场所——伦理

---

① 严格说来，在黑格尔伦理体系中对伪善的论述只是存在于从"道德"向"伦理"阶段的过渡过程中而出现的，但是，考虑到康德主观性逻辑的转向中对感性的、对象物的道德批判也可以归入广义的这一过渡环节之中，因而放在一起整体来考虑。
② 吴晓明：《论黑格尔对主观思想的批判》，《求是学刊》2011年第1期。
③ 吴晓明：《论黑格尔对主观思想的批判》，《求是学刊》2011年第1期。
④ 《马克思恩格斯选集》（第4卷），人民出版社1995年版，第236页。
⑤ ［德］霍耐特：《为承认而斗争》，胡继华译，上海人民出版社2005年版，第1页。

生活之中去观察与认识。这种伦理生活的认识论，一方面否定了原子式的个人，每个有理性的存在者孤立的自然状态的认识起点，本源的存在状态是民族、是世界、是在诸种关系的生活之中；另一方面对于道德行动而言，不应仅仅关注行动意志、准则的应然、未然状况，而且行动之实然、本真性的价值存在也应归诸其中。

于是从一种更为长远的视角看，现代伦理生活对哲学要求就在于从生活本身出发而又不断超越自身的自在存在，从而拯救现代主观性道德逻辑的危机与不足。因而无论是在精神现象学中"道德世界观"中指出的伪善、颠倒以及伦理精神的和解，还是自由意志从道德向伦理的过渡，都展现了这种主观性的道德形态——良心必须在客观的伦理生活中真正实现自我。

（2）伦理生活更高环节的"过渡"难题

现代社会中自然伦理的解体已经成为必然，而且，个体的自由行动成为对由社会整体、民族国家代表的伦理的"侵犯"与"犯罪"，因而"把在个别的谋划和行为中失去的伦理性作为普遍的东西重建起来"就成为现代伦理学的首要任务。在此黑格尔所面对的并非如古希腊城邦社会中，"人们把城邦的集体生命当做他们自己生命的本质和真谛，在其中找到自己的荣誉，并以在城市中获得的权力和声誉为自己的酬劳，而在城市的记忆中看到自己的不朽。他们践履他们的'伦理'，'仿佛出于本能'，并且以'伦理'为第二天性，因此，他们是自由的"①。因而在现代与传统、普遍与个体、自然与理性的多元张力中，黑格尔重新确立了现代"伦理生活"的理念。现代伦理生活的兴起是一种比古希腊更高的形式；因为"不像旧希腊文化所具有的伦理；在这里伦理也可以指一种对朴素伦理的更高规定，即当它在道德之中对自己进行反思之后再次显现出来的形式"②。这就是在道德主观性基础之上，作为更高环节的伦理（生活）逻辑的统一，即"主观的善和客观的、自在自为地存在的善的统一"③。

---

① ［加拿大］查尔斯·泰勒：《黑格尔与现代社会》，徐文瑞译，吉林出版集团2009年版，第7—8页。

② ［德］黑格尔：《哲学史讲演录》（第二卷），贺麟、王太庆译，商务印书馆1996年版，第41—43页。

③ ［德］黑格尔：《法哲学原理》，范杨、张企泰译，商务印书馆1961年版，第162页。

伪善的出现正是在于道德的主观性逻辑向客观的、自在自为的伦理过渡过程中而出现的，而同时善也在自我主观性之中通过各种方法与途径，尝试善的"特殊性"向"普遍性"的直接飞跃。但是这种从"个体性"出发的伦理现实性的探索是没有精神的，"因为它只能做到集合并列，但是精神不是单一的东西，而是单一物和普遍物的统一"①。因而黑格尔将这种过渡难题通过伪善的四种形态，从低到高的把"恶曲解为善"的逻辑呈现出来。当然在逻辑地展开伪善的诸形态之前，黑格尔还专门阐述了一个伪善行为必须具备的基本要素和环节。

首先，要具有关于道德普遍性的知识，以及与这普遍性相冲突的"特殊意向"；不仅如此，将二者相比较，明白道德意识的特殊意向是被判断为恶。在此黑格尔一再强调为恶的道德意识的"自知"，"无知"和"不知"的道德心灵并不能成为免于惩罚的理由。因为随着近现代道德意识的发展，不同于古希腊时期，这里道德意志是经历了自我"反思"基础之上的客观性形态，个人对恶的主观特殊性形态的规定以及对于自我统一性的人格的尊重而言，对于恶的形态及其行为归责也意味着人的成熟。

其次，"伪善须加上虚伪的形式的规定，即首先对他人把恶主张为善，把自己在外表上一般地装成好像是善的、好心肠的、虔敬的等等"。或许我们会问，这些骗人的伎俩如何能蒙骗别人，关键是为这些恶行做辩护的理由存在于自我的"善行"或"虔敬"的态度中。但是这些欺骗"可能性的根源在于主观性，作为抽象的否定，它知道一切规定都从属自己，而且源出于己"，② 因而这是彻头彻尾的伪善，并且把德行的发展根据悄悄地替换掉，将伦理禁锢在道德主观性形态上。

（3）伪善作为过渡"节点"的两重性

这样，在从道德向伦理的过渡上，作为节点的"伪善"实际上发挥着不同方向的两重价值，这是伪善在推进道德发展逻辑上的真实状况：其一，对主观性的固持及其造成的相关问题。对于这一点的认识，我们可以从伪善这种德行骗术的"根据"中来进一步展开，同时这一根据的表现也是遵循自由意志的外在对象性、内在主观性以及二者相统一的逻辑关

---

① ［德］黑格尔：《法哲学原理》，范杨、张企泰译，商务印书馆1961年版，第173页。
② ［德］黑格尔：《法哲学原理》，范杨、张企泰译，商务印书馆1961年版，第148页。

系，或者更彻底地说伪善在主观意志中找到自我。

黑格尔分别把它们称为：（1）"盖然论"，因为这时伪善行为人"能替某种行为找到任何一种好的理由……那么，这种行为就是许可的，行为人也可感到心安理得"①。（2）"主观论"，因为"对抽象的善的这种希求似乎已经足够——甚至是唯一要求——使行为成为善的"。这一点不难理解，根据在于对善的抽象性的主观规定以及对恶归责的"人格分裂"，黑格尔以"盗亦有道""为复仇杀人"为例说明。（3）"规则论"，这是前面两者的合题，客观理由与主观性规定的统一，即"主观意见终于被宣示为法和义务的规则"，这一伪善影响更为深刻，因为它渗透到个人的道德信念之中。"在行动中所抱的善良意图以及我对这一点的信念，就可使我的行为成为善的。"② 这里我对"我的信念"的自负，彻底消除了道德信念的客观性、权威性，从而达到了主观性的"顶峰"——主观信念。

其二，对道德客观性"欠缺"的自觉以及伦常性、历史性伦理生活的切入口。在揭示伪善固守主观性的三种逻辑形态之后，黑格尔还进一步指出，主观性在其"最高形式"——讽刺中完成、克服自我。讽刺作为"主观性的主观性"，它一方面"把自己看作最终审的主观性的顶峰"，并沉浸其中；但另一方面，在统一的人格中"它的确知道伦理性的客观东西"，而这种客观性东西同主观性的东西一起遭到毁灭。但是我们也应该看到，这里"所毁灭的不是在我们内部最高的东西。我们并不是在最好的东西的毁灭中，而是相反地在真的东西的胜利中得到提高"③。这就是客观性的伦理生活、制度化的自由意志——国家以及这种客观伦理精神的历史发展，这样就打开了客观性伦理的入口。

在此我们可以去指责黑格尔客观唯心主义式的过渡方案及其哲学体系的制约并不成功，而仅仅是为马克思主义的唯物史观提供了方法论的准备，植根于感性的伦常世界以及生生不息的历史生活中，活生生的个体才有可能克服伪善的侵扰。但是我们不能忘记却往往被忽视，即便认可这一

---

① ［德］黑格尔：《法哲学原理》，范杨、张企泰译，商务印书馆1961年版，第148页。
② ［德］黑格尔：《法哲学原理》，范杨、张企泰译，商务印书馆1961年版，第153—154页。
③ ［德］黑格尔：《法哲学原理》，范杨、张企泰译，商务印书馆1961年版，第156页注②。

指责也并不能忽视伪善这一并不光彩的道德现象在道德发展过程中的客观作用。当然这一作用是通过道德自我意识而实现的，因而我们这里的探讨仍然是停留在意识哲学之中的。"意识［das Bewuβtsein］在任何时候都只能是被意识到了的存在［dasBewuβt Sein］，而人们的存在就是他们的现实生活过程。"① 或许只有从现实的、感性世界出发的探讨，才能真正克服伪善，推动人类道德的进步。

C. 道德法对伦理法的颠倒：社会规范的失序

然而在现实世界中，这种代表道德本质的"普遍物"一旦呈现为外在有形的形态，即现实化的过程，就会出现"异化"。这一道德异化症的出现，是由于伦理道德的社会化形态的转变而导致：一方面，从现代历史视角来看，即从道德世界观到伦理世界观的变化；另一方面，从伦理道德的自身形态来看，是从道德的"个体性"拓展到"世界性"。人类的道德发展到"世界"之中，就发生了更为复杂的情形，道德主观性如何在世界中保存以及以何种形态存在，这是一个重大问题。

（1）分裂的道德：社会规范的张力

伦理道德在从主观性形态向社会客观形态过渡过程中，作为道德"普遍性"与"单一性"相同一的中介除了劳动之外，语言也被哲学家当作重要的载体。实际上，在现实生活中也是如此，人与人之间的道德交往、道德共识的达成过程中道德语言、道德言说占据重要位置。因而除了人伦关系、劳动关系这两种社会价值关系之外，道德语言在伦理道德的社会化发展中具有独特的意义与作用，它更加直白地表征着伦理世界中价值关系的分裂与颠倒的现实。

在黑格尔的《精神现象学》一书"精神"的第二个环节，"语言"出现在"自身异化了的精神"的世界中，即教化世界之中。然而道德的"语言"与"道德语言"的区别呢？道德"语言"为什么出现在教化世界中？"语言"为什么是教化（或异化）的现实？这些问题直接构成了伪善的实践论的逻辑开端。

在黑格尔的论述中，道德语言（说谎）的功能表示为"阿谀"或

---

① 《马克思恩格斯选集》（第1卷），人民出版社1995年版，第72页。

"分裂"语言;因而语言本身(谎言)却是"异化的现实"①。首先,为什么要"说"。"说"本身是一种"行动",因而其重点不在于"说什么";然而"说"的行动又意味着对行动本身的"中断"。人类的始祖为什么要"说"(话),因为上帝发问:"你在哪里?"(创3:9)起因是由于偷吃智慧果之后,发现自己赤身露体,亚当与夏娃就躲了起来。在此上帝不知就里,但是人类始祖已然知道自己犯了罪。但是他还要"说",明知自己犯罪,却还要说话,那"这话"就是"谎言",其目的是"掩饰"自身所犯的罪,是一种"辩白";而从另一层面讲,则是中断了"改罪"的机会和行为。于是"伪善"就在人类始祖的"说"中发生了,因为人类的始祖不仅作了恶、犯了罪,还试图去欺骗,这就是"恶中之恶""罪中之罪",因此说谎也就被当作"一切恶的始作俑者"②。

因而这种"道德语言"并不是"道德性""价值性"的话语、语词,而是与"道德行为"相对立、相否定的一种"行为",是对道德行为的"论断"和"评价",因而"论断他人始终意味着自身行为的中断"③。自身行为的中断、行为自我的否定意味着道德自我处在"分裂"之中,即道德普遍性与个体性、道德理性与感性要求、自我与他人之间的"不和"。这种历史形象的体现就是"法利赛人",因为"法利赛人的行为仅仅是他善恶之知的一种特定表达,因此也是他同其他人以及同自身不和的一种特定表达"。因此,"在这种以不和的存在为根据的意义上——不是在心怀恶意的意义上——法利赛人的行为,亦即把善恶之知贯彻至极者的行为,乃是假的行为,乃是虚伪"④。

同时这种道德行为的中断致使其"非现实性"地存在,并不是因为道德行为出自阴暗的动机,而是由于这种行为本身即是"脱离""分离",与"本真之善"(上帝)的分裂。因而这种情境(精神的异化、教化世

---

① [德]黑格尔:《精神现象学》(下卷),贺麟、王玖兴译,商务印书馆1979年版,第55页。
② [德]康德:《康德著作全集》(第6卷),张荣译,中国人民大学出版社2007年版,第441页。
③ [德]朋霍费尔:《伦理学》,胡其鼎译,魏育青、徐卫翔校,上海人民出版社2007年版,第49页。
④ [德]朋霍费尔:《伦理学》,胡其鼎译,魏育青、徐卫翔校,上海人民出版社2007年版,第49页。

界）中道德行为的判断就是道德"自我意识"的判断，于是出现了"善恶之分"。庄子也讲到，"是非之彰也，道之所以亏也"①。因而人们知道"辨""是非"以后，道就"亏损"了。于是，在"道"不完整了、解体了之后，"世界"就是一个"无道"的状态。在这个无道的世界中，"伪"就是必然，是谓"大道废，有仁义；智慧出，有大伪；……"② 所以不难看出，道德自我的非现实性而称谓的"伪善"，是在"异化"的世界中"道德行为"的必然性呈现。因为在此境况中道德行为本身丧失了"现实性"的可能，正如法利赛人所为，"其善行，本欲医治内在的不和以及同他人的不和，却更加导致不和，导致坚持同本源脱离"。从而最终使得这种道德自我认为的善行本身也发生了变化，成为"恶行"的土壤。当然这是从道德主体的心理层面发生的，但是这正是道德主体"对象化"的非现实的反映。

（2）说谎与欺骗：社会规范的主观性根源

因为人类这种理性动物在道德世界中，主观性的使用如果只是谋取私利，那么道德上说谎、欺骗的事实就不可避免。而且这种看似"不德"就能够得福的伪善，在道德辩证发展中，不难看出自欺的现实。康德就曾敏锐地区分了两种说谎，即"外在的说谎"（mendacium externum）和"内在的说谎"；而且得出结论，"由于前者，他使自己在别人眼里成为蔑视的对象，但由于后者，他使自己更为严重地在他自己的眼里成了蔑视的对象，并且伤害了其人格中的人性的尊严"③。

这种"外在性"的说谎是以欺骗别人而达到恩惠自己的效果，而"内在性"的说谎则是以"欺骗"的方式肯定自己"意愿"着的存在状态，则无须"行动"即保持着自我的道德人格的统一。因而在这里通过道德意识的欺骗"完全"否定了道德行为，行为不仅被"中断"了，而且被"否弃"了。所以"伪善"在这里是道德意识的欺骗行为，而达到的目的是"自欺"。

---

① 《庄子·齐物论》。
② 《道德经》第十八章。
③ ［德］康德：《康德著作全集》（第6卷），张荣译，中国人民大学出版社2007年版，第438—439页。

道德意识的欺骗就是"道德自我"的"自欺"。道德意识的"欺骗"是道德意识的一种历史性显现的行为和现象，在黑格尔的《精神现象学》的"精神"的历史显现过程中就出现过两次"欺骗"：其一是在教化世界中表现为"教化的虚假性"；其二是在道德世界中道德意识以表象的、对象的存在作为自身真理的欺骗。无可避免的是，二者表现了"伪善"的欺骗性的不同形态。前者表示在一个"精神"颠倒、异化的世界中，语言代替了"行动"，服务的英雄主义变成了阿谀的英雄主义，分裂性的语言"乃是这整个教化世界的真的现实存在着的精神"①。于是精神是通过"述说"（语言）来显现的，但是"其内容，是一切概念和一切实在的颠倒，是对它自己和对别人的普遍欺骗，而正因为内容是普遍的欺骗，所以述说这种自欺欺人的谎言骗语时那种恬不知耻，乃是最大的真理"。这表明"精神"通过语言的表达必然是一种欺骗；但是在这样的教化世界中"精神"的欺骗性即是"真理"。这也是回答上文提出的"语言"问题出现在教化世界的原因。另外，在道德世界中，道德自我意识的颠倒、倒置表露了道德自我"自欺"的初步表现。

萨特在《存在与虚无》揭示了自我存在形态的"自欺"可能性。萨特讨论"自欺"是与"焦虑"概念联系在一起的，而"焦虑"是被看作一种对世界的本体论的体验，二者都是与"世界"相关联的。"焦虑"是一种在"世界"中的存在自由的一种象征，"正是在焦虑中，人取得了自由的意识，或可以说，焦虑是作为存在意识的自由之存在方式……"而同时这种自由存在只有通过"行动——自由选择的行动则是把这个本质显示出来的唯一途径"②。

然而这种行动是否能够真实地显露自我的真实存在状况呢？答案是否定的，这其中不仅有"说谎"，还有一种重要的行为就是"自欺"。萨特就通过"自我"存在的角色意识的分析，揭示这一前意识的自我欺骗的可能，当然这一揭示在一定意义上表明，道德意识的本源性地位受到了"颠覆"。在萨特的著作中，他详细地分析了"说谎"与"自欺"（不

---

① ［德］黑格尔：《精神现象学》（下卷），贺麟、王玖兴译，商务印书馆1979年版，第64页。

② 杜小真：《一个绝望者的希望——萨特引论》，上海人民出版社1988年版，第75页。

诚），从而揭示了这一被掩饰的主体间的"共在状态"以及人的实在的虚假性。首先，对于"说谎"它不仅仅是一种主体间的相互欺骗，而且它还对你我的实存属性进行欺骗。因为"它设定我的实存，别人的实存，我的为他的实存和别人的为我的实存"，从而说谎仅仅通过意图的掩盖就达到了人们对"共在"的认可。但是通过说谎也就暴露了，"意识肯定了意识的存在从根本上讲是对他人隐藏着的；它为自己的利益而运用了我和他人之我这本体论的二元性"①。同时这里又说明了"说谎"是一超越性的行为。其次，在自欺中，"它用'这个'和'我'的二元性取代了欺骗者和被欺骗者的二元性——这个说谎的根本条件，它把'共在'的主体之间的结构引入我的主观性最深处之中"②。

而萨特更是通过两种不同生活实例来说明两种不同的自欺形态，其一是通过一个约会中的年轻女子的自欺的行为，来说明如何自己"使自己成为一个自在的存在"，而这种自在存在的可能又依据于"灵魂"与"肉体"的分离；其二是通过一个咖啡店的侍者的行为，来说明一个人如何"使自己仅仅成为在他人眼中之物"，而这种"为他"的存在前提是自我角色与社会角色的分离。这两种形态的"分离"是尤为重要的，如同康德将"伪善"植根于道德理性反思前的"人性结构"之中，萨特将"自欺"植根于"反思前的我思结构"中，因而这就意味着道德"反思"思维所无法反思到"伪善"实际上根深蒂固于自我"意识"的存在结构之中。萨特因此认为，"如果说自欺是可能的，那是因为它是对人的实在的任何计划的直接威胁，那是因为意识在其存在之中是其所不是又不是其所是"③。

萨特的这一发现是重大的，因为人们自以为的通过直接的直觉的存在经验是"真实"可靠的，而经过萨特的证明并非如此。另外，这对于揭示道德经验的"非本真"状态尤为重要，因为"意识"的反思思维形态在克服"伪善"的二元性形态中有着莫大的进展，但是，"自我意识"存

---

① ［法］萨特：《存在与虚无》，陈宣良译，生活·读书·新知三联书店1997年版，第82页。
② ［法］萨特：《存在与虚无》，陈宣良译，生活·读书·新知三联书店1997年版，第85页。
③ ［法］萨特：《存在与虚无》，陈宣良译，生活·读书·新知三联书店1997年版，第107页。

在论层面的"自欺",使得"本真"的存在经验又成为"泡影"。这再一次提醒我们道德行动中"善"的存在仍可能是非本真的。

3. 伪善的历史主义形态：伦理精神的"虚无"

这种自欺的道德经验的生成往往以民族生活历史性形态呈现出来的。因为道德经验的前提是伦理生活,生活世界的"虚假化"成为一种欺骗的外围幕帐。"虚假"的伦理世界,实际上意味着同一的、普遍性的伦理本质"沦为"外在化、工具性的存在。于是同一性的伦理本质的沦丧,道德价值与伦理现实就必然会发生"异化",这就是作为虚假"同一性"的生活世界中的伪善。这是民族伦理生活的"精神之病",是"整体性"的伪善,同时也意味着民族伦理精神的"虚无化"。

A. 潜规则：伪善的历史主义形态

依据马克思以资本主义世界为对象进行的分析,但这是否意味着资本主义作为一种历史社会形态被超越之后,伪善就消失了？最后我们必须严肃对待这个敏感的问题,在社会制度的变革之后,伪善是否存在？伪善的民族生活的历史形态在当下又是什么形态？它对民族伦理精神的产生带来什么样的影响？

(1) 阶级、历史主义的发展框架

20 世纪 80 年代,在苏联教科书式的伦理学思维影响下,"伪善"被看作"是剥削阶级的基本品质之一","是剥削阶级本性的必然反映,是剥削阶级道德品质的典型表现"[1],"是阶级社会中的一种常见的现象,也是统治阶级对广大劳动者进行压迫、欺骗和奴役的一种手段"[2]。而在社会主义社会中,伪善被想当然地排除在外,因为社会主义社会中不具有"伪善"赖以产生和生长的"阶级"条件和"宗教"土壤。

"在绝大多数人由于经济上、政治上和精神上受逼迫,而以形式上履行道德要求来代替对道德的自觉和有信念的态度的条件下,它得以发

---

[1] 《伦理学名词解释》,人民出版社 1984 年版,第 124 页。
[2] 《简明伦理学辞典》,四川社科院出版社 1985 年版,第 223 页。

展。"在这种阶级社会条件下,于是就会自动有一批"对现存秩序的自愿维护者,他们在监督其他可信赖的人的时候表现出自己忠心耿耿"。因而"伪善往往包藏着对人的不信任,对人的个性持怀疑、嫉妒、轻蔑的态度"。但是这种道德态度的"旧日遗毒"是生长于"固有着虚伪、教条主义和法利赛作风的宗教道德"的土壤,从而产生着对道德的伪善态度。所以就如阶级斗争一样,保持纯洁、高尚的社会主义道德关系,就"必须同伪善进行坚决斗争",毕竟"伪善同共产主义道德的本性是相对立的"①。但是可以肯定的是,在社会主义社会中,伪善的"阶级"和"宗教"的根基被铲除,所以伪善的表现就从"整体性"的阶级恶转变为"个体性"的道德恶。于是伪善在社会主义社会中常常"是同官僚主义、名利思想和见风转舵的心理"或是"虚荣心、嫉妒"等结合在一起的。

再往下推一步,不难得出这样的结论,随着社会主义革命的完成,伪善赖以产生的阶级和宗教环境已经消除,所以"伪善"的道德现象注定要消亡的,至少也是会逐步消失的;而即使在现阶段伪善的存在也只是"旧日遗毒",存在于"个体"或"一小撮"群体的心理或行为中。这种将一种基本的道德概念和道德现象统摄于"阶级斗争"的分析框架中来看待和分析的做法并不是完全没有道理,最起码在这种分析中让我们清晰地看到,随着伪善的"道德世界"被揭示为"阶级"的"恶的世界",伪善的道德世界观就解体了。

但是"伪善"在现代道德世界中的消失,只能是作为道德基本概念或是道德生活现象,而非道德经验或感受,甚至说现代道德世界的塑形正是在对传统道德"伪善化"(善的欠缺)的"经验感"之中进行的。这样,在道德生活的真实感受中,伪善的民族历史形态就表现为"潜规则"。

(2)"潜规则"的道德虚无主义

随着新闻媒体对社会中一些不公正现象的持续曝光,人们开始知晓并熟悉潜规则;但是在中国传统的人情社会、差序格局的社会结构中,对于潜规则似乎并不陌生。吴思先生在《潜规则:中国历史中的真实游戏》一书中,对潜规则有一个界定,"即中国社会在正式规定的各种制度之外,在种种明文规定的背后,实际存在着一个不成文的获得广泛认可的规

---

① [苏联] 伊·谢康主编:《伦理学辞典》,甘肃人民出版社1981年版,第428—429页。

矩，一种可以称为内部章程的东西"。恰恰是这种东西，而不是冠冕堂皇的正式规定，支配着现实生活的运行。人们对于潜规则抱怨、喊打、痛恨，但在行动中往往又愿意遵循潜规则，从而将自身利益最大化。

这样一种不义的规则、不公正的规范却在日常生活中实际支配着人们的行为，但是正是由于这种所谓"潜在"规则的实际作用，却实实在在创造了"另一个"生活世界，"不应当的"却真实存在的潜规则世界。

潜规则对于道德生活世界的颠倒，这首先是与时代特征下主体的生存境况紧密相关联的，当然这种状况的感受是在主体的现代道德理论的表述和视域之下的。这其中一个重大的遭遇就是道德世界的现代转换及其带来的问题。任何一个严肃的哲学学者在面对伦理学的现代性问题时，都不约而同地将视角切入道德世界的现代转换。早在克尔凯郭尔那里，他就认识到在现代世界伦理精神的和解形态不是"朴素伦理"形态，而是更高形态的规定，"即在道德之中对自己进行反思之后所再次显现出来的形式"①。在《人的境况》中，阿伦特在对比现代诸发现最重要的精神后果时说，"真理和知识只能靠'行动'，而不是靠沉思来获得"，也即是说，沉思生活与积极生活之间的等级秩序发生了"倒转"；最终"为了获得确定性，就必须弄确实（make sure）；为了知，就必须做"②。科斯嘉（C. M. Korsgaard）在《规范性的来源》一书中开始就提出，对价值问题的认识，"从古代世界到现代世界对这个问题的认识经历了一次根本性的转变——或者说很彻底的一次革命。这个世界的位置完全颠倒过来，价值问题的表现形式跟过去也完全相反"。因为相对于古代自然德性的理论，世界中善的质料与形式并不是自然而然的同一，相反，"价值必须找到进入这个世界的路径"，善的问题就成为"人为的事务"③，"反思"成为伦理学认知与实践的方式。在全面反思现代性伦理的基础上，威廉斯（Bernard Williams）称，现代道德哲学已经把古代伦理学的"我应当如何生

---

① [丹]克尔凯郭尔：《论反讽概念》，汤晨溪译，中国社会科学出版社2005年版，第149页。
② [美]汉娜·阿伦特：《人的境况》，王寅丽译，上海人民出版社2008年版，第229—230页。
③ [美]克里斯蒂娜·科尔斯戈德：《规范性的来源》，杨顺利译，上海译文出版社2010年版，第3、6页。

活"的问题转变为"一个人要服从什么道德规则"的问题。

为了一己私利和利益最大化，一个人最好服从"潜规则"。这就带来两个方面的影响：其一，潜规则不仅使得显规则、明规则、公正规则失效，而其自身也无法得到确证。在潜规则中，规则本身仍然是规则，但是这种"规则"无法在个人的道德行动中得到确证。因为即便个体是遵循潜规则而行事，但他自身也不愿承认这一点，而只是各种道德理由的辩驳甚至是意志薄弱（weakness of will）的借口。这样，在一个民族共同体的伦理生活中明规则得不到施行，潜规则也得不到认同、认可，那么一切道德规则都失效了。一个没有道德规则、规范的世界是一个虚无主义盛行的世界；或者如一些学者所言，是一个道德真空的时代。但是这并非意味着社会中没有规范、规则，而是这些道德规范、规则不具有客观性、普遍性，道德只是个体（或小群体）主观性意义上的存在。

其二，潜规则建造和维护了一个"谎言"的世界，虚假的善的世界遮蔽了世界中的恶，客观世界"上升"道德王国的过程中断了，伦理精神彻底消失。因为"当谎言获得某种社会标志时，它总是被当作善"，而且"人们已经习惯把社会谎言当作真理"。在众多的社会生活领域中，"在政治领域里有最大限度的谎言，形成了生活的虚假外围"。一旦生活的"虚假外围"形成了，"伪善"就出现了，"伪善本身已经不被认为是恶，而被认为是义务。整个灾难不在于被认为是恶的谎言，而在于被认为是善的谎言"①。这个重大的转变"意义"是深远的，谎言被涂抹上了"善"的光辉，即便是"谎言"也是"善意"的。

这种情形在我们的社会生活中又表现出一定的复杂性：一方面，如"奶品行业的人通知自己的亲戚朋友，不要喝自己生产的牛奶，要喝，可以到他这里来买特制的没有掺假的产品，或是直接到牛奶场上去挤。做红心鸭蛋的人自己是不吃自己做出来的蛋的，这个'自己'当然首先包括他的家人，其次是要好的熟人朋友"。由此谎言是"善的"就在于从"内心说，他并不认为自己越过了道德底线，因为他的底线就是他不能伤害自己的亲友和熟人"②。另一方面，还有如"三鹿集团曾经在发现产品含有三聚氰胺之

---

① ［俄］别尔嘉耶夫：《论人的使命》，张百春译，学林出版社2000年版，第215、219页。
② 邓晓芒：《对有毒食品泛滥的文化反思》，《书屋》2008年第12期。

后，向政府提出报告：'请政府加强媒体的管控和协调，给企业召回存在问题产品创造一个良好环境，避免炒作此事给社会造成一系列负面影响'"。以至于我们不禁要问："为什么一家企业如此可鄙的意图，竟能用上这么义正辞严的修辞去包装呢？"[①] 问题很简单，就在于企业、企业家们认为这种"谎言"是"善意"的，是为了更大程度、更大范围的"善"等，不一而足。

实际上可以看到在一个被"谎言"包围的日常生活世界中，"所被允许的只是人人都应遵守的、中等的，已经成为十分平庸的东西"，因而在现实生活中的"恶"也是"平庸的恶"（banality of evil）。不仅如此，作恶者还振振有词，因为哪怕是他们在日常生活中的恶行也是为了"高尚的目的"。所以投毒者才能"问心无愧"，因为他是"三个孩子的父亲"，言下之意是为了养活孩子才去"投毒"；而杀人者更是为了"对得起兄弟"不择手段。因而阿伦特认为这些行恶的"平庸之人"是缺少"反思"，但是"无反思"相对的是"过度反思"，"无反思"者即是指"自以为善"的作恶者，"过度反思"者是指"负有罪责感"的为恶者。在二者中间还有一类是在"反思"之外的形态，即是"虚假"的反思者，即那些经常用高尚目的的外衣掩盖自己的"伪善"者。因为社会日常生活中是没有"看客"的；这些"看客"们在日常生活中同样也是被"蒙蔽"者，因为他们甘愿相信日常生活中的谎言，甚至说是一种"自欺"。

最后，作为一种基本的道德观念，我们必须要扭转的是，我们不再是生活在"道德世界"中，因而道德思考的"当然"的逻辑起点也就不是"道德世界"；我们的伦理学也不再是在"求善"的口号下做着"扬善"的善举，而是"释恶"的实际勾当。因此我们必须面对"恶"，面对这个"有恶"的世界，面对"有恶"的自我，才能在现实世界中做到"抑恶"，才能在学理领域塑造一个从"释恶"走向"抑恶"的伦理精神的所在。

B. 伦理世界历史发展逻辑的"中断"

在客观道德世界中，并不意味着伪善就被自然地克服了，相反，伪善的"外在反思"在被颠倒了主客关系的生活世界中成为一种"内在反

[①] 梁文道：《常识稀缺的时代》，《文汇读书周报》2009年2月20日。

思",而这一思维的转变是基于道德世界逻辑的颠倒基础之上的。于是伪善不仅在一种革命化的社会变革中仍然存在,而且作为思辨传统的影响也反映在社会观念之中,这体现为人对世界以及人自身的认识与改造。当然这不再是一种普遍逻辑中的观念批判,而是对改变客观现实的历史逻辑"中断"的自明。

（1）社会经济关系中的伪善问题

在资本主义经济关系中的伪善,就表现为个别利益与普遍利益关系的颠倒,并试图为维护这种抽象的、虚假的普遍利益所做的努力。但是"各类非马克思主义理论家并非诉诸于一种有违伦理的理念作为现实资本主义社会的理论支撑,相反,在他们看来,只有普遍的原则才能符合伦理的基本要求"。对马克思来说,"在资本主义生产关系体系下,以普遍性形式存在着的自由、平等原则在资本主义关系中被颠覆,与此同时,社会财富的增长同时意味着社会分裂的发展,对象化了的劳动脱离其创造主体而日益集中于其他少数人之手"[①]。这样在传统哲学中道德普遍性与个体性之间逻辑关系"倒置"的伪善就表现为具体鲜活的经济关系,资产阶级少数人却占有着社会大部分财富的资产阶级私有制、财产权、自由与平等等被宣称为所谓的普遍性原则就丧失了自我的合法性,不顾这种现实而进行的辩护就成为一种彻头彻尾的伪善。

人与物价值关系颠倒（异化）的道德批判。在资本社会中,"从所有权的持有到所有权的交换原则都走向了自身的反面,普遍的原则成为虚假的观念——颠倒了的意识形态。马克思的这一批判性认识在最初的意义上是以异化劳动理念为基础的"[②]。当然这种主要表现为人物价值关系颠倒的异化（伪善）,在马克思早期思想中是以"国民经济学研究维度的契入"为契机的,但这仍是以道德批判的方式而进行的。比如在《詹姆士·穆勒〈政治经济学原理〉一书摘要》中,马克思指出,"乍看起来,在资本主义社会内,信用业所强调的人与人之间在道德上的信任关系是对

[①] 魏小萍:《资本主义经济关系中的政治、哲学与伦理——以 MEGA2 中马克思文本为基础的阅读与理解》,《哲学研究》2012 年第 9 期。

[②] 魏小萍:《资本主义经济关系中的政治、哲学与伦理——以 MEGA2 中马克思文本为基础的阅读与理解》,《哲学研究》2012 年第 9 期。

人的自我异化的扬弃,'但是,这种扬弃异化、人向自己因而也向别人复归,仅仅是一个假象;何况这是卑劣的和极端的自我异化,非人化,因为它的要素不再是商品、金属、纸币,而是道德的存在、社会的存在、人自己的内在生命,更可恶的是,在人对人的信任的假象下面隐藏着极端的不信任和完全的异化'"①。因而资产阶级的国民经济学无疑掩饰了这种异化现象,"信贷是对一个人的道德作出的国民经济学的判断"②。然而这种道德化的揭露与批判并不能使这种颠倒的社会经济关系重新颠倒过来,而是要在社会历史的深刻、具体关系之中来实现。

这就是对意识与现实、感性与理念、道德与经济等诸颠倒的逻辑关系的再颠倒,从而把资本主义这个"头脚倒置"的社会重新颠倒回来。除了在哲学意义上根本转变人们对世界认识的逻辑起点之外,《资本论》还对资本主义社会颠倒的社会关系也展开了系统的揭示与批判。

(2) 关于现实世界(国家)的伪善

马克思与恩格斯在资本主义世界中发现了一种"根本性"的道德分裂:"抽象的道德原则"与"现实的恶"之间和谐地共存着,而试图以道德原则克服社会之恶以期自我的实现,以至于这些抽象的道德原则成为社会恶的现实的辩护工具,即便这是个人的无意识举动,但其根源是历史的无意识。在唯物史观中抽象的爱、道德说教、绝对命令、超阶级的道德都是伪善,因为"本应把一切人都联合起来的爱,则表现在战争、争吵、诉讼、家庭纠纷、离婚以及一些人对另一些人的尽可能的剥削中"③。这里对现实世界中伪善逻辑的揭示又表现在以下两个方面。

其一,对"国家的道德前提"的批判,揭示这一客观伦理自我实现的虚假逻辑——伪善。"按照马克思的实践和思想发展过程,从林木盗窃法的批判,进一步关注点是其背后的力量——国家。从这里切入客观伦理领域,就摆脱了黑格尔唯心主义的从道德向伦理过渡的三段式。"④ 这一判断是精准和恰当的,在颠转了存在与意识、经济基础

---

① 转引自俞吾金《从"道德评价优先"到"历史评价优先"——马克思异化理论发展中的视角转换》,《中国社会科学》2003 年第 2 期。
② 《马克思恩格斯全集》(第 42 卷),人民出版社 1979 年版,第 22 页。
③ [德] 黑格尔:《法哲学原理》,范扬、张企泰译,商务印书馆 1961 年版,第 240 页。
④ 宋希仁:《马克思恩格斯道德哲学研究》,中国社会科学出版社 2012 年版,第 71 页。

与社会交往关系之后,"国家作为第一个支配人的意识形态力量出现在我们面前"①。因为黑格尔扭转了伦理世界中主观偶然性的作用,而认为以道德为前提的国家成为伦理生活的实在观念。即便认可了黑格尔"给现代道德指出了它的真正的地位"②思想,但是国家这一客观伦理世界"作为其自身是一种理性的东西来理解和叙述的尝试",其认识内容虽是实在的而形式仍是唯心的。于是国家作为客观伦理世界的理性要求与自我实现的逻辑,首先要得以纠正,代之以历史的逻辑。

其二,对这一国家的社会形态观念——"真正的"社会主义批判,试图以道德原则克服"现实之恶"的社会主义观念论成为科学社会主义最大的敌人。在这一客观伦理世界的实现方式上,作为小资产阶级的哲学家的代言人,幻想用德国的特别是黑格尔哲学、费尔巴哈哲学思想为原则来阐述社会主义和共产主义。问题的关键在于,这些抽象的人性论、泛爱论、普遍的人道主义都是试图用"人的特性""人的自由的道德活动""爱的宗教""道德批判"等,即使用纯粹的观念活动、抽象的道德原则来解决资本主义社会的诸多现实问题,消灭阶级剥削,推动社会发展,实现社会主义乃至共产主义。这种有意、无意的论断成为资产阶级"天然"的盟友,因为这一观念成为资产阶级国家的意识形态。恩格斯就曾指出,"道德始终是阶级的道德;它或者为统治阶级和利益辩护,或者当被压迫阶级变得足够强大时,代表被压迫者对这个统治的反抗和他们的未来利益"③。因而在历史现实的舞台上,从意识出发"把意识看作是有生命的个人"的伪善,阻断了"现实世界的革命化",将历史永恒停留在"现在"④。

(3) 关于"活生生的人"的伪善

当然以上两种形态在社会现实中又是统一和具体化的存在,这就是对

---

① 《马克思恩格斯选集》(第4卷),人民出版社1995年版,第253页。
② 《马克思恩格斯全集》(第3卷),人民出版社2002年版,第135页。
③ 《马克思恩格斯选集》(第3卷),人民出版社1995年版,第435页。
④ 黑格尔在《法哲学原理》序言中也曾批判这种所谓的"思维的自由"和"一般精神的自由",在对待国家这个客观伦理世界的态度上,"现在——这个现在是永远继续下去的——似乎应该从头开始,而伦理世界正等待着这种现在的设计、探讨和提供理由"。参见黑格尔《法哲学原理》1961年版序言,第4页。

"资产阶级道德伪善"①的批判。这一批判出现在马克思主义著作中给人以更直接、形象化的认识,然而这作为对国家历史逻辑批判的表象,承载了更深沉的道义关怀。因而我们似乎不能将其简单地归结于先进或落后阶级之间的德性比拼,以为"作为落后、腐朽阶级的道德属性",也必然会随着阶级的消亡而自然消亡。

这里对于资产阶级道德伪善的批判是建基于资产阶级对普遍历史以及"普遍的人"的自由存在的僭越,而将资本社会的历史作为"终结"的历史,将资本社会的剥削关系作为普遍的、自由的人的存在,虚假的共同体作为自由的共同体中的存在。

但是我们也要看到资产阶级的伪善并不是一种普遍的现象,有时是赤裸裸展现历史性的"不道德"的一面。比如在对待封建社会关系及其传统时,"资产阶级在它已经取得了统治的地方把一切封建的、宗法的和田园诗般的关系都破坏了……它把宗教虔诚、骑士热忱、小市民伤感这些情感的神圣发作,淹没在利己主义打算的冰水之中……资产阶级撕下了罩在家庭关系上的温情脉脉的面纱,把这种关系变成了纯粹的金钱关系"②。在殖民统治时,"当我们把目光从资产阶级文明的故乡转向殖民地的时候,资产阶级文明的极端伪善和它的野蛮本性就赤裸裸地呈现在我们面前,它在故乡还装出一副体面的样子,而在殖民地它就丝毫不加掩饰了"③。

因而最终资产阶级的伪善面纱也被自身历史发展中"恶"的动力所撕破,以其人之道,还治其人之身,伪善的形而上学最终淹没在历史发展的有血有肉的个人需求之中。但是伪善作为精神的"自然存在"与"主观存在"、"主观存在"与"客观存在"之间的中介、桥梁,推动人类道德认识的发展,这一作用同样存在于个人从"经验的、肉体的个人上升到人"的努力中,以及颠倒了形态的客观伦理世界中。

---

① 这当然涉及更多的具体内容与方面,显见于马恩的许多著作文本之中;当然,这一点也渗透于资本主义社会的私有制、生产、交往、分配乃至整个社会体系之中。但这里,我们仅限于指出这一结构逻辑,具体的分析更适合在一新主题中展开。
② 《马克思恩格斯选集》(第3卷),人民出版社1995年版,第274—275页。
③ 《马克思恩格斯选集》(第3卷),人民出版社1995年版,第772页。

C. 恶的掩饰：具体的民族伦理世界局限

"无恶"的道德世界是指一个"恶"无法通过现实的行动得以显现的世界，实现出来的和具有合理性的现实都是"善"的，而非善的恶的东西本身不具有现实性。无恶的道德世界被设定为一种理想的、合目的性的人类本真的存在世界，理想中的"伦理生活"世界；这同样是服务于目的论伦理学的"世界"场景，而生成为人类意识中的"道德世界观"。

在传统至善理念的世界一元论思想之下，善恶与形而上学的存在与虚无、彼岸与现世、生命与死亡等二元对立下存在的，在理念论与基督宗教的彼岸理想之下，一个有善的彼岸的道德世界是人们信仰、追求的对象；而"恶""有恶"的世界则为人们所厌恶和抛弃，以至于认为恶是道德存在的无力、虚无的状态。与之相对，道德世界则必然是一个存有的世界，是在理性中实存的世界，因而道德世界中必然是消除了恶，是一个无恶的世界。黑格尔在分析伦理精神的发展环节中，从纯粹意识与现实意识两个方面考察并认为，"善是自在存在的独立的精神力量"，而那被动的精神本质，"是虚无的本质，是恶"[①]。同样在没有一种实在的世界存在环境中，那么这种伦理学也必然是对"责任"的缺失。

实际上这就形成了一个非实践论的必然规律的因果关系逻辑，如果道德世界是一个必然的归宿，是一个可以有指望的目的，但是在现实生活中"行为"又不能与此目的相配，最起码也不能达到一一相配，而我们又知道这一行动的必然"目的"，于是对恶行的"掩饰"同样可以希求在道德世界的"幸福"。因而人们对自己如此"知善"而"行恶"的悖逆举动的道德归因，无论是人性的自然倾向，还是自由意志使然，抑或是意识的前反思结构，都意味着要打破人类为自己"悬设"的一个有目的的道德世界的"已然"存在，而这样的结构只会滋生道德上的"伪善"情绪，阻断真正的道德行为。在此我们就要对这一无恶的道德世界的状况进行解析，以揭示其"中断"道德行为的特征。

无恶的道德世界是一种"背后"的世界。尼采认为一个无恶的道德

[①] ［德］黑格尔：《精神现象学》（下卷），贺麟、王玖兴译，商务印书馆1979年版，第45、46页。

世界不是现实之中的存在，而是想象的结果，是由于奴隶的道德起义而带来的，因而奴隶道德创造了一个善的"背后"世界。在解释什么是"背后"世界时，尼采认为，"怀有怨恨的人正是在这里有了自己的行动和创造"，当然这里的"行动和创造"是否定含义的，"他臆想了'凶恶的敌人'和'恶人'，并把他当作基本概念。而在此出发点上，他继续设想了作为背后图景和对立面的'善人'——这就是他自己"①。因而这种"世界"的创造和产生之所以被称为"背后"的，就是因为在于它"颠倒"了价值的源头和生产方式。不仅如此，这一"颠倒"不仅是一种前后、因果关系上的颠倒，而且更是一种正反、肯定与否定、自我与非我、向内与向外、生产与无生产之间的"颠倒"。这一"背后世界"颠倒了善恶的源头与根本区别的依据，从而将"善"的价值归结于一种"阴毒"的开端。

这一道德上的"奴隶起义"之所以能够实现是与道德形而上学的内在结构联系在一起的。首先，这一对立的"世界观"的认识观念是植根于传统形而上学二元对立的世界观的基础上的，在这里"理念"比"现实"更具真理性；其次，对这一世界中的价值认定是"非此即彼"式的二元对立的模式，对"此"的否定即是对"彼"的肯定；最后，这一对立的善恶、是非的价值关系是对立而生的，此的价值肯定就构成了彼的价值否定的依据，反之亦成立，并且带来的危害更大。"奴隶道德"就是在此逻辑中的产物，并且它的产生是对这一逻辑"否定"层面的发展，它是从对彼的价值"否定"进而"去肯定"此的价值存在。因而尼采所表述和发现的奴隶道德就是建立在传统二元论形上学基础上的道德形态，并且其价值源头的设定是以"否定"形态为开端，也就意味着这也是对传统道德形而上学的一次"颠覆"，传统的道德世界从一种理念的世界进而转变为"背后"的世界。

无恶的世界就无须"否定性"的伦理行为，道德行为被中断。在一个无恶的道德世界中，真正的创新性的道德行为被"中断"，其前提原因就在于这个"背后"世界中"怨恨""复仇"等行为本身就是"否定性"的"无生产"的，奴隶道德把这种"否定性"当作"创造性"，从而在

---

① ［法］尼采：《论道德的谱系》，谢地坤译，漓江出版社2000年版，第23页。

一个"否定"的前提世界中确立道德价值。因而尼采说："道德上的奴隶起义开始于怨恨本身变得具有创造性,并且产生价值的时候;这种怨恨来自这样的存在物,他们不能用行动作出真正的反应,而只会通过幻想中的复仇获得补偿。"[1]

这是一种道德价值产生方式的重大变革,同时对于尼采也是一个重大的发现,这一认识直指"道德行为"自身"生产、创造能力"的丧失。这一变化无异于人的又一次的"堕落",因为我们不再是凭靠着主动性、自我的行动而获得价值认可,而只是对"'外在''他人''非我'"的否定,这种否定就能进行"道德的创造性行动"。这就从价值的源头否定了"道德行动"存在的意义,甚至是对一种有"强力"道德行为的"妖魔化",将其转换成"恶"。这称为"道德虚无主义"的源头,道德虚无主义的根本表现就是"对人的厌倦",因而尼采的目标之一就是"对人的克服",只不过这一人指的是"奴隶"品性的人。于是这一对人的道德品格的否定,也就从根本上"断绝"了道德的"人(性)"起源。因为尼采考证的结果显示,"道德价值标准最初到处被应用于人,而只是派生地和后来才被应用于行为"。因为"上等人认为自己是价值的规定者;他们并不需要得到批准;他们做出这样的评判:'凡是对我有害的东西本来就是有害的'。他知道,只有他才能赋予事务以尊严;他是价值的创造者"[2]。在这种精力旺盛下的道德冲动是一种积极的道德行动,在其中似乎在道德主体与道德价值之间存在着"双重"关联性,一方面是道德主体的积极行动所赋予行动中的价值形态,另一方面道德价值的"本然"存在正应当是通过这种方式而存在的。这一逻辑中似乎有一种"独断"的意味,但是它体现着善恶价值与"自身"的同一性;这一"自身"的概念标识了道德价值的"自我"性与"为我"性的统一。

但是在此根本意义上,无恶的世界实际上就是一否定世界,其前提的否定替代了道德行为的"创造性"和"否定性"。因而"无恶"的道德世界观之中,道德的起源就不是以"自我"为根据,而是由一种外在的

---

[1] [法]尼采:《论道德的谱系》,谢地坤译,漓江出版社2000年版,第23页。
[2] [法]尼采:《善恶之彼岸——未来的一个哲学序曲》,程志民译,华夏出版社2000年版,第188页。

"否定"构成的,是对"主人道德"的否定,进而肯定自己,使道德价值成为"自为"的存在。而且奴隶道德的起义所造成的危害的关键在于,这一非本源的、第二位的道德价值根据"僭越"了第一位的道德自我的本然形式,于是"否定性"的自身成为一种"先在"的存在。而且这种"先在"的否定性构成了"世界"的底色,在其中生活的人的生存气质与样态,相应地发生了重大的变化;因而,在其中道德心理、道德发生史的考察就尤为必要。所以这一状况的解释,实际上与尼采对道德史的划分有密切关系,从道德前史阶段到道德史阶段,一个显著的特征就是从后果论转移到义务论,这种道德价值"事先"设定的特征也体现在道德世界观中。经过尼采描述过的这种奴隶道德通过"事先"的外在的价值否定,从而确立自身的价值标准,这本身就是"道德时期"的重要表现。

  同时这一"背后"世界中,维持道德的经验是罪孽感、内疚感的存在,因而也是"无力"的体现。这一特征总的来说揭示出人的"顺从"的生存状态和感受,因为无论是罪孽还是内疚的道德感受,都是一种将道德"内在化"的倾向,而且这一道德举动试图消弭自我的道德不足与无力。然而这是一种"自欺"的表现,因为无论是道德惩罚还是道德幸福,人们总是将这些不可归因的归置于"自我"界限之内,但是这一无界限、无等级的"跨越"之中在"夸大"人的形象的同时,也是对人的价值等级的贬损。于是在"上帝死了"之后的价值重估就是对"人的价值"的重估。因为在这一世界中"道德秩序"和"价值等级"都被抹平了,在与动物之间进行了行为价值的区分之后,人对更高价值并没有"必要"的尊崇,在道德心理方面就是"欠负""罪欠"(schuld)意识的缺失。因为"欠负"与"内疚"是两种截然不同的道德心理的存在感受,因为"伦理的欠负都以两个条件为前提:1. 欠负蕴含一种衡量尺度,这种衡量尺度提供两个在者之间的失衡差距,欠负者得承认这一差距;2. 失衡的差距应该修复(至于能否修复是另一回事),否则就谈不上欠负"[①];而"内疚"则是要从"自我"的内在寻找原因和根据,从而最终确立整个"世界"都是自我创造的产物,一个无秩序、无等级的"心理"世界。

---

  ① 刘小枫:《舍勒论负罪之在与信仰之在》,载《罪与欠》,华夏出版社2009年版,第23页。

最后，这一道德世界观在后现代中的体现就是，无恶的世界对"道德冲动"的否弃。在这其中，简单来说，这涉及现代性对人们道德感受、道德认识的"规制"和"统一"，于是人们不再有不合乎"既定"要求和规范的行为；否则就会被以一种非正常的"病态"表现加以隔离、区分。因而人们首先要去服从、遵守一种既定的道德约定，认同这种秩序的合理性，一种可能的"道德冲动"则是在此规定之下的有限制的活动。"在个体的平台上，行为者作为道德主体，在面对指定的任务和程序性的规则这双重力量时，变得哑口无言、毫无防范。"[1]

---

[1] ［英］鲍曼：《后现代伦理学》，张成岗译，江苏人民出版社2003年版，第148页。

第八编　现代中国伦理道德形态的精神哲学发展

二十二　"生态文明"的道德哲学形态

1. "生态"如何成为"文明"？

人类从自己的生存危机中推进生态觉悟启蒙路径，注定了在现代生态理性的单细胞中已经埋下基因性缺陷，并由此陷入难以自拔的自我矛盾和内在冲突之中。虽然在理论形态上存在人类中心论与非人类中心论的分殊，但基于自我生存危机的生态觉悟和生态智慧，作为哲学归宿最终都不能逃脱人类中心主义的窠臼。面对蓬勃的生态觉悟和深重的生态灾难共生的严峻现实，人类必须严肃地考问自己：如果没有生存危机，我们还会唤醒自己沉睡的生态良知和生态良能吗？

当对这个追问作否定性回答时，结论只能是：人类正在以一种非生态乃至反生态的态度和智慧，试图走出自己深陷其中的生态困境，于是恰似沼泽中的愈拔愈深的挣扎，在超越危机的同时，潜伏着新的乃至更加深刻的危机。

黑格尔曾经说过，"有用是启蒙的基本概念"。[①] 然而，文明的最高智慧是以无用求大用。当"生态文明"已经成为现时代最具普世性的话语和最强有力的主题词之后，人类向自己提出的必须完成，也正在逐渐具备完成条件的课题是："生态"如何成为"文明"？——不是一种文明（即

---

① ［德］黑格尔：《精神现象学》（下卷），贺麟、王玖兴译，商务印书馆1979年版，第97页。

人与自然关系的文明），而是文明本身，即"生态时代的文明"。

恩格斯有句名言：没有哪一次巨大的历史灾难不是以巨大的历史进步为补偿的。生态危机已经并必将继续给人类带来巨大的历史灾难，人类所面对的空前机遇和挑战，是如何将这些巨大的历史灾难转换为巨大的历史进步。无疑，灾难转换为进步的必要的中介或具有决定意义的条件，将是人类精神的深刻飞跃，而哲学的任务正是为推进这个飞跃提供必要的思想资源和理论准备。

我的观点是："生态"成为"文明"即"生态时代的文明"的关键性理论课题之一，是对"生态文明"的道德哲学形态的理性自觉与现实建构。理论假设是：生态文明的道德哲学的历史形态是由"自然生态"向"价值生态"的辩证运动；逻辑形态是"生态伦理"向"伦理生态"的辩证运动；现实形态是由"伦理精神"向"民族精神"的辩证运动。

2. 从"自然生态"到"价值生态"

在《伦理精神的价值生态》中，我曾提出这样的问题："生态觉悟到底是技术文明的觉悟还是整个人类文明的觉悟？更深层次的问题是：生态觉悟是人与自然关系的价值觉悟还是人类价值方法和价值观的觉悟？从伦理学的视野考察，生态伦理是人与自然的价值关系的觉悟，还是整个人类伦理价值的觉悟？"[①] 这些追问的形上本质是：如果生态是一种文明，那么，这种文明的历史形态是什么？"生态"成为"文明"，人类应当作怎样的历史推动？

毋庸置疑，生态文明的历史形态，存在于人类生态觉悟的历史进程和辩证运动之中。回溯自19世纪以来生态理念和生态理性的辩证运动，它表现为三个历史阶段或历史形态。1866年，恩斯特·海克尔在"研究生物体同外部环境之间关系的全部科学"意义上第一次提出和确立生态概念，标志着作为自然科学或生命科学、生物科学意义上的"生态科学"的诞生。经过近一个世纪，美国女作家蕾切尔·卡森《寂静的春天》发表，标志着人类生态觉悟具有革命意义的推进和飞跃，由此生态便从

---

① 樊浩：《伦理精神的价值生态》，中国社会科学出版社2001年版，第14页。

"自然"内部的科学转换为人与自然关系的理念,从此人类的生态理念和生态理性便获得第二种历史形态。在此后不到半个世纪的生态觉悟进程中,人类理性事实上已经孕生了两个虽不是很自觉,但可以说已经十月怀胎的重大觉悟。第一,"生态"不仅应当走出"自然"科学,成为关联人和自然关系的概念和理念,而且对于人以及人所构成的社会来说,也具有同样重要的哲学意义,于是继"自然生态"之后,"政治生态""社会生态""教育生态"自人类智慧的闸口澎湃而出,理性汹涌的结晶,便是"生态哲学"的降生。第二,无论在理论上还是实践上,人类很快发现,以人与自然关系为取向的生态觉悟,本质上仍是一种狭隘并且具有致命缺陷的理性,因为它根本不可以摆脱人类中心主义的梦幻,至多只是对自我命运的悲怆而不能走向彻底的哲学智慧,或者说只能使生态从"他者"皈依"为我",而不可能使生态成为"文明",也不可能成为"一种文明"。于是,后现代主义将人类的生态觉悟向前推进了一步,这一思潮彪炳思想学术史的重要贡献,就是使生态从"一种关系"即人与自然关系的概念,经"一种文明"即人与自然关系的文明的过渡和中介,转换为关于整个人类文明的概念。后现代主义代表人物托马斯·伯里宣布,人类未来社会应当是一个追求生态文明的"生态时代"。[①] 美国后现代主义者大卫·格里芬宣称"后现代思想是彻底的生态学的",因为"它为生态运动所倡导的质询的见解提供了哲学和意识形态方面的根据"[②]。后现代主义宣布了"生态时代"并由此喻示"生态文明"的到来,从而将生态从"一种文明"扩展为"文明"。这样,迄今为止的生态觉悟便经过了"生物体内部关系的觉悟—人与自然外部关系的觉悟—人与人、人与社会内部关系的觉悟—人与世界关系或人类文明的觉悟"四个历史过程,其中,第四个觉悟刚刚开始,但远未完成。由于后现代主义者无法从人类中心主义与非人类中心主义二元对峙的文明观与世界观中抽身,"戴着镣铐跳舞"的结果,虽然自以为一个跟头早已翻出如来佛的掌心,但到头来不

[①] 参见[美]大卫·格里芬《后现代精神》,王成兵译,中央编译出版社1998年版,第80—81页。

[②] 参见[美]大卫·格里芬《后现代精神》,王成兵译,中央编译出版社1998年版,第9页。

过是上演了孙悟空"撒一泡尿留此存照"的喜剧罢了,后现代主义的生态觉悟,仍然是一种不彻底的生态觉悟。

历史提出了推进生态觉悟的任务,这一任务的核心就是培育生态觉悟或生态理性的新的历史形态,同时也为完成这一任务准备了条件。为了完成这一任务的巨大学术工程,我们至少已经拥有以下可资参照的理论资源和智慧启迪:"生态哲学"已经动摇了将生态文明只当作技术文明的科技中心时代狭隘的自我反思的原初观念,将生态理念引向社会与人生,从而获得哲学的意义;"生态智慧"呼唤生态和生态哲学从自在的哲学本质转换为人的智慧灵性和人格结构,从而使生态从彼岸、从外在走进人,走进人的精神。德国著名生态哲学家萨克塞早就发现:"如果我们对生态问题从根本上加以考虑,那么它不仅关系到与技术和经济打交道的问题,而且动摇了鼓舞和推动现代社会发展的人生意义。"① 西方深层生态学的代表人物奈斯把自然生态理论扩展为"生态智慧"。他说,"今天我们需要的是一种极其扩展的生态思想,我称之为生态智慧"②。美国最大的绿色政治组织——"通讯委员会"将"生态智慧"列为关于现代社会的"十种关键价值"之首。③ 生态智慧不仅要求重建自然生态的平衡,而且更重要的是要重建人的精神生态、人格生态和整个文明生态的平衡。当代西方马克思主义者哈贝马斯在《合法化危机》中指出,现代人类面临的生态危机,包括外部自然生态的危机和内部自然生态的危机两个方面,前者导致自然生态平衡的破坏,后者导致人类学和人格系统的破坏。生态哲学、生态智慧的概念和理念为走向生态文明的新的历史形态提供了理论准备,但是它只是走向新的历史形态的进程,而不是新的历史形态本身,更不是任务的完成。

推进这一历史进程,逻辑地必须回答的问题是:人与自然关系的生态觉悟,以及包括作为它的扩展和推进的生态哲学和生态智慧的理念,为何必须也应当向生态文明的新的历史形态推进?正如我在《伦理精神的价

---

① [德]汉斯·萨克塞:《生态哲学》,东方出版社1991年版,第3页。
② [挪]奈斯:《深层生态运动:某些哲学的方面》,转引自《环境伦理学新进展:评论和阐释》,徐嵩龄主编,社会科学文献出版社1999年版,第80页。
③ 参见[美]大卫·格里芬《后现代精神》,王成兵译,中央编译出版社1998年版,第54—55页。

值生态》中所指出的，生态觉悟的实质不只是对人与自然关系的反省，而且更深刻的是对世界的合理性、对人在世界中的地位、对人的行为的合理性的反省。诚然，生态觉悟起源于关于人与自然关系的反思，然而由于人与自然的关系是人类文明的基础，因而人对自然态度的变化，人与自然关系的重大调适，必然导致人类文化精神的深刻变革，也必然意味着人类文明的新进步。更重要的是，无论在理论还是现实性方面，人类都不能希冀可以在人与自然的关系内部真正和彻底地解决人与自然的关系，因为人与自然的关系，本质上是人的完整的文明观、世界观、价值观的投射和体现，只有从整体上和根本上调适人类的文化精神和文明理念，以及对待这个世界的根本态度，人与自然的关系才能获得真正和彻底的解决。人与自然的关系或自然生态不只是诸文化关系或文明关系的体系，即梁漱溟先生所说的人与自然、人与社会、人与自身关系体系中的一部分，更重要的是，自然生态只是这个关系体系的结果，人类如果不从根本上建构关于诸文明关系的有机体系，人与自然的关系即自然生态便不可能获得真正的文明合理性，"生态"便不可能真正成为"文明"。

这些诸文明关系的有机体系是什么？其内核就是"价值生态"。关系就是价值，人在与自然、社会、他人、自身的诸文化关系、诸文明关系中建构和实现的是价值。在这个意义上，关系的体系就是价值体系；关系的生态就是价值生态；关系体系的合理性就是生态合理性。如果说19世纪生物科学意义上的生态觉悟和生态文明的历史形态是"生物生态"，20世纪生态觉悟和生态文明的历史形态是"自然生态"，那么21世纪生态觉悟和生态文明的历史形态便是"价值生态"。

"价值生态"是生态文明的当代形态和未来形态。生态文明的这个历史形态正在建构进程中，严格说来，它仍需要某种意义上新的生态启蒙才能获得具有革命意义的推进。生态哲学、生态智慧，以及与之相联的如社会生态、政治生态诸理念，可以看作这个启蒙的前奏曲，或者说，它们既是生态文明的第二种历史形态即自然生态的生态文明的逻辑结果，也是它的演进所取得的最高成就，更确切地说，它们是由"自然生态"向"价值生态"转换和推进的中介环节，但本身还不能等同于价值生态，因为它们本质上还只是满足于将关于自然生态的价值诉求移植或移情于社会和政治生活，以获得一种扩展了的生态智慧。在这个意义上，生态觉悟的四个阶段，实际上可以归结为三个阶段。由"自然生态"向"价值生态"的转换和跃进，本质上是一种实践运动。这个运动的转换点是生态哲学，由这个转换点向新的历史形态前进的第一个环节，是将生态哲学转换为生态世界观。哲学和世界观无疑具有理论上的同一性，但在这里，生态哲学和生态世界观被诠释和规定为人类精神以及人对世界的两种态度，生态哲学是理论的态度，生态世界观是实践的态度。生态哲学落实为生态世界观，人类才将对待世界的理论态度转换为实践态度。不过生态世界观本质上只是"实践一般"，它向真正的生态现实或具体的生态实践的转换，还必须经过另一个环节，即生态价值观。生态世界观转换为生态价值观，生态文明便由形上智慧转换为人格构造和实践智慧，从而由行为意志转换为现实的人性冲动和冲动力。基于生态价值观而形成的冲动和"冲动力的合理体系"，便是具有历史合理性的"价值生态"。

自然生态—生态哲学—生态世界观—生态价值观—价值生态就是生态文明由第二种历史形态向第三种历史形态推进的精神运动的辩证过程。

价值生态就是"生态"成为"文明"的道德哲学的历史形态，即 21 世纪生态文明的历史形态。

3. 从"生态伦理"到"伦理生态"

直面 20 世纪的生态理性，不禁作出如下追问：如果未遭遇生存困境，人类会产生生态觉悟吗？如果超越了生存困境，未来人类还需要生态智慧吗？

显然只有进行肯定的回答，生态才在真正意义上成为"文明"，而不只是文明的仆佣。

理论上解决这一难题，必须将触角转向生态文明的逻辑形态。

反思 20 世纪下半叶以来的生态觉悟历史进程，便会发现，生态伦理是现代生态理性和生态智慧的核心构造，至少是核心构造之一。但当突破抽象的伦理学学科樊篱，在更广阔的视野下思考这一问题时，却令人惊讶地发现，一个前提性的理论课题应当解决却还未真正解决，这个课题就是："生态"如何才是"伦理"的？或者说，生态究竟在何种意义上成为伦理关注和关怀的对象？

探讨这个问题的形而上学前提是"伦理"的哲学本质与文明本性。在这方面,中西方道德哲学的资源是相通的,可以相互诠释。德国古典哲学家黑格尔对伦理的形而上学本质做了经典诠释。"伦理本性上是普遍的东西,这种出之于自然的关联本质上也同样是一种精神,而且它只有当为精神本质时才是伦理的。"① 这一论断赋予伦理以两个特别重要的概念规定。第一,伦理本质上是一种普遍物或"普遍性的东西";第二,普遍性的存在,或者个别性与普遍性之间的关联只有作为精神,或者说只有当这种关联具有精神性的本质时,它才是伦理的。第一个方面是对伦理概念自在本质的规定;第二个方面是对伦理概念的自为本质的规定。就是说,某种存在要成为伦理,必须具备两大基本条件:是"普遍性的东西"或普遍物;这种普遍物必须通过精神实现和达到。普遍的本性与精神的本性,是伦理之成为伦理的两个不可或缺的概念规定。"精神"是什么?在《法哲学原理》中,黑格尔说道:"伦理性的东西不像善那样是抽象的,而是强烈地现实的。精神具有现实性,现实性的偶性是个人。因此,在考察伦理时永远只有两种观点可能:或者从实体出发,或者原子式地进行探讨,即以单个的人为基础而逐渐提高。后一种观点是没有精神的,因为它只能做到集合并列,但是精神不是单一的东西,而是单一物和普遍物的统一。"② "精神"就是"单一物"与"普遍物"、个别性与普遍性、个体性与实体性的统一。在文明体系中,普遍性实现和普遍物存在的方式可能是多样的,但只有透过精神所达到的单一性与普遍性的统一,才是伦理。普遍性与精神,是伦理之成为伦理的两个不可或缺的条件。普遍物与精神,是诠释伦理的两个关键性概念和根本规定。

由以上规定便可获得对于伦理关系和伦理行为的诠释。"为了要使这种关系成为伦理的,个体,无论他是行为者或是行为所关涉的对方,都不能以一种偶然性而出现于这种关系中。"③ 比如,家庭伦理关系,就不是个别性的家庭成员之间的关系,乃至不是诸家庭成员之间的情感关系或爱

---

① [德] 黑格尔:《精神现象学》(下卷),贺麟、王玖兴译,商务印书馆1979年版,第8页。
② [德] 黑格尔:《法哲学原理》,范扬、张企泰译,商务印书馆1961年版,第173页。
③ [德] 黑格尔:《精神现象学》(下卷),贺麟、王玖兴译,商务印书馆1979年版,第9页。

的关系，家庭伦理关系的实质是："个别性的家庭成员对其作为实体的家庭整体之间的关系，这样，个别性的家庭成员的行动和现实才能以家庭为其目的和内容。"① 家庭中伦理的存在方式和伦理关系的本质，就是个别性的家庭成员和家庭实体之间的关系。由此伦理行为便同样具有特殊的规定性。"伦理行为的内容必须是实体性的，换句话说，必须是整个的和普遍的；因而伦理行为所关涉的只能是整个的个体，或者说只能是其本身是普遍物的那种个体。"② 就是说，伦理行为是实体性行为，它的指向是以个体形式而存在的整体即实体。实体不仅是伦理行为的现实内容和价值取向，而且是伦理行为的本质。

　　黑格尔的诠释晦涩而艰深，其实在中国文化中，伦理的哲学本质和文明本性在"伦理"二字的概念中就得到了语义上的直白表达。简言之，在中国文化中，伦理就是"人理"，是由个别性、偶然性的人，成为普遍性、实体性人的理性和原理，即个体性的人成为"大写的人"，也是所谓与"伦"合一的"大人"的"理"。"伦理"就是回归"伦"的"理"性。正如一位先哲所说，人间最神圣的事业就是成为一个"人"，这个"人"就是作为"普遍物"而存在的"大写的人"。但在伦理中，这个作为"普遍物"的"人"不是抽象的，而是"强烈地现实的"，是个别性的人与实体性的人的统一，用宋明理学的话语说，是"气质之性"与"天理之性"的统一。具有根本道德哲学意义的是，这个统一只有在精神中或只有透过精神才能实现和达到，或者说，只有透过精神的康庄大道达到的人的单一性与普遍性的统一，才是"伦理"，也才是真正的"人理"。"伦理"二字之中，"伦"是普遍物或普遍的存在者，"理"是关于"伦"或如何达到"伦"、实现"伦"的理性或理智，于是便有所谓"天伦"——"人伦"的结构，或家庭与民族两个基本的伦理普遍物，或黑格尔所说的神的规律与人的规律这两个伦理世界的基本伦理规律和伦理势力。我曾指出，人的姓名，或姓与名的结合，最直观也最典型地体现了人

---

　　① ［德］黑格尔：《精神现象学》（下卷），贺麟、王玖兴译，商务印书馆1979年版，第9页。

　　② ［德］黑格尔：《精神现象学》（下卷），贺麟、王玖兴译，商务印书馆1979年版，第9页。

作为伦理的存在者的本性。姓名之中，姓是伦，是人的普遍性，而名则是人的个别性或单一性，姓与名的结合及其固持，便在精神中达到和建构了"伦理"。

生态伦理成为20世纪下半叶以来生态觉悟和生态运动的基线，这一事实给我们的启示是：生态伦理是"生态"成为"文明"，或"生态"走向"文明"的必要中介。陈独秀先生在20世纪初讲的那句话，对今天的生态文明具有同样的解释力："伦理之觉悟乃吾人之最后觉悟。"然而，今天的"生态伦理"经过"生态哲学"的中介，因而无论"生态"还是"伦理"都已经过哲学的提升和拓展。"生态"已不再局限于自然生态，而是时代精神的标志性符号，所谓"生态时代"；同时也是文明合理性的价值标准。在"生态时代"，如果要追问当代文明的合理性何在，或者说，何种合理性？那么可以简洁而肯定地回答：生态合理性。"伦理"同样如此。经过道德哲学的提升，"伦理"的"普遍物"已经不是单一的人的实体，也不是诸如家庭、民族这样古典意义上的伦理实体，而是由现有文明的一切要素，即人与他的世界所构成的实体，用中国古典哲学的话语表达，是"天人合一"的实体。或者说，伦理普遍物，作为自然存在的人（单一物或个别性的人）透过精神运动所达到的普遍性，即单一性与普遍性的统一，已经是人和他的整个世界的统一，而不像古典道德哲学那样，只是局限于人与他的类本质的统一。生态时代和生态文明的重要标志是，人的伦理实体性已经不只局限于人的世界的实体性，而是人与他的全部世界包括内部世界与外部世界浑然一体而成的天人合一的实体性。由此"生态伦理"已经突破伦理学和道德哲学的构架，具有十分广泛的哲学意义，成为"生态"走向"文明"中介和桥梁。

问题在于，经过生态哲学提升和扩展，"生态"与"伦理"的关联方式已经发生了根本性变化，这个根本变化如果用一个简单的概括，就是已经由自然生态意义上的"生态伦理"，演绎为价值生态意义上的"伦理生态"。由"生态伦理"到"伦理生态"绝不是语序方面的简单颠倒，更不是文字游戏，而是基本理念方面的哲学改变。"生态伦理"是在伦理学或道德哲学意义上对生态的伦理诉求，"伦理生态"则是以伦理为原点对人与他的世界的"价值生态"的建构。在"生态伦理"中，无论"生态"还是"伦理"，都严格地限定于"一个"视野和"一种"文明，即伦理学的学科视野和人与自然关系的"文明"之内；而在"伦理生态"中，"生态"与"伦理"经过哲学化的提升，已经被赋予"整个文明"（不是一种文明）的意义，成为"整个文明"的概念。由此"生态"便走向"文明"，成为"文明"。

"伦理生态"的核心规定是什么？在《伦理精神的价值生态》中，我将伦理生态的体系设定为三大结构，即伦理—文化生态、伦理—经济生态、伦理—社会生态。"伦理—文化生态"，是特定文化背景下建构的人的内在伦理精神生态，是人与自身关系的生态，在中国文化背景下，它表现为"伦—理—道—德—得"的精神运动过程和伦理精神生态，其要义是伦理与文化实现了的和谐。"伦理—经济生态"的本质是人与自然关系的生态，其精神哲学内核，是伦理冲动力与经济冲动力、义与利的生态，其要义是人的"最好的动力"与"最强的动力"，或伦理与人的感性冲动实现了的和谐。"伦理—社会生态"是人与人、人与他的实体的生态，它的核心问题是道德与幸福的关系，其要义是伦理与存在、道德与现实实现了的和谐。三大生态是人与自身、人与自然、人与社会构成的伦理精神的价值生态，由此建构和实现伦理世界与道德世界"预定的和谐"①。

"伦理生态"就是生态文明的道德哲学的逻辑形态。

早在 20 世纪，罗素就曾预言："在人类历史上，我们第一次到达这样一个时刻：人类种族的绵亘已经开始取决于人类能够学到的为伦理思考所支配的程度。"②"伦理生态"的真谛，就是超越"生态伦理"，使"生态文明"成为"为伦理思考所支配"的文明。至少，它是为追求"为伦理思考所支配的文明"所做的创造性努力。

4. 从"伦理精神"到"民族精神"

生态文明的现实形态是什么？就是生态时代的民族精神。生态时代的民族精神的要义，是使生态伦理精神成为民族精神。

---

① 关于这三大伦理生态，详见拙著《伦理精神的价值生态》。
② [英] 罗素：《伦理学和政治学中的人类社会》，中国社会科学出版社 1992 年版，第 159 页。

如果说由自然生态向价值生态的发展，是生态由"一种文明"向"生态文明"的自在运动；由生态伦理向伦理生态的发展，是生态由"一种文明"向"生态文明"的自为运动；那么由伦理精神向民族精神的发展，则是生态由"一种文明"向"生态文明"的自在自为的运动。价值生态是生态文明的自在道德哲学形态；伦理生态是生态文明的自为道德哲学形态；民族精神是生态文明的自在自为的道德哲学形态。

民族精神作为生态文明的自在自为形态的真义在于生态伦理精神或生态文明成为民族精神，并建立起合理的民族精神生态。其道德哲学根据在于伦理、民族、精神诸概念在道德哲学中的生态同一性。黑格尔曾这样表述三者之间的关系："当它处于直接的真理性状态时，精神乃是一个民族——这个个体是一个世界——的伦理生活。""活的伦理世界就是在其真理性中的精神。"① 在黑格尔看来，精神是自在自为地存在着的伦理的本质，民族和家庭，则是伦理的直接的真理性形态，即实体形态，所谓伦理实体。伦理、民族、精神三者之间的道德哲学同一性，用一句话概括便是：民族是伦理的实体，伦理是民族的精神。之所以伦理是民族的精神，是因为民族作为一种普遍物，只有坚持"从实体出发"的伦理立场，透过"单一物与普遍物统一"的伦理精神，才具有现实性和真理性。"作为现实的实体，这种精神是一个民族，作为现实的意识，它是民族的公民。"② 这样，伦理精神不仅是民族精神的核心构成，而且民族精神只有透过伦理精神才能真正建构起来。在一定意义上甚至可以说，民族精神就是伦理精神，原因很简单，民族是伦理的实体。于是生态伦理精神向民族精神辩证运动，伦理精神生态转换为民族精神生态。

生态伦理精神成为民族精神的要义，是建构和固持民族精神的生态合理性，其能动体现是以生态合理性应对和解决民族所遭遇的重大现实课题。面对市场经济与全球化，生态时代的民族精神建构必须解决两大难题：消解价值霸权，扬弃文化帝国主义。

现代性的重要表征是解构了人类文明及其精神的有机性，使其陷入

---

① 均见黑格尔《精神现象学》（下卷），贺麟、王玖兴译，商务印书馆1979年版，第4页。
② ［德］黑格尔：《精神现象学》（下卷），贺麟、王玖兴译，商务印书馆1979年版，第7页。

"碎片"之中，其突出表现就是在文化体系内部出现价值霸权。纵观西方现代化的进程，经济的价值霸权、科技的价值霸权曾经造成严重的后果，在相当意义上，自然生态危机就是经济价值霸权借威科技价值霸权产生的危机。这些霸权及其所造成的危机，导致现代性文明发展过程中增长指数与幸福指数之间的背离，使人类处于"失乐园"的边缘。后现代主义以及生态主义运动对经济主义与科学主义的批判，在一定意义上可以看作对这些价值霸权的反动和消解。在现代中国，价值霸权的突出表现是将"以经济建设为中心"的发展战略，演绎为价值体系尤其是诸文明要素之间关系中的价值霸权。毋庸置疑，"以经济建设为中心"作为中国现代化进程中的发展战略大转移，是完全必要和合理的，在相当长的时间内必须坚持。但当把"经济中心"从发展战略不恰当地演绎为发展的绝对理念，并将它推到至高无上的绝对地位时，不可避免的后果，就是将经济中心演绎为经济的价值霸权，以经济价值作为衡量一切的标准，甚至以经济价值消解和取代其他一切价值。如此，不仅自然生态的危机，而且整个社会文明的危机就难以避免了。消解价值霸权，必须确立以社会文明的生态合理性为内核的文明理念，科学发展观、和谐社会的理念，在其否定性与批判性的意义可以看作消解价值霸权的努力。

如果说经济与科技的价值霸权是文明体系内部的霸权主义，那么文化帝国主义就是全球化背景下诸文明体系之间关系中的价值霸权。在当今的世界文明体系中，全球化既是一种浪潮，也是一股思潮，它既是全球市场经济发展的必然结果，也不可否认地包含了在经济、科技方面处于优势地位的发达国家的发展战略和价值主张，由此在国家与国家，尤其是诸文明体系之间关系方面就潜存着文化帝国主义的客观条件与主观基础。什么是文化帝国主义？贝尔洛克认为，文化帝国主义的实质是："运用政治和经济权力，宣扬并普及外来文化的种种价值与习惯，牺牲的却是本土文化。"[1] 文化帝国主义与全球化之间存在某种同一性的关系，汤林森认为，自20世纪60年代以来，帝国主义已经为全球化取而代之，帝国主义已经转向全球化，文化帝国主义也变成了文化的全球化。[2] 文化帝国主义的实

---

[1] 转引汤林森《文化帝国主义》，冯建三译，上海人民出版社1999年版，第5页。
[2] 参见《文化帝国主义》的出版说明，上海人民出版社1999年版，第6—7页。

质是诸文明体系关系中的文化霸权，其后果是一些国家文化同一性的削弱甚至丧失。在理论上，文化帝国主义的生成和存在，必须具备外因和内因两个条件。外因是一些国家推行文化帝国主义的价值主张，内因是另一些国家对文化帝国主义的主观认同。当在文明体系内部将经济或科技推到霸权地位时，对那些在经济科技方面处于发达水平的国家的文化帝国主义的认同和接受也就顺理成章了。所以在文明体系内部的价值霸权与文明体系之间的价值霸权，或者说，在文化帝国主义与经济和科技的价值霸权之间，存在相互过渡的逻辑与历史关联。应当以文明体系的生态对话消解文化帝国主义。生态对话的真义是生命对话，是中国与西方、传统与现代的文化生命之间的对话，只要承认诸民族的文化生命是有机的和平等的，就应当坚持文化对话与诸文明体系之间对话的生态性。

以生态发展消解文明体系内部的价值霸权，以生态对话消解文明体系之间的价值霸权，是市场经济和全球化背景下"生态"成为"文明"、建构生态时代的民族精神的两大时代课题。事实上，任何高度发育的民族精神、文化精神、伦理精神、文明体系都应当也必定是一个有机而完整的生态——不仅文明的核心因子是一种生态性存在，而且诸文明要素所构成的文明实体也是一个完整而有机的生态。中国传统伦理、中国传统文化的哲学形态就是儒、道、佛三位一体所构成的自给自足的伦理精神生态和文化精神生态。儒家入世、道家避世、佛家出世所形成的三维结构使中国人尤其是中国知识分子无论在任何境遇下都不会丧失安身立命的基地。更值得注意的是，自给自足的伦理精神生态和文化精神生态，与自给自足的自然经济生态正相吻合，它们所构成的，正是自给自足的伦理—文化、伦理—经济、伦理—社会生态，由此造就了传统中国社会"天人合一"的"生态文明"，支撑这个传统的生态文明并作为它的内核的，正是具有生态合理性与生态现实性的民族精神。

二十三 "社会"伦理形态

1. "社会何以可能"与"中国问题"的伦理意识

一切社会理论形态首先都要回答"社会何以可能"的问题。围绕这一问题的解答演绎出两个旨趣迥异的典型致思方向，一个是自然主义的思路，另一个是建构主义的思路，这两种致思方向往往构成我们生存困境的"正题"（thesis）与"反题"（anti-thesis）。但是人类文明多样性与社会形态多元化之事实总是逼迫我们不断去超越这种非此即彼的思维路径，去寻找那个隐匿在历史深处的"合题"（synthesis）。[①] 的确，由于人类社会既非单纯自然演化的结果，亦非纯粹逻辑思维的构造物，关于"社会何以可能"之"合题"的解答就在于：如何通过对于历史文化传统的创造性转换，来求得"社会的精神基础"或"社会精神气质"（ethos）[②]，并以之建造社会结构和推进社会实践。这意味着，在我们将目光转向"社会何以可能"之"中国问题"时，同样会遭遇到"正题"与"反题"的纠结，并最终难免回到求解"合题"之正途上来。

针对晚清以来所面临的"三千年未有之大变局"以及未来社会之走

[①] 汪丁丁：《启蒙死了，启蒙万岁！——评汪晖关于"中国问题"的叙说》，《战略与管理》1999年第1期。

[②] 俄罗斯思想家C.谢·弗兰克认为："社会生活……是一个人类精神的创造过程，人类精神的一切力量及本质特征都投入并参与了这一过程。"见C.谢·弗兰克《社会的精神基础》，王永译，生活·读书·新知三联书店2003年版，第11页。德国社会学家马克斯·韦伯亦持有类似观念，他相信西方现代资本主义这一社会形态乃是根源于独特的社会精神气质，即现代资本主义社会是新教伦理理性化的现实形态。见韦伯《新教伦理与资本主义精神》，于晓等译，生活·读书·新知三联书店1987年版，第16页。

向,士人精英或倡导"师夷长技以制夷"的论调,或创制"中体西用"之说,乃至于最后无奈地抛出"全盘西化论"。历史最终选择了既反自由主义又反文化保守主义的马列主义,这一政治文化便理所当然承担起建构现代中国社会的精神力量。然而,正如现实历史所展示的那样,"社会何以可能"这一问题依然存在,"中国问题"重新被摆在一个相当突出的位置上。事实上,在士人精英探索现代社会形态的百年历程中,因应"三千年未有之大变局"的"中国问题"一以贯之,甚至连这一问题的发问方式都未曾改变。① 长久以来,端有这一发问方式的士人精英一直是以旁观者的身份看待马列主义者去"改变世界"和"改造社会"的:当中的激越者既不承认其政统更不承认其道统;平和者勉强将其政统作为给定的历史实际接受下来,但不承认其有道统之合法性;只有"儒家社会主义"的倡导者正视新中国自有之道统,努力理解之且把新旧中国在道统与政统上的联系视为最根本的问题。② 显然"儒家社会主义"对于"中国问题"的求解正是所谓的"合题",他们将历史文化视为一个连续性的整体,并在创造性转换文化传统的努力当中探寻未来社会之发展方位。

在各种"新儒家"的言说当中,第一代大陆新儒家坚持着这一致思方向,其中又以梁漱溟的努力最为炽热深沉。梁漱溟作为一个问题中人,希望以一种"抓住问题不放手的研索力"来思考"中国问题",他在《乡村建设理论》开篇的"自序"中就直言其任务就是认清"中国问题"并以此解决中国的"前途",③ 并在《中国文化要义》中将此问题意识概括为"认识老中国,建设新中国"④,有人还据此将其学术生命概括为"前半生奔波于中国问题,后半生则为中国人的人心问题操心"⑤。当然我们不难发现梁漱溟毕生为之奔波操心的"中国问题"与"人心问题"实际上是同一个问题,这就是隐在"认识老中国,建设新中国"背后的"儒家社会主义如何可能"的问题。在梁漱溟的"认识老中国"话语中,传

---

① 学者李向平就以"'人心依旧'的中国问题"为题检视了"中国问题"历经百年而未能得到根本性解决的无奈现实。参见《南风窗》2009年第20期。
② 丁耘:《大陆新儒家与儒家社会主义——以梁漱溟为例》,《文化纵横》2010年第2期。
③ 梁漱溟:《乡村建设理论》,上海人民出版社2006年版,第3页。
④ 梁漱溟:《中国文化要义》,学林出版社1987年版,第5页。
⑤ 李向平:《"人心依旧"的中国问题》,《南风窗》2009年第20期。

统中国是一个所谓"伦理本位""职业分立"的社会:与西方文化相比,中国传统文化中个人与团体的地位弱于西方,而家庭与天下的地位则明显强于西方。① 由于这种早熟的道德理性主要运用在生活伦理上,古老中国自有其一以贯之的道统,这是传统中国社会之所以怡然自得和无往不适的内在机缘。但是经由"三千年未有之大变局"的巨大冲击,旧式家庭伦理生活日渐式微,天下大同观念让位于全新的社会改造运动,"新组织"呼之欲出。那么创制这种"新组织",即现代社会当如何着手?梁漱溟坚持应当从旧式家庭占统治地位的乡村入手来建设这样一个新的社会形态,因为乡村毕竟是距离中国传统伦理性文化最近且承接了中国文化之道统的地方,这正是其通过"乡村建设运动"来解决"中国问题"的基本关怀所在。

显然梁漱溟的"乡村建设理论"是一种从儒家道统生发出来的社会伦理意识,至今依然具有极强的方法论意义。时至今日,我们每一个站在几近毁灭的文明废墟上都应该自觉到:由反传统主义者所策划的持续100多年的"文化内战"应该休战了;"西方经验"无法成为医治"中国问题"的良方,重新接续中国道德传统,确立起伦理合理性的文化背景,以"中国经验"医治"中国问题",进行"伦理世界"的创造性转换,乃是建构社会伦理生活的最佳途径。当代中国社会秩序的建构需要汲取传统文化的营养,尤其需要严肃认真对孔子开启的儒家伦理传统进行创造性转换,费孝通先生甚至直言"这个时代在呼唤着新的孔子"②。正如许多当代学人所指出的那样,发轫于孔子的"元伦理"道德哲学体系确实提供了一种契合中国人生活方式的精神气质,其内蕴的伦理理想主义是一种真正的"中国智慧",它将伦理—道德之链对接起来,致力于追求伦理同一性,不断探索人生活的整全样态。孔子及其追随者曾经以家庭关系为轴心建构了一个"伦理世界",我们同样可以期待他们的学术资源实现第二次转换,即建构起一个以社会为原点的家庭、社会、国家三位一体的现代社会伦理形态。以此说来,对"社会伦理"的创造,就是对孔子的期待。

需要说明的是,回答伦理学意义上的"中国问题",固然需要从精神

---

① 梁漱溟:《乡村建设理论》,上海人民出版社2006年版,第24—29页。
② 费孝通:《孔林片思》,《读书》1992年第9期。

哲学、法哲学与历史哲学等多维向度上揭示其内蕴的道德形而上学内在逻辑与精神取向，更需要对孕育这一问题的社会道德情景与伦理文化生态以及由此形成的"社会"伦理形态做出梳理。"社会"一词所含涉的外延似乎广袤无边，但从"社会共同体"的历史文化内涵尤其是特定时期的社会生活方式来看，其所指并非无所不包。从形态学所建立起来的"理想类型"来看，所谓的社会伦理形态必定指向某一特定历史时期具有普遍性的社会精神气质与伦理实践方式。"社会"伦理形态兼具历时性与共时性双重向度，它同时也是从历史哲学、法哲学与现象学等多重维度透视现代中国伦理形态的切入口。在中国进入"现代"以来，"社会伦理"的建构就一直处在历史与现实、传统与当下、逻辑与技术等多维角度的二元对立与情感纠结之中，传统道德资源的阙如与现实社会转型的迷乱使之长久地找寻不到一个坚实的立足之地，其所呈现出来的"理论形态"自然也就不是十分清晰。社会伦理形态的这一先天的缺陷，并非意味着现代中国不需要一种"社会"的伦理形态，而是如何重新确立其足以立身的思想资源问题。就此，"对孔子的期待"就不是一场"等待戈多"的荒诞剧，而是一种以"中国药方"解决"中国问题"的学术努力。

2. "国—家"伦理向"社会"伦理的形态转换

无论从思想史还是历史哲学的角度看，考察现代中国的"社会"伦理形态都无法回避"国—家"传统伦理形态这一历史渊源。某种意义上，中国在走进现代性的过程中一直试图激活由墨家所阐述的"国—家"传统伦理形态的活力，使之成为建构"社会"伦理的精神资源。虽然相对于儒家"家国一体"伦理体系的巨大理论张力与现实涵摄力而言，墨家的"国—家"伦理形态不免显得稚嫩粗疏，但其在社会转型的关口与文明生态裂变的间隙，若明若暗满足了人们对于"第二家庭"或"公众家庭"的期待。显然，由于墨家游走于"家""国"之间的"社会"当中，其精神世界就多少导向某种形态的"社会"伦理，虽然其时所谓的"社会"依然是灰暗不明的，因为毕竟那个时代并没有现代意义上的"社会"。

A. 墨家"国—家"社会伦理的构想

从整体上看，中华文明是一个文化自觉性与历史连续性的统一体，而将中华文明之"本体"呈现出来的乃是一种"伦理总体性"，这直接造就了一种独特的"伦理型文化"。从根本上说，伦理型文化是一种注重运用道德情感与实践理性来建构社会生活方式的文化形态，纯粹理论理性或科学知性并不占有主导性地位。同其他类型的文化形态一样，伦理型文化虽然也致力于维护与优化人类共同体生活，但其属意的生活方式是一种"道德的生活方式"，在价值排序中道德价值先在于其他价值且处于统摄地位。在中国文化传统中，这种道德价值来源于"天"："天之本质为道德。而见于事物也，为秩序。"① 可见，"天"作为超越性存在设定了道德的根底并赋予道德价值以深刻的内涵。当然，"天"并非西方文化意义上的"上帝"，它具有上帝的权能，但又不是像上帝那样的人格化的神：作为文化意象的"天"毋宁说首先是一个"道德符号"，它将人世间的一切笼罩在道德的意志之下，任由道德价值来评判和规导现实生活。同时由于"天"的神秘性，它必然要寻找一个地上的现实中介，这个中介在上天与现实之间打通了一条通道，对上可谓是"遥契天命"，对下足以"朗润生命"，从而将"天"的道德符号现实化。从道德发生学的意义上，"王"或"皇帝"就是中国上古时期"以德配天"文化观念的直接衍生物。具体而言，勘定"王"或"皇帝"的道德意义，就不能仅仅从职业伦理学的维度上将之视为一种角色伦理或政治伦理，而是应该将其放置到文化人类学或伦理形态学的意义上进行考察。

显然从天—王—皇帝—家长的逻辑演绎，开辟了一条解读中国伦理性文化的言路，其最终的形态学建构是"家国一体"，其中以孔子开创的"仁学"和墨子倡导的"兼爱论"最为典型。

先秦文化是中国两千年来思想发展的源泉，儒家与墨家的学说则是这一异彩纷呈时代的两朵思想奇葩，正所谓"世之显学，儒墨也"②。孔子崇尚上古时期的文化形态，曾经因推崇过去的文化气象而声称"吾从

---

① 《蔡元培全集》第五卷，高平叔编，中华书局1984年版，第11页。
② 《韩非子·显学》。

周",把复兴周礼当作使命,将"克己为仁"视为立身做人之本,以承续中华文明之"道统"。在孔子立意承续的道统中,"天"作为道德符号的意象依然保留了下来,但他并没有因此自诩为先知来"布道",而是用一种入世的人文精神去"传道",即在维护"礼"的前提下探索芸芸众生的安身立命问题,故而专注于寻求"礼"之价值内核"仁",并将"孝悌"灌注到"仁"的精神世界当中,由此打通一条"由家及国"的道德教化之路。按照孔子的设想,道德教化的职责在于化育人的内心世界和提升人的精神境界,促进自然人向社会人的转化,这正是所谓的"文化"的本义所在。在孔子的文化世界里,人首先是生活在家庭中的道德个体,血亲关系反映出人之为人的特质,建立在这一关系基础上的人伦道德不仅是人之心性的显现,同时也是天之本性的要求,即后来孟子所说的"存其心,养其性,所以事天也"[①]。这样,由孔子所创设的儒家伦理形态,就在天与地、国与家等时空框架中架起了桥梁,同时也在道与德、礼与仁、身与心、性与理等伦理关系中预设了先在的合法性基础。

与孔子的"仁学"思想取向不同,墨子以其平民道德思想在先秦诸子中独树一帜。比较来说,透过儒家架构的"国—家"伦理形态及其内在理路,墨家却发现了一个巨大的"逻辑空洞",这是一个"伦理断裂带",即在"国"与"家"之间"社会"处于被遮蔽的状态,与之相关的是作为"国—家"伦理形态之中介环节的"社会伦理"始终隐而不露甚至隐晦不明。针对儒家伦理这一弊病,墨家试图将"社会"植入其中,并为之确立起一种社会取向的伦理价值。作为一个生活在社会底层的知识分子,墨家思想的缔造者墨子对当时的社会状况有深刻的认识,他认为当时社会的一切动乱、祸害、灾难、罪恶都是因为不"兼爱"而产生的:"凡天下祸篡怨恨,其所以起者,以不相爱生也,是以仁者非之。既以非之,何以易之?子墨子言曰:以兼相爱、交相利之法易之。"[②] 在儒家伦理的逻辑框架当中,"社会"并不是一种显明的现实形态:有了人,也就有了人的社会;建立在血亲关系基础上的家庭是社会的细胞,而由人之血亲关系扩充而成的国家不过是家庭的放大形态而已。不同于儒家这种将

[①] 《孟子集注·尽心章句上》。
[②] 《墨子·兼爱中》。

"社会"隐匿起来的做法,墨子有意突出其在家庭与国家之间的作用,因为"天下祸篡怨恨"既不是单一地发生在家庭当中,也绝非国家政治层面上的事情。从这一问题意识出发,墨子演绎出一种"兼爱论"的社会伦理,以探求有别于儒家的"国—家"伦理形态。

在墨子看来,儒家的"亲亲之爱"依然是一种等级秩序的理论构想,这违背人类文明之初有关"天"的道德想象。在"天"的观照之下,人与人之间原本没有差别,"兼相爱"应该成为处理社会关系的根本原则:"兼爱天下之博大也,譬之日月兼照天下之无有私也。"[①] 据此,墨子把与"兼爱"相反的思想和行为称为"别",所谓"乱何自起,起不相爱"[②],"别之所生,天下之大害也"[③] 等说法都是为了指明治理天下的正确方向就在于"兼以易别"。同时墨子还指出,"兼相爱"的实质内容就是"交相利","兼而爱之"就是要达到'兼而利之'"[④]"爱利天下"[⑤]。在这里,"天下"就是"社会","爱利天下"就是"爱利社会"。可见墨子所理解的"社会",既不同于家庭的血缘联合体,也不是基于国家意志的政治共同体,而是一个承担着不同社会角色、有着不同利益诉求的市场集散地。如果说在家庭生活中由于家庭成员之间有着天然的血亲关系而互相还能够产生仁爱、敬重、感恩等道德情感,在国家政治生活中由于国家意志的强制力而促使民众之间能够和谐共处,那么在由陌生人所组成的社会当中,只有相互之间"爱"与"利"并举,既"相爱"又"相利",既"爱人"又"利人",所谓的"天下"才是所有人的"天下"。换句话说,墨子认为只有将利益纳入平等主义的考量中,才是真正的"兼爱",也方能克服"仁爱"的局限性。也正因为如此,墨子坚信只要普天之下人们都遵循"兼爱",就会兴利除害,最终实现天下太平。这样,墨子"合志功而观"的伦理取向就祛除了儒家在家庭与国家中所构想的不平等关系,并以"兼相爱、交相利"的伦理理论形态取代了"父父子子"与"君君臣臣"的伦理理论设想。

---

① 《墨子·兼爱下》。
② 《墨子·兼爱上》。
③ 《墨子·兼爱下》。
④ 《墨子·法仪》。
⑤ 《墨子·尚同下》。

不难看出，墨家的"社会伦理"构想与儒家"仁学"理路虽然取径有别，但无疑都是塑造中国伦理性文化的精神力量。社会存在决定社会意识。现实社会总是按照自身的逻辑演进的，在历史车轮碾压出的轨迹当中，我们无法清晰地辨析出墨家伦理留下的印记，却一再地感受到儒家伦理塑造中华文明所刻录的文化痕迹。墨子的失败责不在自己，而在于不合时宜，因为其时的中国没有现代意义上的"社会"。梁启超直指墨学义理的内在困境在"当行不当行之问题"而非"能不能行之问题"，可谓道出了墨家伦理学作为"极端之利他主义"的弊病所在。① 亦正如杜维明指出的那样，其时孟子对墨子的批评现在看来依然有效："孟子认为中心的问题不是使人的基本的价值许诺普遍化的合意性的问题，而是如何来实现这种合意性问题并认为经由具体的道路这种合意性可以普遍地表现出来，由于提倡'兼爱'，墨子忽略了人的真实性：父子之间真挚的感情是一个我们经常遇到的事实。不顾及具体的人的环境而建立'兼爱'这样抽象的原则就会无视人的环境，而正是在这样的环境中他的理想才能得以实现。"② 客观地说，墨家伦理作为一种理论探索颇为难能可贵，但作为一种社会伦理形态却是相当不成熟的。只有当中华文明形态演化到一定历史阶段并出现真正意义上的"社会"之后，所谓的"社会伦理形态"才会相应获得成长的空间。

B. 文明形态变迁与"公众家庭"的期待

战国春秋时期正是雅斯贝尔斯所谓的"轴心时代"。在人类历史早期，所谓的"轴心时代"都是塑造文明形态的关键时期，社会急速转型必然产生各种社会思潮从而引发百家争鸣。在中国的"轴心时代"，百家争鸣的结果是儒家学说获得社会意识形态的主流地位，由此壮大了中国伦理型文化的源流。儒家伦理学说之所以获得文化上的合法性地位，首先固然是契合了当时社会现实的需要，更深层的原因恐怕还在于其本身所具有的理论合理性，即儒家伦理学说所建基其上的"仁学"本质上是一种沟

---

① 梁启超：《子墨子学说》，载《饮冰室文集点校》（第2辑），云南教育出版社2001年版，第316页。

② 杜维明：《人性与自我修养》，胡军、于民雄译，中国和平出版社1988年版，第27页。

通"天""地""人"的实践理性精神,既能"遥契天命",又能"朗润生命",从而以一个合理的逻辑框架来诠释宇宙万物的流变演化及其运行机理。简而言之,儒家所创设的"仁"乃是一种含蕴中国人伦理精神的"理想类型",只要人们遵照"仁"的价值指引,就足以安身立命。相比较来说,墨家虽然也针对儒家铺陈了一套伦理学说,但其对于儒家伦理学说主旨的把握是有偏差的,并没有真正捕捉到"仁学"所蕴藏着的实践理性精神及其所具有的理论与实践上的双重合理性。事实上,以"兼爱"之平等主义来取代"仁爱"之人伦秩序,并不能从根本上消解"仁"的价值合理性,况且"仁"本身就涵盖有"兼爱"的要求,孔子的"己欲立而立人,己欲达而达人"与孟子的"老吾老以及人之老,幼吾幼以及人之幼"就是明证。也就是说,简单地将"兼爱"从"仁"中剥离出来,有可能切合中下层民众的心理,却无法撼动"仁学"赖以树立其上的封建等级观念与社会基础,因为"单纯的四海为家就是没有根基"[①]。因此墨家"兼爱"就不能停留在空泛地宣扬"单纯的四海为家"之理念上,其必须将之建立在现实社会土壤当中并由此上升为一种伦理道德上的"理想类型",如此作为一种社会伦理形态方能发挥出实践功效。在建构社会伦理形态的方法论方面,美国学者丹尼尔·贝尔倡导的"公众家庭"无疑值得期待。

按照贝尔的考察,"公众家庭"一词来自奥地利经济学家弗里德里克·冯·威泽,他用其指称一种区别于"家庭经济"与"市场经济"的"公众经济",在这一语境中的"公众家庭"又称为"国家家庭"[②]。贝尔对这一概念进行了改造,在基本上保留了"公众家庭"原始含义的同时突出了它的文化意义,并赋予了"家庭问题"与"共同生活"的含义。具体地说,"公众家庭"之所以区别于"家庭经济"与"市场经济",就在于它是满足公共需求的媒介,从而撇开个人的需求转而以社会为中心。

[①] [美] 丹尼尔·贝尔:《资本主义文化矛盾》,赵一凡等译,生活·读书·新知三联书店1992年版,第224页。

[②] [美] 丹尼尔·贝尔:《资本主义文化矛盾》,赵一凡等译,生活·读书·新知三联书店1992年版,第276页。

贝尔认为"任何一种社会都是一种道德秩序",① 同时他还赞同卢梭关于"道德的社会只能是一个小型的社会"的观点,而在当今时代这样的社会无疑就是"公众家庭"。按照贝尔的设想,"公众家庭"乃是一种"道德的社会":"在一个其个体成员企图互相帮助,并且在某些共同的原则上分享所得的社会里,社会的个体成员必须相互熟悉,必须能够表达他们对各自的关心。这种社会的基础就是互相爱戴或互相信任。"② 在这样的社会当中,个人利益与社会利益的关系得到妥切的处置,个人动机与集体需要的关系得到有效的消解。贝尔为何要创设一个道德意义上的"公众家庭"?其直接的原因固然是为了克服工业化社会的弊病,即寻求一个取代个人主义的"市场经济"的范型,以在一个民主的政治体系中不断满足人们越来越多的社会需要。但更为深层的原因则是为了寻求解决"资本主义文化矛盾"的方案,因为正是资本主义内在的文化矛盾消耗了资本主义社会的生命力,就像贝尔自己所说的那样:"恰恰是在文化领域里资本主义的基础遭到破坏。"③ 在贝尔这一位自由主义者看来,这种来自文化上的"破坏"是致命的,它不仅腐蚀资本主义的根基,而且还将威胁自由主义所追求的整个宏伟事业。这样一来,身为自由主义事业之捍卫者的贝尔就必须深入资本主义文化内核当中去寻求解决之道:"自由主义倾向寻求的答案是伦理的答案。而伦理认同的困难只是它把特殊——父与子的原始纽带,或者部落与个人的原始纽带——融入普遍中去。"④ 贝尔坚信解铃还须系铃人,文化上的困难就只能从文化上寻找答案,而伦理乃是文化之魂。这样,贝尔从经济学中引入的"公众家庭"就不仅只是一剂消解工业化社会弊端的药方,同时还是一个拯救自由主义的"伦理学方案":"公众家庭"作为一个"放大了的古希腊城邦国家",其任务就是"规定公共的利益"与"满足个人与群体各自提出的权益和要求",并

---

① [美] 丹尼尔·贝尔:《资本主义文化矛盾》,赵一凡等译,生活·读书·新知三联书店1992年版,第309页。
② [美] 丹尼尔·贝尔:《资本主义文化矛盾》,赵一凡等译,生活·读书·新知三联书店1992年版,第312页。
③ [美] 丹尼尔·贝尔:《资本主义文化矛盾》,赵一凡等译,生活·读书·新知三联书店1992年版,第309页注释。
④ [美] 丹尼尔·贝尔:《资本主义文化矛盾》,赵一凡等译,生活·读书·新知三联书店1992年版,第223页。

在"自由与平等""公正与效率""公众与私人"等之间求得平衡,[①] 以彻底摈弃享乐主义、物质主义等危害现代社会发展的消极因素。

不难看出,由于受到韦伯"新教伦理"这一理想类型的影响,贝尔的"公众家庭"首先乃是一种文化意象,准确地说就是"文化崇拜"。按照贝尔的观察,资本主义社会经历了二百余年的发展之后,已经深陷重重困境之中,政治、经济和文化领域之间出现了严重分化与对立,而这些问题的产生从根本上源自资本主义的文化体系发生了合法化危机,致使资本主义生活方式从总体上陷入困难。在贝尔看来,韦伯发掘出了到资本主义精神生成过程中的禁欲苦行主义,这是资本主义生活方式合理化的积极因素,但他忽略了催生资本主义的另一个重要因素,即贪婪攫取性(acquisitiveness),[③]正是这两个因素在资本主义形成和上升时期相互制衡并彼此约束在一个动态的状态中:前者造就了资产者精打细算和兢兢业业的经营风范,后者则培育了一种挺进边疆和改造自然的勃发精神,二者合力经营着资本主义的生活方式。但是随着资本主义的纵深发展,企业家在贪婪本性的支配下为了维护既得利益逐渐采取文化与道德上的保守主义立场并拒绝来自后者的制约,与之同时,艺术家也一味地谴责功利和拜金主义倾向。这样,财富的积累不再得到宗教伦理的核准,物质积累也不再是合法的天职行为;而宗教也在随着自身的消耗自感无奈地把社会行为的核准权移交到现代主义文化手中。[②] 于是资本主义必然陷入混乱当中:一方面是经济主义大行其道,它极其迫切地要求取消来自任何方面的钳制,效益本身就成了衡量经济行为的合法性标准;另一方面,宗教日渐衰微的情势无力扭转人们变相的逐利行为,而其变种——现代文化不但以现实为敌而且欲纳经济运行于其管辖之下。对此贝尔坚信能够将资本主义拯救出来的药方,就是重新确立起一种基于信仰的伦理精神,以将资本主义这匹脱缰的野马拴起来。基于这种考虑,贝尔赋予"公众家庭"独特的文化内涵,并试图使之承担起把握现实的重任,并成为维持社会一统的精神支柱。

---

　　① 参见丹尼尔·贝尔《资本主义文化矛盾》第六章"公众家庭",赵一凡等译,生活·读书·新知三联书店1992年版,第276页以下。
　　② [美] 丹尼尔·贝尔:《资本主义文化矛盾》再版前言,赵一凡等译,生活·读书·新知三联书店1992年版,第34页。

显然贝尔的"公众家庭"是对于社会的重新认识，具体说就是对人类文明行将进入所谓"后工业社会"的理论准备与价值预设。按照贝尔的设想，后工业社会最好是一个"公众家庭"，生活在这一大家庭中的成员具有比较发达的公民意识和社会公德：他们尊重传统又顾虑未来，既反对纵情享乐又希望张弛有度，且能够始终与社会共患难。可见，期待"公众家庭"就是努力寻求一种社会伦理形态，就是一种使未来文明形态具有道德正当性与文化连续性的道德乌托邦。

C. 现代"社会"伦理形态的探寻

在贝尔赋予"公众家庭"以伦理学上的意义之前，现代中国的许多有识之士就开始了构建社会伦理的努力。这种努力既拒斥承续传统儒家"亲亲之爱"的"国—家"构型，又超越了传统墨家"兼相爱"之空乏道德理想。也就是说，现代中国深刻的社会转型与文明形态的巨变，既破坏了传统儒家建立在血亲基础上的人伦关系，也同时宣告了传统墨家伦理只能充当"道德避风港"的角色。现代中国"社会"伦理形态主要建立在对"国—家"伦理形态的批判与超越上，一些具有现代性意识的文人学者活跃在众多历史事件中，并借此表达了各自的道德理想与伦理取向，这为现代中国"社会"伦理形态的诞生提供丰裕的理论资源。在这里，我们关心的问题是现代中国的"社会"伦理形态的建构遵循何种方法论原则？它最终又以何种面目呈现出来？

如前所述，中国文化是一种伦理型文化，立足于"天"或"宇宙"来规范道德人心进而构建社会和谐秩序，一直是思想史上各家各派的思维原点。这意味着无论伦理价值设定的方式和道德实践的途径上有多大的差异，创制一个"天人合一"的理想类型却是众多思想家的共同追求。正是这种思维取向，形成了中国两千多年来的"超稳定结构"，[①] 使得中华文明延绵不绝。这种超稳定结构同时也是一种"一体化结构"，而中国传统社会始终保持"超稳定"乃至演化为"一体化"的精神力量即是"道

[①] 参见金观涛、刘青峰《兴盛与危机：论中国封建社会的超稳定结构》，湖南人民出版社1984年版。亦见之金观涛、刘青峰《开放中的变迁——再论中国超稳定结构》，法律出版社2011年版，第20页。

德价值一元论",这是一种把个人道德外推到家庭和社会的独特思维模式,其目的是要实现"个人道德、家庭伦理和社会正义之同构"[①]。那么,在传统一体化结构向近代形态转换的过程中,这种"道德价值一元论"还能够发挥什么样的作用?具体地说,进入近代以来,在中国文明遭受到前所未有的挑战的历史关口,"道德价值一元论"依然还能够发挥出作用吗?窃以为,这一定程度上取决于"道德价值一元论"在保有既定思维方式的同时,能否捕捉到来自文明变迁的信息,即是否能够促成一种"社会"伦理形态,以从精神层面推动中国传统社会向现代社会的演变。

在构筑新的观念体系过程中,中国近代思想家依然难以真正走出先人所描绘的"天人合一"图景,这种对于自身与外在世界的整体性把握融入每一个人的血脉当中并成为中华民族共同的思想基础。不过令人困惑的是,"天人合一"到底是一种道德推理,还是一种道德想象,抑或是一种逻辑与意象的混合物?实际上,在"天人合一"美好愿景的建构中,无非遵循这两条相辅相成的路径。其一是从"天"到"人",即从假定"天"之作为道德根源推至个人道德,如古典儒家与道家;其二是从"人"到"天",即把个人的道德心性放大到宇宙万物,如宋明理学尤其是陆王心学。但是不管是哪种路径,这种夹杂着道德想象的推理方式依然存在疑问,其中最为关键的问题在于从个人到宇宙之间是否还存在着一个中间状态或中介环节?这样,寻找这一"伦理断裂带",就成为构建近代"社会"伦理形态的出发点。这是一个以"现代社会之道德基础"为中心而逐渐建构起来的"社会"伦理形态。

其一,"社会"伦理形态的历史转换。这既直接涉及如何勘定"社会"伦理的历史合法性问题,也蕴含着对中国古代"兼爱""大同"之社会理想的回应。如前所述,墨子以其带有平民主义色彩的社会伦理思想,主张"视人之国,若视其国;视人之家,若视其家;视人之身,若视其身",[②] 并由此提倡"爱无差等""兼相爱,交相利",以至于梁启超将其称为"劳动人民的大圣人",并赋予墨学以"救今日之中国"的道

[①] 金观涛、刘青峰:《中国现代思想的起源》,法律出版社2011年版,第20页。
[②] 《墨子·兼爱中》。

义担当。① 作为古代的一种道德乌托邦，墨子的平等主义道德观显然同现代民主政治所要求的公民道德观有本质不同，但其中所蕴含的平等公平价值理念与义利统一思想，对于以严复为首的近代思想家围绕"鼓民力""开民智"与"新民德"来建构"社会"伦理提供了丰厚的历史资源。事实上，如果我们将视野再拓宽些，则会发掘出更多的历史资源，出自《礼记》的"大同"就是一种糅杂了儒、道、墨等各家社会伦理学说的社会理想。在"大同"的话语体系中，既能见之儒家"讲信修睦"与"人不独亲其亲"等道德信条，又能见到道家对"大道之行"与"天下为家"等社会伦理理想的向往，同时还能够找到类似墨家"选贤与能"这样的政治道德要求。由于"大同"思想既非某一思想流派之独有，这就使其在近代中国社会转型的迷惘之中，迅速而坚定地成为新时代士大夫们的思想武器，并成为其改造旧社会和形塑新社会的道德资源。不难看出，近代思想家之所以要激活"兼爱"与"大同"的社会价值，乃是看到这些传统道德资源为设计新的社会制度提供了历史合理性，这对于最终造就新的社会形态具有不可取代的历史意义。

其二，"社会"伦理形态的价值聚合。构筑"社会"伦理的理论形态是近代知识分子在发掘有关历史资源之后的中心任务，所谓"中体西用"之说的主要目的是要将中国传统道德资源与来自西方的自由、平等、人道、进步等价值凝结起来，即薛福成所说的"今诚取西人器数之学，以卫吾尧舜禹汤文武周孔之道，俾西人不敢蔑视中华"②，以确立起符合现代社会之意识形态要求和制度设计的道德基础。我们不妨选择"社会达尔文主义"与"民粹主义"这两个在近代中国思想领域具有较大影响的社会思潮进行一个简单的梳理，它们当中无不蕴含着一种"新道德"的价值诉求。社会达尔文主义在近代中国的广泛传播得力于严复等人对赫胥黎、达尔文和斯宾塞等著作的翻译与介绍，其初衷是要用"物竞天择、适者生存"来解释中国为何不能抵御西方。严复发现，落后就要挨打，富国才能自立；只有不断"进化"和奋力"竞争"才是一个国家的生存

---

① 梁启超：《子墨子学说》，载《饮冰室文集点校》（第 2 辑），云南教育出版社 2001 年版，第 325 页。
② 薛福成：《筹洋刍议·商政》，载《薛福成选集》，辽宁人民出版 1994 年版，第 74 页。

发展之道，这无疑是一种不同于中国传统天道观的"新天道"①。这预示着中国的进步应该以这种"新天道"为依归，民力的解放、民智的开启和民德的革新成为其时知识分子津津乐道的话题，而对来自西方文化的自由、平等之价值观念的宣扬则得到了包括谭嗣同、康有为、梁启超、孙中山、胡适、李大钊、陈独秀等在内的一大批学者文人和政治家的支持。早期传入中国的形形色色民粹主义，都是以改造旧道德与宣示新道德为价值圭臬，其相对于社会达尔文主义来说具有更为明确的社会价值取向和道德感召力。民粹主义往往被称为"平民主义"，视平等为最高价值追求，而平等首先是普罗大众的平等，因而人民大众也就自然成为民粹主义道德价值最合格的载体。近代那些具有新思想观念的知识分子普遍相信构建新型社会形态的最终力量来自人民大众，无论是新文化运动高举科学与民主的大旗，还是各种社会改良与革命运动对于民权与自由解放的宣扬，都可以看作对一种立足塑造现代性社会之伦理价值的张扬。这样，当社会达尔文主义与民粹主义等社会思潮完成吐故纳新的工作之后，全新的社会伦理价值理念便渐至得到认同，直至成为一种规制现实社会实践的规范性力量。

其三，"社会"伦理形态的现实展开。马克思说："理论在一个国家的实现程度，决定于理论满足这个国家的需要程度。"② 新价值理念的确立是近代中国"社会"伦理形态产生的理论前提，但这种价值观念如何得以贯彻到现实社会当中，尤其是否能够转化成为中国式的道德生活方式，乃是决定这一伦理形态不至于沦为一种道德乌托邦，而是一种实践理性精神的关键所在。在这方面，具有革命精神的知识分子与革命理论家一道，试图将那些由西方灌注进来的价值理念转化为一种中国式的道德语言，使之成为激发民众进行社会变革运动的道义力量。从这个意义上看，孙中山所倡导的"民族、民权、民生"既是一种政治纲领，同时又蕴含着对一种新型道德生活方式的追求，因为无论是民族独立的诉求、自由人权的伸张还是民生保障的追求，其中不仅体现出政治上的鲜明导向，更是反映出民众对于道德自由、社会权利与人生幸福的憧憬。正因为如此，孙中山及其政党硬是凭一人一党之力，登高一呼，应者云集，从此拉开

---

① 金观涛、刘青峰：《中国现代思想的起源》，法律出版社2011年版，第270页。
② 《马克思恩格斯选集》（第1卷），人民出版社1976年版，第10页。

"共和"之帷幕。中国共产党人更是深谙中国道德传统之精华与现代国民之心理，在将马克思主义中国化的同时创立了一套适应中国现实变革需要的道德化语言体系，社会民众在一种类似于"革命道义论"的激励下自觉地脱身于改造现实社会的运动中。无疑"新民主主义革命""全心全意为人民服务""人民子弟兵""中国人民解放军"等一系列共产党人所独创的革命化词语，同时也是一种有着明确价值指向的道德化语言。正是在这种共产党人创设的道德原则指引下，人民大众以维护自身的合法性权利为价值动力，不断地将知识分子与革命理论家所创造的社会伦理转化为一种改造现实社会的精神力量，这也是促使中国走向现代社会的基础性实践力量。

归纳起来看，晚清以降各种有关现代社会之道德基础的言辞汇集起来，虽不足以在思想史形成一种"社会伦理"的思想流派，但显然已经提供了一个社会伦理形态的范型。这一范型既在形态学上具有内在的价值合理性，同时也拥有历史与现实双重维度上的合法性根据。在中国进入现代性理论意义上的"市民社会"或"公民社会"之后，我们将会发现此一范型更为本真的现实形态，这是考察"中国问题"和探索中国式发展道路之道德基因和文化密码的重要依据。

3. "市民社会"的伦理乌托邦

在许多论者的描述当中，"市民社会"似乎是一种道德上可欲的真实社会形态，它所承载的"自由""民主"与"科学"等诸多现代性价值观念，足以为现实生活提供坚实的道德基础。然而在创制了市民社会之合法性话语的黑格尔看来，市民社会仅仅只是一个理论范型，即韦伯意义上的"理想类型"（ideal type）[①]，它作为精神对象化的中介环节而存在，并不是一个真实的历史社会形态，同时亦非道德学意义上的完美社会现实。

[①] 韦伯将"理想类型"视为"从精神上把握社会多样性的唯一手段"，即我们在考察文化意义当中所使用的"纯粹的观念结构"。参见韦伯《社会科学方法论》，韩水法、莫茜译，中央编译出版社1999年版，第37、46页。

根据黑格尔法哲学的逻辑推断，市民社会乃是"个人私利的战场"[①]，这种撕裂的道德图景显然不具备为社会秩序提供道德合法性根据。在《精神现象学》中，黑格尔贯彻了《法哲学原理》的这一基调，较为详尽地阐发了市民社会的精神基础。他认为，市民社会将原本在"伦理世界"中统一起来的个体与实体分离开来，从而使得伦理生活方式"从实体出发"走向"集合并列"，个体主义伦理、契约伦理与制度伦理等成为规范社会生活的核心价值。以此构建起来的社会伦理形态就是各种道德价值糅杂而成的混合体，彼此竞相为市民社会提供道德基础而又互为犄角，这样拼接起来的现代性社会注定就只能是一个先天不足的社会形态，其中展现出来的是"一幅个体化了的冲突图景"[②]。认识到这一点，对于当下中国社会道德建设尤其是理论建构走出歧路和回归正途，无疑具有一定的参考价值。

A. 伦理世界的蝶变

不同于康德现象学对感性与理性界限的研究，黑格尔的精神现象学是要探究现象与本质的关联，即通过现象认识本质，从而将在康德那里不可知的"物自体"这一本质揭示出来，最后达到绝对知识。这意味着所谓"精神现象学"并不是要去追究"精神"这一"现象"的学问，而是要在探讨"精神"这一世界本质是如何体现落实到"现象"当中的，即其终极的价值旨归在研究"精神"的本质，而"现象"作为不确定性乃是精神的自我显现的过程。黑格尔认为，精神是一个发展过程，伦理世界、教化世界与道德世界是运动过程当中的三种典型的"现象"，这也是精神在不同发展阶段所呈现出来的三种现实形态。

精神显现出来的第一种形态是"伦理世界"，这一形态的具体展开就是家庭与民族。作为精神发展的初级阶段，伦理世界中的个人与实体直接同一，个体性没有得到充分发展，家庭和民族既是个人的普遍本质，同时又是个人追求的普遍目的。黑格尔说："家庭，作为无意识的、尚属内在

[①] [德]黑格尔：《法哲学原理》，范扬、张企泰译，商务印书馆1961年版，第308页。
[②] [德]黑格尔：《精神现象学》（下卷），贺麟、王玖兴译，商务印书馆1979年版，第28页。

的概念，与概念的有意识的现实相对立，作为民族的现实的元素，与民族本身相对立，作为直接的伦理的存在，与通过争取普遍目的的劳动以建立和保持其自身的那种伦理相对立，——家庭的守护神与普遍精神相对立。"① 家庭作为"天然的伦理的共体"是无意识的，也是一种自在的东西，它是直接的伦理存在；家庭是民族的细胞，家庭的扩大即组成民族，它们分别作为共体彼此之间又相互对立着，成了两大对立的伦理势力。家庭使得自然建立的婚姻关系得以延续下去，因此孝慈本质上是一种自然的伦理，不需要依靠社会性的契约来加以维系，这意味着家庭伦理关系不是家庭成员之间的情感关系或爱的关系，而是个体和实体之间的关系。然而如果基于家庭的伦理行为不推及民族的话，其仍然是虚幻的不实的，这是因为"一个人只作为公民才是现实的和有实体的，所以如果他不是一个公民而是属于家庭的，他就仅只是一个非现实的无实体的阴影"②。这说明，公民身份是人的最高本质，个人只有作为民族的公民，才能获得现实性，而身为一个家庭成员，就只能保有单一性而已。这样，在家庭与民族两种伦理势力的辩证中，生活在伦理世界中的个体与实体、个体与本质是直接统一的：伦理王国在它的持续存在里就始终是一个无瑕疵、无分裂而完美纯一的世界。③ 个体性的人要等到精神发展到"教化世界"之后才会出现。

伦理世界是一个肯定性的完美纯一的伦理王国，而教化世界则是精神运动的否定性环节。所谓"教化"就是要将伦理世界只处于思维和意识当中的东西呈现出来，使之变成现实。伦理世界是严格地保留在意识当中的精神世界，这种精神世界外化出来之后就是公共性的东西，即公共权力、国家权力或公共财富。在家庭和民族关系中，个体原本是同实体直接同一的，但现在要直面一个不属于自己的存在者，这是一个"陌生人"的世界。人在陌生的现实中如何生活？必须人为地创设一套社会性制度，

---

① [德] 黑格尔:《精神现象学》（下卷），贺麟、王玖兴译，商务印书馆1979年版，第8页。
② [德] 黑格尔:《精神现象学》（下卷），贺麟、王玖兴译，商务印书馆1979年版，第10页。
③ [德] 黑格尔:《精神现象学》（下卷），贺麟、王玖兴译，商务印书馆1979年版，第19页。

让公共权力来将个体重新组织起来。显然这种多少带有强制性的法权世界并非出自个体的真实愿望，即使情感上认同了这样的陌生环境，依然难免激起一种"悲怆情愫"。但是"这个法权世界的主人所统辖的这种外在现实，不仅仅是偶然出现在自我面前的外在的原始的存在，而且又是自我的劳作"①。这表明进入教化世界并非我愿，但又千真万确是我们自己意识创造的结果，是"自己的劳作"的结果，因为只有在创造出一个有秩序的世界来，个体才能保存下来。对此黑格尔在《法哲学原理》中说得十分清楚："教育的绝对规定就是解放以及达到更高解放的工作。这就是说，教育是推移到伦理的无限主观的实体性的绝对交叉点，这种伦理的实体性不再是直接的、自然的，而是精神的、同时也是提高到普遍性的形态的。"② 这里的"教育"就是教化，通过这样的教化工作，精神才会在这种纯粹外在性本身中感觉到自己"安若家居"。因此教化世界虽然不再是一个"伦理王国"，却是一个真实的"现实王国"，这就是我们生活在其中的活生生的现实社会。当然我们虽然不能将这个"现实王国"简单地对应于"市民社会"，但市民社会的确是精神之历史演化所必经的阶段和必然的产物，其作为一种教化世界的理想类型在黑格尔的伦理体系具有不可忽视的地位。

在黑格尔的法哲学与精神现象学思想体系中，所谓的"市民社会"乃是个人、家庭聚集之所，是精神之特殊性与差别性的发展阶段，因而首先就表现为伦理普遍性的丧失。市民社会虽然是"一个假象的阶段"或非现实性的文明形态，但毕竟是"伦理性的东西的现象界"，即使伦理性的规定被扬弃了，也不会因此就彻底失却对伦理性和普遍性的向往，这是市民社会作为精神之外化从家庭到国家演化的中介环节的特殊意义。也就是说，由伦理世界蝶变而来的教化世界所对应的市民社会，其本身并不是一个"伦理的空场"，而是一个个体伦理意识得以客观化和现实化的历史场域，在这里，主观精神向客观精神转化并获得现实性和真实性。一方面，由于个体在伦理世界中依然只是思维的对象或抽象物，他必须"把

---

① ［德］黑格尔：《精神现象学》（下卷），贺麟、王玖兴译，商务印书馆1979年版，第38页。

② ［德］黑格尔：《法哲学原理》，范扬、张企泰译，商务印书馆1961年版，第202页。

本身利益作为自己的目的"，① 而如果要达到这个目的，就只能按照普遍方式来规范自己的行为并使自己成为社会关系的活性元素，完成这一过程恰恰就是教化的功能。另一方面，由于教化毕竟又是"自然存在的异化"，在教化世界里个体与实体相分离必定导致善与恶、高贵意识与卑贱意识的对立分化，从而使市民社会成为一个"个人私利的战场""一切人反对一切人的战场"和"私人利益跟特殊公共事务冲突的舞台"②。对于市民社会之伦理本性的辨析是黑格尔法哲学和精神现象学之辩证法精神的体现，这在下面的分析中表现得更为鲜明而具体。

B. 伦理行为方式的转换："从实体出发"走向"集合并列"

上面讲到，市民社会是精神发展的阶段性产物，它虽然并不是真实的历史形态，却是人类精神成长的必经环节，是某一种人类文明形态的理想类型。作为一种过渡性的文明形态，其间必然有一个转换的过程，在黑格尔看来则是一个"从实体出发"走向"集合并列"的过程，具体而言就是伦理行为方式的转向过程。

我们知道，黑格尔所描绘的伦理世界乃是一个由伦理实体和伦理规律所构成的一个整体世界，这是一个精神的"自在"状态。按照伦理世界的完美性，伦理行为应该是实体性的，它必须符合普遍性的要求。因此只有从实体出发的行为才是真正意义上的伦理行为，因为任何违背了普遍性或公共性的偶然性行为无法造就一个稳定的整体，而只会带来种种矛盾甚至罪恶。但一旦进入教化世界，走出伦理世界的个体就转变为一个"自为"的存在者，他开始打破原先的整体平衡，即便是出自伦理意识的行为亦会产生"罪"与"恶"，从而使得市民社会成为一系列伦理矛盾的集合体。正因为如此，黑格尔才会说："只有不行动才无过失，就像一块石头的存在那样，甚至一个小孩的存在，也已不能说无过失。——不过按其内容来说，伦理行为本身就具有罪行的环节……"③ 这就使得原来的"从

---

① ［德］黑格尔：《法哲学原理》，范扬、张企泰译，商务印书馆1961年版，第201页。
② ［德］黑格尔：《法哲学原理》，范扬、张企泰译，商务印书馆1961年版，第308页。
③ ［德］黑格尔：《精神现象学》（下卷），贺麟、王玖兴译，商务印书馆1979年版，第24页。

实体出发"变成现在的"集合并列",伦理行为方式发生了质的变化:"伦理行为的实现,只是把伦理精神的优美和谐与稳定平衡恰恰因其优美和稳定而具有的矛盾和破坏萌芽暴露了出来……作为自己的一切组成个体的一种形式的普遍性,已析出于它们之外,不再作为一种活的精神内在于它们之中了;而实体的个体性,本是坚如磐石地团结一致的,现在毋宁已分崩离析,破裂成了众多的点。"① 那么这些"众多的点"又是如何汇集而成的?这种"罪行的环节"怎样才能根除?

在黑格尔看来,由于每一种伦理存在都不断地显现,并时时在制造分裂,因此出现在眼前的情景就不啻是"一幅个体化了的冲突图景":"就其形式而言,这个冲突是伦理〔原则〕和自我意识为一方与无意识的自然和此自然所表现的偶然性为另一方的冲突……而就其内容而言,这个冲突就是神的规律与人的规律之间的冲突。"② 实际上,这种冲突本质上是角色之间的冲突。每一个人身上都存在着自然性与社会性的两种角色,在黑格尔的伦理学体系中前者主要是指家庭成员,后者则是指社会公民。当一个人从家庭中走向社会而变成一个公民的时候,他应该遵循社会性的制度规约,即所谓的"人的规律",而不再受制于家庭的"神的规律"。但是,他作为家庭成员的身份依然还是客观存在着的,于是"神的规律"与"人的规律"在其身上体现出来的就只能伦理行为的冲突。如何解决这种内在的冲突?最终的解决途径就是战争:"战争是这样的一种精神和形式:伦理实体的本质环节,亦即伦理主体(Selbstwesen),其不受一切特定存在约束的绝对自由,只在战争之中才是一个现实,才显示出它的价值。"③ 通过战争,掌控着市民社会的政府便拥有了绝对自由:它以这种绝对自由剥夺了每个人的相对自由,并将其驱赶到战场上去,以使之成为"整体的捍卫者"。由于人的身份的多样性,政府在和平时期面对各种冲突是无法从根本上加以解决的,但如果借助战争这种极其特殊的方式,一

---

① [德] 黑格尔:《精神现象学》(下卷),贺麟、王玖兴译,商务印书馆1979年版,第32页。
② [德] 黑格尔:《精神现象学》(下卷),贺麟、王玖兴译,商务印书馆1979年版,第28页。
③ [德] 黑格尔:《精神现象学》(下卷),贺麟、王玖兴译,商务印书馆1979年版,第32页。

切矛盾便迎刃而解了。对此黑格尔几乎是用歌颂的口吻来表达其对战争的态度："战争是严肃对待尘世财产和事物的虚无性的一种状态……通过战争，正如我在别处表示过的，'各国民族的伦理健康就由于它们对各种有限规定的凝固表示冷淡而得到保存，这好比风的吹动防止湖水腐臭一样；持续的平静会使湖水发生相反的结果，正如持续的甚或永久的和平会使民族堕落'。"① 与其说战争是消除冲突的最佳方式，毋宁说只是一个权宜之计，因为虽然战争能够将单个的人团结起来并使之忘却原来的身份，但在战争结束之后，伦理本质终究难逃消亡的命运："伦理本质的特定存在既然是建立在强有力和幸运上的，这就已经注定了它的毁灭了。"②

可见，市民社会中伦理行为方式转换的结果必然会产生矛盾与冲突，法权状态下种种出自单个人意志的伦理行为，虽然都能够得到政府和法律的保护，从而拥有合法性地位，但这些单列的伦理行为却无法构成一个整体，更不可能回归到一个和谐的伦理世界。伦理实体瓦解了，伦理本质消失了，伦理普遍性不复存在，伦理行为方式就必然陷入困顿当中。这要等到从教化世界进入道德世界并诞生道德主体之后，伦理行为的冲突才能得到最终的解决。

C. 市民社会的伦理"假象"：个体主义伦理、契约伦理与制度伦理

黑格尔所谓的"市民社会"在其法哲学和精神现象学思想体系中有着特殊的界定，它作为一种过渡性的文明形态既非历史学或社会学意义上的"现代社会"，但又多少呼应着黑格尔本人所生活其间的那个现代性的现实社会。由于市民社会既非历史事实也非社会现实，而仅仅充当着文明形态之"理想类型"，体现为精神显现的一个中介环节，所以就无法真正从实践哲学的意义上去探寻其道德合法性基础。与其说黑格尔赋予了市民社会以成熟的伦理形态，还不如说这只是一种基于道德理想的乌托邦想象，更不是伦理的真实。因为在市民社会中，虽然通过教化可以促使个体

---

① [德]黑格尔：《法哲学原理》，范扬、张企泰译，商务印书馆1961年版，第340—341页。
② [德]黑格尔：《精神现象学》（下卷），贺麟、王玖兴译，商务印书馆1979年版，第32页。

从思维当中的普遍性向现实当中的普遍性过渡，但这样获得普遍性乃是一种虚假的"共性"，所谓的公权、公法和公共财富都只有共性之"名"，而无共性之"实"。法权状态不是实体状态，市民社会也非伦理世界，相反，它是从实体状态进入法权状态后形成的一个个原子式的集合并列，即"普遍物已破裂成了无限众多的个体原子"①。正因为如此，黑格尔才会将市民社会称为"伦理性的东西的现象界"，在其中"普遍性只是在作为它的形式的特殊性中假象地映现出来"，"既提供了荒淫和贫困的景象，也提供了为两者所共同的生理上和伦理上蜕化的景象"②。那么在市民社会这一"现象界"中，"伦理上蜕化的景象"是如何呈现出来的？我们可以将之概括为个体主义伦理、契约伦理与制度伦理三种类型。

按照黑格尔的看法，从家庭和民族出走而来到市民社会，个体原本的伦理整体感并不会立即消失，依然会试图在新的环境中寻找一个新的精神寄托，这就是将固有的纯一性思维和普遍性意识投射到现实生活当中，以重新确立起一种类似于伦理世界的生活方式。由于是被抛洒在"陌生人"社会中，这种努力就只能完全依靠个体自身才能完成，"神的规律"不再起作用，"人的规律"必须尽快确立起"个人的有效性"："个体性和伦理实体的活的直接的统一体所倒退而成的普遍的统一体，乃是一种无精神、无生命的共体，这种共体现在已经不再是诸个体的无自我意识的实体，而毋宁是个体在它那里都是有效准的，都按它们的自为存在各算是一个［有自我的］主体（selbstwesen）和实体。"③市民社会虽然是"一种无精神、无生命的共体"，但要将这一社会共同体支撑起来，仍需要活着的现实因素，这就是生活其中的个体：将这些个体组织起来并发挥他们的能量，乃是维系"普遍的统一体"的关键所在。这样，每一个个体既是一个单纯的"自我"，又是一个个社会活动的"主体"，同时每个个体都自为地将自己看成一个"伦理实体"："在市民社会中，每个人都以自身为

---

① ［德］黑格尔：《精神现象学》（下卷），贺麟、王玖兴译，商务印书馆1979年版，第33页。
② 分别见之于黑格尔《法哲学原理》，范扬、张企泰译，商务印书馆1961年版，第195、199页。
③ ［德］黑格尔：《精神现象学》（下卷），贺麟、王玖兴译，商务印书馆1979年版，第33页。

目的……在这一基地上,一切癖性、一切秉赋、一切有关出生和幸运的偶然性都自由地活跃着;又在这一基地上一切激情的巨浪,汹涌澎湃,它们仅仅受到向它们放射光芒的理性的节制。"① 显然这种"自由地活跃着"的因素就是"个体主义伦理",它成为维系市民社会的前提性精神力量。

契约伦理是维护市民社会之原子式存在方式的另一个因素。在市民社会理想类型中,个体既是充满活力的"自我",同时也是渴望进入"普遍性"当中的"偶然性"。个体如何才能重新回归到"普遍性"?可以通过公共立法即借助"契约"的方式来实现这一目的。个体要实现自己的目的便必然要将他人当作手段,但同时个体也只有通过与他人建立一定的关系才能最终实现自己的目的。因此黑格尔说:"如果他不同别人发生关系,他就不能达到他的全部目的,因此,其他人便成为特殊的人达到目的的手段,但是特殊目的通过同他人的关系就取得了普遍性的形式,并且在满足他人福利的同时,满足自己。"② 依靠契约伦理的规制,个体之间取得"普遍性的形式",既利己又利人,以维护市民社会的共同福利。按照黑格尔的观点,"政府"不啻就是一个契约,其作用就是将分散着原子式个体组织起来,防止其为了个人目的而互相倾轧,以保证最大限度上促进个体的实现。同时在政府的支配下,相关的法律被制定出来并成为个体追求共性的一种方式:"法律表示着每一个体之所以为个体以及其所作所为;个体不仅认识法律,知道法律就是它自己的普遍的客观事物性,而且同样也在事物性中认识它自己,或者说,作为个别化了的事物性,它同样也在它自己的个体性里和它的每一个同胞那里认识它自己。"③ 契约在法律条文中被合法化,契约伦理也就同时在个体的合法行为得以践行。

制度伦理是一种介于个体主义伦理与契约伦理之间精神规范力量:契约的订立与实现要得到制度的保证,个体的福利与生活同样需要制度的维系。黑格尔说:"利己的目的,就在它的受普遍性制约的实现中建立起在一切方面相互倚赖的制度。个人的生活和福利以及他的权利的定在,都同

---

① [德]黑格尔:《法哲学原理》,范扬、张企泰译,商务印书馆1961年版,第197—198页。
② [德]黑格尔:《法哲学原理》,范扬、张企泰译,商务印书馆1961年版,第197页。
③ [德]黑格尔:《精神现象学》(上卷),贺麟、王玖兴译,商务印书馆1979年版,第235页。

众人的生活、福利和权利交织在一起，它们只能建立在这种制度的基础上，同时也只有在这种联系中才是现实的和可靠的。"① 黑格尔将"制度"首先看成"国家"同义语，国家是一个"伦理性的整体"，② 因而制度就是一种"伦理制度"，③ 而这种伦理制度是保证市民社会中特殊性和普遍性相互束缚和相互制约的主要因素。在黑格尔看来，个体作为特殊性本身既没有节制也缺乏尺度，他会无边无际地扩张自己的情欲，从而导致无限制的恶。同时，匮乏和贫困也是没有尺度的，它们所造成的混乱状态只有通过基于契约精神的国家制度才能得到调和。在这里，制度作为一种现实力量发挥着"对内压制个体的个别化倾向，但对外又能独立自主的活动"④，它既保护个体主观性的权利，同时保护自为存在的无限性，从而把特殊性与伦理普遍性统一起来。在这个意义上，教化世界就是制度化的世界，市民社会就是制度化的社会，通过制度所确立起来的形式普遍性为整体提供足够的力量。当然制度没有精神的话就没有伦理性。制度毕竟是一种异己的力量，它有可能演变成为一个僵化的东西，因此必须在其中注入一种精神实体，即使制度成为一种伦理，才能最终完成自身的使命。

D. 市民社会：现代社会伦理的虚妄之基

近代以降，中国知识分子在文明形态转换的过程中不断探索适应现代社会的伦理形态，试图在意识形态激荡与社会变革的大潮中重新寻求到一个意义世界和价值旨归。严格说来，这种社会伦理形态依然未能构筑出有效的理想类型。在种种关乎这一问题的言说中，几乎都能够自觉到需要走出中国传统的"伦理世界"，进而凸显出所谓的"现代性价值"，却始终没有真正建造出一个切合现实社会生活的伦理范型。这里的一个关键问题在于：什么才是"现代性价值"？"现代性价值"建立在何种社会形态的基础上？"市民社会"能够承载起"现代性价值"吗？经由以上的讨论，答案其实已经非常明确了，下面不妨再申述几点意思。

---

① ［德］黑格尔：《法哲学原理》，范扬、张企泰译，商务印书馆1961年版，第198页。
② ［德］黑格尔：《法哲学原理》，范扬、张企泰译，商务印书馆1961年版，第258页。
③ ［德］黑格尔：《法哲学原理》，范扬、张企泰译，商务印书馆1961年版，第198页。
④ ［德］黑格尔：《精神现象学》（下卷），贺麟、王玖兴译，商务印书馆1979年版，第31—32页。

首先，西方的"现代性价值"无法改造为"中国价值"，"西方经验"亦不可成为医治"中国问题"的良方，只有重新接续中国道德传统并推动"伦理世界"的"创造性转换"，确立起伦理合理性的文化背景，建构起优良的社会伦理生活方有可能。进一步说，当代中国社会道德秩序的建构需要汲取传统文化的核心价值，尤其需要严肃认真对待孔子开启的儒家伦理传统并进行创造性转换，这正是费孝通先生大声疾呼"这个时代在呼唤着新的孔子"的原因①。今天，当现实社会面临全面性溃败之危险时，重新回眸儒家"道统"，就会发现发轫于孔子的"元伦理"道德哲学体系确实提供了一种契合中国人生活方式的内在义理与精神气质。儒家的"为己之学"及其"推己及人"的道德涵养功夫乃是一种真正的"中国智慧"，它将伦理—道德之链对接起来，致力于追求伦理同一性，不断探索人生活的完备形态，既有利于成全"君子人格"，亦致力于缔造"礼仪之邦"。因此现代中国人不必刻意创制出一个市民社会及其类似物并从中建造社会伦理的乌托邦。

其次，认真检视黑格尔法哲学和精神现象学视域当中的市民社会道德图景，至少教会我们知晓一个基本道理，那就是市民社会并不是一个人类必须经历的真实的社会形态，其自身所蕴含着无法克服的矛盾，即便是在人类精神演化的过程中也最多只能充当过渡性的环节。社会伦理无法建立在虚妄之基上面，现代社会伦理形态更不可能从"个人私利的战场"中孕育生长出来。因此在展开现代中国社会伦理思考过程中，"历时性"即历史文化连续性应该获得逻辑优先与价值排序的双重地位，而不是一味地从"共时性"的维度去追寻中西文化与伦理道德之间的"有意义的巧合"。如此说来，当前新儒家在葆有文化连续性方面的诸多思考及其提示的理论取向不无可取之处，类似于"儒家式现代秩序"命题的提出就颇为契合普遍的社会心理："如何在这样一个外来的、所谓现代的知识霸权体系中，接续、扩展道学，并为面向中国之现代治理秩序的人文、社会科学提出普遍的预设——也即关于人性、关于人际关系之特定模式的普遍性命题，由此引导现代知识体系找到进入中国的现代秩序之正途。"②

---

① 费孝通：《孔林片思》，《读书》1992年第9期。
② 秋风：《儒家式现代秩序》，广西师范大学出版社2013年版，绪论。

再次，社会伦理形态不复是简单对社会实在的摄影与摹写，而理应包含着对特定现实社会的超越性指引。换言之，倘若社会伦理形态不足以在观照社会实在的基础上提供理想的社会秩序设计，并最终有助于建立起一个合理的社会共同体，其作为一种理论范型就缺少应有的解释力而失去合法性。基础性社会秩序的建立始终是凝聚社会伦理形态的着力点和中心点。黑格尔上述考察的意义在于，一方面指出了市民社会作为精神发展的中介环节，既非真实的历史社会形态亦非道德学意义上的完美社会，其本质上是"个人私利的战场"，另一方面也道出了市民社会本身并不是自足的"伦理世界"，并不能自成一个道德学意义上的社会共同体。对此有学者指出："中国社会如果不能生成相对稳定的共同体形态，个体的生命终究是飘荡的，人际关系终究不能正常化，基层社会终究不能建立基础性秩序，则优良治理秩序就无从谈起。"① 显然中国现代社会伦理形态必须走出市民社会的"伦理假象"，把分离着的个体与实体统一起来，将个体主义伦理、契约伦理与制度伦理置于合理的价值生态进行重新审视，使飘荡着的个体生命在合理的社会秩序中得到适切的安置。

总之，黑格尔关于市民社会道德图景的论述为思考现代中国社会伦理形态这一课题提供了一个"他者"的视角，这是我们坚定地秉持"中国价值"解决"中国问题"立场的一个外部理由，亦是我们致力于确立公序良俗并最终建造良好社会生活的内在原因。我们相信，现代中国社会伦理形态能够在中外文化资源相互融通中得到理论上的阐发。

4. 现代中国"社会"伦理形态的歧出

近代已降，中国知识分子在文明形态转换的过程中不断探索适应现代社会的伦理形态，试图在意识形态激荡与社会变革的大潮中重新寻求到一个意义世界和价值旨归。严格说来，这种"社会"伦理形态依然只是一个雏形，它虽然走出了传统的"伦理世界"，凸显了自由、平等和权利等现代性价值，但并没有真正建造出一个类似于"公众家庭"的伦理范型。从法哲学和精神哲学的角度看，现代中国"社会"伦理形态似乎陷入了

---

① 秋风：《儒家式现代秩序》，广西师范大学出版社2013年版，绪论。

一种深刻矛盾当中，所谓的"社会正义"似乎难以从"权力寻租"或"权利腐化"的阴影中求得，在"一切向钱看"的伦理环境中，权力公共性之"善根"被"看不见的手"所遮蔽，"经济人"之理想类型蜕变为现实活动的个体，"财富之恶"同时被视为导向"成功之善"，而所谓的"成功"同时又异化为一种"权力崇拜"，"成功人士"则成为"权力"与"财富"的现实结合体。在这种情况下，仅仅试图从"私德—公德"之二元对立辩证中填充"伦理空场"，从而培育权力财富公共性之"善根"，似乎并不是一条可行的道路。显然有必要从法哲学与精神哲学等维度着重分析财富与权力的伦理本质，以检视现代中国"社会"伦理之殇，这无疑是一项创造现代中国"社会"伦理形态的理论准备工作。

A. 市场原子主义：财富的法哲学理念与经济学理念

毋庸讳言，自"市场经济"上升为一种国家意识形态之后，人们似乎着魔般地陷入一种对财富的追逐当中，在这一过程中原本压抑着的欲望被史无前例地激发出来，对物质财富的占有与消费似乎占据了人们活动的中心位置。驱使这种行为的精神基础到底是什么？从法哲学和经济学的角度看，就是所谓的"市场原子主义"。在这种观念形态中，每一个个体就像游弋在空间中的原子一样活跃在市场活动中，并根据市场规律谋取自己所需。这样所取得的财富就是个体之主体性地位的确证方式，行为主体作为"经济人"则在一种"看不见的手"的调控下，自觉地服务于人类共同体的繁盛。一种看似无政府主义的状态恰恰造就了人类的繁荣，这正是市场原子主义作为一种伦理范式获得道德合法性地位的最终根据。

在法哲学的视野中，"财富"首先是一种"公共财富"，它是家庭的自我意识与民族的自我意识之外化形式，是精神的显现或现实化。伦理世界是一个思维当中纯一的整体世界，但其中家庭意识与民族意识、神的规律和人的规律的对立，这种对立的消除是无法在具有同一性的思维中进行的，只有将之外化并使之显现出来，通过诸如公共权力、国家权力和公共财富的现实运作，方能得到解决。财富是精神自己创造的"作品"，虽然财富掺杂了许多精神不愿意看到的世俗因素，但精神仍然必须将之合法化，这显然是一种"悲怆情愫"。在这个意义上，财富毋宁说就是一种"善"，或一种伦理的普遍物："每个人在为自己取得、生产和享受的同时，也正为了其他一切人的享受而生产和取得。在一切人相互依赖全面交织中所含有的必然性，现在对每个人说来，就是普遍而持久的财富。"① 伦理是借助精神达成普遍性的一种活动，伦理行为则是人的普遍性显现：当个体着意体现出自己普遍性的时候，事实上就意味着一个普遍性和另外一个普遍性的对立，即作为家庭成员的普遍性和作为民族公民的普遍性的对立，这样的对立自然会引发行为主体的"悲怆情愫"。如果说此时"悲怆情愫"还只存在于伦理世界的话，一旦进入市民社会，个体要将自己完全显现出来并试图通过财富等外在事物来表达这种普遍性的时候，这就不但是一种"悲怆情愫"，而是沦为一种对人之冲突性命运与历史之回复运动的无奈叹息了。于是像财富这样的世俗之物又不啻是一种异化之"恶"，因为分散在市民社会中的人都是独立着的"私人"，他们都把实现自身利益作为目的，诸如财富等虽然是达到更高普遍性的普遍物，但其更多是作为现实的普遍性而得到人们的青睐，以至于它从一种中介和手段异化成了目的本身。这样，私人生活上的需要和需要的满足、享受、舒适都成为绝对目的，② 财富便上升为个体确证的现实方式。因此财富本质上是人的欲望的反映：财富的追求和占有体现为欲望的觉醒，而财富的支配和消费体现为财富的满足。可见，财富就是一个善恶的混合体，其伦理上的造诣取决于其是作为手段还是作为目的而服务于人的精神性运动。

  现代经济学意义上的"财富"更多地表现为"利润"，但即便是所谓的"利润"一开始也并不就是一个纯粹的经济学概念，自亚当·斯密对现代经济学的创立到阿玛蒂亚·森对古典经济学"伦理层面"的回返，都蕴含着这一概念的辨证。斯密创立了一个完整的经济学理论体系，第一次对政治经济学的基本问题做出了系统的研究，以至于《国富论》也被誉为西方经济学的"圣经"，也正是在《国富论》中斯密提出了后来争议颇大的"经济人"观念。他认为，"我们每天所需的食料和饮料，不是出自屠户、酿酒家或烙面师的恩惠，而是出于他们自利的打算。我们不说唤起他们利他心的话，而说唤起他们利己心的话。我们不说自己有需要，而

---

① ［德］黑格尔：《法哲学原理》，范扬、张企泰译，商务印书馆1961年版，第210页。
② ［德］黑格尔：《法哲学原理》，范扬、张企泰译，商务印书馆1961年版，第201—202页。

说对他们有利"。① 这里所说的"屠户、酿酒家或烙面师"就是典型的"经济人"。这些活跃在市场交换中的"经济人"在一只"看不见的手"的推动下不断追求属于自己的利润:如果市场上某一产品供不应求,那么其价格就会上升,而价格的升高会促使生产商加大对该产品的投入以赚取更多利润,但一旦产品出现过剩之后价格就自然下降,产品的供需关系就再次回到了原来的平衡状态。显然斯密所揭示的经济学原理似乎表明,只要"经济人"遵循"看不见的手"的指引,个人利润的不断积累自然会带动国家的财富的增加,"国富"就是必然的结果。然而问题在于:"经济人"只是一种人的理想类型,现实生活的"经济人"如何才能够遵循"看不见的手"的规制?这是斯密继《国富论》之后撰写《道德情操论》的内在原因。实际上,斯密在《道德情操论》一开始就是坚决地批驳了人之自私的观点,从而将"同情感"等看成人的近乎本能的道德情感。他说:"人,不管被认为是多么的自私,在他人性中显然还有一些原理,促使他关心他人的命运,使他人的幸福成为他的幸福必备的条件,尽管除了看到他人幸福他自己也觉得快乐之外,他从他人的幸福中得不到任何其他好处。属于这一类的原理,是怜悯或同情,是当我们看到他人的不幸,或当我们深刻怀想他人的不幸时,我们所感觉到的那种情绪。我们时常因为看到他人悲伤而自己也觉得悲伤,这是一个显而易见的事实,根本不需要举出任何实例予以证明。"② 正是由于具备这样的道德情感,人就不单单是一个"经济人",由"经济人"所创造的利润或财富同样也就是被赋予了伦理上的意涵。也正是因为如此,阿玛蒂亚·森试图提醒人们,只有还斯密一个完整的形象,方能从根源上检讨无限追逐财富过程中引发金融危机的原因:"亚当·斯密并没有说纯粹的市场体制可单独地表现良好,亦没有说'追求利润'是唯一所需的动力。一个经济体还需要互信等价值和承担才能有效运作,目前由于信心丧失导致危机恶化以及经济复苏难以开始,若亚当·斯密在世,定不会感到惊讶。"③

---

① [英]亚当·斯密:《国民财富的性质和原因的研究》(上卷),郭大力、王亚楠译,商务印书馆1972年版,第14页。
② [英]亚当·斯密:《道德情操论》,谢宗林译,中央编译出版社2008年版,第2页。
③ [印度]阿玛蒂亚·森:《斯密的市场从来不单独存在》,《社会科学家茶座》2013年第1期。

不难看出，以上法哲学与经济学的考察，实际上揭示了财富伦理本性之相互关联着的两个面向，而将之统一起来的精神内核则是市场原子主义所建立起来的价值理念。一方面，市场原子主义将特殊的个体凝聚起来，促使其去追求财富这一普遍物，并在财富的占有与消费中展现个体之主体性地位，这是财富作为实现目的之手段的道德合法性所在。另一方面，市场原子主义在一旦获得了主导性地位之后，就将个体绑架在追逐物质财富的市场中，"利润最大化"被等同于"最大多数人的最大幸福"，物质主义和功利主义成为规制社会生活的核心价值观，于是财富便从手段变成了目的本身，同时也就丧失了道德合法性根基。显然这种对于市场原子主义两重性的把握有助于透析中国的社会现实，这也是从伦理学上分析"中国问题"的重要切入口。

B. 权力公共性的伦理变构

权力是一种强力意志的显现，其最高表现形态是国家权力。理论上看，权力本无所谓善恶好坏之分：它作为精神的现实化，首先是一种向普遍性的回归运动，至于最终能否回归到精神实体本身以及能否返回到伦理本质，这不是权力自身所能够决定得了的。但是权力作为一种支配性的现实力量，其终极的道德合法性却取决于它是否能够将其公共性之"善"体现出来，一旦权力出现腐化或产生了"权力寻租"现象，则会导致权力异化而造成社会不公。历史地看，权力腐化似乎是一种无法克服的顽疾，为此进行的理论反思也从未中断过。

权力如何能够作为一种伦理性的存在？这涉及权力的产生问题。在黑格尔的法哲学和精神哲学中，权力是精神普遍性的现实化，因而权力首先就是一种"公共权力"，其典型形态就是"国家权力"。国家是扬弃市民社会这一中介和假象而达至伦理整体的真实基础，即国家是"伦理理念的现实"和显现出来的"伦理精神"[1]。国家是一种普遍利益，它是我们必须依赖的东西，因为"只有在国家中特殊利益才能成立"。那么国家何以需要权力？国家之所以需要权力并不是国家有了权力才能得以维系下

---

[1] ［德］黑格尔：《法哲学原理》，范扬、张企泰译，商务印书馆1961年版，第253页。

去，而是出自"公共自由的保障"①。所以，国家的出现乃是出自维护"秩序"，权力则产生于保障"自由"，权力与国家的结合就是为了在给人类维护一定秩序的同时保证人们的自由。简单地说，权力就是那种现实地把个体与实体、特殊与普遍、自由与秩序等达成统一的东西。在这个意义上，权力无疑蕴含着"善"的种子，至于这一"善根"是否能够生长出"善行"则又是另当别论了。

现实世界中个体是从整体中分离出来的，这是一个从伦理世界进入教化世界的过程。人在从实体向个体过渡中，如何实现同其本质的统一？这种统一表现为两种方式。一种方式直接的统一，即通过某种确证普遍性的方式与普遍性直接统一，这个直接的统一即为"善"。另一种是间接的统一，即只能意识到个体性，这是一个"个体归返其作为个别的人的本身的那种不断的返回运动和它们永远趋向于自为存在的变化过程"，由此产生了"恶"②。黑格尔初步地将第一种本质称为"国家权力"，而第二种本质则是"财富"，分别代表"善"与"恶"。财富之为"恶"的情况前有所述，那么国家权力何以就是一种"善"？黑格尔的意思是，所谓权力只能是"公共权力"，它是个体意志和普遍意志达到的直接的统一，是普遍性的显现，而财富则相对更多地让人意识到个体性的存在。当然这是在相对的意义上分别将权力与财富视为善与恶的现实载体，事实上，二者之善恶的性质是可以互相转化的。就权力而言，如果其一旦丧失了原本的普遍性或公共精神，便就沦为恶的帮凶了。这意味着，如果个人的意志总是受到国家意志的压制，个人的自由受到国家权力的剥夺，那么人就只是一种被异化性的存在：仅仅剩下"服从"的个人是一个没有灵魂的存在者。对此，黑格尔这样说道："自在自为存在着的意识，现在发现国家权力固然是它的简单本质和一般存在，但不是它的本然的个体性，固然是它的自在存在，但不是它的自为存在，它毋宁发现在国家权力下，它的行动，作为个人的行动，已经受到拒绝、压制而不得不变为服从。"③ 于是权力之

---

① ［德］黑格尔：《法哲学原理》，范扬、张企泰译，商务印书馆1961年版，第284页。
② ［德］黑格尔：《精神现象学》（下卷），贺麟、王玖兴译，商务印书馆1979年版，第45—46页。
③ ［德］黑格尔：《精神现象学》（下卷），贺麟、王玖兴译，商务印书馆1979年版，第45—46页。

善便成为压制之恶：权力在保障个人自由上获得的道德合法性被消解了。

现实世界中的权力腐败是一个全球性问题，其关键性的原因则在于权力之公共性的丧失。权力本是公共性的现实化，但如果执掌权力者违背公有权力这一本质要求，把权力特殊化和私有化，就会使之异化成为一种维护自身特权的商品，那么权力必然就走向腐化。现实生活中的权权交易、权钱交易、权法交易等都是权力腐败的表现，既有滥用职权、开支巨大且不透明的"三公经费"与"灰色收入"的现象，也有贪污受贿、挪用公款、侵占财物、为亲友安排工作等种种以权谋私行为，甚至出现了较大规模的团体性腐败和"跑官要官"现象，此外行政审批、资金支配和人事安排等权力的相对集中往往引发严重触犯法律的权力暗箱操作和私下交易等。显然这些现象都是权力公共性的伦理之殇。让权力回归本位，固然需要优化现行的制度安排甚至改变陈旧的制度规约，更需要将伦理精神植入到制度设计过程中，真正使制度在阳光照射下运行。

C. 权力与财富的私通：腐败与不公

近些年来，权力寻租和权钱交易现象一直为人所广泛关注，人们倾向于将之视为一种严重的社会腐化与社会不公，这正切合了亨廷顿的话："腐化的形式大都涉及政治行为和经济财富之间的交易。"① 我们知道，公共权力本身并不能产生财富，即它无法直接作为生产要素投入到市场过程中创造出新的经济产出并带来帕累托改进福利增量。但是权力寻租作为一种变相的寻利活动必须依赖公共权力来展开，这就使得权力又转化为一种非直接性的交易成本渗透到财富的积累当中，演变成所谓"有权不用过期作废"的寻租行为。显然寻租行为本质上是权力与财富的"私通"，它是导致当下人们普遍感到社会不公和道德沦丧的根本原因。

从根源上看，权力与财富可谓是一对孪生子，它们作为普遍性的外化现实地将人之本质力量体现出来。在这个意义上，权力与财富毋宁说是一种个体确认自身普遍性的世俗方式。当然，在伦理学的意义上，作为确证个体普遍性的不同方式，权力与财富二者最初呈现出来的现实形态却是有

---

① ［美］亨廷顿：《变化社会中的政治秩序》，王冠华等译，生活·读书·新知三联书店1989年版，第61页。

别的，因为财富倾向于个体欲望的满足，即财富往往只是让人能够意识到个体性，其背后的公共性常常被欲望的满足所遮蔽，而权力则有利于维护个体的自由，因此前者就是一种"恶"，后者则为"善"。而之所以将权力与财富做出善恶的两分，乃是基于人的自我意识，即人们主观上一般将前者规定为"自在存在或肯定的东西"，而将后者视为"自为存在或否定的东西"①。这只是一个主观方面上的初步判断而已。随着权力与财富的现实形态的展开，这种判断会发生倒置：一旦当权力蜕变为压制人的力量就成了"恶"，而当财富提供"普遍的享受"的时候就变成了"善"。不管权力与财富之间如何发生善恶的转化，二者毕竟是法权状态的异化力量，它们虽然都具有共性，但不可能与普遍性直接统一，也非伦理实体本身。这就意味着权力与财富永远都不可能成为一种纯粹自在的伦理力量，而只能作为一种自为的力量存在于现实社会中："权力和财富的追求和保持，从一个方面来说，仅在于满足需要，仅只是欲望范围以内的事情，从另一个方面来说，在它们较高的规定中它们就成了某种仅属过渡的仅有中介意义的东西。"②

由于这一共通的本性，权力与财富就内在地具有相互结合并各自向对方转化的现实可能性。由于权力声称代表着一个公共意志并致力于推进个体的自由与权力，这种"结盟"倾向于首先发生权力运行的过程中。也就是说，在权力的话语中容易营造出一种"英雄主义情绪"，权力借此号召人们起来为整体而献身，而个体则将自己的能动性调动起来以积极回应这一出自公共意志的号召。当此个体还以为权力意志是一种"与自身同一的意识"，因而就在所谓的"高贵意识"的激励下"听从驱使，百依百顺"③。但是，当权力与财富私通之后个体就发现这两种本质上是与自己不同一的意识，于是就在一种"卑贱意识"的驱使下转而寻找解脱，即"借助于财富而得以享受其自己的自为存在"④。显然权力在财富当中寻找自我确证，乃是由于权力自身对其所代表的"公共意志"的迷失。另一

---

① ［德］黑格尔：《精神现象学》（下卷），贺麟、王玖兴译，商务印书馆1979年版，第47—48页。
② ［德］黑格尔：《精神现象学》（下卷），贺麟、王玖兴译，商务印书馆1979年版，第9页。
③ ［德］黑格尔：《精神现象学》（下卷），贺麟、王玖兴译，商务印书馆1979年版，第51页。
④ ［德］黑格尔：《精神现象学》（下卷），贺麟、王玖兴译，商务印书馆1979年版，第51页。

种情况则发生在财富的追逐过程中。如前所述，财富本质上无所谓好坏善恶之分，如若其代表着一种精神追求或自我认同的话，它至少反映了个体向普遍性的回归。相反，如果财富仅仅停留在一种数量上的物质积累或利润增加，就有可能从根本上剥夺了个体的成就感和认同感。为了找到归属感，富人既可以采取财物捐赠的方式，亦有可能采用索要特权的手段，而后者是一个足以使双方受益的有效方式，即既可以满足富人保留其财富的愿望，又可以给有权者带来物质上的好处。这就是现实生活中富人总乐于在当地政府求得一个"政协委员"的名号，而官员们也会忘记与富人"眉来眼去"的原因。

当然，权力与财富之间更多的是一个彼此同时转化的过程，这从本质上反映出教化世界的"虚假性"。在教化社会中，人们所获得的"教化"乃是一种虚假的普遍性，无论权力还是财富都是虚假的共性：个体自我作为一种权力或财富的载体，都可以声称"我就是国家权力"或"我就是公共财富"，这显然是一种伪善的言辞了。在权力与财富的互相转化当中，恰恰体现出一种内在的"分裂"。对此，一向用词晦涩的黑格尔居然充满感情地用一大段文采斐然的话进行了描述："财富于是使享受它的主顾也从它这里得到被抛弃之感；不过在这里出现的不是激怒叛逆心理，而是傲慢放肆态度……财富以为自己给人一顿饱餐就赢得了一个异己的自我（Ichselbst），从而就使这个异己的自我的最内在的本质虚心下气俯首帖耳，于是产生出傲慢放肆的态度；当它这样傲慢放肆的时候，它忽略了这个异己的自我的内心激怒反抗，它忽略了他对一切现存关系的彻底否定；这种彻底否定是一种纯粹崩溃，纯粹分裂，在这种纯粹分裂中既然自为存在的自身同一性或自身一致性已经成为绝对不一致的，那么一切等同一致的，一切持存不变的东西就统统归于分裂瓦解；因此这种纯粹分裂也就首先把一般人对施予者的观感和看法破坏了。财富所直接面临的是这样一种最内心的空虚，它感觉在这个无底深渊中一切依据一切实体都消逝得荡然无存，它看到在这个无底深渊中所唯一仅有的只是一种卑鄙下流的事物，一种嬉笑怒骂的游戏，一种随心所欲的发作。它的精神只落得是完全无本质的意见，是精神丧失后遗留下来的躯壳。"[①] 黑格尔之所以这样罕见地

---

① ［德］黑格尔：《精神现象学》（下卷），贺麟、王玖兴译，商务印书馆1979年版，第63页。

宣泄感情，一个关键性的原因恐怕就在于：权力与财富本来是被赋予了内在地"相通"着的普遍性力量，它们居然出自私心而"私通"在一起，从而致使"一切现存关系的彻底否定"和"一切依据一切实体都消逝得荡然无存"，显然是绝对不可饶恕的"恶"了，这样所导致的腐败和社会不公只能由权力和财富自身来承担。这显然是一种对权力与财富关系所作出的深刻的伦理学分析。

D. "私德—公德"的短路与迷途

以上分析表明，根植于市场体制的市场原子主义虽然在终极意义上能够将财富与权力安置停当从而赋予其道德合法性，却避免不了二者在现实世界中的"结盟"与"私通"。财富与权力二者之间的转化从形式上看似乎是两种普遍性之间的转换，但这一转化本质上是两种特殊性的结合，即本质上表现为对普遍性的拒斥。因此促使财富与权力向普遍性回归的路径就不是简单地在财富的创造者与权力掌控者身上发掘出一种"身份伦理"来，并以符合各自身份的道德规范来将财富积累与权力分配规制起来。这意味着我们不能仅仅将"官德"与"商德"视为官员与富人个体的身份伦理要求，而是要将之当作权力公共性与社会公共性资源分配过程中的伦理原则。也就是说，当出现大范围"权力寻租"或"为富不仁"现象时，我们仅仅依靠道德教化来培育所谓的官德与商德，就不可能求得社会伦理的纯一完美，因为官德与商德本质上是个体身上的"私德"，其最多只是对其他社会成员起到示范作用，社会之"公德"的建立别有他途。事实上，切合现代社会形态的"社会"伦理并不是一般意义上的"公德"，而"私德"的集合并列也终究难以凝聚起"公德"来。"私德"与"公德"的区分只是理念上的分化而已，将二者简单拼接起来的做法无法造就一种真正的伦理形态，而只会断送社会伦理的前途。

一般认为关于"私德"与"公德"的理论区分来自梁启超，他最早提出"私德"与"公德"的概念："人人独善其身者谓之私德，人人相善其群者谓之公德。"[①] 梁启超将"私德"的范围界定为"一私人与他私人交涉之道义"，而将"公德"视为"私德之推"："公德者私德之推也，

---

① 梁启超：《梁启超全集》（第二册），北京大学出版社 1999 年版，第 660 页。

知私德而不知公德，所缺者只在一推；蔑私德而谬托公德，则并所以推之具而不存也。"① 在这里，梁启超将古典儒家"推己及人"的道德修养方式借用过来，并明确将"己"与"人"分别与"私德"与"公德"对应起来。由于传统儒学一贯提倡"为己之学"，"他者"始终只是"自我"的放大，那么社会之德行无疑就是自我之德行的外推而已。因是之故，梁启超就有将这种"偏于私德，而公德殆阙如"的状态改变过来，使"独善其身"的道德动力真正能够转化为"兼济天下"的社会责任感。显然，这是一种类似于"公德—私德互补论"的基调。那么这一"公德—私德互补论"到底提供了何种方法论启示？

从以上对梁启超有关文本的检视来看，他这一理论是建立在"新民说"基础之上的，其中蕴含了思想启蒙的意味。戊戌变法失败后，梁启超于1902年开始写作《新民说》并陆续发表在《新民丛报》上，至1906年共完成20节的内容。在以"新民"为主旨的一系列文章中，梁启超将古典儒家的"大学之道"转换成一种救世救民的新道德。在《新民说》的开篇，梁启超即说道："吾今欲极言新民为当务之急，其立论之根柢有二：一曰关于内治者；一曰关于外交者……政府何自成？官吏何自出？斯岂非来自民间者耶？某甲、某乙者，非国民之一体耶？久矣夫，聚群盲不能成一离娄，聚群聋不能成一师旷，聚群怯不能成一乌获。以若是之民，得若是之政府官吏，正所谓种瓜得瓜，种豆得豆，其又奚尤？西哲常言：政府之于人民，犹寒暑表之与空气也。室中之气候与针里之水银，其度必相均，而丝毫不容假借。国民之文明程度低者，虽得明主贤相以代治之，及其人亡则其政息焉。"② 在这里，梁启超表明了一种民粹主义的伦理态度，即近代中国之所以出现内忧外患，一定意义上是没有将中国传统上固有的"大学之道"贯彻到民众当中，致使国民陷入一种麻木不仁的境地，故此提出"新民为今日中国第一急务"。在这里，梁启超将官员作为特殊性与民众作为普遍性区分开来，主张政府和官员的德行乃来自一般民众的德行，若一般民众德行无进步，则政府和官员的德行也不可能进步，所谓"公德"之整体境况亦不会从根本上得到改观。在这个意义上，我们就不

---

① 梁启超：《梁启超全集》（第二册），北京大学出版社1999年版，第714页。
② 梁启超：《新民说》，辽宁人民出版社1994年版，第2—3页。

能固守原有崇尚精英的"私德"文化传统,而是将之转换为民众的"公德",并使二者互不相妨。这意味着"私德"与"公德"本来是一体的:"道德之本体一而已,但其发表于外,则公私之名立焉。"① 因此向着道德本体的复归,乃是梁启超之"新民说"的真正本意。

反观当下有关"私德"与"公德"的言论,虽也从形式上主张将二者对接起来,但由于始终无法将现实世界当作一个源自"伦理普遍性"的整体,因而就只能在二元对立的两分范式当中讨论二者的关系。具体到目前中国的伦理现实而言,官员与富人作为社会精英很难说就缺少"私德",他们在私人生活圈子内也不乏"好人"的口碑,但为何不能将"好人"口碑转化为"好官"或"儒商"的形象?按理说,官员与富人在私人领域体现出来的"私德"是应该自觉转化为公共领域的"公德"的,但促成这一转化的途径何以始终晦暗不明?显然问题不在于找到一条将"私德"与"公德"对接起来的现实路径,关键在于是否培育出一个能够促使伦理普遍性生长的"伦理场",在其中"私德"与"公德"不再是分裂着的特殊性,而是内在于伦理实体当中的有机元素。这是历史赋予现代中国"社会"伦理形态的责任,我们可以在传统伦理文化的历史建构与理论反思中找到这方面的理论资源。

E. "理想类型":一种创制社会伦理形态的方法

众所周知,马克斯·韦伯基于"新教伦理命题"创设的"理想类型"方法乃是西方经典社会理论的一个标志性成果,亦成为后世学者省思现代性问题的重要理论范式。在西方理性主义传统中,类似于"理想类型"的思考方法实际上并不新奇,但成功地加以运用并最终开出一条独特的思维路径,却要归功于韦伯"解释社会学"的卓越贡献。作为韦伯"解释社会学"的一个重要环节,"新教伦理命题"着眼解释"具有普遍性意义及价值之发展方向"之文化现象②,即如何从伦理道德的视角来理解西方现代社会的独特形态,为此彰显出新教伦理的社会意义,以契合其"解

---

① 梁启超:《新民说》,辽宁人民出版社1994年版,第16页。
② 《韦伯作品集:中国的宗教·宗教与世界》(第五卷),康乐、简惠美等译,广西师范大学出版社2004年版,第448页。

释社会学"的核心观念:"社会学……意图在于对社会行动进行诠释性的理解,并从而对社会行动的过程及结果予以因果性的解释。"① 显然在韦伯理性主义"因果性"逻辑链条中,新教伦理作为一个思维中的"理想类型"承担着解释现代人社会行为的内在意义与精神取向。实际上,新教伦理"理想类型"乃是一种现代社会伦理的形态学范型,它从历史与逻辑尤其是理论合理性与实践合理性相统一的维度揭示了现代西方文明的价值生态,从而率先勾画出一种完备的现代社会伦理形态。因此,韦伯作为一位非典型的道德哲学家能够为今天的伦理学思考提供一份颇具价值的理论资源,其蕴含的诸多启发性思考,能够从方法论与认识论的角度为我们反思现代中国社会伦理之何以歧出以及回归合理的思考路径,提供一个可资借鉴的学术性背景。

第一,"理想类型"是我们在考察文化意义当中所使用的"纯粹的观念结构",社会伦理之"理想类型"首先属意一种人的"精神气质"(Ethos),并最终指向人的类型的观念结构。韦伯坚信"一切有关精神现象或社会现象的科学都是有关人的科学"②,并认为要合理地解释一个时代的精神状况或精神气质,就只能借助精确的概念将之化约为理想类型的形态来进行把握,因为社会伦理所支撑的精神气质在不同的个体身上有着极其复杂的层次差异,不通过这样一个"思想图像"则难以达成统一性的整全把握。这意味着"现代人"之作为一种独特的人的类型及其内在的精神气质,就无法通过自然主义的方法使之作为一种"历史实在"直接呈现出来,而是只能通过"理想类型"的概念结构才能得到明确的澄清。正因为这样,在韦伯的社会伦理思考中始终贯穿着"是否存在着一种独特样式的'西方精神风格'(occidental ethos)"③ 这一根本性问题。换句话说,要达成对于现代社会生成原因的伦理学解释,还必须深入影响整体社会生活的精神气质中去,深入探究伦理观念向社会性空间的转向问题,

---

① 《韦伯作品集:社会学的基本概念》(第七卷),康乐、简惠美等译,广西师范大学出版社2005年版,第3页。
② [德] 马克斯·韦伯:《社会科学方法论》,韩水法、莫茜译,中央编译出版社1999年版,第46页。
③ [德] 施路赫特:《理性化与官僚化——对韦伯之研究和诠释》,顾忠华译,广西师范大学出版社2004年版,第10页。

以期找到在人的类型的内在方面产生实质性改变的本真性力量。这样，基于"理想类型"所建构的社会伦理就不仅仅是一种"历史社会学"的直观呈现或客观描述，亦不是某种意义上的"伦理叙事"，而是对于特定社会类型的"逻辑意义"与"实践意义"的统一性解释[①]，在这种解释中"应当是的东西"与"本质的东西"被整合进入社会伦理的话语系统中。

第二，"理想类型"旨在确立起精神科学或人文科学研究的基本前提，以提供一种达到认识社会实在的中介手段，故而社会伦理之"理想类型"就能够对于特定的社会生活方式乃至文明形态做出有意义的说明。当韦伯将新教伦理作为一种解释现代西方生活方式之因果性时，就可以视为是对"理想类型"方法的运用："一种如此适应资本主义的各种独特性的生活态度最终能够得到选择，而且能左右其他的生活态度，那么，这种生活态度在开始时就不可能是起源于若干孤立的个人，而只能是一种为一切人群所共有的生活方式。这种生活方式的起源正是需要说明的。"[②] 如何"说明"？韦伯通过对传统社会心理研究弊病的揭示来确立起人文科学的研究前提，从而建构起"理想类型"的认识论意义。在韦伯看来，由于以往的研究着眼于各种个别的且彼此之间有着多重矛盾的文化因素的考察，并试图从中理解社会行为的文化意义，这种围绕"获利本能"或"经济原则"的理论努力注定就只能陷入长期的科学论争而鲜有结果。正因为如此，从社会伦理的视角来透视"为一切人群所共有的生活方式"就必须首先确立起"理想类型"的认知框架，最终实现"将现代物质和精神文化生活中的一些模糊地存在的个别特征及其强化了的特有性质综合在按我们看来无矛盾的理想图像之中"[③]。可见社会伦理之"理想类型"建构不在于其落入"乌托邦"的理想主义基调，因为任何理论思考都是基于对实在的理念超越，相反，社会伦理之"理想类型"正是通过对人类生活方式乃至文明形态据以确立起来的普遍主义价值观念的把握，方才

---

① ［德］马克斯·韦伯：《社会科学方法论》，韩水法、莫茜译，中央编译出版社1999年版，第47页。
② ［德］马克斯·韦伯：《社会科学方法论》，韩水法、莫茜译，中央编译出版社1999年版，第175页。
③ ［德］马克斯·韦伯：《社会科学方法论》，韩水法、莫茜译，中央编译出版社1999年版，第41页。

不至于沦为被实证科学所简单取代。

第三,"理想类型"作为人文科学研究方法有着较为严格的边界限定,但凡严肃的社会伦理之"理想类型"构建亦应当以此为界限。作为一个正统的学院派学者,韦伯一向拒斥流行观念与时尚说辞,反复申明要在"价值中立"与"价值关联"之间保持适切的平衡:"一个职业的'思想家'如果有什么职责的话,他所迫切要做的便是,面对时下盛行的理想,都要保持个人才智的清醒,倘有必要,就要'逆潮流而动'。"① 在现代性语境中,社会伦理既无法完全避开对经济或财富与权力的价值审视,亦必须对公德—私德的纠缠有恰切的回应,但这种伦理上的思考不可沦为情绪化的道义指责与道德绑架。换言之,追求"个人特色而取得的刺激性"不仅会消除"对于严肃的实际研究的趣好",而且"不诚实地造成的完成道德命令的假象可以伪装成实在",这显然是"一切滥用职责里面最下道的做法"②。照此,在社会伦理进入价值判断领域,如何持守"价值中立"与"价值关联"之间的平衡乃是合理运用"理想类型"方法之根本。一方面,社会科学包括社会伦理研究虽然不像自然科学那样具有"铁的规律",但这并不妨碍我们将之视为自主性和独立性的学科,从而遵循该学科的内在机理和自足性,尊重其本身的客观性,以探寻到内在结构之间的因果关联。另一方面,社会科学包括社会伦理研究的一个主要领域即是人类历史与社会实在,而历史社会现象呈现出纷繁复杂的面貌,故只能将有限的精力和笔墨集中到那些有价值的事件上,并且选择性地对个别的现象进行探讨,因而必须依据一定的价值原则对历史事件和社会事实进行抽象,组合成便于逻辑分析的理想类型,以确立理论建构的意义。显然这应该成为我们创制社会伦理之"理想类型"予以正视的问题。

毫无疑问,韦伯对"理想类型"方法的运用已经为我们建立现代社会伦理形态提出了诸多有意义的层面或环节,这种道德建构主义理论范型确乎能够穿透历史主义的迷雾与自然主义的坚甲,最终清晰地将人的行为

---

① [德]马克斯·韦伯:《社会科学方法论》,韩水法、莫茜译,中央编译出版社1999年版,第182页。
② [德]马克斯·韦伯:《社会科学方法论》,韩水法、莫茜译,中央编译出版社1999年版,第144页。

的深层意图、社会生活的内在逻辑与人类文明的本质特性刻画出来。当然我们也应该清醒地看到,韦伯基于"新教伦理命题"所创制的"理想类型"理论范型毕竟是作为一名非伦理学家完成的伦理论证,后世所渲染的"命题长在"与"不朽的话题"等,[1] 不能成为韦伯自豪地宣示"西方文化之子"身份与"西方价值霸权"的口实,更不能将之上升为一个随意套用的价值真理。这是我们借用"理想类型"思考社会伦理形态时必须予以注意到的问题。

5. 期待孔子:"社会"伦理的创造

激越的社会变革,不仅导致了社会制度与社会秩序的变化,同时也摧毁了道德传统,导致了道德人心的失落。在一些人看来,社会变革的最终目标无疑是以西方社会历史为摹本的一种现代性社会形态的建构,所谓的"现代化"本质上还是"西方化",而中国的发展就是对西方发达国家的"模仿"和"追赶"。这样,在"现代性"话语体系的支配下,针对社会实践的理论建构包括道德思考一头扎进西方意识形态的牢笼,却全然不顾当代西方世界已经进入了一个漫无边际的混乱时代,按照麦金太尔的说法即是进入了一种"严重的无序状态"或"无以大的补救的灾难之中"[2]。在中国进入"现代"以来,"社会伦理"的建构就一直处在历史与现实、传统与当下、逻辑与技术等多维角度的二元对立与情感纠结之中,传统道德资源的阙如与现实社会转型的迷乱使之长久地找寻不到一个坚实的立足之地,其所呈现出来的"理论形态"自然也就不是十分清晰。社会伦理形态的这一先天的缺陷,并非意味着现代中国不需要一种"社会"的伦理形态,而是如何重新确立其足以立身的思想资源问题。就此,"对孔子的期待"就不是一场"等待戈多"的荒诞剧,而是一种以"中国药方"

---

[1] 麦金农与奥克斯曾分别以"命题长在:对批评家的批评"与"不朽的话题:驳难录"为题为"新教伦理命题"的旷世价值进行辩护,参见哈特穆特·莱曼、京特·罗特编《韦伯的新教伦理:由来、根据和背景》,阎克文译,辽宁教育出版社2001年版,第215—256、306—316页。

[2] [美]阿拉斯代尔:《德性之后》,龚群等译,中国社会科学出版社1995年版,第4、7页。

解决"中国问题"的学术努力。

A. "中国经验"的价值合理性：自证与反证

新近关乎"中国经验"问题的探讨多半采用政治—经济学的话语形式，论者属意的中心问题是中国经济社会何以在短短的几十年时间内快速发展起来。对此有人还建议将"中国经验"上升到"中国模式"的高度进行观照，并赋予其更多的理论内涵。虽然这种针对现实问题的理论抽象依然处在概括与提炼的过程中，但所谓"中国经验"这一语词无疑为我们观察现实社会问题提供了一个立足点与出发点。当然围绕着"中国经验"的讨论不应该仅仅停留在就事论事的粗浅层面，而是需要一个更为完备的知识学环境，尤其需要将之置于文化—历史的理论场域进行讨论。这其中最为核心的是"中国经验"的价值合理性问题。

关于"中国经验"话语的历史源头可以上溯到中国近代知识分子引发的"文化内战"，在这场旷日持久的斗争中"中国经验"与"西方经验"事实上代表着两种完全不同的文化心态和道德情结。这场"文化内战"源自中华民族救亡图存的压力，争论的目的是希望从根本上找到化解或依傍西方列强船坚炮利的文明之道，因而总体上呈现出一种"爱恨交加"的矛盾心理状态。对于一般知识分子而言，救亡图存压力所引发的直接反应就是"整体性反传统主义"[1]，其反对和摧毁的对象就是以儒家为代表的价值体系以及由此支撑起来的社会结构。在一些激进主义的反传统主义者看来，"打倒孔家店"并不是要简单地宣示一种革命精神，而是要从根本上铲除一种思想传统及其主张的核心价值体系，而要根除儒家的价值体系就必须以另一种异质性的价值体系来加以抗衡，这就是来自"西方经验"的现代性意识形态。当陈独秀喊出"伦理的觉悟，为吾人之最后觉悟之最后觉悟"[2]的口号之后，其时的反传统主义者就集体性地"一头冲向西方意识形态的牢笼"[3]，"民主"与"科学"则成为其时最为响亮的口号。与之相反，文化保守主义者抱持希尔斯"传统是新信仰和

---

① 林毓生：《中国传统的创造性转换》，生活·读书·新知三联书店1988年版，第47页。
② 任建树等编：《陈独秀文集》，上海人民出版社1993年版，第179页。
③ 秋风：《儒家式现代秩序》，广西师范大学出版社2013年版，第5页。

行为规范的出发点"的信条①,认为儒家道统是一个人心性血脉与民族灵魂之所在,舍此则心灵无所依归。再者,民主与科学是西方形而上学二元论的产物,其所导致的政治纷争、经济竞争和文化凋敝的负面效应应该为我们所警惕。一句话,民主科学之依于自由法治、赖于市场经济,其与儒家之道德理想主义极不相容。

进一步看来,对于"中国经验"的观念纠葛无法回避韦伯关于中国传统文化的看法,这也是这场发生在中国的"文化内战"中的非中国元素。具体而言,之所以产生出对待传统文化之现代价值的两级对立之功能主义态度,一定程度上源自韦伯对于"儒家伦理"与"现代资本主义"关系的基本判定。在激进的反传统主义者看来,韦伯关于"儒家伦理"无法开出"现代资本主义"恰恰是一个有力的旁证:这个西方学者无疑拥有"旁观者清"的理论优势,他提醒我们这些"当局者"应该以一种决绝的态度来清除儒家伦理价值的现实影响。这种文化态度因主张中国传统文化特别是儒家伦理缺少西方"新教伦理"赖以生成的理性主义基因,进而宣判中国现代社会秩序的道德合法性建构缺少现实可能性。这实际上意味着只能将"西方经验""平移"到中国的土壤中来,舍此别无他途。相反,在文化保守主义者尤其是新儒家那里,"韦伯命题"的证伪恰好为他们提供了一个复兴儒家传统的突破口:曾经的"亚洲四小龙"包括中国大陆经济发展的成功背后,实际上有赖于儒家伦理的价值支撑。这也是自新加坡前总理李光耀倡导"亚洲价值观"开先河以来,到港台学者如金耀基等证成儒家伦理的现代性价值,再到海外新儒家余英时等希望从儒家内部"返本开新"等理论演绎所内含着的一个基本理论诉求。沿着这一思维路径,有人就认为,与其将当代中国快速发展归之于"中国经验",还不如将之概括为"中国价值"为好。在一些意欲构架"儒家式现代秩序"的学者那里,"明白地承认儒家价值,与儒家和解"被视为"实现国家常态化的最为重要的组成部分",因为"惟有在回归儒家之后,方可获得足够的道德和历史正当性"②。

在"新教伦理命题"提出之后的长达一百年时间中,韦伯本人根本

---

① [美]希尔斯:《论传统》,傅铿、吕乐译,上海人民出版社1991年版,第58页。
② 秋风:《儒家式现代秩序》,广西师范大学出版社2013年版,第12—13页。

不会想到他的名字会在一个异国他乡反复被人所提及，而且还多少在一场"文化内战"中被动地充任了"文化裁判员"的角色。就这一角色而言，韦伯本人的另一种文化态度实际上有助于我们从深层上理解"文化的连续性"问题。按照韦伯自己的话来说，他是以"西方文明之子"的身份来撰写《新教伦理与资本主义精神》一文的：韦伯身为一个理性的禁欲主义者乐见资本主义精神的成长，这是其本人之个体性见证了普遍性的喜悦之情。但是在第一次世界大战期间，由于韦伯在参与德国政治方面屡受挫折，遂重新回归书斋并将研究兴趣转向东方宗教，且一再宣称"研究中国和印度宗教是人生的一件幸事"。何以是"一件幸事"？关于中国和印度的传统文化研究使韦伯从自己所属的那个传统中暂时脱离开来，他自觉到这是一种完全有别于西方的文明形态：虽然沿着先前"新教伦理命题"设定的内在逻辑，从中寻找不到契合于现代资本主义的理性主义精神，但他显然感受到了一种独具气质的"东方精神"："中国人性里一种特别冷淡的气质与对于同胞的形式上的和善。"[1] 这种来自他者的"冷淡的气质"与"和善"是一种关乎生活的"高尚哲学"，这完全不同于新教伦理所鼓励的竞争意识和商业气息，它们教会中国人"在生活中摒弃幻想"[2]。虽然韦伯在看到新教伦理催生了资本主义精神之后人们似乎走进了一个巨大的"铁笼"（iron cage）[3]，不过，这里"铁笼"的寓意与其说是悲观主义的结论，还不如说是一种无可奈何的预言。但是从东方文化传统中，韦伯却有理由将"预言"变为"结论"，因为生活在这种传统中的人们根本无须走进资本主义世界，他们身上所具有的高度发达的理性主义精神，足以将社会生活"理性化"。从《新教伦理与资本主义精神》到《中国的宗教》之研究的问题意识虽然没有变化，但韦伯本人所持的文化态度却发生了变化，他不再以禁欲主义者为荣："他觉得自己更像是禁欲

---

[1] Max Weber, *The Religion of China: Confucianism and Daoism*, Translated from the German and Edited by Hans H. Gerth with an Introduction by C. K. Yang, New York and London: Free Press, 1968, p. 233.

[2] ［德］亚克西姆·纳得考：《马克斯·韦伯眼中的孔子：韦伯中国史观中的精神与自然力》，《中国历史地理论丛》2006年4月。

[3] ［德］马克斯·韦伯：《新教伦理与资本主义精神》，于晓等译，生活·读书·新知三联书店1987年版，第142页。

主义的受害者,并且希冀从这一桎梏中解脱出来。"[1] 这一态度的转变是我们在深入研究韦伯"世界诸宗教之经济伦理"系列文本当中应该注意的问题,而不能迷失在"新教伦理命题"所营造的单一逻辑中,更不能由此引发出类似文化殖民主义的自虐心态。

现在,我们无须再像新儒家那样着力于从技术层面寻求儒家伦理与经济发展之间的因果性关联并以此来说服人们续接传统文化,也无须借助韦伯本人文化态度的转变来劝导人们正视自身的文化传统。"中国经验"首先是"中国人"的"经验",抛开了中国人集体据以站立的文化传统,就无法寻求到一种真正的民族认同和文化认同,更无法确立起一种普遍性的道德生活方式。这也许是今天上至领导人与国家意识形态工作者、下至知识分子乃至普通民众,所能够达成的"最大公约数"了。

B. 孔子与中国的"元伦理"问题

孔子所开启的儒家伦理传统何以长久地成为中国人所服膺的"道统"?这既是一个道德哲学问题,更是精神哲学问题,它直接关乎儒家伦理能否作为一种"中国智慧"成为当下中国人安身立命的价值支撑乃至精神支柱。简而言之,孔子所建立的以"礼—仁"为中心的精神哲学体系为中国人的道德生活提供了一种独特的精神气质,这种精神气质试图将伦理—道德之链对接起来,在融合个体至善和社会至善的统一中追求伦理同一性,致力于实现社会生活的整全样态。之所以说孔子的道德智慧代表着一种本真的"中国智慧",盖在于他发掘并证明了中国的"元伦理"问题,在他所建构的"仁学"话语体系中,蕴含着解决尼布尔所谓的"道德的人"与"不道德的社会"之间矛盾的伦理世界观与方法论。

对"礼"的思考体现了孔子强烈的历史感和深厚的现实关怀。周公制礼作乐是远古中国时期的一桩具有划时代意义的文化事件,这不仅使其治下的王朝秩序建立并巩固发展起来,更为后世的社会治理乃至人心规范提供了基本遵循。王国维指出,"殷周间之大变革,自其表言之,不过一姓一家之兴亡与都邑之转移,自其里言之,则旧制度废而新制度兴,旧文

---

[1] [德] 亚克西姆·纳得考:《马克斯·韦伯眼中的孔子:韦伯中国史观中的精神与自然力》,《中国历史地理论丛》2006 年 4 月。

化废而新文化兴"，而周"纲纪天下"的结果便是"合天子诸侯卿大夫庶民以成一道德之团体"①。孔子"郁郁乎文哉"并念兹在兹的正是周代"纲纪天下"所形成的"道德之团体"，恢复周礼便成为其最高的人生追求。

根据"礼"所具有的促成"道德之团体"之权能，孔子赋予其三个方面的伦理内涵。其一，弃"大乱之道"而行"王道"。行王道即是周公制礼的初衷，也是孔子以"礼"治"乱"的目的。这可以通过《礼记》中的两段话得到说明："是故先王之制礼乐，人为之节；衰麻哭泣，所以节丧纪也；钟鼓干戚，所以和安乐也；昏姻冠笄，所以别男女也；射乡食飨，所以正交接也。礼节民心，乐和民声，政以行之，刑以防之，礼乐刑政，四达而不悖，则王道备也"；②"孔子曰：'夫礼，先王以承天之道，以治人之情。故失之者死，得之者生……故圣人以礼示之，故天下国家可得而正。'"③ 其二，建立道德共同体。如果说君王之行王道依然还只是政治意识形态层面上的问题，那么建立起道德共同体就是其社会意识形态的诉求。正因为如此，孔子特别主张"礼之用，和为贵"④ 而反对形式主义的"礼"："礼云礼云，玉帛云乎哉？乐云乐云，钟鼓云乎哉？"⑤ 正因为如此，孔子把"人以有礼"看成人"别于禽兽"的根本："道德仁义，非礼不成，教训正俗，非礼不备。分争辨讼，非礼不决。君臣上下父子兄弟，非礼不定。宦学事师，非礼不亲。班朝治军，莅官行法，非礼威严不行。祷祠祭祀，供给鬼神，非礼不诚不庄。是以君子恭敬撙节退让以明礼。鹦鹉能言，不离飞鸟；猩猩能言，不离禽兽。今人而无礼，虽能言，不亦禽兽之心乎？夫唯禽兽无礼，故父子聚麀。是故圣人作，为礼以教人。使人以有礼，知自别于禽兽。"⑥ 显然，在孔子看来，"使人以有礼"的目的就是建立一个道德共同体，并将之视为体现人之特异性的方式。其三，确立以家庭为中心的"伦理世界"。制"礼"的最终目的是要"纲纪

---

① 王国维：《观堂集林》，中华书局2006年版，第453页。
② 《礼记·乐记》。
③ 《礼记·礼运》。
④ 《论语·学而》。
⑤ 《论语·阳货》。
⑥ 《礼记·曲礼》。

天下",而所谓的"天下"不是一个无边际的地理概念,存于其中的首先是基于血缘关系建立起来的家庭,因而"礼"之于家庭便具体体现为"孝"之德,如此便有"家天下"之说,而这就是黑格尔所谓的"伦理世界"。总体上看,孔子所谓的"礼"乃是一种基于伦理普遍性的"秩序感":既有对良好社会秩序的向往,亦有建构人心秩序的诉求;既有规范个体行为的作用,亦有充满着追求世界大同的道德力量。

如果说"礼"具有伦理普遍性的意义,那么孔子的"仁"则彰显了人的道德主体性地位,即孔子通过"仁"诸多层面意涵的阐发,揭示出了人的自由本质和主体性地位。在孔子的精神哲学体系中,"礼"与"仁"首先体现为一种表里关系。我们知道,孔子因有感于其时的"礼崩乐坏"而大力倡导周礼,但他同时也看到了"礼"所具有的形式主义特点,因而希望充实其内容,使之真正发挥规范个体内心的道德力量,所以他说:"人而不仁,如礼何?人而不仁,如乐何?"[①] 这表明,"仁"是"礼"的价值内核,"礼"则是"仁"的外化及表现形式:正是因为有"仁"来为"礼"提供价值标准,由此方能形成恒常的社会秩序。

当然,正如很多论者所指出的那样,"仁"既是孔子"仁学"的基础性概念,同时也是一个很难直白地加界定的概念。从道德哲学和精神哲学的双重维度,我们可以将"仁"的多层面内涵归纳为以下几个方面。其一,"爱人"是"仁"最为本质的规定,这是人之为人的基础。孔子之所以将"仁"界定为"爱人",首先面对的问题是如何处理来自殷周的"天命意识",即在一个礼崩乐坏的无序社会状态中,"天"与"人"何者应该被赋予并现实地承担起更大的道德责任?身处乱世并作为没落阶层的孔子自然会将"人文关怀"置于"天命意识"的考虑之上,由此深信社会秩序的建构首先一定来自人与人之间的爱的精神,在这一精神的支配下,人才有可能从自然的存在者转化为伦理性的存在者。其二,"仁"在致力于维系一种人伦秩序的同时为社会实践提供道德正当性。在孔子的各种言说中,"仁"的多面相呈现似乎令人难以捉摸:既是德之始又是德之终,既是人之根本又是人之显现,既是君子人格又是自然人自我提升的始基……但是在这些看似冲突的两极对立之中,"仁"的一个中心指向却是

[①] 《论语·八佾》。

十分明确的,那就是"道德正当性的根据",道德规范、道德人格和道德行为等都源自"仁"这一"总开关"。在这个意义上,孔子的"仁"具有古希腊时期"至善"的意涵。其三,孔子之所以赋予"仁"以无限多样性的一个根本原因就在于:人是自由的,这一本质规定只有通过道德主体的无限的德性修养方能最大程度上体现出来;人有义务将人之为人的道德特质显现出来,且只有人自身的无限追求才能不断地显现人的自由本质。孔子所说的"我欲仁,斯仁至矣""君子无终食之间违仁,造次必如是,颠沛必如是""苟志于仁矣,无恶也""回也,其心三月不违仁,其余则日月至焉而已矣"等,都旨在阐发"仁"是道德主体无限展开的一个动态过程,远非有一个静态意义上的完结之时日。

以上对于"礼"与"仁"简要归结的目的,是要从方法论层面找寻到孔子的"伦理世界观",意欲探明孔子构建"伦理世界"的逻辑路径及其理论意图究竟何在。这实际上涉及怎样从整体上把握孔子思想体系的内在精神这一中心问题。杨适先生曾经这样归纳孔子学说的精义:"孔子认为,礼乐固然重要,人心尤其要紧,造成礼坏乐崩的根本原因还是以前对思想方面的工作做得不深不透,所以必须讲出一番能深入人心的大道理,这道理还必须有深厚的经验基础和富有感染人的情感的力量,才能达到'正人心'的目的。这番道理就是仁。"[①] 从表面上看,杨氏的理解有助于人们将孔子的学说归之于"仁学",但这一归纳同时也说明了"仁学"得以建立的基础,这就是解释"造成礼坏乐崩的根本原因"。正因为如此,孔子特别强调"克己复礼为仁","礼"便成为"仁"的最高原因。在这里,"礼"是伦理实体的理念,"仁"是道德自我的理念,"克己"(修养)和持守"中庸之道"即是道德自我回归伦理实体的途径。这样,在孔子对于"礼—仁"之辩证关系的阐发中,伦理与道德、个体善与社会善、自由与秩序等之间便始终保持某种意义上的平衡。实际上,孔子所建立"礼—仁"的辩证结构及其话语机制,开启了中国"轴心时代"论说道德生活的基本语调,化解个体自由与社会秩序之间的紧张关系便成为中国式的"元伦理"问题。正是聚焦这一"元伦理"问题,中国传统伦理

[①] 杨适:《人伦与自由——中西人伦的冲突与前途》,商务印书馆(香港)1991年版,第31—32页。

精神得以凝练，"中国智慧"亦由此显明出来：思孟学派以"四德"说"五伦"以及从"内圣"以至于"外王"、汉唐时期以"五常"言"三纲"、宋明理学"理欲之辨"则是以"利"（私）彰"义"（公），乃至更大范围上所说的"天人合一""儒道释合流"与"人我一体"等，无非都是要在个体心灵自由与外在社会秩序之间求得一个平衡。

伦理学以"人应当如何生活"与"我们如何在一起"这些人类生活的"元问题"为理论旨归，追求个体生活秩序与社会秩序的内在统一。如果说"至善"是人类道德生活所追求的终极目的，个体的善与社会的善必须实现统一的话，那么孔子的"礼—仁"之互为表里的精神哲学建构则有助于将个体善与社会善统摄起来，最终实现"至善"这最高目的。从这个意义上说，孔子在阐发"礼—仁"之义理当中展现出来的乃是一种本真的"中国智慧"，他使得儒学成为了一种社会秩序治理之学，这也是解决"中国问题"深厚的精神资源。

C. "儒家式现代秩序"：现代"社会"伦理的理想类型

伦理作为"一种本性上普遍的东西"，[1] 在社会历史发展与个体精神成长的不同阶段呈现出不同的形态。对伦理同一性的追求或回归，既是个体作为道德自我实现自由的价值依据，同时也是某一特定历史时期形成社会秩序即所谓"公序良俗"的精神归宿。根据这一思路，当下中国如何沿着先哲们开启的伦理传统，在回归伦理同一性的征途中求得一个优良的社会秩序？在此不妨借用"儒家式现代秩序"这一概念来表达我们的思考，并将之视为一种结合了历史与现实的理想类型来加以简要的阐发。这里，我们之所以用来自本土的"儒家式现代秩序"观念来取代西方话语的"公众家庭"，[2] 显然是为了更加突出"中国元素"，虽然二者在问题

---

[1] ［德］黑格尔：《精神现象学》（下卷），贺麟、王久兴译，商务印书馆1979年版，第8页。

[2] 美国学者贝尔赞同卢梭关于"道德的社会只能是一个小型的社会"的观点，而在当今时代这样的社会无疑就是"公众家庭"。按照贝尔的设想，"公众家庭"乃是一种"道德的社会"："在一个其个体成员企图互相帮助，并且在某些共同的原则上分享所得的社会里，社会的个体成员必须相互熟悉，必须能够表达他们对各自的关心。这种社会的基础就是互相爱戴或互相信任。"参见丹尼尔·贝尔《资本主义文化矛盾》，再版前言，赵一凡等译，生活·读书·新知三联书店1992年版，第34页。

意识上具有诸多共通之处。当然，正如明确提出这一命题的学者所言，我们要做的工作也仅仅只是"构想儒家式现代秩序生长的可能方向"而已。[①] 不同之处则在于更为明确地聚焦伦理学与精神哲学的向度，因为任何理想类型的建构本质上都不过是一个精神秩序的理论构造罢了。

从伦理学与精神哲学共同的问题意识出发，"儒家式现代秩序"之理想类型的构建需要预设以下几个相关的问题：儒家式现代秩序的精神结构是什么？儒家式现代秩序精神结构的内部矛盾如何呈现？更为重要的是解决这一矛盾的学理基础及其可能途径何在？下面就围绕这几个相互关联着的问题做出交代。

第一，儒家式现代秩序的价值设定。丹尼尔·贝尔认为，任何一种社会秩序本质上都是一种"道德秩序"，[②] 这意味着现代社会秩序应该有其明确的道德价值设定。古之儒者心中一直装着一副鲜明的社会秩序图像，这是自周公以降并由孔子接续过来的"道统"所孜孜以求的社会理想，同时也是建立在对于"礼"之伦理普遍性追求上的社会理想。这在《礼记》中得到充分描述："大道之行也，天下为公。选贤与能，讲信修睦，故人不独亲其亲，不独子其子，使老有所终，壮有所用，幼有所长，矜寡孤独废疾者，皆有所养。男有分，女有归。货恶其弃于地也，不必藏于己；力恶其不出于身也，不必为己。是故谋闭而不兴，盗窃乱贼而不作，故外户而不闭，是谓大同。"[③] 不难看出，这是一种融合了社会精神气质、伦理实践方式、道德自我完善、多元道德主体和谐关系等多重向度的"道德乌托邦"，当然也是一个纯粹的"伦理世界"，贯穿其间的价值内核则是一种旨在推动"大道之行"的"礼制"。有了这种"礼制"，则统治者能够做到"选贤与能"，民众包括陌生人之间可以做到"讲信修睦"，所有的人力和物力皆能够各司其位且在造福自身的同时成就他者，故最终

[①] 需要注意的是，提出这一命题的学者是以"新儒学"的姿态出现的，他们所面对的问题是："如何在这样一个外来的、所谓现代的知识霸权体系中，接续、扩展道学，并为面向中国之现代治理秩序的人文、社会科学提出普遍的预设——关于人性、关于人际关系之特定模式的普遍性命题，由此引导现代知识体系找到进入中国的现代秩序之正途。"参见《儒家式现代秩序》"绪论"部分。

[②] ［美］丹尼尔·贝尔：《资本主义文化矛盾》，赵一凡等译，生活·读书·新知三联书店1992年版，第309页。

[③] 《礼记·礼运》。

能够达致"天下为公"的"大同"世界。"大同"世界是一个"伦理世界",也是中国先人对人类的文明生活方式的基本设定。因应远古时期对"伦理世界"的构想,不难为正处在"礼崩乐坏"状态中的现代社会找到出路,而最为紧要的问题是要"制礼",即在现代制度框架中优先将维系公共生活的伦理关系设计出来,并对其实践方式给予制度尤其是法治意义上的保障。这是将"伦理世界"所借以生成的"整体善"现实地呈现出来的基本途径。这一思路与罗尔斯对作为现代社会之根本价值的伸张及其"正义"的制度设计颇为相似:"一个组织良好的社会是一个被设计来发展它的成员们的善并由一个公开的正义观念有效地调节着的社会。"[①] 现代社会是一个法治社会,但"法治"需要一个先在的核心价值设定,这对于西方来说就是所谓的"正义",而对于中国的现代社会而言,除了在形式上采用"正义"这一观念的语义表述之外,更多还是要基于本土文化的理解将"礼"的价值内核植入其中,使之成为规范人心的精神力量。如此,"法治社会"就不仅仅是一个"依法治理"的冰冷的社会,同时还是一个"依礼治理"的温情的社会。

第二,儒家式现代秩序的精神气质。传统儒家所要求的社会精神气质来源于《周易》"天行健,君子以自强不息;地势坤,君子以厚德载物"的思想,这也是日后儒家加以升华并进一步凝聚所形成的中华民族精神的核心元素。孔子所谓的"君子"和孟子所刻画的"威武不能屈、富贵不能淫、贫贱不能移"之"大丈夫",尤为典型地体现了这一精神气质。应该看到,儒家式社会秩序的形成有赖于社会精英的示范作用,而"推己及人"的伦理实践方式则有助于"君子"或"大丈夫"的理想人格推广至他者并由此形成普遍性的社会精神气质。因此养成一批士君子并使之成为社会精神生活的模范,便成为儒家"为政在人"的要义。按照儒家的理路,所谓"天下"乃是"人"之"化成",而"人"之"化成"即是所谓的"文明",这是对《周易》所说的"文明以止,人文也""观乎人文,以化成天下"观念的发挥。依靠什么来"化成天下"?靠"文化",具体来说就是"人"之"化成"后所体现出来的精神气质:这是一种充盈于整个宇宙中的"精气神",是一种"生生不息"之生命意识的扩充与

[①] [美]罗尔斯:《正义论》,何怀宏等译,中国社会科学出版社1988年版,第456页。

律动。显然，这是一种与"伦理世界"相匹配的精神生命形态，其有赖于最先觉悟到这一点的社会精英人物来带动，并通过每一个生命体来体现出来。但是目前社会精英尤其公职人员的大面积腐败和社会财富的不公正分配，已经成为渗透到社会深层秩序当中的两大"毒瘤"，其所引发的"诚信危机"与"社会不公"严重撕裂了人心，使当今整个社会陷入一种几近于"精神分裂"的边缘。这种分裂本质上是一种社会关系的严重扭曲，在社会精神气质上则体现为"伦理危机"：由于其消解了伦理实体性或伦理的社会凝聚力，而使得当下政治话语体系中的"道德建设"事实上变为了一场"伦理保卫战"。从这个意义上看，时下有关"中华民族共有精神家园""中国梦"以及"共同思想基础"等政治话语，无非都是属意于从传统伦理文化中汲取养分，以重新为处于混乱当中的社会注入一种精神气质。

第三，儒家式现代秩序的伦理同一性。时代的变迁与历史场景的转换，使得原始儒家所建构的"伦理世界"无法直接平移至现实世界中来，但这并不意味着儒家阐发伦理同一性的思维方式不可以"古为今用"。前面已经指出，儒学是一种秩序治理之学，"伦理世界"所具有的伦理同一性正是通过道德生活共同体体现出来的：在这一共同体中，所有的成员都能够被良好地组织起来，无论是熟人还是陌生人。当然生活在"伦理世界"中的首先是具有血亲关系的家族成员，他们是所谓"熟人社会"的内核员，外壳则是朋友、师徒、同僚等形成的伦理关系。此外，儒家所构造的"伦理世界"实际上还生活着"熟人社会"之外的所有其他人群，这些人群被儒者所倡导的"推己及人""博施济众""达则兼济天下"等观念所泽被浸润，幸而成为"家国一体"伦理观念的关注对象。也就是说，在一个真正的儒者心中，所谓的"天下一家"并不是一个抽象的说辞，而是其追求伦理同一性所必须达致的逻辑结果。在这里，"化成天下"就是要实现"天下一家"，而谋求各种社会关系的和谐稳定自然就成为儒学所追求的终极价值目标。就此而言，如若将"天下"之道德图景转化为"道德共同体"进而具象化为"现代社会"，亦并不妨碍我们对于儒家式"伦理世界"的"创造性转换"，相反，这正是今人接续历史传统和文化传统血脉之一正途。因是之故，有人尝谓："中国社会如果不能生成相对稳定的共同体形态，个体的生命终究是飘荡的，人际关系终究不能正常化，基层社会终究不能建立基础性秩序，则优良治理秩序就无从谈起。"①需要说明的是，由于现代社会毕竟是一种完全不同于古代社会的文明形态，在其中个体生活内容与社会生活组织方式发生了巨大变化，这需要"社会"伦理形态的建构必须将时代元素与现实元素同儒家的活性因素结合起来，真正创造出一个顺应时代发展之需，同时亦能够保持文化传统之连续性的现代社会。

总之，儒家式现代秩序的建构有赖于明确的伦理价值预设，这是其获得优渥的精神气质以塑造道德共同体的主要基础。如此，儒家式现代秩序作为一种精神秩序就能够通过儒家社会伦理总体性的"创造性转化"，实现对现代社会之个体心灵秩序和社会精神秩序的统制，并以此促进民族精神的新生，维护社会的统一性。

6. 伦理总体性与国民精神新生态

任何伦理形态既是历史的形态，同时也是精神的形态。我们之所以特别注意从历史哲学和精神哲学等多重维度来考察、审视和建构某一种伦理形态，就是因为道德哲学无法独立承担起这一任务：历史哲学有助于廓清伦理形态形成的社会历史文化背景及其发展的方位，而精神哲学则在发掘伦理形态的实体内容与内在精神取向上发挥重要作用。因此道德哲学的思考既需要历史哲学方面的知识来为之提供厚重的历史感和清晰的方位感，又需要以精神哲学的辩证思维来拓展其理论内涵的厚度与深度。在我们上述讨论当中，已站在历史哲学的角度对"社会"伦理形态的历史演进及其发展方位作出了初步探讨，下面再尝试将历史哲学与精神哲学结合起来，运用二者的知识学构架进一步拓深其内在精神取向，以免使得这一伦理形态沦为粗疏的议论和空洞的说辞。

与道德哲学直接着眼于伦理道德形态的研究视角不同，精神哲学立足于精神的动态发展及其内在环节的辩证展开，着意于伦理总体性的建构，为此开辟出了一条把握伦理道德发展规律的独特路径。为了申述精神哲学对于伦理道德问题的特殊把握方式，黑格尔曾有些武断地申明："在考察

---

① 秋风：《儒家式现代秩序》，广西师范大学出版社 2013 年版，绪论。

伦理时，永远只有两种观点可能：或者从实体出发，或者原子式地进行探讨，即以单个的人为基础而逐渐提高。后一种观点是没有精神的，因为它只能做到集合并列，但是精神不是单一的东西，而是单一物和普遍物的统一。"① 由于"精神"被赋予了同"自然"相对立的地位，因而黑格尔意义上的精神哲学无疑就是一种关于人类历史与人的发展史的宏大哲学思考，其持存的方法论有助于我们清晰地描绘出伦理道德位系的图谱。换言之，旨在追求自由的伦理道德本质上就是精神的反映，因为"精神"的本性就是自由，其本质力量的展开必然要将人从"小体"的自然存在者提升为"大体"的伦理存在者，最终实现思维与意志的统一，达到"知行合一"②。这意味着，如若任何伦理形态的理论建构与实践不能增益于精神的成长，则因丧失应有的历史感与现实感而无助于社会统一性的形成。依次看来，上述所谓的"儒家式现代秩序"首先是一种"精神秩序"，其要旨在于通过儒家社会伦理总体性的"创造性转化"，实现对现代社会之个体心灵秩序和社会精神秩序的统制。欲达成这一目的，则还需要将构成社会伦理形态的关键性要素加以离析和整合，使家庭、社会与国家层面的伦理价值切合社会生活的总体性要求，即使家庭伦理—社会伦理—国家伦理成为一个新的伦理生态，并以此促进民族精神的新生，维护社会的统一性。这样，针对"社会如何可能"这一基础性问题，在我们所采取的伦理学立场中就是解决"社会伦理整体性的黑洞化"③，这也是我们规避中国现代社会沦陷为陷入"个人私利的战场"所要开出的"伦理药方"④。

A. "伦理的觉悟"：对国民精神的重塑

罗素曾经断言：人类种族的延绵取决于"人类能够学到的为伦理学

---

① ［德］黑格尔：《法哲学原理》，范扬、张企泰译，商务印书馆1961年版，第173页。
② 樊浩：《〈论语〉伦理道德思想的精神哲学诠释》，《中国社会科学》2013年第3期。
③ 王毅：《中国皇权制度逆现代性的主要路径——从明代的历史教训谈起》，《开放时代》2000年第7期。
④ ［德］黑格尔：《法哲学原理》，范扬、张企泰译，商务印书馆1961年版，第308页。按照黑格尔精神现象学和法哲学的理解，现代社会的理想类型是"市民社会"，这是一个"个人私利的战场""一切人反对一切人的战场"和"私人利益跟特殊公共事务冲突的舞台"，世俗主义、物质主义和原子主义使得市民社会处在一种撕裂的精神状态中。

地思考所支配的程度"①。两次世界大战之后兴起的政治哲学,在阿伦特、鲍曼和罗尔斯等人关注社会制度安排的背后,亦无不深藏着对于维护历史文化连续性的"道德共同体"之研究趣味,道德哲学家惯常使用的人性向善与道德人心等"抽象语言"似乎被政治哲学家改造为"文化反思"与"历史检讨"。这意味着人类如若能够放弃暴力逻辑、资本逻辑与技术逻辑等惯常方式,转而采取伦理思维来处理人类事务,人类社会走向未来方有希望。不唯如此,当遭遇到"百年不遇之变局"的时候,自觉肩负起思想启蒙的陈独秀亦将中国未来的希望寄托在国人的"伦理的觉悟"上,并将之视为"吾人之最后觉悟之最后觉悟"。然而在晚近一个世纪的努力中,唤醒中国人的"伦理的觉悟"始终是一桩有待完成的事业,这使得伦理精神的建构在提振现代中国人精神世界乃至形塑民族精神新生态当中具有独特的意味,因而也显得尤为紧迫而艰巨。

陈独秀关于"伦理觉悟"的呼告切中时弊,发出了时代的声音。经由洋务运动的经济变革和保皇立宪的政治闹剧之后,晚近的知识分子察觉到政治经济背后更为持久的精神力量:若"多数国民之思想人格无变更",则任何政治和经济上的革命都只能导致国民"旋觉旋迷,甚至愈觉愈迷,昏聩糊涂"②。有感如此,陈独秀决意创办一个唤醒"伦理的觉悟"的刊物《青年杂志》,专注于青年一辈伦理世界观的革故更新工作。如同梁启超所看到的那样,"少年中国"正是未来中国的希望,将数以亿计的青年人聚拢起来,就足以构成撼动传统中国根基与塑造未来中国的基础。陈独秀对于章士钊有关"国中政事,足以使青年之士,意志沮丧,莫知所届者,日进而未有已"③ 的判断心领神会,虽说《青年杂志》创刊不久由于偶然因素而更名《新青年》,却无意中更为突出了"新民"的伦理取向,适应了中国社会变动的新趋势。在刊物的首篇文章中,陈独秀即申明了办刊之宗旨为"欲与青年诸君商榷将来所以修身治国之道",后又进一步明确道:"改造青年之思想,辅导青年之修养,为本志之天职;批评时

---

① [英]罗素:《伦理学和政治学中的人类社会》,肖巍译,中国社会科学出版社1992年版,第159—160页。
② 陈独秀:《吾人最后之觉悟》,《青年杂志》第1卷6号,1916年2月15日。
③ 章士钊:《国家与我》,《甲寅》杂志第1卷第8号,1915年8月。

政,非其旨也。"在其时正值各种政治势力风起云涌的情况下,陈独秀何以独独申言"批评时政,非其旨也"?个中原因在陈独秀《吾人最后之觉悟》一文中得到了阐发:"继今以往,国人所怀疑莫决者,当为伦理问题。此而不能觉悟,则前之所谓觉悟者,非彻底之觉悟,盖犹在惝恍迷离之境。吾敢断言曰,伦理的觉悟,为吾人最后觉悟之最后觉悟。"这就是说,国人不光要有"政治的觉悟",如若没有"伦理的觉悟",则依然难以"自觉其居于主人的主动的地位",即"政治根本解决问题"不得不有待于"吾人最后之觉悟"。一言以蔽之,陈独秀之所以要唤醒"伦理的觉悟",乃在于健全国人的精神世界,通过挽救"道衰学弊"来改变"国势凌夷"的现状,最终实现"社会庶几有清宁之日"的美好愿望。

陈独秀关于"伦理的觉悟"的言论激发出了一种强烈的文化情绪,以《新青年》为阵地的一批知识分子以"启蒙"为己任,或启迪民智或反思国民性。至 20 世纪中叶,这种启蒙努力被迫中断,一种包装一新的"政治的觉悟"重新走上前台,取代"伦理觉悟"并占据了意识形态的中心位置,这就使得经过"政治的觉悟"启迪所得的政治要求成为新一代国民之精神世界的核心要素,不仅伦理道德被斥之为空洞的说辞,甚至就连"伦理学"也被宣示为"伪科学"而失去存在的合法性,继而被驱逐出科学的殿堂。汉学家列文森曾经对于这一段历史进行过卓尔不凡的考察,尽管其"博物馆化"的隐喻是要直接说明"儒教中国"的"现代命运",但其中隐藏着的关于中国传统文化之现实命运的探讨,可视作"春秋笔法"的"海外版"。列文森实际上是要告诉我们,随着"非儒教化和传统感的丧失",中国所有过去的成就都成了"没有围墙的博物馆的陈列品","我们的"与"他们的"之间的区别已消失,"我们的"传统不再成为"国家历史的基础",其时的中国人似乎正在"用一条新的绳索将它牢牢拴住,而同时朝着和它完全相反的方向前进"[1]。如果现实确实如此,那么传统文化不仅承担不了唤醒国民精神的"伦理觉悟",相反面临着"道德上的指控",传统文化所蕴含的"历史的意义"

---

[1] [美]列文森:《儒教中国及其现代命运》,郑大华、任菁译,中国社会科学出版社 2000 年版,第 382—383 页。

再也无法得到承认,① 更不能发挥作为现实社会价值指引的作用了。

时至今日,重新检视陈独秀"觉悟论"的历史意义当有必要。首先,应该看到,陈独秀的"伦理觉悟"并非指向传统,而是要指向未来的,即要为未来之中国提供一种积极的精神力量。也就是说,陈独秀并没有将传统历史文化看作内在于"我们的"精神基础,来自"他们的"传统之政治意识形态反而承担着唤醒"伦理觉悟"的责任,即所谓"孔教一无可取,惟以其根本的伦理道德,适与欧化背道而驰,势难并行不悖。吾人倘以新输入之欧化为是,则不得不以旧有之孔教为非。倘以旧有孔教为是,则不得不以新输入之欧化为非。新旧之间,绝无调和两存之余地"②。这就不难理解列文森何以要将"儒教中国"之"博物馆化"视为"现代命运"了。实际上,陈独秀之所以将"伦理的觉悟"视为"吾人最后觉悟之最后觉悟",一个重要原因就是要超越"政治的觉悟",因为后者毕竟只具有破坏性的作用,它可以打碎一个旧世界,而建设一个新社会则显然要依托大量的具有全新精神生态的民众。进而言之,"觉悟论"之所以坚持不"批评时政",并不是要有意规避政治问题,而是要超越单纯粗暴的"革命论",从而为社会的整体革新奠定更为坚实的价值始基。因此,在陈独秀那里,"革命"就不单是一个政治范畴,而是覆盖了整个社会系统之大变革的历史性范畴。吊诡的是,陈独秀没有能够看到"伦理觉悟"给予现实政治运作带来的积极影响,"伦理觉悟"自身反而遭受到了政治和道德上的双重指控。陈独秀"觉悟论"的文化命运与其后来的政治命运戏剧性地联系在一起,颇为耐人寻味。也许这正是一个反传统主义者试图将自身倒拔起来所遭遇到的不可避免的现实命运吧。

历史总是惊人的相似,今天再来重温陈氏的"觉悟论"别有一番苦涩而又辛辣的滋味。百年之后,经过启蒙运动、革命运动和市场经济的轮番冲击,中华大地的确发生了翻天覆地变化,一个全新的中国矗立在世人面前。但是,这些都是"中国人"的所作所为吗?作为"中国人",我们到底是谁?"我们的"的价值世界又置于何处?类似于这样的发问之所以

---

① [美]列文森:《儒教中国及其现代命运》,郑大华、任菁译,中国社会科学出版社2000年版,第354页。

② 水如编:《陈独秀书信集》新华出版社1987年版,第103页。

振聋发聩，是因为今天的中国人迷失了价值方向：我们在情感上充满了道德义愤，但在实践中却毫不避讳地奉行实用主义甚至以反道德的名义占据道德高地；我们对道德神圣性有着强烈而几近焦灼的期待，但同时又用犬儒主义心理逃避严肃的道德生活；我们渴望核心价值能够发挥出规范生活的作用，但同时又游走于道德的边缘甚至不惜通过"网络暴力"不断地稀释核心价值观的现实影响力。作为一个中国人的"底气"和"骨气"似乎被悉数耗尽，曾经傲然挺立的民族精神似乎正在萎缩。在这种情势下，提出"社会主义核心价值观"并自觉到传统美德在涵养当代中国人心性中的巨大作用，可谓正当其时。同时我们也欣喜地看到，陈氏之"伦理觉悟"在百年之后的中国重新得到了回应。这是民族之幸，国民之福。

B. 社会伦理总体性双重建构的方法论确证

陈独秀倡导的"觉悟论"着意于国民精神的塑造，但其后历史的现实进程却无意印证这种理论上的努力。个中原因固然有着逻辑与历史之间的因缘际会，但这不妨碍我们对之沿着两个方向进行反思，即"觉悟论"秉持的文化立场与其理论促发的成就。前一个问题前文已有所提及，陈氏实际上持守着一种激进主义的反传统主义文化立场，其"伦理觉悟"并非是对中国传统之伦理性文化的回返，相反却是抱着一种"以毒解毒"的想法来彻底"打倒孔家店"及其代表的传统伦理精神，而随后所"觉悟"到的无非就是一种国门打开之后汹涌而来的西方现代性价值理念。显然陈氏开出的药方乃是一张无法根治病理的"偏方"，这是激进主义者倾向于使用的招数。至于后一个问题，对于作为启蒙者的陈氏而言多少有些苛求，因为启蒙者似乎只是一个先知先觉者，不能指望建构出多么缜密的理论体系。然而如若看不到陈氏"觉悟论"提出了一个很好的问题，但最终却无视这一问题的理论旨趣和实践效果的话，作为启蒙者的陈氏亦得不到客观的评价。事实上，陈氏"觉悟论"敏锐地察觉到了伦理价值观对于历史与现实的意义，期望通过伦理上的努力实现国民精神的更新亦可谓抓住了问题的根本，但这种努力却最终因其反传统的文化立场而葬送掉了。吉登斯说："传统是惯例，它内在地充满了意义……就其维系了过去、现在与将来的连续性并连结了信任与惯例性的社会实践而言，传统提供了本体性安全的基本方式。"① 按照吉登斯的理解，陈氏的反传统立场无疑斩断了"维系了过去、现在与将来的连续性"，从而使得"信任与惯例性的社会实践"出现了"无意义化"，这就是今天人们普遍感到"主体性安全"受到威胁因而缺乏安全感敬畏感并到处弥漫着一种暴戾之气的深层原因。也就是说，陈氏"觉悟论"之思想穿透力并不能保证其在社会实践中得到前后一致的贯彻，它虽然能够激发出一种革命性的道德热忱，却无法转化为厚重的实践理性精神。历史地看，国民精神总是孕育于"伦理总体性"的规划当中。陈氏的"觉悟论"触及了问题的边缘，但最终绕开了问题本身，因而难免归于失败。这一文化使命历史地落到今天知识分子的身上。

"天作孽，犹可违；自作孽，不可逭。"以陈独秀"觉悟论"为个案的分析表明，重新谋划孕育国民精神的社会伦理总体性方案，应当从相互关联着的两个方面着手，一是从中国传统文化的演化脉络当中透析出社会伦理总体性谋划的历史方位，一是从当下之"中国经验"或"中国问题"出发来确立起凝结社会伦理总体性的实质性内涵。就此而言，当今中国之社会伦理总体性的规划就是一种融合了历史与现实的双重性建构，以此来超越非此即彼的文化二元论致思路数。

中国传统伦理总体性的成功谋划无疑为中华文明的持续发展提供了不竭的动力，但是现实历史以自身的发展惯性又在不断地消解乃至不自觉地挣脱这种伦理总体性加之于其上的道德束缚。用一个时尚的词语来表述，这一过程呈现出"逆向现代性"的特点。根据黄仁宇等人的考察，中国自古以来就缺乏契合现代性的文化因素，那种基于科学理性的"数字化管理"较之于建立在道德理性基础上的人文管理似乎来得更为高效。在余英时看来，这种诸如"数字化管理"之类的思考还尚欠深入，真正抵制现代性的东西不是统制中国人心性的强大"道统"，而是士人精英自宋代以来就日渐抛却了"以天下为己任"的伦理担当。这才是中国传统文化"逆向现代性"历史本质。按照余氏在皇皇巨著《朱熹的历史世界》的辨析，先秦的士人精英主要是以"仁"为"己任"，他们是价值世界的承担者，但"天下"则不在他们肩上；东汉是士大夫阶层史上一个特显

---

① ［英］吉登斯：《现代性的后果》，田禾译，译林出版社2000年版，第92页。

光辉的时代,当时士大夫领袖如李膺虽然能够坚持"以天下风教是非为己任",但这依然限于精神领域,社会秩序的建构不在其实践范围之内,那种直接参与国家和社会事务的"'公民'意识"直到宋代"以天下为己任"一语出现才完全明朗化。① 这意味着真正的儒者一直肩负着特定的道德使命,而"以天下为己任"的"'公民'意识"虽然经历了一个漫长的孕育发展过程,但至宋代终成正果并成为士人精英的"集体意识"。这种出自伦理上的自觉担当本来是儒家道统在确立社会伦理总体性当中联结"古代性"与"现代性"的最好黏合剂,但不幸的是这之后的儒者却没有那个将之"固化"为一种内生性的公民意识,从而推动传统社会自觉地走向现代社会。至明代,"社会伦理整体性的黑洞化"现象如期出现:"社会文化中几乎任何可以作为社会进步资源的理性化和良性化的因素,都被无处不在的专制权力黑洞及其急遽扩散到社会一切角落的贪欲所吞噬。"② 于是为挽救社会伦理总体性陷入"黑洞化"的颓势,晚清一代的儒者情急之中接受了西方的个人主义伦理观,以此来弥补传统文化的"短板"甚至取代传统文化。但是这些努力显然无法改变中国文化"逆向现代性"的趋势,这种文化上的迎合与道德上的谄媚只会导致民族精神愈加陷入衰微的境地。正如余英时所说:"清末民初的儒家学者只能通过自己的传统去吸取西方'个人自主'的观念的某些相近的部分,他们未必有兴趣去了解其全部背景及一切与之有关联的观念。而且即使了解了,也还是没有用,因为整套异质思想系统是无论如何也搬不过来的。"③ 因此在以"西方药"治理"中国病"未见得可行的情况下,欲查清中国传统社会之所以陷入困顿不济并缺少自觉走向现代文明的内在机理,还得深入到真实的"历史世界"中去,从中探明病理并提炼出一根"药引子"来。这应该是当下社会伦理总体性建构要做的第一步工作。

社会伦理总体性建构面临着"逆向现代性"的难题,同时亦绕不开"朝向现代性"的困局。如果说"逆向现代性"是历史发展的一种趋势,

---

① 余英时:《朱熹的历史世界》(上卷),生活·读书·新知三联书店 2004 年版,第 210—211 页。

② 王毅:《中国皇权制度逆现代性的主要路径——从明代的历史教训谈起》,《开放时代》2000 年第 7 期。

③ 余英时:《现代儒学的回顾与展望》,生活·读书·新知三联书店 2004 年版,第 165 页。

那么"朝向现代性"就是一种改变历史发展趋势的态度，即是一种关乎人们当下对自身走出"古代性"所造成的历史存在的出路的选择，其本质上还是一种文化上的"自我认同"。但是正如吉登斯所言："自我的认同并不仅仅是给定的，即作为个体—动作系统的连续性的结果，而是在个体的反思活动中必须被惯例性地创造和维系的某种东西。"① 在这里，吉登斯再次使用"惯例性"理念来提醒我们必须重视文化传统对于塑造"自我认同"的意义，这种对待现代性的态度实际上与福柯的看法不谋而合，后者甚至在《何为启蒙》一文中赋予了"存在论"一词别出心裁的含义来表达这一态度，即所谓的"我们自身的历史存在论"②。这种"存在论"同时也是"现在存在论"与"我们自身本体论"，其中"现在"一词所界定的时间维度与"我们"一词所表达的主体属性富有深刻的方法论内涵。吉登斯和福柯对待现代性的态度给予我们思考当下中国社会伦理总体性问题以有益的启示。一方面，在面对当下中国"朝向现代性的变化汹涌澎湃"③ 的过程中，我们需要创造出一个对世界文明之意义的新的想象空间，自觉将当下中国社会伦理总体性建构纳入全球化世界结构中进行思考。另一方面，正如邓正来所阐明的那样，我们要根据中国自身所发生的巨大变化和社会发展情势，使用"中国的话语系统"来阐发"社会秩序的正当性问题"④。只有这样，我们在认同本土文化资源的时候，既能够看到全球化的发展趋势，同时又能够坚守属于中国的文化立场：这种坚持"全球性"与"中国性"相结合的方法才是对当下中国经验的创造性思考。

C. 民族精神新生态

唤醒"伦理觉悟"的努力无非是要从个体和社会双重层面建构一种优良的精神秩序，而对中国现代社会之伦理总体性的探索无疑则是直接指

---

① [英] 吉登斯：《现代性与自我认同：现代晚期的自我和社会》，赵旭东、方文译，生活·读书·新知三联书店1998年版，第58页。
② 《福柯集》，杜小真编选，上海远东出版社2003年版，第534页。
③ [法] 奥立维·福尔：《中国社会及其新兴文化》，《马克思主义与现实》2008年第6期。
④ 参见邓正来为他自己主编的《中国社会科学辑刊》所作的"重新发现中国"专题的卷首语。

向一种民族精神的新生态，因为在伦理总体性形式中个体生活与公共道德相互交织叠加，这就预示有可能将个别包容到普遍之中去，即伦理总体性的确立在为成功的社会生活提供前提条件的同时，也就孕育着一种新的民族精神生态。当然民族精神新生态最终能够获得成长的空间，一定意义上取决于现代中国人是否能够将民族精神中富有生命力的伦理道德元素开发出来，同时亦照顾到时代的需要与现实境遇。在我们看来，如果能够重新回归家庭伦理—社会伦理—国家伦理之伦理总体性，则无疑是一种有希望的努力方向。这里说明一点，从方法论上我们需要将家庭伦理—社会伦理—国家伦理看成新的价值生态系，三者处在一个逻辑演进的互动关系当中，并共同融合为民族精神新生态。但出于理论解析之需，我们又不得不将三者"分而治之"，使之在民族精神新生态形成中的意义得到较为明确的说明。按照前文提供的思路，我们这里尝试一种采取中国文化的立场和辅之以西方文化手段来阐释当代"中国问题"的路径，以求解民族精神之未来构架。

（1）家庭伦理：民族精神自然基础的确立

家庭伦理具有哪些本质规定性？在回答这一问题之前，我们先来看看黑格尔对"家庭"概念的解释。黑格尔在《法哲学原理》这样规定家庭："家庭是在以下三个方面完成起来的：（一）婚姻，即家庭的概念在其直接阶段中所采取的形态；（二）家庭的财产和地产，即外在的定在，以及对这些财产的照料；（三）子女的教育和家庭的解体。"[①] 这里，家庭被视为婚姻、财产与教育所构成的"共体"：这一共体借助婚姻成为实体性存在，通过对财产的创造与维护使家庭成员"转变为对一个共同体的关怀和增益"[②]，父母在对子女实施教育当中完成自己的对象化"定在"并确立起一种"伦理性"关系。于是黑格尔意义上的家庭就不单纯是一个自然概念或血缘关系体，而是一个实在的"伦理的共体"，即"作为直接的伦理的存在"之"精神本质"：家庭"之所以在其本身之内是一伦理的本质，并非由于它是它的成员们的自然的关联，换言之，并非由于它的成员

[①] [德]黑格尔：《法哲学原理》，范扬、张企泰译，商务印书馆1961年版，第176页。
[②] [德]黑格尔：《法哲学原理》，范扬、张企泰译，商务印书馆1961年版，第185页。

之间的关系是个别的现实之间的直接关系"①。由于家庭本质上是一种伦理存在,而"伦理本性上是普遍的东西",所以家庭成员之间的伦理关系就不单单是情感关系或爱的关系,因为情感与爱仅仅只是一种偶然性,而这种偶然性是无法承担起维护家庭之整体性的:只有那种"以家庭为目的和内容"的伦理行为才是"家庭伦理"的本质规定,因为其可以维护"作为实体的家庭整体之间的关系"②。

在揭示出家庭伦理的内涵之后,尚有一个必要的内在环节需要面对,即如何理解"家庭的解体"是"家庭"的"完成"?理解了"家庭解体"的意义,也就把握了家庭伦理作为民族精神之自然基础的实质。在黑格尔的伦理总体性规划中,家庭伦理作为伦理普遍性之所以是自足的,仅仅是在其作为精神的一个必要的起始环节或初始阶段而言的,它必须在较高的规定中获得"中介意义"。家庭是一个"共体",但更高的"共体"依然执着于将家庭中的个体"逼"出来,使之"为普遍物而生活"③。这个"普遍物"就是"民族"。也就是说,一个民族的普遍精神是建立在家庭伦理基础之上的,因为家庭作为一个"天然的伦理的共体"乃是民族的"现实的元素",它虽然与民族相对立,但"家庭的守护神"毕竟是民族精神的"护佑"。因此可以说,没有家庭伦理为支撑,就没有民族精神的成长;要确立中华民族精神的新生态,就必须实现传统家庭伦理的现代性转换。

从根本上讲,契合时代民族精神的家庭伦理应当具有确立起"人的条件"之权能,即只有在家庭伦理生活作为人之为人的"第一条件"满足之后,创造"人的条件"的社会整体努力方可能建构起新的民族精神。在汉娜·阿伦特看来,人从诞生的那一刻起就注定生活在"条件"的约束当中,而最基本的条件就是劳动、工作和行动。④ 这三项活动预示着新生命的不断涌现与新文明的延绵不绝,促使那些来自家庭的"熟人"与初涉人世的"陌生人"一道承担起维护生存其间的社会的责任。按照阿

---

① [德] 黑格尔:《精神现象学》(下卷),贺麟、王久兴译,商务印书馆1979年版,第8页。
② [德] 黑格尔:《精神现象学》(下卷),贺麟、王久兴译,商务印书馆1979年版,第9页。
③ [德] 黑格尔:《精神现象学》(下卷),贺麟、王久兴译,商务印书馆1979年版,第9页。
④ [美] 汉娜·阿伦特:《人的条件》,竺乾威等译,上海人民出版社1999年版,第1页。

伦特对于"人的条件"的基本旨趣，作为"第一条件"的家庭伦理生活通过以下三个紧密关联的环节实现"意义化"：劳动和工作不仅确保了家庭的生存发展，同时维持着民族乃至整个"类"的生命的延续；工作使短暂徒劳的生命与稍纵即逝的时间得以延续和永存，而行动则是推动家庭个体走向民族并进行历史创造的条件。阿伦特关于"人的条件"的理解有助于我们把握中国传统家庭伦理的基本精神。在中国传统家庭生活中，每一个人都是伦理关系叠加的焦点，其行动既表现为一种动态性的人际互动过程，也表现为一种构建社会秩序的兼有时间与空间维度的社会实践活动。就此，人不是原子式的个体，家庭也不是通常被喻为的"社会细胞"，其本身是一种实体性存在并具有独立的价值性。因此家庭的伦理生活就绝不仅仅只是现代政治哲学意义上的"私人生活"，因为家庭本身作为实体性存在具有自足的伦理价值：家庭的神圣性不仅不因社会性存在被消解，而且必须得到劳动、工作和行动等这些社会性的保护。也正是在这个意义上，"回归家庭"是对家庭作为"本体性价值"的坚守，也是对家庭生活神圣性的维护："回归家庭"与其说是退缩到"私人生活"，还不如说是回归到一种更高的"公共生活"。就此而言，家庭伦理的重构必须承担起从根本上确立起家庭存在的理由，从价值规范层面维护家庭的稳固基础，使家庭生活成为人的必然选择而非单纯基于感情维系的偶然选择，更不可沦为个体之间的联合。

（2）社会伦理：夯实民族精神的实体内容

对社会统一性的追求是社会伦理获得道德合法性的根据之所在。相对于家庭而言，社会无疑是一种"公共生活"，这种公共性的生活之伦理本质最能反映出一个民族共同体的精神状态。在这个意义上，社会伦理构成了民族精神的实体内容。

作为"第一位清楚地阐释现代概念的哲学家"[①]，黑格尔是在伦理辩证法中对现代社会展开批判的，其目的是要实现一种差异性的统一性。对黑格尔来说，现代社会既是一种自由解放同时也是一种精神压迫：其虽然有助于个人自由权利的实现，但其本质上是一个伦理缺失的社会形态，充满着精神的腐化、信仰的缺失和道德败坏，因而不啻是"产生出傲慢放

---

① ［德］哈贝马斯：《现代性的哲学话语》，曹卫东等译，译林出版社2004年版，第5页。

肆的态度"的总根源："财富所直接面临的是这样一种最内心的空虚，它感觉在这个无底的深渊中一切依据一切实体都消失得茫然无存，它看到在这个无底深渊中唯一仅有的只是一种卑鄙下流的事物，一种嬉笑怒骂，一种随心所欲的发作。"① 由于现代社会的核心精神是财富原则，而对财富的单向度推崇必定摧毁社会一切固有的价值，这同时也就意味着民族精神随之有被毁灭的危险。那么如何能够使固有的价值得到有效的维护？咋一看来，由于市民社会是从家庭过渡到国家的否定性环节，且由于这一社会形态具有自身无法克服的伦理弊病，因而社会伦理要实现维护社会统一性的目的就要么向家庭这一原始的肯定形态回归，要么走向国家这一更高的肯定形态。然而，虽然市民社会是一个否定性的环节，但否定中必定蕴含着肯定性的东西，对此黑格尔就明确指出过市民社会对个人的自由权利具有积极意义。因此即便市民社会不像家庭那样具有安置个人生活的初始作用，亦不具有国家那样为个人生活敞开无限的可能，但其作为中介的意义便在于唤起人们对于生活其中的社会共同体的关注，即在追求满足个人利益的同时能够承担起义务。只有这样，从社会走向国家才有现实的基础。因此社会伦理的本质应该被表述为："通过伦理性的东西，一个人负有多少义务，就享有多少权利；他享有多少权利，也就负有多少义务。"② 社会伦理形式上的空疏体现在这里，其实质性内容同样也在这里得到体现。

　　黑格尔式的社会伦理思考对于当今中国社会伦理建构具有启示意义。在民族精神的反思中，一些人倾向于将现代社会中的"公民意识"提取出来加以特别强调，认为这是中国传统社会独独缺少的精神元素，因而也是中国无法自觉走进现代社会的重要原因。但是这里所谓的"公民意识"到底是什么？如果"公民意识"仅仅是作为类似于"家庭意识"的对立面来表达一种与之相反的观念倾向，其内涵依然没有得到明确的界定，因为"家庭意识"本身是臆造出来的概念，即便将之细化为诸如"家庭伦理"或"血亲人伦"这样的观念，依然难以使前者得到确切的表达。撇

---

①　[德] 黑格尔：《精神现象学》（下卷），贺麟、王久兴译，商务印书馆1979年版，第63页。
②　[德] 黑格尔：《法哲学原理》，范扬、张企泰译，商务印书馆1961年版，第172—173页。

开概念上的模糊空泛不论,这种"拿来主义"论调仍然是晚清以降形成的民族极弱心理或文化自卑的反映,既缺少起码的历史感,在理论上亦无有可取之处。

事实上,我们今天提倡"中华民族共有精神家园"的实质是要重构民族精神,这一工作仍然无法回避家庭、社会与国家所蕴含的根本性伦理问题。进而言之,即便我们能够认识到社会伦理在建构民族精神当中起着承上启下作用并处于中心地位,但依然脱离家庭生活与国家生活的本质规定性来单独地界定社会伦理,因为家庭伦理—社会伦理—国家伦理本身是一个相对自足的价值生态。因此社会伦理要在建构民族精神中发挥作用,至少不能回避两个方面的问题。

其一,社会不是"原子式个体"的"集合并列","社会伦理"不是"市民社会伦理"。在早期社会契约论论者那里,人类社会从源头上被视为对"动物世界"的复制,原子式个体之间存在着永恒的冲突,而解决冲突的方式被想象为通过订立契约来维系社会共同体的延续,法律则被用来约束人们的不当行为。显然契约论者的社会正是马克思所批判的"抽象的社会",这种基于人性之恶所构造出来的想象体必然把使个人与社会对立起来。但是如果不是从法律而是从道德的角度来重新定义社会的本质,社会的抽象性以及由此带来的个人与社会的冲突就有可能得到和解。当然这样的社会既不是基于人性假设之上的抽象社会,亦非黑格尔所要阐明的市民社会,而是一个新的"联合体":"在那里,每个人的自由发展是一切人自由发展的条件。"① 马克思将这样的"联合体"看成"避免重新把'社会'当作抽象的东西同个人对立起来"② 的新的社会形态。

其二,社会既是家庭与国家的中介环节,也是个体走出家庭组建民族共同体的现实载体,因而社会伦理应该被表述为民族精神之范型。前面我们讲到,如果仅仅通过从形式上界定社会并以此来勘定社会伦理的内涵,实际上是难以获得实质上的收获的,因为迄今为止确实无法来给"社会"一个明确的定义。但这意味着"社会何以可能"这一问题在社会伦理的建构就是一个悬置着的"虚假的问题",其至少能够通过社会生活的主体

---

① 《马克思恩格斯选集》(第 1 卷),人民出版社 1972 年版,第 273 页。
② 《马克思恩格斯全集》(第 42 卷),人民出版社 1979 年版,第 122 页。

之精神活动得到具体的反映。一个思考方向是从微观层面把握民族生活中的个体精神,另一个方向毕竟还是可以从宏观上对过着社会生活的民族精神做出描述的:个人总是国族群体的一分子,而国族群体总是由众多的个人组成。因此关于当下的社会伦理建设,如若不将之同中华民族的精神更新对接起来,就终归难以找寻到一个明确支撑点,从而丧失方位感和历史感。

(3)国家伦理:捍卫民族精神的最高形式

黑格尔提醒我们,当我们从法哲学或精神哲学层面讨论"国家"时,不要过度纠缠于"特殊国家或特殊制度",也不要将国家当作供人鉴赏的"艺术品",而是应该"考察理念",即研究国家的"本质的环节"和"国家本身的内在机体"。以此看来,国家就是"伦理性的整体"①。由于国家"立足于地上",难免使自身置于"任性、偶然和错误"的恶劣环境中,但国家毕竟是活着的精神,是延绵着的精神生命,因而其精神本质作为"肯定的东西"就值得认真对待。这里,黑格尔实际上是要表明,国家总是一定民族的国家,因而表现为一种现实化的精神:作为"伦理性的整体",国家是伦理生活的最高阶段;而作为"地上的精神",国家伦理则是民族精神的最高形式。

历史地看,国家显然是人的构造物,但这一构造物一经诞生就同时拥有了意志并分享着精神的成长历程。就其本质而言,国家谋求的是"单一物和普遍物的统一"或"普遍性与特殊性的统一",其作为行为主体的伦理合法性倾向于保障人的自由或"谋取公民的幸福"②:"国家具有一个生动活泼的灵魂,使一切振奋的这个灵魂就是主观性。它制造差别,但另一方面又把它们结合在统一中。"③ 对黑格尔来说,市民社会既是个人自由和权利的实现形式,同时也是"一切人反对一切人的战场"和"私人利益跟特殊公共事务冲突的舞台":前者是现代国家得以建立的积极性因素,而后者恰恰是现代国家要克服的病态特征。因此作为客观精神发展的

---

① [德]黑格尔:《法哲学原理》,范扬、张企泰译,商务印书馆1961年版,第258—259页。
② [德]黑格尔:《法哲学原理》,范扬、张企泰译,商务印书馆1961年版,第266页。
③ [德]黑格尔:《法哲学原理》,范扬、张企泰译,商务印书馆1961年版,第281页。

最高阶级，国家必定能够扬弃市民社会并恢复伦理的总体性。为了阐明这一点，黑格尔对卢梭以来流行的国家观进行了批判，认为这些见解"缺乏思辨的思想"因而具有"肤浅性"甚至会在人们头脑和现实中产生"可怕性"[1]。在黑格尔看来，国家是一种"自在自为地存在着的普遍性"和"绝对自在自为的理性东西"，因而是一个完全敞开的无限的世界：国家独立自存、永恒的、绝对合理的东西，不仅代表着一种可能性，其本身就是一种无限性。因此卢梭等人把国家视为个人之间契约的产物，就颠倒了国家与个人的关系："如果把国家同市民社会混淆起来，而把它的使命规定为保证和保护所有权和个人自由，那么单个人本身的利益就成为这些人结合的最后目的。由此产生的结果是，成为国家成员是任意的事。但是国家对个人的关系，完全不是这样。由于国家是客观精神，所以个人本身只有成为国家成员才具有客观性、真理性和伦理性。"[2] 显然人不是像卢梭设想的那样能够任意自由地去追求普遍生活的，而是"被规定着过普遍生活的"，这意味着个人一切行动都要以国家这一伦理实体为出发点和结果。因此只有在个人属于伦理性的现实时，个人的自由和权利才能得到实现，因为只有在像国家这样的客观性存在中，"个人对自己自由的确信才具有真理性，也只有在伦理中个人才实际上占有他本身的实质和他内在的普遍性"[3]。

在对国家伦理合法性的界定中，迪尔凯姆与黑格尔可谓是气息相投："我们的个性并不与国家相对立，相反，它是国家的产物。国家的基本义务就是：必须促进个人以一种自由的方式生活。"[4] 因此国家伦理乃是精神认识了自身以后所展现出来的"伦理理念的现实"与"实体性意志的伦理精神"[5]，它是国家作为行为体的自我意识的鲜活体现，因而可形象地称为国家的"生动活泼的灵魂"或"优美的灵魂"。同时由于现代国家总是民族的国家，这种国家伦理必然体现为民族精神而"贯穿于国内一

---

[1] ［德］黑格尔：《法哲学原理》，范扬、张企泰译，商务印书馆1961年版，第37页。
[2] ［德］黑格尔：《法哲学原理》，范扬、张企泰译，商务印书馆1961年版，第254页。
[3] ［德］黑格尔：《法哲学原理》，范扬、张企泰译，商务印书馆1961年版，第172页。
[4] ［法］爱弥儿·涂尔干：《职业伦理与公民道德》，渠敬东、付德根译，上海人民出版社2001年版，第74页。
[5] ［德］黑格尔：《法哲学原理》，范扬、张企泰译，商务印书馆1961年版，第253页。

切关系的法律"与"国内民众的风尚和意识"之中,且必然落实为"国家制度的现实性"①。因此所谓的"国家伦理"就不是人们通常认为的对国家行为的伦理规定或对政府行为的道德约束,更不是国家自上而下向公民提出的伦理道德要求,而是国家通过法律与制度将公民伦理与民族精神充分地体现出来,使个人成为良好国家的公民和强盛民族的主体。

因此我们今天所要建构的国家伦理,就不是像古典契约论者那样去单纯地唤醒"公民意识"以保障个人的自由权利,而是要更多地唤醒"国家理性"来使国家公民承担起应有的道德义务。这样,国家伦理才能与民族精神的成长同步。也许我们还记得黑格尔对"东方王国"的民族精神有一个相当沉闷的描述,称为"内部没有固定的东西"因而剩下的只有"原始的怒吼与破坏"和"在衰弱疲惫中的沉陷"②。今天看来,我们依然可以将黑格尔的上述看法斥为"欧洲中心主义"之论,但这同样不是今日中国病态民族精神的写照吗?因此未来之国家伦理的建构,首先还是要着眼唤醒国家的理性精神,使之成为民族精神的最高体现。

---

① [德]黑格尔:《法哲学原理》,范扬、张企泰译,商务印书馆1961年版,第291页。
② [德]黑格尔:《法哲学原理》,范扬、张企泰译,商务印书馆1961年版,第357页。

二十四　老龄化时代的伦理形态

"老龄"是个体生命发展的终期阶段。生命从母体中诞生，从幼儿成长经过少年、青年发展到壮年，最后进入老年，个体生命呈现逐步由强到弱，直至"叶落归根"的一个整体的过程。"老龄"就是"人"的整体生命的一部分，"老"是个体生命历程的必经阶段，在精神上意味着一种必然的实体性复归，因此"老龄"的伦理本质就是对个体生命的终极关怀，也是对"人类"普遍本质的认同。伦理形态是实体形态，"伦"为"实体"的要义，这不只是因为它是共体即人的公共本质，并且由于对这种公共本质的认同，建立起人的诸多共同体，如"人之异于禽兽者"的"人"之"类"的"人类"普遍本质的认同，真正的"伦"的实体必须甚至只能通过"精神"才能建构。[①]"伦"的精神发端于家庭并以家庭为根源。随着老龄化时代的到来，"老龄"的伦理形态是什么？以何种精神对待个体生命发展以及社会生活中的"老龄"？"老龄化时代"的伦理形态如何，并且怎样实现？这一系列课题就显得尤为必要。或许以历史变迁与中西融通架构一个坐标，试图对于"老龄化时代"伦理形态的探究，就是呈现"人类"生命的成熟和完满，实现"人类"的有限性超越，使"人类"获得体验和学习伦理觉悟与伦理成熟的重要理论思考。

1. 老龄伦理的传统形态：基于"敬畏"

中国传统的"老龄"伦理形态是在典型农耕社会历史条件下、在敬

[①] 樊浩：《伦理道德，何种精神哲学形态？何种"中国气派"？》，《哲学分析》2016 年第 3 期。

畏生命与祖先崇拜的伦理精神基础之上的基于"敬畏"的"孝"伦理与由此扩展延伸的"老吾老以及人之老"尊老道德之间实现的生态互动，它呈现出从自给自足到自然和谐的特点，并且描绘出最终追求"大同"伦理境界的美好愿景。

A. 中国传统"老龄"伦理形态的历史条件

历史地来看，中国传统的"老龄"伦理形态是置于自然农业即为满足生存而生产的社会经济结构之中，以家庭为单位，男耕女织，自给自足。奴隶社会仍是"普天之下，莫非王土"[1]，周代已有"公田"和"私田"之分。春秋后确立了土地私有制，允许"民得买卖土地"。战国后期出现大量自耕农，所谓"一夫挟五口，治田百亩"。原初先民以氏族式方式存在，"老龄"个体与其生命实体或生命根源是一种自然的和直接的关系。氏族社会以血缘为纽带结成社会基层单位共同劳动与共同分配，家庭成为中国传统"老龄"伦理形态的基本载体。随着贫富出现，私有财产萌芽。在氏族社会生活中老人担当着经验的积淀与传承作用，而经验对人的生存具有决定性意义，因此对经验的膜拜自然地转变为对掌握经验之人的尊崇。鉴于生产和生活的需要，人们就以自给自足、共同分配的方式实现尊老及其照顾。在以血缘为纽带、以宗族为基本单元构成宗族社会后，家长制维系和组织社会并推演形成"家国一体"的格局。在家族本位的宗族社会关系中，老人既是父子之"伦"的客观存在，更是象征个体与共同的实体相统一的精神性存在。家庭是天"伦"，是自然的和直接的伦理实体。因而如何以家庭为重心形成对于"老龄"的实体认同就成为重要的理论前提。

中国古代社会经过原初社会进入宗族社会后，以血缘关系为核心结构而形成社会，绝大多数都在一定宗族中生存，族姓地位、血缘亲疏决定其权利和义务；宗族群体通过祖先崇拜等观念凝聚在一起，其间存在一种相互保护与依存的力量。宗族社会已进入文明时代，它依血缘亲疏形成多等级的阶梯。宗族是社会的基本单位，如所谓"殷民七族""怀姓九宗"，

---

[1] 《诗经·小雅·北山》。

"帅其宗氏，辑其分族"①。在宗族内每个人都不被看作为独立的个体，而要和父子上下两代人发生关联，这样，父亲、自己、儿子就形成三代，即以"自己"为核心的最基本的"宗族"。如此可以再画同心圆。在宗法观念下，被重重包围在群体之中的个体首先需要考虑的是自己的责任和义务，如父慈、子孝、兄友、弟恭之类。② 家庭内部有一种自上而下的协调，父辈具有绝对的权威，各成员都容易遵守服从于家庭内部的协调，这是一种基于血缘的自然身份的规定，同时也是其伦理关系所要求的一种共同体（实体）认同即伦理认同。宗族社会关系中以家族为本位，家长制维系组织社会，并逐步形成由家族走向国家推演而生"家国一体"格局，具有强烈的家庭伦理特质。家庭之于个体拥有优先地位，是天"伦"，其实质是人与自身生命本质的同一。家长制尊重秩序之道，父为家长，长幼有序。另外，个体的人在物质和精神上具有双重需要，长幼之间形成的群体情感构成家庭结构的向心力，成为一个团结的整体强大的保护职能来共同佑护家庭成员和财产安全。为维护家庭内部的和谐，个人必须各安其分，在伦理规范的范围内演好自己的伦理角色。在宗族关系中"老龄"代表着父子之"伦"，同时也是个体与其实体统一的精神性象征。而土地作为生存的必然条件，对土地和耕作知识的拥有成为社会继承与世代交替的重要内容。子承父业是传统农业家庭的必然选择，后代不仅由父母抚养成人，还从父辈祖辈那里学会谋生技能并继承一定的产业和土地，在生活和经济上的高度依存使之自觉服从家庭对于"老龄"的伦理行为要求。由于家庭承担了传统社会个体生存发展中的各种功能，最重要的是赡养老人和养育子女的双向伦理功能，因而家庭内部的伦理和谐是个体重视和守护的精神生命。

　　家庭是直接的自然的伦理实体。黑格尔有过这样的论述：中国纯粹建筑在这一种道德的结合上，国家的特性便是客观的家庭孝敬。中国人把自己看作属于他们家庭的，而同时又是国家的儿女。中国伦理文化的实体性，在社会伦理上表现为家族本位，以家族血缘关系为出发点，建立起"天下一家"的伦理实体，从而使得社会伦理得以实现。在个体道德上表

---

① 《左传·定公四年》。
② 蔡元培：《中国伦理史》，商务印书馆2004年版，第6—7页。

现为情感本体，个体对实体的血缘依赖，从而形成了以血缘情感为基础的道德情感，个体道德得以完成。中国传统文化就是在家国一体基础上形成的以血缘为根基的伦理型文化。它从人和人伦出发，把人伦情理推广到其他一切领域，许多观念的产生都以伦理思想为起点与核心。人伦是联系个人与家庭、国家或民族的一个脐带，并奠定了中国传统文化的伦理型。中国伦理文化的实体性为社会建立了稳定的伦理秩序，在其中个人得以实现自己伦理关系的定位，确立行为准则，完成对道德自我的设定，从而实现了社会伦理。在伦理型文化影响下，"老龄"伦理形态通过"天下一家"的实体建构，在这个过程中逐步实现了"老龄"实体性认同，完成了它的社会精神的支持体系。对于"老龄"的伦理行为意味着个体与"天"，与社会及家庭建立了精神的关系，一种同一的精神生命。

可以说，宗族社会的家庭关系中对"老龄"的依存与照顾，是由家庭本位的社会形态所决定，也是在以家庭为重心的天"伦"体系中得以实现。家庭伦理实体的本质即是对生命的尊重或敬重，因而"老龄"伦理形态与家庭的实体关系始终是稳固并且相互依存的。

B. 基于"敬畏"的中国传统

个体生命中的"老龄"需要"人类"的实体提供伦理认同与实体观照的精神，"伦"的精神发端于家庭并以家庭为根源。"老"在中国文化中也意味着经验及获得权威，传统思想上表现为报本返始、尊敬和敬畏的观念，形成了中国"老龄"伦理形态的实现路径，即报—敬—畏的伦理逻辑。

中国传统的"老龄"伦理精神基于"敬畏"。敬畏生命是中华民族的天然情感，尊老尚齿是原始氏族的尊老形态。中华民族的生命之根在于"天人合一"，盘古女娲开天辟地创世纪，形成了中国人的本体世界或伦理世界，人"伦"诞生。它使中国人对待生命产生直觉的敬畏，对生命敬畏的感觉是绝对的伦理精神，它是在自然界和人类社会出现以前就存在着的一种精神性本原。绝对精神也许是宇宙中一股神秘的精神力量，它按照正—反—合的规律不断地变迁，不断地生长演绎万事万物，保证了生命序列的提升顺畅。由始以来，人和天地一体，自开天辟地，这世上就有了男人与女人两大群体或两大原素。盘古和女娲代表了男人和女人，人的规律和神的规律，形成一个天然的伦理世界。黑格尔在《精神现象学》中提出，精神由个体意识向社会意识、主观意识向客观意识转化的重要标志，是出现实体和对实体的意识，由此形成伦理世界。盘古和女娲正处于一种混沌未分的伦理实体中，被具体和观念化为伦理世界的伦理原素，体现了中国人的伦理规律，构成了完整而无限的伦理世界。黑格尔认为，"实体就是还没有意识到其自身的那种自在而又自为地存在着的精神本质"①，精神是行动的理性，是现实意识。盘古和女娲古神话的最初开端就是阐释自己与这个世界的普遍统一性，自己化育为天地万物。这为中国形成"万物皆备于我"的伦理型文化提供了前提条件。

在中华文化走向文明的尧、舜、禹时代，对于老者由尊崇趋于敬畏，开始生出带有原始信仰色彩的老人崇拜。"尧立七十年得舜，二十年而老，令舜摄行天子之政，荐之于天。尧辟位凡二十八年而崩。舜年二十以孝闻，年三十尧举之，年五十摄行天子事，年五十八尧崩，年六十一代尧践帝位。践帝位二十九年，南巡狩，崩于苍梧之野。"② 可以说，老者由于拥有才能、经验、智慧与德性而能够得到社会的尊崇。中国古代神话传说中惩恶扬善的隐性伦理原则，现世与崇实的伦理行为，使老者可以获得合作使用、共同完成生产生活的积极价值，从而得到了较高的伦理地位。"老，考也。七十曰老。言须发变白也。凡老之属皆从老。""龄，年也。从齿令声。"③ 在血缘情感的作用下，尊老是由天良产生的最自然的情感，那些氏族成员中辈分崇高、阅历丰富而数量有限的老者自然成为社会尊崇的对象，形成原始氏族的尊老形态。"有虞氏贵德而尚齿，夏后氏贵爵而尚齿，殷人贵富而尚齿，周人贵亲而尚齿。"④ "尚齿"即崇尚老人一脉承袭，经久不变。祖先崇拜，是人类继自然崇拜之后的原始崇拜形式，它标志着人类盲目崇拜自然神力时代的结束和人类以自身为崇拜对象的时代开始。祖先崇拜或敬祖，即在亲缘意识中萌生、衍出对本族始祖先人的敬拜思想。父权制后，原始家庭制度趋于明朗、稳定和完善，人们逐渐产生了

---

① [德]黑格尔：《精神现象学》（下卷），贺麟、王玖兴译，商务印书馆1979年版，第2页。
② 《史记·五帝本纪》。
③ 《说文》。
④ 《礼记·祭义》。

父亲家长或氏族前辈长者的灵魂庇佑本族成员、赐福儿孙后代的观念，并开始举行祭拜、祈求祖宗亡灵的宗教活动，从而形成严格意义上的祖先崇拜。祖先崇拜是老人崇拜、敬畏老者的精神意义的衍生，其本质就是人类自身的被神化。由此"老龄"伦理在古代又被赋予宗教信仰的色彩。古代中国"老龄"的物质生活基础与精神慰藉，最终取决于老人生理功能减退等自然状况变化后，后辈出于天良的敬老扶弱的天然情感；而敬畏及尊老的精神内涵通过祖先崇拜得到伦理原则的支持与伦理行为的保障。因为祖先崇拜的基础都是以直接的血缘关系为纽带，进而扩展延伸而形成一种尊老文化。由于尚老崇祖的盛行，强调孝悌成为最根本的政治伦理原则。孝，可通考，本义是善事父母。悌也者，善事兄也，"入则孝，出则悌"[1]。由此出发，孝悌推及一般的敬老尊长，成为儒家"尊老"思想及情感原则的出发点。

中国传统的"老龄"伦理形态建构于以伦理道德为出发点，以政治功利为最终归宿，从个人道德向家国政治伸展的伦理模式之中，"报"—"敬"—"畏"的构架为其提供了伦理逻辑。

"报"即"报本反始"，是一种尚处于朦胧阶段的意识，付诸一种伦理行为或者伦理手段，它从原始地报谢拥有神秘力量的自然，到伦理地报答敬仰地护佑先民的祖先，再至报答养育生命之恩的父母，是来自中国古代先民的一种天然又自然的情感，可以说是内在的"老龄"伦理实体认同及观照的起点。中国古时的祖先崇拜、祭祖是维持统治秩序与道德关系的一种伦理手段，其目的在于增加整个社会的凝聚力，所谓"报本反始，民德归原也"。《礼记·郊特牲》论社祭："唯社，丘乘共粢盛，所以报本反始也。"又论郊祭："郊之祭也，大报本反始也。"所谓"报本反始"，孔颖达解释说："以财言之，谓物为本，以终言之，谓初为始。谢其恩谓之报，归其初谓之反，大义同也。"郊与社皆为周祭祀中的大典，其目的均在报本反始，因此"报本反始"是周代指导祭祀礼俗的一个重要思想。周人对天神地祇、山川林泽之神都有祭祀之礼。"天为物本，祖为王本，祭天以祖配之，所以报谢其本。"[2] 可见，"报本反始"思想的体现在于是

---

[1] 《论语·学而》。
[2] 《礼记·郊特牲》。

否有关于人们的生活所需。

表示敬需要"反始"或"反哺"。"报本反始"思想的产生实际上是原始社会时期初民朴素的报恩思想在周礼中的遗存，是一种天然的、自然的情感。它在实际社会政治生活中所起的作用就绝不仅是报恩了。其后发展成为一个深具儒家特色的观念，表达的是一种受恩思报、得功思源的感恩戴德之情。在先民的观念中，子女的生命是父母所给予的，亦体现了父母的恩德，因而同样应当以"报本反始"的态度去对待父母，由此"善事父母"成为孝德中应有的含义。成中英先生指出，"敬"是基于"报"的一种推及或者提升，由一己内在的伦理行为努力达到整体的实现，即由尊敬父母，推广到尊崇整个社会的老者，它是由血缘纽带的连接关系而产生的一种德性的教化。后来儒家继承这一重德的传统，把德性的自我修养看成人性的一种实现，这就是一种人性同时向外的延伸与向上的提升。人们不但自觉地掌握了生命的精神价值，也使人的生活有所寄，有所安。老人是这样一群"牙齿脱落，目力衰退，食无味，凡事皆无法干了"的"头童齿豁"（韩愈语）、生计艰难的老者，中国的先民将那些曾经赋予他们以生命，但暮年已无法独立生存的老人，以无与伦比的孝心和"老吾老以及人之老"的推己及人的"恕"道，自觉地承担起赡养老人的义务。它说明这种行为的发生，从根本上并不取决于客观外界的褒美，而是取决于人类的天良，即内在的驱动力。① 所以孔子说，"为仁由己，而由人乎哉"②，孟子也讲，"由仁义行，非行仁义也"③。而这种由天良所产生的最自然的情感，最终则取决于年轻人敬老扶弱的情感意识与德性教化。

"畏"是由"敬"生成的一种对于终极生命的不能超越的精神界限之"畏"，具有对于生命的终极关怀的精神意义。究其根源仍是对"天"的敬意，通过"畏"，以求获得终极回归、终极关怀的中国传统伦理文化中的归宿感。"畏"，敬畏之意，不能将其解释为畏的字源意义，即许慎《说文解字》所说："畏，恶也，从甶，虎省鬼头，而虎爪可畏也。"从字

---

① 韩东育：《儒家"尊老"思想中的自然情感原则》，《东北师大学报》（哲学社会科学版）1992年第6期。
② 《论语·颜渊》。
③ 《孟子·离娄下》。

面理解，仅具有心生厌恶而害怕之意。事实上，敬畏传统自原始儒家创立之时就建立起来。孔子对此有原创性阐述："君子有三畏：畏天命，畏大人，畏圣人之言。小人不知天命而不畏也，狎大人，侮圣人之言。"① 在这里，孔子是在君子与小人的德性比较中说明为何需要"畏"。孔子重视"畏"，尤其是将天命作为"畏"的根本，究其原因有几个方面：一是春秋时代"天下无道"，僭越成为社会生活的基本状态，一切社会政治生活之道彻底丧失；二是社会失序的原因，关乎人心秩序、政治秩序与生活秩序这三个相互关联的方面，因此必须使人们心中对于制约其行为最为有效的天命、承担天命之大人、阐述天命之圣人，都要有所畏才行；三是人的理智活动最关键的还是其心理内在的力量。因此要想使人遵守秩序，必须使人克制嚣张的精神气焰。这就要求必须将人安顿到一个内心有所"畏"的地位上。儒家一以贯之的敬畏之心就是人之为人的内在德性的努力实践。敬畏在儒家这里不是一种简单的道德态度与道德心理，而是人的真诚的道德应对。因此儒家的敬畏实际上就是德性的外部力量与内部动力的契合。在孔子那里，美德不仅源自内心，还需经受内应外合的道德体验。

　　古代中国的"老龄"伦理形态如何体现？是在以伦理道德为出发点，以政治功利为最终归宿，建构从个人道德向家国政治伸展的伦理模式，就是人人在伦理关系上各自做好，大家相安相保，养生送死而无憾。路径有三：第一，"孝"的"德得"统一。亲子间自然地以孝敬保证继承，与儒家"德"（由上对下的仁爱）"得"（自下而上的孝忠）统一的伦理逻辑保持一致，由此维持家庭自然伦理系统的安全性，进而达成良好的社会秩序。同时家庭的两大伦理功能也要求个体德性的"孝"。而在由家及国的政治伦理结构下，其伦理方式是"以孝治天下"②，尊老的孝道思想成为建构这一政治理想的基石。第二，"报"—"敬"—"畏"的伦理构架。第三，向社会伦理的推及。通过儒家倡导"不独亲其亲，不独子其子"的社会理想，一种对社会道德的追求，由此形成中国传统"敬畏"生命的"老龄"伦理形态。

---

① 《论语·乡党》。
② 梁漱溟：《中国文化要义》，上海世纪出版集团2005年版，第124页。

C. "孝"—"大同"

在中国传统伦理中"敬畏老龄"的具体与现实的呈现方式就是通过"孝"。"孝"以实现"老有所终",颐养天年,这是一种道德的要求,也是传统儒家对于社会伦理的主张。"大同"则是德治社会的理想境界,也是中国"老龄"伦理形态的终极探索。

在《论语》中"孝"阐述的实质在于赡养老人的伦理意义。"子游问孝。子曰:'今之孝者,是谓能养。至于犬马,皆能有养,不敬,何以别乎?'"① "子夏问孝。子曰:色难。有事,弟子服其劳;有酒食,先生馔,曾是以为孝乎?"② "子曰:父母之年,不可不知也。一则以喜,一则以惧。"③ 此外,"孟懿子问孝。子曰:'无违'"④。"事父母几谏,见志不从,又敬又违,劳而不怨。"⑤ 说明《论语》"孝"的老龄伦理都以"敬"为理念,表达了"事父母、能有养"的伦理观。"孝"的含义还反映于亲亲的"仁"德,父对子的仁爱是"仁"德根本,父通过仁得到子"孝",即"敬、事、养"。"有子曰:其为人也孝弟,而好犯上者,鲜矣;不好犯上,而好作乱者,未之有也。君子务本,本立而道生。孝弟也者,其为仁之本与。"⑥《论语》中,"孝悌"乃仁之道德的根本,它来源于家庭伦理,"孝"即事父母,"悌"即对兄长及长辈的尊从。孔子强调,亲亲应以"恕"予子以"情",要求无私心和真爱之心并推己及人,仁的原理就是以爱人为核心,由亲亲通过忠恕的环节向泛爱的转化。⑦ 于是仁成为一种道德并逐步普遍化。对于仁的建立,孔子阐述了恭、宽、信、敏、惠等具体德目,他认为能行五者于天下者为仁。五者之中"恭"为首,"恭"的真义是"不侮","恭则不侮"⑧,恭亦即尊敬对方,礼仪合宜。由此可知,子对亲之"养"即老龄伦理中恭、宽、信、敏、惠等德目应成为一

---

① 《论语·为政》。
② 《论语·为政》。
③ 《论语·里仁》。
④ 《论语·为政》。
⑤ 《论语·里仁》。
⑥ 《论语·学而》。
⑦ 樊浩:《中国伦理精神的历史建构》,江苏人民出版社1991年版,第38页。
⑧ 《论语·阳货》。

种道德精神,对老人应施以关爱之情。

在仁的实施中,智(知)、礼是重要的实践道德。"克己复礼为仁。一日克己复礼,天下归仁焉。"① 克己是要人们竭力克制自己的物欲,使自己的行为符合礼的规定。而智则是对仁的认识或意识,"樊迟问仁。子曰:'爱人。'问知。子曰:'知人。'樊迟未达。子曰:'举直错诸枉,能使枉者直。'樊迟退,见子夏曰:'乡也吾见于夫子而问知,子曰:'举直错诸枉,能使枉者直',何谓也?'子夏曰:'富哉言乎!舜有天下,选于众,举皋陶,不仁者远矣。汤有天下,选于众,举伊尹,不仁者远矣'"②。

对于"老龄"而言,临终是必然将至的人生的阶段,这使"老龄"伦理与天命观、生死观及人生观密不可分。"子曰:吾十有五而志于学,三十而立,四十而不惑,五十而知天命,六十而耳顺,七十而从心所欲不逾矩。"③ 天命意为天之律,是超越人间力量的一种命运。所谓天命观在《论语》中亦如,"予所否者,天厌之,天厌之"④。"子曰:'天生德于予,桓魋其如予何?'"⑤ 颜渊死,子曰:"噫!天丧予!天丧予!"⑥ 孔子还阐述了天命与"君子"之论,"子曰:'君子有三畏:畏天命,畏大人,畏圣人之言。小人不知天命而不畏也,狎大人,侮圣人之言。'"⑦ 他更将天命与帝王之政相关,"唯天为大,唯尧则之";"子曰:'天下有道,则礼乐征伐自天子出;天下无道,则礼乐征伐自诸侯出。自诸侯出,盖十世希不失矣;自大夫出,五世希不失矣;陪臣执国命,三世希不失矣。天下有道,则政不在大夫。天下有道,则庶人不议。'"⑧ 于是《论语》的天命观与"孝"的老龄伦理相通,使之具有天命即天之律的权威性。以此为基础,《论语》中阐述的人生观及生死观显示出淡定坦然的特点,"叶公问孔子于子路,子路不对。子曰:'女奚不曰,其为人也,发愤忘

---

① 《论语·颜渊》。
② 《论语·颜渊》。
③ 《论语·为政》。
④ 《论语·雍也》。
⑤ 《论语·述而》。
⑥ 《论语·乡党》。
⑦ 《论语·季氏》。
⑧ 《论语·泰伯》。

食，乐以忘忧，不知老之将至云尔'"①。"季路问事鬼神。子曰：'未能事人，焉能事鬼？'曰：'敢问死。'曰：'未知生，焉知死？'"②

先秦时代，孝慈并提。"孝"后来逐渐扩大到社会与国家，演变成一种社会道德准则。孔子说："出则事公卿，入则事父兄。"③ 这里已包含孝忠一体的思想，意味着把"孝"从家庭扩展到社会，从个人推延到君主。至汉代形成以"孝治天下"的系统孝道。"夫孝天之经也，地之义也，民之行也"，"孝，始于事亲，中于事君，终于立身"④。孝是忠的原因，忠是孝的结果。在家孝父，在朝忠君。孝是忠的缩小，忠是孝的扩大，所谓移孝作忠，忠孝合一。这样，古代社会家国一体化的特点使"孝"的观念走出家庭范围，扩大到国家和社会，家庭本位就发展成为社会群体本位。

孟子则深化了孔子学说，创建了"五伦四德"的道德体系。五伦，即"父子有亲、君臣有义、夫妇有别、长幼有序、朋友有信"；四德，即"仁、义、礼、智"四种基本道德要素。孟子曰："恻隐之心，仁之端也；羞恶之心，义之端也；辞让之心，礼之端也；是非之心，智之端也。"⑤ 以此作为基本道德规范、道德准则和道德理念。孟子认为人有四德因而其性是生之为善的，他以性善论作为根据，在政治上主张实行仁政。他认为，性善可以通过每个人都具有的普遍的心理活动加以验证。既然这种心理活动是普遍的，因此性善就是有根据的，是出于人的本性、天性的，称为"良知""良能"。"人皆有不忍人之心。先王有不忍人之心，斯有不忍人之政矣。以不忍人之心，行不忍人之政，治天下可运之掌上。所以谓人皆有不忍人之心者，今人乍见孺子将入于井，皆有怵惕恻隐之心。非所以内交于孺子之父母也，非所以要誉于乡党朋友也，非恶其声而然也。人之所不学而能者，其良能也；所不虑而知者，其良知也。孩提之童无不知爱其亲者，及其长也，无不知敬其兄也。"⑥

---

① 《论语·述而》。
② 《论语·先进》。
③ 《论语·子罕》。
④ 《孝经·开宗明义章第一》。
⑤ 《孟子·公孙丑》。
⑥ 《孟子·尽心上》。

无论是孔子的"能养"①，还是孟子的"尊亲"②，"老龄"伦理的基础都是以血缘关系为纽带，进而延伸形成尊老文化，最高要求即视人犹己，以爱己之心爱人，做到"老吾老，以及人之老；幼吾幼，以及人之幼"③。一旦具有这样的品德与胸怀，自然能自觉地利人、助人，达到仁，也必然实现"大同"社会。"大同"理想是中华民族执着追求的美好愿望，"大道之行也，天下为公，选贤与能，讲信修睦，故人不独亲其亲，不独子其子，使老有所终，壮有所用，幼有所长，矜、寡、孤、独、废疾者皆有所养。男有分，女有归。货，恶其弃于地也，不必藏于己；力，恶其不出于身也，不必为己。是故，谋闭而不兴，盗窃乱贼而不作，故外户而不闭，是谓大同"④。作为儒家学说创始人的孔子，其终极关怀就在于人生、社会的完美、和谐。其中的"老有所终"，实质成为中国"老龄"伦理文化的一个终极理念，体现了中国文化对于"老龄"伦理精神的理想境界。

综上所述，以何种精神对待个体生命发展中的"老龄"？实质就是对"人类"普遍本质的一种认同。中国传统表现为报本返始、尊敬和敬畏的思想观念，即报—敬—畏的伦理逻辑，在家庭中通过"孝"呈现这样一种伦理形态，知行合一地建构起"敬畏老龄"的伦理生活。这与中国古代自给自足、家族本位的历史条件和祖先崇拜的绝对伦理精神相承袭，孔子学说为此提供了构架性奠基。因此"敬畏老龄"的伦理形态就是以"伦"的实体认同给予"老龄"精神与现实的家园。上述的论证本质上是对"人类"共同体的终极目标"大同"的一种探索，即回应"我们因何在一起"及"我们如何在一起"。

2. 老龄伦理形态的近现代转向：基于"理性"

个体生命中的"老龄"需要"人类"实体的伦理认同与实现实体观

---

① 《论语·为政》。
② 《孟子·万章上》。
③ 《孟子·齐桓晋文之事》。
④ 《礼记·礼运·大同篇》。

照的精神，中国传统伦理为此贡献了"敬畏"的逻辑构架、"孝"的伦理觉悟与伦理行为，并且努力追索与"老龄""在一起"永恒和谐的人类共同体"大同"境界。

历史在不断演进，伴随着近现代西方对于生命个体"人"的权利认识启蒙，在社会生活中个体"人"的主体意识得到了空前凸显。在此过程中，西方对于"老龄"的实体认同产生了不同认识，"老龄"是"人"整体生命的一部分，"老龄"与"人"的生命实体及其源头保持统一，但是人的生命从童年、少年到成年呈现出成长上升的过程，而老年后却不得不转入自身衰落的轨迹，即生命是一个由强到弱的弱化过程。"老龄"逐渐被视为社会的弱势，有可能沦为价值判断的不道德对象。尽管如此，近现代西方基于"理性"从康德的德性论、黑格尔的伦理世界、密尔的功利论到罗尔斯的正义论，以及社会保障的理论探究，都表现出西方对于达到"无限与永恒的可能与能力"的努力，期望实现"被预定的和谐"，同时也是对"人应当如何生活"的一种道德回应。

A. 权利"理性"下的西方道德

近代以来，西方社会观念与个人的独立、自由紧密联系，经济的市场化、社会化是物质基础。"天赋人权""社会契约"等理论逐渐渗透，旧的伦理实体破碎解体，新的社会秩序正在重建。在这个历史的进程中，个人独立、个性解放、人的发现等近代思想运动使个人走向平等的社会合作，其中之一就是在社会分化、重建过程中，对社会合乎"理性"秩序的期望和设计。近现代"老龄"的伦理形态表现于人在整个生命过程中与家庭、民族、国家三大伦理实体的密切关联，它既是个人情感上的需求，也是道德上德性之美的追求，只有个人道德与社会公德努力实现二者一致，方能达到整体完善。作为主体的人，人的权利，特别是生命权利的内涵成为思想基础和前提，诸如对生命与健康的权利诉求及维持需要社会的制度，同时主体的人也承担着相应的义务。因此近现代"老龄"伦理形态通过道德哲学思想及精神体系的建构、即伦理的力量实现了转向，为适应"个人主义"影响下的公民思想和利益诉求，国家成为主体，以社会保障承担"老龄"的伦理责任。

首先，"天赋人权""社会契约"和生命权利提供了近现代"老龄"

伦理形态的"理性"前提。18世纪"理性王国"的政治宣言反映出新兴资产阶级在自由、平等、民主、人权、法制上的利益和要求，抨击不合理的非人政治，推动了西方近代文明发展。作为启蒙运动的指导思想，理性主义所蕴含的社会政治与制度理念以自然法赋予人的自然权利成为规范社会生活的依据，使国家从强调和平与安全价值走向关注自由、财产权和功利价值。

霍布斯认为，个人先于社会而存在，社会和国家是个人为了保障自己的权益而组成的人为机构。基于人的理性的"自然法"是人们行为的准则、衡量善恶的标准，是必须遵循的道德律。国家是用以掌握强制性权力的物体，"这就是一大群人相互订立信约、每人都对它的行为授权，以便使它能按其认为有利于大家的和平与共同防卫的方式运用全体的力量和手段的一个人格"[1]。洛克提倡人的"自然权利"，主张捍卫人的生命、自由和财产权，以财产权为核心。建立国家的唯一目的是保障社会的安全以及人民的自然权利，人们为了自保便放弃自己的自然自由，同其他人协议建立一个国家，这就是"守夜人"式的国家。卢梭坚持社会契约论，"我们每个人都以其自身及其全部的力量共同置于公意的最高指导下，并且我们在共同体中接纳每一个成员作为全体之不可分割的一部分"[2]，主张将权利交给一个由全体社会成员组成的共同体，而这个"道德的与集体的共同体"，这个由全体个人的结合所形成的公共人格就是国家。他提出"天赋人权说"，政府应该捍卫自由、平等和公正。他强调政治与道德不能分离原则，任何形式的政府，如果它没有对每一个人的权利、自由和平等负责，那就破坏了作为政治职权根本的社会契约。

近代西方人权理论称人的权利是"天赋"不可剥夺。生命权是人权的最基本权利，以自然人的性命维持和安全利益为初始内容，具备优先性即在宪法确立的价值秩序中有明显的较高排序。生命权包含于生存权，生存权是在一定社会关系与历史条件下人应当享有的维持正常生活所必须拥有的基本条件的权利。生存权包括生命权；生命延续权，即作为人应当具备的基本生存条件，如衣、食、住、行等方面的物质保障，而社会保障权

---

[1]［英］霍布斯：《利维坦》，黎思复、黎廷弼译，商务印书馆1996年版，第152—156页。
[2]［法］卢梭：《社会契约论》，何兆武译，商务印书馆1980年版，第33页。

是其中重要保障，它是在年老、疾病、残废、失业等非正常情况下享有的权利，要求国家积极作为。

其次，作为近代精神重要特征之一的"理性"成为"老龄"伦理形态的基础。文艺复兴推翻以上帝为指向的信仰体系后人的理性凸显，同时近代科学发展推动了知识的力量，科技对现实世界的冲击力极大张扬了理性的作用。

康德认为要对理性自身批判，划定认识的范围和界限，凸显理性价值。通过理性的批判，他提出理论理性和实践理性的区分，实践理性优先于理论理性。由于人是具有七情六欲、受制于感性经验的有限理性存在者，理性原则或实践法则对于意志的强制性以"应然"的命令形式表现，即绝对命令，"不论做什么，总应该做到使你的意志所遵循的准则永远同时能够成为一条普遍的立法原理"①。从中推出一条实践原则：你的行动，要把你人格中的人性和其他人人格中的人性，在任何时候都同样看作目的，永远不能只看作是手段。然而作为绝对命令规定的意志自律超越了社会历史条件。虽然康德为人的生活规定了一条达到至善的德行之路，最终使人能够拥有德性和配享与之相适应的幸福，他同时指出，善良意志是人过幸福生活必备的条件，但是"通过意志自由产生至善，这是先天的在道德上必然的"，从而最终导致幸福的虚幻性。所以康德的理性幸福论是脱离了社会历史条件及现实个体需要的抽象幸福论。康德的德性理论认为，德性更多体现为一种精神品质（对道德法则的认识与敬重），却并不一定能付诸行动。人并非生来就自然而然地追求道德，即人非圣贤，因此"人必须被教育成善的"②。运行德性"旨在两种心灵情调，即在遵循其义务时顽强的和愉快的心情"。德性是一种力量，"追求自己的义务时的道德力量"③。任何力量都只是通过它能够克服的障碍时才被认识到。德性是"善良而且坚强的意志"，它不只是能够，而且完全可能克服那些与义务行为相反的爱好，很有效地做到这一点而没有在倾向面前犹豫。所有德

---

① ［法］卢梭：《社会契约论》，何兆武译，商务印书馆1980年版，第15页。

② ［德］康德：《康德著作全集》（第7卷），李秋零译，中国人民大学出版社2008年版，第320页。

③ ［德］康德：《道德形而上学原理》，苗力田译，上海人民出版社1986年版，第11页。

性的共同核心就是去做正当的事情的一个善良的坚强意志。

康德为西方社会探索了达到至善的德行之路，最终是要使人能够拥有德性和配享与之相适应的幸福。也正因此在社会生活中它使人可能拥有共同的觉悟，就为"老龄"社会道德的主体建构奠定了理论基础。

B. "和谐"：黑格尔的伦理世界

黑格尔认为，伦理是个人的第二天性，"国家是自觉的伦理的实体"，他将家庭、市民社会、国家作为伦理实体的结构，"伦理是一种本性上普遍的东西"①。实体则是由精神所实现的"单一物与普遍物的统一"，是一种具有普遍性的现实精神。家庭是自然的伦理实体，是"直接的或自然的伦理精神"。在法哲学的意义上理解家庭作为伦理实体的普遍性在于："在这里，个人把他冷酷无情的人格扬弃了，他连同他的意识是处于一个整体之中。"②在家庭中伦理的普遍性采取了自然的形式，一是爱；二是感觉。"伦理的最初定在又是某种自然的东西，它采取爱和感觉的形式，这就是家庭。"③"爱"所建立的统一性，是通过感觉、情绪完成的，这就使家庭的同一性或实体性与国家的实体性有了本质的区分。但是正因为家庭的同一性建立在感觉和情感之上，所以它的实体性才是本性上不可颠覆的。市民社会是伦理精神丧失了直接的统一，进行分化，是各个成员作为独立的单个人的联合，这种联合是通过成员的需要，通过保障人身和财产的法律制度与通过维护他们特殊利益和公共利益的外部秩序而建立起来的。市民社会表示直接或原始伦理精神的解体，靠法律来维持市民个人需要的满足，人身和财产的保障，以及特殊利益与公共福利和秩序的维持，这种"市民社会"只能算是"外部国家"。必定要伦理精神或实体充分实现、完成并回复到它自身的辩证统一，这才是国家。伦理精神通过分化、中介而完成的统一就是国家。重要的是，无论市民社会与国家，作为伦理实体，它们存在的本质，是作为"单一物"的公民与作为"普遍物"的市民社会、国家间的统一；并且作为伦理实体，无论市民社会、国家，它

---

① ［德］黑格尔：《法哲学原理》，范扬、张企泰译，商务印书馆1961年版，第8页。
② ［德］黑格尔：《法哲学原理》，范扬、张企泰译，商务印书馆1961年版，第43页。
③ ［德］黑格尔：《法哲学原理》，范扬、张企泰译，商务印书馆1961年版，第43页。

们在本性上必然是伦理的和谐。

伦理世界在意识和现实中分裂为两种本质,"人的规律"和"神的规律"。"实体成了一种自身分裂为不同方面的伦理本质,它分裂为一种人的规律和神的规律。"① 而与实体对立着的个体或自我意识,也按其本质服从这两种势力或两种规律的支配。"人的规律"是市民社会、国家伦理实体及这些实体中个体行为的规律,"神的规律"则是家庭这个自然伦理实体或直接的伦理精神的规律。个体与实体的关系构成了伦理世界的基础,个体与实体之间的和谐,是伦理世界和谐的根本。个体不是实体,却是构成实体的最小单元。黑格尔用"悲怆情愫"表达个体与实体之间的关系。悲怆情愫是在个体与实体的关系中个体将自己对实体的皈依当作一种命运,它是决定个体必然命运的一种感情因素。必须强调的是,个体的实体性,不仅是一种悲怆情愫,而且是一种伦理精神;不仅是一种情感和信仰,而且是一种信念和真理。只有获得实体性,个体才能超越自身的抽象性和主观性而上升为主体。② 黑格尔关于"伦理世界"总的观点就是,伦理世界及构成它的伦理实体都有一个共同特性:和谐。因此作为生命个体的"老龄"必然地需要回归精神的家园,即皈依实体,"老龄"个体在西方社会中只有获得了实体性及其认同,他才可能成为主体而实现皈依,否则"老龄"就将成为一种"悲怆情愫"。

"老龄"个体与家庭—市民社会—国家诸伦理实体有着不同的伦理关系,但所追求的伦理精神是一致的,诸如爱、权利、善、良心、责任和义务。黑格尔阐述道,"原在道德中的应然在伦理的领域中才能达到",道德仅具有主观性的环节,而缺乏理念或主观的善和客观的自在自为存在的善的概念的统一,欠缺现实性,因而在道德的阶段仍是片面性的。良心是在主观性中被反思的普遍性,"人们可以用高尚的论调谈论义务,与此相反,良心是自己同自己相处的这种最深奥的内部孤独,在其中一切外在的东西和限制都消失了,它彻头彻尾地隐遁在自身之中……人作为良心,已不再受特殊性的目的的束缚,所以这是更高的观点,是首次达到这种意

---

① [德]黑格尔:《精神现象学》(下),贺麟、王玖兴译,商务印书馆1979年版,第5页。

② 樊浩:《伦理世界"预定的和谐"》,《哲学动态》2006年第1期。

识、这种在自身中深入的近代世界的观点"①。真实的良心包含在伦理性的情绪中,作为真实的东西,良心是希求自在自为的善和义务这种自我规定。道德需要向伦理过渡。伦理是活的善,既在主观性、又在客观性中存在,能够通过主观性把自己外化出来。在整个伦理中,善就是实体,即在客观的东西中充满着主观性。"个人对他特殊性的权利也包含在伦理性的实体性中,因为特殊性是伦理性的东西实存的外部现象。在普遍意志跟特殊意志的这种同一中,义务和权利也就合而为一。通过伦理性的东西,一个人负有多少义务,就享有多少权利;他享有多少权利,也就负有多少义务。"②"老龄"的皈依是一种伦理的回归,需要通过终极性关怀实现皈依实体,其价值认同与实体承认,还有待关怀伦理的出现。

C. 功利、实用还是正义?

为了满足工商业资产阶级的最大利益要求,"最大利益"被功利主义奉为最高原则,力图把国家制度与追逐私利的自由协调起来。边沁的早期功利主义理论强调了功利原则的"社会本性",即适应自由竞争的要求,把私人利益当作公共利益的基础。

边沁认为,如果一种行为可以使大多数人都获得幸福,就达到最大多数人的最大幸福,即功利主义原理或最高功利原则。"功利主义原则指的就是:当我们对任何一种行为予以赞成或不赞成的时候,我们是看该行为是增多还是减少当事者的幸福。"③"功利原则承认人类受苦乐的统治,并且以这种统治为其体系的基础,这种体系的目标在于假借'理性'和'法律'之手以建树福利的体系。"④ 即在法律和道德上,把一切法律禁令和道德要求都按其功利来权衡作为达到最大多数人最大幸福的手段。然而"最大多数人的最大幸福"原则,并不是为整体主义或公益论论证,正相反,他是把私人利益作为道德的基础。随着资产阶级的百年统治,"最大幸福"原则成为议会的诡计,合乎"理性"成为按照规律的名义而进行

---

① [德] 黑格尔:《法哲学原理》,范扬、张企泰译,商务印书馆1961年版,第132页。
② [德] 黑格尔:《法哲学原理》,范扬、张企泰译,商务印书馆1961年版,第173页。
③ 罗国杰:《西方伦理思想史》,中国人民大学出版社1985年版,第371页。
④ 罗国杰:《西方伦理思想史》,中国人民大学出版社1985年版,第371页。

的人吃人的战争。密尔则阐述了旨在调和社会利益对立的伦理学说，在根本上仍然坚守功利主义的本义。他主张，道德生活应当区分高级的快乐和低级的快乐，不能只满足于低级的快乐，而应当通过经验和权衡多数人的意见，选择高级的快乐，从而得到真正的幸福。此外，密尔还说明，人生活在社会中不仅有欲求，有感觉，还有理智和社会感情。这是人性中强有力的原动力，社会感情有助于消除人们孤单生活的单纯利己本性而增长利他、互助精神。这种感情最根本的还是因人们有共同利益和共同目标的需要而形成。因此人们感到顾及他人利益对自己更为有益，就将自己的感情与别人的幸福融为一体，至少使自己变得重视别人的幸福。由此密尔提倡个人利益与社会利益的和谐一致，号召人们将最大多数人的最大幸福作为自己的实践道德。值得关注的是，密尔提出以道德制裁和良心来制约人们的行为，这种"个性的自由发展乃是社会福祉的首要要素之一"[①]。其用意在于使社会的道德原则和规范完全适应或服从个人，使资产阶级个人的个性欲望和冲动摆脱社会的约束。

显然，边沁的伦理学说和密尔的功利主义完全是为适应资产阶级自由竞争需要的一种"计算"的德行，它不过是利己主义，是个人追逐最大利润甚至损人利己的道德价值"有用论"，从中可以把握西方资本主义社会的道德观由康德"绝对命令"的纯粹理性向"最大幸福"的"理性"美名的价值让渡。由此"最大多数人的最大幸福"取代了公共福利的概念，而西方社会保障的理念是与之不可分离的。

个人主义、利己主义在实用主义哲学中也表现得露骨和直接，它自由放任地去争取个人的发展，追逐个人利益和功用。实用主义的根本原则是一切以效果、功用为标准，方法论有两个：一是功利主义，以实际效果为解决一切哲学认识问题的准则；二是唯名主义，认为世界中只存在个别的、特殊的东西。其根本纲领就是把采取行动当作主要手段，以获得实际效果为最高目的。杜威指出，一切知识不过是人们制造出来以应付环境的工具，思维是工具性，真理也是一种人造的工具。他对道德的独特看法，即用科学和理性的方法处理道德中的争端以及价值评判的难题，对于道德领域以主流善恶标准以及主观价值判断是一种变更性冲击。由此延伸，伦

[①] [英]约翰·密尔：《论自由》，程崇华译，商务印书馆1979年版，第81页。

理需要成为社会性、自然主义的、理智探究式的科学。"道德"是调控人与社会环境间互动关系的关键纽带,"不道德的产生可能恰好是因为我们的社会性存在。我们之所以可以不道德只是由于我们能够伤害或者不利于他人"。① 他强调,更关键的是应该从个人道德转入社会道德,对社会性生活视野下的道德问题予以探究,将个人道德发展与变化着的社会现实相联系。

而正义就是把人的本能和趋利行为约束在价值范围内,具有价值合理性,即始终把尊重和保障追求幸福的自由和权利作为价值目标,并致力于实现人的自由而全面的发展。罗尔斯在《正义论》中以"作为公平的正义"为核心概念,意图通过"对康德的义务论和传统的社会契约论重新解释,以期对功利主义伦理进行真正的批判"②。他认为,正义是社会的首要价值。正义的对象是社会的基本结构,即用来分配公民的基本权利和义务、划分由社会合作产生的利益和负担的主要制度。同时他认为,人们的不同生活前景受到政治体制和一般的经济、社会条件的限制和影响,也受到人们出生伊始所具有的、不平等的社会地位和自然禀赋的深刻而持久的影响,而这种不平等却是个人无法自我选择的。因此正义原则要通过调节主要的社会制度,从全社会的角度来处理这种出发点上的不平等,尽量排除社会历史和自然方面的偶然、任意因素对于人们生活前景的影响。"所有价值——自由和机会、收入和财富、自尊的基础都要平等地分配,除非对其中的一种价值或所有价值的一种不平等分配合乎每一个人的利益。"③ 为了使人们在一种平等状态中去选择某种正义观,他又提出"正义的二原则"。第一是平等自由的原则,每个人与所有人所拥有的最广泛平等的基本自由体系相容的类似自由体系都应有一种平等的权利;第二是机会的公正平等原则和差别原则的结合,"社会和经济的不平等应这样安排,使它们:(1)在与正义的储存原则一致的情况下,适合于最少受惠

---

① [美] 詹姆斯·坎贝尔:《理解杜威,自然与协作的智慧》,杨柳新译,北京大学出版社 2010 年版,第 107 页。
② [美] 约翰·罗尔斯:《正义论》,何怀宏等译,中国社会科学出版社 1988 年版,第 21 页。
③ [美] 约翰·罗尔斯:《正义论》,何怀宏等译,中国社会科学出版社 1988 年版,第 58 页。

者的最大利益；并且（2）依系于在机会公平平等的条件下职务和地位向所有人开放"①。这两个正义原则的要义是平等地分配各种基本权利和义务，同时尽量平等地分配因社会合作而产生的利益和负担。尽管罗尔斯的"正义论"尚不全面，但他意图通过"对康德的义务论和传统的社会契约论重新解释，以期对功利主义伦理进行真正的批判"。如此的批判与"正义"的反思，对于西方资本主义社会发展和文明具有划时代的意义及精神高度，从中明显感受到对中世纪康德的义务论的传承，以及对功利主义的纠正，具有一种博大的基于社会正义的爱和达成至善的个人努力，"正义论"也是对实现社会至善的一种伟大的现实性追求。

近现代西方如何实现"老龄"的道德形态？是提供社会保障。这是实现公平正义的重要制度设置，"给每个人所应得的"是社会公正理念的核心。实现公正需要通过特定的制度或政策体系等中间环节。社会保障作为现代国家依法建立、政府主导的旨在为社会成员在遭遇各种生存风险、个人及家庭难以维持基本生活时提供基本保障的制度安排，在公正理想变成现实中发挥着桥梁或中介的作用。"社会保障制度是由国家对于那些缺乏经济和物质保障的社会成员给予有条件帮助的复杂和高度规范网络中的一个主要部分，其目的是满足他们的基本需要。"② 不仅如此，社会保障还指向了提高生活质量这类高一级的目标，乃至包括人的全面发展，"营造一种与社会经济发展相一致的、公平合理的、促进社会可持续发展的社会福利制度；强调以人为中心设计社会福利制度或计划，以社区为立足点和出发点，发动和鼓励所有社会成员积极参与，挖掘自身潜力，实现人生价值，追求生活质量"③。现代社会不断走向民主，强调个人的自由和权利。国家不再是一个大家庭，个人也不是家庭中的"子女"，而是具有公民身份的独立个体。因此它的另一重要目标是促进人的自立，保证人的尊严。

道德的文化使命是建立个体性与普遍性之间的同一性关系。这需要在

---

① ［美］约翰·罗尔斯：《正义论》，何怀宏等译，中国社会科学出版社1988年版，第56页。
② ［英］内维尔·哈里斯：《社会保障法》，李西霞等译，北京大学出版社2006年版，第4页。
③ 陈红霞：《社会福利思想》，中国社会科学出版社2002年版，第24页。

社会生活中对所有社会成员培育一种共同的觉悟，"老龄"作为个体生命的终老阶段，其道德形态的建构需要家庭—社会—国家实体的每一个成员学习拥有一种伦理的觉悟，将"老龄"一视同"人"，保障其同等的幸福生活是一种道德情操的涵有，共同追求生活质量，实现人生价值。社会保障成为西方近现代"老龄"道德形态的正义价值判断，并且以此彰显了近现代西方"老龄"伦理形态的一种和谐。

D. 近现代转向中的中国老龄伦理形态

老龄伦理作为个体生命在终老阶段所需要的一种精神性内涵，其目标与上述追求"生活质量"与实现"人生价值"，以及"促进人的自立，保证人的尊严"是一致的，具有共通性，社会保障是老龄伦理的基础条件，也是现代老龄伦理形态的实质内容之一。

近代中国进入中华民国后，民生、民权、民族的"三民"主义形成一个统一概念，民生成为国家政策的理念。但是孙中山病逝后，中国从此踏入民族解放运动的洪流。蒋介石以传统儒学为立国之本掀起新生活运动，一度回归到封建时代的伦理体制。毛泽东则提出战时以政治革命和民族运动为优先的伦理思想，并且一直持续到新中国建设，推翻封建体制，开展土地革命，可是建设人民公社和反右斗争引起经济停滞，"文化大革命"又使中国伦理陷入造反有理的混乱局面。因此这一时期的"老龄"伦理形态也发生了重大转变，即原有的分家制度丧失后，传统上以土地为媒介的老龄赡养呈现出转折点。人民公社禁止私有，土地作为生产手段属于集体，理论上农民的生活从此将由国家集体负担，家庭伦理形态中的个人孝行似乎失去其固有的必要性。然而这一转折却给人民公社解体后"老龄"伦理的孝道精神及传统价值观的解构留下阴影。首先，由于土地的收益与分配权再由集体转移到家庭，老龄赡养由集体转变为家庭责任；其次，土地产权的分离与不完整性使老年人无法实现原来的继承与资产功能，子女将从集体获得土地而不是从老年人手中获得其需要的财富积累；最后，原本依存于集体的群体监督与罚责伴随集体化的解体失去了约束力。最终，有无子女、子女数以及子女的意愿，成为此阶段老龄赡养的重要影响因素。这表明这一阶段是近现代中国"老龄"伦理形态中社会化的探索时期。

市场经济改革后，中国"老龄"伦理形态面临如何从家庭主导转变为国家政策主导。由于中国社会结构形成的三大差距：阶层、城乡、贫富的差距，以及改革发展的成果分享不公现象，特别是独生子女政策施行呈现出"老龄"家庭伦理中的4—2—1结构，甚至存在8—4—2—1结构以及空巢化，直接导致"老龄"家庭伦理的事实性破灭。另外，计划经济时代的"单位制"也处于瓦解过程中，这使得中国"老龄"社会伦理失去了原有体系的安全性和有效性。"单位"是中国现代社会介于家庭和国家之间伦理安全的承载实体或制度性安排，是兼具伦理、政治与经济多重功能的过渡机制，它的存在将家庭—社会—国家三大伦理实体有机地关联。"单位"作为"第二家庭"曾经实现伦理实体的诸项伦理功能，在介于家庭和国家之间维系了伦理安全的实体功能，而"老龄"个体就是通过"单位"伦理实体的精神观照，直接地与国家伦理实体保持着普遍的价值同一。

中国经历了四十多年经济改革后，原有的"单位制"社会伦理安全保障体系已被打破，取而代之的是"经济实体"性质的"后单位制"，它在事实上造就了"无归属"人、"无单位"人群体。尽管人类社会的先进历史发展在经验上表明进入"市民社会"的所谓光明前景，但是对于中国的"老龄"伦理形态的转向，它可能仅仅是一个神话，带来的可能是一个缺乏归宿的伦理形态。而当独生子女邂逅市民社会神话，它意味着"伦理人"颠覆，就是当代"伦"的终结。"伦理人"被颠覆，人失去了传统伦理文化意义中的"家"、家族及家庭；再也没有"单位"伦理实体接纳，提供人在现实生活和精神世界中的安全保障和回归的属地；而"国家"伦理实体正在迈向市民社会过程中寻找一种新的存在模式，比如一种担负较少的"小国家"，将管理权下放给"大社会"，希望在既有的社会发展经验中重新安顿"国家"自身的所在。于是家庭—社会—国家伦理实体曾经有机构建的"伦"失却了，最终造成中国"老龄"伦理形态的实体虚空。

近现代"老龄"伦理形态基于"理性"的转向内含着西方对于至善、和谐、正义的伦理追求和努力。然而随着中国走向市民社会的步伐，实质却遭遇了"老龄"伦理实体空虚和个体被弱势化的困境。如何摆脱这样的困境是"老龄化时代"的到来必须做出的理论回应。

3. 老龄化时代的伦理形态:基于"共生"

从人类文明史看,人类社会整体正由前示型社会向后示型社会发展的过程中,这是文明史上两种不同的文化气质,西方学者曾将社会分为前示型、后示型与互示型三种形态,前示型社会的特征是老师或长辈作为年轻一代的人生导师,引导社会前进;后示型社会的特征是年轻人引导社会前进;互示型社会则表现为相互影响。[①] 世界正逐步进入老龄化时代,社会的发展经过前示型社会(传统中国)、后示型社会(近现代西方),当代正处于互示型社会的历史进程中。如果说前示型的"老龄"是引领身份,后示型的"老龄"是弱势存在,那么互示型的"老龄"则应当成为社会生活的主体之一。"老龄"应纳入一种共同体生活,因为只有在这种共同体生活中,"老龄"才能实现其个体生命发展中必然以及不可或缺的伦理回归。基于"类生命"的伦理觉悟,"老龄"向伦理实体的复归终将成为"人类"实现其共同体或伦理实体的终极目标即生态和谐的必然路径。"老龄化时代"的伦理形态是什么?个体生命中的"老龄"需要关怀,"老龄"实体回归的本质就是伦理关怀,"老龄化时代"的伦理实体关怀则是"老龄"在共同体生活中实现与诸群体之间的价值对话,有望达成一种共生形态即生态和谐。正如黑格尔所言,如果从世界历史看,"老年"却是高度成熟的光辉的世界。或许随着"老龄化时代"进程的推进,"人类"历史,其"世界精神、世界历史在经历了漫长的历程之后,终于回到了自身,历史终结了,不再向前发展了"[②],从而可能实现对自身的超越。

A. "老龄化时代"的伦理风险

"老龄化时代"所面临的伦理风险有两个方面:一,家庭、社会、国家伦理实体孤离的风险;二,家庭—社会—国家实体关怀脱节的风险。

---

① 樊浩:《我国社会文化"多"与"一"的现状和特点》,《江苏行政学院学报》2009年第5期。

② [德]黑格尔:《历史哲学》,王造时译,世纪集团上海书店1999年版,第26页。

首先，当代老龄化社会进程中，家庭伦理实体出现了疏离老年人、代际关系呈现下移、老龄人被孤离的风险。当代社会传统家庭形态发生急剧变化，孝道等道德观面临缺失。家庭形态的重大变化使得家庭结构和功能产生了分化和解体，来自血缘关系的伦理功能因而减弱。现代市民社会中契约化的以个人为中心的价值观极大地冲击着传统的血缘纽带维系的家庭伦理，使传统社会中家庭既有的对于下一代的抚育功能与老一代的养老功能，即双向平衡的抚养和赡养关系被打破。代际关系的重心迅速下移呈现单一化特征。传统社会的家庭中心是老年人，而现代家庭的代际重心几乎都是孩子。普遍的社会现象是亲代对子代有极大付出；但另外，子代对亲代的赡养、照料和慰藉却越来越少，甚至出现了不敬、不尊、不养，或者有养无敬、有养无爱的状况。单一化的倾斜使传统的家庭养老功能受到严重冲击，孝道等传统道德观表现出缺失的局面。几千年传承的道德伦理规范正在发生剧烈变化，即漠视或漠然地应对父母等老一辈的关心和照顾，当代所谓重幼轻老的价值取向正日益普遍，"养老不足，爱子有余"，甚至在价值观上形成一种普及。家庭形态的变化已经在社会产生了严重的"空巢"现象，特别是"老龄"的精神"空巢"尤其令人关注。"空巢"现象已经表明，当代家庭中的代际关系向着平等互惠的市民社会契约化方向发展，它使得老龄人在原有的赖以实现养老功能和精神归宿的家庭伦理实体中被孤立了。

随着经济发展的浪潮日益推进，传统社会快速转向市民社会的形态，市民社会中对财产等私有权的承认，以及政府以管理者的姿态出现等社会契约化现象逐步盛行。传统社会以家庭为基本单位，但如今家族本位的形态日趋瓦解，更为重要的是，原有的介于家庭和国家之间承担着赡养载体的共同体性质的社会正逐步向市民社会过渡，在此过程中，社会中的个体以"我"为中心生成了个人中心主义的价值观。在对个人利益一味追求的当代社会价值观影响下，"老龄"难以找到，甚至找不到社会实体的价值认同或者承认，从而何谈尊重老人。于是"老龄"就在市民社会利益的追逐中陷入被孤立的境况。

其次，需要关注的是家庭—社会—国家实体关怀脱节的风险，即三大实体彼此之间对"老龄"关怀的脱节，未能形成一个有机生态的关怀体系。

如果从伦理实体的关怀体系来看，就要解释伦理实体是什么的问题。黑格尔说，"伦理是一种本性上普遍的东西"。这种普遍就是所谓实体，实体即人的公共本质，即共体或普遍物。伦理意义上的伦理关系不是个体与个体之间的关系，而是个体与他所处于其中的那个实体的关系，这个关系的要义是：个别成员的行动以实体为其目的和内容。伦理行为的内容必须是实体性的，也就是，必须是整个的和普遍的；因而伦理行为所关涉的只能是整个的个体，或者说只能是其本身是普遍物的那种个体。因为伦理本性上是一种普遍性的东西，所以伦理实体对"老龄"的关怀就是在终极阶段对于人对自己的普遍本质即伦理性实体的追求给予认同，并且接纳其皈依。在黑格尔的现象世界中，伦理性的实体是一个辩证体系，它或者是由家庭与民族构成的伦理世界，或者是由家庭—市民社会—国家构成的有机系统。这样，家庭—社会—国家实体关怀的脱节，即没有在"人"的终极回归的普遍性意义上形成一个有机关怀的体系，"老龄"作为一个个体，难以实现其向实体回归的终极目标。

当代社会的三大伦理实体的体系呈现碎片化特征。家庭的小型化及核心化使"老龄"的直接和自然的伦理实体功能弱化；共同体性质的社会转变为市民社会，使社会沦为利益追求的共同体，"老龄"的关怀就成为一个伦理的风险；现代国家构架下的"国"已经不再是那个权利"理性"下的"国"，同时当"国"不再是"家"，"老龄"的关怀与皈依将置于何处？

而这两大伦理风险归根结底又是与社会、经济、文化密切关联的风险。"老龄"伦理风险既是一种精神风险，更是现实的、深刻的社会风险。

B. "老龄"的伦理安全与实体关怀

"伦"是什么？"伦"是实体，是家庭和民族的实体，它是具有精神和社会意义的中国话语。理即规则或法则。伦理在西方是指社会的风俗习惯与个人的品质气质。"伦"的英语是 Ethics，这个词来自希腊文，前半部分是品质气质，后半部分是风俗习惯的意思。人类行为的是非善恶，主观的表现是内在的品质与气质，客观的表现是外在的风俗习惯。其行为依循固定的风俗习惯来表现品质与气质。这是西方文化中伦理的概念。

伦理既是伦之理，即人伦、天伦之理，也是回归伦之理；伦理是客观与主观、实体性与主体性的同一。由此"老龄"伦理安全的内核有三方面：文化承认；实体接纳；实体回归。文化承认即意味着实体对个体的承认，对其作为实体中的一员的认同；实体接纳的意思是指老龄人从强势逆转向弱势，需要获得实体的包容与接纳；实体回归就是老龄人作为个体，其终极目标就是实现向实体的回归。

承认理论出自黑格尔的《精神现象学》。在"我是什么"的问题论证中，他认为，只有在精神中并通过精神我们才能够知道我是什么，只有哲学才能认识精神，哲学就是精神的自我意识，《精神现象学》就是开辟一条从自我意识通向精神的道路。① 在这条道路上，承认的问题凸显出来。我只有被他人承认，才能意识到自己，不是我思故我在，而是我被承认故我在。"人就是承认的欲望"，因此人类历史就是人争取普遍承认，承认欲望获得满足的过程。② 黑格尔说，"我就是我们"③，主体非孤立的原子主体，而是实体的主体，只有复返在实体中并通过实体，主体才是主体。主体之向实体复归的过程也是主体争取承认的过程，或者说承认的运动推动了主体向实体的复归。一方面主体通过承认摆脱孤立状态，成为社会性的；另一方面承认使得主体结合成国家实体。自我意识是自在自为的，但也是为另一个自我意识而存在的，"它所以存在只是由于被对方承认"④。承认是相互的，对方所以存在只是由于被我承认；我之所以存在是因为承认对方的同时被对方所承认，我因承认而被承认，我被承认故我在。因此国家实体对个体的承认与个体向实体的复归，就构成了"老龄"伦理精神的核心内涵的一方面。

另一方面，复归即意味着在精神上对回归家园的探询和追求，复归就说明人在精神发展中与生命历程同样，有一个孕育与诞生，成长与反思，最终走向回归的路程，它也是人从自我意识到追求精神同一的一条道路。人如何去寻找到一个精神与具有现实意义的家园？通过反观人的存在，生

---

① [法] 科耶夫：《黑格尔导读》，姜志辉译，译林出版社2005年版，第339—341页。
② [法] 科耶夫：《黑格尔导读》，姜志辉译，译林出版社2005年版，第556页。
③ [德] 黑格尔：《精神现象学》（上卷），贺麟译，商务印书馆1979年版，第122页。
④ [德] 黑格尔：《精神现象学》（上卷），贺麟译，商务印书馆1979年版，第122页。

命之存在及其发展就是我们可能追溯的自然的和直接的有效路径。在人的生命进程中，每个个体都经过这样一个生命的巡进：从胚胎孕育到从母体中诞生，从在母亲的怀抱中长大到成人独立离开母亲及其血缘的家庭，成为社会人，一个有独立人格和个性发展并且寻求社会认同的青年、壮年，再到迈进老年，更多的是寻找回归之路，主要是找寻可以在精神上安顿自身，拥有一个能够接纳自己和精神回归的价值上同一的生命归宿。首先，母亲赋予人一种天然的和自然的安全感，一个婴儿一般依赖于母亲的怀抱需要三年，这也印证了父母死后要为其守孝三年的儒家孝道的规则；成人后离开与生俱来的血缘性家庭，自我意识逐渐清晰，开始反思和独立，准备和建立以"我"为血脉之一的新血缘家庭。这个青年期的成长与发展过程相对漫长，它既是一个从原有的家庭实体独立出来，但又与之难以割舍，更多则是精神上的成长时期，母亲的爱与父亲的社会性权势继续给予他成长中所需安全感的一部分，但是另一部分，他还需要寻求一种作为独立人格的社会人的安全感，即社会大家庭给予他的认同，那是一种"同胞"意识。这个在精神上与之同一的大家庭就是民族的伦理实体；直到老龄期，生命逐渐老去，青年时期的强势转向弱势，这个时期寻求的是终极回归与实体承认，以求最终在精神上和现实上回归家园，即指向生命终点的归宿。

再者，实体回归。当人成长为社会人，家庭的自然伦理安全体系进入社会化，它分别有两个过程，一是作为同胞得到种族与民族伦理实体的承认；二是作为公民得到国家伦理实体的承认。从这个意义上，"老龄"的伦理安全，其精神就可以解释为一种从始点到终点的生命陪护或实体关怀，它意味着不孤独，与实体的认同，一个单一物的个体与普遍物的伦理实体的统一。而"老龄"的终极伦理也意味着死亡成为一种"伦理事件"，即回归家族。在中国传统文化中老龄人的终极伦理回归就是一种叶落归根的寻求，即回到家族的坟墓，死亡不仅是一种生命终结，而应当成为"伦理事件"[①]。

于是，"老龄"的伦理精神本质就是建构起"伦"的安全，即承认与回归实体的可能，如何给予"老龄"一个精神与现实的家园。

---

① 樊浩：《中国伦理精神的历史建构》，江苏人民出版社1991年版，第45页。

人作为一个生命从母体中诞生，虽然离开了母体但还不能独立，依然保持对于母亲、对于怀抱的需要，在成长过程中也只有在家庭的怀抱中才能获得安全感，这是人类的自然属性对于"关怀"的需要。同样地，当个体从实体中分离，他就始终怀有对于这个实体的怀抱的需要，这是一种根本上对于"关怀"的需求。人的生命历程也是一部精神发展史，既是自然存在，也是伦理存在。前者是人的自然体，后者是灵魂，是法、道德、伦理。"生命"是一个辩证过程，包括（时间意义上）生命、生活、人生。人的"生命"所组成的世界是一个实体。单细胞的对立扬弃产生人的生命，家庭中每个人都是一个家庭成员，相互依赖形成家庭实体；每个人都不独立而是实体的一部分，子女的成长使家庭分裂产生对立物即市民社会，家庭不再是实体；到了国家又产生扬弃，人复归成为民族的公民。人生是一个"生命"过程的整体，与伦理行为相关，指向一种必然的回归。黑格尔认为，人死后回到他的实体性中，回归实体是生命的一种普遍现象。当回到实体时，个体完成了，个体自身就与实体统一了。

人的存在是有限的，却又有着无限的超越性本质，为了实现达到永恒的一种精神渴望，终极关怀成为人类超越生死的基本途径。它能化解生存和死亡、有限和无限的对立，克服人类对于生死的困惑与焦虑。生命的产生是自然进化的一次重大飞跃，人的产生则是生命进化的一次重大飞跃。但生命作为生命仍然要受自然支配，自然通过环境主宰生命。人的出现把生命变成了"自我规定"的自由存在，使生命摆脱了自然的绝对控制和主宰；种生命是有限的，类生命则是无限的，人的产生把有生有死的生命引向了永恒和绝对。"类生命"是自为生命，仅仅属于人所特有。这种生命突破了个体局限与他人、他物融为一体，因而获得了永恒、无限的性质；它体现在不同个体身上，表现的价值是互不相同的。人作为生命个体而存在，却能够把诸多个体生命凝聚为统一整体，并以内化的方式去转化外部世界的自然力量，体现出人与人、人与自然的本质的同一，表现了人已超越物种限制，把生命变成自在与自为、自我与他我、内存在与外存在、小我与大我相统一的"类生命"本性。个体必须获得类的规定，他才能够作为人而存在。人类文明本是一个实体。古人设想天地未开之前是浑然一体的状态，自从盘古开天辟地，这个原本一体的实体分裂了，分裂出江河湖海，天地山峦。接着出于实体关怀（对个体的关怀）的需要，女娲补天羿射九日，为民除害，安邦天下，实际上是对天下人的一种关怀，人类始得以安居。但这些尚为神话故事，人类还没有"关怀"的意识。

人有了"类"的自我意识后，需要伦理上的教化。个体与实体本来是不分的，一旦有了"我"的意识就需要教化。教化就是自然存在的异化，自然存在就是伦理世界。教化是把他的自然本质加以改造，这是肯定性的本质。教化就是对自己的肯定手段，是规定和异化自身的自然状态，在一个共体中肯定自己的个体性，让自己的个体性在实体中获得肯定和有效性，获得现实性的手段。

"老龄"关怀的公共本质就是对人的实体的尊重，是对类生命的尊重。"老龄"是个体必将经过的终末阶段，是作为一个人回归家庭实体的最终过程。关怀这个群体就是关怀人类的整个个体，是关怀每个个体自身的行为。对"老龄"的关怀是一种伦理觉悟。伦理就是一个共同意志，伦理的出发点在于他是一个人，按照人的实体，从人的实体出发，"而且是一切个人的目的和目标"。一方面要成为一个人，另一方面要尊重你是一个人，这是对实体的认同。"老龄"是生命历程的呈现，"老龄"关怀就是对于人的终极关怀。从生命诞生开始，每个人的生命过程中都有风险，不可避免地面临老龄如何渡过的风险。而在生命以及人类整个的生命谱系中，老龄阶段是必要承担的风险。于是对"老龄"的关怀实际是对自己生命的一种敬重。敬重自己的生命，敬重整个"人"的生命。关怀"老龄"就是伦理行为，即肯定自己是一个"人"，就是像"人"一样地行动，孝敬父母。这样的本质就是对自己生命实体的一种尊重。

C. "关怀"—"共生"

伦理追求价值，伦理是精神性的。"关怀"是当代文明的价值体系中重要和必要的一个概念。人类的文化生存需要通过与自身的历史性对话或者反思来获得认同和"根"的感觉，"关怀"作为一种文化精神，关乎人类的永恒福祉和生命伦理。"关怀"与文明社会追求个人道德完善、维护公众利益的本质相一致，"关怀"是以涉及关注、责任、能力和反应为特征的现代美德范畴。作为一个新的具有时代意义的伦理学核心概念，"关怀"伦理的含义是关心、照顾、关切、爱护、关爱等，这些都与善的生活经验相联系。在关怀伦理学中,它被引申为人与人之间更富人性的伦理关系范畴,是针对人性提出的一种全新的德性要求。在"关怀"的具体行为中,包括层层递进又密切相关的几层含义:第一,承认人不仅作为一种物质生命的存在,更是一种精神、文化的存在;第二,承认人无论是在推动社会发展还是实现自身发展方面都居于核心地位或支配地位;第三,承认人的价值,追求人的社会价值和个体价值的统一、作为手段和目的的统一;第四,尊重人的主体性,人不仅是物质生活的主体,也是政治生活、精神生活乃至整个社会生活的主体;第五,关心人的多方面、多层次的需要;第六,促进人的自由全面发展。

"老龄""关怀"本身是一种价值判断。"老龄"是权威和尊严的象征,是社会发展的贡献者,也是对人生境界和自我价值积极的、继续的追求者。关怀"老龄"的终极意义就是落实到对人类实体的关怀,同时也是对实体中的个体关怀。"关怀"就是一种对于人类的德性要求,人类需要学习拥有关怀"老龄"的意识,通过关怀的德性实践,为文明的进程发展、为文化精神的树立,发挥和实现自我并促进达成人的自由全面发展的道德终极目标。实际上,个体的实体性对于个体是一个不可逃避的命运,这是一种悲怆情愫,包含某种必然性,也包含意识信念。黑格尔说,悲怆情愫是渗透于个体整个存在的、决定着他的必然命运的一种感情因素。悲怆情愫就是每一种个体都重塑每个实体,并按照这个实体的规律去行动。

"关怀"的价值体系是慈与孝的生命巡进。生命开始需要慈。黑格尔在描述夫妻关系时说,"一个意识承认自己即在另一个意识之中的直接的自我认识和对这种相互承认的认识"[1]。夫妻关系是一种认识,是一个意识承认自己即在另一个意识之中,也就是我从对方身上认识到自我。夫妻关系并不是在他们的关系中实现,而是在他们的子女中得到实现。父母与子女的关系是相互依赖的,一是父母对子女的慈爱,二是子女对父母的孝敬。黑格尔认为是出于"两种感情",他说,"父母对子女的慈爱正是从这种情感中产生的"。这是什么样的情感?"他们意识到他们是以他物为

---

[1] [德]黑格尔:《精神现象学》(下卷),贺麟、王玖兴译,商务印书馆1979年版,第6页。

其现实"。子女是一种他物，父母对子女的爱是觉得子女是他们夫妇关系的一个现实，是"爱的结晶"，这就是慈爱。结晶与现实是一致的，就是眼见着他物成长为自为存在而不返回到母体。对青年人的慈，就是对自己的"关怀"。这是来自生命的生长、成长以及成熟过程的体验和体悟，是一种自然属性，也是觉悟。孝则是一种提升。个体在生长过程中通过对生命的体验，了解和意识到成长即是从父母生命的枯萎中上升。孝就是人类生命本身的一种觉悟，这是一种巡进，上升式的巡进。孝敬是一种自我意识，是对生命的实体、对生命源头表示敬重。人类生命发展的历史进程就是一场生动的生命巡进。从婴儿到幼年，成为青年，进入老年，人类在生命的巡进中体悟、学习由慈到孝，直至相互"关怀"的价值体系的需求和构建。自然世界中沧海桑田的变迁和物竞天择、适者生存的万物演变的历程，在伦理世界和教化世界中则是慈与孝的生命巡进，并向着关怀和道德感的价值追求演进。

关怀基于承认。"人"作为生命的个体，之所以成为"人"是有价值的尺度衡量，具有"人"格。人的存在并不因其社会地位和现实成就等特殊性的偶然、因人而异的功利基础而值得尊重，而仅仅因为是一个"人"就足够成为尊重的理由。尊敬他人为人，即承认他人与自己一体，存在于同一个共同体中，成为一个可以称为"我们"的普遍的公共物。只有以价值尺度衡量，才是对"人"的正确认识。正是在此意义上，黑格尔提出："所以法的命令是：'成为一个人，并尊敬他人为人。'"① 恩格斯指出："人来源于动物界这一事实已经决定人永远不能摆脱兽性，所以问题永远只能在于摆脱得多些或少些，在于兽性或人性的程度上的差异。"② 在这个意义上，他把人的发展归结为两次提升：一次是人在物种关系方面把自己从其余的动物中提升出来，另一次是人在社会关系方面把自己从其余的动物中提升出来。这表明，人是不断生成的，成为人就意味着始终处在途中，人必须通过自己的自觉活动来不断塑造和完善自己。所以黑格尔说："人间最高贵的事就是成为人。"③ 成为一个人意味着，"人

---

① [德]黑格尔：《法哲学原理》，范扬、张企泰译，商务印书馆1961年版，第46页。
② 《马克思恩格斯选集》（第3卷），人民出版社1972年版，第442页。
③ [德]黑格尔：《法哲学原理》，范扬、张企泰译，商务印书馆1961年版，第82页。

意识到他的纯自为存在的那种自由的单一性。作为这样一个人，我知道自己在我自身中是自由的，而且能从一切中抽象出来，因为在我的面前除了纯人格以外什么都不存在"①。这里的所谓人格，就是"人"之为"人"的资格，也就是"人"何以成为"人"以及通过什么而成为"人"的基本条件。这里的人格概念根本上说是一个生存论意义上的人格。一个"人"只有作为社会活动主体，才具有人格；一个"人"只有具备了独立的人格，才能成为真正的主体。完整自主的人格使人成就自己的主体资格，提升自己的生命质量，驾驭自己的人生方向；使"人"实现自我价值，获得健全个性，拥有"人"的尊严。对"老龄""关怀"，就是个体对于与自己具有同一性的那个生命主体走向末期的一种价值认同，存在着相互承认。只有相互承认，才能获得一种完整的实体感。

人类社会的发展也经过了一个漫长的历史过程，在哲学意义上是一个从必然王国走向自由王国的历史。在哲学范畴内，人类认识世界和改造世界的根本目标就是认识必然、争取自由，实现对必然的超越。也许这样一个不断谋求发展、征服世界的目标就是人类发展的宿命，然而"敬畏"则是人类社会实现从必然王国向自由王国的进程中不可缺少的价值坐标。人的全面和自由发展是社会物质和精神多方面条件协调发展的结果，其中最根本的条件是生产力的充分发展。随着社会经济发展日渐成熟、日趋完善，人类必将在文明文化的多方面实现由必然王国向自然王国的伟大转变。可以说，这也是人类社会发展追求的一个宿命。同时世界历史已经进入关注"人类"的主体意识，进行自觉思考并努力寻求升华。关注并转向"人"的内在生命存在就是关注"人类"自身的现实内在生命存在。如果没有本体论的现实"关怀"和身份认同，没有超越"人"的外在生命存在之外的"人"的内在生命存在的转向，"人类"将无法在世界历史的进程中继续发展。

"关怀"伦理的提出者吉利根强调，关怀伦理应当与正义伦理并存。只有坚持正义的伦理，"关怀"的社会伦理性才能始终维护公正、公平与平等的价值体系，社会也将由此步入一个整体向善的轨迹。这样，个体才实现自身的完善，实体才能获得升华，二者统一则最终能够实现社会和

---

① ［德］黑格尔：《法哲学原理》，范扬、张企泰译，商务印书馆1961年版，第82页。

谐。"关怀"的主体是人，人类不断发展进化，从对自然生命的理解和敬畏，成长为对人类生命的个体权利要求以及对于个体生命的质量追求。因此"关怀"是个体生命保持与整体人类同一感的伦理需要，只有实现了"关怀"，才能真正做到敬畏生命，追求永恒。基于西方"关怀"伦理的方法，如何实现当代的"老龄"关怀？需要对传统伦理进行转换。应以传统伦理为基轴，纳入西方伦理的视角，寻求中西"关怀"伦理的融通。"老龄"关怀就是在个体生命逐步走向生命终结的过程中，作为关怀者与被关怀者需要建构并实践一种德性修养。

"老龄化"是人类社会发展的必经阶段，"老龄化时代"是人类历史进程中的成熟时代，构建一个互相依赖的共同体，以互惠"共生"的理念建构这个时代的伦理形态，是人类社会的要求和必然趋势。"共生"理论认为，共生是自然界、人类社会的普遍现象；共生的本质是协商与合作，协同是自然与人类社会发展的基本动力之一；互惠共生是自然与人类社会走向成熟的必然选择。从共生理论到成熟社会，"共生共存、和谐发展"成为二者的精髓和灵魂。依据"共生"理论，"老龄化时代"的伦理形态就是应在社会成员之间构建"共生关系"。具体而言，"老龄化时代"的"共生"伦理建构与三要素相关，即作为主体的庞大的老龄群体、作为载体的后示型社会国家以及作为人和社会的精神生命的伦理形态。因此"关怀"伦理就是一条必然的德性之路，使我们以一种善的道德动力相互对话，彼此依赖；同时需要国家实体的伦理主导性，使建构的伦理安全体系保持和谐；更需要倡导传统伦理和关怀伦理之间的普遍"爱"，使原生的"敬畏"伦理形态实现回归，皈依于"人类"共同体实现"共生"的精神家园。

二十五　情理主义的伦理精神传统及其现代形态

情理主义何以成为中国文化、中华民族的重要精神标识？为何能够渗透到中国人的心灵深处至今发挥着难以磨灭的作用？其根本原因就在于中国以"情"为主、情理合一的情理主义伦理形态成为中国高度成熟的伦理—道德形态的人性基础，它既是中国伦理型文化的人性前提，又是伦理道德发挥作用的精神动力。当然，形成传统社会的中国情理主义伦理精神传统面对新时代社会现实需求的巨大挑战，其自身价值理念与现代化欲求之间又存在冲突和矛盾，甚至某些价值理念成为中国现代化进程的思想障碍。因此，中国情理主义伦理形态作为一种传统资源，如何为中国现代化进程提供伦理上的精神支撑是不可回避而又极其复杂的时代课题，同时也是中国情理主义传统构建现代形态的历史契机。基于中国现代化进程的现实需求和中国情理主义伦理精神传统的根本价值指向，我们立足于当代中国文化政策中"创造性转化"的时代呼吁，引入伦理道德的"形态"理念和"形态学"理论，深度挖掘中国情理主义伦理精神传统的"中国经验"和"中国智慧"，反思和探讨中国情理主义伦理精神传统的现代形态构建问题，以期进一步拓展和深化中国传统伦理的"形态学"理论研究，进而为中国现代道德建设提供可资借鉴的传统理论资源。

1. 永恒追问：人何以为人？

人何以为人？！自从人类产生自我意识，这一追问便成为世界不同民族设计自身文化的核心问题。同时这一问题也蕴含着深厚的人文智慧：只有人才会思考和追问这一问题，对这一问题的回答彰显着人自身的本质和力量，因为人在追问和回答这一问题时，不仅仅只是停留在思维层面、意识层面，而是通过实践寻求"什么是人"的答案。如何回答这一问题决定着不同民族的文化发展类型：从"超自然的力量或存在"出发回答这一问题，开创了宗教型文化；从人的伦理实体性出发探讨人的本质，开创了伦理型文化。纵观人类文明史，无论哪种文明类型在追问这一问题时，都给出了一个共同回答，即人的同一性追求是人的本质属性。人之生命的终极意义和终极价值都展现为人向同一性的归属：西方基督教文明认为世界的"一"是上帝，世俗世界中一切人的终极归宿应当是回到上帝身边；佛教文明认为，"佛"是世界的"一"，人的终极归宿也是最美好的归宿是"得道成佛"；而以儒家为代表的中国文化则认为"仁者，人也"，人的终极价值在于与他人伦理地在一起。而人类文明对"人是什么"这一问题的"同一性"回答又延展为两个一而二、二而一的道德哲学问题，即"人应当如何生活"的道德觉悟和"我们如何在一起"的伦理追问。

　　人类文明对这两个问题的回答，首先是以一种基于人性论的预设方式进行探索，这种预设性的追问方式一方面揭示了道德哲学以人性论为理论预设的文明真理，另一方面揭示了人类世界中"是"与"应当"之间的区别，并提出一个深刻的极具现实性的道德哲学难题：人类如何从"是"的陷溺中挺拔出来成为实体的存在、"善"的存在。从"是"的角度看，人在与宇宙、自然同一时，先天的具有自然情欲的内在需求，人作为自然存在，具有自然本能性，并服从生老病死等自然规律；从价值的角度看，由于自身的精神本性，人又不会被动地服从自然本性，而是发挥意识、意志的能动性，努力从自然欲求中超拔出来，凸显人作为主体的存在，"人应当如何生活"的精神觉悟也由此开启，并永久地面临着两种截然相反的选择：一是能动的、极致地发挥人的自然欲求，强化人的主观任意性和个别性存在，以致陷溺其仁爱恻隐之心，使"人"与同一性追求渐行渐远，"今人之性，生而有好利焉，顺是，故争夺生而辞让亡焉；生而有疾恶焉，顺是，故残贼生而忠信亡焉；生而有耳目之欲，有好声色焉，顺是，故淫乱生而礼义文理亡焉。然则从人之性，顺人之情，必出于争夺，合于犯分乱理，而归于暴。故必将有师法之化、礼义之道，然后出于辞让，合于文理，而归于治。用此观之，然则人之性恶明矣"（《荀子·性恶》);二是超越人的自然欲求和扬弃人的主观任意性,使"人"的生命展现为向上、向善的终极追求,"人虽有动物性,而他的本愿总是向上。人总是以好善恶恶,为善去恶,为本愿,这是人人所首肯的。没有人甘心为恶,以恶为本愿。动物性本身无所谓善恶。以向上向善为本愿,则动物性的发作,夹杂,驳杂,甚至于乖谬邪僻,那都是本愿的提不住,扭不过,那必然是有的。但人总有一个向上向善的本愿,这是一个正面的标准"[1]。正是这种向上向善的本愿和动物性的自然欲求以及本愿的提不住(即主观任意性)之间的此起彼伏构成人类精神文明史。同时"我"的凸显也使人类陷入文明纠结中:"人"的伟大之处在于既先天地与世界同一,又能从世界中挺立出来,自觉地认识和反思人与世界、人与人、人与自身的关系,并把这种认识和反思凝结成"理念"能动地作用和实现于客观世界,创造出服务于人的人类世界,但是人类的矛盾和纠结乃至于生存危机也正源于"人"的这种伟大:人从自然中挺立出来的极端结果是人对自然的征服反而使人陷入"生态危机"中;个别性的"人"从人之"类"中挺立出来的结果是导致"大道废"的文明忧患,乃至于发展到今天人背离自己的同一本性而成为"碎片化的存在"。

"我"的凸显造成的文明纠结以及人类追求同一性的本质,又使"我们如何在一起"成为更为根本的文明追问。"我"作为具有意志存在的生命个体,在理性反思和主体的建构中,"我"从"类"中分离出来,但是我之生命的意义和价值在于回到"类"的"同一性"中,"人之有道也,饱食、暖衣、逸居而无教,则近于禽兽。圣人有忧之,使契为司徒,教以人伦:父子有亲,君臣有义,夫妇有别,长幼有序,朋友有信"(《孟子·滕文公上》)。所谓"人之有道"实际上表达的就是"我"之"应当",而这个"道"的标准或道德哲学表达就是"人伦",即是说,"人应当如何生活"之"应当"的客观前提和合法基础是"人伦"。"人伦"的道德真义是伦理实体性,"'人伦'的伦理本质,就是个别性的'人'这个'单一物'与'伦'这个普遍物或'人'的实体统一的关系。'伦'既是单个的人的公共本质,也是人的生命的共体……在'人伦'中,'人'与'伦'的关系,既是'人'与他们的类本质或公共本质的关系,

---

[1] 牟宗三:《历史哲学》,吉林出版集团2010年版,第6页。

更是与作为他们的生命根源并绵延不断的生命共体的关系"①。而且"伦"作为一种公共本质或伦理普遍性,其道德哲学功能就是为人超越自身自然情欲和主观任意性提供根据,即人要从"禽兽"中超拔出来,必须做到"父子有亲,君臣有义,夫妇有别,长幼有序,朋友有信",个别性的人成为"伦理性的存在"本质上就是成为与伦理实体同一的存在。由此,"人应当如何生活"的道德追问本质上是"我们如何在一起"的伦理追问,而"我们如何在一起"的追问本质上就是人如何成为伦理的存在。至此,"人何以为人"的根据就在于人成为伦理性的存在。

人如何成为伦理性的存在?基于"伦理"的"精神"② 本性,人要成为伦理性的存在,有赖于人性结构中"情"与"理"的统摄互动。"道德哲学最深刻的形而上学难题在于:伦理道德的基地是理性,但又不能停滞于理性;理性必须走向行动,但尚未达到行动。""由理性向行为过渡的中介,或理性形态的伦理,向现实形态或实践形态的伦理过渡的中介形态,这个中介就是:冲动或冲动形态的伦理","伦理冲动的人性机制有两种:意志和情感,准确地说,伦理意志和伦理情感"③。由此我们看到,人类要以道德哲学的方式回归到"同一性"中,需要依托于人性中的三种要素:理性、情感和意志。在这三种要素中,"意志"缺乏相对的独立性,其功能的发挥有待于"理性下命令",情感与意志的功能相通,"情感,本质上是一种特殊的意志,即主观形态的意志,具有行为的品质"。"心之所之谓之志……意又是志之经营往来底,是那志底脚……问:情比意如何?曰:情又是意底骨子。志与意都属情,'情'字较大。'性''情'皆从心,所以说'心统性情'"④。由此在人成为伦理性存在的人性机制中,"理"和"情"更具主导意义,并成为人回归到"伦理同一性"中的主要精神动力。而"理"和"情"作为人性机制的主导性精神因子

---

① 樊浩:《道德形而上学体系的精神哲学基础》,中国社会科学出版社2006年版,第283页。

② 樊浩先生在《伦理精神的价值生态》中对"精神"阐释为"'精神'不仅概念地融摄意识、意志和情感,更重要的是,作为具有民族特色的概念,它也概念地融摄了伦理与道德"。参见樊浩《伦理精神的价值生态》,中国社会科学出版社2001年版,第17页。

③ 樊浩:《道德形而上学体系的精神哲学基础》,中国社会科学出版社2006年版,第270—274页。

④ 《朱子语类》卷一。

主要源于二者的精神本性："理"的别异性和"情"的合同性。人经由理性认识到自己与世界、他人的别异，并根据自身的需求逻辑地推知如何做才会是"有益的"，而这一点在苏格拉底的"美德即知识"中得到了最直接的表述。苏格拉底不仅认为"美德即知识"，而且进一步认为美德只有被正当利用时才是有益的，而正当利用的根据就是在于得到理性的指导。苏格拉底提出"美德即知识"命题的革命性意义在于，人们开始从"我"的角度或个别性出发去辨别和认识事情，"人应当如何生活"的道德觉悟便在理性的别异中破茧而出。人类通过理性获知在自然界中什么是对人有益的，因而开启了人与"自然"的分离，并走上了"征服自然"的人类之路；人类通过理性的别异性获知身心之间、人我之间、人与社会之间的区别和矛盾，从而走上了追寻"人应当如何生活""我们如何在一起"的"精神苦旅"。在人类的精神结构中，理性从"别异性"的角度出发构建形式普遍性，使人类从外在的客观世界中挺立出来认识世界、改造世界。但是由于"人"的本性或生命的终极意义在于追求与实体的同一，因此，人类还需要另外一种精神力量促使人类从对象性的"别异"中重新回到主体在内的同一性中。这种回归力量主要在于"情"。"情"存于关系中，其道德哲学功能就是基于对"伦"的实体的认同和信念，通过其"合同"本性，激发个体与实体同一。"情"的这种"合同性"功能能够使人超越"自利"的局限性而关注他人利益、集体利益，这也正是"伦理"的根本性追求。更重要的是，"情"特别是向善之情能够超越理性的权衡、计较，直接诉诸"行"，"情感在现实上体现为'知'与'行'的合一，在相当多的情况下，主体的行为是一种'身不由己'的情感反射，因而更能体现道德作为'实践精神'的特点"[①]。"情"作为"伦理精神"中最强劲的因子，它一旦被激发，就会以一种无可抵抗的力量激发起人类对"善"的执着，并打破世俗与神圣之间的界限，贯通现实世界与意义世界。无论是中国传统中的仁爱精神还是西方传统中的博爱精神都体现了"情"的此种强大力量，为解决"我们如何在一起"的文明难题提供价值引导。

"情"和"理"各自独特的精神本性为人类追问和探寻"人应当如何

[①] 樊浩：《伦理精神的价值生态》，中国社会科学出版社2001年版，第174页。

生活""我们如何在一起"两大人类文明问题提供精神动力,同时也是伦理道德相统一的人性机制。在人类已有的文明中,二者虽然被赋予不同的道德哲学地位,但是二者均为人性,并且有机地存在于人的生命整体中,因而从人性出发的"精神"也必然是二者的有机统一,"'精神'与'理性'的区分在于:其一,它不仅包括理智、意识,而且还包含意志、情感,事实上是有别于'心理'的以德性为统摄的知、情、意的统一体。'实践理性'可以包括意识和意志,却很难融摄作为价值之根源的情感。其二,'精神'的最大特点在于价值性,因而是一个包含'整个心灵和道德的存在',在最初的出发点上,它凸显的是人和动物的区别"①。基于"情"和"理"在人的精神结构中分别具有不可替代的道德哲学功能,以及二者有机地存在于人的生命整体中,伦理和道德如何统一、伦理道德因何统一在一起的文明难题的疏解在于,如何以"价值生态"的方式将"情"与"理"辩证统一于"伦理精神"中,真正开启"人应当如何生活"的道德启蒙和"我们如何在一起"的伦理觉悟。

2. 现代文明之忧:"情—理"精神链的断裂

在现代文明的历史进程中最为震撼的是:依托于理性的科学技术和市场经济所引发的人类生活方式的巨变以及产生的巨大的物质财富,"理性"在继西方"上帝死了"的文明巨变中,又依托科技和市场再次成为人类精神文明中的主导因子。这一变化也使人类进入"飞速发展"与"价值混乱"相交叉的"文明乱象"中:人类创造的前所未有的物质财富极大地刺激着人类的自然欲望,于是物质主义、享受主义迅速蔓延,以致自然欲望挣脱传统的道德束缚并以"精神"的形式受现代人追捧;科学技术进步与物质财富创造的相互促进深刻地改变着现代人的生产方式、生活方式以及交往方式,以致原有的伦理道德规范难以应对新的道德问题,使现代人陷入"价值丛林"的迷茫中。"如果对现代精神世界进行体质诊断,就会发现三大症候:伦理僭越道德,理性僭越精神,'道德理性'僭

---

① 樊浩:《道德形而上学体系的精神哲学基础》,中国社会科学出版社2006年版,第12页。

越'伦理精神',道德、理性、道德理性,成为现代精神世界的三大僭主。三大症候导致精神世界的三大现代性病理:无伦理,没精神,道德理性泛滥。"① 面对现代文明发展的偏颇,以及人类精神结构中知情意相统一的文明真理,我们应当进一步反思:如何走出"理性独大"的文明极端,重新发挥"情"的文明功能?在情、理的有机互动中斩断"文明乱象",走出"价值丛林",使人类重新诗意地栖居、优雅地生活。

A. "精神"的失落

"精神"作为道德哲学概念具有两方面的特质:一是个体性与普遍性的有机统一;二是以"自由"为本质的"精神"使人达到两种解放,即从外在控制下得到解放,以及从情欲内在束缚下获得解放。而且这两种特质又是统一在一起的,个体性与普遍性的有机统一即意味着个体通过伦理普遍性摆脱自然情欲、主观任意性的束缚,由自在的存在升华为自在自为的具有伦理实体性的道德存在,"'精神'的对立面是'自然',相对于人的自然状态,'精神'的本性是自由;'精神'的本质和力量,在于将人从'小体'的自然存在者,提升为'大体'的伦理存在者,达到黑格尔所谓'单一物与普遍物的统一';'精神'是思维与意志的统一,用中国道德哲学话语表述,'精神'是'知行合一'"②。在现代道德困境中,"精神"的失落意味着自然情欲挣脱出道德的规约,进而导致个体与伦理实体的严重断裂。

第一,"自然情欲"的张狂。从人类的生存状况来看,现代社会中经济理性和科技理性的最大的成就就是为人类创造了前所未有的物质财富,而且对人类更深刻的改变就是对物质的享受和精神的感受紧密地联系在一起,特别在消费文化的引导下,关于对"自我"的感受和认同直接表达为"我消费故我在"。在这种文化模式下,原先囿于伦理道德框架之下的"自然情欲"逐步从道德哲学的规约中挣脱出来,甚至以"精神""意识"的面貌乘虚而入,精神的神圣性超越被狂热的欲望享受所取代。在人类的道德视域中,"自然情欲"本应成为道德哲学规约的对象,但是现

---

① 樊浩:《走向伦理精神》,《道德与文明》2016年第3期。
② 樊浩:《〈论语〉伦理道德思想的精神哲学诠释》,《中国社会科学》2013年第3期。

代社会中物质财富的增长与人类的伦理精神却本末倒置，不但未真正实现"衣食足而知荣辱，仓廪实而知礼节"，反而，"伦理精神"沦落为满足自然情欲的工具。"如今的人们把幸福建立在'享受'的基础之上，而这种'享受'说到底就是满足消费或能够随心所欲地与一群人同化的期待……一切能够被消费或被吞噬的东西，都勾起人们极强的享受欲望"①。现代社会中，自然情欲在经济理性的支撑下，凌驾于"精神"之上而成为"合理"的存在，生命的意义只展现为物欲的满足和享受，这也是当前中国社会中出现诸如道德价值失落、道德底线失守、道德功能弱化、道德冷漠蔓延、道德虚无主义流行等道德弊端的人性根源。

第二，伦理感的飘零。自然情欲的张狂使人陷入狂热的物欲中无法自拔，直接导致了个人主义的盛行。一方面，人类对自然情欲的过度追求促使个人陷入"利高于义"的价值盲从中；另一方面，现代科学技术特别是生命科学技术和网络技术的迅猛发展使人类获得更多选择自由和行动自由，如在虚拟的网络社会中，个体的传统束缚日渐松散，这种改变进一步催化了个人主义的极端化。个人主义本质上是反伦理的。"伦理行为的内容必须是实体性的，换句话说，必须是整个和普遍的；因而伦理行为所关涉的只能是整个的个体，或者说，只能是其本身是普遍物的那个个体。"②伦理的本性是个体性与普遍性的有机统一，个体通过伦理觉悟和道德自觉从自然情欲中解放出来，并扬弃掉自身的主观任意性而达到伦理实体性的存在。而个人主义则主张个人利益至高无上。个人主义这种"原子式思维方式"直接导致了个体性与伦理普遍性的分裂，最终演变为"伦理悲剧"——伦理感的飘零。所谓伦理感即是个体与实体相统一的感觉，其本质是个体扬弃自身的自然情欲需求和主观任意性向伦理实体回归的一种追求和冲动，"伦理感是个体成为实体或'整个的个体'的冲动，以及整个伦理实体的冲动"③。伦理感的飘零意味着个体退化为没有"精神"的个人，是一种脱离于伦理整体之外的游魂，正如齐格蒙特·鲍曼将现代人

---

① ［美］弗罗姆：《爱的艺术》，萨茹菲译，光明日报出版社2006年版，第115—116页。
② ［德］黑格尔：《精神现象学》（下卷），贺麟、王玖兴译，商务印书馆1979年版，第9页。
③ 樊浩：《道德形而上学体系的精神哲学基础》，中国社会科学出版社2006年版，第288页。

描述为"流浪者"和"观光客","身体上的亲近,精神上的疏远;这就是流浪者和观光客的共同公式"①。

第三,道德感的祛魅。在道德哲学中,伦理和道德是两个紧密相关的概念:伦理是通过人的领悟、认同和自觉维系的具有普遍性的客观关系,具有"自然必然性";道德则是对具有普遍性的伦理关系的主体认同,而且在这种认同中,普遍性的伦理之"理"升华和凝结为个体内在的德性和操守,"德毋宁应该说是一种伦理上的造诣"②,是超越现实性的"应然"。正因为道德指向具有理想化的"应然",因此当我们追问"我们为什么是道德的?"这一问题时,往往会给予其神圣性的回答。对此,中西方传统伦理具有相通之处:西方的回答是道德源于"上帝",中国的回答是"体天道"。而在现代社会中,面对强大的科技理性和经济理性,道德日益沦落为谋取现实利益的工具和工具理性权衡的结果。如关于"信任",在中国传统伦理中,"信"是五德之一,它是做人的基本底线,是天道下贯而成的人道,是"为善而善"。而在现代社会,人类一切行为都被置于经济理性的框架下,如美国经济学家弗兰西斯·福山认为,不是经济利益和法律,而是伦理道德对经济效率产生更为重大的影响,信任不仅提高了组织效率,而且降低了企业的经营成本,"一个社会能够开创什么样的工商经济,和他们的社会资本息息相关,假如同一企业里的员工都因为遵循共通的伦理规范,而对彼此发展出高度的信任,那么企业在此社会中经营的成本就比较低廉,这类社会比较能够井然有序的创新开发,因为高度信任感容许多样化的社会关系产生"③。福山的这一发现固然具有一定的真理性,即看到了经济与伦理内在的必然联系,但是这种真理是有限的,因为当经济理性占据主导地位时,我们很容易陷入一种误解中:从经济理性的角度出发权衡道德、以经济利益为准则衡量道德的意义。这种误解在现实中会导致道德的神圣性遭遇亵渎,产生出更多的道德虚伪,或者是当现实利益与道德选择发生冲突和矛盾时,直接导致赤裸裸的失德或败

---

① [英]齐格蒙特·鲍曼:《后现代伦理学》,张成岗译,江苏人民出版社2003年版,第284页。
② [德]黑格尔:《法哲学原理》,范扬、张企泰译,商务印书馆1961年版,第170页。
③ [美]弗兰西斯·福山:《信任——社会道德和繁荣的创造》,远方出版社1998年版,第37页。

德。社会作为一个有机体，经济与道德虽然处于不可分割的联系中，但是在人类的价值视域中，二者属于不同层次的精神境界：经济特别是物质生产属于自然境界和功利境界，而道德则是更高的境界，并向天地境界延展。道德的境界之所以高于经济的境界，就在于"我们应当成为一个有道德的人"无关乎现实利益的理性权衡，而在于道德的圣洁性。道德的圣洁性展现为超越个人自然情欲和世俗利益的理性权衡，将自我投入对伦理关系的认同和自觉维护，将作为个体的"自我"与"伦理实体"进行"精神"地同一，从而使世俗中的"自我"通过伦理普遍性提升为具有圣洁性的道德自我。如果我们的精神世界被理性独占，那么人类生活的景象将成为：在强大的物质世界中"尽情享受"，但我们成为永远的失意者。

B. 精神危机的根源："情—理"精神链的断裂

樊浩教授在《道德形而上学体系的精神哲学基础》中认为，中国传统哲学更倾向于把"道德"认定为"精神"，并认为"精神"是与"理性"具有严格区别的概念，"精神""不仅包括理智、意识，而且包括意志、情感，事实上是有别于'心理'的以德性为统摄的知、情、意的统一体。'实践理性'可以包括意识和意志，却很难真正融摄作为价值之根源的情感"[1]。由此我们可以推知，"精神"是"情"与"理"的有机统一体，现代社会中，理性的滥觞引发的"精神"失落，其根源就是"情—理"精神链的断裂，具体而言就是："理"的独语，"情"的失语！

第一，"理"的普遍性追求与具有主观性的"情"之间的冲突和矛盾。"理"的本质属性展现为客观性、普遍性和永恒性，正如黑格尔所言："当我希求理性东西的时候，我不是作为特异的个人而是依据一般的伦理概念而行动的……理性东西是人所共走的康庄大道，在这条大道上谁也不显得突出。"[2] 也正因为如此，西方理性主义坚持以追求普遍性自居的"理性"作为道德的基础，而把具有主观性的"情"排除在外。事实上，伦理道德虽然追求普遍性，但是其更为深刻的本质乃是"个体性"与"普遍性"的有机统一。具有普遍性、客观性的伦之"理"内化为以

---

[1] 樊浩：《中国伦理道德报告》，中国社会科学出版社2012年版，第11—12页。
[2] ［德］黑格尔：《法哲学原理》，范扬、张企泰译，商务印书馆1961年版，第27页。

行动为指向的道德，仅有"理"并不能实现伦理与道德的内在统一，还需要"情"，"观念、意识何以能够向意志、行为转化，其根源在于人的需要和欲望，对需要和欲望的关心，就是'热情'。'热情'是由意识向意志、观念和行为转化的中介和内在推动力"①。现代道德哲学对理性的推崇，试图通过理性把具有不确定性的"情感"和具有个体性特征的"道德"吸引到程序主义中，以"铁"的他律操控道德情感、道德冲动、具有自律性道德判断权力以及具有不确定性的良心，所有这些都具有潜在的灾难性后果。而且这种灾难性后果在中国已初见端倪，对此《中国伦理道德报告》通过"万人大调查"得出结论，"当今中国社会的道德感偏于他律，他律的比重大于自律，由此甚至可以推断，当今中国社会的道德素质和道德生活都倾向于他律"②。而如果道德只停留于"他律"的阶段，那么道德最终走向"虚空"，伦理普遍性最终被它的反面所代替。"情"虽然以主观性的姿态呈现，但是也正是这种积极能动的主观性成为伦理普遍性凝结为个体德性、道德由他律走向自律的内在根基和动力。

第二，"个体"与"共体"的断裂。"精神"的本性是"情"与"理"的有机统一，"情"的同一性功能和"理"的独立性特征共同促成个体与共体相统一的"伦理精神"。在道德哲学中，"理"虽然追求普遍性，但是这种普遍性是以个体反思为前提的，是一种经由个体的普遍性，即"理"在普遍性追求中内含独立性，这种独立性又成为与伦理普遍性相异的一种力量。也正因为如此，西方建立的强大的理性主义传统始终努力建立起一种普遍主义，并用这种普遍主义来驾驭甚至是压制个体的自然情欲和主观特异性，但因为理性主义所认同的理性是经通过个体反思来追求普遍性，所以理性主义一方面追求普遍性，但是又时常遭受理性内在独立性的威胁。如在西方基督教中，当上帝询问该隐"你的兄弟在哪里？"时，该隐反问道："我是我兄弟的守护者吗？"这一段对话实际上反映了理性主义自身潜在的普遍性与独立性的矛盾和冲突，上帝是从伦理普遍性出发质问该隐，而该隐则从个体的独立性角度出发反驳上帝，在该隐的反

---

① 樊浩：《道德形而上学体系的精神哲学基础》，中国社会科学出版社 2006 年版，第 19 页。

② 樊浩：《中国伦理道德报告》，中国社会科学出版社 2012 年版，第 22 页。

问中,"伦理普遍性"被驱逐了。理性主义自身难以克服理性的个体性反思对伦理普遍性的威胁。特别是在现代社会中,以个体为本位的科技理性和经济理性进一步强化了理性主义内含的独立性,而且这种独立性是一种破坏性的力量侵蚀着伦理普遍性,尽管以普遍性为本质的现代共同体通过各种方式维持自身,并对"自发的"个体充满着道德敌意,时刻警惕来自个体的威胁与破坏,但是仍然显得力不从心,"共同体没有时间去休息,甚至瞬间警惕性的丧失也会导致它不可还原的消散……在今天,对个体自治最无情、最残忍的镇压正好是以'人权'的名义犯下的,'人权'被剥夺征用为'少数人的权力'"①。仅仅依托理性,不但难以实现个体与共体的有机统一,反而造成个体与共体之间的断裂。这也是理性主义自身的"基因缺陷"。而"伦理精神"中内涵的"情"却可以克服理性自身中的独立性对伦理普遍性的威胁。依赖性是"情"的重要特征,而且这种依赖性不是使个体与共体保持外在的联系,而是以一种"你中有我,我中有你"的内在同一的方式使个体与共体有机地统一在一起,"我"存在的意义只展现在"我们"的存在中。"情"的这种依赖性正契合了伦理精神对个体和共体的同一性要求,它能够消除理性中抽象的个体独立性,达到个体与共体的统一。现代社会所面临的精神困境、个体与共体的分裂的根本原因就是:理性独霸、情的伦理功能遭到弱化,致使理性中的个体独立性恶性膨胀,个体性僭越伦理普遍性。

第三,"知"与"行"的断裂。伦理道德作为一种实践精神,其自身既包含伦理认知,又包含道德行动,其本质是知行合一。如何实现知行合一是伦理道德面临的根本问题。因为对这一问题的探讨不仅涉及"我们为何一起"的理论探讨,也涉及"我们如何在一起"的实践问题。中西方传统伦理均对知行问题进行了深刻探寻,如亚里士多德在关于德性论思想的论述中,将"德性"分为"理智德性"和"伦理德性"。前一种德性主要指人的认知能力的实现,是以知识和智慧的形式表现出来,即所谓"知";后一种主要指通过理性控制情欲和情感所表现的德性,以规约欲望和情感的习惯和行为的方式表现出来,即所谓"行",并且认为这两种

---

① [英]齐格蒙特·鲍曼:《后现代伦理学》,张成岗译,江苏人民出版社2003年版,第54页。

德性并不是截然分开的，真正的德性是二者的有机结合：德性是在"知"的指导下、出于自愿选择、表现于道德行为中的、合乎中道的习惯。当然西方伦理倡导的知行合一的基地是理性，其弊端就是容易导致"理智的傻瓜"。关于"知行合一"问题更是中国传统伦理的核心问题，朱熹认为"知、行常相须，如目无足不行，足无目不见。论先后，知为先；论轻重，行为重"①。而且二者又是紧密相关、相互促进的："知之愈明，则行之愈笃；行之愈笃，则知之愈明。"② 知与行"互相发"，"二者不可偏废"。而且中国传统伦理的知行合一问题的内在机制为"情理合一"，"情"居于基础地位，"理"的功能是给予"情"运作的原理，"知"向"行"过度，"情"既是动力，又是归宿，即道德主体在"是非之心"（理智）的指导下，通过恻隐、羞恶、辞让之情，实现仁、义、礼之德，并最终以"乐"为终极依归，实现生命情感的安适与满足。而现代社会中，科技理性对"知"的倡导、经济理性对个体利益的推崇，理性居于绝对地位，这不仅割裂了伦理普遍性与个体之间的辩证关系，而且导致了"知"与"行"的严重断裂。这种断裂不是由于"知"的缺少而造成的，反而现代社会作为信息社会，人类获得知识、信息的途径越来越多，人类对道德知识的理解、论证和把握远远超过了前人，特别是在网络时代，信息的迅速传播，使人类对任何一件事情的道德探讨所触及的范围、深度以及参与的人数都难以预料，但是不幸的是，人们只是在"围观"，而缺乏一种行动能力，有善知，而无善行。因此现代社会需要解决的问题是："知"如何转化为"行"？而且我们在对理性独霸引发的社会恶果进行反思的同时，我们面临的更大任务是如何从传统资源中特别是中国情理主义传统中汲取营养，恢复"情"的伦理功能？如何发挥"情"的直接性特征实现"知行合一"？

C. "精神危机"的超越："情"与"理"的"精神"回归

现代社会"精神危机"的表现及其根源已经表明，要超越这一危机，就必须重新定位"情"与"理"的关系。从伦理道德的"精神"本性以

---

① 《朱子全书》卷九。
② 《朱子全书》卷三。

及人的本性来看，精神是知、情、意的抽象整合，既包含道德认知，又包含道德行动。要走出现代精神危机，就必须重构"情—理"的精神生态，通过"情"与"理"的生态互动，恢复伦理道德的"精神"本性，以"情"的合同功能超越"理"的别异性，使现代人在通过理性发挥自身别于"物"的主体性力量的同时，从而贯通现实世界与意义世界，使个体获得作为人的价值和尊严。

第一，情理合一的人性本质。情感与理性均为人性，任何把二者割裂开来的道德哲学体系都会存在自身难以克服的弊端和缺陷。西方理性主义和情感主义都已暴露出情理二分的弊端：理性主义道德哲学把理性置于主导和基础地位，而人的其他本性自然情欲和情感都置于理性的规约甚至是压制之下，从一定意义上说，理性主义把理性作为人性无疑肯定了人作为主体性存在的本性，具有一定的合理性，但如果人只听从理性的"绝对命令"，就会变成"理智的傻瓜"，而缺乏行动特别是伦理行动的能力。面对理性主义的缺陷，西方道德哲学在反思和批判理性主义的弊端时，又走向另一极端，即把人作为情感的存在而建立了情感主义道德哲学，情感主义在一定意义上肯定了情感在伦理道德中的作用，"人类情感改变了诺言无法实现的局面，同时也保障了通过理智分析无法确保的长远利益。盛怒阻止对方的越界侵犯，良心的谴责使欺骗别人的人感到痛苦，嫉妒代表了个人私利，鄙视为你迎来荣誉，觉得有失脸面就是最好的惩罚，施与同情也将使自己获得同情"[①]。然而情感作为"主观的意志"，它在道德哲学中的基础作用是有限的。如果道德哲学以情感为唯一的人性基础，势必会陷入主观主义和相对主义的泥潭中。由此伦理道德作为具有普遍性、客观性的人类行为规范，应当以理性为基地。但是人作为生命的整体，既是理性的存在，也是情感的存在。当具有普遍性的伦理原则和道德规范作为提升人性、完善人性的重要文化机制时，更离不开情感的支撑。因此，以人性为基础和根源的道德哲学既不能以理性为唯一基础，也不能以情感为唯一基础，而应当立足于人类生命的整体，把情理合一作为道德哲学的人性基地。

---

① [美]麦特·里德雷：《美德的起源：人类本能与协作的进化》，刘珩译，中央编译出版社2004年版，第141页。

第二，以"理"疏导"情"。现代社会中"情"的伦理功能的弱化，导致了道德的祛魅，人类享有经济理性和科技理性创造的物质财富的同时，却由于精神的失落而成为失意者，要摆脱这一困境，"情"应当成为现代道德哲学不可或缺的精神因子。当然重新恢复"情"的道德哲学地位并不是以"情"取代"理"，反而是"情"的伦理功能的恢复和作用的发挥离不开"理"的指导。道德哲学意义上的"情"虽然具有一定的伦理普遍性，但是"情"的表现和流露仍是从个体出发的，并具有一定的主观性，因此要通过"情"实现伦理实体性，就需要"理"的疏导，否则"情"就无法实现其向善的本性。对此，《论语》有明确论述："恭而无礼则劳，慎而无礼则葸，勇而无礼则乱，直而无礼则绞。"在中国传统伦理中，恭、慎、勇、直都是向善的情感态度和美德，但是这些情感态度的表达要展现其向善的本性，就需要"礼"之"理"对其进行疏导，否则这四种情感态度就会偏激，甚至走向恶，走向虚伪。因此，中国情理精神在肯定"情"的主导地位的同时，始终都保持着对"理"的肯定和敬重。因为"理"自身的普遍性、客观性追求正可以规约"情"的主观任意性。道德哲学作为一种"实践精神"，其首要的伦理本务就是如何为人们提供共同遵守的行为规范和行为方式，从而使个体能够与家庭的或社会的伦理实体相统一，形成具有普遍性的个体。正如黑格尔所说："伦理本性上是普遍的东西。"① 道德哲学要扬弃个体的个别性、确立伦理普遍性需要"理"来完成，因此"情"的伦理功能的发挥离不开"理"的疏导。

第三，以"情"扬弃"理"的抽象性。"理"的普遍性、客观性追求契合了伦理的普遍性，理性作为道德哲学的人性基地具有内在合理性，但是"道德哲学最深刻的形而上学难题在于：伦理道德的基地是理性，但又不能停滞于理性；理性必须走向行动，但尚未达到行动"。理性由抽象的普遍性走向具体的现实性，就必须诉诸另一人性机制——"情"。"情感应当成为法哲学的研究对象，因为情感也是冲动的主体和人性基础。"② 情感

---

① ［德］黑格尔：《精神现象学》（下卷），贺麟、王玖兴译，商务印书馆1979年版，第8页。
② 樊浩：《道德形而上学体系的精神哲学基础》，中国社会科学出版社2006年版，第279页。

最为本质性的特征就是"非独立性"和"直接性"。而且它的这两种特征都与道德哲学的本性相契合。情感是个体与他人、社会融为一体的主要联结力量，其道德哲学功能就是扬弃个体的个别性，将个体投掷到与伦理实体不可分离的关联中，形成个体与伦理实体的统一。情感的"直接性"特征可以使道德认知直接外化为道德行为，即"知行合一"，"情感在现实上体现为'知'与'行'的合一，在相当多的情况下，主体的行为是一种'身不由己'的情感反射，因而更能体现道德作为'实践精神'的特点"[①]。如孟子提出的"见父自然知孝，见兄自然知悌，见孺子入井自然知恻隐"实际上就是中国这种情理精神的典型表现，在这里，"知"本身就具有"行"的意义，而知与行直接同一的内在精神动力即为血缘亲情、伦理情感和道德情感，"自然"本身本质上是对"情"的直接性的表达。由此通过"情"的"非独立性"和"直接性"实现了个体与实体的现实统一，使抽象的伦理普遍性展现于"活泼泼"的个体道德生命中。另外，"情"作为"伦理精神"中最强劲的因子，它一旦被激发，就会以一种无可抵抗的力量激发起人类对"善"的执着，并打破世俗与神圣之间的界限，贯通现实世界与意义世界。中国道德哲学中的仁爱精神深刻地体现了"情"的此种强大力量。在中国传统伦理中，仁爱精神是通过"推己及人"、由近及远展现为由"爱亲"到"爱人"再到"爱物"，并最终打破"天""人"界限，实现"天道"与"人道"的合一。中国基于"情理合一"的道德哲学对道德神圣性的追求正可以破解现代社会中道德感的祛魅，从而帮助人类走出"神圣遭遇亵渎"的现代精神文明困境。

3. 两种传统：情理二分与情理合一

现代社会所遭遇的"情"—"理"精神链断裂的道德哲学困境再一次证明，情与理的有机统一不仅是而且应当成为道德哲学的人性基地，唯其如此，现代文明才能真正从精神哲学的角度深度探讨和有效回答"我应当如何生活"和"我们如何在一起"的两大追问。"情"与"理"的

---

① 樊浩：《伦理精神的价值生态》，中国社会科学出版社2001年版，第174页。

关系始终贯穿于中西方文明的发展过程中,对"情"与"理"关系的历史哲学探讨,不仅是我们深刻认识中西方文明不同特点的重要切入点,同时也是实现当代和未来人的自由幸福的重要起点。西方哲人苏格拉底提出"美德即知识"的命题正式开启了西方道德哲学以理性为基础的理性主义传统,同时近现代西方又产生情感主义,试图均衡理性主义。而中国孔子以"仁"释"礼",孟子提出"四心"说则系统地构建了中国以"情"为主、情理合一的情理主义传统。于是在两种不同的传统之下,铸造了中西方截然不同的精神文明镜像,"西方哲学起自用心于'自然',此其对象在外不在内。故'对象'之意显明,而生命之为对象,则甚隐微而难明。用心于自然,故一方彰'理智'之用,一方贞'自然'之理(理型、秩序)。而生命之内润,则甚欠缺。故西方以智为领导原则,而中国则以仁为指导原则。见道德之实在,透精神之实体,必以'仁'为首出,智隶属于仁而为其用"①。两种不同文明传统以及由此形成的理性主义、情感主义、情理主义三大道德哲学形态在各自的精神实体中并行发展。然而随着"世界历史"的到来,伴随着理性主导、情理相分、理性与非理性对峙的现代化进程的发展,现代社会在以经济理性、科技理性为标识的理性主导和"市场"逻辑的支撑下,既迎来了前所未有的社会繁荣,同时也遭遇到深刻的文化批判和伦理质疑。因此,如何定位"情"与"理"的关系以滋养精神生命,不仅是前沿性的学术问题,更是关系到现代人精神完善的现实问题。

A. 西方以"理"为主的情理二分

西方何以形成以理性为主、情理二分的文明传统?对这一问题的回答需要追溯到西方文明的"始点",因为这一"始点"具有基因性的决定意义。西方文明起源于与血缘氏族制度的决裂,"西方文明史上,原始社会向文明社会的过渡是通过一系列的改革打破了旧的氏族统治的体系,用地域性的国家代替了血缘性的氏族,用个人本位的社会代替了家族本位的氏族,从而用政治性的国家统治代替了家族式血缘统治"②。这种文明过渡

---

① 牟宗三:《历史哲学》,吉林出版集团有限责任公司2010年版,第15页。
② 樊浩:《中国伦理精神的历史建构》,江苏人民出版社1992年版,第6—7页。

方式直接决定了理性在其文明价值系统中的绝对意义。理性的哲学本性是别异性，个人要从以血缘关系为纽带的家庭中挣脱出来成为独立的、自由的个体，就需要发挥理性的别异性，意识到自己作为个体的独异性，即把个人从家庭这一原初的、自然的、直接的伦理实体中分离出来，使个人成为个体，并激发了个体对意志自由的执着。但是由于人之所以为人的本质在于如何回到实体性中，因此西方文明在挣断血缘关系的基础上，又基于地缘构建"伦理同一性"，西方文明传统对"同一性"追求和建构凝结为现实形态的"城邦"，个体的伦理性存在便是成为城邦公民。西方文明在运用理性解构基于血缘的原初实体性的同时，又发挥理性建构形式普遍性的特性，建立基于城邦的形式普遍性，将城邦中分散的个体又重新凝聚到伦理实体中。基于城邦确立的伦理普遍性与基于家族血缘关系确立的伦理普遍性，二者最大的不同就是，前者以理性的反思为基础，并以尊重个体自由和独立为前提。这样，在西方文明的"始点"上，理性解构和建构的双重功能导致其在西方整个精神文明史中的绝对地位。因此，理性在西方文明中，不仅仅只是基于个体的一种人性能力，而是整个西方文明内在的、深层的文化机制，以至于西方形成以理性为主、情理相分的精神文明形态。由于情感在人类精神文明中不可或缺，理性主义在西方道德哲学中独领风骚的同时，情感主义道德哲学作为对理性主义的一种矫正，在近代随之产生，理性主义与情感主义的对立与交缠造就了西方林林总总的道德哲学主张，力图解决西方因情感与理性相对立而引发的各种流派纷争，不过从西方道德哲学发展的主导方向看，理性在西方人的生活和实践中依然居于主导地位。

西方文明基于地缘建立的城邦制基因性地决定了"理性"在西方文明中的绝对意义。这种重自由、尊理性的文明发展到古希腊时期，"理性"的根本地位得到系统地确立，如亚里士多德直接宣称人是理性的动物，并从认知理性、逻辑理性出发，以"对象性"思维方式追寻人的本质和精神追求，"而在思想和学统上说，则希腊的文化精神总是偏向于物本或可演变而为物本的。其求真爱美向善亦常偏向于外在的自然，从客体方面而为言，并未打开主体之门，从主体方面开而出之"[①]。古希腊哲学

---

① 牟宗三：《道德的理想主义》，吉林出版集团2010年版，第118页。

中这种基于理性的别异性、"对象性"的思维方式的文明传统，一方面为整个西方文明奠定了科学传统，另一方面又使"情"与"理"始终处于分裂和对立中，即情欲和情感都处于理性的绝对驾驭下。古希腊这种将理性置于绝对地位的伦理精神直接展现于社会伦理秩序的建构、维系和个体德性的养成中。如亚里士多德在关于美德的形成中非常重视人类的理性能力，他认为，人们要养成善德，就必须要有正当的理性作指导，求得天赋、习惯和理性三者的和谐统一。在这三者之中，理性是基础，处于绝对地位。即使注重感觉的伊壁鸠鲁学派，一方面承认情感在人类追求幸福的过程中的重要性，并认为情感的满足和心灵的宁静就是"灵魂的最完满的幸福"；另一方面仍将理智和理性置于优先地位，"凡是被判断为最好的行为，都是遵从理性正当地作成的"[①]。

到欧洲中世纪的神学时代，哲学以宗教的形式发展，其伦理精神始终以基督教神学为根本原则，其主要任务就是从"爱""信""望"出发论证基督教教义，为人类"爱上帝""信仰上帝"提供逻辑证明。在"神学"形态中，"理"和"情"由对置状态转化为绝对地服从"神学信仰"。具体而言："情欲"成为神学的绝对对立面，必须受到抑制乃至压制；"情感"的道德哲学功能在中世纪神学的伦理精神形态中得到了进一步发展，由古希腊时期的隐形状态转为显形状态，即情感被神学化为宗教情感，情感的宗教功能、伦理功能直接渗透到"爱""信""望"中，影响着西方人的伦理秩序的维系和精神生活的建构，这种宗教情感虽然指向彼岸的上帝，但是其展现的至高的神圣性和强大的凝聚力成为西方人伦理秩序的重要调节力量，乃至于今天仍渗透西方人的民族心理和民族精神中；"理性"在这一时期，虽然不像古希腊哲学那样处于首要地位，但是其根本性作用特别是认知理性和逻辑理性在论证上帝的存在中得到彰显，在"神学信仰"的领域中，理性被发展成为"神学的理性"；中世纪基督教神学在强调"理性"在人道德生活中的根本作用时，进一步强化了"意志"对"理性"的绝对服从，即善良意志的发动必须是基于理性判断提出可求的善和确定适当的手段，这一规定和强调进一步强化了西方伦理

[①] 转引自罗国杰、宋希仁《西方伦理思想史》，中国人民大学出版社1985年版，第246页。

精神形态中"理性+意志"的人性机制。中世纪时期,从"理"和"情"的角度看,如果剥去西方道德哲学的神学形式,其基本精神仍展现为理性为主导的文明方向,并且"情"的精神意义得到了肯定和重视,为西方近现代情感论和情感主义的出现奠定了基础。

以文艺复兴开启的西方近代伦理精神开始破除中世纪的"黑暗",执着于人性和自我的解放,进而情欲、情感、理性在近代西方文明的价值系统中发生了根本性的变革。首先,西方近代道德哲学开始肯定自然情欲的自然必然性及其在社会发展中的动力作用。如马基雅弗利认为,人是一种情欲的动物,权力欲望和财富欲望是人性的基础,是支配人的行为的动力。霍布斯也从情欲出发认识人性,认为虽然人受理性的支配,但是人又可以运用自己的理性来保存自己、获得追求幸福的权利,在这种理论中,情欲不再处于完全受理性压制的地位,反而能通过理性的引导得到肯定和合理满足,并成为社会发展的原动力。肯定自然情欲,是西方近代道德哲学的起点,它标识着人性与自我的觉醒,展现着伦理精神对现实人生的关注。但是自然情欲是基于个体的,具有任意性、主观性和有限性,如果任其无限膨胀,那么又会使人类陷入个人私利的战场。自然情欲应得到肯定和满足,但是又必须得到合理限制,这是人类精神文明的真理。如何疏导自然情欲成为近代西方伦理精神在从"禁欲主义"中解放出来直面的首要问题。西方伦理精神基于理性的别异性思维模式,分别基于情、理形成了情感主义与理性主义两种彼此对立的伦理形态观,以其应对这一精神文明问题。尽管近代西方伦理精神反对"神本",但是对人类之"情"的聚合力仍给予了高度肯定,进而产生以情感为道德基础的情感主义伦理形态。情感主义一方面认识到个体的利己倾向或本性,另一方面又认为人类的伟大和美好之处在于能够发挥"同情"和"仁爱"等情感力量,超越个人私利,关注、维护他人利益和公共利益。如西方近代情感论者如休谟、亚当·斯密从经验论出发,将情感置于道德的基础地位,并将其作为维系伦理秩序、调节个人利益与公共利益关系的根本性力量。情感主义尽管在西方近代伦理精神中占有一席之地,并成为对应理性主义的一种均衡力量,但是在整个西方文明中居于主导地位的依然是理性主义。西方近代道德哲学对自然情欲的肯定、对现实人生的关注不但没有弱化理性的根本性地位,反而进一步强化了理性在整个道德哲学中的主导作用,并认为理性与情欲处于绝对的对立中，人之所以为人，人能够超越自然情欲、追求正义和美德正在于人的理性。特别是康德和黑格尔直接将理性推向哲学的巅峰，进而理性主义达到登峰造极的地步。如康德认为人是一个有理性的存在者，只有理性才能决定人之为人和人的道德价值。继康德之后，黑格尔一方面强调理性的主导作用，"凡是合乎理性的东西都是现实的；凡是现实的东西都是合乎理性的"[1]，另一方面肯定人的意志自由，围绕着意志自由的实现问题构建了"抽象法—道德—伦理"的法哲学体系，使西方"理性+意志"的伦理精神形态走向成熟。

任何具体的、现实的人类精神文明形态都有其多面性。西方道德哲学在其孕育时期便注入了"理性"基因，以至于理性在整个西方文明中都处于绝对地位，而且西方文明对理性别异性的发挥和对认知理性的特别关注，进而形成"智"的文明，在生活世界发展出强大的科学精神以及彰显个体自由与独立的民主精神，成为现代西方文明的重要闪光点。但是其基于"理性"的别异性思维，又使其精神生命处于知、情、意的分裂中，其对理性的彰显显示了人类改造客观世界的强大力量，但是在人的内在精神生命中又缺乏一种因"情"而生、使人之生命圆融的精神之光，以致现代西方人陷入"流浪者"和"观光客"（鲍曼语）模式的精神困境中。

B. 中国以"情"为主的情理合一

在文明的发生方式上，中国文明与西方文明最根本的不同就是，中国文明在建构社会秩序时首先以血缘关系为社会的根本关系，进而又以血缘的绝对逻辑—情感为人的精神基础和精神动力，因此"情"便基因性地渗透到中国文明中，以致成为解读以儒家为代表的中国文化精神的重要切入点。"情"的哲学本性乃为合同性，这种本性不仅契合了中国血缘文化传统，而且还直接促生了"建立在生机主义基础上的和谐化辩证法"的中国哲学思维方式，以至于在中国文明的"精神"建构中，形成了以情为主、情理合一的情理主义伦理形态。如果以情理主义伦理静态形态解读中国文化精神，那么中国情理主义传统的历史哲学形态的发展历程伴随中国文化精神的发展展现为"情"的形态发展与"情""理"关系辩证发

---

[1] ［德］黑格尔：《法哲学原理》，范扬、张企泰译，商务印书馆1961年版，第11页。

展的彼此交织中。

第一，先秦时期，形成"情体理用"的情理关系。中国血缘文化模式直接导致了"情"在中国伦理精神中的绝对意义，在先秦"百家争鸣"中，儒家思想之所以能够成为"显学"，并在中国整个伦理精神发展史中占据主导地位的根本原因之一就在于将"情"融入其道德哲学体系的建构中。在这一时期，中国情理主义传统的奠基主要呈现为三个特征。

首先，孔子将真情实感融入"礼"中，创新"仁"学思想，提出"克己复礼为仁"，开创了儒家以"情"为主体的道德哲学形态。孔子思想中"情"主体的确立集中体现在其仁学思想中，"仁"的本质虽然是一种伦理情感，但这种伦理情感还内含着血缘亲情和道德情感，而血缘亲情是道德情感和伦理情感的出发点和逻辑起点，三者之间的关系是一种爱亲—爱人—泛爱众的情感递进关系，同时也是个体德性提升过程的一种显现。孔子这种由血缘亲情出发的以"情"为基础的道德哲学不仅内在地反映了人的情感特征，而且也外在契合了中国由家及国、家国一体的社会结构。同时孔子提出的"复礼"思想又使其具有理性精神，即"仁"之情需要"礼"之"理"的疏导。因此孔子的"克己复礼为仁"本质上是一种情理精神。

其次，"情"由具体的现象形态上升到本体形态。先秦时期，"情"一方面展现为喜、怒、哀、乐、爱、恶、欲等现象形态，被肯定为人性本然，另一方面在儒家道德哲学体系中上升到本体的高度，与"性"紧密相关，成为"天道"的现实表现。《郭店楚简·性自命出》提出："性自命出，命自天降。道始于情，情生于性。始者近情，终者近义。知情者能出之，知义者能纳之。"这篇文献将"情"置入"天—命—性—情—道"的哲学本体结构中，将"情"由现象形态上升到本体形态，为中国情理主义伦理精神形态提供形而上的哲学基础。同时这也是孔子与孟子学说的重要承接点，孟子在发挥孔子"仁"学思想的基础上，提出"四心"说，建构了以"情"为主、情理合一的人性结构（恻隐之心、羞恶之心、辞让之心更具情感本性，而是非之心更具理性本质），为中国情理主义伦理精神形态的发展提供了较为系统的人性论前提，使中国的情理精神更为明晰化。

最后，情理之"理"的确立。"情"虽然被提升到本体的高度，但是其展现的现实意义仍是如何维系人伦关系和实现人伦和谐,另外,在现实的个体生命中,"情"的具体展现具有个别性、主观性和任意性的特征,而且在具体的生命表现中,"情感"和"情欲"又胶着在一起。所以要发挥"情感"的道德哲学功能,还必须导之以"理",即将"情"(情欲、情绪、情感)的发用流行疏导于"伦"之"理"中,这样,在中国情理主义伦理精神形态中,形成"情感+理性"的道德哲学结构:"情"经由"伦"之"理"的疏导,扬弃了自身的主观任意性,而具有了伦理普遍性,并成为个体上升到伦理实体的精神动力;"理"的意义也融于"情"的伦理普遍性中,所以,中国文化中的"理"不再是纯粹的、主体与客体彼此相分的认知理性,而是一种基于生命体认的价值理性、实践理性,更确切地说,是一种情理之理。孔子提出的"克己复礼为仁"、孟子的"仁宅义路"、荀子的"礼以养情"无不展现着"理"对"情"的价值引导。

第二,汉唐时期,主要表现为"主情"与"主理"的对峙。汉唐时期是中国传统伦理精神的抽象性发展阶段,在关于"情""理"关系问题上,由于先秦儒家并未对心、性、情、欲、理等概念进行严格的理论区分,甚至存在"情""欲"不分的弊端,以至于在整个汉唐时期,儒家"主情"、道家"非情"、佛家"反情"的冲突碰撞融合中呈现出"主情"与"主理"的激烈纷争。

董仲舒从封建专政政治的现实需要出发,把儒家基于向善之情的人伦之理神学化为三纲五常,这样三纲五常更具有绝对性和别异性的政治理性色彩,与之相应,董仲舒提出"情阴性阳"和"情恶性善",把先秦儒家的性情一体思想转化到性情对立的境地中,并强调三纲五常对"情"的节制,主张"以礼节情",把节情上升到治国之本的高度。通过"礼"之"理"对"情"进行节制,这本是出于现实需要,但是在董仲舒的思想中却走向了对人之性情的束缚,基于上下尊卑有序的"理"之别异性占据了绝对的主导地位,儒家合情合理的价值诉求和情理精神淹没于具有浓重政治色彩的人伦关系中。伦理精神一旦被政治所利用,其内在的、反映人的同一性追求的精神生命就容易遭到窒息。汉代神学化、经学化的儒学在政治的操纵下,日益走向形式化和粗俗化,越来越失去基于人之生命性情本真的内在精神需求,同时也和儒家基于血缘关系的人伦之理出现分离。

于是，汉代玄学家王弼从调和的角度出发，糅合道家的"无情说"与儒家的"中节说"，提出"圣人有情"，力图恢复"情"的道德哲学意义。而嵇康则从批判名教的立场出发，提出"越名教而任自然"，从"自然"的角度彰显了"情"（特别是道德情感）在人内在精神需求中的意义。不过嵇康对"名教"的批判而走向"任自然"，并在现实中走向旷达狂放、自由散漫的人生境地中，也说明了"情"在中国文化中虽然具有绝对的价值，但是其要真正成为个体向伦理实体回归的精神动力，也必须有人伦之"理"的疏导。

何晏把道家的"道法自然"作为儒家伦理的本体基础，将道家之"道"置于宇宙的最高主宰和最高本体，展现了其对"理"的高扬，与此同时，儒家的"情"在"道"的绝对权威中就被驱除在道德哲学之外，由此，何晏认为"情"与"性"是对立的。而圣人之所以为圣人，在于圣人有善性而无情，因为圣人与道合一，能够使行为完全顺于道的自然流行，不受物的干扰而生喜怒哀乐。何晏的"圣人无情"说本质上体现了道家"非情"和儒家"主情"的冲突和碰撞。同时，佛家的"反情"对中国文明的情理精神也带来重大冲击，佛家通过"反情"而"六根清净"来追求现世解脱。"主情"与"主理"的纷争矛盾更为凸显。李翱提出"灭情复性"，试图从人性论角度彻底否定"情"的精神意义，"人之所以为圣人者，性也；人之所以惑其性者，情也。喜怒哀乐爱恶欲七者，皆情之所为也。情既昏，性斯匿矣，非性之过也。七者循环而交来，故性不能充也"（《复性书》）。李翱在特殊的时代背景下简单地否定"情"的精神意义，不仅违背了人性之真，更是从根本上否定了儒家道德哲学对"情"之合同功能的肯定和发挥。同时这也预示着，如何定位情与理的关系问题成为中国伦理精神的发展过程中迫切需要解决的重大理论问题和现实问题。

第三，宋明："情"与"理"的辩证复归。宋代是我国学术辉煌的时期，中华文化"向心凝结"（钱穆语）的品格在这一时代表现最为突出。这一时期，出于历史的需要，中华文明中的儒家德性、道家道心和佛家佛性辩证凝结为"一"，形成中国传统伦理精神的成熟形态——宋明理学。这一文明形态在道德哲学上开启了"伦理"与"道德"的同一性建构。在伦理道德的同一性建构中，也内在地展现为"情"与"理"的辩证复归。

　　首先，宋明理学在继承先秦"情"本体的基础之上，对心、性、情、欲进行形上分辨。程颢提出"情顺万物而无情"，"夫天地之常，以其心普万物而无心；圣人之常，以其情顺万物而无情。故君子之学，莫若廓然大公，物来而顺应……圣人之喜，以物之当喜；圣人之怒，以物之当怒。是圣人之喜怒，不系于心而系于物也。是则圣人岂不应于物哉？"（《答张子厚横渠先生书》）朱熹对中国情理精神传统的最大贡献之一就是把"欲"放到了与心、性、情相等的地位，并把"欲"从"情"中分离出来，"心犹水，性犹水之静，情则水之流，欲则水之波澜"[①]，从而避免了以往"情""欲"不分造成的理论混乱，并进一步彰显了"情"的道德哲学意义。

　　其次，宋明理学对"欲"和"人欲"的道德区分，实为提出了如何实现伦理道德同一的根本性问题，并直接凝结为"存天理，灭人欲"的时代主题。宋明理学一方面继承先秦儒家肯定人的自然情欲得到满足的必要性，另一方面又反对过度的欲望，即"人欲"。"灭人欲"的道德哲学本质是如何实现道德自由，使人达到两种解放：从自然情欲的束缚下解放出来；从主观任意性的束缚中解放出来。而这两种解放的实现途径就是"存天理"。"天理"是宋明理学中的创新性概念，具有神圣性、必然性和现实性，在整个道德哲学体系中处于绝对地位。"存天理"本质上是对伦理实体性的维护和追求，彰显着中国"伦理优先"的传统。其现实形态便是三纲五常，也是"欲"与"人欲"相区别的根本标准，"此寡欲，则是合不当如此者，如私欲之类。若是饥而欲食，渴而欲饮，则此欲亦岂能无，但亦是合当如此者"[②]。此处"合不当"和"合当"实为是否合"天理"。由此"天理"是"灭人欲"的伦理依据，"灭人欲"又是实现"合天理"的必然途径，二者相成相待，彼此不可分，并也由此努力实现着中国"伦—理—道—德—得"的辩证统一。

　　最后，在如何实现"存天理""灭人欲"的彼此相成的问题上，宋明理学对"天理"的道德哲学构建中具有理性主导的一面，但是其根本精

[①] 《朱子全书》卷五。
[②] 《朱子语类》卷九十四。

神仍是情理精神。这集中体现在宋明理学对"仁"的创新性阐释。宋明理学在精微论证心、性、情、理、德等形上概念时，进一步确立了"仁"的全德地位。如果说先秦儒学赋予"仁"更多情感色彩，那么宋明理学赋予"仁"更多的是情理色彩，并凸显"仁"作为"天理"显现的一面，"仁者，心之德，爱之理"①。"爱之理，心之德，爱是恻隐，恻隐是情，其理则谓之仁。心之德，德又只是爱，谓之心之德，却是爱之本柄"②。在宋明理学中，"仁"不仅被提升到"天理"的高度，而且天理由本体落实于主体的精神动力正源于"情"，"是故情性相需者也。始终相成者也，体用相涵者也。性以情发，情以充性；始以肇终，终以集始，体以致用，用以备体"③。"性"是理，"情性相需"实为道德理性与道德情感不离不杂，没有道德理性，"情"就会流于"人欲"中不能挺立人性之善，无道德情感的能动性冲力，道德理性就无从发挥和实践出来，有了"情"，个体才能分享"天理"而成德。在"存天理，灭人欲"的过程中所实现的伦理道德同一性的构建正源于合情合理的相辅相成中。

自先秦至宋明，中国道德哲学历史构建中内蕴的情理关系的辩证发展，以及对"情"独特的文明设计，特别是从伦理形态角度对"情"之合同功能的弘扬和发挥，使中国道德哲学呈现出与西方理性主义文明截然不同的文化品格，即"伦理优先"并注重个体精神自由的伦理型文化。

C. "情""理"关系的现代发展

"伦理—道德"的价值真理在于立足于知、情、意相统一的人性机制，在"同一性"的精神建构中实现伦理—道德的辩证有机互动。近代随着"世界历史"的到来，西方经由科技理性和经济理性展现的强大力量及其在全球的扩张。在西方理性主义文明的冲击中，中国情理主义传统遭遇到断根式批判，最终导致无论是西方文明还是中国文明都演绎成具有世界普遍性的"精神困境"：理性特别是科技理性和经济理性占据了绝对主导地位，而"情"则淹没于"自然情欲"的张狂中，"情"的精神意

---

① 《孟子集注·梁惠王上》。
② 《孟子集注·梁惠王上》。
③ 《周易外传》卷五。

义被淡化甚至被驱逐出人类精神同一性的建构中,进而导致现代两大人类文明之痛:伦理认同和道德自由的分离;现实世界和意义世界的分离。

在道德哲学意义上,"伦"体现的是精神作为普遍物的现实存在,"理"是"伦"作为普遍物的存在规律以及人以主体的姿态对其的认同和能动地维系,因此"伦理"的现实存在既需要理性的逻辑认知,也需要情感的价值认同;"道"是对客观存在的"伦"的本体建构,同时也是"理"转化为"德"的超越性和神圣性根据,"道德"的存在既需要由价值理性和向善之情参与的关于对"道"的价值认同,也需要立足于"情"的合同本性,激励道德主体超越自身情欲和主观任意性,通过分享"道"的普遍性而回归到伦理实体中。现代文明中,由于工具理性特别是科技理性和经济理性的绝对主导地位,以及由此展现的人类认识世界和改造世界的强大力量,为人类创造了一个物质财富空前丰厚的现实世界,在"物欲"的满足中,人类再一次确证了理性的强大力量并进而导致对"理性"的迷狂。对"理性"的迷狂意味着"精神"的陨落。因为理性的本性是别异性,其在人物之别和人我之别中挺立的是个体性的"我","我"的挺立和凸显解构了"伦"的实体性。另外,现代文明中,基于理性特别是科技理性和经济理性创造的强大的物质财富,不但没有自然地实现"仓廪实而知礼节"的道德期望,反而将人类投入空前的欲望享受中。在理性和情欲的双重挤压中,情感在道德哲学中追求和实现个体与伦理实体相统一的合同功能被边缘化,"精神"也随之失去把个人由个体性存在提升为伦理普遍性存在的实体能力。于是在现代文明中,理性追寻和建构的形式普遍性成为"个体的集合并列",人的精神世界由于缺乏情感特别是道德情感的合同功能而陷入"碎片化的状态"中,"实体的世界"沦落为"人际的世界",正如齐格蒙特·鲍曼在《后现代伦理学》中对理性的批判:"为幸福而立法的现代理性之梦已带来苦果。在理性规则、更好的秩序、更大的幸福的名义之下,(现代理性之梦)已经对人性(并且通过人性)犯下了最大的罪行。一种令人麻木的破坏已被证明是在哲学的准确性和权力傲慢的自信观点之间的联姻。具有普遍理性和完美的现代浪漫被证明是一种代价很高的行为;它也被证明是失败的,因为秩序的大工厂仍然不断地被生产出更多的混乱,同时反对二元矛盾的圣战也引起了更多的二元矛盾"。① 理性的别异性本性及其在现代文明中的绝对地位导致"伦理"与"道德"精神断裂，并且其对"我"的凸显使现代人感受到前所未有的"自由"，乃至对道德自由的追求挣脱了伦理实体的束缚。现代人在"理性"的怂恿中享受着"无伦理"的道德自由：在道德自我上无限强大，而在伦理上却无家可归。

现代人在伦理上无家可归导致的直接的文明后果：意义的失落。在关于"人"的精神哲学把握和终极探寻时，不同民族不同文化的共同回答为：人之所以为人的本质在于对人类"精神同一性"的追寻和建构。西方宗教型文化将"精神同一性"人格化为上帝，中国伦理型文化将"同一性"设计为"伦"。而且人类对这两种形态的"同一性"的把握不是基于理智和理性的逻辑认知，而是基于情感认同的终极信仰和终极信念，信仰与信念的建构不是在现实世界中进行的，而是在意义世界中进行的。同时，"上帝"与"伦"在人类精神世界中的顶层设计和终极预设不仅成为人类的精神家园，而且也是人类建构意义世界生生不息的生命源泉。然而现代人类文明在宣布"上帝死了""打倒孔家店"的理性呼声中，将人类抛入"无意义"、冷冰冰的现实世界中：科技理性展现的对现实世界的强大探索能力和改造能力，使人类陷入以科技为武装力量的自我膨胀中，对"天"或上帝的敬畏被人类"唯我独尊"的自我狂妄所取代；经济理性的独尊在推动物质财富增长的同时，其功利性的价值诉求渗透到经济领域之外的人伦日用间，"伦"的实体被解构为"个人利益的战场"，情感的合同功能在个人利益的较量中显得苍白无力，甚至是被驱除出人类精神生活中。同时经济理性倡导的对个体利益的谋求又成为个人放纵自身情欲的强大助推器，从而现代人对自由的追求局限和停滞于商业贸易中的自由买卖，"也许只有将流浪者和观光客相结合后才可能表达后现代生活方式的全部现实"，"流浪者依赖于他为了生计而光顾的地方的残酷现实，并且流浪者仅仅能通过逃避来避免不愉快。观光客为了他们的自由而付出了代价；他们在一场商业贸易中获得了漠视与生俱来的关心和感受的权利；获得了使他们的意图之网发生旋转的权利。自由在一种契约性交易中出现，

---

① ［英］齐格蒙特·鲍曼：《后现代伦理学》，张成岗译，江苏人民出版社2003年版，第281页。

自由的大小仅仅依赖于偿付能力，并且自由一旦被购买，它就变为一种观光客可以大声要求的，并通过国家法院可以追求的，期望获得满足和被保护的权利"①。现代文明中，由于理性的独霸导致的"意义的失落"既展现了理性认识和改造现实世界的强大力量，同时也确证着情感之于人类精神文明的重要意义，如果人的世界缺乏了情感合同功能的发挥，最终结果就是人永远成为在世界上飘荡的流浪者和观光客。

通过对"情""理"的历史哲学考察，我们看到西方情理对峙使西方陷入碎片化的伦理学丛林中，而中国对"情"的强调，而理智理性发展的不足又成为中国近代发展落后的文化根源。中西方文化对情、理的不同文化设计导致的不同的文明后果，以及现代社会中理性的滥觞以情、理的分离引发的现代文明之痛已经确证，情感与理性均属于人性，并在人类精神文明、精神生命中分别具有不可替代的文化功能，二者的辩证结合共同缔造着人类世界的强大与美好，没有理性的引导，情感会流于主观任意性，而如果只有理性，而没有情感在人类精神世界的介入，将会导致人类文明的瓦解和人类精神的崩坏，因为我们既需要理性将"人"从世界中挺立出来，更需要情感的合同功能建构起具有"同一性"的人类世界。基于对中西方"情"与"理"的历史哲学考察和现代社会中理性滥觞引发现代文明之痛，应当重新反思"情"与"理"之间的关系，并建立起"情"—"理"的价值生态。在这一价值生态建构中，我们既要正视理性的现代文明意义，又要重新挖掘中国以"情"为主、情理合一的情理主义传统的普世性价值。

4. 中国情理主义传统的伦理精神

中国道德哲学不仅赋予"情"与"理"以重要的精神品格，而且还从整体性的哲学思维出发使二者处于以"情"为主、"情""理"相互渗入的关系中。"情"与"理"的此种关系，在中国几千年的文化发展中形成了与中国由家及国、家国一体的传统社会结构相匹配的情理主义伦理精

---

① ［英］齐格蒙特·鲍曼：《后现代伦理学》，张成岗译，江苏人民出版社2003年版，第283页。

神形态。这一形态一方面渗透到中华民族精神中，成为中华民族文化生命的本体样态，"西洋偏长于理智而短于理性，中国偏长于理性而短于理智"①（梁漱溟先生这里所言的理智和理性分别为"心思作用之两面：知的一面曰理智，情的一面曰理性，二者本来密切相连不离"②。）；另一方面还为中国人当下的生活世界提供价值指导，"在中国文化里，情与理不但非对立，而且理就在情中，说某人不近情，就是不近理，不近情又远比不近理严重的多"③。中国文化的情理本质已成为学术共识，并且近百年来一直对此进行多种角度的文化探讨。尽管中国情理主义传统遭受到近现代理性主义的冲击，但是在反思、批判、超越理性主导的现代文明引发的现代精神文明困境中，中国的情理主义伦理精神传统所蕴含的文明真理，对现代和未来精神文明的发展具有重要的启迪意义，"从建设性的角度来看，中国情本哲学，既防止了'现代性'的理性之偏颇，也预防了'后现代性'感性之泛滥，可谓两面出击，行走'中道'"④。

A. "伦理世界"的情感逻辑

"伦理世界"是黑格尔在《精神现象学》中提出的重要概念。他认为"伦理世界"由三个要素构成：两大伦理元素——男人和女人；两大伦理规律——人的规律和神的规律；两大伦理实体——家庭和国家。黑格尔对"伦理世界"结构要素的阐释与中国情理主义伦理精神形态构建的"伦理世界"具有相合和相通之处。但是中国"伦理世界"又有自身的独特性：一是从天道角度为"伦理世界"提供形上本源："有天地然后有万物，有万物然后有男女，有男女然后有夫妇，有夫妇然后有父子，有父子然后有君臣，有君臣然后有上下，有上下然后礼义有所错"（《周易》）；二是在逻辑上遵循"人伦本于天伦"，并将"天伦"置于本根地位，这也决定了情感在"伦理世界"的根本性地位；三是中国的"五伦世界"虽然也以家庭和国家为两大伦理实体，但是它又从整体性思维出发在家庭和国家的

---

① 梁漱溟：《中国文化要义》，上海人民出版社 2005 年版，第 113 页。
② 梁漱溟：《中国文化要义》，上海人民出版社 2005 年版，第 117 页。
③ 韦政通：《伦理思想的突破》，中国人民大学出版社 2005 年版，第 7 页。
④ 刘悦笛：《从"启蒙的理性"到"大启蒙的理性"——由"理性的启蒙"突围的人类性结构》，《江海学刊》2019 年第 4 期。

两极中设置了"天下"这一太极,并把"天下一家"作为实现伦理世界和谐的终极价值目标。

"伦理世界"的道德哲学本义乃是人和伦的关系,由于伦理的本质是在客观性中充满主观性,从精神的意义看,人和伦的关系具体为人和"伦"之"理"的关系。"伦"之"理"与"物"之"理"最大的不同是,后者外在于人,只需知性把握即可,而前者内在于人,但这种内在于人的"理"不会自发形成,既需要知性的参与和把握,也需情感的认同,并通过行为进行维系。因此"伦理世界"所面临的任务不仅是如何呈现客观的人伦关系,更重要的是如何使"伦"之"理"渗透到个体的生命中。而且如何完成这一任务形成了中西方道德哲学的重要分水岭。西方从二分的思维出发建构"伦理世界",如黑格尔以理性为人性基地,将男人和女人、人的规律和神的规律(用白日的法律和黑夜的法律形容)、家庭和民族处于对立(如把家庭作为国家的异己力量)中,伦理世界将诸多要素合成一个有机整体则是以个体悲怆情愫的形态完成的,呈现出一种理性的冷酷。而中国情理主义伦理精神形态则从整体性思维出发构建"伦理世界",展现的更多的是一种以情感为依归的乐观精神(如"乐"的精神自由境界)。中国情理主义伦理精神形态虽然承认伦理世界中的诸多要素存在对立和冲突,但是其认为伦理世界的本质乃是诸多要素的相合,而相合的人性基础就是具有合一本性的"情"。具体而言,男人和女人确有不同甚至是相反的伦理性格,"乾道成男,坤道成女"(《周易·系辞上》)。但是二者的相合才是其存在的伦理本质,"天地绸缊,万物化醇。男女构精,万物化生"(《周易·系辞下》)。它也是衍生其他伦理关系的源泉,"有天地,然后有万物;有万物,然后有男女;有男女,然后有夫妇;有夫妇,然后有父子;有父子,然后有君臣;有君臣,然后有上下;有上下,然后礼义有所措"(《易经·序卦》)。由于中国情理主义伦理精神形态形成于血缘文化背景下,所以在"伦理世界"的建构中,虽然将夫妻关系置于原点的位置,但是其更重视五伦中的父子关系和兄弟关系,在整个"伦理世界"中,父子之"理"与兄弟之"理"是其他社会人伦关系的范型,"事,孰为大?事亲为大……孰不为事?事亲,事之本也"(《孟子·离娄上》)。如何"事亲"?中国情理主义伦理精神形态直接诉诸血缘亲情。血缘亲情作为"情"的重要形态,其具体的运作原理为:

在父子、兄弟相互之间的情感期待和情感回报中，个体扬弃掉自身的主观任意性而成为具有伦理实体性的"家庭成员"，"孝悌也者，为仁之本欤"。由于中国情理主义伦理精神形态将父子、兄弟关系置于本根地位，因此在处理社会人伦关系即朋友、君臣关系较为直接，即从"人伦本于天伦"的伦理思维模式出发，以情感推扩的方式提出由"爱亲"到"爱人""移孝作忠"，用以处理"天伦"之外的"人伦"关系，又将血缘亲情（"爱亲"）提升为更具普遍意义的伦理情感（"爱人"）作为实现人伦和谐的精神动力。而家庭和国家两大伦理实体之间存在的冲突和对立是难以否认的现实矛盾，于是中国"伦理世界"又从整体性思维出发设计了家国统一的文化实体，即"天下"。"天下"作为家国统一的伦理实体，一方面具有政治意义的国家性，另一方面又具有超越于君主、政治之上的"天下性"。在中国伦理精神看来，"国家性"应与"天下性"相统一，但是在封建君主制度下，二者有时又相悖，于是中国伦理精神始终将"天下"置于"国家"之上，"天下有道，以道殉身；天下无道，以身殉道。未闻以道殉乎人也"（《孟子·尽心上》）。而中国"天下"实体所追求的"道"，就是从血缘亲情出发的"老吾老以及人之老，幼吾幼以及人之幼"的"天下一家"的情感诉求和精神超越。也正因为有了"天下"的伦理设计和文化精神，中国虽经历了若干姓氏王朝的更替和深刻的社会变革，但又展现着始终如一的强大民族精神，这也是中国伦理精神所独有的魅力。

　　需要指出的是，由于中国"伦理世界"将血缘亲情作为实现人伦和谐的精神根源，中国伦理一直被认为只有家族伦理而缺乏社会公德，因而被现代伦理进行"断根"式的批判。笔者以为，中国伦理并不是无视或缺乏处理伦理关系的道德规范，而是处理的方式与西方所言的社会公德不同，西方所言社会公德是超越于家族之外甚至是否定家庭伦理而言说社会公德和民族精神，而中国伦理则是将家庭和社会、国家统一在一起，将家庭伦理规范作为社会伦理规范的范型向外延伸。这一特点也陶冶了中国精神的独特性，即中国社会秩序的建构和运作虽然离不开"理"和"法"的支撑，但始终都有"情"渗透其中。这也正是西方理性主义传统始终难以逾越的屏障。中国现代社会存在的"伦理—道德悖论——对道德及其发展状况的'基本满意'、对伦理关系的'基本不满意'"以及中国发达地区幸福感相对较低的道德现实①表明，无论中国社会经济模式、社会结构发生怎样的改变，经济理性和科技理性在社会物质财富创造方面具有何种贡献，渗透到中国人内在生命中的文化精神需求始终是一贯的，即人向伦理实体的皈依和精神超越源于情感的修养和情感的满足。

B. "道德世界"的情理机制

中国情理主义伦理精神形态立足于中国血缘文化背景，以整体性思维建立起强大的"伦理世界"，为个体生命的安顿提供了伦理支撑，并形成了"伦理优先"的文化传统，但是由于中国哲学始终是一种整体性思维方式，中国情理主义伦理精神形态尽管重视人伦关系，但也极为重视个体生命的主体价值，并认为人伦之理的现实性就呈现于个体的价值中，"儒学的重人伦、重群体就包含着对个体、对个人价值的肯定，甚至可以说，儒学的重人伦、重群体就是从重个人出发的，而最终则要回归到对每一个具体的个人的关注"②。因此中国情理主义伦理精神形态在"伦理世界"的基础上，又建构了注重个体道德价值实现的"道德世界"。这一"道德世界"基于性情形而上学的人性预设，并以向善之"情"为精神动力形成了以"仁"为统摄的整体德性观，其解决的基本问题是"伦"之"理"转换为"道"之"德"，并最终在"存天理，去人欲"的道德修养中，使个体生命达至以"乐"为情感依归的精神自由境界。

第一，性情论的人性预设。中国精神哲学的根本特征就是以"天道"言说人的精神本性，为人超越现实世界追求意义世界的本性提供神圣性的根据。于是"伦"之"理"转化为"道"之"德"的本体追问便在"天道"中获得回答，"伦"之"理"向"道"之"德"的转化过程本质上就是"体天道"的过程。人何以"体天道"？中国精神哲学构造了具有思辨性的"天—命—性—情—道"的道德哲学图示，"性自命出，命自天降。道始于情，情生于性"（《郭店楚简·性自命出》）。"天命之谓性，率性之谓道，修道之谓教"（《中庸》）。"性"不再只是如孔子所言的"性相近，习相远"的现象世界的存在，而是与天道具有了本源联系，为

---

① 樊浩：《中国伦理道德报告》，中国社会科学出版社2012年版，第7—8页。
② 洪修平：《论儒学的人文精神及其现代意义》，《中国社会科学》2000年第6期。

人将外在的"伦"之"理"内化为"道"之"德"提供了根据。性与天道的联结为人的向善性提供了本体根据,"性"在本体世界中具有纯粹性,但是它从本体世界落实到现象世界,面对人类生命的复杂性,又生发出多种形态:"爱生于性,亲生于爱,忠生于亲。""欲生于性,虑生于欲。""恶生于性,怒生于恶,乘生于怒。""喜生于性,乐生于喜,悲生于乐。""惧生于性,监生于惧,望生于监。"(《郭店楚简·语从二》)爱、亲、忠、欲、虑、恶、怒、惧、喜、乐、悲等统称为"情",性与天道的承接为道德世界的建立提供了本体根据,而性与情的联结一方面为人世间的善恶是非提供了解释系统,另一方面为人的道德修养提供了现实途径,"伦"之"理"向"道"之"德"的转化无须外求,只需完善自身的情感生活即可。如何完善?"心统性情。"这样,中国文化虽然"伦理优先",强调社会伦理秩序的建构,但同时又有系统而发达的道德修养理论,将道德的主动权交由人自身,即人发挥"心"的主体功能,通过情感生活的不断修为功夫及其生成、展开去呈显、体证、把握生命的价值和意义,"心者,主乎性而行乎情。故'喜怒哀乐之未发,谓之中;发而皆中节,谓之和',心是做工夫处"[①]。

第二,以"仁"为统摄的整体德性观。中国"道德世界"的基本范型为孟子提出的仁、义、礼、智四德,其中"仁"居于主导、统摄地位。首先,"仁"的统摄地位源于与之相关的性情论思想。如前所述,在"天—命—性—情—道"的生成图示中,性与天道的结合为人的向善提供了可能性,同时性接于物而生发的多种形态的"情"又为道德世界的建构提供了必要性,道德世界的理想状态就是:"喜怒哀乐之未发,谓之中;发而皆中节,谓之和;中也者,天下之大本也;和也者,天下之达道也。致中和,天地位焉,万物育焉。"(《中庸》)如何达至"情"的中和?"仁者爱人。""爱"的伦理本质就是摆脱人与自然、人与社会的分离,使人通过爱的统一性力量重新聚合在一起,使人由个别性的存在成为伦理普遍性的存在。"爱"的这种伦理同一性能够使个体超越自身的自然欲望和主观任意性而成为伦理实体性的存在,使"情"的流露达至"中和"状态。其次,"仁爱"之情达至中和是在"理"的引导下完成的。情理主义

[①] 《朱子语类》卷五。

传统以性情论为人性预设的道德世界决定了"情"的主体地位，但是其整体性的伦理思维方式又使其极为关注"理"的德性功能，"仁之实，事亲是也；义之实，从兄是也；智之实，知斯二者弗去是也；礼之实，节文斯二者是也"（《孟子·离娄上》）。因此"仁"德之所以居于统摄地位，还因为其内含以价值理性和实践理性为基本内容的理性精神，"己欲立而立人，己欲达而达人""己所不欲，勿施于人"，个体通过"己"与"人"相互观照的理性思考中，以"己"之情推"人"之情，从而使自身的感性情感得到理性的约束和范导，这样爱人之情才能够从个别性、具体性的感性情感上升为具有普遍性的伦理情感。最后，"仁"在道德世界中居于统摄地位，还在于"克己复礼为仁"的伦理合一本性契合了中国伦理优先的文化传统。以儒家为代表的中国文化是一种注重人伦和谐的伦理型文化，其与西方人我二分的伦理思维模式相比，其对人伦关系的处理更注重于如何打通人我、天人之间的界限与隔阂，使"我"的价值和意义映现于现实的人伦世界以及天人之间和谐，即"惟仁然后与天地万物为一体"[①]"圣贤只是为己之学，重功夫不重效验。仁者以万物为一体，不能一体，只是私意未忘"[②]。

第三，"乐"的精神自由境界。中国道德哲学以"情"为主的情理精神在渗透到"伦理世界"和"道德世界"中，并成为实现人伦和谐和个体德性提升的精神动力的同时，伦理精神境界追求最终以情感的安适、满足和愉悦作为生命的本真状态，这种状态即为"乐"。在中国文化精神中，"乐"虽然包含了一种积极的心理情绪体验，但是其更深刻的内涵是经由道德的幸福体验、上升到本体意义的精神自由境界，"'乐'在中国哲学中实际具有本体的意义，它正是一种'天人合一'的成果和表现。就'天'来说，它是'生生'，是'天行健'。就人遵循这种'天道'说，它是孟子和《中庸》讲的'诚'，所以，'诚者，天之道也；诚之者，人之道也'，而'反身而诚，乐莫大焉'"[③]。现实世界的困境与苦难的根源就在于自然情欲需求得不到无限的满足，正因为如此才产生了人与自

---

① 《朱子语类》卷六。
② 《传习录下》。
③ 李泽厚：《中国古代思想史论》，天津社会科学院出版社2003年版，第295页。

然、人与人、人与自身之间的矛盾和冲突。如何化解冲突、超越现实痛苦、达到生命情感的安适和满足便成为中国情理主义伦理精神形态追求的最高境界。"乐"立足于人与自然、人与人、人与自身之间的充满矛盾和冲突的现实世界,但是又不甘心于现实世界的种种困境,而是以一种"求道""持道""行道"的乐观精神超越个体利益、眼前利益乃至"不义而富且贵",建立一个以"天道"和"人道"为主宰的意义世界和价值世界,在这样的世界中,个体摆脱了自身情欲和主观任意性的束缚而实现意志自由,从而超越生命困境体验到真正的精神自由之"乐"。

C. "生活世界"的情理精神

中国情理主义之所以成为中国文化中的重要精神标识,不仅在于其建构了从形上到形下自成一体的理论体系,更重要的是其渗透到中国人的内心深处,成为中华民族精神的根本品格。对于中国文化和中国人而言,情理主义伦理精神形态不仅只是契合中国血缘文化传统的理论形态,更是指导中国人如何安顿生命、实现生命价值与意义的实践智慧。

第一,宽和融通的中庸精神。情理主义伦理精神形态的中心主题是关注人之生命的安顿问题,而安顿生命的本质是对"情"的修养。因此中国精神哲学传统将如何挖掘人的向善本性、在"吾性自足"中实现生命的终极价值关怀这一基本问题的解决落实到"情"处,即人之生命的安顿在于对"情"的疏导与涵育,概言之,就是中庸之道,"喜怒哀乐,情也。其未发,则性也,无所偏倚,故谓之中。发皆中节,情之正也,无所乖戾,谓之和也"[1]。在中国文化中,由涵育"情"发展而来的中庸精神不仅是形而上的精神境界,更是处理现实人生身心、人我、天人矛盾的生命智慧,为中国人的现世人生提供现实指导,"中庸之道在中国文化中被赋予普遍的哲学方法论甚至使其具有哲学本体论意义,但在我看来则主要是一种人生的智慧,实践理性方法论,做人处事的境界、品格和风格"[2]。它作为一种生命智慧,培育了中华民族的宽和融通精神。对于中华民族的整体生命而言,中庸和谐精神促进了中华文化兼收并蓄的品格,从百家争

---

[1] 朱熹:《四书章句集注》,中华书局1983年版,第18页。
[2] 肖群忠:《伦理与传统》,人民出版社2006年版,第235页。

鸣到儒道合流的玄学再到儒道佛合流结出的文化硕果——理学的漫长的"民族历史"中，成就了中华民族精神的独特风貌，更重要的是，随着西方资本主义国家对中国各方面的入侵和"世界历史"的到来，由中庸精神涵育的宽和融通精神再次彰显其兼收并蓄的文化魅力，在以胡适为代表"全盘西化"和梁漱溟为代表的现代新儒学的论争中，中国文化的走向是在适应时代的潮流中选择中西合璧、古今一脉相承的"中国化"。"中国化"理念不仅继承了中华民族宽和融通精神，而且在社会转型中展现了"柔中带刚"的强大精神力量。对于个体生命而言，以人伦为本位的宽和融通精神具有现实的指导意义，这种"现实性"并不只是目光短浅、只考虑一己得失，只限于尘俗的现状生活，而是在"利"与"义"中寻找一种以德性为导向的平衡，即"见利思义"，当特殊情况下"义"与"利"不能两全时坚持"义以为上"，因此在中国人活生生的现实中，并没有截然而分的身心、人我、天人两极对立，因而也无所谓"此岸"和"彼岸"之分，而是以"中和"之情的伦理合一本性实现身心、人我、天人的"混合一体"，即在"此岸"中就能"体天道"，培育了中国人由个人到社会、由人道到天道，再由社会回归到个人、天道回归到个体德性中的现实主义人生观。这种人生观在现代社会仍展现着巨大生命力：现代社会是一个经济理性和技术理性凸显甚至是独霸的社会，它在激发人的自然情欲急剧膨胀的同时，更进一步凸显了人类如何安顿自身生命的重要性，而重视身心和谐、人我和谐、天人和谐的中庸精神在当代和未来必将继续凸显其独特的价值和意义。

第二，以血缘为本位的仁爱精神。中国社会由原始社会进入文明社会的方式，乃是继承了氏族血缘关系，即从血缘关系出发建立社会基本制度和社会生活秩序，并以血缘关系内涵的血缘情感作为追求生命价值和生命意义的精神动力，"血缘关系、血缘心理、血缘精神成为中国社会、中国文化的最重要、最基本的结构要素，它渗透到民族文化、民族心理、民族精神的一切方面，成为中国'人化'的最基本的特征，使中国文化成为血缘文化"[①]。这种血缘文化直接导致了"情"在中国文化和中国人现实生活中的特殊意义。"情"的精神哲学本质乃是合一性或同一性，其现实

---

① 樊浩：《中国伦理精神的历史建构》，江苏人民出版社1992年版，第8—9页。

意义在于将相互独立的个体同化为一个共同体，个体生命只有在关系中或家庭共同体、家族共同体和国家共同体才具有意义和价值。对于中国人来时，脱离血缘关系、孤零零的个体是不存在的，或者只是"非现实的幽灵"而已。由此，如何处理人与人之间的关系成为情理主义伦理精神形态的根本任务。而其处理的方法既平实又高明。说其平实是因为一个人要实现自身生命的价值和意义从"爱亲"做起即可。从人的现实生活来看，爱自己的亲人是最自然不过的，因为每个生命的诞生与成长都首先是在家庭中发生的。"爱亲"是最自然、平实的情感，同时也是最坚固的情感，因为它是由非人力所为的血缘所联结。说其高明在于中国的仁爱精神，"爱亲"只是起点和源泉，个体生命的价值和意义不仅要展现为"家庭成员"，而且还要上升到"国家公民"，乃至于承担"天命"。因此个体生命还要把"爱亲"的情感通过"推己及人"方式提升为"爱人"之情，直至以"满腔子恻隐之心对待万事万物"的"天地万物一体为仁"的境界。中国情理主义伦理形态以"仁爱"之情消除人我之间、天人之间的冲突和对立在中国人的现实生活中尽管被扭曲乃至于滋生铲平主义心态，以至于在近代和现代受到无情的抨击，"中国人的人我界线不明朗的倾向，可以导致'守望相助'的互助精神。但是，同一倾向，也可以导致在'自己人'之间划小圈子，并且使'互助'变成'拉关系'与'走后门'，从而破坏公家的体制，使任何明文规定的条例都无法执行"[①]。但是其同一性追求、万物相融的价值理念、在"爱"中获得幸福的情感体验正可以克服现代性中由理性的绝对化导致的分离性和差异性。面对当今社会"物质极大丰富而幸福感下降""工业发展以自然生态为代价"的复杂的、令人沮丧的局面，重申中国情理主义传统中的仁爱精神或许为我们走出现代性困境能够提供新的发展理念。

第三，刚健进取、自强不息的乐观精神。中国文化的发展历程被钱穆先生比喻为："中国文化和欧洲文化的比较，好像两种赛跑。中国是一个人在做长时间长距离的跑。欧洲则像是一种接力跑，一面旗从某一个人里依次传到另一个人，如是不断替换"[②]。西方从彼我相异、隔绝的立场出

---

① 孙隆基：《中国文化的深层结构》，广西师范大学出版社2004年版，第101页。
② 钱穆：《中国文化史导论》，商务印书馆1994年版，第235页。

发解决生命困境,从而出现"接力跑",而且这种赛跑方式往往以酷烈的宗教迫害乃至宗教战争为代价。而中国的民族生命史尽管历经坎坷,但是其"天地与我并生,而万物与我为一"的和合融通的生命价值理念指导中华民族在融合中奋进,所以中国文化出现儒道合流,进而以"中国化"的方式吸收作为异质文化的印度佛学、直到今天的马克思主义中国化的独特文化历程。这种"长跑"式的文化历程之所以能够奋勇前进,乃是由中国情理主义伦理精神涵育的和谐乐观精神为支撑的。这种乐观精神在中国人的现实生活中一方面体现为刚健进取的价值取向,另一方面体现为"知足常乐"的人生态度。这两方面看似矛盾,而实际上是体现中国人"进退自由"的安身立命之道。"知其不可为而为之"是以儒家为代表的中国文化一以贯之的刚健进取精神。《易经》中所谓"天行健君子以自强不息"、孔子的"乐道"精神、孟子的"浩然之气"("其为气也至大至刚,以直养而无害,则塞于天地之间")等都表现了中国人的刚健进取精神,这种刚健进取精神成为支撑中华民族战胜坎坷的坚强力量,正如梁漱溟先生在谈到中国人的乐观精神时所言:"知命而仍旧奋发,其奋发为自然的不容已,完全不管得失成败,永远活泼,不厌不倦,盖悉得力于刚。刚者无私欲之谓,私欲本即阴滞,而私欲不遂活力馁竭,颓丧疲倦又必然者,无私欲本即阳发,又不以所遇而生阻,内源充畅,挺拔有力,亦必然者"。[①] 同时儒家的乐观精神又倡导人在日常生活中"知足常乐",使人始终保持一种中庸平和的心态,在这种心态下养性情之正。这种"知足常乐"的精神一方面肯定人的私欲的正当满足,另一方面又告诫人不应当囿于私欲,而应当以一种"施恩"与"报恩"的情感互动获得生命的满足和快乐。正是在这种理念下,乃至今天在中国人的现实生活中,长辈不仅要树立良好的道德形象使晚辈效法,而且还从生活方面尽量提供更好的物质条件供晚辈更好的发展,而晚辈对长辈最大的"报恩"就是"善继人之志,善述人之事",最终在长辈与晚辈的"施恩"与"报恩"中获得天伦之乐。由此这种"知足常乐"看似平实、似乎是眼前利益,但是它却是生生之德的绵延和体现,中华民族历经坎坷屹立不倒、中华民族精神一脉相承正是在这种平实中积累而成,又生生不息。

[①] 梁漱溟:《东西方文化及其哲学》,商务印书馆2005年版,第144页。

5. 情理主义的现代中国形态

　　基于知、情、意有机统一的人类精神生命的本体样态，以及现代社会中理性主导、情理相分的人类文明形式所引发的精神危机，不仅预示着我们要站在现代文明的立场重新审视、定位"情"与"理"的关系，而且也要求我们要深刻反思如何在"伦理道德形态"的视域中发挥"情"与"理"的道德哲学功能，以期以价值和意义的方式引导现代人和未来人成为既强大又美好的生命存在，从而避免我们在追随西方以理性为主导的现代化进程中重蹈"失家园"的覆辙。由此"情理主义的现代中国形态"的提出本质上是以"形态"的理念构建中国情理主义传统的现代形态。在这一构建过程中，需要理性慎重对待中国的现代化诉求，即中国的现代化诉求一方面不可忽视中国情理精神传统中蕴含的精神生命力，另一方面又需要以寻求"中国智慧""中国气派"的文化自信、文化自立的精神生命气势，穿过现代性与后现代性交织碰撞而滋生的价值丛林，重新理解和把握中国情理主义传统的内在生命机制，并以整体性的思维寻求其在中国现代伦理道德体系动态发展中所隐藏的生命气息，从而以"理"挺立的主体性和"情"的合同性促进精神世界与生活世界辩证互动的生命形态的建立。

A. 中国情理主义伦理精神传统与"现代性"的深度悖论

　　中国的现代化进程是在近代西方国家入侵中国的历史背景下基于"救亡图存"而被迫展开，从器物、制度再到文化等全方位向西方学习，以至于中国的现代化进程深深打上了西方"理性主导"的文化印记。然而在中国一百多年的学习和开放中，在中西方文化的碰撞和交融中，中国人尽管肯定并积极吸纳西方先进经验和技术，但是中国人又始终表现为"欲西化而心不从"（成中英语）的情感和态度。特别是中国改革开放四十多年来，随着中国国力的增强，在国家层面以主动的姿态向西方学习的过程中，中国文化依然保持着强烈的中国特色，并且在这种特色的文化觉醒中追求文化自立，"中国精神哲学形态是伦理型文化的精神哲学形态，伦理，是中国精神哲学形态的第一要义；对伦理的守望，伦理在精神哲学与人的精神世界中的本位地位,不仅历史上而且现代依然是中国精神哲学形态屹立于世界文明之林的首要条件"①。面对这种文化觉醒,还需要有待进一步辩证的问题是,现代化要求之下的中国情理主义传统如何与以"理性主导"为标识的现代化进行交流和融合,而交流和融合的前提就是深刻认识和把握彼此间的文化差异。因为中国的现代化不是盲目模仿西方的现代化,而是彰显中国精神、中国价值、中国智慧的现代化。

第一,"情"本体与理性主导。"情"和"理"均为人性,在人类认识世界、改造世界的过程中都发挥着不可替代的作用:"情"以其合同的本性反映着"人"的类本性,并将个体的人凝结为"类"的力量以弥补个体生命的"未完备"状态,以应对来自自然和人类自身的威胁;"理"则以别异性把人从与自然、实体的原始同一中挺立出来,凸显"人"区别于"物"的主体性力量,成为人类认识世界、改造世界的人性能力。中国情理主义伦理精神形态的"情"本体孕育于中国血缘文化。中国血缘文化的伦理本性就是以血缘关系作为社会整体关系建构的"纲维",而其纲维之道便是"亲亲"和"尊尊"。"亲亲"是社会人伦关系的基础,与中国由家及国、家国一体的社会结构相匹配,这种"亲亲之情"虽然是人之生命的原初存在,但是其自身拥有强大力量,这种力量一旦被激发出来,便可以成为强大的"调整个人生活的力量"。也正因为如此,血缘亲情在中国情理主义伦理精神形态中处于本源性地位,"孝悌也者,其为仁之本欤"(《论语·学而》)。"亲亲"体现的是"情"在维系家庭伦理关系和谐中的现实形态。在中国情理主义伦理精神形态中,"情"本体更大的普遍性,或者说其作为整个中国文明的方向还是"尊尊","尊尊"是对"亲亲"的文明提升。"尊尊"的伦理本性是经由人伦之"理"的引导,通过"推己及人"的"移情"方式,将"爱亲"提升为"爱人",将血缘亲情升华为以具有更大普遍性的伦理情感,通过"移孝作忠"实现"家庭"与"国家"两大伦理实体之间的和谐,并且在"老吾老以及人之老,幼吾幼以及人之幼"的"伦理扩推"中努力追求"天下一家"的大同世界。由此中华民族精神展现出强大的亲和性和黏合性:在天人关

---

① 樊浩:《伦理道德:如何造就现代文明的"中国精神哲学形态"》,《江海学刊》2018年第5期。

系上主张"天人合一","仁爱万物";在本民族和其他民族关系上主张"协和万邦";在人与人的关系上主张"四海之内皆兄弟";在个体修养上追求以"乐"为依归的生命安顿和精神自由境界。与现代化的"理性主导"的二分思维截然不同。理性的本性是别异性,即在人与自然、人我之别的基础上挺立人的主体性。"理性主导"的现代化带来的影响是多重的:"理性"与科技、经济的联姻而成为工具理性,理性便开启了人征服世界的历程,这种征服一方面体现为人在对世界的改造中创造了前所未有的物质财富,中国现代化进程的开启和向西方学习的热潮很大程度上就是源于现代化的"物"之丰富和"技"之精巧;"理性"追求的形式普遍性在近现代西方社会衍生的一套整齐划一的法律契约制度,与中国情理主义世俗化的人情主义扭曲而成的"人治"制度也截然不同,其社会效率远高于中国传统的人情社会。由于"理性"的本性是别异性,这种别异性使西方文化在征服自然、改造世界等方面显示了强大力量,但是这种征服和改造也使西方文化陷入了巨大的"生态危机"和"精神危机"中:人在科技理性和经济理性的驱动下,对自然过度开发和利用,人由征服者转变为受害者;借助以工具理性成就的强大国力开启了对落后国家的侵略和掠夺,使战争成为当代世界对人类生存的最大威胁;在对"启蒙理性"的绝对推崇中,人驱逐上帝、取代上帝的结果是人成为"无意义"的"流浪者"和"观光客","一个人在大科技社会里忙的不亦乐乎,但是一回到自己就空虚"[①]。

第二,情理合一与情理相分。中国情理主义虽然是"情"本体的,但是它也极为关注"理"在人的精神生命以及人类文明史中的重要作用,因此中国情理主义本质上是以"情"为主、情理合一的文明形态。此种文明形态在人性论上建构了"情感+理性"的人性结构(孟子的"四心"作为其人性论的核心内容,具体展现为恻隐之心、羞恶之心、辞让之心三种情感和是非之心一种理性的辩证结合),在此种人性前提下,认为人性的修养和完善就是"情"对"性"的合理显现,"喜怒哀悲之气,性也。及其见于外,则物取之也。性自命出,命自天降,道始于情,情生于性"(《郭店楚简·性自命出》);"喜怒哀乐之未发,谓之中,发而皆中节,谓

[①] 成中英:《新觉醒时代——论中国文化再创造》,中央编译出版社2014年版,第4页。

之和。中也者，天下之大本也；和也者，天下之达道也。致中和，天地位焉，万物育焉"（《大学》）。因此在中国情理主义伦理形态的形成之初便奠定了"情理合一"的文明方向，并且"情"的合同本性也为情理合一提供了内在基础。情理合一文明方式或者说其对"理"的疏导作用的重视，一方面避免了因"情"在现实层面的个体性、主观性而导致的走向主观主义的风险，另一方面正是"理"的普遍性规约，不仅使血缘亲情成为维系"天伦"的伦理力量，而且也使"情"从自然的层面提升到社会文明的高度。现代文明在倡导理性和发挥理性的别异性功能的文明方向中，直接走向了情理相分的文明路径。特别是在西方的"现代性"文明中，理性代替上帝取得独尊地位，但是毕竟人的精神生命无法忽视"情"的文明意义，于是西方文明在承认"情欲"的动力作用的同时，也产生了唯"情"独尊的情感主义伦理学，并试图弥补或取代理性在人类道德文明中的意义，于是情理相分甚至是二者的直接对立成为西方现代文明镜像，并且由于情理二分与人的本性相悖，所以西方文明对理性的独尊虽然取得了巨大的物质成就，但是这种二分也导致西方的"现代性危机"。

第三，价值理性与工具理性。中国情理主义伦理精神传统一方面以"情"为本，另一方面也重视"理"对"情"的价值引导，中国情理精神的理性之维彰显的是一种价值理性，这种价值理性一方面肯定和推崇人的理性能力在实现人伦和谐与自我超越中的作用，另一方面又不同于西方理性主义强调的认知理性，而是始终致力于人之生命的觉解与安顿上，从伏羲制八卦、神农尝百草到人文始祖的黄帝，再到尧、舜、汤、周公以及孔孟所开创的中国精神无不以生命的保存、安顿以及生命力的张扬作为基点，正所谓"生生之谓大德"。因此中国情理精神中价值理性是一种关于"自己在内"的主体性认知和生命体悟。"理"关注的具体问题不是将生命分解为肉体与精神、理性和非理性，而是从生命的整体性出发，一方面承认人的自然欲望需求，另一方面从具体的生活中抽出生命的"灵明"之处，以理性之智慧开启出从人伦出发的客观法则，并以"我欲仁，斯仁至矣"的主体性姿态追寻生命的终极依归。而源于西方文化的"现代性"中的"理性"则基于个体与外在世界的区别，膨胀为一种脱离于人的生命安顿的工具理性。这种工具理性在发扬征服自然的力量时，一方面使西方科学技术快速发展，成为推动社会生产力急速前进的根本动力之一，另一方面又使科学技术的发展失去以人为目的的价值引导。另外这种工具理性与经济的联姻，使人类的经济活动过度关注经济效益和个体利益的得失，并在追求经济增长的单向发展中，极大地刺激了人类物欲的膨胀，以致人类对情欲的追求挣脱了道德的束缚。西方传统理性主义中坚守的理性制约情欲的理念在现代性的工具理性中荡然无存，"工具理性没有良心和灵魂，它的成果既可以造福于人类，也可以用于制造毁灭人类的武器；既可以控制自然，也可以破坏自然、破坏生态平衡，破坏人类生存的环境。科学技术本来是人类聪明才智的创造，本应为人类所控制，为人类服务，但是它颠倒了目的与手段、灵性追求与物质生活的关系，导致人自身为技术所控制。理性的工具性的功能强化了，却是以理性的批判性功能为代价的"[1]。

基于以上分析，我们发现中国情理主义伦理精神传统对血缘亲情乃至人伦关系的重视和内在自我生命的体悟和超越，展现了人的尊严和价值，并基于"情"的合同性使中国情理主义伦理精神传统在方法论上具有"形态"上的辩证性、整体性、有机性的高度自觉，与"现代性"造就的分析性、机械性和精神生命整体性的肢解、碎片化形成强烈的对比。当然，中国情理主义伦理精神传统对血亲情理、整体主义的推崇和发挥认知理性能力、工具理性能力的不足，使其在以科技理性和经济理性为依托并弘扬权利伦理的现代社会遭遇到"合法性危机"。由此中国情理主义伦理精神传统的现代建构面临两个任务：一是如何接引现代理性主义促生的科技发展、经济发展和社会民主化发展；二是如何发挥自身的文明优势拯救现代人"精神流浪"。

B. 情理主义与"后现代"的价值契合与内在差异

现代性依赖工具理性而创造的科技神话和经济神话在西方世界取代"上帝"成为西方人的现代信仰，然而现实结果是，以现代化、全球化、现代科技革命、市场经济增长等为标识的"现代性"并没有给西方人带来真正的福祉，生态危机、金融危机、精神危机彼此交织在一起困扰着整

---

[1] 李翔海：《民族性与时代性——现代新儒学与后现代主义比较研究》，人民出版社 2004 年版，第 261 页。

个西方世界，于是后现代便在对现代性的质疑、批判、否定中应运而生。特别是其对西方工具理性、启蒙理性的批判而肯定非理性的价值倾向与中国情理精神的价值取向具有某种契合之处。

第一，对包括情感在内的非理性的肯定。中国情理主义伦理形态从人之生命的内在需求出发，确立了"情"本体的文化精神。此种形态不仅将"情"置于贯通"性与天道"的本体地位，而且在现实层面上，也深深植根于人性，在处理身心关系、人我关系、天人关系中无不处处发显"情"的功用。特别是发挥"情"的超功利性，以排除理性计算从而保持道德的纯洁性。超功利性的"情"在维系亲亲、尊尊中开显出仁义道德。中华民族正是在此种精神的支撑下，无论经历何种危难，都会有一大批仁人志士超越个人利益得失，而维系中华文明的连续性，并在承前启后的民族精神延续中获得生命的终极依托。中国情理主义伦理形态对"情"的肯定及其文明设计，是西方启蒙理性所不能达到的。启蒙理性本质上是深度化的工具理性，工具理性执迷于人自身的理性能力，忽视人之生命本身的意义追寻和终极依托，认为人可以放逐甚至杀死上帝，人自身的理性能力足以征服自然，并自我定向、自我做主。西方后现代道德正是挺立于现代性对启蒙理性的迷狂中，力图通过批判和解构启蒙理性把西方从现代性的危机中拯救出来。"现代主义的真正问题是信仰问题。用不时兴的话语来说，它就是一种精神危机，因为这种新生的稳定意识本身充满了空幻，而旧的信念又不复存在了。如此局势将我们带回到虚无。由于既无过去又无将来，我们正面临着一片空白。"① 面对西方现代性因执迷于启蒙理性而导致的精神危机，后现代道德开始关注包括情感在内的非理性对于人类走出现代性危机的重要意义，并认为人的行为特别是道德判断、道德选择和道德行为也会受到情感、欲望、冲动、意志等非理性因素的影响。如鲍曼认为后现代道德的使命就是对世界的"返魅"，而"返魅"的历程将是"感情已重获尊严，'不可解释的'而且可能是非理性的同情心和忠诚重新获得了合法性，它们是不能根据它们的效用和目的去'解释他们自身'。人们在做任何事情的时候都不再疯狂地追求明显的或者潜在的效

---

① [美]丹尼尔·贝尔：《资本主义文化矛盾》，赵一凡、蒲隆、任晓晋译，生活·读书·新知三联书店1989年版，第74页。

用。后现代世界是这样一个世界,在这个世界中,神秘之物不再是一个赤裸裸地等待着找出规则的沉默的外在异物"。"我们又一次学会了尊重模糊性,注意关心人类之情感,理解没有效用和可计算的酬劳之行为。"[①]可以说,对情感的肯定,特别是揭示出情感在人类追寻生命意义中不可替代的作用是中国情理主义伦理精神形态和西方后现代道德一致的地方。

第二,对价值理性的推崇。如前所述,中国情理主义伦理形态在确立"情"本体时,也非常重视"理"在人类精神生命中的意义。当然中国文化中"理"的主导价值是对"情"的疏导,中国人所说的"合理",主要立足于"人是目的",并取决于"理"能不能使人们的内心之"情"保持安适和愉悦。如果从理性之维界定情理之"理",那么它呈现的是一种价值理性,这种价值理性追求的终极目标始终是以情感的安适、满足和愉悦作为生命的本真状态。而西方在推崇工具理性的现代化进程中,又将人类推入无根、无情、无心的价值混乱和意义危机中,"为幸福而立法的现代理性之梦已带来了苦果。在理性规则、更好的秩序、更大的幸福的名义之下,(现代理性之梦)已经对人性(并且通过人性)犯下了最大罪行。一种令人头脑麻木的破坏已被证明是在哲学的准确性和权力傲慢的自信观点之间的联姻。具有着普遍性和完美的现代浪漫被证明是一种代价很高的行为;它也被证明是失败的,因为秩序的大工厂仍然不断地产出更多的混乱,同时反对二元矛盾的圣战也引起了更多的二元矛盾"[②]。正是立足于此,西方后现代道德试图恢复价值理性在西方文明中的意义。主张以"主体间性""公共理性""交往理性"等新的理性形式来取代现代性中无视人之生命内在需求的启蒙理性,同时强烈呼吁回归前现代提倡的价值理性,以期走出现代性的艰难历程中,为关注人类生存和发展的价值和意义留下空间。中国情理之"理"力求通过"情"的安适愉悦而追求生命的价值和意义,和后现代道德呼吁回归价值理性而"返魅",可以说具有异曲同工之妙。而且这也再次印证了无论现有的人类精神文明形态从何种

[①] [英]齐格蒙特·鲍曼:《后现代伦理学》,张成岗译,江苏人民出版社2003年版,第38页。

[②] [英]齐格蒙特·鲍曼:《后现代伦理学》,张成岗译,江苏人民出版社2003年版,第280页。

角度出发，都必须植根于人性之需，并力求人之生命的圆满。

第三，生态观的价值诉求。"如果对上个世纪人类文明的历史发展作一整体的鸟瞰，作出这样的结论也许是恰当的：20世纪人类文明的最重要的、最深刻的觉悟之一，就是生态觉悟。从遍及全球的绿色运动到联合国和世界各国制定的生态伦理的规范，从西方马克思主义到后现代理论，无不在实践和理论层面上预示着20世纪人类文明的生态觉悟。"[1] 当然中国情理精神的生态观作为一种传统，与现代社会和后现代主义的生态觉悟有着根本不同。前者的生态觉悟具有哲学上的自发性。中国情理精神注重对"情"的合同本性的发挥，确立以"有机整体主义"的哲学思维方式，主张以主客合一的角度看待人与世界的关系，认为人的主体性的挺立并不是以"征服"的方式呈现出来，而是以"满腔子恻隐之心""仁爱万事万物"展现，人所追求的最高境界就是实现"天人合一"，人把自己融入宇宙大生命中，能够体会到"参赞天地之化育"的"生生"之意，而此种体会、体验不是把天地万物间的生命活动当作客体或对象去体会、体验，其本来就是人的生命活动本身，"赞天地之化育，则可以与天地参"就是从自身的生命活动去体会天道。而后现代主义的生态觉悟主要是建立在现代性推崇工具理性而导致生态危机的现实需要。现代化进程对启蒙理性的推崇不仅使人陷入精神危机中，而且理性的别异性也使人与自然处于绝对的对立中。人类在启蒙理性赋予的强大力量对大自然进行疯狂掠夺而打破自然本有的平衡，其所带来的生态危机已经到了足以威胁人类生存的地步。基于生态危机对整个人类存在的威胁，后现代道德立足于有机主义的生态模式，希求获得与自然的同一，而完全舍弃利用自然、征服自然的现代性意识，并借助在与自然同一的过程中滋生的家园感和亲情感而驱逐现代性的统治欲和占有欲，把"对人的福祉的特别关注与对生态的考虑融为一体"[2]。中国情理主义传统中古代生态观与现代社会的生态觉悟虽产生背景和所应对的问题不同，但是我们可以肯定，前者更具有本体意义，因为无论是从当前整个世界遭遇的生态危机还是从整个人类精神文明发展

---

[1] 樊浩:《伦理精神的价值生态》，中国社会科学出版社2001年版，第13页。
[2] ［英］大卫·雷·格里芬:《后现代精神》，王成兵译，中央编译出版社1998年版，第23页。

的需要而言，立足于生命内在需求的生态观应当成为人类永恒的价值追求。

"后现代"对"理性"特别是工具理性的批判虽然直击"现代性"的要害，但是又走向推崇"情感"贬低"理性"的另一极端。"现代性"与"后现代"作为现代化进程的两极，二者密不可分，二者的价值主张虽然存在深刻分歧，并且"后现代"试图扭转"现代性"造成的危机，但是二者在彼此的对立中仍未深刻触及现代人精神危机的实质，现代人依然处于精神世界的"碎片化"状态中，个体在追逐利益过程中只展现为物欲的满足，人与人之间的关系更多地异化为商业关系和政治关系，而人更深层次的价值存在仍淹没在工具理性之中。

C. 情理主义伦理精神形态的现代建构

基于以上分析，在"现代性"与"后现代"的两极中，我们对中国情理主义伦理精神传统的发展的研究，意味着要更加慎重地对待"情"与"理"在人类文明中的关系定位，并探寻出一种新的理解和觉悟，以此来超越"现代性"与"后现代"的两极，即以一种"后后现代"的"形态"视角更加凸显"人之所以为人"的价值和尊严：不能因为对"关系"和"整体"的强调而忽视个体的价值和尊严；也不能因强调个性的彰显，而忽视个体对整体的依存意义。这也是对中国情理主义传统进行现代建构的理由。中国情理主义伦理精神形态的现代建构本质上是深度挖掘其在现代社会的深层影响，依托现代现实之需，以及传统与现代的辩证关系，将中国情理主义传统的"特殊性"转化为"普遍"的伦理形态，将其隐蔽的普遍价值真理复归于普遍的呈现过程，进而发挥其在人类精神世界建构中的价值引领功能。

第一，以价值理性涵容超越工具理性。理性在人类文明中的作用毋庸置疑，在理论层面，西方的理性主义和中国哲学从"道""理""心""性"等多角度阐释"理"的文明意义，在实践层面也对"理"的现实作用进行了极致发挥，特别是西方对认知理性的推崇直接开出近现代先进的科技文明，随之，科技与市场联姻，工具理性在当代社会认识世界、改造世界的人类活动中发挥着重大作用。从人类生命的本性和生存需要来看，工具理性必不可少，"内圣"要开出"外王"，应当发挥基于理性思考的工具理性和改造世界的技术理性在认识世界和改造世界中的作用。当今时代科技理性带来的人类生产、生活和思想方式的深度变革以及经济理性创造的巨大物质财富，再一次证明工具理性在人类文明中的重大作用。因此中国情理主义伦理精神形态的新发展不能不重视工具理性，依托工具理性，其内涵的精神指引意义能外化为实践精神。当然，人作为有精神追求的生命存在，执着于外在"事功"的工具理性还潜藏着巨大的文明风险，即人被工具化、物质化、市场化的风险：与科技的联姻而诞生的科技理性执迷于自然界的"是"，而容易忽视科学技术应当服务于人的价值目标，进而导致人被技术异化的文明风险；与市场经济的联姻而诞生的经济理性，直接滋生了个人主义乃至过度的个人主义，破坏着人的基于伦理道德的"同一性"追求，"过度的个人主义既否定实体，也达不到真正的道德主体，在道德精神的发展中只能固守于抽象的个体"①。面对工具理性的现实意义及其隐含的文明风险，中国情理主义伦理精神形态的现代建构在肯定和发挥工具理性现实作用的基础上，还应当以其推崇的价值理性规范科技和经济的发展，以彰显人作为人的价值和意义，"西方知识化、理性化的思考，虽然一方面不断开拓了新的知识领域，扩大了人类的生活境界，甚至改变了人类的生活世界；另一方面，由于它只是注重了片面凸显理性认知的意义，因而它在近现代的极度发展也使得人类面临着生活目标的冲突、生活意义的失落和生命价值的空虚等一系列问题"②。中国情理主义伦理精神形态中的"情"之"理"的价值之维显然能够为现代社会消解工具理性的弊端提供一种疏解之道。因为中国文化中的"情"之"理"立足于人之生命的安顿上，而且此种安顿致力于人之"意义""价值"的实现，"'意义'之所以被称为意义，'价值'之所以被称为价值，并不是说它全无利益的内涵，而是说它是对眼前的和个体的利益的有限性的扬弃和超越，是对无限和永恒的追求"③。"情"之"理"的本质在于以生命的安顿为目标改造世界、成就自身，追求知行合一，正如《大学》

---

① 樊浩：《中国伦理道德报告》，中国社会科学出版社2012年版，第45页。
② 李翔海：《民族性与时代性——现代新儒学与后现代主义比较研究》，人民出版社2004年版，第188页。
③ 樊浩：《伦理精神的价值生态》，中国社会科学出版社2001年版，第188页。

中所言"格物、致知、正心、诚意、修身、齐家、治国、平天下","格物、致知"更多的指向对外在世界的逻辑认知,是"用",在"精神"的外在展现中处于虚位,其真实意义与存在当体现为"修身、齐家、治国、平天下"等实践过程。这样,中国的"情"之"理"在实践中获得无限性的价值品格,"当其(理性——笔者注)在属智的体性学中,它所放下的是智的,是科学的,是所谓境界的,是属于'是'的,是'无意义'的(此词有殊义)。可是在属行的体性学中,它所放下的便不同了,因而它的作用也就不同了。此时它所放下的不是科学的;不是智的,是行的;不是属于'是'的,乃是属于'义'的;此时有意义可说,有境界可言"①。由此中国情理主义伦理形态中的"情"之"理"基于生命的安顿,并以知行合一的方式追寻人之所以为人的意义和价值,对于现代社会而言,不仅能纠正工具理性的独霸,而且还可以为中国现代道德建设中知行脱节问题提供疏解之道。

第二,对"情"之合同性的新诠释。如前所述,与"理"的别异性相比,"情"的基本哲学性质是合同性。人之所以为人,除了需要发挥理性能力挺立人区别于物的主体性,还需要发挥"情"的合同功能,实现人的"类"本性。中国情理主义伦理精神形态的最大文明魅力就在于其对"情"之合同性的文明设计和发挥,从血缘亲情为始点,到"天下一家",再延展到"天地万物一体为仁"的"天人合一"境界,无不体现"情"之合同性的内在哲学功能。当然随着现代社会结构的巨大变迁,形成于中国血缘文化背景下的中国情理主义伦理精神形态尽管沉淀在中国人的心灵深处并发挥着重要影响,但是其以血缘亲情为本根而形成的一套适用于宗法社会的伦理原则和道德智慧难以完全应对现代工业化、信息化背景下的现代都市文明提出的新道德要求。与中国传统宗法社会相比,中国现代社会主义民主化进程的根本特色就是重视人的自由而全面的发展,人的个性得到极大张扬,无论是物质需求还是精神追求,个体间的差异越发显现。由此如何尊重差异,在尊重差异的基础上超越差异达成共识,并实现人与人之间的伦理和谐?这就迫切需要对中国情理主义伦理精神传统中的"情"进行新诠释,即基于现代工业社会、民主社会、市场经济、信

---

① 牟宗三:《寂寞中的独体》,新星出版社2005年版,第56页。

息化社会的现实需求，超脱出中国情理主义传统强调家庭血缘关系和个体私德的局限性，从超越意义上强化"情"的合同功能。从情理合一的角度看，"情"的本质是引发实践理性的人性力量，同时"情"之合同功能的发挥展现为基于理性认知、超越个体间"差异"、追求"精神"同一的情理合一过程，以致中国情理之"情"无论是从个体之维还是从群体之维都能回答"我应当如何生活"的道德追问和"我们如何在一起"的伦理追问。由此中国情理主义伦理精神形态从"己所不欲，勿施于人"和"己欲立而立人，己欲达而达人"的同情和移情出发关照他人利益、主张人伦和谐的伦理思维方式既能有效化解工具理性引发的精神危机，又能接引现代民主社会主张的权利伦理和关照社会公共利益的功利伦理、社会公德。"情"作为一种引发实践理性的人性能力，人的自然情感经过道德理性的引导，能够转化为德性，如孟子提出的"四心"，经过理性引导的道德修养，基于恻隐之心的"仁之端"、基于"羞恶之心"的"义之端"、基于"辞让之心"的"礼之端"和基于"是非之心"的"智之端"能够转换为仁、义、礼、智四德，在家—国—天下的伦理实体递进中，这四德又进而转换为关照他人利益和社会集体利益的责任和义务，在当代社会主义民主制度的助推之下，在实现责任和义务的基础之上又能进一步转化为权利。基于以上分析，经由理性引导的"情"不仅是德性的人性基础，而且也能够成为现代社会所倡导的责任伦理、权利伦理、社会公德的人性基础和人性动力。由此，尽管工具理性、启蒙理性在现代社会中发挥着极大作用，但是"情"的人性能力在人类认识世界、改造世界的过程中仍具有不可替代的作用，特别是由于工具理性的现代主导地位及其文明弊端的暴露，"情"的文明意义更加凸显。由此通过对中国情理主义伦理精神的新诠释，基于情理合一的对"情"之合同功能的发挥不仅能够涵容现代理性精神，而且还能纠正和弥补现代社会"原子式思维方式"的文明弊端。因为基于"情"的合同性所成就的伦理共同体不是众多个体的集合并列，而是一种穿透个体的"你中有我，我中有你"的"我们"，在"我们"之中，"情"之合同性展现为维护他人利益、社会集体利益，并有现代民主社会所强调的"公心"，正如齐格蒙特·鲍曼所言，"道德共同体是'没有中介的面对面的共同体'，它不是后柏拉图主义伦理学家所寻求的共同体，在这种共同体中，道德主体灰尘如对共有理想的集体表述，并且淹没于其中。它是'我们''转向智慧之光，转向真理，感觉到他人在自己身旁，而不是自己对面'的共同体"①。

第三，"伦理—道德"的"精神回归"。从"我应当如何生活"的道德追问和"我们如何在一起"的伦理追问这两大一而二、二而一人类精神文明的基本问题来看，现代人所面临的根本难题就是，"伦理"与"道德"的精神断裂。樊浩教授在《"伦理"—"道德"的历史哲学形态》一文中指出，现代文明中，无论是以"理智的德性"为基因追求道德自由的"西方传统"还是道德强势话语下伦理优先的"中国传统"所遭遇的现代难题的精神根源都在于伦理与道德的分离甚至是分裂。他进而指出，解决这一难题就是建立起伦理与道德的价值生态。伦理与道德的价值生态本质上就是"伦理—道德"的"精神回归"，"未来的中国文化还将是伦理型文化，中国伦理道德的精神哲学形态的未来走向依然是伦理道德一体、伦理优先"②。"伦理—道德"的"精神回归"实为"伦—理—道—德—得"精神哲学体系的生成过程。而"伦—理—道—德—得"获得统一的过程始终离不开"精神"的两大主导因子，即感情与理性。由此"伦理—道德"的"精神回归"内在地植根于情理统一，同时情理的生态合一也逻辑地形成于"伦—理—道—德—得"的统一过程。具体而言，在中国精神哲学体系中，基于"人伦本于天伦"的伦理逻辑，"伦"本质上是一种客观必然性，是个人无法改变的宿命，同时人作为主体性的存在，又不会盲从这种客观必然性，而是以主体的姿态能动地领悟、认同和维系"伦"之客观必然性，这便是"理"。基于"理"的"精神"本性，"理"对"伦"的领悟、认同和维系既需要理性的认知能力，更需要情感的价值认同，"中国伦理在对人性的认同中，倾向于把人性情感化，孟子的'四心'之中四分之三是情，只有'是非之心'是理，而这种理还不是西方式的纯粹理性，而是情理之理。同时对伦理关系也情感化，'人伦本于天伦'的五伦模式，就是一种情感化人伦关系与伦理实体"③。

---

① ［英］齐格蒙特·鲍曼：《后现代伦理学》，张成岗译，江苏人民出版社2003年版，第62页。
② 樊浩：《伦理道德的中国精神哲学范式与中国话语》，《学海》2016年第2期。
③ 樊浩：《人伦传统与伦理实体的建构》，《中国人民大学学报》1996年第3期。

"理"作为对"伦"的自觉意识,还停留在理论理性的层面,这种理论理性要获得现实性,还需要向实践理性转化,即"理"向"道"的转化。"理"向"道"转化的内在动力主要是"伦理感"。"伦理感"作为具有伦理普遍性的情感,其本质是个体扬弃自身的情欲需求和主观特异性向实体回归的一种追求和冲动。"道"作为实践理性,虽然具有很强的实践性,但其仍停留于抽象的层面而不具有现实性。"道"获得现实性必须通过个体的行为努力落实到个体的"德"中,即作为行为规范的"道"必须被个体认同和"获得",内化为个体德性,即"道"向"德"的转换,其转化的内在动力为道德感。道德感由伦理感转化而来,"是伦理的'实体感'内化为个体的'道德感'"[①],它是个体按照伦理普遍性的要求行动而产生的情感能力和德性品质。至此在"伦—理—道—德—得"相统一的过程中,情与理也从现实上获得"精神合一":"情"在"伦"之"理"的疏导中获得伦理普遍性,"理"在"情"的认同中获得价值合理性,"单纯的理性推论主要表现为逻辑层面的活动,其中并不涉及实质的内容,它固然具有理性的性质,但其中的合理性主要呈现形式的意义;基于情感沟通的外推(情感的外推)则既体现了理性的形式(推论),又包含了价值的内容(仁爱),由此展现的理性化,同时呈现实质的意义"[②]。在中国精神哲学体系中,以情理合一为内在动力的"伦—理—道—德—得"的辩证统一再一次确证:现代中国要走出因理性独大引发的现代精神危机,就必须立足于情理合一,同时中国情理主义传统要重获生命力,需致力于维系"伦—理—道—德—得"的辩证统一,进而促成"伦理—道德"的"精神回归"。

6. 向"伦理实体"的回归

人作为自然生命与精神生命相统一的存在,一方面通过对物的追求和占有来求得生存,另一方面,人又不会停留于欲望、欲念的束缚中,而是

[①] 樊浩:《道德形而上学体系的精神哲学基础》,中国社会科学出版社2006年版,第289页。

[②] 杨国荣:《人类行动与实践智慧》,生活·读书·新知三联书店2013年版,第263页。

始终以主体精神的挺立试图超越物欲的束缚而实现精神自由，即超越有限达到无限。于是人就有了对"美好生活"的向往和追求。从哲学的角度看，所谓"美"意即个体超越物我相对立的状态达到物我两忘的自由状态，"在天人合一的审美意识中，一切有限性都被超越了，人体悟到此物与彼物、人与物都是相通的，万有相通，万物一体，物我一体"①。所谓"好"意即在体验到"美"之个体超越境界的基础上对现实生活的回归，其更倾向于对人与人之伦理关系状态的表达，反映着人的类本性，是人在对伦理整体的自觉意识基础上对他人抱有责任感、为他人谋幸福的伦理和谐感。所谓"美好"的伦理向度便是真、善、美合一的精神境界，它既不否定人的欲望、欲念，同时又主张以主体精神自由的姿态超越物欲和主观任意性的束缚以达到有限与无限的统一，即使有限的自我融合到无限的伦理整体中，即人向"伦理实体"的回归。

A. "伦理实体"对人之自然情欲的约束与价值引导

恩格斯把人类意识誉为"地球上最美的花朵"，提出"思维着的精神是地球上最美的花朵"。正因为人是具有意识或精神的生命存在，世界不再是自在的存在者，人类运用自身的意识认识世界，认识自身并在此基础上改造世界和改造自身，为人本身创造了一个属人的世界，进而能在世界中保存自身的生命存在和进行种族繁衍。然而人所具有的意识、精神对人来说又具有双重意义：人的精神生命使人具有了其他生命不可比拟的优越性，也正因为如此，在人所建构的价值世界中，人的价值被置于最高地位，人自身和物都被纳入人的责任范围中；同时人类作为自然界的一员，其自然需求又使人成为有限的存在，特别是当人的意识服务人的自然欲求时，人的自然欲望又会成为与"恶"相伴的贪欲，这种贪欲最深刻的伦理本质就是会陷溺人之向上向善的本性，解构人与其伦理实体的同一性。正是基于人性的这种风险，"伦理实体"的首要任务就是如何约束人的自然情欲和限制人的贪欲。只有在"伦"的世界中，人才能从自然情欲的束缚中摆脱出来，成就人的高贵之处。孔子提出的"君君臣臣，父父子子"，孟子提出的"圣人忧之，教以人伦：父子有亲，父子有亲，君臣有

---

① 张世英：《新哲学讲演录》，广西师范大学出版社2004年版，第213页。

义，夫妇有别，长幼有序，朋友有信"，荀子的"化性起伪"实际上都是期望以"伦"的文化设计或"礼"作为个体向善的伦理教养和社会伦理教化原则，并基于此使个体由个别性的生命存在成为具有伦理普遍性的实体性存在，"不学礼，无以立"（《论语·季氏》），成为"人"的过程实际上就是遵循"伦"的普遍性要求的伦理教化过程。

B. "伦理实体"对人的"类本性"的美好展现

在所有的生命形式中，人的优越之处在于人的主观能动性，同时人作为最脆弱的生命存在，个体的出生和成长需要家人和社会的关爱，"三年免于怀""力不若牛，走不若马"，即人只有在群体中才能保存自身生命，"'共同体'是单个人为了避免生存与发展危机而主动建构的人群关系有机体，不特使人获致超越危机的信心，更使人充满迎接未来的挑战，给人以患难与共、休戚相关的依存感"①。于是人因意识的反思性具有追求个性自由的一面，但是人作为"类"的存在，人真正的自由只能实现于伦理实体中，"伦理就是成为现存世界和自我意识本性的那种自由的概念"②。因此只有在伦理实体中，人类才会实现主体精神自由之"美"和无限与有限相统一之"好"，"在人的精神发展进程中，伦理世界是个体与实体直接同一的世界。作为民族精神的家园，它是原初社会中个体与家庭、民族两大伦理实体自然同一的世界；作为个体精神的家园，它是作为家庭成员和民族公民的伦理实体意识"③。人类文明的最高使命便是如何使人过上基于伦理普遍性的美好生活。如弗洛姆认为，对于人来说，最大的恐惧和痛苦就是人的孤独，"一个人一旦孤独，就意味着他与外界的联系被割断，使自己的能量得不到充分的发挥，也不能得到他人的帮助"④。因此他把存在于"关系"之中的爱作为消除人之孤独感的有效途径，"对人类生存问题最准确的答案应该是：人与人之间的协调和每一个人都能与

---

① 王泽应：《命运共同体的伦理精义和价值特质论》，《北京大学学报》（哲学社会科学版）2016年第5期。
② ［德］黑格尔：《法哲学原理》，范扬、张企泰译，商务印书馆1961年版，第164页。
③ 樊浩：《〈论语〉伦理道德思想的精神哲学诠释》，《中国社会科学》2013年第3期。
④ ［美］弗罗姆：《爱的艺术》，萨茹菲译，光明日报出版社2006年版，第15页。

群体融为一体所能体现出来的爱的价值"①。"伦理实体"所追求的价值不仅只是维护个体个别利益的实现，而且更关注关乎整个"类"的整体利益和长远利益："伦"基于向善的价值理念，关照每一个个体利益的实现和人作为人的尊严的现实维护，如《论语》中，孔子家里马厩失火，孔子"问人，不问马"，就体现了对人的尊重；"伦"更重要的文明意义就是其所强调的个体对他人和社会的主体责任感，正是这种基于伦理关系的主体责任感，人不仅获得作为人的价值和尊严，而且社会中的弱势群体也能获得作为人的价值和尊严。孟子所倡导的"老吾老以及人之老，幼吾幼以及人之幼"的大同社会实际上也是人类社会中最美好的"群"形态。由此在以对"伦"的信念和认同为精神引领的伦理实体成为人类的美好世界。

C. 向"伦理实体"回归的人性基地：情理合一

"伦理实体"作为人与人之间的"精神联结"，能够成为人类追求"美好生活"的现实依托，始终离不开两大精神动力：理性与情感。从自然的角度看，人的生命有其脆弱的一面，"走不若马，力不若牛"，同时人因其有理性的精神特性，又展现着其优越于其他生命存在的强大方面。"理性"的哲学本质为别异性，其对人类的文明意义在于基于自身的反思性把人从与世界的直接同一中分离出来，并以对象性认知的方式，使人类认识人自身、外在客观世界以及人与世界的关系，从而为人类改造世界的实践活动提供指导。正是基于理性在认识世界、改造世界方面所展现的强大力量，现代人依托科技理性、经济理性获取巨大物质财富，并使人类社会以加速度的方式向前发展，为人类追求美好生活获取物质支撑提供了必不可少的精神前提。正是基于理性此种能力，人类不仅有信心克服和超越来自自然界和人类社会本身的各种挑战，更有信心拥有认识和迎接未来的挑战。一句话，人类因理性更强大。当然仅仅依托理性难以完成对"伦理实体"的建构和维系。因为"伦理实体"本质上是对人自身身与心、个人与他人、个人与社会、天人之间的"同一性"建构，它不是为了维持人类基本生存的"原子式的集合"，而是对人的"类本性"的伦理表

---

① [美] 弗罗姆：《爱的艺术》，萨茹菲译，光明日报出版社 2006 年版，第 27 页。

达,"实体即共体,即公共本质。'实体'不能简单等同于'共同体','共体'是存在于诸个体之上的公共本质,'共同体'只是'共体'的现象形态,其要义和呈现方式是外在的'同'。实体要从自在存在上升为自为存在,还必须具备另一个条件,即个体对自己公共本质的自觉意识"[1]。因此"伦理实体"要成为人类追求、实现美好生活的现实依托,还需要情感合同功能的支持。情感的哲学本质为合同性,此种本性把处于外在关系的两者或多者在感通中而超越自身的个别性,特别是以真、善、美为内核和导向的人类情感能够使人拥有同情共感、克己度人的能力与意志,从而消融人的个别性,使"我"成为"我们"的伦理性存在,并且在以真、善、美为导向的道德情感支撑下,"我们能够幸福地在一起",如西方宗教文明中的"与上帝同在"和中国文明中"天下一家"理念都表达了人类终极追求和对美好生活的向往。正是情感的这种合同功能,使个体具有了对"伦理实体"的认同感,这种认同感基于对"伦"的信念,使个体超越自然情欲和主观任意性的束缚而向"伦理实体"回归,在伦理实体中,人的"类本性"呈现为利益共享、情义相通、价值共识的美好形态。如在在中国传统文化中,无论"亲亲""仁民",还是天、人之间的"爱物","亲""仁""爱"都展现了人类精神结构中情感合同本性的巨大的道德哲学功能,正因为"情"的存在,人才会实现其"同一性"的价值追求,在与伦理实体的"同一"中达到身心和谐、人我和谐、天人和谐的美好生活状态。

由此人类因何强大?因为理性。人类因何美好?情感。人类依托于对外在世界的改造中如何既能强大而又走向美好?情理合一。

---

[1] 樊浩:《伦理道德,为何"精神"?》,《哲学分析》2016年第2期。

二十六　马克思主义伦理学的现代中国形态

当今中国正处于伟大而深刻的社会转型期。社会转型所引发的深层文化转型和精神革新在社会风尚层面表现为，社会伦理道德状况的剧烈变化和多元价值观念的冲突博弈引发新的伦理难题和道德困境。这些难题与困境以伦理现实的形态主要表现为以下三组矛盾的激烈化发展态势，即伦理规范与经济发展、道德法则与个体利益、伦理实体与个体认同。面对当代中国的伦理现实，马克思主义伦理学理应给出相应的理论诠释和解决之道。我国马克思主义伦理学自20世纪80年代建构起基本的学科体系及理论框架后，尽管在文本诠释和资料引介方面取得了长足的进步，但是在理论形态的建构方面，特别是在突破传统伦理思想史的流派分立，打通中、西、马伦理思想的学科壁垒，克服多元伦理价值冲突所引发的道德碎片化状况，并进一步面向当代中国伦理现实进行马克思主义伦理学现代中国形态的建构方面，仍然比较欠缺。基于上述现实要求和理论背景，我们立足马克思主义经典著作和最新学术前沿，引入"伦理形态"的研究范式和"伦理总体性"的研究方法，反思和探讨当代中国马克思主义伦理学的理论形态建构问题，阐发当代马克思主义伦理学的"资本逻辑批判""现代政治批判"和"伦理共同体批判"三大理论形态，从而构建基于时代精神的马克思主义伦理学的现代中国形态。

1. 社会正义的反思：作为资本逻辑批判的马克思主义伦理学

马克思主义伦理学的当代中国形态表现为对于资本逻辑及其所秉持的现代正义批判。马克思主义伦理学的当代中国形态首先需要解决的问题是，如何在道德正义陷入危机的现代性病征过程中，既深刻揭示这一病征的深层根源又超越现代道德机理的固有弊端，建构一种在实质上区别于现代道德正义的全新社会正义理论。

众所周知，马克思始终批判抽象化的道德伦理及其意识形态功能，强调道德伦理的历史唯物主义基础和社会经济条件。马克思的这一立场有着深厚的古典哲学背景。远至亚里士多德的德性伦理学，近至黑格尔的思辨伦理学对于康德道德形而上学的批判，都强调道德伦理作为人类的实践活动总是无法获得绝对化的形而上学支撑，伦理意味着一种社会生活方式，道德只有在具体的社会生活中，才能克服自身的抽象性而变成具体的东西。作为实践智慧的伦理学与理论知识具有实质性的区别，实践智慧总是指向实践活动的社会历史情境，总是关注人类社会生活的幸福与善，因此，"跟亚里士多德一样，马克思不是将伦理学和政治学看作工具性科学（techne），而是将其看作具体普遍的科学，需要从历史和社会的背景当中来确定它们自身的绝对命令；亚里士多德和马克思都拒绝其先行者们的伦理经院主义"[①]。可见，马克思深受亚里士多德所创立的实践哲学传统的影响，而这一影响最为具体、最为深刻也最为集中地体现在马克思后期代表性著作——《资本论》当中。

在马克思看来，现代社会的政治、伦理、道德、文化等各个层面的危机，其实质是现代社会经济危机的表现形式。因为早在《德意志意识形态》中，马克思已经确立了历史唯物主义哲学思想，这就是，"我们的出发点是从事实际活动的人，而且从他们的现实生活过程中还可以描绘出这一生活过程在意识形态上的反射和反响的发展。甚至人们头脑中的模糊幻

---

① [美]乔治·麦卡锡：《马克思与古人》，王文扬译，华东师范大学出版社2011年版，第145页。

象也是他们的可以通过经验来确认的，与物质前提相联系的物质生活过程的必然升华物。因此，道德、宗教、形而上学和其他意识形态，以及与它们相适应的意识形式便不再保留独立性的外观了。它们没有历史，没有发展，而发展着自己的物质生产和物质交往的人们，在改变自己的这个现实的同时也改变着自己的思维和思维产物。不是意识决定生活，而是生活决定意识"①。马克思对于意识形态的上述批判性观点，不仅构成马克思科学历史观的思想前提，而且更是马克思主义独特的历史唯物主义世界观的核心解释原则。② 正是基于这种世界观视角，马克思对于社会伦理问题、社会政治问题的探讨总是从与其相应的社会生产方式和生活方式出发。进而马克思对于现代社会正义问题的考察，也就是合乎逻辑地从分析资本主义的生产方式和生活过程出发。在这个意义上，作为考察资本主义生产方式的《资本论》及其所构筑的政治经济学批判体系，不仅科学地揭示了资本主义商品经济形式的经济弊病，而且更深刻揭示了资本主义的社会伦理危机。通过对于资本逻辑及其拜物教秘密的揭示，马克思既深刻批判了资本主义正义观的伪善性，又为我们期许和设想一种别样的社会正义观念打开了崭新的视野。

自20世纪70年代以来，西方学界围绕着《资本论》的分配正义问题，就马克思的正义理论展开了持久而深入的激烈探讨。这些探讨基本围绕着两个鲜明且截然对立的观点展开。一种观点认为，《资本论》是马克思后期的科学著作，是马克思脱离早期的人道主义不成熟时期而走向独立的科学成熟时期的重要标志，所以"把《资本论》归结为伦理学的构想是一种儿戏"③，对于《资本论》的伦理解读不仅是错误而且是危险的。另一种观点认为，"正义何以实现"对于《资本论》而言并不构成真实的理论问题，因为马克思对于资产阶级的法权理论的批判说明，诸如正义、权利、自由、平等等概念，它们仅仅在资本主义的生产方式中是真实的存在，而马克思则以釜底抽薪的方式彻底颠覆了资本主义的生产方式，从而

---

① 《马克思恩格斯选集》（第1卷），人民出版社1995年版，第73页。
② 参见孙正聿《历史的唯物主义与马克思主义的新世界观》，《哲学研究》2007年第3期。
③ ［法］路易·阿尔都塞、［法］艾蒂安·巴里巴尔：《读〈资本论〉》，李其庆、冯文光译，中央编译出版社2001年版，第159页。

也就是彻底颠覆了这种生产方式基础上的诸法权观念,因此"正义"作为一种资产阶级的社会伦理已被马克思批判为厌恶的"道德说教"①。

按照上述观点,我们对于《资本论》的正义观的探讨似乎成了一个伪问题。那么正义之于《资本论》在马克思那里真的是一个虚假的问题吗?我们到底应该站在什么样的视角上才能获得对这一问题的真实透视?

问题的关键在于,马克思及其《资本论》确实跳出了现代正义的狭隘视域。但是伍德认为马克思从此不关注正义问题或者说没有建构社会伦理正义却错了。因此另一种观点认为,马克思在《资本论》中对于劳动价值论的深入阐发,特别是对于剩余价值所透露出的资本主义的经济剥削结构的揭示,这本身就体现了马克思对于资本逻辑的正义批判。从早期《1844年经济学哲学手稿》异化劳动理论对于资本逻辑正义的美学批判和人类学批判,到晚期《资本论》对于商品的使用价值与交换价值以及具体劳动与抽象劳动的政治经济学分析,马克思对于资本主义社会的正义批判是一以贯之的。而且在《哥达纲领批判》等著作中,马克思更是明确探讨了共产主义的分配正义问题。②

显然后一种试图基于现代性的正义立场对马克思的正义理论进行一种积极的辩护。但问题是,这种辩护是否能够真正回应前一种观点的质疑?基于现代社会的正义原则所引发的关于马克思正义理论的激烈探讨,能否把马克思正义理论研究引向深入?或者说,能否真实揭示马克思正义思想的独特思想价值?进一步,在当代中国的伦理现实背景下,马克思正义思想如何能够获得具有超越现代性的真实研究视角?

对于马克思社会正义思想的当代阐释,必须跳出现代政治哲学的狭隘正义原则,回到古典社会正义的理论滥觞。因为不同于现代政治的正义传统,马克思的正义思想深受亚里士多德所奠定的古典正义思想的影响。亚里士多德的正义思想从总体上可以分为两个层面,即关注城邦整体政治德性的"普遍正义"和关注具体经济活动的"特殊正义"。"普遍正义"关

---

① 参见艾伦·伍德《马克思对正义的批判》,载李惠斌、李义天编《马克思与正义理论》,中国人民大学出版社2010年版,第13页。

② 参见胡萨米《马克思论分配正义》,载李惠斌、李义天编《马克思与正义理论》,中国人民大学出版社2010年版,第54页。

注的是整个社会的伦理品质以及个体潜能充分实现的政治问题，而"特殊正义"则是关于财富的分配和享有的"经济学考量"①。

我们认为，亚里士多德正义思想中所包含的"普遍正义"和"特殊正义"的重要区别，正是我们重新解读和阐释马克思以及《资本论》正义思想的思想前提。一方面，在作为"特殊正义"的经济分配视角下，马克思的正义观不仅无法实现对于资本主义的现代性批判，反而更加印证了资本逻辑的正义性，这一诡异的悖论性问题被艾伦·伍德最早提出，并在西方特别是英美学界得到了广泛的认同。马克思到底有没有一种正义理论乃至伦理思想？这一问题在以分配正义为核心问题的盎格鲁—美利坚学术界成为一个真实的问题。进而，马克思是否存在着正义思想都成为问题的条件下，再去探讨马克思的社会伦理正义价值和功能显然是不可能的。另一方面，分配正义仍然局限于资本主义的所有权理论，分配方式的转变没有从根本上撼动资本主义的生产方式，也就是没有追问正义的生产逻辑，没有实现正义的存在论转变，就无法真正实现对于正义本质的正确认识，也就无法实现真正的社会伦理正义。因为正义至少在亚里士多德、黑格尔和马克思传统中，并不是抽象的法则和律令，而总是与具体的社会境况相关，也就是说，正义作为一种实践知识的理论总是一种存在论的范畴，而非认识论的范畴。

因此当代中国的社会伦理正义仅仅通过调整分配正义的方案是无法实现的，建构马克思主义伦理学的当代正义批判形态，必须跳出"特殊正义"的视角而采用"普遍正义"的视角重新审视当代中国的社会正义问题。

马克思从早期到晚期对于社会正义的探讨，总是与其对于社会政治经济结构的探讨结合起来，正义问题在马克思那里从来不是一个纯粹的理论问题，而是一个与社会存在普遍关联的实践问题。而这一传统的缔造者正是亚里士多德。在《政治学》中，亚氏对于社会正义的探讨总是同对于城邦中公民的经济交往方式的描述结合在一起，"在《政治学》第一卷中，他致力于发展两大主题：（1）经济在维系城邦和美好生活的统一上

---

① 参见乔治·麦卡锡《马克思与古人》，王文扬译，华东师范大学出版社2011年版，第82页。

面是重要的;(2)交换从实物交换到商业贸易的发展演变在城邦中瓦解了对一个共同体而言最重要的相互分享、公平、团结和社会正义"[1]。当然,马克思对于正义的实践探讨与亚里士多德的区别在于,马克思所处的时代决定了他的理论出发点和聚焦点都是现代资本主义经济形式,因此在其早期著作中,我们看到了他对于异化批判的人道主义视角和政治经济学视角。尤其是通过后者即从政治经济学批判的视角追问社会正义何以可能,马克思不仅从根本上颠覆了现代社会对于正义观点的理解,而且建构了一种具有后现代理论特质的社会正义形态。

具体而言,马克思以政治经济学批判的理论形式完成了对现代社会正义形态的理论重构,主要表现在对现代社会两个层面的正义危机的批判,即物质层面的正义危机和精神正义危机。

首先,现代资本主义社会的正义危机表现在其物质生产结构的非正义性。在马克思看来,人类社会及其所创造的历史的第一个无条件的前提是物质生产活动。因此造成现代人类社会正义危机的根源就在于,人类物质生产活动过程中充满了非正义性。这一非正义性最为集中地体现在资本主义的商品经济及其资本逻辑对于人类劳动本性的遮蔽和损害,所以马克思批判的起点从对于资本主义控制下的劳动批判开始,从"异化劳动"批判开始。

在马克思看来,异化劳动是资本主义社会非正义性的最为原初的表现形式,因为在异化劳动的状态下,劳动的产品、劳动的过程以及劳动所原本彰显的人的类本质都或者被扭曲或者被遮蔽。劳动这一原本确证人之为人的活动方式,在资本主义的生产逻辑过程中却变成非人的东西反过来统治人自身。当然在《1844年经济学哲学手稿》中,马克思对于异化劳动非正义批判仍然基于一种人道主义和人类学的审美批判,但是到了《资本论》等晚期著作中,批判则直接从分析资本逻辑的商品交换原则及其所导致的拜物教迷雾开始。在《资本论》中,异化劳动批判不再是一种具有审美批判意味的纯粹描述,而变成冷静的辩证分析。马克思认为,劳动之所以被异化,其根本原因在于劳动的抽象化,而劳动的抽象化则是由

---

[1] [美]乔治·麦卡锡:《马克思与古人》,王文扬译,华东师范大学出版社2011年版,第97页。

于具体劳动所生产的使用价值被资本逻辑所同质化为可以量化交换的交换价值。劳动价值的这样一种"神奇"的转换,从根本上改变了劳动作为抒发人类创造潜能的社会正义功能,结果劳动创造潜能的异质性和多样性被资本逻辑及其商品交换原则所同质化,从而劳动的社会正义功能被转变为一种基于自由、平等交换的现代正义原则,而这种正义原则的同一性无疑遮蔽了劳动原则正义能够的多样性,因此这种正义是伪善的、虚假的。

马克思对于异化劳动非正义性的批判经历了从抽象哲学批判到现实经济批判的转变,这一转变并非意味着通常学界所说的从不成熟走向成熟,我认为,这一转变实质上是马克思把其早期的正义情怀与后期的正义结构相结合的结果。马克思对于现代社会正义的物质层面批判,所秉持的是一种西方古典传统固有的社会伦理精神,即人在具体的社会实践活动中,充分发挥自身的各种潜能,实现自身的全面发展;所揭示的是一种西方现代社会非正义的客观强制结构,这种强制结构在后古典时代表现在两个方面,即神圣的宗教层面和自然的人性层面。前者被马克思称为"神圣形象的自我异化",后者被马克思称为"非神圣形象的自我异化"①。因此马克思对于现代社会非正义的批判不仅表现在对于人类世俗世界中的劳动异化及其非正义的批判,而且表现在对于人类精神世界中的文化异化及其非正义的批判。

其次,现代资本主义社会的非正义性表现为人类精神生活的商品拜物教特征及其所导致的人类思维的单向度和同质化。一般来说,马克思对于资本主义的正义批判就是对于资本主义的生产方式以及分配方式的批判,或者说正义批判就是经济批判。这种观点在表述马克思正义批判理论的外在形式方面当然不错,但是如果把马克思对于资本主义社会非正义的批判完全局限在物质层面就有失偏颇了。

正如我们上文所提出的,正义对于马克思而言,是一种普遍正义意义上的人类潜能的充分发展以及整个社会对于个体发展自身潜能的相应结构。所以一个正义的社会自然不应该仅仅是经济结构的正义,而且还应包括社会政治文化结构的正义,尽管经济结构正义是基于首要和核心地位的要素。因此在这个意义上,马克思的社会正义理论自然包括马克思对于资

---

① 参见《马克思恩格斯选集》(第1卷),人民出版社1995年版,第2页。

本主义社会的文化正义批判。

在《资本论》中，马克思指出："最初一看，商品好像是一种简单而平凡的东西。对商品的分析表明，他却是一种很古怪的东西，充满形而上学的微妙和神学的怪诞。"① 马克思这里所说的商品的"微妙"和"怪诞"是指什么？就商品作为使用价值而言，它并没有神秘性，它不过是自然物质在人类行为作用下一种形态变化而已。问题的关键在于，商品除了具有使用价值，还具有交换价值。商品交换所秉持的量的同一性原则似乎可以摆脱商品实用属性的"纠缠"，从使商品获得了一种与任何其他商品进行物与物的"普遍交往"魔力可见，正是商品的交换价值所暴露出的人类劳动的抽象化，使得产品一旦采取商品形式就获得了"谜一般的性质"。而这种"谜一般的性质"并不神秘，它不过是被抽象化了的人类劳动而已。但是商品形式对于劳动的抽象化使得人类由劳动所结成的社会关系也被物与物的关系所遮蔽，所以马克思指出："商品形式的奥秘不过在于：商品形式在人们面前把人们本身劳动的社会性质反映成劳动产品本身的物的性质，反映成这些物的天然的社会属性，从而把生产者同总劳动的社会关系反映成存在于生产者之外的物与物之间的社会关系。"② 而这时，商品无疑获得了一种具有脱离现实的形而上学意味的拜物教性质，"商品形式和它借以得到表现的劳动产品的价值关系，是同劳动产品的物理性质以及由此产生的物的关系完全无关的。这只是人们自己的一定的社会关系。但它在人们面前采取了物与物的关系的虚幻形式……我把这叫作拜物教。劳动产品一旦作为商品来生产，就带上拜物教性质，因此拜物教是同商品生产分不开的"③。结果在资本主义社会中，人们像原始人匍匐在图腾面前一样匍匐在商品脚下，人类的精神世界看似得到物质的充实而实际上则被其所崇拜的虚幻对象所掏空。

商品的形式同一化原则不仅是一种局限于经济交往过程中的基本原则，当商品的拜物教性质变成人类精神生活的根基时，这种形式同一性原则将不仅构成人类经济活动的基本原则，而且渗透到了人类社会生活的方

---

① 《马克思恩格斯全集》（第44卷），人民出版社2001年版，第88页。
② 《马克思恩格斯全集》（第44卷），人民出版社2001年版，第89页。
③ 《马克思恩格斯全集》（第44卷），人民出版社2001年版，第89—90页。

方面面。正如卢卡奇所指出的,"物化现象同它们存在的经济基础、同它们的真正可理解性的基础的这种分离,由于下面这种情况而变得较为容易:要使资本主义生产完全产生效果的前提成为现实,这种变化过程就必须遍及社会生活的所有表现形式"①。可见,商品拜物教及其背后所贯彻的资本逻辑在现代社会已变成人类的精神生活的主宰,在机械单调的生产、政治、法律、道德生活形式中,人类的异质性个性被抹杀,人类变成了缺乏否定性思维能力的"单向度的人"。

而且更重要的是,在以资本逻辑为主导的商品社会中,合理性原则和形式同一性逻辑逐步成为社会各个层面所贯彻的隐秘原则。这种原则逐步被潜移默化地变成大众意识形态和社会文化形式,变成维护资本主义社会现有正义原则合法性的工具。正如阿多诺和霍克海默在《启蒙辩证法》中提出的,文化已经被工业化,文化工业导致文化本来所具有的启蒙作用发生异化,被工业化、商业化的现代文化变成当代资本主义社会欺骗大众、抹杀个性的工具,作为文化工业的副产品,流行文化变成一种新的操控力量,"在文化工业中,个性就是一种幻象,这不仅是因为生产方式已经被标准化。个人只有与普遍性完全达成一致,他才能得到容忍,才能没有问题。虚假的个性就是流行……个性不过是普遍性的权力为偶然发生的细节印上的标签,只有这样,它才能够接受这种权力"②。可见,在这种社会文化模式下,表面上我们看到是文化的极大繁荣和大众观念的极度活跃,但是实质上,却是文化的荒漠,观念的牢笼。由于真实个性和异质性声音既无法充分培育出来,同时也遭到残酷的打压,现代资本主义社会所推崇的所谓正义原则的伪善、保守乃至强制性暴露无遗。显然,这样一种文化单调、政治单一、个体单面的社会在马克思的"以全面发展的自由个性所组成的联合体"看来自然是非正义的。

在马克思资本逻辑批判的社会正义理论视域中,当代中国伦理现实的道德正义危机的本质在于,它是现代性及其经济形式所引发的双重正义危机,即劳动价值危机和精神文化物化危机的必然后果。因为当代中国所进

---

① [匈]卢卡奇:《历史与阶级意识》,杜章智等译,商务印书馆1999年版,第161页。
② [德]阿多诺、[德]霍克海默:《启蒙辩证法》,渠敬东、曹卫东译,上海人民出版社2006年版,第140页。

行的现代化建设,所坚持的基本经济逻辑的现代商品经济,在这一逻辑主导中,人类劳动潜能无法获得充分的实现,人类无法在劳动过程中成就自身的自由和全面发展。结果,人的精神世界受商品拜物教控制,貌似丰满充盈,实则空虚浅薄,从而在现代道德视域下的"德福矛盾"危机及其道德正义危机不过是上述更为根本的社会伦理危机的表现形式而已。马克思的社会正义思想无疑为我们超越现代正义危机的视域局限提供了重大理论支撑,这就是,就当代中国而言,超越道德正义危机,就必须超越现代社会道德危机的问题域,而去直面造成现代道德正义的更深层次的危机,即劳动价值和精神物化双重危机。

马克思的《资本论》为解决当代中国的社会正义危机以及构建崭新的社会正义形态提供了具有重大理论价值的思想资源,因为《资本论》本身就是对于传统政治经济学及其所贯彻的西方现代性道德正义体系的批判和超越,本身就是一种问题域的革新。马克思站在古典时代的普遍正义立场上,拓展了现代社会正义的问题域:正义问题不仅是关涉财富何以公平分配的狭隘原则,正义更重要的是关涉社会总体何以充分保证人类潜能的充分实现和人类自由与全面的发展。正是在这个意义上,我们认为,马克思的政治经济学批判特别是《资本论》的资本逻辑对于现代社会正义的批判,对于超越当代中国伦理现实中的道德正义危机,建构当代中国崭新的社会伦理正义形态具有重大的理论价值和现实意义。因为马克思《资本论》的资本逻辑批判不仅仅是关于资本主义经济危机的实证科学批判,它更是关于现代资本主义社会伦理危机的哲学批判。马克思的资本逻辑批判向我们呈现了一种与古典社会的伦理正义与现代社会的道德正义都具有原则差别的后现代社会正义的理论形态。

2. 伦理政治的重建:作为现代政治批判的马克思主义伦理学

马克思主义伦理学的当代中国形态必须面向当代中国的伦理现实。当代中国的伦理现实问题不仅包括上文所论述的现代道德正义危机,而且表现为政治伦理实体的认同危机。因此马克思主义伦理学的当代中国形态建构,一方面需要以资本逻辑批判的理论形态超越现代道德哲学及其社会正义理论的狭隘性，另一方面也需要在此基础上超越现代政治哲学所导致的伦理实体的认同危机，弥合被现代政治逻辑所肢解的私人领域与公共领域的分裂，建构一种既植根于古典政治哲学传统又融合现代政治理念的新型后现代伦理政治形态。

当代中国的伦理现实表明，基于血缘关系的家庭伦理实体的团结功能已经被现代社会所瓦解。在传统社会中，美德既是个体行为的道德原则，也是全社会的普遍伦理认同，道德内在于善之中。但是自启蒙运动以来，人类社会的传统伦理规范被近代理性思维方式二元化，道德经由理性的反思而出离于善，社会关于善的生活方式认同与个体行为的内在规则之间出现了断裂，"活得好"与"做得好"不再是内在一致的。

在理论形态上，现代社会的伦理规范表现为作为私人领域的道德法则与公共领域的社会伦理的分离。面向私人领域，资本主义生产方式与生活方式构成个体行为的现实场域，以边沁、密尔为代表的功利主义，其基于人的自然权利所做出的"最大多数人的利益最大化"原则是其主流的道德规范。面向公共领域，现代政治对于民主、自由、平等、权利等价值理念的普遍强调，使得公共生活必须脱离个体生活的"特殊性"纷扰。以马基雅维利的"为自我持存而斗争"的基本人性观点为出发点，现代政治哲学构建了与古典政治哲学完全不同的本体论基础，从而霍布斯所立足的自然状态以及卢梭所立足的普遍理性，都强调现代政治实体存在的合法根据在于规避"为自我持存而斗争"所造成"战争状态"[1]。

现代性的上述社会伦理后果无疑是对前现代社会伦理的巨大冲击，这种冲击一方面缔造了人类前所未有的生活图景，在把人类思维方式二元化的同时，也把人类的生活方式二重化为以个体理性为主导的"市民社会"和以公共理性为主导的"公民社会"。在"市民社会"中，自然法则占主导，个体生命以获取生存利益的资本主义生产方式和获取心理救赎的基督教精神生活为基本表现形式。市民社会在这个意义上成为个体为在其中获取利益的中介和平台，他者是以手段的形式为我存在，社会蜕变成以利益原则为主导的"丛林竞技场"。显然，在这种状态下，真实的社会团结以

---

[1] 参见［德］阿克塞尔·霍耐特《为承认而斗争》，胡继华译，上海人民出版社2005年版，第11—14页。

及伦理认同是无从谈起的。为了控制或抑制市民社会纯粹自然法则的弊端，"公民社会"以自由法则为主导，强调个体超越自然法则的自私自利性，摆脱经济利益和宗教信仰的狭隘性，完全面向自身的理性存在，遵循绝对理性原则所赋予个体的道德义务，从而做到基于公共理性的内在要求去参与公共事务的决策和政治实体的构建。

"市民社会"与"公民社会"的二重化是人类现代社会伦理的基本表现形式，也是透视现代社会伦理危机最为重要的切入视角。在这一视角下，现代社会的伦理危机直接表现为现代政治实体的认同危机和现代社会主体间的团结危机。上述双重危机是催生马克思主义伦理学诞生的社会思想史和政治思想史背景，正是针对这一背景，马克思主义伦理学对于现代社会伦理的批判抓住了最为核心的问题所在，这就是现代政治危机。在《论犹太人问题》《〈黑格尔法哲学批判〉导言》等早期著作中，马克思深刻揭示了现代政治危机的实质，并在此基础上遵循着西方古典伦理政治哲学谱系的基本逻辑，建构了一种超越现代政治及其伦理灾难的后现代伦理政治理论。而马克思的这一伦理思想为我们面向当代中国伦理现实，解决当代中国伦理实体的认同危机和政府伦理的存在危机，建构马克思主义伦理学的当代理论形态提供了重要思想支撑。

首先，现代社会的伦理危机根源于现代性自诞生以来的固有危机，或者说，现代社会的伦理危机只是现代性危机的表现形式之一，现代社会危机的实质是现代性危机。

现代性自十六七世纪诞生以来，极大地改变了人类的思维方式和生活方式。在思维方式上，现代性意味着以理性作为审判自然与人类自身的法庭，思想启蒙所引发的个体理性（Reason）摆脱普遍理性（Logos）的束缚，人类以更加成熟的目光来看待自然世界，以更加自信的勇气和决心来构建自身的社会生活、政治生活和精神生活。正如康德所言："启蒙运动就是人类脱离自己所加之于自己的不成熟状态。不成熟状态就是不经别人的引导，就对运用自己的理智无能为力。当其原因不在于缺乏理智，而在于不经别人的引导就缺乏勇气与决心去加以运用时，那么这种不成熟状态就是自己所加之于自己的了。要有勇气运用你自己的理智！这就是启蒙运动的口号。"① 在物质生活上，现代性意味着商品经济取代产品经济，私有财产的神圣不可侵犯构成人类自由的定在形式，从而资本主义的生产方式所带来的是生产力的快速发展和社会物质财富的几何式增长，"资产阶级在它的不到一百年的阶级统治中所创造的生产力，比过去一切世代创造的全部生产力还要多，还要大"②。在精神生活上，现代性意味着基督教使得人类摆脱了教会以及教皇的神圣权威，可以不借助任何特权中介而直接与上帝对话，而这种在宗教层面的"众生平等"状态的形成，所催生的是现代性的政治形式——民主制。

可见，现代性的确为人类带来了一种全新的世界图景，启蒙对于思想神话、宗教神话、政治神话的反叛为人类建构了一个理智化的世界。正如马克斯·韦伯所言，现代性即是"除魅"，"我们这个时代，因为它所独有的理性化和理智化，最主要的是因为世界已除魅，它的命运便是，那些终极的、最高贵的价值，已从公共生活中销声匿迹，它们或者遁入神秘生活的超验领域，或者走进了个人之间直接的私人交往的友爱之中"③。但是现代性的启蒙却在其诞生之初就根深蒂固地存在着巨大的缺陷，而正是这种缺陷造成了现代性所建构的现代社会的诸种危机。在阿多诺看来，这种缺陷就是启蒙走向了反启蒙，或者说，现代社会的启蒙在反神话的同时却已把自身塑造成了新的神话，"在启蒙世界里，神话已经世俗化了。在其彻彻底底的纯粹性里面，实在虽然清除了鬼魅及其概念派生物，却呈现出了鬼魅在古代世界里的种种特征"④。这是在这个意义上，我们认为，反思现代社会的危机就要反思现代性本身的内在危机，就是要反思和批判作为新的神话形态的启蒙本身。正如马克思所言，"真理的彼岸世界消逝以后，历史的任务就是确立此岸世界的真理。人的自我异化的神圣形象被揭穿以后，揭露具有非神圣形象的自我异化，就成了为历史服务的哲学的迫切任务。于是，对天国的批判变成对尘世的批判，对宗教的批判变成对

---

① ［德］康德：《历史理性批判文集》，何兆武译，商务印书馆1990年版，第23页。
② 《马克思恩格斯选集》（第1卷），人民出版社1995年版，第277页。
③ ［德］马克斯·韦伯：《学术与政治》，冯克利译，生活·读书·新知三联书店2005年版，第48页。
④ ［德］阿多诺、［德］霍克海默：《启蒙辩证法》，渠敬东、曹卫东译，上海人民出版社2006年版，第21页。

法的批判,对神学的批判变成对政治的批判"①。因此我们的任务就是要揭示作为"非神圣形象"的"现代性的自我异化",揭示作为现代神话的启蒙及其所造成的现代社会危机。

现代性无疑是人类创造的一种新的神话,现代性成就了人类前所未有的物质财富和科技发展,创造了人类社会前所未有的全球性福祉。但是正如吉登斯所说:"现代性是一种双重现象。同任何一种前现代体系相比较,现代社会制度的发展以及它们在全球范围的扩张,为人类创造了数不胜数的享受安全的和有成就的生活的机会。但是现代性也有其阴暗面,这在本世纪变得尤为明显。"② 对于吉登斯所说的"现代性的阴暗面",当代思想家们分别从不同的视角加以阐发。阿多诺认为,现代性所导致的文化工业化必然带来精英文化的失落和大众文化的泛滥,而这是现代社会人类精神的危机的表现形式。哈贝马斯则认为,现代科技的发展变成了一种新的意识形态。阿伦特则从政治哲学的视角分析了现代政治的极权主义的根源。鲍曼甚至直接把现代性与大屠杀相关联等。

以上对于现代性及其"阴暗面"的分析与揭示分别从各自视角阐发了现代性危机的一个共同表现形式,这就是现代性的危机不仅是精神文化的危机,而且更是人类社会生活的危机,是现代政治的危机。在这个意义上,列奥·施特劳斯对于现代性的批判就显得尤为引人注目,他从政治思想史的视角出发,精细区分了现代性本身的发展历程。按照列奥·施特劳斯的梳理,现代性经历了三次浪潮,即以马基雅维利、卢梭和尼采为代表的现代性三个发展阶段,其理论基点分别是关于人的自然权利、人的理性自由和人的生存情绪。③ 在列奥·施特劳斯看来,现代性的三次浪潮就是现代政治之于自身危机的三次回应,而"现代性的危机原本是现代政治哲学的危机"④,因为现代性的危机理论根源正在于,现代政治哲学立足事实与价值的二分,反叛和背离了古典政治哲学所创建的德性社会伦理。

---

① 《马克思恩格斯选集》(第 1 卷),人民出版社 1995 年版,第 2 页。
② [英]吉登斯:《现代性的后果》,田禾译,译林出版社 2000 年版,第 6 页。
③ 参见 [美]列奥·施特劳斯《苏格拉底问题与现代性》,刘小枫主编,华夏出版社 2008 年版,第 38、41、43 页。
④ 参见 [美]列奥·施特劳斯《苏格拉底问题与现代性》,刘小枫主编,华夏出版社 2008 年版,第 33 页。

古典政治哲学变成了现代社会理论，它不再关注社会正义和人类幸福本身意味着什么，而关注的是实现社会正义和人类幸福的条件，即保护人的自然权利。① 正是在这个意义上，我们认为，反思当代中国社会所遭遇的现代性伦理危机，建构马克思主义伦理学的当代中国形态，除了上文所说的资本逻辑批判视角，政治哲学批判的视角同样重要。

其次，现代性及其所引发的现代社会危机的实质是现代政治危机。正是通过对现代政治的上述结构及其内在困境的揭示，马克思抓住了现代性及其政治神话的根本弊病所在，为我们在当代社会背景下反思和批判现代社会危机，走出现代政治危机及其所造成的现代社会危机提供了重大理论资源，也成为我们在现代性批判的视角下建构马克思主义伦理学的当代中国形态的重要内容之一。

现代政治危机源自现代政治本身的固有缺陷，这就是现代政治反叛古典政治之后所形成的世俗个体与政治共同体的分离，个体要求权利优先，共同体则要求正义优先。共同体由内在于个体并且能够获得个体认同的伦理存在转变为个体之间谋求世俗利益的法理存在，个体对于共同体的认同是基于外在的法理约束而非基于内在的伦理向往。结果，在现代政治环境中，政治共同体往往被看作制约个体自由的消极条件，实现个体的积极自由意味着必须划定共同体的权力边界，进而实现个体的消极自由。马克思对于现代政治的批判就是要超越现代政治的上述后果，解决现代政治所造成的个体与共同体的分裂，化解现代政治的个体自由危机以及个体对于共同体的认同危机。正如美国学者古尔德所言："马克思设想了一个由自由个人的活动构成的共同体概念，在这个共同体中，每个人都意识到他或她自己活动的可能性，并且根据共同体的期望和目标认识到彼此互相联系并互相提高彼此的个性。"②

对于现代政治上述固有缺陷及其内在危机，马克思早在青年时期就有所洞察，这主要体现在《论犹太人问题》一文中。在该文中，马克思对

---

① 参见［美］列奥·施特劳斯《苏格拉底问题与现代性》，刘小枫主编，华夏出版社2008年版，第23页。

② ［美］古尔德：《马克思的社会本体论》，王虎学译，北京师范大学出版社2009年版，第2页。

现代政治及其内在结构进行了独到的分析和批判，为后期基于历史唯物主义的哲学立场和政治经济批判的基本形式，展开对于现代政治更为深刻的批判奠定了基础。

在《论犹太人问题》中，马克思首先充分肯定了现代政治颠覆了传统社会的封建特权政治，为现代人指出了一条自由与解放的道路，"政治解放当然是一大进步；尽管它不是一般人的解放的最后形式，但在迄今为止的世界制度内，它是人的解放的最后形式。不言而喻，我们这里指的是现实的、实际的解放"①。但是同时，马克思立足于"现实的、实际的解放"立场，更明确地指出："摆脱了宗教的政治解放，不是彻头彻尾、没有矛盾地摆脱了宗教的解放，因为政治解放不是彻头彻尾、没有矛盾的人的解放方式"②。因为"政治解放一方面把人归结为市民社会的成员，归结为利己的、独立的个体，另一方面把人归结为公民，归结为法人"③。

基于以上论述，我们可以发现，马克思对于现代政治及其解放叙事的分析非常清晰。这就是，现代政治的解放叙事一方面瓦解了封建社会的神权政治，承诺了现代人的新型自由，另一方面，现代政治也为此付出了不可挽回的沉重代价，这就是现代政治必然导致人类社会生活的二重化、抽象化。结果，现代政治的这一代价也正是其不可克服的固有缺陷，因为以个体生活与共同体生活的割裂为前提的自由和解放承诺，其实质上承诺的必然是一个虚假的自由和解放的幻象，现代政治构建的公民社会以脱离世俗的市民社会为前提，但是由利己原则以及物质生产所构成的市民社会正是公民社会的前提，离开了这一前提，公民社会所许诺的自由与解放必然是虚假的。正如马克思所指出的："政治国家对市民社会的关系，正像天国对尘世的关系一样，也是唯灵论的。政治国家与市民社会也处于同样的对立之中，他用以克服后者的方式也同宗教克服尘世局限性的方式相同，即它同样不得不重新承认市民社会，恢复市民社会，服从市民社会的统治。"④但是这时被形而上学地割裂开的市民社会和政治共同体都失去了

---

① 《马克思恩格斯全集》（第3卷），人民出版社2002年版，第174页。
② 《马克思恩格斯全集》（第3卷），人民出版社2002年版，第170页。
③ 《马克思恩格斯全集》（第3卷），人民出版社2002年版，第189页。
④ 《马克思恩格斯全集》（第3卷），人民出版社2002年版，第173页。

自身的现实基础,都陷入了虚假之境地,"人在其最直接的现实中,在市民社会中,是尘世存在物。在这里,即在人把自己并把别人看作是现实的个人的地方,人是一种不真实的现象。相反,在国家中,即在人被看作是类存在物的地方,人是想像的主权中虚构的成员;在这里,他被剥夺了自己现实的个人生活,却充满了非现实的普遍性"[1]。可见,马克思认为,现代政治在把作为整体的人类社会二元化从而把政治国家绝对化和形而上学化的意义上,具有与宗教神学同样的虚幻色彩,它们都通过对特殊的、杂乱的尘世世界的否定以构建一个纯粹的和普遍的理想世界,所以在这个意义上,现代政治所许诺的政治理念实际上不过是一种别样的精神鸦片而已。因此现代政治的二元结构性矛盾及其虚幻本质决定了,如果局限于现代政治的结构框架内,现代国家试图超越个体积极自由与消极自由的二律背反,重建政治实体的伦理认同,从而弥合破裂的个体与共同体关系的努力将注定失败。因此正是基于对于现代政治基本结构及其矛盾的分析,马克思既揭示了现代政治及其解放叙事的虚假本质,也深刻揭示了现代社会的政治实体陷入普遍认同危机的理论渊源。

那么接下来的问题是,作为诞生并生活于现代社会的马克思,其何以能够跳出现代政治的视角,实现上述对于现代政治结构的分析,对于现代政治价值理念的批判?这是因为马克思生活的时代虽然是现代社会,但是在思想上他却对于由亚里士多德所开创的伦理政治传统怀着深深的向往,对于古希腊时代的城邦政治及其所散发的个体与共同体和谐共处的社会风尚有着强烈的眷恋。"很显然,从他早年在文科中学的岁月到他在波恩和柏林的大学学习研究,马克思对古人的兴趣不断增加,古人为他提供了泉源,滋养了他对未来的梦想和希望、构造了他对人类的景象,他后来的政治经济学批判正是建基于这一图景之上。"[2] 正因如此,在看待现代政治的态度上,马克思必然合乎逻辑地采取了一种与现代政治哲学家们截然不同的批判视角,主张超越现代政治的二元结构性矛盾,实现人的政治存在与道德存在的和解,实现人作为社会伦理存在的复归。关于这一视角,主

---

[1] 《马克思恩格斯全集》(第3卷),人民出版社2002年版,第173页。
[2] [美]乔治·麦卡锡:《马克思与古人》,王文扬译,华东师范大学出版社2011年版,第27页。

要体现在马克思早期的"类哲学"思想中。"人是类存在物,不仅因为人在实践上和理论上都把类——他自身的类以及其他物的类——当作自己的对象;而且因为——这只是同一种事物的另一种说法——人把自身当作现有的、有生命的类来对待,因为人把自身当作普遍的因而也是自由的存在物来对待。"①

可见,在马克思看来,人是一种"类存在物",人不仅在实践过程中即在经验性、对象性活动过程中,而且在理论活动中也能自觉地认识到人的"类本质"。所以人的这种"类存在"的实现不必借助于抽象的政治活动,尽管现代政治对于宗教神权政治的瓦解为人确证自身的"类本质"开辟了解放的条件。但是现代人作为"类存在"的解放与复归要求我们不能停留于具有内在矛盾的现代政治视野下,现代政治已经变成了新的"神圣形象"导致了人的"类存在"的自我异化。所以对于人的"类存在"的强调,这不仅决定了马克思早期现代政治批判及其人类解放思想的理论高度,而且也表明,通过批判现代政治的自我异化以寻求人类自由与解放的崭新政治形态,是马克思一生为之求索的理论目标。

正是在这个意义上,我们认为,马克思站在了比现代政治更高的理论立场上即人本身的自由与解放的立场上,深刻揭示了现代政治及其所描绘的解放叙事的虚幻性,批判了现代政治基本价值理念的伪善性,并在此基础上重新构建了一种立足现代生活又超越现代生活的后现代政治理念,从而比现代政治哲学更为真实地回答了现代人的自由与解放何以可能问题。而这主要体现在马克思后期的重要著作《1857—1858年经济学手稿》之中,在该著作中,马克思不仅立足历史唯物主义的哲学基础对早期的类哲学立场加以现实化、系统化,而且建构了一种区别于亚里士多德、黑格尔传统的崭新的后现代伦理政治形态。

最后,马克思对于现代政治结构的分析及其固有困境的揭示,为马克思立足历史唯物主义的哲学基础,延续古典政治哲学的伦理政治谱系,超越现代政治的基本困境,从而为现代社会寻求一种能够克服现代政治弊端,解决现代社会危机的崭新政治形态提供了前提条件。

如果说在早期的《论犹太人问题》中,马克思只是提出了现代政治

---

① 《马克思恩格斯全集》(第3卷),人民出版社2002年版,第272页。

批判及其超越路径的可能视角，那么在后期的政治经济学批判时期，马克思则开始自觉地运用历史唯物主义的思维方式以及解释原则，把对于现代政治困境的分析和对于现代社会危机的解决，在共时性层面放到对于现代经济结构即资本主义的商品经济结构之中加以考察，在历时性层面则放到了社会历史领域之中加以谋划。通过以上两个层面的交互性阐释，马克思以批判性的视角再次深刻揭示了现代政治也是当代中国政治伦理所必须面对和解决的难题，即"个体"与"共同体"的两难抉择问题，并以建构性的视角谋划了一条超越这一难题的现实道路。

有学者提出，对于现代政治哲学而言，往往把道德与政治看作两个内在相关的部分，而且在对于现代政治的批判和反思过程中，道德和政治存在着本质联系。① 可见在现代政治哲学的视域内，追问政治共同体与个体的关系问题，不得不涉及共同体的政治合法性与个体的道德基础问题，因为正如上文所提出的，现代政治的理论结构是共同体与个体的二元分立，这一结构决定了现代政治实体的创立必须以对于个体相应道德原则的阐释为前提。关于这一特征我们在从马基雅维利到霍布斯，从洛克到卢梭的政治哲学思想中都可以明确找到。但是马克思也正是在这个意义上提出，现代政治的解放叙事及其政治实体具有虚幻性，个体对于现代政治实体的认同是虚假认同。为此，我不同意张盾把马克思纳入道德政治的谱系中的观点："既然卢梭和康德开创的'道德政治'是现代性的一个致命问题，马克思与该问题就一定保有某种内在的本质联系，这种联系必须被揭示出来，它是理解马克思在现代政治哲学中的历史地位的关键。"② 他进一步提出，马克思在这一"道德政治"谱系中的最大理论创见是把"道德政治"所关注的权利问题"从一般的权利扩展到财产的权利"③。因为尽管马克思批判现代政治的聚焦点在于资本主义的财产权，但是马克思对于财产权的批判并不能说明马克思批判的立场是洛克意义上的财产权，而恰恰说明马克思要在不同的立场上瓦解现代以财产权为根基的政治哲学基础。所以马克思的政治思想并不是遵循现代道德政治谱系的基本理念对其所做

---

① 张盾：《"道德政治"谱系中的卢梭、康德、马克思》，《中国社会科学》2011 年第 3 期。
② 张盾：《"道德政治"谱系中的卢梭、康德、马克思》，《中国社会科学》2011 年第 3 期。
③ 张盾：《"道德政治"谱系中的卢梭、康德、马克思》，《中国社会科学》2011 年第 3 期。

的一种调整，而是根本上在一种不同的政治哲学理念指导下，建构了一种不同的后现代政治哲学形态。这就是"社会伦理政治"及其基础上所构建的后现代伦理政治。

马克思的"伦理政治"对于"道德政治"的批判和超越主要体现在对于个体道德的实体形态即私有财产的社会关系分析和价值结构分析。前者体现在马克思早期对于私有财产与异化劳动关系深刻阐发，后者体现在马克思后期从对于商品价值结构的二重性揭示，阐发了资本主义私有财产的拜物教性质。可见，马克思对于现代道德政治的批判，最后落脚到现代道德政治的经济表现形式，因为现代社会的道德生活、政治生活都以经济生活的方式表现出来，或者说，现代经济生活是构成现代道德生活和政治生活的秘密所在地。因此马克思通过挖掘作为经济概念的私有财产背后的社会关系因素，从根本上实现了对现代道德政治基础的社会伦理批判。

在《1844年经济学哲学手稿》中，马克思明确指出："私有财产是外化劳动即工人对自然界和对自身的外在关系的产物、结果和必然后果。""私有财产一方面是外化劳动的产物，另一方面又是劳动借以外化的手段，是这一外化的实现。"[①] 可见，在马克思看来，财产权所指向的权利对象即私有财产并不神秘，它不过是人类劳动外化的产物。在这里，马克思并没有像国民经济学家那样，停留于对于劳动、私有财产和工资之间关系的抽象认识，而是进一步挖掘私有财产关系背后的劳动关系。马克思指出："私有财产作为外化劳动的物质的、概括的表现，包含着这两种关系：工人对劳动、对自己劳动产品和对非工人的关系，以及非工人对工人和工人的劳动产品的关系。"[②] 因此理解现代社会的财产权概念必须以理解创造私有财产的现代劳动关系为前提。而在马克思看来，正是现代劳动关系决定了私有财产在现代社会的异化，从而也决定了资本主义社会财产权的非法性。对于现代劳动关系，马克思在《1844年经济学哲学手稿》主要论述了劳动与劳动产品、劳动与劳动行为、劳动与人的类本质以及劳动者与非劳动者四个方面的异化关系，从而揭示了国民经济学家在对待私有财产问题上的保守本性，也揭示了现代社会私有财产作为人类异化劳动

---

① 《马克思恩格斯全集》（第3卷），人民出版社2002年版，第277页。
② 《马克思恩格斯全集》（第3卷），人民出版社2002年版，第279页。

的现实定在，自身就蕴含着内在的矛盾和紧张关系。"以劳动为原则的国民经济学表面上承认人，毋宁说，不过是彻底实现对人的否定而已，因为人本身已不再同私有财产的外在本质处于外部的紧张关系中，而是人本身成了私有财产的这种紧张的本质。"

马克思的上述观点首先从根本上颠覆了资产阶级财产权理论。众所周知，英国古典政治经济学对于现代经济学的重要贡献体现在，它提出了一个重要命题，即"劳动创造价值"。这一论断的重要性在于，他为现代社会的价值观念引入了全新的解释视角。在前现代社会，价值的创造者是神、英雄和上帝，劳动是只有奴隶才从事的低等活动。但是以亚当·斯密和李嘉图为代表的古典政治经济学却把劳动引入对于社会价值的认识中，不仅对于马克思的政治经济学批判研究意义重大，而且古典政治经济学的这一思想深刻影响了马克思的政治判断，其对于马克思具有划时代意义的政治哲学思想的诞生更是影响深远。正如阿伦特所言："马克思学说真正反传统的倒是一个未曾有的侧面，即对劳动的赞美。它却是从哲学发轫以来经常遭到蔑视的，被认为没有必要特意去理解，解释那不中用的人及其营生活动，也没有必要重新评价被轻视的工人阶级和劳动。马克思是19世纪唯一的使用哲学用语真挚地叙说了19世纪的重要事件——劳动的解放的思想家。"①

因此正是基于"劳动创造价值"命题中所包含的劳动之于社会公共价值的强调，马克思真实把握到了现代政治哲学的命脉所在。根据这一命题，古典政治经济学为资本主义自由、平等的政治理念树立了经济基础。既然劳动创造了价值和财富，那么人们对于财富的占有就是对于自身劳动创造活动的确证，或者说，财产权与劳动是内在一致的，并没有结构性的矛盾。而且现代劳动是一种摆脱一切封建枷锁束缚的自由劳动，劳动者自由平等地创造价值，也具有有权自由平等地占有劳动所创造的价值。上述政治经济学的观念在洛克的政治哲学中得到了同样的确证，洛克认为，劳动是人在自然状态下的自由活动，这种自由活动的抽象性必须通过活动的对象加以证实——人类对于劳动产物即个体财产的占有权力。在这个意义

---

① [美] 阿伦特：《马克思与西方政治思想传统》，孙传钊译，江苏人民出版社2006年版，第12页。

上，洛克的财产权思想不仅具有经济学的意义，而且具体政治哲学意义，这就是"财产是人类自由的最初定在形式"，对于财产的占有即"所有权"本质上是人把自身的意志贯注在物之中。①

财产权的上述性质表明，资本主义及其所推崇的财产权理论是人类从抽象的自然状态向真实的自由状态过渡的必然阶段。但是更重要的是，马克思在强调现代劳动政治价值的同时，又釜底抽薪地揭示了在现代资本主义社会"劳动创造价值"的前提性困境，这就是劳动不属于劳动者本人，劳动的真实存在是雇佣劳动，雇佣劳动使得劳动成为商品，而作为商品形式的劳动必然陷入异化。结果，建立在异化劳动基础上的私有财产及其财产权以及它所确证的自由必定是伪善的，在资本主义生产方式控制下劳动其真实政治意义必然陷入异化。马克思的这一观点之后在《论犹太人问题》中被表述为："私有财产这一人权是任意地、同他人无关地、不受社会影响地享用和处理自己的财产的权利，这一权利是自私自利的权利。这种个人自由和对这种自由的应用构成了市民社会的基础。这种自由使每个人不是把他人看作自己自由的实现，而是看作自己自由的限制。"②

如果说马克思早期对于个体自由的财产权基础即私有财产的批判性分析还受到费尔巴哈的类哲学的影响，悬设了一种对于人的本质的形而上学理解，存在着一种美学浪漫主义的色彩，那么后期马克思则更为直接从对于资产阶级政治经济学本身的结构性批判出发，通过揭露李嘉图为代表的资产阶级政治经济学家对于价值考察的形而上学本质，即只强调现代社会财富的劳动价值源泉，而缺乏对于现代雇佣劳动背后的社会历史条件的考察。正如麦卡锡所说："其（指李嘉图）真正错误却在于他没能在其理论中形成现代劳动概念的历史性和结构性基础……它导致了一种对商品的价值和价格的纯粹数量上的理解"③，而马克思对于资产阶级政治经济学家上述局限性的批判正是体现在《资本论》及其手稿等后期著作中。在这些著作中，马克思从劳动价值理论这一基础性问题出发，批判性地分析了

---

① ［德］黑格尔：《法哲学原理》，范扬、赵启泰译，商务印书馆1961年版，第54、59页。
② 《马克思恩格斯全集》（第3卷），人民出版社2002年版，第184页。
③ ［美］乔治·麦卡锡：《马克思与古人》，王文扬译，华东师范大学出版社2011年版，第27页。

现代资本主义经济学价值理论的内在矛盾，揭示商品社会及其物化逻辑背后的社会历史条件，曝光了现代资本主义社会财产权的拜物教性质，从而以经济批判的形态实现了对于现代资本主义的社会批判，揭示了现代资本主义社会的政治伪善性。

综上所述，当代中国伦理实体的认同本质上是现代道德政治危机的表现形式，而现代道德政治的危机则是由现代性本身的内在危机所决定的。所以解决当代中国伦理实体的认同危机，走出个体与共同体分裂的现代道德政治困局，必须以超越现代道德政治的视角，重建道德个体与伦理实体的和解路径。在这个意义上，马克思立足人本身的自由与解放，揭示了现代政治解放的内在困境，期许一种基于人的自由个性全面发展的新型伦理共同体，无疑对于解决当代中国的伦理实体认同问题具有重大的理论价值。也正是在这个意义上，我们强调，马克思主义伦理的当代中国形态建构也就是建构一种超越现代道德政治的后现代伦理政治理论。

3. 精神家园的守护：作为伦理总体性的马克思主义伦理学

马克思主义伦理学的资本逻辑批判和现代政治批判分别指认了现代性的经济逻辑和政治逻辑，这为我们完善中国特色的社会主义市场经济机制，推进具有中国特色的社会主义政治体制改革具有重大的思想价值。同时马克思主义伦理学对于现代性经济逻辑和政治逻辑的批判与超越，其内蕴的是马克思主义伦理学对于资产阶级政治经济学体系和现代政治结构的总体性批判，体现了马克思主义对于资本主义生产方式和生活方式主导下的人类存在困境的伦理总体性批判。在这个意义上，我们认为，马克思主义的伦理学总体性批判不仅指向现代社会的资本逻辑和政治神话，而且在更为深层的意义上指向资本主义的文化危机，指向现代人的精神危机。因此马克思主义的伦理总体性批判为我们在社会转型期反思社会价值观念多元化及其所导致的民众精神家园感丧失、道德虚无、道德冷漠等社会文化现象提供了理论批判的基础，进而也为我们提炼社会主义核心价值观，构建中国特色社会主义核心价值体系，从而塑造和引导良好社会风尚，提升公民的道德素质奠定了理论建设的基础。

首先，马克思主义对于现代人精神危机的揭示和批判表现为，它以一种伦理总体性的理论视野揭示了资本主义生产方式和生活方式下的双重碎片化状况，即自然世界的碎片化和自由世界的碎片化。自然世界的碎片化彻底破坏了人类的无机身体，人类变成为生产而生产的资源性奴隶，变成漂泊无根的都市异乡人。自由世界的碎片化则肢解了人类的有机身体，人类的社会生活变成由可计算与合理性原则所构建起来的僵死机器，精神的差异性和批判性反倒成为现代社会必须避免的错误源泉，结果，在进退两难的道德义务论与道德功利主义面前，道德虚无主义及其所引发的精神虚无现象蔓延。

现代自然科学对于自然的碎片化认识和理解为资本主义的自然掠夺与破坏奠定了理论基础。现代自然科学所秉持的工具理性立场决定了自然与理性二元对立，理性对于自然的认识实质是理性基于自然现象基础上的自我建构，是理性的先天认识能力规范感性经验的结果。正如康德所说："我们关于物先天地认识到的只是我们自己放进它里面去的东西。"[①] 可见，现代自然科学的方法论基础就是一种非总体性的思维方式，而这与资本主义的生产逻辑是内在吻合的。由于资本主义的商品交换原则决定了，交换价值是资本主义生产的最终目的，所以在资本主义生产过程中，商品的使用价值并不是作为使用价值来看待的，产品在生产过程中原有的有机性和整体性必然由于分工和对于量的过度追求而被肢解掉，一种非总体的碎片化原则被不自觉地运用到生产过程中。

结果，现代自然科学在方法论上与现代资本主义的生产逻辑实现了联姻。自然科学为资本生产服务不仅成为可能，而且以前所未有的效率促进了资本主义对于自然的掠夺式开发。传统科学对于自然的惊异丧失殆尽，传统生产方式对于自然的节制荡然无存。自然变成数学化的物理学等自然科学构建起的新的精确数据，正如海德格尔所言：由于现代自然科学研究的精确性，现代世界进入图像时代，"我们今天所谓的科学，其本质乃是研究"[②]。"研究的严格性，总是合乎筹划而具有它自己的特性。数学自然

---

① ［德］康德：《纯粹理性批判》，邓晓芒译，人民出版社2004年版，第16页。
② ［德］海德格尔：《林中路》，孙周兴译，上海译文出版社2004年版，第79页。

科学的严格性乃是精确性。"① "如果说作为研究的科学乃是现代的一个本质性现象，那么，构成研究的形而上学基础的东西，必然首先而且预先就从根本上规定了现代之本质。我们可以看到，现代之本质在于：人通过向自身解放自己，摆脱了中世纪的束缚。"② 但是，"世界图像并非从一个以前的中世纪的世界图像演变为一个现代的世界图像，而不如说，根本上世界成为图像，这样一回事情标志着现代之本质"③。被图像化的自然世界在马克思看来则必然变成资本主义私有制的奴隶，自然并不是作为真实的自然被看待，自然成为资本逻辑所构想的对象，成为为资本服务的各种资源与材料，"在私有财产和金钱的统治下形成的自然观，是对自然界的真正的蔑视和实际的贬低。在犹太宗教中，自然界虽然存在，但只是存在于想像中"④。以上这些事实不仅构成了现代社会所面临的生态伦理危机的根源所在，而且它在更为深层的意义上，也构成现代人类精神危机的根源之一。

生态危机在其表层意义上是人类生存环境的危机，在深层意义上更是造成人类精神危机的根源之一。当青年马克思强调自然环境是人类的"无机身体"时，他不仅强调的是自然环境是人类赖以生存的资料来源，而且强调的是自然环境是人类的精神存在家园。当近代自然科学助推资本主义生产方式加剧现代社会生态环境问题时，它更在掘断人类的精神存在的根基，更在使得人类变成丧失掉自身存在家园的都市异乡人。正是在这个意义上，我们听到后期海德格尔发出了这个时代哲学批判的最强音："扎根大地，倾听本有，守护我们的存在。"而马克思更是早在1844年就开始以一种伦理总体性的思维方法，尝试击破近代自然科学及其所助推的资本主义生产方式的非总体性。当马克思指出"共产主义是完成了的人道主义和完成了的自然主义的统一"时，共产主义思想无疑贯彻的就是一种伦理总体性的方法论原则，无疑具有了一种对于资本主义生态伦理危机的总体性批判意义。

---

① ［德］海德格尔：《林中路》，孙周兴译，上海译文出版社2004年版，第81页。
② ［德］海德格尔：《林中路》，孙周兴译，上海译文出版社2004年版，第88—89页。
③ ［德］海德格尔：《林中路》，孙周兴译，上海译文出版社2004年版，第91页。
④ 《马克思恩格斯全集》（第3卷），人民出版社2002年版，第195页。

如果说近代自然科学与资本主义生产方式的联姻掘断了现代人精神家园的自然根基，那么近代主体形而上学与资本主义社会生活的联姻则掘断了现代人精神家园的自由根基。

自笛卡儿开始，近代哲学开启了对于传统哲学的反叛，这一反叛的标志在于，近代哲学要求反思和批判传统哲学本体论的认识论前提，提出"没有认识论的本体论无效"这一基本哲学原则，基于这一基本哲学原则，哲学在近代发生了理论形态的转向。传统哲学的形而上学根基被重新奠定在主体理性的基础之上，完成了形而上学由实体形而上学向主体形而上学的转变。近代主体形而上学的确立在高扬人类理性反思和批判能力的同时，也使得人类理性发生了内在的裂变，理性的理论运用和实践运用分别造就了各自的合法领域，但是这种裂变也产生了双重碎片化的效应。一方面，正如上文所提到的，理论理性为近代自然科学的诞生提供方法论支撑，"人为自然立法""知识就是力量"等著名命题标志着理论理性塑造了人与自然世界的全新存在关系，同时也把自然世界变成了由理性所驾驭的奴仆。另一方面，理论的实践运用试图为近代社会科学提供方法论支撑，人试图以理性的方式为人的自由重新立法。但是，与自然世界不同，自由世界是由人的意志所组建起来的非自在世界，当我们希望以理性的僵硬模式再次构造自由世界的规律时，我们发现，自由对于抽象理性的反叛比自然的反叛更为激烈和彻底。正如自然世界是一个生态有机体一样，人类意志的自由性决定了自由世界也总是渴望总体而拒绝碎片化，总是渴望主体与客体、自由与自然、道德与幸福、信仰与世俗的统一。然而近代理性的实践运用却强调：自由的前提是拒绝自然诱惑，道德得以可能的基础是坚持非功利的义务逻辑，信仰的虔诚需要摆脱世俗的烦扰。结果，现代主体形而上学在表面上似乎成就了人类的主体自由，但实际上，它是以一种非总体性的思维方式和哲学方法破坏了人类自由的总体性形态，导致了一种抽象的碎片化形态的虚假自由。

主体形而上学对于自由世界的碎片化塑造为资本主义的社会生活奠定了理论基础。现代资本主义社会的政治、法律和经济生活充满着一种在马克斯·韦伯看来的清教徒意味，但是马克思认为，这种所谓的清教徒式的禁欲主义不过是其利己主义本质的一张遮羞布，它恰恰暴露出的是资产阶级人权理念的伪善与庸俗性，"任何一种所谓的人权都没有超出利己的人，没有超出作为市民社会成员的人，即没有超出作为退居于自身，退居于自己的私人利益和自己的私人任意，与共同体分隔开来的个体的人。在这些权利中，人绝对不是类存在物，相反，类生活本身，即社会，显现为诸个体的外部框架，显现为他们原有的独立性的限制。把他们连接起来的惟一纽带是自然的必然性，是需要和私人利益，是对他们的财产和他们的利己的人身的保护"①。而且，不仅是政治生活，在法律、伦理、新闻媒体等各个领域，主体形而上学的非总体性原则已经无孔不入，正如卢卡奇所言，在现代资本主义社会的物化逻辑主导下，法官判决变成"法律条款自动机"，国家管理变成"机器操作"，新闻工作者"出卖信念"，婚姻生活变成"传宗接代"等。② 结果，在现代社会，"专家"充斥着整个社会生活的方方面面，但是对于社会总体的认识和把握，对于自由的总体性认识却恰恰暴露了"专家"的抽象与无能。

现代资本主义社会对于自由总体性把握的无能，在其直接表现形式上是人类生活方式的碎片化与非总体化，在其更为深层的意义上，它导致了人类精神生活碎片化，导致人类丧失和遗忘自身总体性存在。正如卢梭在著名的《论科学与艺术》中所言：现代科学的诞生，并没有"敦风化俗"，而是"伤风败俗"，"我们的灵魂正是随着我们的科学和我们的艺术之臻于完美而越发腐败"③。"随着科学与艺术的光芒在我们的地平线上升起，德行也就消逝了。"④ "今天更精微的研究和更细腻的趣味已经把取悦的艺术归结成为了一套原则。我们的风尚流行着一种邪恶而虚伪的一致性，每个人的精神都仿佛是在同一个模子里铸出来的，礼节不断地在强迫着我们，风气又不断地在命令着我们；我们不断地遵循着这些习俗，而永远不能遵循自己的天性。"⑤ 在这个意义上，我们认为，卢梭为马克思主义伦理学的总体性批判提出了现代性的根本精神文化问题，这就是现代理性主义所导致的人类社会风尚的堕落和道德生活的异化，而马克思主义伦

---

① 《马克思恩格斯全集》（第3卷），人民出版社2002年版，第184—185页。
② 参见［匈］卢卡奇《历史与阶级意识》，杜章智等译，商务印书馆1999年版，第162—167页。
③ ［法］卢梭：《论科学与艺术》，何兆武译，上海人民出版社2007年版，第25—26页。
④ ［法］卢梭：《论科学与艺术》，何兆武译，上海人民出版社2007年版，第26页。
⑤ ［法］卢梭：《论科学与艺术》，何兆武译，上海人民出版社2007年版，第23页。

理的总体性批判的现代性批判意义也就在于，批判现代道德所导致的人类道德存在的原子化状态，并进一步超越现代道德所引发的现代人精神虚无主义的困境。

综合上述两个方面，我们发现，马克思主义伦理学的总体性批判有着极其重大的理论背景和现实意义，这就是近代理性及其主体形而上学方法所导致的自然世界和自由世界的双重碎片化。在这种双重碎片化的理论背景下，资本主义的生产方式和生活方式分别陷入了生态伦理危机和道德原子化危机，人类精神家园的双重基础即自然基础和自由基础也随之陷入了危机。通过以上分析，我们认为，这一双重危机所透露出的恰恰是资产阶级哲学非总体性思维方式及其方法论原则的局限性，而马克思主义伦理学之所以不仅能够透视上述危机，而且能够在此基础上超越危机，其根本原因就在于马克思主义哲学的核心和灵魂——总体性辩证法。总体性辩证法是马克思主义伦理学的方法论基础，它保证了马克思主义的伦理总体性批判对于人类伦理精神家园的守护。

其次，马克思主义之所以能够揭示和解决现代人精神危机的双重根源，就在于马克思主义伦理学的方法论基础是总体性辩证法。总体性的辩证法既深刻揭示了人类生产与自然生态、道德个体与伦理共同体之间的二元矛盾，也从根本上超越了由于哲学二元矛盾所造成的现代人类伦理困境，即人类中心主义和道德原子主义，从而为我们在一种必要的张力和微妙的平衡关系中守护人类共有的伦理精神家园提供了重要的方法论支撑。

关于马克思主义的总体性辩证法，卢卡奇在其名著《历史与阶级意识》中提出，它是判断正统马克思主义之为正统最为重要和核心的理论依据，"正统马克思主义并不意味着无批判地接受马克思研究的结果。它不是对这个或那个论点的'信仰'，也不是对某本'圣'书的注解。恰恰相反，马克思主义问题中的正统仅仅是指方法。它是这样一种科学的信念，即辩证的马克思主义是正确的研究方法，这种方法只能按其创始人奠定的方向发展、扩大和深化"[①]。"辩证方法不管讨论什么主题，始终是围绕着同一个问题转，即认识历史过程的总体。"[②] 可见，总体性辩证法是

---

① [匈]卢卡奇：《历史与阶级意识》，杜章智等译，商务印书馆1999年版，第47—48页。
② [匈]卢卡奇：《历史与阶级意识》，杜章智等译，商务印书馆1999年版，第86页。

马克思主义的灵魂,也是最具活力的核心思想。而马克思主义这一活的灵魂之于马克思主义伦理学而言,其最为重要的理论价值在于,它是马克思主义伦理学揭示和批判现代人精神文化危机的方法论前提,它为正在不断自我掘断自身存在之根的现代人提供守护精神家园的方法论基础。具体而言,马克思主义伦理学的总体性辩证法通过破解两组现代社会的基本矛盾,实现了对于现代人精神家园的思辨性守护。

其一,马克思主义伦理学所奠基其上的历史存在论思想是对总体性辩证法的内在贯彻。历史唯物主义作为马克思主义的哲学基础,为马克思主义伦理学基于历史视角破解现代人所遭遇的德福悖论及其所引发的道德虚无主义困境提供了哲学支撑。

在主体形而上学的空间思维逻辑中,德福矛盾无法获得解决的途径。因为德福分别坚持的是自由逻辑与自然逻辑,二者作为两种异质性的逻辑根本无法调和。与近代以来主导伦理学理论的主体形而上学方法不同,马克思主义伦理学坚持历史唯物主义的哲学观点,强调不同的历史时期人类的道德形态是不同的,决定道德形态演变的要素是人类的生产方式,因此并没有一种能够超越历史之上的绝对道德法则和道德标准,道德与幸福的一致只有在这种历史总体性的视域内才能解决,正如人的思维是否具有客观的真理性,这不是一个理论的问题,而是一个实践的问题,因为全部社会生活在本质上都是实践,离开了人类的历史实践活动,现代道德哲学对于德福矛盾的追问不过是一个纯粹的经院哲学问题。在这个意义上,我们看到,马克思对于人类社会生活包括人类的伦理道德生活的理解和认识,总是立足人的感性实践活动,总是从一种时间性而非空间性的视角出发,从而从根本上化解了现代道德哲学基于纯粹空间视角所引发的诸多道德理论困境。

以历史总体性的辩证法消解现代道德理论困境为马克思主义伦理学解决现代人的道德虚无主义的精神困境奠定了基础。在马克思看来,现代资产阶级对于传统人类伦理存在的解放并不是人的真实解放。现代资产阶级的政治解放是以人类总体的二元分裂为代价的,这就是完整的人类存在被肢解为基于理性自由所塑造的道德世界和基于自然需要所塑造的市民社会,前者代表着人的公共存在状态,后者代表着人的私人存在状态,前者是自由的象征,后者是自然的真实。结果,道德行为变成与人的真实存在不相关联，甚至对立的抽象形式，现代人表面上成就了道德的纯粹性，实质却把道德悬设成一种纯粹的形而上学幻象。结果，道德虚无主义之风蔓延，伪善成为现代社会的通病。

为了从根本上克服这一现代资本主义社会的道德危机，早期马克思从一种伦理总体性的视角出发，强调只有实现作为自由存在的"公人"与作为自然存在的"私人"的统一，只有实现人作为类存在的完整复归，人类的自由与解放才能被设想："只有当现实的个人把抽象的公民复归于人自身，并且作为个人，在自己的经验生活、自己的个体劳动、自己的个体关系中间，成为类存在物的时候，只有当人认识到自身'固有的力量'是社会力量，并把这种力量组织起来因而不再把社会力量以政治力量的形式同自身分离的时候，只有到了那个时候，人的解放才能完成。"① 而后期马克思则把这样一种伦理总体性的视角具体化为对于人类社会形态的历史总体性把握。在著名的社会发展三形态理论中，马克思把构成推动社会形态发展的核心力量界定为人类的"社会生产能力"②。因为在马克思的历史唯物主义哲学看来，人类的生产实践活动不仅生产着人类自然生存所必需的物质生活资料，而且生产着人作为自由存在者区别于动物自然存在者的独特存在方式，生产着人类自身的生活方式："一当人开始生产自己的生活资料的时候，这一步是由他们的肉体组织所决定的，人本身就开始把自己和动物区别开来。人们生产自己的生活资料，同时间接地生产着自己的物质生活本身。"③ "人们用以生产自己的生活资料的方式，首先取决于他们已有的和需要再生产的生活资料本身的特性。这种生产方式不应当只从它是个体肉体存在的再生产这方面加以考察。它在更大程度上是这些个人的一定的活动方式，是他们表现自己生活的一定方式、他们的一定的生活方式。个人怎样表现自己的生活，他们自己就是怎样。因此，他们是什么样的，这同他们的生产是一致的——既和他们生产什么一致，又和他们怎样生产一致。因而，个人是什么样的，这取决于他们进行生产的物质

---

① 《马克思恩格斯全集》（第3卷），人民出版社2002年版，第189页。
② 《马克思恩格斯全集》（第30卷），人民出版社1995年版，第107页。
③ 《马克思恩格斯选集》（第1卷），人民出版社1995年版，第67页。

条件。"① 可见，生产活动作为人类的"感性实践活动"既是物的人化，也是人的物化，他是人在对象性活动中对于自然与自由统一的总体性实现。而人类的生产活动在有目的地完成个体自由的同时，也在这种普遍性人类生产方式中完成着一种历史的合目的性过程，完成着人作为"现实的人及其历史发展"，从而也实现了自身的个体自由在推动历史发展过程中与更高的共同体自由的统一。在这个意义上，我们认为，总体性辩证法构成马克思化解现代人道德生存困境的方法论基础，它对于人类作为伦理存在的重新理解和认识，从根本上颠覆了现代道德的理论前提。进而，我们也有理由认为，马克思主义伦理学所秉持的总体性辩证法以一种釜底抽薪的方式成功化解了现代人道德虚无主义的理论土壤，为现代人重建人类的伦理精神家园奠定了全新的哲学方法论基础。

其二，马克思主义伦理学的共同体思想是对于总体性辩证法的自觉运用。共产主义作为一种伦理共同体，在理论的直接性上旨在化解现代社会道德个体与伦理实体的内在矛盾与冲突，在其理论的内在性上则是对于这一矛盾冲突所凸显的现代人自由碎片化状况的总体性解决。

一般而言，我们对于马克思主义伦理学视域中的共同体思想的理解，往往局限于共产主义的经济和政治实践价值，而忽略了共产主义作为马克思主义伦理总体性谋划之载体的精神文化价值。事实上，作为一个伦理共同体，共产主义思想在马克思主义伦理学体系中，既能激发道德个体的道德体悟和伦理归属感，同时又能赋予伦理实体以精神家园的合法性和存在价值。马克思正是基于共产主义这一崇高的伦理共同体预设，才超越了西方传统伦理思想的道德碎片化实质，并以伦理总体性思维方式重建被现代道德所掘断的人类伦理精神家园的存在之根。

在马克思各个时期的文本中，我们都不难发现他对于共产主义在破解现代人的异化状况以及实现人类完整复归方面的经典论述。在《1844年经济学哲学手稿》中，马克思指出："共产主义是私有财产即人的自我异化的积极的扬弃，因而是通过人并且为了人而对人的本质的真正占有；因此，它是人向自身、向社会的即合乎人性的人的复归，这种复归是完全的，自觉的和在以往发展的全部财富的范围内生成的。这种共产主义，作

---

① 《马克思恩格斯选集》（第1卷），人民出版社1995年版，第67—68页。

为完成了的自然主义＝人道主义，而作为完成了的人道主义＝自然主义，它是人和自然之间、人和人之间的矛盾的真正解决，是存在和本质、对象化和自我确证、自由和必然、个体和类之间的斗争的真正解决。"① 在《德意志意识形态》中，马克思指出："在共产主义社会中，即在个人的独创的和自由的发展不再是一句空话的惟一的社会中，这种发展正是取决于个人间的联系，而这种联系部分地表现在经济前提中，部分地表现在一切人自由发展的必要的团结一致中。"② 在《共产党宣言》中，马克思指出："在资产阶级社会里，资本具有独立性和个性，而活动着的个人却没有独立性和个性。"③ "代替那存在着阶级和阶级对立的资产阶级旧社会的，将是这样一个联合体，在那里，每个人的自由发展是一切人的自由发展的条件。"④

纵观马克思上述关于共产主义的经典论述，我们发现其蕴含的一个共同的思想内涵是，共产主义作为一种人类交往的新型共同体，它所贯彻的是一种从人类作为社会存在的总体和人类历史发展的总体出发来诠释人类自由的总体性视角。因而共产主义作为一种现实批判理论，它基于这样一种总体性的视角完成了对于资本主义社会现实矛盾和精神危机的揭示、批判与超越。在现实性上，它通过扬弃资本主义的私有制，实现人类社会历史发展的新形式，共产主义是人与自然、人与社会、人与自身诸多矛盾关系的解决与超越。在精神性上，通过融合人的社会性与自由个性，实现对资本主义社会中人类精神危机的克服，是对于人类自由个性的真正守护与高扬。因此，在这双重意义上，我们认为，马克思的共产主义共同体立足总体性的辩证法思想，既蕴含着揭示和批判市民社会中的私有制剥削的事实，同时也蕴含着揭示和批判现代政治哲学所塑造关于人类自由、平等、个性与正义等基本价值观念。进一步，共产主义共同体是对于现代人生存危机即事实与价值二分的批判超越，它将实现人类从市民社会向社会化的人类的复归，实现人类从道德原子向伦理存在的复归。在这个意义上，我

---

① 《马克思恩格斯全集》（第3卷），人民出版社2002年版，第297页。
② 《德意志意识形态》（节选本），人民出版社2003年版，第100页。
③ 《马克思恩格斯选集》（第1卷），人民出版社1995年版，第287页。
④ 《马克思恩格斯选集》（第1卷），人民出版社1995年版，第294页。

们认为，共产主义共同体的实质是一种新型的伦理共同体，它以一种总体性辩证法的基本方法论为基础，实现对于现代道德和现代政治环境下人的经济异化、自由异化和精神异化的批判性超越。

最后，马克思主义的伦理总体性思想对于我们反思和解决当代中国社会的道德文化困境和伦理精神危机具有重大的理论价值和现实意义。马克思主义的伦理总体性对于现代性所导致的自然碎片化和自由碎片化的辩证批判与超越，对于资本主义生产方式和生活方式所导致的现代社会生态伦理问题和道德虚无主义困境的批判与超越，为我们在社会转型期反思社会价值观念多元化及其所导致的民众伦理精神家园感丧失、道德虚无主义蔓延等社会文化现象具有理论指导意义。其也为我们在新时期提炼社会主义核心价值观，构建中国特色社会主义核心价值体系，从而塑造和引导良好的社会风尚，提升公民的道德素质奠定了坚实的理论基础。

当代中国正处于各种社会问题涌动和各种社会思潮交汇的重要社会转型期，各个价值观念在这一社会转型时期分别拥有着自身的现实市场，而不同道德原则和伦理规范也在其中激荡沉浮。这其中既包括中国传统伦理文化的固有影响，也包括西方现代道德观念的深刻冲击，更包括作为当代中国政治实践指导思想的马克思主义伦理学的导向作用。因此，当我们必须面对现代性所引发的自然世界碎片化和自由世界碎片化的双重精神困境时，一个对于当代中国所独有的文化精神问题已经悄然形成，这就是当代中国的伦理文化碎片化。正如马克思在1843年对于德国当时时代状况的分析中所指出的：德国正处于一种"时代错乱"之中，"我们德国人在思想中、在哲学中经历了自己的未来的历史。我们是当代的哲学同时代人，而不是当代的历史同时代人"[①]。反观当代中国的精神文化现状，其"时代错乱"与当时的德国是何等的相似。当代中国也在经历着这种在同时代遭遇异时代社会问题交织的尴尬处境，异时代的精神文化（包括前现代的中国传统文化、现代性的西方道德文化和具有后现代色彩的马克思主义伦理文化）在同时代发挥着各自的作用。因此，如何实现异时代问题的同时代解决，如何实现不同时代精神文化的会通与融合无疑构成当代中国精神文化建设必须面对和解决的重大问题。

---

① 《马克思恩格斯选集》（第1卷），人民出版社1995年版，第7页。

当代中国的伦理文化现状决定了，当代中国的伦理精神建构，必须要创建一种全新的伦理生态。而这必然要求解决上述三大伦理文化观念的冲突，实现三者的和谐共生，必然要求一种原则高度的理论视角，既超越不同伦理文化的差异与隔阂，又能在充分的理论高度上整合和会通不同伦理文化观念的优势，从而建构一种具有中国特色、中国风格和中国气派的崭新的伦理学理论形态。要实现这一重大的理论目标，就必然要求一种独具批判力、解释力和建构力的方法论支撑。我们认为，这一方法只能是马克思主义伦理学的总体性方法，只有在这一方法论原则的指导下，站在人类作为伦理存在这一原则理论高度上，以伦理总体性的超越性视角才能实现中、西、马伦理精神的全新整合与会通。

综上所述，在马克思主义伦理的总体性批判视角下，当代中国伦理文化的三大分支的学科壁垒和思想壁垒将被打破，它们将在推动当代中国伦理文化的整体建构过程中分别发挥各自独特的理论作用。中国传统文化为克服现代道德的伦理精神危机，为作为伦理存在的当代中国人提供了新的伦理精神家园。西方现代道德文化克服了现代人的道德虚无主义尴尬处境，为作为伦理存在的当代中国人实现独具个性的道德自由提供了理性的元素。与这两种所分别秉持的形而上学方法不同，马克思主义伦理学的总体性辩证法则在"伦理形态"的意义上，实现对于中国传统伦理实体文化和现代西方道德个体文化的批判性整合。而这种批判性整合不仅是建构崭新的中、西、马和谐共生的伦理生态的前提，更为当代中国人构建崭新的伦理精神文化提供深刻的思想力量。在这个意义上，我们有理由认为，通过马克思主义的伦理总体性批判与建构，我们将有效整合中国传统伦理文化、西方现代道德文化和马克思主义伦理学的文化批判三重思想，解决当代中国社会转型期价值观念多元化所带来的消极后果，构建三者和谐共生的新型伦理道德生态，从而实现塑造良好的社会风尚和道德情境，推动社会伦理文化氛围的整体提升，为促进我国公民道德素质的提升，培育与践行社会主义核心价值观提供伦理支撑。

结语　现代中国伦理道德的文化自觉与文化自信

改革开放四十多年来，中国社会相当长时期处于伦理道德的文化紧张和文化焦虑之中。无疑，这是集体理性中对经济社会转型所遭遇的伦理道德挑战的清醒而敏锐的问题意识。然而，过于强烈而持久的文化焦虑，不仅影响中国伦理道德发展的文化自信，而且由于它们在文明体系中的价值地位，也潜在和深刻地影响整体性的文明自信。市场经济、全球化所导致的伦理道德的诸多现实问题产生强烈的文化反映，强烈的文化反映催生持久的文化焦虑，过度的文化焦虑影响关于伦理道德乃至整个文明发展的文化自信。伦理道德问题—强烈的文化反映—持久的文化焦虑—文化自信—文明自信，构成集体潜意识中文化焦虑的演进轨迹，其根本原因是没有达到中国文明体系中伦理道德的文化自觉，准确地说，没有达到伦理型文化的自觉。严峻的伦理道德情势及其对经济社会发展产生的挑战当然是客观事实，然而对其强烈的文化反映与持久的文化焦虑，相当程度上是中国文明体系中伦理道德的文化基因的自然表达。必须以文化自觉走出文化焦虑，因为文化自觉不仅影响文化自信，而且最终影响伦理道德在现代文明体系中的文化自立，即影响伦理道德在现代中国的文明体系中对人的精神世界的能动建构和对整个社会文明的积极互动，而只是在文化焦虑驱动下进行治病式或疗伤式的伦理道德治理或提出一些就事论事的应时之策。文化焦虑—文化自信—文化自觉—文化自立演绎为一种潜隐的问题链与精神史，也是现代伦理道德必须完成的文化推进，其核心课题是：伦理道德，何种文化自觉？因何文化自信？如何文化自立？

1. 终极忧患的基因解码

每一种文明都有自己的文化潜意识，这种潜意识不仅出自文化本能，而且显现文化元色和文化基因，其内潜藏着最为重要的文明密码。中国文明的潜意识是什么？就是对于伦理道德一如既往的文化忧患。回眸中国社会的精神史，关于伦理道德终极忧患的文化潜意识常常在文明转型时期被强烈地表达出来，在世俗层面呈现为全社会蔓延的关于伦理道德的文化紧张和文化焦虑，因而很容易将文化基因的强烈表达误读为严重的社会疾症，以过度忧郁的社会情绪怀疑文明发展的伦理道德前景，也很容易陷入一种治病疗伤式的伦理道德拯救。唯有进行终极忧患的基因解码，才能在关于伦理道德的文化自觉中走出过度道德焦虑，进行伦理道德的能动文化建构。

对于伦理道德的终极关切和终极紧张与中国文明相伴生，《周易》所表达的"天行健，君子以自强不息；地势坤，君子以厚德载物"中国民族精神，表面上以天地之德确立君子人格的形上根据，实际上建立起关于"自强不息"与"厚德载物"的对应和互动关系，传递对"自强不息"的道德警惕和伦理引领。邂逅春秋战国的重大文明转型，这种终极关切以终极忧患的方式在孟子那里得到自觉的理论表达，形成关于终极忧患的"中国范式"或"孟子范式"："人之有道也，饱食、暖衣、逸居而无教，则近于禽兽。"[①] 何种忧患？"失道"之忧；因何"终极"？"近于禽兽。""近于禽兽"的失道之忧，既是中国文明的终极忧，也是中国文明的终极紧张，准确地说是终极警惕。

然而，终极忧患只是文明潜意识中文化密码的一部分，它还携带更深刻的基因意义，如果止于此，便只能陷于道德的文化焦虑。"孟子范式"不仅是"中国忧患"，而且是"中国智慧"和"中国经验"。必须还原"孟子范式"的完整形态："人之有道也，饱食、暖衣、逸居而无教，则近于禽兽。圣人有忧之，使契为司徒，教以人伦。"在这个经典表述中，"人之道"是人类文明的终极关切和精神家园，是"人"的世界的道德肯

[①] 《孟子·滕文公上》。

定,这便是西方哲学家所谓"人间最高贵的事就是成为一个人";"近于禽兽"的失道之忧是生活世界中的道德异化和终极忧患,是"人"的世界的道德否定;"圣人有忧之,教以人伦"是否定之否定,是"人"的世界的伦理拯救和家园回归。"人之有道"的终极关切,"近于禽兽"的终极忧患,"教以人伦"的终极拯救,构成"有道—失道—救道"的"人"的文明和"人"的精神世界的"孟子范式","近于禽兽"的失道之忧或终极忧患,只是这一经典范式的否定性结构,"'人之有道'—'近于禽兽'—'教以人伦'"的辩证体系,才是关于终极忧患的真正的完整表达和文化自觉。它与"克己复礼为仁"的关于伦理道德的"孔子范式"一脉相承,构成奠基中国文化基因和文化精神的"孔孟之道"[①]。

作为中国文明的文化潜意识的完整精神哲学结构,"孟子范式"必须经过三次文化解码:(1)"人之有道"的"中国信念";(2)"近于禽兽"的"中国忧患";(3)"教以人伦"的"中国智慧"和"中国经验"。其中,"人之有道"的"中国信念"是根本;"近于禽兽"的"中国忧患"以否定性的方式彰显文明的中国气质;"教以人伦"以伦理救赎回归呈现"中国智慧"。中国信念—中国忧患—中国智慧、道德世界—生活世界—伦理世界的肯定—否定—否定之否定,构成中国文明浓烈的伦理道德气质。在语义哲学上,"人之有道"是道德,"近于禽兽"的失道之忧本质上是道德之忧,"教以人伦"是伦理。"人之有道"—"教以人伦"在哲学形态和文明智慧意义上,是伦理与道德一体,伦理优先,其真谛是:"人之有道—以伦救道",具体地说,"教以人伦"的伦理是走出失道之忧的终极关怀和终极拯救。

在长期的文明进展中,这种"失道之忧"的终极忧患转换为对生活世界中伦理道德的终极文化焦虑。清代前后是中国文明由传统向近代的重大转型期,也是中国文化史上继春秋战国之后道德焦虑最为凸显的时期之一,其话语范式就是所谓"世风日下,人心不古"。有学者曾考证,这两句都出自清代。"世风日下"出自秋瑾《至秋誉章书》:"我国世风日下,亲戚尚如此,况友乎?""人心不古"一词出于李汝珍的《镜花缘》:"奈

[①] 关于"克己复礼为仁"的"孔子范式",参阅樊浩《〈论语〉伦理道德思想的精神哲学诠释》,《中国社会科学》2014年第3期。

近来人心不古，都尚奢华。"它们本是对作为伦理道德的演绎者的士大夫阶层的批评，后指向整个社会现象，二句合用，成为对伦理道德忧患的集体性文化意识。显然，作为一种近代话语，"世风日下，人心不古"不能简单当作对于世风人心的否定性批评，毋宁应该当作文明转型中伦理型文化基因的近代表达。然而自诞生之日始，人们或是将它们当作对现实世界的批判武器，或者将其唾弃为"九斤老太"式的不合时宜的唠叨，并未真正破译其文化密码，甚至从未将它上升为一种具有深刻意义的民族精神现象进行严肃的哲学反思。

不难发现，"世风日下，人心不古"承续了轴心时代"人之有道……近于禽兽"的浓郁忧患意识。在语义哲学上，"世风"即伦理，"人心"即道德；"日下"与"不古"不仅意味着时世变迁中伦理道德的文化同一性的解构，而且是对伦理式微、道德异化的否定性价值判断。不过，千百年来人们总是生活于某种文化悖论之中：一方面不断发出"世风日下，人心不古"的批评甚至诅咒，另一方面又总在其中乐此不疲地生活，无论社会还是人生直至整个文明都在"世风日下，人心不古"的批评中不息行进。悖论表征文化密码，也是破解密码的锁匙。这一文化潜意识的真谛是：伦理道德或作为大众话语的所谓"世风人心"，是中国文明的终极价值，因而中国文化对它倾注了一如既往的终极关注；因为终极关注，所以终极忧患；因为终极忧患，所以终极批评。终极批评表征终极忧患，终极忧患隐喻终极价值。在这个意识上，与其将"世风日下，人心不古"当作终极批评，不如当作终极预警。一个近代文化事件可以反证这一理解的意义。儒学大师梁漱溟的父亲梁济，曾为末代皇帝溥仪的宫廷幕僚，目睹北洋军阀统治下"全国人不知信义为何物"的伦理道德沦丧的严峻情势，他向梁漱溟发出"这个世界还会好吗"的悲叹一问，并暗许"必将死义救末俗"。过度文化忧郁之中，他在六十岁生日的那个清冷的凌晨，只身跳进北京的积水潭，留下记录自己七年忧思的《别花辞竹记》。梁济之死，传递太多文化信息，最潜隐也是至今仍未被揭示的内涵之一是：如果对于伦理道德的文化忧患只停滞于文化批评和文化紧张，不能理解其作为基因反映的伦理型文化密码，那么将在过度焦虑中难以找到文化出路，从而失去文化信心，最后只能像黑格尔所说的那样"忧郁而死"。梁济之死，作为一个文化事件，本质上也是一个伦理事件，梁济所罹患的实际上是关于伦理道德的文化忧郁症。

　　始于20世纪70年代末的改革开放是中国文化的重大现代转型。面对这场转型，人们首先感受到的，也是伦理道德方面的文化不适应。"道德滑坡"便成为集忧患、批评、希冀于一体的文化意识的集体性表达，只是它与意识形态的导向相交融，演绎为持久的关于伦理道德的"滑坡论"与"爬坡论"之争，显然，"爬坡"只是关于伦理道德问题的"正能量"的意识形态话语和社会心态的意识形态引导。全社会对于伦理道德的高度文化敏感性和文化警觉，几乎贯穿改革开放四十多年历程的始终，乃至在国家层面不断推出关于伦理道德建设的重大举措，从1996年《中共中央关于加强社会主义精神文明建设若干重要问题的决议》和2001年《公民道德建设实施纲要》，到2016年《关于加强个人诚信体系建设的指导意见》，都体现了国家意识形态层面对于伦理道德发展的文化自觉。不可否认，改革开放在伦理道德领域面临诸多严峻挑战，这些举措直接针对伦理道德发展的严峻情势。然而，任何国家在文明转型的重大关头都会遭遇同样的伦理道德挑战，却很少像中国这样，从国家意识形态到大众意识形态，都做出如此敏锐和强烈的文化反映，仅从"问题意识"维度很难对它做出彻底的解释，只能说，它是伦理型文化的体现，是伦理型文化的自知、自治和自觉。

　　可见，"人之有道……教以人伦"的"孟子范式"，"世风日下，人心不古"的近代表达，"滑坡论—爬起论"的现代之争，内在一以贯之的文化胎记和文化标识，它们是以道德忧患的心态和道德焦虑的话语所传递的文化基因，必须在基因解码中寻求其深刻的文化意义，以达到文化自觉。20世纪20年代，陈独秀曾预警："伦理之觉悟，为吾人最后觉悟之最后觉悟。"时过一百年，"伦理"之吾人"最后觉悟"是什么？"伦理之觉悟"是否依然具有、如何具有"最后"的文明意义？概言之，"伦理之觉悟"及其"最后"意义，一是对于伦理道德的"文化"自觉，具体地说，是关于中国文化不仅传统上是伦理型文化，而且现代依然是伦理型文化的自觉；二是关于伦理的"文化"自信，具体地说，是关于伦理型中国文化在现代依然是与西方宗教型文化比肩而立，在世界文明风情中与宗教型文化平分秋色的自信，是关于伦理道德不仅在历史上而且现代和未来依然是中国文化对人类文明最大贡献的自信。因其以"伦理"为标志性话语和核心构造，所以是"伦理觉悟"；因其是关于伦理在文化体系中地位的觉悟，所以是"文化"的自觉自信；因其是文化类型或文明形态意义上的"伦理之觉悟"，所以具有"最后觉悟"的意义。唯有完成这一"最后觉悟"，伦理道德才能达到在现代中国文明体系中的"文化自立"，庄严而完整地履行其文化使命和文明天命。

2. 何种文化自觉？"伦理型文化"的自觉

人们每每讨论文化自觉和文化自信，然而无论自觉还是自信似乎总缺少某种文化上的生命感和总体性，究其缘由，有待进行两大推进。第一，由"文化"向"文明"的推进。文明是文化的生命形态，文化的自觉自信归根到底是文明的自觉自信，文化缔造文明，是对于文明的设计和创造，也是文明的自觉表达，文化传统最后必定历史和现实地结晶为一种文明形态，只有将文化推进为文明，才能将文化的自觉自信，最后落实和推进为民族的自觉自信。第二，由"文化"向"文化类型"和"文明形态"的推进。文化的自觉自信根本上是对于文化传统所呈现和演绎的文化类型与文明形态的自觉自信，而不只是对其中的某些要素包括优秀文化要素的自觉和自信，唯有基于这种总体性把握和肯定的自觉自信，才是对于民族文化的生命形态的自觉，也才是对于民族文明的坚韧生命力的自信，因为文化类型和文明形态是民族生命的总体性表达。要之，文明的民族生命实体性，文化类型或文明形态的整体性，是文化自觉自信必须推进的两个理论前沿，而伦理道德，尤其伦理是其中最具核心意义的课题。

伦理道德的文化自觉的核心是关于中国文化"伦理型"的自觉；文化自觉的难题是关于伦理道德在现代和未来中国文化体系中地位的自觉。中国文化历史上的是一种伦理型文化。美国文化人类学家将人类文化区分为耻感文化与罪感文化，实际上已经隐喻宗教型文化与伦理型文化的区分。梁漱溟先生基于"生活的样法即文化"的立论，将人类文化分为三大路向：向外求索的西方文化（即以希腊和希伯来文明为根基的文化），贡献了科学与民主；调和持中的中国文化，贡献了伦理与道德；反身向后的印度文化，贡献了超越性的佛教。① 梁漱溟先生断言：中国既不是西方式的个人本位，也不是社会本位，甚至不是一般意义上的家庭本位，"我们应当说中国是一'伦理本位的社会'"。因为"只有宗法社会可说是家庭本位"，因"家人父子，是其天然基本关系，故伦理首重家庭"。"伦理始于家庭，而不止于家庭。"② 也许，关于将人类文化区分为伦理型文化与宗教型文化两大系统有待论证，但中国文化传统上是一种伦理型文化已经达到高度共识。"伦理型"和"宗教型"的真义，不在于文化体系中是否存在宗教和伦理，而在于宗教与伦理在文化体系中的不同地位，在于文化体系的不同构造。在任何文化传统及其体系中，伦理与宗教的元素可能都存在，根本区别在于文化的基本意向及其所造就的人的安身立命基地，到底是出世的宗教，还是入世的伦理？在《中国文化要义》中，梁漱溟论证两个命题："伦理有宗教之用"，"中国以道德代宗教"。他认为，生命具有自我超越的倾向，在西方这种超越于宗教中完成，在中国于伦理尤其家庭伦理中实现。"中国之家庭伦理，所以成一宗教替代品者，亦即为它融合人我泯忘躯壳，虽不离现实而拓展一步，使人从较深较大处寻取人生意义。"③ "道德为理性之事，存于个人之自觉自律。宗教为信仰之事，寄于教徒之恪守教诫。中国自有孔子以来，便受其影响，走上以道德代宗教之路。"④

近代尤其是改革开放以来的巨大变化，中国文化的"伦理型"形态是否发生根本性变化？这是现代中国的文化自觉，尤其是关于伦理道德的文化自觉的核心课题。调查已经发现并可以佐证：现代中国文化依然是一种伦理型文化。其根据有三。第一，社会大众有宗教信仰的人群只在11%左右，远非主流。第二，伦理道德是调节人际关系的首选。"当遭遇人际冲突时"，选择"主动找对方沟通"或"通过第三方沟通"的伦理路径，以及"能忍则忍"的道德路径的人群是绝对多数，首选"诉诸法律，打官司"者除商业关系外其他人群不到3%。第三，最深刻也是最需要破

---

① 参见梁漱溟《东西方文化及其哲学》，商务印书馆1999年版，第61—67页。
② 梁漱溟：《中国文化要义》，学林出版社2000年版，第79页。
③ 梁漱溟：《中国文化要义》，学林出版社2000年版，第87页。
④ 梁漱溟：《中国文化要义》，学林出版社2000年版，第106页。

解的信息是社会大众在理性认知方面对目前的伦理道德状况基本满意和比较满意，但在社会心态和情绪感受方面表现出明显的伦理忧患和道德焦虑，甚至表现出某种社会性的文化恐慌，"不要与陌生人讲话"等传递的就是文化恐慌的情绪信息。这种"满意而忧患"的理性—情绪悖论相当意义上就是"终极价值"—"终极批评"的伦理型文化的反绎。[1]

由此可以得出一个结论并至少可以确证一个假设：中国文化不仅在传统上而是在现代依然是伦理型文化。"伦理型文化"，是现代中国伦理道德在哲学上首先必须达到的"文化自觉"，这种文化自觉具体展开为以下三个方面。

A. 伦理道德在文明体系中的文化地位和文化担当

"伦理型文化"意味着伦理道德尤其是伦理在文明体系中处于核心地位，肩负特殊的文化使命和文明担当。这种使命担当一言蔽之：人的精神世界的顶层设计和提供安身立命的精神基地。精神世界的顶层设计和安身立命的基地，从终极关怀和精神家园两极安顿人生，在精神世界中建立个体生命秩序和社会生活秩序。在西方和其他宗教型文化中，它们在宗教的终极实体中完成，在中国伦理型文化中，它们在伦理的神圣性和道德的世俗超越中完成。这便是梁漱溟所说伦理尤其是家庭伦理具有宗教意义、以道德代宗教的意蕴。"伦理型文化"的现代自觉，不是将伦理道德只当作社会文明体系尤其是人的精神世界中的一个结构，而应当确立其作为文化核心和精神世界的深层构造的地位。在意识形态中，伦理道德在文明体系中的核心地位被表述为"以思想道德为核心的精神文明建设"。这一理念肯定道德的核心地位无疑是伦理型文化的自觉，但它也遗漏了一个重要结构，因为在这种表述中只见"道德"，不见"伦理"。现代中国社会，无论在关于伦理道德的学术研究还是现实"建设"中，"道德"总是永远的主题词，"伦理"很少在场或出场，文化基因中伦理道德一体、伦理优先的精神世界似乎出现明显的文化空洞。在相当意义上，"伦理型文化"的自觉是一种"伦理"自觉，至少应当首先是一种"伦理自觉"，而不只是

---

[1] 关于现代中国伦理型文化的以上三大表征及其论证，参见樊浩《伦理道德现代转型的文化轨迹及其精神图像》，《哲学研究》2015年第1期。

甚至主要不是一种"道德自觉"。这是当今关于伦理道德的"文化"自觉必须突破的一个重大课题。因为,"伦理型文化"的理念与概念已经凸显了伦理与道德的区分,宣示文化体系中伦理先于道德的哲学意义。

B. "文化转型"

人们常言"社会转型""文化转型",改革开放是中国社会的一次深刻革命,改革开放邂逅全球化,在社会潜意识中似乎已经预设并肯定中国文化在由传统进一步走向现代的进程中已经发生根本变化,甚至出现具有决定意义的断裂。然而"伦理型文化"的自觉提示:面临重大变革或所谓"转型",虽然可能发生诸多具有根本意义的变化,然而在文化传统和文明体系中总有某些"多"中之"一"、"变"中之"不变",这些"多"中之"一"、"变"中之"不变"构成文化"传统"的内核和文明"形态"的元色。虽然当今中国社会的伦理道德发生深刻而巨大的变化,但伦理道德在文化传统和文明体系中的核心地位没有变,伦理型文化的传统或文明形态没有变。伦理道德是任何一种文明的重要结构,但没有任何一种文明像中国这样对其倾注一如既往的关注,尤其在文明发展的转折关头,社会大众往往对伦理道德产生最为敏感和强烈的文化焦虑。如前所述,改革开放四十多年,伦理道德问题始终是一种精神纠结,表现为蔓延全社会并且与改革开放进程相伴随的伦理忧患和道德焦虑,也呈现为国家管理层面对于伦理道德发展的高度关注,这些正是伦理型文化的表征。当然,所谓"伦理型文化"没有变,只是说这种文化类型和文明形态没有变,并不意味着伦理道德依然保持着传统的气质或形态。调查已经发现,现代中国伦理道德或伦理型文化已经在社会转型中发生重大变化,这种变化一言概之:"伦理上守望传统,道德上走向现代。"可以佐证的信息是:在关于最重要的五种伦理关系即所谓"新五伦"中,父子、夫妇、兄弟、朋友的四伦,依旧与传统"五伦"一致,变化的只是以"君臣"关系为话语表达的个人与国家关系,被个人与社会的关系或同事同学关系所替代,伦理关系的嬗变率为20%。然而在关于最重要的五种德性即所谓"新五常"中,只有爱、诚信,与传统"五常"的仁与信相切,其他三德:公正、责任、宽容等都具有现代社会的特征,基德或母德的嬗变率为60%。20%相比于60%,呈现为"伦理上守望传统,道德上走向现代"

的伦理道德"同行异情"的现代转型轨迹。它是"伦理型文化"在总的量变过程中的部分质变,是伦理型文化的现代转型,但并不是伦理型文化作为一种文化类型或文明形态的根本改变。①

C. 伦理道德发展的伦理型文化规律

"伦理型文化"不只意味着伦理道德是文化核心,而且因其核心地位而具有特殊的发展规律。相对于宗教型文化,其最显著的规律就是没有或不需要宗教的背景,甚至不需要如康德那样做出"上帝存在"的哲学预设,而是在世俗中完成其终极关怀和彼岸超越。一种没有宗教的终极力量的伦理道德如何可能,这是中国伦理道德发展面临的最大挑战,也是中国伦理道德为人类文明贡献的最大"中国经验"和"中国智慧"。面临市场经济和全球化的冲击,这种"中国智慧"面临新的挑战,需要积累新的"中国经验"。调查及其研究已经发现,在伦理型的中国文化中,伦理道德发展具有三大精神哲学规律:伦理道德一体律;伦理优先律;精神律。伦理与道德一体是基本规律,它与"完全没有伦理"或伦理与道德分离的西方传统截然不同;在伦理与道德关系中,伦理具有逻辑与历史的优先地位,既是家园,也是目标;伦理道德发展不是遵循西方式的"理性"或康德所谓"实践理性"的规律,而是在中国传统中生长出来的"精神"规律。三大规律,奠定了伦理道德发展的"中国气质"与"中国气派",其中,最容易被忽视也是最可能争议的是"伦理优先律",然而它是中国文化之为"伦理型文化"的总体话语和基本内核。②

3. 何种"文化"自信:"有伦理,不宗教"

文化自觉是事实判断,文化自信才是价值判断与实践选择。如果说"伦理型文化"是伦理道德在现代中国文化体系内部所达到的"文化"自

---

① 关于"伦理上守望传统,道德上走向现代"的伦理道德的转型轨迹,参见樊浩《伦理道德现代转型的文化轨迹及其精神图像》,《哲学研究》2015年第1期。

② 关于中国伦理道德发展的规律,参见樊浩《当今中国伦理道德发展的精神哲学规律》,《中国社会科学》2015年第12期。

觉，那么，"有伦理，不宗教"就是伦理道德在现代世界文明体系、在中国文明与世界文明关系中所达到的"文化"自信。伦理道德作为"文化"的自觉与自信具有两种意义。在狭义上，它表征一种文化关系，表征伦理道德在中国文明和世界文明中的不同文化地位；在广义上，由于它是关于以伦理道德为内核的中国文化形态的自觉自信，因而又具有整个文化的意义。然而无论在何种意义上都可以集中表达为一句话："伦理型文化的自觉自信。"文化自觉既是文化认同，也是文化气象和对文化发展的精神哲学规律的把握；文化自信既是文化坚守，也在全球化背景下中国文化与外部世界关系中所呈现的文化气概和文化气派。伦理型文化的自觉及其所达到的文化自信的核心问题是：伦理道德是否依然是人的精神世界的顶层设计？是否依然是人的生活世界和精神世界的终极关怀？是否依然是文化体系和文明体系的核心构造？

  伦理道德，何种文化自信？一言概之：有伦理，不宗教！这既是中国文明的文化规律，也是现代中国文明的前沿课题。

  宗教挑战是现代中国文化必须回应而又荆棘丛生的课题。宗教不仅是西方文化的精神内核，而且因为"宗教型"与"伦理型"的文明区分而成为与中国文化相对应的一种文化类型的总体性话语。然而无论在理论研究还是现实对策方面宗教问题往往从一开始就遍布陷阱，伦理道德尤其是伦理的自觉是超越陷阱、迎接挑战的能动文化战略。西方人常常批评和质疑中国人没有宗教信仰，因而不可思议甚至"可怕"。马克斯·韦伯思辨了一个"新教伦理＋资本主义精神"的现代文明的"理想类型"，并用排他的方式进行文明合理性论证。他认为，资本主义的萌芽在中国、印度等任何文明体系中都存在，它是近代世界文明的共同元素，能否诞生发达的资本主义文明，取决另一个变量，即是否具有"新教伦理"这样的能够催生资本主义精神气质的文化因子。按照这一"理想类型"，韦伯对中国的儒教与道教进行观照，认为在儒教与道教的基础上难以诞生发达的现代文明。这是典型的以宗教为内核的西方文化中心论的世界观和论证方式。然而，现代中国学界包括海外新儒家无论对"韦伯命题"的回应还是为中国文化的辩护，在论证方向上往往只揭示儒家有宗教性质，道教是本土宗教，进而得出"中国有宗教传统"的结论，殊不知从一开始就落入西方学术尤其韦伯命题所预设的陷阱，即承认宗教是诸文明形态和文化体系中的必要甚至唯一的核心因子，有无宗教成为文明形态和文化判断的价值标准，于是关于中国文化合理性的论证只能陷于"解释性辩护，辩护性解释"的被动策略，在实践层面也极容易引发人的精神世界和国家意识形态安全危机。因为如果宗教是人类文明和人的精神世界的必要构造，那么自然的选择便是皈依宗教，让宗教入主社会大众的意识形态。因此无论关于中国文化的反思，还是安顿人的精神世界，必须摆脱"宗教陷阱"，在文明对话的视野下把握多样性文明形态的文化内核。

"有伦理，不宗教"是何种文化自信？在话语构造上，它在宗教和伦理之间做了文化形态意义上二者必居其一、二者只居其一的判断和选择，既是对文明规律的揭示，也是关于中国现代和未来文明形态的文化自信。

A. "有伦理—不宗教"的文明规律

"有伦理，不宗教"在理论、现实和历史三个维度建立起"有伦理"与"不宗教"之间具有文明规律意义的因果关联。理论上，伦理与宗教有相通相似的文化功能，是人的精神世界的顶层设计和终极关怀的两种核心构造，由此造就了宗教型文化与伦理型文化的人类文明的两大风情。现实上，它是被实证调查确证的结论。2013年的全国调查显示，当今中国有宗教信仰者只占10%左右，中国社会调节人际关系的首选依然是伦理手段。历史上，中国文明从古神话开始就奠定重德不重力和善恶报应等伦理型文化的基因，儒家与道家的共生互动使伦理与道德成为人的精神世界和文明体系中的一对文化染色体，汉唐时期，虽然道教兴起，一度佛教大行，但自韩愈建立儒家道统，儒家伦理重回核心地位，"不宗教"便成为中国文化的主流。虽然无论在世俗生活还是作为理论形态的宋明理学中，宗教的因子都存在，但它总是处于补充和辅助的地位，从未成为主流。宋明理学建立了儒家、道家、佛家三位一体的"新儒家"体系，但在这个体系中，无论道家还是佛家都是对儒家伦理道德的哲学论证和形上支持。在世俗生活中，中国人建立起儒、道、佛三位一体，入世、避世、出世进退相济的富有弹性的安身立命的基地，儒家入世的世俗伦理始终是主导结构。在漫长的文明发展中，中国文化不是"没宗教"，而是"不宗教"。"没宗教"指缺乏宗教觉悟或彼岸境界，"不宗教"是拒绝走上宗教的道路，因为中国文明有自己特殊的路径，这就是"有伦理"。"有伦理，不宗教"既是哲学规律，也是历史规律，是被文明史所证明的规律。

B. 宗教紧张的文化缓解

相当时期以来，某种宗教焦虑同样潜在于中国社会。一方面，大众心态方面一部分人到宗教中寻找慰藉和归宿，滋生宗教情绪和宗教情结；另一方面，意识形态领域对宗教尤其是西方基督教的文化入侵保持高度警惕与紧张。"不宗教"既是对意识形态紧张的缓解，也是对大众宗教情结的疏导和指引。它自信，中国因为有强大的伦理传统，过去没有、现在也不会走上宗教的道路，中国文化现在和将来依然作为伦理型文化的独特文明形态而与宗教型文化平分秋色，在世界文明体系中继续独领风骚。它向社会大众提供一种"有伦理"的文化指引，确信伦理道德可以一如既往地为中国人提供安身立命的基地；同时也相信，对宗教的皈依，相当程度上是精神世界中伦理构造动摇失落的结果。当今之际，"有伦理，不宗教"也是现代文明的文化宣言和信念宣示，它昭告世界：只要伦理在，即便"有宗教"，也将"不宗教"。

C. "有伦理"的文化信心与文化承诺

"有伦理"，一方面是对伦理道德在中国文明体系中作为顶层设计、终极关怀和人的安身立命基地的文化地位的文化信念；另一方面是对现代中国社会"有伦理"的文化信心。它相信，虽然现代中国存在诸多伦理道德问题，但是对于伦理道德的高度敏感和深切关注，正是伦理型文化的社会理性中"有伦理"的确证和呼唤，伦理道德一定能在不断发展中履行和完成其文化使命。同时，"有伦理"也是一种庄严的文化承诺，面对市场经济和全球化的冲击，不仅承诺全社会将行动起来捍卫伦理，因为捍卫伦理就是捍卫立于世界民族之林的伦理型文化的中国形态；也承诺伦理一定担当起自己的文化天命，缔造人的世界的精神大厦。

要之，"不宗教—有伦理"体现伦理型文化的文明信念；"不宗教"体现以伦理道德屹立于世界文明之林的文化气派；"有伦理"体现伦理道德履行其文明使命的文化担当和文化信心。"有伦理，不宗教"既是一种文化自信，更是一种文明自信。

4."文化"如何自立：现代文明的"中国精神哲学形态"

"伦理型"的"文化"自觉，"有伦理，不宗教"的"文化"自信，不只是一种理性认知和精神状态，而且是被实证调查所揭示和证明的当今中国社会的现实。然而伦理道德只能完成自己的文化任务，其文明着力点是人的精神世界，并且只是人的精神世界的核心构造而不是全部。按照黑格尔的精神哲学理论，伦理道德所缔造的是人的精神世界的客观形态，即所谓"客观精神"，伦理与道德是人的精神世界辩证发展的两个阶段或两个环节，即伦理世界与道德世界，它们以生活世界或所谓"教化世界"为中介，形成个体精神和社会精神发展的现实形态。伦理道德之为"客观精神"，就在于它不仅是精神的种种形态，而且是世界的种种形态，在精神的客观化过程中，创造世界的伦理实体与道德主体。不过，黑格尔只是揭示了伦理道德发展的一般精神哲学规律，由于黑格尔及其学说的宗教型文化背景，人的精神发展，他所建构的精神哲学体系，最后只能在以宗教为重要结构的"绝对精神"中完成。伦理型文化具有特殊的精神哲学规律，伦理型文化的精神哲学形态，是以伦理道德缔造现代文明的中国精神哲学形态，因而它既是人的精神发展的中国形态，也是精神哲学的中国形态。

相对于西方精神哲学形态及其所建构的人的精神世界，在伦理型的中国文化中，伦理道德具有更为重要的意义。一方面，伦理与道德是人的精神世界的两个核心构造，它们通过教化世界的建构达到与生活世界的辩证互动，将精神世界客观化为现实的生活世界；另一方面，无论精神哲学还是人的精神世界，既在伦理道德中诞生，又在伦理道德中回归和完成，不像黑格尔所呈现的西方宗教型文化那样，必须由宗教达到完成。虽然在理论体系和人的现实精神构造中，可能也有宗教的因子，甚至在宗教的某种参与下完成，就像宋明理学所建构的儒、道、佛三位一体的"新儒学"体系及其所生成的人的自给自足的精神体系，但是伦理道德是绝对主流，也是精神世界的两个支点，或者说，伦理型文化背景下的精神哲学体系和人的精神世界，以伦理与道德为两个焦点，形成精神宇宙运行和精神哲学体系的椭圆形轨迹。精神哲学体系、人的精神世界在伦理道德中建构和完成。

因此，无论伦理道德的"文化"自觉，还是"文化"自信，都必须达到这一点：它们的本性是精神，它们的文化重心和文化本务是人的精神世界，它们在理论上所建构的是伦理型文化的精神哲学形态。事实上，在伦理道德所建构的人的世界中有两个着力点。一个是精神世界，另一个是现实世界或生活世界。伦理道德所建构的精神哲学体系和人的现实的精神世界，在两个世界的互动中完成。精神哲学体系和现实的人的精神世界（包括个体的精神世界和民族的精神世界）的同一，构成伦理道德的精神哲学形态。其中，伦理是家园，是出发点，也是归宿，所谓伦理实体，在伦理中，人成为有家园的普遍存在者；道德是主体，是现实的行为及其演绎的现实精神，所谓道德主体，透过道德主体的建构，人由个体提升为实体；而生活世界，则是伦理实体和道德主体建构的现实基础，既是精神演绎的世俗舞台，也是精神建构和实现的确证。在相当程度上，现实世界是伦理世界与道德世界辩证互动的作品，是伦理与道德辩证发展的精神世界的客观展现。于是，无论伦理道德的精神哲学的理论建构，还是人的精神世界的现实建构，便可能有两个着力点：一是作为"人心"的精神世界，二是作为"世风"的生活世界。因而便逻辑和历史地存在一个误区：将伦理道德的文化着力点过多专注于生活世界，进而冷落精神世界，导致伦理道德的文化危机和精神危机。这一误区产生有两个重要原因。其一，在历史的维度，伦理型文化是一种入世文化，不仅在现世中完成终极追求，而且追求经世致用，于是便可能将人伦日用的"世风"抬高到精神世界建构的"人心"之上，"治世"压过"治心"。当今中国伦理学理论研究和伦理道德现实发展中几成主流的"应用伦理研究"，一定程度上体现了这一倾向，于是在"应用"的"治世"中，由伦理道德建构人的精神世界的文化本务往往被冷落，导致世风治理中人的精神世界的空虚。其二，在逻辑的维度，伦理世界向道德世界发展的中介、伦理与道德辩证互动的舞台是生活世界，生活世界是它们的作品，伦理道德缔造生活世界，是通过所谓"教化"，通过伦理教养和道德行为缔造生活世界的伦理实体性，锤炼生活世界中个体的道德主体性，由此生活世界便因为伦理道德的参与和主导而成为教化世界。于是生活世界和教化世界便因其"作品"和

"舞台"的地位成为伦理道德的着力点，而缔造精神世界的文化本务反而被冷落。诚然，伦理道德的根本任务是建立"人人可以为尧舜"的世界，然而问题在于，它们是透过"尧舜"的心灵世界或精神世界的建构向生活世界着力。对伦理道德来说，在精神世界与生活世界、治心与治世之间，前者更具基础性，当然二者的统一是必须追求的理想境界。正因为如此，伦理道德所缔造的是一种精神哲学形态，包括理论形态的精神哲学理论和生命形态的人的精神世界。伦理道德必须有一种"精神"的守望，这便是伦理型文化中伦理道德与文化关系的精髓所在。

伦理道德在建构伦理型文化的历史过程中遭遇的"世风"与"人心""治世"与"治心"的矛盾，贯穿中国伦理道德历史建构的进程。孔孟古典儒家所建构是内圣外王一体之道，内圣是治心，所谓格物致知诚意正心；外王是治世，所谓修身齐家治国平天下。这种内圣外王之道在汉代董仲舒提出"罢黜百家，独尊儒术"，由古儒向官儒转化之后，发生"外王"压过"内圣"的转向。正如余敦康先生所说，这种局面，在外王之路畅通的稳定的社会环境中有其合理性，一旦遭遇社会动乱或外王之路被堵塞，就会遭遇精神世界的重大危机。汉以后中国社会持续数百年大动荡，从三国、魏晋到南北朝，人的精神世界的基地动摇，于是，不仅世人，而且儒学家，都纷纷改换门庭，到道家、佛家那里寻找安顿，魏晋玄学、隋唐佛学，便演绎了人的精神世界的这场巨大而深刻的危机。唐僧西天取经，在文化交流和文化开放的意义上是喜剧，但在中国人精神世界建构的意义上呈现的却是不折不扣的悲剧，而且是深刻的文化悲剧。佛教入主中国人的精神世界，标志着以儒家伦理为主流的意识形态已经丧失主导能力，将意识形态的宝座，也将精神世界的主导权拱手让给了外来的佛教。汉代以来，儒家专注于外王的事功，忽视内圣的心性建构，而道家佛家本来对世俗事功不感兴趣，它们的着力点就是人的精神世界。于是道家、佛家与儒家达成某种"精神世界"的"和平演变"，形成生活世界与精神世界的割据状态。在政治领域，儒家是主流正宗；然而在精神领域，魏晋玄学"将无同"，以道家诠释颠覆儒家，隋唐时期佛学大行，在精神世界中取代儒家的正统地位。经过韩愈排佛攘老的"道统说"，宋明理学吸受道家佛家的合理因子，重新建构儒家的心性之学，程朱道家，陆王心学，都是在心性精神处发力，从而形成所谓"新儒学"。儒、道、佛三位一体的"新儒学"的建构，是一次文化共和，也是一次精神世界中的文化调和或文化协妥，其中隐含着诸多至今未被揭示的深刻的精神哲学经验和文化教训。

根据现代中国伦理道德发展的状况，伦理道德的文化自立，必须在三个方面着力。

A. 走出"治病式"或"疗伤式"的被动"问题意识"

改革开放四十多年中，人们对于伦理道德重要性的认识，一般出于解决社会生活中大量社会问题，如诚信、社会公德、两性伦理、职业道德、家庭伦理和家风等，严峻的伦理道德情势催生文化批评和文化焦虑，在文化焦虑驱动下，个体的伦理道德意识和社会治理层面关于伦理道德的重大举措，总是针对社会生活中的伦理道德困境。这种应对，当然问题意识和针对性都较强，但同时也可能流于一种被动的文化策略，因而如果以某种考古学的方法检视，几乎每一个重大举措背后，总会找到当时对应的伦理道德问题，其逻辑便是所谓"缺德补德"，有病才治病。伦理型文化自觉和自信的要义，在于它是对人的精神世界的顶层设计和社会生活的能动建构，为人的生命和生活提供终极关怀和安身立命的基地。伦理道德的文化自立必须走出"疗伤式"的被动文化策略，履行伦理型文化中作为人的精神世界顶层设计和终极关怀的文化使命，转换为一种积极和能动的文化战略。在哲学理念上，应当以"发展"而不只是以"建设"看待伦理道德。"建设"和"发展"的重要殊异在于："建设"往往指向具体的伦理道德问题，是伦理道德与经济社会的某种"相适应"，同时也预设一个"建设者"，而"发展"则凸显与经济社会发展相同步的某种与时俱进，凸显伦理道德的能动性与主体性，凸显面对经济社会变化通过对话商谈的某种"共成长"，而不预设如董仲舒所谓"圣人之性"的某种先知先觉。实际上，面对经济社会的巨大而深刻的变化，整个社会都处于探索之中，引领固然重要和必须，但精神世界的发展一般呈现为"共成长"的图像，应当"以发展看待伦理道德"。

B. 走出"应用伦理"的盲区

在所有人文科学中，伦理道德是最具实践性的领域，被康德称为

"实践理性",因而必须面向现实并对现实问题具解释力和解决力。20世纪下半叶以来,西方伦理学乃至整个西方哲学也发生重大转向,应用伦理学几成主流,乃至有学者认为应用伦理学不只是伦理学的一个分支,而且就是现代伦理学。伦理学和道德哲学日益成为西方哲学的显学,相当程度上体现了哲学的应用转向。然而,关键在于,现存的并不就是合理的,在这种应用转向的背后,隐藏着更深刻的问题,乃至更深刻的危机。从历史上考察,如前所述,中国伦理道德、中国哲学在汉以后发生的内圣与外王、治心与治世的分裂,演化为自魏晋至隋唐的长达千年的文化危机与精神世界危机。西方现代哲学包括现代道德哲学的应用转向,固然有其必然性与合理性,但也有其复杂的背景并已经开始出现复杂的后果,最明显的后果之一,是自20世纪90年代以来西方学术中宏大高远的理论建构的成果日益减少,针对具体问题的应时之策的研究日益增多,长期下去,不仅学术理论,而且以此作为人的精神世界的滋养的危机难以避免。无疑,面对层出不穷的社会问题尤其是伦理道德问题,学者和伦理学家有义务和责任去研究和解决,所谓"天下兴亡,匹夫有责",这是最基本的担当。然而,学者之为学者,伦理学之为一个学科,伦理道德之为人的精神的核心构造,就在于有其最基本和最重要的文化本务,这就是为人的精神世界提供顶层设计和价值指引,高远和长远地谋划人的精神世界的建构与发展。在这个意义上,伦理道德既出于现实,又超越于现实,因为如果不超越于现实,片面追求"应用",就会遗失其理想的魅力,渎职其更基本更重要的文化天命,也会失去其长远的"应用"价值。

C. 伦理道德"精神哲学形态"的建构

伦理道德由文化自觉走向文化自立的理论表现,是伦理道德的精神哲学形态的建构,准确地说,建立现代伦理道德的中国精神哲学形态。伦理道德本质上"是精神",也必须"有精神",它在理论上的自觉自立,不仅期待"精神哲学",而且完成的标志就是精神哲学"形态"的自觉建构。伦理型中国文化为何在历史上成为与西方宗教型文化比肩而立的一种文化类型,并特立于世界文明之林?伦理道德为何成为中国文化对于人类文明的最大贡献?最根本的原因之一,就是在长期历史发展中建构了伦理道德的中国精神哲学形态,这种精神哲学形态的要义与精髓一言概之,就是"伦理道德一体、伦理优先"①。当今之世，中国文化面临的最大挑战之一就是：伦理道德，如何成为现代文明的"中国精神哲学形态"？或者说，伦理道德如何继续担当作为人的精神世界的核心构造的文化使命，支撑中国人的精神世界，并成为文明进步的最重要的精神因子。每一文明形态都有其基本结构。西方古典经济学家马歇尔在《经济学原理》的开篇，就从西方文化的基因出发，宣告："世界历史的两大构成力量，就是宗教和经济的力量"②。这显然是基于西方宗教型文化所做出的论断，日后韦伯的"理想类型"，丹尼尔·贝尔"经济冲动力与宗教冲动力"的资本主义文化矛盾，都是这一逻辑和文化基因的延续。与之对应，宋明理学家程颢断言："天下之事，惟义利而已"③。它与孔子"君子谕以义，小人谕以利"一脉相承，体现伦理型文化的胎记。两种论断体现两种文明类型，其共同元素是"利"或"经济"，区别只在于"宗教"与作为伦理道德集中表达的"义"。由此也可以佐证，伦理道德在中国文明体系中具有极为重要的意义，伦理道德的"义"只有当与世俗生活的"利"辩证互动，才能建构文明的合理性，伦理道德也才能真正在文化上自立。文化自立的标志，就伦理道德的精神哲学形态的建构。

---

① 关于"伦理道德一体、伦理优先"的精神哲学形态，参阅樊浩《〈论语〉伦理道德思想的精神哲学诠释》，《中国社会科学》2014 年第 3 期。
② ［英］马歇尔：《经济学原理》，朱志泰译，商务印书馆 1997 年版，第 23 页。
③ 《遗书·卷十一》。

后 记

　　文明史、精神史、学术史总是坚韧不倦地拥抱属于自己的那个"现代",但历史从来没有像今天这样,将自己定格于爱恨交织的"现代性"。在永不回头的时间之流中,生生不息的人类和继往开来的人类智慧只能活在"今天",为此必须不断地告别"昨天",殊不知在一次次决然而决裂的告别中,已经悄然埋下通往"明天"的断桥。回眸历史,人类从未如此无畏地放言"未来已来",然而与这种摄人心魄的魅惑随形的,却是贻笑历史的浅薄与无知。"未来已来",结论只有一个,人类已经没有"未来",因为在高技术和市场经济的蛊惑下,人类已经像分期付款那样,预支并过早消费了"未来"。"未来已来",明天已是今天,于是"明天"便可以成为呆账的黑洞。它宣示的与其说是一种急不可耐的欲望冲动,不如说是一种永无拯救的深渊喘息。

　　长期以来,我研读现代西方伦理学,每每产生一种王阳明式的惆怅和纠结。当年,王阳明研习朱子之学,格物致知,然而总是难得要领,贬谪贵州,生发"龙场大悟",由此创立知行合一良知之说。研读现代西方伦理学,总是难以产生如西方传统伦理尤其是黑格尔道德哲学那样的生命感和智慧启迪,更难以产生如中国传统伦理那样的高远亲和的心性享受,在林林总总的诸学派诸流派的繁枝末节的背后,总感到不见人类生命和生活的整体的踪影,对通过尊奉向西方"开放—学习"的态度而建构的现代中国伦理道德和伦理学理论,总有一种潜隐而与日俱增的担忧:我们是否已经在学术丛林的五光十色中迷失了自己?

　　2010年,我作为首席专家承担的第一个国家重大招标项目结项,初春的一个夜晚,我与田海平教授漫步于东南大学附近的珠江路上,柏拉图式的思想漫游中提出了对下一个研究目标的设想：应当建立现代伦理学和道德哲学研究的一种新理念和新方法，这就是"形态"理念和"形态学"方法。这一假设得到海平教授的支持和论证，于是在这个阴阳交媾的黄昏，一个影响相当一段时期不仅我本人而且是整个团队的新的研究理念和研究方向便萌芽了。从此我便着手进行理论准备，首先是做中国传统伦理的形态学分析，先后完成《德——道理型与形而上学的中国形态》和《伦理道德的历史哲学形态》两篇论文，对这一假设进行了初步的学术论证，随后做出一个重大决定，以"现代伦理学理论形态"为题，申报2011年全国哲学社会科学重大招标项目。我设计了一个总体框架，主要分三大部分：建立现代伦理学研究的形态学理念与方法；对现代西方伦理学进行形态学的分析与诠释；探讨现代中国伦理道德的"形态问题"与形态建构。申报书初稿完成后，我去伦敦国王学院做访问教授，田海平教授组织团队对初稿进行了修改，并在通讯评审通过后与王珏教授一道赴北京进行了现场答辩，我在英国以书面形式向答辩专家进行陈述和解释，最终获得通过。但是，下达的任务书上，课题名称作了一个细微却是很大的调整，由"现代伦理学理论形态"，调整为"现代伦理学诸理论形态"。一字之差，研究目标几乎发生根本性改变。"现代伦理学理论形态"的宗旨是进行"形态学"的理论创新和方法创新，而"诸理论形态"显然是呈现和研究现代伦理学理论的诸形态，属于历史研究，虽然"形态"同在，但内容已经迥然不同。

　　接到立项通知书后，我和我们团队已经没有当年获得国家第一批重大招标项目的那种兴奋，而是感到一种前所未有的压力，因为这项研究需要一种彻底的原创甚至在饱受争议和标新立异中才能完成。好在当时我刚过"知天命之年"，已经学会坦然面对一切，从容而又坚定地向前推进。第一个难题是如何面对和处理面试专家所加的这个"诸"字。思考再三，我决定不放弃既定目标，因为理论创新是这个课题对我也是对我们团队的全部魅惑和挑战所在，但无论在学术上还是制度上，"诸理论形态"的任务必须完成，最后决定"鱼和熊掌兼得"，同时完成两大目标。

　　课题启动和推进的困难比预想的要大得多。首先它对我们来说是一个完全陌生的领域，虽然东大伦理学团队以"道德哲学研究"为第一学术标识，但形态学的研究此前从未尝试过。开题之前，我先进行概念与理念准备，完成《伦理形态论》一文，对自己的思想进行学术清理和学术批判。研究板块和大纲确立后进行学术分工和课题研讨，此后我又写了一系列文章，如《道德发展的中国问题与中国理论形态》《和解："精神科学"的当代形态》《"我们"的世界缺什么？》等，依然是进行学术准备。东南大学的伦理学团队，是在探索中共同成长起来的团队，当年，这支平均年龄37岁的团队，匪夷所思地拿下了全国第三个伦理学博士点。长期以来，在带领团队的过程中，我探索也一直坚持一种方法：凡要求团队成员做的，或与团队一起做的，我自己首先尝试，在经过比较充分的理论准备并感觉能说服自己的时候再展开。然而，当我拿着自己已经发表的10万字左右的论文再次召开团队会议、准备将课题向纵深推进的时候，却突然发现几乎所有成员都没有实质性进展。我感受并理解大家的为难。一方面，这一即便在我的思想中还只是萌芽的理念和方向，如何在团队成员的学术世界移植并生根开花，还有待时日；另一方面，2012年前后的东大伦理学团队已经与千禧年之前完全不同，大家都已经在学科发展中独立地成长，很多人都有自己国家项目研究的任务和目标，原初的伦理实体正在成长。

既然是原创，便可能预示着本身是某种"学派"的可能。于是，经过一段时间的思考和观察，我果敢地决定重组课题组，以我原来的博士生为基本力量。他们在长期的学习中对我的观点和方法很熟悉，更容易进行某种具有独特风格和标识的原创。不过，无论是对已经毕业还是在校博士生，我从来不要求他们根据我的研究课题进行博士论文的选题，而且也基本不在博士生的论文上挂名发表文章，我认为这可能会是对博士生学术劳动的某种占有，"学术前沿——自己学术口袋中既有的储存——未来职业选择"，历来是我为他们确立选题的三维坐标。但是，随着课题的缓慢推进，不知不觉中，我猛然发现"形态"已经成为"东大伦理"的又一重要话语标识，从博士论文到发表的小论文，再到国家课题的立项，"形态"已经悄然成为一种话语。

随后的研究推进相对比较顺利，我不断地拿出自己的新成果在课题组会议进行讨论，并不断调整和完善研究提纲。最后一次大的调整是2014年那个酷暑，整个假期我将自己关在东南大学五四楼的办公室，对研究大纲也对自己的思想进行最后的"杀青"。一尺剑，一串珠，是我全部的陪伴，整幢大楼很长时间只有我一人，然而我却感受到一种帝王般的奢侈。孤独中的驰骋，涅槃中的冥思，将枝叶蔓生的思想做了一次清理，猛然发现，无论现实的伦理道德形态，还是伦理学理论形态，其根脉和秘密都隐藏于中国文化的"伦理"与"道德"概念之中，"伦理"与"道德"，或"伦—理""道—德"，原来是最有表达力和解释力的理念与方法。此发现令我兴奋不已，也对中国伦理型文化增加了一份敬意和信心，依此很快形成了一个初步定型的详细研究与写作提纲。课题团队之中，除陈爱华教授和高广旭教授是同事之外，其他成员都是我现在已经毕业的博士生。我有一个体验和信念，每一个大项目的完成，都将打造出一支团队。2005年第一个国家重大招标项目的完成，打造出了东南大学道德国情研究团队；2010年第二个国家重大招标项目的完成，将打造出第二支东大伦理学团队，它是一支理论创新的团队。不过，与第一支团队不同，它不只在校内，而是弥漫和活跃于全国各高校的伦理学领域。

这本书是课题研究的基本成果。除这本书外，这个课题的研究的成果还有我的独立专著《伦理道德的精神哲学形态》《现代中国伦理道德发展的精神哲学规律》《道德教育的"精神"形态》，另外还有博士生完成的《伪善的精神哲学形态》《德福同一性的精神哲学形态》等几本专著。本书由三卷八编三十章构成，外加一个结论和结语。

绪论"精神史、问题流中的当代伦理觉悟"，通过中西方文明史的宏大叙事，提出一个重要理论假设：伦理觉悟，是20世纪人类文明的"最后觉悟"。上卷"伦理道德的'形态'理念与伦理学研究的'形态观'"，试图研究两个问题："形态论"的理念与方法；伦理道德的"精神"气质及其哲学形态，提出关于伦理道德及其哲学理论三大形态的假设：伦—理形态、道—德形态、伦理—道德形态。

中卷"现代西方伦理学诸理论形态"，以"形态论"的理念与方法对现代西方伦理学进行新的诠释。借助现代西方伦理学理论形态的历史哲学考察，对现代西方伦理学的话语背景、现代形变及其"形态"问题进行历史哲学分析，由此将林林总总现代西方伦理学流派或学派重新诠释整理为伦理实体主义、道德理性主义、还原主义三大哲学形态，即伦—理形态、道—德形态、伦理—道德形态。

下卷"现代中国伦理学的'形态'问题与'形态'发展"，探讨现代中国伦理道德发展遭遇的"形态"挑战：高新技术的挑战所遭遇的伦理方式与伦理基础的改变；社会与文化变迁遭遇的终极关怀的挑战；伦理道德发展所遭遇的伪善难题。由此研究现代中国伦理道德的精神哲学发展："生态文明"缔造的生态世界观和生态价值观；"家—国"伦理传统下的社会伦理形态；老龄化时代的伦理形态；情理主义伦理精神的现代形态，马克思主义伦理学的现代中国形态。

结语"现代中国伦理道德的文化自觉与文化自信"，通过对终极忧患的基因解码，回答当今中国伦理道德和伦理学理论发展的三大哲学问题：何种文化自觉？伦理型文化的自觉；何种文化自信？"有伦理，不宗教"的文化自信；何种"文化"自立？以现代文明的"中国精神哲学形态"走向文化自立。

本书的完成，要感谢太多的同仁。首先是田海平教授和王珏教授。"形态"理念在与田海平教授的对话中提出并诞生，在我出国期间，田海平教授和王珏教授一同去北京成功答辩，他们虽然没有参加后来的研究，但多次参加讨论并提出许多很有价值的学术建议，对这本书的研究，应该说他们也有"原始股"。许敏副教授长期以来负责该课题的学术管理工作，作为课题组的"管家"任劳任怨地奉献了很多很多。本书由我提出研究理念、研究思路和详细写作提纲，并多次重新修改，各课题组成员严格按照提纲研究和写作。庞俊来、谈际尊、赵素锦、范志军做我的助手，不仅承担了比其他成员更多也更艰难的研究任务，如建立三大形态的理论模型和总体论论证的关键性学术工程，而且对所分工部分进行统稿，其中庞俊来在课题组织以及学术研究方面做出了最多努力和贡献；赵素锦在怀孕期间坚持做了很多艰苦的学术研究；许多作品是在新生命的分娩之后诞生，而且与这些新生命一样，是"二胎"。作为导师和首席专家，我要向这种学术精神献上一分敬意。我的博士生沈宝钢对几次的书稿做了非常繁杂的编辑整理的工作，同样做出了重要贡献。

全书的作者分工如下：

樊和平：绪论，第一、二、三、九、二十三、二十四、二十六章，三卷卷首语，结语；

庞俊来：第十一、十二、十三、十七章；

赵素锦：第五、六、十六章；

谈际尊：第十、二十七章

范志军：第七、十八章；

黎　松：第四章；

任春强：第八章；

丁雪枫：第十四章；

赵一强：第十五章；

陈爱华：第十九章；

牛庆燕：第二十章；

邵永生：第二十一章；

蒋艳艳：第二十二章；

王　强：第二十五章；

周　琛：第二十八章；

郭卫华：第二十九章

高广旭：第三十章。

严格说来，本书只是对一个"大胆假设"的"小心求证"，伦理道德和伦理学理论的"形态"理念和"形态学"理论能否成立、如何成立，还有待更严谨的学术检验和学术批评，但是，无论如何，做出新的探索和新的开辟，不仅需要，而且亟须。也许，这就是它的价值所在吧。

今天是父亲节，我的父亲已经去世整整三年，按照家乡的习俗信念，这是父亲灵魂永远离开大地而"升天"的时日。在以前的花甲岁月中，我虽对老父不乏孝敬，但从来没有将任何一部学术成果奉献给他，这个与弟子和同仁们一同完成的作品姑且作为第一次在父亲节献给天国的父亲，也是献给本书所有作者的父亲们的一份礼物吧。

是为记。

樊　浩
2018 年 6 月 18 日父亲节
于东南大学"舌在谷"

修改再记

在反复酝酿和多次修改的基础上，本书于2018年6月形成第一稿，但没有交付出版。我决定先放一放，以让自己也让团队在淡忘中将它"对象化"，然后再回眸审视。根据我的写作体验，刚刚脱稿的作品，虽然清楚它与预设愿景的种种不达意和不如意，但就像刚分娩的孩子一样，总是在阵痛的泪花中满心喜悦并无限珍惜地欣赏着她遍身的皱纹，放情嗅着那联结母体与胎儿的分泌物的杂陈味道。这种感觉绝不是所谓"敝帚自珍""自恋"，我们应当学会与自己和解，倾听自己，理解自己。然而如果搁置得太久，又会产生所谓距离美，就像我们拿着少年时的作文，常常惊叹自己当年匪夷所思的想象力一样。作品的修改，比较折中的办法是在互镜中"对象化"。作品是心智甚至灵魂的孩子，揽在怀里，不免自满自得，然而一旦送到幼儿园，再执着的母亲也不得不承认还有更优秀的生命作品。

这本著作"对象化"的时间长达近两年。2020年1月，我来新加坡南洋理工大学访学一个月，不料邂逅百年不遇的新冠肺炎疫情，在两国断航而困居宾馆的日子里，有机会静静地思考和回味这部作品，感觉是时候再次修改了。于是通览全书并逐章提出修改意见之后，与四位子课题负责人商量，让它重新回到思想的熔炉，进行新一轮修改。我给课题组写了一封信，四位子课题负责人分别再次仔细阅读了所分工的部分，提出具体修改意见。然后将它们发给各位作者。原计划暑期集中在贵州孔学堂召开集中统稿会，不料新冠这位不速之客依然流连于全世界，邂逅新加坡的封城封国，所有的工作就只能在网络世界完成。它给我们一个觉悟的机会：无论人类多么富有想象力，在自然力面前，总是如婴儿般稚嫩，学会敬畏自然，才是立于宇宙生于苍茫的唯一选择。

　　这次修改的重点在"广大"与"精微"处着力。在长期研究中，我逐渐领悟到论著写作的两个基本要义或境界。一是"目中有人，手中有绳"，这是我自己的概述。"目中有人"不仅是写给谁看，更重要的是追求何种目标，到底是原创性的学术，还是大众性的介绍，乃至是迎合追逐读者的学术时尚，作品当然要有读者，但真正严肃的学术作品必须经过也经得起学术的检验和时间之流的大浪淘沙。"手中有绳"是要聚焦主题，驾驭自己的思绪而不致过度发散。二是"心有猛虎，细嗅蔷薇"，这是英国诗人萨松的诗句，经过中国台湾的著名诗人余光中先生翻译而成名句。其要义是思想奔腾，然而心如止水。思想奔腾才有创造力，真正好的作品是"泻"出来的，不仅文学作品如此，学术作品也是如此，但如果没有止水般的心境，便可能会蔓延为思想的放逐和放任，泛滥辞章。这两种境界我自己当然没达到，只是已经发现并努力触摸。

　　基于这样的学术潜意识，我一方面要求各位作者对自己原有的作品根据主题的需要，再一次逐节逐句推敲；另一方面在体系上做整体性反思和调整。由于先前的体系已经基本完备，体系反思的重点是每一章对主题的体现程度以及与体系的吻合度。基于这样的要求，最后忍痛删去了四章十多万字，包括我自己的第二章"经典对话中的文化'和解'"；黎松的第四章"伦理道德的'精神'气质"；任春强的第八章"德福同一性的精神哲学形态"；邵永生的第二十一章"境遇伦理学的理论形态"。坦率说，删除时有点于心不忍，不仅因为这些内容在体系结构上都很有意义，而且因为后三章的内容都是作者博士论文的压缩，是他们长期研究的结晶。他们依然是这个重大项目的成员，并且为这个项目和这本著作的研究做出了重要贡献，在相当程度上他们是为著作的最后成稿做出了牺牲，体现出难能可贵的学术品质。虽然三位都是我的博士生，但我还是要向他们致谢和致敬。

　　再次修改全书的作者分工如下：

　　樊和平：绪论，第一、二、六、十九、二十、二十二，三卷卷首语，结语；

　　庞俊来：第八、九、十、十四章；

　　赵素锦：第三、四、十三章；

谈际尊：第七、二十三章
范志军：第五、十五章；
丁雪枫：第十一章；
赵一强：第十二章；
陈爱华：第十六章；
牛庆燕：第十七章；
蒋艳艳：第十八章；
王　强：第二十一章；
周　琛：第二十四章；
郭卫华：第二十五章
高广旭：第二十六章。

　　本书上中下三卷中，上中两卷体系比较严谨，下卷"现代中国伦理学的'形态'问题与'形态'发展"似乎有点发散。原因主要有两方面：一是我们对这一课题的研究还没有真正成熟，现代中国伦理学的理论形态到底是什么？我们还难以拿出成熟的和体系性的学术成果，只能进行问题式研究。二是对这一课题的研究我另有成果专门呈现，也另有计划继续推进。已经出版和正在出版的两本独立专著《伦理道德的精神哲学形态》《现代中国伦理道德发展的精神哲学规律》，就是从理论和现实、思辨研究和实证研究两个维度，在精神哲学的意义上探讨和回答现代中国伦理道德发展的理论形态，与此同时，东南大学道德发展智库已经在江苏进行文化试验，探讨"伦理温度"与"道德高度"同一的伦理道德发展的实践形态问题，这是实验研究。就是说，对于"现代中国伦理道德形态"这一重大课题，我们是在"思辨研究—实证研究—实验研究"三个维度同时推进，努力取得一点创新性的成果。

　　诚然，它依然是一本不成熟的学术著作，这么多字数已经表明它的不成熟。"大道至简"，"大部头"某种程度上只能说明学术劳动和学术努力的真诚，我们的学术功力还不能以最简易的语言和最简洁的结构对这一课题进行诠释。我以往的著作绝大多数是个人独立专著，在理论研究方面和需要思想创新的领域组织大兵团完成一部学术著作，这还是第一次。虽然课题组成员绝大多数是已经毕业的博士生，很多内容也都与他们的博士论文有关，因而其中也已经隐含我的学术设计，但如何将他们组成一个学术方阵，并在一个主题下进行整体性学术创新，这确实是一个很大的挑战。无疑，它留下不少缺憾。也许，因为缺憾，所以真实，我们所能做的是将它不断向前推进。

樊 浩

2020 年 8 月 12 日

于新加坡国立大学外教国际公寓